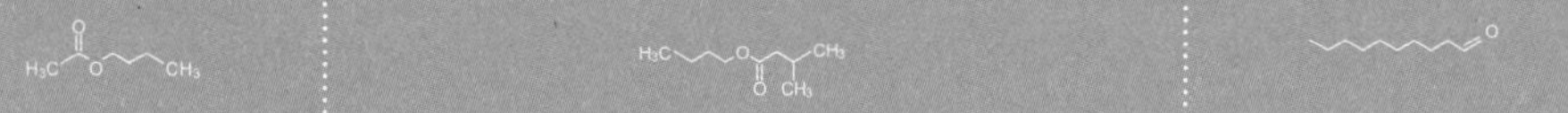

BUTYLACETAT △ *stechend, ätherisch, fruchtig,* □ *reife Banane, grünlich, tropische Früchte*

BUTYL 3-METHYLBUTANOAT △ *fruchtig, apfelartig, birnenartig, grün,* □ *ananasartig, reife Früchte, pfirsichartig*

DECANAL △ *wachsig, aldehydisch,* □ *süßlich, zitrusschalenartig*

(E)-4 …

DODECANOL △ *wachsig, seifig,* □ *honigartig, kokosartig, erdig,* ◇ *fettig*

EICOSAN ◇ *wachsig*

ESSIGSÄURE △ *stechend, sauer, essigartig,* □ *überreife Frucht,* ◇ *stechend*

ETHANOL △ *alkoholisch,* □ *ätherisch,* ◇ *medizinisch*

2-ETHYLBUTANSÄURE △ *säuerlich, fruchtig, beerenartig,* □ *whiskyartig, tropische Früchte,* ◇ *cremig, sahnig*

ETHYLBUTANOAT △ *fruchtig, fruchtsaftartig, ananasartig,* □ *süßlich, apfelartig, eingemachtes Obst*

(E,E)-2,4-HEPTADIENAL △ *fettig, grün,* □ *gemüseartig,* ◇ *zimtartig, ölig, grasig*

(E,Z)- 2,4-HEPTADIENAL △ *fettig, frittiert*

HEXAN △ *benzinartig*

HEXANAL △ *grün, blattartig, grasig, fettig,* □ *gemüseartig, apfelartig,* ◇ *leicht holzig*

HEXADECANSÄURE △ *fettig, wachsig, talgig,* □ *seifig, speckig,* ◇ *milchig, wachsig*

(E)-3-HEXENAL △ *grün, fruchtig,* □ *apfelartig*

(Z)-3-HEXENAL △ *grün, fettig, grasig, frisch gemähtes Gras,* □ *grüner Apfel, unkrautartig*

(E)-2-HEXENOL △ *grün, blattartig, frisch, gemüseartig,* □ *fruchtig, unreife Banane*

(Z)-2-HEXENOL △ *grün, gemüseartig, herbal,* □ *grüne-bohnenartig, grün-tomatig,* ◇ *wachsig*

(Z)-3-HEXENOL △ *grün, grasig, frisch gemähtes Gras, laubartig, fruchtig,* ◇ *leicht ölig, melonenschalenartig*

(Z)-3-HEXEN-1-OL-ACETAT △ *fruchtig, apfelartig,* □ *grasig* ◇ *bananenartig*

(E)-2-HEXENYL 3-METHYLBUTANOAT △ *grün, herbal, apfelartig, süßlich, ananasartig,* □ *gemüseartig*

HEPTANAL △ *grün, wachsig, fettig,* □ *aldehydisch, herbal,* ◇ *weinhefeartig*

(E)-2-HEPTENAL △ *fettig, gemüseartig,* □ *fruchtige Anklänge, erdig, grün*

(E,Z)-2,4-HEPTADIENAL △ *fettig, frittiert*

(E,E)-2,4-HEPTADIENAL △ *fettig, grün, grasig,* □ *gemüseartig, zimtartig,* ◇ *nussig, ölig*

2-HEPTANON △ *fettig, käsig,* □ *fruchtig, grüne Bananen*

2-METHYLBUTANAL △ *schokoladenartig,* □ *kaffeeartig,* ◇ *nussig, getreideartig, moderig*

3-METHYLBUTANAL △ *aldehydisch, ätherisch, pfirsichartig,* □ *schokoladenartig, fruchtig,* ◇ *schweißig*

2-METHYLBUTANOL △ *röstartig,* □ *weinartig, zwiebelartig,* ◇ *alkoholisch, whiskyartig*

3-METHYLBUTANOL △ *fermentiert, fuselartig,* □ *whiskyartig, bananenartig*

2– METHYLBUTANSÄURE △ *säuerlich, käsig,* □ *schweißig, fruchtig*

3-METHYLBUTANSÄURE △ *fettig, käsig, säuerlich,* □ *schweißig, milchig*

2-METHYL-1-PROPANOL △ *ätherisch, weinartig,* □ *fuselartig, whiskyartig*

METHYLHEXADECANOAT △ *fettig, wachsig, ölig*

METHYL 3-METHYLBUTANOAT △ *fruchtig, zitrusartig, kirschartig,* □ *ananasartig, weinartig*

METHYLPROPYL 3-METHYLBUTANOAT △ *fruchtig, süßlich, apfelartig,* □ *himbeerartig, grüne Banane*

METHYLHEPTYL-2-PROPENOAT △ *fruchtig, süßlich, apfelartig,* □ *kirschartig, aprikosenartig*

METHYLNONANOAT △ *fruchtig, süßlich, wachsig,* □ *weinartig, birnenschalenartig,* ◇ *sellerieartig*

2-METHYLPROPIONSÄURE △ *säuerlich*

2-METHYLPROPANAL △ *aldehydisch,* □ *floral,* ◇ *würzig*

2-METHYL-2-PROPENAL △ *aldehydisch, frisch,* □ *floral,* ◇ *würzig*

2-METHYLPROPANOL △ *ätherisch, alkoholisch,* □ *weinartig*

2-METHYLPROPYL ACETAT △ *fruchtig, süßlich,* □ *saftig-fruchtig, überreife Bananen*

(Z)-6-NONENAL △ *melonenartig, gurkenartig, grün,* □ *wachsig,* ◇ *gemüseartig*

(Z)-1,3-NONENOL △ *wachsig, grün, melonenartig,* □ *leicht pilzig*

(Z)-1,6-NONENOL △ *wachsig, melonenartig, gurkenartig,* ◇ *honigtauartig*

(E)-2-NONEN-1-OL △ *grün, wachsig, veilchenartig,* □ *melonenartig, fettig,* ◇ *hühnerfettartig*

(Z)-2-NONEN-1-OL △ *grün, wachsig, melonenartig, gurkenartig,* ◇ *fettig, gurkenschalenartig*

OCTAN △ *kraftstoffartig*

(E,E)-3,5-OCTADIEN-2-ON △ *grün, fruchtig,* □ *fettig, grasig*

3,5-OCTADIEN-2-ON △ *grün, grasig,* □ *fruchtig*

1-OCTANOL △ *grün, wachsig,* □ *orangenschalenartig, pilzig*

3-OCTANON △ *herbal, moderig, pilzig, fermentiert,* □ *käsig, gemüseartig,* ◇ *schimmelig, fruchtig*

OCTANONSÄURE △ *fettig, wachsig, ranzig,* □ *ölig, gemüseartig, käsig,* ◇ *weinbrandartig*

OCTENON △ *hefig, fettig, pilzig*

aroma gemüse

aroma

THOMAS A. VIERICH / THOMAS A. VILGIS

gemüse

DER WEG ZUM PERFEKTEN GESCHMACK

Stiftung Warentest

AROMA GEMÜSE
DER WEG ZUM PERFEKTEN GESCHMACK

Ohne die Erfindung des Ackerbaus gäbe es heute kein Gemüse. Und unsere Landschaften sähen völlig anders aus, wir hätten keine Städte, keine Schrift, keine Industrie. Denn Ackerbau und Gartenbau benötigen Planung, Organisation, Zusammenarbeit, Züchtung, Düngung, technische Hilfsmittel und vieles mehr. Das hat auch das Gemüse verändert. Und verändert es noch.

Alle Arten und Sorten, die man bei uns kaufen und meistens auch anbauen kann, worin sie sich unterscheiden, wie sie sich in der Küche einsetzen lassen. Von Exoten bis zu wiederentdeckten alten Sorten, von Klassikern zu ganz neuen Kombinationen mit unserem einzigartigen Farbleitsystem und Rezepten zum Ausprobieren.

GEMÜSE – GENUSS FÜR ALLE SINNE

Gemüse ist unglaublich vielfältig: Es gibt Samengemüse (Hülsenfrüchte) wie Erbsen und Bohnen, Fruchtgemüse wie Gurken, Paprika, Tomaten und Kürbis, Blattgemüse wie Spinat, Mangold, diverse Salate und Grünkohl, aber auch Blütengemüse, nämlich Brokkoli, Blumenkohl oder Artischocke, Stängelgemüse wie Spargel und Chicorée, Blattstiele von Mangold und nicht zuletzt Stielgemüse wie Rhabarber, Bleichsellerie oder Stielmus. All diese Arten schmecken und duften unterschiedlich, von süß über sauer bis bitter und herzhaft, blumig, schwefelig, nach Schokolade oder cremig wie ein schwerer Whisky, sie sind knackig oder weich, wässrig oder cremig, machen die Zähne stumpf oder die Zunge rau, brennen, kühlen oder schmeicheln.

Ziel dieses Buchs ist es, Gemüse aus kulinarischer Sicht durch und durch kennen zu lernen. Wie riechen Auberginen, wie schmecken Zwiebeln, wie nehmen wir Aroma, Geschmack und Textur wahr, was ändert sich bei der Zubereitung und wie lassen sich Gemüse zu raffinierten Tellern und genussreichen Menüs zusammenstellen? Enthält das Gemüse besonders viele bestimmte Vitamine, Mineralstoffe und Spurenelemente, werden diese am Rande erwähnt. Das Hauptinteresse gilt jedoch Geschmack und Aroma und dem daraus resultierenden großen Küchenpotenzial. Und nicht zu vergessen: Wenn das Gemüse mit Verstand behandelt wird, gut riecht und schmeckt, ist es garantiert nicht ungesund.

MIT SINN(EN) UND VERSTAND

Der Genuss von Nahrung ist vielschichtig. Viele Prozesse laufen gleichzeitig oder in kürzester Zeit ab und müssen vom Gehirn rasch zu einem Gesamteindruck zusammengefügt werden. Verfolgt man den Weg eines Stückchens Gemüse vom Anblick auf dem Teller über den ersten Mundkontakt, das Beißen und Kauen bis hin zum Schlucken, zeigt sich eine Kaskade unterschiedlicher sensorischer Ereignisse, die wir – oft unbewusst – mit all unseren Sinnen wahrnehmen. Nach dem Schlucken des Nahrungsbreis verbleiben Reste im Mund, ein Film kleidet den Mundraum aus und sorgt für den „Nachgeschmack", bis auch dieser früher oder später verschwindet. Es macht daher durchaus einen Unterschied, ob auf einem Gemüseteller erst die Avocado und dann die Gurke gegessen wird oder umgekehrt oder sogar gleichzeitig. All diese Sinneseindrücke und -erfahrungen werden im Gehirn abgespeichert. War das Mahl exzellent, erinnern wir uns – oftmals sehr lange – an den in Gedanken abrufbaren Geruch und den Geschmack auf der Zunge.

Um zu verstehen, wie wir essen und die Nahrung wahrnehmen, ist es nötig, sich dieses Zusammenspiels unserer Sinneswahrnehmungen beim Essen bewusst zu werden. Als erste Instanz „isst" bereits das Auge mit und prüft: Gefallen die Farben und Formen des Gemüses? Gleichzeitig werden die Ohren gespitzt, wenn es in der Pfanne brutzelt, wenn zischend flambiert wird oder es beim ersten Biss in ein frisches rohes Radieschen oder in knusprige Maischips (ganz unterschiedlich) kracht. Und manchmal weiß man sogar die haptischen Eigenschaften eines Gerichts zu schätzen – Gemüse wird oft als Rohkost zum Naschen gereicht, und selbst in der gehobenen Küche gibt es Fingerfood. Die zentrale Rolle beim Essen spielen aber Geruch, Geschmack und auch die Textur des Gemüses, die hier genauer unter die Lupe genommen werden sollen.

GERUCHSSINN UND AROMA

Was wäre ein Essen ohne Duft? Nur eine halbe Sache. Vor dem ersten Bissen prüft die Nase bereits: Riecht das Gemüse angenehm? Ungewöhnlich? Welche Erinnerungen, Assoziationen und Emotionen weckt der Duft? Wird die Speise anschließend gekaut, ermöglicht das retronasale Riechen im Rachenraum (→ Seite 9) die Verbindung von Aromen mit dem auf der Zunge wahrgenommenen Grundgeschmack (→ Seite 22). Doch was genau verbirgt sich hinter dem Begriff Aroma, wie funktioniert der Geruch und die olfaktorische Wahrnehmung?

RIECHEN MIT DER NASE

Die biologische Funktion des menschlichen Geruchssinns ähnelt der des Schmeckens: Gerüche warnen uns einerseits vor Gefahren. So kann der Mensch faulige Gerüche schon bei äußerst geringer Konzentration wahrnehmen, denn diese deuten auf Gifte hin. Andererseits weisen uns angenehme Gerüche auf wertvolle Stoffe hin, etwa wenn der Duft eines Gerichts uns nicht nur sprichwörtlich das Wasser im Mund zusammenlaufen lässt.

Gerüche werden durch eine Vielzahl von Molekülen ausgelöst, wobei der Begriff „Vielzahl" ernstzunehmen ist. Tatsächlich gibt es Zigtausend verschiedener Duftmoleküle, in der Fachsprache Liganden genannt, von denen wir als Menschen gar nicht alle wahrnehmen können. Für das Riechen sind spezielle Geruchsrezeptoren verantwortlich. Diese haben die Aufgabe, geruchsaktive Moleküle – Aromaverbindungen – zu erfassen. Eine als Duftmolekül erkannte chemische Verbin-

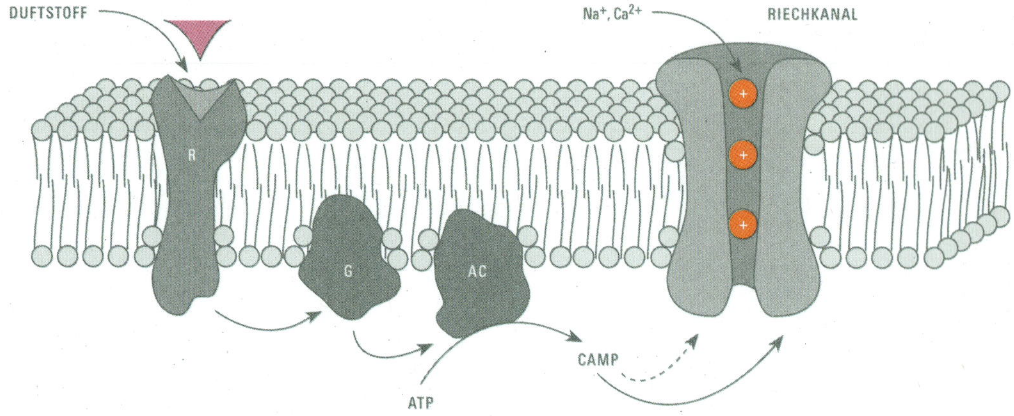

Hat der Duftstoff angedockt, wird auf der „Unterseite" der Membran ein Ionenfluss von Natrium und Calcium ausgelöst. Dem Gehirn wird ein Duft signalisiert.

dung kann nur an einem einzelnen, speziell für ihre Wahrnehmung bestimmten Detektor andocken, woraufhin ein Signal an das Gehirn gesandt wird, in dem die Sinneswahrnehmung als Duft interpretiert wird.

Das ist natürlich eine vereinfachte Darstellung. Im Detail ist es ein wenig komplizierter, allein aufgrund der ungeheuren Vielzahl an Düften. Man nimmt an, dass die Duftstoffe, nachdem sie mit der Luft in die Nase gesogen wurden, zunächst auf der mit einem Wasserfilm (Mucus) überzogenen Riechschleimhaut von wasserlöslichen, globulären Proteinen eingefangen werden. Diese Proteine transportieren die Duftstoffe dann zu den Riechzellen. An deren Spitze sitzen die Zilien: Sie haben eine entscheidende Funktion, denn an ihnen befinden sich die entsprechenden Rezeptoren. Die Gestalt und die Funktion von Riechrezeptorproteinen wurde erst 1991 von Linda B. Buch und Richard Axel in einer wissenschaftlichen Veröffentlichung aufgeklärt. 2004 erhielten die beiden dafür den Nobelpreis für Medizin/Physiologie. Sie stellten fest, dass das Auslösen eines Geruchs durch Andocken eines Duftstoffes an eine bestimmte Stelle des Rezeptorproteins erfolgt. Dabei

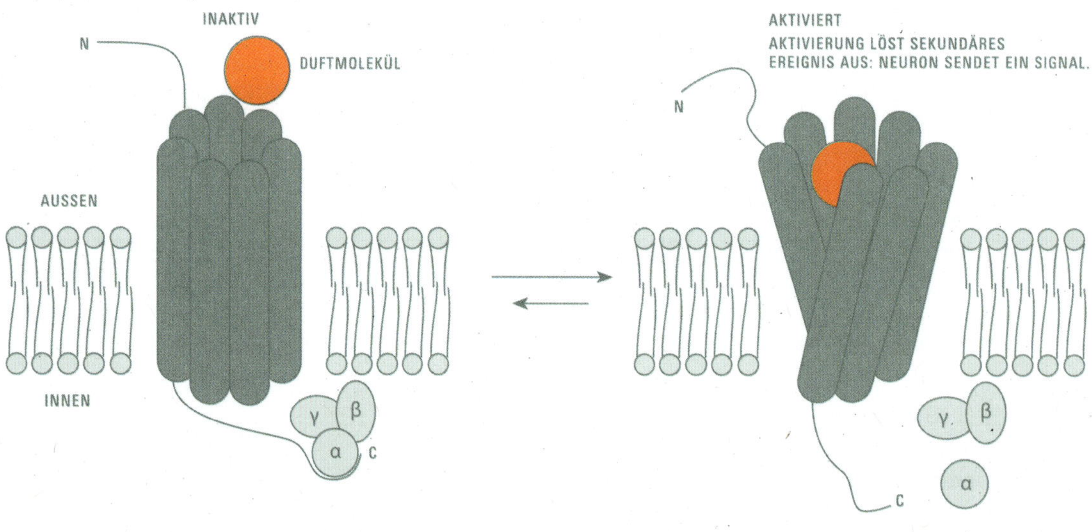

Ein Geruch wird dadurch ausgelöst, dass ein Duftstoff an eine bestimmte Stelle des Rezeptorproteins andockt, wobei kleinste molekulare Kräfte verändert werden. Als Folge verändert das Membranprotein seine Gestalt, was innerhalb der Membran wiederum „Verstärkungsprozesse" auslöst und die Riechkanäle aktiviert.

werden kleinste atomare bzw. molekulare Kräfte verändert, was die Riechkanäle aktiviert. Diese Signale sind sehr schwach, daher müssen molekularbiologische, physiologische Verstärkungsmechanismen in Gang gebracht werden. Dennoch ist bisher nicht endgültig geklärt, wie Riechen auf molekularer Ebene wirklich vonstattengeht. Der Ansatz beruht auf dem Schlüssel-Schloss-Prinzip, wenn die Rezeptorproteine die Form der Geruchsstoffe abfragen. Darüber hinaus spielt die Dynamik eine große Rolle. Die Rezeptorproteine bewegen sich und schwingen in einer ganz bestimmten, durch ihre Struktur und Wechselwirkungen festgelegten Weise. Binden sich die Geruchsstoffe an die für sie bestimmten Aminosäuren des Rezeptorproteins, verändert sich das Bewegungsmuster der Proteine. Der Auslöser eines Geruchs ist somit auch durch mikroskopische quantenmechanische Prozesse bestimmt. Der Duft eines Mittagessens ist also eine wirklich hochkomplexe Angelegenheit, die tief in den Grenzbereich zwischen Physiologie, molekularen Wechselwirkungen und Quantenmechanik hineinreicht.

Wichtig für die Zwecke dieses Buches ist festzuhalten: Dockt ein Duftstoff an dem für ihn bestimmten Rezeptorprotein an, werden entsprechende Nervenreize ausgelöst. Liegt keine passende Form vor, ist ein Andocken nicht möglich. Die chemische und molekulare Struktur der Duftstoffe steht also in engem Zusammenhang mit ihrem Geruch. Das ist grundlegend für die Einteilung der Düfte in acht charakteristische Duftgruppen, wie sie auf den folgenden Seiten vorgestellt wird.

ORTHONASAL – RETRONASAL: GROSSE DUFTUNTERSCHIEDE

Riechen erfolgt auf zwei verschiedene Weisen: Wird durch die Nasenöffnung an einem Lebensmittel, etwa einem Gemüse oder Gewürz, gerochen, nutzt man das „orthonasale Riechen". Beim Kauen im Mund aktiviert man eine andere Form des Riechens: das „retronasale Riechen". Ohne dieses wirkt das Essen fad, wie sich leicht überprüfen lässt, wenn man sich beim Kauen die Nase zuhält (oder wenn man Schnupfen hat). Das Essen „schmeckt" zwar noch, denn die wasserlöslichen, geschmacksaktiven Substanzen lösen immer noch die Wahrnehmungen auf der Zunge aus (→ Geschmackssinn und Grundgeschmack, Seite 22), aber die flüchtigen Geruchsstoffe erreichen nicht mehr den Riechkolben. Es fehlt der retronasale Geruch, der Genuss bleibt aus. Man kann das ganz einfach selbst ausprobieren: Man verbindet sich die Augen, hält sich die Nase zu und lässt sich rohen Blumenkohl und Brokkoli geben. Beim Kauen sind die beiden Gemüse nicht voneinander zu unterscheiden, da die jeweils typischen Duftcharakteristiken nicht mehr gerochen werden können. Auf der Zunge schmecken beide lediglich „bitter".

Interessant ist dabei, dass die Duftstoffe häufig verschieden wahrgenommen werden, je nachdem, ob sie orthonasal durch die Nase oder retronasal im Nasenrachenraum erfasst werden. Identische Moleküle werden nicht nur unterschiedlich intensiv wahrgenommen, sondern lösen auch andere Duftbeschreibungen aus. Diese Erfahrungen lassen sich an einem Beispiel leicht nachvollziehen. Das Molekül **(E,Z) 2,6-NONADIENAL** erinnert sehr stark an Gurke und Wassermelone. Püriert man eine Gurke ohne weitere Gewürze oder Salz, riecht das Püree auf dem Teller stärker und eindeutiger nach „Gurke", als es im Mund wirkt. Orthonasal riecht man „Gurke" und leicht fettige, wachsige Noten, wie sie auch vom Borretsch bekannt sind. Retronasal hingegen entdeckt man bei der Gartengurke außerdem fruchtige und melonenartige Noten.

Diese Unterschiede werden im Lexikonteil dieses Buches (→ ab Seite 117) kenntlich gemacht. Die Attribute der Duftmoleküle sind dort jeweils der orthonasalen (△) und retronasalen (□) Wahrnehmung zugeordnet, d. h. an erster Stelle stehen die orthonasalen, dann die retronasalen und zuletzt die oralen und die trigeminalen Eindrücke (◇), die der jeweilige Duftstoff hervorruft, also z.B.: **(E,Z)-2,6-NONADIENAL** (△ grün, gurkenartig, □ melonenartig, ◇ fettig).

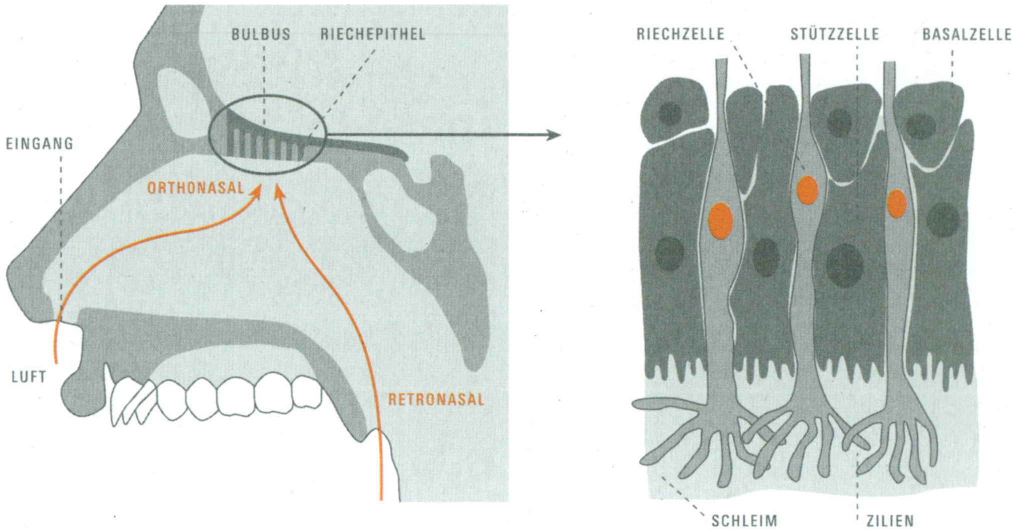

Zwei unterschiedliche Wege zur Geruchswahrnehmung: orthonasal und retronasal. Orthonasal: Duftstoffe strömen über die Luft in die Nase und treffen auf den Riechkolben, den Bulbus, und das Riechepithel. Dieses Gebilde besteht aus vielen Riechzellen, die in Zilien enden. Letztere sind von Schleim (einer protein-reichen Flüssigkeit) umgeben, der in der Lage ist, Duftstoffe zu lösen. Retronasal: Die aromatischen Verbindungen gelangen über die Mundhöhle und den Rachenraum zu den Rezeptoren.

RIECHEN IM GEHIRN

Riechen spielt sich natürlich nicht allein im Detektor Nase ab, die Signale müssen im Gehirn auch umgesetzt werden. Dazu werden die Signale verstärkt und über Nervenleitungen von den Riechzellen in das Gehirn gesendet. Dort wird der Duft zunächst mit den anderen Sinneseindrücken verbunden. Dieser Eindruck wir dann weiterverknüpft mit dem Bereich für Emotionen und demjenigen für Hormone. Dabei wird wichtig, dass jede Riechzelle mit nur einem Typus ausgestattet ist, sodass die Verschaltung zum Gehirn „einfach" erfolgen kann.

Ähnlich wie beim Geschmack hat der Mensch ein „Geruchsgedächtnis", d. h., er kann bekannte Gerüche einordnen und assoziiert sie sogar mit einer schönen Erinnerung – oder mit Gefahr. Allerdings existieren, wie bereits gesagt, Tausende verschiedener Düfte. Daher spielt bei der Dufterkennung auch das Sprachzentrum eine wichtige Rolle. Kann ein Duft nicht benannt werden, wird er zwar genauso wahrgenommen, aber viel ungenauer „abgespeichert" und wahrscheinlich nicht wiedererkannt oder mit einem ähnlichen Duft verwechselt. Ein Problem stellt dabei das begrenzte Vokabular der gegenwärtigen westlichen Sprachen dar, das kaum ausreicht, um all die Duftnuancen treffend zu umschreiben. In den Sprachen mancher Naturvölker wie der Jahai gibt es ungleich mehr Geruchsadjektive, die Bewohner können Düfte ebenso leicht wie Farben benennen. In der englischen (wie auch in der deutschen) Sprache gibt es im Vergleich dazu viele Adjektive für Farben, jedoch kaum für Gerüche. Daher neigen wir bei der Duftbeschreibung zu Vergleichen und Umschreibungen wie „fuselartig", „zimtig" oder „frisch gemähtes Gras".

Bisweilen fehlen auch schlicht Analogien, auf die zurückgegriffen werden kann: Der Geruch einer Gurke lässt sich tatsächlich am genauesten mit „gurkenartig" beschreiben – ein Geruch, der auch in Melone, Borretsch und Avocados zu finden ist. Und mögen die poetischen Anflüge in Weinführern und Parfümbeschreibungen auch oft belächelt werden, einige Gerüche lassen sich einfach am besten als „grün", „warm" oder „schwer" charakterisieren.

FUNKTIONELLE GRUPPEN

In der Chemie werden Moleküle gewöhnlich nicht nach Ähnlichkeiten bei ihrer Flüchtigkeit und nach ähnlichen Duftcharakteristika unterteilt, sondern gemäß ihrer funktionellen Gruppe. Für die Küchenanwendung ist das unpraktikabel, das System soll aber einmal vorgestellt werden. Die jeweilige Gruppe lässt sich oft an der Endung erkennen: Moleküle, die auf -ol enden, sind Alkohole, Ketone enden auf -on, Schwefelverbindungen auf -thiol. Diese Einteilung ist aber zu verschieden, als dass sie parallel zum Aromagruppen-System bestehen könnte.

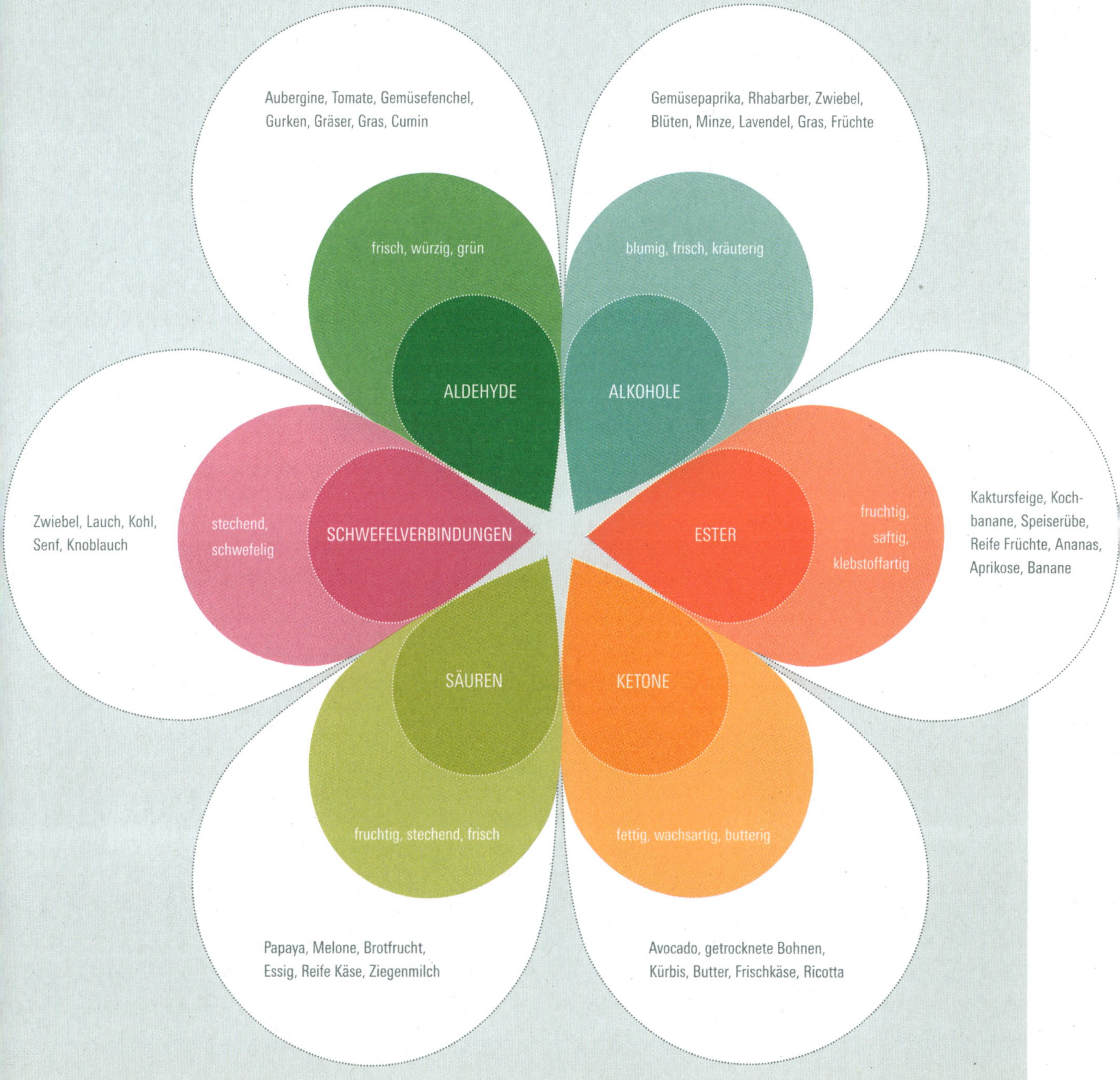

ACHT CHARAKTERISTISCHE MOLEKÜLGRUPPEN PLUS EINS

Die große Zahl der Duftmoleküle, die in jedem einzelnen Gemüse und dazu noch in mannigfaltigen Kombinationen vorliegen, erscheint auf den ersten Blick vollkommen unübersichtlich. Sie lässt sich aber aus der Sicht der Chemie – mit kulinarischem Bezug – in acht Gruppen plus eine Gruppe, Geruchs- und Strukturfamilien, einordnen. Jede dieser Gruppen von Duftstoffen zeichnet sich einerseits durch ähnlich chemische Strukturen und andererseits durch einigermaßen abgrenzbare olfaktorische Eigenschaften aus, d. h., man kann aufgrund der Gruppenzugehörigkeit schon erahnen, wie ein Aromastoff oder ein Gemüse, das diesen enthält, wohl duften wird.

Eine genauere Kenntnis der Duftstoffe erweist sich in vielen Fällen als nützlich. So eröffnen sich über die Prinzipien des Food-Pairings und des Food-Completings (→ Seite 99) ganz neue und außergewöhnliche Kombinationen, wie sie bisher, je nach Kulturkreis, kaum eingesetzt werden. Tatsächlich erlaubt das Zusammenwirken kleiner Moleküle große Effekte auf den Tellern.

Acht Gruppen beinhalten Duftstoffe – sie werden hier thematisiert. Die neunte Gruppe beinhaltet Stoffe, die für einen Schärfereiz oder einen anderen trigeminalen Effekt verantwortlich sind. Als Eselsbrücke dient die Nummer der Gruppe: Je höher sie ist, desto weniger flüchtig ist ein Duft, desto „schwerer", „tiefer würzig" riecht er und desto hitzebeständiger ist er. Ein Überblick über alle Aromagruppen findet sich auf Seite 16, hier im Folgenden werden sie im Detail vorgestellt.

GRUPPE 1: ALIPHATISCHE KOHLENWASSERSTOFFE, FRUCHTESTER – WACHSIG, GRÜN, PILZIG, FRUCHTIG

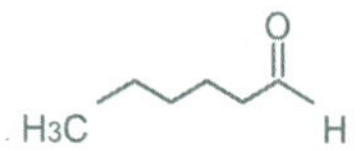

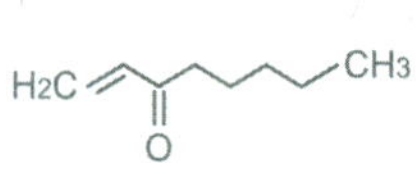

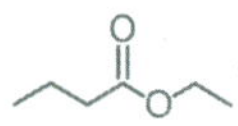

HEXANAL △ *grün, blattartig, grasig, fettig,* □ *gemüseartig, apfelartig,* ◇ *leicht holzig*
1-OCTEN-3-ON △ *pilzig, erdig, roher Champignon,* □ *moderig, herbal,* ◇ *hähnchenhautartig*
ETHYLBUTANOAT △ *fruchtig, fruchtsaftartig, ananasartig,* □ *süßlich, apfelartig, eingemachtes Obst*

Aliphatische Kohlenwasserstoffe bestimmen eine ganze Reihe von Grundaromen bei Lebensmitteln, Gemüse und Gewürzen. Sie sind meist von linearer Struktur und es handelt sich häufig um Fettabkömmlinge, etwa kurzkettige Fettsäuren und deren Aldehyde, Ester oder Alkohole.

Die Komplexität der Aromachemie ist bereits an den „grünen Blattduftstoffen" zu erkennen. Der „Generalist" HEXANAL ist ein wesentlicher Bestandteil des Duftspektrums (→ Generalisten, Seite 37), das „grüne" Gerüche wie die von Gras ausmacht. Er dominiert den Duft von Tomaten, ist aber auch Gurken, Melonen oder Kartoffeln zu eigen und findet sich außerdem in grünen Äpfeln, Orangen, Olivenöl, Bananen, Trauben, Ananas oder in (grünen) Tees sowie in den Blütenblättern vieler Blumen. Kein Wunder also, dass sich daraus naheliegende Ansätze zum → „Food-Pairing" (Seite 99) ergeben. Ein weiterer „Generalist" ist das nach Champignons duftende 1-OCTEN-3-ON, das zahlreichen Gemüsen einen Hauch „Pilz" verleiht. Auch Geruchsstoffe wie das Gurkenaldehyd (E,Z)-2,6-NONADIENAL sind typische Vertreter dieser leicht flüchtigen Aromen. Aufgenommen in die Gruppe 1 wurden außerdem Fruchtester, die für viele fruchtige Düfte, etwa bei Melonen, Äpfeln, Süßkartoffeln, Tomaten, Papaya oder Brotfrucht, eine wichtige Rolle spielen. Ihr Molekulargewicht ist ähnlich, die Flüchtigkeit ebenso. Typische Beispiele sind ETHYLBUTANOAT, das fruchtig riecht und in Richtung Ananas deutet, sowie AMYLACETAT, ein Ester der Essigsäure, der stark nach Banane duftet und sich in Melone und Pepito findet.

GRUPPE 2: LINEARE SCHWEFEL- UND STICKSTOFFVERBINDUNGEN – SCHWEFELIGE, STECHENDE DÜFTE NACH KOHL, ZWIEBELN UND MEERRETTICH

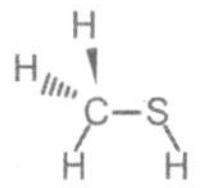

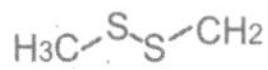

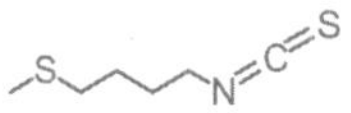

METHANTHIOL △ *schwefelig, gekochter Kohl, lauchartig,* □ *ölig, gekochte Eier,* ◇ *schweißig*

DIMETHYLSULFID △ *schwefelig, zwiebelartig, radieschenblätterartig, kohlartig,* □ *fischartig, maisartig, spargelartig,* ◇ *ein Hauch gekochte Milch/Sahne*

4-(METHYLTHIO)BUTYLISOTHIOCYANAT △ *schwefelig, stechend,* □ *brokkoliartig, rettichartig,* ◇ *kohlartig*

Eine weitere Gruppe (die in den ersten Auflagen von „Aroma — Die Kunst des Würzens" noch in die erste Gruppe integriert war) umfasst die einfachen schwefeligen Duftstoffe, die eine ähnliche Molekularstruktur aufweisen wie die Aromen in Gruppe 1. Sie spielen in Lauch, Zwiebel, Schnittlauch, Rucola, Kressen und in allen Kohlsorten die Hauptrolle und finden sich auch in vielen Rüben. „Senföle" gehören zu dieser Kategorie. Ein typisches Molekül ist das extrem duftaktive, stark flüchtige **METHANTHIOL**, dessen Geruch sich nur durch ein vielschichtiges Duftattribut wie „schwefelig, knoblauchartig, gekochter Kohl, lauchartig, ölig, gekochte Eier, herzhaft-fleischartig, reifer Käse" beschreiben lässt – kein Wunder, denn es findet sich in Gemüsen wie Blumenkohl, Brokkoli, Speiserübe, Spinat, Wurzelpetersilie und Zwiebel. Ein ebenso allgegenwärtiger und sehr duftaktiver Geruchsstoff ist **DIMETHYLSULFID**, das mit seinen Duftattributen „schwefelig, zwiebelartig, radieschenblätterartig, kohlartig, fischartig, maisartig, spargelartig, ein Hauch gekochte Milch/Sahne" einen Großteil der Gemüse und Lebensmittel aufzählt, deren Duft es mehr oder weniger stark mitbestimmt. Es kommt in zahlreichen Gemüsen bereits roh vor (u. a. Blumenkohl, Chinakohl, Grünkohl, Haferwurzel, Kartoffel, Tomate, Zwiebel), in anderen – etwa in Aubergine, Fenchel oder Hülsenfrüchten – und in tierischen Lebensmitteln wie Eiern und Milch entsteht es erst beim Erhitzen. In vielen Gemüsen tritt es zusammen mit dem „Generalisten" (→ Seite 37) **METHIONAL** auf und zeigt typische „gekochte" Gerüche. Ein weiterer Vertreter ist **DIALLYLDISULFID** mit seinem schwefeligen Duft, der an Lauch und Zwiebeln, in höheren Konzentrationen auch an Meerrettich erinnert.

In dieser Gruppe werden Isothiocyanate mit eingeschlossen. Moleküle mit diesen S=C=N-Gruppen sind in Kohl- und Zwiebelgewächsen häufig zu finden. Sie weisen neben den typischen Schwefeldüften stechende Komponenten auf, wie sie in Rettichen und Radieschen, aber auch in Senfblättern, Mizuna und Rucola vorkommen, beispielsweise das **4-(METHYLTHIO)BUTYLISOTHIOCYANAT**. Viele Moleküle dieser Gruppe weisen neben ihrer Geruchsaktivität eine stark trigeminale Wirkung auf, die sich in schmerzenden Kältereizen äußert.

GRUPPE 3: ACYCLISCHE TERPENE – ZITRUSARTIG, FRUCHTIG, BLUMIG

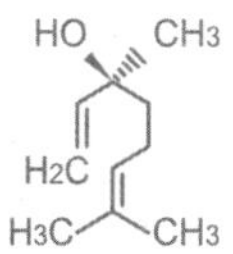

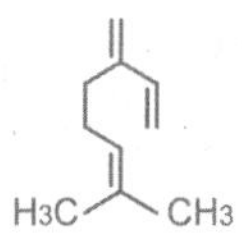

LINALOOL △ *floral, zitrusartig, rosenholzartig, grün,* □ *orangenartig, zitronenartig,* ◇ *leicht wachsig, holzig*

MYRCEN △ *würzig, floral, balsamisch, kräuterartig,* □ *holzig, möhrenartig, fruchtig, mangoartig*

Die Gruppe der acyclischen Terpene bestimmt den Großteil der leicht flüchtigen blumigen Aromastoffe. Moleküle dieser Familie duften nach Blumen, Rosen und Zitrusfrüchten. Ein typischer Vertreter ist etwa das florale und nach Zitrusfrüchten duftende **LINALOOL**. Diese Duftstoffe kommen in erster Linie in den verschiedensten Kräutern und Gewürzen vor, finden sich aber auch in Gemüse, etwa in Tomaten, in Taro und im Hintergrund mancher Kartoffelsorten. In süßlich anmutendem Wurzelgemüse, etwa der Kerbelrübe, sind diese Blütenduftstoffe ebenfalls zu finden. **MYRCEN**, das holzig und nach Blüten duftet, findet sich in Avocado, Chinakohl, Erbsen, Rhabarber, Speiserübe, Wurzelpetersilie, in der Fenchelknolle oder in Kaktusfeigen, in der Kichererbse und in Karotten. Das nach Zitrusfrüchten und gleichzeitig nach Kiefernharz riechende **OCIMEN** spielt nicht nur in blumig wirkenden Kräutern, etwa Basilikum oder Lavendel, eine wesentliche Rolle, es findet sich auch im Duft von Pastinaken und Zucchini. Auch bei den acyclischen Monoterpenen verändern kleine Modifikationen der chemischen Strukturen den Geruch. Der Monoterpenalkohol **GERANIOL** riecht blumig, das Aldehyd Geranial zitronenartig – nur, weil sich eine funktionelle Endgruppe ändert.

GRUPPE 4: CYCLISCHE TERPENE – BALSAMISCH, KAMPFERARTIG, HOLZIG

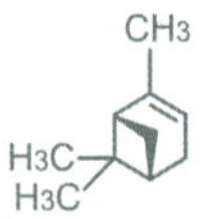

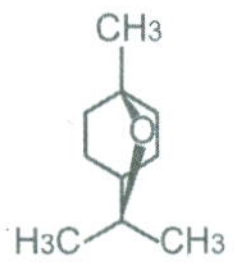

α-PINEN △ *herbal, kampferig, pinienartig,* □ *stark holzig, erdig,* ◇ *terpentinartig, holzig-würzig*
1,8-CINEOL △ *herbal, eukalyptusartig, kampferig,* □ *minzig,* ◇ *trigeminal kühlend*

Die Gruppe der cyclischen Terpene lässt sich unterteilen in einfache monocyclische Terpene und in höhercyclische Terpene. Diese Unterteilung ist in der organischen und Naturstoffchemie nicht zwingend erforderlich, mit Blick auf kulinarische Anwendungen allerdings durchaus sinnvoll. Monocyclische Terpene sind in den meisten Kräutern und vielen Gewürzen enthalten. Sie sind, ähnlich wie die acyclischen Terpene, relativ leicht flüchtig und daher für den ersten nasalen Dufteindruck bestimmend. Sie duften „terpentinartig", nach Minze und mitunter „würzig" und sind in ihrem Duft daher schon etwas „schwerer" als die acyclischen Monoterpene. Ein typischer Vertreter ist der Monoterpenalkohol **MENTHOL**, der neben seinem minzigen Duft noch trigeminal kühlende Wirkung aufweist. **TERPINOLEN** und beide Isomere des **PHELLANDREN** sind in vielen Gemüsen duftbestimmend, vor allem in Wurzelgemüse wie Karotte, Pastinake, Topinambur, Wurzelpetersilie, aber auch in Blattsalaten. Des Weiteren sind **α-PINEN** und **β-PINEN** wichtige Vertreter, sie kommen in Bohne, Fenchel, Grünkohl, Karotte, Kartoffel, Kerbelrübe, Kichererbse, Kürbis, Papaya, Pastinake, Sellerie, Speiserübe, Topinambur und Zucchini vor. Diese mono- und bicyclischen Terpene sind häufig auch für kampferartige, leicht holzige und harzige Aromen verantwortlich. Die Moleküle sind komplexer aufgebaut und in ihrer Struktur reichhaltiger. Manche dieser Terpene lösen angenehme trigeminale Reize im Temperaturbereich zwischen 30 °C und 38 °C aus, also in dem üblichen „Wohlfühlbereich", aber auch in dem für den Mund angenehm kühlen Bereich zwischen 18 und 27 °C, wie das **MENTHOL** der Minze. Derartig trigeminale Reize sind, wenn sie gezielt eingesetzt werden, ein willkommener Mehrwert. Ein weiterer wichtiger Vertreter ist **1,8-CINEOL**, das im Geruchsspektrum von Erbse, Fenchel, Gartenbohne, Kerbelrübe, Linse, Okra, Rotkohl und Zucchini vorkommt. Bicyclische Terpene definieren im Gemüse harzige, kräuterige Duftnoten. Sie sind aromaführend in Blattsalaten, deutlich zu riechen im Löwenzahn, Mangold und Spinat, aber auch in vielen Wurzelgemüsen, wie Karotten, Pastinaken, Sellerie, Topinambur oder Wurzelpetersilie.

GRUPPE 5: SESQUITERPENE – DUNKEL, SCHWER-FLORAL

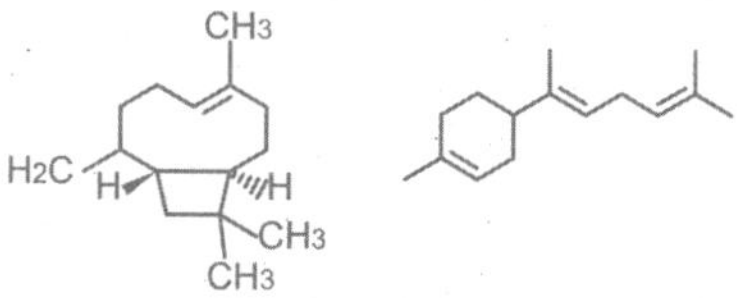

α-CARYOPHYLLEN △ *holzig, süßlich-herbal,* □ *kampferig, leicht pfefferig, mit Zitrushintergrund*
α-BISABOLEN △ *holzig, fruchtig,* □ *zitrusartig*

Sesquiterpene sind von ihrer Struktur her noch komplexer und damit noch weniger flüchtig. Bei den Gerüchen herrschen dunkle, warme Töne vor, wie sie in der Küche etwa mit Gewürznelken und Pfeffer oder auch Rosmarin assoziiert werden können. Zu dieser Gruppe gehören monocyclische Biterpene wie **BISABOLEN** oder die Sesquiterpene **CARDINEN** und **CARYOPHYLLEN**, die durch harzige bis erdige Töne bestechen. Sesquiterpene spielen in vielen Wurzelgemüsen eine wesentliche Rolle, etwa in Karotten, Pastinaken, Sellerie, Speiserüben und Schwarzwurzel. Auch die Haferwurzel verströmt im gegarten Zustand einen hohen Anteil an diesem von Sesquiterpenen verursachten holzigen, würzigen Duft, der im Geschmack die Erwartung an einen deutlichen Bitterton auslöst. In Salaten, wie Kopfsalat, Frisée und Löwenzahn, ist der Sesquiterpenanteil im Geruch ebenfalls sehr stark. Lineare Sesquiterpene, wie **NEROLIDOL**, **FARNESOL** oder **DAMESCENON** liefern floral-holzige und würzig-beerenartige Düfte, wie sie von Rosen, Rosenholz oder Waldblüten bekannt sind. Diese findet man in der Roten Bete, der Kerbelrübe oder den Kaktusblättern, in Rhabarber, Papaya, Süßkartoffeln und Tomatillos.

GRUPPE 6: AROMATEN – TIEF UND AROMATISCH

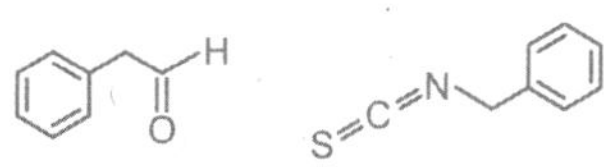

PHENYLACETALDEHYD △ *aromatisch, grün, honigartig, floral,* □ *hyazinthenartig, kakaoartig, schokoladig,* ◇ *leicht erdig*
BENZYLISOTHIOCYANAT △ *aromatisch, brunnenkresseartig,* □ *medizinal,* ◇ *ölig, meerrettichartig*

Der Begriff der „Aromaten" hat zunächst wenig mit dem alltäglichen Begriff „aromatisch" zu tun. In diesem Buch wird der Begriff „aromatisch" stets im Zusammenhang mit Molekülen einer bestimmten chemischen Struktur, dem Benzolring, verwendet. Die Intensität der Gerüche aus dieser Gruppe ist noch stärker, sie werden als „schwer", „tief", „rauchig", „nussig", „phenolisch" oder „bitter" beschrieben – wobei besonders „bitter" im übertragenen Sinne zu verstehen ist, denn „bitter" ist eine Geschmacksrichtung, die mit Aromen zunächst einmal nichts zu tun hat – oder eben kurz: als „aromatisch".

Paradebeispiel für eine duftintensive aromatische Verbindung ist das **BENZALDEHYD**, das den typischen Geruch von Bittermandeln erzeugt. Das **VANILLIN** der Vanille gehört zu den Aromaten, ebenso wie **ANISALDEHYD**, das in Anis, aber auch in Fenchel, Bambussprossen, Kochbananen und sogar Gartenbohnen vorkommt. Diese Auflistung zeigt, wie breit das Spektrum der Aromaten ist.

Weitere Vertreter sind das aromatisch-grün und nach Honig, Kakao und Schokolade duftende **PHENYLACETALDEHYD**, das sich in zahlreichen und so unterschiedlichen Gemüsearten wie Artischocke, Chinakohl, Kartoffel, Papaya und Gurke findet, und das **BENZYLACETAT**, das das „chemisch" aromatische Grundmuster vieler (süßer) Melonensorten definiert. Das terpentinartige **P-CYMOL** lässt sich in Kartoffeln und Kichererbsen erahnen, das kampferartig und balsamisch duftende **METHYLSALICYLAT** ist vor allem in der Kerbelwurzel, Speiserüben und Tomatillos sehr präsent.

Typische Raucharomaten, wie **GUAIACOL**, Kresole, **4-VINYLGUAIACOL** oder **NAPHTALIN** finden sich in Linsen, Lotuswurzeln, in Feldsalat, Gemüsepaprika oder Tomatillos. In vielen Fällen bilden sich

CHARAKTERISIERUNG VON GERUCHSBESTIMMENDEN STOFFEN

1. ALIPHATISCHE KOHLENWASSERSTOFFE
(z. B. (Z)-3-Hexenal, Decanal, (E,Z)-2,6-Nonadienal)

GERUCHSTYP *grün, wachsig, fettig, fruchtig*
GEWÜRZE *Weizengras, Olivenöl*
GEMÜSE *Okra, Avocado, Aubergine, Gurke, Artischocke, Papaya, Tomate, Zichorie*

2. SCHWEFEL- UND STICKSTOFF-VERBINDUNGEN
(z. B. Dipropylsulfid, Alliciin, Methional, Nitrile)

GERUCHSTYP *schweflig stechend, kohlartig, zwiebelartig*
GEWÜRZE *Kala Namak, Schnittlauch, Knoblauch, Kresse*
GEMÜSE *Lauch, Spargel, Zwiebel, Rettich, Salate, Kohl*

3. ACYCLISCHE TERPENE
(z. B. Citronellol, Geranial, Geraniol, Linalool, Nerol, Myrcen)

GERUCHSTYP *floral, zitronenartig-leicht blumig, rosenartig, lavendelartig*
GEWÜRZE *Zitronengras, Lorbeer, Rose, Bohnenkraut, Basilikum, Oregano, Minze, Salbei*
GEMÜSE *Kaktusfeige, Karotte, Fenchel, Erbse, Tomate, Tomatillo, Melone*

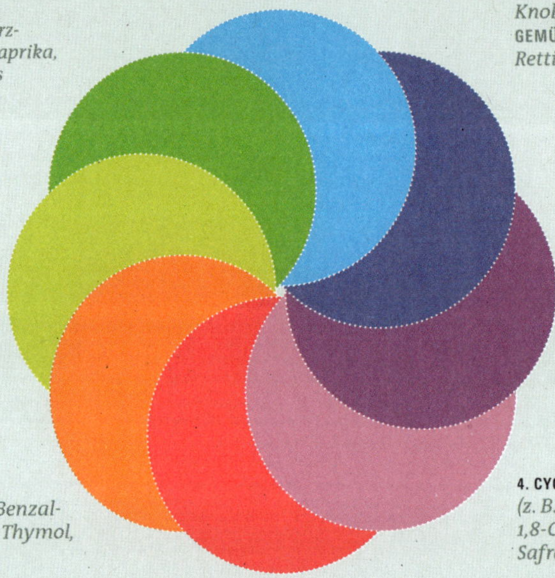

4. CYCLISCHE MONOTERPENE
(z. B. Borneol, 3-Caren, Carvon, 1,8-Cineol, Fenchon, Limonen, Pinen, Safranal)

GERUCHSTYP *kampferartig, minzig, würzig, bitter, erdig, thymianartig*
GEWÜRZE *Wacholder, Rosmarin, Minze, Tannennadeln, Dill, Thymian*
GEMÜSE *Okra, Topinambur, Brokkoli, Schwarzwurzel, Sellerie, Rote Bete*

5. SESQUITERPENE
(z.B. Bergamoten, Bisabolol, Bisabolen, Camphen, α-Caryophyllen, β-Caryophyllen, α-Selinen)

GERUCHSTYP *kampferartig, holzig, balsamisch, terpentinartig, erdig-gemüsig*
GEWÜRZE *Bergamotte, Kamille, Bockshornklee, Oregano*
GEMÜSE *Aubergine, Möhre, Salat, Kaktusblätter, Cardy, Speiserübe, Sellerie, Pastinake, Okra*

6. AROMATEN
(z.B. Carvacrol, Cuminaldehyd, Benzaldehyd, Elemicin, Phenylpropan, Thymol, Vanillin, 4-Vinylguaiacol)

GERUCHSTYP *aromatisch mandelartig, anisartig, pizzaartig, thymianartig, vanillig, rauchig*
GEWÜRZE *Bergamotte, Eukalyptus, Majoran, Myrrhe, Harze, Mastix, Tamarinde, Vanille*
GEMÜSE *Avocado, Blumenkohl, Bohne, Haferwurzel, Kartoffel, Kürbis, Mangold, Rote Bete, Schwarzwurzel, Sellerie, Sojabohne, Spinat, Topinambur*

7. PHENOLE, PHENOLDERVIVATE, PHENOLPROPANOIDE
(z.B. Estragol, Eugenol, Myristicin, Safrol, Zimtaldehyd)

GERUCHSTYP *muskatartig, würzig, zimtig*
GEWÜRZE *Anis, Basilikum, Liebstöckel, Lorbeer, Oregano, Pfeffer, Muskatnuss, Zimt*
GEMÜSE *Blumenkohl, Haferwurzel, Karotte, Kerbelrübe, Kohlrabi, Pastinake, Schwarzwurzel, Spargel, Taro, Wurzelpetersilie*

8. HETEROCYCLISCHE VERBINDUNGEN
(z.B. Butylphtalid, Coriandrin, Cumarin Furfural, Penthylfuran, Perillen, Pyrazin, Sesamol, Sotolon)

GERUCHSTYP *brotrindenartig, heuartig, karamellig, holzig, nussig, röstig*
GEWÜRZE *Ahornsirup, Heu, Nüsse, Mohn, Sesam, Waldmeister*
GEMÜSE *Bohne, Kichererbse, Schwarzwurzel, Sellerie, Zichorie, Grüner Paprika, Gartenbohne, Spargel, Zuckermais Pastinake*

9. TRIGEMINALREIZE
(z. B. Capsaicin, Gallussäure, Oxalsäure)

GERUCHSTYP *geruchlos, trigeminal reizend, wärmend, kühlend, beißend, demineralisierend*
GEWÜRZE *Chili, Pfeffer, Stevia*
GEMÜSE *Zwiebelgewächse, Spinat*

Aromaten erst nach dem Erhitzen, beim Kochen und Braten aus. In geräucherten Lebensmitteln und Gemüsen, auch in jenen, die bei Tisch mit der Räucherpfeife geräuchert werden, gehören die Aromaten zu einer Hauptkomponente des „Gewürzes" Rauch. Beim Erhitzen bilden sich außerdem häufig aromatische Schwefelstoffe. Sie verbinden eine lineare Kette mit einem Benzolring (und werden deswegen nicht zur Gruppe 2 gezählt). Ein typischer Vertreter ist **BENZYLISOTHIOCYANAT**, das mit seinen Attributen „aromatisch, brunnenkresseartig, medizinal, ölig, meerrettichartig" auf eine eindrucksvoll riechbare Weise die „Aromatik des Benzolrings" mit typischen Gerüchen der Schwefel-Stickstoffverbindungen aus der Gruppe 2 verbindet. Des Weiteren fügt es leichte trigeminale Reize bei.

GRUPPE 7: PHENOLE, PHENOLDERIVATE, PHENYLPROPANOIDE – TYPISCHE („SCHWERE") DÜFTE NACH ZIMT, MUSKAT & CO.

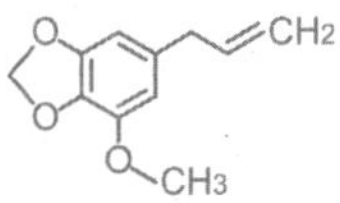

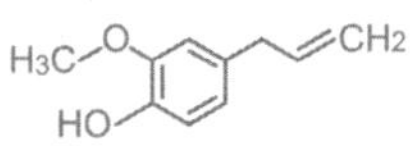

MYRISTICIN △ *würzig, warm, balsamisch,* □ *holzig,* ◇ *wärmend*
EUGENOL △ *würzig, süßlich, gewürznelkenartig,* □ *aromatisch, holzig, pimentartig,* ◇ *warm-würzig*

Phenylderivate riechen noch intensiver, meist „öliger" und würziger als die Aromaten. Das in Muskatnuss und Petersilie dominante **MYRISTICIN** ist in Wurzelgemüsen wie Haferwurzel, Karotte, Kerbelrübe, Pastinake, Schwarzwurzel, Spargel, Taro und natürlich Wurzelpetersilie duftbestimmend. **EUGENOL**, das den Duft von Gewürznelken prägt und ebenfalls in Piment und Zimt, Lorbeerblättern, Basilikum, Muskatnuss und deren Blüte Macis vorhanden ist, sorgt für die würzige, eher schwer empfundenen Düfte. Man findet es in vielen Gemüsen, angefangen von der Artischocke über Blumenkohl, Gemüsepaprika und Kerbelrübe bis hin zur eher matt wirkenden Zucchini. **ESTRAGOL** gibt vor allem den Kräutern Estragon, Kerbel und Basilikum die Grundaromen, aber auch der Fenchelknolle und Tomaten.

GRUPPE 8: HETEROCYCLISCHE VERBINDUNGEN, KOHLENWASSERSTOFFE, AMIDE UND MAKROZYKLEN – RÖSTAROMEN, NICHT NUR AUS DER PFANNE

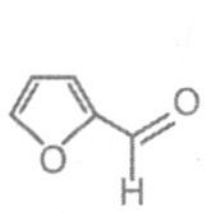

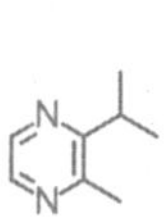

FURFURAL △ *süßlich-röstig, brotartig,* □ *nussig,* ◇ *karamellig*
2-METHOXY-3-ISOBUTYLPYRAZIN △ *würzig grün, erbsenartig, bohnenartig, grüner Paprika*

Die letzte Gruppe der Duftstoffe besteht vor allem aus Röstaromen. Cyclische Moleküle weisen immer eine ringförmige Struktur auf. Im Unterschied zum Benzolring bei Aromaten und Phenylpropanoiden sind bei Heterozyklen nicht nur Kohlenstoffatome, sondern auch Sauerstoff, Schwefel- oder Stickstoffe eingebaut.

Diese tiefen, röstigen Aromen können schon von vornherein in einem Gemüse vorkommen oder bei praktisch jedem Erhitzungsprozess über Karamellisierungsvorgänge und Maillardreaktion (→ Seite 94) entstehen. Einer der bekanntesten Vertreter ist das **MALTOL**, das beim Karamellisieren von Zucker entsteht und eine süßliche, malzige Karamellnote aufweist. Ein weiteres Beispiel ist das **SOTOLON**, das in Bockshornklee und Liebstöckel vorkommt und charakteristisch für Knollensellerie ist. Besonders im gekochten Zustand verhilft es der Wurzel zu ihrer typischen Karamellnote. Ein Grund mehr, Sellerie zum Schmoren und als „vegetales" Röstgemüse zuzugeben. Viele von den Aromen, die beim Rösten entstehen, sind bereits im Rohzustand vorhanden. **FURFURAL** trägt zum Beispiel bei Gewürznelken zu den dunklen Noten bei, **CUMARIN** erzeugt den Duft von Heu und gibt getrocknetem Waldmeister seinen charakteristischen Geruch. In Gemüse spielen sie vor allem in zuckerreichen Sorten wie Avocado, Kichererbse, Okra, Rote Bete, Süßkartoffel, Taro, Tomate und Tomatillo eine große Rolle. Sie entstehen auch direkt aus den verschiedenen freien Pflanzenzuckern. **CUMARIN** ist nicht nur vorherrschend in Tonkabohnen und Waldmeister, sondern auch eine wesentliche Komponente im Rettich- und Radieschenkraut. In höheren Konzentrationen sind übrigens alle der hier dargestellten Verbindungen gesundheitsschädlich. Allerdings sind die Konzentrationen in der Küche meist derart niedrig, dass diese Diskussionen hier nicht ernsthaft geführt werden müssen. Zu den Heterozyklen gehören außerdem die Pyrazine; beispielhaft sei hier das **2-METHOXY-3-ISOBUTYLPYRAZIN** genannt, das grünem Gemüsepaprika seinen erdigen Duft gibt und auch im Wein, etwa Sauvignon Blanc, typisch ist. Die Gruppe 8 ist damit für Röststoffe, aber auch für erdig-würzige Aromen verantwortlich.

GRUPPE 9: TRIGEMINUSREIZ

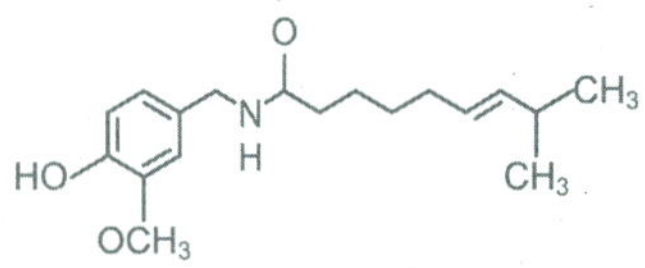

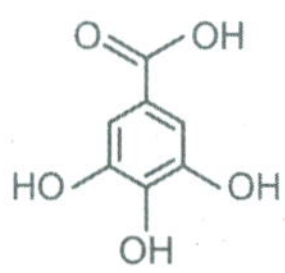

CAPSAICIN ◇ *trigeminal scharf*
GALLUSSÄURE ◇ *stark adstringierend*

Für die trigeminale Wahrnehmung sind nichtflüchtige Moleküle auch abseits der Geschmackseigenschaften von zentraler Bedeutung. Die bekanntesten Vertreter sind das Alkaloid **CAPSAICIN**, das in manchen „scharfen", roten Paprikasorten auftritt (und im Chili vorherrschend ist) sowie **PIPERIN**. Von beiden Stoffen gibt es mehrere Isomere und Derivate. Sie sorgen für einen trigeminalen Wärmereiz im Mund. Die Wahrnehmung dieser Moleküle erfolgt nicht über Geschmacksknospen, sondern über den zentralen Hirnnerv, den Nervus trigeminus, der für Wärme, Kälte und Schmerzreize empfindlich ist. Wie die trigeminalen Reize entstehen und welche Bandbreite an sensorischen Empfindungen sie umfassen, wird weiter unten ausführlicher dargestellt (→ Trigeminus, ein unterschätzter Reiz, Seite 28).

Einige der Geruchsstoffe der Gruppen 1 bis 8 sind nicht nur geruchsaktiv, sondern auch stark trigeminal reizend. Sie lösen orthonasal, retronasal und sogar oral Wärme (z. B. **EUGENOL**) oder Kühlereize (z. B. **MENTHOL**) aus, wirken adstringierend (**BISABOLEN**) oder stechend (**ESSIGSÄURE**). Einige Schwefelstoffe aus Gruppe 2 verursachen einen starken Schmerz und wirken extrem kalt. Diese Moleküle werden im Gemüse-A-bis-Z in der Liste der Aromen eigens mit einem hochgestellten „T" markiert, das auf den Trigeminalreiz hinweist, damit man diesen jeweils „würztechnisch" und kochtechnisch nutzen kann.

Der neunte Kreis in unserem Farbschema, der „Trigeminalkreis", kann also von zwei verschiedenen Molekülgruppen aktiviert werden: zum einen von diesen mit „T" gekennzeichneten, trigeminal wirkenden Aromen und zum anderen von speziellen nicht flüchtigen Verbindungen (die keine Aromen sind und jeweils nur im Fließtext, nicht in der Aromenliste auftauchen) wie Capsaicin, Gallussäure oder anderen gemüsetypischen phenolischen Verbindungen, die für eine starke Adstringenz verantwortlich sind.

FLÜCHTIGKEIT UND LÖSLICHKEIT

Alle Gerüche sind mehr oder weniger flüchtig. Nur weil sie aus den Pflanzen austreten und in die Luft schweben, können sie überhaupt in die Nase gelangen und dort gerochen werden. Wie schnell das geht, hängt von drei Faktoren ab: von der Molekülgröße, der Temperatur und dem Lösungsmittel. Kompliziert aufgebaute Moleküle sind weniger flüchtig als „einfache", deren Anzahl an Kohlenstoffatomen unter 16 bis 20 liegt. Schwefelige und blumige Aromen sind beispielsweise leicht flüchtig: Eine angeschnittene Knoblauchzehe duftet sofort und sehr intensiv, ist aber schon nach kurzer Zeit „ausgeraucht". Tiefe, erdige, warme Noten – etwa Gewürznelken – duften weniger stark, dafür länger anhaltend. Hinzu kommt, dass bei höheren Temperaturen die Molekülgeschwindigkeit und damit die kinetische Energie steigt. Der Zusammenhang zwischen Hitze, Geschwindigkeit und Energie wird „thermische Energie" genannt. Übersteigt diese Energie eine bestimmte Schwelle, dampfen Aromen ab. Bis zu einer bestimmten Temperatur kann man das verzögern: Damit Düfte beim Kochen, Braten oder Backen im Gericht verbleiben und nicht in die Umgebung verdampfen, muss man den Molekülen ein gutes Lösungsmittel anbieten – wobei „gut" in diesem Fall nicht nur die Löslichkeit meint, sondern auch, dass das Mittel außerdem wohlschmeckend und verträglich ist. Für den Gebrauch in der Küche qualifizieren sich daher nur Wasser, Fett und Ethanol (Alkohol).

Der Fachbegriff „Lösungsmittel" umschreibt die Fähigkeit des Festhaltens: Die Moleküle der Flüssigkeiten bilden eine Schale um jedes einzelne Duftmolekül und trennen sie dadurch voneinander – daher der Begriff „lösen". Auch an der Oberfläche trennt sie ein dünner Film von der Luft, sodass sie nicht so leicht davonschweben können. Im Mund werden sie dann retronasal wahrgenommen.

Die Molekularstruktur der Aromen bestimmt die Löslichkeit der Stoffe in verschiedenen Lösungsmitteln. Der Satz klingt wie aus einem Lehrbuch der physikalischen Chemie, ist aber von großer Bedeutung für jede Küchenanwendung. Als Faustregel lässt sich festhalten: Die meisten Aromen lösen sich in Fett, einige in Alkohol, Geschmacksstoffe lösen sich in Wasser. Wie gegensätzlich diese Lösungsmittel sind, lässt sich schon allein daran erkennen, dass sich Fett und Wasser selbst nicht mischen. Der Grund liegt in den molekularen Eigenschaften: Wassermoleküle sind polar, Fettmoleküle (Triacylglyceride) vollkommen unpolar.

AROMA IM KOCHWASSER: GEMÜSEBRÜHEN Natürlich duften Gemüsebrühen nach Gemüse oder das Spargelkochwasser intensiv nach Spargel. Der Grund ist einfach: Sie riechen stark, weil die Aromen das Wasser nicht mögen und so rasch wie möglich flüchten. Dennoch können sie sich unter bestimmten Verhältnissen auch in Wasser „lösen". Dabei hilft die – den unpolaren Aromastoffen eigentlich ja hinderliche – Polarität des Wassers. Da die Wassermoleküle polar sind, orientieren sie sich so zueinander, dass sich ihre positiv geladene Wasserstoffseite dem nächsten negativ geladenen Sauerstoffteil zuwendet: Gegensätze ziehen sich an. Daher können unpolare Aromenverbindungen von einem Wasserkäfig umschlossen und so

DUFT AN DER RICHTIGEN STELLE

Dünstet man Rosenkohl in Wasser, erfüllen schnell typische Kohlaromen die Küche. Der Grund: Aromastoffe lösen sich nur bedingt im Wasser, bei höheren Temperaturen immer schlechter, und flüchten in die Luft. Wird Rosenkohl hingegen mit Öl bedeckt „gedünstet", sprich konfiert, lösen sich die Aromaverbindungen im Öl. Die Küche „duftet" weit weniger nach schwefeligem Kohl und die im Öl gelösten Aromastoffe wandern genau dorthin, wo sie hingehören: in den Mund. Mit jedem Tropfen Öl werden beim „oralen Prozessieren", also beim Kauen, die Aromastoffe wieder freigegeben und retronasal wahrgenommen. Öl, Fett und Gemüse gehören unbedingt zusammen, allein wegen der sensorischen Bedeutung und zum „Aufsammeln" und „Speichern" der flüchtigen, wasserunlöslichen Aromen.

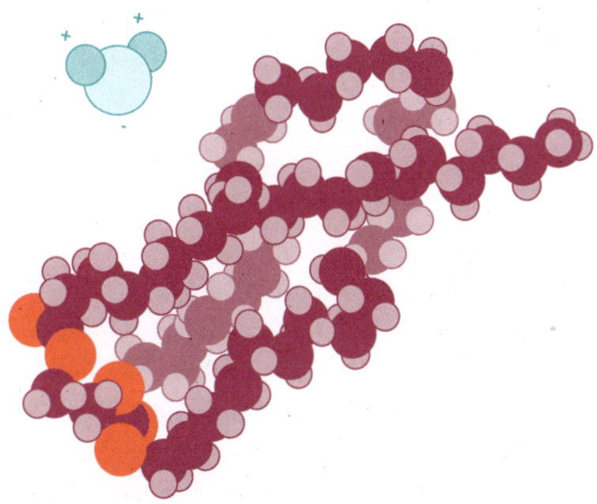

Die Gegensätze in der Küche: Wasser (blau) und Fett. Wassermoleküle sind polar, d.h. auf der Sauerstoffseite leicht negativ, auf der Wasserstoffseite leicht positiv geladen. Dadurch können nur polare oder elektrisch geladene Stoffe in Wasser gelöst werden. Fett ist apolar.

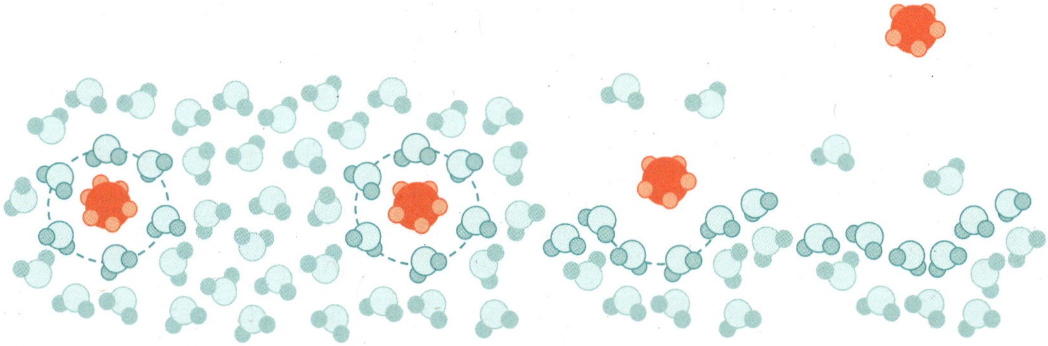

Wassermoleküle bilden um unpolare Aromaverbindungen „Käfige" und halten sie so fest. Solange die Duftmoleküle nicht zu Tropfen kondensieren, bleiben sie „gelöst".

Die Flüchtigkeit einer hydrophoben Aromaverbindung in Wasser. Zwar hält der Käfig die Verbindung im Wasser fest (links), an der Oberfläche jedoch wird der Käfig aufgebrochen (Mitte). Das Molekül ist jetzt dem „besseren" Lösungsmittel Luft ausgesetzt und wird so flüchtig. Es steht jetzt dem orthonasalen Riechen zur Verfügung.

im Wasser gehalten werden. Diese Einbindung ist allerdings instabil. Moleküle, die sich in der Nähe der Wasseroberfläche befinden, verflüchtigen sich, denn die gasförmige Luft ist für diese unpolaren Stoffe ein weit besseres Lösungsmittel als das polare Wasser. Sie treten aus und „duften".

Die Flüchtigkeit der Aromen ist ein großes Problem, da in den meisten Fällen die Gartemperaturen hoch sind. Daher ist es von Vorteil, eine ausreichende Menge an Lösungsmittel während des Garens zur Verfügung zu stellen, im besten Fall Fett, denn dessen Moleküle (Triacylglyceride) sind sehr groß und schwer. Sie können während des Kochens nicht verdampfen und haben daher einen hohen Siedepunkt. Fette lösen viele Aromen, deshalb ist Fett ein „Aromaträger" und kein „Geschmacksträger" (→ Gemüseküche, Seite 60).

WAHRNEHMUNGSSCHWELLE, GERUCHSADAPTION UND AROMAWERT

Wie intensiv die verschiedenen Duftkomponenten gerochen werden können, hängt von vielen Ursachen ab. So sind zum einen die Wahrnehmungsschwellen der Aromastoffe ganz unterschiedlich. Jeder Stoff weist eine bestimmte Konzentrationsschwelle auf, eine Anzahl von Molekülen in einem bestimmten Luftvolumen, ab der er wahrgenommen werden kann. Ist diese sehr niedrig, genügen bereits wenige Moleküle, um den charakteristischen Duft zu riechen. Die Schwelle ist nicht einfach vorherzusagen, es gibt allerdings ein paar grundsätzliche Gemeinsamkeiten. Auch hier gilt: Je größer die Moleküle sind, also je höher ihr Molekulargewicht, desto tiefer liegt die Geruchsschwelle. Dies ist physiologisch sinnvoll: Da diese Moleküle weniger flüchtig sind, müssen sie auch in geringen Konzentrationen wahrnehmbar sein. Gerüche können schließlich vor Gefahren „warnen". Allerdings gibt es viele Ausnahmen von diesem vermeintlich klaren Sachverhalt.

Neben der Wahrnehmungsschwelle existiert als weiteres Phänomen die Geruchsadaption. Die Funktion der Riechkanäle ist so ausgelegt, dass immer nur die zeitliche Veränderung eines Geruchsstroms als „Duft" wahrgenommen wird. Bleibt der Strom über längere Zeit konstant, wird er nicht mehr wahrgenommen. Wir „gewöhnen" uns daran, adaptieren ihn – sehr gefährlich etwa beim Nachlegen eines Parfüms. Nach erneuten Einsprüchen nehmen andere, die den Duft nicht adaptiert haben, den Geruch noch deutlicher wahr. Auch kulinarisch spielt die Geruchsadaption eine große Rolle: Kein Weinkenner und Sommelier hält die Nase zu lange tief ins Glas. Die Adaption verhindert schnell die Wahrnehmung feiner, flüchtiger Noten, die den Wein so reizvoll gestalten. Diese Adaption hängt übrigens von der Molekülstruktur und der Flüchtigkeit ab.

Ein dritter und entscheidender Parameter für die Duftwirkung ist der „Odor Activity Value" (OAV). Er misst das Verhältnis zwischen der Konzentration eines Aromastoffs in einem Lebensmittel und dessen Geruchsschwelle in diesem.

$$\frac{\text{Konzentration}}{\text{Wahrnehmungsschwelle}} = \text{OAV}$$

Bei dem Beispiel Tomate kann man gut erkennen, dass die grünen Düfte in ihrem breiten Aromaspektrum eine Schlüsselrolle spielen.

Aromaverbindung	Aromawert (OAV) in Wasser
(Z)-3-Hexenal	50 000
Hexanal	630
1-Penten-3-on	500
β-Damascenon	500
Furaneol	380
3-Methylbutanal	130
(E)-2-Hexenal	16
2-Isobutylthiozol	10

Im Aromaspektrum der Tomate steht das grün duftende Blätteraldehyd (Z)-3-Hexenal deutlich im Vordergrund. Ohne die Schwefelverbindung 2-Isobuthylthiozol und ohne Furaneol würde das Gemüse aber einen Teil der Duftcharakteristik verlieren.

Kommt etwa ein Aroma in nur geringer Konzentration vor, besitzt aber eine sehr niedrige Wahrnehmungsschwelle, wird es dennoch gerochen. Bei hohen Wahrnehmungsschwellen hingegen ist eine höhere Konzentration vonnöten, damit das Aroma überhaupt wahrgenommen werden kann – so reichhaltig es im Gemüse auch enthalten sein mag.

So ist zum Beispiel der hochaktive, grün und grasig duftende Blätteralkohol **(Z)-3-HEXENOL** mit seinem sehr hohen OAV in einer Vielzahl von Gemüsen vorhanden: in Aubergine, Blumenkohl, Brokkoli, Cardy, Chayote, Chinakohl, Haferwurzel, Kürbis, Pak-Choi, Papaya, Portulak, Rhabarber, Rosenkohl, Rucola, Salat, Senfkohl, Sojabohne, Speiserübe, Spinat, Taro, Tomate, Tomatillo, Zichorie und Zucchini. Während sein grasiger Duft in rohen Auberginen, Chayote und Rhabarber stark dominiert, wird er in den Kohlarten weit in den Hintergrund gedrängt. Dort bestimmen die weit duftaktiveren linearen Schwefelaromen das Aromaspektrum. Würde **(Z)-3-HEXENOL** in den Kohlarten jedoch gänzlich fehlen, wäre der Aromaeindruck ein ganz anderer. In der Tomate sind die Verhältnisse ähnlich. Der grasig-grüne Duft ist am Stielansatz weit ausgeprägter als im Fruchtfleisch, dort sind, je nach Sorte, Reife und Farbe, florale Gerüche dominanter. Dennoch definieren alle Gerüche gemeinsam das „Tomatenaroma". Duftwahrnehmung und OAV sind stark von der Umgebung abhängig, in die der Duftstoff eingebettet ist. In einem schlechten Lösungsmittel ist der gleiche Stoff mit gleicher Wahrnehmungsschwelle leichter flüchtig und hat so eine höhere Riechaktivität. Im passenden Lösungsmittel wird er dagegen festgehalten, ist also kaum riechaktiv.

SCHLÜSSELAROMEN

Sticht eine Aromaverbindung aus einem Lebensmittel, Gemüse oder Gewürz mit einem besonders hohen Aromawert (OAV) hervor, wird diese als Schlüsselaroma bezeichnet. Ist ein Schlüsselaroma vorhanden, bestimmt es einen Großteil des Eindrucks dieses Lebensmittels. Mithilfe von Gaschromatografen, die kleinste Mengen (ppb = parts per billion) vorhandener Moleküle in den entsprechenden Lebensmitteln messen können, und der bekannten Schwellenwerte, lassen sich die Aromawerte ermitteln. In vielen Gemüsen gibt es allerdings keine einzelnen Schlüsselaromen, der typische Geruch eines Gemüses wird etwa durch das Zusammenwirken von mehreren Aromaverbindungen definiert, die in einem bestimmten Konzentrationsverhältnis zueinander stehen. Verschiebt sich dieses Verhältnis oder fehlt eine Aromaverbindung, riecht das Gemüse „anders". Eine Ausnahme ist beispielsweise die Gurke, dort bestimmt das „Gurkenaldehyd" **(E,Z)-2,6-NONADIENAL** einen großen Teil des typischen Duftes.

GESCHMACKSSINN UND GRUNDGESCHMACK

„Geschmack" ist vermutlich eines der am häufigsten missverständlich verwendeten Wörter, wenn es um Essen und Trinken geht. Meist bezeichnen wir damit den ganzen Genuss, ohne zwischen Aroma und Geschmack einer Speise bzw. dem menschlichen Geruchs- und Geschmackssinn zu differenzieren.

Ein einfaches Beispiel dafür, dass es einen wesentlichen Unterschied gibt, ist die Tomate: Riecht man daran, duftet sie „grün, fruchtig, einen Hauch floral". Nimmt man sie bei zugehaltener Nase in den Mund, schmeckt sie lediglich „süß" „sauer" und irgendwie „herzhaft". Öffnet man dann die Nase, nimmt man mit der Zunge weiterhin den süßen, sauren und umami-Geschmack wahr, während gleichzeitig die duftenden Aromen über den hinteren Rachenraum – „retronasal" – in die Nase gelangen und wiederum ganz anders wirken als „orthonasal" (→ Seite 9). Kurz gesagt: Aromen oder Duftstoffe werden – ortho- und retronasal – mit der Nase wahrgenommen, Geschmack wird nur mit der Zunge geschmeckt. Und dann kommt es noch darauf an, wie man kaut und „oral prozessiert". Die Wahrnehmung ist komplexer, als es scheint.

DIE FÜNF GRUNDGESCHMACKSRICHTUNGEN

Im Unterschied zu den unzähligen Düften, für deren Beschreibung bisweilen die Worte fehlen, sind die Geschmacksrichtungen recht übersichtlich: Bisher werden fünf Grundgeschmacksrichtungen plus eine als gesichert angesehen: „Süß", „sauer", „salzig" und „bitter" kennt wohl jeder. Die nicht ganz so geläufige fünfte Geschmacksrichtung, der „umami"-Geschmack, steht für „herzhaft, fleischig". Entsprechende Rezeptoren wurden Anfang des 20. Jahrhunderts von dem japanischen Chemiker Ikeda Kikunae auf der menschlichen Zunge entdeckt. Der Geschmack wurde nach dem japanischen Wort für „wohlschmeckend" benannt.

2011 wurde nachgewiesen, dass es auf der menschlichen Zunge außerdem gustatorische Rezeptoren für „fett" bzw. für Fettsäuren gibt. Das wäre ein sechster Grundgeschmack, wobei nicht geklärt ist, ob diese Signale auch an das Gehirn weitergeleitet und dort entsprechende „Sensationen" ausgelöst werden. Bis heute zählt in der Fachwelt „fett" nicht als Grundgeschmacksqualität.

GESCHMACK – PHYSIOLOGISCHE FUNKTION UND WIRKUNG

Süß	Zucker sofortige Energie, nicht giftig
Salzig	Mineralien, Elektrolyte Zellfunktion, Nervenaktivität
Sauer	Speichelfluss, Warnsignal unreif, niedriger pH-Wert, Lebensmittelsicherheit
Bitter	Bitterstoffe, Alarmzeichen, Gift
Umami	Protein, Glutaminsäure, essentielle Aminosäuren vorhanden

Seit Kurzem gibt es außerdem Hypothesen, es gäbe einen Geschmack für kurzkettige Zucker (zwischen 7 und 14 Glucosen) und hydrolisierte Stärke, der nicht über die Süßrezeptoren getriggert wird und auch nichts mit der Spaltung der Amylose über das Enzym Amylase, das sich im Speichel befindet, zu tun hat. Das wäre dann möglicherweise ein siebter Grundgeschmack, doch das liegt bisher, wie gesagt, allein im Bereich der Vermutungen. Wir gehen daher in unserem Buch von den fünf als gesichert geltenden Geschmacksrichtungen aus.

DER GESCHMACKSSINN UND SEINE FUNKTION

Aber warum eigentlich der ganze Aufwand, weshalb können wir schmecken? Die Antwort liegt – ähnlich wie beim Geruch – in der Evolution. Bei unseren Vorfahren gab es weder Zutatenlisten noch Inhaltsstoffangaben. Trotzdem mussten sie herausfinden, was genießbar war und was nicht. Mit der Entdeckung des Fett-Rezeptors wird immer deutlicher, dass wir schmecken können, was der Mensch aufgrund seiner Biologie und Physiologie am dringendsten benötigt: Energie (Zucker, süß), Proteine (Fleisch, proteinreiche Pflanzen, umami-Geschmack) und mineralreiche Lebens-

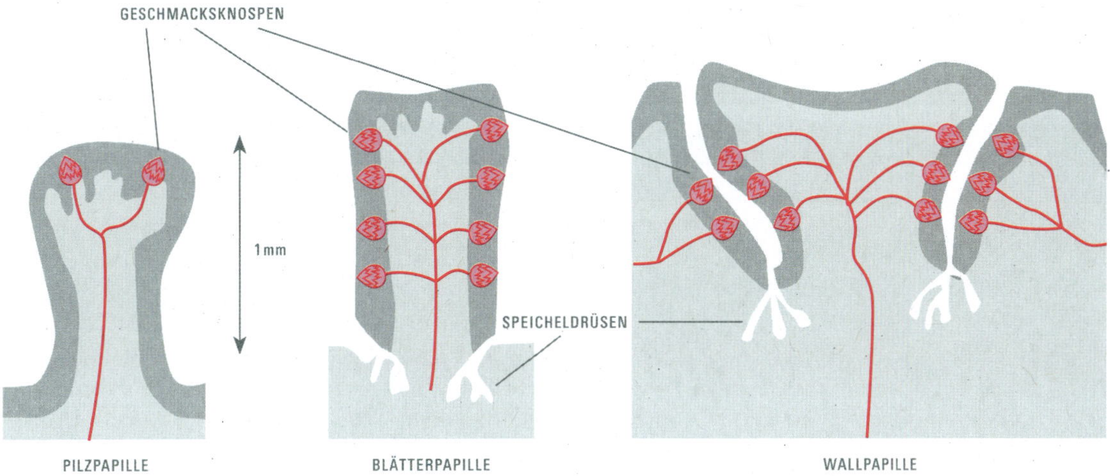

Verschiedene Papillenformen sorgen für eine detaillierte Erfassung des Geschmacks, die Speichel- und Spüldrüsen sind weiß dargestellt.

mittel (salzig). Andererseits musste gewarnt werden: Bittere Beeren oder Wurzeln sind mit großer Wahrscheinlichkeit giftig, stark saure Früchte zumindest mit Vorsicht zu genießen, da sie häufig unreif sind und möglicherweise noch zu viele antinutritive Stoffe enthalten, die sich erst während der Reifung (enzymatisch) abbauen.

ZUNGENPAPILLEN UND GESCHMACKSKNOSPEN

Auf der Zunge befindet sich eine Vielzahl von Rezeptoren, die für unsere Geschmacksempfindungen verantwortlich sind. Sie befinden sich in den Papillen, von denen es unterschiedlich geformte Typen gibt, die an verschiedenen Stellen der Zunge sitzen: Pilzpapillen (vorwiegend auf der Zungenoberfläche), Blätterpapillen (vorwiegend am Zungengrund) und Wallpapillen (in der Nähe der Zungenwurzel).

Die hierarchische Anordnung der Papillen auf der Zunge bestimmt ein sofortiges Prüfen und nachhaltiges Schmecken der Lebensmittel.

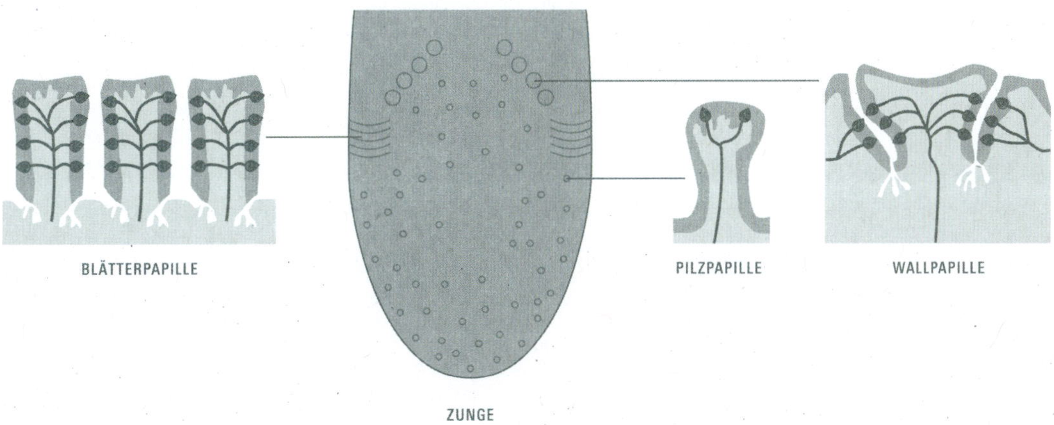

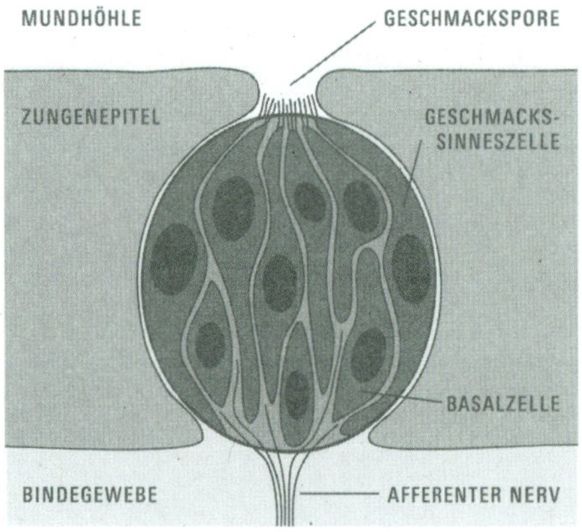

Aufbau einer Geschmacksknospe.

Die ganze Zunge ist darüber hinaus mit Fadenpapillen besetzt, die die physikalischen Eigenschaften der Lebensmittel – Oberflächenbeschaffenheit, Fließverhalten oder andere Textureigenschaften – schnell und sehr genau erkennen (→ Textur, Seite 32).

Die stark zerfurchte und zerklüftete Oberfläche der Zunge und die daraus resultierenden Schwankungen in der Papillendichte sind von Vorteil, denn so sind die Geschmacksreize rasch erkennbar und gleichzeitig für eine gewisse Zeit wahrnehmbar. So wird die Prüfung der Lebensmittel und ihr Genuss sichergestellt.

Im Gegensatz zu früheren Annahmen gibt es keine „Geschmackslandkarten" auf der Zunge, also bestimmte Bereiche, in denen nur süß, bitter usw. wahrgenommen werden. Die Rezeptoren sind nahezu für alle Grundgeschmacksqualitäten in etwa gleich verteilt. Wie aber wird der unterschiedliche Geschmack wahrgenommen? Dazu sind Geschmacksknospen und Rezeptoren, die nach selektiven Mechanismen arbeiten, vonnöten.

An den Wänden der Papillen liegen die Geschmacksknospen, die in ihrer Form tatsächlich an Blütenknospen erinnern. Sie bestehen aus mehreren Sinneszellen, die sich in verschiedenen Segmenten anordnen. Jede Sinneszelle ist dabei durch mehrere Nervenfasern mit dem Zentralnervensystem verbunden, das Signale ins Gehirn weiterleitet, wo der Geschmacksreiz erst in die entsprechende Geschmacksqualität, also beispielsweise „süß", „bitter" oder „salzig", übersetzt wird. Erkannt – oder wie Physiker sagen, detektiert – wird die jeweilige Geschmacksrichtung allerdings schon in den Geschmacksknospen durch Rezeptoren in den sogenannten Mikrovilli, fadenförmigen Ausstülpungen, die die Oberfläche und damit die „Feinfühligkeit" der Sinneszellen in der Geschmacksknospe erhöhen. Auf der Zunge liegen auch Fadenpapillen, sie enthalten Mechanorezeptoren, die für Texturwahrnehmungen verantwortlich sind.

Verschiedene Rezeptorentypen sorgen für den guten Geschmack. Die Rezeptorproteine (komplexe und auf ganz bestimmte Weise gefaltete Biomoleküle) sind in der jeweiligen Zellmembran, einer Doppelschicht aus Phospholipiden („Emulgatoren"), verankert und übernehmen dort die Aufgabe der Grundgeschmackserkennung.

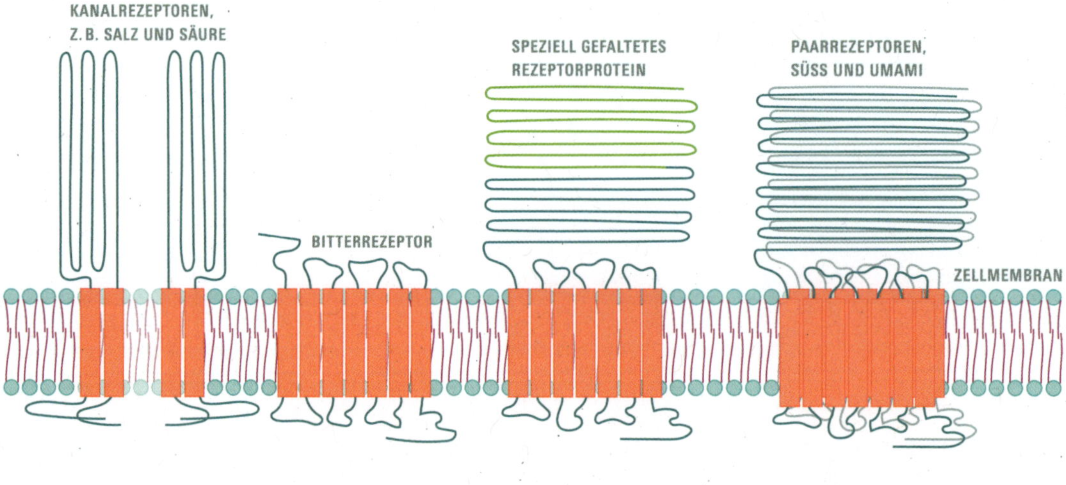

WIE FUNKTIONIEREN DIE REZEPTOREN?

Für das Erkennen von Molekülen und molekularen Eigenschaften gibt es mehrere komplizierte Mechanismen. Vereinfacht könnte man sagen: Ein Geschmacksreiz wird durch jeweils ganz bestimmte Stoffe ausgelöst – die Geschmacksstoffe –, die in einem Gemüse (oder in anderen Lebensmitteln) vorhanden sind, wobei für jeden Geschmacksreiz andere Stoffe bzw. Stoffgruppen verantwortlich sind (→ Geschmack in Gemüse, Seite 48). Schmecken lassen sich nur wasserlösliche Stoffe. Dies ist, auch für die Sensorik, der fundamentale Unterschied zum Geruch. Geschmack basiert grundsätzlich auf Wasserlöslichkeit, Geruch auf Fett- (und Alkohol-)löslichkeit. Die Geschmacksstoffe werden vom Speichel gelöst und im Mundraum an den Rezeptoren vorbeigespült, bis sie zufällig an den für ihre Geschmacksrichtung „zuständigen" Rezeptor gelangen und dort andocken. Nur dort passen sie und lösen ihren Reiz aus. Passt der Stoff nicht, reagiert der Rezeptor nicht – wie beim Geruch spricht man auch hier vom Schlüssel-Schloss-Prinzip. Die Rezeptoren sind allesamt sogenannte Membranproteine, die molekulare Eigenschaften von Molekülen an dem chemischen Muster erkennen.

Während sich der Aufbau der Geschmacksrezeptoren für „salzig" und „sauer" ähnelt, funktionieren alle anderen jeweils grundsätzlich anders. Dies liegt an der Natur der Geschmacksauslöser. Salzgeschmack wird durch Ionen ausgelöst: Kochsalz, also Natriumchlorid (NaCl), löst sich in wässriger Umgebung in positiv geladene Natriumionen (Na^+) und negativ geladene Chloridionen (Cl^-) auf. Sowohl die Art der Teilchen als auch die elektrische Ladung zwischen beiden wird von „Ionenkanälen", sogenannten Kanalproteinen, wahrgenommen: Erst bei dieser Doppelbedingung reagiert der Rezeptor. Der Sauergeschmack wird durch Säuren und damit durch positiv geladene Protonen (H^+) ausgelöst, die ebenfalls als kleine geladene Teilchen über Kanalproteine detektiert werden. Die für die Reize „umami" und „bitter" verantwortlichen Moleküle sind komplizierter aufgebaut – entsprechend komplex müssen die jeweiligen Detektoren sein. Der Umami-Geschmacksrezeptor spricht auf den Stoff Glutaminsäure an, Bittergeschmack dagegen wird von unterschiedlichen Stoffen ausgelöst. Strikt nach dem „Schlüssel-Schloss-Prinzip" gibt es 25 verschiedene Bitterrezeptortypen, die jeweils eine bestimmte Ausprägung von „bitter" erkennen können. Alle senden sie ihr individuelles „bitter"-Signal. Diese in der Wissenschaft als TAS2R- Rezeptorenfamilie bezeichneten Detektoren sind allerdings nicht bei allen Menschen gleich ausgeprägt. Abhängig von der genetischen Veranlagung wird „bitter" von „Bitterschmeckern" stärker wahrgenommen als von „Nicht-Schmeckern". Auch das entscheidet, ob beispielsweise Brokkoli – ein Gemüse mit vielen Bitterstoffen – gemocht wird oder nicht. Für die Wahrnehmung der Geschmacksrichtungen „süß" sind wiederum zwei Rezeptoren notwendig, die in engem Kontakt miteinander stehen. Erst wenn ein Molekül dieses „Rezeptorduett" reizt, wird an das Gehirn der Reiz „süß" weitergegeben.

ABSEITS DES GRUNDGESCHMACKS – KOKUMI

Oft, aber nicht zwingend verbunden mit der Geschmacksrichtung „umami" ist ein weiterer Eindruck, der ebenfalls entscheidend zum Gesamteindruck, dem „Flavour" einer Speise beiträgt. Dieser Eindruck wird mit dem japanischen Wort „kokumi" bezeichnet und lässt sich vereinfacht als „Mundfülle" übersetzen. Genau genommen umfasst „kokumi" die Eigenschaften „Impakt" „Mundfülle" und „Rundheit". Der erste Zungenkontakt, der „Impakt", stellt so etwas wie eine Summe aller vorhandenen Geschmacksrichtungen dar und ist das Ergebnis davon, wie die Speise die Geschmackknospen „attackiert". Dazu können sofort die Trigeminusreizungen wie scharf/heiß, kalt, brennend usw. kommen (→ Trigeminus, Seite 28). Geschieht dies rasch, intensiv oder gar sehr intensiv? Alles Signale, die den ersten Eindruck festlegen. Danach wird die „Mundfülle" wahrge-

Nicht nur Proteinbestandteile, sondern auch verschieden oxidierte Fettsäuren, sogenannte Oxylipine, etwa bei Avocado, Chicorée und anderen fettreichen Gemüsen, sorgen für eine deutliche Mundfülle. Der gemeinsame Nenner von umami-Geschmack und kokumi-Effekt: Sind zwei oder drei Aminosäuren (hell) noch mit der Glutaminsäure (dunkel) verbunden, wird kokumi-Mundfülle ausgelöst. Freie Glutaminsäure wird dagegen Glutamat genannt – und erzeugt den herzhaften umami-Geschmack.

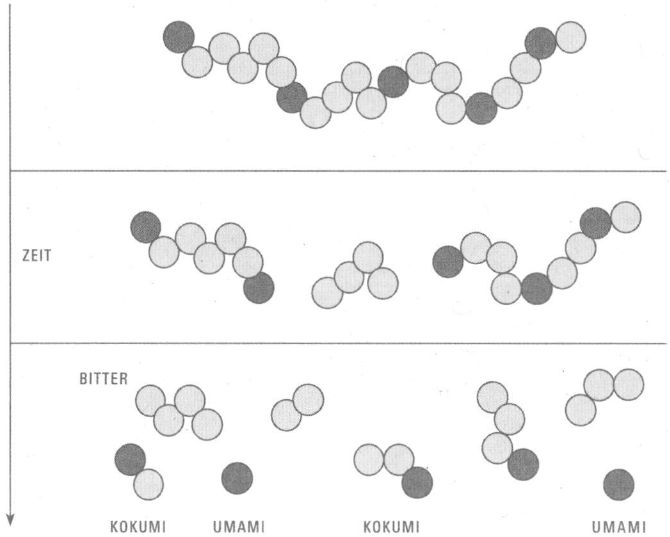

KOKUMI-FOND

Die Bohnensaucen der asiatischen Küche lassen sich aufgrund ihres Eigengeschmacks nicht immer verwenden. Für eine fast neutrale Kokumikomponente kocht man eingeweichte weiße Bohnen mit Rindfleisch (im Verhältnis 1:1), ohne Salz und Gewürze, lange zusammen in sehr weichem Wasser (möglichst kalkarm), bis alles sehr weich ist. Dies lässt sich nach dem Pürieren durch ein feines Sieb streichen. Die dickliche Paste ist Verdickungsmittel, Geschmacksverstärker und Geschmacksmodulator in einem und hilft ein Gericht abzurunden. Vegetarier ersetzen das Rindfleisch durch Käse. Tipp: Durch den hohen Druck im verschlossenen Dampfdruckkochtopf und die dadurch erhöhte Gartemperatur (je nach Garstufe 109 oder 119 °C) zersetzen sich die Proteine rascher und effektiver. Außerdem bilden sich – im Unterschied zum Schmoren im Ofen – keine Röstaromen, sodass die Kokumiwürze viele Glutamylpeptide bildet, aromatisch aber neutral bleibt.

nommen. Dabei bedeutet „Mundfülle" nicht unbedingt das cremig-fettige Gefühl einer süßlichen *Panna cotta*, sondern eher die Wahrnehmung von lang gekochten Linsen- und Bohnengerichten, z. B. *Chili con carne* oder die extrem mundfüllend wirkende Avocado, pur oder in Form einer *Guacamole*. Eine große Mundfülle wird beispielsweise ebenso durch dünnflüssige, aber intensive Brühen, Suppen oder Saucen erzeugt. Sie können regelrecht im Mundraum „explodieren". Weiterhin entscheiden Rundheit und Balance: Sind unangenehme Geschmacksspitzen schmeckbar, stört ein Aroma, entdeckt man ein Fehlaroma, das irgendwie dort nicht hingehört – oder ist alles rund und optimal abgestimmt? Diese Vorgänge können unter „kokumi" zusammengefasst werden.

Der kokumi-Eindruck ist kein Texturmerkmal, sondern – wieder einmal – eine auf bestimmte Molekülklassen zurückzuführende Angelegenheit. Der gemeinsame Nenner aller Gerichte ist die sehr lange Koch- bzw. Reifezeit. Stundenlanges Schmoren von Eintöpfen, langes Ziehenlassen von Fonds, langes Köcheln der Bolognese, langsames Garen von mexikanischen Bohneneintöpfen, hohe Reifegrade von Käse – alles geschieht auch und vor allem, um kokumi zu erzielen. Während der langen Koch- bzw. Reifezeit findet ein Prozess statt, der in der Fachsprache Hydrolyse genannt wird: Die in allen Lebensmitteln vorhandenen Proteine zerfallen langsam in immer kleinere Teile. Es bilden sich sehr kurze Bruchstücke von Proteinen mit zwei oder drei Aminosäuren, die eine Glutaminsäure enthalten, sogenannte Glutamylpeptide. Anders als Geschmacksreize werden sie nicht über Rezeptorproteine wahrgenommen – wie der kokumi-Eindruck sensorisch wahrgenommen wird, ist bisher nicht bekannt. Sie schmecken also selbst nicht, wirken aber als Geschmacksmodulatoren und Stimulatoren und sorgen für Mundfülle und Ausgewogenheit. Insbesondere bei proteinreichem Gemüse wie Trockenbohnen, die ohnehin lang gekocht werden müssen, spielen umami und kokumi eine große Rolle.

GESCHMACK UND VIEL MEHR

Geschmack ist nicht alles. Um die fundamentalen Geschmacksauslöser herum sind sensorische Effekte gebaut: Etwa Kokumi, das durch Glutamylpeptide und Fettoxidationsprodukte ausgelöst wird. Adstringenz wiederum wird über Phenole (nahe Bitter) und komplexe Säuren verursacht. Seit kurzem wird sogar ein „Stärkegeschmack" diskutiert, der kurzkettige Zucker erfassen könnte.

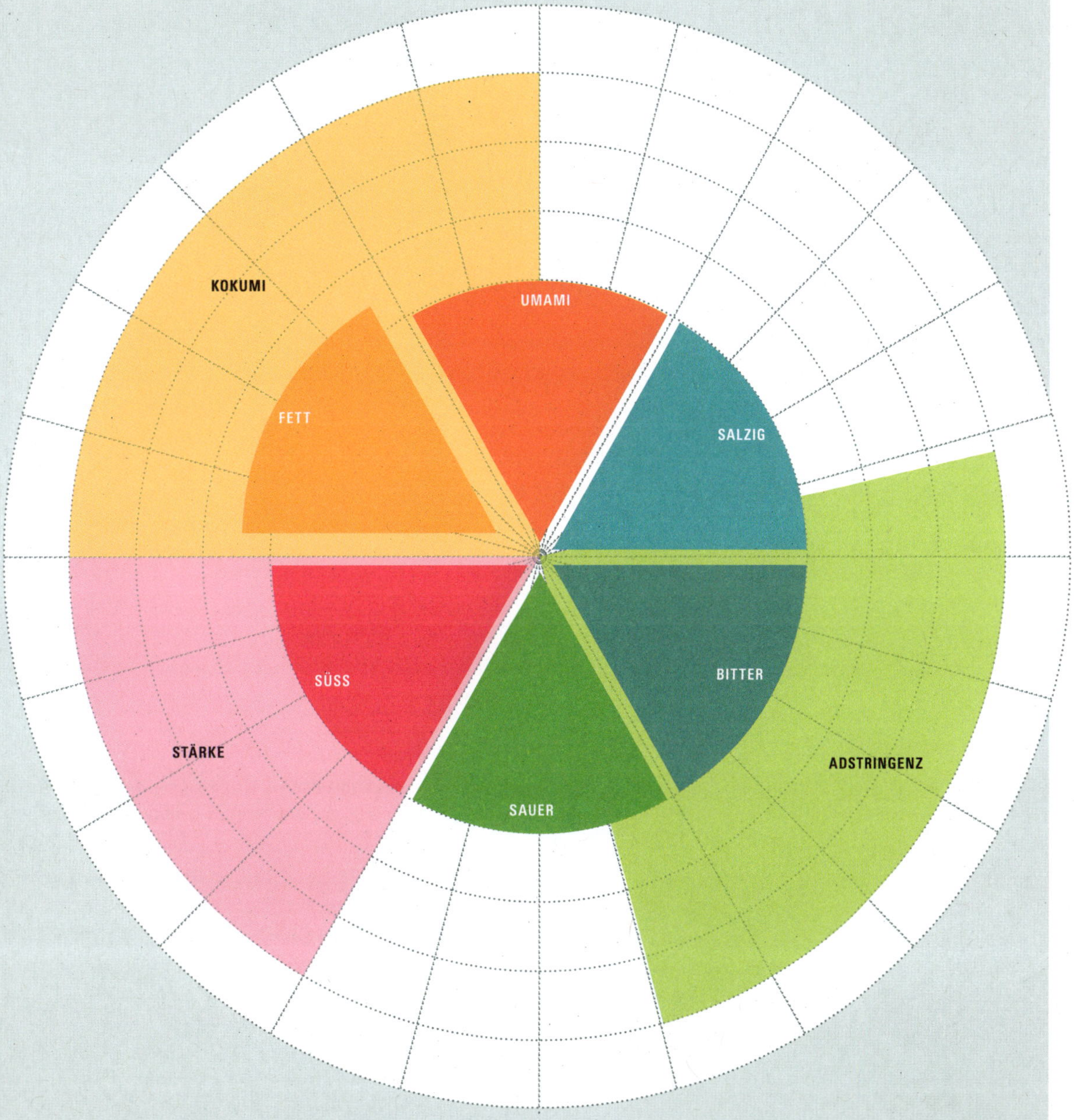

Einige rohe Gemüse verfügen über natürliche Mundfülle, etwa Tomaten und Zwiebeln, weil sie einen hohen Anteil an Di- und Triglutamylpeptiden besitzen. Mit proteinreichen Gemüsen – vor allem Bohnen – lässt sich der kokumi-Eindruck beim Kochen ausgezeichnet verstärken.

BOHNENSAUCEN – PERFEKTE KOKUMI-SPENDER Bei Gerichten mit kurzen Garzeiten ist kokumi immer ein kleines Problem. Daher ist es immer gut, selbst hergestellte Fonds oder Brühen auf Vorrat zu haben, die aufgrund der langen Kochzeit ausgezeichnete Grundlagen für mundfüllende runde Saucen sind.

Die asiatische Wok-Küche mit den sehr kurzen Garzeiten hilft sich daher mit Saucen auf Bohnenbasis. Schwarze-Bohnen-Paste, Schwarze-Bohnen-Sauce, Rote-Bohnen-Paste oder Gelbe-Bohnen-Sauce sind bei den kurzen Wokierzeiten die besten Garanten für eine breitere Kokumibasis. Wenn diese zur Gesamtwürzung passen, können sie auch zur Verbreiterung verwendet werden.

TRIGEMINUS – EIN UNTERSCHÄTZTER REIZ

Neben Geruchs- und Geschmackssinn gibt es noch eine dritte, fast ebenso wichtige und oft unterschätzte Sinneswahrnehmung. Sie wird oft fälschlicherweise dem „Geschmack" zugerechnet; sensorisch ist sie jedoch eher dem „Fühlen" zuzuordnen: die „trigeminale Wahrnehmung".

Bei den trigeminalen Sinnen handelt es sich um „Irritationen", die zum einen von der Temperatur ausgelöst werden und die in Extremfällen zu Schmerz führen. So wird ein warmes Gericht als angenehm empfunden, während die heiße Kartoffel oder der Löffel zu heiße Suppe starken Schmerz auslösen. Auf der anderen Seite der Temperaturskala ist es dasselbe: Ein Eis wirkt kühlend, wird es aber zu rasch gegessen oder ist das Eis so kalt, dass die Blutzirkulation keine Wärme mehr in die Zunge nachliefern kann, schlägt die Kühlung rasch in Schmerz um, obwohl noch keine „Frostschäden" auf der Zunge stattfanden. Detektor dieser Sinnesreize ist der Trigeminusnerv, dessen Verästelungen sich nicht nur durch die Mundhöhle, den Kiefer bis zu den Augen ziehen, sondern über den ganzen Körper. Er übermittelt außer Temperatur auch groben Druck, Schmerz und Jucken. Wahrgenommen werden diese Reize als „heiß", „kalt", „ätzend", beißend", brennend", „stechend", „prickelnd" und „adstringierend", d. h. „zusammenziehend".

Diese Reize können durch Temperaturen ausgelöst, aber auch über Moleküle geschaltet werden. Die Klassiker sind Capsaicin oder Piperine aus Pfeffer: Die wasserunlöslichen und nicht flüchtigen Moleküle verharren auf der Zunge und reizen die Rezeptoren des Trigeminus mit entsprechender Information. Die Reaktion bei „scharf" (englisch: „hot") ist identisch wie bei Hitze (englisch: „hot"): Der Körper versucht, durch hohen Speichelfluss und Schweißausbruch einen kühlenden Effekt zu erzeugen. Auch viele Geruchsstoffe verursachen einen mehr oder weniger starken trigeminalen Reiz, wie etwa Rauch (beißend), Essig (stechend), Zwiebel (schmerzend kalt) und Minze (kühlend). Andere wirken „prickelnd" oder – beim Gemüse ähnlich wichtig wie beim Genuss von Wein, Tee oder Walnüssen – adstringierend. Trigeminale Rezeptorproteine in den Zellmembranen reagieren auf bestimmte Molekülstrukturen und lösen diese Reize aus.

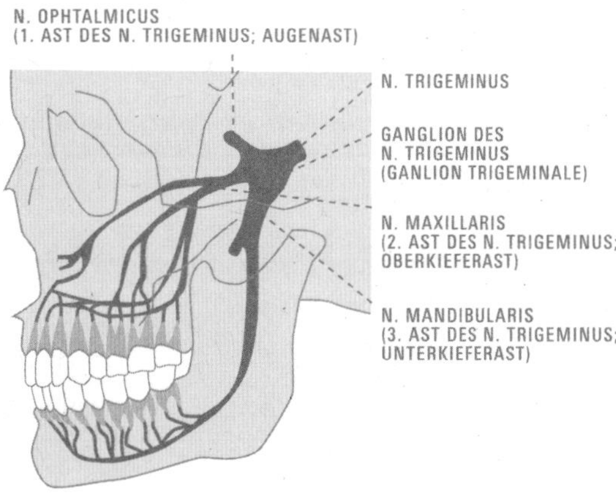

Die Nervenendigungen des Trigeminusnervs finden sich im gesamten Mundraum.

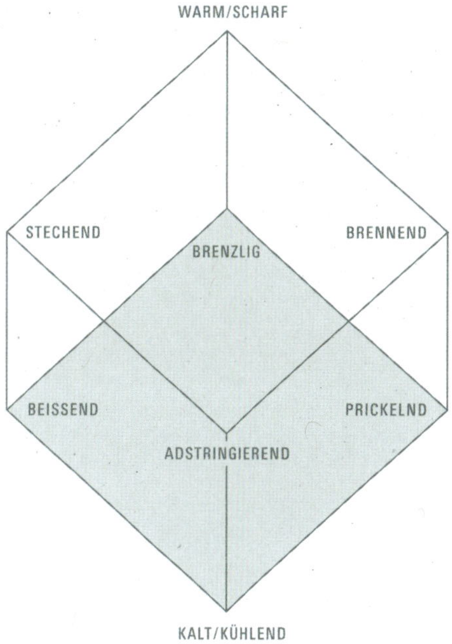

Die Trigeminusempfindung eines Gerichts lässt sich innerhalb eines dreidimensionalen Raumes verorten. Je mittiger der Reiz, desto ausgewogener ist er – je stärker die Tendenz zu einer Ecke hin, desto prägnanter ist diese eine Empfindung.

Wie komplex die trigeminale Wahrnehmung wirklich ist, zeigt sich allein an der molekularen Struktur mancher Verursacher. Die zu Tisch beliebten Warm-Kalt-Kontraste zum Beispiel bei einer dekonstruierten *Ratatouille* aus gegrillten Auberginen, rohen Zwiebeln und Knoblauch, gebratenen Zucchinischeiben, heißen Kirschtomaten und einem Eis aus grünen Gemüsepaprikas werden, selbst wenn kleine Portionen aller Zutaten auf einem Löffel in den Mund genommen werden, aufgrund der Temperaturunterschiede nur noch entfernt an den als „Eintopf" servierten provençalischen Gemüseklassiker erinnern. Natürlich spielen auch das orale Prozessieren und die Verteilung der Aromen eine große Rolle, aber vor allem ist die unterschiedliche Temperatur entscheidend. Dabei schlägt das kalte Paprikaeis in dieselbe Kerbe wie Zwiebel und Knoblauch, während Pfeffer und die warmen Zutaten zusammenspielen.

Trigeminale Temperaturreize lassen sich geschickt einsetzen – nicht nur beim Warm-Kalt-Kontrast über die „echte" Temperatur T, sondern über chemische Reize, denn ganz bestimmte Molekülgruppen verursachen Reaktionen derselben Rezeptoren. Bei den klassischen molekular verursachten Trigeminalreizen auf der Zunge, etwa durch Capsaicin (in Chili und Paprika) oder die unterschiedlichen Alkaloide („Piperin") der Pfeffer, ist die Lage eindeutig: Sie reizen den Rezeptor TRPV1 und führen zu dem Eindruck der erhöhten Temperatur, die beim Capsaicin rasch zum „Hitzeschmerz" führt. (Die vielen Rezeptoren gemeinsame Abkürzung TRP steht für „transient receptor potential channels".)

Das Terpen **MENTHOL** aus der Minze hingegen wirkt auf zwei Ebenen: Es kühlt erheblich, spricht aber gleichzeitig das Riechsystem an, ebenso wie das Terpen **1,8 CINEOL**, das zwar schwächer als **MENTHOL** kühlt, aber immer noch spürbare Reize auslöst. Diese Moleküle docken an den „Menthol-Kühlrezeptor" TRPM8 des Trigeminalsystems an. Manche Schwefelstoffe wie das **ALLICIN** aus Zwiebeln und Lauchgewächsen oder das **ZIMTALDEHYD** verursachen schmerzhafte Kältereize, ähnlich wie bei sehr kaltem Eis (oder bei so manch unsachgemäß zubereiteten Molekularküchentricks aus dem flüssigen Stickstoff). Verantwortlich dafür ist der Kälterezeptor TRPA1. Auch der Geruchsstoff **EUGENOL** aus der Nelke, der ebenfalls in Artischocke, Bambussprosse, Blumenkohl, Gemüsepaprika, Haferwurzel, Karotte, Kartof-

Der trigeminale Reiz löst ein Wärmegefühl" aus, das sich in Temperaturgraden beschreiben lässt: So löst Zimt ein „Wärmegrad" von 10 °C aus, Chili von ca. 50 °C.

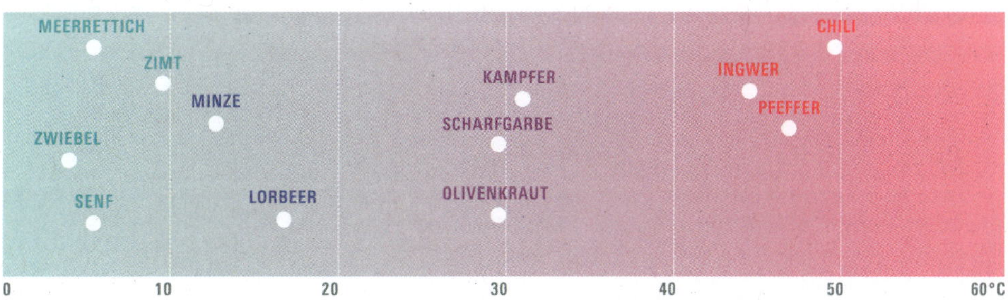

Riechstoff	Erkennung
Vanillin	0/15
Phenylethanol	1/15
Eugenol	1/15
Geraniol	2/15
Limonen	6/15
Anethol	8/15
Methylsalicylat	9/15
Linalool	13/15
Menthol	15/15

fel, Kerbelrübe, Kichererbsen, Rhabarber, Tomatillo oder Zucchini vorkommt, löst diesen Reiz aus, wenngleich in manchen Gemüsen nur verhalten und unterschwellig. Die verschiedenen Trigeminus-Rezeptoren sind je für unterschiedliche Temperaturbereiche zuständig, wie aus der Abbildung Seite 29 ersichtlich ist.

Beim Essen, während des oralen Prozessierens (→ Seite 34), treten trigeminale Reize im Mund und in der Nase auf. Im Mund sind es a) wasserlösliche Verbindungen wie die Gallussäure, die adstringierend wirkt, und b) fettlösliche, aber nicht flüchtige Substanzen, wie die bereits erwähnten Capsaicin oder Piperin. In der Nase wirken – ortho- und retronasal – viele flüchtige Geruchsstoffe wie etwa das bereits erwähnte **MENTHOL**, die sowohl olfaktorisch aktiv sind als auch gleichzeitig den Nervus Trigeminus reizen. Festgestellt hat man diese Doppelwirkung der Aromastoffe bereits vor 40 Jahren, als in einem medizinischen Versuch bei 15 Patienten mit starken Beeinträchtigungen des Riechvermögens Duftstoffe getestet wurden (siehe Tabelle links). Die höchste Erkennungsrate zeigte **MENTHOL**, dessen kühlender Effekt klar im Vordergrund steht, selbst wenn das Riechvermögen gar nicht mehr vorhanden ist. Kaum wahrgenommen wurden hingegen **PHENYLETHANOL** (das sich in Gemüsepaprika, Haferwurzel, Rucola, Tomate findet), **GERANIOL** oder **EUGENOL** in geringen Konzentrationen. **VANILLIN** (in Cardy, Erdmandel, Gemüsepaprika, Gurke, Kochbanane, Rettich, Zucchini) wurde von keinem der Patienten über trigeminale Reize erkannt. Das liegt daran, dass **VANILLIN** gleichzeitig Reize am Kälte- und am Wärmerezeptor auslöst, die sich gegenseitig aufheben. Es wird somit zum „reinen Riechstoff".

ADSTRINGENZ

Eine Besonderheit unter den trigeminalen Wahrnehmungen ist die Adstringenz. Ein Lebensmittel wirkt adstringierend, wenn es Mund und Zunge „zusammenzieht", wie man es am ehesten wohl von Rotwein, Tee oder auch Rhabarber kennt. Manchmal wird das adstringierende Gefühl irrtümlicherweise als „bitter" beschrieben, da sich beide Effekte oft überlagern und viele Gemüse sowohl bitter als auch adstringierend wirken. Betrachtet man die molekularen Vorgänge genauer, wird auch deutlich, warum.

CHEMOSENSORISCHE ADSTRINGENZ Für den Bittergeschmack in Lebensmitteln sind unter anderem nichtflüchtige phenolische Verbindungen verantwortlich. Diese Moleküle bestehen aus einem oder mehreren hydrophoben Phenolringen (Benzolringen), sind aber durch eine hohe Anzahl von OH-Gruppen (und ein größeres Molekulargewicht) wasserlöslich. Sie verbleiben auf der Zunge und lösen auf den Bitterrezeptoren entsprechende Geschmacksreize aus.

Die Empfindung der Adstringenz wird ebenfalls durch Phenole ausgelöst, die jedoch nicht an den Bittergeschmacksrezeptoren andocken, sondern den Trigeminusnerv reizen. Der Unterschied liegt in der Anzahl der benachbarten OH-Gruppen an den Phenolringen: Während für den Bittergeschmack jeweils lediglich zwei (oder vier) OH-Gruppen maßgeblich sind, müssen für die adstringierende Trigeminusstimulation genau drei OH-Gruppen an mindestens einem Benzolring vorhanden sein.

PHYSIKALISCHE ADSTRINGENZ Neben dieser „chemisch-physiologisch" wahrnehmbaren Adstringenz gibt es noch einen zweiten, physikalischen Aspekt, der das zusammenziehende Gefühl im Mundraum auslöst: Phenole und Tannine treten in unmittelbare Wechselwirkung mit den Proteinen im Speichel. Speichel enthält Proteine, die quasi als „Verdickungsmittel" den Speichel lange auf der Zunge und damit die Reibung zwischen Zunge und Gaumen angenehm gering

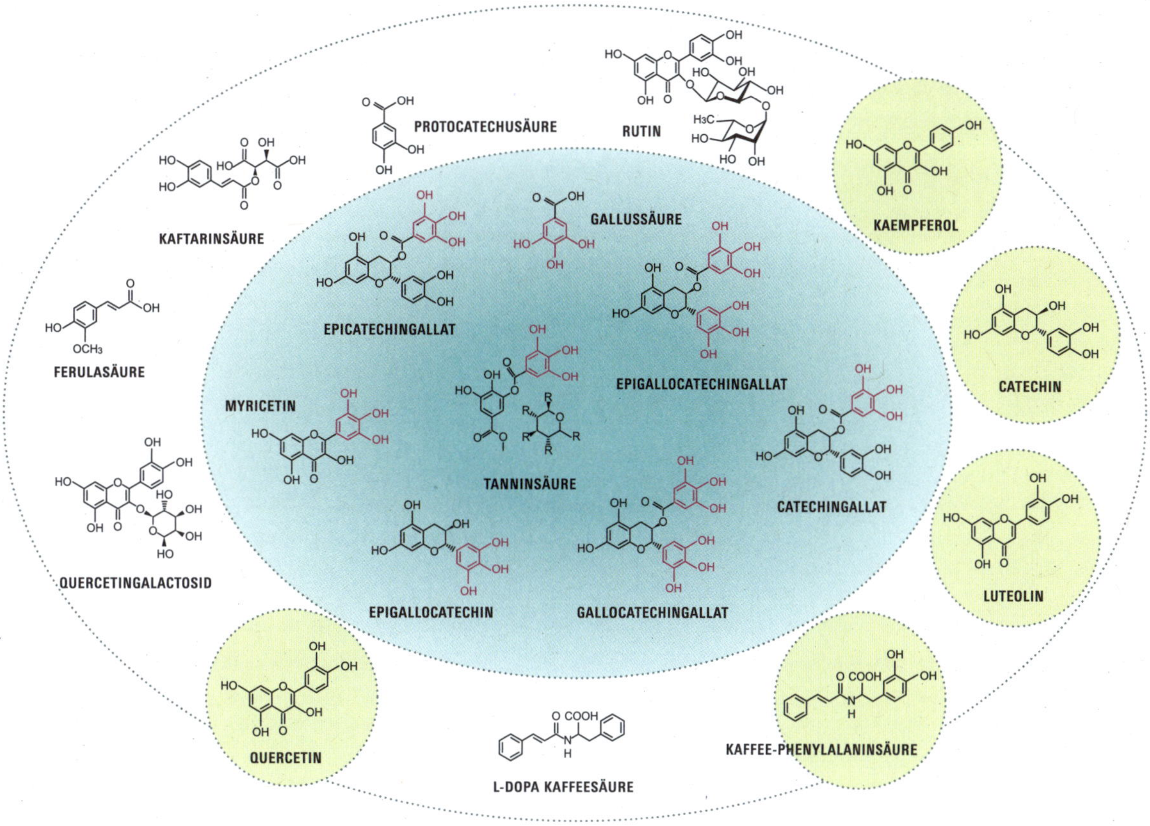

Bittergeschmack – chemische und physikalische Adstringenz von Phenolen. Die Moleküle im inneren Kreis sind chemisch adstringent. Gleichzeitig sind sie in der Lage, Speichelproteine zu binden und auszuflocken, ebenso die in Grün eingekreisten Phenole. Glycoside oder phenolische Säuren flocken Speichelproteine nicht aus. Die Phenole im äußeren Kreis sind noch bitter, aber nicht chemosensorisch adstringierend. Das Verhältnis der „inneren" und „äußeren" Phenolen bestimmt das Bitter-Adstringenz-Verhältnis im Gemüse (chem. Adstringenz nach Schöbel et al.).

halten. Ist durch verminderten Speichelfluss der Mund „trocken", äußert sich dies in einer höheren Reibung zwischen Zunge und Gaumen. Speichel wirkt somit als viskoses „Schmiermittel" im Mund. Daran sind im Wesentlichen zwei Proteintypen beteiligt, sogenannte Mucine und prolinreiche Proteine. Mucine sind hochmolekulare Glycoproteine, die aus einer langen Aminosäurenhauptkette und Seitenketten aus Zuckern (Kohlenhydraten) bestehen. Indem sich Wassermoleküle an die Zuckerketten binden, erhöht sich die Viskosität des Wassers. Mucine im Speichel sind somit der Garant für eine ausgewogene Reibung im Mund, solange sie gleichmäßig im Speichel verteilt sind. Kommen nun OH-Gruppen von nichtflüchtigen Phenolen und Tanninen ins Spiel, bilden diese Wasserstoffbrückenbindungen zu den Mucinketten. Es werden rasch Cluster gebildet, die in größeren, 10–30 Mikrometer großen Molekülaggregaten enden. Diese schweren Mikronetzwerke sind deutlich langsamer in der Diffusion, da die Diffusionskonstante mit zunehmendem (hydrodynamischem) Radius abnimmt. Durch die Aggregatbildung der Speichelproteine und die damit verbundene starke Änderung der Wasserbindung verliert der Speichel seine „Schmierfunktion", die Reibung im Mund ist deutlich erhöht, die Zunge wird „physikalisch rau". Diesen Effekt kann man beim Genuss von Wein, Tee und Schokolade erfahren, aber auch von Cardy und manchen (Winter-)Portulak.

Adstringenz ist also Zusammenspiel und die Folge von zwei Effekten: stark chemosensorisch über das Stimulieren trigeminaler Sensoren, sprich: Phenole mit Dreier-OH-Gruppen, sowie die physikalische Veränderung der Reibung, die Ausfällung der Speichelproteine im Mund, ausgelöst durch „zuckerfreie" und „säurefreie" Phenole, die über das Stimulieren über Mechanorezeptoren der Fadenpapillen auf der Zunge wahrgenommen werden. Diese physikalische Adstringenz können nicht nur die Phenole mit 3 OH-Gruppen, sondern auch einige mit 2 OH-Gruppen verursachen. In diesem Punkt lässt sich dann Adstringenz und Bitterkeit tatsächlich nicht trennen, weil sie womöglich durch dasselbe Molekül ausgelöst werden, wobei der trigeminale Effekt direkter und stärker ist.

TEXTUR

Eine letzte Eigenschaft und Wahrnehmung, die insbesondere bei Gemüse eine große Rolle für den kulinarischen Gesamteindruck spielt, führt wieder in den Bereich der physikalischen Sinne: die „Textur". Der Begriff „Textur" wird oft verwendet, wenn man Form und Aggregatzustand einer Speise beschreibt, also etwa knusprig, hart oder flüssig. Aber Textur ist mehr: Der Begriff umfasst alle Effekte, die von der physikalischen Struktur der Lebensmittel bestimmt sind. Auch hier sind es molekulare Eigenschaften, die für die „Textur" verantwortlich sind.

Alle Lebensmittel bestehen aus Fett, Wasser, Protein und Kohlenhydraten. Das räumliche Arrangement und die Wechselwirkungen dieser Moleküle und Molekülgruppen bestimmen die Struktur des jeweiligen Gemüses, angefangen von atomistischer und molekularer Skala über die Nanostrukturierung bis hin zu den sichtbar makroskopischen Abmessungen. Selbst kleinste Abweichungen auf den Nanoskalen bedingen große Änderungen, die im Mund deutlich wahrnehmbar sind.

Als Detektoren fungieren dabei zahlreiche Fadenpapillen (Papillae filiformis), die den ganzen Zungenrücken bedecken. Sie dienen dazu, die Nahrung festzuhalten und als Mechanorezeptoren zu „ertasten". Dabei detektieren sie feine Unterschiede in Textur, Brucheigenschaften und Fließverhalten, die das Mundgefühl bestimmen. Jeder Textureigenschaft lassen sich physikalische Messgrößen zuordnen.

Im Gehirn werden diese physikalischen Eigenschaften in eine letztlich individuelle Empfindung umgesetzt. Wird etwa ein als „knackig" beschriebenes Lebensmittel gegessen – etwa eine frische Paprika –, bedeutet das etwa Folgendes: Aus einer knackigen, also harten Hülle können zunächst kaum Aromen entweichen. Auf der Zunge wird so eine unelastische Speise als kantig, rau und wenig anschmiegsam wahrgenommen. Sie ist kompakt und lässt sich als Ganzes im Mundraum bewegen. Speichel durchdringt kaum die Schale, das Lebensmittel schmeckt also zunächst nach nichts. Erst wenn man darauf beißt, knackt und kracht es, und die Duftnoten und Geschmacksstoffe werden auf einen Schlag freigegeben. Dieser Vorgang lässt sich auf andere Formen und Oberflächen – rund oder kantig, weich, glatt oder rau, klebrig, schaumig oder mehlig – und auf die Aggregatzustände fest, flüssig oder gasförmig übertragen. Dabei darf man natürlich nicht vergessen, dass viele Lebensmittel und Speisen nicht nur aus einer, sondern aus verschiedenen Komponenten bestehen, die alle unterschiedliche Eigenschaften haben. Die Textur einer

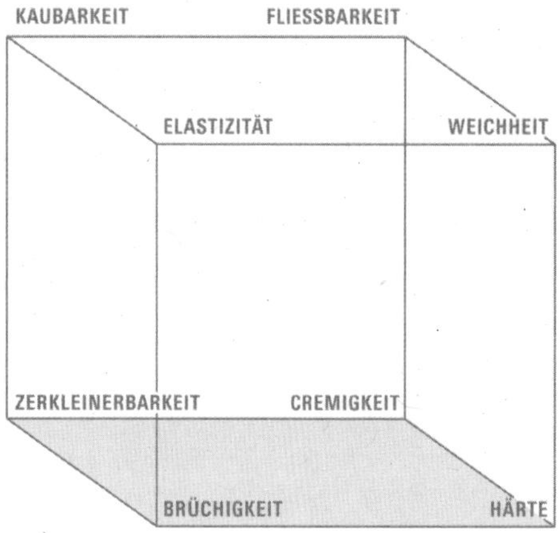

Wahrgenommene und messbare physikalische Eigenschaften von Lebensmitteln

Speise hat also Einfluss auf ihren Geschmack, ihr Aroma und das Gefühl, das sie im Mund erzeugt.
Kleinste Veränderungen auf molekularer Ebene haben spürbare Auswirkungen auf die Textur eines Gemüses – und damit auf den Gesamteindruck. Ein einfaches Beispiel demonstriert dies: Die unterschiedliche Wirkung, die ein und dasselbe Lebensmittel in zweifacher textureller Gestalt erzielt, ist uns vom Besuch auf dem Jahrmarkt bekannt – bei Zuckerwatte. Kaum jemand würde auf die Idee kommen, drei Würfel Zucker in den Mund zu nehmen und davon zu schwärmen. Wird der Zucker hingegen zu einer Watte verarbeitet, kann er ein kleines Vergnügen für Jung und Alt werden. Auch Kartoffeln sind wahre Verwandlungskünstler: roh, in ein, zwei dünnen Scheiben auf Gemüseplatten, ist ihre Textur knackig und hart. Gekocht wirken sie mehlig bis elastisch, je nach Proteingehalt. Zu Stampfkartoffeln verarbeitet, kommt ihre stärkebedingte Mehligkeit noch deutlicher zum Ausdruck, und spätestens jetzt wird erkennbar, wie sich Textur steuern lässt. Gießt man nur ein wenig Öl über den Kartoffelstampf, verändert das, abgesehen von den Aromen, die Textur gewaltig. Die Reibung im Mund verändert sich, der Brei wirkt zwischen Gaumen und Zunge feiner, geschmeidiger und „pastöser". Werden sie zu einem Kartoffelpüree verarbeitet, hängt vieles vom Wassergehalt ab, wird noch Butter eingeschlagen, verändern die Fetttröpfchen im Püree wiederum das Mundgefühl vollkommen. Deren Größe und Anzahl übernimmt mehr und mehr den texturellen Part der Sensorik. Schlägt man, wie in der Version von Joel Rebuchon, etwa 250 g Butter auf 1 000 g Kartoffeln ein, lässt sich sofort erraten, wie fein und „butterig" das Püree im Mund wird. Am Gegenpol der Möglichkeiten der Kartoffel finden sich frisch frittierte, getrocknete oder gebackene Kartoffelchips, die unglaublich knusperig sind.

Textur ist also nichts weiter als die Folge einer gezielten „Manipulation" auf Längenskalen, die mit dem bloßen Auge nicht mehr zu erkennen sind. Das feine Wechselspiel und die Struktur der Materie auf Mirko- und Nanometerskala erst bestimmt das „Mundgefühl", die „Textur", die wir sensorisch im Mund wahrnehmen.

TEXTUR – GESCHMACK – AROMA An zwei Beispielen lässt sich leicht nachvollziehen, wie etwa geringe Verschiebungen des Wassergehalts die Sensorik von Lebensmitteln deutlich ändern. Werden Kartoffelchips ein wenig feucht, so wirken die Wassermoleküle als „Weichmacher" zwischen dem Protein und Stärkegerüst, sie erhöhen die Moleküldynamik geringfügig, die Textur wird weniger spröde, die Geschmacks- und Aromafreigabe wird entsprechend verändert. Die Chips werden sensorisch als „schlechter, fettiger, weniger frisch" beurteilt. Ähnlich ist es bei trocken gewordenem Baguette: Die Wasserbalance ist durch das Verdampfen des freien Wassers geringfügig verschoben, die Glucosearme des hochgradig verzweigten Amylopektins der Stärke beginnen zu rekristallisieren, und schon wirkt das Brot „altbacken". Die Wahrnehmung von Salz und Säure verschiebt sich, Aromen werden auf andere Weise freigesetzt, die retronasale Wahrnehmung verschiebt sich ebenfalls.

Diese kleinen Veränderungen der molekularen Strukturen verändern Kau- und Beißverhalten, das Bruchverhalten, die Bildung des schluckbaren Speisebreis, des Bolus, selbst Schluckprozesse werden dadurch erheblich verändert, die „Sensorik" massiv beeinflusst und das Zusammenspiel zwischen Textur, Geschmack anders wahrgenommen.

ERSTER KONTAKT	ZUNGE GAUMEN-DRUCK	ERSTER BISS	KAUEN	SCHLUCKEN	RESTE IM MUND
Festigkeit Härte Elastizität Deformierbarkeit Geschmack	Festigkeit Elastizität Komprimierbarkeit	Festigkeit Deformierbarkeit Feuchtigkeit Aromafreigabe	Bruchstückgröße Bruchrate Feuchtigkeit Zusammenhalt Weichheit Bröseligkeit	notwendige Kauzahl Weichheit Feuchtigkeit retronasales Riechen	verbleibende Partikel verbleibende Feuchtigkeit „oral coating"

Die Vorgänge beim oralen Prozessieren verändern die Struktur und Eigenschaft von Lebensmitteln.

TEXTURVERÄNDERUNGEN IM MUND – DAS ORALE PROZESSIEREN

Nicht nur in der Küche „manipulieren" wir die Textur von Lebensmitteln (→ Gemüseküche, Seite 60). Nicht zu unterschätzen sind auch die Vorgänge im Mund während des „oralen Prozessierens", zeitgleich mit der Wahrnehmung der Textur über die Fadenpapillen. Wegen der hohen Komplexität der meisten Lebensmittel gestalten sich genaue Vorhersagen über die präzisen Vorgänge während des oralen Prozessierens als schwierig. Allein die einfache Tatsache, dass Fette Aromaverbindungen lösen, während geschmacksrelevante Moleküle und Ionen ausschließlich wasserlöslich sind, zeigt, wie differenziert sich die Freigabe von Geschmack und Aroma beim oralen Prozessieren gestaltet.

Abgesehen vom mechanischen Zerkleinern durch Kauen laufen relevante physikalische Prozesse ab, die Struktur und Eigenschaften der Lebensmittel verändern: a) In der Mundhöhle herrschen andere Temperaturen, das in den Mund genommene Lebensmittel wird erwärmt oder abgekühlt, je nach Serviertemperatur des Lebensmittels. b) Zwischen Zunge und Gaumen treten Druck- und Scherbewegungen durch die Zunge auf. Diese mechanischen Einwirkungen verändern das Lebensmittel unter mechanischer Beanspruchung. c) Lebensmittel kommen im Mundraum mit der wässrigen Phase des Speichels in Berührung. Wird darüber hinaus noch gekaut, bestimmen die mechanischen Eigenschaften des Lebensmittels die „Antwort" auf die Einwirkung der Zähne: Vollkommen elastische Materialien, wie Kaugummis, werden sich nicht verändern, knusprige Kartoffelchips brechen bei geringsten Deformationen sofort. Die Vorgänge in der Mundhöhle sind somit zum Großteil von den physikalischen Eigenschaften der Lebensmittel bestimmt.

Fette sind in diesem Zusammenhang von besonderer Bedeutung. Selbst wenn ein Löffel Olivenöl in den Mund genommen wird, offenbart sich ein Zusammenspiel physikalisch-chemisch getriggerter Phänomene: Die Öltemperatur, in der Regel bei Zimmertemperatur (18–23 °C) gelagert, nimmt im Mund stetig zu, es wird ein Bittergeschmack wahrgenommen, der im Laufe der Zeit abnimmt, gleichzeitig werden grüne, grasige und fruchtige Aromen freigesetzt, während sich nach und nach im Mundraum, je nach Herkunft des Öls, trigeminale Reize zeigen, die leichtes Brennen, Bitzeln und Kratzen im hinteren Rachenbereich verursachen. Weit vielschichtiger sind die Verhältnisse bei komplexeren Lebensmitteln wie Gemüse, in welcher Form auch immer: knackig roh, weich gekocht, püriert oder als „Smoothie". In allen Fällen bestimmt die molekulare Veränderung während des oralen Prozessierens im Mund die Textur – und damit wiederum den Gesamteindruck.

DAS ZUSAMMENSPIEL ALLER SINNE

Erst mit der Aktivierung aller Sinne wird Essen zu einem Genuss: Zum einen sind es die Sinne, mit denen wir den Flavour wahrnehmen – also Riechen (oflaktorisch) und Schmecken (gustatorisch). Zum anderen sind es jene, mit denen wir die physikalischen Eigenschaften von Lebensmitteln erfahren, wie das Sehen, Hören und Fühlen.

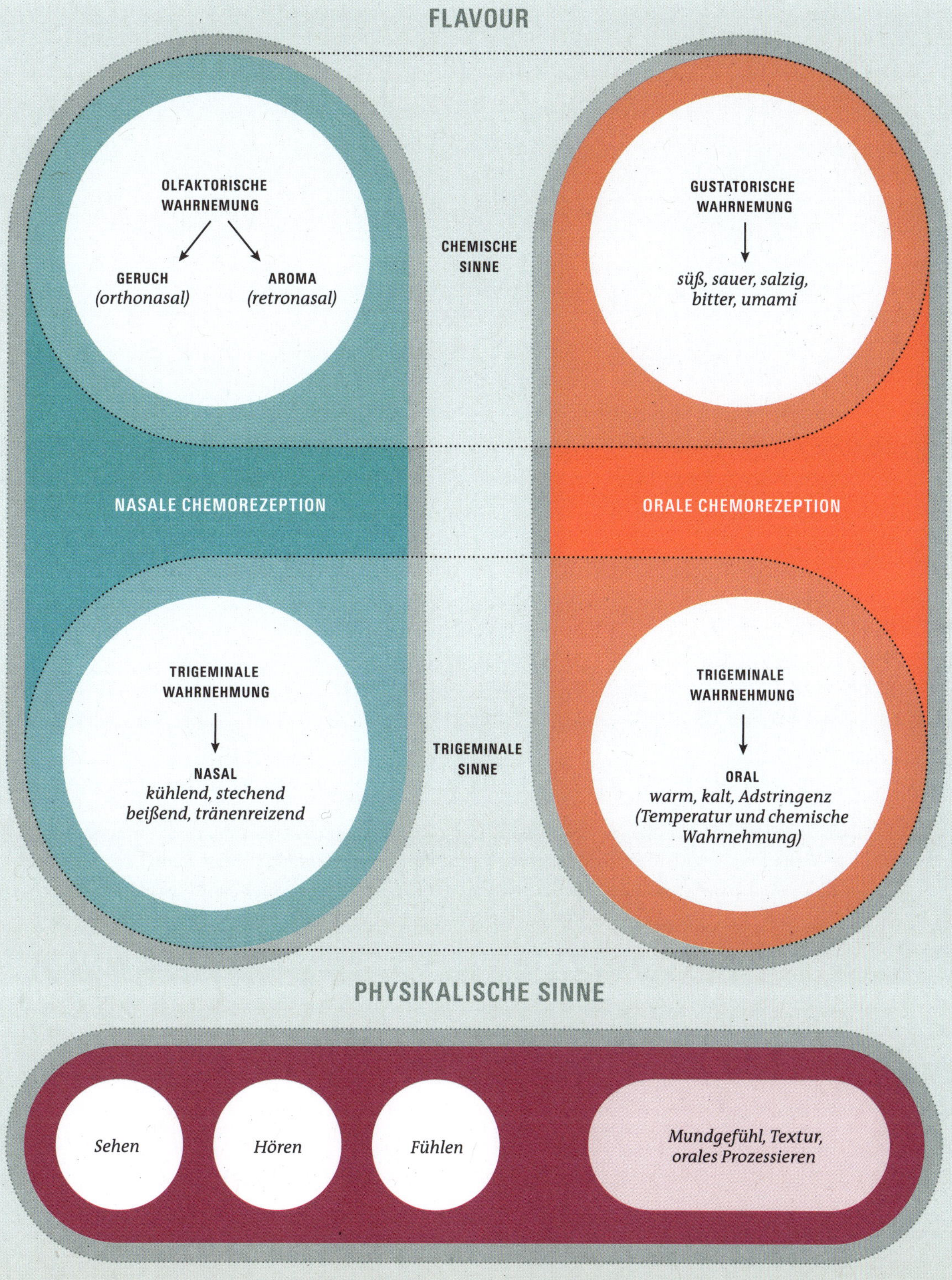

KLEINE NATUR-WUNDER

Viele Gemüse erkennt man mit verbundenen Augen. Sie haben einen typischen Geruch, und spätestens wenn man hineinbeißt, fügen sich Geschmack, Aroma und Textur zu einem unverkennbaren Gesamteindruck zusammen, der ans Gehirn meldet: „frischer Kohlrabi". Oder: „reife Avocado". Oder: „Spinat".
Wie wir Duft- und Geschmacksstoffe, trigeminale Reize und Textur wahrnehmen, wissen wir nun. Aber warum und wie duften und schmecken Gemüse überhaupt? Ist das jeweilige Aroma- und Geschmacksspektrum in den Genen angelegt oder entsteht es im Laufe des Wachstums? Wie bilden sich die Gerüche in der Erde bei Wurzelgemüse, in der „Luft" bei Blattgemüse, woher kommen die charakteristischen Düfte? Warum riecht Kohl nach Kohl und Zwiebel nach Zwiebel? Warum wirkt eine Avocado so mundfüllend? Warum schmecken viele Gemüse bitter, warum Wurzelgemüse süß? Warum duften die bitteren Kohlsorten typisch „schwefelig" – und zwar alle ähnlich? Warum riechen farbenfrohe Gemüse oft würzig und gleichzeitig nach einem Hauch Blüten? Und: Ist die Zahl der Aromastoffe in Gemüsen tatsächlich so groß oder trifft man immer wieder auf dieselben Verdächtigen, anders gesagt: auf „Generalisten"?
Die Antworten auf diese Fragen sind auf der molekularen Ebene zu finden. Sie lassen uns Gemüse in seiner ganzen Vielfalt verstehen und führen zu neuen Ideen in der Küche.

STÖREN UND BETÖREN – WARUM GEMÜSE DUFTEN UND SCHMECKEN

Gemüse bestehen – wie alle Lebensmittel – im Wesentlichen aus wohlstrukturierten Anteilen an Wasser, Fetten, Kohlehydraten und Proteinen. Mehr gibt es praktisch nicht, alles Weitere ist daraus abgeleitet. Bereits in der DNA der Pflanze und den (Stamm-)Zellen ist genau definiert, wie sich Pflanzenzellen anzuordnen haben, welche Enzyme in die Zellwände eingebaut werden und welches Aromapotenzial die Pflanze haben wird, damit sie ihren Lebensbedingungen gerecht werden kann.

Geschmack, Aroma und Textur sind eine Folge der genauen Zusammensetzung der Gemüse, der daraus resultierenden Zellstruktur und der Art, wie die Natur oder die Kultur mit dem Lebensmittel umgeht. Zu dieser genetischen Zusammensetzung kommt jedoch ein zweiter wichtiger Aspekt hinzu: die Einflüsse der Umwelt und die chemischen Prozesse, die als Folge davon in den Pflanzen ablaufen. Erst dabei werden zusätzliche Aromen gebildet, die der Pflanze ursprünglich nicht zu eigen waren, oder Aromen verstärkt, die vorher nur eine Nebenrolle spielten.

WELCHE DUFTSTOFFE BESTIMMEN DAS GEMÜSEAROMA?

Es gibt zwar Tausende verschiedener Aromastoffe, die Zahl der Aromen, die eine relevante Rolle spielen, ist jedoch bei näherer Betrachtung viel kleiner, als noch vor ein paar Jahren angenommen. Lediglich knapp dreihundert Aromaverbindungen steuern im Wesentlichen das Duftspektrum in der Küche. Der Rest ist, wie bei komplexen Parfüms, marginale Feinabstimmung und „Kosmetik".

Eine Studie der Technischen Universität München hat festgestellt, dass man den typischen Duft von Lebensmitteln mit nur wenigen relevanten Duftstoffen „nachbauen" kann. Die gesamte Geruchswelt der Lebensmittel wird demzufolge von 16 „Generalisten" – Aromastoffen, die in nahezu allen Lebensmitteln vorkommen – sowie 57 „Intermediären" und 151 „Individualisten" definiert. Das heißt: Es sind nicht alle Aromastoffe eines Gemüses (Lebensmittels) duftbestimmend, sondern meist genügen 2 bis 5 Generalisten, 2 bis 5 Intermediäre und 1 bis 5 Individualisten, um den wesentlichen Geruch eines Lebensmittels zu beschreiben. In unserem Lexikonteil ab Seite 117 sind für jedes Gemüse zwischen 5 und 15 aromabestimmende Moleküle in der Randspalte aufgeführt.

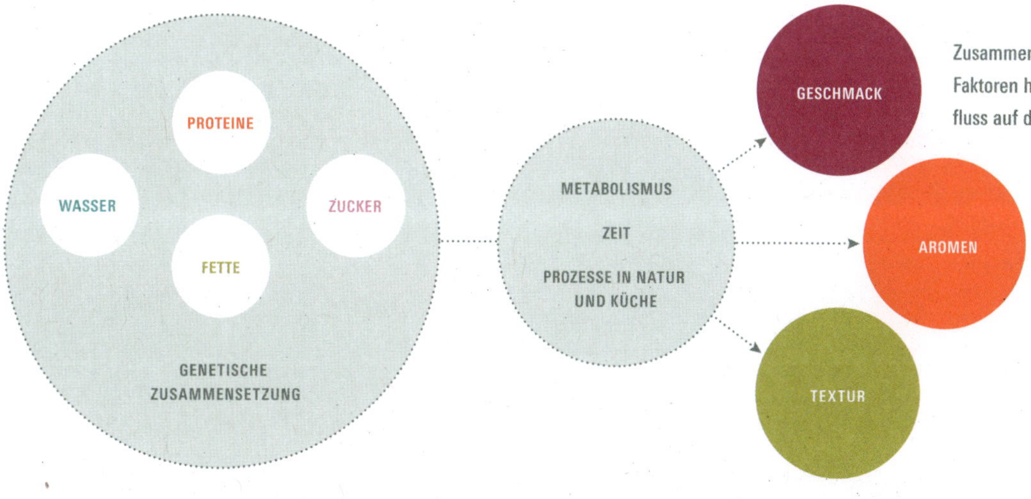

Zusammensetzung und „äußere" Faktoren haben wesentlichen Einfluss auf das Gemüse.

GENERALISTEN

Hier sind einige gemüserelevante Geruchsstoffe und ihr Reiz auf das trigeminale System dargestellt. Es geht hier um sogenannte Generalisten, d.h. es sind Duftstoffe, die in nahezu allen Lebensmitteln vorkommen und aromabestimmend sind. Die Prozente geben die Häufigkeit des Auftretens in Lebensmitteln an.

3-METHYLBUTANAL (50,7 %)
△ aldehydisch, ätherisch, pfirsichartig, □ schokoladenartig, fruchtig, ◇ schweißig

2,3-BUTANDION (41,9 %)
△ butterig, karamellig, □ süßlich, leicht stechend

(E,E)-2,4-DECADIENAL (41,4 %)
△ fettig, ölig, gurkenartig, □ melonenartig, ◇ hühnerfettartig, frittiert

HEXANAL (39,6%)
△ grün, blattartig, grasig, fettig, □ gemüseartig, apfelartig, ◇ leicht holzig

1-OCTEN-3-ON (34,8 %)
△ pilzig, erdig, roher Champignon, □ moderig, herbal, ◇ hähnchenhautartig

ESSIGSÄURE (29,1 %)
△ stechend, sauer, essigartig, □ überreife Frucht, ◇ stechend

ACETALDEHYD (28,6%)
△ grün, frisch, □ schimmelig, leicht moderig, ◇ stechend

ETHYL 2 UND 3-METHYLBUTANOAT (28,2 %)
△ fruchtig, süßlich, ananasartig, grün, □ orangenartig, apfelartig

(E)-2-NONENAL (27,8 %)
△ fettig, grün, gurkenartig, □ zitrusartig, seifig, aldehydisch, ◇ melonenartig, fettig

2 UND 3-METHYLBUTANSÄURE (26,0 %)
△ fettig, käsig, säuerlich, □ schweißig, milchig

2,5-DIMETHYL-4-HYDROXY-3(2H) FURANON (40,5 %)
△ moderig, schimmelig, ahornsirupartig, süßlich, fruchtig, □ karamellig, kakaobohnenartig, gemüseartig, ◇ fleischig, marmeladig

SOTOLON (36,1 %)
△ karamellig, süßlich, ahornsirupartig, □ verbrannter Zucker, kaffeeartig

2-ACETYL-1-PYRROLIN (26,4 %)
△ popcornartig, gerösteter Mais, □ toastbrotartig, ◇ malzig

METHIONAL (53,7 %)
△ schweflig, gekochte Kartoffel, gemüseartig, moderig, □ hefeartig, käsig, gekochtes Fleisch, gekochte Eier

VANILLIN (27,8 %)
△ aromatisch, vanillig, cremig, sahnig, □ schokoladig, phenolisch, ◇ milchig

Die Generalisten unter den Aromastoffen werden aus Fettsäuren, Aminosäuren und Zucker/Kohlenhydraten, Phenolen oder speziellen Pflanzensekundärstoffen gebildet, die in einem Großteil der Lebensmittel als odorwirksame Verbindung vorkommen.

Dass die Zahl der relevanten und duftbestimmenden Aromen so übersichtlich ist, überrascht nicht, wenn man sich die zwei Aspekte der Aromenentstehung bis zum erntefrischen Gemüse vor Augen führt: Zum einen sind alle Gemüse (wie auch alle anderen Lebensmittel) aus denselben Grundbaustoffen zusammengesetzt, deren chemischen Reaktionsmöglichkeiten letztlich begrenzt sind, und zum anderen sind alle Pflanzen ähnlichen Prozessen ausgesetzt, bei denen Aromen entstehen: Angriffen von außen (durch Klima und Fraßfeinde) und Oxidation der Fettsäuren.

In dem Schaubild wird auch eines mehr als deutlich: Das ursprüngliche Postulat des „Aroma-Pairings", ausschließlich nach gemeinsamen „Schlüsselaromen" zu suchen, ist obsolet, da eine große Zahl der Schlüsselaromen ohnehin in den meisten Lebensmitteln vorkommt. „Food-Pairing" (→ Seite 99) erfordert eine tiefer gehende Sichtweise sowie die Berücksichtigung der Geschmacks- und Texturebene.

AROMABILDUNG BEI ANGRIFF VON AUSSEN: KLIMA, HERBIVOREN, INSEKTEN

Freilandgemüse schmeckt besser, sagt man. Tatsächlich ist dies keine unsinnige Behauptung, sondern lässt sich begründen. Auf dem Feld in der Erde sind Pflanzen Stress ausgesetzt. Zum einen strahlt die Sonne auf die Pflanze – das ist zwar wichtig für ihren Energiehaushalt (→ Farben in Gemüse, Seite 75), bedeutet aber auch, dass sie sich vor zu starker Strahlung schützen muss. Zum anderen gibt es zahlreiche Fraßfeinde, die sie abwehren muss.

Bevor der Mensch als größter Fraßfeind der Pflanzen zum Zuge kommt, versuchen unzählige Spezies, an die Blätter, Früchte und Wurzeln heranzukommen. Damit die Pflanzen, die nicht davonlaufen können, eine Überlebenschance haben, erfand die Evolution chemische Keulen, die in pflanzeneigenen Fabriken je nach Bedarf produziert werden. Damit „schießt" die Pflanze auf Angreifer im Erdreich und aus der Luft. Mehr noch, mit diesen speziestypischen Molekülen gelingt es artverwandten Pflanzen, untereinander zu kommunizieren und Nachbarn vor Gefahren zu warnen.

Da diese Abwehrreaktionen bei vielen Gemüsen ähnlich sind, begegnen wir einigen typischen Düften (aus allen Aromagruppen) in der Gemüseküche immer wieder.

An den „Vornamen" der Glucosinolate lassen sich bereits die Aromen erkennen, die sich nach Abspaltung der Zucker daraus bilden. Wie vielfältig das Aroma sein kann, lässt sich an der Vielzahl der Glucosinolate erkennen. Beim Kohl finden sich unter anderem:
2-Hydroxy-3-butenyl glucosinolat (Progoitrin)
2-Propenylglucosinolat (Sinigrin)
2-Hydroxy-4-pentenyl glucosinolat (Gluconapoleiferin)
5-Methylsulphinylpentyl glucosinolat (Glucoalyssin)
2-Methyl-2-propenyl glucosinolat
3-Butenyl glucosinolat (Gluconapin)
4-Hydroxy-3-indolymethyl glucosinolat (4-Hydroxyglucobrassicin)
n-Butyl glucosinolate (Glucocochlearin)
4-Pentenyl glucosinolat (Glucobrassicanapin)
4-Methylthiobutyl glucosinolat (Glucoerucin)
3-Indolymethyl glucosinolat (Glucobrassicin)
2-Phenylethyl glucosinolat (Gluconasturtiin)
4-Methoxy-3-indolylmethyl glucosinolat (4-Methoxyglucobrassicin)
N-methoxy-3-indolymethyl glucosinolat (Neoglucobrassicin)

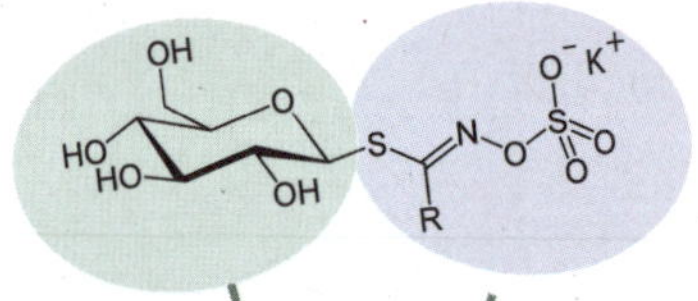

Ein typisches Glucosinolat enthält ein Stickstoffatom (N) und ein Schwefelatom (S), der Rest (R) ist je nach Glycosid verschieden und bestimmt später den genauen Geruch der daraus entstehenden Aromaverbindung. Das Mineral Kalium (K) ist dabei am Sauerstoff (O) gebunden.

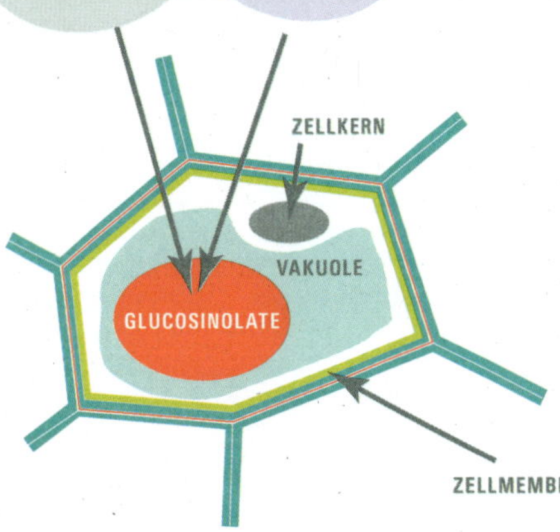

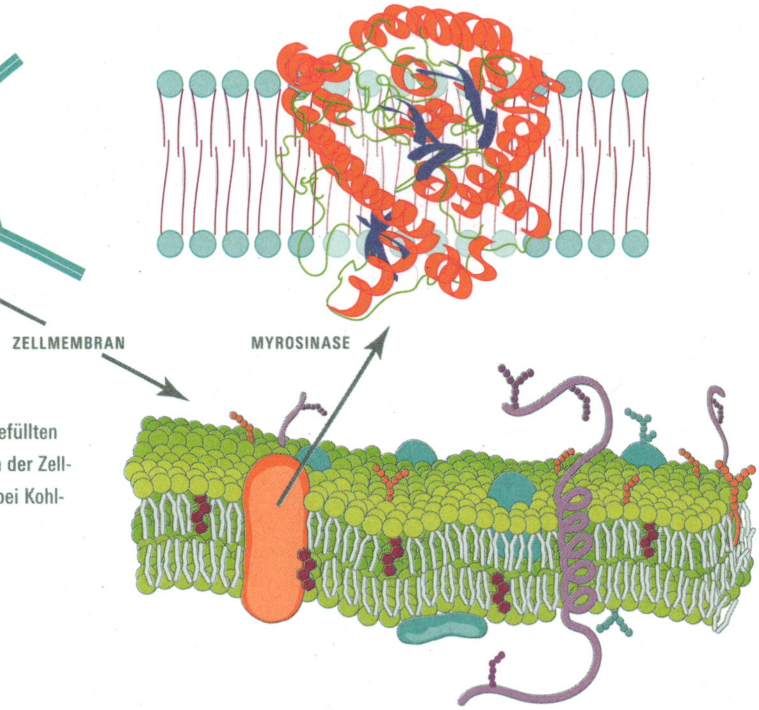

Oben: Eine intakte Pflanzenzelle. In der wassergefüllten Vakuole der Zelle befinden sich Glucosinolate. In der Zellmembran (rechts), der Lipiddoppelschicht, sind bei Kohl- und Lauchgemüse die Myrosinasen verankert.

GLUCOSINOLATE: VOM BITTEREN GESCHMACK ZUM SCHWEFELIGEN AROMA

In allen Kohlsorten und bei kohlartigem Gemüse (*Brassica*) sowie bei Zwiebelgewächsen *(Allioideae)* finden sich bitter schmeckende Stoffe: die Glucosinolate, auch Senfölglycoside genannt. Dabei handelt es sich um wasserlösliche Schwefelverbindungen, die glycosidisch mit Zucker verbunden sind.

Bei Kohl- und Zwiebelgewächsen werden Glucosinolate in das Innere der Zellen als Depot gelegt. In den Membranen der Zellen sind Enzyme, die Myrosinasen, verankert. Knabbert nun eine Raupe oder ein Insekt an der Pflanze – sei es an Blattwerk, Wurzeln oder Früchten – und beschädigt damit die Zellmembranen, werden die Myrosinasen aus ihrer Verankerung gerissen und kommen mit dem Wasser der Vakuole in Berührung. Sie spalten die Glucosinolate in Zucker und einen schwefeligen Rest. Aus diesem schwefeligen Rest entsteht eine „schwefelig, kohlartig, zwiebel- oder lauchartig" duftende Aromaverbindung, die nicht mehr wasserlöslich ist und damit flüchtig wird. Typische „Kohl-" und „Zwiebelaromen" verlassen die Pflanzenzellen und vertreiben als „chemischer Kampfstoff" die Fraßfeinde.

Die Pflanzen schmecken nach Abspaltung der Zucker nicht mehr nur bitter, sondern ein klein wenig süß, und vor allem duften sie nun schwefelig und stechend (je nach „R"-Rest in den Verbindungen). Beim Essen werden diese Aromen ortho- und retronasal (→ Seite 9) und trigeminal wahrgenommen. In der Küche lässt sich dieser Mechanismus bestens erkennen: Auch Messer verursachen Zellschädigungen (sogar umso mehr, je stumpfer das Messer ist, weshalb vernünftige Köche in beste Messer investieren): Myrosina-

MYROSINASEN NACH DEM EINFRIEREN

Frisch eingefrorene Lauchgewächse reizen nach dem Auftauen nicht mehr oder deutlich weniger zu Tränen – und sie duften. Das liegt daran, dass beim langsamen Einfrieren die Kristalle über die Zelldimensionen hinauswachsen. Die Zellen platzen, Myrosinasen werden aus ihrer Verankerung gerissen. Spätestens beim Auftauen werden diese frei, diffundieren und veranlassen die Reaktion zu den Aromastoffen. Diese verflüchtigen in der Zeit des Auftauens bis zur Verarbeitung gemächlich in die Umgebung.

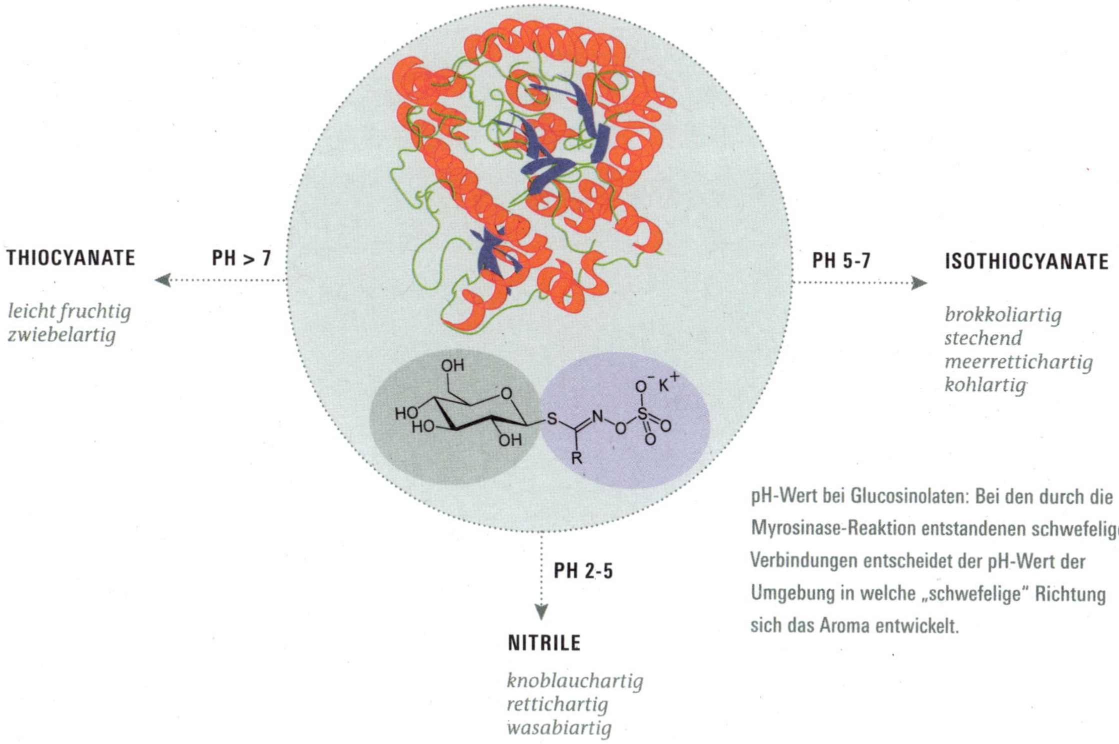

pH-Wert bei Glucosinolaten: Bei den durch die Myrosinase-Reaktion entstandenen schwefeligen Verbindungen entscheidet der pH-Wert der Umgebung in welche „schwefelige" Richtung sich das Aroma entwickelt.

sen verlassen die Zellwand, die Glucosinolate reagieren unter ihrer katalytischen Wirkung zu Zucker und stechenden Aromastoffen. Diese hochflüchtigen Moleküle erreichen rasch Nase und Augen und lösen dort stark trigeminale Reize aus: Die Nase läuft, die Augen tränen. Auch beim Essen von rohen Zwiebeln, Lauch oder Rettichen ist dies zu beobachten.

Wonach die Gemüse genau riechen, hängt jedoch nicht nur von den jeweiligen Glucosinolaten ab. Auch der pH-Wert spielt eine große Rolle bei der Aromabildung. Im schwach sauren Bereich, bei pH-Werten zwischen 5 und 7, bilden sich vorwiegend Isothioscyanate, die durch ihren typischen Kohlgeruch dominieren oder stechend nach Meerrettich duften. Im stärker sauren Bereich, zwischen pH 2 und pH 5, bilden sich vorwiegend Nitrile, die eher an Wasabi, Knoblauch oder Rettich erinnern, und ein pH-Wert, der im alkalischen Bereich, also über 7 liegt, hat die Bildung von leicht fruchtigen Thiocyanaten zur Folge (siehe Abbildung oben).

DUFTENDE KÜCHENCHEMIE Mit dem pH-Wert lässt sich die Aromabildung in der Küche, vor allem bei Rohzubereitungen, gezielt steuern. Wird beispielsweise eine kräftige Vinaigrette mit Zwiebeln, Salz und Essig vorbereitet, liegt der pH-Wert im Bereich 2 bis 5, es bilden sich vorwiegend Nitrile, wenn geschnittener Kohl darin mariniert wird. Im weniger sauren Bereich werden eher die Isothiocyanate gebildet. Natürlich kann man nach dem Marinieren den pH-Wert wieder erhöhen, etwa durch Zugabe von etwas Fond, der außerdem Umamigeschmack beifügt. So lassen sich chemische und molekulare Gegebenheiten und Fakten gezielt nutzen. Der alkalische (basische) Bereich bei pH-Werten über 7 ist für kulinarische Anwendungen weniger relevant. Allerdings lässt sich bei bestimmten Kochprozessen durch Zufügen von etwas Backpulver, Natron oder ähnlich basisch wirkenden Zutaten durch die Begünstigung von fruchtigen Thiocyanaten ein Teil der typisch kohligen Düfte eindämmen und auch die Farbe besser erhalten (→ Kochwasser ist nicht gleich Kochwasser, Seite 68).

ÜBER ISOPREN GEBILDETE GERUCHSSTOFFE

Isopren ist ein wesentlicher Teil des Pflanzenstoffwechsels. Es ist ein sogenanntes Grundmolekül, aus dem die Geruchsstoffe der Gruppen 3 (Acyclische Terpene), 4 (Cyclische Terpene) und 5 (Sesquiterpene) gebildet werden.

HEMITERPEN

3-METHYLBUTTERSÄURE (GENERALIST)
EIGENSCHAFTEN *fettig, käsig, säuerlich, schweißig, milchig*
VORKOMMEN *Gemüsepaprika, Sellerie*

MONOTERPEN

LINALOOL (INTERMEDIÄR)
EIGENSCHAFTEN *floral, zitrusartig, rosenholzartig, grün, orangenartig, zitronenartig, leicht wachsig, holzig*
VORKOMMEN *Chinakohl, Erbse, Kartoffel, Kerbelrübe, Kaktusfeige, Kerbelrübe, Rhabarber, Speiserübe, Taro, Tomate, Wurzelpetersilie, Zucchini*

β-PINEN (INTERMEDIÄR)
EIGENSCHAFTEN *herbal, holzig, harzig, pinienartig, heuartig, kampferig, gewürznelkenartig, muskatartig-würzig, pfefferig, leicht kühlend*
VORKOMMEN *Kerbelrübe, Kichererbse, Kürbis, Papaya, Pastinake, Sellerie, Speiserübe, Topinambur, Zucchini*

LIMONEN (INTERMEDIÄR)
EIGENSCHAFTEN *zitrusartig, orangenartig, süßlich, terpentinartig*
VORKOMMEN *Chayote, Fenchel, Gemüsepaprika, Kaktusfeige, Karotte, Kartoffel, Kürbis, Okra, Papaya, Sellerie, Topinambur, Zucchini*

SESQUITERPEN

β-BISABOLEN (INDIVDUALIST)
EIGENSCHAFTEN *balsamisch, holzig*
VORKOMMEN *Aubergine, Möhre, Pastinake, Salat, Topinambur, Kaktusfeigenblätter*

α-CARYOPHYLLEN (INDIVDUALIST)
EIGENSCHAFTEN *holzig, süßlich-herbal, kampferig, leicht pfefferig, mit Zitrushintergrund*
VORKOMMEN *Artischocke, Aubergine, Cardy, Karotte, Okra, Sellerie, Speiserübe*

LAUCH UND ZWIEBEL: ALLIINASE & CO.

Lauch- und Zwiebelgewächse enthalten nicht nur Glucosinolate, sondern außerdem die Aminosäure Cystein, die ein Schwefelatom enthält. Sogenannte L-Cysteinsulfoxide (darunter das bekannte **ALLIIN**) sind die Vorläuferverbindungen für die typischen, mitunter trigeminal wirkenden Aromastoffe von Lauch, Knoblauch und Zwiebel. Diese chemischen Verbindungen reagieren enzymatisch mit Alliinase unterstützt zu **ALLICIN** und weiteren Geruchsstoffen, die das Aroma der Zwiebelgewächse bestimmen: **ALLYLMETHYLSULFID** (Senfkohl und Zwiebel) oder **DIALLYLSULFID** und **ALLYLPROPYLSULFID** (jeweils Lauch und Zwiebel).

Die Abwehrstoffe bei Kohl und Zwiebelgewächsen sind schwefelig und werden in unserem Farbschema der zweiten Gruppe zugerechnet. Die meisten dieser Schwefelstoffe wirken außerdem trigeminal und erzeugen einen kalten Schmerzreiz.

Die schwefelige Aminosäure Cystein kommt in vielen Proteinen vor, und die Geruchsstoffe, die sich aus ihr bilden, sind nicht nur auf Lauchgewächse beschränkt: So ist zum Beispiel der schwefelige Aromastoff **4-METHOXY-2-METHYL-2-BUTANETHIOL** nicht nur in vielen Weinen, sondern ebenso in Olivenöl für dessen Fruchtnote mitverantwortlich. Und das extrem schwefelige „Katzenketon" **4-MERCAPTO-4-METHYL-2-PENTANON** bestimmt in geringen Konzentrationen die feinen Noten von Basilikum oder Sauvignon blanc mit, in hohen Konzentrationen eben Katzenurin.

TERPENE – ABWEHR UND LOCKSTOFFE

Für die Abwehr von Insekten und Raupen, die bei Kohl- und Zwiebelgewächsen die schwefeligen Duftstoffe übernehmen, bilden andere Pflanzen andere Aromen aus, insbesondere Terpene und Sesquiterpene, aber auch Aromate und flüchtige Phenole.

Acyclische und cyclische Terpene finden sich in unserem Farbschema in Gruppe 3 und Gruppe 4.

Die chemische Basis für Terpenverbindungen ist das „Isopren", in der Chemie als **2-METHYLBUTA-1,3-DIEN** bezeichnet. Isopren ist ein wesentlicher Teil des Pflanzenstoffwechsels. Aus dem „Grundmolekül" werden nicht nur Duftstoffe, sondern auch Farbstoffe wie Carotinoide, Retinol (Vitamin A), Trocopherol (Vitamin E) oder Phytol synthetisiert. Kein Wunder, denn die Isoprenproduktion der Pflanzen ist eng an die Photosynthese gekoppelt. Terpene lassen sich vollkommen systematisch klassifizieren. Die Anzahl der Isopreneinheiten definiert ihre Anzahl von Kohlenstoffatomen als Vielfaches von 5, damit ihr (ungefähres) Molekulargewicht, damit ihre Flüchtigkeit und somit ihre Geruchsklasse. Terpene ab 15 Kohlenstoffatomen sind nicht mehr flüchtig und bekommen andere „Aufgaben": Sie sorgen mitunter für einen bitteren Geschmack, sind Teile von Saponinen, cholesterinähnlichen Stoffen in den Zellmembranen. Wenn sie noch schwerer sind, z. B. aus 8 Iosopreneinheiten bestehen, gehören sie im Gemüse zu den Carotinoiden, aus denen, wie etwa aus β-Carotin, wiederum Geruchsstoffe mit Isopreneinheiten wie das **β-IONON** entstehen. Dies zeigt aufs Neue, wie systematisch und „ökonomisch" die Vorgänge in Pflanzen aufgebaut sind und wie Synthesemechanismen ineinandergreifen.

Hemiterpene, die einfachsten Moleküle, sind übrigens kaum vorhanden. Das einzige gemüserelevante Hemiterpen ist der Generalist **3-METHYLBUTANSÄURE** (auch 3-Methylbuttersäure oder Isovaleriansäure genannt), der in Baldrian, in vielen fermentierten Produkten und frisch im Gemüsepaprika und im Sellerie vorkommt. Die **3-METHYLBUTANSÄURE** ist von organischen Säuren und Fettsäurederivaten nicht zu unterscheiden, weshalb sie in diesem Buch der ersten Gruppe zugeordnet ist, auch wegen ihrer physikalischen Eigenschaften, ihrer Flüchtigkeit und Löslichkeit. In dem linken Schaubild sind typische, gemüserelevante Terpene aufgeführt.

Auch Triterpene (aus sechs Isopreneinheiten aufgebaut) sind in der Gemüseküche von Bedeutung. Tetracyclische Triterpene sind etwa Steroide und die aus Gurken, Kürbis und Zucchini bekannten Cucurbitacine, die für Menschen hochtoxisch sein können und für den Bittergeschmack verantwortlich sind (→ Gurke, Seite 227). Triterpenalkohole und Triterpensäuren in Harzen (Resinosäuren und Resinole) erhält man als Beiprogramm beim Würzen mit Harzen; sie fungieren auch als Saponine in verschiedenen Gemüsearten. Auch viele Hormone sind Triterpene und haben damit herausragende biologische Funktionen.

Die Abwehr von Fraßfeinden ist bei den Terpenen nur die eine Seite: Monocyclische und acyclische Terpene wie etwa **LINALOOL** (in Chinakohl, Erbse, Kartoffel, Kaktusfeige, Kerbelrübe, Rhabarber, Speiserübe, Taro, Tomate, Wurzelpetersilie, Zucchiniblüten) oder **GERANYLACETON** (in den Gemüsen Bohne, Melone, Tomate und Tomatillo) werden ebenso als Lockstoffe eingesetzt. Zum einen locken sie Insekten zur Bestäubung an und sichern damit die Fortpflanzung, zum anderen aber locken sie Feinde der Fraßfeinde an, die dann die unmittelbaren Feinde der Pflanze wiederum angreifen und vernichten sollen. Das Spiel mit Aromen und Geruchsstoffen in Gemüse ist im Allgemeinen also „intelligenter", als gemeinhin gedacht wird.

Die floral duftenden Sesquiterpene gehören zur Gruppe 5.

SESQUITERPENE: DUFTENDE FARBABKÖMMLINGE

Zahlreiche sekundäre Pflanzenstoffe sind ebenfalls Vorläufer für Geruchsstoffe in Gemüse. Dazu gehören Farbstoffe (→ Farbe und Farberhaltung in Gemüse, Seite 75). Exemplarisch seien hier zwei Beispiele mit unmittelbarem Aromabezug angesprochen. Florale Gerüche, wie die des blumig, süßlich und nach Beeren und Bienenwachs duftenden Sesquiterpens **β-IONON**, entstammen dem β-Carotin, einem Carotinoid, das Pflanzen Farbe gibt. Da β-Carotin Teil des Photosynthesekomplexes ist oder auch in Wurzeln (z. B. von Karotten) recht häufig vorkommt, sind Duftanteile im blumigen Bereich in Gemüse nicht selten: **β-IONON** tritt in Erbse, Karotte, Kürbis, Papaya, Rettich, Rhabarber, Sellerie, Süßkartoffel, Tomatillo und sogar in der Zichorie auf. Der Duftstoff wehrt so manchen Angriff im Erdreich ab, dient aber auch zur Kommunikation benachbarter Wurzeln über das Erdreich.

Aus dem Tomatenfarbstoff Lycopin bildet sich wiederum das lineare Sesquiterpen **GERANYLACETON**. Dieses duftet floral und frisch, erinnert an Rosenblätter und Magnolien und in höheren Dosen an „Seife" (wie es beim Überdosieren mit Lavendelblüten zu riechen ist). Kein Wunder also, wenn es in lycopinreichem Gemüse wie Tomaten, Tomatillo und in manchen Melonensorten vorkommt – und ein Grund mehr, Tomate einmal mit Rosenwasser zu würzen, um diese Düfte besser zu betonen.

Aromaten und Phenylpropanoide, die aus Mechanismen zur Pflanzenabwehr gebildet werden, finden sich im Farbschema in der Gruppe 6 und 7 wieder.

AROMATEN UND PHENYLPROPANOIDE

Nicht nur Terpene werden zur Abwehr produziert, sondern ebenso Aromaten und Phenylpropanoide, die auch aus Gewürzen bekannt sind, darunter das aromatische, sahnig und schokoladig duftende **VANILLIN**, das in der Erdmandel, aber unterschwellig sogar in Gemüsepaprika, Rettich und in der Zucchini vorhanden ist, das nach Bittermandeln duftende **BENZALDEHYD**, das sich in Kürbis, Rote Bete, Schwarzwurzel und Topinambur findet, sowie das „Gewürznelkenaroma" **EUGENOL**. Gemeinsam ist ihnen der Benzolring. **EUGENOL**, das beispielsweise in Gemüsepaprika oder in der Kerbelrübe vorkommt, wirkt außerdem trigeminal und weist damit auf ein weiteres Prinzip der Pflanzenabwehr hin.

Alkaloide gehören meist zu den bitteren Geschmacksstoffen oder aber zu den nicht flüchtigen trigeminal reizenden Stoffgruppen.

ALKALOIDE: DAS TRIGEMINALKONZEPT VON PFLANZLICHEN LEBENSMITTELN

Viele der pflanzlichen chemischen Kampf- und Lockstoffe, die auf Geschmack, Trigeminus und Geruchsinn wirken, werden in der Küche als Würz- und Genussmittel eingesetzt. Dazu gehören die Alkaloide Coffein (Kaffee, Kakao), Nikotin (Tabak), Capsaicin (Chili, Paprikasorten) und Piperin (Pfeffersorten). Gerade beim Chili wird deutlich, wie selektiv beispielsweise Capsaicin wirkt. Fraßfeinde, die der Pflanze und der Schote schaden, werden effektiv abgewehrt. Bestimmte Vögel

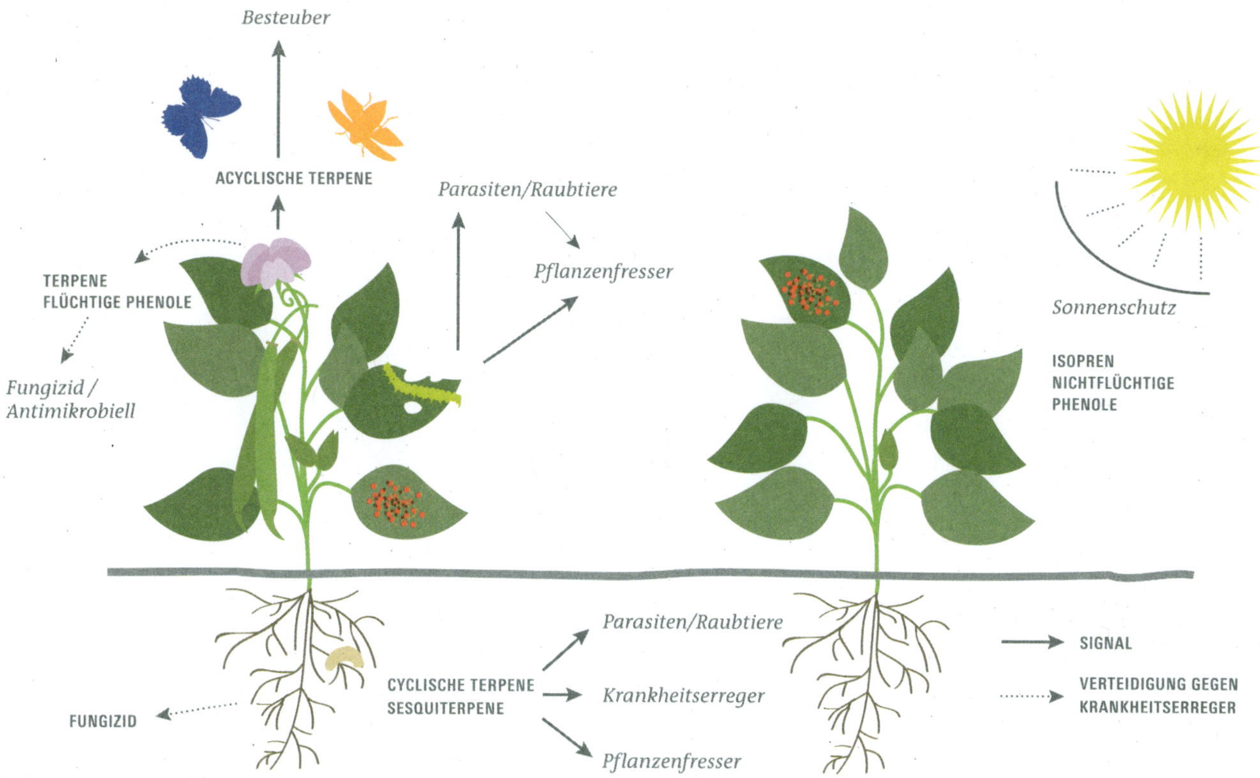

Stören und betören – Die trickreiche Aromaproduktion von Pflanzen: Pflanzen müssen Angreifer abwehren und gleichzeitig Bestäuber anziehen. Als Lockstoffe stehen florale Fruchtester und acylische Terpene (Gruppe 3) zur Verfügung. Als Blätterabwehrstoffe dienen vorwiegend cyclische Terpene, einige Sesquiterpene, Aromaten und schwefelige Stoffe (Gruppe 4, 5, 6 und 2). Abwehr- und Lockstoffe sind daher ein großer Beitrag zur Aromabildung im Gemüse. Die Phenole für den Sonnenschutz schmecken bitter. Manche davon wirken adstringierend (Gruppe 9).

aber, die auf Capsaicin nicht sensitiv reagieren, tragen den Samen (Chilikerne) weiter. Die Pflanze vermehrt sich, der Bestand ist gesichert. Im Unterschied zu Kräutern und Gewürzen spielen diese Stoffe bei Gemüse lediglich eine untergeordnete Rolle.

AROMABILDUNG AUS FETTEN

Aromen bilden sich nicht nur bei der Abwehr von Fraßfeinden, sondern entstehen auch auf natürliche Weise durch Abbau und Oxidation von Fetten bzw. Fettsäuren. Da Fette praktisch in jedem Lebensmittel, auch in allen Pflanzen, als Energieträger vorkommen, tragen sie und ihre Abbauprodukte stets zum Aroma bei. Fettsäuren, insbesondere ungesättigte, oxidieren an ihrer Doppelbindung unter Sauerstoffeinfluss, unter dem Pflanzenmetabolismus (durch Enzyme) wie auch unter erhöhter Temperatur beim Kochen, Dämpfen oder Braten.

Dabei entstehen Aromen aus den zwei Gruppen, die bisher in unserer Aufzählung noch fehlen: aliphatische Kohlenwasserstoffe (in unserem Farbschema Gruppe 1), die sich in beinahe jedem Gemüse finden und aus der die meisten Generalisten stammen (→ Seite 38), und die Gruppe 8, und zwar die Lactone, die das cremige Aroma einiger Gemüse prägen.

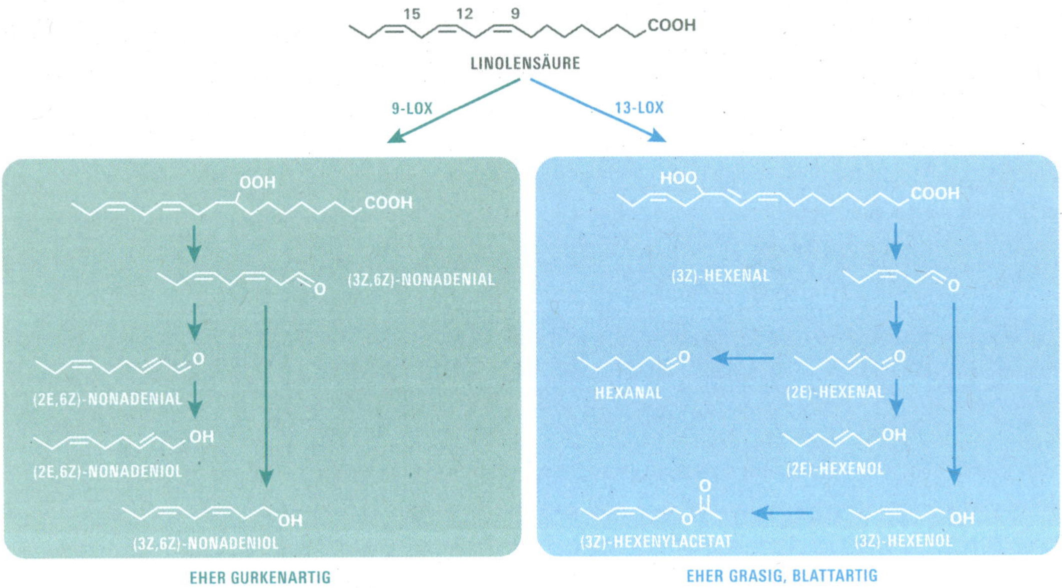

Aus der Fettsäure Linolensäure entstehen durch Oxidation verschiedene Geruchsstoffe. Der Grund: Die Lipoxygenasen (hier: 9-LOX und 13-LOX) spalten die Fettsäuren an unterschiedlichen Doppelbindungen. Daraus entstehen unterschiedlich lange „Bruchstücke". Diese mutieren dann zu Geruchsstoffen mit entsprechenden Düften. In diesem Fall zu (Z)-3,6-Nonadenial und (Z)-3-Hexanal, die beide zu der Aromagruppe 1 gehören.

Die aliphatischen Kohlenwasserstoffe gehören zur Gruppe 1.

ALIPHATISCHE KOHLENWASSERSTOFFE – GRÜN UND GRASIG

Fast alle Gemüse duften „grün", sei es nun dominant wie bei Auberginen, Rettichblättern oder Tomaten oder im Hintergrund wie bei Blumenkohl oder Papaya. Die meisten dieser „grünen", „grasigen" Aromen entstehen aus Fetten, wobei aus einer ungesättigten Fettsäure – je nachdem, welche der ungesättigten Doppelbindungen oxidiert – verschiedene Aromen entstehen können. So bilden sich aus der zweifach ungesättigten Linolensäure bei der Oxidation entweder eher gurkenartige oder eher grasige Gerüche (siehe Abbildung oben). Ursache dafür sind verschiedene Lipooxigenasen, die auf die unterschiedlichen Doppelbindungen ansprechen.

Für die jeweilige Feinabstimmung des Dufts dieser aliphatischen Kohlenwasserstoffe sind zwei grundsätzliche Eigenschaften verantwortlich. Zum einen ist es die Länge, in etwa das Molekulargewicht der Aromaverbindungen. Je kürzer die Ketten, desto flüchtiger sind sie. Kurze Molekülketten duften meist intensiver, fruchtiger, grüner, grasiger, dabei weniger fettig. Ihre Verweildauer auf der Zunge beim Essen ist kurz, sie erreichen die Riechkolben über den Nasenrachenraum rasch, riechen dort zwar etwas „fettig", aber eher verhalten. Längere Kettenmoleküle, etwa ab acht Kohlenstoffatomen, sind schwerfälliger. Ihre Duftwirkung ist verhaltener, sie sind weniger fruchtig und grün, und der längere Verbleib auf der Zunge lässt sie retronasal wesentlich „fettiger" und wachsiger duften. Bei Moleküllängen ab 10 bis 12 Kohlenstoffatomen in der Molekülkette lösen die Aromen auch auf der Zunge ein wachsiges Gefühl aus. Sie vermindern die Reibung, wirken als kurzzeitiges Schmiermittel und haben dadurch einen deutlichen physikalischen Einfluss auf die Sensorik. Gleichzeitig können sie bei bestimmten Oxidationsstufen wie die 10-Oxo-8E-Decansäure aufgrund abnehmender Flüchtigkeit zur Mundfülle beitragen (→ kokumi, Seite 25).

Zum anderen sind es die funktionellen Gruppen, die das Feintuning des Geruchs bestimmen: Je nachdem, ob die Kohlenwasserstoffe als Aldehyde, Ketone oder als Alkohole vorliegen, duften sie verschieden: Ester sind meist fruchtiger, Aldehyde eher weniger fruchtig, Ketone butteriger.

Die Oxidation und der Abbau der Fettsäuren ist daher grundsätzlich kein „negativer“ oder gar „schädlicher“ Vorgang, denn es entstehen daraus Aromaverbindungen und Moleküle, die den Genuss steigern: Beim Kauen tragen sie zur retronasalen Wahrnehmung sowie zur Steigerung der Mundfülle bei.

Weitere Aromaverbindungen dieser Gruppe entstehen vor allem bei Oxidationsprozessen, die durch Kochen und Braten ausgelöst werden, darunter 3-METHYLOCTAN, das z. B. zum Aroma der Hühnerbrühe beiträgt und damit zeigt, wie universell und keineswegs auf Gemüse beschränkt diese Phänomene sind, oder auch 1-OCTAN-3-ON und 1-OCTAN-3-OL, die in zahlreichen Gemüsearten vorkommen, z. B. in Artischocke, Bambussprosse, Blumenkohl, Bohne, Chayote, Gartenbohne, Gemüsepaprika, Grünkohl, Haferwurzel, Kartoffel, Kürbis, Rucola, Spinat, Wurzelpetersilie und Zucchini.

FETTE UNTERSTÜTZUNG

Vielen (fettarmen) Gemüsen fehlen diese sehr angenehmen Geruchskomponenten, kein Wunder also, dass sie gern mit Lebensmitteln kombiniert werden, die „eher fettige, cremige“ Aromen aufweisen. In der hiesigen Kochkultur nimmt man gern Butter, Sahne oder Käse, in Asien kombiniert man mit Kokosnüssen oder deren Fett. Ein eindrucksvoller Test dieser Idee ist ein simples „Gericht“: Frischen Spinat, der schwefelig, erdig, aromatisch und pilzig duftet, einfach in nativem Kokosfett abschwenken, dessen Geruch weniger grün, dafür von Lactonen bestimmt ist, nur leicht salzen, und das „Food-Completing“ über eine vollständige Kontrastierung in den Aromagruppen ist perfekt. Ein echter „Nasenöffner“ für eine Vielzahl von Ideen zur Spinatküche.

Aus der zweifach ungesättigten Linolsäure entsteht 1-OCTEN-3-OL, das bei frischen Pilzen das Grundaroma definiert. Beim weiteren Erhitzen bildet sich 1-OCTEN-3-ON, das gegarten Pilzen das typische Aroma verleiht, aber auch im Aroma von Cardy, Erbse, Gartenbohne, Kürbis und sogar der bitterdominierten Zichorie eine große Rolle spielt. Dieser Aromastoff ist auch in Fleischbrühen vorhanden. Fett ist daher nicht nur als Lösungsmittel Aromenträger, sondern bestimmt zu einem großen Teil auch die Aromen aller Lebensmittel durch Oxidations- und Abbauprozesse. Aromen, die aus Fettsäuren entstehen, gehören mit zu den wichtigsten, kein Wunder also, dass aus Fettsäuren entstehende Aromen praktisch überall vorkommen und diese Aromaverbindungen zu den „Generalisten“ gehören.

LACTONE: FRUCHTIG-CREMIGE AROMEN AUS FETT

Lactone gehören zur Aromagruppe 8.

Aus Fettsäuren entstehen nicht nur rein „aliphatische“ Kohlenwasserstoffe mit grünen und grasigen Grundrichtungen, sondern auch aliphatische Ketten aus den Fettsäuren, die mit heterocyclischen Ringen verbunden sind. Heterocyclen sind oft eine Folge der → Maillardreaktion (→ Seite 94) beim Rösten und Erhitzen, sie bilden sich aber auch durch einen „Ringschluss“ der Fettsäuren. Dadurch entstehen, je nach Kettenlänge des Lactons, tiefe, fruchtige Düfte, etwa beim Wein aus Barriques, Cognac oder Whisky, bis hin zu in der Nase cremig wirkenden Düften, wie sie von Milchfettprodukten und Kokosnüssen bekannt sind.

In Hülsenfrüchten wie Bohnen und Kichererbsen, in Pepinos, Kartoffeln, Papayas und Pastinaken kommen ebenfalls Lactone im Aromaspektrum vor und sorgen für deren „cremig-fruchtige“ Gerüche, die ein wenig an Kokosnuss, reife Aprikosen oder Pfirsiche erinnern.

Die griechischen Buchstaben deuten auf die Ringgröße hin. Bei γ-Lactonen sind es 4 Kohlenstoffatome im Ring, bei δ-Lactonen 5. Die jeweilige griechische Zahl im Namen vor „-Lacton“ lässt auf die Kettenlänge der aliphatischen Kette schließen. Beide Strukturelemente definieren gemeinsam den jeweiligen Geruch. So bestimmt das „kleinringige“ δ-DECALACTON (vier Kohlenstoffatome im Ring) mit seinem kokosnussartigen, cremig-butterigen Geruch einen Teil des Milchfettaromas, was sich etwa beim Probieren von ungezuckerter Kondensmilch deutlich zeigt. Sein großringiges Pendant, γ-DECALACTON, definiert „cremige“, an Kokosnuss erinnernde Gerüche in Früchten, etwa in Ananas, manchen Erdbeersorten, Mango, Maracuja und Pfirsich. Oft treten die verschiedenen Lactone unterschiedlicher Ringgröße und Kettenlänge zusammen auf, wie etwa bei sehr reifen Aprikosen oder Pfirsichen. Bei Kettenlängen mit 8 oder 9 Kohlenstoffaromen dominiert dann der kokosartige Geruch. Großringige γ-LACTONE wirken außerdem etwas sahniger im Dufthintergrund und erinnern an *creamed coconut*.

DER GESCHMACK VON GEMÜSE

Gemüse duften nicht nur, sie schmecken auch. Am häufigsten zeigen sie einen mehr oder weniger ausgeprägten, durch Züchtungen oft abgemilderten „Bittergeschmack", wie etwa alle Kohlsorten, Zichorien und Salate. Andere sind säuerlich, beispielsweise Tomaten und Rhabarber, oder – vor allem im gekochten Zustand – süßer wie die klassischen Wurzelgemüse. Doch auch der „umami"-Geschmack beschränkt sich nicht nur auf „herzhafte" Fleischgerichte, sondern findet sich ebenfalls in Gemüse, insbesondere in Tomaten und Bohnen. Verantwortlich sind dafür jeweils unterschiedliche Geschmacksstoffe und Reaktionen.

SÜSS

Nicht nur in der Zuckerrübe, sondern in nahezu allen Gemüsen finden sich Zucker. In einigen lässt er sich roh herausschmecken wie beispielsweise bei Tomaten oder Möhren, andere – wie Zwiebeln – werden erst nach dem Kochen süßer, bei wieder anderen ist er gar nicht wahrnehmbar. Das liegt daran, dass sich nur die freien Zucker herausschmecken lassen, also solche Zuckerstoffe, die Süßrezeptoren auf der Zunge reizen können. Solange der Zucker in gebundener Form vorliegt – etwa in Form von Stärke (→ Kartoffel, Seite 243) oder auch bei Glucosinolaten (→ Aromabildung durch Angriff, Seite 39), schmeckt er nicht süß. Zucker, die in (fast) jedem Gemüse vorkommen und die man in Obst in deutlich höheren Konzentrationen findet, sind Glucose, Fructose und Saccharose.

Gemüse bauen jedoch noch weitere Zucker ein, etwa Maltose, Rhamnose und Galactose in verschiedenen Formen. Häufig treten in Gemüse außerdem Zuckeralkohole auf, die ebenfalls süß schmecken, aber nicht mehr enzymatisch verdaut werden können (→ Fodmaps, Seite 84), zum Beispiel Mannitol, Sorbitol oder Xylitol, die teilweise auch als Zuckerersatzstoffe dienen.

Freie und damit leicht lösliche Zucker und Zuckeralkohole fungieren im Gemüse oft als „Frostschutzmittel". Sie erniedrigen den Gefrierpunkt des Wassers, indem sie Wassermoleküle binden, d. h. die polaren Moleküle und Ionen scharen mit höherer Wahrscheinlichkeit Wassermoleküle in sogenannten Hydrathüllen um sich herum, sodass diese erst bei noch geringerer Temperatur zur Bildung von Eiskristallen „freigegeben" werden. Auf diese Weise gelingt es Pflanzenzellen, Frostnächte ohne Schaden zu überstehen. In Wurzelgemüsen wie Schwarzwurzeln, Sellerie und Haferwurzeln, Topinambur und Pastinaken werden mitunter schwere Geschütze aufgefahren: Es werden längerkettige Oligosaccharide oder Oligofructosen aus Fructoseeinheiten aufgebaut (z. B. Inulin). Eine Faustregel lautet: Je länger der Zucker ist, desto weniger süß ist er. Längerkettiges Inulin lässt sogar ein fettartiges Mundgefühl zu, wie es in Schwarzwurzeln oder lang gekochten Topinambur zu spüren ist.

Wurzelgemüse lagern Zucker prophylaktisch ein. Bei Frost „frieren" die Zellmembranen ein (→ Zellstruktur, Seite 64), dabei wer-

SÜSSKRAFT VON ZUCKER UND ZUCKERDERIVATEN

Lactose	0.2
Maltose	0.3
Isomalt	0.4
Galactose	0.4
Glucose	0.5
Trehalose	0.5
Sorbitol	0.5
Saccharose	**1.0**
Xylitol	1.0
Invertzucker	1.2
Fructose (Fructopyranose)	1.2

den sie teilweise brüchig, Enzyme (z. B. Myrosinase) werden freigesetzt und können die bitteren Glucosinolate zerlegen. Die Blätter werden weniger bitter, es entstehen mehr freie Glucosemoleküle (Zucker) und mehr Schwefelaromen. Ähnliches passiert bei Hitzeeinwirkung. In Glucosinolaten (Kohl) oder Saponinen (Zwiebeln) gebundene Zucker werden „frei", das führt dazu, dass die Gemüse gekocht süßer schmecken als roh. (→ Zwiebel, Seite 510)

Man kann die Süße von leicht süßen Gemüsen durch eine Prise Zucker oder einen Löffel Honig noch unterstreichen – oder andersherum süßes Gemüse gezielt als süße Komponente bzw. zum „Süßen" auf Tellern einsetzen. Sehr lang gekochte Zwiebeln verleihen jedem Eintopf oder Zwiebelpüree Süße (und „umami"-Geschmack) und können sogar in Desserts als süßes Element eingesetzt werden.

SAUER

Es gibt nur wenige vordergründig „saure" Gemüse wie Rhabarber, viele, die leicht säuerlich schmecken und noch mehr, bei denen die Säure kaum wahrnehmbar ist, aber dennoch im Hintergrund den Geschmack mit beeinflusst. Säure dient vielen Pflanzen zur Eindämmung eines unerwünschten Keimwachstums. Säure, also die Reizung der Grundgeschmacksrichtung „sauer", bedingt stets einen Geschmackskick im Gericht. Kaum merkliche Säurespuren genügen, um ein Gemüse frischer, ansprechender oder runder wirken zu lassen.

PROTONEN, PH UND PKS Die Geschmacksrichtung „sauer" wird durch Protonen verursacht, die jeder Säure zu eigen sind. Protonen sind positiv geladene Wasserstoffkerne H^+ (das H steht für Wasserstoff). Das Proton der Säure bindet sich in wässriger Lösung an ein Wassermolekül (H_2O) und bildet das Hydronium H_3O^+. Diese Moleküle werden von „Sauer"-Rezeptoren in den Geschmacksknospen (→ Geschmacksinn und Grundgeschmack, Seite 22) detektiert und an das Gehirn weitergeleitet. Die Anzahl dieser Hydroniumionen bestimmt die Säure einer Lösung und wird mit dem pH-Wert angegeben. Dieser wird der Einfachheit halber mit einer reinen Zahl zwischen 0 und 14 bestimmt. Dabei ist pH=14 alkalisch (Lauge), pH=7 neutral (z. B. Wasser) und pH=0 sauer.

Eine schnelle, wenn auch ungenaue Messung des pH-Werts kann mit Universalindikatoren (pH-Papier) gemessen werden. Je nach Säuregehalt erhält man dabei einen bestimmten Farbumschlag (→ siehe Schaubild Seite 402). In der Küche ist Rotkohl quasi ein Indikatorgemüse, denn er verfärbt sich in säuerlichem Umfeld (mit Essig oder Apfelstückchen gekocht) eher rot, in basischem blau. Dies spiegelt sich auch in seinen regionalen Namen wider: Dort, wo man ihn säuerlich mag (in Baden-Württemberg und im Norden), heißt er Rotkohl oder -kabis, in anderen Gegenden kennt man ihn als Blaukraut. Gibt man sehr viel Haushaltsnatron hinzu, wird er sogar grün (schmeckt dann allerdings seifig).

Die „Säurewirkung" hängt aber nicht nur von der Konzentration, also der Menge der Säure ab (pH-Wert), sondern auch davon, wie leicht oder schwer der Wasserstoffkern H^+ auf der Zunge gelöst (dissoziiert) wird und an den Geschmacksknospen wirksam werden kann. Je leichter diese Dissoziation vonstattengeht, desto stärker ist die Säurewirkung. Der pK_S-Wert einer Säure beschreibt, wie leicht oder schwer ein Wasserstoff des Moleküls abgegeben wird, um die Säurewirkung zu entfalten. Je höher der pK_S-Wert, desto schwächer

PH-WERTE – BEISPIELE

Salzsäure (3,5 %)	0,0
Salzsäure (0,35 %)	1,0
Magensäure (nüchtern)	1,0
Zitronensaft	2,0
Essigessenz	2,0
Essig	3,0
Colagetränk	3,0
Wein	4,0
Sauermilch	4,5
Bier	5,0
Hautoberfläche	5,5
Mineralwasser	6,0
reines Wasser	**7,0**
Blut	7,4
Sauberes Seewasser	8,3
Darm	8,3
Waschmittellösung	10,0
Natronlauge (3 %)	14,0

ist die Säure. Was hier sehr theoretisch klingt, ist für die Küche von großer Bedeutung. Die Idee, mit mehr Essig abzuschmecken, um einem Gericht mehr Säure zu verleihen, ist zwar richtig, aber irgendwann stört das immer penetrantere und trigeminal stechende Essigaroma. Daher ist es durchaus von praktischer Bedeutung, die Säurewirkung steuern zu können, ohne die Balance auszuhebeln. Vielleicht ist es mitunter nützlich, auf andere Säuren zurückzugreifen, etwa Zitronensäure, oder auch auf Gemüse, die andere Säuren mit einer ähnlich starken Säurewirkung enthalten und sich geschmacklich besser einfügen. Die Säurekonstanten aller lebensmittelrelevanten Säuren sind in der Tabelle auf Seite 52 zusammengefasst.

TYPISCHE GEMÜSE-SÄUREN

Gemüse enthält viele Säuren. Die häufigsten sind die Äpfelsäure, die man nicht nur in Äpfeln oder Kirschen findet, sondern ebenso in Papaya oder Brotfrucht, die Zitronensäure (in Kaktusfeige, Papaya) und die Ascorbinsäure als Vitamin C (praktisch überall). Die Weinsäure säuert den Löwenzahn, die Essigsäure verleiht Bambussprossen ihre Säuerlichkeit und Oxalsäure findet sich in Rhabarber, Rote Bete oder Spinat.

ESSIGSÄURE: DER SAUERKLASSIKER IN DER KÜCHE Die Essigsäure ist eine typische „organische Säure". Sie besteht nur aus Kohlenstoff, Sauerstoff und Wasserstoff, also Elementen, die in der Biologie und in der Naturstoffchemie eine Rolle spielen. Essigsäure ist die gebräuchlichste Säure in der heimischen Küche. Essige sind in Vinaigrettes allgegenwärtig und geben Salaten, Gemüse oder auch Fleisch die entsprechende Geschmackskomponente „sauer" mit auf den kulinarischen Weg. Die Essigsäure ist unter anderem auch in Bambussprossen enthalten.

Der in romanischen Ländern gebräuchliche Name des Essigs „Acieto" ist aus chemischer Sicht berechtigt: Das Acetat gibt den Namen, denn es spezifiziert den Rest des Essigs. Die Säurekonstante der mittelstarken Essigsäure beträgt $pK_S = 4{,}75$. Wie sehr Wasser für die Säurewirkung vonnöten ist, lässt sich an einem einfachen Experiment erkennen. Mit reiner Essigsäure lässt sich der verkalkte Wasserkocher nicht von Kalk befreien, auch nicht mit zu wenig Wasser. Erst wenn die Essigsäure ausreichend verdünnt wird, bilden sich viele Protonen, und die Wirkung der Säure kann einsetzen.

ÄPFELSÄURE – ALLGEGENWÄRTIG UND KAUM GENUTZT Äpfelsäure ist im Unterschied zu der Monocarbonsäure Essigsäure eine Dicarbonsäure. Sie kann also pro Molekül gleich zwei Protonen freisetzen – was aber nicht automatisch bedeutet, dass sie eine stärkere Säure wäre. Auch hier können nur die beiden Protonen an den beiden COOH-Gruppen freigesetzt werden. Die beiden Protonen wirken unterschiedlich, daher lassen sich zwei Säurekonstanten angeben: $pK_{S1} = 3{,}46$ und $pK_{S2} = 5{,}10$. Äpfelsäure ist also ähnlich stark wie die Essigsäure. Sie kommt neben vielen Obstsorten auch in Gemüsen vor, etwa in der Brotfrucht, Tomatillo und Tomate, im Rhabarber und selbst in unscheinbaren Gewächsen wie dem Portulak.

ZITRONENSÄURE – SAFT UND KRISTALLE Eine küchentaugliche Tricarbonsäure ist die Zitronensäure. Dort geben die drei COOH-Gruppen die Protonen frei, deren pKs-Werte unterschiedlich sind: $pK_{S1} = 3{,}13$, $pK_{S2} = 4{,}76$ und $pK_{S3} = 6{,}4$. Als Faustregel in der Küche gilt jedoch, dass der erste pKs-Wert entscheidend ist. Zitronensäure ist sehr verbreitet. Sie kommt in Früchten wie Äpfeln, Birnen und Sauerkirschen vor, ist aber auch in Gemüsen praktisch allgegenwärtig. So findet sie sich im Säurespektrum der Brotfrucht und der Kaktusfeige und trägt zum sauren Geschmack von Tomate und Tomatillo bei. In säuerlichen Blattgemüsen wie Mangold und Spinat spielt sie neben der Oxalsäure eine wichtige Rolle, ebenso im Portulak.

OXALSÄURE Eine besondere Säure, die in vielen Gemüsen auftritt und in erster Linie von Rhabarber und Spinat bekannt ist, ist die Dicarbonsäure Oxalsäure, deren Wirkung sich deutlich von den bekannten Empfindungen bei Essig oder Zitronensaft unterscheidet. Oxalsäure können wir nicht nur „sauer" schmecken, sondern auch „fühlen". Die Säure demineralisiert, sie nimmt sich diverse positive Ionen, Mineralien, aus dem Zahnschmelz, und die Zähne werden „stumpf". Oxalsäure findet sich in zahlreichen Gemüsen (siehe Tabelle); selbst in Süßkartoffeln oder Gemüsepaprika (rot und weiß) ist Oxalsäure vorhanden und definiert einen Hauch Säure.

VERSCHIEDENE ISOMERE DER WEINSÄURE Auch die Weinsäure kommt in Gemüse vor, wenngleich nur verhalten. Im Löwenzahn ist sie allerdings dominant und gibt den Blättern ihren säuerlichen Geschmack.

BERNSTEINSÄURE Selbst die Bernsteinsäure, die in Wein und Bier als Folge der Hefegärung vorkommt, verleiht manchen Gemüsen das „gewisse Etwas". So rundet sie das Säurespektrum der Tomate ab und ist vor allem in grünen Blattsalaten zu finden.

SÄUERN MIT GEMÜSE

Die gängigste Weise, Säure an Speisen zu geben, sind Essige oder Fruchtsäfte. Der Nachteil dabei ist die niedrige Viskosität: Die Säure verteilt sich rasch und ist als gleichmäßiger saurer Hintergrund zu spüren, etwa bei dem Salatdressing, dem Schuss Zitronensaft im Risotto und ähnlichen Beispielen. Wird die Säure hingegen punktuell zugegeben, wirkt sie eher als Geschmacksimpuls und kaum als Hintergrund. Einige wenige Blätter Oxalis (Sauerklee), einige Zitronensegmente oder Würfel von sauren Früchten (etwa Äpfel) in einem Gericht haben genau diesen Effekt. Die Säure kommt als dezente Spitze, wirkt wesentlich kürzer, dafür aber immer wieder. Ein sensorischer Gewöhnungseffekt entfällt und der Teller bleibt spannender, denn die Säure beeinflusst nicht „gleichförmig" alle Komponenten des Gerichts.

OXALSÄUREGEHALT IN MG PRO 100 G

Rote Bete	180
Bambussprosse	250
Sauerklee	400
Spinat	450
Kakaopulver	450
Rhabarber	460
Mangold	650
Sauerampfer	1 000

Die Werte in dieser Tabelle sind lediglich Richtwerte. Der Oxalgehalt schwankt je nach Bodenchemie, Witterung, Ausbauart, Sonneneinstrahlung ...

In der Gemüseküche ist Rhabarber dafür ein ausgezeichnetes Beispiel: Rhabarberstangen sind roh verzehrbar und bestechen durch intensive Oxal- und Fruchtsäure. Werden kleine Rhabarberwürfel entsprechend platziert, kann sich die Säure gezielt freisetzen. Sie wird erst beim Kauen (→ orales Prozessieren, Seite 33) frei und beeinflusst lediglich diesen Bissen gezielt.

Oxalsäure säuert vor allem Fisch und Geflügelgerichte auf außergewöhnliche Art. Der französische Uralt-Klassiker ***Saumon à l'oseille*** der Brüder Troisgros (von 1962) – zart gebratene Lachsscheiben auf einer Sauce mit Sauerampfer – spielt ganz gezielt mit dieser Säure aus dem Sauerampfer. Fischsaucen, in denen 1 EL kleine rohe Rhabarberwürfel eingeschwenkt sind, schmecken wunderbar. Diese subtile, aber dennoch spürbare Säure kann man ebenso bei feinen Meeresfrüchten wie Jakobsmuscheln einsetzen. Auf ähnliche Weise lässt sich mit Sauerklee eine kräuterige Säure an Speisen bringen, die man mit herkömmlichen Mitteln kaum erzeugen kann. Ein paar Blättchen Sauerklee „dekorieren" und säuern dunkles Fleisch, Schmorbraten oder Wild, und selbst in Desserts kann dieses Kraut ausgezeichnete Geschmacksergebnisse bringen.

SÄUERN VON GEMÜSE

Will man im Gegenzug Gemüse durch externe Säuren „säuern", sollte man vorsichtig sein, denn für viele Gemüse sind sogar Essige und Zitronensaft zu stark bzw. zu „spitz". Die Säurespitzen werden zwar als „Frische" wahrgenommen, verändern aber deutlich die Geschmacks- und Aromawahrnehmung. Das liegt daran, dass bei vielen Gemüsen der Bittergeschmack durch nicht flüchtige Poly-

KULINARISCHE SÄUREN: PK_S-WERT UND SÄURESTÄRKE

Viele dieser Carbonsäuren weisen neben dem sauren Geschmack einen (leichten) typischen Geruch auf. Starke Säuren (oben, unterlegt), schwache Säuren (nicht unterlegt). Die Tabelle zeigt auch Geruchsattribute und trigeminal stechende Effekte.

Organische Säuren (Alternativname, Geruch)	pK_{S1}	pK_{S2}	pK_{S3}
Oxalsäure (Ethandisäure, matt, fast geruchlos)	1,25	4,29	
Maleinsäure (cis-Butendisäure, aromatisch)	1,92	6,22	
Malonsäure (Propandisäure, schweißig, käsig)	2,85	5,69	
Salicylsäure (Hydroxybenzoesäure, geruchlos)	2,98		
Weinsäure (2,3-Dihydroxybutandisäure, geruchlos)	2,98	4,34	
Citronensäure (3-Carboxy-3 hydroxypentandisäure, leicht zitronenartig)	3,08	4,74	5,40
Äpfelsäure (Hydroxybutandisäure, fruchtig-säuerlich)	3,40	5,11	
Ascorbinsäure (Vitamin C, leicht grünlich)	3,45		
Ameisensäure (Methansäure, stechend)	3,74		
Benzoesäure (leicht balsamisch)	3,77		
Milchsäure (2-Hydroxypropansäure, vergoren)	3,86		
Bernsteinsäure (Butandisäure, geruchlos)	4,21	5,64	
Essigsäure (Ethansäure, essigartig, trigeminal stechend)	4,76		
Buttersäure (Butansäure, ranzig-unangenehm)	4,82		
Capronsäure (Hexansäure, ziegenartig)	4,87		

phenole hervorgerufen wird, die aufgrund der OH-Gruppen schwach wasserlöslich sind. Die Säuren verhindern die Wahrnehmung des leicht bitteren Grundgeschmacks vieler Gemüse, indem die Säureprotonen die ohnehin schwache Löslichkeit der Polyphenole einschränken. Diese lagern sich dann zu großen Gebilden zusammen und können so die Bitterrezeptoren nur eingeschränkt erreichen. Der saure Geschmack dominiert, die feinen Bitternoten der Gemüse haben das Nachsehen.

Anders ist die Lage bei Kohl und Zwiebelgemüse: Dort kommt der Bittergeschmack eher durch Glucosinolate (→ Seite 39) zustande. Dies sind, stark vereinfacht gesprochen, Schwefelaromen, die mit Zucker glycosidisch verbunden sind. Ihre Wasserlöslichkeit wird durch die Zucker bestimmt, deren molekulare Wechselwirkung mit den Säuren deutlich geringer ist. Daher ertragen Kohl & Co. wie auch Lauch- und Zwiebelgewächse weit besser „Essigspitzen" als etwa Paprika, Zucchini oder Wurzelgemüse.

SÄURE ABMILDERN In einigen Kochbüchern wird geraten, die Säure des Rhabarbers mittels Zitronensaft abzumildern, was auf den ersten Eindruck widersprüchlich wirkt, denn Zitronensaft ist auch sauer, also sollte Rhabarber mit Zitronensaft ja noch saurer wirken. Tatsächlich aber addieren sich Säurestärken nicht. Der Grund dafür ist ganz einfach: Säure kann nur geschmeckt werden, wenn ein Stoff AH ein Proton H^+ abgibt, das mit Wasser ein Hydroniumion, H_3O^+, bildet. Ist aber die Umgebung schon sauer, sind also bereits Protonen vorhanden, ist die Bereitschaft, ein Proton abzugeben, deutlich geringer. Daher verhindert die freie Zitronensäure, die den Rhabarber umgibt, (im Mund beim Kauen) die volle Entfaltung der Oxalsäure. Das Gefühl der „stumpfen" Zähne, das manchmal bei Rhabarber oder Spinat mit höherem Oxalsäuregehalt spürbar wird, lässt sich somit durch den Einsatz von etwas Zitronensaft eindämmen. Auch Milchsäure (z.B. durch Molke oder vergorene Gemüsesäfte) leistet dabei gute Dienste. Kombinationen verschiedener Säuren können daher beim Säuern sensorisch genützt werden, was zu ganz anderen Säurewirkungen führt.

SALZIG

Der Salzgeschmack in Gemüse ist, im Gegensatz zu den anderen Geschmacksrichtungen, nicht ausgeprägt. Zwar enthält jedes Gemüse Natrium(-ionen), Calcium(-ionen) und andere Mineralien, die allein für den Zellstoffwechsel benötigt werden und die den Salzrezeptor triggern. Allerdings sind die Konzentrationen so klein, dass Gemüse immer besser wird, wenn man leicht nachsalzt. Tomate mit Salz, Gurke mit Salz, Rettich mit Salz oder auch Kartoffel mit Salz sind kulturell tief verankerte Gemüsegeschmäcker, die zeigen, wie sich der Grundgeschmack heben lässt.

UMAMI

Der Reiz des Geschmackssinns für umami ist schon viel älter als die Entdeckung dieser Grundgeschmacksrichtung im Jahr 1908 (→ umami, Seite 24). Tatsächlich würzten schon die Römer und Griechen mit einer fermentierten Sauce, „garum", aus Salz und Fisch ihre Speisen. Bis heute ist der Wunsch, etwas Herzhaftes zu essen, Gegenstand jedes Würzens, unabhängig vom Kulturkreis. Verantwortlich für den Umamigeschmack ist die wasserlösliche freie Glutaminsäure, die die Rezeptoren des fünften Geschmackssinnes anregt.

GLUTAMINSÄURE ist eine protogene Aminosäure, die in praktisch jedem Protein vorkommt. (Auch in uns Menschen: Ein 70 kg schwerer Mensch hat etwa 2 g in seinen Proteinen gebundenes und im Mittel 2 bis 10 g freies Glutamat, das biochemische Aufgaben bei der Zellkommunikation – auch im Gehirn – wahrnimmt.) Es gibt Proteine mit hohem und niedrigem Gehalt an Glutaminsäure. Für den Umamigeschmack sind daher nicht nur Lebensmittel mit freier Glutaminsäure relevant, sondern auch solche mit viel in Proteinen gebundener Glutaminsäure. Beim Kochen, Fermentieren oder Reifen (Käse) werden viele dieser Proteine zerhackt, in der Fachsprache: „hydrolisiert". Dabei bilden sich Proteinbruchstücke und freie Glutaminsäure, die für den herzhaften Geschmack sorgt.

Das Brechen der Eiweißketten in Bruchstücke kann durch die Beigabe von Säure effektiver werden. So ist die Schmorbeigabe Wein oder Essig eine schmackhafte Methode, um den Kettenspaltungsprozess zu verstärken. Der Côte du Rhône in der provencalischen *Daube* oder der Riesling im elsässischen *Coq au riesling* wird also zu Beginn des Schmorprozesses nicht wegen des (ohnehin zum Großteil verdampfenden) Alkohols zugegeben, sondern wegen dessen Säure. Sie hilft denaturierte Proteinketten zu spalten und deren Glutaminsäure als Geschmacksverstärker freizusetzen. Wein oder Essig

PROTEINGEBUNDENES UND FREIES GLUTAMAT IM VERGLEICH

Lebensmittel	Freies Glutamat (mg/100 g)	Gebundenes Glutamat (mg/100 g)
Parmesan	1 200	9 800
Bohnen	200	5 600
Tomaten	140	240
Mais	130	1 800
Kartoffeln	100	270
Spinat	40	290
Hühnerfleisch	45	3 300
Möhren	35	200
Rindfleisch	35	2 800
Makrelen	35	2 400
Schweinefleisch	25	2 300
Eier	25	1 600
Zwiebeln	20	210
Lammfleisch	20	2 700
Lachs	20	2 200
Kabeljau	10	2 100

im Schmorbraten triggern daher nicht nur den Geschmackssinn für „sauer", sondern verstärken auf Umwegen über die Proteinzerlegung ebenso die Grundgeschmacksrichtung „umami".

GEMÜSE ALS UMAMI-LIEFERANT

Auch wenn der „umami"-Geschmack traditionell mit Fleisch und Fisch verbunden ist, gibt es zahlreiche Gemüse, die freie oder gebundene Glutaminsäure in hoher Konzentration enthalten (→ siehe TabelleS. 56). Kulinarisch interessant sind darunter etwa reife und getrocknete Tomaten, Pilze, Zwiebeln und Bohnen. Sie werden – Pilze vorzugsweise getrocknet, die Zwiebeln geschwärzt/angebraten – oft eingesetzt, um den Umamigeschmack von Fleischgerichten zu verstärken. Das funktioniert ebenfalls gut bei Kartoffelsalaten, Linsengerichten und vielen anderen Gemüsetellern.

UMAMI-FOND OHNE FLEISCH Um Gemüsefond und Gemüsebrühe ohne Fleisch auf ein hohes umami-Niveau zu setzen, werden Brühen mit Tomaten, Zwiebeln und Mais (!) angesetzt. Die Zugabe von vorgekochten und zerdrückten proteinreichen Linsen liefert ebenfalls einiges an Glutaminsäure. Auch Kombualgen leisten hervorragende Dienste. Etwas Gluten (aus dem Naturkostladen) anrösten, das wirkt wahre Wunder, denn das Weizenprotein ist reich an Glutaminsäure und liefert durch das Anrösten wunderbare Röstnoten, die der Gemüsebrühe ordentlich olfaktorischen Reiz geben. Wer mag, kann gern auch reifen Käse (Parmesan, Gruyère, Alpenkäse) mitköcheln.

TOMATEN Tomaten bilden beim Reifen unglaublich hohe Mengen an freier Glutaminsäure, die sich im Tomatenwasser befinden. Beim Trocknen wird die umami-Konzentration durch den Flüssigkeitsentzug noch erhöht. Vorteilhaft ist es, die Tomaten vor den Trocknen zu halbieren und mit der Schnittfläche nach oben (!), damit das Tomatenwasser und das darin gelöste Glutamat nicht herausläuft, in den Ofen zu geben. Sie werden so lange getrocknet, bis die verbleibenden Tomatenhüllen vollkommen verschrumpelt aussehen. Eine weitere Freisetzung der Glutaminsäure aus den Proteinketten wird dabei durch Enzyme, die beim Schneiden der Tomaten freigelegt werden, durch die ohnehin in den Tomaten vorkommende Säure und durch das sanfte Trocknen unter moderater Hitze erreicht. Die mäßigen Temperaturen (unter 60 °C) sind wichtig, um die Proteasen nicht zu deaktivieren. Getrocknete Tomaten bewahren so nicht nur ihren intensiven Tomatengeschmack, sondern verstärken ihn durch das Verdichten während des Trocknens auf eindrucksvolle und vor allem schmeckbare Weise. Dieser gewaltig verdichtete Geschmack und die darin eingeschlossene Würzkraft ist für viele kulinarische Anwendungen ein wahrer Segen. Selbst ein Pesto aus getrockneten Tomaten ist unübertrefflich an Geschmacksdichte, für die es keine Alternative gibt. Dazu werden einfach getrocknete Tomaten mit Olivenöl püriert. Geröstete Nüsse oder Pinienkerne sorgen für Röstaromen; gibt man noch etwas sehr reifen (und sehr harten) Ziegenkäse dazu, ist dies eine Würzpaste für „umami".

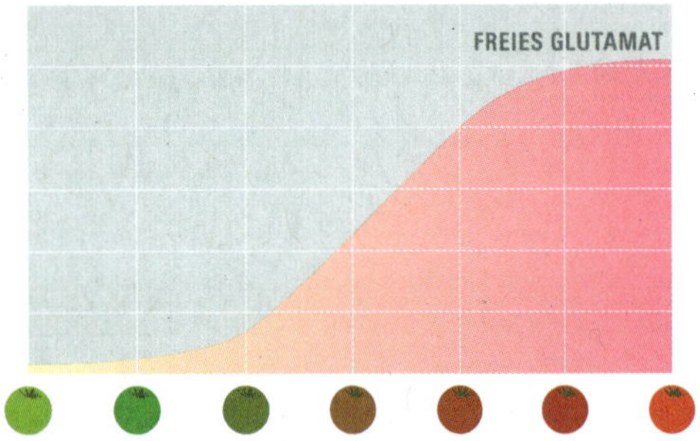

Tomaten bilden beim Reifen unglaublich hohe Mengen an freier Glutaminsäure, die sich im Tomatenwasser befinden.

ZWIEBELN In Kochbüchern stößt man im Zusammenhang mit Fonds, Saucen, Schmorgerichten oder Consommés oft auf den Hinweis, halbierte Zwiebeln auf der Schnittfläche (mittels Alufolie auf der Herdplatte) vorsichtig zu schwärzen und zu der Schmorflüssigkeit zugeben. Das Schwärzen der Zwiebel liefert gleich mehrere Farb- und Geschmackskomponenten: Bräunungsstoffe über die Maillardreaktion und nicht zu vernachlässigende Mengen an freier Glutaminsäure. Zwiebeln besitzen Proteine, deren Anteil an gebundener Glutaminsäure erheblich ist. Durch das Erwärmen und das Bräunen wird diese frei: Die Proteine zerfallen in Bruchstücke und auch in ihre

AMINOSÄUREN IN GEMÜSE

Aminosäuren sind wichtige Bausteine von Proteinen. Sie sind für Menschen lebensnotwendig, müssen aber über die Nahrung – etwa über Hülsenfrüchte – aufgenommen werden. In Gemüsen gibt es verschiedene Aminosäuren, die ein unterschiedliches Löslichkeitsverhalten aufweisen. Einige lösen sich nur in Fett, andere – wie die Glutaminsäure – lösen sich besonders stark in Wasser.

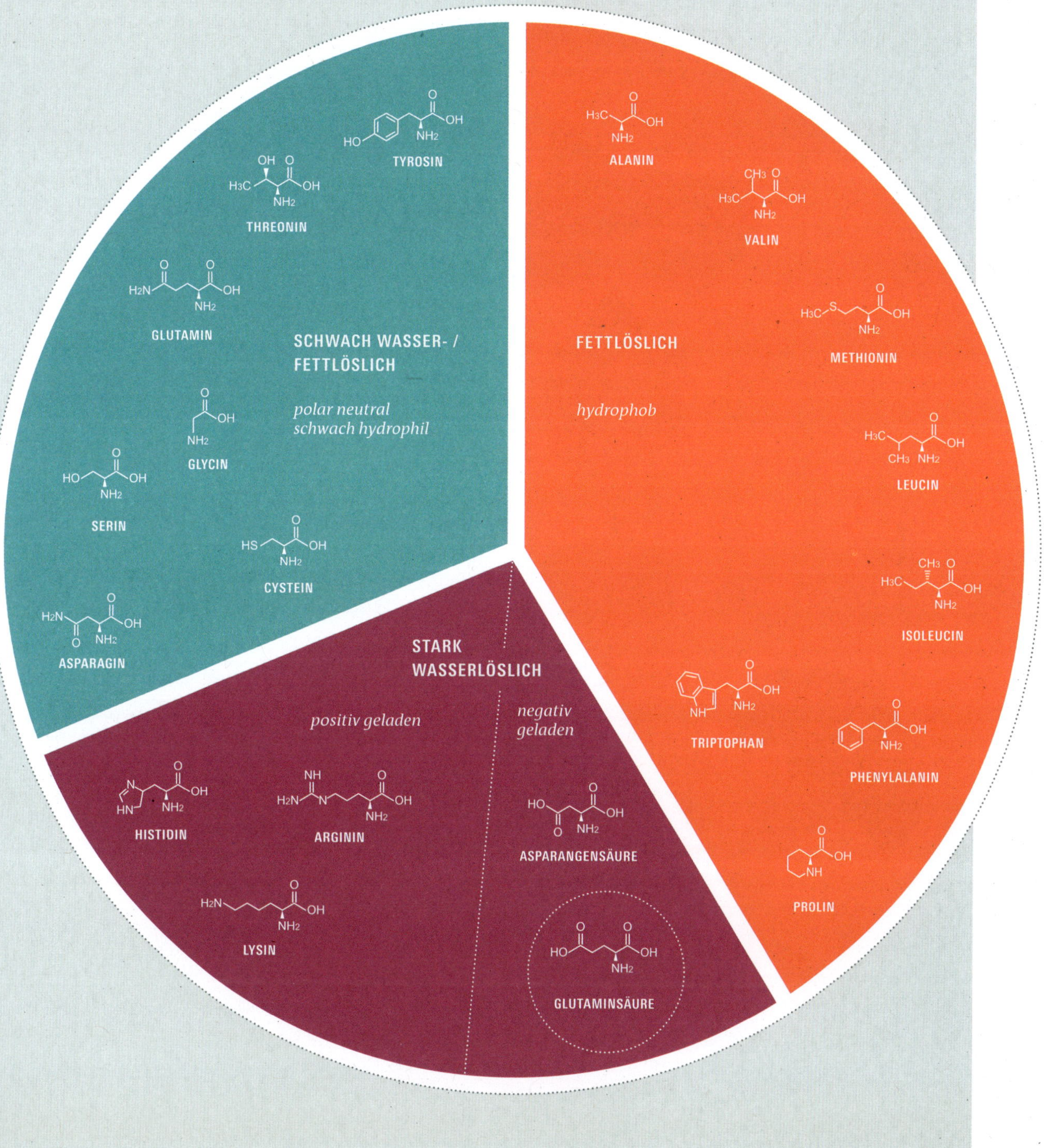

GLUTAMINSÄURE

Man kann hier unschwer erkennen, warum sich in allen Kochkulturen Fonds und Saucen aus typischen Kombinationen durchgesetzt haben: Fleischreste, Knochen, Tomaten, Zwiebel, Wurzelgemüse oder Pilze sind nun einmal die Grundlage praktisch jeder Sauce. Gemüse steuert Glutaminsäure bei und die Nucleotide (Inosinat und Guanylat) kommen etwa aus Fleisch und Pilzen .

Aminosäuren, unter anderem die Glutaminsäure. Nach Zugabe zur Schmorflüssigkeit, also – im physikalischen Sinne – sobald sie in eine wässerige Umgebung gelangt, geht die freie Glutaminsäure der „geschwärzten" Zwiebel als „umami"-Würze in Lösung, ebenso wie viele der Farbstoffe.

PILZE sind mit freier Glutaminsäure reichlich bestückt. Sie enthalten hohe Konzentrationen freien natürlichen Glutamats, etwa 0,1 bis 1 Prozent ihres Eigengewichts. Deshalb lassen sich mit getrockneten Steinpilzen oder Morcheln viele Gerichte entsprechend gut in die „umami"-Richtung würzen, sei es mit Pilzstückchen, mit einem Pulver aus getrockneten Pilzen, die in einer Kaffeemühle, im Mörser oder im Hochleistungsmixer pulverisiert wurden, oder mit gefiltertem und kurz aufgekochtem Pilzeinweichwasser.

BITTER

Die meisten Gemüse sind bitter – ursprünglich waren sie es noch mehr als heute, man hat den meisten Sorten ihre Bitterstoffe weggezüchtet.

Die biologische Funktion liegt bei diesem Geschmack auf der Hand: Die Bitterstoffe sollen Fraßfeinde abschrecken (das klappt ja auch bisweilen noch bei Menschen, zumindest bei den sensiblen „Bitterschmeckern"). Verantwortlich dafür sind bei Gemüse insbesondere zwei Stoffgruppen: zum einen die Glucosinolate, zum anderen phenolische Verbindungen. Glucosinolate finden sich in allen Kohlsorten und Zwiebelgewächsen (→ Aromabildung durch Angriff, Seite 39). Ein Teil dieser Moleküle spaltet sich durch Myrosinase beim Schneiden oder Kochen in Zucker und Schwefelduftstoffe, der Rest sorgt für einen leichten Bittergeschmack des Gemüses. Bei den anderen Gemüsen erzeugen nichtflüchtige Phenole bittere Noten. Diese Bitterstoff-Moleküle bestehen aus einem oder mehreren hydrophoben Phenolringen (Benzolringen), sind aber durch eine hohe Anzahl von OH- Gruppen (und ein größeres Molekulargewicht) wasserlöslich. Sie verbleiben auf der Zunge und lösen bei den Bitterrezeptoren entsprechende Geschmacksreize aus.

Die Phenole sind Bestandteil des Abwehrmechanismus in den Pflanzen. Wie Menschen und Tiere müssen sich Pflanzen vor starker Sonneneinstrahlung und der energiereichen ultravioletten Strahlung schützen. Dies geschieht durch den Einbau bestimmter Moleküle, die UV-Strahlen schadensfrei absorbieren können, um auf diese Weise Oxidationsschäden durch die energiereiche Strahlung zu verhindern. UV-Strahlung kann dabei so energiereich sein, dass die Photonen Elektronen aus Molekülen schlagen oder Moleküle „ionisieren". Es bilden sich freie, chemisch hochreaktive Radikale, die selbst wieder Zellen schädigen, sofern diese nicht rechtzeitig abgefangen werden. Wie im Sonnenblumenöl, das unter anderem reich an antioxidativen Inhaltsstoffen ist, schützt sich die Pflanze mit Antioxidantien, etwa mit Phenolen und Polyphenolen. Die π-Elektronen der beiden Benzol- (auch Phenol-)Ringe sichern eine gute Absorption von Licht (Photonen), während die OH-Gruppen relativ leicht chemisch reagieren und somit freie Radikale einfangen können. Gleichzeitig stellen die OH-Gruppen eine gewisse Wasserlöslichkeit sicher. Phenole sind nicht flüchtig, sie haben daher keinen Geruch, sondern tragen zum bitteren Grundgeschmack der Gemüse bei. Viele Pflanzen bedienen sich eines Tricks, um die Wasserslöslichkeit der Phenole zu erhöhen, indem ihnen ein Zuckermolekül über eine glycosidische Bindung angehängt wird. Auch diese Glycoside schmecken bitter.

BITTERKEIT UND ADSTRINGENZ

Da der trigeminale Reiz der Adstringenz ebenfalls von Phenolen ausgelöst wird (→ Adstringenz, Seite 30), trifft man in phenolreichen bitteren Gemüsen häufig auf ein Wechselspiel von „bitter" und „adstringierend". Bei Kohl- und Zwiebelgewächsen ist die Adstringenz eher untergeordnet, weil der Bittergeschmack in erster Linie durch Glucosinolate erzeugt wird, die wegen des in ihnen enthaltenen Zuckers nicht die für die chemosensorische Adstringenz erforderliche Struktur haben (→ Seite 39), außerdem eine stark erhöhte Wasserlöslichkeit aufweisen und weniger Speichelproteine fällen können, sodass sie nicht zwingend adstringierend wirken. In vielen phenolreichen Gemüsearten kommt die Gallussäure als Hauptverursacher der chemosensorischen Adstringenz vor, etwa in Auberginen, Cardy, Gurken, Papaya, Portulak und sogar in der Sojabohne.

Soll die Adstringenz als Wahrnehmung gefördert werden, bieten sich entsprechende Würzungen etwa mit Walnüssen oder mit Saucen/Vinaigrettes auf Grundlage von grünen Tees an oder eine entsprechende Wahl begleitender Getränke. So gibt es viele Möglichkeiten, die „chemischen Sinne" gezielt zu stimulieren, um bestimme sensorische „Sensationen" in den Vordergrund zu spielen. Bitterkeit kann man in der Küche – wenn man möchte – ebenfalls hervorheben durch das Abrunden mit etwas Bitterorangensaft, Campari, das Würzen mit Kaffee oder das gezielte Einsetzen von etwas Bittergurke, Chicorée oder Radicchio sowie Kräuterauszügen. Auch die Verwendung von bitteren Bieren in Saucen, Schmorfonds oder Angüssen würzt auf eine außergewöhnliche Art. Ganz Mutige kochen für einen Teil der Kochzeit eine Hopfendolde mit. Ansonsten lässt sich Bitterkeit – bis auf Säure, die zu schnell dominant wird (siehe oben) – geschmacklich gut in alle Richtungen ergänzen.

Interessant ist übrigens das Verhältnis von Bitterkeit und Adstringenz bei Wein: Rotweine mit höherem Alkoholgehalt erscheinen weniger adstringierend, dafür bitterer als Weine mit niedrigem Ethanolgehalt. Das liegt daran, dass Ethanolmoleküle weit weniger polar sind als Wasser. Steigender Alkoholgehalt hat daher zur Folge, dass die stärker polaren Dreier-OH-Gruppen, die für die Adstringenz zuständig sind, sich lieber untereinander zu größeren Komplexen gruppieren. Dadurch wirken sie schwächer, die Adstringenz nimmt ab. Die hydrophile Struktur der Aggregate (mit deutlich mehr als drei OH-Gruppen) ähnelt nun den bitter schmeckenden Phenolen, daher tragen sie eher zum Bittergeschmack bei: Diese Überlegungen lassen sich durchaus für die Getränkewahl einsetzen, insbesondere bei bitterem und adstringierendem Gemüse. Ein, zwei Prozent Ethanol (im tanninfreien Weißwein) mehr oder weniger zu Gemüsegerichten geben mal dem Bittergeschmack, mal der Adstringenz mehr Raum.

BITTERKEIT UND ADSTRINGENZ ABMILDERN Wird von einem Maskieren der Bitterstoffe gesprochen, lautet die Empfehlung meist, Zucker dazuzugeben. Die Erklärung, dass die Süße die Bitterkeit überdeckt, etwa wenn man Spargel mit etwas Zucker kocht oder eine Prise Zucker zum Kohl gibt, ist jedoch nur ein Teil der Wahrheit. Viel mehr passiert auf molekularem Wege: Jedes Zuckermolekül konkurriert auf molekularer Ebene um Wasser. Der stärker polare und deutlich leichter lösliche Zucker entreißt den Phenolen Teile ihrer Wasserhülle und bricht sie auf. Die Phenole müssen sich daher zusammenlagern, um sich mit einer gemeinsamen Wasserhülle zu umgeben. Werden aber diese Aggregate größer, sind sie weniger beweglich, sie erreichen die Rezeptoren langsamer. Werden sie noch größer, sind sie bereits zu groß, um an den Rezeptoren überhaupt den Geschmack „bitter" auszulösen. Diese Prozesse geschehen bereits, bevor man den Süßgeschmack wahrnehmen kann. „Bittergeschmack maskieren" heißt also nicht immer „mit Süße überdecken". Ähnliches gilt für die Adstringenz, auch hier beeinflussen die polaren Zuckermoleküle die Phenole. Eine Prise Zucker in Cardy- oder Gurkenrezepten bewirkt sensorisch kleine Wunder.

NATURWUNDER ODER GEMÜSE DER ZUKUNFT?

Zukunftsforscher schlagen gern vor, Gemüse künftig in wohldefinierten Umgebungen statt auf Feldern zu erzeugen. Hydrokulturen, exakte Nährstoffzufuhr, effektives Licht mit exakt der Pflanze zugutekommenden Wellenlängen, statt den unkontrollierten Wechsel von Sonne, Regen und Nacht. Mag gut sein, dass sich damit die Welt retten lässt, schade aber um die Aroma- und Geschmacksvielfalt der Freilandpflanze. Denn ohne Stress zu gedeihen ist langweilig. Verhätscheltes Helikoptergemüse ist eben nur fade, ohne Ecken und Kanten.

In der genetischen Zusammensetzung jedes einzelnen Gemüses angelegt, entstehen in der Natur als Abwehrreaktion und als Lockmittel oder durch den Abbau der Fettsäuren wunderbare Aromen und Geschmacksstoffe im erntefrischen Gemüse. Nun fehlt nur noch der dritte Aspekt, der für den Gesamteindruck des Gemüses verantwortlich ist – und für uns natürlich der spannendste: die Beeinflussung von Aroma, Geschmack und Textur durch „Prozesse" in der Küche.

Wie verändern sich Gemüse auf dem Weg von „roh" zu „gar", welche Zubereitungsweisen und Garmethoden gibt es und welche unterschiedliche kulinarische Wirkung haben sie? Und nicht zuletzt – wie kombiniert man am besten all diese vielfältigen Düfte aus der Natur und der Küche untereinander zu fantasievollen und wohlschmeckenden Gemüsetellern?

GEMÜSEKÜCHE

Frisches Gemüse kann man roh verzehren, einfach so oder gesalzen und mit Säuren abgeschmeckt, entsaftet, püriert oder als Eis dargereicht. Und man kann es auf vielerlei Weise garen: in Öl konfieren, in Wasser bei niedrigen Temperaturen pochieren, kochen und dämpfen, braten und schmoren, räuchern, grillen und rösten. Oder gar fermentieren. Das Spannende daran ist: Jedes Mal ändern sich Aroma, Geschmack und Textur.

Schon diese viel zu kurze Aufzählung möglicher Zubereitungsmethoden zeigt das reichhaltige kulinarische Potenzial von Gemüse im Vergleich zu tierischen Lebensmitteln wie Fleisch oder Eiern. Gemüse sind die eigentlichen Stars in der Küche, vorausgesetzt, ihr Innenleben, ihr Aroma, ihre Geschmacksnuancen und ihre Veränderungen bei der Zubereitung werden erkannt. Denn die Kenntnis der molekularen Welt der Gemüse führt weiter als die umfassendste Gemüserezeptsammlung dieser Welt. Das Wissen um molekulare Zusammenhänge, Reaktionen und Veränderungen ermöglicht eine Art von Kreativität, die weit über langweilige Nachkocherei vorgegebener Rezepte hinausgeht.

VON ROH BIS GAR

Zahlreiche Gemüse werden roh verzehrt. Der Biss in eine rohe, frisch aus der Erde gezogene Möhre, eine frische, leuchtend rote Paprikaschote oder in einen Kohlrabi sind Genüsse, die sich meist schon in der Kindheit einprägen. Bei vielen Gemüsearten gibt es kaum Vorbehalte, sie roh zu essen – nur individuelle Grenzen, denn nicht alle mögen Brokkoli, Pastinaken oder Rote Bete im Rohzustand. Beim Rohverzehr fällt sofort eine Eigenschaft auf, die allen Gemüsearten gemein ist: Rohes Gemüse knackt beim Essen im Mund. Rohes Fleisch hingegen ist weich und zart. Schon dieser Vergleich zeigt, dass Gemüse und Fleisch anders aufgebaut sind. Gemüse liegt eine andere Zellstruktur zugrunde. Das bedeutet, dass bei Gemüse andere Zubereitungsprozesse wichtig sind und andere Definitionen für „roh" gelten als bei Fleisch und Fisch.

Eine Definition des Zustands „roh" scheint auf den ersten Blick naheliegend: Lebensmittel, die nicht gekocht werden, sind „roh". Doch ganz so einfach ist es nicht. Im unteren Bereich der Temperaturskala zwischen biologisch verträglichen 0 °C (Frostgrenze) und 40 °C (tropische Temperaturen) verursacht der Faktor Zeit Veränderungen. Jedes Lebensmittel, das sich länger selbst überlassen wird, „verrottet". Was sich sehr essensfern anhört, ist, sofern der Verrottungsprozess kontrolliert abläuft, hochwillkommen, nämlich in Form fermentierter Lebensmittel wie Joghurt, Sauerkraut oder *Kimchi*. Sind aber fermentierte Lebensmittel wie Sauerkraut noch „roh"? Einerseits ja, denn es kann unerhitzt genossen werden, andererseits aber hat es aromatisch, geschmacklich und von der Textur her mit dem Ursprungsprodukt Weißkohl nur noch wenig gemeinsam. Eine Definition von „roh" ist plötzlich komplizierter als lediglich ein Nichterwärmen.

Für den Ethnologen Claude Lévi-Strauss waren diese Überlegungen die Grundlage für die Konstruktion eines „kulinarischen Dreiecks". Dabei handelt es sich um die Überlagerung der Lebensmittelzustände „roh", „gekocht" und „verrottet" mit dem Übergang von Natur zur Kultur.

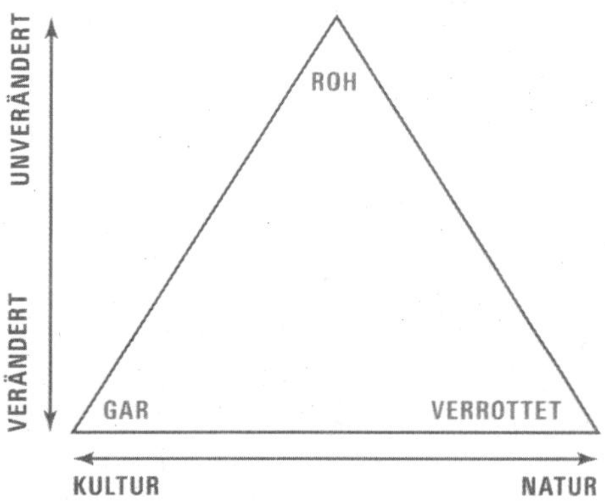

Das kulinarische Dreieck nach Claude Lévi-Strauss. Die Natur bietet unveränderte, rohe Lebensmittel. Unter natürlichen Bedingungen verrotten (verfaulen) diese. Kulturelle Handlungen des Menschen stellen aus rohen Lebensmitteln etwas „Gekochtes" her.

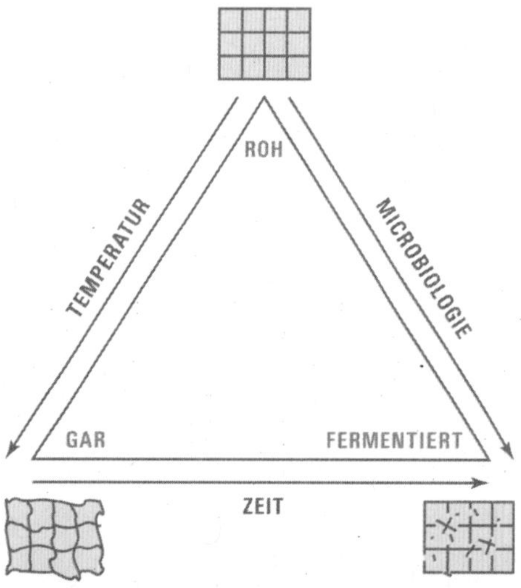

Schematische Darstellung des kulinarischen Dreiecks aus molekularer Sicht. Rohe Zustände werden stets durch intakte molekulare Strukturen, dargestellt durch ein Gitter, beschrieben. Durch etwa Fermentieren werden diese Strukturen chemisch verändert.

Der Ansatz, dass gerade Kochen und damit die Nahrungsaufnahme als kulturelle Handlung verstanden werden kann, liegt nahe. Am Anfang der Menschheitsgeschichte war rohe Nahrung, vor allem Gemüse und Obst, aber auch rohes, „gereiftes" Fleisch von Aas die einzig verfügbare Nahrung. Erst das Nutzbarmachen des Feuers stellte den Beginn einer neuen Ära des Essens und der Ernährung dar. Fleisch konnte über dem Feuer gegart, gegrillt, ja sogar geräuchert werden. Ein neuer, bis dahin unbekannter Geschmack und unbekannte Röstaromen prägten das Essen. Das Essen bekam neben der schlichten Funktion der Nahrungsaufnahme durch das gemeinsame Sitzen am Feuer eine soziale und kommunikative Komponente. Allein der Mensch vollzieht diesen Akt der gezielten Lebensmittelveränderung. Kochen und die damit verbundene Lebensmittelzubereitung sind Eckpfeiler kultureller Strukturen. Menschen definieren sich damit als „kulturelle" Wesen.

Das kulinarische Dreieck ist somit der bestechende Versuch, den Übergang von Natur zu Kultur bzw. deren Grenzen und Überschneidungen anhand von kulinarischen Handlungen, nämlich Kochen und Essen, zu veranschaulichen. Dennoch bleiben bei diesem Ansatz Fragen offen, denn die aus kulturwissenschaftlicher Sicht richtigen Beschreibungen reichen nicht aus, um die Kulturhandlung „Kochen" oder allgemeiner „Lebensmittelzubereitung" zu klassifizieren. So wird in der Kulturwissenschaft etwa vorgeschlagen, auch das Waschen oder Zubereiten eines rohen Blattsalats bereits als kulturelle Kochhandlung zu betrachten. Dies wäre aber für den reinen Rohköstler bereits ein Widerspruch. Er hat lediglich die Temperatur und Frische im Blick.

Die Unterscheidung zwischen den drei fundamentalen Nahrungszuständen kann letztlich nur zweifelsfrei getroffen werden, wenn molekulare Zustände in Rechnung gestellt werden. Dazu müssen die kulturellen Eckpfeiler mit messbaren naturwissenschaftlichen Gegebenheiten unterlegt werden. Nimmt man die Eckpunkte „roh", „gar" und „fermentiert" als Grenzfälle verschiedener Nahrungsformen an, so lässt sich das kulinarische Dreieck aus physikalisch-chemischer Sicht wie folgt darstellen (→ Abbildung Seite 61):

ROH sind Lebensmittel, die noch intakte, unveränderte Molekularstrukturen aufweisen, also biophysikalische Strukturen, die unmittelbar nach der Ernte (oder bei Tieren direkt nach dem Schlachten) angetroffen werden. Jegliche Transformation der Lebensmittel lässt sich auf eine Veränderung dieser molekularen Struktur zurückführen.

FERMENTIERT sind alle Lebensmittel, deren Veränderung unter Einwirkung von Mikroorganismen vonstatten ging. Lévi-Strauss beschreibt mit „Verrotten" natürliche Zersetzungsprozesse, wenn Lebensmittel sich selbst überlassen werden. Diese Prozesse sind mit einem Umbau auf mikrobiologischer Ebene verbunden. Mikroorganismen oder Enzyme transformieren dabei Lebensmittel in fermentierte Zustände. Dazu gehört beispielsweise die Milchsäuregärung von Joghurt, Kefir, Käse und Sauerkraut. Bei lang gereiften Käsen schreitet der „Verrottungsprozess" durch Lagerung weiter fort, da Proteine und Fette teilweise in Bruchstücke zerfallen, die zum reifen Duft und herzhaften Geschmack erst beitragen. Fermentation erfordert damit die Faktoren „Mikrobiologie" und „Zeit".

GAR definiert eine durch Temperatur- oder Säureeinwirkung strukturell veränderte Materie. Durch eine ausreichende Erhöhung der Temperatur werden Lebensmittelstrukturen verändert, die natürlich auf molekulare, aber physikalische Veränderungen zurückzuführen sind. Proteine und Kohlenhydrate geraten außer Form, Fette schmelzen, Wasser verdampft.

Zugleich verdeutlicht die Abbildung, dass es einen recht großen Übergangsbereich zwischen den Extremzuständen „roh" und „gar" bzw. „fermentiert" gibt. Gerade bei Gemüse ist dieser Bereich, den man als „**PSEUDOROH**" bezeichnen kann, kulinarisch außerordentlich interessant. Warum das so ist, zeigt ein genauerer Blick auf die Struktur von Gemüse.

DIE STRUKTUR VON GEMÜSE

Gemüse besteht – wie jedes Lebensmittel – aus Wasser, Fett, Proteinen und Polysacchariden wie Stärke, Cellulose oder anderem Zellmaterial. Da Fett und Wasser sich nicht mischen, kommen noch eine Vielzahl von Emulgatoren wie Lecithin, z. B. Phospholipide, hinzu. Das Verhältnis dieser molekularen Bestandteile zueinander definiert im Groben seine Struktur und Eigenschaften. Hinter dieser Definition steckt allerdings ein weiterer Aspekt, denn Proteine und Kohlenhydrate (Polysaccharide) definieren zusammen mit Fett und Wasser die Grundstruktur und die Beschaffenheit der Lebensmittel. Zwar tragen Mineralstoffe wie Natrium, Kalium, Calcium, Magnesium, Phosphor, Iod sowie Chlor, Fluor und Schwefel, die meist als mehr oder weniger kleine Ionen von Salzen vorkommen, mit ihren elektrischen Ladungen zur Struktur und Textur bei, allerdings nur mit sekundären Effekten, da sie das Zusammenspiel zwischen den großen Molekülen beeinflussen. Spurenelemente wie beispielsweise Eisen oder Selen treten bei der Strukturbildung der Lebensmittel aufgrund ihrer sehr geringen Konzentration nicht in Erscheinung. Auch Mikronährstoffe wie Vitamine sind an der Strukturbildung der pflanzlichen und tierischen Lebensmittel nicht beteiligt.

Gemüse weisen im Unterschied zu Fleisch oder Fisch einen weit geringeren Protein- und Fettanteil auf. Es dominieren Zellmaterialien (unlösliche und lösliche Ballaststoffe) wie Cellulose, Hemicellulosen oder Pektin.

PROTEINE UND IHRE DENATURIERUNG

Gemüse enthalten viel weniger Proteine als tierische Lebensmittel. Diese werden – wie auch bei Fleisch oder Fisch – durch Kochen weitgehend denaturiert, d. h. aus ihrer Form gebracht. Einige Proteine in rohem Gemüse können allergische Reaktionen auslösen, beispielsweise in Sellerie. Werden kritische Aminosäurenkombinationen beim Kochen „auseinandergerissen", können diese nicht mehr von Antikörpern „gelesen" und als „allergen" erkannt werden, es „passt" nicht mehr. Daher hilft bei vielen Allergien auf Proteine oft ein Kochen der Lebensmittel. Während rohe Zubereitungen (z. B. in ***Waldorfsalat***, Crudités, ***Grand Aioli***) Probleme verursachen, sind gekochte Selleriegerichte ohne Probleme verträglich.

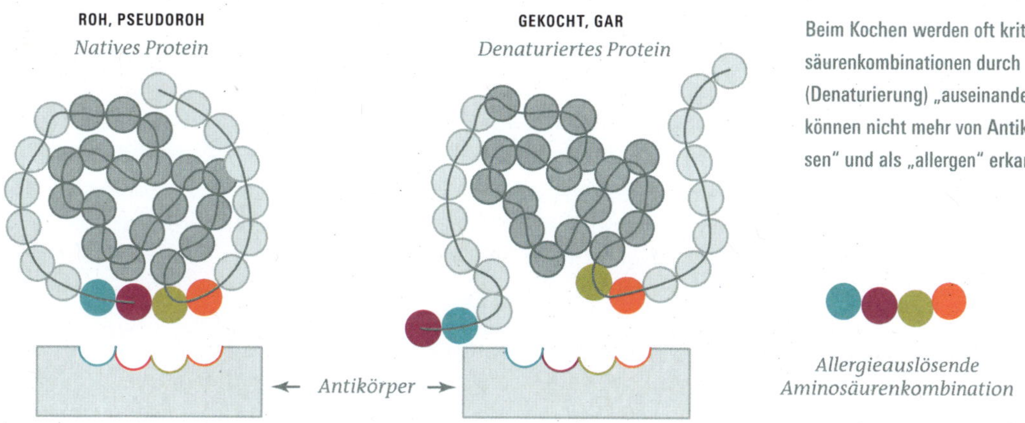

Beim Kochen werden oft kritische Aminosäurenkombinationen durch Gestaltänderung (Denaturierung) „auseinandergerissen" und können nicht mehr von Antikörpern „gelesen" und als „allergen" erkannt werden.

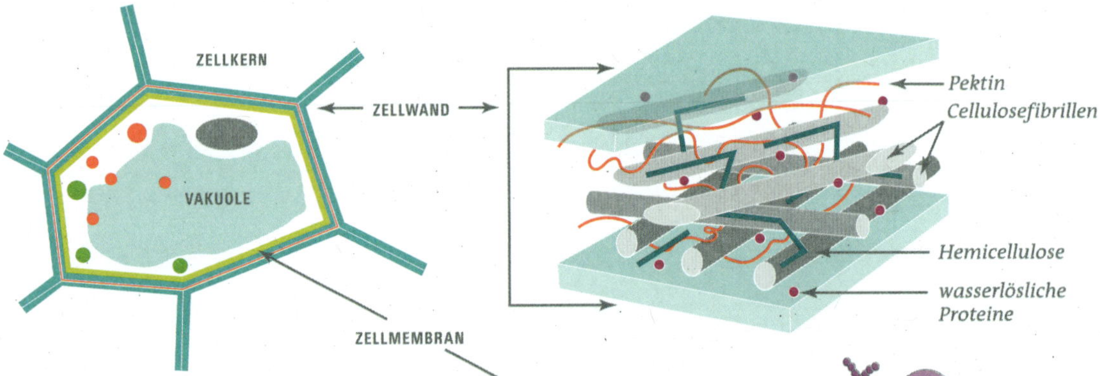

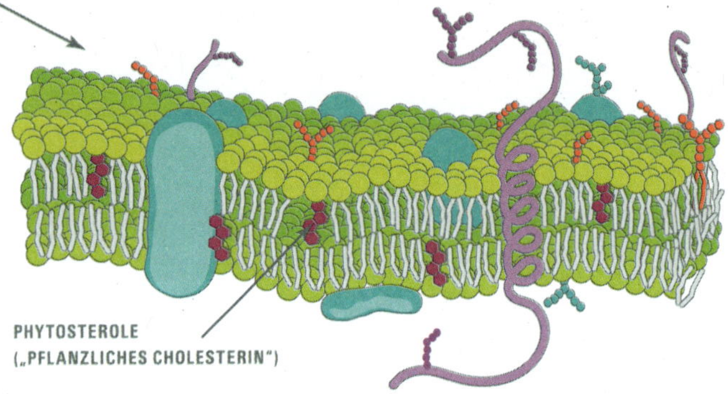

Links: Pflanzenzellen bestehen aus dem Zellkern und der mit Wasser gefüllten Vakuole. Darin befinden sich verschiedene „Organellen", die z.B. Fett, Proteine und Kohlenhydrate speichern, aber auch Aromastoffe (rot und grün). Die Zelle ist von der Zellwand (rechts oben), bestehend aus Cellulose, Pektin und Hemicellulose, umschlossen. Drunter befindet sich die Zellmembran (rechts unten). Sie besteht aus einer „Lipiddoppelschicht" aus Phospholipiden (Emulgatoren), die u.a. Proteine für den Zellstoffwechsel verankert.

FETTE

Gemüse enthalten – wie alle Lebensmittel – Fettsäuren als Energieträger. Diese sind für die Bildung von Aromen verantwortlich (→ Aromabildung aus Fetten, Seite 45) und beeinflussen Textur, Mundgefühl und Schmelzpunkte des Gemüseöls. Ein Gemüse mit breitem Fettsäurespektrum ist beispielsweise die Avocado. In ihrem Duftspektrum finden sich „grün" duftende aliphatische Kohlenwasserstoffe und „cremige" Lactone, ihr Geruch ist fast „sahnig, kokosnussartig".

Die Nomenklatur der Fettsäuren erklärt ihren Aufbau. So besteht zum Beispiel Stearinsäure aus 18 Kohlenstoffatomen, von denen keines ungesättigt ist, d. h., keines ist mit einer Doppelbindung an das benachbarte Kohlenstoffatom gebunden. Deswegen wird die Stearinsäure mit C 18:0 bezeichnet. Für eine einfach ungesättigte Fettsäure wie die Oleinsäure lautet der Code dementsprechend C 18:1, für die in Gemüse häufig vorkommende zweifach ungesättigte Linolsäure C 18:2. Nomen est omen: Die ungesättigten Enden einer Fettsäure streben nach Sättigung und oxidieren an ihrer Doppelbindung unter Sauerstoffeinfluss, im Zuge des Pflanzenmetabolismus (durch Enzyme) sowie unter erhöhter Temperatur beim Kochen, Dämpfen oder Braten.

POLYSACCHARIDE – DIE ZELLSTRUKTUR

Der grundsätzliche – und kochrelevante Unterschied – zwischen tierischen Grundprodukten wie Fleisch und Eiern einerseits, Gemüse und Obst andererseits liegt im Aufbau der jeweiligen Zellstrukturen. Bei Gemüse (und Obst) sind die Zellmembranen von harten Zellwänden umgeben, die sie vor Wind und Wetter schützen, denn Pflanzen können nicht davonlaufen. Bei Tieren hingegen stellt die weiche, flexible Zellmembran, gepaart mit Muskelproteinen, die Flucht (oder den Kampf) sicher. Für das weite Spektrum von Natureinflüssen müssen die Materialeigenschaften wie Elastizität, Zähigkeit und Hitzebeständigkeit des Zellgerüsts genau eingestellt werden. Dies geschieht durch das Zusammenwirken der einzelnen Moleküle in einem molekularen Verbund. So nutzt die Natur die Synergie von genau ausgewählten Eigenschaften bestimmter Polysaccharide im Zellgerüst der Pflanzen, die ihre mechanischen und thermischen Eigenschaften gegenseitig verstärken. Im Inneren der Zelle befindet sich eine Vielzahl von funktionellen Elementen (von denen

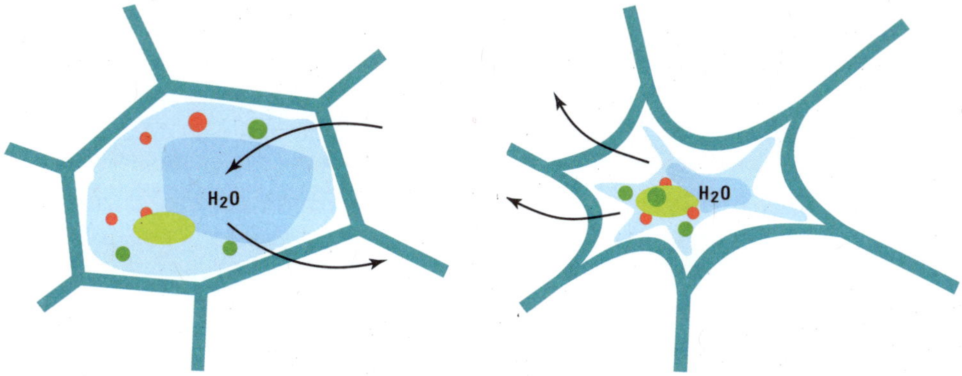

Zelldruck (Turgor) und Gemüse: Der Druck in Gemüsezellen wird durch das Gleichgewicht im Wasseraustausch bestimmt. Geht Wasser bei der Lagerung oder im Gartenboden, etwa durch Vertrocknungsprozesse, zu stark verloren, sinkt der Zelldruck. Die Folge: die Zellwände schrumpfen, das Gemüse wird schrumpelig. Bei welkem Salat ist Wasser aus den Zellen über die große Blattoberfläche verdunstet, was kurzfristig wieder „repariert" werden kann, wenn die Blätter in frisches, kaltes Wasser gelegt werden. Das Zusammenspiel der Zellwände und des Wassergehalts der Gemüse steuert also die Textur. Bei der Lagerung von Gemüse sollte daher der Wasserverlust gering bleiben – deshalb einwickeln in feuchte Tücher und niedrige Temperaturen.

jedoch nicht alle küchentechnisch relevant sind). Jede Zelle ist von der anderen durch eine harte Zellwand getrennt. Für das Thema „roh" – „gekocht" sind vor allem die harten Zellwände, die Zellmembran und das Wasser in den Hohlräumen (Vakuolen) der Zellen wichtig, aber auch die in den Pflanzenzellen befindlichen Aromen, Vitamine und Farbkomplexe (Chloroplasten). Wichtig ist außerdem das molekularbiologische Geschehen in der Zellmembran. Dort befinden sich die meisten Enzyme, auf deren Wirkungen beim Rohgenuss und auch beim Garen von Gemüse geachtet werden muss.

ZELLDRUCK

Frisches rohes Gemüse wirkt beim Beißen knackig. Das liegt daran, dass der Druck in den Pflanzenzellen, in der Fachsprache Turgor genannt, hoch ist: Es ist also ausreichend Wasser darin vorhanden, die Zellwände sind stark gespannt, wie bei einem aufgeblasenen Luftballon. Dies ist frisch nach der Ernte der Fall. Während des Lagerns verdunstet im Laufe der Zeit das Wasser in den Zellen, das Gemüse wird labberig und weich, es welkt.

Bei frischem Gemüse liegt der Zelldruck deutlich über dem äußeren Luftdruck von 1 bar, was zeigt, wie stabil Pflanzenzellwände sein müssen. Das erkennt man auch an der starken Wasserfreisetzung an den Schnittflächen, etwa beim Schneiden von Zwiebeln oder beim Karottenraspeln: Die Oberflächen werden sofort feucht. Knackiges Gemüse zeichnet sich außerdem durch seine besonderen Brucheigenschaften aus. Den hohen Kräften beim Kauen mit den Zähnen können die stark gespannten Zellwände nicht standhalten. Sie reißen, und der Riss setzt sich mit hoher Geschwindigkeit immer weiter fort: Das Gemüse bricht. Bei älterem Gemüse, etwa Möhren, die bereits weicher sind, ist Wasser verdunstet und die Spannung der Zellwände erheblich geringer. Das hat zur Folge, dass sich der Riss wesentlich langsamer fortsetzt. Das Gemüse wirkt „lätschig", sogar ein wenig gummiartig.

Auch hier zeigt sich, wie sich das molekulare Zusammenspiel auf der Mikroebene auf Mundgefühl und Textur auswirkt, denn beim Bruch der Zellwand müssen alle Moleküle auseinandergerissen werden: wasserunlösliche Cellulosen, Hemicellulosen, verbindende Pektine und Glycoproteine. Dies erfordert im Übrigen eine weit höhere Bisskraft als bei Muskelproteinen, auch wenn das Gemüse leichter (spröde) bricht und weniger elastisch wirkt.

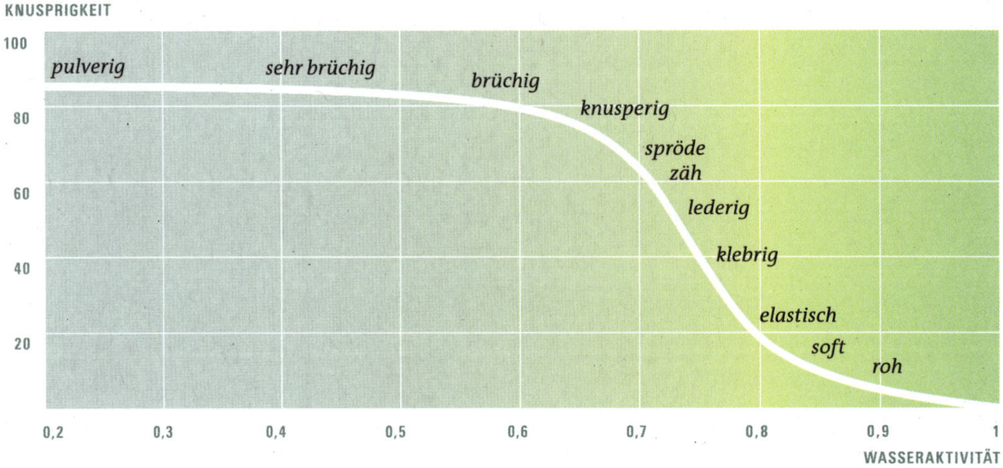

Knusprige Texturen, wie bei Kartoffelchips, sind mit geringen Wassergehalten verbunden. Die Moleküle können sich wegen des mangelnden „Weichmachers" Wasser nicht mehr bewegen. Sie erstarren, können selbst leichtem Druck nicht mehr standhalten und reißen. Das knuspernde Geräusch stammt also von einem glasartigen Bruch.

Diese zellulären „Kräfteverhältnisse" wirken sich auch beim Garen aus und sind daher für die Definition von „roh" und „pseudoroh" relevant: Gemüse haben eine weit höhere Gartemperatur als proteinreiche Lebensmittel, denn die harte Zellwandstruktur wird nur im höheren Temperaturbereich weich. Eine merkliche Garung von Gemüse setzt erst zwischen 76 und 85 °C ein – also bei Temperaturen, bei denen selbst Fleisch von Geflügel übergart und trocken ist. Daraus lässt sich schließen, dass der Bereich „pseudoroh" bei Gemüse bis zu weit höheren Temperaturen reicht als bei Fisch und Fleisch.

KNACKIG ODER KNUSPRIG? Rohes und vor allem frisches Gemüse und manches Obst (Äpfel) werden mit dem Texturbegriff „knackig" assoziiert. Die Zellen sind prall gefüllt mit Wasser, die Zellwände voll gespannt. Auch die Moleküle des Zellmaterials sind stark gestreckt und stehen unter hohen Spannungen. Wie stark gespannte Saiten eines Instruments reißen sie schnell. Der Biss und der scharfe „Schnitt" mit den Schneidezähnen genügen: Der entstehende Riss entlang der Zellwände breitet sich rasch unter einem charakteristischen Geräusch aus: Das Gemüse knackt. Zellwasser, Gemüsesäfte und Aromen werden frei. Der Genuss ist perfekt.

Knusprige Texturen sind im Unterschied dazu stets mit geringen Wassergehalten verbunden. Gemüsechips, denen beim Trocknen im Ofen oder beim Frittieren im Fett das Wasser weitgehend entzogen wurde, sind bekannte Beispiele. Die Moleküle des Zellmaterials schmiegen sich eng aneinander, ohne regelmäßige Strukturen (Kristalle) zu bilden. Das Material bleibt amorph, die Moleküle können sich wegen des mangelnden „Weichmachers" Wasser nicht mehr stark bewegen, sie sind „glasig erstarrt". Geringe mechanische Spannungen lösen bereits Deformationen auf molekularer Ebene aus, die zu stark sind, als dass die Moleküle nachgeben könnten. Ihnen bleibt nichts übrig, als zu reißen. Das knuspernde Geräusch von stark getrockneten Gemüsechips stammt also von einem glasartigen Bruch, ähnlich wie das „Klirren" eines Fensterglases. Auch zerbrechen knusprige Lebensmittel beim Biss in mehrere und kleinere Bruchstücke als knackiges Gemüse, das weiter unter Kauen zerkleinert werden muss.

WAS PASSIERT BEIM GAREN?

Das Garen von Gemüse und anderen pflanzlichen Lebensmitteln unterscheidet sich grundsätzlich von dem proteinreicher Lebensmittel. Der Grund dafür liegt in der Zellstruktur. Für das Garen und die Gartemperaturen sind insbesondere die strukturbildenden Elemente der Zellwände wichtig: die harten Cellulosefasern, die über Pektin und Hemicellulosen verbunden und stabilisiert sind. Glycoproteine, die sich dazwischen befinden und aus einem Aminosäuren- und einem Kohlehydratteil bestehen, denaturieren zwar auch bei bestimmten Temperaturen, sind jedoch anders als bei Fleisch nicht bestimmend für die Garung.

CELLULOSE lässt sich höchstens ein wenig erweichen; zerstören oder gar in Wasser lösen lässt sie sich – zumindest bei haushaltsüblichen Kochprozessen – allerdings nicht. Das Molekül ist zwar ähnlich wie die lineare Stärke (Amylose) aufgebaut, aber die einzelnen Cellulosemoleküle sind an vielen Stellen quervernetzt. Dadurch erhält man große, sehr steife Molekülverbände, die praktisch wasserunlöslich sind.

HEMICELLULOSE ist im Unterschied dazu nicht quer vernetzt, sondern ein quasi lineares Fadenmolekül, das sich zwischen den Cellulosefasern schlängeln und diese stabilisieren kann. Die Hemicellulose ist daher ein „flexibler Klebstoff". Sie kann, je nach Pflanze, aus unterschiedlichen Grundeinheiten aufgebaut sein, ein häufiges Beispiel ist die Hemicellulose „Xylan", die aus komplexen zuckerartigen Grundeinheiten zusammengesetzt ist und an jeder Grundeinheit eine Ferulasäure oder Coumarinsäure tragen kann (aber nicht muss).

Jeder Hobbybäcker kennt den Einfluss von Hemicellulosen, die oft auch mit dem Sammelbegriff „Schleimstoffe" bezeichnet werden und die mitunter texturverändernde Wirkung (zum Beispiel in Brotteigen) haben können. Hemicellulosen sind in der Regel im sauren pH-Bereich nicht wasserlöslich, erst bei neutralen oder alkalischen Werten (größer als 7) lassen sie sich besser lösen. Daher nutzt man gern spezielle Enzyme, sogenannte Xylasen. Sie spalten das lange Molekül in seine Grundeinheiten, die Xylose, auf.

PEKTIN ist das dritte wesentliche Strukturpolymer in der Pflanzenzelle. Auch von diesen Molekülen gibt es mehrere Varianten, die sich in zahlreichen Details unterscheiden. Eine Sache ist allerdings allen Pektinen gemein: Sie können über Calziumionen eine starke Bindung eingehen, denn sie enthalten in Abfolgen negativ geladene Struktureinheiten, die zweiwertige Calciumionen Ca^{2+}, die in jedem Organismus vorhanden sind, binden können. Dazu müssen die zuckerartigen Moleküle in der Pektinkette so angeordnet sein, dass ein Calciumion genau „hineinpasst". Allerdings sättigt das zweiwertig positive Calciumion nur eine der negativen Ladungen des Pektinabschnitts ab, sodass eine positive Ladung übrigbleibt. Diese bindet sich jetzt wiederum an eine Nachbarpektinkette, und so entsteht eine feste Verbindung zweier Pektinketten.

Pflanzenzellen sind also durch einen widerstandsfähigen Verbund aus Cellulose, Hemicellulose und andere Polysaccharide wie etwa Lignin geschützt. Dieses Gefüge ist weit schwerer aufzubrechen als Proteine. Dazu braucht es höhere Energien und damit höhere Temperaturen. Im Schnitt liegen die Temperaturen für das Garen von Obst und Gemüse um 20 bis 30 °C höher als bei tierischen Lebensmitteln. Die Zellwände werden erst bei 78 °C aufgebrochen.

Wie unterschiedlich tierische und pflanzliche Lebensmittel sind, zeigt ihr molekulares Verhalten beim Garen: Tierische Lebensmittel wie Eier werden nicht nur bei niedrigeren Temperaturen gar, sondern beim Garen hart, pflanzliche hingegen werden weich. Und während Proteine unter Temperaturerhöhung gelieren können, verfestigen sich Pektin und andere pflanzliche Geliermittel bei Temperaturerniedrigung.

GARTEMPERATUREN IN DER GEMÜSEKÜCHE

Nicht nur, wenn man etwa das große Potenzial des sous-vide-Garens für Gemüse nutzen möchte, lohnt es sich, die Prozesse bei den unterschiedlichen Temperaturen noch genauer in den Blick zu nehmen. Das Wissen erlaubt mit der präzisen Temperaturkontrolle ein gezieltes Verändern molekularer Strukturen und Eigenschaften in der Küche. Denn das Garen von Gemüse und die damit verbundene Texturänderung erfolgt auf der Zellebene in mehreren Temperaturbereichen, angefangen von dem Weichwerden der Zellmembranen bei 40 bis 60 °C über das Deaktivieren von Enzymen ab 60 bis 68 °C – die Zellwände bleiben bis hierhin intakt – bis hin zum „Zerkochen" des Gemüses im Bereich von 90 bis 100 °C (siehe die gegenüberstehende Tabelle).

Die sous-vide-Gartechnik (sous vide französisch für: Vakuum) eröffnet neue Möglichkeiten der kontrollierten und vorbereiteten Gemüsegarung. Bei der sous-vide-Garung werden die Gemüse mit Gewürzen und eventuell Garfond (z. B. Möhren in Möhren- und Orangensaft mit Thymian, Rosmarin und etwas Salz) in Kunststoffbeutel eingeschweißt und in Wasserbädern (auch mit Präzisionstauchsieder mit Umwälzung) bei exakt einstellbaren Temperaturen gegart. Mit Kombidämpfern, bei denen der Garraum mit einer exakt gesteuerten Dampftemperatur beheizt wird, funktioniert diese Methode ebenfalls hervorragend. Durch das Einschweißen wird ein Ausschwemmen der Aromen und Geschmacksstoffe aus dem Gemüse weitgehend verhindert, und selbst die Oxidationsrate ist wegen des Sauerstoffausschlusses im Vakuum deutlich reduziert. Außerdem erhält man ausgezeichnete Texturergebnisse: So lassen sich z. B. Kartoffeln unter niedriger Temperatur (etwa 65 bis 70 °C je nach Sorte, sprich: je nach dem Verhältnis von Pektin und Stärke zu Protein) vorgaren. Dabei bleibt die Zellstruktur trotz Quellen der Stärke erhalten und die daraus fertig gestellten Pommes frites haben mehr Biss.

KOCHWASSER IST NICHT GLEICH KOCHWASSER

Die verschiedenen Molekültypen der Pflanzenzellen lassen sich für einige physikalische Tricks nutzen – mit kulinarischen Folgen! Denn beim klassischen Kochen in Wasser kann man durch Zugabe von Salz oder Zucker, Säure oder Natron sowie durch die Wahl von „hartem", calciumreichen oder „weichem", salz- und mineralarmen Wasser auf die verschiedenen Moleküle einwirken und ihre Reaktionen beeinflussen – und damit beispielsweise die Kochzeit verkürzen, die Festigkeit des Gemüses erhöhen, Farben erhalten und Aromen intensivieren.

SALZ UND ZUCKER STEIGERN DAS AROMA Bei vielen Zubereitungen helfen Salz- und Zuckerbeigaben, die Temperatur aus physikalischen Gründen zu senken. Zucker und Salz haben einen hohen osmotischen Effekt auf Lebensmittel, sie „entziehen" den Zellen das Wasser. Beim Fleisch ist diese „osmotische Trocknung" eher unerwünscht (außer beim Pökeln vor dem Räuchern oder bei der Herstellung von Biltong, beef jerky bzw. Trockenfleisch), bei Gemüse führt die Zugabe von Salz und/oder Zucker wegen des Wasserentzugs zu einer deutlich positiven Texturveränderung. Lockert sich durch die Osmose erst einmal die Zellstruktur, können die Pflanzensäfte mit ihren Aromen in die gelockerten Gewebe und Pflanzenstrukturen eindringen und das Gemüse „würzen". Daher bietet sich für Gemüse durchaus eine „Mehrstufengarung" an. Der erste Schritt bestünde in einer Aromatisierung und „Osmosebehandlung", falls Zucker und Salz im Spiel sind, unterhalb der Gartemperatur, gefolgt von einer anschließenden Garung.

KOCHSALZ HILFT BEIM GAREN Kochsalz (NaCl) wirkt nicht nur als Aromenverstärker und natürlicher Geschmacksverstärker (→ salzig, Seite 53), sondern beschleunigt außerdem den Garprozess: Gemüse wird schneller weich, weil die monovalenten Ionen Na^+ und Cl^- die ionischen Bindungen über Ladungen lockern: Erstens scharen sich die positiven Natriumionen um die negativen Ladungen der Pektine. Die Calciumbindung der Pektine wird dabei schwächer, die Molekülketten werden flexibler (in der Physik ist der Effekt als Debye-Hückel-Abschirmung bekannt). Auch auf die Bindung der Hemicellulosen an die Cellulosefasern hat Kochsalz einen lockernden Einfluss: Natrium- und Chloridionen binden Wasser, dabei wird die Bindung zwischen Hemicellulosen und Cellulosen schwächer. Und zum Dritten verändert die erhöhte „ionische Stärke" durch die Salzzugabe die Form und Stabilität der Glycoproteine, deren strukturgebende Eigenschaften durch einwertige Ionen aus Natriumchlorid oder Kaliumchlorid geschwächt werden. Aus diesen Gründen kann man mit einer Zugabe von Salz das Garwerden von Gemüse beschleunigen. Das gilt im Übrigen auch für getrocknete Bohnen und andere Hülsenfrüchte. Selbst wenn man das oft hört oder liest – die Zugabe von Salz verlängert nicht die Kochzeit von Kichererbsen & Co., im Gegenteil!

WARUM EINE GESALZENE GEMÜSEBRÜHE STÄRKER DUFTET ALS EINE UNGESALZENE In wässriger Umgebung lösen sich nur wenige der flüchtigen Aromastoffe (→ Flüchtigkeit und Löslichkeit, Seite 19). Dass überhaupt Aroma in die Gemüsebrühe gelangt und sich nicht alles verflüchtigt, liegt an der leichten Dipolarität der Wasserstoffmoleküle. Diese sind am Sauerstoffatom leicht negativ, an den beiden Wasserstoffatomen leicht positiv „geladen", orientieren sich daher gemäß ihrer dipolaren Wechselwirkung zueinander und können einzelne kleine, hydrophobe Moleküle in einem Wasser-„Käfig" einschließen (→ siehe Abbildung, Seite 70). Der Käfig wird durch Wassermoleküle der unmittelbaren Umgebung mit der der Polarität entsprechenden Orientierung stabilisiert. Befinden sich die so hydratisierten Aromastoffe in der Nähe der Luft-Wasser-Grenzfläche, bricht die Hydrathülle wegen der veränderten Umgebung auf. Das hydrophobe Molekül geht in die Dampfphase über und erreicht so die Nase (oder auch die Detektoren des Chromatografen, die mit sogenannten „headspace"-Verfahren Aromastoffe direkt nachweisen) – die Gemüsebrühe duftet.

Wird Natriumchlorid (NaCl) zugegeben, entstehen einwertige positive Natriumionen (Na^+) und negativ geladene Chloridionen (Cl^-), die selbst eine starke Hydrathülle um sich bilden. Die Wechselwirkung in der Nähe der hydratisierten Aromen wird durch die Ionen stark gestört, weil die Wechselwirkung der polaren Wassermoleküle mit den Ionen (wegen des Coulombfelds um die Ionen) stärker ist und eine höhere Reichweite hat. Im Konkurrenzkampf um das Hydratwasser gewinnen die Ionen des Salzes, die Hydrathüllen der Aromastoffe werden schwächer und brechen auf. Die Löslichkeit der hydrophoben Stoffe wird dadurch schlechter. Bei höherer Konzentration der apolaren Aromastoffe können diese sich leichter zu Tröpfchen zusammenlagern, die von den Wasserkäfigen nicht mehr gehalten werden können. In der Nähe der Luft-Wasser-Grenzfläche brechen die Käfige noch rascher auf. Die Konzentration der hydrophoben Duftstoffe in der Dampfphase über der gesalzenen Gemüsebrühe ist damit höher.

Die unterschiedlichen Ionenradien des jeweiligen Salzes (beispielsweise von Natrium und Kalium) spielen dabei ebenfalls eine wichtige Rolle, denn sie definieren zusammen mit der Ionenladung, wie viele Wassermoleküle um die jeweiligen Ionen Platz finden und wie groß die Hydrathülle ist.

RELEVANTE TEMPERATURBEREICHE BEIM GEMÜSEGAREN

40 – 60 °C: Die Zellmembran (aus Phospholipiden) beginnt weicher und flexibler zu werden. Die Zellwände verändern sich nicht.

50 °C: Enzyme werden aus den Zellmembranen freigesetzt, z. B. Enzyme, die Vitamin C abbauen oder bei grünem Gemüse für Grauverfärbung verantwortlich sind. Die Zellwände verändern sich nicht.

60 – 68 °C: Enzyme werden inaktiviert, z. B. Enzyme, die Vitamin C abbauen. Blanchiertemperaturen sollten daher 68 °C Kerntemperatur erreichen. Die Zellwände bleiben stabil, die Zellen sind immer noch prall mit Zellwasser gefüllt, die Textur der Gemüse ist nach wie vor „knackig".

70 – 75 °C: Hemicellulosen und Pektine beginnen sich zu verändern, sie brechen nach und nach ab und lösen sich von den Cellulosefasern. Der Zelldruck wird höher, Zellwände platzen an manchen Stellen auf, das Wasser aus den Zellen tritt aus.

85 – 90 °C: Die Zellwände werden immer weniger stabil, das Gemüse wird weich, ohne dass dabei die Cellulosefasern brechen.

90 – 100 °C: Wegen der fehlenden Bindung der Hemicellulosen und des Pektinnetzwerks separieren sich die Zellen, das Gemüse „zerkocht" nach und nach. Gleichzeitig lösen sich immer mehr der ionischen Calciumverbindungen.

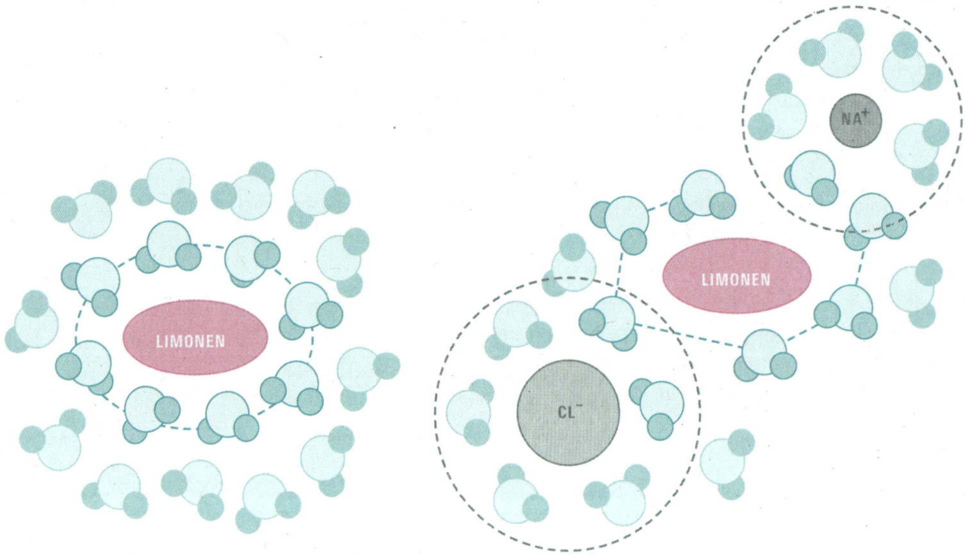

Hydrophobe Moleküle, z. B. Limonen (rote Ellipse), werden von polaren Wassermolekülen in Hydrathüllen eingefangen (links). Kommen Natrium und Chloridionen hinzu, entsteht ein Kampf um das Wasser, den das Salz wegen der elektrischen Ladung gewinnt. Die Hydrathüllen brechen auf, die Aromastoffe werden deutlich rascher flüchtig und erreichen die Nase.

DER PH-WERT BEEINFLUSST FESTIGKEIT UND FARBE VON GEMÜSE Der Ladungszustand der Pektine und Hemicellulosen ist deutlich pH-abhängig. Garen in saurer Umgebung bei pH-Werten zwischen 3 und 6 erhält die Festigkeit von Gemüse: Die Hemicellulosen lassen sich schlechter lösen, die äußere Schicht des Gemüses bleibt, trotz Garung, fester. Was bei der stärkereichen Kartoffel eher unerwünscht ist – in Sauerkraut mitgegarte Kartoffeln bleiben unangenehm hart –, ist bei Wurzelgemüse wie Karotten, Pastinaken oder Sellerie, das man in säuerlicher Umgebung, beispielsweise in einer Tomatensauce, gart, von Vorteil. Es bilden sich gegarte Aromen (z. B. das karamellig-suppige **SOTOLON** beim Sellerie) und das Gemüse ist vollkommen gar, bleibt aber dennoch schön fest. Der Nachteil bei dieser Methode ist, dass das Gemüse Farbe verliert und grau wird.

Garen in alkalischer Umgebung (bei pH-Werten zwischen 7 und 9) hingegen hat genau den gegenteiligen Effekt: Es lässt Gemüse weicher werden und erhält die Farbe. Die Löslichkeit der Pektine und Hemicellulosen wird bei hohen pH-Werten verbessert, da sie mehr Wasserstoffprotonen abgeben. Das Netzwerk zwischen den Pektinen wird daher rascher „weich", die Textur weniger fest. Die Gemüsefarbe bleibt deutlich besser erhalten, insbesondere bei Chlorophyll, weil dessen Zentralion Magnesium in basischer Umgebung weniger rasch oxidiert. In der Küche lässt sich dafür das klassische Hausnatron (Natriumhydrogencarbonat, $NaHCO_3$) verwenden. Löst sich dieses in Wasser, sorgt das Carbonatanion für die Erhöhung des pH-Werts. Die basische OH-Gruppe (alkalisch) geht in Lösung und bildet kein Proton (sauer). Diese Methode empfiehlt sich beispielsweise bei grünen Gartenbohnen oder Erbsen. Die Garung erfolgt rascher, und die Farbe des Gemüses bleibt leuchtend grün.

HARTES WASSER – FESTES GEMÜSE Gart man Gemüse in „hartem" Wasser oder gibt eigens Calziumsalze hinzu, kann man die Festigkeit des Gemüses erhöhen. Die zweiwertigen

Ionen Ca^{2+} im Kochwasser verhindern, dass sich die Calciumbindung der Pektine auch bei hohen Kochtemperaturen löst. Das Gemüse bleibt – ähnlich wie in saurer Umgebung – fester, ohne dass der Geschmack des Gerichts beeinflusst wird. Wichtig ist dies unter Umständen bei frittiertem Gemüse. Dieses bleibt länger knusprig, wenn es zuvor in einer Calciumlaktat- oder Calciumchloridlösung blanchiert wird. Das klassische Beispiel sind Pommes frites. Werden die Stäbchen in Calciumbäder gelegt (blanchiert), werden sie knuspriger. Ähnliches lässt sich auch nach einem Bad in „hartem" Wasser beobachten.

Diese verschiedenen physikalischen „Tricks" lassen sich natürlich beim Kochen auch kombinieren: Gibt man etwa zur besseren Farberhaltung ein wenig Natron ins Kochwasser, kann man das damit einhergehende rasche Weichwerden des Gemüses ausgleichen, indem man gleichzeitig Calziumsalz hinzugibt, das für Festigkeit sorgt. So bleibt das Gemüse schön farbig und zugleich fest.

KOCHWASSER Kocht man Spargelschalen aus und die Stangen anschließend in diesem Wasser, bewahrt das Kochwasser auf, um später wieder Spargel darin zu kochen usw., erhält man eine „Autoaromatisierung" des Spargels. Er schmeckt und duftet intensiver als der im frischen Wasser gekochte. Dies lässt sich praktisch auf alle Gemüse anwenden: Werden Karotten im Karottensaft gekocht statt in Wasser, schmecken sie intensiver, ebenso wie in Kohlsaft gekochter Kohl. Einen ähnlichen Effekt erzielt man, wenn man Wurzelgemüse wie Sellerie, Rote Bete und Kartoffeln in der Schale in Wasser gart: Hier bleiben die intensiven Geschmacksstoffe und Aromen in und unter der Schale erhalten und würzen das Innere des Gemüses während des Kochens und Dämpfens gleich mit.

PERFEKT FÜR DIE GEMÜSEGARUNG: ÖL UND FETT

Das klassische (lange) Garen in viel Wasser ist für Gemüse meistens nicht die beste Lösung. Es verliert nicht nur den Biss, sondern vor allem auch viele Aromastoffe. Diese sind in der Regel nicht wasserlöslich, werden nur durch schwache dipolare Bindungen im Kochwasser gehalten und verflüchtigen sich rasch mit zunehmender Temperatur (→ Flüchtigkeit und Löslichkeit, Seite 19). Verhindern kann man das zumindest teilweise, wenn man den Aromen bereits während des Kochens ein geeignetes Lösungsmittel anbietet – Fett. Ideal ist eine Kombination von Wasser und Fett, denn dann lösen sich die Aromen im Fett, frei werdende Mineralien, wasserlösliche Vitamine und Geschmacksstoffe hingegen im Wasser. (Fast) alle Gemüse lassen sich in Butter/Öl/wenig Wasser dünsten. Diese „Kochemulsion" kann man dann (eventuell gewürzt und verfeinert) als Sauce reichen.

GEMÜSEÖLE Werden Gemüse mit (geschmacksneutralem) Öl gemixt, können sich die Gemüsearomen im Öl lösen. Wird das Öl auf etwa 60 °C erhitzt, können die restlichen Tröpfchen des aromatischen Öls und die darin enthaltenen Aromaverbindungen aus den beim Mixen unbeschädigt gebliebenen Pflanzenzellen ins Öl gelangen. Lässt man das Öl über Nacht stehen und filtert die Gemüsestücke ab, erhält man die herrlichsten Gemüseöle: Paprikaöl, Spargelöl usw. Sie bleiben umso haltbarer, je weniger Wasser aus dem Gemüse emulgiert. Findige Hobbyköche verwenden dazu Scheidetrichter und lassen darin nur das Öl ab. Laborköche zentrifugieren die Mixtur bei 10 000-facher Erdbeschleunigung und haben die tollsten Gemüseöle aller Zeiten.

BLANCHIEREN

Unter Blanchieren versteht man das kurze Erhitzen des Gemüses auf eine Temperatur zwischen 90 und 95 °C, damit die Kerntemperatur von 68 °C rasch erreicht wird. Das ist die Temperatur, bei der Enzyme in den Zellmembranen deaktiviert werden, während die Zellstruktur – je nach Gemüse – stabil bleiben soll. Ein Garvorgang wird explizit vermieden, indem das Gemüse sofort nach dem Erhitzen kalt abgeschreckt wird. Das Gemüse ist nicht gegart, unterscheidet sich jedoch deutlich vom rohen Zustand – es ist pseudoroh.

In der Küche ist dieser Vorgang immer dann wichtig, wenn man möglichst viele „rohe" Qualitäten des Gemüses wie knackige Texturen, leuchtende Farben oder auch einen hohen Vitamin-C-Gehalt bewahren will – sei es vor dem Einfrieren, vor einem anschließenden Garen (Kochen, Braten, Frittieren oder Ähnlichem) oder für einen „pseudorohen" Genuss.

Richtwerte Blanchierzeit: Typische Blanchierzeiten hängen von der Pflanze, dem Zellaufbau und der Zellwandstabilität ab. In der folgenden Tabelle sind die wichtigsten Gemüse genannt.

Gemüse	Blanchierzeit
Artischocke	6
Aubergine	–
Blumenkohl (Röschen)	3
Broccoli	3
Grüne Bohnen	4
Chinakohl	2
Dicke Bohnen	3
Erbsen	2
Grünkohl	5
Gurken	–
Lauch	3
Kohlrabi (gewürfelt)	3
Maiskolben	5
Mangold	2
Möhren	3–4
Paprika	–
Pilze	–
Rosenkohl	3
Rote Bete	–
Rotkohl	–
Schwarzwurzel	5
Sellerieknolle	4
Speiserübe	5
Tomaten	–
Weißkohl(-blätter)	2
Wirsing	2
Zucchini	3
Zuckererbsen	2

BLANCHIERMETHODEN

IN WASSER/DAMPF Beim Blanchieren gibt man das Gemüse in 90 bis 95 °C heißes Wasser, wobei sich die Blanchierzeit nach der Dicke des Gemüses richtet. Bei Blattspinat, Blattgemüse etc. reicht maximal eine Minute, dicke Karotten können 3 bis 4 Minuten blanchiert werden (siehe Tabelle). Unmittelbar nach dem Blanchieren ist Abschrecken notwendig, denn so wird eine weitere Garung während des Abkühlens von 100 auf 80 °C verhindert, und Oxidationsprozesse, die bei höherer Temperatur mit großer Reaktionsgeschwindigkeit ablaufen, haben keine Chance. Das Blanchieren kann auch über heißem Dampf geschehen. Dies hat den Vorteil, dass weniger wasserlösliche Stoffe (etwa das wasserlösliche Vitamin C) „ausgeschwemmt" werden.

SOUS-VIDE Vorteilhaft ist auch das sous-vide-Blanchieren bei hoher Temperatur: Dabei werden (eventuell bereits präparierte) Gemüse im Kunststoffbeutel vakuumiert und eingeschweißt in kochendes Wasser oder heißen Dampf gegeben und anschließend sofort in Eiswasser abgeschreckt („cook & chill"). Das Gemüse kommt so nie mit Wasser in Berührung, und der über das Vakuum zum Großteil abgezogene Luftsauerstoff kann ebenfalls nicht mehr zur Oxidation beitragen. Auf diese Weise vakuumiertes Gemüse kann bis zur Weiterverarbeitung im Kühlschrank (bei 0 °C) problemlos mehrere Tage aufbewahrt werden.

Im sous-vide-Verfahren lassen sich Enzyme auch gezielt inaktivieren, wenn das Wasserbad auf entsprechende Temperaturen eingestellt wird. Meist reichen 60 bis 70 °C aus, um eine genügend hohe Konzentration (der Richtwert liegt bei 90 Prozent der Ausgangskonzentration) der Enzyme zu deaktivieren. Membranen werden hochflexibel und geben Enzyme frei, die dann denaturieren. Die Zellwände sind noch knackig und die „rohe" Textur bleibt erhalten. Trotz der niedrigeren Temperaturen empfiehlt sich ein Abschrecken, um eventuelle thermische Oxidationsprozesse einzudämmen.

IN DER MIKROWELLE Auch in der Mikrowelle lässt sich Gemüse durch kurzes Erhitzen blanchieren. Die Mikrowellenstrahlung dringt in das Gemüse ein, erzeugt dort ein vorzeichenwechselndes, elektromagnetisches Feld und regt dabei die zelleigenen, dipolaren Wassermoleküle zur Bewegung an: Die Temperatur steigt im Inneren, Enzyme werden ebenfalls deaktiviert. Dies ist insbesondere dann von Vorteil, wenn pseudorohe Pürees serviert werden, denn so lassen sich die dabei häufig auftretenden enzymatischen Bräunungen verhindern. Ein Paradebeispiel ist das quasirohe Apfelpüree: Püriert man rohe geschälte Äpfel, wird das Püree rasch unansehnlich braun. Legt man die Äpfel für kurze Zeit in die Mikrowelle und schält sie anschließend, bleibt das Püree wunderbar apfelfleischfarben, ohne Zusatz von Antioxidationsmitteln wie Ascorbinsäure. Einen ähnlichen Effekt hat diese Methode bei sich stark verfärbendem Gemüse, z. B. Artischocken, Schwarzwurzeln oder Topinambur. Insbesondere bei großen Gemüsearten bietet sich das Blanchieren in der Mikrowelle an, denn starke Wärmeleitungseffekte (außen gar, innen noch keine 40 °C Kerntemperatur) werden eher vermieden. Auch bei den Nährstoffen ist die Mikrowelle meist im Vorteil, denn es wird nichts „ausgeschwemmt". Bei der Freisetzung und beim Schmelzen von Provitamin A (β-CAROTIN) hängt es von der Dicke und Zellstruktur des jeweiligen Gemüses ab.

Der Nachteil der Mikrowelle ist die teilweise unkontrollierte Einstrahlung. Es bilden sich Hotspots hoher Hitze, die erst weitergeleitet werden muss. Außerdem hängt die Temperatur im Inneren von der eingestrahlten Leistung ab. Daher sind Vorversuche unerlässlich, um die Einstrahlcharakteristik und Leistung „seiner" Mikrowelle kennenzulernen. Hier wären tatsächlich bessere Ingenieurleistungen im Apparatebau gefragt.

DEAKTIVIERTE ENZYME

Der wichtigste Prozess, der beim Blanchieren abläuft, ist die Deaktivierung von Enzymen. In den Zellmembranen der Pflanzen sitzen verschiedene Enzyme, die für Oxidationsprozesse verantwortlich sind. Schädigt man die Membranen beim Schälen oder Schneiden von Gemüse oder auch durch unsachgemäßes (zu langes oder zu kaltes) Lagern, werden die Enzyme freigesetzt und lösen Reaktionen aus. Durch Erhitzen auf mindestens 68 °C verhindert man das: Die Enzyme werden deaktiviert. Das betrifft bei Gemüse insbesondere zwei Bereiche: die Farbe und den Farberhalt sowie den Erhalt von Mikronährstoffen, insbesondere Vitamin C.

FARBE – CHLOROPHYLL Das Phänomen der Gemüsefarben und ihrer Veränderungen ist küchentechnisch hochinteressant, es wird daher unten ausführlicher beleuchtet. Hier sei nur in Kürze die Rolle des Blanchierens skizziert: Ein bestimmtes Enzym baut Chlorophyll ab, das seine Farbe dadurch von leuchtend grün nach bräunlich grün verändert. Doch das Auge isst mit, und natürlich sattgrünes Gemüse sieht einfach appetitlicher aus als braungrünes. Gerade bei Pürees empfiehlt sich daher aus optischen Gründen ein Blanchieren. Dazu wird das grüne Gemüse für wenige Minuten in heißes Wasser getaucht (Temperaturen über 68 °C zerstören das Enzym). Im Anschluss daran folgt ein Eisbad, das einen weiteren Chlorophyllabbau durch Hitze verhindert und den begonnenen Garvorgang stoppt. Dient grünes Gemüse als Belag von Pizzen, Tartes oder Teigtaschen, empfiehlt sich ein Blanchieren ebenfalls. Es verhindert eine unerwünschte Verfärbung beim Erhitzen, wenn der Temperaturbereich zwischen 40 und 65 °C, in dem die Enzyme aktiv sind, je nach Zubereitung und Feuchtigkeit der Unterlage (Teig, Käse, ...) langsam durchlaufen wird.

Beim Einfrieren verhindert ein vorheriges Blanchieren aus denselben Gründen ein unkontrolliertes Verfärben während der Einfrier- und Auftauphase. Außerdem werden dabei bereits einige Zellen zum Platzen gebracht, sodass das Wasser beim Ausdehnen während des Einfrierens keine unkontrollierten Schäden anrichten kann.

MIKRONÄHRSTOFFE – VITAMIN C Mikronährstoffe wie Spurenelemente und Mineralien verändern sich beim Kochen nicht, und selbst bei Vitaminen hält sich der Verlust in Grenzen. Eine Ausnahme ist jedoch Vitamin C. Es oxidiert unter Temperatur beim Kochen, bei der Lagerung und auch unter Licht und Sauerstoff relativ rasch (siehe Schaubild S. 76). Grund dafür ist die hohe Aktivität des Enzyms Ascorbinsäureoxidase. Dieses Enzym ist in den Wänden der Pflanzenzellen fest verankert, während sich die Ascorbinsäure im Inneren der Pflanzenzellen befindet. Kommen sich Enzyme und Vitamin C nahe, wird die Ascorbinsäure oxidiert und zu Deshydroascorbinsäure umgewandelt. Diese hat ein weit geringeres Radikalfängerpotenzial als das native Vitamin C, ist also gesundheitlich wenig interessant. Bereits beim Lagern beginnt der Oxidationsprozess. Für Spinat etwa hat man nachgewiesen, dass bereits 3 Tage nach der Ernte der Gehalt an nativem Vitamin C etwa um die Hälfte gesunken ist; 7 Tage nach der Ernte ist weniger als ein Viertel vorhanden. In wenigen Tagen Lagerung wird somit aus dem Rohprodukt ein „pseudorohes" Produkt. Dieser Prozess lässt sich unter professionellen Lagerungsbedingungen in Schutzgasatmosphäre verlangsamen; dennoch gilt, dass man Gemüse möglichst erntefrisch verzehren sollte. Bearbeitet man das Gemüse in der Küche – durch Schneiden, Quetschen oder Hacken –, findet der Abbau noch einmal schneller statt, denn mit dem Zerstören der Zellwände werden die Enzyme freigesetzt. Gleichzeitig ergießt sich der Zellsaft mit dem nativen Vitamin C aus dem Inneren der Zellen, Enzyme und Vitamin C kommen sich nahe, die Ascorbinsäure oxidiert.

ASCORBINSÄURE BEIM BLANCHIEREN? Oft wird geraten, zum Blanchierwasser Ascorbinsäure zuzugeben. Soll die Farbe erhalten bleiben, ist davon eher abzuraten, denn die Ascorbinsäure senkt den pH-Wert. Dies ist für die Farberhaltung des grünen Gemüses kontraproduktiv, wie sich beim Kochen von grünen Bohnen oder Lauch mit Essigwasser leicht demonstrieren lässt: Das Gemüse wird rasch grau. Besser ist es, den pH-Wert mit etwas Natron ansteigen zu lassen (→ Kochwasser ist nicht gleich Kochwasser, Seite 68).

Geht es aber um die Nährstoffe, ist die Zugabe von Ascorbinsäure als Antioxidationsmittel von Vorteil. Es reagiert und bindet damit Reagenzien zuerst, die Gemüsenährstoffe bleiben eher erhalten.

ZELLSTRUKTURVERÄNDERUNGEN BEIM BLANCHIEREN – AUF DEM WEG ZUM GAREN

Möchte man die Zellstruktur von Gemüse partiell verändern, ohne die Zellwände komplett zu erweichen, damit es gebogen und gerollt werden kann ohne zu brechen (z. B. Lauch-, Wirsing- oder Kohlblätter für Rouladen oder Ravioli), dann müssen die Temperaturen beim Blanchieren so hoch sein, dass sich Pektinnetzwerke und Hemicellulosen lockern (→ Was passiert beim Garen?, Seite 67).

Kompromisse sind dabei immer notwendig, denn die unterschiedlichen Moleküle in den Gemüsen verhalten sich bei Temperaturveränderungen verschieden, wie ein Vergleich der Enzymaktivität bei Blattspinat und Brokkoli zeigt (siehe Abbildung rechts). Jedes Gemüse, jedes Stück Obst erfordert eine individuelle Handhabung. Bei den harten Blüten der Brokkoli ändert sich die Struktur nach kurzem Blanchieren wenig. Bei dünnem Blattgemüse wie Spinat ist der Druck in den Zellen so groß, dass die Wärmeausdehnung die vielen Zellen zum Reißen bringt. Der Zellsaft fließt heraus, das Blanchierwasser färbt sich grünlich, die Struktur der Zellwände bricht zusammen, das Blattgemüse verliert seine Spannkraft. Ähnliches passiert beim Einfrieren von unverarbeitetem Blattgemüse oder vielen Obstsorten in Haushaltsgefriergeräten. Die sich bildenden Eiskristalle aus dem Wasser in den Vakuolen wachsen langsam und werden größer als die Zellabmessungen, zumal die Dichte von Eis geringer ist als die von Wasser. Zellwände werden

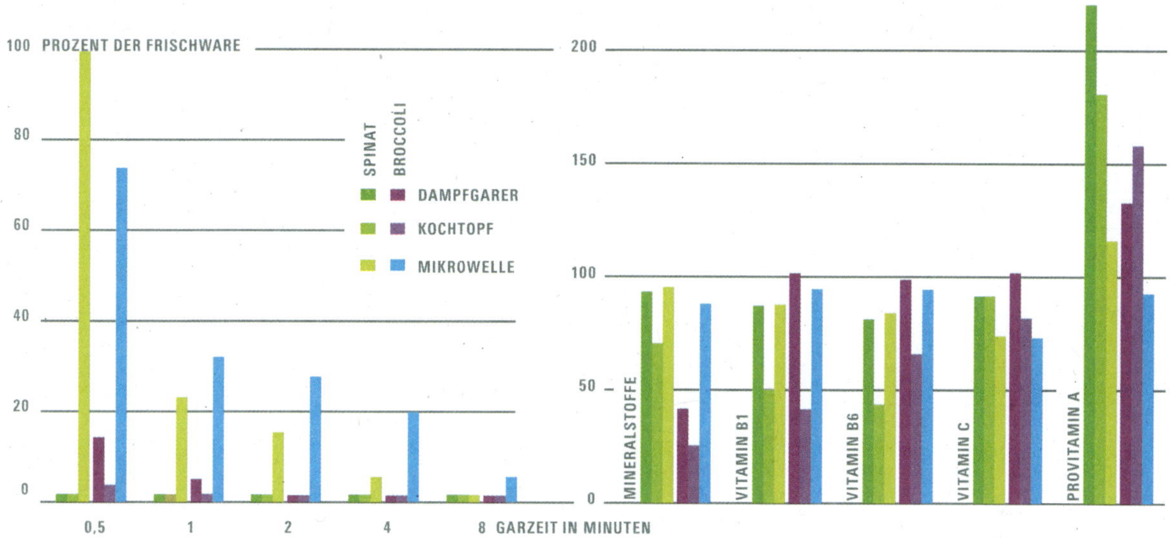

Links: Beim Blanchieren nimmt die Enzymaktivität über Temperatureinwirkung ab. Bei Brokkoli geht es nicht so schnell wie bei Spinat, da die Wärme erst ins Innere gelangen muss. Man kann gut erkennen, dass es entscheidend ist, ob man das Gemüse im Dampfgarer, im Kochtopf oder in der Mikrowelle blanchiert. Rechts: Auch bei dem Erhalt der Nährwertqualität kann man dies beobachten (nach Schlich et al.).

durchstoßen, das kaputte Gerüst bricht nach dem Auftauen zusammen. Ausgeklügelte Techniken sind daher das A und O der Rohkostverarbeitung.

Im Übrigen sind Brokkoliröschen, roh verzehrt, kleine Köstlichkeiten. Sie liefern dezent schwefelige Duftnoten und steuern einen feinen bitteren Geschmack auf komplizierteren Tellern bei. Diese einzigartige Geschmackskomponente, seine Textur und seine Farbe ist allein Grund genug, Brokkoli (oder anderes Gemüse) öfter roh oder pseudoroh zu zelebrieren.

FARBE IN DER GEMÜSEKÜCHE

Gemüse gibt es in allen Farben des Regenbogens, angefangen von leuchtend roten Paprika über orange Möhren, gelbe Kartoffeln, grünes Blattgemüse und blauen Mais bis hin zur violetten Aubergine. Teilweise trifft man auf viele Farbvarianten innerhalb einer einzigen Art – dank der Sortenvielfalt, wie etwa bei Kartoffeln und Möhren, oder in verschiedenen Reifezuständen, wie bei der Paprika. In der Küche kann man damit wunderbar farbenfrohe Teller zaubern. Nützlich ist es zu wissen, welchen Einfluss auf die Farbe verschiedene Zubereitungsmethoden und Gartemperaturen haben und wie man damit experimentieren kann.

PHOTOSYNTHESE UND DER LICHTSAMMELKOMPLEX

Bei Frucht- und Blattgemüse, das der Sonne ausgesetzt ist, ist der Photosyntheseapparat für die Farben zuständig. Die Energie des Lichts muss von der Pflanze eingesammelt werden, damit sie in eine andere Energieform umgewandelt werden kann, die der Pflanze zugutekommt. Dazu werden elektronenreiche Moleküle bereitgestellt, die für die Wellenlängen des Sonnenlichts empfäng-

VERÄNDERUNG DER MIKRONÄHRSTOFFE

Mineralien verändern sich nicht beim Kochen und selbst bei Vitaminen hält sich der Verlust beim Kochen in Grenzen. Eine Ausnahme ist Vitamin C. Es oxidiert unter Temperaturwandel, wie etwa beim Kochen, bei der Lagerung und unter Licht und Sauerstoff, relativ rasch. Der Vitamingehalt von Gemüse verändert sich allerdings bei der Lagerung bzw. der Lagerdauer. Er verringert sich immer mehr.

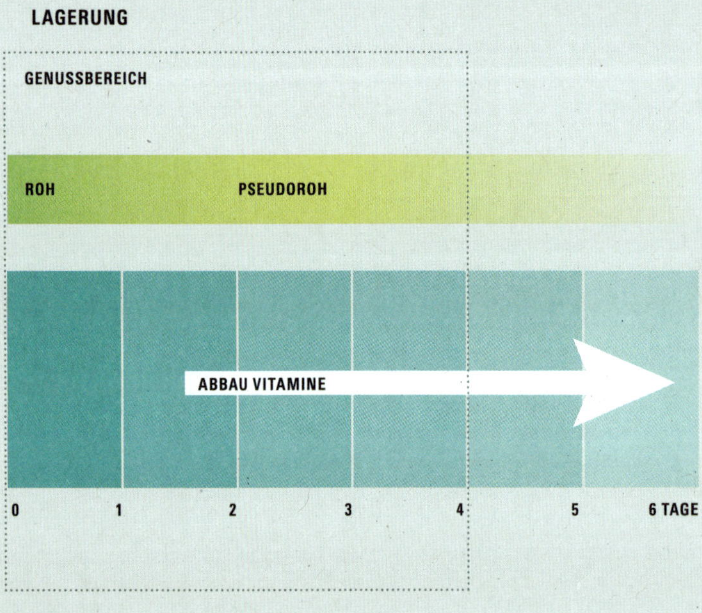

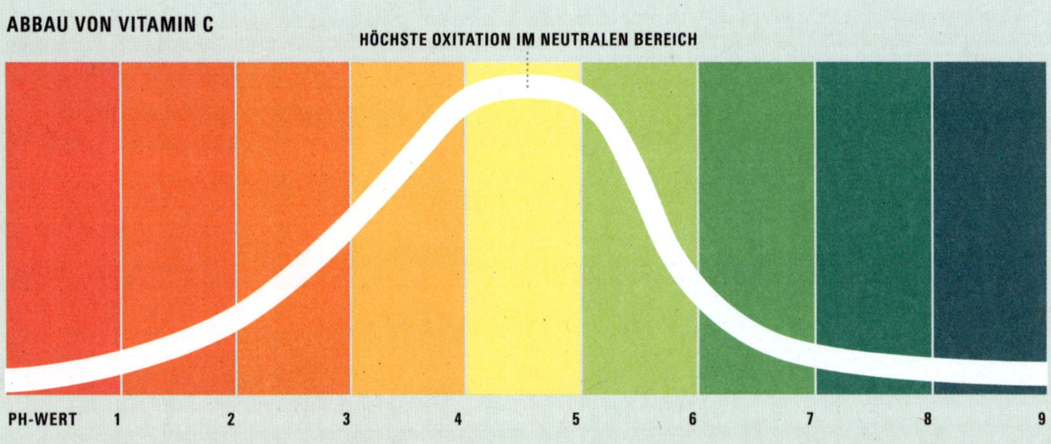

MIKRONÄHRSTOFF		ERHEBLICHER VERLUST BEI EINWIRKEN VON		
	LÖSLICHKEIT	SAUERSTOFF	LICHT	TEMPERATUR
BIOTIN	*schwach in Wasser*	*Nein*	*Nein*	*Nein*
FOLSÄURE	*Fett, Wasser*	*Nein*	*Nein*	*ab 80°C*
NIACIN	*Wasser*	*Nein*	*Nein*	*Nein*
PANTOTHENSÄURE	*Fett, Wasser*	*Nein*	*Nein*	*Ja*
RIBOFLAVIN	*Wasser*	*Nein*	*partiell*	*Nein*
THIAMINE	*Wasser*	*Nein*	*Nein*	*ab 100°C*
VITAMIN A	*Fett*	*Partiell*	*partiell*	*Nein*
VITAMIN B-6	*Fett, Wasser*	*Nein*	*Ja*	*Nein*
VITAMIN B-12	*Fett, Wasser*	*Nein*	*Ja*	*Nein*
VITAMIN C	***Fett, Wasser***	***Ja***	***Ja***	***Ja***
VITAMIN D	*Fett*	*Nein*	*Nein*	*Nein*
VITAMIN E	*Fett*	*Ja*	*Ja*	*Nein*
VITAMIN K	*Fett*	*Nein*	*Ja*	*Nein*

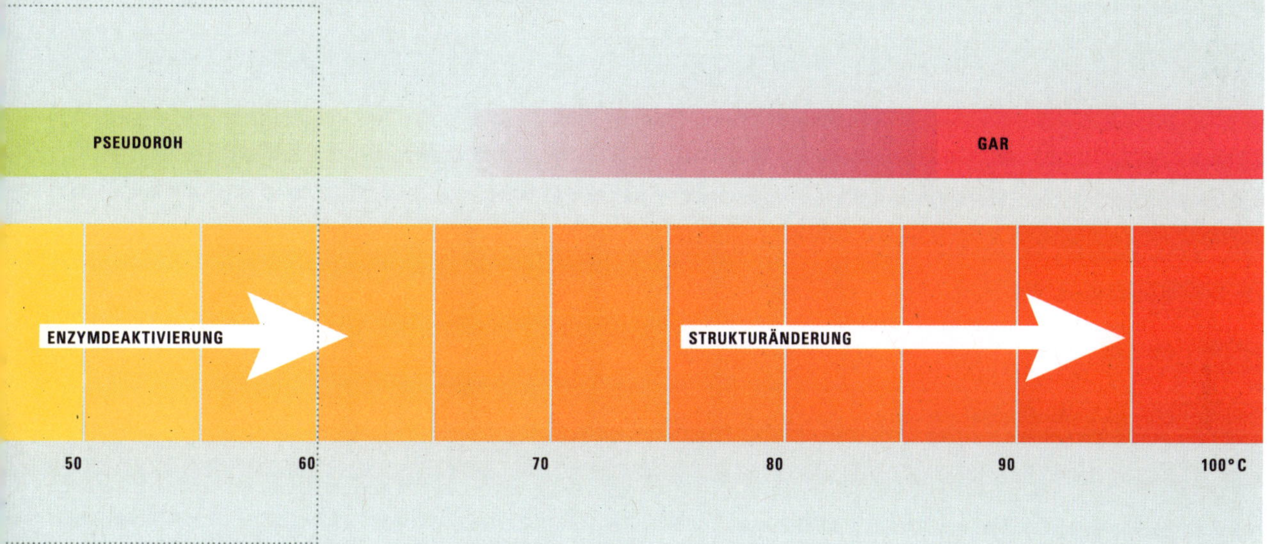

Vitamin C in saurer Umgebung: Im Bereich von pH-Werten zwischen 3 und 5 ist der Abbau von Vitamin C am höchsten. Bei pH-Werten unter 3 ist der Abbau stark verzögert, selbst beim Kochen, wie man es zum Beispiel vom Sauerkraut kennt. Im gekochten Sauerkraut befindet sich also deutlich mehr Vitamin C als im unvergorenem, gekochten Weißkohl. Diese Tatsache wird bei allen milchsäurevergorenen Produkten relevant. Auch in Früchten mit hoher Säure baut sich Vitamin C deutlich langsamer ab. Aus diesen Fakten ergibt sich eine klare Küchentechnik für „(pseudo)rohe" Zubereitungen: ein Marinieren unter niedrigen pH-Werten.

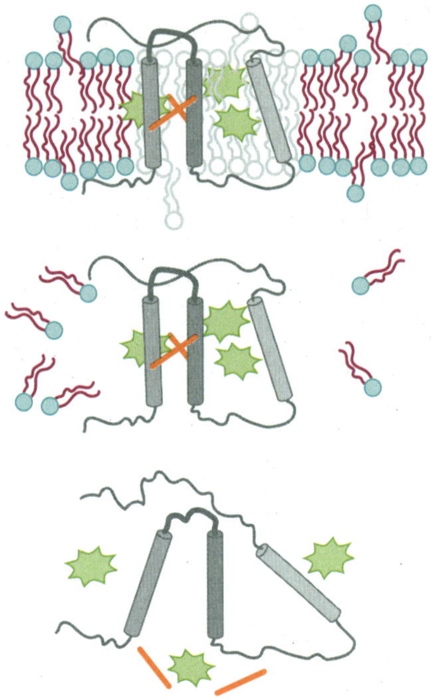

Unter Temperaturerhöhung wird die Membran instabiler (ab ca. 40 °C), gleichzeitig denaturieren die Proteine des Lichtsammlerkomplexes, sie geraten außer Form und geben die Farbstoffmoleküle frei. Wie schnell und bei welchen Temperaturen dies vonstatten geht, hängt letztlich von der detaillierten Zusammensetzung und der Fluidität der Membranen ab, also von deren exakter Fettsäurenzusammensetzung, dem eventuellen Anteil an Cholesterin usw. Entfalten die Proteine, werden die Farbstoffmoleküle bei ca. 68 – 75 °C freigegeben.

lich sind und diese in komplizierten Prozessen in „chemische Energie" zum Pflanzenwachstum umwandeln: Das sind die Farbstoffmoleküle. Eine hohe Konzentration und die richtige Ausrichtung dieser Moleküle in den Pflanzenblättern ist notwendig, damit das (mitunter schwache) Licht effektiv eingesammelt werden kann. Verantwortlich dafür sind eine ganze Reihe in der Zellmembran eingelagerter Proteine, die sogenannten Lichtsammlerproteine (Light harvesting proteins). Sie können aufgrund ihrer speziellen Gestalt sehr viele verschiedene Farbstoffmoleküle sammeln und einlagern (siehe Abbildung links). Um die Lichtausbeute zu maximieren, organisieren sich mehrere Lichtsammlerproteine in der Membran zu einem „Komplex". Sie erhöhen dabei lokal die Konzentration der Farbstoffmoleküle zu einer sehr hohen Dichte. Natürliche Gemüsefarben sind also durch das Verhalten von Lichtsammlerkomplexen (Light Harvesting Complex LHC II) in der Zellmembran bestimmt. Zu den Farbstoffen, die dort gesammelt werden, gehören unter anderem Chlorophyll, Carotinoide, Lycopin und Anthocyane.

SCHÖN GRÜN – FÄRBEN UND FARBERHALTUNG MIT CHLOROPHYLL

Wie sich Farbe aus Gemüse herauslösen lässt, zeigt ein Chlorophyllexperiment auf eindrucksvolle Weise. Dazu werden ein Pfund frischer Spinat mit einem Bund Petersilie und einem Liter Wasser in einer Küchenmaschine püriert. Dieses Püree wird durch ein feines Küchentuch gefiltert, das grünliche Wasser aufgefangen und das Püree kühl gestellt. Das Wasser wird in einem großen Topf langsam erwärmt. Ab einer bestimmten Temperatur bilden sich grüne Flocken: das Chlorophyll, das nur sehr begrenzt wasserlöslich ist. (Dies ist übrigens auch ein mehr oder weniger direkter Beleg dafür, dass beim Hacken und Zerkleinern von Gemüse Teile der Zellmembranen ins Wasser dispergieren.) Durch die Temperaturerhöhung denaturieren die Lichtsammlerproteine und geben die Farbstoffe, im Fall des Spinats eine große Menge an Chlorophyll, frei. Dieses Chlorophyll kann man auffangen und zum Färben von Speisen (Pasta, Risotto, grüner Pudding usw.) einsetzen. Chlorophyll schmeckt und riecht übrigens nach nichts. En passant kann so dem Irrtum begegnet werden, in grünem Gemüse oder Kräutern ließen sich „Chlorophyllgeschmack" wahrnehmen. Gemeint sind vielmehr „grüne" Aromen und Terpene, die in Kombination mit dem typischen Bittergeschmack der Gemüse und eventuell trigeminalen Reizen die Assoziation „Chlorophyll" wecken. Ein Chlorophyllaroma wäre für alle Färbeexperimente ohnehin fatal. Das beiseite gestellte Spinatpüree lässt sich für gewürzte Gemüsebeilagen, Spinatklößchen oder als Pizzabelag fantasiereich verwenden.

Doch meist will man ja Chlorophyll nicht aus dem Gemüse lösen, sondern im Gegenteil die schöne grüne Farbe erhalten. Chlorophyll baut sich bei thermischer Behandlung unterschiedlich ab bzw. es oxidiert. Dadurch kann es beim Kochen zu Farbveränderungen kommen. Der immer wieder beschriebene positive Effekt von Salz, Zucker oder das Kochen mit offenem Deckel lässt sich wissenschaftlich nicht nachweisen. Wichtig sind vielmehr eine schnelle Erwärmung auf Temperaturen über 70 °C (dabei werden Enzyme [Chlorophyllasen] deaktiviert), kurze Kochzeiten und ein anschließendes rasches Abschrecken auf Temperaturen unter 15 °C, um die Dauer der Hitzeeinwirkung zu verkürzen (→ Blanchieren, Seite 72). Auch etwas Natron oder Backpulver im Kochwasser hilft, die grüne Farbe des Gemüses zu erhalten. Es erhöht den pH-Wert, die beim Kochen aus dem Gemüse freiwerdenden Säuren werden gepuffert („neutralisiert"), das Chlorophyll bleibt dadurch wasserunlöslich und verbleibt im Gemüse. Eine leicht basische Umgebung zur Zugabe von etwas Natron kann das Chlorophyll außerdem „umgrünen": Chlorophyll wird zu Chlorophyllin, das Magnesium im Zentrum des Pigments wird durch das Spurenelement Kupfer ersetzt, und das Gemüse schimmert hellgrün – daher schwören auch viele auf die alten Kupferkessel zum Gemüsekochen.

LEUCHTEND GELB – CAROTINOIDE

Provitamin A, β-Carotin, gehört zu den Carotinoiden, einer Molekülklasse, die vorwiegend aus Kohlen- und Wasserstoffen aufgebaut sind, aber aufgrund ihrer chemischen Struktur und ihrer durch die konjugierten Doppelbindungen ausgeprägt vorhandenen π-Elektronenstruktur extrem oxidativ sind und somit als gesundheitlich wertvolle „Radikalfänger" wirken. Seine Elektronenstruktur ist verantwortlich für die leuchtend gelbe Farbe der Karotten, der Orangen oder sogar des Eigelbs. Aber auch in vielen Blattgemüsesorten kommt β-Carotin reichlich vor. Der chemische Aufbau des Carotins sorgt für seine Fettlöslichkeit und damit für seine Farbstabilität beim Kochen: Carotinoide ändern die Farbe nicht, solange sie intakt bleiben.

Eine Kochregel lautet: „Farbstoffreiches Gemüse sollte a) erwärmt werden, damit die Inhaltsstoffe besser verfügbar sind, und b) immer mit etwas Fett gegart werden." Dass diese Regel tatsächlich sinnvoll ist, zeigt ein Blick auf die molekularen Vorgänge beim Kochen. Die Inhaltsstoffe, um die es hier geht, sind vorwiegend Farbstoffmoleküle. Sie sind in dem LHC-Komplex zwar nicht chemisch (also nicht kovalent), aber fest (über van-der-Waals-Wechselwirkungen) verankert. Physiologisch wirksam sind sie jedoch nur, wenn sie freigesetzt werden. Dafür müssen die LHC-Komplexe erstens aus der Zellmembran gelöst und zweitens denaturiert werden, damit sie die Farbstoffmoleküle freigeben. Das kann nach den gängigen Gesetzen der Physik nur über die Temperatur gesteuert werden. Die Membranen werden thermisch aufgeweicht und die Lichtsammelproteine aus der Form gebracht.

Die beim Erwärmen freigegebenen Farbstoffe stehen dem Organismus im Prinzip zur Verfügung. Ihre physiologisch positive Wirkung können sie jedoch nur entfalten, wenn sie als einzelne Moleküle vorliegen und sich frei bewegen können. Einzeln können sie mit ihrer hohen Zahl an Elektronen als Radikalfänger wirken, denn diese Doppelbindungen können durch Oxidation „freie Radikale" unschädlich machen und deren freie Elektronen bzw. Ladungen absättigen, sodass eine Zellschädigung nicht mehr möglich ist. Einzeln, d. h. schön sauber getrennt, liegen die fettlöslichen Moleküle aber nur vor, wenn sie in einem guten Lösungsmittel schwimmen können: in Fett. In Wasser hingegen schützen sie sich gegenseitig, indem sie sich zusammenlagern und feste Kristalle bilden, sodass nur noch die äußersten Moleküle an der Oberfläche mit dem ungeliebten Wasser Kontakt haben (siehe Abbildung). In dieser kristallinen Form sind die Farbstoffmoleküle physiologisch bedeutungslos.

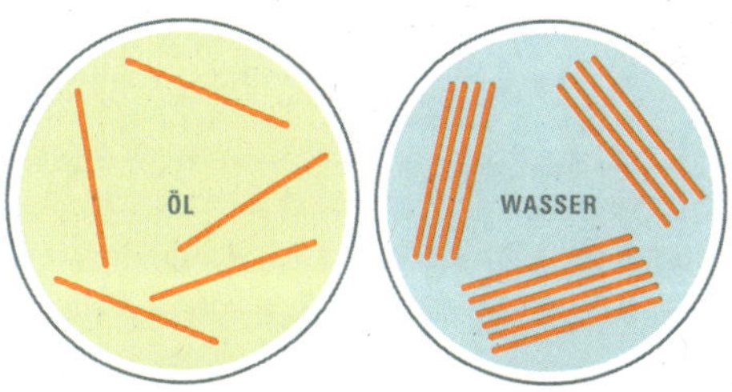

Im Fett (links) lösen sich die Carotinoide gut, die Moleküle sind separiert und somit physiologisch leicht verfügbar. In einer wässerigen Umgebung (rechts) hingegen versuchen sich die Carotinoidmoleküle vom „ungeliebten" Wasser abzuschirmen

CAROTINE IN WURZELGEMÜSE Beim Wurzelgemüse liegt ein großer Teil der Carotinoide nicht im Lichtsammlerkomplex LHC vor, sondern kristallin in einer anderen Form von Chloroplasten. Dabei

Chromoplasten in Wurzelgemüse: Die Carotinkristalle sind in einem Kern eingeschlossen, der von den hydrophoben Teilen Phospholipiden gegenüber Fibrillen (äußere Schale) stabilisiert ist. Die Fibrillen sind aus hochorientierten Proteinkomplexen aufgebaut, an denen der hydrophile Teil der Phospholipide gebunden ist.

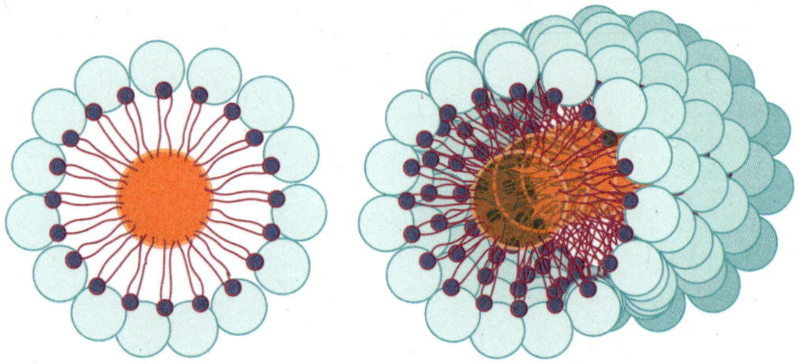

befindet sich das Carotin in hochkristalliner Form in einem Kern, der von Phospholipiden umspannt ist, an dessen polaren Enden Proteine mit einer hydrophilen Hülle ankoppeln.

Die Bindungsenergie dieser Strukturen ist sehr viel höher als jene der LHC (Chloroplasten). Dies liegt vor allem an der sehr stabilen fibrillären Struktur der Hüllenproteine. Daher ist es ungleich schwieriger, das Carotin freizusetzen. Darüber hinaus weisen die Kristalle des β-Carotins eine Schmelztemperatur von ca. 178 °C auf, sie schmelzen also bei den üblichen Kochtemperaturen nicht und können nur aufgelöst werden, wenn ihnen Fett als Lösungsmittel angeboten wird. Somit erweist sich die Regel „Erhitzen und Fettzugabe" als goldrichtig. Dieser Lösungsmitteleffekt lässt sich in der Küche leicht beobachten: Möhren, die in farblosem Öl (etwa Traubenkernöl, Palmfett oder Kokosöl) gedünstet werden, färben das Öl leuchtend gelb.

Allerdings gibt es auch hier physikalisch-chemische Einschränkungen. Am wirksamsten ist β-Carotin nämlich in seiner all*trans*-Form, d. h., geometrisch ist das Molekül eine gestreckte Kohlenstoffzickzackkette mit einer ganzen Reihe konjugierter Doppelbindungen. Die konjugierten Doppelbindungen verhindern eine Drehbarkeit der Kohlenstoffbindungen, die Geometrie des Moleküls ist daher sehr stabil. Bei höheren Temperaturen steigt jedoch thermodynamisch die Wahrscheinlichkeit, dass die Rotationsbarriere überwunden wird. Dann bilden sich eine ganze Reihe *cis*-Formen des Moleküls. Die Struktur ist dann nicht mehr linear, sondern „abgeknickt" (bei einer *cis*-Doppelbindung oder „geknickt" bei zwei *cis*-Doppelbindungen). Diese *cis-Formen* sind in ihrer biologischen Wirkung weit weniger aktiv als die all*trans*-Form. Aus einem *trans*-β-Carotin entstehen zwei Vitamin-A-Moleküle, aus einem geknickten maximal noch eines. Daher sind zu hohe Temperaturen und zu lange Kochzeiten für das β-Carotin wiederum eher kontraproduktiv.

LYCOPIN Diese Überlegungen sind nicht auf Möhren und deren β-Carotin beschränkt, sondern für viele Gemüsearten relevant. Ein weiteres Beispiel dafür sind Tomaten. Meldungen wie „Ketchup ist gesund" oder „gekochte Tomaten sind besser als rohe" lassen sich mit dem beschriebenen Ansatz verstehen. Der rote Farbstoff in Tomaten wird vorwiegend durch das Lycopin bestimmt, das ebenfalls zu den Carotinoiden gehört und in seiner Struktur dem β-Carotin ähnelt. Es ist reich an Elektronen, wird von den Lichtsammlerkomplexen in die Membranwand eingebaut und muss durch Kochprozesse daraus gelöst werden. Damit ist auch klar, warum der Anteil des Lycopins mit der Kochzeit steigt. Es werden immer mehr Proteine denaturiert und Farbstoffmoleküle freigegeben. Auch Lycopin verwandelt sich während des Kochens in verschiedene *cis*-Formen (5-*cis*-Lycopin, 9-*cis*-Lycopin, 13-*cis*-Lycopin, 15-*cis*-Lycopin, wobei die Zahl die Nummer des Kohlenstoffs angibt, bei der die *trans-cis*-Umwandlung geschieht). Wie beim Carotin sind dann die Moleküle nicht mehr linear, sondern abgewinkelt. Im Gegensatz zum β-Carotin ist das allerdings in diesem Fall von Vorteil, denn mit der Anzahl der „Knicke" steigt hier die biologische Aktivität. Der Grund dafür ist wieder in der Physik zu suchen: Die *cis*-Form der Moleküle verhindert eine perfekte Kristallisation der lipophilen Moleküle in der wässrigen Umgebung. Die Moleküle lagern sich daher nicht zu festen, großen Kristallen zusammen, sondern lediglich zu lockeren Strukturen. So bleiben die Moleküle weitgehend separiert und sind biologisch besser verfügbar.

Unter dem Aspekt der Löslichkeit und des Temperaturverhaltens von Farbstoffen ist Rohkost also nicht per se „gesund", sondern sogar „ungesund" und kann nur ein Bestandteil einer genussvollen Ernährung sein. Und in italienischen Küchen stundenlang mit Olivenöl gekochte Tomatensauce ist kein „totgekochtes Essen", sondern eine reichhaltige Quelle für bioverfügbares Lycopin. Apropos Genuss: Ganz nebenbei ist damit die Bedeutung der „klaren Tomatensuppe" gelöst, die immer wieder für Überraschung sorgt, weil sie trotz des intensiven Tomatengeschmacks keine rote Farbe zeigt. Da sich der Farbstoff nur in Fett löst, kann durch einfaches Filtern von pürierten Tomaten in einem Küchentuch ein nahezu transparentes Tomatenwasser gewonnen werden.

ROT UND BLAU – ANTHOCYANE

Auf Anthocyane, die für tiefblaue und tiefrote Farben stehen, trifft man vor allem bei Früchten, man findet sie jedoch auch in einigen Gemüsearten. Die Farbe des Rot-/Blaukrauts wird durch das Anthocyan Cyanidin erzeugt, bei der tiefblauen, fast schwarzen Farbe der Aubergine ist es Delphinidin. Anthocyane sind phenolischen Ursprungs (und gehören grob gesagt zu den Phenolen), sind aber weder geschmacks- noch geruchsaktiv. Wegen ihrer chemischen Struktur ist ihre Farbabsorption stark vom pH-Wert abhängig. Daher schimmert Rotkohl mal blau und Blaukraut mal rot, je nachdem, ob es mit Äpfeln, Wein oder Essig gekocht wird oder ohne. Die starke Farbänderung der Anthocyane in saurer bzw. basischer Umgebung hängt direkt mit ihrer Wasserlöslichkeit und der damit verbundenen pH-Sensitivität zusammen.

SCHÄUMT ES, ODER SCHÄUMT ES NICHT? GEMÜSESCHÄUME BEI FARBIGEM GEMÜSE

Gemüsebrühen schäumen und auch Konfitüre aus farbigen Früchten schäumt beim Aufkochen. Schäumendes deutet stets auf eine große Menge an grenzflächenaktiven Substanzen hin;.zahlreiche pflanzliche Lebensmittel haben viele dieser Stoffe im Gepäck. Ein anschauliches Beispiel ist Ferran Adriàs legendärer Karottenschaum: 2 kg Karotten schälen, an den Enden abschneiden, entsaften und zentrifugieren, den Saft auf 80 °C erwärmen. Nach dem Abkühlen lässt sich mit dem Pürierstab an der Oberfläche des Möhrensaftes ein stabiler, karottiger Schaum erzeugen.

Farbstarke Gemüse wie Möhren, Brokkoli oder Tomaten bringen sehr viel Lecithin über die Zellmembranen sowie Eiweißketten mit grenzflächenaktiver, blockiger Struktur über die Lichtsammelkomplexe mit, sodass sich entsprechend präparierte Flüssigkeiten mühelos aufschäumen lassen. Die Schaumstabilisatoren müssen allerdings durch Hitze „aktiviert" werden, denn dadurch brechen die Cellulosehüllen auf, die Phospholipide der Membran werden hoch beweglich und verschwinden nach und nach aus der Membran. Danach werden die Proteine entfaltet, ihre Gestalt verändert sich und sie geben die Farbstoffmoleküle frei. Sind die Proteine vollständig bei ca. 72 °C denaturiert, sind sie grenzflächenaktiv.

FALSCHE FARBEN: KÄLTESCHÄDEN UND LAGERUNG

Wird Gemüse (und Obst) falsch, nämlich zu kalt gelagert, zeigt es oft außen und innen braune Flecken, denn nicht alle Gemüse müssen nahe 0 °C im Gemüsefach gelagert werden. Tomaten verlieren ihr Aroma, Auberginen werden fleckig. Tatsächlich zeigen sich derartige „Kälteschäden" als enzymatische Bräunung. Die Enzyme sind in der intakten Pflanzenzelle fest in der Zellmembran verankert. Diese Zellmembran ist bei den für die Pflanze üblichen Temperaturen flüssig, d. h. die „Lecithine", also Phospholipide, sind beweglich und können sich in der zweidimensionalen Doppelschicht quasi frei bewegen. Wird die Membran fest, d. h. die Lecithine kristallisieren, wird sie brüchig, die Enzyme können sich befreien und Stellen erreichen, die sie nicht erreichen sollten. Dabei lösen sie die Bräunung aus.

LAGERTEMPERATUREN UND HALTBARKEITEN

Gemüse	Temperatur	Haltbarkeit
Artischocken	0–5	mehrere Tage
Aubergine	15–20	7 Tage
Avocado	15–20 zum Reifen, 4–8 lagern	8 Tage
Bambussprosse	0–5	einige Tage
Blumenkohl mit Laub	0–5	14 Tage
Bohnen (Hülsen)	0–5	1–2 Tage
Bohnen (Kerne)	15–22	jahrelang
Brokkoli (nie zusammen mit Obst!)	0–5	wenige Tage
Brotfrucht	0–5	wenige Tage
Cardy	8–15	mehrere Tage
Chayote	0–5	1–2 Wochen
Chinakohl	8–15	7 Tage
Erbsen	0–5	wenige Tage
Erdmandel (getrocknet)	8–15	2 Jahre
Feldsalat	0–5	wenige Tage
Fenchel	0–5	wenige Tage
Gemüsepaprika	8–15	7 Tage
Grünkohl	0–5	7 Tage
Gurken	8–15	5–7 Tage
Haferwurzel	8–15	3–4 Monate
Kaktusfeige	8–15	wenige Tage
Kartoffel	8–15	1–2 Monate
Kerbelrübe	0–5	7 Tage
Kichererbse (getrocknet)	15–22	jahrelang
Kochbanane	15–22	5 Tage
Kohlrabi	0–5	7 Tage
Kürbis	12–16	3 bis 6 Monate
Lauch	0–5	7 Tage
Linsen (getrocknet)	15–22	jahrelang
Lotoswurzel	0–5	2–3 Wochen
Löwenzahn	0–5	wenige Tage
Mangold	0–5	3–7 Tage
Melone	8–20	1–2 Wochen
Mizuna	0–5	3–5 Tage

Gemüse	Temperatur	Haltbarkeit
Möhren	0–5	8 Tage
Okra	0–5	wenige Tage
Pak Choi	0–5	7 Tage
Papaya	8–20	1–2 Wochen
Pastinaken	0–5	7–14 Tage
Pepino	0–5	3 Wochen
Pilze	8–15	3–5 Tage
Portulak	0–5	3–5 Tage
Rauke, Rucola	0–5	2–5 Tage
Rettich, Radieschen	0–5	7–14 Tage
Rhabarber	0–5	1–2 Wochen
Rosenkohl	0–5	7 Tage
Rote Bete	0–5	1–2 Monate
Rotkohl	0–5	7 Tage
Salat (Blattsalate)	0–5	mehrere Tage
Schwarzwurzel	0–5	wenige Tage
Sellerie	0–5	3–4 Wochen
Senfkohl	0–5	2–3 Tage
Sojabohne (getrocknet)	15–22	jahrelang
Spargel	0–5	4–5 Tage
Spinat	0–5	7 Tage
Speiserübe	0–5	bis zu 7 Tage
Süßkartofel	12–14	einige Wochen
Taro	11–13	10 Tage
Tomate (rot)	8–15	8 Tage
Tomatillo	5–10	7 Tage
Topinambur	0–5	1–2 Wochen
Weißkohl	0–5	7 Tage
Wirsing	0–5	7 Tage
Wurzelpetersilie	0–5	2–3 Wochen
Zichorien	2–5	1–2 Wochen
Zucchini	8–15	7 Tage
Zuckermais	0–5	bis zu 7 Tage
Zwiebeln	8–15	mehrere Wochen

FERMENTIEREN

Was auf der einen Seite des kulinarischen Dreiecks das Garen durch Kochen und Schmoren ist, ist auf der anderen Seite der Prozess der Fermentation. Auch hier entfernt sich das Gemüse schrittweise von seinem Rohzustand und verändert sich in Textur, Aroma und Geschmack.

Fermentation und sauer Einlegen dienen traditionell der Haltbarmachung. Die Unterschiede zwischen beiden Methoden sind gravierend. Bei der Fermentation werden frische (ggf. blanchierte) Lebensmittel Mikroorganismen (meist Lactobakterien) ausgesetzt, die vorhandene Zucker in Milchsäure umwandeln. Dazu schneidet oder hobelt man roh essbare Gemüse in dünne Scheiben, salzt sie und verschweißt sie luftdicht in sous-vide-Garbeuteln. Danach legt man sie im Winter auf die Heizung, im Sommer in den Backofen bei eingeschalteter Beleuchtung, sodass die Temperatur um 30 °C liegt. Nach und nach bläht sich der Beutel auf, es bildet sich das Gärgas Kohlendioxid. Nach sechs bis acht Tagen ist das Gemüse fermentiert und schmeckt wunderbar milchsauer. Während dieses Prozesses wird der pH-Wert so weit gesenkt, dass eine Haltbarkeit erreicht ist. Bei pH-Werten von 4,5 bis 6 können die meisten Keime wie Hefe, Schimmel und Bakterien, die für den Verderb von Lebensmitteln verantwortlich sind, wachsen. Bei pH-Werten unter 4,0 nehmen die Wachstumsraten deutlich ab, mit Ausnahme der Milchsäure, die sich bis zu Werten um 3,0 noch vermehren kann. Ihre Aktivität senkt den pH-Wert weiter, solange Zucker (die enzymatisch in Glucose umgewandelt werden können) vorhanden sind. Schließlich wird die saure Umgebung selbst den Milchsäurebakterien zu unwirtlich, und sie stellen ihre Enzymproduktion ein. Die kritische Phase liegt in der ersten Zeit der Fermentation, wenn der pH-Wert noch über 3,5 liegt und pathogene Keime wachsen können. Das wird durch das beim Fermentieren zugegebene Salz verhindert, denn salztolerante Keime kommen in Lebensmittel (bei hinreichender Hygiene) selten vor. Ein ausreichend hoher Salzgehalt (2 bis 4 Prozent des Gemüsegewichts) ist beim Fermentieren bei Temperaturen um 30 °C ein wichtiger Faktor der Lebensmittelsicherheit.

Eine weitere Möglichkeit der Fermentation ist der Einsatz von Misopasten. Diese pilz- und enzymreichen Pasten erlauben auch einen enzymatischen Abbau von Kohlenhydraten und Proteinen. Nach längerer Fermentationszeit (mehr als 4 Wochen) verändert sich die Struktur merklich.

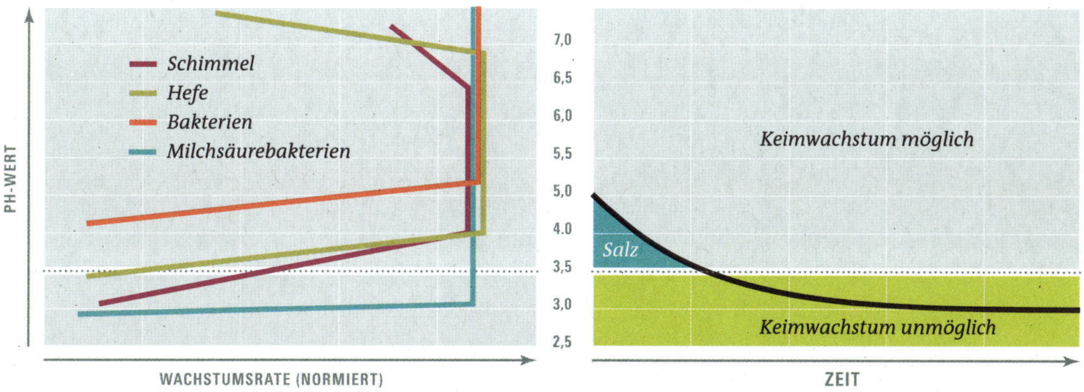

Links: Das Wachstum von Keimen ist stark vom pH-Wert beeinflusst. Die meisten pathogenen Keime vermehren sich bei pH-Werten unter 4,0 deutlich verhaltener. Milchsäurebakterien sind mit die säuretolerantesten Keime im Lebensmittelbereich. Rechts: Das Salz verhindert Keimwachstum in der kritischen Phase, solange der pH-Wert über 3,5 liegt.

Zugleich entstehen Aromen, die an Sojasauce erinnern und für einen weitgehenden Proteinabbau sprechen. Dieses „enzymatische Kochen" ist die Grenze zwischen pseudoroh und vollkommen fermentiert. Trotz der Fermentationstemperatur unter 42 °C treten dann Prozesse auf, wie sie vom Kochen bekannt sind. Bei dieser Mischfermentation von Pilzen, Milchsäurebakterien und Hefen multiplizieren sich Nährstoffe, denen man eine positive gesundheitliche Wirkung zuschreibt.

SAUER EINLEGEN Beim Sauereinlegen kommt die Säure von „außen": Frische (ggf. blanchierte) Lebensmittel werden bei der Zugabe von Säure bei einem pH-Wert von etwa 3 heiß übergossen bzw. eingekocht. Der pH-Wert dieses Suds ist bereits so niedrig, dass eine Fermentation über Vermehrung von Keimen und damit einhergehender Enzymausschüttung nicht mehr in diesem Maße möglich ist. Meist werden einlegte Gemüse sterilisiert. Darüber hinaus werden beim Einmachen Temperaturen über 70 °C erreicht, dabei werden vorhandene Restkeime inaktiviert. Das Einlegen von Gemüse in einen sauren Sud hat daher nichts mit Fermentation zu tun. Beide Präparationen sind zwar „sauer", aber mit unterschiedlichen Säuren. Auch der „Weg zur Säure" ist vollkommen unterschiedlich. Beim Einlegen wird der saure Grundgeschmack durch die zugegebene Säure festgelegt (traditionellerweise Zitronen- und Essigsäure, in der modernen Küche aber auch andere). Diese hat gleichzeitig einen großen Einfluss auf die Textur, Farbentwicklung und den Flavoureindruck. Alle Veränderungen der Lebensmittel (z. B. saure Gurken, Mixed Pickles) werden durch die Inhaltsstoffe der Gemüse, des Suds und der dabei verwendeten Kräuter und Gewürze vorgegeben.

GEMÜSEGRUMMELN IM DARM – FODMAPS

Ein eher unerwünschter Fermentationsprozess von Gemüsen findet bisweilen im Darm statt. Nach dem Genuss von Gemüse (und Obst) wird immer wieder über Blähungen, Darmreizen oder Flatulenzen geklagt, besonders bei Zwiebeln, Knoblauch und Hülsenfrüchten, aber auch bei Topinambur, Sellerie oder Pastinaken. Diese Erscheinungen sind in den wenigsten Fällen auf Allergien oder schwere Unverträglichkeiten zurückzuführen. Eher sind die Ursachen in den Pflanzen und Gemüsen selbst zu suchen – und in der Beschaffenheit der Darmflora von Individuen.

WAS SIND FODMAPS? Neben Proteinen, Fetten und Kohlenhydraten bauen Pflanzen Zucker und Zuckeralkohole ein, die als „Frostschutzmittel" fungieren. Vor allem Wurzelgemüse, bodennah wachsende Gemüse oder Früchte sollen bei Nacht- und Bodenfrost nicht erfrieren. Die „Frostschutz"-Moleküle können längerkettige Zuckermoleküle (Oligosaccharosen) sein, Inulin (Oligofructosen), aber auch Zuckeralkohole wie Sorbitol, Mannitol oder Xylotol, die in Früchten und Gemüse vorkommen. (Letztere werden, zusammen mit Isomalt und Erytritol, auch gern als Zuckeraustauschstoffe zum Süßen genommen.) Diese unterschiedlichen Moleküle werden unter dem Sammelbegriff Fodmaps („fermentable oligo-, di- and monosaccharides and polyols") zusammengefasst. Gemeinsam ist ihnen ihre Resistenz gegenüber Enzymen aus der Bauchspeicheldrüse während der Magen-Darm-Passage.

„FERMENTATION" IM DARM Fodmap-Substanzen können, anders als Stärke, nicht in ihre Einzelbestandteile gespalten werden und müssen erst durch Enzyme aus bestimmten Bakterien der Darmflora „fermentiert" werden. „Fermentation" ist tatsächlich der richtige Begriff, denn der Vorgang im Darm ist vergleichbar mit den Gärprozessen, die ablaufen, wenn Hefe Zucker zu Alkohol + Kohlendioxid (CO_2) oder Milchsäurebakterien Lactose zu Milchsäure und CO_2 fermentieren. Das entstehende Gas kann nicht durch die Darmwand entweichen, sammelt sich an und empfindliche Menschen bekommen „Blähungen". Bei der Vielzahl der Darmbakterien entstehen nicht nur das geruchsfreie CO_2, sondern auch Methan (ClH_4) sowie – durch Reaktionen der Stoffwechselprodukte mit Aminosäuren – Schwefelgase (etwa Schwefelwasserstoff H_2S), die nach „verfaulten

FODMAP-GEHALT IN GEMÜSE

	Oligosaccharide (Fruktane und Galaktane)	**Polyole** (Sorbitol, Mannitol, Xylitol, Maltitol, Erythritol usw.)	**Monosaccharide** (Fruktose)
Hoher FODMAP-Gehalt	Artischocken, Spargel, Rote Rüben, Kohlsprossen, Brokkoli, Kohl, Kraut, Fenchel, Knoblauch, Lauch, Okra, Zwiebeln, Erbsen, Schalotten, Kichererbsen, Linsen, Rote Bohnen, Wassermelone	Wassermelone, Gemüse: Avocado, Karfiol, Pilze, Zuckererbsen	
Niedriger FODMAP-Gehalt	Bambussprossen, Chinakohl, Karotten, Sellerie, Paprika, Mais, Auberginen, Fisolen, Kopfsalat, Schnittlauch, Pastinake, Kürbis, Grün von Frühlingszwiebeln, Tomaten Ersatz für Zwiebel und Knoblauch: aromatisiertes Öl	Honigmelone, Papaya, Cantaloupe-Melonen	Papaya

Eiern" riechen und als „Fäkalgerüche" empfunden werden. Steigt der Druck immer mehr, suchen sich die Gase durch Flatulenz den naheliegenden Ausgang. Gefährlich ist das im Übrigen nicht.

Der bekannteste der Fodmaps dürfte Lactose sein. Vielen Erwachsenen fehlt das Enzym für den direkten Abbau des Milchzuckers und seine Transformation in physiologisch verwertbare Glucose. Bei dieser Personengruppe muss Milchzucker, wie im Joghurt, milchsauer vergoren werden – und zwar im Darm unter Bildung von Gärgasen.

Manche Zucker und Zuckeralkohole haben noch einen zusätzlichen Effekt: Sie wirken unterschiedlich osmotisch, d. h. nimmt die Zuckeralkoholkonzentration im Darm zu, wird Wasser gebunden. Gleichzeitig strömt über Osmose Wasser in den Darm ein, das Stuhlvolumen nimmt zu, die Darmbewegung (Peristaltik) ebenfalls. Solche Polyole können also bei empfindlichen Menschen stuhlfördernd wirken.

WAS TUN? Menschen, die empfindlich auf Fodmaps reagieren, sind mit einer weniger breit gefächerten Darmflora ausgestattet. Für sie gibt es mehrere Möglichkeiten, damit umzugehen: Zum einen können sie die entsprechenden Lebensmittel (siehe Abbildung) meiden. Zum anderen können sie das Gemüse vor dem Verzehr fermentieren. Selbst frische Gemüse wie Gartenbohnen, Stangenbohnen und sogar Kartoffeln, die roh nicht in größeren Mengen essbar sind, lassen sich durch vorheriges Blanchieren, Angaren oder Dämpfen zur Fermentation vorbereiten. Bei der Fermentation von Gemüse (gern auch einmal mit Hefe) werden Fodmaps teilweise abgebaut oder „verdaufähig" aufbereitet, sie werden bekömmlicher. Gleichzeitig werden beim Verzehr säure tolerante Lactobakterien in den Magendarmtrakt eingetragen, wo sie die Darmflora bei der Fermentation weiter unterstützen können, indem sie weitere Enzyme freisetzen.

Und nicht zuletzt verrät die traditionelle Gemüseküche, was hilft: Kohlgerichte werden nicht umsonst oft mit Kümmel versetzt. Im Darm befinden sich Rezeptoren, die Geruchsstoffe erkennen. Allerdings nicht zum „Riechen", sondern sie werden zum Beispiel als „Schalter" zur Freisetzung von Botenstoffen und anderen funktionellen Stoffen eingesetzt, die dann positive Effekte auslösen können. Die Forschung dazu steht erst am Anfang, aber es gibt durchaus Hinweise für derartig physikalisch–chemische/physiologische Kopplungsmechanismen.

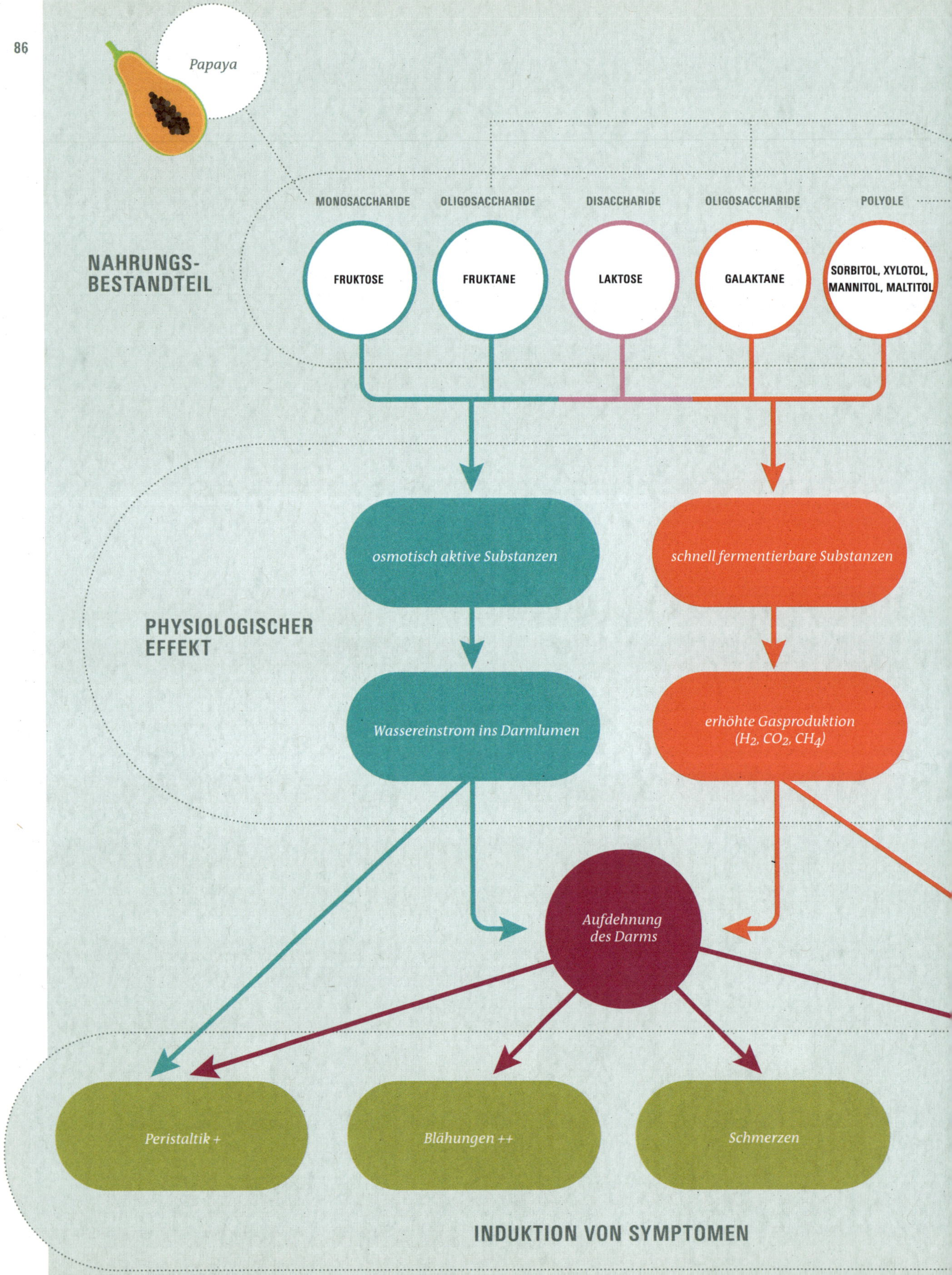
Papaya
MONOSACCHARIDE
OLIGOSACCHARIDE
DISACCHARIDE
OLIGOSACCHARIDE
POLYOLE
NAHRUNGS-BESTANDTEIL
FRUKTOSE
FRUKTANE
LAKTOSE
GALAKTANE
SORBITOL, XYLOTOL, MANNITOL, MALTITOL
osmotisch aktive Substanzen
schnell fermentierbare Substanzen
PHYSIOLOGISCHER EFFEKT
Wassereinstrom ins Darmlumen
erhöhte Gasproduktion (H_2, CO_2, CH_4)
Aufdehnung des Darms
Peristaltik +
Blähungen ++
Schmerzen
INDUKTION VON SYMPTOMEN

FODMAPS

Blähungen bei Gemüse sind in den wenigsten Fällen auf Allergien oder schwere Unverträglichkeiten zurückzuführen. Eher sind die Ursachen in den Pflanzen und Gemüsen selbst zu suchen – und in der Beschaffenheit der Darmflora von Individuen.

Artischocken
Spargel
Rote Bete
Kohlsprossen
Brokkoli
Kohl
Kraut
Fenchel
Lauch
Okra
Zwiebeln
Erbsen
Schalotten
Kichererbsen
Linsen
Rote Bohnen
Wassermelone

Avocado
Blumenkohl
Pilze
Wassermelone
Zuckererbsen

Windabgang

NEUE TECHNIKEN IN DER GEMÜSEKÜCHE

Zurück zur Kultur und zu den Basiszuständen des Kochens. Die konsequente Erweiterung des Begriffs „roh" zu „pseudoroh" – also mit „kulturellen Handlungen" und moderner Küchentechnologie wie sanfte Temperaturerhöhungen, Marinieren, Beizen und Fermentieren unter Kenntnis der molekularen Veränderungen veränderte Lebensmittel –, führt zu einer neuen Kochlandschaft und zu vielen Zwischenstationen auf dem Weg von „roh" nach „gar" und „roh" nach „fermentiert". Das erweiterte „roh" wird damit Teil einer ganz neuen Kochtechnik und Küchenkultur. Vor allem aber bieten „roh" und „pseudoroh" eine Vielzahl von neuen Möglichkeiten einer Geschmacks- und Aromavielfalt, neue Texturen mit bestechendem Mundgefühl und nicht zuletzt neue Ansätze zur Tellergestaltung. Kulinarik bleibt spannender denn je. Einige Beispiele aus dem Bereich moderner Zubereitungstechniken in der Gemüseküche werden auf den folgenden Seiten anschaulich vorgestellt. Zwei weitere sollen hier exemplarisch die Bandbreite des Möglichen aufzeigen.

SPIEL MIT AROMEN: GEFLÄMMTES GEMÜSE UND GEMÜSEASCHE Hohe Temperaturen widersprechen zwar dem Ansatz „Rohkost", schaden aber nicht, wenn sie nur kurzzeitig angewandt werden. Befeuert man Rohkost kurz und punktuell mit einem Gasbrenner, dringt die Hitze nicht ein, sondern röstet die Oberfläche nur am heißesten Punkt der Flamme. Das Gemüse bleibt bis auf wenige „Punkte" roh. Gleichzeitig bilden sich feine Röstaromen, die nicht durch ein Gewürz oder ein Kraut zu erzeugen sind. Derzeit häufig bei Tellern mit rohem Fisch eingesetzt wird geflämmter Rettich, der, in feinen Scheiben platziert, sowohl seinen rohen Duftcharakter mitbringt als auch dezente Röstaromen beifügt. Bei süßem Wurzelgemüse wie Pastinaken, Petersilienwurzel oder Rüben kann diese Methode zur gezielten Karamellisierung eingesetzt werden. Die freien Zucker reagieren beim Abflämmen, es bilden sich feine karamellige Röstaromen.

Das Gegenteil von so dezent geröstetem rohem Gemüse ist das „Verbrennen" oder „Veraschen", das zurzeit modern ist: Wurzelgemüse wie Rote Bete, Rüben, Topinambur, Pastinaken oder auch Zwiebeln und Lauch werden starker Hitze ausgesetzt, dabei verkohlt die Oberfläche völlig, das Innere wird sehr stark mit Röstnoten gewürzt. Je nach Verbrennungsgrad lassen sich diese Aromen sehr gut einstellen. Werden die Gemüse anschließend getrocknet und vermahlen, lässt sich Gemüseasche herstellen, die als Gewürz und „Konservierungsstoff" (Aktivkohle) dient.

SPIEL MIT DER TEXTUR: GEMÜSEGETRÄNKE UND PÜREES Seit dem Siegeszug der „Smoothies", puren oder gemixten Getränken aus frisch pürierten und entsafteten Gemüsen, Nüssen und Früchten, dezent abgeschmeckt mit frischen Kräutern, ist „Rohkost" beliebter denn je. In diesen Getränken sind die Möglichkeiten der Zusammenstellung von Aromen, Cremigkeit und Geschmacksrichtungen praktisch unbegrenzt.

Weniger verbreitet sind an Mayonnaisen erinnernde Rohgemüsepürees. Grundvoraussetzung für Mayonnaisen sind Emulgatoren, sprich: grenzflächenaktive Substanzen, die zwischen wässrigen und öligen Phasen vermitteln und diese von einer Trennung („Gerinnung") abhalten, sodass man eine cremige Textur erhält. Jedes Öltröpfchen ist in einem „Käfig" eingesperrt, der durch die umgebenden Tröpfchen gebildet wird: Die Mayo ist „standfest" und fühlt sich im Mund „fest" an. Erst wenn die anderen Tröpfchen mit „Gewalt" und Bewegung zwischen Zunge und Gaumen verschoben werden, wird der Käfig geöffnet und das eingesperrte Tröpfchen kann sich herausbewegen. Daher wird die Emulsion im Mund unter „Scherbewegungen" (→ Seite 33) flüssiger. Emulgatoren liefern in klassischen Rezepten für Mayonnaise, Remoulade, Aioli oder Rouille meist Eigelb (durch Proteine und Lecithin) oder Eiklar (Proteine). Emulsionen lassen sich jedoch auch durch kleine Partikel stabilisieren, die sich genau an die Grenzfläche zwischen den Öltröpfchen und der wässrigen Phase setzen, dann spricht man von „Pickering Emulsionen", (nach deren

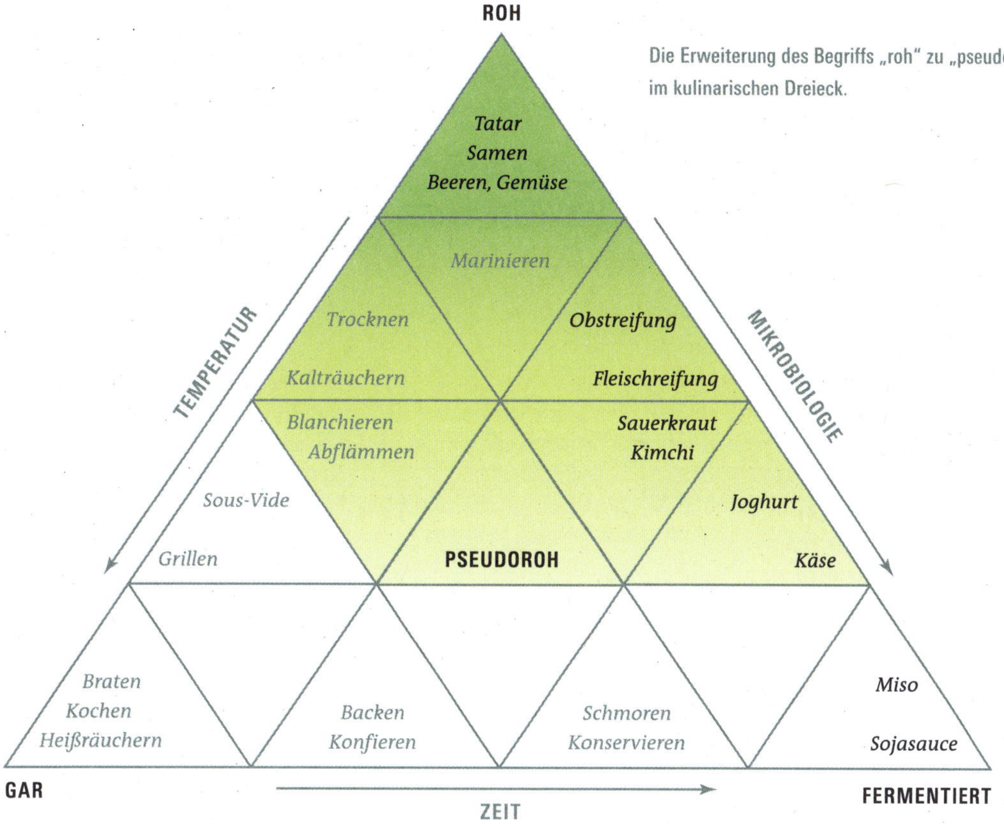

Die Erweiterung des Begriffs „roh" zu „pseudoroh" im kulinarischen Dreieck.

Entdecker S.U. Pickering). In vielen Emulsionen können diese „Stabilisatoren" zusammenwirken. Für eine Gemüse-„Mayonnaise" schneidet man z.B. Tomaten, Gemüsepaprika und Blattgemüse in Stücke, gibt diese mit etwas Wasser (bei Tomaten ohne) in einen Mixbehälter, salzt, versetzt sie je nach Ziel mit Gewürzen und Kräutern und püriert alles mit einem leistungsstarken Stabmixer. Während des Pürierens gibt man Öl dazu, bis die gewünschte „Mayonnaise"-Konsistenz erreicht ist. Dabei entstehen viele stabilisierende und emulgierende Moleküle und Partikel: Zellwandstücke, Hemicellulosen, Zellulosepartikel, Proteine, die Phospholipide der Zellmembran usw. Sie verhelfen ganz ohne zusätzliche Emulgatoren zu stabilen und höchst anspruchsvollen Cremes mit Mayonnaisecharakter. Der kulinarische Vorteil dieser Methode ist evident: In der wässrigen Phase werden alle Geschmacksstoffe gelöst, in den sich bildenden und immer kleiner werdenden Öltröpfchen die meisten Aromen. Beim oralen Prozessieren (→ Seite 33) werden diese äußerst fein verteilten Geschmacksstoffe und Aromen langsam freigegeben und fügen sich zu einem bestechend cremigen, ungewohnten, rohkostartigen Gemüseflavour zusammen.

PROZESSAROMEN AUS DER KÜCHE

Wie gezeigt wurde, bilden sich viele Aromen bereits während des Gemüsewachstums auf dem Feld, sei es nun zur Abwehr von Fraßfeinden, zum Anlocken von Insekten, die Blüten bestäuben, oder aus dem Abbau von Fettsäuren während des Pflanzenmetabolismus. Andere Aromen jedoch sind von Natur aus nicht in den Wurzeln, Blättern, Stielen oder Früchten enthalten, sondern entstehen erst durch deren Zubereitung in der Küche. Drei der wichtigsten Prozesse und die daraus

MODERNE TECHNIKEN IN DER GEMÜSEKÜCHE

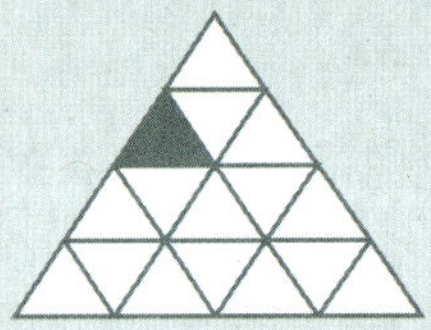

TROCKNEN

Technik: Damit der rohe Charakter der Lebensmittel weitgehend erhalten bleibt, wird Gemüse, meist in Scheiben oder Hälften, bei niedrigen Temperaturen bis maximal 42 °C getrocknet. Der Vorgang kann sehr lang dauern, je nachdem, wie stark das Wasser in den jeweiligen Lebensmitteln gebunden ist.

Zubehör: Neben der klassischen Trocknung in der Sonne oder im Ofen ist der Dehydrator oder Dörrautomat heute fast schon ein allgemeiner Gebrauchsgegenstand. Die Temperatur kann ab 30 °C kontinuierlich geregelt werden. Professionell wird ein Gefriertrockner genutzt.

Aroma und Geschmack: Flüchtige Duftstoffe verschwinden, nicht oder weniger flüchtige konzentrieren sich, der Geschmack ist deutlich intensiver als in frischem Gemüse.

Textur und Farbe: Je nach Lebensmittel und Trocknungszeit lassen sich verschiedene Texturen einstellen, von fleischig bis ledrig, von elastisch bis knusprig.

Haltbarkeit: Getrocknetes Gemüse ist jahrelang haltbar. Fehlt Keimen und Bakterien freies Wasser, ist deren Stoffwechsel nicht möglich und sie sterben ab.

Welches Gemüse eignet sich? Klassischerweise Hülsenfrüchte (Bohnen, Kichererbsen), Pilze und Tomaten, auch probieren: Blumenkohlröschen, Chinakohl, Grünkohl, Gartenbohnen, Gemüsepaprika, Möhren, Pastinaken, Spargel, Topinambur.

Übrigens: Getrocknetes, pseudorohes Obst und Gemüse lässt sich mit anderen Flüssigkeiten wieder rehydrieren. So können zum Beispiel die hohlen Zellräume von gefriergetrockneten Möhren mit frisch gepressten Obst- oder fermentierten Gemüsesäften gefüllt werden, was zu ganz neuen Genüssen führt.

KALT „KOCHEN" DURCH VAKUUMIEREN

Technik: Feines Blattgemüse wird in einen Vakuumierbeutel geschichtet und mit Säure (Zitronensaft, Ume Su, Yuzu, passender Essig) und Salz zusammen vakuumiert. 30 bis 60 Minuten ruhen lassen. Im Vakuum kann das Chlorophyll nicht oxidieren, die Farbe intensiviert sich. Gleichzeitig platzen durch den Unterdruck während des Vakuumierens manche Zellen und setzen Aromen frei.

Zubehör: Vakuumiergerät, am besten ein Kammervakuumierer.

Aroma und Geschmack: Die „rohen" Aromen intensivieren sich, der ursprüngliche rohe Grundgeschmack bleibt deutlich erkennbar.

Textur und Farbe: In der Hand erscheinen die Blätter weicher, zwischen den Zähnen bieten sie nach wie vor ein „rohes" Mundgefühl. Die Farbe von grünem Blattgemüse intensiviert sich, Wurzelgemüsescheiben werden transparenter.

Haltbarkeit: Die Haltbarkeit (vakuumiert) im Kühlschrank bei 0 bis 2 °C beträgt ca. 3 bis 5 Tage.

Welches Gemüse eignet sich? Junger Blattspinat, Rauke, Sprossen, mitunter Wildkräuter, aber auch fein geschnittene Rettiche, Radieschen, Sellerie oder Pilze.

Übrigens: Diese Methode erinnert im Resultat ein wenig an die „Pascalisierung", die Hochdruckbehandlung von Lebensmitteln zur Entkeimung ohne Temperaturerhöhung, auch wenn sich der Druck mit diesem nicht vergleichen lässt.

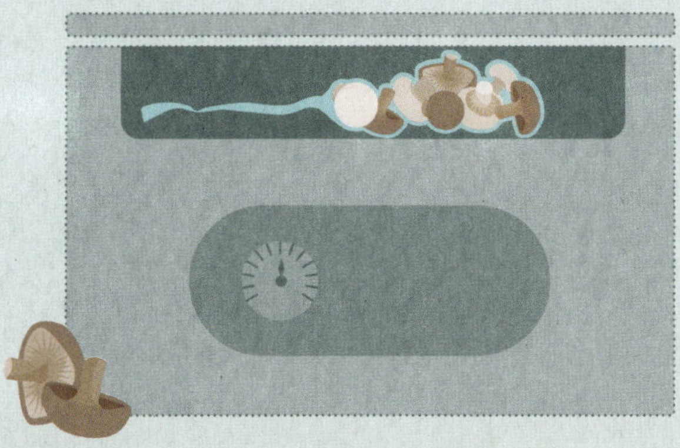

KALTRÄUCHERN

Technik: rohes Gemüse, etwa in Form von Rohkostpüree oder dünnen Scheiben, wird mit kaltem Rauch bedampft. Die Dauer hängt von der gewünschten Intensität ab. Bereits nach 1 Minute zeigen sich deutliche Raucharomen. Bei 3 bis 5 Minuten aus einer Räucherpfeife ergeben sich intensive Raucharomen. Eng verwandt mit dieser Methode ist das kurze Abflämmen.

Zubehör: Räucherpfeife

Aroma und Geschmack: Der Rauch, ein Gemisch aus den Aromen von verglimmendem Holz, Gewürzen, getrockneten Kräutern oder Tees, verleiht Rohkost ein besonderes Aroma.

Textur und Farbe: Die Bedampfung von Lebensmitteln mit kaltem Rauch verändert den rohen Zustand im Inneren der Lebensmittel nicht, Textur und Farbe bleiben gleich.

Haltbarkeit: Das Kalträuchern hat keinen Einfluss auf die Haltbarkeit. (Vom Aufbewahren ist abzuraten: Der Rauch verliert sich, der Effekt ist dahin).

Welches Gemüse eignet sich? Wurzelgemüse wie Pastinaken, Wurzelpetersilie, Sellerie oder Möhren. Einen ganz besonderen Reiz hat kalt geräuchertes Obst, wie Ananas, Datteln, Himbeeren. Deren Säure-Süße-Spiel lässt sich mit den vanilleartigen, mitunter teerigen Raucharomen hervorheben.

Übrigens: Eine ganze Reihe der Raucharomen wirken antioxidativ, vor allem jene des Warmrauchs.

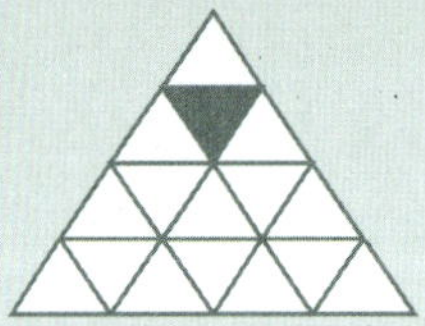

BEIZEN UND MARINIEREN

Technik: Ganzes oder gewürfeltes Gemüse (je nach Größe und Dicke) wird mit Salz und Zucker (2:1 bis 3:1) eingerieben oder in eine Lake gelegt. Diese alt hergebrachte Methode dient einer leichten Entwässerung über osmotische Vorgänge. Sowohl Salz als auch Zucker „entziehen" über den osmotischen Druck den Lebensmitteln Wasser: Salz über dessen Ionen, Zucker über rein dipolare Kräfte, also über dessen Löslichkeit. Eine säuerliche Marinade dient zunächst einer Säuerung als Geschmackskomponente, verändert aber auch die Wechselwirkung zwischen den Aminosäuren. Manche Proteine denaturieren beim Säuern, ihre Gestalt und Struktur verändert sich. Je nach Marinierzeit kann ganzes oder grob geschnittenes Gemüse in ein „Säurebad" gelegt werden.

Zubehör: Töpfe, Säuren, Zucker, Salz

Geschmack und Aroma: Der Geschmack wird durch die Marinade säuerlich. Beim Beizen mit Salz und Zucker (meist 2:1) leicht salzig.

Textur und Farbe: Je nach gewünschtem Endzustand kann über das Zucker-Salz-Verhältnis das Mundgefühl der gebeizten Lebensmittel eingestellt werde.

Haltbarkeit: Die Zubereitungsart hat keine Auswirkungen auf die Haltbarkeit des Gemüses.

Welches Gemüse eignet sich? Melone (Wasser und Zucker!), Spargel, Rhabarber, Papaya, Wurzelgemüse

Übrigens: Geschieht das Beizen im Vakuumbeutel, werden die Effekte beschleunigt. Gleichzeitig erhält man Synergien über das „Kaltgaren". Spannend ist auch Beizen mit Salz, Zucker und Glutamat (1,5:1:0,5). Ein Hauch umami an unerwartetem Stellen ist nicht zu verachten.

KAVITATION UND DRUCKMARINIEREN

Technik: Man gibt geschnittenes Gemüse mit einer Marinade (oder ohne) in einen Sahnesiphon, belädt diesen mit Stickstoffpatronen (N_2O) und stellt ihn kühl. Die Gasmoleküle dringen bis in das Innere des Lebensmittels ein. In der Zellflüssigkeit sammeln sie sich zu Mikrobläschen, die, solange der Druck besteht, harmlos sind. Wird aber das Gas abgelassen, dehnen sich die Bläschen im Innern der Zellen aus, vereinigen sich zu größeren Makrobläschen und platzen. Dadurch werden viele Zellwände aufgesprengt und der Zellinhalt, unter anderem ätherische Öle, geht in das Öl, den Alkohol oder Wasser über (und umgekehrt). Gibt man z.B. Gurken oder Melonenwürfel ohne Marinade in den Siphon, und belädt diesen mit einer CO_2 Kapsel (Soda) und stellt das Ganze 1 bis 2 Stunden kalt, löst sich unter Druck CO_2 in dem Zellwasser der Gemüse und man erhält nach dem Entgasen „prickelndes Gemüse".

Zubehör: Sahnesiphon mit Stickstoff- bzw. Sodapatronen

Geschmack und Aroma: Aromen intensivieren sich. Das Gemüse erhält – je nach Marinade – zusätzliche Aromen. Andersherum erhält man auf diese Weise würzige Gemüseöle, dafür ist es ratsam, das Gemüse möglichst klein zu raspeln und das Öl zu filtern.

Textur und Farbe: Gemüsestücke ohne umgebende Flüssigkeit lassen sich durch diese Methode in der Textur verbessern.

Haltbarkeit: 2 Tage im Siphon im Kühlschrank

Welche Gemüse eignen sich? Lauch, Cocktail(!)tomate, Zuchini, Zwiebel, Melone, Gurke.

Übrigens: Der Prozess findet unter „Schutzgas" statt: Die hohe Konzentration von N_2O verhindert eine weitgehende Oxidation von Vitaminen oder sekundären Pflanzenstoffen während des Lösungsprozess des Gases.

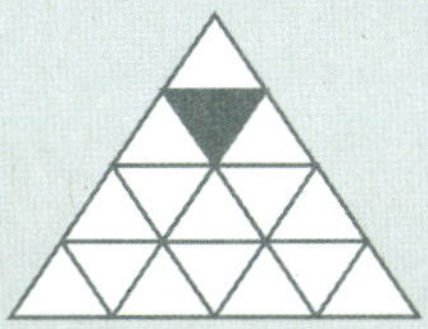

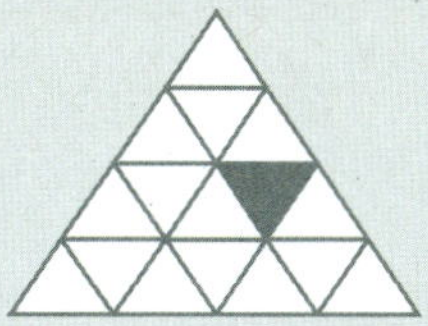

FERMENTATION

Technik: Gemüse wird mit Salz und Wasser (und evtl. Gewürzen) in große Vakuumbeutel gegeben, vakuumiert und an einem warmen (30 °C) Ort gelagert. Nach 6 bis 8 Tagen ist der Gärprozess ausreichend, nach 14 bis 20 Tagen komplett abgeschlossen. Unter Sauerstoffabschluss wird der pH-Wert von Gemüse durch Bildung von Milchsäurebakterien aus in den Lebensmitteln vorhandenen Kohlenhydraten gesenkt. Es bilden sich neue Aromen, der Geschmack wird milchsauer. Um die Gärung effektiv zu gestalten, müssen vorher einige der Pflanzenzellen gequetscht werden, um Enzyme freizusetzen.

Zubehör: Vakuumiergerät

Geschmack und Aroma: Es entsteht ein typisch milchsaurer Geschmack, gleichzeitig bilden sich neue, fermentationstypische Aromen.

Textur und Farbe: Die Struktur und die Textur der Lebensmittel ändern sich über die Veränderung des pH-Werts. Die Textur wird weicher, ohne dass die Gemüse ihren Biss verlieren. Bei den Farben werden vor allem grüne Gemüse blasser. Gemüse mit Anthocyanen veränder die Farbe gemäß dem pH-Wert.

Haltbarkeit: Milchsauer vergorenes Gemüse ist lange haltbar.

Welches Gemüse eignet sich? Milchsäuregärung ist bei allen Gemüsesorten möglich, die auch roh verzehrt werden können. (Grüne Bohnen oder Kartoffelscheiben sollten vorab blanchiert werden.)

Übrigens: Je nach Flüssigkeitszugabe, erhält man eine größere Menge „Fond", der gefiltert als Würzung, in Marinaden oder als „Tee" serviert werden kann. Oder als Startkultur für die nächsten Versuch.

entstehenden Aromen bzw. Geschmacksstoffe sollen hier kurz erläutert werden: die Maillardreaktion und die damit verwandte Karamellisierung – bei beiden bilden sich aus Zuckern röstige Aromen – sowie die Milchsäuregärung, die Säure entstehen lässt.

MAILLARDREAKTION

Die Maillardreaktion ist eine chemische Reaktion, bei der Zucker und Aminosäuren zu Röststoffen reagieren. Dabei entstehen röstige Duftstoffe (aus der Gruppe 8: Heterocyclische Verbindungen) in Speisen, die vorher keine derartigen Aromen aufweisen. In der Küche wird sie vorwiegend mit dem Bräunen beim Anbraten, Grillen und Rösten in Verbindung gebracht. Dazu sind sehr hohe Temperaturen notwendig, das Wasser muss erst einmal ausgetrieben sein, bis eine Bräunung stattfinden kann. Das dauert, wie jeder weiß, der einfache Röstzwiebeln in der Pfanne zubereiten möchte. Solange freies Wasser aus den Pflanzenzellen verdampft, steigt die Temperatur nur wenig über 100 °C. Das „gebundene" Wasser benötigt höhere Temperaturen, damit die Bindungsenergie überwunden wird. Gebundenes Wasser zwischen den Molekülteilen in den Zellwänden um die Zellmembrane sorgt nach wie vor für eine hohe „Wasseraktivität", es ist „Schmiermittel" und Weichmacher zugleich, das Lebensmittel ist noch nicht knusprig (→ Seite 66). Erst bei niedrigen Wassergehalten und -aktivitäten kann eine Bräunung und damit eine Aromabildung einsetzen.

Grundsätzlich sind an einer Maillardreaktion stets Aminosäuren und reduzierende Zucker (etwa die in allen Lebensmitteln vorkommenden Zucker Glucose, Fructose, Galactose, Maltose und Lactose) beteiligt, die unter hohen Temperaturen zu Aromaverbindungen reagieren. Eine ganze Kaskade von unterschiedlichen chemischen Prozessen führt zu einer Vielzahl von Geruchsstoffen. Auf dieser kleinen Molekülskala ist es vollkommen egal, ob es sich um tierische oder pflanzliche Ausgangstoffe handelt. Das erklärt auch, dass in manchen Röstkaffees oder Bratkartoffeln „fleischig" wirkende Aromen zu entdecken sind, in der Fleischkruste ein Anklang an gebackenes Brot zu riechen ist. Typische Maillardstoffe sind in der Grafik zu erkennen.

PH-ABHÄNGIGKEIT DER MAILLARDREAKTION: LAUGENKARTOFFELN UND -KICHERERBSEN Für die optische Bräunung weisen Laugenbrezeln den Weg. Der Teigling wird in Natronlauge getaucht, und die Brezel zeigt eine rasche, gleichmäßige Bräunung, die deutlich dunkler ist als ohne Lauge. Der Grund liegt in dem pH Wert, der durch die Lauge angehoben wird. Die Maillardreaktion läuft bei höherem pH-Wert, den man mit Backpulver oder Haushaltsnatron erzeugen kann, etwas rascher ab. Vorsicht aber vor einer Überdosierung, der alkalische, mitunter seifige Geschmack setzt sich rasch durch. Der Grund liegt in der Chemie: Nur reaktive Gruppen aus Aminosäuren, die keinen „abspaltbaren"/dissoziierbaren Wasserstoff mehr tragen, können sich an der Bräunungsreaktion (chemisch) beteiligen. „Saure" Wasserstoffatome, also Protonen, werden aber leichter abgegeben, wenn sich nicht schon viele Protonen in der Umgebung befinden (→ Säure, Seite 49). In einer sauren Umgebung, bei niedrigem pH-Wert, sind bereits eine große Anzahl von Protonen vorhanden, der Wasserstoff verbleibt daher mit höherer Wahrscheinlichkeit an der Aminogruppe (Strickstoffgruppe), die also der Maillardreaktion nicht so leicht zur Verfügung steht. Erhöht man den pH-Wert durch Zugabe von Natronlauge (siehe Brezel), werden Wasserstoffe in der weniger sauren Umgebung leichter abgegeben und die Aminosäurenreste reagieren mit Glucose zu duftenden Bräunungsstoffen.

Die raschere Bräunung deutet dabei jedoch nicht per se auf eine höhere Aromadichte und Zunahme aller Maillard-relevanten Aromaverbindungen hin. Verschiedene Typen von Geruchsstoffen werden mit steigendem pH-Wert sogar weniger stark gebildet. Untersuchungen an (bereits gekochtem) Fleisch haben gezeigt, dass sich bei höheren pH-Werten z. B. weniger Furane als Pyrazine bilden, während die Entstehung und Veränderung von Fettsäureabbauprodukten sich eher

MAILLARDPRODUKTE

Typische Beispiele für die bei einer Maillardreaktion, etwa in Brot, Bier, Fleisch, Kaffee oder geröstetem Gemüse, entstehenden Produkte sind heterozyklische Moleküle. Über diese Moleküle werden Stickstoff, Schwefel oder Sauerstoff eingeschmuggelt. Der Nase zuliebe.

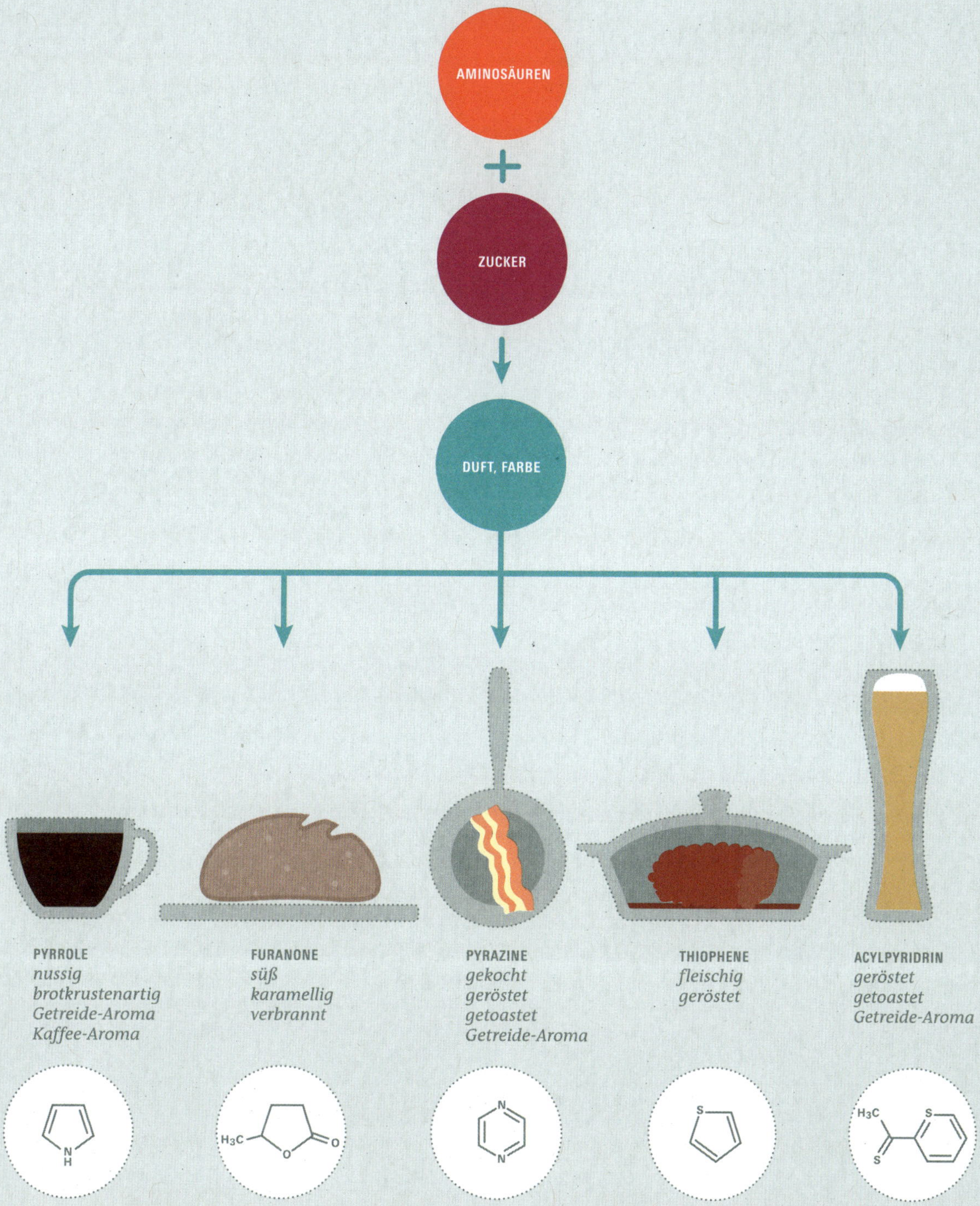

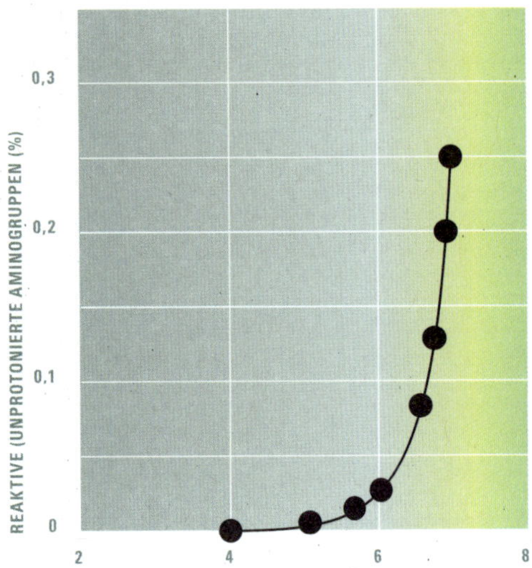

pH-Wert-Abhängigkeit der Maillardreaktion. Die Zahl der reaktiven Gruppen steigt mit zunehmendem pH-Wert. Die Bräunungsreaktion ist deutlich „schneller" und effektiver bei pH-Werten ab pH 7. pH-Werte höher als 8 sind allerdings aus sensorischen und geschmacklichen Gründen nicht ratsam – es schmeckt „seifig".

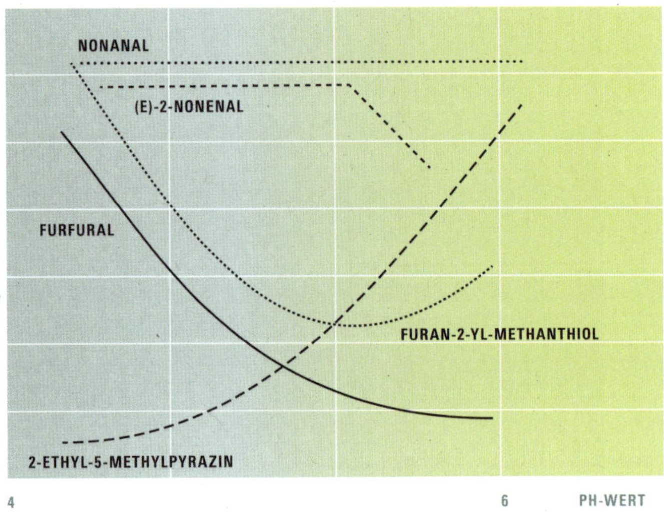

Allerdings bedeutet die raschere Bräunung nicht per se auf eine höhere Aromadichte und Zunahme aller Maillardrelevanten Aromaverbindungen hin. Verschiedene Typen von Geruchsstoffen werden mit steigendem pH-Wert sogar weniger stark gebildet.

unspezifisch verhält. Generelle Regeln gibt es hierfür nicht, doch da auch bei Gemüse alle Proteine aus denselben 20 Aminosäuren bestehen, lässt sich hier ebenfalls die Aromabildung über die pH-Wert-Änderung (Säure oder Natronzugabe) steuern, je nachdem welcher Aromatyp beim Anrösten mehr betont werden soll. Sollten eher fruchtige Noten Bestand haben, ist ein niedriger pH-Wert von Vorteil. Sollen würzig-röstige Gerüche im Vordergrund stehen, gibt man etwas Natron hinzu. Werden z. B. Würfel aus gekochten Kartoffeln oder gekochte Kichererbsen kurz durch heiße Lauge (1 TL Haushaltsnatron in 200 ml Wasser aufkochen oder Brezellauge vom Bäcker verwenden) gezogen und anschließend im Ofen bei hoher Hitze gebacken, zeigt sich nicht nur eine dekorative Farbveränderung, sondern ein wunderbar röstiges Aroma. Die fruchtigen Duftnoten halten sich im Hintergrund, die Röstnoten werden betont.

UNERWÜNSCHTES NEBENPRODUKT: ACRYLAMID Der unvermeidliche Teil jeder Maillardreaktion ist die Bildung des Acrylamid, wenn die Aminosäure Asparaginsäure mit Zuckern reagiert. Kulinarisch hat man nichts davon: kein Aroma, keinen trigeminalen Reiz, erst recht keinen Geschmack.

Unvermeidlich ist sie zum einen, weil sie bereits bei 120 °C entstehen kann, während die Aromabildung erst bei höheren Temperaturen einsetzt, und zum zweiten weil die Aminosäure Asparaginsäure in praktisch jedem Lebensmittelprotein enthalten ist. In Kartoffelproteinen kommt sie häufig vor, daher sind geröstete Kartoffelprodukte wie Bratkartoffeln, Chips oder Rösti immer wieder in Verruf geraten und es wird geraten, Lebensmittel nicht zu stark zu bräunen. Acrylamid steht im Verdacht, Krebs auszulösen.

Die Rationalität hilft aber, Schreckensmeldungen einzuordnen: Seit der Handhabung des Feuers essen Menschen und deren Vorfahren davon, es wird und wurde gebrutzelt, was die

Lebensmittel hergeben, und wer so viel Schwarzverbranntes oder Chips isst, dass die Konzentrationen des Acrylamids gesundheitlich relevant werden, hat ein ganz anderes Problem, nämlich einseitige und schlechte Ernährung.

KARAMELLISIEREN: ZUCKER OHNE AMINOSÄUREN

Ähnliche Aromen aus der Gruppe der Heterocyclen erhält man, wenn Aminosäuren für die Maillardreaktion fehlen. Das einfachste und dennoch lehrreichste Experiment des Karamellisierens ist das Bräunen von reinem Haushaltszucker in der heißen Pfanne. Aus einer süß schmeckenden Substanz wird kurz nach dem Schmelzen eine weniger süße, aber dafür intensiv riechende bräunliche Schmelze, die nach weiterer Erhitzung dunkler wird und bei zu langer Hitzeeinwirkung verbrannte Aromen verströmt und sehr bitter schmeckt. In der hellbraunen Phase entsteht über eine chemische Reaktion ohne Beteiligung von Aminosäuren unter anderem das heterozyklische Molekül **MALTOL**. Es duftet typisch nach Zuckerkaramell und (Getreide-)Malz, das auch von Karamellen und Toffee bekannt ist. Diese Geruchsstoffe treten vornehmlich auch in stärke- und zuckerreichen Gemüsesorten auf. Zu typischen Duftstoffen aus der Karamellisierungsreaktion gehören weiterhin das **FURFURAL**, wie es in den Gemüsen Avocado, Kichererbse, Okra, Rote Bete, Süßkartoffel, Taro und Tomatillo vorhanden ist, oder das **5-METHYLFURFURAL**, das in der Okra zu den Hauptaromen gehört. Nicht zu vergessen ist das **5-HYDROXYMETHYLFURFURAL**, das aufgrund seiner leichten Nachweisbarkeit und Geruchsaktivität zum Nachweis von überhitzten Lebensmitteln (etwa Gemüse- und Fruchtsäften) dient. Zu finden ist es im Duft von Erdmandel, Kartoffel und Rhabarber, sprich: stark kohlenhydratreichen und proteinarmen Lebensmitteln, wenn Zucker dominieren. Sie existieren natürlich neben den klassischen Maillardprodukten, da ein geringer Proteinanteil immer vorhanden ist, aber immer dann, wenn genügend Säure im Spiel ist und der reduzierende Zucker nicht rasch genug einen Partner aus der Maillardreaktion findet, karamellisieren sie und fügen ihren karamellartigen Grundton zu dem Aromaspektrum der brutzelnden Gemüsepfanne hinzu. In Butter karamellisierte Taro sind, wegen des praktisch kaum vorhandenen Proteins, ein typischer Vertreter der einfachen „Karamellküche" mit Gemüse. Auch dieses Beispiel zeigt: Selbst in der einfachen Küche hat jeder Koch, jede Köchin einen großen Teil der Aromatik selbst in der Hand, der Chemie sei Dank.

MILCHSÄUREGÄRUNG

Die Fermentation von Gemüse ist, bis auf Sauerkraut, weitgehend außer Mode gekommen, erfährt aber gerade eine kleine Renaissance durch den asiatischen vergorenen Kohl *Kimchi* – zu Recht, denn neben dem traditionellen Aspekt der Haltbarmachung von Gemüse birgt sie großes aromatisches Potenzial. Im Unterschied zum „Einlegen" oder „Pickeln" wird das Gemüse bei der Fermentation nicht durch den hinzugefügten Gärsud aromatisiert, sondern es entstehen ganz neue

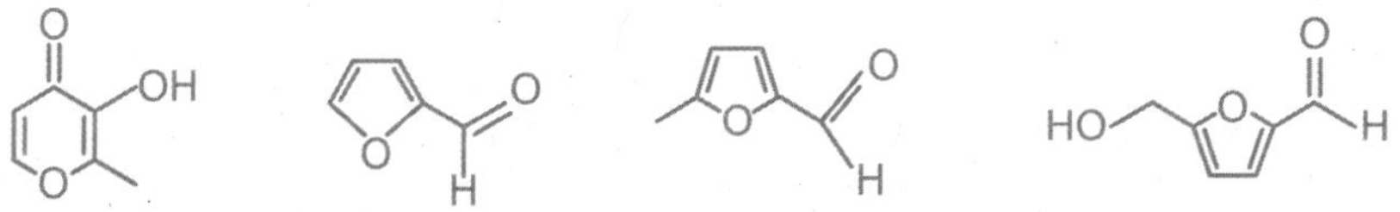

MALTOL (△ karamellig, röstig, □ gebräunter Zucker, ◇ süßlich, marmeladenartig)
FURFURAL (△ süßlich-röstig, brotartig, □ nussig, ◇ karamellig),
5-METHYLFURFURAL (△ röstig, süßlich, karamellig, brotrindenartig, □ kaffeeartig, geröstetes ◇ Getreide, ahornsirupartig)
5-HYDROXYMETHYLFURFURAL (△ röstig, fettig, butterig, karamellig, □ herbal, heuartig, ◇ tabakartig)

Aromen. Typische Wege der Aromabildung aus Zuckern der Gemüse laufen über mehrstufige Prozesse ab. Reduzierende Zucker werden zu Derivaten der Benztraubensäure (Pyruvate) umgebaut, die wiederum Vorstufen der Aromaverbindungen sind. Meist entstehen butterige Aromaverbindungen wie **2,3 BUTANDIOL** mit fruchtigem, cremigem Duft und leicht stechende fruchtige, süßliche Gerüche über **BUTYLACETAT**, die auch in unvergorenem Gemüse, wie Brotfrucht, Grünkohl, Löwenzahn, Melone, Pepino oder Senfkohl zu finden sind.

Neben Sauerkraut und *Kimchi* (→ Weißkohl und Chinakohl) ist Joghurt das Standardbeispiel für die Milchsäuregärung. Dabei entstehen typische Aromen aus den Gruppen 1 (Aliphatische Kohlenwasserstoffe und Fruchtester), 2 (Schwefel- und Stickstoffverbindungen), 6 (Aromaten) und 8 (Heterocyclen). Diese Gäraromatik führt zu ganz neuen Ideen: Warum nicht einmal Gemüse mit Milch zu einem Gemüsejoghurt vergären? Dazu werden feste und zuckerreiche Wurzelgemüse wie Pastinaken, Karotten oder Sellerie vorgegart (z. B. sous-vide bei 90 °C für zwei bis drei Stunden gedämpft), bis sie weich sind und leicht püriert werden können. Selbst Rotkohl eignet sich dafür. Dieses sehr feine Gemüsepüree (30 %) kann kalt mit frischer (Roh-)Milch (3,5 %) versetzt werden (oder, falls gewünscht, noch mit Sahne und Crème fraîche „angefettet"). Unter Zugabe von Joghurt startet die Fermentation, die Milch koaguliert, gleichzeitig werden durch die Zunahme der Milchsäurebakterienkonzentration Stärke und Zucker der Wurzelgemüse umgebaut. Die Resultate bestechen durch ein Gemüse-Joghurt -Aroma, das nicht mit der Vermischung von Gemüsepüree und Joghurt vergleichbar ist. Derart fermentierte Gemüsejoghurts eignen sich gut als herzhafte Tellerelemente oder für raffinierte Komponenten in Desserts.

Als weiteres Experiment für Fortgeschrittene und experimentierfreudige Gemüse-Aficionados sei ein „Kartoffelmiso" empfohlen. Dazu werden gedämpfte Kartoffeln grob zerdrückt, mit 2 bis 4 Gewichtsprozent gesalzen, mit dem japanischen *Koji*-Reis geimpft und an einem warmen Ort sich selbst überlassen. Nach und nach beginnen die Proteasen, Amylasen und Lipasen die Proteine, Stärke und Fette zu spalten. Es entstehen neue Aromastoffe und Geschmacksstoffe. Das Miso wird im Laufe der Zeit immer dunkler, da sich enzymatisch Maillardprodukte bilden, die den dunklen Röststoffen sehr ähnlich und teilweise sogar mit ihnen identisch sind. Der Geschmack wird immer ausgeprägter und entwickelt sich mehr und mehr in Richtung „umami". Wird die Fermentation unter Luftabschluss geführt, kommt eine milchsaure Gärung hinzu, das „Miso" wird sauer. Je nach Gärdauer lassen sich der Geschmack und die Aromen verfolgen. Das so hergestellte Miso lässt sich vielfältig einsetzen, sei es als Tellerelement oder als Würzmittel; selbst als „Senfersatz" leistet es hervorragende Dienste. Dieses Experiment ist angewandte Küchen-

Der universelle Grundprozess jeder Fermentation (grau unterlegt): Egal, wo die Zucker herkommen, es entsteht immer ein Zwischenprodukt „Pyruvat", aus dem Aroma (und Geschmack) hervorgeht.

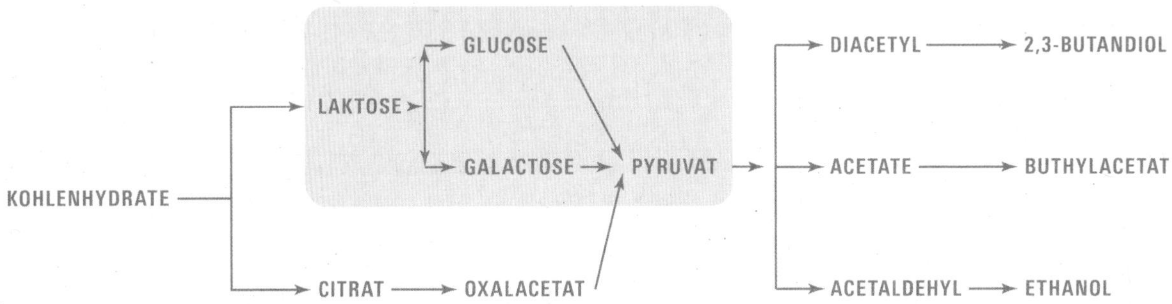

forschung, die sich auf jeden Fall lohnt. Und wer dabei auf die Idee kommt, dasselbe mit gedämpften Perlgraupen durchzuführen, hat die Methode sehr gut verstanden.

„UNECHTE" MILCHSÄUREGÄRUNG: Pickling und saures Einlegen von Gemüse unterscheidet sich grundlegend vom Fermentieren, denn hier werden Säure, Aroma und Geschmack durch die Gärsuds herangetragen. Legt man aber Gemüse statt in Essig- oder Zitronensaft in Milchsäure ein (z. B. mit Molke oder den Suds vergorener Gemüse, wie Sauerkrautsaft), bringt diese über ihren Ursprung der Gärung eigene „fermentierte" Noten ins Spiel, ohne dass fermentiert werden muss. Das Einlegen in Molke eignet sich für süßlich wirkende Gemüse, wie Pastinaken, Silberzwiebeln, Karotten oder Rote Bete.

FOOD-PAIRING UND FOOD-COMPLETING

Gemüse bieten, wie sich gezeigt hat, eine Fülle von Aroma- und Geschmacksstoffen, seien es nun „natürliche" der frisch geernteten Gemüse oder durch Garung oder Gärung in der Küche erzeugte. Die hohe Kunst der Gemüseküche besteht nun – neben all den Möglichkeiten der Zubereitung mit alten oder neuen Techniken – in der Kombination. Was passt wozu? Welche Gemüse harmonieren, welche ergänzen sich reizvoll? Aber auch: Zusammen mit welchen anderen Lebensmitteln und Gewürzen kommen die kulinarischen Vorzüge eines bestimmten Gemüses besonders gut zur Geltung, oder umgekehrt: Welches Gemüse kann ein Gericht effektvoll bereichern?

FOOD-PAIRING

Das sogenannte Food-Pairing, oft fälschlicherweise auch als Flavour-Pairing bezeichnet, geht von der naheliegenden Idee aus, „Gleiches mit Gleichem" zu paaren, sodass es zwischen den Lebensmitteln überlappende Bereiche gibt: dasselbe Molekül in zwei Zutaten oder zwei Düfte, die zumindest der gleichen Gruppe zugeteilt sind. Der gemeinsame Nenner wird verstärkt, die Zutaten harmonieren miteinander.

Bezogen auf das Farbschema dieses Buches bedeutet das: Wenn bei zwei verschiedenen Gewürzen im Lexikonteil (→ ab Seite 117) jeweils dieselbe Farbe aktiv ist, dann steckt in beiden ein sehr ähnlicher Duft – vielleicht sogar dasselbe Molekül. In der Kombination wird das typische Aroma dieser Gruppe verstärkt. Für das Aroma-Pairing ist also nicht nur das einzelne Molekül entscheidend, sondern die Molekülgruppe, da Flüchtigkeit und physikalische Eigenschaften sehr ähnlich sind. Auch die Herkunft der Aromen (Fett, Aminosäuren, Phenole, Farbstoffe, Abwehr ...) ist dabei ein wichtiger Gesichtspunkt, da sich diese in bestimmten Gruppenzugehörigkeiten niederschlägt.

Ein praktisches Beispiel des klassischen Aroma-Pairings wäre etwa eine Konstruktion von Gurke, Wassermelone, Borretsch, rohem Fisch und Olivenöl. Die dort definitiv gemeinsame Aromaverbindung ist das zu den fundamentalen Protagonisten zählende **(E,Z)-NONA-2,6-DIENAL** (auch Gurken- oder Veilchenaldehyd genannt), dessen Duftattribut als gurkenartig, grasig, grün und wachsig beschrieben wird. Damit lässt sich ein – ganz im Sinne der herkömmlichen Definition des Aroma-Pairings – harmonischer Teller konstruieren. Tatsächlich kommen diese grünen, fettigen, wachsigen, mitunter fruchtigen Aromen in vielen verschiedenen Lebensmitteln vor.

Allerdings bleibt der Genuss des Tellers immer ein wenig eintönig. Es fehlt der Kontrast, der normalerweise über Gewürze, unterschiedliche Grundgeschmacksqualitäten oder eben ganz andere oder anders zubereitete Lebensmittel erreicht wird. Allein das Räuchern des Fischs oder ein scharfes Angrillen der Melone bringt dem ansonsten identischen Teller eine komplett neue Sensorik. Es werden Röstaromen zugefügt. Damit betritt man den spannenderen Bereich des Food-Completings.

FOOD-COMPLETING

Reines Paaren nach gleichen Inhaltsstoffen kann nicht der einzige Weg sein, denn die Erfahrung zeigt, wie schnell man damit an Grenzen stößt. Daher ist es immer eine Alternative, Gewürze mit Duftstoffen aus jeweils anderen Gruppen zu wählen. Hier ergänzen sich die Aromen der Zutaten gegenseitig und füllen gewissermaßen die im jeweiligen Gegenüber vorhandene „Duftlücke" auf. Da dies nicht zwangsläufig eine völlig entgegengesetzte Duftrichtung sein muss, spricht man weniger von Kontrast als vielmehr von Ergänzung, eben von Food-Completing. Erst der Kontrast erzeugt die Spannung. Werden Gemüse gepaart, die aromatisch nichts miteinander zu tun haben, wird der Teller spannend.

Bezogen auf das Farbschema dieses Buches bedeutet das: Wenn zwischen zwei verschiedenen Gemüsen im Lexikonteil wenig bis gar keine farbliche Übereinstimmung herrscht, wird das Duftspektrum durch die Kombination der beiden Elemente erweitert. Fügt man beispielsweise zum obigen „grün" dominierten Gurken-Melonen-Fisch-Teller etwa Paprika mit würzig-grünen Düften, Zwiebeln mit ihrem Schwefelaroma oder harzig-würzig riechende Möhren hinzu, wird es bereits spannender; wird der Lachs geräuchert oder gebraten, verändert sich der Teller komplett über die Röst- oder Raucharomen.

MÖGLICHKEITEN UND GRENZEN

Dieser Ansatz könnte schnell zu dem voreiligen Schluss führen, dass dann alles mit allem kombiniert werden kann: Funktioniert die Kombination zweier oder mehr Zutaten nicht über das Prinzip des Food-Pairings, kommt eben dasjenige des Food-Completings ins Spiel. So einfach ist es aber nicht. Es gibt gewisse Grenzen. Für das Food-Pairing lassen sie sich relativ konkret benennen: Wird die Überlappung zu sehr übertrieben, ist die Gefahr einer einseitigen Überwürzung gegeben. Beim Food-Completing wird es schwieriger. Natürlich sind persönliche Vorlieben entscheidend – was manche als reizvolle Kombination empfinden, geht anderen schon zu weit. Auf dem Papier sind „unmögliche" Aromenkombinationen immer nur Theorie, denn ein Großteil steht und fällt mit den jeweils verwendeten Mengen. Oft wird in der Theorie auch vergessen, den Geschmack der zu kombinierenden Speisen einzurechnen. Ein zunächst unmöglich erscheinendes Paar kann zum Beispiel über einen Vermittler zusammengebracht werden. Entscheidend sind auch die jeweiligen Dosierungen, da die Geruchsaktivitäten der Duftstoffe stark von Textur, Lösungsmittel und Temperatur abhängen.

GESCHMACK UND TEXTUR

Es reicht nicht, ausschließlich auf die Aromen zu starren. Reines Aromapairing ist nichts wert, wenn die geschmackliche Seite und die texturellen Aspekte nicht ausgewogen sind. So zeigt es sich immer wieder, dass ein und dasselbe Aroma das in Zuckerlösung (süß), Säure, Bitterlösung (z. B. Wasser mit etwas Koffein), einer Salzlösung und einer Umamilösung (Wasser mit etwas Glutamat) orthonasal UND retronasal komplett unterschiedlich wirkt. Thymol in einer Bitterlösung wirkt fast abstoßend, während es sich in einer Umamilösung oder Salzlösung wunderbar entfaltet. Es sind tatsächlich molekulare Wechselwirkungen auf der Zunge, die sich dabei bemerkbar machen, siehe das obige Beispiel mit der salzigen und ungesalzenen Gemüsebrühe. Solche thermodynamischen Zusammenhänge werden selbst und den meisten „Sensorikern" nicht bewusst

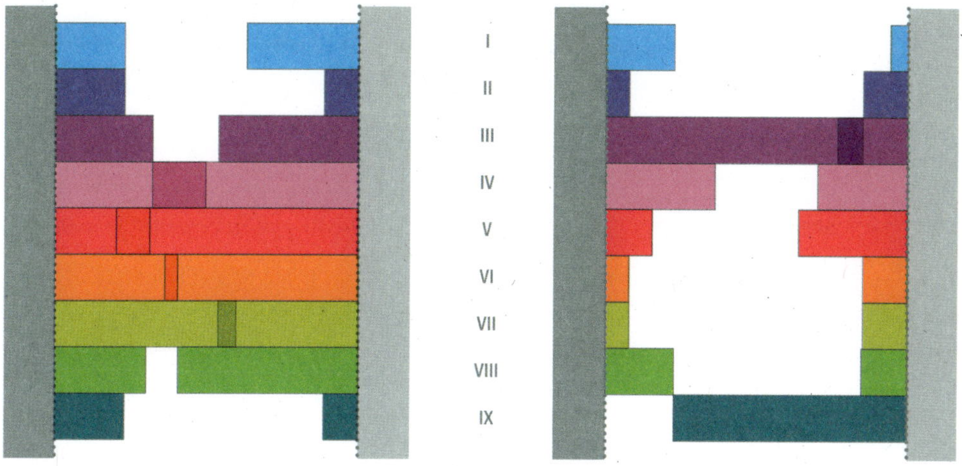

Durch das hypothetische Food-Pairing wird hier ein großer Überlapp in den Gruppen 4 (zitrusartig-herbal), 5 (kampferig-holzig) und 6 (harzig-aromatisch) erreicht. Durch das Food-Completing erzielt man zwar eine Überlappung in der Guppe 3, setzt aber einen vollkommenen Kontrast in der Gruppe 9 (etwa einen trigeminalen Schärfereiz).

wahrgenommen oder nicht verstanden. Erst die molekularen Details schaffen Fakten auf der Zunge, die wir schmecken und retronasal riechen.

Auch die Textur spielt eine entscheidende Rolle, wie schnell erreichen Aromen die orale Kavität und damit retronasal die Riechzellen? Schneller, langsamer oder gleichzeitig wie geschmacksrelevante Moleküle oder Ionen? Schnell wird klar, dass knusprige, brüchige, hochviskose oder semi-solide Formen (ganz abgesehen vom Zubereitungsprozess und der dabei einhergehenden Aromabildung) vollkommen unterschiedliche Flavours entwickeln – allein aus diesen physikalisch-thermodynamischen Eigenschaften.

Was kompliziert klingt, ist aber eine gute Nachricht: Genuss hat kein Ende und die Kombinatorik gibt uns mehr Möglichkeiten, als wir in einem Leben durchspielen können. Das Lexikon (→ ab Seite 117) gibt Zubereitungs- und Kombinationsanregungen für jedes einzelne Gemüse und lädt ein zum Experimentieren. Aber vor allem zum täglichen Selberkochen.

EINE KLEINE GESCHICHTE DES GEMÜSEANBAUS

Ohne die Erfindung des Ackerbaus gäbe es heute kein Gemüse. Und weniger Kultur. Hätten nicht die ersten Steinzeitmenschen zwischen Euphrat und Tigris vermutlich durch Zufall entdeckt, dass man Getreidekörner in die Erde stecken kann, um später weit mehr Getreidekörner zu ernten, hätten diese Jäger und Sammler nicht die Vorteile der Sesshaftigkeit mit Ackerbau und Viehzucht kennengelernt: Dann sähen unsere Landschaften und unsere Zivilisation heute ganz anders aus. Dann gäbe es auch keine Schrift, keine Staaten und auch keine Industrie. Weil dann weniger Notwendigkeit bestanden hätte zu kommunizieren und zu kooperieren. Denn Ackerbau und Viehzucht zu betreiben bedeutet mehr Aufwand als zu jagen und zu sammeln. Man muss planen, vorausschauend agieren und braucht technische Hilfsmittel.
Und ohne Gemüse gäbe es keine Gartenkultur und vermutlich auch keine Geschmackskultur: In Küchen- und Bauerngärten wuchsen und wachsen Kräuter, Obst und immer zahlreichere Gemüsesorten, die züchterisch über Generationen verbessert wurden und werden. Während man dem Gemüse lange Zeit alle Ecken und Kanten und die Bitterstoffe ausgetrieben hat, ist genau das jetzt wieder gewünscht: Weil es näher an der Natur ist und vor allem weil es besser schmeckt. Auch die Kulinarik beginnt im Garten.

GEMÜSE – WAS IST DAS EIGENTLICH?

Will man Gemüse in seiner ganzen Vielfalt erfassen, stellt sich die Frage: Was zählt eigentlich zu „Gemüse" und was nicht? Ist alles „Gemüse", was ich als solches behandle? Ist wild wachsendes „Unkraut" Gemüse, sobald ich es sammle und verzehre? Eine Papaya, wenn ich sie koche? Pilze, wenn ich sie züchte? Zählen Avocados, Brotfrüchte, Rhabarber und Erdbeeren zur Kategorie Obst oder zu Gemüse? Und was ist mit Mais, Reis, Amarant und Quinoa?

Je nachdem, worauf man den Fokus legt, erhält man verschiedene Antworten – aus der Botanik, der Lebensmittelkunde oder schlicht der Tradition. Eine klassische, viel zitierte Definition stammt von Werner Schuphan, dem Gründer der Bundesanstalt für Qualitätsforschung pflanzlicher Erzeugnisse. In seinem 1948 publizierten Buch „Gemüsebau auf ernährungswissenschaftlicher Grundlage" definiert er als Gemüse „alle nicht zum Obst oder zum Getreide zählenden Nahrungspflanzen aus gärtnerischem oder landwirtschaftlichem Anbau – gleichgültig ob Blätter, Knospen, Wurzeln, Knollen, Zwiebeln, Stängel, Sprosse, Blüten, Früchte, Samen oder auch Pilze – welche ganz und ohne Entzug wesentlicher Bestandteile entweder roh, gekocht, konserviert oder sonst wie zubereitet direkt der menschlichen Ernährung dienen." Also sind Kartoffeln Gemüse, Zuckerrüben und Ölfrüchte hingegen nicht, weil bei Letzteren erst entzogene Bestandteile der menschlichen Ernährung dienen. Aber was ist nun der Unterschied zu Obst und Getreide? Und dürfen wir wirklich nur bei angebauten Nutzpflanzen von Gemüse sprechen? Georg Vogel bezieht in seinem „Handbuch des speziellen Gemüseanbaus" (1996) Wildpflanzen explizit in seine Definition ein. Ihm zufolge zählen zu „Gemüse" unabhängig vom gärtnerischen Anbau „essbare Früchte, Blätter, Sprossen, Wurzeln, Knospen, Samen, Blüten, Stiele, Knollen und Zwiebeln von kraut-, strauch- und teilweise baumartigen ein- oder mehrjährigen Pflanzen".

In unserem Buch lehnen wir uns an beide Definitionen an: So tauchen Ölfrüchte und Zuckerrüben hier nicht auf, und von Getreidepflanzen haben wir allein den Mais aufgenommen, weil seine Samen nicht nur zu Mehl verarbeitet, sondern auch als „Gemüse" gegessen werden. Wir behandeln daher nicht die Zubereitung des Maismehls zu Polenta, sondern konzentrieren uns auf die Maiskörner in der Zubereitung als „corn on the cob" oder Popcorn. Dagegen rechnen wir einige noch oder wieder wild wachsende Pflanzen in diesem Buch zu Gemüse, denn nachdem in den letzten Jahrzehnten viele essbare Pflanzen als „Unkraut" von Äckern und aus Gärten verbannt wurden, erleben sie jetzt eine bescheidene Renaissance, wie beispielsweise Gartenmelde oder Portulak zeigen.

Bleibt die Abgrenzung vom Obst. Nach der botanischen Definition gelten Früchte aus bestäubten Blüten als Obst, wie etwa Birnen und Kirschen – aber auch Tomaten, Kürbis und Zucchini (die natürlich in einem Gemüsebuch nicht fehlen dürfen). Die gärtnerische Regel, dass Gemüse im Unterschied zu Obst nur einmal geerntet werden kann, stößt ebenfalls an Grenzen – nämlich bei Ausnahmen wie dem mehrjährigen Rhabarber. Und das immer wieder angeführte Argument, dass Obst meist roh verzehrt, Gemüse gekocht oder anderweitig zubereitet werde, ist am wenigsten stichhaltig: Paprika und viele andere Gemüse isst man ebenfalls roh, Aprikosenkompott wird gekocht. Bei einigen Fruchtgemüsen müsste man kulinarisch sogar zwischen reifen und unreifen Früchten unterscheiden: Reife Papayas isst man roh als „Frucht", unreife kommen traditionell als „Gemüse" in Currys.

Letztendlich ist die Unterscheidung also fließend und oft kulturell bedingt. In manchen Ländern gelten Erdbeeren als Gemüse, in anderen ordnen zumindest die Zollbehörden Rhabarber und sogar Tomaten dem Obst zu. Deshalb haben wir uns entschieden, in diesem Buch im Zweifelsfall eher für Gemüse zu plädieren, um das Gemüse in seiner ganzen Vielfalt zu zeigen.

VON WILDBEUTERN ZU ACKERBAUERN – GEMÜSE IN DER VORGESCHICHTE

Die Geschichte des Gemüses ist Teil unserer Zivilisationsgeschichte. In der Region des „Fruchtbaren Halbmonds", also ungefähr in dem Gebiet der heutigen Osttürkei, Palästinas, Syriens bis zum Irak, nahm die „Neolithische Revolution", der Übergang vom Nomadendasein zur Sesshaftigkeit, ihren Anfang, ein mehrere Jahrtausende dauernder Prozess. Vor mehr als 11 000 Jahren (oder noch früher) wurden hier die ersten Jäger und Sammler sesshaft, begannen Vieh zu domestizieren und dann Ackerbau zu betreiben. Als Nomaden und „Wildbeuter" hatten sich die Menschen bis dahin – und taten es in Europa viele tausend Jahre später immer noch – von Fleisch, Fisch und gesammelten Pflanzen ernährt: wild wachsendem Obst, Gemüse und frischen Kräutern. Diese Mischkost muss durchaus gesund und ausgeglichen gewesen sein, denn archäologische Funde in Skandinavien zeigen, dass die nomadischen Wildbeuter hochgewachsene Menschen waren und sich im Aussehen überraschend wenig von heutigen Nordeuropäern unterschieden. Auf alle Fälle sahen sie ganz anders aus als die gedrungenen Bauern späterer Zeiten, die sich in Europa noch bis zur Neuzeit hauptsächlich von Getreide oder Mais ernährten. Dass sie zu Bauern wurden, hatte vermutlich mit der Klimaerwärmung zu tun.

Die zunehmende Versteppung der Landschaft im Vorderen Orient reduzierte das jagbare Wild und die Menschen waren gezwungen, nach Alternativen zur Sicherstellung der Ernährung zu suchen. Sie begannen, die Natur ihren Bedürfnissen anzupassen. Sie rodeten Wälder, machten das Land fruchtbar, hielten das Wild in eingezäunten Gehegen und begannen zu züchten, sowohl das Wild als auch Pflanzen, zu denen zuerst Getreide und Hülsenfrüchte zählten: Einkorn, Emmer, Gerste und Linsen, später der anspruchsvollere Weizen und weitere Hülsenfrüchte wie Erbse und Lein. Auch Mohn wurde angebaut (vermutlich unter anderem als Droge). Wahrscheinlich wurden ebenfalls einige Obst- und weitere Gemüsesorten aus Wildformen gezüchtet, aber das ist archäologisch nicht nachzuweisen. Auch in anderen Erdteilen fand etwa gleichzeitig der Übergang zur Sesshaftigkeit statt: In China, Indien und Neuguinea dominierten Reis, Hirse und Hülsenfrüchte, im Gebiet des heutigen Mexiko kultivierte man sehr früh Mais, Bohnen und andere Leguminosen sowie Kürbis. Und in den Hochlagen der Anden (Peru) baute man Kartoffeln, Paprika und Tomaten an. Vermutlich kultivierte man damals bereits in tropischen Regionen erste Feld- bzw. Gartenfrüchte wie Kochbananen, Taro, Brotfrüchte und andere, allerdings ohne archäologische Spuren zu hinterlassen.

Kulturtechnisch entscheidend für die Menschen in Mitteleuropa waren die Menschen im Nahen Osten. Im Laufe der Jahrtausende verbreiteten die Völker des „Fruchtbaren Halbmondes" ihre Kenntnisse Richtung Norden. Ab etwa 5700 v. Chr. wanderten die sogenannten Bandkeramiker (man nennt sie so wegen einer bestimmten Art von Keramik, die sie hinterlassen haben) über den Balkan ein, rodeten das fast vollständig von dichten, undurchdringlichen Eichenwäldern bedeckte Land nördlich der Alpen entlang der Donau und drangen über das Rheintal bis ins Pariser Becken vor. Sie kannten zwar den Ackerbau, aber weder Düngung noch Fruchtwechsel

ARCHÄOLOGISCH NACHGEWIESENE GETREIDE- UND GEMÜSEARTEN
Funde aus der Zeit ab ca. 10 000 v. Chr.

VORDERER ORIENT/„FRUCHTBARER HALBMOND"
Einkorn, Emmer, Gerste, Weizen, Linsen, Erbsen, Lein, Mohn, vermutlich Obst und weitere, nicht überlieferte Gemüsesorten

ASIEN (CHINA, INDIEN, NEUGUINEA)
Reis, Hirse, Hülsenfrüchte

AMERIKA (MEXIKO)
Mais, Bohnen, Linsen, Erbsen, Kürbis

AMERIKA (ANDEN, PERU)
Kartoffeln, Paprika, Tomaten

TROPISCHE REGIONEN
(vermutlich, nicht überliefert):
Kochbanen, Taro, Brotfrüchte

ENTWICKLUNG DES ACKERBAUS

Alles begann im Vorderen Orient vor rund 11000 Jahren: Dort wurden die ersten Menschen sesshaft und betrieben Ackerbau und Viehzucht. Diese neue Lebensweise breitete sich dann in den folgenden Jahrtausenden über Kleinasien rund ums Mittelmeer und über den Balkan nach Mitteleuropa bis zu uns aus.

frühester Ackerbau im 9./8. Jahrtausend vor Chr.
Ausbreitung des Ackerbaus im 7./6. Jahrtausend vor Chr.
Ausbreitung des Ackerbaus nach dem 6. Jahrtausend vor Chr.
Ausbreitungsrichtung des Ackerbaus

oder eine Dreifelderwirtschaft, bei der der Boden sich als Brache immer wieder erholen kann. War das Land ausgelaugt, mussten sie weiterziehen, um neue Flächen urbar zu machen. Ob sie auf ihrem Zug die ansässigen Jäger und Sammler verdrängten, sich mit ihnen vermischten oder ob es Parallelgesellschaften gab, ist nicht geklärt. Den Bandkeramikern folgten in den nächsten Jahrtausenden viele andere Völker, die alle bereits Ackerbauern waren. Aber auch sie mussten immer weiterziehen. „Die Barbaren wandern", hieß es noch bei den Römern verächtlich.

GEMÜSEKULTUR IN DER ANTIKE

Die ersten schriftlichen Aufzeichnungen über Ernährungsgewohnheiten und Landwirtschaft sind Bildzeichen auf Tontafeln der Sumerer aus dem Zweistromtal zwischen Euphrat und Tigris aus der Zeit um 3000 v. Chr. und Bilder in Grabkammern der Ägypter ab 3000 bis ins 4. Jahrhundert v. Chr. Beide Völker kannten das Eisen und hatten bereits den Pflug erfunden, die Sumerer auch das Rad. Sie bewässerten ihre Felder und entwickelten agrartechnische Verfahren wie das Dreschen weiter. Die Ägypter kannten den Gartenbau und domestizierten Gemüsesorten wie Lattich, Portulak, Sellerie, Zwiebel oder Melonen. Viele dieser Pflanzen werden auch in der Bibel erwähnt, die in der Zeit der israelitischen Hochkultur entstand (1500 bis 63 v. Chr.).

KULTURPFLANZEN DER ÄGYPTER
(3000 V. CHR. – 4. JH. V. CHR.)
Neben diversen Getreidesorten (Emmer, Einkorn, Weizen, Gerste) und Hülsenfrüchten (Bohnen, Erbsen, Linsen): Lattich, Zichorie, Endivie, Portulak, Mangold, Ampfer, Sellerie, Erdmandel, Zwiebel, Porree, Melonen, Flaschenkürbisse, Luffa. Außerdem Knoblauch, Malven, Kresse, Weintrauben, Datteln, Feigen, Dumpalmnüsse, später auch Äpfel, Granatäpfel und Oliven.

Die Griechen und Römer, die mit diesen Weltregionen Kontakt hatten, kannten ebenfalls viele dieser Kulturpflanzen. Der Grieche Hesiod verfasste um 700 v. Chr. sein Lehrepos „Werke und Tage". Darin lobt er die bäuerliche Arbeit und erwähnt Pflügen und Säen, Mähen, Dreschen und Worfeln. Xenophon, wie Hesiod ein erfahrener Praktiker mit eigenem Landgut, diskutierte im 4. Jahrhundert Themen wie Bodenfruchtbarkeit, Brache, organische Düngung und Unkrautbekämpfung. Ein Schüler von Aristoteles, Theophrast (371–287 v. Chr.), verfasste eine Naturgeschichte der Pflanzen, die sich erstmals von mythisch-metaphysischen Überlegungen verabschiedet und die Landwirtschaft inklusive Gemüseanbau unter rational-praktischen Aspekten beschreibt – wenn man so will, ist dies die Keimzelle der Pflanzenbauwissenschaft in Europa.

Die Römer beschäftigten sich praktisch und theoretisch intensiv mit der Landwirtschaft und dem Gartenbau. Bemerkenswert ist die erste Erwähnung des „geschützten Anbaus" durch Columella. Er beschreibt in „De re rustica" 60 n. Chr. das nächtliche Unterstellen bepflanzter Gefäße unter Dächer und die Abdeckung mit Fensterglas, „damit sie auch an kühleren, klaren Tagen ungefährdet der Sonne ausgesetzt werden können". Das hatte es möglich gemacht, dass Kaiser Tiberius (42 v. Chr. bis 37 n. Chr.) seine geliebten Gurken ganzjährig bekommen konnte. Außerdem kannte Columella bereits Techniken wie die Drainage und organische Düngung mit tierischen Fäkalien und Asche. In ihren Gärten bauten die Römer exotische Früchte an, die sie aus Asien übernommen hatten: Gurken und Melonen. Außerdem betrieben sie höchst effektiv Zucht und Auslese von Kulturpflanzen. „Die römische Landwirtschaft verkörperte damals das höchste Entwicklungsniveau, das es jemals gab. In Mitteleuropa wurde es erst weit nach dem Dreißigjährigen Krieg wieder erreicht", stellt der Kulturpflanzenexperte Thomas Miedaner fest.

So weit waren die Germanen zu der Zeit noch lange nicht! Für unsere Vorfahren war die ganze Landschaft ein Garten, sie legten wie die in landwirtschaftlichen Fragen fortschrittlicheren

Kelten (diese benutzten als Erste in Europa die Sense und den Eisenpflug) keine Gemüsegärten an, bauten nur Getreide, höchstens noch die Ackerbohne an und betrieben ansonsten Milchwirtschaft. Aus Getreide und Bohnen bereiteten sie ein nahrhaftes Mus zu, das sie mit gesammelten Wildkräutern und vermutlich einigem gesammelten Wild-Gemüse anreicherten. Der römische Schriftsteller Tacitus schrieb in „Germania" am Ende des 1. nachchristlichen Jahrhunderts: „Sie [die Germanen] wetteifern nicht in harter Arbeit mit der Üppigkeit und Größe des Bodens, um Obstgärten anzupflanzen, Wiesen abzutrennen, Gärten zu bewässern, einzig Getreide will man vom Boden haben." An solch einen Wettbewerb konnten sie auch nicht denken, denn sie mussten aufgrund ihrer gegenüber den Römern rückständigen Landwirtschaft alle paar Jahre einige Kilometer weiterziehen, um neue Äcker anzulegen, wenn die alten ausgelaugt waren.

KULTURPFLANZEN DER RÖMER

Weizen, Emmer, Hartweizen, Dinkel, Gerste, Bohnen, Erbsen, Kichererbsen u. a. Hülsenfrüchte.

Kohl, Porree, Spargel, Salat, Sellerie, Zwiebeln, Fenchel, Rettich, Zuckermelonen.

Viele Heil- und Gewürzpflanzen.

Oliven, Wein, Datteln, Feigen, Granatäpfel, Aprikosen, Mandeln, Walnüsse, Kirschen, Äpfel, Birnen, Pflaumen, Pfirsiche, selten Zitrusfrüchte.

Die Römer brachten viele Neuerungen in die besetzten Gebiete. Vor allem gründeten sie Städte. Diese Siedlungsformen und die damit einhergehenden Lebens- und Wirtschaftsformen waren den Germanen bis dahin unbekannt. Um eine Stadtbevölkerung versorgen zu können, musste das Umland intensiv für die Erzeugung von Nahrungsmitteln genutzt werden – inklusive organisiertem Gemüseanbau in größerem Maßstab. Die Römer führten die spezialisierte Landwirtschaft ein, etwas ganz anderes als die germanische oder keltische Subsistenzwirtschaft. Außerdem brachten sie zahlreiche Kulturpflanzen mit in den Norden: Wein, Kohl, Rettich, Fenchel, Lattich, Sellerie, Spargel und Senf und viele Obstsorten.

PFLANZENKUNDE IM MITTELALTER – HEILUNG UND NAHRUNG

Nach dem Untergang des römischen Imperiums ging vieles von der antiken Gartenbaukultur in den Wirren der Völkerwanderzeit verloren. Teile der römischen Tradition wurden jedoch in Klöstern bewahrt und gepflegt, besonders bei den Zisterziensern und Benediktinern.

Vorbild für die klösterlichen Gärten im Mittelalter war häufig der Klosterplan von Sankt Gallen aus dem Jahr 816 mit rechteckigen Beeten, die durch Wege getrennt und eingefasst von Buchsbaumhecken waren. So sehen noch heute viele Bauerngärten aus – die es allerdings erst sehr viel später gab. Ab dem 8. Jahrhundert führte man in Mitteleuropa langsam die Dreifelderwirtschaft ein, die bis weit ins 18. Jahrhundert typisch für die Landwirtschaft nicht nur im deutschsprachigen Raum bleiben sollte. Außerdem kolonisierte und rodete man weite Flächen. Das Landschaftsbild, das wir heute kennen, entstand: Wiesen, Äcker und Restbestände der einstmals riesigen Wälder.

Kaiser Karl der Große und sein Sohn Ludwig der Fromme förderten den Gartenbau und die antike Überlieferung im Bereich Landwirtschaft intensiv. Um 800 erschienen im kaiserlichen Auftrag die berühmten „Capitulare de villis et curtis imperii". Autoren waren Benediktinermönche. In den „Capitulare" findet sich eine ausführliche Aufstellung von damals bekannten gesundheitsförderlichen

EMPFEHLUNG AUS DEN CAPITULARE

Gemüse, das in den kaiserlichen „Capitulare" von 800 n. Chr. zum Anbau empfohlen wird:

Amarant (Aufsteigender Fuchsschwanz), Augenbohne, Dicke Bohne, Erbse, Fenchel, Flaschenkürbis, Gartenmelde, Gurke, Helmbohne, Cardy, Karotte, Kichererbse, Kohl, Kohlrabi, Kuhbohne, Küchenzwiebel, Lattich, Meerzwiebel, Pastinake, Petersilie, Rauke, Rettich, Sellerie, Schalotte, Schnittmangold, Stoppelrübe, Winterzwiebel, Zuckermelone

GEMÜSE-FASTENSUPPE

nach Hildegard von Bingen (aus Zutaten, die sie in ihren Büchern empfiehlt):

1 l	gesalzenes Wasser
4	Tassen Dinkelkörner
200 g	Möhren (feingewürfelt)
1	Fenchelknolle, klein geschnitten
½	Sellerieknolle, geschält und klein geschnitten
200 g	Dicke Bohnen (eingeweicht)
	Galgant oder Ingwer, geschält
	Quendel oder Thymian, gehackt
	Bertram
	Petersilie, gehackt

Dinkelkörner mit dem Gemüse und den Gewürzen und Kräutern (außer Petersilie) 20 bis 30 Minuten im Salzwasser kochen, mit gehackter Petersilie würzen, abseihen und warm trinken.

Gemüsearten und Kräutern. Außerdem beschrieb die Verordnung die Vorteile der Dreifelderwirtschaft, den Weinbau, die Obstpflege und die Zucht von Haus- und Herdenvieh. Der Erlass sollte die Versorgung des umfangreichen Hofstaates sichern. Erwähnt werden zahlreiche Gemüsearten, wobei oft nicht ganz klar ist, welche genau gemeint waren, weil eine botanische Nomenklatur für Pflanzen noch nicht entwickelt war. Mit Sicherheit werden sie nicht so wohlschmeckend gewesen sein wie unsere heutigen Arten, die seit Jahrhunderten züchterisch verbessert worden sind. Viele Gemüse dürften holzig gewesen sein und bitter geschmeckt haben – wohl mit ein Grund dafür, dass man sie fast ausschließlich zu einem Brei verkocht gegessen hat. Es ist unwahrscheinlich, dass wirklich alle Arten überall im weitläufigen Reich angebaut wurden, das wäre schon rein aus klimatischen Gründen nicht möglich gewesen. Man geht davon aus, dass um 1000 im deutschsprachigen Raum nur Kohl, Karotte, Feldsalat und Portulak weit verbreitet waren. Im 11. und 12. Jahrhundert kamen dann Sellerie, Runkelrübe, Rettich, Petersilie und Pastinake dazu, über die Mauren in Spanien Aubergine und Spinat.

Die Benediktineräbtissin Hildegard von Bingen (1098–1179) veröffentlichte mehrere Bücher rund um Ernährung und Nutzpflanzen. In „De plantis" und „De arboribus" beschreibt sie rund 300 Pflanzenarten in ihrer Bedeutung für die Ernährung und Gesundheit des Menschen. Ob sie wirklich alle aus eigener Anschauung gekannt hat, ist allerdings umstritten.

NEUES AUS DER „NEUEN" WELT

In der Renaissance- und Barockzeit kam es überall in Europa zu einem Aufschwung der Gartenkunst und damit auch des Gemüseanbaus. Der neue Beruf des Gärtners nahm Form an, es wurden die ersten Gärtnerzünfte gegründet. 1530 erschien das erste Buch (eines unbekannten Autors) in deutscher Sprache über Gartenbau: „Lustgärten vnnd pflantzungen Mit wunnsamer zyerd, artlicher vund feltzamer verimpffung allerhand Beum, Kreutter (etc.)", gedruckt von Haynrich Stayner, Augsburg. Es begann das moderne Zeitalter des organisierten gärtnerischen Gemüsebaus in Europa. Zugleich brachte die Entdeckung Amerikas ab 1492 zahlreiche neue Gemüsearten nach Europa. 1508 erschien die erste Abbildung eines Kürbisses in Frankreich. Bis dahin hatte man in Europa nur den kulinarisch eher uninteressanten Flaschenkürbis gekannt. 1516 wurden die ersten Tomaten dem interessierten Fachpublikum vorgestellt, 1543 die ersten Paprika und die ersten Gartenbohnen beschrieben (bislang kannte man nur die Ackerbohnen, die botanisch etwas anderes sind), 1570 wurde die Kartoffel in Spanien eingeführt. Der Vorteil all dieser Pflanzen aus der „neuen Welt" war: Es waren alles schon züchterisch stark verbesserte Kulturpflanzen. Die indigene Bevölkerung Mittel- und Südamerikas hatte mehr Wildpflanzen kultiviert und für die Ernährung nutzbar gemacht als jede andere Kultur der Welt:

ERSTE EMPFEHLUNGEN FÜR DEN GARTENBAU

aus dem deutschen Buch „Lustgärten und Pflanzungen", 1530

„Je garten werden wol gebessert wann du mitt Hende und kleinem hecklein die unkreütter ausreust zu dickern mal [dreimal?], das sie dem gaten [Garten] nicht schaden bryngen. Ein grosser schad ist den garten vil zu gon [gehen] über die samen unnd nemlich wann der boden weych ist. Wann der garten boden zu letrecht [lehmig?] ist so meng yn mit sand oder mit wol zeyttigem [frischem] mist und laß yn zum dickern mal [dreimal?] graben. Wann er aber zu sandig ist also das die feuchttigkeyt bald verschwindet so misch ynen mit leth [Lehm] oder mit mist."

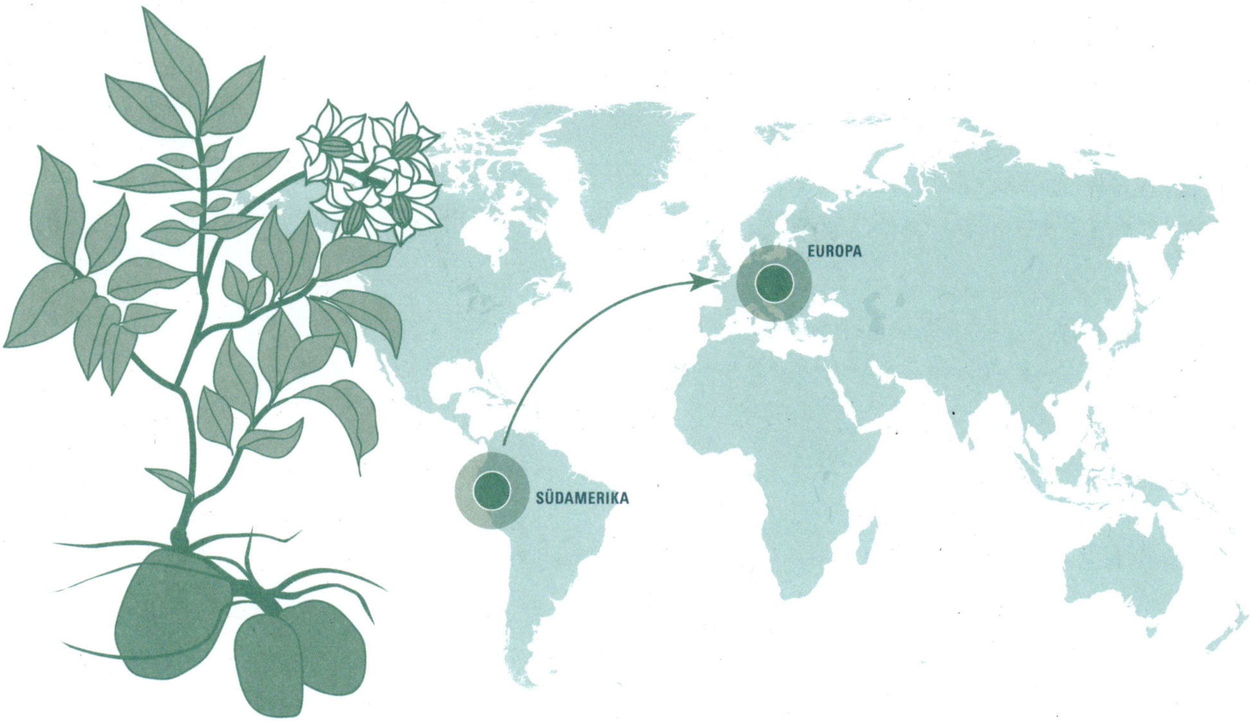

Die ältesten Funde wilder Kartoffeln stammen vom Titicacasee in Peru aus dem letzten vorchristlichen Jahrhundert, kultiviert hat man sie dort und im chilenischen Tiefland aber schon viel früher: Archäologen datieren sie auf bis zu 8000 Jahre v. Chr. Kolumbus brachte sie nach Europa, Deutschland erreicht sie im 16. Jahrhundert.
Kartoffelrezept von 1581: „Erdeppfel: schel und schneidt sie klein / quell sie in Wasser / und druck es wol auß durch ein Härin Tuch / hack sie klein / und rös sie in Speck / der klein geschnitten ist / nim ein wenig Milch darunter / und laß damit sieden / so wirt es gut und wolgeschmack." (Ingrid Haslinger: Es möge Erdäpfel regnen – eine Kulturgeschichte der Kartoffel)

rund 120 Pflanzenarten, von denen 30 bis 40 überregionale Bedeutung erlangten. Drei zählen heute zu den wichtigsten Kulturpflanzen weltweit: Mais, Kartoffel und Maniok (Yuca). Ihr Nachteil allerdings war: Sie mussten erst an die europäischen Klimaverhältnisse züchterisch angepasst werden und man musste lernen, wie man sie zubereitet, was z. B. im Fall der Tomate oder der Kartoffel zu vielen Missverständnissen führte.

So war die Verbreitung und Durchsetzung der Kartoffel in vielen Ländern ein von oben angeordneter politischer Akt, weil man erkannt hatte, dass sie einfacher anzubauen und nahrhafter waren als Getreide. Man hatte ausgerechnet, dass sich auf einer englischen Quadratmeile 1 000 Menschen von Fleisch, 8000 von Getreide und 12 000 von Kartoffeln ernähren konnten. Allerdings führte diese Politik vor allem in Irland wiederum zu einer sehr einseitigen Ernährung: Eine Familie von fünf bis sechs Personen soll dort Ende des 18. Jahrhunderts 130 bis 260 kg Kartoffeln in der Woche verbraucht haben –inklusive der Fütterung des Viehs, das jedoch bei armen Leuten nicht sehr zahlreich gewesen sein dürfte. Die nahrhafte Kartoffel führte auf der irischen Insel zunächst zu einer Bevölkerungsexplosion. Irland war damals so dicht besiedelt wie heute China. Als aber Mitte des 19. Jahrhunderts die Kraut- und Knollenfäule ausbrach und sechs Ernten hintereinander vernichtete, kam es zu einer furchtbaren Hungersnot und dem Zusammenbruch der Wirtschaft. Millionen von Iren starben oder waren gezwungen, nach Amerika auszuwandern.

FENCHEL Mittelmeerraum/ Vorderasien (Antike)
→ Mönche in Mitteleuropa (MA)
→ Italien erste Züchtungen (19. Jh.)
→ Deutschland (1970er)
FELDSALAT Sardinien/Sizilien (Antike)
→ England (16. Jh.)
AVOCADO Mittelamerika (ca. 2000 v. Chr.)
→ Kolumbus nach Spanien (15. Jh.)
KÜRBIS Mittelamerika (10000 v. Chr.)
→ Kolumbus nach Europa (15./16. Jh)
Maria Theresia fördert Anbau (18. Jh.)
→ Comeback in Europa (20. Jh.)
WASSERMELONE Westafrika
→ Ägypten (5000 v. Chr.)
→ Orient / östl. Mittelmeerraum, China
→ Südeuropa (16. Jh.)
ZUCKERMELONEN Westafrika / Südasien
→ Ägypten (Pharaonenzeit)
→ Rom (Antike)
→ Kolumbus nach Amerika (15./16. Jh.)
KARTOFFEL Peru/Chile (8000 v. Chr / 1. Jh. v. Chr.)
→ Kolumbus u.a. Spanien (16. Jh.)
→ Italien
→ Deutschland (16. Jh.)
→ England (17. Jh.)
→ Nordamerika (18.–20. Jh.)
PAPRIKA Südamerika
→ Kolumbus Europa (15. Jh)
→ Ungarn (17. Jh)
→ Ungarn ohne Capsaicin (19. Jh.)
RETTICH Ägypten (Pharaonenzeit)
→ Rom (Antike)
→ Europa (MA)
LINSE Ägypten (8000 v. Chr.)
→ Griechenland (7000 v. Chr.)
→ Rom (300 v. Chr.)
→ Europa (MA)
→ Deutschland Comeback (20. Jh.)

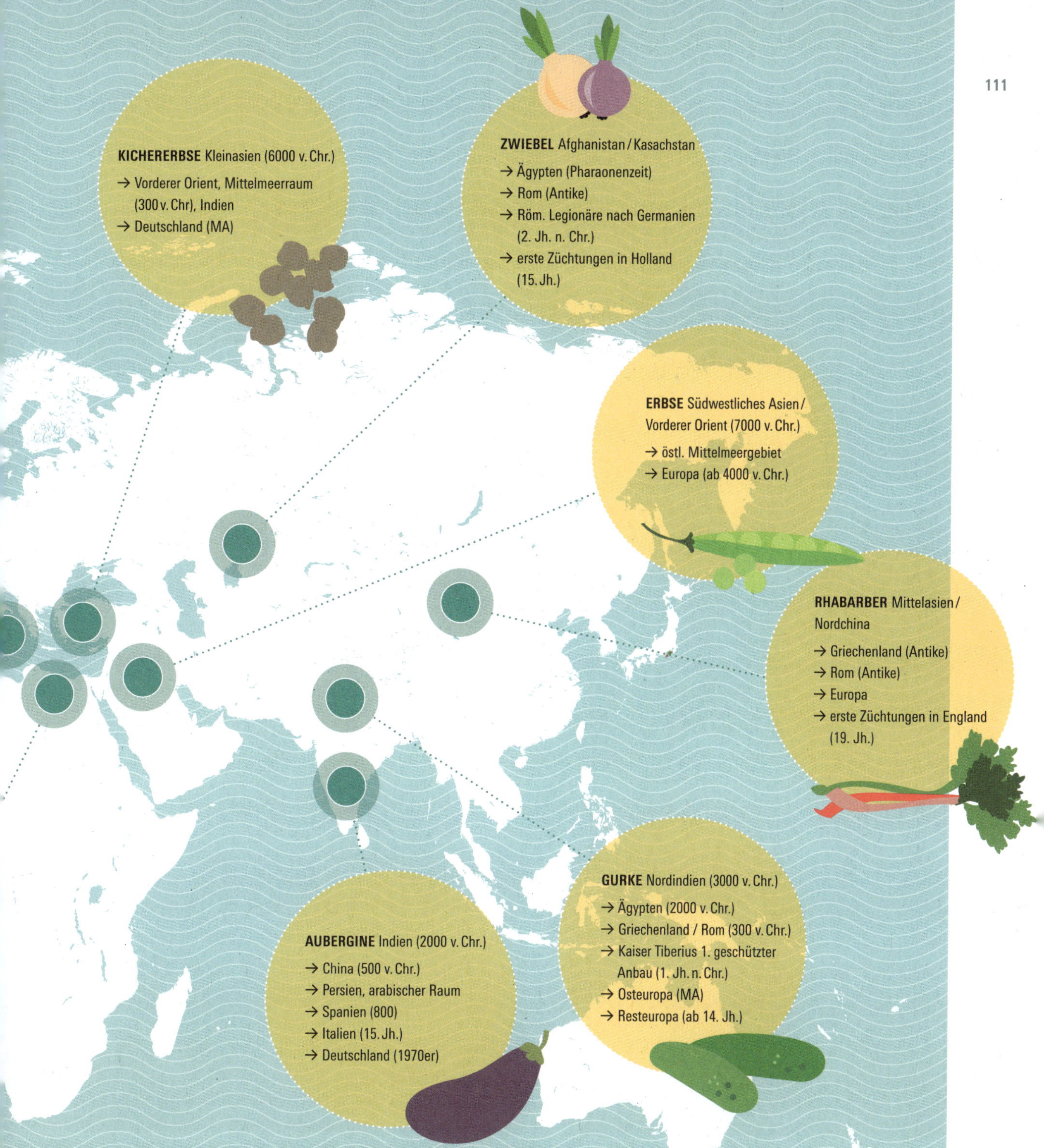

DER WEG DES GEMÜSES

Die Karte zeigt die Herkunft wichtiger Gemüsesorten und wann sie von ihrem Ursprung über welche Weltregionen weiterverbreitet wurden.

PFLANZENZUCHT VON DER NEUZEIT BIS HEUTE

Katastrophen wie die Kartoffelmissernten in Irland führten dazu, dass man sich intensiver und wissenschaftlich mit der Landwirtschaft, dem Gartenbau und der Zucht von widerstandsfähigeren, schädlingsresistenten und noch ertragreicheren Nutzpflanzen beschäftigte. 1796 beschrieben der holländische Arzt Ian Ingenhousz und der Schweizer Naturforscher Nicolas-Théodore de Saussure erstmals die Photosynthese und Atmung bei Pflanzen, 1806 entdeckte de Saussure die Mineralstoffernährung. Der norddeutsche Agrarwissenschaftler Philipp Carl Sprengel (1787–1859) entwickelte eine Mineralstoff-Theorie und eine darauf fußende Düngelehre, Justus von Liebig (1803–1873) begründete zeitgleich die organische Chemie und gilt als Erfinder des Phosphatdüngers. In der zweiten Hälfte des 19. Jahrhunderts setzte man erstmals chemischen Pflanzenschutz ein und die Landwirtschaft wurde zunehmend mechanisiert und rationalisiert.

Es entstanden Manufakturen mit vorindustrieller Produktion, Großbäckereien und andere Lebensmittel verarbeitende Betriebe beispielsweise für Sauerkraut oder eingelegte Gurken. Bestimmte Regionen spezialisierten sich auf bestimmte Sorten: Hopfen, Spargel, Wein, Obst, Tabak, Gurken, Kohl („Filderkraut" im Raum Stuttgart) oder Zuckerrüben. Die Transportmöglichkeiten verbesserten sich zusehends, vor allem dank der neuen Eisenbahn.

Nun lag erstmals die Weiterentwicklung der Nutzpflanzen nicht mehr allein in den Händen der Bauern. Man begann gezielt zu züchten. Um 1780 kreuzte man verschiedene Landsorten von Kartoffeln, 1786 selektierte F.C. Achard die ersten zuckerreichen Rüben und züchtete schließlich die „Weiße Schlesische Zuckerrübe", die die Grundlage für die bald florierende industrielle Erzeugung von Zucker aus Rüben wurde. Innerhalb von nur 100 Jahren konnte durch geschickte Auslese der Zuckergehalt der (Zucker-)Rübe von 2 auf 15 Prozent gesteigert werden. In England begann man 1790 mit kontrollierten Züchtungen von Mark- und Palerbsen. Der Augustinermönch Gregor Mendel erforschte in Brünn ebenfalls an Erbsen die später nach ihm benannten Regeln der Vererbung und veröffentlichte sie 1866. Zum Durchbruch seiner Gesetze bei den Züchtern in Europa kam es allerdings erst um 1900, als verschiedene Botaniker unabhängig voneinander Mendels Regeln wiederentdeckten und erfolgreich verbreiteten.

Im 19. Jahrhundert etablierten sich die ersten professionellen Pflanzenzüchter. Vor allem Frankreich und Deutschland wurden zu Zentren der Gemüsezucht. Ihre optimierten Pflanzen wurden in ganz Europa und den USA gehandelt.

HYBRIDE UND GENTECHNIK – HOHE ERTRÄGE MIT MONOKULTUREN

1909 gab es in den USA erste Versuche zur Hybridzüchtung von Mais. 1937 entdeckten die US-amerikanischen Forscher Blakeslee und Avery, dass man mit dem Zellgift der Herbstzeitlosen (Colchizin) eine Verdopplung der Chromosomensätze in Pflanzenzellen erreichen konnte: Erstmals konnte der Mensch in das Erbgut von Pflanzen eingreifen und so gezielte Mutationen herbeiführen. Beides stellte die Züchtung von Kulturpflanzen vor ganz neue Möglichkeiten.

1940 begann man in den USA mit der Hybridzüchtung von Zuckerrüben. 1956 konnte man in Europa die ersten Maishybriden kaufen und pflanzen. Bis dahin waren alle gezüchteten und angebauten Kulturpflanzen samenfest und offen abblühend: Jeder konnte seine eigenen Pflanzen nach Gutdünken vermehren, jede neu ausgesäte Pflanze ähnelte der vorhergehenden im Großen und Ganzen. Das änderte sich jetzt: Hybridsorten (nach Mendel „F1-Sorten" genannt) sind nicht sortenecht nachbaufähig. Sät man hybrides Saatgut aus, entstehen daraus vielgestaltige Pflanzen, die meist deutlich ertragsärmer sind. F1-Sorten nutzen den sogenannten Heterosiseffekt: Sie werden durch genetisch möglichst unterschiedliche Väter und Mütter gezüchtet. Dadurch kommt es zu einer höchst effektiven Vermischung des Erbmaterials: Die Nachkommen sind in den meisten Fällen um ein Vielfaches vitaler, größer und kräftiger. Man kennt Hybride auch aus dem Tierreich: Der Maulesel hat ein Pferd als Vater und einen Esel als Mutter, beim Maultier ist es umgekehrt. Beide können sich nicht fortpflanzen, sind aber sehr widerstandsfähige, ausdauernde Tiere. In der Landwirtschaft bedeutet das: Der Landwirt bekommt kräftige, ertragreiche Pflanzen, die zur gleichen Zeit keimen, blühen und Früchte ausbilden – ein großer Vorteil für den gewerbsmäßigen Anbau und einer nach Industriemaßstäben funktionierende Landwirtschaft – und im globalen Maßstab eine entscheidende Entwicklung für die Ernährung der Menschheit. Der Nachteil: Hybridpflanzen können sich nicht fortpflanzen. Der Bauer muss jedes Jahr neues Saatgut nachkaufen, das bedeutet ein gutes Geschäft für den Hersteller von Saatgut – und Abhängigkeit der Bauern von Großkonzernen, vor allem in Schwellen- und Entwicklungsländern.

In den 1960er Jahren begann der flächenmäßige Anbau von Hybridsorten auf unseren Äckern, der bis heute andauert. Begleitet wird er vom Einsatz von synthetischen Düngemitteln, Herbiziden und Pestiziden. Das ermöglichte Monokulturen und führte zu einer signifikanten Ertragssteigerung, aber auch zu immer massiveren Umweltproblemen und Erkrankungen bei denen, die diese landwirtschaftlichen Produkte aßen. Heute ist man beim Einsatz von Düngemitteln und Pestiziden etwas zurückhaltender, aber Hybridsorten dominieren dennoch den kommerziellen Anbau: Beim Mais zu 100 Prozent, bei den meisten Gemüsesorten sind nur noch wenige samenfeste im Handel. Seit den 1980er Jahren kaufen sich große Chemiefirmen weltweit in den Saatgutmarkt ein. 2007 verkauften die zehn größten Saatguterzeuger zwei Drittel des weltweit gehandelten Saatguts. Jetzt werden bestimmte Hybridsorten gleich mit dem passenden Pestizid oder Herbizid verkauft – alles mit dem Ziel, die Erträge weiter zu steigern.

1960 wurde die Methode der Protoplastenfusion in der Pflanzenzucht entwickelt. Dabei werden zwei Zellen miteinander verschmolzen, indem man ihre Zellwände zuvor durch Enzyme auflöst. Damit kann man auch Tomaten mit Kartoffeln kreuzen. So fanden gentechnische Methoden Eingang in die Pflanzenzucht. 1972 gelang es zum ersten Mal, einen DNA-Strang in einzelne Teile zu zerlegen. Einzelne Gene können nun isoliert und analysiert werden. 1994 kam in den USA die erste gentechnisch veränderte Gemüsesorte auf den Markt: die „Flavr-Savr-Tomate". 2000 wurde das erste vollständige Pflanzengenom entschlüsselt, 2005 in Deutschland die erste gentechnisch veränderte Maissorte zum Anbau zugelassen.

SAMENECHTE SORTEN – VIELFALT UND AROMAREICHTUM

Seit den 1980er Jahren gibt es – parallel zur zunehmenden „Hybridisierung" der Landwirtschaft – eine stark wachsende Gegenbewegung, die sich für eine ökologische Züchtung einsetzt. Ihr oberstes Ziel ist die nachhaltige Nutzung der natürlichen Ressourcen. Man verzichtet bewusst auf den Eingriff ins Erbgut der Pflanze und entwickelt samenechte neue Sorten, die es den Landwirten ermöglichen, ihr eigenes Saatgut zu produzieren. Ziel der Züchtungen ist es, Pflanzen mit einer natürlichen Reproduktionskraft und einer hohe Vitalität zu bekommen, die fruchtbare Samen hervorbringen und sich einem Standort anpassen können. Allerdings dauert die Entwicklung so einer neuen samenfesten Sorte 10 bis 25 Jahre. Auf der anderen Seite widmen sich die Züchter daher dem Erhalt seltener und „alter" samenfester Sorten. „Alt" bedeutet nicht, dass man Sorten aus dem Mittelalter wieder anbaut. Die ältesten erhaltenen samenechten Sorten lassen sich höchstens bis ins 19. Jahrhundert zurückverfolgen, viele sind bedeutend jünger. „Alt" bedeutet auch nicht „wild", sondern die Züchtung der jeweiligen Sorte ist „alt".

VON GÄRTEN UND ARCHEN

Um seltene und alte Gemüsesorten wieder bekannt zu machen und um neues Saatgut ernten zu können, sind im deutschsprachigen Raum sogenannte Vielfaltgärten entstanden: in der Schweiz etwa der Nutz- und Lustgarten Schloss Wildegg im Aargau, betrieben von ProSpeciesRara mit über 400 verschiedenen Sorten und Arten. Das österreichische Gegenstück ist der Arche-Noah-Schaugarten in Schiltern in der Wachau mit 750 seltenen Gemüse-, Getreide- oder Färberpflanzen. In Deutschland wird im Samengarten in Eichstätten am Kaiserstuhl, der von ProSpeciesRara Deutschland betrieben wird, auf 8 000 qm^2 Saatgut für die Region erzeugt. Auf Spitzbergen, etwa 1 000 Kilometer vom Nordpol entfernt, wurde 2008 eine internationale „Arche Noah" errichtet. Dort deponieren Forscher aus aller Welt das Saatgut der wichtigsten Nutzpflanzen, um es möglichst lange zu konservieren.

Die „Arche des Geschmacks" wiederum ist ein Katalog bzw. ein Warenzeichen, das der weltweit agierende Verein Slow Food ins Leben gerufen hat. Bedrohte Arten und Sorten mit regionaler Bedeutung werden als „Passagiere" in die „Arche" aufgenommen. Schwerpunkt der Arbeit ist das Sammeln, Beschreiben und Erhalten ausgewählter Tiere und Pflanzen. Und das ist keinesfalls eine trocken-museale Arbeit, sondern eine sehr pragmatische und genussorientierte. Weltweit können so über 1 000 regional wertvolle Lebensmittel, Nutztierrassen und Kulturpflanzen erhalten und von Feinschmeckern zubereitet und verzehrt werden – getreu dem Slow-Food-Motto „Essen, was man retten will".

Die Vorteile der „alten" (oder auch neuen) samenfesten Sorten, deren Früchte oder Wurzeln oft weniger schön aussehen und sich schlechter lagern lassen als Hybride, liegen zum einen in ihrer Vielfalt und zum anderen in ihrem Aroma. So tragen sie schlicht durch ihre Existenz zum Erhalt der Biodiversität bei – was in Zeiten, in denen weltweit unzählige Pflanzen und Tiere aussterben, zu einer Überlebensfrage von uns allen geworden ist. Außerdem bedeutet eine große Sortenvarietät, dass man über eine große Palette an verschiedenen pflanzlichen Eigenschaften eines Gemüses verfügt, die man für Züchtungen neuer Sorten z. B. mit größerer Krankheits- oder Trockenheitsresistenz nutzen kann. Und man hat festgestellt, dass alte Gemüsesorten durch ein stärker ausgeprägtes Wurzelsystem und zahlreiche Verzweigungen der Triebe schwankende Wassermengen besser überstehen, man sie also weniger bewässern muss. Darüber hinaus sind sie im nichtkonventionellen, ökologischen Anbau ohne synthetische Dünge- und Pflanzenschutzmittel oft resistenter gegen Schädlinge und Krankheiten.

Abgesehen von diesen ökologischen und gärtnerischen Vorteilen ist es natürlich auch kulinarisch interessanter, wenn man nicht immer die gleichen Tomaten oder dieselbe Kartoffelsorte isst, sondern in der Küche mit Größe und Farbe, Aroma und Geschmack verschiedener Sorten experimentieren kann. Denn das ist ein weiterer, in der Sicht unseres Buches sogar ein zentraler Pluspunkt alter Sorten: Sie sind nicht nur vielfältiger, sie schmecken und duften auch besser! Ihre Aromen fungieren als natürliche Abwehrkräfte gegen Schädlinge. Das tun sie in hybriden Sorten auch, aber dort legt man eben auf andere Eigenschaften wie Aussehen oder Haltbarkeit mehr Wert. Außerdem müssen Hybride meist schnellen Ertrag liefern, während alte Sorten mehr Zeit zum Reifen haben, also mehr Aroma entwickeln können. Von Salat, Gartenbohnen, Erbsen und Petersilie gibt es überhaupt nur samenfeste Sorten, weil sich hier die Hybridzüchtung entweder züchtungstechnisch als schwer möglich herausgestellt hat oder die Kulturarten kaum Bedeutung im Erwerbsanbau haben.

Immer mehr Menschen in und außerhalb der Landwirtschaft erkennen, dass es nicht nur auf den Ertrag und die einfache maschinelle Verarbeitung von möglichst gleich aussehenden Pflanzen ankommt, sondern letztendlich doch auf das Aroma, den Geschmack und die Vielfalt. Alte, oft regional verankerte Gemüsesorten passen gut zur bei uns gerade populären regionalen Küche. Und in jeder Frucht steckt ein anderes Aroma – je nachdem, ob sie wie etwa bei den Tomaten gelb, braun, rot, schwarz, gestreift, geriffelt oder pflaumenförmig ist. Dieser Variantenreichtum, der sich mittlerweile sogar in den Supermarktregalen zeigt, ist keine Erfindung von Marketingstrategen, sondern uralt. In unserem Buch versuchen wir, einen kleinen Eindruck von der Sortenvielfalt der verschiedenen Gemüsearten zu geben. Sorten, die sich aromatisch, optisch oder aus anderen Gründen für den kulinarischen Einsatz besonders auszeichnen oder für den Anbau im eigenen Garten eignen, stehen dabei im Vordergrund.

Der Renaissance der alten Sorten und der Biodiversität in unseren Gärten und langsam auch wieder auf den Äckern und in den kommerziell betriebenen Gewächshäusern kommt die stei-

SO WIRD DAS GEMÜSE GENUTZT

Gemüse wird nach seiner Nutzart „kategorisiert". So zählt etwa die Artischocke zum Blütengemüse, Kohlrabi zum Kohlgemüse oder Radieschen zum Wurzelgemüse. Viele Gemüse können aber von der „Wurzel bis zum Blatt" in der Küche verwendet werden (siehe Gemüse von A bis Z, ab Seite 117).

BLÜTENGEMÜSE
Artischocke, Kürbisblüte, Zucchiniblüte, Brokkoli, Blumenkohl

BLATTGEMÜSE
Blätter: Blattsalat, Feldsalat, Löwenzahn, Mizuna, Portulak, Rucola, Schnittmangold, Spinat, Zichorien

Blattstiele: Cardy, Mangold, Rhabarber, Stangensellerie

FRUCHTGEMÜSE
Nachtschattengewächse: Aubergine, Gemüsepaprika, Tomate, Pepino

Kürbisgewächse: Gurke, Kürbis, Melone, Zucchini

Weitere: Avocado, Brotfrucht, Kaktusfeige, Kochbanane, Papaya

HÜLSENFRÜCHTE
Hülsenfrüchte: Bohne, Erbse, Kichererbse, Linse, Sojabohne

KOHLGEMÜSE
Kopfkohl: Chinakohl, Pak Choi, Rotkohl, Weißkohl, Wirsing, Rosenkohl

Blattrosette/Blätter: Blätterkohl, Grünkohl

Sprossknolle: Kohlrabi

GEWÜRZGEMÜSE
Doldenblütler: Fenchel

ZWIEBELGEMÜSE
Lauchgewächse/Alliaceae: Knoblauch, Lauch, Schalotte, Winterzwiebel, Zwiebel

WURZELGEMÜSE
Verdickte Wurzel/Knolle: Haferwurzel, Kartoffel, Möhre, Pastinake, Schwarzwurzel, Topinambur, Taro, Wurzelpetersilien

Rübe: Kerbelrübe, Knollensellerie, Radieschen, Rettich, Rote Bete, Speiserübe gende Beliebtheit von Gemüse in unseren Küchen entgegen, ebenso wie die Bereitschaft kritischer Verbraucher, etwas mehr für gute Nahrungsmittel auszugeben. Man braucht hier gar nicht den steigenden Anteil der Vegetarier oder gar Veganer in der westlichen Welt zu bemühen. Es reicht schon der Hinweis auf immer mehr Hobbygärtner, sogar in der Großstadt, wo sie sich dem Urban Gardening hingeben – der zeitgemäßen Interpretation des Selbstversorger-Schrebergartens.

GEMÜSEKÜCHE HEUTE – REGIONAL UND INTERNATIONAL

Der hohe Stellenwert, den Gemüse heute in breiteren Bevölkerungsschichten genießt, ist etwas durchaus Neues. Gemüse litt – abgesehen von einigen Ausnahmen und Moden reicher Leute und an adeligen Höfen – bis weit ins 20. Jahrhundert unter einem miserablen Image. Es galt als das Los derer, die sich nichts „Besseres", sprich: Fleisch, leisten konnten. Und bei den Ärmeren haftete dem Gemüse jenseits der Hülsenfrüchte, vor allem dem Blattgemüse, der Ruf an, nicht nahrhaft zu sein: Tatsächlich sättigt es ja im Unterschied zu Getreide nicht – zumindest nicht in diesem Maße (was jeder weiß, der einmal eine gemüsebasierte Diät gemacht hat). Deshalb blieb es auch das Stiefkind der Gastronomie und fristete bis ins 20. Jahrhundert ein Dasein als Beilage, höchstens war es Zwischengang oder geduldete, wenigstens farbenfrohe Garnitur der Fleisch- und Fischgänge. Grimod de La Reynière, Autor des „Almanach des Gourmands", schrieb 1803: „Denn ein Mann, der wirklich des Titels eines Feinschmeckers würdig ist, betrachtet Gemüse und Obst immer nur als Mittel zum Zähnereinigen und Mundspülen, nicht aber als Erzeugnisse, die befähigt wären, einen starken Appetit zu stillen."

Das hat sich entscheidend geändert. Nicht nur Flexitarier (also Menschen, die nur ab und zu tierische Erzeugnisse essen) und nicht nur Eltern (die schon immer ihre Kinder zu mehr Obst und Gemüse überreden wollten) sehen das genau umgekehrt: Für viele Spitzenköche sind mittlerweile Fleisch und Fisch in sehr guter Qualität eine willkommene Ergänzung zu einem ansonsten eher pflanzlich dominierten Gericht.

Aber auch abgesehen von vegetarischen, veganen oder anderen Ernährungsgewohnheiten bereichert Gemüse seit einigen Jahrzehnten unsere Speisekarten auswärts und zu Hause. Mit den Migranten sind neue Gemüsesorten aus dem Mittelmeerraum oder noch weiter entfernten Gegenden zu uns gekommen oder wir haben sie auf unseren Urlaubreisen kennen- und schätzengelernt. Auberginen, Artischocken, Avocados, Süßkartoffeln, Radicchio, Romanesco, Chinakohl oder diverse Asiasalate erfreuen sich mittlerweile im deutschsprachigen Raum großer Beliebtheit, gehören ganz selbstverständlich zu unserem Speiseplan und werden auch nördlich der Alpen kommerziell angebaut. Und unsere heimischen und lange schlecht beleumundeten Sorten wie Kohl, Rüben, Pastinaken, Topinambur oder Schwarzwurzeln erleben eine ganz erstaunliche Renaissance.

Das Angebot an frischem Gemüse im Supermarkt, in Bauernläden, Gartenbaubetrieben und bei Direktvermarktern explodiert geradezu. Auch die Sortenvielfalt nimmt wieder zu oder bleibt zumindest erhalten, weil sie nachgefragt wird. Immer mehr Menschen entdecken die Geschmacksnuancen von unterschiedlichen Kartoffelsorten, verschiedenfarbigen Karotten, Tomaten oder Rüben. Wie man deren Aromen vielfältig in der Küche hervorheben und einsetzen kann, dazu möchte unser Buch auf den folgenden Seiten im Detail einige Hilfestellungen und Ideen liefern.

GEMÜSE A BIS Z

„Gemüse ist das neue Fleisch", heißt es nicht nur unter Vegetariern. Längst ist Gemüse aus dem kulinarischen Dornröschenschlaf erwacht. Alte und neue Karottensorten, wiederentdeckte Rüben oder Kreuzungen aus verschiedenen Kohlarten werden in der gehobenen Gastronomie gefeiert, von (Hobby-)Gärtnern angebaut und finden sich im Gemüseregal der Supermärkte oder auf Märkten. Und Gärtnereien bieten immer mehr „exotische" Sorten an: als zarte Pflänzchen für den Eigenanbau oder ausgereift zum Sofortverzehr. Unser Ziel ist es, diese wunderbare Vielfalt darzustellen – vom Wurzel- bis zum Fruchtgemüse, vom Allerweltsweißkohl bis zur Lotoswurzel. Auf den folgenden Seiten präsentieren wir in alphabetischer Reihenfolge 67 Gemüsearten. Wir geben Hinweise zur Geschichte und Botanik, Tipps zum Anbau im eigenen Garten oder zum Einkauf und stellen die wichtigsten Sorten vor. Vor allem aber geht es uns um die kulinarische Verwendung: Ausgehend von einer chemischen Aromaanalyse zeigen wir, wie sich das jeweilige Gemüse am besten zubereiten und kombinieren lässt, von ganz klassisch bis hin zu „Crossover"-Experimenten. Das Farbleitsystem zu Geschmack und Aroma soll dabei eine optische Hilfestellung geben, und unsere Rezepte (immer für 4 Personen) können erste Ideen liefern. Aber Ihrer Experimentierfreude wollen wir dabei nicht vorgreifen – im Gegenteil!

DAS FARBSCHEMA: SO FUNKTIONIERT'S

Durch das gesamte Buch zieht sich ein Farbschema: Es teilt alle Duftstoffe in acht farblich gekennzeichnete Gruppen ein – die neunte Gruppe beinhaltet den Trigeminusreiz, also scharf oder adstringierend wirkende Aromastoffe.
Diese Farbgruppen kommen in der Randspalte neben jedem Gemüse zum Einsatz: So machen sie es möglich, „Gemüsechemie" ohne die genaue Kenntnis chemischer Details anzuwenden und verschiedenste Zutaten miteinander zu kombinieren. Harmonien und Spannungen zwischen Gemüsen und Gewürzen können auf einen Blick erkannt werden: Ähnliche Farben deuten auf eine Verstärkung des Dufts hin, unterschiedliche Farben auf eine Ergänzung des Aromenspektrums um neue Noten. Selbst wenn das Gemüse weniger bekannt ist, weiß man anhand der Farben genau, wozu es passt und wie man es verwenden kann.
Da bei Gemüse vor allem auch der Geschmack eine wichtige Rolle spielt, kann dieser und die jeweilige Ausprägung an der Balkengrafik abgelesen werden.

Aromen gekocht: **HEXANAL** △ *grün, blattartig,* □ *fettig, apfelschalenartig,* **(Z)-3-HEXENOL** △ *grün, grasig, frisch gemähtes Gras, laub-* **BISABOLEN**T △ *holzig-fruchtig, zitrusartig,* □ *balsamisch, grüne Banane,* ◇ *tropisch,*

Beim Beispielgemüse Aubergine sind die Farben für wachsig, grün, schwefelig sowie dunkel, schwer-floral aktiv. Wer es genauer wissen möchte, kann sich darunter die einzeln aufgeschlüsselten Duftnoten jedes Aromas ansehen und wo sich diese auf welche Weise entfalten. Das Dreieck zeigt dabei die orthonasale Wahrnehmung und das Viereck die retronasale. Das auf der Spitze stehende Viereck verweist auf den trigeminalen Reiz. Hat ein Aroma zudem noch ein kleines, hochgestelltes „T", löst dieses einen deutlichen Trigeminusreiz aus.

GESCHMACK

SÜSS SAUER SALZIG **BITTER** UMAMI

Auberginen duften erdig-grün, das Fruchtfleisch entwickelt beim Garen eine cremige Textur, die Schale bleibt trotzdem hart. Je nach Sorte können Auberginen auch leicht bitter schmecken.

Im Abschnitt „Geschmack" gibt es eine Kurzbeschreibung des Gesamtaromas und -geschmacks. Zudem kann man an der Balkendarstellung erkennen, welche Ausprägung die fünf Grundgeschmacksrichtungen jeweils haben. Ist der Geschmack stark ausgeprägt, wird es in einem kräftigen Grün angezeigt, ist er eher schwach, in einem helleren Grünton, wie hier der leicht bittere Geschmack bei der Aubergine. Ist ein Grundgeschmack nicht aktiv, bleibt die Fläche weiß.

HARMONIE

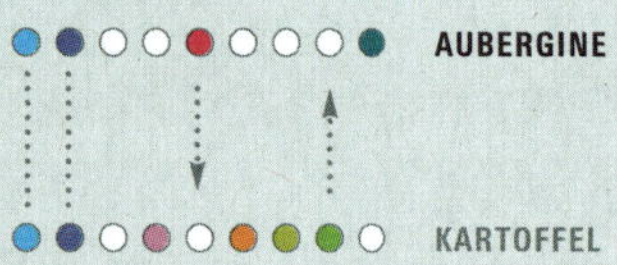

Dieser Abschnitt zeigt die Harmonien, die das jeweilige Gemüse eingeht: Haben die Gemüse die gleichen Farben, würde sich das typische Aroma dieser Gruppe in einer Kombination weiter verstärken. Sind Farben im jeweils anderen Gemüse nicht enthalten, findet in deren Kombination eine gegenseitige Erweiterung um die jeweiligen Aromen statt.

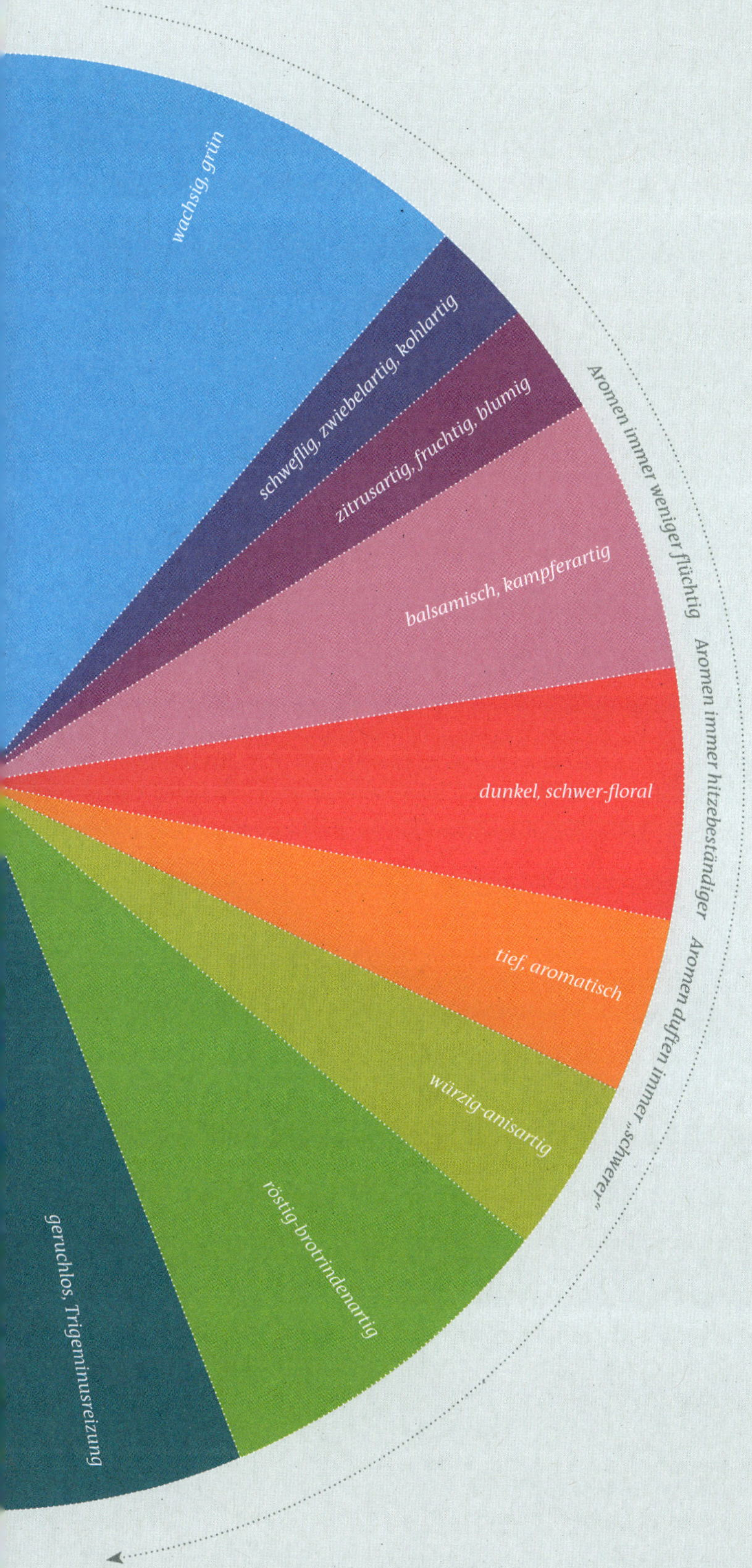

GRUPPE 1: ALIPHATISCHE KOHLENWASSERSTOFFE

(E)-3-Hexenal: *△ grün, fruchtig, □ apfelartig* ***1-Octen-3-ol:*** *△ grün, erdig, champignonartig, □ gemüseartig, pilzig, ◇ brühenartig, saucenartig*

GRUPPE 2: SCHWEFEL (UND SCHWEFEL/STICKSTOFFVERBINDUNGEN)

Methylpropenyldisulfid: *△ knoblauchartig* ***Dimethyltetrasulfid:*** *△ schweflig, knoblauchartig*

GRUPPE 3: ACYCLISCHE TERPENE

Geraniol : *△ süßlich, floral, fruchtig, □ rosenartig, wachsig, ◇ pfirischartig* ***Myrcen:*** *△ würzig, floral, balsamisch, □ holzig, fruchtig, mangoartig*

GRUPPE 4: CYCLISCHE TERPENE

Limonen: *△ zitrusartig, orangenartig, □ süßlich, ◇ terpentinartig* ***1,8-Cineol:*** *△ herbal, kampferartig, □ minzig, ◇ kühlend*

GRUPPE 5: SESQUITERPENE

Bisabolen: *△ holzig, fruchtig, □ zitrusartig* ***Caryophyllen:*** *△ süßlich, holzig, □ kampferig, leicht pfefferig*

GRUPPE 6: AROMATEN

Benzaldehyd: *△ aromatisch, bittermandelartig, □ holzig* ***Naphtalin:*** *△ aromatisch, stechend, □ teerartig*

GRUPPE 7: PHENYLPROPANOIDE

Eugenol: *△ süßlich, würzig, gewürznelkenartig, □ holzig, pimentartig, ◇ warm-würzig* ***Cumarin:*** *△ aromatisch, würzig, waldmeisterartig*

GRUPPE 8: HETEROCYCLISCHE VERBINDUNGEN

Furfural: *△ süßlich-röstig, brotartig, □ nussig, ◇ karamellig* ***2-Isobutyl-3-Methoxypyrazin:*** *△ würzig, erdig, grün, sprossenartig, □ grüne Bohnen, grüner Paprika*

GRUPPE 9: TRIGEMINUSREIZ

Gallussäure: *◇ adstringierend* ***Oxalsäure:*** *◇ demineralisierend stumpf*

Cynara scolymus

ARTISCHOCKE

Die Artischocke aus der Familie der Korbblütler ist botanisch eng verwandt mit der Distel und Blumen wie Dahlien oder Astern und wird bis zu 2 Meter hoch. Essbar und bei Feinschmeckern ausgesprochen populär sind der Blütenboden und die Blütenschuppen der ungeöffneten Knospe.

Aromen gekocht: 1-OCTEN-3-OL △ *grün, erdig,* □ *gemüseartig, pilzig, hähnchenhautartig* 1-HEXEN-3-ON △ *gekochtes Gemüse,* ◇ *leicht metallisch* (E)-2-NONENAL △ *fettig, grün, gurkenartig,* □ *zitrusartig, seifig,* ◇ *melonenartig* DECANAL △ *wachsig, aldehydisch,* □ *süßlich, zitrusschalenartig* HEXANAL △ *grün, blattartig, fettig,* □ *apfelartig* α- UND β-CARYOPHYLLEN △ *holzig, süßlich-herbal,* □ *kampferig, leicht pfefferig, mit Zitrushintergrund* β-SELINEN △ *herbal,* □ *holzig* PHENYLACETALDEHYD △ *grün, honigartig, floral,* □ *hyazinthenartig, kakaoartig* EUGENOL[T] △ *würzig, süßlich, gewürznelkenartig,* □ *aromatisch, holzig, pimentartig,* ◇ *warm-würzig* 2-PENTYLFURAN △ *würzig-fruchtig,* □ *grün, erdig,* ◇ *bohnengemüseartig*

GESCHMACK

SÜSS SAUER SALZIG **BITTER** UMAMI

Artischocken schmecken bitter, leicht süßlich, wirken etwas adstringierend und haben ein grün-erdiges und an fruchtiges Olivenöl erinnerndes, würziges Aroma.

MIKRONÄHRSTOFFE *(pro 100 g)*

Vitamine: *A (17 µg)* ***Mineralstoffe:*** *Natrium (47 mg), Phosphor (130 mg), Eisen (1,5 mg)* ***Sekundäre Pflanzenstoffe:*** *Cynarin, Flavonoide*

Die Artischocke schmeckt nicht so bitter wie Cardy, ihr wilder Verwandter. Im Aroma ähneln sich beide stark. Wegen ihrer harten Struktur eignen sich Artischocken normalerweise nicht zum Rohverzehr; gekocht, gebraten und gedünstet haben sie ein dominant grünes, nach Pilzen und Erde duftendes und mit würzigen Noten angereichertes Aroma. Dafür sind vor allem das an Champignons erinnernde 1-OCTEN-3-OL, das grüne 1-HEXEN-3-ON und der Gurkenduft des (E)-2-NONENAL verantwortlich. Hinzu kommen wachsige Noten, die leicht an Zitrusschale erinnern, sowie grünlich-aromatische Düfte. Diese Aromakomponenten ergeben zusammen mit dem intensiv grün-grasigen HEXANAL den Anklang an fruchtiges Olivenöl und umgekehrt die oft genannte Assoziation, wenn Olivenöl „ein Hauch Artischocke" zugeschrieben wird. Weitere würzige, aromatische und leicht herbal-holzige Noten kommen unter anderem durch EUGENOL sowie β-SELINEN zustande, das außerdem leicht trigeminal adstringierend wirkt.

Die für den bitteren Geschmack der Artischocke verantwortliche Hydroxizimtsäure Cynarin und deren Derivate wirken stoffwechselanregend und erhöhen die Leberaktivität. Cynarin befindet sich vor allem in den Blättern, die daher bitterer schmecken als die Böden. Das Gemüse ist reich an Phenolsäuren: Neben Cynarin ist die nichtnutritive Chlorogensäure zu nennen, die in China- und Kaffeesäure gespalten wird. Diese beiden wirken antioxidativ, greifen in die Reparaturmechanismen der DNA ein und verlangsamen die Zuckeraufnahme. Wie Cardy weisen Artischocken einen hohen Anteil an der Oligofructose Inulin auf, daneben werden in manchen Sorten außerdem freie Glucose, Fructose, Saccharose sowie Fructo-Oligosaccharide nachgewiesen, die für einen dezent süßlichen Unterton im Geschmack sorgen und die Bitterstoffe ein wenig in den Hintergrund treten lassen. Die unverdauliche Oligofructose kann bei empfindlichen Menschen blähend wirken (→ Fodmaps, Seite 84).

ZUBEREITUNG

Die Bitterstoffe treten vor allem in den grünen Pflanzenteilen und Blättern auf, die Stielansätze und Böden sind weniger bitter. Daher können die Stiele, sofern sie nicht holzig sind, mitgegessen werden. Sie sind wie die Böden in Geschmack und Textur köstlich: z.B. in Olivenöl angebraten, liefern sie das komplette Geschmacks- und Aromaspektrum mit einer feinen Textur. Sehr junge Knospen, ***Babyartischocken*** oder ***Minicarciofi*** genannt, können ganz und roh verzehrt werden, ältere und größere muss man kochen.

Artischocken gründlich waschen; den Stiel abbrechen oder abschneiden (bei jüngeren kann man den geschälten Stiel essen). In Salzwasser mit etwas Zitronensaft oder einer Ascorbinsäurelösung (damit sie nicht bräunen) 20 bis 30 Minuten kochen. Sie sind gar, wenn man die Blätter leicht abzupfen kann. Mit dem Kopf nach unten abtropfen lassen und im Ganzen servieren. Die Blätter abzupfen, in Dip tauchen und die Verdickungen am Blattansatz einfach abzuzeln.

In Barcelona schiebt man vorgekochte Artischocken in Holzkohleöfen, bis die Spitzen der Blätter angekokelt sind. Das gibt dem Gemüse wunderbare Rauch- und Grillaromen, die sich bestens mit den holzig-würzigen Noten der Artischocke ergänzen, ebenso wie mit deren Duft nach Gewürznelken, der bei der Verbrennung von Holz gleichfalls entsteht. Junge Artischocken kann man im Ganzen in einem Teigmantel frittieren.

Der Boden (das Artischockenherz) ist der köstlichste Teil der Artischocke, er ist zart schmelzend und trägt die wesentlichen Aromen der Pflanze. Eine Schüssel mit Ascorbinsäure bereitstellen, das obere Drittel der rohen Artischocke mit einem Kochmesser abschneiden. Mit einem Melonenlöffel das Heu herauskratzen. Den Stiel entsprechend abschneiden, die harte Schicht um den Boden parieren und die Böden ins Ascorbinwasser legen. Wenn alle fertig zubereitet sind, die Böden in Olivenöl, Wasser oder Wein schmoren, braten oder dünsten. Oder man zupft für Artischockenböden die Blätter im gekochten Zustand ab und kratzt das Heu aus dem Boden – das kann man, außer bei kleinen Artischocken (violets), nicht essen, da es sehr faserig und holzig ist. Die Artischockenböden je nach Größe halbieren oder vierteln.

Die rohen Böden kann man außerdem füllen. Will man gefüllte Artischocken im Ofen backen, 10 Minuten vorkochen, dann 15 Minuten bei 180 °C im Ofen backen. Oder man schmort die gefüllten Böden bei schwacher Hitze 30 Minuten in einem Weißweinsud.

Auch die ganzen Knospen lassen sich ausgezeichnet füllen. Dafür benötigt man möglichst große, kugelige Exemplare (zwischen 400 und 500 g). Den Stiel am Boden abschneiden und den Boden mit Zitronensaft bestreichen. Die kleinen, harten äußeren Blätter entfernen, bei den restlichen Blättern mit einer Schere die harten Spitzen sowie die Spitze der Artischocke abschneiden. Das Heu mit einem Löffel herauskratzen und die Knospe in Zitronenwasser legen. Wenn alle Knospen so vorbereitet wurden, in Salzwasser mit Zitronensaft 10 Minuten kochen, kopfüber abtropfen lassen, dann füllen und backen.

Besonders reizvoll (und ungewöhnlich) ist darüber hinaus das Garen von ganzen Artischocken in leicht feuchter Erde, vermengt mit (eigentlich zum Räuchern gedachten) Buchenspänen oder Eichenchips, oder für mehr harzige Anklänge mit Tannen- oder Fichtenholz bzw. -nadeln. Werden die Artischocken darin „vergraben" und im Ofen bei 250 °C für 30 bis 40 Minuten gegart, ergibt sich ein wunderbar erdiges, holziges Aroma, das die harzig-holzigen Töne der Artischocken bestens hebt und ergänzt.

HARMONIE

● ○ ○ ○ ● ● ● ● ●	ARTISCHOCKE
● ● ○ ○ ● ○ ○ ○ ●	AUBERGINE
● ● ○ ● ○ ● ● ● ○	GRÜNER PAPRIKA
● ● ○ ○ ○ ○ ○ ○ ○	GURKE
● ○ ○ ○ ○ ● ○ ○ ○	PILZE, CHAMPIGNON
● ● ● ○ ● ○ ● ● ○	TOMATE
● ● ○ ○ ○ ○ ○ ● ●	ZWIEBEL
● ○ ○ ○ ○ ○ ○ ○ ○	BORRETSCH
○ ○ ● ● ○ ● ● ○ ●	ESTRAGON
● ○ ○ ○ ○ ○ ● ○ ○	KERBEL
○ ● ○ ○ ○ ○ ○ ○ ●	KNOBLAUCH
○ ○ ○ ● ● ● ● ● ●	LIEBSTÖCKEL
○ ○ ● ● ● ○ ● ○ ●	ROSMARIN
○ ○ ● ● ● ● ○ ○ ○	THYMIAN
● ○ ● ● ● ○ ○ ○ ○	ZITRONE

PASST GUT ZU

Olivenöl, säuerlichen Milchprodukten, Mayonnaise, Remoulade, Aioli, Tomatensugo, Fisch, Lamm

KÜCHENJOKER

Minze, Honig, Fichtennadeln

LÄNDERKÜCHE

Katalonien: *Geröstete Artischocken* **Italien:** *Carciofi alla romana, Antipasti, Pizza Quattro Stagioni* **Italien, Frankreich:** *Aperitif/Bitterlikör aus Artischocken* **USA:** *Gekochte Artischocken mit Joghurt-Dip*

SORTEN

Man unterscheidet grüne und violette Sorten, die sich in Geschmack und Aroma ähneln; die violetten sind früher reif.

Camus de Bretagne: *Die kugelig geformte „Stupsnase" ist die wichtigste französische Sorte. Sie eignet sich wegen ihrer Größe ausgezeichnet zum Füllen.*

Violette: *französische Midi-Sorten, bei denen so gut wie kein Heu vorkommt, sind z. B. Violet de Provence, Violet d'Hyres, Violet du Gapeau.*

ARTISCHOCKE 2

8 kleine Artischocken (Violette)	2 Eigelb
1 Msp. Ascorbinsäure	200 ml trockener Weißwein
100 ml Olivenöl	1 Msp. Muskat
Zitronensaft, Salz	50 ml Cynar (Likör aus Artischocken)
2 Knoblauchzehen	
Estragon und Kerbel, gezupft	

Pro Portion: 222 kcal, 13 g F, 6 g KH, 8 g B, 4 g E

Oberen Teil der Artischocken abschneiden, äußere Blätter entfernen, Stiele belassen und leicht schälen. Halbieren, vierteln und sofort in kaltes Wasser mit Ascorbinsäure geben. Das Heu muss nicht entfernt werden.

Olivenöl in einer großen Pfanne auf ca. 120 °C erhitzen und Artischocken darin bei sanfter Hitze (90 bis 95 °C) weich schmoren, dabei immer wieder mit etwas Zitronensaft und Salz abschmecken. Die Pfanne mehrmals schwenken. Knoblauch schälen und fein

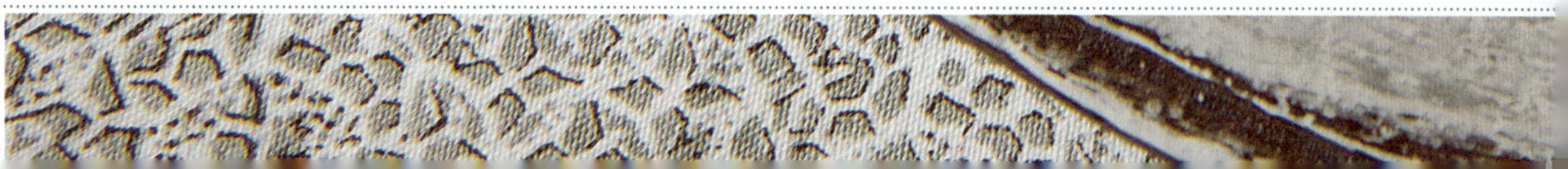

hobeln. Zum Schluss mit den Kräutern nach Geschmack dazugeben und ohne Hitze gar ziehen lassen.

Eigelbe über dem Wasserbad mit dem Wein zu einer Sabayon schlagen, dabei salzen und Muskat zufügen. Gegen Ende Cynar zugießen und weiter schaumig schlagen.

Die Artischocken auf Teller anrichten und mit einem Silikonpinsel mit dem aromatisierten „Schmoröl" bestreichen. Den Cynarsabayon seitlich angießen.

Grüne von Laon: *alte französische Sorte mit sehr fleischigen, ergiebigen Blütenböden.*
Romanesco: *mittelgroßer Exportschlager aus Italien, bei uns von März bis Juni erhältlich, man findet diese Sorte im Supermarkt.*
Violetto (di Toscano): *winterharte italienische Sorte mit länglichen Knospen, die Blätter sind außen violett und innen hellgrün.*
Spinoso sardo: *sardische Sorte, mittelgroß und grünviolett, die Blätter haben an den Spitzen einen großen Stachel.*
Catanese: *mittelgroße Sorte mit langen, an den Spitzen violett eingefärbten Blättern aus Italien.*
Carciofo romano: *berühmte Sorte aus Rom mit dem AOC-Siegel für eine geschützte Herkunft.*
Violette von Chioggia: *Artischockensorte aus dem berühmten italienischen Gemüseanbaugebiet südlich von Venedig mit kleineren Blütenböden; die jungen Blütenknospen sind sehr fleischig, zart und aromatisch; man kann sie als „Babyartischocken" bzw. Minicarciofi im Ganzen verarbeiten.*
Violetto di Sant Erasmo: *berühmte regionale Sorte aus der Lagune von Venedig, die auf der gleichnamigen Insel auf sehr salzhaltigen Böden angebaut wird, was ihr Aroma besonders würzig machen soll.*
Tudela: *kleinköpfige spanische Sorte aus der Provinz Valencia.*
Green Globe: *schlanke winterharte Sorte aus den USA.*

ROMANESCO

KOMBINATIONEN

Man kann bereits den Sud, in dem die Knospen gekocht werden, mit mediterranen Kräutern und mit Knoblauch und Schalotten oder Zwiebeln aromatisieren. Lorbeer und Rosmarin betonen die bitter wirkenden Aromen, Knoblauch und Zwiebeln ergänzen schwefelige Noten. Das Kochen mit Gewürznelken hebt die würzige Aromakomponente hervor; das Garen mit Anis, Sternanis oder Pastis geht in dieselbe Richtung. Gekochte Artischocken kann man mit Saucen und Dips anrichten. Besonders saure Noten vertragen Artischocken wegen ihrer Bitterkeit gut: Vinaigrette, Zitronenmayonnaise, einen Dip auf Joghurtbasis, eine Sauce Hollandaise, die leicht säuerlich abgeschmeckt ist, oder eine Aioli (mediterrane Knoblauchmayonnaise). Empfehlenswert ist kräftig gewürzter Tomatensugo: Er ist leicht säuerlich und bringt zusätzlich Süße und Umamigeschmack sowie Aromen (durch mediterrane Kräuter). Schärfe vertragen Artischocken ebenfalls, etwa durch Pfeffer, der den Trigeminusnerv mit Wärme bespielt. Auch trigeminale Kühle kommt der Artischocke entgegen: Sie lässt sich gut mit Minze erreichen, deren harzige und kräuterige Noten den grünen Grundton ergänzt. Die Kombination von Artischocken mit Olivenöl liegt wegen der deutlichen Aromaüberlappung der grünen Noten nahe, auch potenzieren sich dabei ähnliche Bitternoten zu einem wenig aufdringlichen, genussvollen „Bittererlebnis". In Olivenöl, etwas Salz und sehr aromatischem Pfeffer gebratene oder geschmorte Artischockenböden sind eine köstliche Ergänzung eines Gemüsetellers. Zum klassischen italienischen Antipasto gehören gekochte, in Olivenöl und leicht säuerlich eingelegte Artischockenböden. Aufgrund der gemeinsamen bitteren Töne bieten sich ebenfalls Kombinationen mit Auberginen und grünem Paprika an.

Gekochte Artischocken lassen sich mit Anisschnaps flambieren und mit einer Emulsion aus Zitronensaft und Olivenöl übergossen servieren. Die Duftverwandtschaft mit Gurken lässt sich gut auf kalten Vorspeisentellern nutzen. Der hohe Anteil an fettig-wachsigen bis grünen Aromen legt weiterhin ein Garen bzw. Konfieren der Böden in Schmalz – besonders von Schwein und Gans – nahe. In diesem Zusammenhang sind ebenfalls Kompositionen mit fettem Thunfisch, Schwertfisch, Makrelen oder Sardinen zu nennen. Wegen der deutlich pilzigen Anteile des Artischockenaromas lässt sich das Gemüse sehr gut mit Pilzcremes kombinieren. Reizvoll sind zum Beispiel Füllungen auf Pilz- und Parmesanbasis, die beide noch einen Schub in Richtung „umami" bringen und den bitteren Geschmack um eine weitere Note ergänzen. Mit Käse überbackene Artischocken sind in der Türkei ein beliebtes Gericht. Als Begleiter passen sie gut zu Fisch und Lamm.

Für eine Artischocken-Füllung eignen sich außerdem angeschwitzter Knoblauch, Zwiebeln oder Lauch (hier werden schwefelige Aromen zugefügt, die der Artischocke weitgehend fehlen), ebenfalls angeschwitzte Möhren (sie ergänzen bzw. betonen die leichte Süße) sowie gerösteter Sellerie und gehackte Petersilie. Letztere unterstützen die herbalen, holzigen Noten, außerdem fügen sie würzige, erdige und die beim Anschwitzen entstehen-

CATANESE

VIOLETTO DI SANT ERASMO

den röstigen Noten bei, die der Artischocke fehlen. Damit die Artischocken füllen und bei 180 °C im Ofen 20 Minuten garen.

Eine klassische italienische Zubereitung, die auch in anderen Mittelmeerländern bekannt ist, sind Artischocken „alla romana“: Artischocken werden mit viel Knoblauch, Semmelbröseln, schwarzen Oliven und frischen Kräutern (u. a. Pfefferminze, Petersilie) gefüllt und in einem Gemüsefond im Ofen gegart. Dabei gehen der Knoblauch und die Kräuter mit den Bitterstoffen aus den Artischocken eine harmonische Verbindung ein.

Ungewöhnlich, aber sehr reizvoll ist nicht zuletzt die Kombination mit würzigem Honig, entweder als Vorspeise oder zwischen Hauptgang und Dessert, oder als Element bei Käsegängen (mit reifem Brie oder mittelaltem Alpenkäse). Dazu werden die gegarten Artischocken mit etwas Honig, eventuell Honigessig (alternativ Süßweinessig!) beträufelt. Honig unterstreicht die leichte Süße und ergänzt die Bitternoten wunderbar, und achtet man darauf, einen schön würzigen Honig zu nehmen, überlappen sich dessen aromatische Noten mit denen der Artischocken.

GESCHICHTE UND BOTANIK

Die Artischocke galt schon in der Antike als edles essbares Gemüse, Griechen und Römer nannten sie „scolymus“. In ägyptischen Pharaonengräbern hat man Abbildungen der Pflanze gefunden. Im Mittelalter wurde die Artischocke wegen ihrer medizinischen Wirkung geschätzt; 1473 wurde sie in Venedig als seltene Gartenpflanze ausgestellt, ab dem 18. Jahrhundert war sie eine teure kulinarische Spezialität an europäischen Höfen.

Ein Großteil der heute angebauten Artischocken wandert in bittere Aperitifs oder Magenbitterliköre. In Niederösterreich wird das Gemüse seit Neuestem kommerziell angebaut. In der Schweiz kultivieren Gemüsebauern die vorzügliche italienische Sorte Violette von Chiogga sogar auf 1400 Metern Seehöhe. In den Mittelmeerländern werden Artischocken in den Wintermonaten kultiviert und im Frühjahr geerntet. Bei uns wird außer bei den wenigen winterharten Sorten nur im Frühjahr gepflanzt und im Herbst geerntet – es sei denn, man hat die Möglichkeit, ein Gewächshaus zu nutzen.

Verzehrt wird die Knospe einer bis zu 2 Meter hohen, normalerweise sehr frostempfindlichen Staude. Diese Knospen können je nach Sorte rund oder zylindrisch sein und zwischen 150 und 500 g wiegen. Sie werden immer geschlossen, also vor dem Aufblühen geerntet. Wenn sie sich geöffnet haben, schmecken sie streng und faserig.

Violette von Plainpalais: alte kleinwüchsige Schweizer Sorte mit grünen Blättern mit violettem Rand.

EINKAUF UND LAGERUNG

Artischocken sind bei uns fast das ganze Jahr frisch zu bekommen – am besten und preisgünstigsten im Spätherbst (Aussaat im Frühling) und im Frühsommer (Aussaat im Herbst, rund um das Mittelmeer, oder aus dem Treibhaus). Die Köpfe sollten sich fest und schwer anfühlen, die Blätter dicht beieinander stehen. Wenn man ein Blatt abbricht, sollte Saft austreten. Das rohe Gemüse lässt sich einige Tage im Kühlschrank oder wie eine Blume in Wasser frisch halten. Gekocht darf man es nicht länger als 24 Stunden lagern, sonst entwickeln sich giftige Substanzen (nicht, wenn man sie in Öl einlegt); vor dem Einfrieren Artischockenböden und Blätter kurz blanchieren. Dominant sauer eingelegte Artischocken im Glas aus dem Supermarkt sind in der Küche wegen ihrer zu starken Säure wenig hilfreich. Es gibt sie jedoch auch in Öl und nur dezent säuerlich eingelegt, dann kann man sie als Antipasto oder Pizzabelag verwenden.

SAISON

01 02 03 04 05 **06** **07** **08** **09** **10** **11** 12

Als Importware ganzjährig erhältlich, vor allem aus Frankreich, Spanien und Italien.

ANBAU

Artischocken kann man im eigenen Garten und in Töpfen anbauen, man braucht allerdings viel Platz. Das anspruchsvolle Gewächs gedeiht als typische Mittelmeerpflanze bei uns am besten in milden Weinanbaugebieten und muss als Starkzehrer kräftig gedüngt werden. Der ideale Zeitpunkt für die Ernte ist, wenn die Blüte noch fest geschlossen ist, der Blütenboden sich aber schon voll entwickelt hat.

AUBERGINE

Was die Aubergine kulinarisch so interessant macht, ist ihre Konsistenz nach dem Braten, Backen oder Grillen: schmelzendes, seidiges Fruchtfleisch in einer harten, trockenen Schale. Dazu kommt ihr wunderbares, grünlich erdiges Aroma. Und nicht zuletzt sind die Beeren eines stacheligen Strauches, die halbreif geerntet werden, rein optisch eine Attraktion. Ihre glänzende essbare Schale fällt je nach Sorte weiß, schwarz, violett, grün oder gar gestreift aus, und dieses Farbspiel bleibt auch nach dem Garen erhalten.

Solanum melongena

Aromen gekocht: HEXANAL △ *grün, blattartig, fettig,* □ *apfelartig* (Z)-3-HEXENOL △ *grün, grasig, frisch gemähtes Gras, laubartig, fruchtig,* ◇ *leicht ölig, melonenschalenartig* HEPTANAL △ *grün, wachsig, fettig,* □ *aldehydisch, herbal,* ◇ *weinhefeartig* 1-OCTEN-3-OL △ *grün, erdig, fungal, champignonartig,* □ *gemüseartig, pilzig, hähnchenhautartig,* ◇ *brühenartig, saucenartig* DIMETHYLSULFID △ *schwefelig, zwiebelartig, radieschenblätterartig, kohlartig,* □ *fischartig, maisartig, spargelartig,* ◇ *ein Hauch gekochte Milch/Sahne* α-CARYOPHYLLEN △ *holzig* BISABOLEN[T] △ *holzig-fruchtig, zitrusartig,* □ *balsamisch, grüne Banane,* ◇ *tropisch, terpentinartig, adstringierend*

GESCHMACK

SÜSS SAUER SALZIG **BITTER** UMAMI

Auberginen duften erdig-grün, das Fruchtfleisch entwickelt beim Garen eine cremige Textur. Je nach Sorte können Auberginen auch leicht bitter schmecken.

MIKRONÄHRSTOFFE *(pro 100 g)*

Vitamine: *B_1 (0,04 mg), B_2 (0,05 mg)* ***Mineralstoffe:*** *Kalium (203 mg)* ***Sekundäre Pflanzenstoffe:*** *Flavonoide*

Auberginen (auch: ***Melanzani, Eierfrucht, Eggplant, Spanische Eier***) haben keinen ausgeprägten Eigengeschmack, sie sind – je nach Sorte – mehr oder weniger bitter, wobei Auberginen mit schwarzer Schale im Allgemeinen bitterer sind als solche mit weißer Schale, die insgesamt feiner wirken.

Das Aroma des rohen Gemüses ist ebenfalls nicht besonders intensiv, ihr kulinarischer Wert wird erst durch die verschiedenen Zubereitungsmethoden hervorgeholt. Duftaktive Stoffe sind vor allem das grüne HEXANAL und der grasig-grüne Blätteralkohol (Z)-3-HEXENOL. Schwefelige, erdige und leicht moderige Noten, die sich beim Garen noch verstärken, entstammen dem Zusammenwirken von DIMETHYLSULFID und dem leicht nach Pilzen duftenden, grünen, erdigen 1-OCTEN-3-OL. Das kräuterige HEPTANAL steuert grünlich-wachsige Aromen bei; des Weiteren kommen holzige und balsamische Töne hinzu, etwa durch α-CARYOPHYLLEN (auch alpha-Humulen).

Das Gemüse enthält phenolische Säuren wie Kaffeesäure und Ferulasäure, die den Bittergeschmack verursachen, sowie auch etwas Gallussäure, die für die leicht adstringierende Wirkung verantwortlich ist. Diesen Säuren werden antioxidative Eigenschaften zugesprochen, ebenso wie dem Tulipanin, das der Auberginenschale (und schwarzen Johannisbeeren) die dunkelviolette Farbe gibt. Roh bzw. nicht voll ausgereift enthalten die meisten Auberginen das nicht gut verträgliche Solanin.

Die Beeren sollten nicht bei tiefen Temperaturen (unter 5 °C) gelagert werden, denn dabei kommt es zu Kälteschäden (→ Lagerung, Seite 81) in den Zellmembranen: Diese brechen auf und setzen Enzyme frei, die Bräunungsreaktionen und Oxidation verursachen; Haut und Fruchtfleisch werden braun. Es entstehen, ähnlich wie beim Bräunen in der Pfanne, heterozyklische Verbindungen, die nicht nur für die Farbe, sondern auch für ein gewisses Maß an Aromaveränderung verantwortlich sind. Bei einer Lagerung um 10 °C bleiben diese Effekte aus. Experimente zeigen, dass bei einer Lagerung um 10 °C das Auberginenfruchtfleisch nach ca. 3 Tagen sogar heller wird, da sich Chlorophyll, das für den leichten grünen Schimmer der Pulpe verantwortlich ist, nach und nach abbaut.

ZUBEREITUNG

Auberginen waschen und den stacheligen Stielansatz entfernen. Schälen ist nicht notwendig und eher von Nachteil, denn die Schale enthält viele Aromastoffe. Außerdem hält sie das Gemüse beim Grillen, Backen und Braten zusammen. Schält man es, zerfällt das Fleisch beim Garen vollständig. Wenn die Schale zu hart ist, kann man das Fleisch nach dem Garen ganz einfach abkratzen. Die Kerne können grundsätzlich mitgegessen werden. Zum Rohverzehr eignen sich nur einige asiatische Sorten, die meisten enthalten das unverträgliche Solanin. Die Schnittflächen sollte man mit Zitronensaft beträufeln, um sie vor dem raschen Oxidieren (Braunwerden) zu bewahren. Alle Sorten lassen sich hervorragend kochen, braten, backen oder grillen.

Gerät man an traditionelle Sorten mit besonders vielen Bitterstoffen und möchte die Bitterkeit reduzieren, kann man sie in Scheiben geschnitten in Salz einlegen: Das Salz wirkt osmotisch und entzieht dem Fleisch Saft und dabei auch die Bitterstoffe; danach kann man es abwaschen. Eine andere Möglichkeit besteht darin, das Gemüse in Salzmilch einzulegen. Das reduziert ebenfalls die Bitterstoffe und sorgt dafür, dass die Scheiben weiß bleiben und elastisch werden.

Das Salzen hat noch einen weiteren Vorteil, falls man die Auberginen braten will: Werden die fluffigen, mit dem Fruchtfleisch versehenen, rohen Scheiben gebraten, können diese viel Öl einlagern, was sie schwer wirken und den Geschmack leiden lässt, da beim Anbraten das Wasser verdampft, die Poren der schaumigen Struktur aber rasch mit Öl gefüllt werden. Das Salzen der Scheiben vor dem Braten entzieht zum einen über Osmose Wasser, zum anderen beginnt die Schaumstruktur wegen des starken osmotischen Drucks zusammenzubrechen. Werden die Scheiben dann ausgedrückt, verklebt die Auberginenstruktur und wegen des geringeren Wassergehalts beginnt die Bräunung zügig, Öl kann daher nicht mehr in diesem Maße eindringen. Möchte man gebratene Auberginenscheiben nachträglich entfetten, legt man sie auf Küchenpapier.

Der leicht bittere Eigengeschmack der Aubergine sowie die grünen, wachsigen Aromen und die Pilznoten werden vor allem durch eine langsame Garung bei niedrigen Temperaturen im Ofen hervorgehoben. Wird das Gemüse zwischen 90 und 100 °C im Ofen für 45 bis 90 Minuten (je nach Dicke der Scheiben) in einer geschlossenen Gratinform ohne weitere Wasser-, Öl- oder Gewürzzugabe gegart, kommen ihre kulinarischen Besonderheiten bereits voll zur Geltung.

Möchte man Auberginen füllen, kratzt man mit einem Melonenausstecher (cuillère parisienne) im rohen Zustand das Fruchtfleisch nach Belieben aus. Oder man backt oder grillt sie im Ganzen und löffelt anschließend das gegarte Fruchtfleisch heraus: Daraus wird dann wiederum Auberginenmus wie ***Baba ghanoush*** oder ***Ajvar*** (siehe unten).

Auberginen eignen sich ausgezeichnet zum Grillen, weil sie die Raucharomen aufnehmen, die die holzigen Duftstoffe des Gemüses besonders hervorheben. Gleichzeitig werden über die hohen Temperaturen viele

HARMONIE

AUBERGINE
GEMÜSEPAPRIKA
KARTOFFEL
TOMATE
SELLERIE
ZUCCHINI
ZWIEBEL
BASILIKUM
CHILI
INGWER
KNOBLAUCH
KORIANDERKRAUT
KURKUMA
ROSMARIN
TAMARINDE
THYMIAN
VANILLE
ZIMT

KÜCHENJOKER

Orangeat, Granatapfelkernen, Bitterschokolade, Mirin, Tahini

PASST GUT ZU

Lamm- und Rindfleisch, Reis, Champignons, Pilzen, Walnüssen

LÄNDERKÜCHE

Türkei/Orient: *Imam bayildi („Ohnmächtiger Imam", mit Tomaten und Zwiebeln gefüllt), Karniyarik (mit Lammhackfleisch gefüllt)* ***Griechenland:*** *Moussaka (Auberginenauflauf mit Hackfleisch)* ***Südfrankreich:*** *Ratatouille* ***Sizilien:*** *Caponata (Salat aus frittierten Auberginen mit Oliven, Sellerie, Tomaten, Rosinen u.a.)* ***China:*** *Gefüllt mit Schweinehackfleisch, gedämpft mit Austernsauce* ***Israel/Orient:*** *Baba ghanoush (Mus aus gerösteten Auberginen)* ***Indonesien/Molukken:*** *Auberginen-Kartoffelauflauf* ***Italien:*** *Melanzane alla Parmigiana (Auflauf aus frittierten Auberginen), Melanzane ripiene (gefüllte Auberginen), Melanzane al funghetto (mit Petersilie und Knob-*

lauch in Öl gebraten) **Spanien:** *Tapas aus frittierten/gebratenen Auberginenwürfeln* **Iran:** *Kashk-e-bademjan (mit Molke vermischte Auberginen), Khoresh-e-bademjan (Auflauf mit Sauce aus Tahini und Tamarinde)* **Balkan, Rumänien:** *Ajvar/Zacusca (Mus aus Paprika, Auberginen und Tomaten, mild oder scharf)* **Kaukasus:** *Nigvziani badrijani (gefüllt mit Walnusspaste)*

SORTEN

Bambino/Baby Bell: *Sorte mit sehr kleinen Früchten, ideal für den Hobbyanbau in Töpfen; beliebt in Thai-Currys, weil man sie nur halbieren oder vierteln muss.*
Black Beauty: *US-amerikanische Züchtung, bereits seit 1910 registriert, mit dunkelvioletten, recht großen Früchten (400 g bis 1,2 kg), die gut zum Füllen geeignet sind.*
Madonna F: *Hybrid-Standardsorte der Berufsgärtner, auch im Öko-Anbau, trägt 200 bis 300 g schwere, dunkelviolette Früchte.*
Obsidian: *samenechte Sorte aus China, die Früchte sind flachrund und tiefviolett.*
Ophelia F1: *neue Hybrid-Züchtung von kompaktem Wuchs und mit kleinen Früchten, ideal für Hausgarten und Balkon; ähnlich ist auch Orlando F1 mit dunkelviolet-*

karamellartige und würzige Röststoffe gebildet. Wenn man sie im Ganzen grillt, kann man die Schale richtig verkohlen lassen, das erhöht das Raucharoma. Vor ungesunden Nebenwirkungen braucht man keine Angst zu haben, denn man wirft die verkohlte Schale nach dem Auskratzen weg. Die neue Küche aber macht sich Gemüseasche (sie ist praktisch reiner Kohlenstoff) bisweilen gezielt zunutze und setzt sie zum Würzen und Färben ein. Auberginen lassen sich auch mit Raucharomen aufwerten, wenn sie bei niedrigen Temperaturen im Kugel- oder Keramikgrill sanft „gesmoked" werden. So werden sie auf Gemüsetellern zu schmackhaften, fleischigen Hauptprotagonisten. Antipastizubereitungen in Italien oder gegrillte eingelegte Auberginen in Griechenland nutzen ebenfalls die starken Rauch- und Röstnoten. Legt man das gegrillte Gemüse für einige Tage in Öl ein, wird dieses dezent mariniert und kann später zum Würzen weiterverwendet werden.

KOMBINATIONEN

Die wohl bekannteste Auberginenzubereitungsart ist ihre Verwendung in ***Ratatouille***, dem Gemüseeintopf des Midi. In Verbindung mit Tomaten, Zucchini, Zwiebeln, Knoblauch und Kräutern bleibt allerdings vom feinen Aroma der Aubergine wenig übrig. Sie liefert hier in erster Linie eine fleischig wirkende Texturbeigabe, sofern das Ragout nicht zu lange gekocht wird. Aufgrund der pilzigen Aromen der Aubergine bieten sich natürlich Kombinationen mit Champignons und anderen Pilzen an. Ihre balsamischen Noten lassen sich wiederum klassisch mit Oregano, besser aber mit Olivenkraut (***Santoline***) oder sogar mit Schafgarbe unterstreichen. Die Präsenz der grünen, wachsigen Duftstoffe legt die Kombination mit Joghurt und entsprechend fettigen Aromen nahe. Auch ***Millefeuilles*** aus Ziegenfrischkäse und gebratenen Auberginenscheiben bauen auf diesem „Pairing" auf, das die schwefeligen Aromen des reifen Käses mit einschließt. Ein sehr gut passendes Gewürz ist Safran, dessen erdige Note die pilzig-moderige Note der Auberginen betont, ohne die Bitterkeit zu verstärken. Interessant ist weiterhin die Kombination mit Nüssen, aber auch mit Pinien oder Zedernkernen, die die holzigen Noten der Aubergine deutlich unterstützen und in den Vordergrund spielen. Die Kombination mit Kichererbsen in Form von ***Hummus*** oder ***Tahin*** weist in eine ähnliche Richtung.

ROTONDA BIANCA SFUMATA DI ROSA

MADONNA F UND LISTADA DE GANDIA

THAI GRÜN (CA PHAO)

ZWEIMAL AUBERGINE: „VERBRANNT" & ZART

- 4 Auberginen
- 1–3 Knoblauchzehen, geschält
- flüssige geröstete Butter/Ghee (nach Bedarf)
- Bockshornklee, geröstet und gemahlen, Salz
- Vollfettjoghurt, abgetropft
- frische Kräuter, gezupft und gehackt

Pro Portion: 78 kcal, 2 g F, 8 g KH, 4 g B, 4 g E

2 Auberginen unter dem Grill rösten, bis sich die Außenhaut ablöst und verbrannt riecht, dabei sollte das Fruchtfleisch dampfen und weich sein. Auberginen mit Schale mit Knoblauch fein mixen. Bei Bedarf etwas flüssige Butter zugeben, damit ein feines Püree entsteht. Mit Bockshornklee und Salz abschmecken.

Backofen auf 87 °C vorheizen, restliche Auberginen auf ein Backblech geben und ohne Zugabe von Wasser und Fett ca. 2 Stunden garen. Sie sollten beim Aufschneiden eine fleischartige Textur haben.

Joghurt mit Kräutern nach Geschmack vermengen und kurz ziehen lassen.

Gebackene Auberginen längs aufschneiden und auf den Tellern anrichten. Auberginenpüree aufstreichen und etwas Joghurt daraufgeben, mit Fladenbrot servieren.

Ansonsten ist bei Auberginen stets eine Ergänzung über Kontraste willkommen. Wegen ihrer aromatischen Defizite im kräuterigen Bereich sind Basilikum, Bohnenkraut, Rosmarin und Aromaten wie Thymian ideale Partner. Würzungen mit Rosenwasser fügen hingegen stark florale Noten bei, die der Aubergine fehlen. Tomaten ergänzen ihre Bitterkeit auf der Geschmacksebene mit Säure, Süße und Umamigeschmack, während sich auf der Aromaebene grüne Aromen paaren.

Der leicht bittere Grundgeschmack der Auberginen lässt sich durch die richtigen Zutaten in alle anderen Geschmacksrichtungen ergänzen und bereichern. Will man die Bitterkeit unterstreichen, nimmt man indische Neem-Blätter, Kurkuma oder Senföl; Säure liefern zum Beispiel Joghurt oder Zitrone; ungewöhnliche Kombinationen mit Granatapfelkernen und/oder Sultaninen steuern mit süß-säuerlichen Noten der Bitterkeit entgegen. Sogar eindeutig süßliche Varianten funktionieren gut, sei es mit Zimt und Basilikum, mit Mirin, Misopaste und Zucker, oder etwa mit Schokolade, Orangeat und Vanille. Zu all diesen Kombinationen passt außerdem zusätzliche trigeminale Schärfe, etwa durch Chili, Ingwer oder Pfeffer.

REGIONALE VARIANTEN In Japan kombiniert man Auberginen gerne mit umamireichem Miso: Kleine ganze Auberginen mit Erdnussöl und Mirin (Wein aus Kojireis) einpinseln – Letzterer fügt süßliche, fermentierte und leicht oxidierte Noten hinzu, die an Sherry erinnern – und im Ofen 1 Stunde bei 180 °C backen. Für das Dressing Mirin erwärmen, Misopaste und Zucker unterrühren und mit *Togarashi* (Chilis mit Orangenschalen, Sesam und Ingwer) würzen. Die Auberginen in diesem Dressing 5 Minuten backen, bis das Dressing leicht karamellisiert.

Ebenfalls aus Japan stammt die Tradition roh eingelegter Auberginen (Nasu). Das Gemüse in Streifen schneiden und salzen, 1 Stunde ziehen lassen, Flüssigkeit abgießen, Rest sanft ausdrücken, trocken tupfen. In einem

ten, zylindrischen und fast stachelfreien Früchten, die nur 12 cm lang werden und 50 g wiegen. Beide sind unkompliziert in Anbau und Verarbeitung.

Tomaten-Melanzane/Melanzane Rosse: *Knallrote herkunftsgeschützte (DOP) Spezialität aus der süditalienischen Stadt Rotonda in der Basilicata, die vermutlich aus Afrika stammt und sich auch botanisch von der violetten Aubergine unterscheidet (Solanum Aethiopicum). Sie steht unter dem besonderen Schutz von Fondazione Slow Food. Diese runde, tomatengroße und sehr aromatische Sorte mit einem ganz besonderen Duft nach Kaktusfeigen eignet sich gut zum Füllen und zum Garen im Ofen.*

Rotonda Bianca Sfumata Di Rosa: *runde Sorte mit hellen, zu rosa und violett überlaufenden Früchten. Festes Fruchtfleisch mit wenig Samen und gutem Geschmack.*

Listada de Gandia: *italienische, gestreifte Auberginensorte. Das weiße Fruchtfleisch ist zart und mild.*

Udumalapet: *Sorte mit hellgrün-violett gestreiften Früchten; ebenfalls gestreift sind Angela (violett mit weißen Streifen) und Listada di Gandia (weiß mit violetten Streifen).*

Antigua: *spätreifende, aromatische Sorte mit violett-weiß gestreiften, tropfenförmigen Früchten.*
Benarys Blaukönigin: *dunkelviolette Sorte, die im Freiland gute Erträge bringt; die Früchte sind tropfenförmig und gerade, auch der Kelch ist violett gefärbt.*
Violette aus Florenz / Violetta di Firenze: *klassische italienische Sorte, die Früchte sind gerippt, leuchtend violett mit weißem Ansatz und Streifen, der Kelch ist grün; sie ist bei Bio-Bauern beliebt, weil sie ertragreich und wenig anfällig für Schädlinge ist.*
Weiße Aubergine: *japanische Sorte, deren Aroma noch deutlicher an Pilze erinnert als bei anderen Auberginen.*
Snowy: *in Form und Farbe eher ungewöhnlich: Die Früchte sind weiß, tropfenförmig und gekrümmt.*
Casper/Easter Egg: *indische Sorten mit weißer Schale mit Größen zwischen Straußen- und Hühnerei. Wegen solcher Sorten nennt man Auberginen auch Eierfrucht/Eggplant.*
Applegreen/Green Apple: *alte Sorte mit blassgrünen, eiförmigen Früchten; man erntet sie, wenn die Schale noch grün ist, später verfärbt sie sich gelb.*
Thai Green/Blau: *kleine alte Sorte mit erbsengroßen Früchten, klassische Zutat im Ganzen für asiatische Suppen und Currys, sie schmecken deutlich bitter. Ähnlich wie Thai Green wird die „Pea Aubergine" (Türkenbeere) gern in Currys und Suppen verwendet. Sie ist keine Aubergine, schmeckt aber ähnlich (sehr bitter).*
Paprikafrüchtige Auberginen: *Manche Sorten sehen aus wie Paprika, meist knallrot: Gilo Brazil, Red Egg, Red China; sie werden nicht sehr groß und ihr Fruchtfleisch ist recht fest, doch ihr Geschmack exzellent. In einem Curry oder Eintopf sind sie interessant, wenn man bissfeste Früchte bevorzugt. Weniger geeignet sind sie für Pürees.*
Pingtung: *chinesische Sorte, deren Früchte wie Korkenzieher gedreht sind.*

Sud aus Essig (oder Apfelwein), Chiliflocken, Zitronensaft, Knoblauch und Olivenöl in einem Einmachglas ziehen lassen (mehrere Tage bis 4 Wochen); man kann sie auch in Miso einlegen. Das Einlegen der Auberginen in Miso säuert und umamisiert sie, fermentiert aber auch Teile des Zellgerüsts, der Fette und der Proteine, sofern die Misopaste unpasteurisiert ist und noch aktive Enzyme des *Koji*-Reis in sich trägt.

In ihrer indischen Heimat wird die Aubergine je nach Region ganz unterschiedlich zubereitet: In Ostindien mariniert man sie mit bitteren Neem-Blättern und Kurkuma und frittiert sie anschließend in Senföl. Dabei werden nicht nur eine Vielzahl an Bitterstoffen betont, sondern auch die erdigen Aromen verstärkt und schwefelige Noten sowie trigeminale Reize hinzugefügt. In Zentralindien legt man sie in Salzlake ein, sautiert sie dann kurz in der Pfanne, übergießt sie mit Joghurt und simmert sie anschließend länger bei Niedrigtemperaturen. In Nordindien röstet man sie auf offener Flamme, kratzt das weiche Fruchtfleisch aus der Schale und würzt es mit Ingwer, Chili (beide liefern trigeminale Schärfe) und frischem Koriandergrün, das mit seinen ebenfalls wachsig-fettigen, grünen Noten die der Aubergine bestens einbindet, zu einem scharfen, erfrischenden Mus.

Cremes auf Auberginenbasis sind auch in anderen Ländern bekannt, wie etwa das arabische Sesam-Auberginenmus *Baba ghanoush* oder die auf dem Balkan beliebte Paste *Ajvar* mit Chili, Zwiebeln und gegrilltem, püriertem roten Paprika, wobei hier das gegarte Auberginenfleisch vorwiegend als „Bindemittel" und Texturgeber dient.

In Griechenland werden Auberginen ebenfalls frittiert: Das Gemüse wie Pommes frites in Streifen schneiden, salzen, für 1 Stunde in die pralle Sonne legen (oder im Ofen trocknen), dann in einen Teig aus Eiern und Mehl tauchen und in Olivenöl goldbraun frittieren. Der Teig verhindert, dass die Auberginen zu viel Fett aufnehmen, indem er selbst geringe Mengen Öl aufnimmt und dann die Aubergine über weite Strecken des Garprozesses schützt, während durch ihn hindurch Wasserdampf aus den Auberginen entweicht.

GESCHICHTE UND BOTANIK

Die Etymologie von „Aubergine" zeichnet ihren Weg von Indien über Persien, Arabien und Spanien nach Frankreich nach: Das französische „Aubergine" kommt vom katalanischen „albergina"; das wiederum wurde aus dem arabischen „al-badingan" gebildet, das aus dem persischen „batinghan" hergeleitet ist, das aus einer alten indischen Sprache entlehnt ist; heutige Hindus sagen „baingan" oder Hindi-Englisch „brinjal". Die ursprünglich tropische Aubergine war eine stachelige Pflanze mit bitteren Früchten, davon ist heute nach unzähligen Züchtungen nicht mehr viel übrig geblieben außer einigen harmlosen Stacheln am Stielansatz und einer Restbitterkeit in den Früchten. Die züchterisch reduzierte Bitterkeit ist jedoch keine neue und auch keine europäische oder US-amerikanische Erfindung: Die Chinesen bauten schon vor 2500 Jahren weitgehend bitterfreie Auberginen an.

AUBERGINEN RICHTIG LAGERN

Auberginen mögen keine niedrigen Temperaturen (nahe 0 °C). Dabei treten die sogenannten Chilling injuries (Kälteschäden) auf: Die Zellmembranen brechen auf und setzen Enzyme frei, die eine Bräunungsreaktion und Oxidation verursachen. Beim Braten in der Pfanne entstehen ähnliche heterozyklische Verbindungen, die die Aubergine braun werden lassen und für ein gewisses Maß an Aromaveränderung sorgen.

Lagertemperatur nahe 0° C: Die Zellmembranen brechen auf und die Bräunungsreaktion und Oxidation setzen ein. Die Haut und auch das Fruchtfleisch werden braun.

Lagertemperatur um 10 °C: Obige Effekte verschwinden. Bei dieser Temperatur wird das Fruchtfleisch sogar heller. Dafür verantwortlich ist der Abbau von Chlorophyll, das für den grünen Schimmer sorgt.

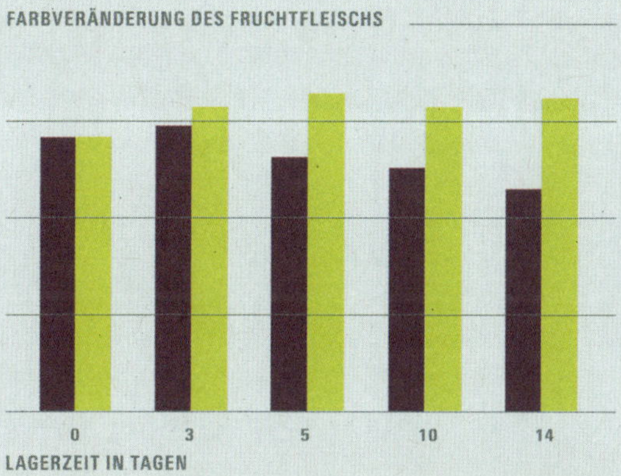

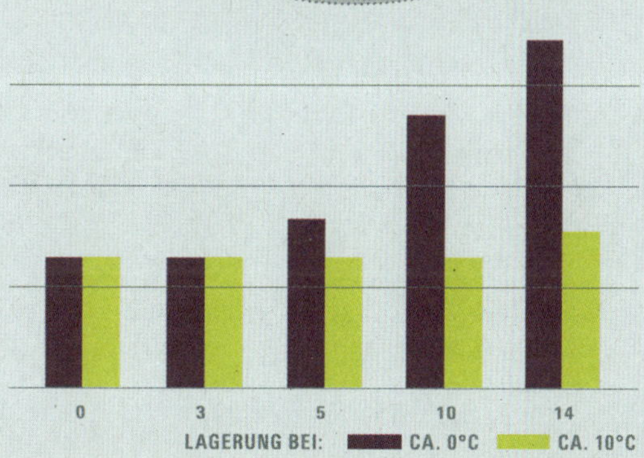

EINKAUF UND LAGERUNG

Nur glänzende, feste, unverletzte Früchte kaufen, die Stacheln am Stiel sollten noch stechen. Bräunliche Kerne deuten auf mangelnde Frische oder auf Überreife hin. Das Gemüse lässt sich etwa eine Woche bei Zimmertemperatur lagern (reift nach); unter 5 °C bilden sich Flecken; bei überreifen Früchten verändert sich die Farbe und sie verlieren ihren Glanz. Nicht zusammen mit Tomaten, anderem Gemüse oder reifen Früchten lagern, weil sie empfindlich auf Ethylengase reagieren, die diese abgeben.

SAISON

01 02 03 04 05 06 **07 08 09 10 11** 12

Heimische Früchte bekommt man bei uns im Spätsommer bis Herbst, Importe das ganze Jahr über.

ANBAU

Der kommerzielle Anbau nutzt meist Hybride. Alte samenfeste Sorten werden eher bei Gemüsebauern angebaut. Da Auberginen keine kühlen Nächte vertragen, ist der Anbau außerhalb milder Weinanbaugebiete bei uns nur im Gewächshaus oder in Folientunneln möglich. Eine empfehlenswerte Freilandsorte ist z. B. Benarys Blaukönigin. Man kann Auberginen in ausreichend großen Töpfen auf dem Balkon kultivieren, manche Sorten sind hübsch anzusehen und eignen sich als Zierpflanzen. Ausgesät wird im Frühjahr, geerntet im Spätsommer bis Herbst.

Ursprünglich stammen Auberginen wahrscheinlich aus Indien, wo sie schon seit mehr als 4000 Jahren kultiviert werden. Sie heißen dort ***Brinjal*** und werden aufgrund ihrer vielfältigen Einsatzmöglichkeiten in der Alltags- und gehobenen Küche als „Königin der Gemüse" bezeichnet. Im griechischen und römischen Altertum werden sie nicht erwähnt. Erst die Sarazenen scheinen sie im Mittelalter nach Europa gebracht und in Andalusien kultiviert zu haben. In Italien kocht man mit Auberginen seit dem 15. Jahrhundert, bei uns sind sie eigentlich erst in den 1970er Jahren bekannt geworden.

Die Italiener nennen sie ***Melanzane***, abgeleitet von ***mala insana***, der ungesunde Apfel. Der Name weist darauf hin, dass man der tropischen Frucht zunächst nicht traute, weil sie zur oft giftigen Familie der Nachtschattengewächse (wie etwa auch die Tomate oder die Tollkirsche) gehört: Mit Nachtschattengewächsen hantierten im Mittelalter nur Hexen. Stängel und Blätter sind tatsächlich nicht gesundheitsförderlich, man sollte sie deshalb immer gut wegschneiden. Sie enthalten Solaninalkaloide, die in sehr großen Mengen toxische Wirkung haben können.

Je nach Sorte kann die Schale unterschiedlich gefärbt sein, was sich aber nur in wenigen Fällen spürbar auf Geschmack und Aroma auswirkt: schwarz-violett, violett, violett-weiß gestreift, grün, eierschalenweiß. Auch die Form variiert: zwischen rund-oval bis kugel- oder birnenförmig und extra lang, fast würstchenförmig. Aus Asien und Afrika kommen außerdem rote und orangefarbene, innen hohle Auberginen (***Solanum aethiopicum***). In Indien und anderen Ländern Asiens werden Sorten angebaut, deren Früchte bis zu 1 kg wiegen können. In der thailändischen Küche bevorzugt man kleine, kugelförmige Auberginen.

APPLEGREEN (VOLLREIF)

THAI BLAU

THAI GREEN

Persea americana

AVOCADO

Die Avocado ist als Lorbeergewächs (Lauraceae) mit Kampfer, Lorbeer oder Zimt botanisch eng verwandt. Anders als bei ihren Verwandten werden jedoch nicht ihre Rinde oder ihre Blätter als Gewürz verwendet, sondern ihre Früchte als Gemüse: Die Früchte des Avocadobaums liefern nachgereift ein fettreiches, sehr gesundes und wunderbar butterig schmeckendes Fleisch, das – nicht nur in der mexikanischen Guacamole – überwiegend in der kalten Küche zur Geltung kommt.

Der Duft der Avocado (auch: *Avocadobirne, Butterfrucht, Alligatorbirne*) ist durch grüne Aromen geprägt, vor allem durch das frisch grün duftende HEXANAL, verstärkt durch (E)-2-HEXENAL und das grün-fettig riechende HEXENAL. Hinzu kommen über 2,4-HEXADIENAL leicht fruchtige Gurkennoten und erdig-grüne Düfte. Für Mandel-Untertöne sowie einen Hauch Karamell sorgen BENZALDEHYD und FURFURAL. Bei der Lagerung schwächen sich diese Aromen ab, während andere verstärkt wahrzunehmen sind: das stechend moderige ACETALDEHYD, das fruchtig-süßliche METHYLACETAT und PENTANAL mit seinem Duft nach Brot und Nüssen. Außerdem treten bei der Lagerung wachsige, fettige Gurkennoten auf sowie das kräuterig und nach Rosenholz duftende β-MYRCEN.

In diesem Zusammenhang ist zu erwähnen, dass der Aromaeindruck allerdings selbst bei reifen Avocados stark von der Darreichung abhängt: Je nachdem, ob man sie in Stückchen oder als Püree serviert, verschiebt sich die Wahrnehmung – das liegt an der rascheren Oxidation und an der unterschiedlichen Freisetzung der Aromen über die verschiedenen Texturen.

Das breite Fettsäurenspektrum der Avocado ist bestimmend für die Textur und das Mundgefühl. Einen hohen Anteil (28 bis 40 mg/100 g, je nach Reifegrad und Sorte) hat die Palmitinsäure, während die Stearinsäure lediglich 1 mg/100 g ausmacht. Die einfach ungesättigte Palmitoleinsäure stellt ca. 9 mg/100 g, die mehrfach ungesättigten Fettsäuren machen einen hohen Anteil aus: Ölsäure bis zu 300 mg/100 g, die zweifach ungesättigte Linolensäure um die 50 mg/100 g und die dreifach ungesättigte alpha-Linolensäure um 12 mg/100 g. Diese Fettsäurenzusammensetzung ist nicht nur verantwortlich für die butterige, fast an Gänsefett erinnernde Textur des Gemüses, sondern auch für die Schmelzpunkte des Avocadoöls. Natürliche Fettsäurenoxidationsprodukte, Oxylipine, sorgen für einen außerordentlich starken mundfüllenden Eindruck (kokumi) der rohen Avocado.

Der bittere Geschmack der Avocado wird durch phenolische Komponenten wie Catechin, Leucoanthocyanidin, Kaffeesäure oder Cumarinsäure verursacht. Unter den Kohlenhydraten ist neben Fructose und Glucose der unverdauliche Zuckerstoff D-mannoheptulose zu nennen: Er hemmt in Laborexperimenten die Sekretion von Insulin und verhindert eine zu schnelle Absenkung des Blutzuckerspiegels.

Aromen roh: HEXANAL △ *grün, blattartig, grasig, fettig,* □ *gemüseartig, apfelartig,* ◇ *leicht holzig* (E)-2-HEXENAL △ *grün, bananenschalenartig, fettig,* □ *gemüseartig, blattartig,* ◇ *würzig-fruchtig, frischer Käse* 2,4-HEXADIENAL △ *grün, leicht fruchtig, gurkenartig,* □ *wachsig* ACETALDEHYD □ *leicht moderig,* ◇ *stechend* METHYLACETAT △ *ätherisch, fruchtig,* ◇ *leicht süßlich* 2,4-HEPTADIENAL △ *fettig, grün, ölig, gurkenartig,* □ *gemüseartig* NONANAL △ *wachsig, grün,* □ *zitrusschalenartig, fettig, gurkenartig* PENTANAL △ *fermentiert, butterartig* □ *brotartig, leicht fruchtig,* ◇ *nussig* 1-PENTEN-3-ON △ *stechend, ätherisch, pfefferig,* □ *knoblauchartig, fischig,* ◇ *senfartig* MYRCEN △ *floral, rosenartig, herbal,* □ *terpentinartig,* □ *würzig, holzig, leicht zitrusartig,* ◇ *möhrenartig* BENZALDEHYD △ *aromatisch, bittermandelartig, nussig* FURFURAL △ *süßlich-röstig, brotartig,* ◇ *karamellig*

GESCHMACK

SÜSS SAUER SALZIG BITTER UMAMI

Die fettreichen Avocados zeichnen sich durch ihre einzigartig cremige, leicht brüchige Textur aus. Ihr Geschmack ist bitter, ihr Duft grün und grasig, er erinnert an Olivenöl und Gurke.

GRÜNE AVOCADO-DÔMES

1 reife Avocado

50 ml Invertzuckersirup (selbst gemacht oder Fachhandel)

1 Msp. Ascorbinsäure, in 20 ml Wasser gelöst

Chilipulver, feiner Zitronenabrieb, 1 langer Pfeffer, frisch gemörsert

200 g Schokolade (60–70 % Kakaoanteil)

1 EL natives Kokosöl

Spinatpulver (Naturkostladen)

Pro Portion: 317 kcal, 18 g F, 31 g KH, 5 g B, 3 g E

Fruchtfleisch der Avocado auslösen und pürieren. Mit Invertzuckersirup und Ascorbinsäurelösung vermengen und mit Chili, Zitronenabrieb und langem Pfeffer abschmecken. In Silikonhalbschalen (Durchmesser 3 cm) oder andere Pralinenformen geben und einfrieren. Schokolade und Kokosöl auf 47 °C erwärmen, Pralinen vorsichtig aus den Formen lösen und auf einer Pralinengabel drei- bis viermal durch die flüssige Schokolade ziehen. Auf einem Gitter abtropfen und erstarren lassen. Mit Spinatpulver bestreuen.

MIKRONÄHRSTOFFE *(pro 100 g)*

Vitamine: B_1 (0,15 mg), C (15 mg) Mineralstoffe: Kalium (490 mg)

HARMONIE

● ○ ● ○ ○ ● ○ ● ○	AVOCADO
● ● ● ● ● ○ ○ ● ●	ERBSE
● ● ○ ● ○ ● ● ● ○	GRÜNER PAPRIKA
● ● ○ ○ ○ ○ ○ ○ ○	GURKE
● ● ○ ● ○ ● ● ● ○	KARTOFFEL
● ○ ○ ○ ○ ○ ○ ○ ○	MELONE
● ● ● ○ ● ○ ● ● ○	TOMATE
○ ○ ○ ○ ○ ○ ○ ● ●	CHILI
● ○ ○ ○ ○ ○ ○ ● ○	KORIANDERGRÜN
○ ● ○ ○ ○ ○ ○ ○ ●	KNOBLAUCH
● ○ ● ● ● ○ ● ○ ○	LIMETTE
● ○ ○ ● ○ ○ ● ○ ○	PETERSILIE
○ ○ ● ● ● ○ ○ ○ ●	PFEFFER
○ ○ ○ ○ ○ ● ○ ○ ○	VANILLE
● ○ ● ● ● ○ ○ ○ ○	ZITRONE

KÜCHENJOKER

Rote Bete, Meerrettich, Lauch

PASST GUT ZU

Meeresfrüchten, Lachs, (Frisch-)Käse, Crème fraîche, Joghurt, Teigwaren, Oliven, Nüssen, Räucheraal, geräuchertem Käse

ZUBEREITUNG

Verzehren lässt sich von der Avocado nur das Fleisch; der Kern und die Schale sind nicht genießbar. Aufgeschnittene Avocados oxidieren enzymatisch und werden schnell braun und bitter. Deshalb sollte man das Fruchtfleisch rasch mit etwas Zitronensaft beträufeln. Avocados werden aus gutem Grund vorwiegend in der kalten, höchstens „halbwarmen" Küche eingesetzt: Stoffe, die sich aus freien ungesättigten Fettsäuren unter starkem Erhitzen bilden, sorgen für einen unangenehmen und stark bitteren „off-flavour". Gleichzeitig entsteht unter Reifung, Lagerung und sanftem Erwärmen (z. B. durch Reibung beim Pürieren mit Stabmixern) oder bewusstem Erwärmen bis 40 °C durch ähnliche Molekülstrukturen ein starker mundfüllender, als sehr angenehm empfundener Eindruck (→ kokumi, Seite 25). Avocados sollten daher nur kurz und vorsichtig erwärmt und nie gekocht werden. Auffallend ist die zunehmende Adstringenz unter Erwärmung. Dies lässt sich wiederum auf die erhöhte enzymatische Aktivität zurückführen, die aus den bitter schmeckenden Phenolen Stoffe entstehen lässt, die weniger bitter wirken, dafür mehr adstringierend. Allerdings kann man mit gut dosierter Hitze auch kulinarisch außergewöhnliche Ergebnisse erzielen: Werden der Länge nach geschnittene Scheiben sehr kurz in der sehr heißen Pfanne zur Erzeugung von ganz speziellen Röstarmen geröstet (oder alternativ mit einem Gourmetbrenner kurz und punktuell abgeflämmt) und halbwarm bei 30 bis 35 °C Kerntemperatur serviert, stehen sie von der Textur und Mundfülle her einer Gänse- oder Entenstopfleber in nichts nach.

In der modernen Gastronomie erfahren Avocados einen starken Zuspruch vor allem in vielen Variationen kalter Cremes, selbst in Desserts – dort vor allem als cremig-fettige Komponente. Für eine Creme das Fruchtfleisch kurz pürieren – oft reicht bereits ein Zerdrücken mit der Gabel, weil man dann noch ab und zu auf etwas festeres Fruchtfleisch beißen kann. Die kleinen Unterschiede der Partikel erzeugen über die texturelle Wahrnehmung und die leicht gestaffelte Aromafreigabe aus den Stückchen unterschiedlicher Größe eine Steigerung des Genusses. Bisher zu wenig beachtet werden die physikalischen Möglichkeiten: Die weiche, samtige Textur von Cremes lebt von dem ausgewogenen Fett-Wasser-Protein-Verhältnis, das vor allem bei niedrigen Serviertemperaturen zwischen –1 und 15 °C zu einem erstaunlichen Mundgefühl führt: Je niedriger die Temperatur ist, desto mehr der gerade noch kristallisierenden Fette werden fest und bieten im Mund einen anderen Schmelz.

KOMBINATIONEN

Das Aroma der Avocado ist für sich genommen sehr bestechend und typisch, sodass es außer Salz und Zitronen, Limetten oder Yuzusaft wenig braucht. Die mandelartigen Anteile des Duftspektrums laden zum Kalträuchern mit der Räucherpistole ein, zum Beispiel von Avocadoscheiben oder von einer Avocadocreme. Wer sich nicht scheut, kann etwas Flüssigrauch beifügen oder das Gericht mit Räuchersalz würzen. Das Anreichern von Avocadopürees mit (gerösteten) halbierten Haselnüssen oder grob gehackten gesalzenen Mandeln liefert einen ganz besonderen Flavour. Ausgezeichnet fügt sich auch (geräucherter) Mozzarella ein: Solange er noch frisch ist, weist er eine ähnliche cremige Textur auf wie die Avocado, und seine fettig-grünen Aromastoffe paaren sich gut mit den grünen, wachsigen Gurkenaromen. Dies gilt ebenso für Kombinationen mit Räucheraal, dessen fettige, weiche Textur gut zur Avocado passt und der ihre Aromen durch den Rauch verstärkt. Die gurkenartigen Duftstoffe des Gemüses lassen sich mit Gurken oder Melonen hervorheben. Eine klassische *Guacamole* oder einfach eine Avocadocreme zusammen mit etwas Gurke püriert oder für eine Variation der Texturwahrnehmung mit kleinen Gurken- und Wassermelonenwürfeln versetzt, bietet einen frischen Genuss etwa zu Gemüse, Fisch und hellem Fleisch. Sehr beliebt ist die Kombination mit Krabben und allen möglichen Meeresfrüchten, auch Lachs (roh oder geräuchert) funktioniert gut. Meeresfrüchte und Fisch weisen ebenfalls grüne, wachsige Algen- und Gurkennoten auf und bilden daher mit der Avocado ein ideales „Aroma-Pairing". Erstaunlich ist die Kombination mit grünem Paprika, dessen Hauptaroma von erdigen, grünen Düften getragen wird. Interessant ist ferner das Anreichern mit cremigen Aromen, die die fettige Textur des Gemüses unterstreichen: die Kombination mit Kokosnuss – sowohl als *Creamed Coconut* als auch mit frischer Kokosnuss, in Brunoise, also sehr kleine Würfel, geschnitten –, Pfirsichen, Aprikosen (die z. B. auch Säure liefern) oder gar einem Schuss Whisky in Cremes sind dafür gute Beispiele.

Avocados lieben ansonsten deftigen Kontrast, etwa durch Tomaten, die leichte grüne Anteile haben, außerdem aber im würzigen Aromabereich gut ausgestattet sind und Säure und Umamigeschmack hinzufügen. Saure Noten passen immer gut zur fettreichen Avocado, sie geben ihr mehr Frische; daher auch die beliebte Kombination mit Joghurt oder Crème fraîche. Besonders angenehm sind leicht säuerliche Avocadocremes (z. B. mit Naturjoghurt) mit reifem Käse: Das führt zu einer Potenzierung der Mundfülle (kokumi). Des Weiteren lässt sich Avocado sehr gut mit Knoblauch zu einer

LÄNDERKÜCHE

Mexiko: *Guacamole, Hühnersuppe mit Avocadoscheiben* ***Europa, USA:*** *Krabbensalat*
Peru: *Palta rellena*

SORTEN

Man unterscheidet drei Haupttypen:
Mexikanischer Hochlandtyp: *Sorten dieses Typs aus der Region rund um Atlixco im Staat Pueblo tragen kleine bis mittelgroße dünnschalige Früchte mit intensivem Aroma und dem höchsten Fettgehalt; sie sind bei uns leider sehr selten erhältlich, weil sie aufgrund der dünnen Schale den Transport schlecht vertragen.*
Guatemala-Typ: *Dazu gehören z. B. die bei uns erhältlichen Sorten Hass oder Edranol sowie Ryan aus Südafrika; Reed, eine späte Sorte, wird heute auch in Israel angebaut. Die Früchte sind mittelgroß und haben eine dicke, raue bis warzige oder narbige Schale und einen relativ kleinen Samen.*
Westindischer Tieflandtyp/Antillen-Typ: *Hierzu zählen Sorten mit glatter, dünner, zäher grüner Schale, relativ großem Samen und dem geringsten Fettgehalt, etwa die bekannten bei uns erhältlichen Sorten Nabal, Fuerte, Ettinger oder die birnenförmige Wurtz mit spitzem Kern. Eine besonders früh reifende Sorte ist die kalifornische Bacon, die ab Oktober bei uns erhältlich ist.*

EINKAUF UND LAGERUNG

Für den sofortigen Gebrauch weiche, aber nicht matschige, fleckenfreie Früchte nehmen: Hört man den Kern klappern, sind sie reif. Kauft man harte, muss man sie einige Tage bei Zimmertemperatur nachreifen lassen. Um das zu beschleunigen, kann man die Frucht oben und unten einstechen oder in Zeitungspapier wickeln oder in die Nähe von Äpfeln, Birnen oder Bananen legen (die Gase dieses Obstes beschleunigen die Reifung). Will man das Reifen hinauszögern, sollte man sie im Gemüsefach des Kühlschranks lagern, aber nicht zu kalt. Bei optimaler Lagerung (d. h. einer Luftfeuchtigkeit von 90 %) halten sich unreife Früchte bis zu 4 Wochen, reife Früchte bis zu 2 Wochen. Einfrieren kann man sie nicht, sie werden bitter.

SAISON

01	02	03	04	05	06	07	08	09	10	11	12

Avocados sind aufgrund ihrer über den ganzen Globus verteilten Anbauländer als Importware ganzjährig erhältlich.

ANBAU

Der Anbau ist bei uns nur in frostfreien Zonen möglich, aber auch in Töpfen unter geschützten Bedingungen. Besonders geeignet sind die eher früh reifenden Sorten, die weniger Wärme benötigen. Die Erntezeit ist Spätwinter und Frühling.

REED

HASS

Aioli (Mayonnaise mit Knoblauch) aufschlagen. Die schwefeligen Aromen des Knoblauchs sind eine hervorragende Ergänzung. Aufstriche mit gehackter Zwiebel, Knoblauch, Salz, Pfeffer, Zitronensaft, Joghurt und Sauerrahm sind geschmacksintensive, sehr aromatische Kompositionen. In die säuerliche Richtung geht auch ein Couscous mit Avocadostückchen und Granatapfelkernen. Kombinationen mit Grapefruit und schwarzen Oliven funktionieren ebenfalls gut. Sogar süße Kombinationen kann man ausprobieren, etwa ein Avocadosorbet mit Limetten, Vanille, Zucker, Rum und Eiweiß.

REGIONALE VARIANTEN Das wohl bekannteste Gericht ist die mexikanische *Guacamole*: eine Avocadocreme mit Knoblauch, Crème fraîche, Koriandergrün oder Petersilie, mit oder ohne Tomatenstückchen, scharf mit frischem rotem Chili. Die *Palta rellena* aus Peru ist ein Rezept für gefüllte Avocados mit gedämpften Möhren, Kartoffeln und Erbsen, Mayonnaise, gekochten Eiern und Petersilie. Aus Israel stammt ein Salat mit Roter Bete, Erbsen und Avocado. Ein Rezept aus Mexiko ist warme Hühnersuppe mit kalten Avocadoscheiben; ebenfalls aus Lateinamerika stammt eine pürierte Avocadosuppe aus kalter Gemüsebrühe mit Knoblauch. In Anlehnung an diese traditionellen Gerichte liegen weitere Variationen nahe: etwa eine kalte pürierte Suppe mit Zitrone, Joghurt und kalter Gemüsebrühe oder mit leicht erwärmter Brühe, Zitrone, Salz, Pfeffer, Zitronenmelisse und Eiweiß. Man kann auch eine kräftig gewürzte *Gazpacho* mit Avocadoscheiben garnieren. Interessant ist die italienische Kombination aus warmer Pasta und kalter, kleingeschnittener Avocado mit Ricotta und Gorgonzola.

GESCHICHTE, BOTANIK UND SORTEN

Die Mayas und Azteken kultivierten vor Tausenden Jahren bis zu 20 Meter hohe Avocadobäume. Die Azteken nannten sie „Ahuacatl", was mit „Hoden" oder „Butter des Waldes" übersetzt wird. Die spanischen Eroberer nahmen die „Avocado" mit nach Europa – sie schätzten die kalorien-, fett- und eiweißreiche nachreifende Frucht als Fleischersatz.

Botanisch ist die Baumfrucht Avocado eine Beere – wie die Aubergine und viele andere Gemüsesorten. Der auffällig große Kern ist ein Samen. Die Avocado ist also keine Steinfrucht, sondern ein Gemüse. Die Früchte erreichen am Baum keine Genussreife und müssen in jedem Fall nachreifen. Die Avocadobeeren sind nicht immer so groß, wie wir sie kennen, es kommen aber nur die größeren Beeren in den Export.

Es gibt aufgrund der langen Zeit der Kultivierung über 400 Sorten von pflaumengroßen (Mini-Avocados oder Cocktail-Avocados ohne Kern) bis zu 2 kg schweren Riesen. Meist sind sie birnenförmig, können aber ebenso apfel- oder gurkenförmig sein. Die Außenschale ist glatt oder gerunzelt, ihre Farbe hellgrün, dunkelgrün oder schwarz, die des Fruchtfleisches weißlich-grün bis gelblich. Die besten Sorten kommen von der Hochebene im mexikanischen Bundesstaat Pueblo – sie gelangen allerdings nur selten nach Europa. Hauptexporteure in den deutschsprachigen Raum sind Israel, Spanien, die USA und Südafrika.

Phyllostachys edulis

BAMBUSSPROSSE

Die saftigen Triebe des Bambus sind bei uns so etwas wie das Synonym für chinesische Küche. Beliebt sind sie vor allem wegen ihrer knackigen Konsistenz, die sich auch bei kurzem Erhitzen nicht verliert. Am zartesten ist der Winterbambus, also Schösslinge, die im Winter geerntet werden. Das Aroma ist zartwürzig, der Geschmack leicht säuerlich und manchmal ein wenig bitter. Gegessen werden Sprossen von drei verschiedenen Gattungen.

Das Aroma der Bambussprossen beruht auf grünen, wachsigen, floralen und ganz wesentlich auf würzigen Noten. Damit wird die Bambussprosse zu einem Gemüse und Gewürz zugleich. Aromaintensiv und spannungserzeugend sind vor allem die Gegenpole EUGENOL, das der Bambussprosse eine Spur Gewürznelkenduft mitgibt, sowie das fettig-grüne, an Gurken erinnernde (E)-2-NONENAL, unterstützt vom typischen Gurkenaroma (E,Z)-2,6-NONADIENAL. Hinzu kommen eine ganze Bandbreite von weiteren Aromen, die Champignon-, Zitrus- und Melonennoten, animalische und sogar leicht fäkalienartige sowie florale und würzig-holzige Noten einbringen. Nicht zu vergessen ist γ-NONALACTON mit seinem sahnig-cremigen Kokosnussaroma, das Bambussprossen den letzten Schliff gibt.

Das Auftreten des Duftstoffs Eugenol weist auf leicht bitter schmeckende phenolische Geschmacksstoffe hin; sie werden aus dem Holzstoff Lignin gebildet, der im Zellgerüst der Sprossen angelegt wird. Gleichzeitig bildet sich ein geringer Anteil an Glucose sowie an Essigsäure, die jeweils für eine schwache süße bzw. säuerliche Note verantwortlich sind.

ZUBEREITUNG

Bambussprossen aus dem Glas oder der Dose einfach nur abspülen, sie sind in milder Salzlake eingelegt. Frische bzw. vakuumierte Bambussprossen im Stück kurz abspülen und in Scheiben schneiden oder stifteln. Erst beim Erhitzen wird die in den Sprossen enthaltene Blausäureverbindung zerstört, daher sollte man frischen Bambus nicht roh essen. Eingelegte oder vakuumverpackte Bambussprossen sind bereits vorgekocht, man muss sie also nicht lange garen. Man gibt die frischen, vakuumierten oder eingelegten Sprossen als Einlage in Suppen oder brät sie kurz und scharf im Wok an. Am besten sind sie, wenn man sie leicht bräunt: Die dabei entstehenden Röstaromen tun dem zarten Aroma der Bambussprossen sehr gut.

KOMBINATIONEN

Aufgrund ihres spannungsreichen Aromas und vieler aromatischer Überlappungen lassen sich Bambussprossen ideal mit so unterschiedlichen Gemüsen wie Möhren, Zwiebeln, Sojabohnenkeimen oder Wasserkastanien kombinieren. Letztere haben ein ähnliches Aroma; Spargel und Zuckerschoten paaren sich ebenfalls über ähnliche Aromen und fügen außerdem

Aromen gekocht: (E)-2-NONENAL △ *fettig, grün, gurkenartig,* □ *zitrusartig, seifig, aldehydisch,* ◇ *fettig* (E,Z)-2,6-NONADIENAL △ *grün, gurkenartig,* □ *melonenartig,* ◇ *fettig* 1-OCTEN-3-OL △ *grün, erdig, fungal, champignonartig,* □ *gemüseartig, pilzig, hähnchenhautartig,* ◇ *brühenartig, saucenartig* (E)-NEROLIDOL △ *floral, grün,* □ *zitrusartig, holzig,* ◇ *wachsig, fruchtig* PHENYLACETALDEHYD △ *aromatisch, grün, honigartig, floral,* □ *hyazinthenartig, kakaoartig, schokoartig,* ◇ *leicht erdig* EUGENOL △ *würzig, süßlich, gewürznelkenartig,* □ *aromatisch, holzig, pimentartig,* ◇ *warm-würzig* INDOL △ *animalisch, floral, mottenkugelartig,* □ *erdig, fäkal,* ◇ *chemisch* γ-NONALACTON △ *kokosartig, sahnig, butterig, cremig,* ◇ *sahnig-milchig, milchfettartig*

GESCHMACK

SÜSS SAUER SALZIG BITTER UMAMI

Frische Bambussprossen entwickeln ein vielschichtiges Aroma zwischen Gewürznelke, Champignon, Gurke und Kokosnuss. Ihr Geschmack ist leicht süßlich, säuerlich und ein wenig bitter.

MIKRONÄHRSTOFFE *(pro 100 g)*

Vitamine: *B_1 (0,13 mg), Folsäure (60 µg)*
Mineralstoffe: *Kalium (468 mg), Phosphor (53 mg)*

HARMONIE

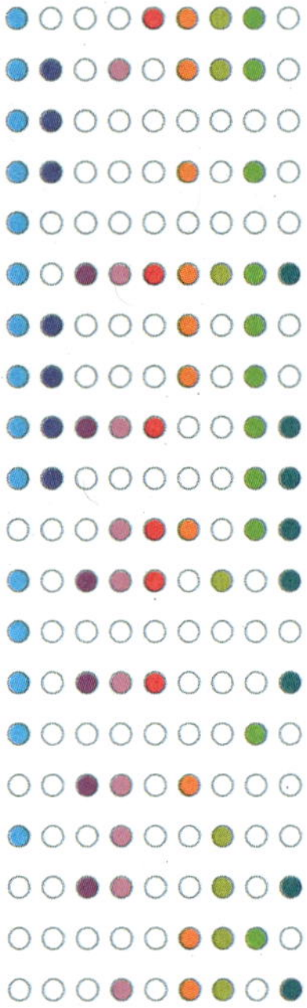

- BAMBUSSPROSSE
- GEMÜSEPAPRIKA
- GURKE
- LINSE
- MELONE
- MÖHRE
- SOJABOHNENKEIME
- SPARGEL
- ZUCKERSCHOTE
- ZWIEBEL
- ANGELIKAWURZEL
- BASILIKUM
- BORRETSCH
- INGWER
- KORIANDERGRÜN
- KORIANDERSAMEN
- PETERSILIE
- PIMENT
- SESAM
- STERNANIS

PASST GUT ZU

Pilzen, Mango, Kokos, Tee, Zitrusfrüchten

KÜCHENJOKER

Wacholder, Orangenblüten, Moschus

LÄNDERKÜCHE

***China:** Schweinefleisch mit Bambus und chinesischen Pilzen* ***Thailand:** Hühnerfleisch mit Bambus in Kokossauce (Curry)*

EINKAUF UND LAGERUNG

Auch bei uns gibt es mittlerweile vorgekochte, vakuumverpackte und nicht säuerlich eingelegte Bambussprossen in Asialäden. Dosenware oder Gläser mit leicht säuerlich eingelegten und meist schon vorgeschnittenen Sprossen bietet fast jeder Supermarkt.

grüne Duftnoten hinzu. Auch die Kombination mit schwarzen Bohnen, die einen kräftigen Schub in Richtung Umamigeschmack geben, funktioniert gut; das Gleiche gilt für Soja-, Fisch- oder Austernsauce. Chinesische Morcheln, Shiitake und andere Pilze verstärken die Champignon-Note der Bambussprossen. Knackig angebratener Paprika steuert wiederum erdig-grüne Gerüche sowie Röstnoten bei. Aus dem Meer kommt die Vielfalt der Algen hinzu. So lassen sich aufgrund vielfältiger Überlappungen (je nach Algensorte z. B. pilzige oder florale Aromen) oder Ergänzungen aus Bambus und Meeressalat, Kombu, Dulse oder Wakame zahlreiche eigenständige Gerichte herstellen. Fruchtige Aromen ergänzt eine nicht ganz reife, knackige Mango, gewürzt zum Beispiel mit scharf-fruchtigem Ingwer, Knoblauch, Chili und Sojasauce. Als flüssige Begleiter (als angegossene Essenz oder à part gereicht) kommen fruchtig-florale Tees in Frage: Jasmin-, Hibiskus- oder Rosentee sowie leicht geräucherte oder geröstete Tees aus China und Japan.

Die überaus kontrastreiche Aromazusammensetzung der Bambussprosse erlaubt einen variantenreichen Kücheneinsatz auch abseits vom Naheliegenden. So kommt etwa die Kombination mit Gurke und Melone den Bambussprossen sehr entgegen: Zum einen harmonieren die grünen gurkenartigen Aromaverbindungen, zum anderen würzt die Gewürznelkennote der Sprossen Gurke und Melone mit. Diese Würzung lässt sich mit Muskat, Petersilie oder Basilikum weiter verstärken. Das Aroma von Anis oder Sternanis wiederum paart sich mit der würzig-holzigen Note der (blanchierten) Bambussprossen. Fettig-wachsige Kräuter harmonieren ebenfalls, dazu gehören etwa Koriandergrün, Borretsch oder Austernkraut. Selbst der animalische Dufthauch der Sprossen lässt sich kulinarisch nützen und unterstreichen: Ein Abschmecken der (z. B. gebratenen) Bambussprossen mit Orangenblütenwasser, Mönchspfeffer, Angelikawurzel und Moschussamen gibt den Sprossen ein Parfüm mit auf den Weg, das sich sehen lassen kann. Eine Aromalücke im Bereich der kräuterigen, an Kampfer, Holz und Harz erinnernden Noten können Koriandersamen, Kreuzkümmel, Wacholder oder viele Pfeffer füllen, die dabei noch deutliche trigeminale Einträge mitbringen, wie z. B. Szechuan- oder Kubebenpfeffer. Auch grüner Pfeffer (nicht eingelegt), Timut-Pfeffer oder Voatsiperifery gehören in dieses Repertoire. Spannend sind nicht zuletzt – über das sahnige Kokosaroma der Sprossen – kokosnussbasierte Zubereitungen, z. B. in thailändischen Currys oder in indischen Linsengerichten (*Dal*) mit Kokosaromen. Eine kleine Beigabe der Sprossen zu würzigen Tellern mit gelben oder roten Linsen verleiht diesen eine neue Komplexität.

B

BAMBUSSPROSSEN: FILLING THE AROMA GAPS

- 2 Lauchstangen
- 1 EL Senföl (indischer Fachhandel)
- 1 EL Sesamöl
- 1 Sternanis
- 400 g Bambussprossen
- 10–20 g frischer Ingwer, fein geschnitten oder geraspelt
- 1 TL Pimentkörner, gemörsert
- 1 TL Koriandersamen, gemörsert
- Zesten von 1 Bio-Yuzu (ersatzweise Limette)
- Sojasauce, Salz

Pro Portion: 104 kcal, 6 g F, 4 g KH, 5 g B, 5 g E

Lauch putzen und in dünne Längsstreifen schneiden, die etwa den Abmessungen der Bambussprossen entsprechen.

Senf- und Sesamöl in einem Wok stark erhitzen. Sternanis zugeben und das Öl kurz aromatisieren lassen. Lauch, Bambussprossen und Ingwer zugeben und pfannenrühren, mit Piment und Koriander würzen.

Vom Herd ziehen und mit Zitruszesten sowie Sojasauce abschmecken, kurz durchrühren, salzen und sofort servieren.

BOTANIK

Es gibt ausgesprochen viel Bambus: Weltweit bedeckt die schnell wachsende Pflanze eine Fläche von rund 37 Millionen Hektar, vor allem in China und Indien, aber auch in Lateinamerika, Australien und Afrika. Für rund 1,5 Milliarden Menschen bilden seine vielfältigen Anwendungsmöglichkeiten die Lebensgrundlage. Bambus ist ein verholzendes Riesengras und dient in erster Linie als Baumaterial und Brennstoff. Kulinarisch verwendet werden die jungen Schösslinge des Bambusrohrs, besonders von den Gattungen *Dendrocalamus* (hier die Art *Dendrocalamus giganteus* oder Riesenbambus) und dem bis zu 30 Meter hohen *Phyllostachys edulis*, eine Bambus-Art der Gattung *Phyllostachys*, die in Japan Moso-Bambus genannt wird. Die meisten der Gattungen und Arten, die kulinarisch genutzt werden, kommen praktisch ausschließlich in Kultur vor. In Europa wird Bambus für kulinarische Zwecke nur in Italien angebaut, in der Nähe von Genua (Val Fontanabuona), weil dort die klimatischen Bedingungen mit milden Wintern und feuchten, heißen Sommern halbwegs geeignet sind. Geerntet werden die Sprossen oder Schösslinge, die man aus dem Boden ausgräbt. Sie sind von haarigen Blättern umgeben, die man entfernen muss. Je nach Bambus-Art werden sie bis zu 30 cm lang oder länger und haben einen Durchmesser von rund 7 cm. Kulinarisch am bedeutendsten sind die im Winter ausgegrabenen kleineren Wintersprossen von *Phyllostachys edulis*: Sie sind besonders zart und schmecken leicht süßlich. Größere Sprossen können bitter und holzig sein. Dann müssen sie vor dem Verzehr, bzw. bevor sie in Gläser oder Dosen kommen, lange gekocht werden.

SAISON

01 02 03 04 05 06 07 08 09 10 11 12

Als Importware sind Bambussprossen bei uns ganzjährig erhältlich, meistens als Konservenware.

ANBAU

Ob der in unseren Gärten oder in Kübeln auf Terrassen wachsende Bambus zum Verzehr geeignet ist, ist unter Gärtnern umstritten und sicher gattungsabhängig. Man sollte ihn auf alle Fälle lange kochen.

Brassica oleracea var. botrytis

BLUMENKOHL UND ROMANESCO

Der Blumenkohl und der eng verwandte Romanesco gehören wie alle Kohlsorten zur Familie der Kreuzblütler. Während man bei den meisten Kohlsorten von der Blüte nichts mitbekommt, weil alle noch vor dem Knospen geerntet werden, wird bei diesen beiden die Blütenknospe verzehrt. Beide haben ein ähnliches, sehr dezentes Aroma – beim Romanesco ist es leicht nussig –, sind daher in der Küche vielfältig einsetzbar und lassen sich auf vielerlei Arten würzen.

Aromen roh: (Z)-3-HEXENOL △ *grün, grasig, frisch gemähtes Gras,* □ *fruchtig,* ◇ *melonenschalenartig* DIMETHYLSULFID △ *schwefelig, zwiebelartig, radieschenblätterartig, kohlartig,* □ *fischartig, maisartig, spargelartig,* ◇ *ein Hauch gekochte Milch/Sahne* DIMETHYLDISULFID △ *schwefelig, gemüseartig,* □ *kohlartig,* ◇ *zwiebelartig* DIMETHYLTRISULFID △ *schwefelig, lauchartig, gekochte Zwiebel,* □ *herzhaft-fleischartig,* ◇ *fleischgemüsebrühenartig*

Aromen gekocht: 1-OCTEN-3-OL △ *erdig, champignonartig,* □ *pilzig* 2,3-BUTANDION △ *butterig, karamellig,* □ *süßlich, leicht stechend* 2,3-PENTANDION △ *butterig, nussig, toastartig, karamellig,* □ *leicht stechend,* ◇ *mellassenartig* METHANTHIOL △ *schwefelig, gekochter Kohl, lauchartig,* □ *ölig, gekochte Eier,* ◇ *reifer Käse* METHIONAL △ *gekochte Kartoffel, gemüseartig,moderig,* □ *hefeartig, käsig, gekochtes Fleisch, gekochte Eier* Δ-3-CAREN △ *zitrusartig,* □ *leicht holzig*

Das Aroma von rohem Blumenkohl (auch: *Karfiol*) und Romanesco ist vor allem durch schwefelige Noten im Duett mit grünen Duftstoffen bestimmt. Das Aromaspektrum beider *Brassica* ist sehr ähnlich und unterscheidet sich nur im Verhältnis der Aromaverbindungen zueinander. So tritt etwa der grüne und leicht fruchtige Blattduftstoff (Z)-3-HEXENOL in beiden Gemüsen auf, spielt aber nur beim Romanesco eine Hauptrolle, während er dem Blumenkohl in geringerer Konzentration zu eigen ist und in erster Linie in dessen Blättern auftritt. Die für Kohl typischen Schwefelduftstoffe DIMETHYLSULFID und DIMETHYLDISULFID und das herzhaft an gekochte Zwiebel und Lauch erinnernde DIMETHYLTRISULFID sind wiederum bei beiden vorhanden, machen aber bei Blumenkohl einen höheren Anteil des Duftes aus.

Beim Lagern der Gemüse verschiebt sich das Aromaspektrum deutlich. Während das schwefelige DIMETHYLSULFID und insbesondere auch der grasig duftende Blätteralkohol (Z)-3-HEXENOL stark abnimmt und der Duft somit „an Frische verliert", steigt das typisch nach Kohl und gekochten Zwiebeln duftende DIMETHYLTRISULFID stark an, was Blumenkohl/Romanesco bei empfindlichen Nasen den Ruf von „Stinkern" eingebracht hat. Beim Blanchieren und Einfrieren wird eine ähnliche Aromaverschiebung beobachtet.

Beim Kochen und Erhitzen verändert sich das Aroma des Blumenkohls und des Romanesco ebenfalls. Auch dort tritt die deutlich frische Note über grüne Blattduftstoffe in den Hintergrund, während sich die typisch schwefeligen Düfte in den Vordergrund arbeiten. Mit zunehmender Temperatureinwirkung wird mehr METHANTHIOL gebildet: Es riecht schwefelig, nach gekochten Eiern, ein wenig ölig und in höheren Konzentrationen sogar unangenehm schweißig und ist verantwortlich für den mitunter berüchtigten, sich in Küche und Haus ausbreitenden „Kohldampf". Erdig-moderige Noten mit einem Hauch Pilz kommen durch 1-OCTEN-3-OL hinzu, dessen Intensität mit längerer Kochzeit zunimmt. Die butterigen, leicht süßlichen und karamelligen Duftanteile von gekochtem oder gedünstetem Blumenkohl und Romanesco entstammen 2,3-BUTANDION sowie dem nussigen 2,3-PENTANDION, während die Duftverwandtschaft mit gekochten Kartoffeln und anderen gekochten Gemüsen METHIONAL zugeordnet werden kann. Beim Kochen (insbesondere bei geringen Koch- und Dünstzeiten) tritt eine leichte Zitrusnote hervor, für die das Terpen Δ-3-CAREN verantwortlich ist.

Brassica oleracea convar. botrytis var. botrytis

Der bittere Geschmack des Blumenkohls ist, wie bei allen Kohlsorten, auf Glucosinolate (→Seite 39) zurückzuführen. Bei Blumenkohl und Romanesco ist Glucobrassicin am ausgeprägtesten. Die Konzentrationen verschieben sich im Laufe der Lagerung, daher verändert sich auch der Geschmack: Er wird bei längerer Lagerung bitterer. Als freie Zucker kommen Glucose und Fructose vor, jedoch in sehr geringer Konzentration.

ZUBEREITUNG

Vom Blumenkohl und Romanesco sind alle Teile essbar. Der Strunk, die Blattstrünke wie auch die grünen Blätter sind kleine Köstlichkeiten, mit denen ganze Mahlzeiten bestritten werden können. Romanesco und Blumenkohl lassen sich grundsätzlich ähnlich zubereiten und kombinieren. Das Aroma des Strunks erinnert ein wenig an Kohlrabi, was kein Wunder ist, denn Duftspektrum und Textur sind weitgehend ähnlich. Man kann sie roh reiben und als „Grieß" oder „Couscous" in rohen Zubereitungen verwenden.

Blumenkohl und Romanesco können roh zum Beispiel in Salaten gegessen werden. Gekocht werden sie in Salzwasser mit etwas Zucker. Beide Kohlsorten sollten unbedingt noch Biss haben. Am besten kocht man die Köpfe nicht im Ganzen, sondern in Röschen zerteilt, das geht schneller und ist schonender. Romanesco und alle farbigen Sorten behalten ihre Farbe nach dem Kochen bzw. Blanchieren (→Seite 72) durch Abschrecken in Eiswasser, sie sollten allerdings dennoch nicht zu lange gekocht werden. Die Röschen lassen sich auch braten, die Röstung gibt ihnen ein kräftigeres Aroma. Ebenso gut kann man beide Gemüse im Backofen garen, etwa als Zutat auf einem Flammkuchen, in einer Quiche oder einem Gemüsestrudel. Blumenkohl eignet sich außerdem zum Fermentieren mit Milchsäurebakterien. Mit etwas Zitronengras und in Salzlake eingelegt (oder vakuumiert) erklimmt er kulinarische Höhen. Fermentierte Blumenkohlblätter sind eine herrliche Alternative zu Sauerkraut. Dazu vakuumiert man Blumenkohlblätter mit Salz und lässt sie ein paar Tage bei Zimmertemperaturen stehen. Der Beutel bläht sich etwas auf, es bildet sich Kohlendioxid. Zur Sicherheit kann der Beutel in eine Schüssel gelegt werden. Die fermentierten Blätter schmecken so, wie sie sind, lassen sich aber auch wie Sauerkraut kochen. Besser noch: Ein, zwei Minuten in brauner Butter abschwenken – fertig ist eine köstliche Beilage. In ähnlicher Weise funktioniert das saure Einlegen: Gepickelter Blumenkohl in Essig und anderen Säuren ist ein gängiger Klassiker und begleitet Charcouterie oder deftige (bayerische) Genüsse abwechslungsreicher als die ewigen Essiggurken.

In der modernen Gemüseküche, wie sie seit dem Siegeszug der neuen Regionalküche gepflegt wird, kommt immer wieder auch „geschossener" Blumenkohl und Romanesco zum Einsatz. Diese „zu spät" geernteten Formen sollten nicht weggeworfen werden. Sie entwickeln aber beim finalen Blütentrieb ein extrem feines, wenngleich ungewohntes, leicht florales, erdiges Aroma, das sich bestens roh oder blanchiert nützen lässt.

GESCHMACK

SÜSS SAUER SALZIG **BITTER** UMAMI

Blumenkohl ist der mildeste unter den Kohlsorten mit typisch schwefeligem Duft, Romanesco schmeckt etwas kräftiger mit einer fein-nussigen Note.

MIKRONÄHRSTOFFE *(pro 100 g)*

Vitamine: *B_1 (0,09 mg), C (64 mg)* ***Mineralstoffe:*** *Phosphor (49 mg)* ***Sekundäre Pflanzenstoffe:*** *Glucosinolate*

HARMONIE

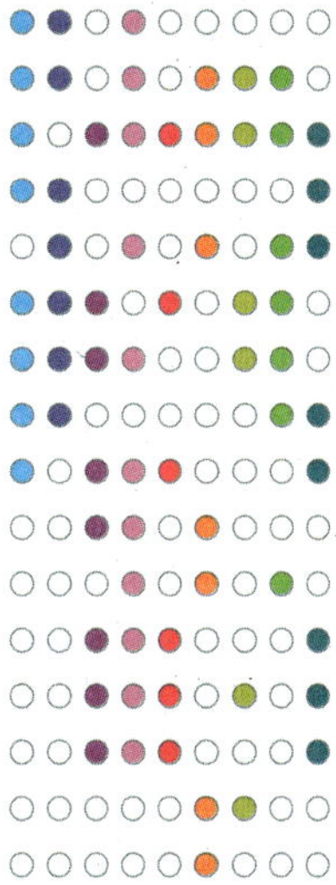

BLUMENKOHL
KARTOFFEL
MÖHRE
ROSENKOHL
ROTE BETE
TOMATE
WURZELPETERSILIE
ZWIEBEL
INGWER
KORIANDER
KREUZKÜMMEL
KURKUMA
MUSKAT
PFEFFER
TONKABOHNE
VANILLE

KÜCHENJOKER

Aubergine, Erbse, grüne Bohne, Pastinake, Bitterschokolade

PASST GUT ZU

Sahne, Eiern, Käse, weißem Fisch, Lamm, Schinken, Rinderbraten, gekochtem Rindfleisch

B

CHEDDAR F1

VIOLETTER SIZILIANER

ERFURTER ZWERG

ROSALIND

LÄNDERKÜCHE

***England:** Piccalilli (eingelegtes Gemüse mit Blumenkohl), Cauliflower cheese* ***Deutschland:** Leipziger Allerlei, Überbackener Blumenkohl mit Semmelbröseln* ***Polen:** Blumenkohl mit Semmelbröseln* ***Indien:** Aloo gobi, Pakora* ***Frankreich:** Crème Dubarry (Blumenkohlsuppe)*

SORTEN BLUMENKOHL

***Cheddar F1:** orangefarbene Hybrid-Neuzüchtung, die viel Vitamin A_1 enthält.*

***Clapton:** moderne Züchtung, die resistent gegen Kohlhernie ist.*

***Graffiti violett:** Sorte mit pinkfarbenen Blütenknospen, die sich beim Kochen blaugrün verfärben; das Aroma ist intensiver als bei weißen Sorten und ähnelt dem von Brokkoli oder Romanesco. Auch seine Struktur ist fester als die von weißem Blumenkohl.*

KOMBINATIONEN

Blumenkohl und Romanesco können wegen ihres milden, bitteren Geschmacks eigenständige Hauptprotagonisten sein. Wegen der starken Veränderung der Aromen beim Erhitzen lässt sich das Gemüse auch durchaus mit sich selbst kombinieren: roh, gekocht und gebraten. Das besondere, eher dezente Aroma des Blumenkohls lässt sich außerdem durch gezielte Kombinationen weiter verfeinern: Reizvoll sind vor allem sanfte Zubereitungen (Dünsten oder leichtes Braten) in Butter oder Butter-Sahne-Emulsionen, da sich beim Kochen von Blumenkohl und Romanesco butterige Aromen bilden, die durch die Zugabe von Milchprodukten aufgefangen und angenehm verstärkt werden. Daher passen auch gut weiße, milde Saucen wie Hollandaise, Bechamelsauce oder auf Frischkäse basierende Saucen, die man dezent mit Salz, milden Pfeffersorten und Muskat abschmeckt. Butterige oder mit viel Sahne gefertigte Blumenkohl-Kartoffel-Gratins werden aus ähnlichen Gründen als harmonisches Aroma-Pairing empfunden. Parmesan, reifer Alpenkäse oder Blauschimmelkäse liefern dabei butterige bis reif-würzige, mitunter stechend-käsige Aromen, die jene des Blumenkohls unterstützen, und fügen außerdem Umamigeschmack hinzu, der den leicht bitteren Grundgeschmack des Blumenkohls ideal ergänzt. Gepaart mit milden, wenig spitzen Säuren (etwa Reisessig, ein paar Spritzer Limetten- oder Orangensaft sowie deren Schale), heben sie das vermeintlich langweilige Gemüse in höchste aromatische Sphären. Dem Blumenkohl willkommene feine Säuren sind Joghurt, Schmand oder Crème fraîche. Sie mildern die schwefeligen Noten, liefern ein cremiges Mundgefühl und als Milchprodukte wiederum ein „fettiges" Aromaspektrum. Für eine säuerlich-zitronige Note würzt man leicht gedämpften Blumenkohl mit Limettensaft oder Zitrusschalen, welche die beim Erhitzen entstehenden Zitrusnoten wunderbar betonen. Die starke Ausbildung der verschiedenen Schwefelaromen legt ferner die Kombination mit gekochten Eiern nahe: Gekochtes Eigelb und Eiweißwürfel als „funktionelles Gewürz" über das in Butter abgeschwenkte Gemüse streuen. Zwiebeln und Knoblauch gehen in dieselbe Richtung und ergänzen dazu Umamigeschmack. Die Zugabe von Pilzen verstärkt das sich beim Kochen bildende erdige Aroma.

Der nussige Anteil von Blumenkohl und Romanesco kann wiederum mit Nussbutter, d.h. mit karamellisierter, gebräunter Butter gehoben wer-

den oder mit trocken gerösteten Ölsaaten, z. B. Haselnüssen oder Mandeln, die gleichzeitig aromatische Noten hinzufügen. Über die zitronig-holzige Note des Blumenkohls paaren sich Pinienkerne, Zedernkerne oder gar eingelegte Fichtensprossen. Wacholder, Lorbeer und Zitrusschalen gehen in eine ähnliche Richtung. In ein ganz neues Licht stellen Blumenkohl und Romanesco Gewürze mit Aromen, welche dem Gemüse fehlen: Gewürznelken, Anis, Tonkabohne oder sogar Vanille. Auch andere Gewürze passen: alles Indische wie etwa Koriander oder Kreuzkümmel aus dem harzig-holzigen und kräuterigen Bereich, Chili, Paprika und Ingwer aus dem trigeminal schärferen Bereich. Konträre Röstaromen durch kurzes, aber starkes Angrillen (oder Abflämmen der Röschen und Scheiben mit dem Gourmetbrenner) lassen das Gemüse in ganz neuem aromatischen Licht erscheinen. Röstnoten erhält man ebenfalls durch das Würzen mit Kaffee- und Kakaobohnen, was insbesondere bei Zubereitungen mit Sahnesaucen zu empfehlen ist.

Blumenkohl und Romanesco haben einen eigenständigen Charakter, sie lassen sich aber durchaus mit anderen Gemüsen kombinieren. Beispiele hierfür sind natürlich schwefeliger Lauch, aber auch erdig-würzige Wurzelgemüse wie Rote Bete, Pastinaken, Möhren oder Petersilienwurzeln. Für echte Kohlliebhaber bietet die Kombination von gedämpftem Blumenkohl und geröstetem Rosenkohl ein kleines Harmoniewunder.

REGIONALE VARIANTEN Sahne, Eier und Käse sind ideale Begleiter, um das Gemüse zu überbacken wie im englischen *Cauliflower cheese* – verfeinert mit harmonierendem Lorbeer und kontrastierenden Gewürznelken. In Italien wird Romanesco gern im Ofen mit Käse oder Frischkäse und Sahne überbacken und kräftig mit Pfeffer und Zwiebeln, Muskat und Cayennepfeffer gewürzt. Dort schätzt man außerdem einen Auflauf aus weißem Blumenkohl und grünem Romanesco mit Tomatensugo und schwarzen Oliven. Natürlich kann Blumenkohl und Romanesco wie Brokkoli auch zu Pasta gereicht oder 5 bis 10 Minuten vor Ende der Kochzeit ins Risotto gegeben werden. Aus Blumenkohl lassen sich wunderbar sämige Cremesuppen erzeugen – zart gewürzt mit Muskat, Salz und Pfeffer oder schärfer mit Ingwer, frischem Koriander und/oder Curry-Mischungen. Berühmt ist die *Crème Dubarry*, benannt nach der Mätresse Ludwigs des XV. und zubereitet mit Hühnerbrühe, Mehlschwitze, Milch, legiertem Eigelb, süßer Sahne, weißem Pfeffer, Zitronensaft, Muskat und Petersilie. Sie lässt sich auch mit Kokosmilch bzw. *creamed coconut* variieren, deren weich-cremige Duftnoten den Schwefel sehr gut einbinden. Polnisch ist die Zubereitung mit in Butter gerösteten Semmelbröseln. In Spanien werden Blumenkohlröschen frittiert und mit Paprikapulver, Kapern und etwas Essig gewürzt. Indische *Pakoras* sind Teigtaschen aus Kichererbsenmehl, die mit Gemüse gefüllt sind, sehr häufig mit Blumenkohl. In Nordindien und Pakistan ist ein Curry aus Blumenkohl und Kartoffeln sehr beliebt (*Aloo gobi*). Marokko kennt einen Salat aus kurz gedünstetem Blumenkohl und Möhren, gewürzt mit scharfem Harissa und angeschwitzten Zwiebeln und Knoblauch.

Erfurter Zwerg: bewährte alte Sorte für den frühen Anbau, deren Köpfe etwas kleiner bleiben als bei modernen Züchtungen.

Rosalind: samenfeste Sorte mit leicht rosafarbenen Köpfen, deren Farbe beim Dünsten erhalten bleibt.

Violetter Sizilianer: bildet violette Blütenknospen aus und stammt aus Sizilien.

Walcheren Winter: eine zweijährige winterharte Sorte, man sät im Sommer aus, im Folgejahr kann ab April geerntet werden.

White Rock: alte, samenfeste Sorte aus Südtirol.

SORTEN ROMANESCO

Minaret: winterharte Sorte, die auch leichte Fröste erträgt.

Romanesco Natilano: wärmebedürftige Sorte aus Italien.

Shannon: hellgrüne Sorte mit kräftigem Geschmack.

EINKAUF UND LAGERUNG

An den knackigen Blättern erkennt man die Frische von Blumenkohl und Romanesco: Sie sollten nicht welk sein. Beide Gemüse lassen sich bis zu einer Woche im Kühlschrank lagern, eingewickelt in ein feuchtes Tuch, damit die Köpfe nicht austrocknen. Die Röschen können, am besten nach dem Blanchieren, eingefroren werden.

SAISON

01 02 03 **04 05 06 07 08 09 10 11 12**

Als Importware ist Blumenkohl auch von September bis Juni aus Spanien, Frankreich und Italien erhältlich.

KOHL WEISS-GRÜN MIT ROQUEFORTSAUCE

je 1 kleiner Blumenkohl und Romaneso

geklärte Butter (ersatzweise flüssige gebräunte Butter)

1 EL Panch Phoron

1 EL Koriandersamen, gemörsert

100 ml Gemüsebrühe

SAUCE

1 Echalotte

1 kleine Zwiebel

1 kleine Knoblauchzehe

100 ml Sahne

100 g Roquefort

100 g Crème fraîche

Von den Kohlköpfen die Blätter abschneiden und für andere Anwendungen aufbewahren. Strünke säubern, abschneiden und ebenfalls aufbewahren.

Kohlköpfe mit je 2 EL geklärter Butter im Ganzen in je einen passenden Topf geben; erhitzen. Panch Phoron in den Topf mit dem Blumenkohl, Koriander in den Topf mit dem Romanesco geben. Die enthaltene Butter so aromatisieren. Etwas abkühlen lassen und in beide Töpfe ca. 50 ml Gemüsebrühe gießen. Kohlköpfe bei geschlossenem Topf leicht in der aromatisierten Butter dämpfen, bis beide bissfest sind.

Für die Sauce Echalotte, Zwiebel und Knoblauch schälen und fein hacken. Mit Sahne glasig dünsten (sie darf etwas karamellisieren). Roquefort in Stücken zugeben und Crème fraîche unterrühren. Erwärmen und ca. 5 Minuten auf 80 °C halten, dann kurz mit einem Stabmixer aufschlagen.

Beide Kohlköpfe in Achtel schneiden, abwechselnd auf Teller setzen und die Sauce angießen.

Pro Portion: 327 kcal, 26 g F, 7 g KH, 6 g B, 11 g E

ANBAU

__Blumenkohl__ kann ein- oder zweijährig kultiviert werden. Er gilt als schwierig und hat von allen Kohlsorten den höchsten Wasserbedarf. Der Kopf (Blütenstand) bleibt nur weiß, wenn er nicht dem Sonnenlicht ausgesetzt ist und kein Chlorophyll entwickelt. Die Blätter verhüllen den Kopf oder werden während des Wachstums zusammengebunden. Die Blumenkohlknospen werden in geschlossenem Zustand geerntet; kommt man bei der Ernte zu spät, wachsen sie aus und der Kopf verliert seine Kompaktheit. Geerntet werden kann Blumenkohl bei uns zwischen Frühjahr und spätem Herbst.

__Romanesco__ zieht man in Töpfen vor und setzt ihn erst ins Beet, wenn es wirklich warm ist, denn er braucht Wärme. Besonders im Hochsommer braucht er viel Wasser. Dann sollte man auch die Köpfe vor der stechenden Sonne abdecken.

GESCHICHTE UND BOTANIK

Blumenkohl ist eine Zuchtform des Gemüsekohls (*Brassica oleracea*), der noch heute an den westlichen Küsten des Mittelmeeres und an der Atlantik- und Nordseeküste wild wächst. Weitere Zuchtformen des Gemüsekohls sind Grünkohl (var. *sabellica*), Kohlrabi (var. *gongylodes*), Palmkohl (var. *palmifolia*), Futterkohl (var. *viridis*) und Kopfkohl (convar. *captitata*) mit den Sorten Weißkohl, Spitzkohl, Rotkohl, Wirsing sowie Brokkoli (var. *italica*) und Rosenkohl (var. *gemmifera*). Eine frühe Form des Blumenkohls soll zu Beginn der Neuzeit von Südgriechenland über Italien nach Mitteleuropa gelangt sein. Seit dem 16. Jahrhundert ist Blumenkohl im deutschen Sprachraum belegt. Der grüne Romanesco (*Brassica oleracea* convar. *botrytis* var. *botrytis*) wurde zuerst in der Nähe von Rom gezüchtet und wird ebenfalls seit dem 16. Jahrhundert in Deutschland angebaut.

Romanesco ist nicht immer grün, es gibt– ebenso wie beim Blumenkohl – violette Sorten. Sie färben sich beim Romanesco grün – anders als der weiße Blumenkohl –, weil ihre Blütenstände nicht vollständig von Hüllblättern umgeben und deshalb dem Licht ausgesetzt sind.

Die meisten Blumenkohl- (und Romanesco-)Sorten sind mittlerweile Hybridsorten und darauf gezüchtet, möglichst gleichzeitig zu reifen – schlecht für den Hausgarten, wo man lieber das Gegenteil hätte. Aber es gibt noch ein paar samenfeste Sorten.

H. THACH

Phaseolus vulgaris

BOHNEN (HÜLSEN)

Die Gartenbohne oder grüne Bohne gehört zu den „Schmetterlingsblütlern", einer Unterfamilie der Hülsenfrüchtler, wie auch Erbse, Klee und Lupine. In unseren Breiten isst man von der Phaseolus vulgaris und anderen Bohnenarten meist die jungen grünen Hülsen. Außerhalb Europas lässt man die Hülsen ausreifen und trocknet die Kerne, die dann ohne Hülsen verzehrt werden. Das ist aromatisch und kulinarisch etwas völlig anderes und wird in einem eigenen Kapitel (→ Bohne, Kerne) abgehandelt.

Aromen roh: HEXANAL △*grün, blattartig, grasig, fettig,* □*gemüseartig, apfelartig,* ◇*leicht holzig* (Z)-3-HEXENAL △*grün, grasig, frisch gemähtes Gras,* □*grüner Apfel* (E,Z)-2,6-NONADIENAL △*grün, gurkenartig,* □*melonenartig,* ◇*fettig* 1-OCTEN-3-ON △*pilzig, erdig, roher Champignon,* □*moderig, herbal,* ◇*hähnchenhautartig* 1-PENTEN-3-ON △*stechend, ätherisch, pfefferig,* □*knoblauchartig, fischartig,* ◇*senfartig* 3-HYDROXY-4,5-DIMETHYL-2(5H)-FURANON △*karamellig, süßlich, ahornsirupartig,* □*verbrannter Zucker,* ◇*kaffeeartig* 2-ACETYL-1-PYRROLIN △*popcornartig, gerösteter Mais,* ◇*malzig* 3-ISOPROPYL-2-METHOXYPYRAZIN △*grün, bohnenartig, erdig*

Aromen gekocht: METHIONAL △*schwefelig, gekochte Kartoffel, gemüseartig, moderig,* □*hefeartig, käsig, gekochtes Fleisch, gekochte Eier* PHENYLACETALDEHYD △*aromatisch, grün, honigartig, floral,* □*hyazinthenartig, kakaoartig, schokoladig,* ◇*leicht erdig* 2-ACETYL-1-PYRROLIN △*popcornartig, gerösteter Mais,* ◇*malzig*

GESCHMACK

SÜSS SAUER SALZIG **BITTER** UMAMI

Frische grüne Bohnen duften grasig-erdig, gekocht kommen zu den grünen Noten noch schwefelige Aromen hinzu.

Das Aromaspektrum der rohen frischen Gartenbohnenhülsen (auch: ***Buschbohnen, Stangenbohnen, grüne Bohnen, Fisolen, Filetbohnen***) ist durch zwei verschiedene „Grüntöne" definiert: Zum einen gibt es aliphatische, wachsig-grasige grüne Noten, die durch den oxidativen Abbau der ungesättigten Fettsäuren (Linolsäure C 18:2 und alpha-Linolsäure C 18:3) während des Wachstums entstehen (→ Aromabildung aus Fetten, Seite 45). Dazu gehören das grün-fettig duftende HEXANAL, gepaart mit dem stark grasigen und leicht fruchtigen (Z)-3-HEXENAL, sowie das nach Gurke und leicht nach Wassermelone duftende (E,Z)-2,6-NONADIENAL. Zum anderen gibt es würzig-grüne Aromen durch Pyrazine, wie sie auch von grünem Paprika bekannt sind. Bei Bohnen sind das vor allem die Heterozyklen 3-ISOPROPYL-2-METHOXYPYRAZIN mit seinem grünen, erdigen und bohnentypischen Duft und 3-HYDROXY-4,5-DIMETHYL-2(5H)-FURANON, dessen süßer Karamellduft noch einen Anklang an ungerösteten Kaffee mitbringt. Abgerundet wird dieser Teil des Aromaspektrums über einen weiteren Heterozyklus, das nach Popcorn duftende 2-ACETYL-1-PYRROLIN. Für die unterschwellig moderige Pilznote der Gartenbohne ist vor allem 1-OCTEN-3-ON verantwortlich, während 1-PENTEN-3-ON einen stechenden, würzigen Ton einträgt, der an Senf, Zwiebel und Knoblauch erinnert.

Grüne Bohnen werden allerdings nicht bzw. nur in sehr kleinen Mengen (als funktionelles Würzelement) roh genossen, sodass die Veränderung der Aromen während des Blanchierens und Kochens berücksichtigt werden muss. Beim längeren Kochen der Bohnen werden die grünen Aromen etwas in den Hintergrund gedrängt, ohne dass jedoch der grüne Charakter verloren geht. Der Duft wird jetzt außerdem von METHIONAL mitbestimmt: Es duftet nach gekochten Kartoffeln mit schwefeligen, moderigen Untertönen, die leicht an Frittieröl erinnern. Außerdem verstärkt sich die Popcorn-Note, und das aromatische, nach Honig duftende PHENYLACETALDEHYD tritt hervor. Heute ist es üblich, junge Gartenbohnen lediglich zu blanchieren, dabei bleiben die grasig-grünen Aromen deutlicher erhalten.

Die Hülsen grüner Bohnen enthalten ein Proteingemisch, sogenannte Lektine (auch Phasine genannt). Diese Lektine wirken auf den Menschen toxisch. Die Proteine lagern sich auf der Zellmembran von Blutzellen an und modifizieren dabei die Oberfläche so, dass sich die Blutzellen nicht mehr abstoßen. Sie lagern sich zusammen und bilden große Aggregate, mit der Folge von Übelkeit und Erbrechen. Darüber hinaus steht Phaseolin, das Speicherprotein in rohen Bohnenkernen, im Verdacht, Allergien und Unverträglichkeiten auszulösen.

ZUBEREITUNG

Bohnenhülsen werden jung und unreif geerntet, wenn die Kerne noch kaum entwickelt sind. Man schneidet grundsätzlich die Stielenden ab. Ob man auch die Spitzen entfernen soll, darüber gehen die Meinungen auseinander. Bei manchen Sorten, besonders den alten, muss man noch den Faden abziehen.

Die problematischen Lektine in den Hülsen (wie auch das Phaseolin in den Kernen) denaturieren je nach pH-Wert bei Temperaturen zwischen 52 °C (pH=3) und 60 °C (pH=6,8), d.h., ihre Bindefähigkeit an Zellmembranen wird dabei zerstört (und das Phaseolin verliert sein allergenes Potenzial). Daher müssen Bohnenkerne (vor allem von Trockenbohnen) ausreichend gekocht werden. In den Kernen junger grüner Bohnen ist die Phaseolinkonzentration aber eher gering, sodass hier Blanchieren ausreicht. Einfrieren oder milchsaures Vergären allein genügt nicht, auch hier müssen die Bohnen zumindest kurz erhitzt werden. Oft wird empfohlen, das Kochwasser wegzugießen, aber das ist nicht nötig, denn im Kochwasser befinden sich nur noch denaturierte Lektine. Das aromatisierte Wasser kann daher bedenkenlos für kulinarische Zwecke verwendet werden.

Bohnen werden immer in ausreichend gesalzenem Wasser gekocht, das auch gewürzt werden kann: etwa mit dem kräuterig-harzigen, etwas bitteren Bohnenkraut. Oder man kocht sie nicht zu lange vor und brät sie danach mit glasierten Zwiebeln oder einfach in heißem Fett (Butter, Schmalz oder Öl).

Generell empfiehlt sich eine kurze Garzeit, weil dabei die grasig grünen Aromen der Bohnen deutlicher im Vordergrund bleiben und das Gemüse sowohl seine Farbe als auch seine knackige Textur behält. Gekochte Bohnen sollten noch Biss haben, aber nicht mehr „stehen" können. Wenn die Bohnen sehr frisch und dünn sind, dauert dies lediglich wenige Minuten. Man kann sie nach dem Garen, um einen Farbverlust zu vermeiden, mit einem Spritzer Essig oder Zitrussaft würzen. Um die Kochzeit zu reduzieren, hilft es, die Bohnen entsprechend klein zu schneiden. Grüne Bohnen, bevorzugt die größeren Schwertbohnen oder Brechbohnen, kann man so schneiden, dass die Länge der Stücke gleich ihrem Durchmesser ist (Rondelles): Dann sind sie nicht nur schnell gar, sondern geben beim Anrichten der Teller ganz neue Ideen (siehe Rezept).

Manche gekochten Bohnen quietschen beim Essen, das ist ein Zeichen dafür, dass sie nur kurz gegart wurden. Der Grund dafür liegt darin, dass viele Zellen noch ihre ursprüngliche Struktur haben, sie sind nicht geplatzt, aber etwas elastischer. Die Zellwände fungieren dabei als „gespannte Saiten" und geben beim Hineinbeißen Quietschgeräusche ab.

MIKRONÄHRSTOFFE *(pro 100 g)*

Vitamine: *B_2 (0,11 mg), Folsäure (56 µg)* ***Mineralstoffe:*** *Calcium (64 mg)* ***Sekundäre Pflanzenstoffe:*** *Saponine, Phytoöstrogene*

HARMONIE

KÜCHENJOKER

Kresse, Meerrettich, Sellerie, Majoran, Kakaopulver (ungesüßt)

PASST GUT ZU

gekochten Eiern, Oliven, Fleisch, Speck, Käse, Pilzen

LÄNDERKÜCHE

Ungarn: *Ungarisches Bohnengulasch (Babgulyás, Zöldbabgulyás* ***Deutschland, England:*** *Speckbohnen* ***Bulgarien:*** *Grüne Bohnen mit Schafskäse* ***USA:*** *Bohnen mit Reis (getrocknete und grüne Bohnen gemischt, mit einer scharfen Salsa)* ***Österreich:*** *Eingebrannte Fisolen, Bohnensalat* ***Italien:*** *Minestrone*

GOLDDUKAT

GRÜNE FRÜHLINGSTARTE

- 200 g grüne Bohnen
- 4 Zuckerschoten
- 1 EL Sojasauce, Salz
- 100 g Erbsen
- 2 Tomaten
- 1 kleine Schalotte
- Zitronensaft
- 3–5 Liebstöckelblätter, gezupft
- 2 Msp. Agar-Agar
- 4 EL Couscous
- 1–2 EL glattes Aprikosenpüree (selbst gemacht oder Fachhandel)

Pro Portion: 94 kcal, 1 g F, 15 g KH, 3 g B, 4 g E

Bohnen putzen und in Röllchen schneiden. Zuckerschoten quer in feine Streifen schneiden. Wasser aufkochen, Sojasauce, 1 Prise Salz und Bohnen zugeben und 9 Minuten kochen, danach noch 5 Minuten im Wasser ziehen lassen. Erbsen palen und kurz dämpfen; sie sollten ihren rohen Charakter behalten.

Tomaten kreuzweise einritzen, mit heißem Wasser überbrühen und die Schale abziehen. Halbieren, Kerne und Tomatenwasser auslösen, durch ein Sieb geben und Tomatenwasser auffangen. Fruchtfleisch in Würfel in der Größe von Erbsen und Bohnen schneiden.

Schalotte schälen und fein würfeln. Mit Zuckerschotenstreifen mischen, leicht salzen und mit sehr wenig Zitronensaft ca. 15 Minuten ziehen lassen. Liebstöckel in kleine Quadrate schneiden.

Bohnen abgießen, 100 ml Kochwasser abmessen und mit Agar-Agar aufkochen. Couscous in Tomatenwasser mit etwas Zitronensaft quellen lassen. Couscous mithilfe von Dessertringen dünn auf Tellern verteilen. Gemüse mischen und auf dem Couscous anrichten.

Wenn die Kochflüssigkeit mit dem Agar ca. 55 °C erreicht hat, vorsichtig auf die „Törtchen" geben und einsickern lassen. (Nicht zu viel, sonst läuft es unten aus.)

Erkalten lassen und zum Servieren leicht im Ofen wärmen. Dessertringe vorsichtig abziehen und Teller nach Belieben mit glattem Aprikosenpüree betupfen.

SORTEN

Gärtnerisch unterscheidet man die Gartenbohne Phaseolus vulgaris nach ihrer Wuchsform: Es gibt hoch kletternde **Stangenbohnen** *(Phaseolus vulgaris var. vulgaris) und kleinwüchsige* **Buschbohnen** *(var. nanus), wobei die Letzteren meist auch kürzere Hülsen tragen. Die meisten Sorten gibt es bei den älteren Stangenbohnen. Im kommerziellen Gartenbau sind die rationeller auf Feldern kultivierbaren Buschbohnen im Vorteil, die ursprünglich als spontane Mutation der Stangenbohne entstanden sind. Eine halbhoch wachsende Bohne nimmt eine Art Sonderrolle zwischen Busch- und Stangenbohne ein: die* **Reiserbohne**. *Sie wird oft in Mischkultur mit Mais angebaut und nutzt die Maispflanze als Rankhilfe.*
Außer der **Gartenbohne** *(Phaseolus vulgaris) gibt es Bohnensorten anderer botani-*

Bohnenhülsen lassen sich sehr gut fermentieren oder sauer einlegen. Für eine milchsaure Fermentation lässt man 750 g grüne Bohnen mit 1 TL Honig oder Zucker, Senfkörnern, Pfefferkörnern und Chili in einem halben Liter gesalzenen Wasser auf- und weichkochen. Dann werden sie mit dem Kochwasser in Weckgläser gefüllt; zum besseren Start der Gärung kann man 1 bis 2 EL Sauerkrautwasser (oder Joghurt) dazugeben. Das Ganze sollte bei Zimmertemperatur eine Woche gären. Saure Bohnen nach alter deutscher Art werden nach dem Blanchieren nur mit Salz zur Gärung gebracht, ähnlich wie Sauerkraut.

Will man grüne Bohnen wie Mixed Pickles sauer einlegen, so blanchiert man diese kurz, schichtet sie in Einmachgläser und bedeckt die Bohnen mit einem aufgekochten Essigsud aus Wasser und Weinessig (1:1), gewürzt mit Salz, Zucker, Lorbeer, Piment, Pfeffer, Senfkörnern. Die verschlossenen Gläser 30 Minuten sterilisieren, d. h. auskochen.

In der Schweiz hat sich die Tradition erhalten, grüne Bohnen im Ganzen zu dörren, um sie haltbar zu machen. Dazu werden die Bohnen kurz blanchiert und kommen für 24 Stunden in ein 35 °C warmes Dörrgerät. So wird ihnen auf schonende Weise das Wasser entzogen, d. h., sie werden getrocknet. Diese Dörrbohnen werden vor dem Kochen wie Trockenbohnen (also die getrockneten Kerne) über Nacht eingeweicht.

FEDERBOHNE

KENIABOHNE

EVA

SAXA

KOMBINATIONEN

Das zweigeteilte grüne Duftspektrum der Gartenbohnen bietet sich für eine ganze Reihe nicht gängiger Kombinationen an. So heben etwa Gerichte mit Weizengras(-pulver oder -öl), z. B. in salzigen Crumbles mit Butter/Olivenöl, Mehl und Nussgranulat, den grasigen Charakter der grünen Bohnen. Denselben Effekt erzielen Kompositionen mit Gurken: Klein geschnittene, blanchierte Brechbohnen mit einigen gewürfelten Gurken und/oder Wassermelonenstücken, etwas Borretsch, Olivenöl, grünen Oliven und Lachs sind ein wunderbarer Vorspeisenteller. Über die eher würzigen Grüntöne ergeben sich Harmonien mit grünem Paprika. Auch die Kombination mit grünem und weißem Spargel geht in diese Richtung, wobei der Spargel nicht nur die grünen Aromen verstärkt, sondern mit schwefeligen Duftstoffen ergänzt. Wird ein Teil des (grünen) Spargels angebraten oder gegrillt, so reicht diese Würzung zusammen mit ein wenig Salz und reichlich Olivenöl schon für einen vollständigen Teller aus. Die leichte grüne Kaffee-Note der Bohnen legt weiterhin die Würzung mit Kaffee oder Kaffeeöl nahe, die tatsächlich ausgezeichnet ist. Das Garen von Gartenbohnen in Kaffee ist ebenfalls köstlich (mit etwas Natron im Kaffee halten sich Farbveränderungen in Grenzen). Und das Würzen mit grob gemörserten grünen (ungerösteten) Kaffeebohnen hebt die Bohne in ungeahnte kulinarische Höhen.

scher Gattungen, bei denen ebenfalls die Hülsen gegessen werden. Ebenfalls manchmal jung geerntet und dann frisch verwendet wird die **Augenbohne** *(Vigna unguiculata) aus der Gattung der Vigna, die es in großer Sortenvielfalt gibt und die sonst überwiegend als Trockenbohne verwendet wird. Sie wurde einst Faselbohne oder phase(o)lus genannt und war schon bei den Griechen und Römern beliebt. Mit der Einführung der Gartenbohne aus Amerika wurde ihr Name auf die neue Art übertragen. Von der Augenbohne gibt es eine kuriose Sorte, die brezelartige Hülsen bildet und deshalb* **Brezelbohne** *genannt wird. Von ihr werden auch die Hülsen und nicht die Kerne gegessen. Vor allem in südlichen Ländern wie Italien immer beliebter wird eine Unterart der Augenbohne, von der die ebenfalls ungewöhnlichen Hülsen gegessen werden:*

NECKARGOLD

BIG BORLOTTI

FILETBOHNE

PRUNKBOHNE, ROTBLÜHENDE

KIPFERLBOHNE

BLUE LAKE

NEGRA

FORELLENBOHNE

Werden grüne Bohnen in zylindrische Rondelles geschnitten, lassen sie sich bestens mit Erbsen kombinieren. Entscheidend bei dieser Idee ist, dass Erbsen und Bohnen dann vergleichbare Größen haben und Aromaharmonien beim Kauen retronasal deutlicher wahrgenommen werden. Müssen lange Bohnen erst zerbissen werden, können in dieser Zeit die Erbsenduftstoffe kaum „freigegeben" werden. Daher wählt man gern ähnliche Größen, um a) das Kauen zu erleichtern und b) die Aromafreigabe durch die größeren Teile nicht zu stören. Auf einem Knoblauchpüree (in etwas Gemüsebrühe gekochter und pürierter Knoblauch und eventuell etwas Joghurt für die Säure, sodass ein sämiges Püree entsteht) angerichtet, mit wenigen Scheibchen hauchdünnem Coppa, ist so ein Bohnen-Erbsen-Gericht eine vollständige Hauptspeise. Bei der Frage nach dem passenden Wein zu solch „grünen" Tellern liegt die Antwort auf der Hand: ein Sauvignon blanc, dessen Aroma deutlich von den erdigen, grünen Noten lebt.

Um Bohnenhülsen geschmacklich einen ordentlichen Schub in Richtung umami zu geben, kocht man sie in Brühe zusammen mit Parmesanstückchen. Der resultierende Sud lässt sich zum Angießen für weitere Gemüseteller oder zum Blanchieren von feinen Gemüsen wie Spargel, Kohlrabi oder gar Schwarzwurzeln verwenden. Man kann Bohnen sehr gut mit schmelzendem Käse (Schafskäse, Camembert, Taleggio) überbacken oder einfach den Käse mit den heißen Bohnen verrühren und schmelzen lassen. Hier paaren sich wieder die grünen Aromen, die immer aus dem Fettabbau stammen – in der Bohne während des Wachstums, im Käse über den Reifeprozess. Reifer Camembert lässt außerdem den leichten Pilzduft der Bohne hochleben – wie natürlich auch Kombinationen von Pilzen und Bohnen.

Wer mit Blick auf das Aromaspektrum auf die Idee kommt, gekochte Gartenbohnen mit gekochten Eiern oder gar mit ein paar Blütenpollen (ohne die Süße des Honigs gleich mit einzukaufen) zu würzen, liegt durchaus nicht falsch. Noch naheliegender erscheint – wegen der Mais-Aromen – eine Komposition mit gebratener Polenta.

Die traditionelle Küche zeigt: Bohnen brauchen wegen ihres vielschichtigen Aromas gar nicht viel Begleitung. Immer gut sind glasierte Zwiebeln oder zarte, nur kurz angeschwitzte Frühlingszwiebeln, Bohnenkraut, Petersilie und Dill, die einen kräuterig-würzigen Kontrast bilden, und manchmal etwas schwefeliger Knoblauch. In viele Bohneneintöpfe kommen Tomaten: Sie geben Farbe und Flüssigkeit und ergänzen mit ihrem süß-sauren und Umamigeschmack das grasig-erdige Aroma der Bohnen.

Wenn man die Hülsen braten möchte, gelingt dies am besten in Butter, Schmalz (dann wird es deftiger) oder mediterran in Olivenöl. Röststoffe, die die röstigen Noten der Bohne unterstreichen, erhält man auch, ohne die Bohnen zu braten, wenn man gekochte Bohnen mit in Butter gerösteten Semmelbröseln bestreut. Salate mit gekochten, kalt abgeschreckten grünen Bohnen schmecken mit rohen Zwiebeln, Tomaten, Mozzarella, Essig, Öl und Basilikum. Auch schwefelige Kresse kann einen Bohnensalat bereichern, ebenso wie Meerrettich oder junger Spitzkohl. Fenchel ergänzt zusätzlich

die ***Spaghettibohne****, auch Schlangenbohne genannt (Vigna unguiculata subsp. unguiculata bzw. subsp. sesquipedalis). Sie rankt stark, und ihre dünnen Hülsen werden bis zu einem halben Meter lang. Ihre Hüllen können hellgrün oder violett sein, die dunkelrötlich-violette Sorte* **Red Noodle** *behält ihre Farbe beim Kochen. Es laufen Versuche, sie in Mitteleuropa als Busch- und Stangenbohne in Gewächshäusern zu kultivieren. Auch die jungen Hülsen der* ***Feuerbohne*** *können gegessen werden. Sie werden als rotblühende Prunkbohne gehandelt.*

Spargelbohne bzw. -erbse: *(Lotus maritimus) hat bizarre Flügel, die symmetrisch um die Hülse angeordnet sind, und ihre jung geernteten Hülsen schmecken tatsächlich nach Spargel.*

BUSCHBOHNEN

Cupidon: *eine Sorte mit besonders zarten, fadenlosen, runden Hülsen, die bis zu 20 cm lang werden.*

Major: *in unreifem Zustand gelb gefärbt, die Hülsen sind fadenlos, 14 bis 18 cm lang, leicht gekrümmt, mit rundem Querschnitt; sie haben ein sehr gutes Aroma.*

Saxa: *alte, sehr früh reifende und sehr widerstandsfähige Sorte mit hohen Erträgen. Der Geschmack ist mild und leicht süßlich. Man sieht die gelben bis braunen Kerne sich durch die Hülse abzeichnen (Kornmarkierung).*

Golddukat: *beliebte Züchtung von Wachsbohnen mit gelben Hüllen: sehr widerstandsfähig und ertragreich.*

Purple Teepee: *mittelspäte, blauviolette Sorte mit hellbraunen Körnern, beim Kochen schlägt die dunkle Farbe ins Grüne um.*

Antea: *eine italienische Spezialität, mittelfrüh reifend, die hellgrünen Hülsen sind flach und etwa 16 bis 18 cm lang. Sie können gut eingefroren werden.*

Dickfleischige Wachs: *eine frühreifende, robuste Sorte mit gelben, etwa 18 cm langen,*

HARICOVERT

BLAUHILDE

PURPLE TEEPEE

runden, fadenlosen Hülsen, sie wird oft als Tiefkühlware weiterverarbeitet.
Negra: *grüne Hülsen mit schwarzen Körnern, die mitgegessen werden.*
Purple Duke: *Neuzüchtung mit violetten Hülsen, die nach wenigen Minuten Kochzeit grün werden. Sehr zart und fleischig.*

STANGENBOHNEN

Blauhilde: *mittelspäte, ertragreiche Sorte, die blauen bis violetten Hülsen werden beim Kochen grün und sind dickfleischig, sehr lang (25 bis 27 cm) und rund bis flach im Querschnitt.*
Neckargold: *ertragreiche Sorte mit langen, fleischigen, fadenlosen, gelben Hülsen.*
Berner Landfrauen: *beliebte Schweizer Sorte, starkwüchsig und robust; die Hülsen sind rundoval, leicht gebogen, fleischig und fadenlos, die Körner klein, braun und hübsch gesprenkelt.*
Neckarkönigin: *Die 28 cm langen grünen Hülsen sind rund und nicht gekrümmt. Sie sind zart und wohlschmeckend.*
Eva: *sehr früh reifende grüne Sorte.*
Coco Noir: *Grüne Bohne mit schwarzen Kernen, die mitgegessen werden.*
Blue Lake: *klassische grüne Sorte, die von den amerikanischen Ureinwohnern am Ufer des Missouri stammen soll.*
Forellenbohne: *alte, spät reifende robuste österreichische Sorte mit grünvioletten Hülsen, auch die violett marmorierten Kerne lassen sich trocken weiterverarbeiten.*

seinen leicht holzig-harzigen Anisduft. In einigen Rezepten findet sich – neben Thymian, Estragon und Kerbel – immer wieder Minze. Dies ist köstlich, denn abgesehen von den aromatisch-kräuterigen Aromen liefert sie für das junge grüne Gemüse eine wohltuende trigeminale Kühle.

REGIONALE VARIANTEN In Ungarn kenn man ein Bohnengulasch (*Babgulyás, Zöldbabgulyás*), das aus frischen Bohnen, Kartoffeln, Zwiebeln und Tomatenmark besteht. Gewürzt wird mit süßem und scharfem Paprika. Für klassische deutsche *Speckbohnen* kocht man zarte grüne Bohnen und umwickelt sie mit dünnen Räucherspeckscheiben, um sie dann anzubraten. *Eingebrannte Fisolen* kennt man vor allem in Österreich: Feingehackte Zwiebeln in Butter anschwitzen, mit Mehl binden und leicht anbrennen lassen, mit Rinderbrühe aufgießen, mit Essig, Salz und Pfeffer abschmecken, mit Petersilie oder Dill würzen und gekochte grüne Bohnen untermischen. Dazu passen Kartoffelauflauf, gekochtes Rindfleisch oder Bratwurst. Ein klassischer *Grüne-Bohnen-Salat nach Wiener Art* braucht neben gekochten und abgeschreckten Bohnen eine Marinade aus Wasser, Essig, Öl, Zucker, Salz und Pfeffer. Wichtig: Man lässt ihn drei Stunden ziehen. Zum Schluss fügt man rohe, sehr dünn geschnittene Zwiebelringe hinzu.

GESCHICHTE UND BOTANIK

Rein botanisch gesehen gibt es verschiedene Gattungen von Bohnen: *Phaseolus, Vigna, Vicia* und *Lablab* (→ Bohne, Kerne). Die ursprünglich europäische „altweltliche" Bohne war – gemeinsam mit der Augenbohne, einer *Vigna*-Sorte – die Dicke Bohne (*Vicia faba*), auch Puffbohne oder Ackerbohne genannt. Die wurde mit der Entdeckung der Neuen Welt und der Einführung der „neuweltlichen" Gartenbohne *Phaseolus vulgaris* verdrängt, weil diese sich als widerstandsfähiger in der Kultivierung erwies und weniger Wärme benötigt. Deshalb werden auch in Mittel-, West- und Nordeuropa eher grüne Bohnen gegessen als am Mittelmeer: Bohnen bilden bei uns im Herbst aufgrund mangelnder Wärme nicht genug Kerne aus, also werden überwiegend die jungen Hülsen geerntet. In den Anden wächst noch heute die wilde Urform der grünen Bohne: *Phaseolus aborigeneus*.

Zunächst wurden in Europa allerdings auch die *Phaseolus* als Körner- bzw. Trockenbohnen kultiviert. Erst die Engländer entdeckten, dass man frische Bohnenhülsen fein zubereiten kann – als sie französische Sorten wie Roquencourt (gelbe Wachsbohne), Fin de Bagnol oder Chevrier Vert über eingewanderte Hugenotten kennenlernten. Im 19. Jahrhundert wurden dann viele Sorten der Gartenbohne für den Verzehr der Hülle gezüchtet, zu

Beginn des 20. Jahrhunderts gab es knapp 500! Die damals neue und boomende Konservendosenindustrie setzte stark auf die Grüne Bohne. Neuere Züchtungen sind zudem fadenlos und noch einfacher zuzubereiten.

VARIANTEN

Aufgrund der unzähligen Sorten und Varianten, die wiederum oft unter verschiedenen Namen und Bezeichnungen bekannt sind, fällt es selbst erfahrenen Züchtern schwer, den Überblick zu behalten. Neben der gärtnerischen Einteilung in Busch- und Stangenbohnen (siehe Randspalte) gibt es Bezeichnungen, die unabhängig von ihren Sorten die grünen Bohnen nach der Form ihrer Hülsen einteilen: Bohnen mit flachen Hülsen heißen **SCHWERTBOHNEN**. Sie sind geeignet für Eintöpfe und als Beilage. Besonders zarte grüne Bohnen bezeichnet man als **PRINZESSBOHNEN**, manchmal auch Bobby-Bohnen. Sie kommen häufig in Konservendosen und später in Bohnensalate. Geraten sie etwas größer, sind es **DELIKATESSBOHNEN**. Sind sie besonders fein und rund, nennt man sie häufig **FILETBOHNEN** (Der Ausdruck wird allerdings auch generell für grüne Bohnen gebraucht). Diese Bohnen werden zu Salaten verarbeitet oder als Beilage zu Fleischgerichten gereicht. Zu den Filetbohnen zählen die besonders dünnen, fadenlosen, köstlichen **KENIABOHNEN**. Gartenbohnen mit gelben bis weißgelben Hülsen nennt man **WACHS-** oder **BUTTERBOHNEN**, sie können flach oder rund sein. Mit geschlossenen Augen schmecken sie nicht viel anders als ihre grünen Artgenossen. Ihre gelbe Farbe bleibt anders als bei violetten Bohnen beim Kochen erhalten. Violette Bohnen dagegen besitzen Anthocyane als Farbstoffe, deren Farbe stark vom pH-Wert der Umgebung abhängig ist: Kleine Verschiebungen in die alkalische Richtung etwa beim Kochen verändern den pH-Wert, also werden violette Bohnen grün. Gibt man etwas Säure ins Kochwasser, bleibt die Farbe zwar besser erhalten, aber die Bohnen werden langsamer gar. **SPECKBOHNEN** werden große und dicke grüne Bohnen genannt – der Name hat nichts mit der Spezialität Speckbohnen zu tun. **BRECHBOHNEN** heißen Sorten mit großen, geraden, flachen Hülsen, die fadenlos sind und daher auch im ausgereiften Zustand glatt durchbrechen und wegen ihrer Größe meist auch gebrochen oder klein geschnitten verarbeitet werden. Bei allen diesen Varianten werden die Hüllen mit den meist noch nicht voll oder gar nicht ausgebildeten Kernen gegessen. In Frankreich heißen grüne Bohnen deshalb generell „Haricots mange-tout".

Ebenfalls mit essbaren Hülsen können noch zwei Bohnenexoten die Küche bereichern: Die **SPARGELBOHNE** bzw. **-ERBSE** *(Lotus maritimus)* hat bizarre Flügel, die symmetrisch um die Hülse angeordnet sind, und ihre jung geernteten Hülsen schmecken tatsächlich nach Spargel. Auch die **GOABOHNE** oder Flügelbohne *(Psophocarpus tetragonolobus)* bildet kuriose geflügelte und gezackte Hülsen aus. Die Hülsen können je nach Sorte grün oder gelb bis purpur sein. In vielen Ländern Ostafrikas und Südostasiens sind Goabohnen ein traditionelles Gemüse, denn auch die Blüten, Blätter und die reifen getrockneten Samen sind essbar.

Kipflerbohne: *Spezialität aus der Südsteiermark, in Italien als Annelino bekannt; die sichelförmig gebogenen Hülsen werden auch im reifen Stadium nicht fädig.*

EINKAUF UND LAGERUNG

Frische grüne Bohnen sollten sich glatt durchbrechen lassen, die Bruchstelle muss hellgrün sein. Bei lockerer Schichtung sind sie etwa eine Woche haltbar; bei zu kühler (im Kühlschrank) oder zu warmer Lagerung baut sich das Vitamin C sehr schnell ab. Am besten bewahrt man sie deshalb im nicht so kühlen Gemüsefach des Kühlschranks auf. Grundsätzlich gilt gerade bei grünen Bohnen: Je frischer man sie verarbeitet, umso besser. Lasche Bohnen lassen sich durch Einlegen in kaltes Wasser wieder auffrischen. Man kann grüne Bohnen außerdem trocknen oder kurz blanchiert einfrieren.

SAISON

01 02 03 04 05 **06** **07** **08** **09** **10** 11 12

Den Rest des Jahres ist Importware z. B. aus Italien, Spanien und Ägypten erhältlich.

ANBAU

Man unterscheidet im Gartenbau zwei Wuchsformen: die kleinwüchsige, bis zu 60 cm hohe Buschbohne und die 2 bis 4 Meter hoch kletternde Stangenbohne. Letztere ist schwieriger zu kultivieren, aber ihr Ertrag ist höher. Der Boden sollte humusreich sein, die Lage warm und windgeschützt, besonders bei Stangenbohnen, die sehr hohe Rankhilfen benötigen. Alle Gartenbohnen sind frostempfindlich und werden erst nach den Eisheiligen bis spätestens Juli ins Freiland ausgesät. Geerntet wird etwa 8 Wochen nach der Aussaat. Nach der Ernte bleiben die Wurzeln im Boden: Die Knöllchenbakterien an den Wurzeln binden organischen Stickstoff und verbessern so die Bodenqualität.

Vicia Faba, Vigna, Phaseolus, Lablab

BOHNEN (KERNE)

Bohnenkerne, meist getrocknet und damit lange haltbar, werden in vielen Ländern der Welt seit alters als nahrhaftes Grundnahrungsmittel geschätzt. Darum spielen sie in zahlreichen traditionellen Nationalgerichten eine Hauptrolle, oft in Kombination mit fettem Fleisch, wie etwa bei Ritschert, Baked Beans, Cassoulet, Feijoada oder Fabada. Die gehobene Küche hat die getrocknete Bohne ebenfalls entdeckt: Besonders beliebt sind die steirischen Käferbohnen (bzw. Feuerbohnen) oder die rotweiß gesprenkelten italienischen Borlottibohnen.

●○○○○○○○○

Aromen gekocht: 1-PENTANOL △*fettig, fuselölig, fermentiert,* □*stechend,* ◇*süßlich-balsamisch* 1-HEXANOL △*grün, herbal, süßlich, apfelschalenartig,* ◇*stechend, ölig, fruchtig* (E)-2-HEPTENAL △*fettig, gemüseartig,* □*fruchtige Anklänge, grün* 1-OCTEN-3-OL △*grün, erdig, fungal, champignonartig,* □*gemüseartig, pilzig, hähnchenhautartig,* ◇*brühenartig, saucenartig*

GESCHMACK

SÜSS	SAUER	SALZIG	BITTER	UMAMI
■	□	□	■	■

Der leicht süßliche, manchmal auch etwas bittere Geschmack und das erdig-fettig, wachsige Aroma erinnern, wie auch die Textur, an gekochte Linsen.

MIKRONÄHRSTOFFE *(pro 100 g)*

Vitamine: *B_1, B_2* ***Mineralstoffe:*** *Kalium, Calcium, Phosphor, Eisen* ***Sekundäre Pflanzenstoffe:*** *Saponine, Phytoöstrogene*

Da die kulinarische Verwendung von trockenen Bohnenkernen und den jungen → Bohnenhülsen sehr unterschiedlich ist, werden sie in jeweils eigenen Kapiteln behandelt, wenngleich es einige Bohnensorten gibt, bei denen man beides nutzen kann. Die botanisch nicht eng verwandte → Sojabohne wird ebenfalls in einem Extrakapitel beschrieben.

Die gemeinsame Basis des Dufts aller Bohnenkerne ist definitiv der große Anteil an grünen, fettigen, wachsigen sowie „fermentierten" Aromen, die vor allem durch den langen Trocknungs- und Lagerungsprozess entstehen. Die fermentartigen, an Hefe und Nüsse erinnernden Düfte werden über 1-PENTANOL definiert. Grüne, herbale und für Gemüse typische Noten werden meist durch 1-HEXANOL und (E)-2-HEPTENAL beigesteuert, pilzig-erdige Duftkomponenten durch 1-OCTEN-3-OL.

Die Konzentration der Duftstoffe ist in den zahlreichen Bohnensorten ganz unterschiedlich ausgeprägt. Außerdem unterscheiden sich viele Sorten deutlich im „Rest": Die Ausbildung von Schwefelstoffen, Aromaten oder heterozyklischen Duftstoffen sorgt für eine weitere Individualität der einzelnen Sorten. Wie unterschiedlich die Aromazusammensetzungen – und damit die kulinarischen Einsatzmöglichkeiten – sein können, wird unten anhand von fünf Sorten genauer dargestellt.

Was die Geschmacksstoffe betrifft, sind ungewürzte Bohnen sehr zurückhaltend. Bitterstoffe wie Phenole kommen vor, sind aber nicht stark wahrzunehmen. Auch die Zuckerkonzentrationen sind nicht besonders ausgeprägt. Bohnen, die sehr lange bei niedrigen Temperaturen gegart werden, entwickeln allerdings wegen ihres Proteinreichtums eine stark mundfüllende Sensorik (kokumi) und einen herzhaften Geschmack (umami).

Getrocknete Bohnenkerne enthalten aufgrund der höheren Dichte fast durchgehend mehr Inhaltsstoffe als die frühreif geernteten Hülsen der Gartenbohnen. Das sind vor allem Kalium, Eiweiß, Kohlenhydrate, Ballaststoffe, Magnesium und Zink. Die berüchtigten Blähungen entstehen durch komplexe Zuckerverbindungen, die bei der Verdauung Schwefelgase bilden. (→ Fodmaps, Seite 84). Beim Auskeimen werden diese Zucker durch Enzyme teilweise abgebaut (→ „Hülsenfrüchte keimen lassen", Seite 160).

ZUBEREITUNG

Bohnen sollten nicht roh gegessen werden, da Hülsen und Kerne die giftigen Stoffe Phasin und Phaseolin enthalten, die erst bei Hitze abgebaut werden. Milchreife, also frische Bohnenkerne brauchen nur wenige Minuten Kochzeit und müssen nicht gewässert werden. Ansonsten muss man Trockenbohnen vor dem Kochen immer lange wässern, je älter sie sind, desto länger. Man rechnet mit der dreifachen Menge an Wasser. Soll es schneller gehen, legt man sie in abgekochtes (weiches) Wasser ein, oder man lässt sie einmal aufkochen und dann zugedeckt mindestens eine Stunde quellen. Will man möglichst viele der wasserlöslichen Vitamine bewahren, sollte man die Bohnen im Quellwasser kochen, wer jedoch empfindlich auf blähende Stoffe reagiert, sollte das Wasser lieber wechseln.

Die getrockneten Bohnen sind deshalb lange haltbar, weil ihr Wassergehalt die kritische Grenze von 10 bis 15 Prozent unterschreitet. Die Wasseraktivität in den Bohnen ist dann so gering, dass ein Verderb, eine Keimung oder ein Keimbefall nahezu ausgeschlossen ist. Während des Einweichens nehmen die Kerne wieder Wasser auf, die biochemischen Prozesse wie die Keimung sind von Neuem aktiviert. Verhindern kann man die beginnende Keimung, wenn man die Bohnen bei Temperaturen unter 10 °C einweicht. Einweichen verkürzt die Kochzeit, weil sich dann das Wasser in den Bohnen erwärmt und die Bohne gleichmäßig gart. Ohne Einweichen werden die Bohnen unter Temperatur rehydriert und von außen nach innen gekocht, d.h. die Garung ist heterogener. Bei nicht eingeweichten Bohnen ist die Gefahr des „Hartkochens" deutlich größer, wenn hartes, kalkhaltiges Wasser verwendet wird. Ist keine Zeit zum Einweichen, so ist das Kochen im Schnellkochtopf eine Alternative. Nach dem Wässern kann man die Bohnenkerne kochen – nur Dicke Bohnen und Feuerbohnen sollte man erst schälen, weil die Haut bitter schmeckt und schwer bis gar nicht verdaulich ist: Man weicht sie 48 Stunden ein und wechselt das Wasser mehrmals. Dann kann man die Kerne einfach aus der Schale drücken.

Man rechnet mit 80 g getrockneten Bohnen pro Person für ein sättigendes Gericht. In das Kochwasser sollte man keine Säure (Zitrone, Essig o.Ä.) geben, denn diese bewirkt, dass Hülsenfrüchte weniger rasch quellen. Sie werden nicht weich und haben ein schlechtes Mundgefühl. Früher hat man Natron ins Kochwasser gegeben; seit man jedoch weiß, dass dies das Vitamin B zerstört, ist man davon abgekommen. Muss man beim Kochen nachgießen, sollte man immer heißes Wasser nehmen, um den Kochvorgang nicht zu unterbrechen. Den besten Geschmack erzielt man, wenn man die Bohnen nur einmal richtig aufkocht und dann bei möglichst kleiner Flamme langsam köcheln lässt. Kommen sie später wie bei Baked Beans oder Cassoulet in den Ofen, sollte der nicht mehr als 140 °C haben. Zu viel Wasser sollte während der Garung im Ofen nicht verdampfen, denn eine Maillardreaktion (→ Seite 94) und die Bräunung der Bohnen ist wegen wenig ansprechender Texturen nicht erstrebenswert. Fügt man dem Kochwasser Asant und andere Gewürze wie Kümmel, Ingwer, Fenchel, Koriander, Majo-

HARMONIE

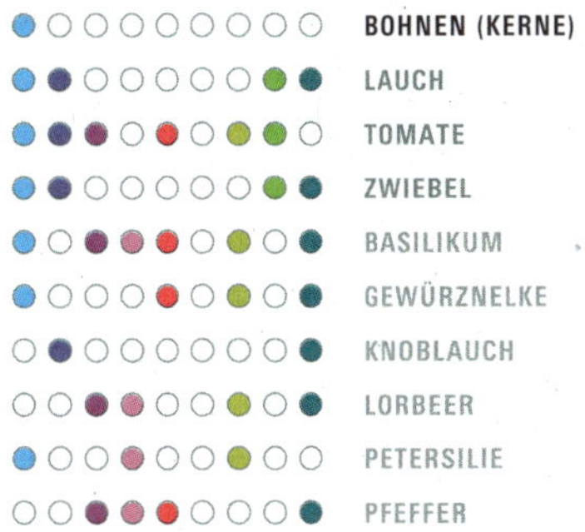

KÜCHENJOKER

Honig, Melasse

PASST GUT ZU

gepökeltem, geräuchertem oder kräftig gewürztem Fleisch von Schwein, Ente, Gans oder Lamm, Zitrone, Essig, hartgekochten Eiern, Reis

LÄNDERKÜCHE

USA, England: *Baked Beans* ***Frankreich:*** *Cassoulet* ***Spanien:*** *Fabada (Eintopf)* ***Brasilien, Portugal:*** *Feijonada completa (Eintopf)* ***Italien:*** *Bohnensalat* ***Schweden:*** *Bruna Böner* ***Serbien:*** *Bohnensuppe* ***Osteuropa:*** *Teufelsbohnen (eingelegt)* ***Südamerika:*** *Habas (Dessert)* ***Mexiko:*** *Frijoles refritos (geröstetes Bohnenmus)*

SORTEN

Zu den Sorten, von denen in erster Linie die reifen, meist getrockneten Kerne verzehrt werden, zählen die folgenden Bohnen – aufgeteilt nach den botanischen Gruppen Vicia faba, Vigna, Phaseolus und Lablab.

VICIA FABA

Dicke Bohnen *(→ Seite 162)*

VIGNA

Die meisten Trockenbohnen weltweit gehören zur Gattung der Vigna. Viele von ihnen werden aus klimatischen Gründen (sie sind

GOLDMARIE

COCO NOIR

FEUERBOHNE

STEIERISCHE KÄFERBOHNE

BLACK EYED PEAS

sehr wärmeliebend und werden bei uns deshalb selten reif) eher selten in Europa angebaut.

Adukibohne *(→ Seite 164)*

Mungbohne *(→ Seite 166)*

Augenbohne: *(Vigna unguiculata subsp. unguiculata) Kuhbohne, Schwarzaugenbohne, Katjangbohne, Black Eyed Pea, Yellow Eyed Pea, Mückenbohne, Chinesische Vigna-Bohne, Urdbohne: Diese Sorte ist unter vielen Namen bekannt. Es gibt vier Unterarten in Afrika, Lateinamerika, Südostasien sowie im Süden der USA. Sie ist sehr wärmebedürftig, verträgt aber Trockenheit. Augenbohnen sind die in den Tropen am häufigsten angebaute Bohne. In Afrika werden die jungen grünen Blätter wie Spinat und die unreifen Hülsen als frisches Gemüse gegessen. Die Samen lassen sich getrocknet gut aufbewahren, kommen in Salate und Eintöpfe oder werden zu frittierten Küchlein verarbeitet.*

FLÜGELBOHNE

MÜCKENBOHNE

PHASEOLUS

Von den folgenden Arten der Gartenbohne (Phaseolus vulgaris) werden nicht die Hülsen verzehrt, sondern die getrockneten Samen/Kerne:

Kidneybohne *(→ Seite 168)*

Pintobohne *(→ Seite 169)*

Schwarze Bohne *(→ Seite 171)*

Weiße Bohnen: *Sie schmecken zurückhaltend mild und sind ein umgangssprachli-*

CANNELLI-BOHNE

CHINESISCHE VIGNA-BOHNE

HELMBOHNE

ZWERG-LIMA-BOHNE

RIESEN-LIMA-BOHNE

ran, Liebstöckel, Bohnenkraut, Thymian, Rosmarin oder Senfkörner hinzu, können diese die blähende Wirkung der Bohnen mildern.

Eine besondere Spezialität aus Japan lässt sich mit vielen Bohnenkernen nachbauen: „Natto", angekeimte und fermentierte Sojabohnen. Dazu können praktisch alle nicht zu großen Bohnenkerne verwendet werden. Die Bohnen 9 bis 12 Stunden an einem warmen Ort einweichen, kochen, auf 40 °C abkühlen lassen und mit „Nattosporen" impfen (z. B. 1 EL Natto oder Nattosporen aus japanischem Lebensmittelhandel). Danach bei Zimmertemperatur 24 Stunden fermentieren lassen (→ Fermentieren, Seite 83). Das Geschmacks- und Aromaspektrum ist deutlich anders als das Original und wird von der Zusammensetzung der jeweiligen Bohnensorte bestimmt.

Wenn man getrocknete Bohnenkerne keimen lässt, werden sie weicher und verschieben ihr Aromaspektrum in Richtung „grün", die Fodmaps und antinutriven Stoffe bauen sich teilweise ab und sie werden besser verdaulich (→ Hülsenfrüchte keimen lassen, Seite 160).

Von vielen Bohnen können auch die Sprossen gegessen werden. Adukibohnenkeimlinge sind zum Beispiel sehr nährstoffreich und schmecken in den ersten Keimstadien leicht süß. Keimlinge benötigen Temperaturen um 25 bis 35 °C, damit sie wachsen und rasch austreiben. Dabei vermehren sich zwar die Nährstoffe und antinutritive Stoffe werden abgebaut. Andererseits ist man bei diesen Temperaturen nie sicher, ob nicht pathogene Keime mitwachsen (siehe die Fälle von Darminfektionen durch EHEC). Daher ist es besser, sie kurz zu blanchieren – oder zumindest gut abzuwägen, ob man das Risiko wegen des guten rohen Geschmacks und der knackigen Textur eingehen möchte.

KOMBINATIONEN UND REGIONALE VARIANTEN

Verschiedene getrocknete Bohnen unterscheiden sich zwar nach dem Kochen in ihren Aromen, aber die geschmackliche Grundrichtung ist stets leicht bitter, leicht süßlich und umami. Daher können sie in Rezepten oft ausgetauscht werden. Als Faustregel gilt, dass helle Bohnen milder sind als dunkle, daher eignen sich z. B. Weiße Bohnen für leichte Salate, *Cassoulet* oder leichte, mit Butter gebundene Cremesuppen. Die intensiveren, dunk-

cher Sammelbegriff für alle hellen Bohnen. Edle Sorten sind die mittelgroße italienischen Canellini-Bohne oder die kleine weiße, fast runde Perlbohne, die ins französische Cassoulet gehört. Fürs Cassoulet nimmt man auch gerne die besonders sämig kochende Lingot-Bohne.

Limabohne: *(Phaseolus lunatus var. macrocarpus) Die peruanische Limabohne ist wärmebedürftig und in unseren Breiten gärtnerisch nur für Weinbaugebiete interessant. Die Samen enthalten giftige Blausäure, das Kochwasser muss weggeschüttet werden! Nur Sorten mit weißer Samenschale sind ungiftig. Ansonsten sind Limabohnen leichter verdaulich als Gartenbohnen. Eine Variante ist die Mondbohne (Phaseolus lunatus var. lunatus): Sie zeichnet sich durch ein üppiges Wachstum aus und durch sehr hübsche, weiß, rot und schwarz gesprenkelte Samen, die ebenfalls blausäurehaltig sind. Es können die jungen Hülsen, die frischen milchreifen Samen und auch die ausgereiften trockenen Samen gegessen werden. Sie wird beim Kochen schön weich und mehlig, zerfällt aber nicht und ist sehr gut für Salate oder Vorspeisen geeignet.*

Feuerbohne: *(Phaseolus coccineus) Man schätzt sie kulinarisch als spätreifende Herbstbohne – besonders in der Steiermark, wo sie aufgrund des milden Klimas gut gedeiht und unter dem Namen Käferbohne mit besonders großen Samenkernen zur*

regionalen Spezialität geworden ist. Eine weitere Untersorte ist die Flügelbohne. Anhand der Blütenfarbe kann man die Zeichnung der Kerne vorhersagen: rot blühende Sorten haben rot-violette und schwarz marmorierte Kerne; weiß blühende weiß-graue Samen; weiß-rot blühende rot-braun geflammte Samen. Man kann auch die behaarten Hülsen essen, wenn man sie jung erntet. Feuerbohnen haben geringere Temperaturansprüche als Gartenbohnen, sie lieben kühl-feuchtes Klima und vertragen Höhenlagen. Man kann sie als Balkonpflanze auf windgeschützten Balkonen oder Terrassen ziehen, sie brauchen jedoch Stützgestänge und vertragen nicht viel Hitze.
Coco noir, Goldmarie

LABLAB

Helmbohne: *(Dolichos lablab) Diese Sorte, auch als Hyazinthbohne oder Indische Bohne bekannt, ist eine hübsche windende Kletterpflanze. Sie ist nahe verwandt mit den anderen Bohnen, gehört aber botanisch zur Gattung Lablab. Verwendet werden die jungen violetten Hülsen, junge Blätter und die*

RIESENBOHNE

len Bohnen passen besser zu stärkeren, trigeminal ausgeprägten Gewürzen (Chili, Pfeffer). Wird die dunkle Schale entfernt (z. B. bei Mungbohnen, Urad), werden sie wiederum milder im Geschmack. Klare Regeln für Bohnen gibt es daher kaum. Meist sind gekochte Bohnen „nur" Grundlage und Träger für aromatische und geschmacklich variierende Gerichte.

UMAMI/WÜRZIG – HERZHAFT Die meisten Bohnen vertragen sehr gut deftige Begleiter wie gepökeltes, geräuchertes oder kräftig gewürztes Fleisch, die einen starken Kontrast bilden. Gleichzeitig gibt das den Bohnen einen ordentlichen Aromaschub. Oft kommen Bohnen auch in süßlich-würzigen Varianten vor, zum Beispiel als gebackene Bohnen mit Fleisch und Tomaten. Unter dem Namen *(Boston) Baked Beans* sind sie in den USA ein Klassiker, der gerne als Beilage zum Barbecue gereicht oder als Hauptspeise gegessen wird. *Baked Beans* sind ebenso ein unverzichtbarer Bestandteil des typisch englischen warmen Frühstücks. Gekochte weiße Bohnen werden mit Tomaten und Speck im Ofen gebacken. Der grundsätzlich etwas süßliche Geschmack dieser Gerichte kommt von den weißen Bohnen und vor allem von der zugegebenen Melasse. Die Tomaten ergänzen eine fruchtige und ebenfalls leicht süßliche Komponente. Im arabischen Raum gibt es mit *Foul Medammes* ein ähnliches Gericht – nur werden hier statt Weißer Bohnen Dicke Bohnen verwendet. Das griechische Ofengericht mit weißen Feuerbohnen (*Gigantes*) und Tomaten ist ähnlich in der Kombination, wenngleich deutlich weniger süß abgeschmeckt. Spanien kennt ebenfalls ein klassisches gebackenes Bohnengericht: *Fabada*. Als Fleisch kommt hinein: Bauchspeck, Chorizo und Blutwurst, deftig gewürzt wird mit Zwiebeln und Knoblauch. Auch der französische Klassiker *Cassoulet* ist ein Gericht aus lange bei niedriger Hitze im Ofen gebackenen Bohnen mit Fleisch. Entscheidend sind dabei die beim Backen entstehenden Krusten. Als Fleisch sind gepökeltes Schweinefleisch und Toulouser Würstchen beliebt. Legendär sind auch Varianten mit Gänsekeulen, Ente oder Lamm. Gewürzt wird mit mediterranen Kräutern und Knoblauch, die in der „fettigen" Umgebung dem Gericht kontrastreiche Aromen zufügen. In eine *Feijonada completa*, das Nationalgericht Brasiliens, gehören neben schwarzen (manchmal auch braunen oder roten) Bohnen Trockenfleisch (Charque), geräucherte Würstchen, manchmal auch Zunge, Schweineohren und -füße, Nelken, Lorbeer, schwarze Pfefferkörner, Knoblauch und Zwiebeln. Dazu werden Reis, Farofa (geröstetes und gewürztes Maniokmehl), gedünsteter Couve mineira (Kohl), Orangenscheiben und eine mehr oder weniger scharfe Molho da pimenta (Chilisauce) gereicht. Von dieser *Feijonada* gibt es in allen portugiesisch geprägten Ländern unzäh-

WEISSE BOHNE

GIGANTES ELEFANTES

DICKE PUFF

lige, auch weniger aufwendige Varianten. Eine Kombination aus Reis und dunklen Bohnen kennen auch die mittelamerikanischen Länder, wo *Gallo Pinto* aus gekochten Bohnen und Reis vom Vortag ein beliebtes nahrhaftes Frühstück ist: Beides wird zusammen gebraten, gewürzt und mit verschiedenen Beilagen (Maistortillas, Eiern, gebratenem weißen Käse, gebratenen Kochbananen und Sauerrahm) kombiniert. Bohnenmus lässt sich ebenfalls gut braten, backen, rösten oder frittieren. Die Röstnoten geben den Bohnen aromatische Tiefe. In Mexiko beliebt sind *Frijoles refritos*, in Schmalz und Zwiebeln ausgebackenes Bohnenmus.

SAUER Bohnenkerngerichte werden auffallend oft mit Säure abgeschmeckt. Säuren, sei es von Essigen, Zitrussäften, Verjus usw. sind die natürliche Ergänzung der Grundgeschmacksrichtungen der Bohnen: umami und (sortenabhängig) leicht süß. Beliebt in vielen Ländern besonders rund ums Mittelmeer ist ein Salat aus weißen oder braunen Bohnenkernen: Kalte gekochte Bohnen mit Essig, Öl, Salz (und je nach Geschmack mit Zucker) mischen. Klassisch italienisch ist eine Variante mit roten Zwiebeln und Basilikum (eine zusätzliche süßlich-scharfe Note) und Borlotti-Bohnen, in der Steiermark nimmt man Käferbohnen, Zwiebeln und Kürbiskernöl (mit röstig-wachsigen Noten). In Schweden ist eine süß-saure Mischung beliebt: *Bruna Böner*. Braune Bohnen werden mit Essigen, braunem Zucker und Melasse gewürzt und warm serviert, ähnlich den *Baked Beans*, nur ins leicht Säuerliche verschoben.

SÜSS Etwas Ähnliches wie Milchreis kann man auch aus Bohnen machen: Milde weiße Bohnen kochen, durch ein Sieb passieren und mit Fäden ziehendem Zucker (etwas länger bei knapp über 100 °C eingekocht) dick einkochen. Nach dem Auskühlen mit einem aromatischen Likör (*Maraschino*) oder Rum abschmecken. *Habas* nennt sich ein südamerikanisches Dessert aus mit Zucker in Butter geröstetem Bohnenmehl. Dazu werden frische Früchte gereicht. Eine berühmte mexikanische Sauce (*Mole poblano*) besteht aus passierten schwarzen Bohnen und Schokolade, gewürzt mit gerösteten Chilis: Hier kommen süße, scharfe und erdige Aromen zusammen.

TRIGEMINAL/SCHARF In Osteuropa werden Bohnen (traditionell die größeren Dicken Bohnen) in einer Lauge aus Wasser, Salz und Pfeffer tagelang eingelegt. So werden die Bohnen brennend scharf, sie heißen *Teufelsbohnen* und werden zu Wein gereicht. Aus Käferbohnen (es gehen ebenso gut andere weiße Bohnen) kann man ein scharfes Sorbet machen: gekochte Bohnen pürieren und in der Eismaschine frieren. Mit feingeschnittenen Chilischoten würzen. In vielen indischen Regionen werden gekochte Bohnengerichte gern final mit einer Tadka gewürzt: Dazu wird in reichlich heißer, geklärter Butter (Nussbutter, Ghee) eine Curry-Mischung, zum Beispiel die Mischung *Panch Phoron* (Bockshornklee, Fenchel, Cumin, schwarzer Senf, Nigella) erhitzt, bis die Gewürze aufspringen. Dann wird je nach Region noch frischer Chili, Ingwer und Knoblauch kurz abgeschwenkt. Die Ghee-Gewürzmischung wird über die Bohnen gegeben.

URDBOHNE

reifen Samen, die unterschiedlich gefärbt sein können. Bei uns gehandeltes Saatgut (z. B. Ruby Moon) sind oft Ziersorten, die sich von den in Asien als Gemüsepflanze angebauten Sorten unterscheiden. Zum Essen geeignet ist Chinese White Flower.

EINKAUF UND LAGERUNG

Es gibt weltweit unzählige Bohnensorten, die wenigsten sind bei uns als getrocknete Ware erhältlich. Deshalb bauen viele Hobbygärtner selbst Bohnen an. Ansonsten kann man in asiatischen Lebensmittelläden nach interessanten Bohnenprodukten Ausschau halten. Getrocknete Bohnen lassen sich jahrelang lagern.

SAISON

01 02 03 04 05 06 07 **08** **09** **10** 11 12

Im Winter werden Bohnen z. B. aus Italien, Spanien und Ägypten importiert.

ANBAU

Trocken- oder Auskernbohnen, gärtnerisch meist Stangenbohnen, müssen am Stock gut ausreifen. Aufgrund des mittel-, ost- und nordeuropäischen Klimas und der mangelnde Wärme gelingt das Ziehen nicht immer. Einige Sorten eignen sich jedoch auch für den Anbau in unseren Breitengraden, im Garten oder auf dem Balkon. Die Hülsen der reifenden (Trocken-)Bohnen verfärben sich nach und nach hellbraun und werden papierartig. Dann werden sie geerntet. Man lässt sie im Haus nachtrocknen, danach werden die Kerne herausgeholt.

WENN HÜLSENFRÜCHTE KEIMEN

Der ursprüngliche Sinn des Keimens bei Hülsenfrüchten ist die Arterhaltung. Der Kern ist der Samen, aus dem neue Früchte entstehen. Dabei lässt sich von der Biologie einiges für die Küche abschauen.

Beim Keimen quellen die getrockneten Samen unter Wasseraufnahme. Dabei nimmt das Volumen stark zu und einige der Zellwände platzen auf. Die Zellmembranen geben Enzyme frei, die dann Speicherproteine (wie Proteasen), Stärke (wie Amylasen) oder auch Zellmaterial (wie Pektin oder Hemizellulose) zu kleinen Molekülen wie Aminosäuren, Zuckern oder Zuckerderivaten umwandeln. Auch eingelagertes Fett (z. B. bei Sojabohnen) wird beim Keimen erst zu Fettsäuren und dann zu Zuckern umgebaut, die der keimenden Hülsenfrucht Energie zum Wachstum geben. Während dieser Phase entstehen ebenfalls Vitamine und essentielle Aminosäuren. Ein Nebeneffekt des Keimens ist eine bessere Verdaulichkeit: Durch den Abbau des harten Zellmaterials beginnt eine keimbedingte enzymatische „Vorverdauung".

Vorbereiten

Bohnenkerne und Keimgefäß unter kaltem Wasser gut abspülen.

Einweichen

Einige Bohnenkerne am Abend in das Glas geben und mit kaltem bis zimmerwarmem Wasser bedecken. Die Samen weichen nun über Nacht je nach Sorte 4 bis 12 Stunden ein.

Spülen

„Keimwasser" abgießen. Mit frischem kaltem Wasser mehrmals abspülen. Je gründlicher gespült wird, umso besser die Wachstumsbedingungen für das Keimgut. Nach dem Spülen das Glas mit dem Siebeinsatz schräg nach unten stellen, damit das

B

DIE BIOLOGIE IN DER KÜCHE NUTZEN

Bohnenkerne lassen sich je nach Sorte ein bis drei Tage ankeimen. Sie haben dann zwar noch keinen sichtbaren Keim, aber die beschriebene Mikrobiologie ist schon im Gange. Bei vorgekeimten Bohnen ist die Kochzeit deutlich geringer und sie können leichter verarbeitet werden.
Auch der Geschmack verändert sich und das Aromaspektrum verschiebt sich in Richtung „grün". Der Abbau des phenolischen Holzstoffs Lignin sorgt zugleich für eine Erhöhung der phenolischen Stoffe, sodass Bittertöne und Adstringenz zunehmen, die jedoch durch die freien Zucker und Oligosaccharide nicht in den Vordergrund treten können.
Lässt man die Kerne weiterkeimen, stößt der Sprössling zarte Triebe – die Sprossen – durch die weiche Schale. Man kann sie roh bzw. blanchiert genießen. In diesem Stadium haben sich bereits die ersten „grünen" Aromen gebildet, die auf Tellern wahre Würzwunder bewirken. Zudem finden sich in den Sprossen die positiven Effekte des Keimens wieder: Sie haben kaum noch Fodmaps (→ Seite 84) und sind reich an Vitaminen und Aroma.

noch vorhandene Restwasser ablaufen kann. Die vorhandene Feuchtigkeit reicht nun aus, um die Samen keimen zu lassen.

Je nach Keimsaat täglich 1 bis 2 Mal wiederholen.

Standort

Die Bohnen brauchen einen hellen Ort, aber nicht direkt am Fenster oder im Sonnenlicht. Er darf nicht zu warm sein, ideal sind ca. 18 bis 22 °C. Tiefere Temperaturen hemmen die Keimung, höhere Temperaturen steigern das Risiko für Schimmelbildung.

Ernten

Nach 3 bis 7 Tagen können knackig frische Sprossen und Keimlinge geerntet werden.

DICKE BOHNE

Aromen gekocht: 1-PENTANOL △*fettig, fuselölig, fermentiert,* □*stechend,* ◇*süßlich-balsamisch* 1-HEXANOL △*grün, herbal, süßlich, apfelschalenartig,* ◇*stechend, ölig, fruchtig* PENTANAL △*fermentiert,* □*brotartig, leicht fruchtig,* ◇*nussig* (E)-2-HEPTENAL △*fettig, gemüseartig,* □*fruchtige Anklänge, grün* 2-BUTANON △*ätherisch, acetonartig,* □*kampferig, fruchtig* 2-HEPTANON △*fettig, käsig,* □*fruchtig, grüne Bananen* 3-OCTEN-2-ON △*ölig, erdig, pilzig,* □*heuartig, leicht würzig* 2-ETHYLFURAN △*röstig-süßlich, verbrannt,* □*bohnenartig,* ◇*malzig* 2-PENTYLFURAN △*fruchtig,* □*grün, erdig,* ◇*bohnengemüseartig*

GESCHMACK

SÜSS SAUER SALZIG BITTER UMAMI

Dicke Bohnen zeichnet ein leicht süßlicher, manchmal auch etwas bitterer Geschmack und das erdig-fettige, wachsige Aroma aus.

MIKRONÄHRSTOFFE *(pro 100 g)*

Vitamine: *B_1 (0,23 mg), B_2 (0,14 mg)* ***Mineralstoffe:*** *Phosphor (95 mg), Eisen (2,0 mg)* ***Sekundäre Pflanzenstoffe:*** *Saponine, Phytoöstrogene*

DICKE BOHNE

Die Dicke Bohne (auch: ***Saubohne, Ackerbohne, Puffbohne oder Fave***) ist – zusammen mit der Augenbohne – eigentlich die traditionelle europäische Bohne, bis beide im 16. und 17. Jahrhundert von der einfacher zu kultivierenden Gartenbohne ***(Phaseolus vulgaris)*** verdrängt wurden, die Entdeckungsreisende aus der „Neuen Welt" nach Europa brachten. Ursprünglich stammt sie vermutlich aus dem Mittleren Osten, es existieren 5 000 Jahre alte Funde aus Jericho. Botanisch ist die ***Vicia faba*** eng verwandt mit anderen Hülsenfrüchten wie Erbsen, Linsen und Kichererbsen. Griechen und Römer kannten und schätzten sie. Im alten China wurde sie zu einer wichtigen Nutzpflanze, noch heute ist China das wichtigste Anbauland der Dicken Bohne. In vielen Ländern Afrikas, Asiens und am Mittelmeer ist die Dicke Bohne als Eiweißlieferant zentraler Bestandteil der Nahrung. Im nördlicheren Europa wird sie nur noch selten kultiviert (außer im Rheinland). Es gibt botanisch drei Arten: Die eigentliche Dicke Bohne oder Puffbohne ist ***Vicia faba*** var. ***faba*** mit großen grünen Samen, die seit Kurzem von Gourmets wiederentdeckt wird. Sie war in der Antike eher unbekannt, die Griechen und Römer kannten nur Sorten mit kleineren Samen. Daneben gibt es noch die ***Vicia faba*** var. ***equina***, die eigentliche Pferdebohne/Saubohne. (Als Saubohnen bezeichnet man aber in vielen Rezepten auch die Dicke Bohne var. ***faba***.) Sie wurde schon immer als Viehfutter verwendet. Ihre Samen sind mittelgroß. Die Ackerbohne ***Vicia faba*** var. ***minuta*** hat eher kleinere Samen und wird ebenfalls hauptsächlich als Tierfutter angebaut. Dicke Bohnen sind unempfindlich gegen Kälte, können also schon recht früh gesät werden und gedeihen auch in unseren Breitengraden. Sie müssen nicht aufgebunden werden, brauchen allerdings genügend Feuchtigkeit. Geerntet werden können die jungen Hülsen mit noch nicht mehligen Samen oder die ausgereiften Hülsen mit trockenen Samen, die so hart sein sollten, dass der Fingernagel keinen Abdruck auf der Samenschale hinterlässt.

Man isst bei der ***Vicia faba*** immer das frische oder getrocknete Samenkorn, nicht die Hülse. Das kornumgebende, deutlich bitter schmeckende Häutchen sollte aus geschmacklichen und texturellen Gründen entfernt werden. Dicke Bohnen schmecken am besten, wenn man sie jung erntet. Sie enthalten deutlich weniger Phasin als Gartenbohnen (***Phaseolus vulgaris***), man braucht sie also nicht lange zu kochen. Nicht alle Sorten bleiben beim Kochen hell. Besonders ältere Sorten dunkeln beim Kochen nach, was sich aber geschmacklich nicht bemerkbar macht. Im Gegenteil: Diese alten Sorten gelten den neueren Züchtungen, die weiß bleiben, als geschmacklich überlegen.

Die Aromen der getrockneten Dicken Bohne liegen zum einen im leicht fermentierten und grünen Bereich. An diesem Aromaspiel beteiligt sind maßgeblich das fettig, fuselölig und nach „Ferment" duftende 1-PENTANOL sowie PENTANAL, das noch weitere fettige Noten einstreut, die an Nüsse und fermentierte, hefeartige Gerüche erinnern. Grüne, herbale und für Gemüse typische Duftaspekte werden vor allem durch 1-HEXANOL und (E)-

BOHNENTARTELETTE MIT ZIEGE

- 100 g Dicke Bohnen
- 1 EL Salz
- 1 Estragonzweig, gezupft und gehackt
- 1 EL grüner Pfeffer (nicht eingelegt), grob zerstoßen
- 50 ml Ziegenmilch
- 200 g reifer Ziegencamembert
- 100 ml Ziegenmolke
- 50 g Ziegenbutter
- 4 Scheiben Pastrami
- Estragon zum Garnieren
- 4 sehr dünne Scheiben Roggensauerteigbrot, knusprig getoastet

Pro Portion: 402 kcal, 24 g F, 23 g KH, 4 g B, 20 g E

Dicke Bohnen über Nacht einweichen und dann in weichem Wasser mit Salz gar kochen. Abgießen und mit Estragon und grünem Pfeffer vermengen; warm halten.

Ziegenmilch und -camembert mit einem Stabmixer zu einer feinen Creme mixen. Ziegenmolke erwärmen und auf zwei Drittel reduzieren. Ziegenbutter einarbeiten und mit dem Stabmixer leicht aufschäumen.

Käsecreme kreisförmig auf Tellern ausstreichen und Bohnen daraufgeben. Mit Pastramischeiben belegen und Molkeschaum angießen. Mit Estragon garnieren und Brot dazureichen.

2-HEPTENAL beigesteuert, während 2-BUTANON und 2-HEPTANON für etherische, fruchtige Untertöne mit einem Hauch Kampfer sowie für käsige und leichte Bananen-Noten verantwortlich sind. Ein Duft nach Erde, Pilzen und Heu entstammt 3-OCTEN-2-ON, und 2-ETHYLFURAN sowie 2-PENTYLFURAN verleihen der *Vicia Faba* das erdig-malzige Bohnenaroma.

Das Püree Dicker Bohnen kann man statt Kichererbsen zu *Falafeln* weiterverarbeiten. Ausgebackene Dicke Bohnen kennt man in Ägypten und anderen arabischen Ländern unter dem Namen *Taamya*: Dicke Bohnen 24 Stunden wässern, bis sie zu keimen beginnen. Schälen, zerstampfen und mit Koriander, Knoblauch, Zwiebel, Chili, Petersilie und Lauch vermischen. Aus der Masse werden kleine Bällchen geformt und wie *Falafel* frittiert.

KOMBINATIONEN

Das Aromaprofil der Dicken Bohne lässt sie besonders mit Hefepasten (z. B. *Marmite*, einem Klassiker aus England) harmonieren. Getoastete Würfel aus Pumpernickel oder Roggenbrot aus Sauerteig passen ebenfalls sehr gut, z. B. in halbwarmen Bohnengerichten oder Salaten. Die Kombination mit gerösteten Haselnüssen oder Kürbiskernen funktioniert aufgrund der Röstaromen wunderbar. Aus diesem Grund bietet sich auch ein Würzen mit Sesamöl an, das oft aus geröstetem Sesam erzeugt wird. Die leicht kräuterigen Noten der Dicken Bohne lassen sich mit mediterranen Kräutern wie Rosmarin, Oregano oder Bohnenkraut sehr gut ergänzen. Soll es mehr in die harzige Richtung gehen, passen Pinienkerne, Fichtennadeln, Latschenkiefer oder Extrakte aus Douglasiennadeln (oder -zapfen) besonders gut. Die pilzig-erdigen Töne der Dicken Bohne rufen nach Kombinationen mit Morcheln, Champignons, Shiitake oder gar Trüffeln. Gelbe Bete (Rote Bete sind zu farbintensiv), Steckrüben oder Spinat unterstreichen die Erdigkeit, wie auch Kurkuma oder Safran aus dem Gewürzregal.

HARMONIE

KÜCHENJOKER

Blauschimmelkäse, Walnüsse, Minze

PASST GUT ZU

fettem und gepökeltem Fleisch, Pastrami, hartgekochten Eiern (Eidotter), Hirse, Rollgerste, Ziegenfrischkäse

LÄNDERKÜCHE

Arabischer Raum: *Foul Medammes, Taamya (ausgebackenes Mus)* ***USA:*** *Boston Baked Beans* ***Griechenland:*** *Gigantes* ***Österreich:*** *Althallstätter Ritschert* ***Italien:*** *Faglio al fiasco, Faves cum betis* ***Ägypten:*** *Ful Nabed (Suppe)*

ADUKIBOHNE

Aromen gekocht: 1-HEXANOL △*grün, herbal, süßlich, apfelschalenartig,* □*stechend, ölig, fruchtig* 3-METHYL-1-PENTANOL △*fermentiert, grün, fuselartig,* □ *weinartig, kokosartig*

GESCHMACK

SÜSS SAUER SALZIG **BITTER** **UMAMI**

Gekochte Adukibohnen duften grün, leicht fermentiert und schmecken herzhaft, der Eindruck wird durch die cremig-kokosartigen Aromen verstärkt.

MIKRONÄHRSTOFFE *(pro 100 g)*

Vitamine: *B_1 (0,5 mg), B_2 (0,2 mg)* ***Mineralstoffe:*** *Kalium (532 mg), Calcium (66 mg)* ***Sekundäre Pflanzenstoffe:*** *Saponine, Phytoöstrogene*

Althallstätter Ritschert ist ein klassisches, sehr nahrhaftes Bergleute-Essen aus Hallstadt im Salzkammergut, das dort seit der Eisenzeit bekannt ist. Dafür wird schwartenreiches Schweinefleisch (besonders fett und deshalb nahrhaft und sättigend) mit Saubohnen, Rollgerste und Hirse zu einem Brei verkocht, mit Salz und allen Kräutern, die der Garten hergibt, gewürzt, mit Essig oder Zitrone gesäuert und mit Schnittlauch oder klein geschnittenen rohen Frühlingszwiebeln bestreut serviert.

Ebenfalls sehr alt ist die etruskisch-toskanische Zubereitung *Faglio al fiasco:* In eine große Chiantiflasche füllt man eingeweichte Bohnenkerne, Salbeiblätter, Knoblauchzehen und Olivenöl, füllt mit Wasser auf (die Flasche darf nur zu zwei Dritteln gefüllt sein) und verschließt sie mit einem Lappen. Das Ganze kommt bei schwacher Mittelhitze in den Backofen. Nach 3 Stunden ist die Flüssigkeit fast vollständig aufgenommen und die Bohnen sind weich. Man schüttelt sie aus der Flasche, salzt und pfeffert. Das Gericht funktioniert letztendlich auch ohne die Flasche, zugedeckt in einer Bratform. Römisch sind *Faves cum betis,* eine Bohnensuppe mit Mangold, kombiniert mit hartgekochten Eidottern, gewürzt mit Honig, Ingwer, Liebstöckel, Salz und Pfeffer und leicht gesäuert mit Weißwein. Ebenfalls eine Bohnensuppe nach ganz altem Rezept ist die ägyptische Suppe *Ful Nabed.* Sie besteht aus Dicken Bohnen, Salz, Pfeffer, Kreuzkümmel – wieder gesäuert, diesmal mit Zitronensaft. Noch etwas Olivenöl dazugeben, mit Petersilie bestreuen und wie türkische Linsensuppe mit Zitronenspalten servieren.

ADUKIBOHNE

Verbreitet ist diese Bohnensorte in China, Korea und vor allem in Japan, wo sie seit 6000 Jahren kultiviert wird. Ihre Samen haben eine elliptische bis runde Form, sind meist dunkelrot und werden für Teige, Suppen, Kuchen und Reisgerichte verwendet. Man kann sie in Asialäden kaufen.
Beim Aroma der Adukibohne sind – ähnlich wie bei den Dicken Bohnen – Aromastoffe aus der aliphatischen Gruppe dominant; vorherrschend sind wieder die grünen, herbalen Noten des 1-HEXANOL, hier gepaart mit 3-METHYL-1-PENTANOL, das fermentierte, fuselartige Düfte mit einem Hauch Kokosnuss mitschwingen lässt. Adukibohnen besitzen bereits (und bilden beim Kochen) neben viel freier Glutaminsäre, die für Umamigeschmack sorgt, auch Glutamyldipeptide, die für die Mundfülle (kokumi) von lange gekochten (und lang gereiften/fermentierten) Produkten verantwortlich sind. Adukibohnen schmecken daher selbst im ungewürzten, gekochten Zustand leicht herzhaft (umami).

KOMBINATIONEN

Bohnensuppen aus Adukibohnen erstrahlen durch ein finales Abschmecken mit Nussbutter (brauner Butter, Ghee) wegen ihres milden Eigenaromas und Geschmacks in ihrer vollen Pracht, ohne dass die Bohnen dabei überwürzt würden. Kokosöl oder das Unterrühren von *creamed coconut* ist eine gute Wahl. Ein Schuss fruchtiges Olivenöl gibt den Bohnen einen wunder-

ADUKI-KOKOS-CURRY

- 100 g Adukibohnen
- 1 kleine Zwiebel
- 2 Knoblauchzehen
- 10 g frischer Ingwer
- 1 kleine rote Chilischote
- 100 g natives Kokosöl
- 1 EL Garam Masala (indische Gewürzmischung)
- 5 frische Curryblätter
- 300 ml Hühnerbrühe
- 1 TL Kurkuma, Salz
- 100 g Kokosmus (creamed coconut)
- 10 g Tamarindenpaste
- 100 g Hähnchenbrustfilet
- 50 g Butter
- 1 TL Madras- oder Kashmir-Curry
- 50 g geröstete Cashewkerne, in Stücke gebrochen

Pro Portion: 705 kcal, 60 g F, 21 g KH, 9 g B, 16 g E

Bohnen über Nacht in mineralarmem Wasser einweichen, dann abgießen.

Zwiebel und Knoblauch schälen und würfeln. Ingwer schälen und reiben. Chili würfeln. Kokosöl erhitzen und Zwiebel darin andünsten. Knoblauch, Ingwer und Chili zugeben. Leicht anrösten, Garam Masala und Curryblätter zugeben und weiterrösten. Vom Herd nehmen, leicht abkühlen lassen und Bohnen unterrühren. Mit Hühnerbrühe aufgießen, Kurkuma und etwas Salz zugeben. Bei schwacher Hitze garen, bis die Hühnerbrühe von den Bohnen aufgesogen wurde, Kokosmus und Tamarindenpaste einrühren.

Hähnchenbrustfilet in Würfel schneiden. Butter in einer Pfanne aufschäumen und Fleisch mit Curry darin schwenken; salzen.

Bohnen anrichten, Hühnerfleisch mit Butter darübergeben, Cashewnüsse darüberstreuen. Mit indischem Naan servieren.

baren mediterranen Touch und lässt außerdem die Kombination mit kräftigen Fischen (z. B. Rotbarben, Seeteufel und Tintenfischen) bestehen. Ganz andere Ideen bieten die fermentierten und „fuselartigen" Duftkomponenten. Wird in die gegarten Bohnen etwas frischer Handkäse (Harzer Roller, Mainzer Handkäse) gerieben, integriert die exotische Adukibohne sogar die klassisch deutsche Küche. Auch das Unterrühren von einem stark reduzierten Fond aus dunklem, malzigem Bier ist zu empfehlen, das die fermentierten Aromenanteile der Bohne unterstreicht. Die Bohnen lassen sich über die grünen Aromen wunderbar mit Gurken, Spargel oder Kohl kombinieren, wobei Kohl noch ausgeprägte Schwefelaromen ergänzt.

In manchen Kulturen, vor allem im Fernen Osten, werden Adukibohnen auch süß zubereitet. Bekannt ist ***Yokan***, ein japanischer Pudding aus Adukibohnenpaste, Agar und Zucker. In China heißt die Adukibohne „Rote Bohne", weil sie dort nur rot vorkommt, und sie wird zur süßen Rote-Bohnen-Paste verarbeitet – die auch in vielen japanischen Süßigkeiten vorkommt. Es gibt ferner eine süße Rote-Bohnen-Suppe. In mancher japanischer Eiscreme kommen ebenfalls gesüßte Adukibohnen vor. Seit 2009 gibt es sogar Pepsi-Cola mit Adukiaroma. Adukibohnen-Sprösslinge sind gleichfalls beliebt, sie sind sehr nährstoffreich und schmecken recht süß.

HARMONIE

ADUKIBOHNE
BLUMENKOHL
GURKE
SPARGEL
WEISSKOHL
ZWIEBEL
KOKOSNUSS
KURKUMA
OLIVENÖL
SESAMÖL

KÜCHENJOKER

Nigella, Petersilie, Borretsch

PASST GUT ZU

Fisch, Käse, Fleisch

LÄNDERKÜCHE

Japan: *Yokan (Pudding), Eiscreme*
China: *Rote-Bohnen-Paste*

Aromen gekocht: 1-HEXANOL △*grün, herbal, süßlich, apfelschalenartig,* □*stechend, ölig, fruchtig* 1-PENTANOL △*fettig, fuselölig, fermentiert,* □*stechend,* ◇*süßlich-balsamisch* 2-METHYL-2-PROPENAL △*aldehydisch, frisch,* □*floral,* ◇*würzig* BENZYLALKOHOL △*floral, rosenartig,* □*phenolisch,* ◇*balsamisch* γ-BUTYROLACTON △*cremig, fettig, ölig, karamellig,* □*milchig, sahnig, pfirsichartig*

GESCHMACK

SÜSS SAUER SALZIG **BITTER** UMAMI

Die getrocknete Mungbohne duftet blumiger und sahniger als die meisten Bohnen. Die Sprösslinge („Sojabohnensprossen") schmecken sehr mild und können auch roh gegessen werden.

MIKRONÄHRSTOFFE *(pro 100 g)*

Vitamine: *B_1 (0,33 mg)* ***Mineralstoffe:*** *Calcium (123 mg)* ***Sekundäre Pflanzenstoffe:*** *Saponine, Phytoöstrogene*

HARMONIE

MUNGBOHNE
PAPAYA
ZWIEBEL
KOKOSNUSS
ROSENWASSER
SESAMÖL

PASST GUT ZU

Aprikosen, Schweinefleisch, Käse

LÄNDERKÜCHE

Asien: *Suppen, Wokgerichte* ***China:*** *Schweinefleisch mit Mungbohnensprösslingen*

MUNGBOHNE

MUNGBOHNE

Mungbohnen (auch: *Jerusalembohne*) kann man getrocknet im Reformhaus kaufen. Die erbsengroßen Samen sind innen gelb, außen gelb und grün. Sie sind leichter verdaulich als die Kerne der Gartenbohnen *(Phaseolus vulgaris)* und verursachen kaum Blähungen. Aus ihrem Mehl werden asiatische Glasnudeln erzeugt. In Indien wird die Mungbohne wie die Urdbohne zu *Dals* verarbeitet.

Mungbohnenkeimlinge werden fälschlicherweise als Sojakeime (Sojasprosse) bezeichnet (→Sojabohne). Sie sind ein klassisches Wokgemüse, kommen auch in asiatische Suppen und können roh als Salat gegessen werden, zart gewürzt mit Reisessig und einem aromatischen Öl, zum Beispiel Sesamöl.

Die Hauptaromen der Mungbohne liegen im grün-fruchtigen Bereich, verursacht von 1-HEXANOL; es legt das grüne Grundspektrum fest, während 1-PENTANOL fettig-fermentierte Noten beifügt, die von aldehydisch und blumig duftenden Anteilen des 2-METHYL-2-PROPENAL untermauert werden. Eine Besonderheit ist der deutlich aromatische, rosenartige Duft des BENZYLALKOHOLS. Darüber hinaus unterstreicht γ-BUTYROLACTON die cremig-fettigen Milch- und Sahne-Noten der Mungbohne.

KOMBINATIONEN

Mungbohnen lassen sich vor allem mit floralen Gewürzen und Blüten hervorragend würzen. Dazu zählen Hibiskus oder auch das Würzen mit Rosenwasser (ohne vordergründige süße Zubereitungen). Gerade Mischungen von „Heublumen", wie sie von Käseaffineuren verwendet werden, fügen sich bestens zu Mungbohne. In kalten oder halbwarmen Gerichten auf Mungbohnenbasis kann man daher immer etwas Heublumenkäse verwenden, der sowohl die fermentierten als auch die floralen Noten der Mungbohne abholt. Auch kräftige Sahnesaucen (mit einigen Pilzen gekocht oder mit Pilzpulver abgeschmeckt) stehen der Mungbohne prächtig. Aus dem „cremig-weichen" Duftcharakter ergeben sich außerdem Harmonien mit Früchten wie Aprikosen und Pfirsichen oder exotischen Früchten wie etwa Papaya oder Mango. Sind die Früchte frisch, passen trigeminale Reize aus Chili besonders gut. Amchoor (das Pulver aus unreifer Mango) steuert zwar kaum cremige Aromen bei, dafür aber eine feine, nicht stechende Säure.

MUNGBOHNEN MIT PAPAYA UND APRIKOSE

- 100 g Mungbohnen
- 1 Papaya
- 300–500 ml Hibiskustee
- Salz
- 1 kleine Schalotte
- 2 getrocknete Aprikosen
- ½ –1 ganze frische Chilischote (je nach Schärfetoleranz)
- 3 EL natives Kokosöl
- 1 TL Schwarzkümmelsamen
- 2–3 EL Kokosraspeln, geröstet

Mungbohnen über Nacht in weichem Wasser einweichen.

Backofen auf 50 °C vorheizen. Papaya schälen, entkernen, das Fruchtfleisch in Würfel schneiden und im Ofen ca. 1 Stunde leicht antrocknen.

Am nächsten Tag die Bohnen abgießen und im leicht gesalzenen Hibiskustee bei geringer Temperatur weich kochen, dabei sollte der Tee soweit wie möglich von den Bohnen aufgesogen werden.

Schalotte schälen und würfeln. Aprikosen in mittelgroße Stücke schneiden. Chilischote fein würfeln. Kokosöl erhitzen, Schwarzkümmelsamen darin schwenken, dann Schalotte und Chili dazugeben. Papaya und Aprikosen unterheben.

Bohnen dazugeben, alles kurz durchschwenken, vom Herd ziehen und zugedeckt 10 Minuten ruhen lassen. Nochmals durchrühren, eventuell erwärmen und mit leicht gerösteten Kokosraspeln „würzen".

Pro Portion: 240 kcal, 14 g F, 18 g KH, 7 g B, 7 g E

HERZHAFTER BOHNAMI-EINTOPF

- 100 g Kidneybohnen
- 20 g Möhre
- 1 Zwiebel
- 20 g Knollensellerie
- 3 EL Schweineschmalz plus etwas zum Abbinden
- 50 g Fleischwurst
- 1 TL Tomami (Fachhandel)
- 1 TL Sojasauce
- 500 ml Fleischbrühe
- 2 getrocknete Steinpilze
- ½ Salatgurke (ersatzweise 1 kleine Gartengurke)
- 200 g kräftig geräucherte Entenbrust (am Stück)
- 1 Liebstöckelzweig, gezupft und gehackt

Pro Portion: 304 kcal, 20 g F, 11 g KH, 6 g B, 16 g E

Bohnen über Nacht in mineralarmem Wasser einweichen, dann abgießen.

Möhre, Zwiebel sowie Sellerie schälen und in Würfel schneiden. Schweineschmalz in einem Topf erhitzen und Gemüse darin anrösten. Fleischwurst würfeln und mit Tomami sowie Sojasauce zugeben. Mit Fleischbrühe ablöschen und Steinpilze zugeben.

Brühe ca. 30 Minuten simmern lassen, dann durch ein Sieb gießen. Bohnen im Wurstfond weich kochen, wenn nötig, mit etwas Schweinefett abbinden, sodass ein sämiger Eintopf entsteht.

Gurke schälen und würfeln und mit Entenbrust und Liebstöckel unterheben; sofort servieren.

KIDNEYBOHNE

Als Kidneybohnen *(deutsch: Nieren-Bohnen)* wurden ursprünglich alle Gartenbohnen *(Phaseolus vulgaris)* bezeichnet, als man von ihnen noch bis ins 19. Jahrhundert ausschließlich die nierenförmigen Kerne verzehrte und nicht wie heute in erster Linie die Hülsen. Damit unterschied man sie von den anderen verbreiteten Auskernbohnen, den Dicken Bohnen *(Vicia faba)*. Heute bezeichnet der Name Kidneybohne nur noch die großen roten Samen einer speziellen Gartenbohnensorte. Kidneybohnen sind im englischsprachigen Raum nach wie vor sehr beliebt und die klassische Zutat für *Chili con carne*, weil sie gekocht sehr mehlig werden und leicht süßlich schmecken. Man kann sie auch bei uns kaufen und anbauen.

Die Beliebtheit kommt nicht von ungefähr: Die Kidneybohne ist eine aromatisch sehr überzeugende Bohnensorte. Neben den üblichen grünen Duftstoffen sind erdige und pilzige Aromen deutlich präsenter als sonst in Bohnen. Verantwortlich dafür sind 1-OCTEN-3-OL mit seinem typischen erdigen Duft nach Champignons, das Basismolekül OCTENON, das hefige Pilz-Düfte beisteuert, sowie das Isomer (Z)-5-OCTEN-1-OL, das pilzige, fettig-erdige Wassermelonennoten einstreut. Diese „fettigen" Düfte erhalten bei den Kidneybohnen einen intensiven Gegenpart aus der Gruppe der Heterozyklen und der Aromaten. Bei den Heterozyklen sind es vor allem mehrere schwefel- und stickstoffhaltige Moleküle, die die Bohnen nach Rindfleisch, Fleischbrühe und Röstprozessen duften lassen. Darunter fallen (R,S)-2,4,6-TRIMETHYL-5H-1,3,5-DITHIAZIN (auch als Thialdin bekannt) mit seinen rindfleischartigen Düften sowie auch 3,5-DIMETHYL-1,2,4-TRITHIOLAN und 2,4-DIMETHYL-5-ETHYLTHIAZOL, die eine ähnliche Duftwirkung aufweisen. 2-ISOBUTYL-4,5-DIMETHYLTHIAZOL fügt röstige, erdige Noten mit einem Hauch Grilltomate hinzu. Verstärkt wird dieser „fleischig-herzhafte" Eindruck durch das rauchig-hol-

Aromen gekocht: 1-OCTEN-3-OL △ *grün, erdig, fungal, champignonartig,* □ *gemüseartig, pilzig, hähnchenhautartig,* ◇ *brühenartig, saucenartig* OCTENON △ *hefig, fettig,* ◇ *pilzig* (Z)-5-OCTEN-1-OL △ *grün, pilzig, frische Wassermelone,* □ *leicht erdig* (Z)-3-HEXENAL △ *grün, fettig, grasig, frisch gemähtes Gras,* □ *grüner Apfel, unkrautartig* 3,5-OCTADIEN-2-ON △ *grün, grasig,* □ *fruchtig* 1-HEXANOL △ *grün, herbal, süßlich, apfelschalenartig,* ◇ *stechend, ölig, fruchtig* 4-VINYLGUAIACOL △ *aromatisch, holzig,* □ *zedernartig, geröstete Erdnuss* (R,S)-2,4,6-TRIMETHYL-5H-1,3,5-DITHIAZIN △ *röstig, fleischig, rindfleischartig* 3,5-DIMETHYL-1,2,4-TRITHIOLAN △ *schwefelig, fleischig,* □ *rindfleischartig* 2,4,5-TRIMETHYLTHIAZOL △ *röstig, schokoladig, nussig,* □ *haselnussartig, gemüseartig* 2,4-DIMETHYL-5-ETHYLTHIAZOL △ *röstig, nussig, fleischig* 2-ACETYLTHIAZOL △ *popcornartig, nussig, getoasteter Mais,* □ *brotartig* 2-ISOBUTYL-4,5-DIMETHYLTHIAZOL △ *grünwürzig, gemüseartig, nussig,* □ *erdig, ein Hauch Tomate* 2-METHYL-5-ETHYLPYRIDIN △ *röstig, nussig,* □ *butterig,* ◇ *schwefelig*

KIDNEYBOHNE

zig duftende, an Röstnüsse und Schinken erinnernde 4-VINYLGUAIACOL. Damit liegt auf der Hand, dass diese Bohne hervorragend in fleischigen, röstigen, herzhaften Umgebungen funktioniert.

KOMBINATIONEN

Bei diesem Aromaspektrum erschließt sich sofort, dass Kidneybohnen idealer Partner für deftige Genüsse sind. Rauchfleisch, Schinken, geräucherter Käse, gegrilltes Gemüse wie Paprika, Tomaten, Zucchini sind nur wenige Beispiele für Kombinationsmöglichkeiten in dieser Richtung. Ganz hervorragend sind etwa gegrillter grüner Paprika, dessen Erdigkeit das Grillen überlebt, oder Grilltomaten, die noch Umamigeschmack und Süße beisteuern. Natürlich sind auch Pilze eine perfekte Beigabe zur Kidneybohne. Wurzelgemüse wie Kartoffeln, Möhren, Pastinaken oder Sellerie harmonieren bestens über die röstig-nussigen Noten, selbst Mais fügt sich ein.

GESCHMACK

SÜSS SAUER SALZIG **BITTER** **UMAMI**

Kidneybohnen geben einen erdigen, fast fleischigen Aromaeindruck und Flavour.

MIKRONÄHRSTOFFE *(pro 100 g)*

Vitamine: *B_1 (0,07 mg)* ***Mineralstoffe:*** *Kalium (341 mg), Calcium (30 mg), Phospor (103 mg)* ***Sekundäre Pflanzenstoffe:*** *Saponine, Phytoöstrogene*

HARMONIE

KIDNEYBOHNE
GURKE
KARTOFFEL
MÖHRE
SELLERIE
ZUCKERMAIS
PAPRIKAPULVER

KÜCHENJOKER

Koriander, Kreuzkümmel

PASST GUT ZU

deftigem Fleisch, Nüssen, Rauchfleisch, geräuchertem Käse

LÄNDERKÜCHE

USA, England: *Chili con carne, Baked Beans*

PINTOBOHNE

PINTOBOHNE

Pintobohnen *(spanisch: frijol pinto)* heißen die rot-braun gesprenkelten beigen Kerne einer Gartenbohnensorte *(phaseolus vulgaris)*, die in den USA und in Mexiko sehr populär sind. Ihre Färbung ähnelt denen von Wachteleiern, daher werden sie im deutschen Sprachraum auch Wachtelbohnen genannt.

Das Aroma von Pintobohnen liegt deutlich im grünen Bereich, mit leicht fruchtigen Noten, die im Wesentlichen durch die Fettabbaustoffe erzeugt werden. Nennenswert sind dabei HEXANAL und 2-HEXENAL, die einen grünen, grasigen, nach Blätter duftenden Ton beifügen, sowie das grün duftende NONANAL, das außerdem an Zitronenschalen und im Mund leicht an

Aromen gekocht: HEXANAL *△ grün, blattartig, grasig, fettig, □ apfelartig* OCTANAL *△ wachsig, aldehydisch, □ grün, zitrusschalenartig* NONANAL *△ wachsig, grün, □ zitronenschalenartig, gurkenartig* HEPTENAL *△ grün, fettig, □ leicht herbal* DECANAL *△ wachsig, aldehydisch, □ süßlich, zitrusschalenartig* 2-NONENAL *△ moderig,* *butterig,* □ *ölig* (E)-2-HEXENAL △ *grün, fettig, aldehydisch,* □ *bananenschalenartig, blattartig* BENZALDEHYD △ *aromatisch bittermandelartig, nussig, süßlich* 2-PROPYLFURAN △ *röstig,* □ *fruchtig*

GESCHMACK

SÜSS	SAUER	SALZIG	BITTER	UMAMI
□	□	□	■	■

Pintobohnen überraschen durch ihren stark ausgeprägten Mandel-Unterton im Duftspektrum.

MIKRONÄHRSTOFFE *(pro 100 g)*

Vitamine: *B_1 (0,71 mg), B_2 (0,21 mg)* ***Mineralstoffe:*** *Calcium (113 mg)* ***Sekundäre Pflanzenstoffe:*** *Saponine, Phytoöstrogene*

HARMONIE

● ○ ○ ○ ○ ● ○ ● ○	**PINTOBOHNE**
● ● ○ ● ○ ○ ○ ○ ○	BLUMENKOHL
● ○ ○ ○ ○ ○ ○ ○ ○	BROTFRUCHT
● ● ○ ○ ○ ○ ○ ○ ○	GURKE
● ○ ● ● ● ● ● ● ●	MÖHRE
● ○ ○ ● ● ● ● ● ○	SELLERIE
● ● ○ ○ ○ ● ○ ● ○	SPARGEL
● ● ○ ○ ○ ● ○ ● ●	SPINAT
● ● ● ● ● ● ○ ○ ●	STECKRÜBE
● ● ● ○ ● ● ○ ● ●	TOMATILLO
● ● ○ ○ ○ ● ○ ● ○	ZUCKERMAIS
○ ● ○ ○ ○ ● ○ ○ ●	BITTERMANDEL
○ ○ ○ ○ ○ ○ ○ ● ●	CHILI
○ ○ ● ● ● ○ ○ ○ ●	PFEFFER (ALLE ARTEN)
○ ○ ● ● ● ○ ● ○ ●	ROSMARIN
○ ○ ● ● ● ● ○ ○ ○	THYMIAN
○ ○ ● ● ○ ○ ○ ○ ○	WACHOLDER
● ○ ● ● ● ○ ○ ○ ○	ZITRUSSCHALE

KÜCKENJOKER

Blaumohn, Koriandergrün, Orangenblütenwasser, Sesam

Gurken erinnert. Die butterige Note der Bohnen ist 2-NONENAL zuzuschreiben. Bestechend ist bei der Pintobohne der aromatische Nuss- und Mandel-Geruch, hervorgerufen durch BENZALDEHYD, der von röstig-fruchtigen Duftkomponenten des 2-PROPYLFURAN begleitet wird.

Pintobohnen werden gekocht, püriert und frittiert. Sie kommen als Füllung in Burritos und gelten unter den mexikanischstämmigen Bewohnern der USA als nationales Symbol. Sie kochen mehlig, zerfallen aber nicht, daher eignen sie sich gut für Suppen und Eintöpfe. Aufgrund ihrer Zeichnung sind sie zudem sehr dekorativ.

Die italienische Borlottobohne gehört zu den Wachtelbohnen. Sie reift mittelfrüh mit grünrot marmorierten Hülsen, die 11 bis 13 cm lang werden (und ebenfalls frühreif gegessen werden können). Das Korn ist hellbraun und purpurrot marmoriert. Sie sind beliebt in italienischen Bohnensalaten, sehr hübsch und wohlschmeckend. Sie sind sowohl als Samen (Gärtnerei) wie auch als Bohne (Hülse und Kerne) auf Märkten bei uns erhältlich. Man kann sie im Balkonkasten selbst ziehen.

KOMBINATIONEN

Pintobohnen lassen sich ausgezeichnet mit grünen Aromen paaren, wie sie in Gurken oder Spargel zu finden sind. Aus demselben Grund sind gedämpftes helles Fleisch oder Fisch perfekte Partner, und zu frischen, nicht fermentierten Milchprodukten passen sie ebenfalls hervorragend. Gemüse mit grünen, wachsigen und fettigen Aromen docken sehr gut an, auch wenn sie erdige und leicht schwefelige Aromen haben, wie etwa Spinat und Steckrübe oder Kohlarten wie Weißkohl, Blumenkohl oder Rosenkohl.

Die leichten röstig-fruchtigen Aromen der Pintobohne lassen sogar an die Kombination mit Früchten denken. Man kann Pintobohnen mit Ananas, Tomaten, Tomatillo oder auch Mango oder Brotfrucht kombinieren, die zudem sortentypische Säuren beisteuern. Besonders gut funktioniert das, wenn trigeminale Würzungen im Spiel sind – warm mit Chili oder diversen Pfeffern, aber auch kühl, z. B. mit Minze. Gerade im Vorspeisenbereich, wenn es um kleine Portionen geht, lässt sich mit diesen Kombinationen bestens experimentieren. Der deutlich wahrnehmbare aromatische Anteil im Duftspektrum der Pintobohne bietet sich für Kombinationen mit Mandeln und Nüssen an, aber ebenso mit geräuchertem Käse oder Fleisch oder für Würzungen mit Thymian, Pimentón (geräucherter Paprika) oder Bittermandeln. Oder er legt, ganz schlicht, ein finales Abschmecken mit Räuchersalz oder Kala Namak, dem indischen Schwefelsalz, nahe.

Gute Kontraste liefern Wurzelgemüse wie Karotten oder Steckrüben mit ihren würzigen, leicht schwefeligen und harzigen Duftanteilen. Als kontrastreiche Gewürze kommen Wacholder, Rosmarin, Zitrusschalen oder gar Orangenblütenwasser in Frage.

PINTOBOHNEN MIT SALZMANDELN

- 100 g Pintobohnen
- Salz, 2 Thymianzweige
- 2 EL Butter
- 200 g Spinat
- 100 g Quark
- 1 Handvoll geschälte Mandeln
- Kala Namak (Schwefelsalz, Naturkostladen)
- Nussöl (Haselnuss oder Walnuss)
- 2–3 Prisen nicht zu fein gemahlenes Rauchsalz

Bohnen über Nacht in weichem Wasser einweichen. Am nächsten Tag in Wasser mit etwas Salz und Thymian garen, abgießen und warm halten.

Butter in einer Pfanne erhitzen, Spinat darin zusammenfallen lassen, zum Quark geben und zu einem sehr feinen Püree mixen; warm halten.

Mandeln grob zerstoßen, in einer Pfanne ohne Fett anrösten, bis sie aromatisch duften und etwas Fett an der Oberfläche austritt. In eine Schüssel geben, mit Kala Namak würzen und durchschütteln.

Spinatpüree in Pastatellern ausstreichen und Pintobohnen darauf anrichten. Mit etwas Nussöl beträufeln und mit Rauchsalz würzen. Mit Kala-Namak-Mandeln bestreuen.

Pro Portion: 246 kcal, 15 g F, 11 g KH, 8 g B, 12 g E

SCHWARZE BOHNE

SCHWARZE BOHNE

Schwarze Bohnen *(englisch: Black turtle bean)* gehören botanisch ebenfalls zu den *Phaseolus vulgaris* und sind in Süd- und Mittelamerika sehr verbreitet. Es gibt umgangssprachlich noch eine Unzahl weiterer „schwarzer Bohnen", die aber zu anderen Bohnenarten zählen.

Ihre Kerne schmecken leicht süßlich und sehr würzig und erinnern an Maroni oder Pilze. Schwarze Bohnen bestechen durch ihren intensiv grünen, fruchtigen Duft, der leichte Nuancen ins Harzig-Holzige über α-PINEN aufweist. Auch aromatische, an Mandeln erinnernde Aromen sowie Karamellnoten und tief florale Düfte spielen eine Rolle. Ihre Textur ist dicht und fleischig. Innen sind sie weiß. Fermentiert werden sie sehr aromatisch und erinnern noch mehr an Pilze.

PASST GUT ZU

Ananas, Joghurt, Quark, Käse, Fleisch, Frischkäse

LÄNDERKÜCHE

***Mexiko/USA:** Burritos, Eintöpfe* ***Italien:** Fagioli al tonno (Salat)*

Aromen gekocht: HEXANAL *△ grün grasig, fettig □ gemüseartig, apfelartig* (E)-2-HEPTENAL *△ fettig, gemüseartig, □ fruchtige Anklänge, grün* NONANAL *△ wachsig, grün, □ zitronenschalenartig, gurkenartig* 1-PENTEN-3-OL *△ grün, meerrettichartig, □ grünes Gemüse* 1-OCTEN-3-OL *△ grün, erdig, fungal, champignonartig, □ hähnchenhautartig, ◇ brühenartig, saucenartig* 6-METHYL-5-HEPTEN-2-ON *△ grün, zitronengrasartig, □ moderig, grüne Banane* GERANYLACETON *△ floral, grün, fruchtig, □ wachsig, rosenartig, magnolienartig, ◇ apfelartig* α-PINEN *△ herbal, kampferig, pinienartig, □ stark holzig,*

◇ *terpentinartig* BENZALDEHYD △ *aromatisch bittermandelartig, nussig, süßlich* 1-(2-FURANYL)-1-PROPANON △ *karamellig, herbal,* □ *würzig,* ◇ *verbrannt*

GESCHMACK

Schwarze Bohnen schmecken leicht süßlich und sehr würzig. Sie bestechen durch ihren intensiv grünen, fruchtigen Duft mit Anklängen an Mandeln, Karamell und Blumen. Ihre Textur ist dicht und fleischig.

MIKRONÄHRSTOFFE *(pro 100 g)*

Vitamine: *B_1 (0,9 mg), B_2 (0,19 mg)* ***Mineralstoffe:*** *Calcium (123 mg)* ***Sekundäre Pflanzenstoffe:*** *Saponine, Phytoöstrogene*

HARMONIE

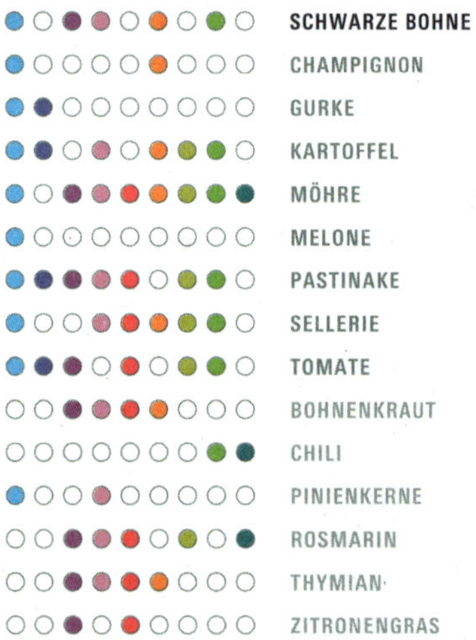

PASST GUT ZU

Reis, Hackfleisch, Fleischeintöpfen

LÄNDERKÜCHE

Mexiko: *Mole* ***Brasilien:*** *Feijoada* ***Lateinamerika:*** *Gallo pinto, Sopa negra, Caldo de frijol* ***Kuba:*** *Moros y Cristainos / Arroz Congri* ***China:*** *Schwarze-Bohnen-Paste*

KOMBINATIONEN

Die aromaintensiven Schwarzen Bohnen ertragen durchaus kräftige Zutaten. Ihr leicht stechender Geruch kann mit Meerrettich oder Wasabi, aber auch mit Kresse betont werden. Daher passen Lauch und Zwiebel ebenfalls sehr gut. In kalten Salaten aus Schwarzen Bohnen halten sogar Gurken und Wassermelonen dem kräftigen Aroma stand, denn sie werden von den grünen, typischen Bohnennoten bestens unterstützt. Der grün-grasige, leichte Zitrus-Unterton lässt sich mit Zitrusschalen, Zitronengras oder auch Zitronenverbene fördern. Ganz besondere Kombinationsmöglichkeiten liefern die harzigen Duftnoten: Sie lassen sich mit Fichtennadeln, Pinienkernen, Zedernkernen, aber auch mit Baumharz unterstützen, ebenso wie – klassischer – mit Bohnenkraut. Aromatische Anteile legen Kombinationen mit Thymian, Mandeln oder Geräuchertem nahe. Selbst kräftige florale Noten sind der Schwarzen Bohne nicht fremd: Orangenblütenwasser, getrocknete Mohnblüten oder blütenbasierte Gewürzmischungen stehen ihr ausgezeichnet.

Gemüse wie Tomaten und Karotten dienen mit ihren würzigen Anteilen als Harmonie und Kontrast zugleich, und selbst deftiges Wurzelgemüse wie Sellerie, Steckrüben und Pastinaken erzeugt Synergieeffekte und unterstützt zugleich den natürlichen Umamigeschmack der Bohnen.

Schwarze-Bohnen-Paste aus fermentierten Bohnen ist in der fernöstlichen Küche eine beliebte Würzpaste. Schwarze Bohnen gehören in das brasilianische Nationalgericht *Feijoada* oder ins *Gallo pinto*. Auch eine berühmte mexikanische Sauce (Mole) besteht aus passierten schwarzen Bohnen und Schokolade, gewürzt mit gerösteten Chilis: Hier kommen süße, scharfe und erdige Aromen zusammen. Es ist außerdem verbreitet, das schwarzgefärbte Kochwasser aufzuheben und als Basis für eine Suppe zu verwenden (*Sopa negra*) oder als Brühe (*caldo de frijol*), oder um damit andere Gerichte zu färben, z. B. *Gallo pinto. Moros y Cristianos* bzw. *Arroz Congri* ist das Nationalgericht der Kubaner: Es spielt mit den farblichen Kontrasten von weißem Reis und schwarzen Bohnen.

GESCHICHTE UND GESCHICHTEN: BOHNENKÖNIG

Eine alte Tradition in Westeuropa, besonders in den Niederlanden, ist die Wahl des „Bohnenkönigs": Am Vorabend zum Dreikönigstag wird ein Kuchen gebacken, in dem man eine Bohne versteckt. Wer die Bohne in seinem Stück findet, wird zum Bohnenkönig gewählt, darf sich eine Königin aussuchen und genießt beim Tanzen und Essen eine Vorzugsbehandlung. Solche Bohnenfeste tragen oft karnevaleske Züge, und es werden anzügliche Bohnenlieder gesungen.

SCHWARZE WALDBOHNEN

- 100 g Schwarze Bohnen
- 150 ml Olivenöl
- 2 Stängel Zitronengras
- 10 Zedernkerne
- 10 Pinienkerne
- Thymian, Bohnenkraut, Baumharz (z. B. Gourmetfachhandel)
- 1 Handvoll getrocknete Herbsttrompeten
- 1 kleine rote Zwiebel
- 400 g mehligkochende Kartoffeln
- grobes Meersalz
- 5 schwarze Oliven, entsteint

Pro Portion: 516 kcal, 40 g F, 26 g KH, 6 g B, 10 g E

Am Vortag Bohnen in Wasser einweichen. 50 ml Olivenöl auf 90 °C erwärmen. Harte äußere Blätter des Zitronengrases entfernen und Rest in feine Ringe schneiden; ca. 1 TL davon beiseitestellen. Zitronengras in das heiße Olivenöl geben und ca. 1 Stunde bei 60 °C auf dem Herd extrahieren lassen. Vom Herd ziehen und über Nacht bei Zimmertemperatur stehen lassen. Durch ein Haarsieb filtern. Zedern- und Pinienkerne ohne Fett rösten.

Am nächsten Tag Thymian, Bohnenkraut und Baumharz nach Geschmack in einen Teebeutel geben. Bohnen in ein Sieb abgießen und mit Gewürzen in weichem, mineralarmem Wasser bei 92 °C vorsichtig garen, sie sollten nicht zerfallen oder platzen.

Herbsttrompeten einweichen und sehr klein schneiden, Einweichwasser filtern und auffangen. Zwiebel schälen und würfeln. 100 ml Olivenöl erhitzen und Zwiebel darin schwenken. Herbsttrompeten zugeben und andünsten. Vom Herd ziehen, Einweichwasser zugeben und zu einer flüssigen Emulsion rühren; warm halten. Kartoffeln in Salzwasser weich kochen und stampfen, mit etwas Meersalz abschmecken und Zitronengrasöl einrühren.

Schwarze Oliven klein würfeln; gut abtupfen. Oliven und restliche Zitronengrasscheiben unter das Püree heben. Püree mithilfe eines Dessertrings auf Tellern verteilen. Schwarze Bohnen abgießen und darauf anrichten. Mit Herbsttrompeten-Emulsion umgießen. Alles mit gerösteten Zedern- und Pinienkernen garnieren.

Brassica oleracea var. italica

BROKKOLI

Die italienische Variante des Blumenkohls ist kräftiger im Aroma und enthält noch mehr gesunde Inhaltsstoffe. Das Gemüse war schon in der Antike bekannt, geriet aber im deutschsprachigen Raum in Vergessenheit, während es sich in den romanischen Ländern wie Italien und Frankreich und auch in England durchsetzen konnte. Erst seit den 1970er Jahren ist Brokkoli bei uns populär geworden und hat mittlerweile dem vermeintlich „altmodischen" Blumenkohl längst den Rang abgelaufen.

Brokkoli (auch: *Broccoli, Sprossenkohl, Spargelkohl*), ein Vertreter der Kohlgemüse, weist ein ähnliches Aromaspektrum auf wie seine Verwandten Blumenkohl oder Romanesco. Wie bei allen *Brassica*-Arten stehen schwefelige und stickstoffdominierte, kohltypische Duftstoffe im Vordergrund, darunter das kohl- und brokkolitypische 4-(METHYLTHIO)BUTYLISOTHIOCYANAT, das dem rohen Gemüse einen Hauch Rettich beifügt, sowie die aromatisch-schwefelige Stickstoffverbindung 2-PHENYLETHYLCYANID. Seine stechend-

Aromen roh: 1-PENTEN-3-ON △ *ätherisch, pfefferig,* □ *knoblauchartig, fischig,* ◇ *senfartig, stechend* HEXANAL △ *grün, blattartig, fettig,* □ *gemüseartig, apfelartig,* ◇ *leicht holzig* (E)-2-HEXENAL △ *grün,* *bananenschalenartig, fettig, □ gemüseartig, blattartig, ◇ würzig-fruchtig, frischer Käse* (Z)-3-HEXENOL *△ grün, grasig, laubartig, fruchtig, ◇ leicht ölig, melonenschalenartig* (E,E)-2,4-HEPTADIENAL *△ fettig, grün, □ gemüseartig, ◇ ölig* 4-METHYLTHIOBUTYLISOTHIOCYANAT[T] *△ schwefelig, □ brokkoliartig, rettichartig, ◇ stechend, kohlartig* DIMETHYLSULFID *△ schwefelig, zwiebelartig, radieschenblätterartig, kohlartig, □ fischartig, maisartig, spargelartig, ◇ ein Hauch gekochte Milch/Sahne* 2-PHENYLETHYLCYANID[T] *△ stechend, ◇ kalt-schmerzend* 2-PHENYLETHYLISOTHIOCYANAT[T] *△ schwefelig, grün, □ meerrettichartig, ◇ kalt-schmerzend* 2-METHOXY-3-ISOPROPYLPYRAZIN *△ erdig, grüne Bohnen, □ grüner Paprika*

Aromen gekocht: NONANAL *△ wachsig, □ zitrusschalenartig, gurkenartig* 2,4-HEPTADIENAL *△ fettig, grün, □ gemüseartig, erdig* METHANTHIOL *△ schwefelig, gekochter Kohl, lauchartig, □ ölig, gekochte Eier* METHANETHIOL *△ schwefelig, kohlartig, knoblauchartig, eierartig, □ cremig, würzig, reifer Käse, gekochtes Fleisch*

GESCHMACK

SÜSS SAUER SALZIG **BITTER** UMAMI

Brokkoli schmeckt bitterer und duftet grasiger und schwefeliger als seine nahen Verwandten Blumenkohl und Romanesco.

MIKRONÄHRSTOFFE *(pro 100 g)*

Vitamine: *A (142 µg), C (94 mg)* ***Mineralstoffe:*** *Calcium (58 mg), Phosphor (63 mg), Eisen (0,8 mg)* ***Sekundäre Pflanzenstoffe:*** *Glucosinolate*

pfefferige Senf- und Knoblauchnote erhält das rohe Gemüse von 1-PENTEN-3-ON; grüne und wachsige Noten kommen durch das Zusammenspiel des grünen, nach Blättern duftenden HEXANAL mit dem an unreife Bananenschale erinnernden (E)-2-HEXENAL und dem typisch grasigen Blätteralkohol (Z)-3-HEXENOL zustande (der sich auch in den Brokkoliblättern findet). NONANAL lässt rohen und leicht gedämpften Brokkoli wachsig wirken und ein wenig an Gurke erinnern. Hinzu kommen grün-erdige und sehr würzige Noten. Natürlich spielt – wie bei praktisch jedem Kohlgemüse – auch DIMETHYLSULFID mit seinem schwefeligen Duft nach Gemüse, Kohl und Zwiebeln in rohem und gekochtem Brokkoli eine dominante Rolle. Gekochter Brokkoli entwickelt außerdem METHANETHIOL, das neben dem schwefeligen Grundton auch typische „gekochte Noten", wie sie etwa von harten Eiern bekannt sind, dem Aromaspektrum beifügt.

Der Grundgeschmack von Brokkoli ist durch starke Bitternoten geprägt, die sich beim Vorgang der Photosynthese ausbilden. Dazu gehören in erster Linie Glucosinolate, sprich Senfölglycoside: Progoitrin, Sinigrin und Glucobrassicin, die auch bei Gewürzen wie Senf, Kresse oder Meerrettich auftreten, sorgen für bittere Reize auf der Zunge. Der dadurch stark ausgeprägte Bittergeschmack wird darüber hinaus durch Quercetin unterstützt. Brokkoli wirkt für „Superschmecker", die sehr empfindlich auf Bitterstoffe reagieren (etwa 20 Prozent der Bevölkerung), praktisch so bitter, dass der Genuss fast unmöglich wird.

Die dunkelgrüne Farbe weist nicht nur auf Chlorophyll hin, sondern auch auf eine hohe Konzentration von Carotinoiden. Diese werden erst durch thermische Behandlung biologisch verfügbar (→ Farbe in Gemüse, Seite 75). Andererseits enthält Brokkoli nachweislich viel Vitamin C. Will man wiederum den vollen Anteil an Vitamin C erhalten, ist ein starkes und langes Kochen in Wasser wenig ratsam. Aus dieser Erkenntnis lassen sich Zubereitungsmethoden ableiten, die zugleich dem Gaumen entgegenkommen: Eine „Brokkolipfanne" kann durch das sukzessive Hinzufügen der Gesamtmenge kulinarisch und gesundheitstechnisch aufgewertet werden. Die zuerst hineingegebenen Röschen sind gar, während die letzten praktisch roh bleiben. Der Genuss zaubert dann das komplette Geschmacks- und Aromaspektrum des rohen und gekochten Gemüses auf die Zunge und in die Nase.

ZUBEREITUNG

Brokkoli immer gründlich waschen, denn in den eng sitzenden Röschen können sich bei Freilandware oder Ernte aus dem eigenen Garten Insekten verstecken. Gegessen werden nicht nur die Röschen, sondern auch die Stiele: Sie sind ebenfalls sehr delikat und schmecken deutlich milder und weniger bitter und brokkolitypisch als die Röschen selbst. Den dicken Strunk sollte man eventuell wie Spargel schälen, um holzige Teile zu entfernen.

Das Gemüse lässt sich roh genießen sowie kochen, braten und backen. Zum Garen den Strunk an der dicksten Stelle einschneiden, damit er nicht

ORECCHIETTE MIT BROKKOLI

- 250 g Brokkoliröschen
- 250 Orecchiette (Muschelnudeln)
- 50 ml Olivenöl
- 2 Knoblauchzehen, geschält und gehackt
- 3–4 Sardellenfilets, gehackt
- getrocknete Chilischoten
- 100 g Parmesan, grob gehobelt
- schwarzer Pfeffer, nach Geschmack

Brokkoliröschen 5 Minuten in sprudelndem Salzwasser kochen, dann herausnehmen. Im gleichen Wasser die Nudeln al dente kochen. Nach dem Abgießen etwas Nudelwasser aufbewahren.

Olivenöl in einer Pfanne erhitzen, Knoblauch darin anrösten und Sardellenfilets kurz mitbraten. Chilis nach Geschmack sowie Brokkoliröschen dazugeben, weiterbraten. Achtung: Der Brokkoli darf nicht zu weich werden.

Pasta sowie etwas Nudelwasser unterrühren, damit die Sauce nicht zu trocken wird. Mit Parmesan bestreuen und nach Belieben mit etwas Pfeffer würzen.

Pro Portion: 371 kcal, 14 g F, 46 g KH, 5 g B, 11 g E

zu lange braucht. Wie beim Blumenkohl und Romanesco empfiehlt es sich, nicht den ganzen Kopf, sondern die abgeschnittenen einzelnen Röschen 10 bis 15 Minuten in Salzwasser zu kochen: Das geht schneller und beugt einer raschen Oxidation des reichlich vorhandenen Vitamin C vor. Auch beim Brokkoli ist ganz entscheidend: Er darf nicht zu weich gekocht werden, sondern sollte al dente bleiben. Man kann Brokkoli außerdem sehr gut braten, um ihm Röst- oder einen Hauch Grillaromen zu verleihen. Dafür entweder die ganzen Röschen und den Stiel leicht blanchieren, abtupfen, in eine Pfanne mit Olivenöl geben und braten oder die Röschen längs halbieren, direkt in die Pfanne geben (am besten, wie oben erläutert, nach und nach, sodass unterschiedliche Grade der Garung erreicht werden) und auf der Schnittfläche für 5 bis 8 Minuten bei geschlossenem Deckel garziehen lassen. Die leichte Röstung der Schnittflächen reicht dann zur Würzung des frischen Brokkoli fast schon aus. Das fleischige Innere von dicken Strünken kann, in sehr kleine Würfel (Brunoise) geschnitten, als rohe Komponente dienen, leicht gedämpft wird die Textur extrem zart, und kurz frittiert wirkt es als funktionelles grünes Röstgewürz. Ebenso wie die Röschen lässt es sich außerdem gut backen, etwa als Pizzabelag oder in Aufläufen.

KOMBINATIONEN

Zum Anrösten und Andünsten von Brokkoli eignet sich hervorragend Olivenöl, das die grünen Aromen verstärkt: Leicht vorgekochten, blanchierten oder rohen Brokkoli in Olivenöl braten und mit reichlich Knoblauch aus der gleichen Duftfamilie und mit Ingwerscheiben, deren trigeminalen Reize von den Bitternoten ablenken, würzen. Statt mit Knoblauch und Ingwer kann man halbierte rohe Brokkoliröschen in Olivenöl ebenso gut mit etwas Fenchelsamen garen, der dem Gericht würzig-süßliche Duftnoten beifügt. Kleine Röschen genießt man in Wintersalaten als rohe kohlige Komponente

HARMONIE

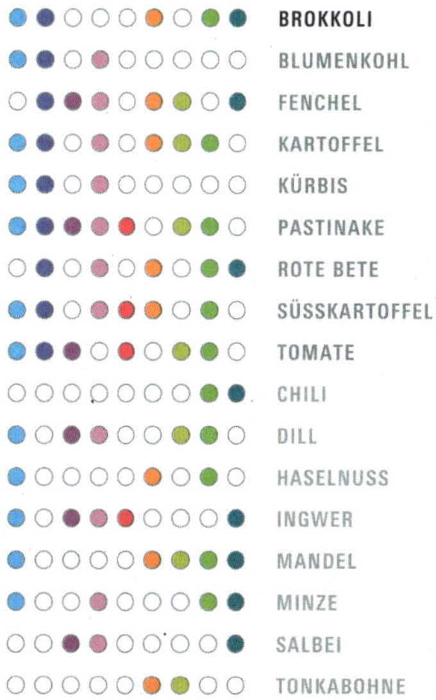

PASST GUT ZU

Lamm, Fisch, Huhn, Eiern (hart), Pasta, Joghurt, Frischkäse

LÄNDERKÜCHE

Italien, Deutschland: *Orecchiette mit Brokkoli, Gemüselasagne* ***England:*** *Brokkolicremesuppe, zu Roast Beef und Sunday Roast* ***China:*** *Brokkoli mit Austernsauce*

SORTEN

Extra Early Rudolph: *sehr frühe Sorte Sprouting-Kohl mit violetten Röschen.*

Early White Eye: *Sprouting-Kohl mit cremeweißen Röschen, zart und besonders aromatisch, wenig kohlig.*

Natalino: *weitverbreitete samenfeste Calabrese-Sorte mit großem Kopf.*

Brokkolini: *Kreuzung aus Brokkoli und chinesischem Kai-lan. Brokkolini haben kleinere Blüten und lange feine Stängel. Aromatisch liegen sie zwischen Brokkoli und grünem Spargel und schmecken süßlich.*

EINKAUF UND LAGERUNG

Die Köpfe sollten noch keine gelbe Verfärbung zeigen und keine offenen Blüten. Falls vorhanden: Folie nicht entfernen, weil sie den Kohl vor dem Austrocknen schützt. Brokkoli kann bis zu 1 Woche bei ca. 0 °C aufbewahrt werden. In Röschen aufgeteilt und blanchiert lässt er sich gut einfrieren.

SAISON

01 02 03 04 **05 06 07 08 09 10 11** 12

Importware aus Spanien und Italien ist von Oktober bis Juni erhältlich.

ANBAU

Brokkoli braucht tiefgründige, humose Böden mit gutem Wasserhaltevermögen und ein gemäßigtes Klima. Er gilt als genügsame, aber nährstoffhungrige Kulturpflanze. Die Kultivierung des gewöhnlich nur von wenigen Schädlingen befallenen und ertragreichen Winterbrokkoli hat vor allem in England Tradition, das klappt in Mitteleuropa nur in Gegenden mit mildem Klima, denn Brokkoli ist nicht winterhart. Ansonsten wird Brokkoli ab Mitte März vorgezogen, ins Beet kommt er ab Ende März bis Ende Juli, oder er wird ab Mitte April direkt gesät. Geerntet wird nach 7 bis 10 Wochen, von Juni an bis in den November.

mit frischem Knack – gern auch mit leicht gesalzenem Naturjoghurt, dessen Milchsäure den starken Bitternoten entgegenkommt. Klassisch ist die Kombination mit Mandelbutter und Mandelblättchen, denn deren Aromaten unterstreichen den schwefelig-erdigen Duft von Brokkoli, während die süßlichen Benzolverbindungen dem Gemüse seine bitteren Spitzen nehmen. Das gilt ebenso für das Würzen mit Vanille, Tonkabohne oder gar leichten Rauchnoten, etwa mit geräucherter Butter, oder bei der Verwendung von gerösteten und geräucherten Mandeln. Knoblauch, Zwiebel, junger Lauch und Kapuzinerkresse verstärken die Schwefelnoten des Gemüses. Brokkoli mag weiße Saucen, ähnlich wie Blumenkohl, da sich hier wie dort beim Kochen butterige Aromen bilden, die durch die Zugabe von Milchprodukten (Sahne, Käse) verstärkt werden. Eine geschmacks- und farbintensive Brokkolisuppe kann daher gut mit Käse gewürzt werden. Ein italienischer Klassiker sind *Orecchiette mit Brokkoli*, scharf gewürzt mit Chili und/oder schwarzem Pfeffer und kräftig bestreut mit Parmesan, der über den Umamigeschmack die Würzigkeit des Gemüses betont. Mit Roter Bete harmonieren Brokkoli sehr gut über seine erdigen Noten. Seine grün-würzigen Noten passen hingegen gut zu Dill, Salbei und Minze, die darüber hinaus jede Menge kräuterige, anisartige Düfte ergänzen, welche dem Kohl komplett fehlen.

BOTANIK

Der Name Brokkoli (*italienisch: Broccoli*) leitet sich ab vom italienischen *brocco*, Schössling. Regional ist das Gemüse auch als Sprossen- oder Spargelkohl bekannt. Brokkoli ist eng mit dem Blumenkohl verwandt; auch hier wird die embryonale, geschlossene Blütenknospe gegessen. Anders als beim Blumenkohlkopf wird diese bei Brokkoli jedoch dem Licht ausgesetzt, was nicht nur Chlorophyll freisetzt, sondern auch entscheidend zum aromatischen Unterschied gegenüber Blumenkohl beiträgt.

Nicht alle Brokkolisorten sind grün, das Farbspektrum reicht von cremeweiß bis violett. Man unterscheidet Brokkoli gärtnerisch in zwei Grundsorten: CALABRESE und SPROUTING-KOHL. Beim Calabrese erntet man den großen Kopf und ein paar kleinere Röschen. Beim Sprouting-Typ, der in England beliebt ist und bei uns nur in Hausgärten vorkommt, schneidet man die kleinen Röschen ab, die Pflanze lässt sich also wie Pflücksalat immer wieder beernten. Mit seinem leicht schwefeligen Aroma erinnert er an grünen Spargel und kann auch ähnlich zubereitet werden.

Artocarpus altilis

BROTFRUCHT

Die mit der Jackfrucht verwandte Brotfrucht ist die Scheinfrucht des tropischen Brotbaums, der zu den Maulbeergewächsen gehört. In ihrer ursprünglichen Heimat Polynesien sowie in der Karibik, in Südindien und Sri Lanka zählt sie zu den stärkehaltigen Grundnahrungsmitteln – so wie bei uns die Kartoffel. Sie wird häufig zu Mehl verbacken, daher der Name.

Die Aromen sind stark sortenabhängig, sodass je nach Sorte und Herkunft die Brotfrucht etwas anders duftet. Gemeinsame Basis ist bei allen eine hohe Dichte an Fruchtestern und an wachsigen Noten durch längerkettige aliphatische Kohlenwasserstoffe. Hervorstechend sind im reifen Zustand der Brotfrucht das nach Obst und reifen Pfirsichen duftende BUTYL 3-METHYLBUTANOAT und das an Fruchtkonfitüre und Äpfel erinnernde ISOAMYL 3-METHYLBUTANOAT. Weitere Ester fügen leicht stechende Tropenfrucht- oder Orangen-Düfte hinzu. Unterstützt wird dieses fruchtige Aromaspektrum durch das grün und herbal duftende HEXANOL und das wachsige DECANAL, welches Zitrusnoten ins Spiel bringt, sowie DODECANAL und DODECANOL, die wachsige, seifige Düfte mit einem Hauch Kokos und Mandarine einbringen. Bei den fettigen Duftstoffen spielt die Palmitinsäure bzw. HEXADECANSÄURE eine besondere Rolle. Diese ist zwar orthonasal weniger duftaktiv, aber retronasal deutlich wahrnehmbar und trägt zur „fettig-cremigen" Textur der reifen Brotfrucht bei. Unterstützt wird diese Textur auch durch den spürbaren Anteil von freien Fettsäuren, die nicht mehr olfaktorisch wahrnehmbar sind. Neben der Palmitinsäure dominieren die Stearinsäure und Ölsäure. Von den höher ungesättigten Fettsäuren treten die Linolsäure und die Arachadinsäure in nennenswerten Konzentrationen auf.

Beim Lagern verändert sich nicht nur die Zuckerkonzentration, sondern auch das Duftspektrum. Im frisch geernteten Zustand dominieren die wachsig-fettigen Geruche, während sich die fruchtigen Noten erst während der ersten 4 bis 6 Tage des Lagerns (bzw. „Nachreifens") bilden.

Der Grundgeschmack der Brotfrucht – der unreifen wie der reifen – ist sauer, denn in unreifen und nicht vollständig gereiften Früchten findet sich eine hohe Konzentration an Äpfelsäure, die sich beim Reifen nur teilweise abbaut. Gleichzeitig bildet sich während der Reifung zusätzlich Zitronensäure, die ebenfalls für den säuerlichen Geschmack der Brotfrucht verantwortlich ist. Die Süße der reifen Frucht kommt durch einen hohen Anteil an Fructose zustande. Glucose und Saccharose unterstützen den süßen Grundgeschmack, der je nach Herkunft und Reifegrad unterschiedlich stark ausgeprägt ist.

ZUBEREITUNG

Die Brotfrucht mit einem scharfen Messer halbieren und die Verlängerung des Stiels, den innenliegenden Sporn, herausschneiden. Während man die

Aromen roh und gekocht: BUTYL 3-METHYLBUTANOAT △ *fruchtig, apfelartig, birnenartig, grün,* □ *ananasartig, reife Früchte, pfirsichartig* ISOAMYL 3-METHYLBUTANOAT △ *fruchtig, süßlich, grün, konfitürenartig,* □ *reife Früchte, apfelartig* BUTYLACETAT △ *ätherisch, fruchtig,* □ *stechend, reife Banane, grünlich, tropische Früchte* ETHYL 3-METHYLBUTYRAT △ *fruchtig, süßlich, ananasartig, grün,* □ *orangenartig, apfelartig* HEXANOL △ *grün, herbal, ätherisch,* □ *fuselartig,* ◇ *fettig, leicht fruchtig* DECANAL □ *wachsig, aldehydisch,* □ *süßlich, zitrusschalenartig* DODECANAL □ *wachsig, aldehydisch, seifig, zitrusartig, orangenschalenartig, floral,* ◇ *talgig, mandarinenartig* DODECANOL △ *wachsig, seifig,* □ *honigartig, kokosartig, erdig,* ◇ *fettig* HEXADECANSÄURE □ *fettig,* ◇ *wachsig, kerzenwachsartig*

GESCHMACK

SÜSS SAUER SALZIG BITTER UMAMI

Die stärkehaltige Brotfrucht schmeckt je nach Reifegrad leicht säuerlich bis süßlich, das Aroma erinnert roh an Kartoffeln, beim Kochen an Ananas und Pfirsich.

MIKRONÄHRSTOFFE *(pro 100 g)*

Vitamine: C (21 mg) *Mineralstoffe:* Kalium (490 mg)

HARMONIE

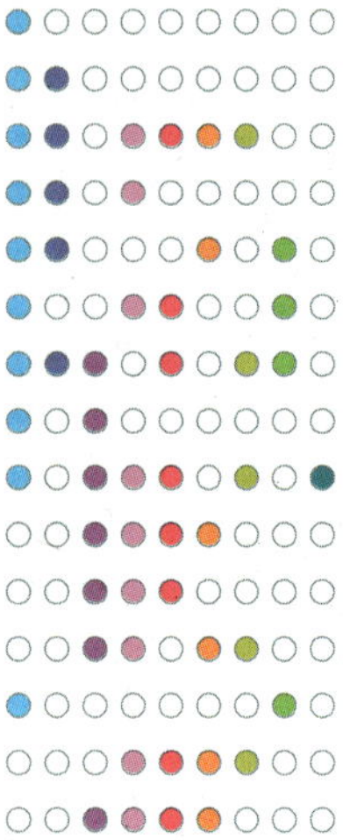

BROTFRUCHT
GURKE
HAFERWURZEL
KÜRBIS
LINSE
SCHWARZWURZEL
TOMATE
WASSERMELONE
BASILIKUM
BOHNENKRAUT
CURRYBLÄTTER
FENCHELKRAUT
KORIANDERGRÜN
NIGELLA
OREGANO

KÜCHENJOKER

Chili, Pfeffer, Pastinake, Sellerie, Leberpastete

PASST GUT ZU

Bananen, Ananas, Pfirsichen, Kokosnuss, Makrelen, Lachs, Jacobsmuscheln, Joghurt, Camembert

LÄNDERKÜCHE

***Puerto Rico:** Kombination mit Bacalao, süßer Pudding* ***Südindien, Sri Lanka:** Currys mit Kokosnussmilch und Linsen*

etwas süßlichen reifen Früchte roh essen kann, sollte man unreife immer garen, da sonst die Säure zu dominant und auch das Fruchtfleisch zu hart ist.

Die stärkehaltige Frucht lässt sich kochen und zu sämigen Suppen verarbeiten, braten, backen oder frittieren. Zum Frittieren die Frucht schälen, vierteln und in dünne Scheiben schneiden. Diese kurz in Salzwasser blanchieren, trocken tupfen und wie Kartoffelchips frittieren. Eine Brotfrucht kann man auch im Ganzen im Ofen mit etwas Wasser weich backen, das dauert bei unreifen ca. 1 Stunde, bei reifen Früchten rund 20 Minuten. Danach lässt sie sich teilen und so, wie sie ist, mit oder ohne Schale verzehren (je nachdem wie hart sie ist, ähnlich wie beim Kürbis).

KOMBINATIONEN

Die hohe Dominanz der fruchtigen Noten legt zwar nahe, die reife Brotfrucht roh mit anderen Früchten zu kombinieren. Sicher ist das in Obstsalaten oder auch in gekochten Obstzubereitungen (etwa mit Bananen, Ananas und Pfirsichen) gut möglich, aber dieses „Food-Pairing" von Gleichem mit Gleichem ist ohne weitere Zutaten schnell langweilig. Interessanter ist es, die weniger dominanten Duftaspekte der Brotfrucht zu betonen oder durch entsprechendes „Food-Completing" zu ergänzen. So lassen sich etwa die dezenten grünen, herbalen Noten in Kombination mit Gurke oder Wassermelone hervorheben – und mit kontrastierenden würzigen-harzigen oder aromatischen Kräutern bereichern: Basilikum, Fenchelkraut, Oregano oder Bohnenkraut sind Partner, die die Fruchtnoten perfekt ergänzen und auch der relativ starken Säure der Brotfrucht ohne Probleme standhalten. Das wachsige Koriandergrün sowie (frische) Curryblätter eignen sich aus demselben Grund hervorragend zum Würzen.

Über die wachsig-cremige Duftschiene ergeben sich weitere Kombinationen: Ganz hervorragend sind Paarungen mit cremig-milchig angehauchtem Gemüse oder Früchten. Die cremig-sahnige Kokosnuss ist ein Paradebeispiel dafür. Mit Kokosöl, -milch oder -raspeln entstehen fruchtig-cremige Aromakompositionen, die sich in Currys einbinden oder als vegetarisches Hauptgericht servieren lassen. Wenn dazu Weißweine aus dem Barrique, Chardonnay aus der Neuen Welt oder Viognier aus dem nördlichen Rhônetal serviert werden, wird daraus ein Festessen. In Südindien und Sri Lanka wird gekochte unreife Brotfrucht häufig mit Kokosnussmilch und scharfen Gewürzen kombiniert. Des Weiteren bieten die wachsigen Aromakomponenten der Brotfrucht eine Kombination mit (fettreichen) Meerestieren an, etwa rohen Makrelen, gedämpftem Lachs oder Jacobsmuscheln. Hervorragend sind ebenfalls Gerichte mit gelben oder roten Linsen: Wachsige und grüne Aromastoffe verstärken sich gegenseitig, während die Brotfrucht Säure und Fruchtnoten liefert, die vielen Hülsenfrüchten entgegenkommen. Und nicht zuletzt erlaubt ihr wachsiger Charakter ungewöhnliche Verbindungen, etwa mit Kürbis, Schwarzwurzel oder Haferwurzel. Gerade die letzten beiden urdeutschen Gemüse punkten ebenfalls im cremig-wachsigen Bereich und harmonieren daher hervorragend mit dem tropischen

BROTFRUCHT MIT GEBRANNTER SALZMILCH UND BROT

- 400 g Sauerteigbrot
- 100 ml Brottrunk (Reformhaus)
- 100 g saure Sahne
- 10 g Koriandersamen
- 15 g Schwarzkümmelsamen
- 200 ml Kondensmilch (ungesüßt)
- 2 Brotfrüchte
- ½ Bund Koriandergrün, gehackt
- 1 Stück langer Pfeffer, Salz
- 100 g frischer Ziegenquark, gut abgetropft

Sauerteigbrot mit dem Messer hacken und im Brottrunk einweichen. Unter Erwärmen mit dem Stabmixer zu einer Creme pürieren und mit saurer Sahne glatt arbeiten.

Mit Koriander-, Schwarzkümmelsamen und, wenn nötig, Salz abschmecken.

Kondensmilch in einer Pfanne unter ständigem Rühren reduzieren, bis sie am Boden der Pfanne etwas bräunt, dabei leicht salzen und zu einer dicken nussig-milchigen Creme kochen. Brotfrüchte in einem großen Topf in Wasser weich garen, anschließend in Schnitze schneiden.

Brot- und Milchcreme auf Tellern verteilen, Brotfruchtschnitze danebensetzen und mit Koriandergrün und frisch geschnittenem langen Pfeffer würzen. Mit etwas Ziegenquark garnieren.

Pro Portion: 533 kcal, 11 g F, 84 g KH, 10 g B, 16 g E

Fruchtgemüse. So inspiriert der Blick auf die Aromen zu Kompositionen, die auf kultureller Ebene eher nicht üblich sind.

Der säuerliche oder, je nach Reife, süße Geschmack der Brotfrucht lässt sich ebenfalls unterstreichen oder durch salzige oder umami-Beigaben bereichern. In diesem Zusammenhang sei auf Tomaten-Brotfrucht-Ragouts hingewiesen: Tomaten liefern jede Menge grüne Aromen und steuern Fruchtelemente bei, aber auch einen hohen Anteil an Umamigeschmack, der die Säure der Brotfrucht wunderbar ergänzt. Aus Puerto Rico ist sowohl die Kombination mit gesalzenem getrockneten Fisch (*Bacalao*) bekannt als auch ein süßer Brotfrucht-Pudding. Eine süße Würzung mit Butter und Zucker bietet sich natürlich besonders bei den reifen, süßlicheren Früchten an. Eine reife Brotfrucht kann klein geschnitten wie Süßkartoffel gekocht und kombiniert werden, zum Beispiel als Püree für Gerichte, die süßliche Ergänzungen vertragen wie Wild, Schwein, Innereien oder Blutwurst. Die fettig-cremige Textur lädt außerdem zu Kompositionen mit würzig-cremigem Käse (Camembert, Brie, Munster) oder Fleischpatés (Leberpatés) ein.

BOTANIK

Ein Brotfruchtbaum wird bis zu 20 Meter hoch. Die Früchte können bis zu 4 kg schwer werden, meistens wiegen sie etwa 2 kg. Sie haben eine auffällige grüne, noppige Schale. Das Fruchtfleisch ist bei unreifen Früchten hart, faserig und saftig. Bei einer reifen Frucht wird die Schale gelblich, das Fleisch ist cremig, gelblich und eher süßlich. In den verschiedenen Anbauländern gibt es zahlreiche Sorten, die sich im Aroma leicht unterscheiden.

EINKAUF UND LAGERUNG

Im Ganzen lässt sich eine reife Brotfrucht rund 3 Tage bei Zimmertemperatur lagern. Sie reift nach. Aufgeschnitten hält sie sich nur kurz im Kühlschrank. Die Schnittfläche sollte man mit Folie abdecken und/oder mit Zitronensaft beträufeln, damit sie nicht oxidiert. Man bekommt sie in Asia- und Afrikaläden oder auf gut sortierten Märkten.

SAISON

01 02 03 04 05 06 07 08 09 10 11 12

Als Importware ist die Brotfrucht ganzjährig erhältlich.

Cynara cardunculus

CARDY

Die Cardy steht kulinarisch im Schatten ihrer nahen Verwandten Artischocke. Im Unterschied zu dieser bildet sie kleinere und vielzählige Blütenknospen aus und entwickelt keine fleischigen Blütenböden. Von der Cardy isst man auch nicht die Blütenknospen, sondern vor allem die gebleichten Blattrippen (Stängel) und manchmal die getrockneten Blüten. Cardy ist in Deutschland und Österreich so gut wie unbekannt, wird aber in der Schweiz, in Frankreich, Italien und Spanien kommerziell kultiviert.

Aromen gekocht: 1,3-HEXENON △ *gekochtes Gemüse,* □ *leicht metallisch* DECANAL △ *wachsig, aldehydisch,* □ *süßlich, zitrusschalenartig* (Z)-3-HEXENAL △ *grün, grasig, frisch gemähtes Gras,* □ *grüner Apfel* (Z)-3-HEXENOL △ *grün, grasig, frisch gemähtes Gras, laubartig, fruchtig,* ◇ *leicht ölig, melonenschalenartig* 1-OCTEN-3-ON △ *pilzig, erdig, roher Champignon,* □ *moderig, herbal,* ◇ *hähnchenhautartig* β-SELINEN △ *herbal, holzig,* ◇ *bitterartig* α-CARYOPHYLLEN △ *holzig, süßlich-herbal,* □ *kampferig, leicht pfefferig, mit Zitrushintergrund*

GESCHMACK

SÜSS SAUER SALZIG **BITTER** UMAMI

Cardy schmeckt sehr bitter und erinnert an die Artischocke, sie duftet grün und holzig mit einer leichten Pilznote und wirkt trigeminal adstringierend.

MIKRONÄHRSTOFFE *(pro 100 g)*

Vitamine: *C (10 mg)* ***Mineralstoffe:*** *Kalium (400 mg), Calcium (70 mg)*

Geschmack und Aroma der Cardy (auch: ***Kardy, Kardone, Spanische Artischocke***) ähneln stark denen der Artischocke, wobei die Cardy insgesamt bitterer ist. Auch im Aroma sind die bitterartigen Düfte ausgeprägter, es stehen herbal-holzige, harzige bis „bittere" Duftnoten im Vordergrund. Verantwortlich dafür sind vor allem Sesquiterpene wie β-SELINEN und CARYOPHYLLEN, das zudem einen leicht pfefferigen Anklang einbringt. Dazu gesellen sich typische „Artischockennoten" aus dem grünen und wachsigen Bereich, etwa das leicht metallische, an gekochtes Gemüse erinnernde 1,3-HEXENON sowie das wachsige, leicht süßliche DECANAL mit zitrusschalenartigen Noten. Es fehlen auch nicht die grünen Düfte, die durch Blätteraldehyd und Blätteralkohol verursacht werden, sowie die Pilznote des 1-OCTEN-3-ON, die jedoch bei der Artischocke mehr im Vordergrund stehen.

Die Blüte der Cardy duftet wie die Artischockenblüte streng fettig bis wachsig, dafür sind freie, von der Molekülgröße her gerade noch riechbare Fettsäuren wie z. B. HEXADECANSÄURE verantwortlich. Weitere Fettsäuren sorgen für Kokosfettnoten und für ein stumpf-fettiges Mundgefühl.

Die getrockneten Blüten weisen das Enzymgemisch Cardosin (zwei Formen A und B) sowie Cyprosin auf: Es lässt wie Kälberlab Milch gerinnen und kann daher zur Käseerzeugung eingesetzt werden.

Die Blätter und Stiele der Cardy enthalten wie die Artischocke den bitteren Geschmacksstoff Cynarin, der zu der Klasse der Hydroxyzimtsäuren zählt und als stark antioxidativ gilt. Außerdem ist die Cardy reich an weiteren Phenolen, die sowohl für den bitteren Geschmack als auch für das adstringierende Gefühl verantwortlich sind. Für Adstringenz sorgen etwa die Gallussäure und Epichatin, während Sinapinsäure bitter „schmeckt". Cardy enthält außerdem viel Rosmarinsäure. Diese duftet nicht wie Rosmarin (da sie schwach wasserlöslich ist), sondern dient aufgrund ihrer antioxidativen Wirkung als natürlicher Konservierungsstoff (z. B. in Roh-Würsten). Für den bitteren Geschmack wären ferner zu nennen: P-Cumarinsäure, Ferulasäure sowie eine hohe Konzentration der Bitterstoffe Quercetrin und Quercetin.

In der ebenfalls essbaren Wurzel, dem Wurzelansatz und dem Strunk ist reichlich der Ballaststoff Inulin vorhanden, ein Oligofructosegemisch aus Fructoseketten, die an den Enden mit je einem Glucosemolekül abgeschlos-

ARTISCHOCKE UND CARDY – ENGE VERWANDTE

Artischocke und Cardy gehören beide zu der Familie der Korbblütler. Trotz ihrer nahen Verwandtschaft sind sie als Küchengemüse grundverschieden.

Artischocke

ANBAU	*als Blütengemüse*
BLÜTE	*große, kräftige Blütenknospen*
FRUCHT	*fleischige Fruchtböden*
NUTZUNG	*verzehrt wird der Boden der Blütenknospen, auch die Blütenschuppen und Stielansätze können gegessen werden*
GESCHMACK	*bitter und leicht süßlich*
AROMA	*grün-grasig, pilzig-erdig, mit würzigen Noten (gekocht)*

Cardy

ANBAU	*als Stielgemüse*
BLÜTE	*mehrere, kleine Blütenknospen*
FRUCHT	*keine fleischigen Fruchtböden*
NUTZUNG	*gegessen werden Blattrippen, auch die Blätter können verzehrt werden*
GESCHMACK	*stark bitter*
AROMA	*herbal-holzige, harzige Düfte*

CARDY – DIE INNEREN WERTE

- 2 gleich große, sehr frische Cardy
- 100 g Butter
- 1 Prise Salz, 2 Prisen Zucker
- 50 ml Limettensaft
- frische Süßrahmbutter zum Aufschlagen

Pro Portion: 315 kcal, 29 g F, 9 g KH, 4 g B, 1 g E

Obere Stiele der Cardy abtrennen und äußere Blätter entfernen. Cardy mit Butter, Salz, Zucker und Limettensaft vakuumieren (alternativ in eine Plastiktüte geben, fest verschließen, stramm mit Alufolie umwickeln, sodass nichts auslaufen kann). Im Kombidämpfer bei 85 °C 1,5 Stunden garen (alternativ 2 Stunden im Backofen bei 100 °C Ober-/Unterhitze und eine Schüssel mit Wasser hineinstellen). Beutel aufschneiden und die Sauce auffangen. Cardy halbieren und die Herzen auf der Schnittfläche in einer sehr heißen Pfanne kurz anrösten.

Buttersauce mit frischer Süßrahmbutter aufschlagen, mit Salz und Limettensaft nachwürzen. Cardyhälften mit der gerösteten Seite nach oben anrichten, etwas sämige Buttersauce danebengeben.

HARMONIE

CARDY
GURKE
MELONE
OLIVENÖL
PAPRIKA

PASST GUT ZU

Zitrone, Orange, Sahne, Milch, Joghurt, geräuchertem und reifem Käse

LÄNDERKÜCHE

Schweiz, Frankreich: *Gratinierte Cardy*
Marokko: *Hähnchen-Tajine mit Cardy*

SORTEN

Man unterscheidet weiß- und grünstielige Sorten: Am Anfang sind beide Sorten grün, erst im Reifestadium werden die weißstieligen hell. Es gibt sogar eine herkunftsgeschützte (AOC-)Sorte: ***Cardon épineux Argenté de Plainpalais*** *aus dem Raum Genf. In den Mittelmeerländern existieren viele regionale Sorten, außerdem findet man dort oft wilde Cardy.*

EINKAUF UND LAGERUNG

In Deutschland oder Österreich sind Cardy kaum zu bekommen, in der Schweiz auf

sen sind. Das Inulin trägt auch nach längerem Kauen zu einer fettig-wachsigen Textur bei, wie sie von anderen Wurzeln bekannt ist. Aufgrund seiner chemischen Struktur wird Inulin nicht einfach verdaut, sondern muss erst über die Enzyme der vorhandenen Darmbakterien fermentiert werden und gehört somit zu den → Fodmaps (Seite 84). Empfindliche Menschen können davon Blähungen bekommen.

ZUBEREITUNG

Die (im Beet durch Abdecken gebleichten) Blattrippen und -stiele waschen und wie bei Rhabarber die holzige Haut abziehen. Anschließend in Eiswasser tauchen, um zu verhindern, dass sie sich bräunlich verfärben. Das Gemüse 15 bis 20 Minuten in Salzwasser dünsten. Wenn es sehr bitter ist, das Wasser wegschütten und noch einmal kurz aufkochen. Man kann Cardy auch roh essen, im Ofen überbacken oder in der Pfanne braten.

Die Blüten lassen sich als essbare „Deko“ verwenden. Sie sollten allerdings sparsam verwendet werden, da ihr wachsiges Aroma schnell zu dominant wird.

Werden die getrockneten Blüten Sojamilch zugegeben, fallen die Proteine aus. Daher kann veganer „Käse“ hergestellt werden. Mit Milch funktioniert das Käsen ebenfalls. Im Süden Portugals hat diese Art der vegetarischen Käseerzeugung Tradition: Einige Käse werden hier ausschließlich aus Schaf- oder Ziegenmilch, Salz und Cardy hergestellt.

KOMBINATIONEN

Cardy gehört zu den außergewöhnlich bitteren Gemüse-Spezies, daher ist es von Vorteil, sie als „Solisten“ zuzubereiten und zu servieren oder nur mit Gemüse zu paaren, das ihren Bitternoten standhält oder diese leicht maskiert, ohne wiederum den Charakter der Cardy zu stören. Macht man etwa die gekochten Cardy nur mit Olivenöl, Zitrone und Salz an, so hebt das Öl die grünen Noten hervor, während die Zitrone die feinen Zitrusnoten der

Cardy unterstreicht und Säure als Gegenpart zum bitteren Geschmack liefert. Das Ganze kann als Salat, etwa als Vorspeisenkomponente, serviert werden.

Ausgezeichnete Partner unter den Gemüsen in der kalten Küche sind gewürfelte Wassermelonen und frische Gurken: Sie fügen sich zum einen in das wachsig-grüne Spektrum ein und unterstreichen zum anderen die leichten Melonenanklänge der Cardy. Hervorragend geeignet sind außerdem eiskalte Honigmelonen, deren Süße die Bitternoten leicht „maskiert" – während sich wachsig-gurkenartige Aromen überlappen. Aus ähnlichen Gründen kommt aromatischer Honig der Cardy in Saucen oder Vinaigrettes in Salaten sehr entgegen. Die süßlichen Noten von geräuchertem Käse lassen sich mit Cardy bestens kombinieren, wenn man etwa den Käse in feinen Scheiben über die warmen Cardy hobelt oder das Gemüse damit überbackt. Geräucherter Paprika (Pimentòn) ist wegen der würzig-süßlich duftenden Raucharomaten ein willkommenes Gewürz, vor allem in halbwarmen Gemüsezubereitungen der Cardy.

Zu Cardy passen außerdem sehr gut Milchprodukte wie Joghurt, Frischkäse oder Quark, deren Proteine die Bitterstoffe einbinden und somit leicht abmildern. Rohe Cardy lassen sich z. B. mit Mayonnaise, Aioli oder einer säuerlichen Remoulade reichen. Eine leicht gesüßte oder mit feinherbem Wein hergestellte Sabayon wiederum maskiert die Bitterkeit über zusätzliche Süße und Säure.

GESCHICHTE UND BOTANIK

Die wilde Cardy ist die Urform der Artischocke und der heutigen Cardy und im östlichen Mittelmeerraum heimisch. In älteren Quellen aus der Antike ist (vermutlich) von der Cardy die Rede, römische Gärtner fingen an, sie zu züchten und nannten sie „carduus" (Distel, mit der sie botanisch eng verwandt ist). Vermutlich trennen sich zu dieser Zeit die Wege von Cardy und Artischocke. Kurz nach Christus spricht Plinius der Ältere bereits von Artischocken („scolymus").

Die wie die Artischocke mehrjährige Pflanze (geerntet wird sie im ersten Jahr) gedeiht auch in unseren Breitengraden und ist aufgrund ihres prächtigen Aussehens mit den charakteristischen silber-grünen, behaarten und weich-stacheligen Blättern und einer Vielzahl an violetten Blüten ein Geheimtipp unter Hobbygärtnern.

Verzehrt werden die Blattrippen und -stiele der Pflanze, die an Rhabarberstangen erinnern. Bei den meisten Sorten müssen diese aufgrund der zahlreichen Bitterstoffe gebleicht werden. Nur bei den weniger bitteren Sorten entfällt das Bleichen. Man bleicht Cardy, indem man die Stiele und Blätter im September vor der Ernte 3 Wochen lang zusammenbindet und mit Jutegewebe oder dunklem Vlies umwickelt, bis oben nur noch der Blattschopf herausschaut, sodass die Pflanzen aussehen wie kleine Palmen. Die Bitterstoffe bauen sich in der Dunkelheit ab und die Stiele werden zarter.

Märkten und manchmal im Supermarkt. Die Stiele und Blätter sollten frisch und knackig aussehen und sich auch so anfühlen. Man kann die Stiele mit einem feuchten Tuch oder Papier umwickelt bis zu 2 Wochen im Gemüsefach oder wie früher mit Sand bedeckt im Keller lagern.

SAISON

01 02 03 04 05 06 07 **08** **09** **10** 11 12

Importware ist aus Italien, Frankreich und Spanien erhältlich.

ANBAU

Die Cardy braucht Wärme, Platz, viele Nährstoffe und Wasser – dann gedeiht sie auch bei uns. Sie liebt mildfeuchtes Wetter, eher nicht trocken-heiße Sommer. In den mediterranen Ländern wird die Cardy daher ebenso wie die Artischocke über den Winter kultiviert und im Frühsommer geerntet. Sie ist deutlich weniger frostanfällig als diese und übersteht den mitteleuropäischen Winter im Freien meist gut. Bei uns empfiehlt sich eine Aussaat im April/Mai, geerntet wird im September.

Sechium edule

CHAYOTE

Das gesunde und nahrhafte Gemüse aus Mittel- und Südamerika ist in Europa eher wenig bekannt. Botanisch mit Kürbis, Melone und Gurke verwandt, ähneln die Früchte äußerlich Birnen oder Mangos. Ihre Schale ist blass- bis dunkelgrün, glatt oder mit weichen Stacheln besetzt. Ihr schwaches Aroma erinnert an eine Mischung aus Kartoffel und Zucchini mit leicht süßem Nachgeschmack – doch ihre Textur ist großartig und macht sie kulinarisch interessant.

Aromen roh und gekocht: (Z)-3-HEXENOL *△ grün, grasig, frisch gemähtes Gras, laubartig, fruchtig, ◇ leicht ölig, melonenschalenartig* 1-OCTEN-3-OL *△ grün, erdig, fungal, champignonartig, □ gemüseartig, pilzig, hähnchenhautartig, ◇ brühenartig, saucenartig* HEXANAL *△ grün, blattartig, fettig, □ gemüseartig, apfelartig, ◇ leicht holzig* DOCOSAN *□ schwach fettig, moderig, schwach ledrig* OCTADECA-9,12-DIENONSÄURE *△ fettig, □ wachsiges Mundgefühl, ◇ texturell wachsig, fettig-schmierend* LIMONEN *△ zitrusartig, orangenartig, □ süßlich, ◇ terpentinartig*

GESCHMACK

SÜSS SAUER SALZIG BITTER UMAMI

Das dezente Aroma der Chayote ist von grünen und erdigen Düften geprägt und erinnert an Zucchini.

MIKRONÄHRSTOFFE *(pro 100 g)*

Vitamine: *C (17 mg)* ***Mineralstoffe:*** *Eisen (0,4 mg)*

Der Geschmack von Chayote (auch: ***Gemüsebirne, Christophine, Cho cho, Talote, Pipinella***) ist mild mit einem leichten Trend zur Süße, denn es liegen freie Zucker vor. Seine nur wenig bittere Note verdankt das Gemüse einem geringen Anteil an Phenolen und Polyphenolen. Der Exot ähnelt in Geschmack und Aroma der ebenso zurückhaltenden Zucchini, einem Kürbisgewächs. Das dezente Aroma der Chayote ist von grünen und erdigen Düften geprägt. Vorherrschend ist die grün-grasige, leicht fruchtige Note des Blätteralkohols (Z)-3-HEXENOL sowie der erdige, an Champignons erinnernde Duftstoff 1-OCTEN-3-OL, begleitet wie so oft von dem grünen, grasigen HEXANAL. Hinzu kommen leichte Zitrus- und Zitronengrasnoten, die LIMONEN beisteuert. Von großer Wirkung sind außerdem zwei „fettige" Eindrücke: zum einen ein sehr schwacher, fettig-moderiger und leicht ledriger Duft, der von DOCOSAN verursacht wird, und zum zweiten ein wachsiger, reibungsvermindernder Eindruck auf der Zunge, der sich dem hohen Anteil der Fettsäure OCTADECA-9,12-DIENONSÄURE verdankt. Gerade diese beiden „fettig" wirkenden Stoffe machen die Chayote trotz ihres zurückhaltenden Aromas und Geschmacks ganz besonders attraktiv: Der reibungsvermindernde Effekt während des Kauens verbessert den Gesamteindruck (Flavour) deutlich. Da beim „oralen Prozessieren" mehr der schmierenden und leicht emulgierende Fettsäuren freigelegt werden, wird die Reibung ständig herabgesetzt und die Cremigkeit steigt. Das wird als sehr angenehm empfunden – ein Beispiel dafür, dass es nicht nur auf Geschmack, Aroma und Trigeminus-Reize ankommt, sondern dass die Textur stark zum Flavour beiträgt und als ein ernstzunehmender Aspekt in der Kochkunst und Sensorik angesehen werden muss.

ZUBEREITUNG

Im Prinzip lässt sich bei der Chayote von der Wurzel bis zur Frucht alles essen. In den tropischen und subtropischen Ländern bereitet man unter anderem die jungen Blatttriebe zu, die als Suppenbeigabe verwendet oder kurz gedünstet werden. Der Kern ist ebenfalls essbar, er hat ein etwas nussiges Aroma. Und wäre die Schale der importierten Früchte nicht häufig gewachst, könnte man diese (gekocht, wenn sie nicht zu zäh ist) ebenso mitessen. Zubereitet wird die Chayote-Frucht wie Sommerkürbis: Mit einem Sparschäler dünn schälen, am besten unter fließendem Wasser, da der austretende Saft fettig-klebrig und schwer von den Fingern zu entfernen ist. Schalenreste aus den Furchen mit einem spitzen Messer herauskratzen. Dann die Früchte längs halbieren und den großen Samen herausschneiden (oder evtl. mit zubereiten). Will man Chayote garen, ist es auch möglich, wie in unserem Rezept die Früchte mit (gewachster) Schale zu kochen und anschließend das Fruchtfleisch herauszukratzen – das erspart das Schälen. Man kann die Frucht roh essen (sie ist aber relativ hart), marinieren, kochen, grillen, backen oder braten. Die Form der Fruchthälften bietet sich für überbackene Füllungen an. Gekochte Chayote lässt sich außerdem gut pürieren und wie Kürbis zu einer Suppe verarbeiten.

KOMBINATIONEN

Ähnlich wie die Zucchini ist Chayote mit vielen Partnern kompatibel. Für Salate mit rohen oder bissfest gedünsteten Chayote bieten sich die Verwandten Wassermelone und Gurke an: Sie verstärken die grünen Noten und ergänzen das Gericht um die typische Melonen- bzw. Gurkennuance. Ein solcher Salat darf dann gern mit fruchtigem, grünem Olivenöl angemacht werden bzw. mit kontrastreicheren und dennoch grünlich duftenden Nussölen. Als Kräuter empfehlen sich zum einen das „Gurkenkraut" Borretsch, das an Meeresfrüchte erinnernde Austernkraut, der wachsige Koriander oder die wachsig-fettige, leicht bittere Weinraute als Partner, zum anderen Thymian, Estragon oder Basilikum als perfekte Ergänzung im aromatisch-würzigen Bereich. Der leichte Champignonduft der Chayote kommt einer Kombination mit Pilzen in Eintöpfen oder komplexeren Tellern sehr entgegen. Ihre Zitrusnote wiederum legt die Verbindung mit Zitrusfrüchten nahe; auch die Garung mit Zitronengras, Zitronenverbene oder Zitronenminze ist perfekt. Sie sind ungewöhnlich, fallen aber in dieselbe Klasse: „Schmorgarungen" mit Wacholder, der leichte Zitrus-, aber auch starke harzige Noten beifügt. Dieser „Completing"-Versuch ist mehr als erhellend und öffnet Türen für weitere Ideen abseits der klassischen Rezeptbücher. Ihr wachsig-fettiger Eindruck macht Chayote außerdem zu einem idealen Partner für Käse, besonders wenn dieser ein starkes Aroma mitbringt, wie etwa Danish Blue, Roquefort oder Stilton. Dann zeigt sich, wie sich Textureindrücke paaren, Aromen aber ergänzen können.

In Australien isst man Chayote gebraten mit Butter, Salz und Pfeffer. In der indischen Küche wird Chayote wie Kürbis mit Linsen zu einem vegetarischen Curry verarbeitet und kräftig kontrastreich und trigeminal gewürzt, etwa mit Chili und Kreuzkümmel: Der erstere springt dabei in aromatische Lücken und die trigeminal wärmenden Moleküle der Chili lösen sich bestens in den sich freisetzenden Fettsäuren der Chayote. So bleibt die Schärfe ausgewogen und dominiert nicht über die feinen, flüchtigen Aromen.

Das Gemüse kann gefüllt werden oder roh mariniert – wegen seines geringen Eigengeschmacks vorzugsweise in kräftiger süßsauer-würziger Umgebung (*Escabeche*). Eine süße Zubereitung ist ebenfalls bekannt: kan-

HARMONIE

KÜCHENJOKER

Bitterorange, Campari, Darjeeling, Sesam

PASST GUT ZU

Zitrusfrüchten, Edelpilzkäse, Butter, Olivenöl, Nussölen, Haselnüssen (geröstet), Joghurt

LÄNDERKÜCHE

Indien: *Vegetarisches Curry mit Linsen*
Australien: *gebraten mit Butter*

EINKAUF UND LAGERUNG

Die bei uns im Winter erhältlichen Früchte kommen meist aus Costa Rica. Da sie gewachst wurden, sind sie gut haltbar und lassen sich im Kühlschrank problemlos mehrere Wochen lagern. Chayote sehen immer etwas schrumpelig aus, was nichts über ihre Frische aussagt. Sie sollten sich nur nicht weich anfühlen, dann sind sie schon überreif und drohen zu faulen. Kleinere Früchte sind zarter.

CHAYOTE-SOUFFLÉ

- 1 große Chayote
- 1 kleine Zwiebel
- 1 grüne Spitzpaprika (ersatzweise Peperoni)
- ½ Bund Koriandergrün
- Sonnenblumenöl zum Braten
- Salz, Pfeffer, Sumach
- Abrieb von 1 kleinen Bio-Limette
- 200 ml Sahne
- 300 g cremiger und kräftiger Blauschimmelkäse

Chayote schälen, Kern entfernen und das Fleisch würfeln. Zwiebeln schälen und fein hacken, Spitzpaprika oder Peperoni entkernen und in dünne Scheiben schneiden. Koriander fein hacken.

Chayote ca. 10 Minuten in Wasser kochen. Öl in einer Pfanne erhitzen, Zwiebeln darin glasig dünsten, Spitzpaprika oder Peperoni dazugeben und 2 Minuten weiterbraten. Gekochte Chayote dazugeben, mit Salz, Pfeffer und Sumach abschmecken. Limettenabrieb zugeben. Vom Herd nehmen und Koriander unterrühren.

Sahne und Blauschimmelkäse vermengen und bei schwacher Hitze schmelzen, bis eine cremige Textur entsteht.

Chayote in flachen Auflaufförmchen verteilen und mit der Käsecreme bedecken. Sehr kurz im Ofen bzw. unter dem Salamander angrillen, sodass nur leichte Bräunungsmerkmale entstehen.

Pro Portion: 510 kcal, 43 g F, 10 g KH, 2 g B, 18 g E

SAISON

01 02 03 04 05 06 07 08 **09** **10** **11** 12

Als Importware kommen Chayote z. B. aus Costa Rica, Brasilien oder Spanien.

ANBAU

Die stark rankende Pflanze wächst schnell und kann bis zu 12 Meter hoch bzw. lang werden. Sie wird an Rankgerüsten gezogen, unter denen halbschattenliebende Gemüsesorten stehen können. Beliebt ist sie in der Permakultur, da sie bei wenig Aufwand einen hohen Ertrag liefert: Eine Pflanze kann bis zu 300 Früchte tragen und ist nicht anspruchsvoll in der Pflege, sie braucht nur als Starkzehrer reichlich Nährstoffe. Die Chayote gedeiht auch in unseren Breiten, wird aber nicht kommerziell angebaut.

diert mit Zucker oder als Kompott eingekocht, was die leicht süßliche Note der Chayote verstärkt.

BOTANIK

Die mittelamerikanische Chayote (vom aztekischen „chayotli“) wurde von spanischen Entdeckern mit nach Europa gebracht, konnte sich hier aber nicht durchsetzen. Je nach Sorte treten hellgrüne bis dunkelgrüne Früchte auf. Manche Sorten tragen auch weiche Stacheln. Bei uns bekommt man fast nur die glattschaligen, hellen Sorten. Die Früchte können bis zu 20 cm lang und 1 kg schwer werden.

Brassica rapa subsp. pekinensis

CHINAKOHL

Asiatische Kohlarten wirken insgesamt feiner und weniger stechend als europäische, auch wenn die Kohlnoten deutlich zu erkennen sind. Sie lassen sich dadurch dezenter in weniger deftige Gerichte einbauen. Der in Europa bekannteste und schon länger eingeführte asiatische Kohl ist der Chinakohl. Das Aromaprofil der zarten Blätter erinnert an Weißkohl, ist aber deutlich milder und weniger schwefelig.

Das Aromaspektrum des Chinakohls (auch: ***Pekingkohl, Japankohl, Selleriekohl, Pe-tsai***) ist, wie bei allen Kohlarten, in erster Linie von den Abbauprodukten der Glucosinolate (→Seite 39) geprägt, die dem Gemüse das schwefelige Hauptaroma verleihen. Bei Chinakohl liegt allerdings im Vergleich zu klassischen Kohlsorten das Gewicht ein wenig mehr auf Schwefelstickstoffverbindungen (Isothiocyanaten), er wirkt daher weniger penetrant. So verdankt das Gemüse seinen typischen „Chinakohl-Duft" vor allem dem grünen, schwefeligen, aber dennoch frischen und leicht stechenden HEXYLISOTHIOCYANAT. Weitere Isothiocyanate fügen frische röstige Noten, grüne Düfte sowie eine an Kresse und leicht an Stachelbeeren erinnernde Note hinzu. Der zwiebelige Kohlduft des Gemüses wird durch die reine Schwefelverbindung METHYLTHIOMETHYLDISULFID erzeugt. Charakteristisch für Chinakohl ist außerdem ein stark grüner, wachsiger und leicht fruchtiger Duft nach Äpfeln: Dafür stehen die grünen Fettabbauprodukte (E)-2-PENTENAL, (Z)-3-HEXENAL und (Z)-3-HEXENOL sowie ACETALDEHYD.

Für den leicht bitteren, mitunter auch süßlichen Geschmack des Gemüses sind die Glucosinolate verantwortlich.

Chinakohl wird in einigen asiatischen Ländern gern mit Gewürzen und Fischsauce zu *Kimchi* (siehe unten) vergoren. Dabei werden neben der Umwandlung von Zuckern in Milchsäure und damit der Umwandlung des Geschmacks von bitter/süßlich in Richtung sauer/umami neue Aromen gebildet, die den typisch vergorenen Duft des *Kimchi* definieren, ohne das schwefelige Grundaroma zu verändern. Dazu gehören vor allem das schwefelige 3-(METHYLTHIO)PROPANAL, das an gekochte Kartoffel erinnert, aber auch das typische Gurkenaroma (E,Z)-2,6-NONADIENAL. Einen hohen Anteil am ***Kimchi-Duft*** hat das aromatische PHENYLACETALDEHYD mit seinen Blumen- und Honignoten sowie das ebenfalls florale und an Zitrusfrüchte erinnernde LINALOOL. Hinzu kommen grünlich-wachsige, leicht talgige sowie süßlich-butterige Aromen.

ZUBEREITUNG

Chinakohl kann roh, kurz blanchiert oder gebraten verwendet werden. Den kleinen Strunk und eventuell äußere welke Blätter entfernen, den Rest einfach in Streifen schneiden. Obwohl seine Blätter weich sind, bleiben sie in einem Salat oder als Rohkost länger knackig. Andererseits darf man ihn

Aromen roh und gekocht: (E)-2-PENTENAL △ *grün, apfelartig, orangenartig,* ◇ *stechend* (Z)-3-HEXENAL △ *grün, grasig, frisch gemähtes Gras,* □ *apfelartig* (Z)-3-HEXENOL □ *grün, grasartig, frisch gemähtes Gras, laubartig, fruchtig,* ◇ *leicht ölig, melonenschalenartig* ACETALDEHYD △ *ätherisch,* □ *fruchtig, grün,* ◇ *stechend* **2-BUTYLISOTHIOCYANAT**[T] △ *grün, schwefelig,* □ *chinakohltypisch* **HEXYLISOTHIOCYANAT**[T] △ *grün schwefelig, frisch,* ◇ *stechend, scharf, chinakohltypisch* **ISOBUTYLISOTHIOCYANAT** △ *grün, schwefelig* **2-PHENYLETHYLISOTHIOCYANAT**[T] △ *schwefelig,* □ *meerrettichartig*
Aromen vergoren (Kimchi): (E,E)-2,4-DECADIENAL △ *fettig, gurkenartig,* □ *melonenartig* 2,3-BUTANDION △ *butterig, karamellig,* □ *süßlich, leicht stechend* (E,Z)-2,6-NONADIENAL △ *grün, gurkenartig,* □ *melonenartig,* ◇ *fettig* METHIONAL △ *schwefelig, gekochte Kartoffel* LINALOOL △ *floral, zitrusartig, rosenholzartig, grün,* □ *orangenartig, zitronenartig,* ◇ *leicht wachsig, holzig* PHENYLACETALDEHYD △ *aromatisch, grün, honigartig, floral,* □ *hyazinthenartig, kakaoartig*

GESCHMACK

SÜSS SAUER SALZIG **BITTER** UMAMI

Chinakohl schmeckt und duftet mild, er erinnert an Weißkohl, ist aber deutlich weniger schwefelig. Sein Aroma ist grün, leicht schwefelig und ein wenig stechend.

CHINAKOHL-PERLATO

- 1 kleine Schalotte
- 1 Knoblauchzehe
- 1 Stück Galgantwurzel (1 cm)
- 100 ml Sesamöl
- 200 g Perlgraupen
- 1–2 TL Pilzpulver (Shiitake und Steinpilz)
- 400 ml sehr kräftige Gemüse-, Rinder- oder Hühnerbrühe
- Austernsauce
- 1 kleiner Chinakohl
- 1 TL Mirin
- 1 TL Ume Su (fermentierter Aprikosenessig, Asiahandel)
- 50 ml Erdnussöl
- Salz

Pro Portion: 544 kcal, 38 g F, 38 g KH, 5 g B, 7 g E

Schalotte, Knoblauch und Galgant schälen und fein würfeln. 50 ml Sesamöl erhitzen und zuerst Schalotte, dann Galgant und Knoblauch darin anschwitzen. Perlgraupen zugeben und andünsten, im Anschluss Pilzpulver zugeben. Brühe portionsweise unterrühren sodass ein cremiger Perlato entsteht, gegen Ende mit 1 TL Austernsauce abschmecken.

Chinakohl putzen, dritteln und in feine Streifen schneiden. Ein Drittel roh lassen und in übrigem Sesamöl, Mirin, Ume Su und 1 TL Austernsauce marinieren. Rest des Kohls kurz und kräftig im Erdnussöl anwoken, wenn nötig, salzen.

Beide Chinakohlzubereitungen unter die Graupen ziehen – den rohen Teil erst kurz vor dem Servieren.

nicht zu lange braten oder kochen, sonst verliert er jeden Biss; wenige Minuten genügen vollauf. Auch als Suppeneinlage sollte man ihn erst ganz zuletzt zugeben.

Aus Chinakohl wird häufig die koreanische Nationalspeise *Kimchi* zubereitet – vergleichbar unserem Sauerkraut, nur anders gewürzt: Milchsauer vergorener Chinakohl (manchmal auch andere Kohlsorten), mehr oder weniger scharf gewürzt, wird als Vorgericht, Beilage oder als Zutat (Einlage) zu Suppeneintöpfen gereicht. Allerdings ist „kimchi" auch der koreanische Ausdruck für die Zubereitung von milchsaurem Gemüse generell. Deshalb gibt es viele verschiedene Sorten von *Kimchi:* aus Gurken, Lauch, Rettich oder anderen Kohlsorten als Chinakohl. Der Flavour kann in den original asiatischen Rezepten ebenfalls variieren: von sehr scharf bis sehr salzig (→ Fermentieren, Seite 83).

KOMBINATIONEN

Bereitet man Chinakohl als Rohkost zu, passen gut süßsaure und fruchtige Zugaben wie Orangen oder andere Früchte: Sie unterstützen die leichte Süße des Kohls und unterstreichen gleichzeitig die fruchtigen Noten. Will man im Gegenzug die leichte Bitterkeit des Kohls betonen, eignen sich sehr gut Nüsse. Nussige Aromen kann man auch mit Sesam- oder Mohnöl ergänzen. Aus dem Aromaprofil lässt sich etwa ein Chinakohl-Stachelbeeren-Salat mit Fenchelwurst ableiten oder zum Beispiel Chinakohl mit schwarzen oder roten Johannisbeeren. Würzig-harzige Karotten bilden eher einen Kontrast, während sich ihre Süße mit der des Kohls paart. Roh gehobeltes würzig-erdiges Wurzelgemüse wie Pastinaken oder Petersilienwurzel kontrastieren den Chinakohl in ähnlicher Weise.

MIKRONÄHRSTOFFE *(pro 100 g)*

Vitamine: *A (71 µg), Folsäure (66 µg)* *Mineralstoffe:* *Natrium (19 mg)* *Sekundäre Pflanzenstoffe:* *Glucosinolate, Flavonoide*

HARMONIE

CHINAKOHL
KARTOFFEL
KOHLRABI
MÖHRE
PASTINAKE
RETTICH
TARO
TOPINAMBUR
WURZELPETERSILIE
ZWIEBEL
CHILI
INGWER
KNOBLAUCH

KÜCHENJOKER

Honig, Koriandergrün, Weinraute, Selleriegrün, Lauch

PASST GUT ZU

Nüssen, Früchten, Meeresfrüchten, Rind- und Schweinefleisch

LÄNDERKÜCHE

Korea: *Kimchi, Suppeneintöpfe* **China:** *Wokgerichte, Nudeln mit Gemüse*

EINKAUF UND LAGERUNG

Frischen Chinakohl bekommt man in jedem Supermarkt. Er lässt sich in ein feuchtes Tuch gewickelt gut einige Tage im Kühlschrank lagern.

SAISON

01 02 03 04 05 **06** **07** **08** **09** **10** **11** **12**

Importware kommt vor allem aus Spanien.

ANBAU

Chinakohl wird erst in der zweiten Julihälfte ausgesät und kann ab Oktober bis in den Winter hinein geerntet werden. Er braucht direkte Sonne und viel Wasser. Ist die Erde zu trocken, verfärben sich die innenliegenden Blätter braun.

Gebratener Chinakohl lässt sich ebenso vielfältig kombinieren. Seine dezenten Schwefelaromen kann man mit Zwiebeln und Knoblauch (auch und besonders roh) hervorheben. Feine Paarungen in den Kohlaromen, aber mit verschiedener Textur werden zum Beispiel in Gerichten mit Kohlrabi erreicht. Die Kombination mit Topinambur fällt in dieselbe Kategorie. Und statt der üblichen Kartoffeln sind Experimente mit Taro ebenfalls nicht verkehrt.

Der vergorene Kohl (*Kimchi*), der traditionell mit Rettich, Ingwer, Knoblauch, Meeresfrüchten, Fischsauce und Chili gewürzt ist, harmoniert wunderbar mit Blauschimmelkäse oder anderen reifen Hartkäsen. Seine butterigen Noten lassen sich aber auch mit fermentierter Milch, d. h. mit Buttermilch oder Dickmilch erweitern, sei es in einem schlichten Dressing oder in einer *Kimchirolle*: Buttermilch oder Dickmilch mit Agar-Agar aufkochen, dünn auf einer Backmatte ausstreichen, in ca. 10 cm breite Streifen schneiden und den leicht erwärmten Kimchi darauf verteilen, ein paar Tropfen Sojasauce (für zusätzlichen Umamigeschmack) und flüssigen Honig (er bringt mehr Süße und unterstreicht die würzig-aromatische Honignote des *Kimchi*) dazugeben, rollen und servieren.

GESCHICHTE UND BOTANIK

Wie so oft ist auch die genaue Herkunft des Chinakohls ungeklärt. Vermutlich entstand er aus einer Kreuzung von Pak Choi mit einer Speiserübe. Botanisch gehört er wie die Speiserüben zur Familie der Rapssorten (*Rapa*). Seit im 18. Jahrhundert Missionare Samen und Pflanzen aus China nach Europa brachten, ist er auch bei uns bekannt. Er blieb jedoch eine botanische Rarität und konnte sich weder kulinarisch noch gärtnerisch durchsetzen. Das geschah erst in den letzten Jahrzehnten – vermittelt von den vielen asiatischen Restaurants und der steigenden Popularität der asiatischen Küche.

Mittlerweile wird Chinakohl als mildere und leicht zu verarbeitende Alternative zu Weißkohl geschätzt. Der Kohl bildet in China sowohl geschlossene Köpfe als auch – wie bei uns – offene Blattrosetten. In der geschlossenen Kopfform werden die innenliegenden Blätter nicht dem Sonnenlicht ausgesetzt und bleiben deshalb hell und geschmacklich sehr mild. Man unterscheidet der Form nach längliche *Granat*-Typen und breitrunde *Nagaoka*-Typen, beide kommen auch bei uns in den Handel.

Pisum sativum convar. medulare

ERBSE

Erbsen sind ein einfach zu kultivierendes, uraltes Gemüse. Nachdem die eiweißreichen Hülsenfrüchte Jahrtausende lang die Menschen ernährt haben und Trockenerbsen (Palerbsen) in jeden Vorrat gehörten, ist das Gemüse heute als frische Markerbse meist zur simplen Beilage aus der Tiefkühltruhe geworden. Für viele Gärtner stellt es jedoch das Gartengemüse schlechthin dar, das man frisch aus seiner eigenen Verpackung nascht (Markerbsen) oder gleich mit Verpackung (Zuckererbsenschoten) genießt.

Frische grüne Erbsen (auch: ***Palerbse, Schalerbse***) und Zuckererbsen (auch: ***Kefen, Kaiserschoten***) riechen sehr bestimmt grün und erdig, wofür vor allem mehrere Pyrazine verantwortlich sind, die auch in grünen Bohnen, Paprika und grünem Spargel vorkommen: das nach Bohnen duftende 2-ISOPROPYL-3-METHOXYPYRAZIN, das grüne, leicht nach Fichtennadel riechende 5-METHYL-3-ISOPROPYL-2-METHOXYPYRAZIN und das sogenannte „Spargelpyrazin" 2-BUTAN-2-YL-3-METHOXYPYRAZIN mit grün-moderigen, die an Erde, Kartoffeln und sogar Galbanharz erinnern. Vorherrschend bei allen frischen grünen Erbsen ist das 3-ISOBUTYL-2-METHOXYPYRAZIN mit seinen typischen erdigen, nach grünen Bohnen und grünen Paprika duftenden Tönen. Hinzu kommen eine ganze Reihe grüner, grasiger Duftstoffe, die sich beim Blanchieren verstärken: Neben dem grünen, leicht fettigen Blätterduft HEXANAL liefert der Fruchtester HEXYLACETAT das Aroma von grünen Äpfeln und grünen Bananenschalen. Des Weiteren sind grün-wachsige Noten sowie ein leichter Pilzgeruch zu finden. DIPROPYLDISULFID lässt die frische Erbse ein wenig schwefelig duften und fügt einen metallischen Hauch Zwiebelgrün dazu. Auch Terpene sind am Aromaspektrum nennenswert beteiligt, unter anderem das für Eukalyptus typische und leicht trigeminal kühlende 1,8 CINEOL, das nach Zitronen und Blumen duftende LINALOOL sowie β-CYCLOCITRAL, das an Safran, Minze und Tabak erinnert.

Der leicht süßliche Geschmack der Erbse wird durch die Monosaccharide Fructose, Glucose, Maltose und den zyklischen Alkohol Inositol verursacht. Inositol weist etwa die Hälfte der Süßkraft von Saccharose auf, die ebenfalls in kleinen Mengen in der Erbse vorkommt. In manchen Sorten der ***Pisum sativum*** dominiert der Saccharoseanteil, die Erbsen schmecken süßer.

Das antioxidative Potenzial von allen Erbsen ist unter anderem durch verschiedene Quercetin- und Kaffeesäureverbindungen sowie eine ganze Reihe von Kaempferolverbindungen gegeben, die wiederum für den typisch bitteren Gemüsegrundgeschmack verantwortlich sind (→ Bitter und Adstringenz, Seite 30).

Die Erbse hat einen außergewöhnlich hohen Eiweißgehalt und gilt als exzellenter Proteinlieferant bei einer vegetarischen Ernährung. Allerdings hängt die Verdauung der pflanzlichen Proteine immer auch von Verarbeitung, Kochtemperatur, Mahlgrad etc. ab.

Aromen roh und blanchiert: HEXANAL *△ grün, blattartig, fettig, □ gemüseartig, apfelartig, ◇ leicht holzig* HEXYLACETAT *△ fruchtig, grün, □ grüner Apfel, ◇ bananenschalenartig* OCTANAL *△ wachsig, aldehydisch, □ grün, zitrusschalenartig, ◇ fettig* 1-OCTEN-3-ON *△ pilzig, erdig, □ moderig, herbal, ◇ hähnchenhautartig* DIPROPYLDISULFID *□ schwefelig, lauchtypisch, erdig, □ grüne Zwiebel, ◇ leicht metallisch* LINALOOL *△ floral, zitrusartig, rosenholzartig, grün, □ orangenartig, zitronenartig, ◇ leicht wachsig, holzig* 1,8-CINEOL[T] *△ herbal, eukalyptusartig, kampferig, □ minzig, ◇ trigeminal kühlend* (E)-β-IONON *△ holzig, süßlich, □ floral, beerenartig* 2-ISOPROPYL-3-METHOXYPYRAZIN *△ erdig, grün, grüner Paprika, □ erbsenartig, grüne-bohnenartig* 5-METHYL-3-ISOPROPYL-2-METHOXYPYRAZIN *△ grün, fichtennadelartig* 2-BUTAN-2-YL-3-METHOXYPYRAZIN *△ erdig, moderig, grün, nussig, □ pfefferig, kartoffelartig, galbanharzartig, spargelartig* 3-ISOBUTYL-2-METHOXYPYRAZIN *△ grün, bohnenartig, □ erdig* β-CYCLOCITRAL *△ safranartig, minzig, □ rosenartig floral, tabakartig*

GESCHMACK

SÜSS SAUER SALZIG **BITTER** UMAMI

Frische Erbsen haben ein feines grünes bis erdiges Aroma, der Geschmack ist süß bis bitter. Dazu kommt besonders bei den Palerbsen ihre Mehligkeit.

MIKRONÄHRSTOFFE *(pro 100 g)*
Vitamine: *B_1 (0,30 mg), B_2 (0,16 mg), Folsäure (159 µg)* ***Mineralstoffe:*** *Phosphor (118 mg), Eisen (1,6 mg)* ***Sekundäre Pflanzenstoffe:*** *Phytoöstrogene, Saponine, Phytosterole*

HARMONIE

KÜCHENJOKER
Fenchel, Tabak, Grüner Tee, Meerrettich

PASST GUT ZU
Speck, Fisch, Huhn, Meeresfrüchten, Krebsen, Frischkäse, sehr reifem Käse (Gruyère, Parmesan, Meule), Pasta (nur frische Erbsen), gepökeltem Fleisch, Wiener Würstchen

LÄNDERKÜCHE
England: *Erbspüree mit Minze, Fish & Chips mit Erbspüree* ***Deutschland:*** *Leipziger Allerlei, Berliner Löffelerbsen* ***Deutschland, Österreich, Schweiz:*** *Erbspüree ohne Minze, Erbswurst* ***Deutschland, Skandinavien:*** *Erbsensuppe* ***Frankreich:*** *Petits pois à la*

ZUBEREITUNG

Verzehrt werden die Samen, frisch und jung oder ausgereift und getrocknet. Bei Zuckererbsen isst man auch die jungen Hülsen, die noch nicht die bei Erbsen sonst übliche zähe, ungenießbare Pergaminhaut entwickelt haben. Man kann sogar die Blüten und die jungen Ranken der Erbsenpflanze essen, roh oder kurz blanchiert. Sie schmecken und duften ebenfalls nach Erbse. Frische Erbsen können, im Gegensatz zu Bohnen, roh verzehrt werden, da sie kein Phasin enthalten: Die Schote an der Naht aufdrücken und die Erbsen herauspulen. Bei Zuckererbsen eventuell den zähen „Faden" an der Hülsennaht abziehen. Frische Erbsen oder rohe Zuckererbsen können von experimentierfreudigen Köchinnen und Köchen auch gut als „Rohgewürz" eingesetzt werden: Sie liefern nicht nur Farbtupfer, sondern bringen auch das Spektrum der grünen Aromen ein, z. B. in Desserts.

Frische grüne Erbsen sollte man höchstens einige Minuten kochen, Zuckerschoten nur kurz anbraten, blanchieren oder dünsten. Beliebt im Risotto und ***Risi e bisi***: Den größten Teil der Erbsen mit dem Reis kochen, damit sie Zeit haben, Geschmack und Aroma abzugeben, und fünf Minuten vor Schluss noch einige zusätzliche, um das frische Erbsenaroma zu betonen. Frische Markerbsen machen sich auch gut in klaren Suppen. Hier sollte man sie ebenfalls nicht zu lange mitkochen und erst gegen Ende dazugeben.

Die Farbe von grünen Erbsen kommt durch Chlorophyll zustande, das sich bei thermischer Behandlung unterschiedlich abbaut bzw. oxidiert. Dadurch kann es beim Kochen Farbveränderungen geben. Der immer wieder beschriebene positive Effekt von Salz, Zucker oder Kochen mit offenem Deckel ist aus wissenschaftlicher Sicht unhaltbar. Wichtig sind eine schnelle Erwärmung auf Temperaturen oberhalb von 70 °C (dabei werden Enzyme deaktiviert), kurze Kochzeiten und anschließendes rasches Abschrecken auf Temperaturen unter 15 °C, um die Dauer der Hitzeeinwirkung zu verkürzen. Auch etwas Natron oder Backpulver hilft, um die grüne Farbe des Gemüses zu erhalten (→ Farbe, Seite 75).

Ausgereifte Erbsen (Palerbsen) werden zur Haltbarmachung getrocknet. Wie Trockenbohnen werden sie über Nacht eingeweicht und gekocht, bis sie weich und mehlig werden. Sie eignen sich ausgezeichnet für sämige Suppen und Pürees. Die Annahme, Salz würde die Kochzeit verlängern, trifft nicht zu. Eine Rolle für die Kochdauer spielt hingegen hartes Wasser, in dem die Hülsenfrüchte nur langsam weich werden. (→ Theorie, S. 70).

Ein klassisches Erbspüree gelingt mit getrockneten und eingeweichten Palerbsen und mit frischen Markerbsen: Mit der Küchenmaschine oder dem Mixer pürieren und mit zerlassener Butter oder Olivenöl anreichern, das macht das Püree aromatischer und sämiger. Um den Erbsencharakter nicht zu stören, empfiehlt sich lediglich etwas Salz und für Fortgeschrittene eine Prise Glutamat, das farbfrei den Grundgeschmack umami beisteuert. Bevorzugt man eine gröbere Struktur, verwendet man keinen Mixer, sondern wie beim Kartoffelpüree einen Kartoffelstampfer oder eine Gabel.

GRÜNE ERBSEN HALBWARM

FÜR DAS ZUCCHINIPÜREE

- 1 Zwiebel (100–150 g)
- 2 EL Pflanzenöl
- 2 grüne Zucchini
- 50 g Sonnenblumenkerne
- 1 EL Reisessig
- 1 TL grüner Pfeffer (nicht eingelegt)
- 1 EL Grüner-Kaffee-Pulver (Naturkostladen)
- 1 EL Spinatpulver (Naturkostladen)
- 1 EL helle Sojasauce

FÜR DIE GEMÜSEMISCHUNGEN

- 2 junge Knoblauchzehen
- 1 Stange grüner Spargel
- Salz
- 1 EL Limettensaft
- 400 g frische grüne Erbsen
- 200 g Zuckerschoten
- Blätter unterschiedlicher Minzesorten und Weinraute zum Anrichten

Pro Portion: 256 kcal, 9 g F, 23 g KH, 9 g B, 14 g E

Für das Püree Zwiebel schälen und vierteln. Öl in einer Pfanne erhitzen und Zwiebel andünsten. Zucchini würfeln und zugeben, bei geschlossenem Deckel leicht andünsten. Mit den restlichen Zutaten sehr glatt pürieren, sodass das Püree eine feine Textur bekommt. Wenn nötig, durch ein Sieb streichen.

Für das Gemüse Knoblauch schälen und in Würfel von 3 mm Kantenlänge schneiden, Spargel etwa in der Größe der Erbsen würfeln. Beides mit etwas Salz und Limettensaft 15 bis 20 Minuten marinieren; dabei immer wieder umrühren. Erbsen kurz in kochendem Wasser blanchieren – sie sollten eine glatte Oberfläche behalten –, dann abschrecken und gut abtropfen lassen.

Zuckerschoten waschen, Enden abschneiden und schräg in dünne Streifen von 1 mm Dicke schneiden. Roh mit den Erbsen mischen.

Zucchinipüree warm, aber nicht heiß, in kleine Pastateller streichen, Erbsen-Zuckerschoten-Mischung daraufsetzen und mit Knoblauch-Spargel-Mischung dekorativ anrichten. Mit den verschiedenen Minzesorten und etwas Weinraute toppen.

KOMBINATIONEN

Die Briten wissen es seit Langem: Erbsen und Minze vertragen sich hervorragend. Kein Wunder, denn die Erbse harmoniert mit ihren an Eukalyptus bzw. an Minze erinnernden Duftstoffen bestens mit dem Menthol der Minze. Dabei verstärkt sich auch der trigeminal kühlende Effekt. Mit Minze gewürzte Erbsen passen zum Beispiel ausgezeichnet zu Lamm. Auch Kerbel, Basilikum, Lorbeer, Bohnenkraut und Oregano harmonieren über diesen Aromabereich der Erbse, ebenso wie Zitrusfrüchte: Zitrone, Yuzu, Limette sowie Zitrusschale. Alle Gewürze kann man mit ins Kochwasser geben, außer Basilikum, das keine Hitze verträgt und erst zum Schluss hinzugefügt wird. Ansonsten lassen sich mit Erbsen ähnliche Partner wie bei der Dicken Bohne kombinieren – zu denen die frischen Erbsen wegen ihrer gemeinsamen Aromen ebenfalls gut passen. Ein schöner Sommersalat besteht aus Dicken Bohnen, frischer Minze und frischen Erbsen. Erbsen sind wegen des Aromaüberlapps in den erdig-grünen Aromen ein idealer Partner für Spargel. Grüner Paprika unterstützt diese Kombination zusätzlich. Ein Ragout aus Spargel (grün und weiß), Erbsen, lediglich in Butter angedünstet, mit einer Handvoll rohem, fein gewürfeltem grünen Paprika benötigt außer einer Prise Salz (gern auch gleich gesalzene Butter verwenden) kaum ein weiteres Kraut oder Gewürz; höchstens etwas Säure über abgeriebene Zitronenschalen ist noch willkommen. Auch grüne Bohnen paaren sich aus-

française ***Italien:*** *Risi e Bisi (auch Risi Bisi bzw. Risi-Pisi)* ***China, Vietnam, Thailand:*** *Zuckererbsen aus dem Wok* ***Indonesien:*** *Nasi Goreng*

SORTEN

In Europa werden drei Grundsorten verwendet: Mark-, Zucker- und Palerbsen.

MARKERBSEN

Markerbsen (Pisum sativum convar. medullare) werden jung geerntet. Zu Trockenerbsen ausreifen lassen kann man sie nicht, sie werden beim Kochen nicht mehr weich. Die frischen Körner sind knackig und süß. Sie enthalten wenig Stärke, relativ viel Zucker und haben einen höheren Wasser- und Eiweißgehalt als Palerbsen, daher schrumpeln sie bei der Reife, woher auch der Name Runzelerbse, wrinkled pea, pois ridé stammt. Trotz aller Runzeln bleiben sie zart.

OREGON SUGAR POD

TELEPHON

CHAROUBY DE MAUSSANE

NORLI

WINTERERBSE GRÜNDIGER

Wunder von Kelvedon: *altbekannte Sorte mit hohem Ertrag, die Kerne schmecken süß. Ideal für den Frischverzehr.*
Blau(w)schokker: *früh reifende, blauhülsige Erbse mit graugrünen, wohlschmeckenden Körnern.*
Laxton's superb: *Die Sorte geht auf den englischen Erbsenzüchter Thomas Laxton zurück (Mitte des 19. Jahrhunderts); die Körner haben ein sehr gutes, süßes Aroma.*
Telephon: *englische Sorte, die 1878 vorgestellt wurde; die Körner sind sehr dick und sehr süß.*
Akazienblättrige Erbse: *niedrig wachsende Sorte ohne Ranken; die beigefarbenen Körner sind mittelgroß und runzlig.*

ZUCKERERBSEN (KAISERSCHOTEN)

Bei Zuckererbsen (Pisum sativum convar. axiphium) erntet man die unausgereiften Hülsen im Ganzen und isst sie roh oder kurz gegart. Die Früchte entwickeln nur wenig Stärke, die erst spät im Herbst in das Korn eingelagert wird. Auch die bei den anderen Erbsen störende Pergaminschicht in den Hülsen bildet sich sehr spät. Je früher man sie erntet, desto zarter sind sie. Einige wenige Sorten sind gelb.
Roi du Carouby/Carouby de Maussane: *sehr robuste, gegen Trockenheit und Nässe unempfindliche Erbse.*
Sugar Bon: *sehr süße, vollfleischigen Sorte mit ca. 10 cm langen Hülsen.*
Oregon Sugar Pod: *ist eine mittelfrühe Sorte mit einem mild-süßen Geschmack.*
Norli: *eine ertragreiche Sorte, die besonders zart und süß schmeckt.*
Schweizer Riesen: *ertragreiche Sorte mit besonders großen Hülsen, da sie sehr jung geerntet werden, sind sie sehr zart und süß.*
Kesselheimer Zucker: *alte, sehr schmackhafte Sorte aus Koblenz mit großen, eher rundlichen, nicht flachen Schoten und einem schwarzen Streifen entlang der Hülsennaht. Wurde Ende 2013 in die „Arche des Ge-*

gezeichnet über die erdig-grünen Aromen – am besten, wenn die Bohnen in Zylinder geschnitten werden, deren Länge etwa dem Durchmesser der Erbsen entspricht. Die nahezu gleiche Größe der Gemüse lässt im Mund die grün-würzigen Aromastoffe explodieren. Das Beifügen von einigen Fichtensprossen, Pinien- oder Zedernkernen betont wiederum die dezente Harzigkeit der Erbse. Außerdem funktionieren natürlich Pilze, seien es zurückhaltende Champignons, die eine erdig-moderige Note beifügen, oder die umamireichen Shiitake, Steinpilze oder Morcheln. Mit Kartoffeln verbinden sich Erbsen über die erdig-grünen und schwefeligen Aromen, ebenso wie mit Zwiebeln oder Lauch/Frühlingszwiebeln. Junger frischer Knoblauch ist gleichfalls ein guter Erbsenpartner. Milde Kohlsorten wie Blumenkohl, Romanesco oder Kohlrabi harmonieren ebenfalls über die schwefeligen Düfte. Karotten weisen wiederum eine gewisse Erdigkeit auf und steuern kräuterig-holzige Düfte bei. Je eine Handvoll von diesen gerade beschriebenen Zutaten führt zur klassischen Kombination des *Leipziger Allerlei* bzw. seinen regionalen und saisonalen Abwandlungen. Das dabei oft obligatorische Krebsfleisch fügt sich spielend ein, und seine grasigen, wachsigen und leicht erdigen Düfte runden den Gemüseklassiker vollkommen ab. Hat man keine Flusskrebse zur Hand, lässt sich mit der Zugabe einer Handvoll Nordseekrabben, Jakobsmuscheln oder etwas rohem Lachs kurz vor dem Servieren fast derselbe Effekt erzielen. Zu einem aromatisch ähnlichen Ergebnis führen auch Weinbergschnecken, *sot-l'y-laisse* (Pfaffenschnittchen, also kachelfleischartige Stücke vom Geflügel), Kachelfleisch vom Schwein oder etwas Frischkäse, Quark oder schnittfester Joghurt. Empfehlenswert ist ferner das Dünsten in etwas Pu-Err-Tee, der während des Dünstens verdampfen darf, aber dennoch deutliche Spuren hinterlässt: Seine pilzig-erdigen

FRÜHE HAZARIN

AKAZIENBLÄTTRIGE ERBSE

SCHWEIZER RIESEN

WUNDER VON KALVEDON

Aromen und sein leicht bitterer Geschmack sind wirkungsvoller als jeder Gemüsefond! Ähnliches gilt für Pfeifentabak. Ein leichte Essenz aus (nichtaromatisiertem) Pfeifentabak gibt Erbsen den letzten Schliff, die selbst eine leichte Tabaknote aufweisen.

Erbsen, vor allem frische, bringen von sich aus immer etwas Süße mit und lassen sich auf der Geschmacksebene in viele Richtungen kombinieren und bereichern. Frische Säure erhalten sie etwa durch die bereits genannten Zitrusfrüchte oder durch Feta, Ziegenkäse oder Mozzarella. Die Kombination mit leicht bitterem Gemüse, z. B. Artischocken, funktioniert ebenfalls ausgezeichnet. Deftiges Fleisch (Speck, Geselchtes, Gepökeltes, Geräuchertes) ergänzt Raucharomen und Umamigeschmack. Ungewöhnlich, aber lohnend sind süße Experimente – süßliche rohe Zuckererbsenschoten oder süßliche Pürees aus gekochten Erbsen machen sich gut in Desserts mit säuerlichen Früchten, Eis oder Gelee. Mit Butter aufgeschlagen haben Pürees wegen der bestechenden Wasserbindung der Erbse eine extrem cremige Textur und bieten leuchtend grüne und aromatische Tupfer.

REGIONALE VARIANTEN Eines der bekanntesten Erbsengerichte kommt aus Italien: *Risi e bisi*. Der gekochte Reis mit Erbsen ist ein Paradebeispiel für die Aromapaarung: Grüne, röstige Noten der Erbsen und des gekochten Reises erweisen sich als perfekte Simulation von „röstigen“ Aromen. Italienisch ist auch ein Gericht mit Pancetta, frischen Erbsen und Blumenkohl, mit Käse überbacken. In Großbritannien kombiniert man frische Erbsen ebenfalls mit Käse, vor allem mit Cheddar oder milderem Edelschimmelkäse. Gesteigert wird diese säuerlich-süßlich-würzige Komposition noch durch Zitrone – dann ist es eine gute Beilage zu hellem Fisch. In Frankreich kennt man die *Petits pois à la française:* Frische Erbsen werden mit Zwiebeln, Speck

schmacks“ von Slow Food Deutschland aufgenommen: Ihr erbsentypisches Aroma ist sehr ausgeprägt.

SCHAL- BZW. PALERBSEN

Palerbsen (Pisum sativum convar. sativum, auch: Rollerbsen) verzehrt man wegen ihres hohen Stärkeanteils nicht frisch, sondern lässt sie zu Trockenerbsen ausreifen. Diese kochen meist mehlig, es gibt aber auch festkochende Sorten, die sich als Beilage oder für einen Salat eignen.

Frühe Hazarin: *gehört zu den sogenannten Eiweißerbsen, die mit einem hohen Gehalt an Eiweiß punkten.*

Groene Kleene: *Sorte mit sehr feinem süßlichen Aroma und weicher Konsistenz; die Kerne sind kugelrund und haben eine mintfarbene Haut. Sie gilt als Gourmeterbse und eignet sich gut für Suppen.*

Groene Netherland: *Diese Sorte mit grünen, leicht kantigen Körnern kann man zweimal ernten: erst als junge Markerbse, später, da einige Pflanzen neue Triebe mit Blüten und Hüllen ausbilden, als Palerbse. Diese zweite Ernte fällt jedoch nicht mehr so üppig aus.*

Groningen: *Die eckigen, maronenbraunen Körner sind gekocht von fester Textur und schmecken süßlich, fast schon butterig. Man verwendet sie z. B. für Salate.*

Red Fox: *Sorte mit rötlich gefärbten Körnern, die beim Kochen fest bleiben und nussig schmecken.*

Black Badger Carlin: *dunkelbraune Sorte, die beim Kochen ihren Biss behält. Ihr Aroma ist nussig und erinnert an Kichererbsen.*

Gründiger: *ist eine Wintererbse, die gut mit kalten Temperaturen klar kommt und einen hohen Ertrag erzielt.*

EINKAUF UND LAGERUNG

Für 100 g frische Erbsen kauft man 300 g Schoten. In der Hülse halten sie sich wenige Tage im Kühlschrank, ohne Hülse kürzer. Beim Lagern reifen die Kerne in der Hülse nach. Dabei wandelt sich der Zucker in den Erbsen in Stärke um, was sie nach einigen Tagen bitter und mehlig werden lässt. Am besten friert man frische Erbsen gepult ein. Zuckererbsen kann man ebenfalls einfrieren. Trockenerbsen lassen sich monatelang lagern (kühl und trocken).

SAISON

01 02 03 04 **05 06 07 08 09 10** 11 12

Importware ist ganzjährig aus Frankreich, Italien und den Niederlanden erhältlich.

ANBAU

Palerbsen werden ab März ausgesät, die Ernte erfolgt Ende Juni bis Ende Juli, wenn die Hülsen gut eingetrocknet sind. Mark- und Zuckererbsen werden Anfang April bis Mitte Juli ausgesät, die Ernte ist ab Mitte Juni möglich, wenn die Erbsenkörner grün und kugelrund sind. Sowohl bei den Mark- als auch bei den Zuckererbsen gibt es „Wintererbsen", die im Oktober gesät werden. Diese überwintern im Jungstadium und vertragen mehrere Wochen Frost. Geerntet wird im folgenden Jahr ab Mitte Mai bis Juli. Grundsätzlich gilt: je wärmer der Boden, desto rascher die Keimung. Man sollte so früh wie möglich aussäen, denn Erbsen sind Langtagpflanzen, d. h., ab Mitte Mai wird die Blütenbildung angeregt. Sind die Pflanzen dann gut gewachsen, setzen sie mehr Blüten an, die Erträge steigen. Niedrige Sorten benötigen kein Rankgerüst, bei mittelhohen (bis 100 cm) können Reiser als Rankhilfen genutzt werden, alle anderen brauchen ein Rankgerüst (z. B. Zaun).

und nach der Hälfte der Kochzeit mit grünem Salat geköchelt. In Deutschland und Asien sind frische Erbsen Klassiker in Gemüsepfannen mit anderen Gemüsen wie Möhren, Kohlrabi, Blumenkohl oder grünen Bohnen. Sämige Erbsensuppen aus Palerbsen werden mit kräftigen Kräutern wie Thymian oder Majoran gewürzt, oft kommen Würste oder Pökelfleisch dazu, manchmal Kartoffeln, um die Sämigkeit zu erhöhen. Auch außerhalb Europas kennt man zahlreiche Erbsengerichte. In Indien etwa werden *Dals* unter anderem mit Erbsen zubereitet – oder Palerbsen mit Linsen oder Trockenbohnen kombiniert. Auch die beliebte Kombination von Mais und Erbsen in Teilen Südamerikas soll nicht unerwähnt bleiben.

GESCHICHTE UND BOTANIK

Die Erbse zählt zu den ältesten Kulturpflanzen der Menschheit. Man weiß über archäologische Ausgrabungen, dass Erbsen im Vorderen Orient schon vor 9000 Jahren angebaut wurden. Aus dem östlichen Mittelmeergebiet haben sie sich nach ganz Europa verbreitet. In Mitteleuropa werden sie seit der Jungsteinzeit kultiviert. Aufgrund ihrer Haltbarkeit und des großen Nährwerts waren sie als getrocknete Palerbsen nicht nur ein idealer Wintervorrat, sondern nahmen auch eine wichtige Rolle in der europäischen Seefahrt ein. Seit 1867 gab es die Erbswurst als eines der ersten Fertigprodukte der Lebensmittelindustrie: eine Art portionsweise verdickte Suppe in Wurstform, die man nur noch kurz mit Wasser aufkochen musste. Sie diente der Ernährung ärmerer Bevölkerungsschichten und des Militärs.

Frisch wird das Gemüse als junge, noch nicht vollständig ausgereifte Markerbse erst seit dem 17. Jahrhundert verzehrt. Zuckererbsen (Kefen) waren zunächst in Asien bekannt, kamen später nach Europa und wurden zuerst in Holland kultiviert. Heute kennen viele Europäer Zuckererbsen über die thailändische oder chinesische Küche. Erbsen werden vor allem in Europa, den USA, Kanada und Indien, in erster Linie im Freiland, angebaut. Nur fünf Prozent der Erbsen kommen bei uns frisch in den Handel, der überwiegende Rest wird zu Tiefkühl- oder Dosengemüse verarbeitet, wobei bei uns die Trockenerbsen wieder eine kleine Renaissance erleben.

Wie Stangenbohnen wachsen Erbsen an Rankgerüsten, es gibt allerdings auch niedrig wachsende Sorten, die kein Gerüst brauchen. Sie blühen früh, die Ernte erfolgt bereits im Sommer. Je größer die Erbsen sind, desto mehr Stärke enthalten sie und desto mehliger schmecken sie.

GESCHICHTE UND GESCHICHTEN: KLÖPFLEN

Nach einem alemannischen Brauch am Bodensee werden jeden Donnerstag in der Adventszeit getrocknete Erbsen oder Linsen an die Stubenfenster geworfen. Dieses „Klöpflen" geht angeblich bis in die Pestzeit zurück – damals wollte man in Erfahrung bringen, ob in dem Haus noch jemand lebt … Vielleicht ist es aber auch ein alter heidnischer Brauch: Erbsen, dem Donar geweiht, sollten Wirbelstürme vertreiben und befruchtende Gewitter herbeiführen.

Cyperus esculentus

ERDMANDEL

Die Erdmandel gehört zur Familie der Sauergrasgewächse. Sie stammt aus dem Mittelmeergebiet und ist ein aggressiver Neophyt, d. h., sie verdrängt indigene Pflanzenarten und gilt deshalb in einigen Ländern als bösartiges Unkraut. Die Knollen des Grases werden in Afrika, Indien, Brasilien und in Spanien kulinarisch verwendet und kommerziell angebaut. Ihr Geschmack und Aroma erinnern an Haselnüsse oder Mandeln.

Das Hauptaroma der (gerösteten) Erdmandel (auch: ***Tigernuss***) setzt sich aus dem Aromat VANILLIN und 5-ETHYLFURFURAL sowie 5-HYDROXYMETHYLFURFURAL zusammen, das leicht röstige, nussige Aromen einstreut. Neben einem sehr verhaltenen Karamellduft rundet PHENYLACETALDEHYD mit würzig-süßlichen Noten, die an Honig erinnern, das Aroma ab. Frische Erdmandeln sind eher aromaschwach. Sie fungieren meist als Texturelement. Für Nussallergiker sind geröstete Erdmandeln mit ihren leicht nussigen Noten ein guter Ersatz.

Ihre Ölzusammensetzung ist wegen des hohen Anteils an ungesättigten Fettsäuren beachtenswert, sie enthalten im Mittel 65 bis 73 Prozent Ölsäure und 10 bis 16 Prozent Linolsäure. Die gesättigte Palmitin- und Stearinsäure machen dagegen nur 10 bis 14 Prozent der Gesamtmenge aus. Die Zusammensetzung ist damit vergleichbar mit der von Olivenöl.

Die Erdmandel kommt auf etwa 9 bis 10 Prozent Protein und eine erhebliche Menge Stärke. Daher lässt sich Erdmandelmehl auch für Gebäck verwenden. Es muss lediglich auf die Backtemperatur geachtet werden, da die Erdmandelstärke – ähnlich wie bei Kartoffeln, Kochbananen und Taro – erst bei Temperaturen über 80 °C verkleistert.

ZUBEREITUNG

Von der Erdmandel isst man die kleine unterirdische Knolle, die von einer Schale umgeben ist; das Kraut selbst ist ungenießbar. Im Handel erhält man sie bei uns selten frisch, sie werden zur Haltbarmachung meist getrocknet. Getrocknete Erdmandeln muss man vor der Weiterverarbeitung einweichen. Man kann sie roh essen oder rösten und ihr Mehl zum Backen verwenden. Die Erdmandelmilch lässt sich als Milchersatz und für fermentierte Produkte wie Joghurt verwenden, man findet sie in gut sortierten Naturkostläden, kann sie jedoch auch selber herstellen. Dazu werden 100 g Erdmandeln mit 500 ml Wasser angegossen und über Nacht (kühl) eingeweicht. Am nächsten Tag mixt man die Lösung im Mixer grob, lässt sie einige Stunden kühl extrahieren. Danach durch ein feines Sieb abgießen, und fertig ist die „Milch“. Den dabei entstehenden „Trester“ backt man mit etwas Zucker bestreut zu Plätzchen oder trocknet ihn im Ofen (bei 80 °C, wegen der Stärkeverkleisterung) und gibt ihn als Texturelement in Desserts oder Salate.

Aus den Knollen wird ein nussiges Öl mit reichlich ungesättigten Fettsäuren (80 Prozent) gepresst.

Aromen gekocht: VANILLIN △ *aromatisch, vanillig, cremig, sahnig,* □ *schokoladig, phenolisch,* ◇ *milchig* PHENYLACETALDEHYD △ *aromatisch, grün, honigartig, floral,* □ *hyazinthenartig, kakaoartig, schokoladig,* ◇ *leicht erdig* 2,3-DIHYDRO-3,5-DIHYDROXY-6-METHYL-4H-PYRAN-4-ON △ *karamellig* 5-ETHYLFURFURAL ◇ *nussig, röstig* 5-HYDROXYMETHYLFURFURAL △ *röstig, fettig, butterig, karamellig,* □ *herbal, heuartig,* ◇ *tabakartig*

GESCHMACK

SÜSS SAUER SALZIG BITTER UMAMI

Die leicht süßlichen Erdmandeln haben ein nussiges Aroma und eine harte, krachende Textur.

MIKRONÄHRSTOFFE *(pro 100 g)*

Vitamine: *E (13 mg)* ***Mineralstoffe:*** *Kalium (486 mg), Calcium (100 mg)* ***Sekundäre Pflanzenstoffe:*** *Phytosterole, Flavonoide*

ERDMANDEL-KEKSE

- 130 g vegane Butter (Naturkostladen)
- 150 g Rohrzucker
- 200 g Weizenmehl
- 150 g Erdmandelmehl
- 1 Pck. Backpulver
- ½ Tonkabohne, fein gerieben
- ½ TL gemahlene Bourbonvanille
- 60 g Rosinen

Backofen auf 180 °C vorheizen.

Butter und Zucker schaumig rühren. Beide Mehlsorten mit Backpulver mischen. Butter-Zucker-Mischung mit der Mehlmischung sowie Gewürzen und Rosinen verkneten – das kann einige Minuten dauern. Das Ergebnis sollte gut formbar, aber bröselig sein.

Mit feuchten Händen kleine Kekse (Durchmesser 2 bis 3 cm) formen, diese mit ausreichend Abstand auf ein mit Backpapier ausgelegtes Backblech legen und im Ofen 25 Minuten backen.

Pro Portion: 770 kcal, 33 g F, 102 g KH, 11 g B, 7 g E

HARMONIE

○	○	○	○	○	●	○	●	○	**ERDMANDEL**
●	○	○	○	●	○	○	●	○	CHICOREE
●	●	○	●	○	●	○	●	●	GRÜNKOHL
●	○	●	●	●	●	●	●	●	MÖHRE
●	●	●	●	●	○	●	●	○	PASTINAKE
●	○	○	○	●	○	○	●	○	RADICCHIO
○	●	○	●	○	●	○	●	●	ROTE BETE
●	●	○	○	○	●	○	○	●	ROTKOHL
●	○	○	●	●	○	○	●	●	SALATE
●	●	●	●	●	●	○	○	●	STECKRÜBE
○	○	○	○	○	●	●	○	○	TONKABOHNE
○	○	○	○	○	●	○	○	○	VANILLE
○	○	●	●	●	●	●	○	●	ZIMT

KÜCHENJOKER

Basilikum, frische Curryblätter, Rosmarin, reifer Ziegenkäse

PASST GUT ZU

Äpfeln, Bananen, Rosinen, Datteln, Käse, Wild, Wildgeflügel, Ente

LÄNDERKÜCHE

Spanien: *Horchata de Chufa (Erfrischungsgetränk)*

KOMBINATIONEN

Ganze oder grob gebrochene Erdmandeln kann man sehr gut in Salaten oder Obstsalaten verwenden. Ihre Süße ergänzt säuerliche Vinaigrettes in bitteren Salaten (z. B. Chicorée, Radicchio, Frisee) sehr gut, und von der Textur her ersetzen sie z. B. Wal- oder Haselnüsse. In klassischen Rotkohlzubereitungen (etwa mit Schmalz, Portwein, Rosinen, getrockneten Aprikosen) lassen sich Erdmandeln mit ihrer leichten Süße ebenfalls beifügen.

Das nussige Öl/Fett kann, ebenso wie Erdmandelmus, gut zum Abschmecken von Gemüsezubereitungen verwendet werden. Karotten oder Pastinaken lassen sich darin dünsten, denn der röstige Vanilleduft des Erdmandelöls kommt dem leicht süßlichen Gemüse sehr entgegen. Dünstet man erdig-würzige Knollensellerie mit etwas Butter und Erdmandelmus an, werden deren „suppige" Aromen abgemildert und das Gemüse passt bestens zu feinem Wild. In einem Steckrübenpüree mit Zwiebeln, nur abgeschmeckt mit Salz und Glutamat (für den Umamigeschmack), macht sich Erdmandelmus wunderbar: Es nimmt der Steckrübe ihre Erdigkeit und lässt die Schwefelaromen weniger deutlich zum Ausdruck kommen. Die Kombination von Erdmandelmus mit (Roter) Bete, Portwein und Tonkabohne kann angefangen von Fleischgerichten (Wild, Wildgeflügel, Gans, Ente) bis hin zu Desserts eingesetzt werden. Selbst Bitterschokolade lässt sich kombinieren, etwa püriert als Pralinenfüllung. Ersetzt man in Mürbeteigen einen Teil der Butter durch Erdmandelmus, erhält man einen Hauch feiner Nussigkeit, die sowohl zu klassischen Apfel- oder Pflaumenkuchen mit Rosinen, Bananen und Datteln passt als auch zu herzhaften Quiches mit würzigem Käse und Gemüse, z. B. in Grünkohltartelettes. Etwas Erdmandelmus unter Vinaigrettes gerührt, machen aus Blattsalaten oder rohem Spinat ein kleines Highlight: Deren Bitternoten mildern sich ab, während die süßliche Nussnote dezent im Hintergrund bleibt.

EINKAUF UND LAGERUNG

Zur besseren Haltbarkeit werden Erdmandeln getrocknet. Dann sind sie bis zu zwei Jahre haltbar. Man kann sie getrocknet kaufen, auch als Mehl, Milch oder Öl, meist in Reformhäusern.

SAISON

01 02 03 04 05 **06** **07** **08** **09** **10** 11 12

Erdmandeln sind als Importware ganzjährig erhältlich.

ANBAU

Erdmandeln kann man auch in unseren Breiten im Blumentopf selbst anbauen; im Garten ist es nicht zu empfehlen, da sie sich zu sehr ausbreiten und man des „Unkrauts" bald nicht mehr Herr wird.

REGIONALE VARIANTEN Gesüßte Erdmandelmilch *(Horchata de Chufa)* ist eine Spezialität der spanischen Region Valencia, sie wird in ganz Spanien getrunken. Erdmandeln werden ansonsten vor allem in West- und Nordafrika, Indien und Brasilien kulinarisch verwendet. In afrikanischen Ländern kommen sie auch in Eis, Nougat, Marmelade oder Bier.

GESCHICHTE UND BOTANIK

Die krautige Pflanze, die in Miteleuropa auch als Zierpflanze Verwendung findet, wird bis zu einem halben Meter hoch. Sie bildet unterirdische Ausläufer, sogenannte Stolonen mit knolligen Verdickungen, die einen Durchmesser von bis zu 15 mm haben können. Die Knollen wurden im 8. Jahrhundert von den Arabern in Spanien eingeführt und werden dort noch heute in der Region Valencia angebaut, um aus ihnen Erdmandelmilch zu erzeugen. Aufgrund ihrer langen Keimfähigkeit gilt die Erdmandel aber in anderen Ländern eher als lästiges Ackerkraut, als aggressiver Neophyt, also als pflanzlicher Eindringling, der heimische Pflanzen verdrängt. In den Niederlanden wurde sie in den 1980er Jahren sogar eine Zeitlang erfolgreich aktiv bekämpft.

Valerianella

FELDSALAT

Der Feldsalat gehört zur Familie der Baldriangewächse (Valerianaceae) und ist aufgrund seiner „Nussigkeit" und seiner fruchtigen Düfte aromatisch besonders interessant. Der Salat wurde in Europa bereits in der Bronzezeit gesammelt und wird seit dem 20. Jahrhundert sowohl im Freiland als auch im Treibhaus kommerziell angebaut. Er ist ein sehr beliebtes Wintergemüse, auch weil er viel Vitamin C enthält.

Aromen roh: (E)-2-HEXENAL *△grün, bananenschalenartig, fettig, □gemüseartig, blattartig, ◇würzig-fruchtig, frischer Käse* (Z)-3-HEXENAL *△grün, fettig, grasig, frisch gemähtes Gras, □grüner Apfel, unkrautartig* HEXANAL *△grün, blattartig, fettig, □gemüseartig, apfelartig, ◇leicht holzig* (E)-2-HEXENYL 3-METHYLBUTANOAT *△grün, herbal, apfelartig, süßlich, ananasartig, □gemüsear-*

Das interessante Aromaprofil des Feldsalats (auch: ***Nüsseler oder Nüsslisalat [Schweiz], Vogerlsalat [Österreich], Rapunzel, Ackersalat, Mausohrsalat***) wird leider meist mit Essigen, Ölen, Schalotten und anderen Salatbeigaben übertönt. Dabei ist der Feldsalat auch pur ein spannendes Gemüse. Sein grünes, fettiges Aroma wird durch mehrere Blätteraldehyde bestimmt: das grüne, leicht fruchtige (E)-2-HEXENAL sowie (Z)-3-HEXENAL, das an frisch gemähtes Gras und grünen Apfel erinnert, und HEXANAL, das noch einen Hauch Zitrus einstreut. Diese grünen Noten entstammen den Abbauprodukten von Fettsäuren (→ Aromen aus Fetten, Seite 45), von denen Feldsalat im Vergleich zu anderen Blattsalaten deutlich mehr enthält. Ein zweiter wichtiger Duftaspekt wird durch fruchtige Ester beigefügt. Feldsalat duftet wegen verschiedener Butanoate nach Apfel, Ananas, Kirschen, Himbeeren, Bananen und Wein. Phenolische Ester wie 2-PHENETHYL 3-METHYLBUTANOAT fügen zudem florale, herbale sowie leicht wachsig-fettige und sogar moderige Noten bei. Aromatische Düfte nach Honig und Bananenschalen, die man dem Salat auf den ersten Blick kaum zutraut, kommen über 2-PHENETHYLHEXANOAT hinzu, und selbst rauchig wirkende Aromastoffe wie Kresole finden sich im Feldsalat.

Der Grundgeschmack der Blätter ist aufgrund der phenolischen und polyphenolischen Inhaltsstoffe bitter. Je nach Anbau, Klima und Bodenkultur ist der Gehalt an pflanzlichen Zuckern höher, was die Bitterkeit etwas abmildert. Die oft beschriebene „Nussigkeit" des Feldsalats kommt durch den hohen Anteil an fettabbaubedingten Aromen zustande, die, gepaart mit bitteren Geschmacksstoffen wie Kaffeesäure, Diosmetin, Luteolin sowie Protocatechusäure bzw. (3,4)-Dihydroxybenzoesäure, den Eindruck von „Nussigkeit" erzeugen, wenngleich nusstypische Aromastoffe wie Pyrazine oder Furane weitgehend fehlen. Da der „fettige" Teil des Nussaromas vorhanden ist, kann dieser Eindruck durch Zugabe von Nüssen intensiviert und ergänzt werden. Werden Haselnüsse angeröstet, verstärkt sich der Effekt durch deren typisch nussigen Duftstoff Filberton.

Feldsalat enthält etwas weniger Wasser als Endivien- oder Kopfsalat, dafür etwa doppelt so viel Fett. Die stark ausgeprägte, grüne Farbe der Blätter deutet darauf hin, dass sie neben dem gesundheitlich irrelevanten Chlorophyll viel Carotin enthalten, das antioxidativ wirkt. Hervorzuheben ist der für Pflanzen beträchtliche Anteil an ungesättigten Fettsäuren.

ZUBEREITUNG

Feldsalat ist einer der wohlschmeckendsten Salate und einfach zu verarbeiten: Die Wurzeln an jeder Blattrosette abschneiden und beim Waschen darauf achten, dass Sand und Erde aus den Wurzelansätzen vollständig ausgewaschen werden. Man verwendet die Blätter meist roh; in der modernen Gemüseküche findet man aber auch Pürees als Tupfen auf Tellern, selbst in Desserts. Durch das Erwärmen werden die Bittertöne mehr prononciert. Auch die Blütenstände des Feldsalats sind essbar, sie geben Tellern erfreuliche Farb- und floral-bittere Aroma- und Geschmackstupfer. Sie sind somit nicht nur dekorativ, sondern tragen zum Flavour bei.

KOMBINATIONEN

Feldsalat lässt sich in viele Richtungen wunderbar kombinieren. Eine klassisch-schlichte Variante ist ein Salat mit Kürbiskernöl oder einer Zitronenvinaigrette. Dazu passen alle möglichen Kerne: Pinien-, Kürbis- oder Sonnenblumenkerne zum Beispiel, roh oder angeröstet. Nussöle und Nüsse betonen die leicht nussig-bitteren Aspekte des Feldsalats. Gute Partner sind ferner Zwiebeln, roher Lauch und Knoblauch, die schwefelige Aromen und knackige Texturelemente einbringen. Beliebt ist außerdem die Variante mit gebratenem, geräuchertem Speck, denn zum einen paaren sich fettige und wachsige Aromakomponenten, zum anderen werden die rauchigen Aro-

tig METHYL 3-METHYLBUTANOAT *△fruchtig, zitrusartig, kirschartig, □ananasartig, weinartig* METHYLPROPYL 3-METHYLBUTANOAT *△fruchtig, süßlich, apfelartig, □himbeerartig, grüne Banane* BENZYL 3-METHYLBUTANOAT *△fruchtig, süßlich, apfelartig, □ananasartig, herbal* 2-PHENETHYL 3-METHYLBUTANOAT *△floral, fruchtig, süßlich, rosenartig, pfirsich- aprikosenartig* 2-PHENETHYLBUTANOAT *△floral, aromatisch-moderig, süßlich, hefeartig, erdbeerartig* 2-PHENETHYLHEXANOAT *△floral, aromatisch-honigartig, wachsig, □fettig, leicht holzig, bananenschalenartig* P-KRESOL *△aromatisch, □narzissenartig, mimosenartig, ◇phenolisch* O-KRESOL *△aromatisch, □moderig, medicinal, ◇erdig-phenolisch* M-KRESOL *△aromatisch, □holzig, rauchig, ◇lederartig, phenolisch*

GESCHMACK

Der leicht bitter schmeckende Feldsalat duftet grün, fruchtig, fein-aromatisch nussig mit erdig-fettigen Anklängen.

MIKRONÄHRSTOFFE *(pro 100 g)*

Vitamine: *A (650 µg), Folsäure (145 µg)* ***Mineralstoffe:*** *Kalium (421 mg), Eisen (2,0 mg)* ***Sekundäre Pflanzenstoffe:*** *Carotinoide, Flavonoide*

HARMONIE

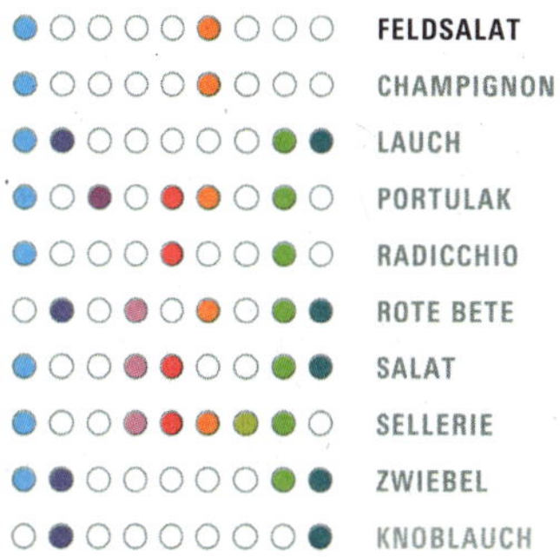

ERDIGER FELDSALAT MIT ZITRUSNOTE

- 1 Handvoll Haselnüsse
- 4 große braune Champignons
- ungezuckerter Ingwersaft (Naturkostladen)
- ½ Knollensellerie
- 1 Rote Bete
- 400 g Feldsalat
- je 1 Orange und Grapefruit
- 1 kleine Schalotte
- 1 Prise Salz
- 40–50 ml Haselnussöl

Haselnüsse in der Mikrowelle bei 1000 Watt 1 ½ Minuten blitzrösten, dann abkühlen lassen und jeweils mit einem scharfen Messer halbieren.

Champignons putzen, in sehr dünne Scheiben schneiden und mit etwas Ingwersaft beträufeln. Knollensellerie und Rote Bete schälen und in sehr feine Scheiben schneiden; Feldsalat verlesen. Orange und Grapefruit schälen, Filets herauslösen und den Saft auffangen. Schalotte schälen, fein hacken und mit Salz bestreuen. Mit etwas Zitrusfruchtsaft begießen und Haselnussöl zugeben. Alles zu einer Vinaigrette verrühren. Feldsalat kurz damit marinieren.

Zum Anrichten Feldsalat auf Tellern verteilen, Champignon-, Sellerie- und Rote-Bete-Scheiben dekorativ dazwischen arrangieren und halbierte Nüsse aufstreuen. Mit getoastetem Baguette servieren.

Pro Portion: 214 kcal, 14 g F, 11 g KH, 6 g B, 5 g E

KÜCHENJOKER

Rosinen, getrocknete Aprikosen, Datteln, geräucherter Käse

PASST GUT ZU

Nüssen (Wal-, Hasel-, Macadamianüssen), hartgekochten Eiern, Speck, Äpfeln, getrockneten Feigen, Granatapfelkernen, Passionsfrüchten, Zitrusfrüchten, Beeren, Geflügelleber

LÄNDERKÜCHE

***Österreich:** Kartoffel-Vogerlsalat* ***Frankreich:** Mâche mit Speck und Croutons (lauwarm)*

SORTEN

***Dunkelgrüner Vollherziger:** klassische, robuste, kleinblättrige Sorte, winterfest auch bei sehr tiefen Temperaturen.*

***D'Etampes:** alte, langsam wachsende französische Sorte, die Blattränder rollen sich etwas ein, die Aderbildung auf den dunkelgrünen Blättern ist ausgeprägt.*

***Louvier Vatter:** sehr alte, frostharte Sorte aus Frankreich und der Schweiz mit löffel-*

men betont. Geröstete Weißbrotcroutons fügen ebenfalls Röstaromen bei, aber auch einen fein knusprigen Texturkontrast. Auch in winterlichen Mischsalaten, z. B. mit dem wachsig-fettigen Portulak, mit etwas bitterem Radicchio, macht Feldsalat eine gute Figur. Rohe oder gebratene Champignons harmonieren mit den erdigen, grünen Aromen der Blätter, die sich ebenfalls gut mit grünem oder roten Paprika ergänzen. Generell ist die Kombination mit würzigem Käse sehr willkommen. Gerade Blauschimmelkäse wie Roquefort, Stilton oder Bleu d'Auvergne mit ihren stechenden, wachsigen und fruchtigen Noten paaren sich auf der Aromaebene bestens, während ihre reif-würzigen und (in diesem Fall tatsächlich) nussigen Aromen wie bei Nüssen ergänzend wirken. Ihr tiefer Umamigeschmack und ihre Mundfülle geben dabei zusammen mit der Säure der Vinaigrette dem Gericht eine besondere Note. Ähnlich funktionieren sehr reifer Emmentaler, Sbrinz oder Gruyère sowie sehr fortgeschrittene harte Ziegenkäse, die über den Feldsalat gehobelt werden können. Auch die wachsig-würzigen Aromen von Parmesan verträgt das Gemüse gut. Apfel-, Birnen- oder Orangenstückchen betonen den fruchtigen Teil seines Aromaspektrums und fügen fruchtige Süße hinzu. Selbst etwas zerdrückte Banane in einer Vinaigrette auf der Basis von Fruchtessig, Balsamico oder Zitronen- und Yuzusaft lässt den Feldsalat hochleben. Ein Herbst- und Winterklassiker unter den Vorspeisen sind außerdem Kombinationen mit Geflügellebern (Ente, Gans oder Huhn), gepaart mit fruchtigen Vinaigrettes (etwa aus Himbeer-, Aprikosen- oder Apfelessig): Diese Zutaten verstärken die fruchtigen Aromen des Gemüses, während die gebratene Leber Röstnoten mitbringt und mit ihrer Süße die Bitternoten des Feldsalats abmildert.

OVIRED (ROTER FELDSALAT)

BONNER MARKT

GESCHICHTE UND BOTANIK

Der Feldsalat wurde bereits in der Bronzezeit wild gesammelt. Er stammt vermutlich ursprünglich von Sardinien und Sizilien und verbreitete sich schon früh mit gehandeltem Getreide über ganz Europa. Seit etwa 300 Jahren gibt es ihn in Europa in Kultur, erwerbsmäßig wird er seit dem 20. Jahrhundert angebaut. Noch heute wächst er aber auch als Ackersalat wild in Weingärten oder am Wegesrand. Wilder Feldsalat schmeckt intensiver als kultivierter, kultivierter Freilandsalat wiederum ist aromatischer als der aus dem Gewächshaus.

Es gibt zwei kulinarisch interessante Sorten: den **ECHTEN ACKERSALAT** *(Valerianella locusta)* und die seltenere, wild fast ausgestorbene Sorte *Valerianella eriocarpa,* auf Deutsch **HAARFRÜCHTIGER** oder **WOLLFRÜCHTIGER ACKERSALAT**. Rein optisch unterscheidet man wiederum zwei Varianten: Feldsalat mit kleinen Blattrosetten und dunkleren Blättern oder mit größeren Rosetten mit langen, hell- bis mittelgrünen Blättern. Die Blattqualität kann zwischen derb und fein schwanken, ist aber auch von der Vegetationszeit abhängig. Italienischer Feldsalat und neuere niederländische Züchtungen können helle gelbgrüne Blätter haben, ohne dass das etwa auf einen Mehltaubefall oder zu wenig Wasser hinweisen würde (was bei den dunkelgrünen Sorten durchaus der Fall ist).

GESCHICHTE UND GESCHICHTEN: RAPUNZEL

Der Feldsalat, auch unter dem Namen *Rapunzel* bekannt, spielt eine tragende Rolle im gleichnamigen Märchen der Brüder Grimm. Um Feldsalat für seine schwangere Frau zu erhalten, verspricht ein Mann einer Zauberin das noch nicht geborene Kind. Die Geschichte des Mädchens Rapunzel mit den turmlangen Haaren ist allgemein bekannt. Kulinarisch interessant an dem Märchen ist, dass im 18. und frühen 19. Jahrhundert Feldsalat so beliebt war, dass man für ihn sogar ein ungeborenes Kind eingetauscht hätte. Offenbar war auch bekannt, wie gesund er war: Die Schwangere meint ja, ohne ihn sterben zu müssen, und sieht ganz blass aus, bevor ihr Mann ihr endlich den Salat bringt.

förmigen, aromatischen Blättern; die Blattspitzen und -ränder rollen sich ein.

***Verte de Cambrai:** französische Sorte für den Herbst- und Winteranbau, mit breiten, glänzenden Blättern.*

***Bonner Markt:** alte, kleinblättrige deutsche Sorte von Valerianella locusta.*

***Kölner Palm:** alte deutsche, besonders großblättrige Sorte (Valerianella eriocarpa) mit länglichen, vergleichsweise hellen Blättern.*

***Lisbeths Rapünzelchen:** ebenfalls eine alte Sorte (Valerianella eriocarpa); groß, aber zartblättrig, das Aroma ist ausgesprochen gut und im Winter besonders intensiv.*

***Ovired:** auch roter Feldsalat genannt, ist eigentlich ein Romanasalat, der aber wie Feldsalat schmeckt.*

EINKAUF UND LAGERUNG

Die Hauptsaison dauert bei uns von September bis Mitte April, im Supermarkt erhält man ihn rund ums Jahr. Im Kühlschrank ist Feldsalat wenige Tage in verschlossenem Beutel oder in einer Frischhaltedose haltbar, am besten gewaschen und trocken geschleudert.

SAISON

01 02 03 04 05 06 07 08 09 10 11 12

Als Importware ist Feldsalat ganzjährig etwa aus Frankreich erhältlich.

ANBAU

Der Salat kann im Winter und im zeitigen Frühjahr als erstes frisches Grün geerntet werden, und dann fast das ganze Jahr: Die Frühlingssaat ist März bis April, für die Herbsternte sät man im Sommer, für die Winterernte im September, im ungeheizten Gewächshaus sogar bis Ende Oktober. Ab Temperaturen von über 20 °C kommt es zu Keimhemmungen, dafür keimt er noch bei 5 °C, wobei es dann bis zu 3 Wochen dauern kann.

F

Foeniculum vulgare

FENCHEL

Gemüsefenchel ist eine Weiterzüchtung des Gewürzfenchels, gehört zur Familie der Doldenblütler und ist typisch für die mediterrane, vor allem die italienische und südfranzösische Küche. Dort wird er gerne eingesetzt als Einzelgemüse oder als Begleiter zu Fisch. Essbar sind Knolle, Stiel, Kraut und auch die gelben Blüten.

Aromen roh: MYRCEN △ *rosenartig-würzig, pfefferig,* □ *terpentinartig, plastikartig, zitrusartig,* ◇ *leicht holzig, balsamisch* FENCHON △ *balsamisch, kampferig, thuja-artig, holzig, mentholisch,* ◇ *leicht kühlend* 1,8-CINEOL[T] △ *herbal, eukalyptusartig, kampferig,* □ *minzig,* ◇ *trigeminal kühlend* LIMONEN □ *zitrusartig, orangenartig,* □ *süßlich,* ◇ *terpentinartig* α-PINEN △ *herbal, kampferig, pinienartig,* □ *stark holzig, erdig,* ◇ *terpentinartig, holzig-würzig* (E)-ANETHOL △ *lakritzartig, aromatisch-süßlich, mimosenartig,* □ *medizinal,* ◇ *süßlicher Nachgeschmack* ANISALDEHYD △ *anisartig, würzig-süßlich, puderig,* □ *floral, vanillig, waldmeisterartig,* ◇ *cremig* ESTRAGOL △ *anisartig, würzig-süßlich, grün,* □ *fenchelartig, minzig, phenolisch,* ◇ *lakritzartig, sellerieartig*

Aromen gekocht außerdem: DIMETHYLSULFID △ *schwefelig, zwiebelartig, radieschenblätterartig, kohlartig,* □ *fischartig, maisartig, spargelartig,* ◇ *ein Hauch gekochte Milch/Sahne* METHIONAL △ *gekochte Kartoffel, gemüseartig, moderig,* □ *hefeartig, käsig, gekochtes Fleisch, gekochte Eier*

GESCHMACK

SÜSS SAUER SALZIG BITTER UMAMI

Das Aroma des Knollenfenchels ist zitrusartig-würzig mit einem Hauch leichter Kühle und einem charakteristischen Anis-Duft.

Im Gemüsefenchel (auch: ***Knollenfenchel, Gemüsefenchel, Zwiebelfenchel, italienischer Fenchel***) ist das an Lakritz und Anis erinnernde würzig süßliche, aber auch leicht medizinale Aroma (E)-ANETHOL und dessen aromatischer Partner ANISALDEHYD mit seinem holzigen Anis-Duft führend. Verstärkt werden diese Anklänge durch ESTRAGOL, während das Terpen FENCHON balsamisch-warmes Thuja-Aroma einbringt. Die leicht kühlende Adstringenz des Fenchon wird wiederum durch 1,8-CINEOL mit seinen Eukalyptusnoten unterstützt. Mit floralen, zitrusartigen und etwas holzigen Noten runden die Terpene LIMONEN, α-PINEN und α-MYRCEN das Aroma ab. Beim Garen schwächt sich das Lakritz-Anis-Aroma etwas ab, bleibt aber deutlich bestehen, dafür treten leicht schwefelige Aromen wie METHIONAL und DIMETHYLSULFID auf.

Der Grundgeschmack von Fenchel ist leicht bitter, je nach Reifegrad oder Anbaugebiet zeigt er schwach ausgeprägte trigeminale Kühlreize und eine dezente Süße, die in manchen Sorten mehr betont ist. Daher wird hin und wieder von Bitter- und Süßfenchel gesprochen. Der Bittergeschmack wird durch eine ganze Reihe von Phenolen und phenolischen Glycosiden erzeugt, denen antioxidatives Potenzial zugesprochen wird. Darunter sind verschiedene Formen der Kaffeesäure und Kaffeechinasäure, aber auch Rosmarinsäure, die aufgrund ihrer stark antioxidativen Wirkung als Extrakt geschätzt wird. Flavonoide wie Quercetin und Kaempferol tragen ebenfalls Nuancen zum Bittergeschmack bei. Auch Derivate der von Sellerie bekannten Phthalide wirken im antioxidativen Spektrum mit. Polyacethylene wie Falcarinol, Falcarindiol und Falcarindiol-3-acetat sind typisch für Fenchel und geben ihm einen Hauch des bitteren Geschmacks. Je nach Reifegrad und Sorte treten Glucose und Fructose in unterschiedlichen Konzentrationen auf, die den Fenchelknollen einen leicht süßen Hintergrund geben.

ZUBEREITUNG

Fenchel kann man roh oder gegart genießen. Das Attraktive am (rohen) Fenchel ist seine Knackigkeit, die jedem Salat – und, wenn man ihn nicht zu lange gart, jeder Gemüsemischung – Biss gibt. Wegen seiner festen Konsistenz eignet er sich auch gut für Gratins. Bereitet man ihn als Einzelgemüse zu, sollte man ihn halbieren oder vierteln. Dann kann man ihn schmoren, im Ofen grillen oder etwas gezuckert langsam karamellisieren lassen.

Fenchelknollen eignen sich zudem hervorragend zum Fermentieren. Dazu wird das Gemüse sehr fein geschnitten und mit Salz (ca. 0,6–2 g auf

100 g Fenchel) vakuumiert (alternativ wie bei Sauerkraut in einen Gärkrug geben) und 5 bis 14 Tage bei Zimmertemperatur (im Winter in der Nähe der Heizung) sich selbst überlassen. Es entsteht ein milchsäurevergorener Fenchel, dessen Aroma ein wenig an Sauerkraut erinnert, aber seinen Anis-Charakter behält. So kann er „pseudoroh" (→ roh/gekocht, Seite 62) oder gedünstet genossen werden. Die eventuell anfallende Flüssigkeit lässt sich als Grundlage für eine säuerliche fenchelbetonte Vinaigrette verwenden.

Auch das frische Grün kann man essen, zum Beispiel als würzende Zutat in Salaten und Suppen. Die Blüten duften ein wenig minzig, erinnern retronasal an Angelika (Engelwurz), sind im Geschmack bitter-süßlich wie Anis und lassen sich ebenfalls als würzendes Kräuterelement einsetzen.

KOMBINATIONEN

Auch wenn das Aroma des Gemüsefenchels recht dominant ist (sodass er manchen begleitenden Wein ruiniert) und er deshalb oft als Einzelgemüse zubereitet wird, ist er auf der anderen Seite doch ziemlich anschmiegsam in der Küche, weil er ähnliche Geschmäcker und Aromen unterstützen oder ergänzen kann. Die stark aromatischen Noten des Gemüsefenchels machen ihn roh zum idealen Bestandteil herzhafter, „umamisierter" Gemüsesalate beispielsweise mit fermentierten Rohwürsten (französische oder italienische Salami bzw. Saucisson sec). Kombinationen von feingeschnittenem Fenchel mit würzigen Hackzubereitungen (Rind, Schwein oder Lamm) in Frikadellen, Köfte, Kebabs oder selbst gemachten Bratwürsten sind kleine Köstlichkeiten. Auch Fischfrikadellen lassen sich mit kleingewürfeltem Gemüsefenchel aufpeppen. Die süßlichen Anklänge sowohl im Geschmack als auch im Aroma machen Paprika zu einem passenden Partner, und zwar grünen oder roten, je nachdem, ob man eher die bitter-erdige oder die süße Richtung unterstreichen will. Daher kann Fenchel auch sehr gut mit Paprika- oder gar Chiligewürz abgeschmeckt werden, sofern dieses nicht zu scharf ist und die feinen Noten des Fenchels überdeckt. Der würzige Anisduft und balsamische, mentholische Noten stellen Tomaten, Auberginen oder Zucchini an seine Seite. Unterstützt werden diese mediterranen Kombinationen durch die kräuterigen Piniennoten des Fenchels. Seine leicht „medizinalen" Duftaspekte wiederum lassen sich mit Linsen (etwa in Linsensalaten und Linsengemüsen) und mit der Schwarzwurzel verheiraten. Gegarter Fenchel schmeckt mit Sahne und Käse oder (über die sich bildenden Schwefelaromen) zusammen mit Schinkenwürfeln zur Pasta. Dafür sollte man ihn in hauchdünne Scheiben schneiden oder hobeln, mit Schalotten glasig dünsten und anschließend im Thermomix oder Pacojet mit möglichst wenig Flüssigkeit pürieren. Auch die Kombination mit grünem Spargel liefert eine aromatische Ergänzung; lässt man den Fenchel bissfest, ergeben sich zudem knackige Texturähnlichkeiten.

Eine ganze Bandbreite an Kombinationen bieten sich über die frischen Zitrusaromen des Fenchels an: Zum einen prädestinieren sie ihn zum Begleiter zu Fisch, besonders fettem, dem die Zitrustöne die Schwere neh-

MIKRONÄHRSTOFFE *(pro 100 g)*

Vitamine: *B_2 (0,11 mg)* ***Mineralstoffe und Spurenelemente:*** *Kalium (395 mg)* ***Sekundäre Pflanzenstoffe:*** *Monoterpene*

HARMONIE

○	●	●	●	○	●	●	○	●	FENCHEL
●	●	○	○	●	○	○	○	●	AUBERGINE
●	●	○	○	○	●	○	●	○	GRÜNER SPARGEL
●	●	○	○	○	○	○	○	○	GURKE
●	●	○	○	○	●	○	●	○	LINSE
●	○	○	○	○	○	○	○	○	MELONE
●	○	●	●	●	●	●	●	●	MÖHRE
●	●	○	●	○	●	●	●	○	PAPRIKA
●	○	○	●	●	○	○	●	○	SCHWARZWURZEL
●	●	●	○	●	○	●	●	○	TOMATE
●	●	●	●	○	○	●	○	●	ZUCCHINI
○	○	○	○	○	○	○	●	●	CHILI
●	○	●	●	●	○	○	○	●	INGWER
○	●	○	○	○	○	○	○	●	KNOBLAUCH
●	○	○	○	○	○	○	●	●	PAPRIKAPULVER

KÜCHENJOKER

Bockshornklee, Piment, Rauchsalz, milde Currymischungen

PASST GUT ZU

Fisch, Schweinefleisch, Huhn, Frischkäse, Hartkäse, Olivenöl, hellen Linsen, Zitrusfrüchten

LÄNDERKÜCHE

Kroatien: *Geschmortes Paprika-Fenchel-Gemüse* ***Italien:*** *Fencheleintopf mit Tomaten und schwarzen Oliven* ***Italien, Frankreich, Griechenland, Kroatien:*** *Fisch aus dem Rohr mit Fenchel* ***Israel:*** *Fenchel mit Kapern und Oliven* ***China:*** *Wokgemüse*

SORTEN

In der Fenchelhochburg Italien gibt es zwei lokale Typen: zum einen den Finocchio grosso, einen süditalienischen Herbstfenchel-Typus mit großen, bis zu 1 kg schweren Knollen. Er wird spät (im August) ausgesät

ZWEIMAL FENCHEL MIT PASTIS

- 100 ml nicht zu schwach gebrühter ungesüßter Fencheltee
- 1 g Agar-Agar
- Salz
- 2 EL Zitronensaft
- 4 mittelgroße Fenchelknollen (mit Fenchelgrün)
- 50 ml Olivenöl
- 50 ml Pastis (ersatzweise anderer Anisschnaps)
- ½ Salzzitrone (selbst gemacht oder orientalischer Fachhandel)
- 1 EL Pinienkerne, ohne Fett geröstet
- fruchtiges Olivenöl zum Beträufeln

Fencheltee mit Agar-Agar aufkochen und 1 Prise Salz zugeben. In eine Form gießen, sodass ein Spiegel von etwa 0,5 mm Höhe entsteht. Vollständig gelieren lassen.

Zitronensaft leicht salzen. Fenchelknollen putzen und halbieren. Olivenöl in eine kalte Pfanne geben, gesalzenen Zitronensaft zugeben. Halbierte Fenchelknollen auf der Schnittfläche in die Öl-Zitronensaft-Emulsion legen und langsam erwärmen; die Pfanne zudecken. 20 bis 25 Minuten sanft schmoren lassen. Dabei sollten die Fenchelunterseiten leicht karamellisieren, die oberen Teile weich sein. Mit Pastis ablöschen und Temperatur erhöhen.

Salzzitrone in Würfel von 0,5 x 0,5 x 0,5 cm schneiden. Fenchelgel ebenso schneiden. Fenchelhälften auf Tellern anrichten, mit Fenchelgrün, Pinienkernen und einigen Salzzitronen- und Fenchelteewürfeln garnieren. Vor dem Servieren mit fruchtigem Olivenöl beträufeln.

Pro Portion: 323 kcal, 25 g F, 13 g KH, 7 g B, 6 g E

und ab Oktober bis zum nächsten Frühjahr geerntet. Aufgrund seiner langen Entwicklungszeit ist er besonders aromatisch. Er eignet sich nicht zum Anbau in unseren Breitengraden, weil er frostempfindlich ist. Zu diesem Typus gehören die alten italienischen Sorten **Bologneser** *und* **Romanesco**. *Der andere Typus ist der Finocchio nostrale, der in Mittelitalien angebaut wird und kleine, zarte Knollen entwickelt. Er gedeiht auch bei uns und in kühleren Ländern wie England. Zu diesem Typus zählt z. B. die Sorte* **Florentiner** *(italienisch: di Firenze), die in wärmeren Gebieten zum Schossen neigt.*
Weitere Sorten:
Zefa fino: *feste Schweizer Sorte, die sowohl für den Frühjahr- als auch den Herbstanbau geeignet ist; sie bildet große flachrunde Knollen aus.*
Zefa tardo: *sehr ertragreiche Sorte für den Herbstanbau.*
Fino G190: *Sorte mit sehr flacher Knolle und süß-fruchtigem Aroma.*
Perfektion: *beliebte Sorte, die man auch bei uns anbauen kann. Sie bildet schöne weiße Knollen aus, ist sehr schossfest und ist geeignet für Frühkultur und Herbsternte.*

EINKAUF UND LAGERUNG

Je heller die Knolle, desto zarter schmeckt der Fenchel. Beim Einkauf sollte man darauf achten, dass die Schnittstellen nicht bereits stark angetrocknet sind. Frischer Fenchel lässt sich 2 bis 3 Wochen im Kühlschrank lagern, man kann die Knollen auch einfrieren.

men. Zum anderen eröffnen sich im Sinne des überlappenden Aroma-Pairings zahlreiche Möglichkeiten für Kompositionen mit Zitrusfrüchten: Fein geschnittene Fenchelknollen ergeben zusammen mit schwefeligen Kontrasten über Schalotten und Knoblauch, mit reichlich Olivenöl und mit Zitrusfrüchten wie Orangen (fruchtig), Zitronen (säuerlich fruchtig), Grapefruit (leicht bitter), Pampelmusenfilets (bitter) oder gar Granatapfelkernen (knackige Textur) köstliche Sommersalate. In winterlichen Fruchtsalaten (z. B. mit Orangen, Mandarinen, Bananen, Äpfeln, Ananas) bringen dünn geschnittene Scheiben des rohen Fenchels ebenfalls spannende Aspekte. Mit den feinen Unterschieden in den Geschmacksrichtungen und der Säurenote kann eine große Variation erreicht werden. Insbesondere die Verbindung von Fenchel und Orangen ist hervorragend, auch in warmen Gerichten: Wird z. B. Fenchel in Olivenöl, Orangensaft und etwas Salz geschmort, wäre jede weitere Würzung schon fast zu viel, es sei denn, fruchtige Pfeffer und Zitronenthymian kommen noch dazu, oder Sumach, das leichte Säureaspekte einbringt. Roh, mit Zitronensaft abgeschmeckt oder mit etwas Weißwein – oder geschmacksneutraler in Reisweinessig eingelegt (so kommt er auch in der chinesischen Küche vor) – passt Fenchel wiederum gut zu Möhren oder Paprika.

Über den Kontrast wirkt im Gegenzug die Kombination von rohem Fenchel mit (geeisten) Würfeln von Landgurken, Wasser- oder Honigmelonen mit ihren grün-wachsigen Aromen. Von stechenden Essigen, wie z. B. Weinessig, ist hier eher abzuraten, da diese das feine Anisaroma der Knollen und der Früchte überdecken. Ein milder Balsamico jedoch passt gut: Fenchel, dünn aufgeschnitten mit Olivenöl, Balsamico und etwas Knoblauch sind ein wunderbarer sommerlicher Antipasto. Rohen Fenchel kann man mit verschiedenen, vor allem säuerlichen und süßlichen Dips als ersten Gang reichen. Eine mediterrane Vorspeise ist Fenchel mit frischer Feige, in Verbindung mit Olivenöl – feine Bitternoten und fruchtige Süße kommen hier zusammen.

Fenchel eignet sich in vielerlei Hinsicht auch als Dessertgemüse, denn seine Aromatik sowie der leicht bittere Geschmack lassen sich sehr gut auf eine süße Grundlage stellen. So kann man aus Fenchel ein köstliches Sorbet bzw. Eis zubereiten: Klein geschnittenen rohen Fenchel mit Invertzucker sehr fein pürieren, mit Sahne und Eigelb eine Eismasse herstellen (zur Rose ziehen) und die Fenchelzubereitung in der Eismaschine gefrieren. Vegan funktioniert das ebenfalls mit Sojamilch und ein paar Stabilisatoren wie Xanthan, Lecithin und gegebenenfalls Guarkernmehl. Solch ein Fencheleis kann Element eines Desserts sein, aber auch als kalte Komponente einen mediterranen Fischteller ergänzen. Ausgezeichnet ist die Kombination von Fenchel und Vanille, die man in verschiedenen Varianten ausprobieren sollte: zum Beispiel als geeiste Fenchelscheiben mit Vanillesirup. Oder in Form einer heißen Schokolade, die man zusammen mit Fenchel und Vanille ziehen lässt. Mit karamellisiertem Zucker und etwas Zitrone bissfest geschmorter Fenchel lässt sich sogar gut mit Schokomousse oder Vanilleeis paaren. Schokoladenmoussezubereitungen auf der Grundlage von Fenchel und weißer Schokolade sind ungewohnte, hervorragende Desserts, die durch das Fenchelaroma Frische und Leichtigkeit gewinnen.

Aus dem Fenchelkraut lässt sich ein süßer, würziger Sirup herstellen: Zucker im Verhältnis 1:1 mit etwas Ascorbinsäure aufkochen und 10 Minuten leicht sieden lassen (dies gibt einen Invertzucker, der später nicht mehr kristallisiert). Auf 80 °C abkühlen lassen und das Fenchelkraut dazugeben. 20 Minuten auf 70 bis 80 °C halten und an einem kühlen Ort einige Stunden ziehen lassen. Danach filtern und in sterile Flaschen abfüllen. Damit lassen sich trockene Weine, Sekte oder Cremants in einen ungewöhnlichen Aperitif verwandeln. Über Erdbeeren oder halbierte Kirschen gegossen entfaltet der Sirup eine besondere Wirkung.

GESCHICHTE UND BOTANIK

Als Heimat des Fenchels gilt das Mittelmeer und Vorderasien, er war als Gewürz- und Heilpflanze schon in der Antike bekannt. Christliche Mönche bürgerten ihn als klassische Klostergartenpflanze in Mitteleuropa ein, vermutlich weniger unter kulinarischen Aspekten denn aus gesundheitlichen Gründen. Hierbei handelte es sich aber immer um den Gewürzfenchel. Als Gemüse wurde der Fenchel erst im 19. Jahrhundert interessant. Damals züchteten italienische Gemüsebauern den Gewürzfenchel als Knollenfenchel, er war der Stolz des Landes, sie nannten und nennen ihn „Florentiner Fenchel", „Römischen Fenchel" oder „Bologneser Fenchel". Bei uns ist Fenchel als Gemüse erst seit den 1970er Jahren bekannt. Noch heute wächst er am Mittelmeer überall wild. Der wilde ist aromatischer und auch schärfer als der gezüchtete Fenchel und wird im Frühsommer geerntet. Der Knollenfenchel ist einjährig und entwickelt oberirdisch eine Zwiebel, die man umgangssprachlich als Knolle (Scheinknolle) bezeichnet; daher der Name Knollenfenchel. Sie kann je nach Sorte kurz und breit oder schmal und länglich sein. Die feinen Blätter ähneln dem Gartendill und können jung ebenfalls gegessen werden.

Gemüsefenchelsorten werden saisonal unterschieden: **SOMMERFENCHEL** wird von Mitte Februar bis Anfang April gesät und im Frühsommer geerntet. Für eine Ernte im Hochsommer sind nur wenige Fenchelsorten geeignet und ausschließlich Hybride. **HERBSTFENCHEL** wird in mediterranem Klima im Juni/Juli gesät und dort von Oktober bis ins kommende Frühjahr geerntet. Gartenbautechnisch neigt der Fenchel als Langtagspflanze zum Schossen bzw. Blühen, wenn die Tage länger werden. Alte Sorten sind deshalb nur für den Herbstanbau mit Aussaat nach Juni geeignet. Seit den 1970er Jahren werden schossresistente Sorten gezüchtet, die sich auch für den Frühjahrsanbau eignen.

SAISON

01 02 03 04 **05 06** **07 08 09** **10 11** 12

Den Rest des Jahres als Importware aus Italien, Spanien und Frankreich erhältlich.

ANBAU

Fenchel ist ein klassisches mediterranes Gemüse, kann aber auch bei uns in sonnigen Lagen angebaut werden. Frühe schossfeste Sorten kommen ab April ins Beet, Herbstfenchel wird frühestens Ende Juni ausgesät, um das Schossen im Hochsommer zu vermeiden. Um schöne weiße Knollen zu bekommen, häufelt man 2 Wochen vor der Ernte Erde über die aus dem Boden ragenden Knollen.

FINO G190

Capsicum annuum

GEMÜSEPAPRIKA

Paprika, Peperoni und Chili gehören botanisch alle zur Gattung der Capsicum. Ursprünglich waren alle Sorten mehr oder weniger scharf. Erst Ende des 19. Jahrhunderts gelang es ungarischen Gärtnern, nahezu capsaicinfreie, also mild-süße Paprika zu züchten, die man zur besseren Unterscheidung von den scharfen als Gemüsepaprika bezeichnet. Heute gibt es Gemüsepaprika in vielen Farben und Formen, sie sind meist süß bis etwas bitter und manchmal leicht scharf.

Aromen roh: (Z)-3-HEXENAL *△grün, grasig, frisch gemähtes Gras, □grüner Apfel* (Z)-2-HEXENAL *△grün* (E)-2-HEXENAL *△grün, bananenschalenartig, fettig, □gemüseartig, blattartig, ◇würzig-fruchtig, frischer Käse* 1-OCTEN-3-OL *△grün, erdig, fungal, champignonartig, □gemüseartig, pilzig, hähnchenhautartig, ◇brühenartig, saucenartig* HEPTANAL *△grün, wachsig, fettig, □aldehydisch, herbal, ◇weinhefeartig* METHYLHEPTYL-2-PROPENOAT *△fruchtig, süßlich, apfelartig, □kirschartig, ◇aprikosenartig* DIMETHYLDISULFID *△schwefelig, gemüseartig, □kohlartig, ◇zwiebelartig* DIMETHYLTRISULFID *△schwefelig, lauchartig, gekochte Zwiebel, □herzhaft-fleischartig, ◇fleisch-gemüsebrühenartig (roter Paprika)* △ 3-CAREN *△zitrusartig, □leicht holzig* LIMONEN *△zitrusartig, orangenartig, □süßlich, ◇terpentinartig* O-XYLEN *△aromatisch, floral, □würzig* 2-BUTAN-2-YL-3-METHOXYPYRAZIN *△erdig, moderig, grün, □pfefferig (grüner Paprika)* 2-METHOXY-3-ISOBUTYLPYRAZIN *△würzig grün, erbsenartig, bohnenartig*

Aromen gekocht außerdem: 4-OCTEN-3-ON *△pilzig, fruchtig, □kokosartig* (E)-2-HEPTENAL *△fettig, gemüseartig, □fruchtige Anklänge, grün* (E)-2-OCTENAL *△fettig, wachsig, □bananenartig* (E,Z)-2,4-HEPTADIENAL *△fettig, frittiert* DECANAL *△wachsig, aldehydisch, □süßlich, zitrusschalenartig* (E)-2-NO-

Auch wenn das Duftstoffspektrum von Paprika (auch: ***Paprikaschote [Österreich], Peperoni [Schweiz]***) extrem reichhaltig und regional unterschiedlich ist, gibt es einige grundlegende gemeinsame Charakteristika. Interessant ist dabei der generelle Unterschied zwischen unreifen (meist grünen oder violetten) und reifen (meist roten, gelben oder orangen) Früchten. Denn mit dem durch chemische Prozesse ausgelösten Farbwechsel bei der Reifung geht eine sehr deutliche Veränderung in Aroma und Geschmack einher: Einige Moleküle schwächen sich während der Reifung ab bzw. verstärken sich, andere verschwinden ganz oder bilden sich komplett neu, wie man in dem Schaubild (Seite 216) gut erkennen kann.

GRÜNER PAPRIKA Unreife, grüne Paprika weisen einen vielschichtig „grünen" Duft auf. Charakteristisch sind zum einen die beiden würzig-grünen und für grünen Paprika geradezu typischen Pyrazine 2-METHOXY-3-ISOBUTYLPYRAZIN und 2-BUTAN-2-YL-3-METHOXYPYRAZIN, das noch eine leicht pfefferige Erdigkeit mitbringt. Zum anderen duftet grüner Paprika sehr grasig-grün mit einem Hauch Apfel und Tomate: Dafür sind (Z)-2-HEXENAL und (Z)-3-HEXENAL verantwortlich. Ein grün-fruchtiger leichter Bananenduft mit einem Hauch Käse vervollständigt das „Grünspektrum". Hinzu kommt ein leichter Pilzduft durch 1-OCTEN-3-OL.

ROTER PAPRIKA Beim Reifeprozess hin zum roten Paprika fällt vor allem ein deutlicher Rückgang der würzig-erdigen grünen Pyrazine auf. Das pfefferig-moderige BUTAN-2-YL-3-METHOXYPYRAZIN verschwindet vollständig, 2-METHOXY-3-ISOBUTYLPYRAZIN mit seinen paprikatypischen Düften wird vermindert, ist aber noch vorhanden. Die grasig-grünen Noten gehen ebenfalls weitgehend verloren. Auch die Pilznote des 1-OCTEN-3-OL schwächt sich beim Reifen ab und ist im roten Paprika kaum noch vorhanden. Dafür sind dort wiederum schwefelige Zwiebelnoten über DIMETHYLTRISULFID ausgeprägt, die im unreifen, grünen Zustand nicht existieren. Über die beim Reifen wachsende Konzentration des △-3-CAREN erhält der rote Paprika außerdem einen stärkeren fruchtigen Zitrusduft, der durch die ebenfalls zunehmenden grün-fruchtigen Bananennoten des (E)-2-HEXENAL verstärkt wird.

Bei allen Unterschieden im Aroma unreifer und reifer Früchte gibt es einige Gemeinsamkeiten, die bleiben: die Zitrusnoten des LIMONEN, die aromatisch-floralen Noten des O-XYLEN, die fruchtigen Apfel-, Kirsch und Apri-

kosennoten des Fruchtesters METHYLHEPTYL-2-PROPENOAT und, nicht zu vergessen, das HEPTANAL, das in allen Reifestufen grüne fettige, herbale Düfte einstreut und ein wenig an Wein und Hefe erinnert.

Auch der Geschmack ändert sich während des Reifeprozesses. Unreife grüne Schoten enthalten reichlich phenolische Stoffe, die nicht nur für die Farbe verantwortlich sind, sondern zum Teil, wie Catechin und Quercetin, für den bitteren Geschmack. Diese werden in reifen Paprika eher glykosidisch gebunden, daher wirken rote Früchte weniger bitter als grüne. Gleichzeitig liegen mehr freie Zucker vor. Während der Saccharosegehalt (Haushaltszucker) bei der Reifung abnimmt, steigt der Glucose- und Fructosegehalt im Vergleich überproportional an und macht das Gemüse süßer. Dieser „süße“ Eindruck verstärkt sich sensorisch, weil mit zunehmendem Reifegrad der Anteil und Einfluss einiger Säuren schwindet, die in grünen Schoten wahrnehmbar sind: die leicht an den Zähnen stumpf wirkende Oxalsäure, die man vom Spinat her kennt, die gemüsetypische organische Fumarsäure und die Shikimisäure. Im Gegensatz dazu steigt der Anteil der Zitronensäure an und gibt reifen Paprikaschoten eine angenehme säuerliche „Frische“. Bemerkenswert ist nicht zuletzt der mit der Reifung einhergehende Abbau der freien Glutaminsäure (die für Umamigeschmack sorgt) zu Pyroglutaminsäure. Rote Schoten schmecken daher weniger „herzhaft“. Gemeinsam ist Paprikafrüchten aller Reifegrade eine trigeminal leicht adstringierende Wirkung, für die manche der nicht-flüchtigen Phenole sorgen (→ Bitterkeit und Adstringenz, Seite 58). Der aus Chilisorten bekannte „Scharfmacher“ Capsaicin ist in Gemüsepaprika wenig bis schwach ausgeprägt, die Früchte sind im Allgemeinen nicht scharf.

GEKOCHTER PAPRIKA Gart man Paprikaschoten – sowohl reife als auch unreife –, gibt es wiederum Veränderungen: Beim Erhitzen bis 100 °C bleibt der typische Geschmack in etwa gleich, während sich das Aromaspektrum noch einmal deutlich verschiebt. So verschwinden bzw. reduzieren sich die meisten grün-grasigen (aliphatischen) Aromen; würzig-grüne Pyrazine bleiben hingegen bestehen. An die Stelle von HEXENAL und Co. treten eher fettige, wachsige, fruchtige und nach Champignon duftende Aromastoffe wie 4-OCTEN-3-ON, das für Gemüse typische (E)-2-HEPTENAL oder gar das an Frittiergeruch erinnernde (E,Z)-2,4-HEPTADIENAL. Selbst Buttersäure oder verwandte Aromaverbindungen, die säuerlich und schweißig riechen, werden dabei aus Reaktionen mit Aminosäuren gebildet.

GEGRILLTER PAPRIKA Während des Grillprozesses entwickeln sich außerdem Aromen, die aromatisch, floral und nach Karamell, Brotkrusten und sogar nach Rosenwasser duften, denn es bilden sich PHENYLETHANOL und PHENYLACETAT. Malzig-süßliche, leicht verbrannte Noten werden über 2-ETHYLFURAN eingestreut. Freie Zucker reagieren zu MALTOL mit seinen typischen Karamelldüften. Rauchige, röstige und würzige Aromen kommen über GUAIACOL, VANILLIN, Kresole und das nach Nelken duftende EUGENOL hinzu.

NENAL △*fettig, grün, gurkenartig,* □*zitrusartig, seifig,* ◇*melonenartig* 2-METHYLPROPIONSÄURE △*säuerlich* 2-METHYLBUTANSÄURE △*säuerlich, käsig,* □*schweißig, fruchtig* 3-METHYLBUTANSÄURE △*käsig, säuerlich,* □*schweißig, milchig* DIMETHYLSULFID △*schwefelig, zwiebelartig, radieschenblätterartig, kohlartig,* □*fischartig, maisartig, spargelartig,* ◇*ein Hauch gekochte Milch/Sahne* METHIONAL △*schwefelig, gekochte Kartoffel, gemüseartig, moderig,* □*hefeartig, käsig, gekochtes Fleisch, gekochte Eier*
Aromen gegrillt außerdem: 2,3-BUTANDION △*butterig, karamellig,* □*süßlich, leicht stechend* GUAIACOL △*phenolisch, rauchig, würzig,* □*holzig, vanillig, fleischartig,* ◇*schinkenartig* P-KRESOL △*aromatisch,* □*narzissenartig, mimosenartig,* ◇*phenolisch* O-KRESOL △*aromatisch,* □*moderig, medizinal,* ◇*erdig-phenolisch* M-KRESOL △*aromatisch,* □*holzig, rauchig* ◇*lederartig, phenolisch* PHENYLACETAT △*würzig,* □*honigartig,* ◇*süßlich* PHENYLETHANOL △*aromatisch, floral, karamellig, brotkrustenartig,* □*honigartig,* ◇*rosenwasserartig* EUGENOL △*würzig, süßlich, gewürznelkenartig,* □*aromatisch, holzig, pimentartig,* ◇*warm-würzig* 2-ETHYLFURAN △*röstig-süßlich, verbrannt,* □*bohnenartig, erdig,* ◇*moderig, malzig* MALTOL △*karamellig, röstig,* □*gebräunter Zucker,* ◇*süßlich, marmeladenartig*
Aromen gebraten außerdem: MALTOL △*karamellig, röstig,* □*gebräunter Zucker,* ◇*süßlich, marmeladenartig*

GESCHMACK

SÜSS SAUER SALZIG BITTER UMAMI

Reife (rote) Paprikaschoten schmecken süßlich-würzig und duften fruchtig. Unreife (grüne) schmecken leicht bitter mit würzig-grünem und grün-grasigem Duft.

G

MIKRONÄHRSTOFFE *(pro 100 g)*
Vitamine: *A (88 µg), C (117 µg)* *Mineralstoffe:* *Eisen (0,4 mg)* *Sekundäre Pflanzenstoffe:* *Carotinoide*

HARMONIE

PRITAVIT

FARBEN Die Farbveränderung von grün oder violett über gelb nach rot oder orange (je nach Sorte, siehe unten) ist eine Folge biochemischer Prozesse in den Plastiden der Zellen. Dort werden in dem Photosyntheseapparat (→ Farbe in Gemüse, Seite 75) Farbstoffkomplexe eingebaut. Im unreifen Zustand enthalten die Früchte wie Blätter sogenannte Chloroplasten mit dem dominanten grünen Blattfarbstoff Chlorophyll. Die Früchte betreiben in diesem Stadium Photosynthese, sie nutzen Sonnenlicht als Energiequelle für Stoffwechselprozesse. Dabei bildet sich zugleich das Chlorophyll zurück; stattdessen entstehen (rote und gelbe) Carotinoide: Der grüne Chloroplast wird in einen (orange-roten) Chromoplasten umgewandelt. Die roten Farbstoffe Violaxantin, Lutein, Luteolin, β-Carotin, die in grünen Paprika nur in geringen Konzentrationen vorkommen, nehmen beim Reifen nach und nach zu und erreichen ihre maximalen Werte im voll ausgereiften Zustand. Während der Reifung werden zudem weitere Farbstoffe wie Capsorubin, Capsanthin und Cryptocapsin gebildet. Außerdem sind verschiedene Anthocyane bei manchen Sorten für einen dunklen Farbton der (un)reifen Früchte verantwortlich. Die Sorte Amaryllis ist unreif violett und reift rot ab, die Purple Beauty reift von Dunkelviolett zu Dunkelrot ab, aber: Sweet Chocolate reift wiederum von grün zu dunkelviolett-braun ab.

Beim Kochen bleiben die roten Farbstoffe erhalten, die Carotinoide sind wenig temperaturempfindlich, wie von der Möhre bekannt ist. Der chlorophyll-dominierte grüne Paprika kann hingegen etwas Farbe verlieren, wie alles grüne Gemüse, wenn es nicht blanchiert wird: Gegrillter grüner Paprika zeigt häufig eine leichte Graufärbung.

Die Farbe des Gemüses steht mit seiner antioxidativen Wirkung in engem Zusammenhang. Zum einen wirken die Carotinoide in roten Paprika antioxidativ, zum anderen steigt der Gehalt an Vitaminen wie Vitamin C und vitaminähnlichen Derivaten wie α-, β-, γ-Tocopherol mit der Reifung an. Mit zunehmender Lagerzeit (und bei sehr kühlen Temperaturen) bauen sich diese langsam wieder ab, daher sollte man Paprika möglichst frisch essen.

ZUBEREITUNG

Während wir ausschließlich die Früchte (botanisch: Beeren) essen, werden zum Beispiel in Indien auch die Blätter der Paprikapflanze für eine Art Tee verwendet. Die Zubereitung der Früchte ist recht einfach: Paprikaschoten waschen, Stiel, Strunk, die Kerne und die weißen Innenteile, die bitter oder bei manchen Sorten (zu) scharf sind, entfernen. Danach kann man das Gemüse sehr variabel zubereiten und genießen: roh im Salat oder zur Vesper, gedünstet, gebraten, gegrillt und sogar frittiert. Man kann Paprikahälften füllen und im Ofen backen; man kann sie im Grill rösten, die Haut entfernen und anschließen pürieren, oder man kann Paprikastreifen blanchieren und einlegen – in Öl oder süßsauer in Weinessig (Pickles).

Grillen ist eine Methode, um die Aromen aller Paprikareifestufen zur vollen Entfaltung zu bringen, denn beim Grillen karamellisieren die gemü-

„ROSENPAPRIKA"-AIOLI

1 grüne Paprikaschote	
1 rote Paprikaschote	
2 Knoblauchzehen	
Salz	
1 TL geräuchertes Paprikapulver	
1–2 EL Rosenwasser	
100 ml Sonnenblumenöl	
100 ml Olivenöl	

Grüne Paprikaschote halbieren, von Samen und Scheidewänden befreien. Auf ein Backblech legen und im Ofen bei Maximaltemperatur sehr gut angrillen, es müssen sich deutliche Röstaromen bilden. (Gerne auch einen Kugelgrill verwenden.) Rote Paprika von Scheidewänden befreien, einen Teil der Samen belassen, das Fruchtfleisch klein würfeln. Knoblauch schälen.

Beide Paprikazubereitungen und Knoblauch mit einem Stabmixer fein pürieren, mit Salz, Paprikapulver und Rosenwasser abschmecken; die Öle in feinem Strahl untermixen und einarbeiten, sodass eine feine, standfeste Creme entsteht.

Pro Portion: 469 kcal, 50 g F, 3 g KH, 2 g B, 1 g E

seeigenen Zucker und es entstehen wunderbare Röstaromen. Paprikaschoten über offener Gasflamme oder im Ofen bei höchster Hitze rösten oder auf den Grill über Holzkohle legen, bis die Haut Blasen wirft und anfängt, schwarz zu werden. Möchte man die Röstnoten intensivieren, kann man die Haut richtig schwarz werden lassen. Abkühlen lassen, am besten in einem abgedeckten Topf, denn die Schoten müssen „schwitzen", damit sich die Röstaromen intensivieren. Danach lässt sich die Haut einfach abziehen. Aus gegrillten Paprika lässt sich auch ein wunderbares Öl zaubern: Das Gemüse stark angrillen (und im Kugelgrill räuchern) – es geht mit roten oder grünen Schoten, ganz nach Farb- und Aromavorlieben –, je nach Verkohlungsgrad die Haut abziehen oder nicht, mit Olivenöl aufmixen, über Nacht stehen lassen, dann abfiltern (abseihen). Paprikaöl ist überaus schmackhaft in Salaten, Dips oder zu Fisch und Fleisch.

Für frittierte Paprika backt man Paprikastreifen einfach in heißem Fett aus oder auch in (Bier-)Teig paniert als Tempura.

KOMBINATIONEN

Der kulinarische Einsatz und die Kombinationsmöglichkeiten von unreifen (grünen) und reifen (roten, gelben) Paprika sind wegen ihres jeweils eigenen Aromaspektrums durchaus unterschiedlich. Es gibt aber aufgrund der vielen gemeinsamen Aromen natürlich auch Zubereitungen und Kombinationen, die für alle Gemüsepaprika gelten.

GRÜN/UNREIF Grüner, unreifer Paprika, in dem grüne, erdige Düfte dominieren, paart sich besonders gut mit grünen Bohnen, Erbsen oder Saubohnen. Das ganze „grüne" Potenzial des grünen Paprika kann man erfahren, wenn man ihn mit sich selbst kombiniert: Eine feine Creme aus 30 Prozent rohem, 40 Prozent gedämpftem und 30 Prozent gegrilltem grünem Paprika, gemixt mit intensivem Kombualgenwasser, das reich an Glutamat (sprich: Umamigeschmack) ist, eventuell ein wenig mit Limettensaft gesäu-

KÜCHENJOKER

Tonkabohne, Weinraute, Currykraut, Garam Masala, Basilikum, Kakaopulver/ Bitterschokolade

PASST GUT ZU

Feigen, Eiern, Nüssen, Käse, Rosinen, Oliven, Sardellen, Kapern, Pasta, Getreide, Pilzen, Joghurt, schwarzen Johannisbeeren (grüner Paprika), Champignons (grüner Paprika), Camembert (grüner Paprika), Tempeh (grüner Paprika), Kokosnuss (grüner Paprika), Erdbeeren (roter Paprika), Aprikosen (roter Paprika), Pfirsichen (roter Paprika), Kirschen (roter Paprika)

LÄNDERKÜCHE

Italien, Spanien: *Eingelegte Paprika* ***Spanien:*** *Gazpacho, Gebackene Paprika mit Tomaten und Auberginen, Pimientos de padron* ***Italien:*** *Peperoni alla piemontese, Peperonata* ***Südfrankreich:*** *Ratatouille* ***Südwestfrankreich/Baskenland:*** *Pipérade* ***Ungarn, Türkei, Balkan, arabischer Raum:*** *Gefüllte Paprika* ***Ungarn:*** *Gulasch, Letscho* ***Israel:*** *Shakshuka,* ***Balkan:*** *Ajvar* ***Mazedonien, Serbien:*** *Pindjur* ***Bulgarien:*** *Ljutenica* ***Rumänien:*** *Zacusca* ***Albanien:*** *Gefüllte Paprikaschoten mit Schafskäse*

BLOCKIGE SORTEN

California Wonder: *alte amerikanische Sorte, die auch bei uns verbreitet ist und sich gut zum Füllen eignet; die Schoten reifen von grün nach rot ab.*

Bulgarische Paprika: *So werden in der Ukraine die milden Paprika genannt. Dreikammerige Blockpaprika, die auch in kühleren Sommern freilandtauglich ist.*

Blondy: *eine gelbe Sorte, die früh reif wird und einen süßen Geschmack hat.*

Mavras F1: *Hybridsorte mit interessanten Farbwechseln: Unreif ist sie dunkelviolett, fast schwarz und wird beim Kochen dunkelgrün; reif ist sie dunkelrot und bleibt es auch beim Erhitzen.*

Sweet Chocolate: *schmeckt süß, aber eher nicht nach Schokolade, den Namen hat sie wohl von der braunen Farbe ihrer reifen Früchte; unreif ist sie dunkelgrün.*

King of North: *reift auch in nördlicheren Klimazonen; die großen Früchte reifen von dunkelgrün nach dunkelrot ab und haben ein hervorragendes Aroma.*

Purple Beauty: *US-amerikanische süße, reif dunkelviolette Sorte, die freilandtauglich ist.*

Pusztagold: *alte ungarische Sorte mit mildem Geschmack. Die großen, abgestumpften Früchte, die von gelb nach orangerot abreifen, eignen sich gut zum Füllen.*

Tigerpaprika: *eine neuere Sorte, die durch ungewöhnliche rot-gelbe Streifen auffällt.*

LÄNGLICHE SORTEN (KAPIA-TYP)

Manche Sorten ähneln äußerlich Peperoni, sind jedoch selten scharf.

Atris F1: *beliebte Hybridsorte mit sehr großen, länglichen Früchten, die man gut füllen kann. Die Schoten reifen von dunkelgrün nach rot ab und sind mild-aromatisch.*

Ferenc Tender: *alte Sorte aus Ungarn, zunächst hellgelb, nach orange und rot abreifend, freilandgeeignet und sehr süß.*

ert oder mit Limettenschale gewürzt und kurz vor dem Servieren nur leicht (auf 40 °C) erwärmt, ist eine sensationelle Beilage für Gemüse, Fleisch und Fischgerichte. Eine wunderbare Kombination ergibt sich über die grünen, wachsig-grasigen Noten mit schwarzen Johannisbeeren, deren Duft ebenfalls von grasigen Aromen geprägt ist, aber außerdem eine deutliche Schwefelnote (die oft als „katzenurinartig", aber typisch für die Beeren beschrieben wird) mitbringt, welche die erdigen Noten des grünen Paprika und seinen schwefeligen Hauch ergänzt. Darüber hinaus liefern die Beeren eine fruchtige Säure, die wiederum gut an die wachsig-fettigen Noten der Paprikaschoten andockt. Während die Oxalsäure der grünen Paprika erst später, beim Kauen, freigesetzt wird, liegt sie bei den Beeren frei im Saft vor. Daher kann man in kalten Zubereitungen einige der Beeren zerdrücken und so eine Grundlage für eine Vinaigrette bereitstellen. Aus ähnlichen Gründen sind Tomaten ideale Partner. Sie liefern Süße, zusätzlichen Umamigeschmack und Säure und docken an die „tomatigen" Aromen der grünen Schoten an. Die pilzige Note des grünen Paprika lässt sich besonders mit Champignons, aber auch mit Camembert und anderen Weißschimmelkäsen heben. Rohe grüne Paprika, gewürfelt und mit Olivenöl versetzt, einige schwach geröstete Sonnenblumenkerne und in Brunoise geschnittene (also sehr klein gewürfelte) Champignons fügen sich ausgezeichnet zu Camembert, ebenso wie zu Tempeh oder fermentierten Bohnengerichten. Die milchig-cremige Kokosnuss ist ebenfalls ein willkommener Partner.

ROT/REIF Reife Paprika weisen wegen ihrer ausgeprägten Süße neben den üblichen Anwendungen in Schmorgerichten oder als Rohkost deutlich in Richtung Dessert. Pürees von roten, geschmorten Paprika, gewürzt mit dezenten Buchenrauchnoten, Vanille, Tonkabohne oder sogar Zimt oder Anis lassen sich mit fruchtigen Erdbeeren oder cremigen Aprikosen und Pfirsichen zusammenführen. Selbst den süßesten Kirschen hält reifer roter Paprika mit seinem fruchtigen, leicht bananenartigem Aroma stand, etwa in einem frischen Obstsalat, der mit frischen Zitrusschalen oder Langem Pfeffer gewürzt sein darf. Auch ein Hauch Wacholder (als Gewürzbeere oder z. B. aus Gin) ist nicht verkehrt. Des Weiteren sind rote Paprikaschoten – aus anderen Gründen als die grünen – ein idealer Partner für Tomaten, die in den grasig-grünen, den fettigen und in den fruchtigen Würznoten Ähnlichkeiten aufweisen. Zwiebeln, junger Kohl und Kohlrabi funktionieren mit roten Schoten besser als mit grünen, denn sie docken mit ihren Schwefeldüften an die ausgeprägten Schwefelaromen der roten Paprika an. Knoblauch fällt ebenfalls in diese Kategorie und passt ausgezeichnet zu marinierten Paprika-Antipasti: Die gegrillten reifen Schoten mit Knoblauch in Weinessig einlegen, zum Beispiel mit Peperoni und Basilikum, Salz und Pfeffer. Oder einfach in Öl legen und mit Knoblauch würzen. Ausgezeichnet sind rote Paprika weiterhin in süßsauren Kompositionen, beispielsweise gekocht mit Zucker und Essig: Paprikastreifen 15 Minuten in Öl dünsten. Essig und Zucker bei stärkerer Hitze köcheln lassen, bis der Essig fast vollständig verdampft ist. Paprika in den Topf geben und 2 Minuten mitkochen lassen.

Abkühlen lassen und zimmerwarm servieren. Paprikachutney bzw. -marmelade geht in dieselbe Richtung: Blanchierte rote Paprikastreifen mit Salz, Zuckerrohrsirup und Limettensaft eine Stunde lang marinieren, dann aus der Marinade nehmen und abtropfen lassen. Den Saft fast vollständig einkochen, vom Herd nehmen und Paprika und Traubenkernöl untermischen. Gewürzt wird mit geraspeltem Ingwer und Tabasco.

GRÜN UND ROT Sowohl zu grünen als auch zu roten Schoten passen Gurken und Melonen: Ein Teil von ihrem Aromaspektrum liegt im grünen Bereich, darüber hinaus liefern sie typische Gurken-Düfte, die den Paprika fehlen. Sie bieten sozusagen Überlapp und Ergänzung zugleich. Auch in Kartoffelzubereitungen (kalt oder warm) lassen sich sowohl grüne als auch rote Schoten verwenden. Kartoffeln geben den grünen etwas Schwefelduft, bei den roten wird dieser verstärkt. Ähnliches gilt für Zwiebeln, (Sommer-)Lauch, Schnittlauch oder Knoblauch, die allesamt in der mediterranen Küche reichlich kombiniert werden. Auberginen harmonieren über die grünen Aromen in unreifen und reifen Schoten – etwa in *Gratins* oder *Ratatouilles*. Rote und grüne Früchte funktionieren gleichermaßen gut mit Frischkäse, Quark, Feta, Mozzarella oder Joghurt, deren grün-fettige Aromen auch die Grundlage für viele weitere Paarungen mit Gemüsen bieten. Spannend ist die Kombination mit Oliven, denn hier gibt es einen doppelten starken Überlapp im grünen und im würzig-erdigen Bereich des Aromaspektrums. Interessant ist übrigens, dass grüne Oliven wesentlich besser zu grünen Schoten passen, während rote Schoten eher nach schwarzen Oliven rufen. Dann werden nämlich die erdig-würzigen Noten, die sich beim Reifen in der Schote abbauen, über die stärker würzigen Fermentationsnoten

Kekova F1/Charleston/Carliston: *türkische Sorte mit langen schlanken Früchten, die auch in kühlerem Klima gedeiht. Die Früchte reifen von hellgrün nach feuerrot ab, das Fruchtfleisch ist mild, die Samen sind scharf; eignet sich gut als Rohkost und zum Einlegen in Öl und für Mixed Pickles.*

Anatlya'dan: *türkische längliche Paprika, ertragreich auch im Freiland, die reifen Früchte sind mild-süß.*

Corno di bue giallo: *die Schote erinnert äußerlich an ein Rinderhorn, daher der Name „Gelbes Ochsenhorn". Das Gegenstück dazu ist die rote* **Corno di bue rosso***. Beides sind berühmte Regionalsorten aus dem Piemont mit wunderbarem milden Aroma.*

Pantos: *große, glänzend dunkelgrüne, spät rotreifende Früchte mit dickwandigem Fruchtfleisch. Gut geeignet zum Schmoren.*

Pimientos de Padrón: *kommt aus Spanien und wird für das gleichnamige Gericht verwendet. Es sind kleine Schote mit unterschiedlichen Schärfegraden.*

Roter Augsburger: *ertragreiche Hausgartensorte mit kegelförmigen, spitz*

1-OCTEN-3-OL
grün, champignon-artig, erdig
B
2-BUTAN-2-YL-3-METHOXYPYRAZINE
grün, moderig, erdig, pfefferig
A
(Z)-2-HEXENAL
grün, bananenschalig, fettig
5
(E)-2- PENTENAL
grün, stechend, fruchtig, apfelartig, tomatenartig
C
Grüne Paprika haben einen vielschichtigen „grünen“ Duft mit einem Hauch Apfel, Tomate und Pilzen. Sie schmecken deutlich bitterer als in einem späteren Reifestadium.
4
HEPTANAL
grün, fettig, herbal, weinhefenartig
1
2-METHOXY-3-ISOBUTYLPYRAZIN
würzig grün, erbsenartig, grüner Paprika
3
(E)-2-HEXENAL
grün, bananenartig, fruchtig, herbal, gemüseartig, käsig
2
(Z)-3-HEXENAL
grün, grasig, frisches Gras, blattartig, apfelartig
Gruppe 1
Gruppe 2
Gruppe 3
Gruppe 5

AROMAVERÄNDERUNG BEI DER REIFUNG

Mit dem durch chemische Prozesse ausgelösten Farbwechsel bei der Reifung von Gemüsepaprika (unreif = grün oder violett zu reif = rot, gelb oder orange) geht eine sehr deutliche Veränderung in Aroma und Geschmack einher: Einige Moleküle (1 bis 10) schwächen sich während der Reifung ab bzw. verstärken sich, andere (A bis D) verschwinden ganz oder bilden sich komplett neu. In der Tabelle kann man diesen Wechsel verfolgen.

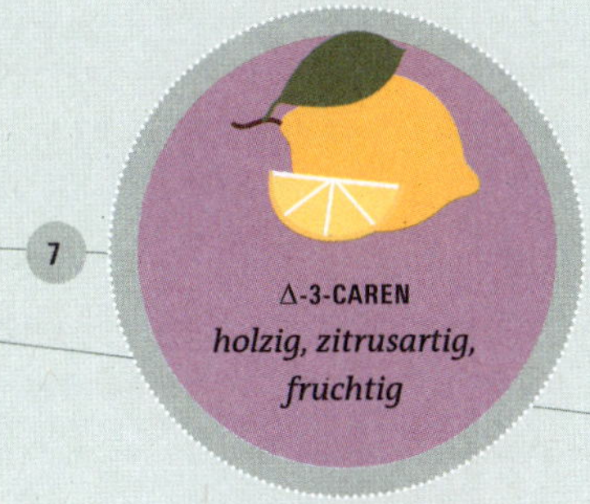

	GRÜN	ROT
1	●●●	●●●
2	●●●	●
3	●●	●●●
4	●●	●●
5	●●	●●●
6	●●	●●
7	●●	●●
8	●	●●
9	●●	●●
10	●	●
A	●●	○
B	●	○
C	●●●	○
D	○	●●

● vorhanden, ○ nicht nachgewiesen

zulaufenden Früchten, die gut für mitteleuropäisches oder Voralpenklima geeignet ist.
Bogyiszloi Erös: *die kegelförmigen Früchte sind knapp 10 cm lang und laufen spitz zu; unreif sind sie weißlich-gelb, reif-rot und fleischig mit milder Schärfe.*
Sweet Banana: *die Sorte gibt es scharf (Ungarische Wachspaprika) oder mild-süß (Bananen-Paprika); die 15 bis 20 cm langen konischen Früchte reifen von hellgelb nach rot ab und sind mild im Geschmack.*
Zlatni Medal: *wörtlich: „Goldmedaille", eine ertragreiche kroatische Sorte mit schwertförmigen, süß-aromatischen Früchten.*

SORTEN MIT ANDEREN FORMEN

Türkenkugel: *samenechte Sorte aus der Türkei mit kleinen, kirschartigen Schoten. Die Früchte sind scharf, man kann sie frisch zum Würzen verwenden oder mit Frischkäse füllen und in Öl einlegen.*
Glockenpaprika: *alte Sorte aus Ungarn mit ungewöhnlicher, glockenförmiger Form; sie zählt botanisch zu Capsicum baccatum. Das Fruchtfleisch ist süß, das Kerngehäuse enthält Capsaicin und ist scharf.*
Mustafa: *Sorte aus dem Kosovo; die gelben dickfleischigen Früchte reifen nach rot ab und sehen aus wie Tomaten; sie eignen sich gut zum Füllen und Einlegen.*
Calimero: *die kleine grüne Sorte erinnert von der Form und Färbung an die gestreiften (Zebra-)Tomaten.*
Tomatenpaprika/Pritavit: *ungarische Sorte mit tiefroten, eher runden, kleinen Früchten, die mild bis scharf und sehr vitaminreich sind und sich gut einlegen lassen.*
Minipaprika: *Züchtung aus den Niederlanden mit besonders kleinen, nicht scharfen Früchten in allen Farben; gut zum Dekorieren von kalten Platten.*

der schwarzen Oliven ausgeglichen. Aus dem gleichen Grund passen würzige Käse weit besser zu roten als zu grünen Paprika.

REGIONALE VARIANTEN ***Ajvar*** heißt auf dem Balkan ein Mus aus gegrillten und gehäuteten roten Paprika, das oft stundenlang eingekocht (aber auch in Öl konfiert) wird. In moderneren Varianten kommen weitere Zutaten wie gedünstete Zwiebeln und Knoblauch oder geröstete Auberginen dazu. Gewürzt wird mit Salz, Pfeffer und Essig. Kombiniert man gegrillte Paprika und Tomaten, bekommt man ***Ljutenica***, eine weitere Spezialität vom Balkan, mit der man in Bulgarien traditionell die Gemüse für den Winter konserviert. ***Zacusca*** ist eine rumänische Variante mit Paprika, Auberginen und Tomaten (manchmal auch Möhren und Zwiebeln). Ähnliches gibt es auch in Mazedonien und Serbien, dort heißt es ***Pindjur***: Tomaten, Auberginen, Paprika und Zwiebeln. ***Letscho*** ist ein Schmorgericht der ungarischen Küche, das auch in Tschechien, Polen, Ostdeutschland und Österreich sehr beliebt ist, traditionell aus gelben Paprika – grüne wären zu bitter, rote zu süß. Dazu kommen Tomaten, Speck und Zwiebeln. Ähnlich ist die italienische ***Peperonata***, die meist ohne Speck auskommt und weniger scharf gewürzt ist. Die Italiener machen dabei keinen Unterschied zwischen grünen, gelben und roten Paprika: Meist kommen alle drei hinein. Das Gericht wird traditionell mit Kartoffeln serviert. Ein weiterer italienischer Klassiker sind ***Peperoni alle piemontese:*** in Olivenöl gebratene Paprikastreifen mit Sardellen, gewürzt mit frischem Basilikum. Im Ofen gebackene (oder in der Pfanne gebratene) rote Paprika mit Tomaten und Zwiebeln ist der Trick beim israelischen warmen Frühstück ***Shakshuka:*** Auf diese Mischung setzt man Spiegeleier und würzt mit Kreuzkümmel, Chili und Paprikapulver. Ganz ähnlich funktioniert das traditionelle baskische bzw. aquitanische Gericht ***Piperade*** oder ***Piperrada***, das in etwa die Konsistenz eines Omelettes hat.

Nicht zuletzt gibt es zahlreiche regionale Rezepte für gefüllte Paprika: Klassisch deutsch ist eine Füllung aus Hackfleisch, in anderen Ländern, besonders am Balkan und im Orient, kann auch Lamm dabei sein, mit oder ohne Reis, gedünstet im Topf oder gebraten im Ofen, jeweils rund 45 Minuten. Arabisch ist die Variante mit gedämpftem Couscous, gebratenen Zwiebeln, Rosinen, gerösteten Pinienkernen, Zimt, Kardamom und gebratenen Knoblauch in Kombination mit Joghurt (gewürzt mit Koriandergrün, Olivenöl, frischer Minze) und eventuell schärfer gewürzt mit Chili. Aus Italien kommt eine Füllung mit Mozzarella, Kirschtomaten, frischem Basilikum, Olivenöl, schwarzen Oliven und gehackten Sardellen und aus Albanien eine Variante mit Schafskäse und saurer Sahne.

GESCHICHTE UND BOTANIK

Man unterscheidet bei Paprika zwischen den eher großen Gemüsepaprika und den kleinen, scharfen Sorten, wobei es innerhalb der deutschsprachigen Länder zu Verwirrung kommen kann: In Deutschland und Österreich heißt das Gemüse die oder der Paprika bzw. Gemüsepaprika oder

Paprikaschote. Die kleinen, scharfen Sorten sind in Österreich als Pfefferoni (selten: Peperoni), in Deutschland als Peperoni (selten: Pfefferoni) oder Chili bekannt. In der Schweiz und Südtirol jedoch versteht man unter Peperoni das Gemüse (in Anlehnung an das Italienische), während die scharfen Sorten Peperoncini heißen.

Die Urform aller Pflanzen der Gattung *Capsicum* könnte Chile piquin, eine südamerikanische Chilisorte mit nur 15 mm langen Früchten, sein. Andere meinen, die meisten kultivierten Paprikavarianten stammten von der Sorte *Tepin* ab, deren ebenfalls kleine Früchte rund und sehr scharf sind und die auch heute noch wildwachsend in Südamerika anzutreffen ist. Kultiviert werden weltweit fünf *Capsicum*-Arten, die meisten Sorten – sowohl von Gewürz- als auch von Gemüsepaprika – gehören zur Art *Capsicum annuum*. Alle fünf Arten wurden bereits vor der Entdeckung Amerikas von den indogenen Völkern kultiviert. Anders als Tomate und Kartoffel war die Paprika in Europa sofort ein Erfolg: zuerst als Zierpflanze, später als Nutzpflanze. Ungarische Gärtner erkannten als Erste das wirtschaftliche Potenzial der Pflanze und entwickelten bereits im 17. Jahrhundert eine Paprikaproduktion in großem Stil. Im 19. Jahrhundert züchteten sie den mehr oder weniger capsaicinfreien, nicht-scharfen Gemüsepaprika. Daraus entwickelten sich die süßen Paprikasorten in verschiedenen Farben und Formen.

Gemüsepaprikapflanzen können im Gewächshaus bis zu 3 Meter hoch werden. Die Pflanze ist ein Selbstbefruchter, durch die relativ große Blüte und die lange Befruchtungsfähigkeit tritt jedoch häufig Fremdbefruchtung auf, auch von anderen Sorten, was zur Hybridisierung führt(e). Deshalb gibt es mittlerweile viele Sorten, die sich botanisch nicht mehr eindeutig zuordnen lassen. Im Supermarkt und auf Märkten findet man häufig nur die blockigen Sorten der sogenannten *Grossum*-Gruppe in grün, gelb und rot. Es gibt aber auch andere Farben: orange, hellgrün, hellgelb, hellrot, violett oder sogar weiß. Gelbe, grüne und violette Sorten werden gewöhnlich bei Vollreife rot, einige Sorten reifen jedoch auch von Grün nach Gelb ab. Mittlerweile findet man auch mild bis leicht scharfe Paprikasorten, die kegelförmig aussehen, spitz zulaufen oder kugelrund sind. Ihr Anbau im eigenen Garten lohnt sich, weil man wesentlich mehr Sorten als Saatgut findet als auf Märkten. Allerdings liebt die Paprika Wärme, deshalb reifen bei uns im Freiland und im ungeschützten Garten nicht alle Sorten.

EINKAUF UND LAGERUNG

Beim Einkauf sollte man darauf achten, dass die Früchte fest sind. Man kann sie einige Tage im Gemüsefach des Kühlschranks lagern (nicht unter 7 °C), am besten im Plastikbeutel, sonst verlieren die Schoten Wasser und werden lasch. Sie schmecken dann aber immer noch gut, und man kann sie braten. Paprika, am besten in Streifen geschnitten, lassen sich gut einfrieren.

SAISON

01 02 03 04 **05** **06** **07** **08** **09** **10** 11 12

Importware ist ganzjährig aus etwa Spanien und den Niederlanden erhältlich.

ANBAU

Paprikapflanzen brauchen viel Licht und Wärme. Man sät sie in unseren Breitengraden 8 bis 10 Wochen vor den letzten Frösten in Töpfen aus, sie keimen bei 25 bis 28 °C auf dem Fensterbrett direkt über der Heizung am besten. Nach den Eisheiligen kommen sie ins Beet. Bei unter 15 °C verlangsamt sich das Wachstum und Blüten werden abgestoßen, nur osteuropäische Sorten sind weniger empfindlich. Regelmäßig düngen und wässern. Die Erntezeit ist von Juni bis September. Die mehrjährigen Pflanzen können im Haus überwintern.

Brassica oleracea convar. acephala

GRÜNKOHL

Grünkohl ist in Norddeutschland Kult, in anderen deutschsprachigen Regionen so gut wie unbekannt bzw. eher als Zierpflanze beliebt. Botanisch gehört er zu den Blattkohlen. Er schmeckt roh ziemlich bitter, gekocht wird er süßlich-würzig. Palmkohl (auch Cavolo nero) ist eine wiederentdeckte italienische Variante mit dunkelgrünen, fast schwarzen Blättern, die im Aroma etwas feiner ist. Collard Greens ist eine nordamerikanische Variante, die man kulinarisch ähnlich wie Grünkohl verwendet.

Aromen roh: HEXANAL △ *grün, blattartig, fettig,* □ *gemüseartig, apfelartig,* ◇ *leicht holzig* (E)-2-HEXENAL △ *grün, bananenschalenartig, fettig,* □ *gemüseartig, blattartig,* ◇ *würzig-fruchtig, frischer Käse* (E,E)-2,4-HEPTADIENAL △ *fettig, grün,* □ *gemüseartig,* ◇ *ölig* (E)-2-DECENAL △ *wachsig, fettig,* □ *erdig, koriandergrünartig, pilzig* (E,E)-3,5-OCTADIEN-2-ON △ *grün, fruchtig,* □ *fettig, grasig* BUTYLACETAT △ *stechend, ätherisch, fruchtig,* □ *reife Banane, grünlich, tropische Früchte* ETHYLHEXADECANOAT △ *wachsig, cremig,* □ *fruchtig, vanillig, milchig* ALLYLISOTHIOCYANAT[T] △ *schwefelig, senfartig,* ◇ *stechend* α-PINEN △ *herbal, kampferig, pinienartig,* □ *stark holzig, erdig,* ◇ *terpentinartig, holzig-würzig* β-PINEN □ *herbal, holzig, harzig, pinienartig, heuartig, kampferig,* ◇ *gewürznelkenartig, muskatartig-würzig, pfefferig, leicht kühlend* MENTHOL △ *minzig, holzig, kampferig,* ◇ *trigeminal kühlend* PHENYLACETALDEHYD △ *aromatisch, grün, honigartig, floral,* □ *hyazinthenartig, kakaoartig, schokoladig, leicht erdig* PHENYLETHYLISOTHIOCYANAT[T] △ *schwefelig,* □ *meerrettichartig, kressenartig* BENZOTHIAZOL △ *schwefelig, gummiartig-aromatisch,* □ *nussig, kaffeeartig,* ◇ *fleischartig* β-CYCLOCITRAL △ *safranartig, minzig,* □ *rosenartig, floral, tabakartig*

Aromen gekocht außerdem: 1-OCTEN-3-OL △ *grün, erdig, fungal, champignonartig,*

Grünkohl (auch: ***Braunkohl, Federkohl, Krauskohl, Blätterkohl, Sabellinischer Kohl, Strunkkohl, Sprossenkohl***) unterscheidet sich von anderen Kohlsorten durch sein kräftiges Aroma. Dieses wird zwar wie bei anderen Brassica von Schwefelduftstoffen geprägt, bekommt aber, ähnlich wie sonst nur der Rosenkohl, ein vielschichtiges Beiprogramm von anderen Duftstoffklassen mit auf den Weg. Duftbestimmend bleiben die Schwefel-Stickstoffverbindungen: das stechende und in höheren Konzentrationen schmerzhaft kalt wirkende ALLYLISOTHIOCYANAT, das an Kresse, Meerrettich und Wasabi erinnernde PHENYLETHYLISOTHIOCYANAT sowie das aromatisch-schwefelige, nach Gummi und nach Nüssen duftende BENZOTHIAZOL. Hinzu kommen grasige und grüne bis wachsige Duftstoffe. Federführend sind dabei das grüne, an Blätter und Apfelschalen erinnernde HEXANAL und das fettige (E)-2-HEXENAL mit seiner grünen Blätternote und einem Anklang an Käse, während die grünwachsigen bis fettigen, gemüsetypischen Aromen eher von (E,E)-2,4-HEPTADIENAL stammen. Hinzu kommen erdige und leicht pilzige Noten mit einem Hauch Korianderblatt. PHENYLACETALDEHYD bringt einen süßlichen, erdigen Duft nach Honig, Hyazinthen und Schokolade ein; fruchtig-süßliche Duftstoffe werden über BUTYLACETAT und ETHYLHEXADECANOAT beigesteuert. Bemerkenswert ist das nach Minze, Safran und leicht nach Tabak duftende β-CYCLOCITRAL, das auch bei Senfkohl und Erbsen eine Rolle spielt. Die Minznoten werden durch das kühlende MENTHOL noch verstärkt. Holzig-kräuterige Piniennoten runden das Grünkohlaroma ab.

Der Grundgeschmack des rohen Grünkohls ist bitter aufgrund seines hohen Gehalts an Glucosinolatverbindungen und S-Methylcysteinsulfoxid. Beide bauen sich beim Kochen etwas ab, der Grünkohl wird milder und wirkt weniger bitter.

Dieses ganze köstliche Aroma- und Geschmackspotenzial entfaltet sich in völliger Breite jedoch nur, wenn der Grünkohl vor der Ernte Frost bekommt. Denn bei Frost „frieren" die Zellmembranen ein (→ Theorie: Seite 81), dabei werden sie teilweise brüchig, Enzyme (z. B. Myrosinase) werden freigesetzt und können, ähnlich wie beim Rosenkohl, die bitteren Glucosinolate zerlegen. Die Blätter werden weniger bitter, es entstehen mehr freie Glucosemoleküle (Zucker), mehr Schwefelaromen aus den Glucosinolaten bilden sich und der Grünkohl duftet intensiver. Entgegen der landläufigen

Meinung nutzt Tieffrieren des einmal geernteten Kohls geschmacklich nichts: Die Zuckerbildung findet nur auf dem Beet statt und lässt sich durch nachträgliches Einfrieren nicht nachholen.

Vergleicht man die gängigen Kohlarten mit Blick auf ihr phenolisch und vitaminbasiertes antioxidatives Potenzial, liegt der Grünkohl in beiden Kategorien an der Spitze. Er ist somit ein ideales Wintergemüse, das in der dunklen Jahreszeit für eine Versorgung mit Mikronährstoffen sorgt. Im Gegensatz zum verbreiteten Glauben, dass Rohkost immer „gesünder" sei als gekochtes Gemüse, kann man hier feststellen, dass sich das antioxidative Potenzial des Grünkohls beim Kochen noch erhöht. Denn zum einen sind die Carotinoidverbindungen, die mit der grünen Farbe und der hohen Photosyntheseaktivität zu tun haben, beim Kochen zum Großteil resistent. Und zum anderen entstehen die biologisch besser verwertbaren cis-Verbindungen (z. B. 15-cis-β-carotin, 13-cis-β-Carotin) erst durch Hitzebehandlung, d. h. beim Kochen, Dämpfen oder Anbraten. Allerdings ist das Kochen immer auch ein Kompromiss, denn beim starken Erhitzen oxidieren andere „wertvolle" Inhaltsstoffe wie das Vitamin C. Die „gesündeste" Zubereitungsart ist daher das Dämpfen: Es bleibt noch Vitamin C erhalten, während sich schon einiges an cis-β-Carotin bildet. Es zeigt sich immer wieder: Am besten isst man von allem etwas und von keinem zu viel, sei es nun roh, gekocht oder fermentiert.

ZUBEREITUNG

Frischer Grünkohl muss gut gewaschen werden, denn oft verstecken sich Erde oder kleine Insekten zwischen den Blättern. Eventuell in Essigwasser einlegen, dann schwimmen die Insekten schnell oben. Die mittlere dicke Blattrippe herausschneiden, die Blätter klein hacken. Greift man auf Tiefkühlware oder Dosen bzw. Gläser zurück, spart man sich das etwas mühsame Waschen und Hacken des frisch oft recht unhandlichen Kohls und hat vor allem bei Tiefkühlware so gut wie keinen Aromaverlust.

Roh ist Grünkohl, wie viele andere Gemüse, schwerer verdaulich, kann aber in kleinen Mengen und klein geschnitten einen Salat bereichern. Man kann ihn ausgezeichnet dünsten, kochen (20 Minuten in etwas gesalzenem Wasser wie jeden anderen Kohl), backen, braten und sogar frittieren.

Wie Rotkohl und andere Wintergemüsearten gewinnt Grünkohl aromatisch erheblich bei der Lagerung nach dem Garen (gekocht mit allen Zutaten). Meist sind die Zubereitungsarten fettreich, etwa mit Schweine- Gänse- oder Butterschmalz, die reichhaltig an ungesättigten Fettsäuren sind. Diese Fette spalten sich beim Lagern und bei Temperaturschwankungen weiter in kleine Bruchstücke auf, die zu Aromen umgebaut werden. Ebenso brechen Proteine und Peptide in kleinere Bruchstücke auf, die das Potenzial an Süße, Bitterkeit und vor allem Umamigeschmack und kokumi-Eindruck verstärken. Grünkohlzubereitungen „reifen" daher im Kühlschrank während einer Woche Lagerung erheblich nach. Man kann also ruhig größere Mengen kochen und aufbewahren.

□ gemüseartig, pilzig, hähnchenhautartig, ◇ brühenartig, saucenartig **DIMETHYLSULFID** *△ schwefelig, zwiebelartig, radieschenblätterartig, kohlartig, □ fischartig, maisartig, spargelartig, ◇ ein Hauch gekochte Milch/Sahne* **METHIONAL** *△ gekochte Kartoffel, gemüseartig, moderig, □ hefeartig, käsig, gekochtes Fleisch, gekochte Eier*

GESCHMACK

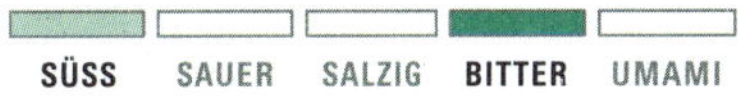

Roh schmeckt Grünkohl etwas bitter und duftet ziemlich „kohlig". Gekocht wird er süßlicher und sehr würzig.

MIKRONÄHRSTOFFE *(pro 100 g)*

Vitamine: *A (862 µg), Folsäure (187 µg), C (105 mg)* ***Mineralstoffe:*** *Kalium (451 mg), Calcium (212 mg), Eisen (1,9 mg)* ***Sekundäre Pflanzenstoffe:*** *Flavonoide, Carotinoide*

HARMONIE

KÜCHENJOKER

Piment, Nelke, Ajowan, Harzer Käse, Tabak

SUPER WINTERTELLER

FÜR DAS GRÜNE PÜREE

- 1 große Zwiebel
- 100 g Butter
- 1 kleiner Romanesco
- 50 ml Gemüsebrühe
- Milch zum Pürieren
- 1 EL sehr milder Essig (z. B. heller Reisessig)
- Salz

FÜR DIE WÜRZ-MÖHREN

- 100 g kleine Bio-Möhren
- 100 g Butterschmalz
- Tellicherry-Pfeffer, Rohrzucker, Schwarzkümmel, Kümmel, Kreuzkümmel, Ajowan, Ysop, getrocknete Minze und Thymian

FÜR DAS TEMPEH

- 200 g Tempeh
- Sesamöl

FÜR DEN GRÜNKOHL

- 400 g Grünkohl
- 2 EL Sonnenblumen- oder Erdnussöl
- Salz
- Morchelpulver, Kümmel, Schwarzkümmel, Selleriesaat, Muskat, Asafoetida, Bockshornklee, zerstoßen und gemörsert
- 100 g Blauschimmelkäse (am besten Roquefort), zerbröckelt

Pro Portion: 528 kcal, 43 g F, 9 g KH, 9 g B, 20 g E

Für das Püree Zwiebel schälen und grob schneiden, Butter in einem Topf erhitzen und Zwiebel darin andünsten. Romanesco waschen, klein schneiden (inklusive Blätter und Strunk), in den Topf geben, weiterdünsten und mit Gemüsebrühe ablöschen. Weich dünsten und mit etwas Milch zu einem sehr feinen hellgrünen Püree mixen. Mit Essig und Salz würzen.

Für die Würz-Möhren Möhren putzen, nicht schälen. Butterschmalz in einer Pfanne auf 100 °C erhitzen, Gewürze und Möhren zugeben und langsam konfieren, bis sie weich sind. Aromatisiertes Fett für andere Zubereitungen weiterverwenden.

Tempeh in Scheiben schneiden. Sesamöl in einer Pfanne erhitzen und Tempeh auf beiden Seiten darin anbraten.

Für den Grünkohl den Kohl von harten Stängeln befreien und die Blätter klein zupfen. Öl in einem Wok stark erhitzen. Kohl mit Gewürzmischung kurz und kräftig darin anbraten.

Grünes Püree auf Tellern ausstreichen, darauf Möhren anrichten, Tempeh darauflegen, Grünkohl dazugeben und einige Blauschimmelkäseflocken als „Gewürz" aufstreuen.

PASST GUT ZU

gerösteten Nüssen, Schmalz, geräucherten Würsten, geselchtem Fleisch, Gans, Nudeln, Birnen, Äpfeln, Joghurt, Frischkäse, Quark, Crème fraîche

LÄNDERKÜCHE

Deutschland: *Grünkohl/Braunkohl mit Pinkel oder Bregenwurst* ***Portugal:*** *Caldo verde* ***Italien:*** *Ribollita*

SORTEN

Frostara: *sehr frostharte Sorte mit stark gekrausten Blättern.*

Lerchenzunge: *halbhohe Sorte mit länglichen, schmalen, stark gekrausten Blättern.*

Ostfriesische Palme: *hochwachsende (bis zu 2 Meter große!) Federkohlsorte mit dunkelgrünen, grob gefiederten Blättern.*

Frittierter Grünkohl schmeckt wunderbar und hat eine köstliche Textur. Dazu werden kleine Grünkohlblätter samt feinem Stiel in heißem Öl kurz frittiert. Die Farbe wirkt fast transparent, das Gemüse duftet nussig, harzig und ein wenig blumig, die Schwefelaromen zeigen sich erst im „Abgang". Auch frittierte Grünkohlstücke lassen sich mehrere Tage ohne Aroma- und Texturverlust aufbewahren.

Nicht zuletzt lässt sich Grünkohl ausgezeichnet (kalt und warm) entsaften. Die daraus gewonnenen Essenzen bieten eine hervorragende Grundlage für feine Würzsaucen. Werden diese leicht fermentiert (salzen, verschließen und gären lassen), bieten sie Grundlagen für Gemüsefonds, die es in sich haben. Sie ersetzen mit ihrem tiefen Geschmack und komplexem Aroma eine ganze Reihe von Gewürzen in Gemüsegerichten.

Junge Grünkohlsprossen (nach 6 bis 9 Tagen Wachstum) duften intensiv floral und würzig und lassen sich gut als Würzkraut einsetzen. Sogar in Desserts kann man damit große kulinarische Überraschungen erzielen.

KOMBINATIONEN

Der bitter-süße Grundgeschmack des Grünkohls lässt sich sehr gut mit fleischigem Umamigeschmack verbinden. Wird das Gemüse in herzhafter Fleisch- oder Gemüsebrühe gedünstet, kann es mit Rauchfleisch, Würsten,

HOHER ROTER KRAUSER

Westerländer Winter: *sehr frosthart, halbhoch mit hellen, stark gekrausten Blättern.*
Winnetou: *sehr winterharte, hohe Sorte mit langen, schmalen, gekrausten Blättern.*
Redbor: *neue Sorte Braunkohl mit dunkelroten Blättern.*
Curly Scarlet: *rotblättrige Sorte mit feinen krausen Blättern und halbhohem Wuchs. Die roten Blätter werden bei allen roten Sorten beim Kochen wieder grün.*
Hoher Roter Krauser: *wird bis zu 1,5 Meter hoch und hat dunkelviolette Blätter, sehr attraktiv, sehr aromatisch.*

VERWANDTE ARTEN

Palmkohl *bildet wie Grünkohl keinen Kopf aus, sondern längliche Blätter, die in einem Schopf wachsen und an die Krone einer Palme erinnern. Seit den 1980er Jahren als lokale Besonderheit wiederentdeckt:* ***Nero di Toscana*** *oder* ***Cavolo nero****. Anders als der Grünkohl ist er nicht frosthart, dafür verträgt er Hitze. Er schmeckt milder als Grünkohl, hat eine kurze Garzeit und man kann ihn gut als Salat verwenden. Man findet ihn zunehmend auch auf unseren Märkten.*
Collard Greens *ist eine weitere Blattkohlart, die anders als Grün- und Palmkohl keinen längeren Spross ausbildet, sondern wie Kopfkohle einen kurzen Strunk, von dem die Blätter mehr oder weniger rosettenförmig abstehen. Sie verträgt ein wenig Frost, und man kann sie im Herbst und Winter kontinuierlich ernten. Die Blätter sind relativ zart und schmecken weniger streng-kohlig als Grünkohl. Aufgrund ihres relativ milden Geschmacks sind sie in grünen Smoothies beliebt.*

EINKAUF UND LAGERUNG

Grünkohl bekommt man im Winter frisch auf dem Markt. Im Kühlschrank hält er frisch nur wenige, zubereitet jedoch mehrere Tage. Man kann ihn einfrieren, sollte ihn allerdings vorher blanchieren, damit er

aber auch mit Räuchertofu oder geräuchertem Mozzarella kombiniert werden, denn die Raucharomen schließen hervorragend an die röstigen und die Honignoten des Kohls an. Letztere legen außerdem die Kombination mit würzigem Rosmarin, Lavendel oder Tannenhonig, der noch harzige Noten beiträgt, nahe, beispielsweise in etwas mit Honigessig angerührtem Joghurt, mit dem Grünkohlgerichte final verfeinert werden. Ist der Joghurt standfest genug, kann er in Tupfen oder Tropfen auf fertig angerichteten Tellern platziert werden. In denselben Bereich fallen Kombinationen mit gerösteten Nüssen, insbesondere mit Hasel-, Wal- oder Pekannüssen, die die röstignussige Note des Kohls hervorheben. Man kann das Gemüse mit Sonnenblumenkernen oder Walnüssen bestreut servieren und als Beilage zu Fleisch oder als Sugo zu Pasta reichen. Ein weiterer Grünkohl-Sugo funktioniert so: Blätter kurz blanchieren und in Knoblauch und Öl oder Butterschmalz dünsten, Edelpilzkäse unterrühren, salzen und pfeffern und zu den Nudeln geben. Ein Spritzer Weinessig bringt gute Säure, die das Kohlgericht „leichter" erscheinen lässt. Wenn man Grünkohl in Weißwein blanchiert und in Butter dünstet, passt er auch als Beilage zu Fisch, z. B. Rotbarben oder Knurrhahn. Säuerliche Milchprodukte wie Joghurt, Crème fraîche oder Schmand harmonieren über das grüne, wachsige Duftspektrum. Gleiches gilt für Frischkäse oder Quark. Weniger deftig wird Grünkohl, wenn man ihn statt in Schmalz in Olivenöl und Zwiebeln 20 Minuten dünstet, Apfelstücke dazugibt und weitere zehn Minuten dünstet.

Grünkohl duldet aufgrund seines intensiven Geschmacks und Aromas nur wenige Gemüse neben sich. Gekochte Kartoffeln paaren sich über milde Schwefelnoten, während Wurzelgemüse wie Pastinaken, Wurzelsellerie, Wurzelpetersilie oder Möhren einen würzigen Gegenpart bilden. Duette mit anderen Kohlarten sind denkbar, die Teller werden aber rasch zu „kohlig". Feingeschnittene rohe Zwiebeln, ganz zum Schluss untergehoben, fügen über ihre knackige Textur frische Schwefelspitzen hinzu, die den gekochten schwefeligen Noten Paroli bieten. Grünkohl lässt sich außerdem wegen der in beiden Gemüsen vorkommenden speziellen Minz-Safran-Tabak-Note hervorragend mit Tiefkühlerbsenpürees kombinieren. Einen besonderen Flavour bietet die Verbindung von Erbsenpüree mit frittierten Grünkohlblättern, die einen knusprigen Texturkontrast bilden. Über denselben Duftstoff funktioniert die Verbindung von Grünkohl mit Pfeifentabak (verpackt in einem Teebeutel): Wird dem Schmorfond gegen Ende der Garzeit etwas Pfeifentabak mitgegeben, werden die Tabakanteile im Duftspektrum des Gemüses verstärkt und die gekochten Kohlnoten nicht mehr als dominant empfunden. Auch kurzes Nachräuchern des zubereiteten Grünkohls mit Sandelholz, Buchenholz und/oder Pfeifentabak ist hervorragend (und keine Sorge, nikotinsüchtig wird man davon nicht). Möchte man eher die minzigen Anklänge unterstreichen, würzt man den Kohl mit Minze, die zugleich die warmen Schwefelnoten des Grünkohls trigeminal kühlt. Die holzig-kräuterigen Piniennoten des Grünkohls lassen sich mit Pinien- und Zedernkernen gut heben. In diese Würzklasse fallen ebenfalls Kümmel, Kreuzkümmel, Wacholder, Tannen- oder Fichtenharze oder -nadeln, aber auch Koriander oder Lorbeer. Einen spannenden Kontrast bieten dagegen würzig-süßliche Gewürze wie Muskatnuss, oder – fernab der traditionellen deutschen Kohlküche – Vanille, Zimt, Gewürznelken und Tonkabohne. Ausgezeichnet sind Kompositionen mit Grünkohl und Früchten – dafür spricht der hohe Anteil an fruchtigen Duftnoten: Man kann praktisch alles ausprobieren, was nicht zu süß ist: vom Bratapfel mit Grünkohl (z. B. gewürzt mit Zimt, Tonkabohne oder Anis) über Grünkohl mit gebratenen oder in Weißwein (oder Holundersaft) geschmorten Birnen bis hin zum Abschmecken des Gemüses mit Sanddornsaft (der gleichzeitig Säure mitbringt). Auch gegrillte Ananas sowie zitrusbasierte Cremes fügen sich sehr gut bei. Fruchtige Pfeffer (wie Timut-, Andaliman- oder Szechuanpfeffer) sind in diesem Zusammenhang ebenso empfehlenswert.

Mit Grünkohl lassen sich geschmacksintensive, trigeminal scharf wirkende, knusprige Texturen erzielen, z. B. mit gebackenen Grünkohlchips. Dazu Kohlblätter in 3 cm große Stücke schneiden oder reißen, waschen, trocken schleudern. Erdnussmus mit süß-scharfer Chilisauce und etwas Öl und Salz verrühren. Die Blätter damit verkneten, auf ein mit Backpapier ausgelegtes Backblech legen und 15 Minuten backen, bis sie trocken sind.

REGIONALE VARIANTEN Die berühmte portugiesische Kohlsuppe *Caldo verde* wird klassisch aus *Couve Gallego*, einem gelb blühenden regionalen Blattkohl, gemacht, der unserem Grünkohl sehr ähnlich ist, aber weniger fedrige Blätter hat. Man kann für die Kohlsuppe auch Wirsing nehmen. Eine weitere wichtige Zutat ist die würzige Chorizo-Wurst. Der nordwestdeutsche Klassiker ist *Grünkohl mit Pinkel* bzw. *Bremer Pinkel* oder *Braunkohl und Pinkel*. Pinkel ist eine geräucherte, deftige Grützwurst, die mit dem Kohl im Ganzen gekocht wird. Manchmal werden nach der Hälfte der Garzeit noch eine oder mehrere aufgeschnittene Würste dazugegeben, damit sich deren Füllung (im Wesentlichen Speck, Hafergrütze, Rindertalg, Schweineschmalz, Zwiebeln und Gewürze, also kein „Fleisch") im Gericht verteilt und dieses noch besser würzt. Der Ausdruck „Pinkel" hat übrigens nichts mit Harn zu tun, sondern bezeichnete früher einen kurzen, dicken Gegenstand oder den Mastdarm (Pinker). Meist kommen neben der Pinkel noch weitere deftige Würste oder Kassler zum Kohl. Als Beilage werden Senf und Salzkartoffeln gereicht, dazu trinkt man Bier und Korn. Statt der Grützwurst passt ebenso gut geräucherte Mettwurst (Bregenwurst) oder Gänsekeule. Der italienische Palmkohl schmeckt zum Beispiel auf Pizza oder wie Brokkoli zu Pasta. Die Palmkohlsorte Cavolo nero kommt traditionell in die toskanische Gemüsesuppe *Ribollita* („Die Aufgewärmte").

schrumpft. Ansonsten ist er tiefgefroren oder in Dosen bzw. Gläsern erhältlich, dann ist er schon geschnitten.

SAISON

01	02	03	04	05	06	07	08	09	10	11	12

Frischer Grünkohl wird aus Skandinavien und den baltischen Staaten importiert.

ANBAU

Grünkohl ist anspruchslos und gedeiht auch noch im Halbschatten. Da er relativ schnell wächst, muss er erst im Mai/Juni gesät werden. Ernten sollte man ihn möglichst spät: Frost bricht das Zellgewebe auf, macht es zarter und leichter verdaulich, sodass man ihn weniger lange kochen muss. Er intensiviert auch sein Aroma. Als typisches Wintergemüse verträgt Grünkohl eine geschlossene Schneedecke und wie einige Wirsingsorten Frost bis –15 °C. Besonders die rotblättrigen Sorten werden gern als Solitärpflanze in Gärten genutzt.

PALMKOHL

G

GESCHICHTE UND BOTANIK

Grünkohl kommt dem wilden Kohl botanisch am nächsten und war vermutlich eine der ersten Kohlsorten, die kultiviert wurden: schon in der Antike im 4. Jahrhundert v. Chr. Er bildet keine Köpfe aus, sondern meist stark gekräuselte Blätter und kann ziemlich groß werden. Bis in die Mitte des 20. Jahrhunderts war er eine wichtige Gemüsesorte in deutschen Selbstversorgergärten, weil er im Winter gut Fröste vertrug und man ihn vielfältig nutzen konnte: Die unteren Blätter wurden im Herbst an Kleintiere verfüttert, die übrigen Rosettenblätter kamen im Winter in den Kochtopf. Und im Frühjahr konnte man die jungen zarten Triebe („Sprossenkohl") an den stehengelassenen Strünken erneut kulinarisch verwerten: Sie schmecken sehr zart und brauchen nur kurz blanchiert zu werden. Was dann noch übrig blieb, wurde an das Vieh verfüttert.

Es gibt ihn mit grünen krausen Blättern und eher rotblättrig bis bräunlich („Braunkohl"). Bei den rotbraunen Blättern ist der Anteil an Flavonoiden und Carotinoiden besonders hoch. **FEDERKOHL** ist eine Spielart des Grünkohls mit eher gefiederten denn gekrausten Blättern. (In der Schweiz sagt man allerdings generell Federkohl zu Grün- und Braunkohl.) Es gibt viele regionale Sorten, was man an den Namen ablesen kann: **OSTFRIESISCHE PALME**, **LIPPISCHE PALME** (Ostwestfalen-Lippe), **OLDENBURGER PALME**. Aromatisch unterscheiden sie sich nicht wesentlich.

GESCHICHTE UND GESCHICHTEN: KOHL-UND-PINKEL-TOUREN

In Bremen und im Oldenburger Land sind im Winter Gruppenausflüge mit der Familie, Freunden oder Arbeitskollegen in einen traditionellen (Land-)Gasthof beliebt. Zur Stärkung hat man auf dem Weg dorthin Schnaps dabei, was dazu führt, dass man oft schon in lustiger Stimmung zum Essen kommt. Manchmal wird auch der- oder diejenige zum „Kohlkönig" oder zur „Kohlkönigin" gekürt, der oder die am meisten vom Kohl essen konnte. Der Anlass des „Defftig Ollnborger Gröönkohl-Äten", zu dem die Stadt Oldenburg jährlich Vertreterinnen und Vertreter aus der Bundespolitik einlädt – erst in Bonn, seit 1998 in Berlin –, ist ebenfalls kulinarisch-geselliger Natur, allerdings nicht nur: Man möchte damit auch Werbung für Oldenburg machen.

LERCHENZUNGE

FROSTARA

CURLY SCARLET

Cucumis sativus

GURKE

Botanisch ist die Gurke eine Beere. Sie ist eng verwandt mit der Melone und gehört zur großen Familie der Kürbisgewächse (Cucurbitaceae). Bei uns wird sie vor allem als erfrischende Rohkost oder eingelegt verwendet. Aber auch gegart hat die Gurke kulinarisch einiges zu bieten, und ihre Schale ergibt getrocknet oder geröstet ein würziges Pulver. Weltweit gibt es zahlreiche Gurkensorten, die sich in der Intensität des bitteren Geschmacks, des Aromas und im Aussehen unterscheiden.

Das Aroma der Gurke (auch: ***Kukumer, Umurken [Ost-Bayern, Ost-Österreich], Guggummere [Schweiz]***) ist durch das fettige und typisch „gurkenartige" Gurkenaldehyd (E,Z)-2,6-NONADIENAL geprägt, das auch in Melonen vorkommt und für die Duftverwandtschaft zwischen diesen beiden Gewächsen verantwortlich ist. Hinzu kommen weitere grüne Aromen wie (E)-2-HEXENAL, HEXANAL und (E)-2-NONENAL, die neben Melonenduft fettige grüne sowie Gras- und Apfelnoten und einen Hauch Zitrus hinzufügen. Dieses Hauptspektrum kommt praktisch in allen Gurkensorten vor, wobei das Verhältnis der einzelnen Komponenten zueinander variiert. Beim Kochen bzw. Erwärmen bilden sich leichte Schwefeldüfte über METHIONAL.

Der Geschmack der Gurke liegt im säuerlich-bitteren Bereich mit manchmal süßlichen Untertönen. Die Bitterstoffe werden in der populären Literatur oft als Elaterimid bezeichnet, der internationale Fachbegriff für das Gemisch der Bitterstoffe lautet Cucurbitacine (er steckt auch im botanischen Namen der Gurke). Diese bitteren Geschmacksstoffe spielen ebenso bei Kürbissen und Zucchini eine dominante Rolle. In neueren Sorten wurde Cucurbitacin C weitgehend weggezüchtet bzw. reduziert. Es verbleiben die schwächer bitter schmeckenden Phenolverbindungen wie Catechin, p-Cumarinsäure, Kaffeesäure, Ferulasäure, Vanillinsäure, Quercetin und Kaempferol. Selbst die adstringierend wirkende Gallussäure ist in Gurken vorhanden. Wachsen Gurken im Sommer bei höheren Temperaturen, werden über den Kohlehydratstoffwechsel Zucker eingebaut, vornehmlich Raffinose, in geringeren Mengen Glucose und Fructose. Dann lässt sich ein Hauch Süße erkennen.

Aromen roh und kurz gekocht: *(E,Z)-2,6-NONADIENAL △grün, gurkenartig, □melonenartig, ◇fettig (E)-2-HEXENAL △grün, □blattartig, ◇würzig-fruchtig, HEXANAL △grün, grasig, fettig, □apfelartig (E)-2-NONENAL △grün, gurkenartig, □zitrusartig, seifig, ◇melonenartig*

Aromen gekocht außerdem: *METHIONAL △gekochte Kartoffel, gemüseartig, moderig, □hefeartig, käsig, gekochtes Fleisch, gekochte Eier*

GESCHMACK

SÜSS **SAUER** SALZIG **BITTER** UMAMI

Gurken schmecken je nach Sorte ausgesprochen bis kaum bitter und haben ein grün-grasiges, typisches „Gurkenaroma".

MIKRONÄHRSTOFFE *(pro 100 g)*

Vitamine: *A (62 µg), B_2 (0,08 mg)* ***Mineralstoffe:*** *Calcium (16 mg)*

ZUBEREITUNG

Soll oder muss man Gurken schälen? Grundsätzlich sitzen in den Gurkenschalen viele Aroma- und andere Inhaltsstoffe – nur leider auch Bitterstoffe und bei konventionell angebauten Gurken Schadstoffe (Pestizide und Ähnliches). Die Schale von Bio-Gurken ist jedenfalls zu schade zum Wegwerfen. In der experimentellen Gourmetküche werden Schalen von Salatgurken sogar vielfältig weiterverarbeitet: Entweder man wickelt andere Speisen in ihnen ein – und brät oder frittiert die Schalen eventuell vorher. Oder man

COUCOMBRE DE LA REUNION

HARMONIE

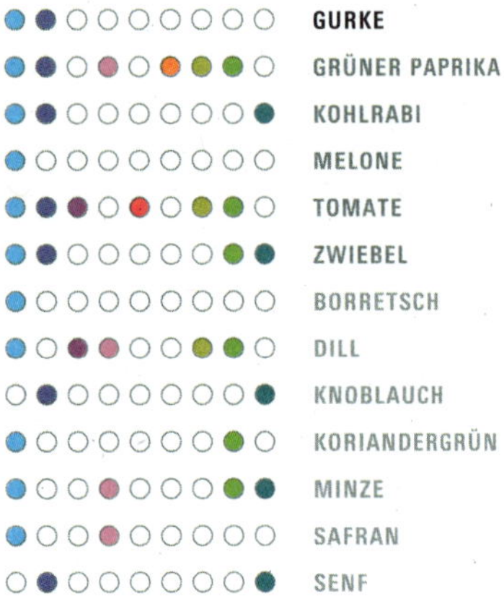

KÜCHENJOKER

Nigella, Vadouvan, Grüner Tee

PASST GUT ZU

Hackfleisch, Räucherfisch, Rogen, allem Sahnigen (Quark, Joghurt, Crème fraîche)

LÄNDERKÜCHE

Griechenland: *Zaziki (Tsatsiki)* ***Europa:*** *Senf-, Gewürz-, Salzgurken* ***Rumänien:*** *Scharfe Salzgurken* ***Deutschland/Österreich:*** *Gurkensalat* ***Indien:*** *Raita (Joghurtdip mit Minze)* ***England:*** *Cucumber Sandwich* ***Spanien:*** *Gazpacho* ***USA:*** *Hotdog*

SORTEN

Salatgurke, Schlangengurke

Sie ist kälteempfindlich und wird fast ausschließlich im Treibhaus angebaut, dafür rund ums Jahr. Die Frucht wiegt zwischen 300 und 500 g und hat eine dunkelgrüne, glatte, dünne Haut. Ihre Kerne schmecken nicht bitter und können mitgegessen werden. Wichtige Zuchtsorten sind ***Telegraph, Petita F1*** *und* ***Superator*** *sowie die kleine, fruchtige asiatische* ***Hayat****. Auch alte Sorten wie* ***Early Russian,*** *die es bereits seit Mitte des 19. Jahrhunderts gibt, werden kommerziell angebaut. Es gibt auch weiße Sorten:* ***White Wonder*** *oder* ***Weiße Lange Salatgur-***

pulverisiert die gerösteten Schalen und benutzt sie mit ihren Röstaromen als Würzmittel oder zu dekorativen Zwecken am Teller. Alle kleineren Einlege- oder Schmorgurken werden ohnehin nie geschält. Eventuell sollte man bei Salatgurken die Enden abschneiden, weil sich hier die Bitterstoffe ansammeln. Bei Schmorgurken und vielen anderen Gurkensorten ist dies unbedingt angeraten, außerdem sollte man hier die Kerne entfernen, sie schmecken meist unangenehm bitter.

Die meisten Gurkensorten lassen sich roh genießen, einige Sorten wie die Schmorgurken eignen sich zum Kochen oder Backen, wieder andere zum Einlegen. Lässt man gesalzene Gurken stehen, entzieht man ihnen Wasser – das ist wichtig für Zaziki –, zugleich aber auch die wasserlöslichen Inhaltsstoffe und damit (nicht nur den bitteren) Geschmack.

Schmorgurken und viele andere Gurkensorten mit etwas festerem, also weniger wasserreichem Fruchtfleisch kann man füllen – zum Beispiel mit Hackfleisch oder Schafskäse – und im Ofen garen: Dieses sommerlich leichte Gericht ist ein ganz anderes Erlebnis als etwa gefüllte Auberginen. Gurken lassen sich ohne großen Aroma- und Texturverlust kochen bzw. warm servieren. Tatsächlich ist der Wasser- und Texturverlust selbst bei klassischen Schlangengurken weit geringer als allgemein erwartet. Damit lassen sich z. B. Gurkentöne an Risottos (zu Fisch) oder in Eintöpfe bringen. Sogar die Bittertöne mildern sich bei in wässriger Umgebung gegarten Gurkenstücken ab, weil sich die phenolischen Bitterstoffe teilweise im Kochsud lösen.

Gurken lassen sich auf zwei Arten haltbar machen: durch Fermentieren und Pasteurisieren. Dafür eignen sich vor allem die kleineren, festeren Sorten, Salatgurken eher nicht. In Salzwasser eingelegte Gurken werden fermentiert, d. h., ihr Zucker wird zu Milchsäure abgebaut, dabei wird der pH-Wert gesenkt, wodurch sich die Haltbarkeit stark erhöht. Der Geschmack wird dabei typisch „milchsauer", wie man es von anderen vergorenen Gemüsen wie *Kimchi* oder Sauerkraut kennt (→ Fermentieren, Seite 83). Man nennt sie Salzgurken oder in Nord- und Ostdeutschland saure Gurken. Sie sind östlich des sogenannten Salzgurkenmeridians zwischen Berlin und Wien in ganz Osteuropa beliebt. Gewürzt wird die Salzlake mit Dill, Meerrettich, Knoblauch, Piment und weiteren Gewürzen.

Übergießt man Gurken mit einem kochenden Essig-Kräuter-Sud, werden die Gurken pasteurisiert, d. h. Mikroorganismen abgetötet. Als Gewürze werden häufig Dill, Senfkörner, Zwiebeln, Salz, ganzer schwarzer Pfeffer und eventuell Zucker verwendet – in ihnen werden die Gurken in den Gläsern nach dem Pasteurisieren mariniert. Das Ergebnis sind mild süßsäuerlich schmeckende Essiggurken oder Gewürzgurken, in Österreich Essiggurkerln, in Süd- und Westdeutschland auch saure Gurken genannt. Auch dabei wird eine sehr hohe Haltbarkeit erzeugt, denn zum einen werden durch das Übergießen mit dem heißen Sud (gegebenenfalls das klassische Sterilisieren in Kesseln) Mikroorganismen inaktiviert, zum anderen verhindert der durch den Essig eingestellte niedrige pH-Wert jegliches Wachstum von eventuell noch vorhandenen Mikroorganismen oder Pilzen (Sporen werden bei 100 °C nicht inaktiviert). Der saure Geschmack wird über den Essig (im Gegensatz zu fermentierten Salzgurken) definiert.

KOMBINATIONEN

Die grünen, mitunter wachsigen, öligen Duftstoffe der Gurken entstammen dem Fettabbau (→ Aromen aus Fetten, Seite 45). Ähnliche Duftstoffe finden sich in fettem Fisch (z. B. Lachs, Makrele) oder in frischen Milchprodukten (Frischkäse, Joghurt) wie auch in vielen Pflanzenölen (Olivenöl, Rapsöl) und natürlich in den eng verwandten Wasser- und Honigmelonen, die ebenfalls die gurkentypischen Aromen beherbergen. Die Kombination der Gurke mit diesen Lebensmitteln liegt daher nahe. Ideale Würzbegleiter für Gurken sind Borretsch und Dill: Borretsch unterstützt mit seinen gurkenähnlichen Noten das Gemüsearoma, während die frischen, leicht säuerlich-grasigen Noten des Dills es auf ideale Weise ergänzen. Auch das wachsige Koriandergrün funktioniert zur Gurke wunderbar. Darüber hinaus machen sich gedünstete Gurken in von grünen Paprika dominierten Zubereitungen (selbst in einem „Gemüsegulasch") sehr gut, da sich die vollkommen unterschiedlichen Grüntöne – erdig beim Paprika, wachsig-fettig bei der Gurke – perfekt ergänzen. Warme Gurken passen außerdem solo zu frischem Käse, Quark und Joghurt, deren dezent schwefeligen Düfte die Gurken einfangen. Milder Kohl, etwa Kohlrabi, fügt sich aromatisch wie texturell sehr gut ein. Der Klassiker, Gurken in (halbwarmem) Kartoffelsalat, fällt ebenfalls in diese Kategorie. Willkommene Kontraste liefern aromatische Kräuter wie Thymian, der harzig-kräuterige Rosmarin und die trigeminal kühlende Minze. Geschmacklich ist die leicht bittere Gurke ein Allrounder und lässt sich in alle Richtungen wunderbar kombinieren:

SÜSSSAUER Süßsauer ist eine beliebte Würzung bei Gurken, nicht nur bei roh eingelegten Essiggurken. Auch Gurkensalat wird häufig süßsauer mit Dill, Essig und eventuell Sahne angemacht. Süßsaurer Gurkensalat mit Rahm ist ein Klassiker in der Wiener Wirtshausküche. Senfgurken gehen in die gleiche Richtung: Sie werden zuerst in einem mit Senfkörnern, Salz, Zucker und eventuell weiteren Zutaten gewürzten Essigsud eingelegt und anschließend darin gekocht. Die Würzmöglichkeiten beim Einlegen auf der (süß-)sauren Grundlage sind praktisch grenzenlos. Variationen mit Liebstöckel, Curryblättern, Weinraute etc. bieten gegenüber den Klassikern mit Senf und Dill willkommene Abwechslungen. Auch ein klassischer Hotdog benötigt dünne Scheibchen von süßsauer eingelegten Gurken. Die Kombination mit sauren Äpfeln (z. B. Boskop, Granny Smith) in Rohkostsalaten ist bestechend. Die grünen Aromen aus Apfel und Gurke verbinden sich prächtig, und der Apfel fügt noch fruchtige Aromen hinzu. Auch gibt etwas Gurke im Apfelpüree dem deutschen Klassiker *Himmel und Erde* (eine Kombination von Kartoffelpüree und Apfelmus mit deftiger Wurst) einen ganz neuen „Dreh".

ke. *Eine beliebte Mini-Salatgurke ist die* ***Libanon-Gurke,*** *sie ist aromatischer als die großen Salatgurken. Es gibt auch Salatgurken, wie die niederländische* ***Herzchengurke,*** *die in speziellen Formen gezüchtet werden – was immer man davon halten mag.*

Einlegegurke, Essiggurke
Sie gedeiht gut im Freiland, auch bei uns. Es gibt sie glattschalig, mit kleineren Warzen oder mit kleinen Stacheln. Sie wird unreif geerntet. Man teilt sie in zwei Handelsgrößen ein: Die mittelgroßen Einlegegurken nennt man „Delikatessgurken", die kleineren „Cornichons". Die ***Cornichon vert de Paris*** *ist eine besonders gute kleine Einlegegurke mit schwarzen Stacheln (die man durch leichtes Reiben entfernt). Reif ist sie gelborange und relativ groß, man erntet sie unreif, klein und grün.* ***Vorgebirgstraube*** *heißt eine ertragreiche heimische Einlegesorte; der Name rührt daher, dass sich die Früchte an der Pflanze in traubenförmiger Anordnung immer wieder neu bilden.*

Schmorgurke, Senf-, Feld-, Schälgurke
Sie wächst überwiegend im Freiland, ist weniger kälteempfindlich und kürzer als die Salatgurke. Wegen ihres festen Fruchtfleischs und des geringeren Wassergehalts lassen sie sich kochen und schmoren, ohne zu zerfallen. Industriell werden sie zu Senfgurken verarbeitet. Die etwas bitteren Kerne sollte man entfernen, ihre Schale ist meist leicht bitter. Es gibt auch gelbe Sorten wie die ehemalige Standardsorte ***Dickfleischige Gelbe*** *oder die cremefarbige warzige* ***Icard's White Cucumber*** *aus den USA mit schwarzen Stacheln.*

EXOTEN

Zitronengurke *(Cucumis sativus): Sie wurde vermutlich im 19. Jahrhundert in den USA gezüchtet, es gibt aber auch französische Sorten aus dieser Zeit.*

„GRÜNER" GURKENSEE

- 2 mittelgroße Bio-Salatgurken
- Salz
- 6 frische Dicke Bohnen
- 2 Schmorgurken
- Zitronensaft zum Marinieren
- 400 g weißes (dickeres) Fischfilet (z. B. Skrei, Kabeljau, Rotbarsch oder Seelachs)
- ½ Wassermelone
- Olivenöl zum Warmschwenken
- Abrieb von 1 Bio-Limette
- 4–8 Borretschblüten

Pro Portion: 178 kcal, 4 g F, 13 g KH, 2 g B, 20 g E

Salatgurken waschen, in Stücke schneiden und mit der Schale entsaften. Saft leicht salzen und kühl stellen. (Ohne Entsafter: Gurken mit einem Stabmixer oder im Mixer nicht zu fein pürieren, salzen und über einem Sieb abtropfen lassen.)

Dicke Bohnen schälen, die Kerne blanchieren, abgießen und sofort kalt abschrecken. Hülle entfernen und die grünen Bohnenkerne aufbewahren.

Kerngehäuse der einen Schmorgurke mit einem Apfelausstecher zu 2 cm langen Türmchen ausstechen. Das Fruchtfleisch in Würfel von 2 cm schneiden. Beides bis zur Verwendung kühl stellen. Mit einem Sparschäler aus dem Fruchtfleisch der zweiten Gurke 10 cm lange dünne, rollbare Bänder schneiden, in etwas Zitronensaft und Salz 15 Minuten marinieren. Grüne Schalen mit einem Sparschäler in dünne Streifen von 3 bis 5 mm schneiden, diese kurz blanchieren, damit sie biegsamer werden, dann trocken tupfen.

Fisch in vier Portionen teilen und mit den grünen Schalenstreifen „zebraartig" umwickeln. Dann bei niedrigen Temperaturen (im Bastkorb, Dampfeinsatz, Kombidämpfer: 65 °C, 8 Minuten) dämpfen; er sollte glasig bleiben und keine weißen Eiweißausflockungen bekommen.

Wassermelonenfruchtfleisch entkernen und in Würfel von 1 cm schneiden.

Gurkensaft leicht erwärmen. Olivenöl ebenfalls erwärmen und Bohnenkerne mit etwas Limettenabrieb darin schwenken.

Gurkenornamente (Würfel, Kernhaustürmchen und gerollte Bänder) und Melonenstücke in tiefen Tellern arrangieren. Mittig Platz für den Fisch lassen.

Gurkensaft angießen, die Ornamente sollen noch sichtbar bleiben, den Fisch vorsichtig in die Mitte setzen und Dicke Bohnen dekorativ verteilen. Den Fisch mit 1 bis 2 Borretschblüten garnieren.

SCHMORGURKE

CHINESISCHE SCHLANGENGURKE

SCHARF Würzt man den Sud von Gewürzgurken oder Salzgurken mit besonders vielen Zutaten, die den Trigeminusnerv reizen, wie Meerrettich, frischem Knoblauch, Pfeffer und/oder Chili, bekommt man scharfe Essig- oder Salzgurken. Scharfe Salzgurken sind besonders in Rumänien und bei Siebenbürgern und Banater Schwaben beliebt.

SÜSS Kleine südamerikanische Cyclanthere, die nur olivengroßen nordamerikanischen Cocktailgurken oder die von Natur aus etwas süßlichen Zitronengurken in einem zuvor gekochten Sud aus Wasser, Zitronensaft, braunem Zucker oder Honig, Senfkörnern, grünen Kardamomkapseln und Nelken heiß ziehen lassen. Daraus wird ein süßes Kompott. Aus Kiwanos kann man außerdem ein wunderbares Gelee machen, das man mit etwas Limettensaft und Zitronenthymian würzt und dekoriert.

BITTER In letzter Zeit beliebt geworden ist Gin Tonic mit Gurkenstückchen statt Zitronen. Es gibt sogar schon gurkenartig gewürzten Gin. Tatsächlich passt das leicht bittere und fruchtige Aroma von Gurken ideal zum bitteren Aroma des Chinin im Tonicwasser und zu dem Wacholder- und Kräuteraroma des Gins. Beliebt sind Gurken außerdem in erfrischenden, bitter-säuerlichen Suppen, zum Beispiel einer Gurken-Joghurt-Suppe: Gurke in Butter sautieren, pürieren, kalt stellen, Joghurt einrühren (am besten aromatischen aus Schafsmilch), salzen, pfeffern, mit Olivenöl beträufeln. Auch

BITTERSTOFFE IN GURKEN

Für den bitteren Geschmack bei Gurken sind die sogenannten Cucurbitacine verantwortlich. Diesen Bitterstoff findet man vornehmlich in Kürbisgewächsen (daher bestimmt er auch deren botanische Namen). Bisher hat man rund 70 Varianten entdeckt, die mit Buchstaben durchdekliniert werden. Ist der Gehalt von Cucurbitacinen zu hoch – wie etwa bei manchen Zierkürbissen – können sie toxisch wirken.

Die bitteren Cucurbitacine spielen auch bei → Kürbissen und → Zucchini eine wichtige Rolle. In Gurken finden sich vorwiegend die Variationen A bis F.

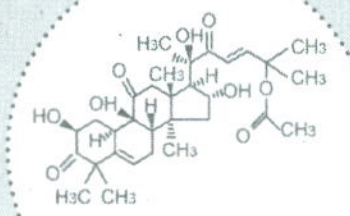

CUCURBITACIN A

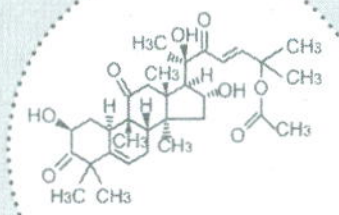

CUCURBITACIN B

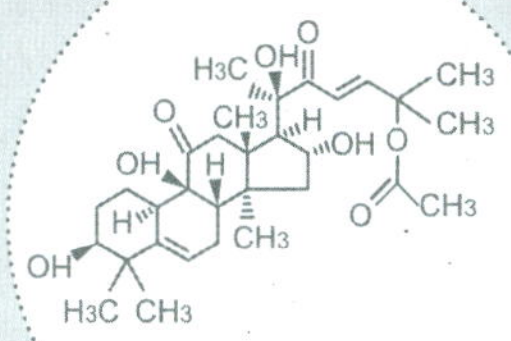

CUCURBITACIN C

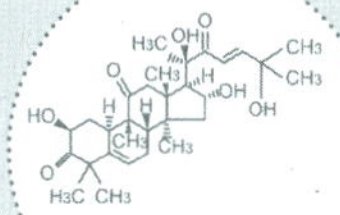

CUCURBITACIN D

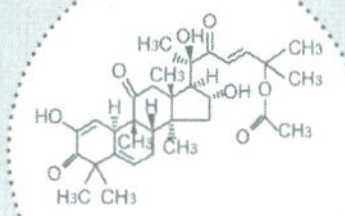

CUCURBITACIN E

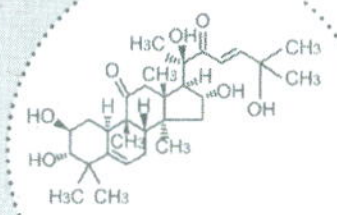

CUCURBITACIN F

Die Moleküle von Cucurbitacinen unterscheiden sich nur geringfügig in ihrer chemischen Struktur, dennoch ist die Bitterwirkung unterschiedlich ausgeprägt. Vor allem der Gehalt an Cucurbitacin C entscheidet über die Stärke des bitteren Geschmacks.

In neueren Gurkenzüchtungen wurde Cucurbitacin C weitgehend reduziert. Einlegegurken enthalten aber immer noch mehr Bitterstoffe als Salatgurken, die am Stielende besonders konzentriert sind.

G

SALATGURKE (SCHLANGENGURKE)

HERZCHENGURKE

ARMENISCHE GURKE

MEXIKANISCHE ZWERGGÜRKCHEN

VORGEBIRGSTRAUBE

Die gelbe Gurkensorte, die optisch einer Zitrone ähnelt, erntet man am besten, wenn die Schale noch grün bis blassgelb ist. Das Fruchtfleisch ähnelt im Aroma der Schmorgurke, schmeckt süßlicher als das der meisten Gurken und zergeht auf der Zunge. Die weichen Samen können mitgegessen werden; reife Früchte werden etwas holzig oder wattig.

***Armenische Gurke** (Cucumis melo): Sie ist lang wie ein Flaschenkürbis, zählt botanisch zu den Melonen (Melonengurke): Erntet man sie jung, schmeckt sie zart und leicht bitter nach Gurke und Melone; reif wird sie süßer und schmeckt und riecht immer mehr nach Zuckermelone.*

***Sikkim-Gurke,** Russische Gurke, Netzgurke (Cucumis sativus var. sikkimensis): die kältetoleranteste Gurke mit anfangs dunkelgrüner Frucht, die sich beim Reifen braun verfärbt mit verkorkter Schale, sie sieht dann aus wie ein Rugby-Ball und muss geschält werden. Das zartgrüne Fleisch ist sehr aromatisch und etwas fester als das der Salatgurke, was sie zu einer guten Schmorgurke macht.*

***Indische Schlangengurke,** Haargurke, Schlangenhaargurke, Chichinda (Trichosanthes cucumerina): eine wichtige Gurkensorte in Indien und Nepal mit teilweise bizarr verdrehten, leuchtend grünen Früchten, die bis zu 2 Meter lang und wenige Zentimeter dick werden. Mit unserer Schlangen- oder Salatgurke ist sie nur entfernt verwandt. Gegessen werden die unreifen, geschälten Früchte (auch die Triebe und Blätter); ihr grünes Fruchtfleisch erinnert an Zuckererbsen oder Spargel, es schmeckt leicht süß; brät man sie, wird das schwammige Fruchtfleisch braun und knusprig. Sie gedeiht auch bei uns.*

***Luffagurke,** Schwammgurke (Luffa cylindrica): Aus der reifen Frucht werden Massageschwämme hergestellt, die unreifen Beeren sind kulinarisch wichtig in der ostasiatischen Küche; ihr Fruchtfleisch ist relativ*

die kalte spanische Suppe *Gazpacho* lebt neben Paprika und Tomaten vor allem vom leicht bitter-fruchtigen Aroma der Gurke.

HERZHAFT (EIN WENIG UMAMI) Generell vertragen die geschmacklich milden Gurken immer einen herzhaften Gegenpart. ***Zaziki*** wird aus entwässerten Gurken (Salatgurken oder Schmorgurken) zubereitet: Gurken raspeln und mit Salz vermischen. (Das Salz entzieht dem Fruchtfleisch Wasser und eventuell vorhandene Bitterkeit.) Gurken in einem Sieb abtropfen lassen. Die Gurken mit Joghurt und Knoblauch vermischen. Ähnlich wird das indische ***Raita*** zubereitet, das mit Minze gewürzt werden kann. Die trigeminale Minze erhöht das Erfrischende dieses Dips. Ein wenig Sojasauce oder eine Messerspitze Glutamat bewirken bei diesen Zubereitungen kleine Wunder. Ebenfalls in die herzhafte Richtung gehen Schmorgurken mit Safran. Kleine Gurken in einem Sud aus Safran, geschmorten Zwiebeln, Knoblauch, Senfsamen, Fenchelsamen, Thymian und etwas Zucker 1 Minute köcheln lassen und in Gläser (mit nochmals aufgekochtem Sud) füllen: Sie sind wie Mixed Pickles zu verwenden.

EXTRATIPP Aus Gurkensaft, Zucker, einem Hauch Pfeffer und einem Spritzer Wodka (oder Gin) lassen sich wunderbare Granités und Sorbets zubereiten, die je nach Zuckermenge in umami-salzigen Zubereitungen,

NETZGURKE

BITTERTHAI (BITTERGURKE)

WHITE WONDER

INKAGURKE

ZITRONENGURKE

trocken und zart-schwammig, daher kann man sie gut braten und grillen; roh schmeckt sie ebenfalls. Eine kantige Sonderform ist die längsgerippte **Luffa acutangula,** *deren Scheiben ein ansprechendes Sternmuster ergeben. Die rohe Frucht erinnert an Paranüsse oder grüne Haselnüsse. Bei uns gedeiht sie im unbeheizten Gewächshaus.*

Wachsgurke, *Wachskürbis, Chinesischer Squash, Chinesische Wintermelone (Benincasa hispida): Botanisch an der Grenze zum Kürbis, tendiert sie aromatisch zur Melone. Die Gurke hat eine typisch wachsige Schale und kann bis zu 10 kg wiegen. Verbreitet ist sie in allen tropischen und subtropischen Gebieten Asiens. In China macht man aus ihr Suppen, in Indien Süßspeisen. Die behaarten jungen Früchte (auch Fuzzy Melon genannt) haben ein besonders feines Aroma. In Asien isst man auch die jungen Triebe und geröstete Samen.*

Kiwano, *Zacken-, Stachel- oder Horngurke (Cucumis metuliferis): Diese Sorte stammt aus (Süd-)Afrika und wird seit einigen Jahren aus Neuseeland nach Europa importiert; die Früchte duften sehr exotisch nach grünen Bananen, Orangen, Zitronen und leicht nach Gurke. Sie werden vollreif geerntet und sind bis zu einem Jahr lagerfähig. Das saftige grüne Fruchtfleisch wird roh aus der Schale gelöffelt. Die bitteren Kerne kann man mitessen.*

Antillengurke, *Angurische Gurke, Westindische Gurke, Igelgurke, Jamaika-Igelgurke (Cucumis anguria): Diese Gurke stammt aus Afrika und gelangte mit den Sklaven in die Karibik. Die bitterstofffreien Sorten wurden dort weiter kultiviert; die pflaumengroßen Früchte schmecken und duften sehr erfrischend nach Gurke, sie können roh verzehrt oder süßsauer eingelegt werden. Von außen sehen sie aus wie kleine grüne Igel; einige besonders langhaarige Sorten sind ungenießbar und dienen allein dekorativen Zwecken.*

Bittergurke, *Bittermelone, Balsambirne, Karella (Momordica charintia): Kürbisgewächs aus der Karibik, Südostasien und China, das an 3 bis 10 Meter hohen Ranken wächst. Die 30 cm langen, gefurchten, stacheligen Beeren werden unreif geerntet; die Farbe der Schale variiert je nach Reifegrad von grün über gelb bis orangerot, das Fruchtfleisch ist hellgrün bis gelb. Bittergurken duften etwas nach Zucchini und schmecken noch bitterer als Chicorée. Die unreife geschälte Frucht wird ohne Kerne gekocht/blanchiert, dadurch verliert sie etwas Bittergeschmack. Junge Früchte kommen in Indien ins Curry, auch Sprossen und zarte Blätter werden gekocht gegessen. Bei uns findet man sie in vielen Asia-Läden, sie lässt sich aber nur schlecht lagern.*

Cyclanthere, *Spitzgurke, Hörnchenkürbis, Inka-Gurke, Kreismännchen, Scheibengurke (Cyclanthera pedata, Cyclanthera brachystachya): wächst wild in Süd- und Mittelamerika. Die jung geernteten, etwa olivengroßen Früchte schmecken und duften roh nach Gurke, sind aber nicht saftig. Gekocht bekommen sie ein leichtes Spargel- oder Artischockenaroma; ältere Früchte kann man braten, backen, grillen oder dünsten; in Südamerika werden sie mit Reis oder Fleisch gefüllt. Die zarten Triebe sind ebenfalls essbar. Einige Sorten werden als „Explodiergurken" bezeichnet: Sie explodieren bei einem bestimmten Reifegrad und schleudern ihre Samen heraus. Die Pflanze ist kältetolerant, also gut für den Freilandanbau geeignet.*

Cherrygurke, *Cocktailgurke, Haarweibchen,* **Mexikanische Zwerggürkchen** *(Melothria scabra, Zehneria scabra): ein in Nordamerika beliebter Gurkensnack für zwischendurch. Die olivgroßen, grünweiß gestreiften oder gescheckten Früchte sind knackig, duften frisch nach Gurke und leicht zitronig; man kann sie auch in Essig einlegen, dann werden sie zarter und mürber.*

aber auch in süßen Desserts harmonieren. Auch Gurkenscheiben oder -würfel, die für ein paar Stunden in Invertzucker mariniert wurden, machen sich in Frucht-und Schokodesserts ausgezeichnet.

GESCHICHTE UND BOTANIK

Unsere Salat-, Essig- und Schmorgurke stammt vermutlich von der bitter schmeckenden Wildsorte Cucumis hardwickii ab, die zuerst in Nordindien vor 5000 Jahren domestiziert wurde. Die Gurke schmeckt wild bitter, weil sich die Pflanze kurz vor der Samenreife durch die Anlagerung eines Bitterstoffes davor schützt, aufgefressen zu werden. Dieser Bitterstoff ist für manche Tiere (z. B. Schafe) tödlich. In Indien gibt es noch heute eine ausgesprochen bitter schmeckende Gurkenart, die als kulinarische Delikatesse nicht nur dort geschätzt wird. Die im Zuge der Jahrhunderte domestizierte und von ihren Bitterstoffen weitgehend befreite Gurke hat sich schnell weiter verbreitet: In 4000 Jahre alten ägyptischen Gräbern hat man Gurkensamen als Grabbeigabe gefunden. Auch die Griechen und Römer schätzten Gurken. Laut Plinius dem Älteren war die Gurke das Lieblingsgewächs von Kaiser Tiberius, der sie im Winter bereits in einer Art Treibhaus anbauen ließ. Die slawischen Völker kultivieren Gurken seit dem Mittelalter. Im Spätmittelalter gelangten sie ins übrige Europa. Die slawische Vermittlung drückt sich bis heute im deutschen Wort „Gurke" aus: Aus mittelgriechisch „aguros" (grün, unreif bei Früchten) wurde altpolnisch „ogurek". Ein Grund für ihre Beliebtheit besonders in Ost- und Nordeuropa liegt sicher darin, dass die Gurke nicht nur Hitze, sondern im Garten oder auf dem Acker auch Kälte verträgt und deshalb auch in kühleren Regionen mit kürzeren Sommern angebaut werden kann.

Bei uns im Supermarkt werden vor allem **SALATGURKEN** (Schlangengurken), **ESSIG-** und **SCHMORGURKEN** angeboten. Letztere sind kleiner, enthalten weniger Wasser und haben festeres Fruchtfleisch, sodass sie beim Schmoren nicht wie Salatgurken zerfallen. Schmorgurken kann man zwar ebenfalls für Salat verwenden, sie schmecken nur häufig etwas bitterer, vor allem am Stiel. Wir sind es gewohnt, unreife Gurken zu essen, aber viele Sorten gewinnen an Aroma, wenn man sie ausreifen lässt.

GESCHICHTE UND GESCHICHTEN: EU-VERORDNUNG NR. 1677/88

Es ist die Lachnummer unter EU-Kritikern: Zwanzig Jahre lang schrieb eine fünfseitige EU-Verordnung vor, wie krumm ein (Essig-)Gürkchen in Europa nach Brüsseler Vorstellung sein durfte. Kurz gefasst: Maximal erlaubt war eine Krümmung von 10 mm auf 10 cm Länge. Aber die Gurkenverordnung umfasste noch weitere 99 Punkte – im vermeintlichen Dienst des europäischen Verbrauchers. Nach viel Kritik wurde die Verordnung 2009 außer Kraft gesetzt. Jetzt kann jeder Bauer und jeder Fabrikant seine Gurken so krumm wie er will anbauen und in Gläser verfrachten. Klagen von Verbraucherseite darüber wurden bisher nicht bekannt.

EINKAUF UND LAGERUNG

Freilandgurken gibt es bei uns im Frühsommer und frühen Herbst, der Rest kommt rund ums Jahr aus dem Treibhaus oder aus anderen Weltgegenden. Exotische Sorten sind in Asia-Läden und oft im gut sortierten Supermarkt zu haben. Bei Zimmertemperatur lassen sich Gurken einige Tage lagern, im Kühlschrank (Gemüsefach) bis zu 2 Wochen – bei ausreichender Luftfeuchtigkeit, damit sie nicht austrocknen. Einfrieren kann man sie nicht, aber sehr gut einlegen, fermentieren oder marinieren.

SAISON

01 02 **03** **04 05 06 07 08 09 10** 11 12

Als Importware ganzjährig erhältlich, vor allem aus Spanien und den Niederlanden.

ANBAU

Die Gurke ist eine einjährige Pflanze. Sie wächst auf der Erde liegend oder kletternd, ihre Ranken können 1 bis 4 Meter lang werden. In Mitteleuropa und im nördlichen Europa, auch in Asien und im Mittleren Osten, werden Salatgurken überwiegend im Gewächshaus gezogen. Sie werden besonders schlank und groß, außerdem können so drei bis fünf Ernten im Jahr erzielt werden. Einlege- und Feldgurken zieht man überall fast nur im Freiland. Für den Anbau im Garten empfehlen sich tiefgründige Böden, eine Kletterhilfe, ausreichend Nährstoffgaben und ein wind- und sonnengeschützter Standort. Sie wachsen sowohl im Beet als auch auf Balkon und Terrasse. Für exotische Sorten aus Afrika, Amerika und Asien gilt: Nur Mut, die meisten Sorten gedeihen auch bei uns.

HAFERWURZEL

Haferwurzeln gehören zu den „alten“ und bei uns „vergessenen“ Gemüsesorten. Dabei stellt das Gemüse kulinarisch eine hervorragende Alternative zu Karotten, Pastinaken, Petersilienwurzeln oder Sellerie dar. Oft wird die Haferwurzel mit der verwandten Schwarzwurzel verglichen (beide sind Korbblütler), die sie von unserem Speiseplan verdrängt hat. Das Aroma der Haferwurzel erinnert ein wenig an Austern, was ihr in England den Beinamen „vegetable oyster“ eingebracht hat.

Die Haferwurzel (auch: ***Weißwurzel, Austernwurzel, Milchwurz, Habermark, salsify, vegetable oyster***) besticht durch ihr breites Duftspektrum. Eine Ähnlichkeit mit der Schwarzwurzel liegt in den fettig-wachsigen, milchig anmutenden Aromastoffen wie METHYLHEXADECANOAT, ETHYLHEXADECANOAT und weiteren Fettsäurenderivaten. Grün-grasig wirkt die Haferwurzel durch die Blattduftstoffe (Z)-3-HEXENOL und (E)-2-HEXENOL. Das pilzig duftende 1-OCTEN-3-OL bringt zusammen mit 2-ETHYLHEXANOL eine typische Gemüsenote ein. Ein besonderer Duft nach Mandeln, Nüssen, Rauch und Honig entsteht durch mehrere Aromaten, darunter PHENYLETHANOL, PHENYLACETALDEHYD, 4-VINYLGUIACAOL und das Mandelaroma BENZALDEHYD. Viele Aromen dienen der Pflanze als Abwehrstoffe, darunter das nach Kampfer duftende METHYLSALICYLAT und die holzig-kräuterigen Terpene α-CADINOL und TERPINEOL. Maden- und Wurmangriffe werden durch das würzige Nelkenaroma EUGENOL abgewehrt.

Die Haferwurzel erhält, wie viele Wurzelgemüse, beim Kochen typische Schwefelaromen, die nach gekochten Kartoffeln duften: über DIMETHYLSULFID und METHIONAL.

Die meisten Wurzelgemüse lagern Zucker in verschiedensten Formen ein, auch die Haferwurzel. Dazu gehört Saccharose (Haushaltszucker) sowie deren Bestandteile Fructose und Glucose, diese allerdings in weit geringeren Konzentrationen. Haferwurzeln schmecken daher leicht süßlich. Auch Oligosaccharide kommen in dem Gemüse vor. Sie sind enzymatisch nicht verdaulich und zählen daher zu den → Fodmaps (Seite 84). Die Haferwurzel ist wie Chicorée reich an Inulin und Oligofructosen, die das fettig-cremige Mundgefühl der gekochten Wurzel und ihres Pürees texturell unterstreichen und die wachsige Aromatik unterstützen. Flavonoide wie Luteolin und Quercetin-3-O-beta-D-glucosid unterstreichen mit leichten bitteren Geschmacksnoten den wurzeltypischen Flavour des Gemüses.

Das Kraut der Haferwurzel bietet einen besonderen Aromamix, angeführt von rauchigen und würzig-floralen Noten über die Komponenten 4-VINYLGUAIACOL und HEXAHYDROFARNESYLACETON. Außerdem haben die feinen, schmalen Blätter dank zahlreicher Fettsäurenderivate, ähnlich wie Portulak, eine saftige Textur.

Aromen roh: (Z)-3-HEXENOL △ *grün, grasig, frisch gemähtes Gras, laubartig, fruchtig,* ◇ *leicht ölig, melonenschalenartig* (E)-2-HEXENOL △ *grün, blattartig, frisch, gemüseartig,* □ *fruchtig, unreife Banane* 1-OCTEN-3-OL △ *grün, erdig, fungal, champignonartig,* □ *gemüseartig, pilzig, hähnchenhautartig,* ◇ *brühenartig, saucenartig* METHYLHEXADECANOAT △ *fettig, wachsig, ölig* ETHYLHEXADECANOAT △ *wachsig, cremig,* □ *fruchtig, vanillig, milchig* METHYL-9,12-OCTADECADIENOAT △ *wachsig* METHYL-9,12,15-OCTADECATRIENOAT △ *wachsig* TERPINEOL △ *herbal, terpentinartig* α-CADINOL □ *holzig, herbal* METHYLSALICYLAT △ *aromatisch, minzig,* □ *kampferig, balsamisch* 4-VINYLGUAIACOL △ *aromatisch, holzig,* □ *zedernartig, röstig,* ◇ *rauchschinkenartig* PHENYLACETALDEHYD △ *aromatisch, grün, honigartig, floral,* □ *hyazinthenartig, kakaoartig, schokoladig,* ◇ *leicht erdig* PHENYLETHANOL △ *aromatisch, floral, karamellig, brotkrustenartig,* □ *honigartig,* ◇ *rosenwasserartig* EUGENOL △ *würzig, süßlich, gewürznelkenartig,* □ *aromatisch, holzig, pimentartig,* ◇ *warm-würzig*

Aromen gekocht außerdem: DIMETHYLSULFID △ *schwefelig, zwiebelartig, radieschenblätterartig, kohlartig,* □ *fischartig, maisartig, spargelartig,* ◇ *ein Hauch gekochte Milch/Sahne* METHIONAL △ *schwefelig, gekochte Kartoffel, gemüseartig, moderig,* □ *hefeartig, käsig, gekochtes Fleisch, gekochte Eier*

GEFAKTE AUSTERNKALTSCHALE

- 50 g Kokosraspel
- 150 g Crème fraîche
- 6 Haferwurzeln mit Grün
- 1 saurer Apfel (Boskoop), Limettensaft
- 50–100 ml ungesüßter Apfelsaft
- Salz
- 4 Bronzefenchelzweige (alternativ Dill)
- 8 Austernkrautblätter (alternativ Borretsch)

Pro Portion: 215 kcal, 14 g F, 17 g KH, 5 g B, 2 g E

Kokosraspel ohne Fett in einer Pfanne rösten, vom Herd ziehen und Crème fraîche unterrühren. 1 Stunde ziehen lassen, nochmals erwärmen, dann durch ein feines Sieb passieren.

Haferwurzeln putzen, Grün aufbewahren und Wurzeln in der Schale 30 bis 40 Minuten köcheln, bis sie sehr weich werden. Nach dem Kochen schälen und warm halten. Apfel schälen, würfeln und mit etwas Limettensaft beträufeln. Mit Apfelsaft pürieren.

Kokos-Crème-fraîche etwas reduzieren, leicht salzen und in einen Sahnebläser füllen, mit einer Patrone begasen. Gegarte Haferwurzeln schälen und in sehr dünne „Carpaccio"-Scheiben schneiden.

Apfelpüree kreisförmig auf Tellern ausstreichen und Haferwurzelscheiben dachziegelartig darauf schichten. Die Kokos-Crème-fraîche mit einer Sterntülle aufdressieren und abwechselnd mit Haferwurzelgrün, Bronzefenchel und Austernkraut garnieren.

Nach Belieben punktuell einige Eier vom Stör, Forellenkaviar oder roh in Zitronensaft marinierte Garnelen (die unter die Wurzelscheiben gemengt werden können) zugeben.

GESCHMACK

SÜSS SAUER SALZIG BITTER UMAMI

Haferwurzel schmeckt leicht süßlich und duftet hauptsächlich grün-herb, das Aroma erinnert an Artischocken und an Austern.

MIKRONÄHRSTOFFE *(pro 100 g)*

Vitamine: *B_2 (0,22 mg)* ***Mineralstoffe:*** *Kalium (380 mg), Calcium (60 mg)*

HARMONIE

HAFERWURZEL
GURKE
KARTOFFEL
MANGOLD
MELONE
SPINAT
WURZELPETERSILIE
KERBEL
MUSKAT
PETERSILIE
ZITRONE
ZITRONENMELISSE

ZUBEREITUNG

Beim Schälen von Haferwurzeln hat man ähnliche Probleme wie bei Schwarzwurzeln: Der austretende Milchsaft klebt und verfärbt die Hände bräunlich. Daher sollte man Handschuhe tragen, unter fließendem Wasser oder erst nach dem Kochen schälen. In letzterem Fall ist außerdem das Aroma intensiver. Wenn die Schale nicht besonders dick ist, kann man sie einfach nur abbürsten und die feinen Wurzeln (den „Bart") entfernen. Die dünneren Seitentriebe braucht man nie zu schälen. Wie bei Schwarzwurzeln legt man die geschälten oder geputzten Wurzeln am besten sofort in Wasser mit Zitronensaft oder Ascorbinsäure, damit sie nicht oxidieren und braun werden. Das Gemüse ca. 20 Minuten dämpfen oder in leicht gesalzenem Wasser kochen. Man kann die Wurzeln außerdem braten, backen, frittieren oder pürieren und zu einer Cremesuppe verarbeiten. In dünne Scheiben geschnitten, lassen sie sich roh verzehren. Besonders empfehlenswert: Die ungeschälten Wurzeln bei nicht zu hohen Temperaturen in Olivenöl oder Butterschmalz rösten – dabei entstehen Röstaromen, die das erdig-grün-herbe Aroma der Wurzeln ideal ergänzen. Gleichzeitig karamellisieren die Zucker der Haferwurzel und tragen mit einer feinen Karamellnote zum Aroma bei. Brät man das Gemüse bei höheren Temperaturen, bilden sich an der Oberfläche leicht teerige Noten, die sich mit der Rauchschinkennote des nur leicht erwärmten Inneren paaren.

Die jungen saftigen Blätter kann man als Salat essen oder als Suppeneinlage verwenden. Die attraktiven Blüten der Haferwurzel sind ebenfalls essbar und leicht bitter, und die jungen Triebe der Pflanze können wie Spargel zubereitet werden.

KÜCHENJOKER

Topinambur, Kerbelrübe, Nigella, karamellisierter Zucker, Dill

PASST GUT ZU

Fisch, Meeresfrüchten, Edelpilzkäse, Äpfeln, Nüssen, Pinienkernen

LÄNDERKÜCHE

England: *Frikadellen mit Haferwurzelpüree*

EINKAUF UND LAGERUNG

Haferwurzeln bekommt man bei uns selten frisch. Beim Einkauf sollten die Blätter frisch und die Wurzel unversehrt sein. Frisch geerntet kann man sie einige Tage im Kühlschrank lagern, einige Wochen in Papier oder Tuch eingeschlagen im dunklen, nicht zu trockenen Keller.

SAISON

01 02 03 04 05 06 07 08 09 10 11 12

Importware kommt außerhalb der Saison aus Mitteleuropa.

ANBAU

Die Aussaat erfolgt im Frühjahr, in lockeren, tiefgründigen Böden. Die winterharten Wurzeln können ab Ende Oktober mit einer Gabel ausgestochen werden. Eine Delikatesse sind die jungen Triebe im Frühjahr.

KOMBINATIONEN

Mit ihrem „Austern"-Aroma bieten sich Haferwurzeln als ideale Begleiter zu Fisch und Meeresfrüchten an. Kombiniert man sie mit Austernblatt (Kraut), Leinsamen, Gurke oder Melone, lässt sich diese „grüne" Harmonie noch intensivieren. Wegen des leichten Pilzduftes funktioniert die Kombination mit Champignons oder Pilzcremes (auf Sahne-, Joghurt- und/oder Olivenölbasis) sehr gut. Als Gewürze bieten sich zum einen Zitrone oder Zitronenmelisse an, die die leichte Zitrusnote des Gemüses unterstützen, zum anderen – über das gemeinsame Nelkenaroma – Kerbel, und nicht zuletzt wegen der würzigen Geruchskomponenten Petersilie: Man kann die gekochten Wurzeln mit Zitrone und Petersilie marinieren oder mit einer hellen Kräutersauce als Beilage reichen. Spannend ist eine Unterstützung der gemüseeigenen Raucharomen: Das langsame Garen des Gemüses in Butter betont den rauchigen Duft, der sich auch mit während des Konfierens beigefügten Rauchschinkenwürfeln herausarbeiten lässt. Das Garen der Haferwurzel auf (getrockneten) Nadelhölzern unterstreicht auf außergewöhnliche Art die harzig-holzigen Noten, während ein finales Würzen mit Buchenrauch eher die aromatisch-süßlichen Rauchaspekte betont.

Geschmacklich bieten sich für die süßlich-bittere Haferwurzel herzhafte (umami-)Ergänzungen an, wobei die Würzung z. B. eines Pürees mit Fischfond, Sojasauce oder – falls die Farbe der Sojasauce optisch stört – Glutamat zugleich den erdigen Aromen der Wurzel entgegenkommt. Besonders fein ist die langsame Garung (bei ca. 90 °C) für ca. 1 bis 1,5 Stunden bedeckt mit Kochschinkensud (hergestellt aus Kochschinkenabschnitten oder -knochen). So kann die Haferwurzel ins Zentrum eines Gemüsetellers (etwa mit Spinat, Mangold oder Kartoffeln) gesetzt werden und ihren eigenen Flavour entfalten. Neben herzhaften Varianten funktionieren süße und saure Kombinationen: Durch das Anbraten der Haferwurzel in karamellisiertem Zucker und weiteres Garen in Schmand, Crème fraîche (säuerlich) oder Sahne (süßlich) lässt sich die Haferwurzel im Dessertbereich einsetzen, insbesondere in Kombination mit Äpfeln, die an die grünen und fruchtigen Noten andocken.

Die schmalen zarten Blätter, die an dünnen Lauch (Porree) erinnern, passen mit ihrem bitter-süßlichen Aroma zu Wildkräutern und in Salate.

GESCHICHTE, BOTANIK UND SORTEN

Die Wildform Wiesenbocksbart, die rund ums Mittelmeer wächst, kannten schon die alten Römer und Griechen. Im 15. und 16. Jahrhundert wird sie in vielen Kräuterbüchern als Gemüse erwähnt. In Deutschland, Böhmen, Russland und in einigen Gebieten der Schweiz wurde sie bis zum Beginn des 20. Jahrhunderts angebaut. Danach wurde sie von der Schwarzwurzel verdrängt und geriet überall weitestgehend in Vergessenheit. Angebaut in größerem Umfang werden Haferwurzeln heute in England, Frankreich, Russland und Italien. In Frankreich und England bekommt man Zuchtsorten unter den Namen Mammut, Mammoth Sandwich Island oder Giant French.

Opuntia ficus-indica

KAKTUSFEIGE/NOPALES

Die Kaktusfeige ist die Frucht des Opuntia-Kaktus, umgangssprachlich auch Ohrenkaktus genannt. Das stachelige Äußere verbirgt eine wahre Delikatesse: Das süß-säuerliche Fruchtfleisch der Kaktusfeige erinnert aromatisch an eine Mischung aus Birne, Melone und Feige und kann kulinarisch sowohl in süßen als auch in herzhaften Kombinationen verwendet werden. In Mexiko und in den USA werden auch die noch jungen „Ohren" des Kaktus als Gemüse gegessen, sie heißen Nopales.

KAKTUSFEIGE Die dominierenden Aromaverbindungen der Kaktusfeige (auch: ***Prickly pears, Tuna***) entstammen der „grünen" aliphatischen Gruppe. Am stärksten vertreten sind (E)-2-NONEN-1-OL und (Z)-2-NONEN-1-OL, die zusammen einen grün-wachsigen, an Melone und Gurke erinnernden Duft beitragen, der durch (E)-2-NONENAL verstärkt und mit leichten Zitrustönen ergänzt wird. Die Nähe zur Gurke und Melone wird noch durch (E,Z)-2,6-NONADIENAL und 2,6-NONADIEN-1-OL gesteigert, wobei Letzteres zudem Apfel- und Birnenduft ins Spiel bringt. Das grüne und fruchtige 1-HEXANOL leitet in das Duftspektrum der Fruchtester über, die eine zentrale Rolle spielen: Ein Großteil der fruchtigen Aromen der Kaktusfeige wird durch ETHYLOCTANOAT mit seinem komplexen wachsig-fruchtigen, an Wein, Banane, Birne und Ananas erinnernden Duft beigefügt. METHYLOCTANOAT mischt zusätzlich Orangentöne ein und intensiviert die cremig-sahnig-fruchtige Note. Die Fruchtsäure (E)-2-HEXEN-1-YL ACETAT unterstützt diese Fruchtnoten und lässt die Kaktusfeige ein wenig an Frucht-(kau)gummi erinnern. Als dritte Gruppe kommen Terpene hinzu: LINALOOL mit floralem Zitrusduft, das herbal-süßliche (E)-β-OCIMEN, das nach Rosen, Karotten und Holz duftende β-MYRCEN und LIMONEN mit seinen Anklängen an Zitrusschalen und Terpentin.

Der Geschmack der Kaktusfeige ist süßlich mit leicht säuerlichen Anklängen. Während der Reifung und der Lagerung der Früchte werden Saccharosemoleküle (Disaccharide) in ihre Bestandteile Fructose und Glucose gespalten, die daher vorwiegend für die Süße verantwortlich sind. Die Säure kommt vor allem durch Zitronensäure zustande.

NOPALES, die Kaktusblätter bzw. „Kaktusohren", schmecken und duften zurückhaltender, aber ähnlich vielschichtig. Hier dominieren vor allem grasig-grüne, fruchtgrüne und wiederum gurkenartige Anklänge durch ein Aromagemisch aus HEXANAL, 2-HEXANOL, HEPTANAL und (Z)-2-NONEN-1-OL. 2-HEPTANON liefert eher käsige und fettige Duftnoten. Wachsige bis fettige Geruchskomponenten werden durch kurzkettige Fettsäuren und deren Derivate, wie TRICOSAN, verursacht. Prägend für die „Ohren" ist außerdem OCTANONSÄURE, die einen fettigen, leicht ranzigen, an Ziegenkäse erinnernden Duft einbringt. Hinzu kommen erdig-florale Düfte durch (Z)-LINALOOLOXID (FURANOID) und (E)-LINALOOLOXID (FURANOID) sowie erdige, harzige und holzige Anklänge durch Terpene und Sesquiterpene wie BISABOLEN und SPATHULENOL. Bemerkenswert ist

Kaktusfeige, Aromen roh: (E)-2-NONEN-1-OL △ *grün, wachsig, veilchenartig,* □ *melonenartig, fettig,* ◇ *hühnerfettartig* (Z)-2-NONEN-1-OL △ *grün, wachsig, melonenartig, gurkenartig,* ◇ *fettig, gurkenschalenartig* (E)-2-NONENAL △ *fettig, grün, gurkenartig,* □ *zitrusartig, seifig, aldehydisch,* ◇ *fettig* (E,Z)-2,6-NONADIENAL △ *grün, gurkenartig,* □ *melonenartig,* ◇ *fettig* 2,6-NONADIEN-1-OL △ *grün, gurkenartig, gemüseartig, apfelartig,* □ *birnenartig, melonenartig, schalenartig* 1-HEXANOL △ *grün, herbal, süßlich, apfelschalenartig,* ◇ *stechend, ölig, fruchtig* ETHYLOCTANOAT △ *wachsig, fruchtig, weinartig, bananenartig, aprikosenartig,* □ *moderig, ananasartig,* ◇ *sahnig, fettig, cognacartig* METHYLOCTANOAT △ *wachsig, grün, süßlich, orangenartig, herbal,* □ *fruchtig, zitrusartig, fettig* (E)-2-HEXEN-1-YL ACETAT △ *grün, blattartig,* □ *fruchtig, wachsig,* ◇ *apfelartig* LINALOOL △ *floral, zitrusartig, rosenholzartig, grün,* □ *orangenartig, zitronenartig,* ◇ *leicht wachsig, holzig* (E)-β-OCIMEN △ *herbal, süßlich* MYRCEN △ *floral, rosenartig, herbal, terpentinartig,* □ *würzig, holzig, leicht zitrusartig,* ◇ *möhrenartig* LIMONEN △ *zitrusartig, orangenartig,* □ *süßlich,* ◇ *terpentinartig*

Nopal, Aromen roh: HEXANAL △ *grün, blattartig, grasig, fettig,* □ *gemüseartig, apfelartig,* ◇ *leicht holzig* HEPTANAL △ *grün, wachsig, fettig,* □ *aldehydisch, herbal,* ◇ *weinhefeartig* 2-HEPTANON △ *fettig, käsig,*

FRISCHER GURKEN-KAKTUSFEIGEN-SENF MIT GEBRATENER GEFLÜGELLEBER

- 100 ml Weißwein
- 100 ml Verjus (Weinhandel)
- Salz
- 200 g Kaktusfeigen, geschält und pariert
- 200 g gelbe Senfkörner
- 100 g Salatgurke
- 1 TL Kala Namak (Schwefelsalz; Naturkostladen)
- 400 g Geflügelleber (alternativ Kaninchen)
- 1 langer Pfeffer
- 100 g Butter
- 2 EL Kokosraspel
- 2 EL Semmelbrösel

Pro Portion: 416 kcal, 30 g F, 8 g KH, 2 g B, 25 g E

Weißwein mit Verjus und 1 EL Salz kurz aufkochen, Kaktusfeigen hineingeben, abkühlen lassen, dann Senfkörner zugeben und quellen lassen. Fein pürieren und über Nacht im Kühlschrank „reifen" lassen. Am nächsten Tag Gurke schälen, fein würfeln und mit 100 g des Senfs verrühren; mit Kala Namak würzen.

Leber in gleich große Stücke parieren, von Sehnen befreien. Langen Pfeffer grob zerkleinern. Butter in einer großen Pfanne erhitzen und aufschäumen. Leber darin rosa braten und Kokosraspel, Semmelbrösel sowie Langen Pfeffer einstreuen, leicht salzen.

Leber anrichten und mit dem Gurken-Kaktusfeigen-Senf servieren.

□*fruchtig, grüne Bananen* 1-HEXANOL △*grün, herbal, süßlich, apfelschalenartig,* ◇*stechend, ölig, fruchtig* 2-HEXANOL △*wachsig, fettig,* □*weinartig, fruchtig,* ◇*chemisch* (Z)-2-NONEN-1-OL △*grün, wachsig, melonenartig, gurkenartig,* ◇*fettig, gurkenschalenartig* (E)-2-NONENAL △*fettig, grün, gurkenartig,* □*zitrusartig, seifig, aldehydisch,* ◇*fettig* TRICOSAN ◇*wachsig* OCTANONSÄURE △*fettig, wachsig, ranzig,* □*ölig, gemüseartig, käsig,* ◇*weinbrandartig* LINALOOL △*floral, zitrusartig, rosenholzartig, grün,* □ *orangenartig* α-CADINEN △*trockenes Holz* SPATHULENOL △*erdig,* □*holzig,* ◇*fruchtig* (E)-NEROLIDOL △*floral, grün,* □*zitrusartig, holzig,* ◇*wachsig, fruchtig* BISABOLEN[T] △*holzig-fruchtig, zitrusartig,* □*balsamisch, myrrheartig, grüne Banane,* ◇*tropisch, terpentinartig, adstringierend,* 4-VINYLGUAIACOL △*aromatisch, holzig,* □*zedernartig, röstig,* ◇*rauchschinkenartig* (Z)-LINALOOLOXID △*erdig, floral,* □*süßlich,* ◇*holzig* (E)-LINALOOLOXID (FURANOID) □*floral* ***Aromen gekocht außerdem:*** DIMETHYLTRISULFID △*schwefelig, lauchartig, gekochte Zwiebel,* □*herzhaft-fleischartig,* ◇*fleisch-gemüsebrühenartig*

das Vorkommen des nach Rauchschinken duftenden Aromats 4-VINYLGUAIACOL. Die Fettsäuren und deren längerkettige Abkömmlinge wie Pentacosan und Heptacosan riechen nur sehr schwach bzw. gar nicht mehr wachsig, sorgen aber für ein angenehmes, leicht wachsiges, fettiges Mundgefühl und sogar Mundfülle (kokumi).

ZUBEREITUNG

KAKTUSFEIGE Die Kaktusfrucht ist mit Widerhaken (Glochiden) besetzt, die ihre Zubereitung etwas mühsam machen. Manchmal bekommt man abgebürstete Früchte, doch auch diese können noch einige feine, unangenehme Haken haben, die man meist unter fließendem Wasser abspülen kann. Deshalb sollte man die Schale der Früchte so wenig wie möglich ungeschützt berühren, am besten trägt man Handschuhe oder arbeitet mit Messer und Gabel. Entweder schneidet man die Frucht auf und löffelt das Fruchtfleisch heraus oder man zieht die weiche Schale mit einem Messer oder Sparschäler ab. Die Samen kann man wie bei Feigen mitessen – oder vom Fruchtfleisch trennen, beispielsweise mit einer Flotten Lotte.

Kaktusfeigen kann man roh genießen, aber auch gut einkochen und zu Chutneys oder Konfitüren verarbeiten. Der Saft frischer Früchte aromatisiert Vinaigrettes oder Cocktails, Kuchen, Cupcakes oder alle möglichen Cremes. Wenn man den Saft zusammen mit dem Saft von Zitrusfrüchten einkocht, bekommt man eine noch aromatischere süßsäuerliche Sauce, die man für Salatsaucen, Cocktails oder in Süßspeisen einsetzen kann. Kaktusfeigen lassen sich auch „verbrennen", ähnlich wie Kartoffeln, die in die Glut des Lagerfeuers geworfen werden. Werden Kaktusfeigen am Rande der Glut in den Grill gelegt, verkohlt zwar die äußere Schale, das Fruchtfleisch bekommt aber wunderbare Rauch- und Holzaromen mit Karamellanklängen. Spannend sind fermentierte Kaktusfeigen: Der niedrige Säuregehalt und der deutliche Anteil an Glucose ermöglichen eine klassische Fermentation wie bei Salzgurken (→ Fermentieren, Seite 83). Das Ergebnis erinnert tatsächlich ein wenig an Salzgurken, aber die Kaktusfeigen wirken aufgrund der Fruchtester und der Terpene vielschichtiger als das klassische Gurkenaroma.

NOPALES Die Kaktusohren werden (in Mittelamerika und den USA) vor dem Verkauf meist von den Stacheln befreit und entweder frisch oder kleingeschnitten in Dosen oder Gläsern angeboten, manchmal auch getrocknet. Wenn man sie selbst erntet, muss man sie von den großen Stacheln und feinen Widerhaken befreien: Am besten brennt man diese ab. Man kann die Ohren roh verzehren, im Ganzen oder in Streifen geschnitten grillen, braten oder in Streifen geschnitten kochen. Oft macht man sich wie bei Okra ihre wachsig-fettige Schleimigkeit zunutze, um Flüssigkeiten zu binden und schön cremige Salsas zu bekommen.

KOMBINATIONEN

KAKTUSFEIGE Die aromatisch stärksten Partner der Kaktusfeige sind Gurken, Melonen, Äpfel, Birnen und Zitrusfrüchte. Daraus lassen sich Salate, feine Vorspeisen oder À-part-Komponenten zaubern, sowohl süß(-sauer) als auch salzig und umami durch Zugabe von Glutamat, Soja- oder Teryakisaucen oder durch die Kombination mit reifen Käsen, Tomaten oder Zwiebeln. Ihre eigene leichte Säure ergänzt sich gut mit den anderen Grundgeschmacksrichtungen, und die grünen Duftstoffe und die deutlichen fruchtigen Noten ermöglichen ein nahezu beliebiges Spiel. Daher kann man Kaktusfeigen sogar im klassischen Kartoffelsalat anstelle der üblichen Gurken verwenden. Auch bei direkter Kombination in Gurkensalaten (wobei die Kaktusfeige der grünen Noten wegen leicht in Olivenöl vorgebraten werden kann) oder in frischen Desserts mit Melonen macht sich die Frucht wunderbar. Spannend sind Kaktusfeigen mit (im Wok) gebratenem jungen Weißkohl, dessen Schwefel- und Röstnoten einen kräftigen Kontrast bieten. Auf Basis ihrer Süße lassen sich Kaktusfeigen ausgezeichnet mit Karotten und Gelber Bete oder gar mit Steckrüben kombinieren: Kräftige erdige Aromen ergänzen den flüchtig wachsigen Eindruck der Frucht. Auch zu Frischkäse, hellem Fleisch oder Wildgerichten lassen sich Kaktusfeigen einbringen. Im Grill „verbrannte“ Kaktusfeigen begleiten mit ihren Rauch- und Holzaromen nahezu alle Fleisch- oder Fischgerichte, können aber ebenso gut Desserts einen vollkommen unüblichen Dreh verleihen.

NOPALES Die Kaktusblätter lassen sich – ähnlich wie die Kaktusfeigen – über ihr leichtes Gurkenaroma bestens mit Gurken und Melonen kombinieren. Aufgrund ihres mitunter ausgeprägten Dufts nach Geräuchertem kann man Nopales unter anderem mit Kidneybohnen paaren, in Bohnen(-eintöpfen) verwenden oder zu Schinken oder geräuchertem Fleisch servieren. Die wachsigen Eindrücke und vor allem die Zitrusnote und die erdig-floralen Gerüche rufen wiederum nach einer Kombination mit Kori-

GESCHMACK

Das Aroma der süßlichen und leicht säuerlichen Kaktusfeige erinnert an grüne Birne, Wassermelone und Feige. Nopales schmecken und duften zurückhaltend grün und sondern eine schleimige Flüssigkeit ab.

MIKRONÄHRSTOFFE *(pro 100 g)*

Vitamine: *C (20 mg)* ***Mineralstoffe:*** *Calcium (30 mg)*

HARMONIE

KÜCHENJOKER

Okra, Hibiskus, Räucheraal, Rauchfleisch

PASST GUT ZU

Wildfleisch, Joghurt, Käse, Gans, Ente, Leber

LÄNDERKÜCHE

Mexiko: *Colonche (Getränk), Salsa verde*

SAISON

Als Importware aus Mexiko, Israel oder Spanien ganzjährig erhältlich.

K

NOPALES CRU

- 2 Avocados
- 1 TL Zitronensaft
- 2 TL Rosenwasser
- Piment, Kala Namak (Schwefelsalz; Naturkostladen)
- 2 hart gekochte Eier
- 600 g frische kleine Kaktusfeigenblätter (gut sortierte Markthallen)
- 200 Räucheraal (ersatzweise Haddock; geräucherter Fisch)
- 8 Korianderblätter

Pro Portion: 349 kcal, 28 g F, 6 g KH, 5 g B, 16 g E

Fruchtfleisch der Avocado auslösen. Mit Zitronensaft, Rosenwasser, etwas Piment sowie Kala Namak mithilfe eines Stabmixers fein pürieren.

Eier pellen, dann Eigelb und Eiweiß separat würfeln.

Kaktusfeigenblätter parieren und fein würfeln. Räucheraal würfeln oder in Stücke zupfen.

Avocadocreme mittig in Schälchen ausstreichen, Eier- und Kaktusfeigenblattwürfel sowie Räucherfisch dekorativ darauf verteilen. Mit je 2 Korianderblättern garnieren.

NOPALES

EINKAUF UND LAGERUNG

__Kaktusfeigen__ bekommt man im gut sortierten Supermarkt ganzjährig, sie kommen meist aus Mexiko, Israel oder Spanien. Die Frucht sollte sich weich und frisch anfühlen, erste Runzeln haben und keine Verletzungen und Risse aufweisen. Harte Früchte reifen nicht mehr nach. Die rötlich-orangen oder violetten Früchte sind die süßesten. Kaktusfeigen lassen sich nicht sehr lange lagern. __Nopales__ bekommt man bei uns nur sehr selten frisch. Besonders zart und saftig sind sie im Frühjahr („baby nopales"), dann sind sie hellgrün und relativ dünn.

andergrün. Interessant sind Kombinationen mit texturell ähnlichem Gemüse wie beispielsweise Avocado: Während sich die grünen Aromen paaren, steigern die cremigen Fettsäuren beider Gemüse den Eindruck von Mundfülle erheblich. Der fettige Textureffekt wird hervorgehoben, sofern die Nopales gegart werden, sie lassen sich aber auch roh sehr gut essen. Häufig werden Kaktusblätter sauer konserviert (gepickelt). Dann dominieren oft Säuren oder trigeminale Schärfe durch schärfere Paprikasorten; dabei werden die feinen Aromen der Nopales leider überdeckt.

REGIONALE VARIANTEN Aus den Kaktusfrüchten wird in Mexiko ein rötlich gefärbtes alkoholisches Getränk namens *Colonche* erzeugt, eine Art Obstwein. Dafür nimmt man vorwiegend Früchte (Tuna cardona) der nah verwandten Kaktusart Opuntia streptacantha. Auf Sizilien und Malta kennt man ebenfalls einen Likör aus Kaktusfeigen. Nopales werden in Mexiko mit Eiern oder Fleisch kombiniert (oder als Beilage gereicht), kommen in Tacos (*Tacos de nopales*) oder in Salate mit Tomaten, Zwiebeln und Käse.

GESCHICHTE

Der Ohrenkaktus (Opuntia) ist ein weit verbreiteter Kaktus, den man auch am Mittelmeer oder auf den kanarischen Inseln antrifft. Schon die Azteken bauten die Pflanze an – insbesondere die Art Opuntia cochenillifera –, aber nicht für den Verzehr, sondern um den leuchtend roten Farbstoff Karmin bzw. Karmesin herzustellen, den auf dem Kaktus lebende Schildläuse erzeugen. Auf den kanarischen Inseln werden bis heute Kakteen (hier die Art Opuntia ficus-indica) zur Farbstoffgewinnung mithilfe der Schildläuse genutzt. Meist wird heute allerdings Karmesin synthetisch hergestellt, und die Opuntia ficus-indica wird in Mexiko und anderen Ländern wie Äthiopien oder Brasilien in erster Linie als Tierfutter angebaut. Den Verzehr der jungen Triebe (Nopales) und der Früchte (Tuna) des Kaktus kennt man vorwiegend in der mexikanischen Küche.

Solanum tuberosum

KARTOFFEL

Die Kartoffel, lange als Sättigungsbeilage kulinarisch eher unterschätzt, erlebt eine atemberaubende Renaissance. Hobbygärtner machen sich einen Sport daraus, vergessene Sorten vor dem Aussterben zu retten, und in Supermärkten und auf Wochenmärkten tauchen immer mehr (alte und neue) Sorten auf, die sich geschmacklich und optisch voneinander unterscheiden: Es gibt gelbe, rote und sogar welche mit violettem Fruchtfleisch. Plötzlich wird aus der vermeintlich banalen Kartoffel eine (teure) Delikatesse.

Auch wenn die Zusammensetzung des Aromas der Kartoffel (auch: ***Erdapfel [Österreich], Herdäpfel, Bodaggn, Grübling, Grundbirne, Grumbeere, Gromper [Luxemburg]***) jeweils abhängig von der Sorte ist, lassen sich doch grundlegende Duftstoffe benennen, die (fast) allen Sorten gemeinsam sind. Interessant sind dabei vor allem die Aromaverschiebungen, die sich zum einen zwischen rohem und gegartem Gemüse ergeben, und die zum Zweiten aus dem Garmodus und der Gartemperatur resultieren.

ROH Rohe Kartoffeln duften erdig, grün, nach Gemüse und nach Champignons; hervorgerufen wird dieser Duft durch 1-OCTEN-3-OL. Unterstrichen wird der typische Geruch der rohen Kartoffel durch grasige, wachsige und leicht fettige Noten, eingebracht von (E)-2-OCTENAL sowie HEPTANAL, das noch herbale Anklänge zeigt. Die nach Gurken duftenden Untertöne der Kartoffel entstammen dem Aldehyd (E,Z)-2,6-NONADIENAL. Bemerkenswert ist die Unterstützung der grünen Düfte durch weitere grün-würzig-erdige Aromastoffe, die sich beim Garen verstärken: 2-PENTYLFURAN und 2-METHOXY-3-ISOPROPYLPYRAZIN, das darüber hinaus Assoziationen an grüne Bohnen und grünen Paprika hervorruft. 2- und 3-METHYLBUTANOL deuten bereits mit fermentierten Düften und Whiskyanklängen in Richtung der Röstnoten, die von der butterigen und karamellig-süßlichen Note des 2,3-BUTANDION noch unterstrichen werden. Für die leicht stechend-fruchtigen Untertöne der rohen Kartoffel ist ACETON verantwortlich.

GEKOCHT Für das erdige Aroma der gekochten Kartoffel sind Pyrazine verantwortlich, vor allem 2-ETHYL-3,6-DIMETHYLPYRAZIN, das nussige, an Kakaobohnen anklingende Röstnoten bereits in der rohen Kartoffel einstreut, und 2-ISOBUTYL-3-METHOXYPYRAZIN, das auch grünem Paprika seine erdig-grünen Aromen verleiht. Hinzu kommt außerdem 2,5-DIMETHYL-3-ETHYLPYRAZIN mit nussigen und kartoffeltypischen Düften. Auch gekochte Kartoffeln duften „röstig". Beim Kochen bildet sich 5-HYDROXYMETHYLFURFURAL, das der gekochten oder gedämpften Kartoffel röstige, butterige, karamellige und sogar Heu- und Tabaknoten verleiht. Prägend sind jedoch vor allem zwei schwefelige Aromastoffe: METHIONAL, das typisch hefeartig nach gekochtem Gemüse, gekochten Eiern oder gekochtem Fleisch riecht, sowie DIMETHYLSULFID, das den Duft von gekochtem Kohl und Zwiebeln mitbringt. Aus dem Bereich der aliphatischen Kohlenwasserstoffe finden sich (über den Fettabbau) zudem das pil-

Aromen roh: 1-OCTEN-3-OL *△grün, erdig, fungal, champignonartig, □gemüseartig, pilzig, hähnchenhautartig, ◇brühenartig, saucenartig* (E)-2-OCTENAL *△fettig, grün, □blattartig, süßlich* HEXANAL *△grün, blattartig, grasig, fettig, □gemüseartig, apfelartig, ◇leicht holzig* HEPTANAL *△grün, wachsig, fettig, □aldehydisch, herbal, ◇weinhefeartig* 2-METHYLBUTANOL *△röstartig, □weinartig, zwiebelartig, ◇alkoholisch, whiskyartig* (E,Z)-2,6-NONADIENAL *△grün, gurkenartig, □melonenartig, ◇fettig* ACETON *△lösungsmittelartig, leicht fruchtig, ◇stechend* DIMETHYLSULFID *△schwefelig, zwiebelartig, radieschenblätterartig, kohlartig, □fischartig, maisartig, spargelartig, ◇ein Hauch gekochte Milch/Sahne* 2-ETHYL-3,6-DIMETHYLPYRAZIN *△nussig, röstig, kakaobohnenartig*

Aromen gekocht: 1-OCTEN-3-OL *△grün, erdig, fungal, champignonartig, □gemüseartig, pilzig, hähnchenhautartig, ◇brühenartig, saucenartig* HEXANAL *△grün, blattartig, grasig, fettig, □gemüseartig, apfelartig, ◇leicht holzig* 1-PENTANOL *△fettig, fuselölig, fermentiert, □stechend, ◇süßlich-balsamisch* (E,Z)-2,6-NONADIENAL *△grün, gurkenartig, □melonenartig, ◇fettig* METHIONAL *△schwefelig, gekochte Kartoffel, gemüseartig, moderig, □hefeartig, käsig, gekochtes Fleisch, gekochte Eier* DIMETHYLTRISULFID *△schwefelig, lauchartig, gekochte*

WO SITZT WAS IN DER KARTOFFEL?

Die Inhaltsstoffe der Kartoffel spielen für ihre Verwendung in der Küche eine wichtige Rolle. Etwa die Stärke: Lediglich 2 bis 4 Prozent mehr oder weniger an Stärkegehalt bewirken bereits riesige Unterschiede in der Textur. Die Inhaltsstoffe befinden sich in der ganzen Knolle, aber je dunkler die Farbe in unserem Schaubild umso höher ist ihre Konzentration.

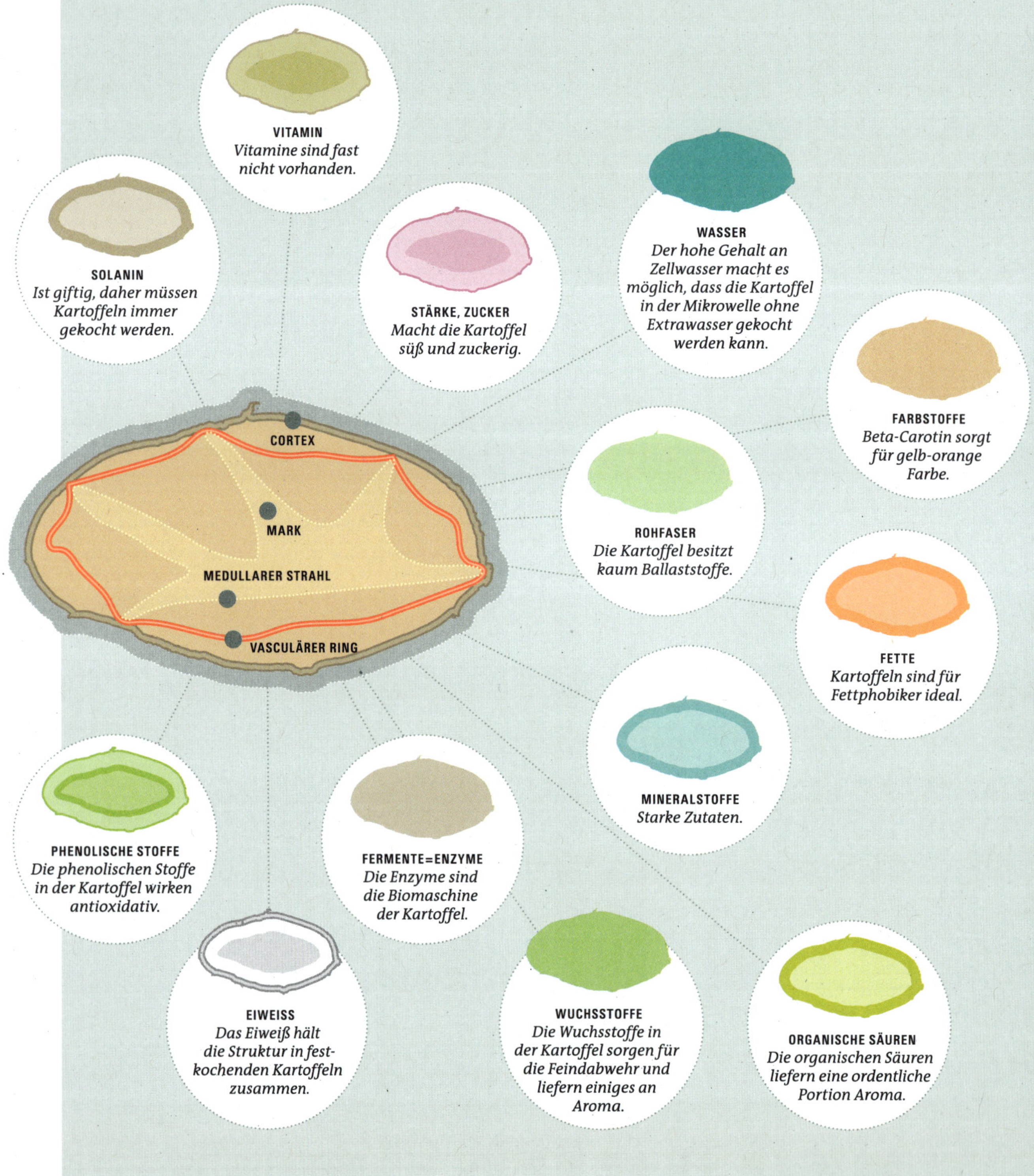

zig-erdige 1-OCTEN-3-OL (das praktisch alle Kochprozesse „überlebt"), (E,Z)-2,6-NONADIENAL und (E)-2-NONENAL, die fettig-grüne Gurkennoten beisteuern, und (E,E)-2,4-DECADIENAL mit fettig-öligen Düften, die an Gurken, Melonen und sogar Hühnerfett erinnern.

GEBRATEN UND FRITTIERT In frittierten Kartoffeln wirkt das Aroma wiederum anders, denn hier dominieren orthonasal die röstigen Malz- und Karamellaromen, die beim Frittierprozess aus den Zuckern der Stärke entstehen. Dabei besticht 2,3-PENTANDION mit seinen butterigen, nussigen, mitunter toastartigen Karamellnoten, die, wenn die Kartoffeln zu lange gebraten werden, ins leicht Stechende und Bittere umschlagen. Das bereits in der rohen Kartoffel das Aroma mitbestimmende 1-OCTEN-3-OL bleibt selbst beim Hocherhitzen erhalten und trägt seinen Champignonduft bei. Die Konzentration an 3-METHYLBUTANOL nimmt beim Braten und Frittieren zu und liefert fermentierte Fusel- oder Whisky-Duftkomponenten. Die unterschwelligen Wachsnoten der gebratenen Kartoffeln sind auf die deutliche Zunahme des NONANAL zurückzuführen, während sich fruchtige, leicht schokoladige, schweißige Düfte 3-METHYLBUTANAL verdanken. Die nussigen, röstigen Noten werden durch 2,4-DIMETHYL-5-ETHYLTHIAZOL eingeleitet, das vom aromatischen Mandelduft des BENZALDEHYD und aromatischen Honig- und Schokoladendüften des PHENYLACETALDEHYD begleitet wird. Auch 4-VINYLGUIACOL und NAPHTALIN mit ihren teerigen Holzrauchtönen sind zu nennen. Dominant bei gebratenen und frittierten Kartoffeln sind natürlich typische Maillardprodukte. Besonders zu erwähnen sind dabei 2-ETHYLFURAN mit seinen röstigsüßlichen und verbrannt-malzigen Aromakomponenten, das an Popcorn erinnernde und toastig duftende 2-ACETYL-1-PYRROLIN, das extrem karamellige 3-HYDROXY-4,5-DIMETHYL-2(5H)-FURANON und die stark nach Kaffee duftenden 2-ETHYL-5-METHYLPYRAZIN und 5-METHYLFURFURAL. Bemerkenswert ist der beim Erhitzen (sowohl beim Kochen als auch beim Braten/Frittieren) ansteigende warme, pinienartige, holzig-harzige Anteil des Dufts über die Bildung von α-PINEN.

Natürlich leben gekochte und gebratene Kartoffeln auch von ihren typischen Schwefeldüften. Während bei gekochten Kartoffeln das DIMETHYLSULFID mit seinen zwiebeligen Düften dominiert, sind es bei Bratkartoffeln und Frites eher DIMETHYLDISULFID und DIMETHYLTRISULFID, deren Duft in Richtung Gemüse, Kohl, gebratene Zwiebel und Brühen weist.

Die Aromawahrnehmung von Pommes frites, gebratenen Kartoffelecken und dicken Bratkartoffelscheiben ist spannend: Erst stehen die röstigen Noten im Vordergrund, aber nach und nach erscheinen retronasal, beim Kauen, die „gekochten" Aromen aus dem Inneren der Bratkartoffeln oder Frites. Denn beim Frittieren bzw. Braten werden die Stäbchen zwar außen hocherhitzt, aber innen lediglich im eigenen Wasser gedämpft, da die Temperatur dort aus physikalischen Gründen nicht über 100 °C steigen kann. Erst wenn die Kartoffelstücke dünner sind, bleiben die Röstaromen dominant. Das ist, abgesehen von der Textur, ein kleiner Unterschied zwischen

Zwiebel, □ herzhaft-fleischartig, ◇ fleischgemüsebrühenartig 5-HYDROXYMETHYLFURFURAL *△ röstig, fettig, butterig, karamellig, □ herbal, heuartig, ◇ tabakartig* 2-METHOXY-3-ISOPROPYLPYRAZIN *△ erdig, grüne Bohnen, □ grüner Paprika* 2-ETHYL-3,6-DIMETHYLPYRAZIN *△ nussig, röstig, kakaobohnenartig*

Aromen gebraten/gebacken/frittiert:
1-OCTEN-3-OL *△ grün, erdig, fungal, champignonartig, □ gemüseartig, pilzig, hähnchenhautartig, ◇ brühenartig, saucenartig* 3-METHYLBUTANOL *△ fermentiert, fuselartig, □ whiskyartig, bananenartig* NONANAL *△ wachsig, grün, □ zitrusschalenartig, fettig, gurkenartig* 3-METHYLBUTANAL *△ aldehydisch, ätherisch, pfirsichartig, □ schokoladenartig, fruchtig, ◇ schweißig* DIMETHYLTRISULFID *△ schwefelig, lauchartig, gekochte Zwiebel, □ herzhaft-fleischartig, ◇ fleischgemüsebrühenartig* α-PINEN *△ herbal, kampferig, pinienartig, □ stark holzig, erdig, ◇ terpentinartig, holzig-würzig* P-CYMEN *△ aromatisch, terpentinartig, holzig, □ kreuzkümmelartig, oreganoartig, ◇ pfefferig* 4-VINYLGUAIACOL *△ aromatisch, holzig, □ zedernartig, röstig, ◇ rauchschinkenartig* NAPHTALIN *△ aromatisch, stechend, □ teerartig* EUGENOL *△ würzig, süßlich, gewürznelkenartig, □ aromatisch, holzig, pimentartig, ◇ warm-würzig* 3-HYDROXY-4,5-DIMETHYL-2(5H)-FURANON *△ karamellig, süßlich, ahornsirupartig, □ verbrannter Zucker, ◇ kaffeeartig* 2-PENTYLFURAN *△ würzig-fruchtig, □ grün, erdig, ◇ bohnengemüseartig* 2-ETHYL-5-METHYLPYRAZIN *△ röstig, würzig, □ kaffeeartig, ◇ karamellig* 2-ETHYL-3,6-DIMETHYLPYRAZIN *△ nussig, röstig, kakaobohnenartig* 5-METHYLFURFURAL *△ röstig, süßlich, karamellig, brotrindenartig, □ kaffeeartig, ◇ geröstetes Getreide, ahornsirupartig* 2,4-DIMETHYL-5-ETHYLTHIAZOL *△ röstig, nussig, fleischartig*

GESCHMACK

SÜSS SAUER SALZIG BITTER UMAMI

Kartoffeln duften erdig, je nach Sorte manchmal mit nussigem Anklang oder süßem Geschmack.

MIKRONÄHRSTOFFE *(pro 100 g)*

Vitamine: *B_1 (0,07 mg), C (10 mg)* ***Mineralstoffe:*** *Natrium (155 mg)* ***Sekundäre Pflanzenstoffe:*** *Flavonoide*

HARMONIE

KARTOFFEL
BOHNE, HÜLSEN
FENCHEL
GRÜNER PAPRIKA
GURKE
MANGOLD
SELLERIE
SPINAT
BORRETSCH
MAJORAN
MUSKAT
OREGANO
PETERSILIE
ROSMARIN
STERNANIS
THYMIAN
VANILLE

KÜCHENJOKER

Grue de cacao, Weizen- oder Gerstengraspulver, Tonkabohne

PASST GUT ZU

fast allem, unter anderem zu gerösteten Haselnüssen, Algen, Meeresfrüchten, Eiern

LÄNDERKÜCHE

Italien: *Gnocchi* ***Deutschland:*** *Kartoffelpuffer, Pellkartoffeln, Hoorische Knepp (Saarland), Bratkartoffeln mit Speck, Lausitzer Stupperle, Rheinischer Kartoffelkuchen mit Lauch und Speck, Kartoffelsalat*

Pommes und „Strohkartoffeln", den ganz fein geschnittenen, knusprig frittierten Kartoffelstäbchen, den Stars längst vergangener Tage, die heute leider aus der Mode gekommen sind.

Der Geschmack der Kartoffel ist relativ neutral, in einigen wenigen Sorten leicht süßlich. Unangenehm süßlich kann er sein, wenn das Gemüse zu kalt gelagert wurde (unter 4 °C). Dann wird nämlich Amylase aus der Zellmembran freigesetzt (→ Kälteschäden, Seite 81), die einen Teil der Kartoffelstärke in niedermolekulare Zucker und Glucose spaltet. Legt man die Knollen geschält in kaltes Wasser, löst sich ein Teil des Zuckers und der süßliche Geschmack wird reduziert. Garverhalten, Quellvermögen und Textur leiden allerdings darunter.

Man sollte nicht vergessen, dass der Hauptmakronährstoff der Kartoffel Zucker in Form von Stärke ist, die während der Mund-Magen-Darm-Passage in Glucose, also reinen Zucker, umgewandelt wird. Eine Kartoffeldiät, wie hin und wieder angepriesen, ist allein aus dieser Perspektive Unsinn.

Einige Kartoffelsorten enthalten antioxidativ wirkende Farbstoffe. Vor allem in den südamerikanischen Ursprungsregionen der Kartoffel kommen zahlreiche farbige Kartoffelsorten vor, während in Europa traditionell hauptsächlich die helleren Sorten vermehrt und angebaut werden – teilweise wohl auch, weil man beim Ernten die dunklen Kartoffeln schwieriger findet als die hellen. Die für die rote, violette, blaue oder blauschwarze Färbung verantwortlichen Stoffe sind die wasserlöslichen Anthocyane. Dabei ist allerdings die molekulare Einbindung der Farben entscheidend: Während sich z. B. die Vitelotte beim Kochen nicht entfärbt, verwischen sich bei der Shetland Black die lilafarbenen Ringe im gelben Fruchtfleisch.

Zentral für den Flavour, d. h. den Gesamteindruck gegarter Kartoffeln, ist aber nicht nur ihre Aromazusammensetzung, sondern auch ihre Textur. Man unterscheidet hier, vereinfacht gesagt, zwei Varianten (wobei es natürlich Zwischenstufen gibt): Festkochende Sorten mit weniger Stärke bilden beim Kochprozess eine feste, glatte Textur aus, mehligkochende Sorten aufgrund ihres höheren Stärke- und geringeren Proteingehalts eine brüchige, mehlige Textur.

ZUBEREITUNG

SCHÄLEN – UND WENN JA, WANN? Ob man Kartoffeln schält oder nicht, hängt stark davon ab, wie die Schale beschaffen ist und wie man die Kartoffeln servieren möchte. Grundsätzlich kann man aus kulinarischer Sicht sagen: Da sich viele Mineralstoffe und manche Aromen und geschmacksgebende organische Säuren in und direkt unter der Schale befinden (siehe Grafik 244), sollte man Kartoffeln vor dem Garen eher nicht schälen. Das gilt vor allem für die Frühkartoffeln, bei denen gründliches Waschen und Abbürsten genügt. Wenn die Kartoffeln doch geschält werden, lassen sich die Schalen mit etwas Salz im Ofen trocknen oder in Fett frittieren und als aromatische „Knusperelemente" verwenden.

BLITVA

- 500 g vorwiegend festkochende Kartoffeln
- 500 g Mangold
- 10 EL Olivenöl plus etwas zusätzlich
- 1 Zwiebel, fein gehackt
- 4 Knoblauchzehen, fein gehackt
- Salz und frisch gemahlener schwarzer Pfeffer

Pro Portion: 349 kcal, 25 g F, 19 g KH, 7 g B, 6 g E

Kartoffeln schälen, je nach Größe halbieren oder vierteln und insgesamt 6 Minuten in Salzwasser kochen. In der Zwischenzeit Mangold waschen, klein schneiden, Blätter und Stiele trennen. Nach kurzer Zeit zuerst die Stiele zu den kochenden Kartoffeln geben, nach 2 bis 3 Minuten auch die Blätter. Alles mit den Kartoffeln weitere 2 bis 3 Minuten kochen, bis alles weich ist. Wasser abgießen.

Olivenöl in einer Pfanne erhitzen und Zwiebel darin anschwitzen; sie darf nicht anbrennen. Wenn die Zwiebel glasig ist, das Gemüse zugeben, dann Knoblauch sowie etwas Pfeffer und Salz. Alles gut vermengen, die Kartoffeln dürfen ruhig zerfallen, größere Stücke mit einer Gabel zerdrücken. Noch einige Minuten anschwitzen. Eventuell noch etwas Olivenöl zugeben. Zu gebratenem oder gegrilltem Fisch servieren.

Sind die Kartoffeln aufgrund der Lagerung unansehnlich und haben sie viele „Augen", sollte man sie schälen und Triebe und „Augen" wegschneiden. Grüne Stellen sollte man auf jeden Fall entfernen, denn sie enthalten das schwach giftige Solanin. Für Reibekuchen oder Klöße aus rohen Kartoffeln schält man die Kartoffeln vor dem Reiben. Auch für klassische Pommes frites werden die Kartoffeln roh geschält. Nach dem Kochen schält man hingegen Pellkartoffeln und alle Kartoffeln, die zu Kartoffelstampf, Kroketten oder Knödeln verarbeitet werden. Nicht zuletzt gibt es Zubereitungen, bei denen die Kartoffeln überhaupt nicht geschält werden: So kann man z. B. Bratkartoffeln aus ungeschälten Kartoffeln machen. Wedges heißen Kartoffelecken, die mit Schale frittiert oder gebacken werden. Auch Ofenkartoffeln im Ganzen bleiben immer in der Schale.

GARMETHODEN Kartoffeln lassen sich auf vielerlei Arten garen: Man kann sie kochen, braten, backen oder frittieren und sie als Beilage, Salat oder Suppe servieren. Dabei lohnt es sich, auf die Kocheigenschaften der jeweiligen Sorte zu achten. Grob gesprochen kann man sagen: Festkochende Kartoffeln behalten beim Garen ihre Struktur und eignen sich daher gut für Salate, Gratins und Pellkartoffeln. Vorwiegend festkochende Sorten mit mittelfester bis mehliger Konsistenz (je nach Sorte und Gardauer) sind zum einen ideal für Gerichte mit viel Sauce, also als Beilage. Zum anderen bekommen sie aufgrund ihres höheren Stärkegehalts beim Backen, Braten und Frittieren eine schöne Bräunung, bleiben innen aber locker und ergeben gute Brat-, Backkartoffeln und Frites. Mehligkochende Sorten eignen sich für alles, was „kleben" muss: Klöße, Reibekuchen, Rösti und Kroketten.

KOCHEN Kartoffeln immer in kaltem Salzwasser aufsetzen. Gibt man sie in kochendes Wasser, werden sie außen schneller weich als innen und bekommen eine ungleichmäßige Textur. Kartoffeln mögen es im Übrigen nicht, wenn sie in saurer Umgebung gegart werden, etwa in Sauerkraut oder Sauerbratengerichten. Innen sind sie zwar gar und wirken „gedämpft", die

Österreich: *Burgenländische Stosuppe, Schupfnudeln, Zwetschgenknödel, Kartoffelschmarrn, Mohnzelten, Erdäpfelgulasch* ***Belgien:*** *Pommes frites* ***Schweiz:*** *Rösti, Gschwellti* ***USA:*** *Folienkartoffel/Baked Potato* ***England:*** *Chips, Shephard's Pie* ***Europa:*** *Stampfkartoffeln, Kartoffelpüree* ***Mitteleuropa:*** *Kartoffelknödel/-klöße* ***Kroatien:*** *Blitva (Kartoffel-Mangold-Mischung)* ***Frankreich:*** *Kroketten, Dauphiné-Kartoffeln, Aligot (Kartoffelbrei mit Käse und Knoblauch), Kartoffel-Gratin* ***Spanien:*** *Tortilla* ***Griechenland:*** *Moussaka, Skordalia* ***Tschechien:*** *Skubanky (Kartoffelklöße mit Mohn)* ***Kanaren:*** *Papas arrugadas (Runzelkartoffeln)*

SORTEN

In einer Studie von 1925 werden an die tausend Kartoffelsorten erwähnt. Das Internationale Kartoffelzentrum in Peru (CIP) verfügt über eine genetische Datenbank mit 4000 Sorten. Grundsätzlich unterscheidet man agrartechnisch nach der Erntezeit: Frühkartoffeln gibt es bei uns ab Juni; sie sind besonders aromatisch, auch ungeschält essbar und halten sich nicht lange. Die im August folgenden Sommerkartoffeln kann man bis zum Herbst aufbewahren,

DER KARTOFFELKLOSS

Für Kartoffelklöße gibt es unendlich viele verschiedene Rezepte. Ob nun mit rohen oder gekochten Kartoffeln, mit Ei oder ohne, süß oder gefüllt usw. Jede Region, ja jeder Haushalt, hütet sein eigenes Rezept.

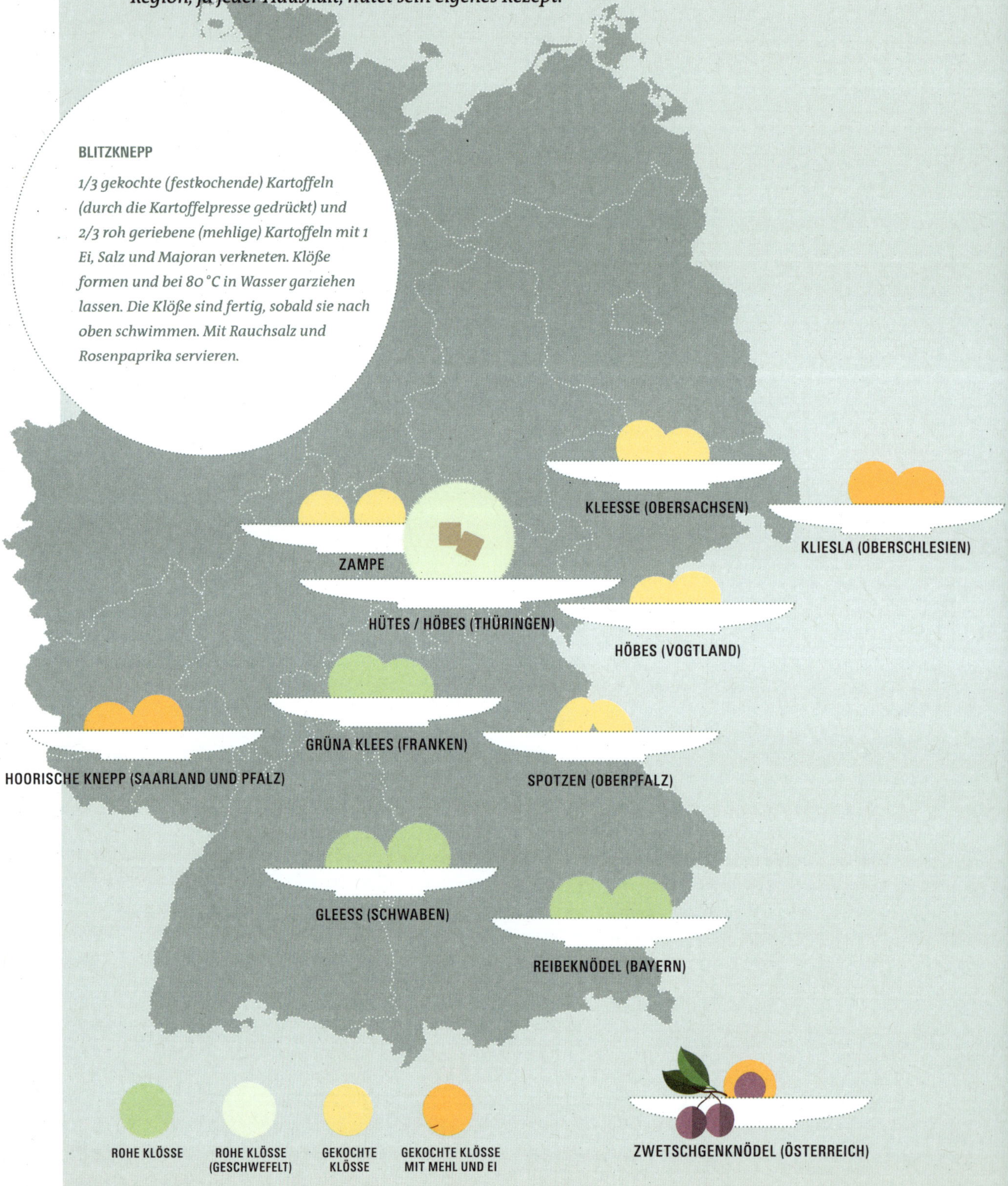

CHAMPIGNON-GURKEN-KARTOFFEL-ENSEMBLE

- 200 ml roher Kartoffelsaft (im Entsafter selbst gepresst oder Naturkostladen/Reformhaus)
- 1 Msp. Salz
- 2 g Gellan (pflanzliches Geliermittel, Gourmet-Fachhandel)
- 8 braune Champignons
- 2–3 TL helle Sojasauce
- 1 kleine Bio-Salatgurke mit Schale
- 1 neue, rohe festkochende Kartoffel mit Schale
- 4 dünne Scheiben Bündner Fleisch
- 100 g Handkäse (alternativ Harzer Käse)
- 4 EL Olivenöl
- grobes Meersalz, frische Kräuter (z. B. Dill) nach Geschmack

Kartoffelsaft leicht salzen und mit Gellan vermengen. Aufkochen, in eine rechteckige Form gießen und gelieren lassen. Vollkommen erkalten lassen. Aus der Form nehmen und am besten auf einer Aufschnittmaschine in sehr dünne Scheiben schneiden.

Champignons in feine Scheiben schneiden, mit Sojasauce beträufeln und 10 Minuten marinieren lassen.

Gurke und Kartoffel waschen, nicht schälen und ebenfalls in feine Scheiben schneiden.

Bündner Fleisch in Rechtecke schneiden, die in ihrer Größe etwa den Gurken-Kartoffel- und Kartoffelsaftscheiben entsprechen.

Kartoffelsaftscheiben, Champignonscheiben, rohe Gurken- und Kartoffelscheiben sowie Bündner-Fleisch-Rechtecke dachziegelartig auf einem flachen Teller anrichten.

Handkäse in feine Würfel schneiden, mit Olivenöl vermengen und dekorativ über die Teller geben.

Nach Geschmack mit grobem Meersalz und frischen Kräutern bestreuen, sodass diese immer wieder mit aufgenommen werden.

Pro Portion: 173 kcal, 10 g F, 6 g KH, 2 g B, 11 g E

Außenschicht bleibt aber etwas hart und erzeugt ein unangenehmes Mundgefühl. Die schnellste Art, Kartoffeln zu „kochen", findet in der Mikrowelle statt. Werden ungeschälte Kartoffeln ohne zusätzliches Wasser in der Mikrowelle bei voller Leistung gegart, sind sie je nach Dicke in 1,5 bis 3 Minuten gar. Nicht die feinste Methode, aber wenn es mal rasch gehen muss, eine brauchbare Alternative. Das Aromaspektrum bei dieser Methode entspricht dabei dem der herkömmlich gekochten Kartoffel, denn die Mikrowelle erhitzt das zelleigene Wasser auf maximal 100 °C. Erst wenn das meiste Wasser verdampft ist, setzen Maillardreaktionen ein.

Sind die Kartoffeln für einen Salat gedacht, kann man die rohen Knollen vor dem Kochen in Scheiben schneiden: Sie werden gleichmäßiger gar und bleiben schön fest (festkochende Sorten), während sie beim Schneiden im gekochten Zustand zu zerfallen drohen. Mehlige Kartoffeln nehmen zwar besser das Dressing auf, allerdings bröckeln sie eher. Empfehlenswert ist generell das Würzen in noch heißem Zustand, weil die Kartoffeln die Gewürze und auch den Essig besser aufnehmen.

Will man die gekochten Kartoffeln für ein Püree oder einen Kartoffelstampf verwenden, so greift man am besten auf mehlige Kartoffeln zurück. Bei Kartoffelstampf (grobem Püree) wird dem Prozess des Zellzerfalls mechanisch mit einem großlöchrigen Kartoffelstampfer nachgeholfen. Dabei bleiben genügend gequollene und verkleisterte Zellen intakt, der

und mittelspäte bis späte Sorten, die im September oder Oktober geerntet werden, lassen sich lange lagern. Kulinarisch und küchentechnisch ist die Einteilung in „festkochend", „vorwiegend festkochend" und „mehlig kochend" wichtiger, weil sich an ihr der Einsatz in der Küche festmacht.

FESTKOCHEND

Agata: *beliebte Frühkartoffel mit dünner, feiner Schale und hellgelbem Fleisch, festkochend bis vorwiegend festkochend, holländische Züchtung von 1990; lässt sich nur schlecht lagern und sollte frisch verarbeitet werden.*

Allians: *edle neue französische Sorte mit tiefgelbem Fleisch und gelber Schale, wurde vom Züchter Europlant als Nachfolger von Linda präsentiert. Sie lässt sich gut lagern, ist resistent gegen viele Krankheiten und hat sehr gute Geschmackseigenschaften;*

bei Testessen ging sie öfter als Sieger hervor. Besonders geeignet für Salat.

Amandine: *französische Züchtung mit niedrigem Stärkegehalt, wird in der Schweiz als spezielle Qualitätskartoffel verkauft.*

Anuschka: *eine ovale Kartoffel, die sich gut für Salate eignet. Sie wird kurz nach den Frühkartoffeln geerntet und hat eine sehr feine und glatte Schale.*

Bamberger Hörnchen: *alte Sorte aus Franken, Kartoffel des Jahres 2008 und seit 2013 eine regionale Marke mit geschützter geografischer Angabe (g.g.A.), d. h. sie darf nur noch in Franken angebaut werden, auch privat. Der Anbau ist aufwendig, der Ertrag gering, und sie drohte bereits auszusterben, konnte aber durch den Einsatz von Kleingärtnern und Freunden einer breiteren Sortenvielfalt gerettet werden. Die bei Anhängern alter Sorten sehr beliebte Gourmetkartoffel hat eine längliche, fingerartige Form und ein intensives, nussiges Aroma; sie ist gut geeignet für Kartoffelsalat.*

Belle de Fontenay: *traditionelle frühe Sorte, seit 1885 in Zucht, ursprünglich aus dem Département Val-de-Marne. Gilt als eine der aromatisch besten Kartoffeln. Gelobt wird auch ihre feste Konsistenz. Längliche bis hörnchenartige Form, das Fleisch ist hellgelb, die Schale hellockerfarben. Ideale Kartoffel für Salate und für Gratins, nicht ganz billig.*

Charlotte: *eine aromatische, französische Salatkartoffel mit länglicher Form. Sie lässt sich früh ernten und gut lagern.*

Cherie: *eine neuere Sorte aus Frankreich mit einer leicht roten, sehr glatten und dünnen Schale, die man gut mit essen kann.*

Chugauas: *kleine rotschalige Kartoffel aus Kolumbien, sehr aromatisch.*

Cilena: *eine der bekanntesten Kartoffelsorten, war einmal Marktführer in Deutschland und ist auch beliebt im eigenen Gar-*

Stampf erzeugt aufgrund der sehr breiten Partikelgrößenverteilung ein positives Mundgefühl. Werden die Zellwände beim Pürieren – z. B. mit Mixer oder Zauberstab – komplett zerstört, wird zu viel Stärke freigesetzt und das Püree nimmt, statt sämig zu werden, eine kleistrige Konsistenz an. Sehr butterige Pürees bügeln diesen Effekt wieder aus, da die Kartoffelzubereitungen zu einer Emulsion werden, die Proteine, Stärke und Fett neu strukturiert und die Konsistenz sämig werden lässt. Solche sehr fein zerkleinerten Kartoffelemulsionen lassen sich dann mithilfe von Sahnesyphons (Sahnebläsern) zu extrem luftigem Schaum aufschlagen.

Für einen Kartoffelteig lässt man gekochte (mehlige) Kartoffeln erst mindestens eine Stunde ausdampfen. Nimmt man Kartoffeln vom Vortag, wird die Teigkonsistenz etwas fester. Das ist z. B. ideal für Gnocchi, sie bekommen so mehr Biss. Für Kartoffelklöße reibt man Kartoffeln roh und kocht einen Teil davon. Den gekochten und den rohen Brei vermengt man und lässt die daraus geformten Klöße nochmals in heißem Salzwasser ziehen. Die original Thüringer Klöße kommen ohne Milch und Bindemittel aus. Dazu drückt man die rohen geriebenen Kartoffeln in einer Kartoffelpresse oder durch ein Tuch aus, fängt die Stärke auf und gibt sie wieder zu den rohen Kartoffeln zurück. Diese Masse vermengt man mit den heißen (!), gerade gekochten Kartoffeln zum Kloßteig. Die Stärke beginnt dann bereits zu gelatinisieren und zu binden. Diese (nur leicht gesalzenen) Klöße lässt man in heißem, aber keinesfalls kochenden Wasser (sie zerfleddern sonst) garziehen. Meist werden „Bröckchen" (getoastetes oder geröstetes) Brot in die Mitte eingearbeitet.

BRATEN, BACKEN UND FRITTIEREN Ob für Bratkartoffeln die Knollen zuerst gekocht werden müssen oder eher nicht, ist eine Frage der Brattechnik, Temperaturführung und des Geschmacksziels. Empfehlenswert ist es, vorwiegend festkochende Kartoffeln mit einem mittleren Stärkegehalt zu nehmen: Festkochende Kartoffel tendieren dazu, schnell zu verbrennen, mehlige Kartoffeln brauchen zu lange, bis sie knusprig werden. Gut waschen, damit Stärke sie nicht verklebt, und bei niedriger Hitze ständig wenden. Vorgekochte Kartoffeln, in denen die Stärkekörner bereits geplatzt sind und Amylose freigegeben haben, bräunen schneller – vor allem im Ofen. Raut man ihre Oberfläche auf, indem man sie mit Salz und Öl vermengt, schafft man eine größere Oberfläche für das Wasser, um zu verdampfen, dann geht das Bräunen noch schneller. Durch die kürzere Backzeit verlieren die Kartoffeln im Inneren weniger Wasser, bleiben innen cremig zart und werden nicht trocken-zäh.

Man kann Kartoffeln auch wie Fisch auf einem Salzbett garen: Rohe Kartoffelhälften auf 1 cm dick ausgestreutes Salz auf ein Backblech legen und im Ofen backen, bis sie weich sind.

Kartoffeln lassen sich ausgezeichnet frittieren – sei es in Stäbchen geschnitten, wie bei klassischen Pommes frites, sei es in der feineren Variante, als Pommes soufflés (siehe Rezept).

FERMENTIEREN Gekochte oder gedämpfte Kartoffeln lassen sich hervorragend fermentieren. Dazu werden ein oder zwei kalte gekochte Kartoffeln mit einem Kartoffelstampfer zerdrückt und mit etwas unpasteurisierter Misopaste vermengt. Lässt man sie bei Zimmertemperatur in einem Glas stehen, bildet sich nach 1 bis 2 Wochen eine sehr süßlich-würzige Paste. Die Glucose reagiert mit Aminosäuren zu bräunlichen Verbindungen (→ Maillardreaktion, Seite 94) mit einem einzigartigen Duft. Die Glutaminsäure aus dem Kartoffelprotein sorgt gleichzeitig für einen herzhaften Umamigeschmack des „Kartoffelmiso". Werden die Kartoffeln zu Beginn nur mit 1 bis 2 EL Wasser luftdicht verpackt (in einem Beutel mit Zippverschluss oder vakuumiert), setzt nach etwa 7 bis 12 Tagen eine gleichzeitige Milchsäuregärung ein. Das Resultat ist eine würzige, säuerliche Paste, die sogar Senf ersetzen kann.

ROH Kartoffeln werden zwar immer gekocht, gebraten oder frittiert angeboten, dennoch können dünn gehobelte rohe Kartoffelscheiben (frisch oder in dezenten Säuren, z. B. Verjus, mariniert) festkochender Sorten Salate oder andere kalte Gerichte sowohl texturell als auch aromatisch heben. Das rohe Kartoffelaroma wirkt überraschend, nicht nur, weil rohe Kartoffeln nicht üblich sind, sondern auch weil hier stechende, leicht trigeminal wirkende, fruchtige und grüne Düfte im Vordergrund stehen. Zudem haben dünne geschnittene rohe Kartoffelscheiben eine unnachahmliche Textur. Dominieren sollten sie jedoch auf keinen Fall (nicht nur wegen des in rohen Kartoffeln enthaltenen Solanins). Köstlich ist ebenfalls der Saft roher Kartoffeln (frisch entsaftet), der sich besonders als Grundlage von Vinaigrettes oder Verrines eignet. Er färbt sich allerdings wegen der enzymatischen Bräunungsreaktion rasch dunkel. Roher Kartoffelsaft ist z. B. in Reformhäusern erhältlich.

KOMBINATIONEN

Die Kartoffel ist ein Allrounder, der sich erst einmal unabhängig von ihrer Zubereitungsweise als Beilage mit allem kombinieren lässt. Man kann also kaum etwas „falsch" machen. Dennoch lohnt sich ein genauer Blick auf Möglichkeiten des Aroma-Pairings bzw. -Completings, um das ganze kulinarische Potenzial des Gemüses in seinen unterschiedlichen Garzuständen hervorzuholen. Generell kann man sagen, dass die meisten Kombinationen, die sich anbieten, gleichermaßen für gekochte wie gebratene oder gebackene Kartoffeln gelten. Den breitesten Spielraum bieten dabei die gekochten Kartoffeln in den verschiedenen Formen ihrer Weiterverarbeitung.

Auffallend im Aroma gekochter Kartoffeln sind die nussigen, mitunter an Kakao erinnernden Noten. Diese lassen ungewöhnliche Würzungen z. B. mit *Grue de cacao* zu. Diese nicht süßen, schokoladigen Kakaoprodukte finden in Kartoffelpürees vor allem als Beilage zu Wild,- Wildgeflügel- oder Lammgerichten besondere Aufmerksamkeit. Geröstete Haselnüsse betonen die Nussaromen der Kartoffel, und Kartoffelpürees lassen sich, statt mit Butter, ausgezeichnet mit Nussölen (Haselnuss-, Walnuss- oder Erdnussöl)

tenanbau; das Aroma wird noch besser, wenn man sie lagert.

Corne de gatte: *eigentümlich geformte Kartoffel mit Verzweigungen, sie stammt aus Belgien und gilt als eine der schmackhaftesten Kartoffeln; besonders geeignet für Pellkartoffeln, weil man diese frühe Sorte ohnehin eher mit Schale isst.*

Ditta: *neuere deutsche Züchtung, die glattschalige Sorte ist widerstandsfähig, ertragreich und lässt sich gut lagern – ein Liebling der Kartoffelbauern und eine klassische Salatkartoffel.*

Gourmandine: *Die Sommerkartoffel gewann 2012 und 2013 in Frankreich den begehrten Preis „Geschmack des Jahres" in der Kategorie Kartoffeln, Obst und Gemüse. Sie besitzt ein köstlich nussiges Aroma und tiefgelbes Fleisch. Gourmandine bildet viele und gleichmäßige Knollen aus, ist aber etwas empfindlich im Anbau. Sie wird vor allem in der Schweiz verkauft, aber auch von Bioland-Höfen in Deutschland angebaut.*

Heideniere: *Kartoffel des Jahres 2015 aus der Lüneburger Heide, deren Form an eine menschliche Niere erinnert; in den 1960er Jahren fast ausgestorben, in den 90ern rekultiviert und 2011 wieder zugelassen. Das tiefgelbe Fleisch ist feinwürzig und speckig; sehr lagerfähig.*

Nicola: *typische deutsche Standardkartoffel aus dem Supermarkt, entstanden durch Kreuzung aus einer unbekannten Wildkartoffel und der Sorte Clivia; die Sorte lässt sich gut lagern, die Knollen schmecken süßlich mit leicht erdigem Aroma.*

Kefermarkt Blau: *frühreifende Kartoffelsorte aus Österreich mit rötlich-blauer Schale und leuchtend rosafarbenem Fleisch.*

La Ratte: *sehr alte französische Sorte (zugelassen 1872): „La Ratte du Touquet" ist ein geschützter Markenbegriff aus der nordfranzösischen Gemeinde Le Touquet-Paris-Plage. Die Knollen sind länglich bis hörnchenförmig; die Pflanze ist leider wenig* *ertragreich und recht anfällig für Schädlinge, deshalb war sie fast schon vom Markt verschwunden, aber seit den 1990er Jahren findet sie unter Gourmets zahlungskräftige Anhänger und wird in der Bretagne, Dänemark und Deutschland angebaut. In der Schweiz heißt die Sorte auch „Virgule" oder „Müsli"; sie ist ein idealer Begleiter nicht nur zum Spargel.*

Linzer Delikatess: *bekannte österreichische Sorte von 1975, die nach ganz Europa exportiert wird, auch als Saatgut. Die Knollen sind länglich, Schale und Fleisch gelb, Geschmack und Aroma sehr fein.*

Naglerner Kipfler: *eine der ältesten österreichischen Sorten, die 1956 im niederösterreichischen Naglern gezüchtet wurde. Die Knollen sind hörnchenförmig, das Aroma cremig; sie sind ideal für Salate. Die Anbaufläche ist in den letzten Jahren stark zurückgegangen, aber sie wird in der Direktvermarktung verkauft.*

Panda: *deutsche Kartoffel, sehr gut lagerfähig, sie wird gerne für die Chipsproduktion genommen, auch weil sie gleichmäßig rund-ovale Knollen ausbildet.*

Rosa Tannenzapfen *(Pink Fir Apple): alte englische Sorte, Kartoffel des Jahres 2013; die hörnchenförmigen rosa Knollen sind innen gelb und im Aroma sehr würzig, sie eignen sich gut für Salate oder als Pellkartoffeln.*

Sieglinde: *Kartoffel des Jahres 2010, damals seit 75 Jahren in Deutschland heimisch und damit die älteste noch zugelassene deutsche Sorte. Ihr gelbes Fleisch duftet feinwürzig und leicht speckig; besonders aromatisch ist die Kartoffel, wenn sie auf Moorboden angebaut wird, woher sie auch stammt: aus der Lüneburger Heide.*

Simone: *langovale Kartoffel mit dunkelgelber Fleischfarbe und sehr gutem Geschmack und Aroma; die Sorte ist widerstandsfähig gegen Beschädigungen und Krautfäule, deshalb bei Großbetrieben beliebt.*

Spunta: *weitverbreitete, ertragreiche Sorte von 1967 aus den Niederlanden mit großen, hellgelben Knollen, in Geschmack und Aroma eher durchschnittlich; wird viel in den Mittelmeerländern angebaut für den mittel- und nordeuropäischen Markt.*

Violetta (Blaue Elise): *interessante Neuzüchtung von Karsten Ellermann aus Barum in der Lüneburger Heide (2004) mit kräftigem Kartoffelgeschmack und ungewöhnlicher Optik: Die Schale der länglich-ovalen Knolle ist dunkel und bläulich, das Fleisch satt dunkellila. Da die Farbe beim Kochen erhalten bleibt, ist die Sorte ideal als farblich interessante Beilage, im Salat oder als farbenfroher hauchdünner Chip.*

Vitelotte: *auch Négresse, Truffe de Chine, Trüffelkartoffel oder Blaue Kartoffel genannt; eine auffällig blaue, fast schwarze Kartoffel, bei der auch das Fruchtfleisch tiefblau ist (und beim Kochen bleibt); die Form der Knollen erinnert an Trüffel, im Aroma erinnern sie an Esskastanien und sind weniger süß als herkömmliche Kartoffeln. Die Sorte stammt aus Peru und Bolivien und wird dort bis heute kultiviert, aber mittlerweile auch bei uns; sie ist nicht sehr ertragreich und die Knollen müssen komplett per Hand geerntet werden, was ihren gehobenen Preis erklärt.*

VORWIEGEND FESTKOCHEND

Ackersegen: *alte deutsche Sorte vom Züchter der Sieglinde in der Lüneburger Heide, diente lange als Referenzsorte für Sortenvergleiche. Die Schale ist typisch netzartig gefärbt, das Aroma butterig.*

Barbara (Blaue Augen): *Sorte mit violett gescheckter Schale und intensivem Aroma.*

Berber: *zählt zu den Frühkartoffeln. Beim Kochen geht sie ins leicht mehlige, aber ohne zu zerfallen. Sie ist besonders gut für Pommes frites geeignet.*

Berlichingen: *deutsche Regionalsorte aus Baden-Württemberg, die von der Stiftung*

ACKERSEGEN

ANUSCHKA

BERBER

CHERIE

VITELOTTE NOIR

BLEUE D'ARTOISE

COLOMBA

BAMBERGER HÖRNCHEN

LINDA

LILIANA

Kaiserstühler Garten erhalten wird, mit sehr erdigem Aroma.

Bintje: *holländische Züchtung von 1905, ein echter Bestseller, auch in der Nahrungsmittelindustrie beliebt. Zusammen mit Quarta die züchterische Grundlage für Ditta, die Kartoffel des Jahres 2012. Die mehligen bis vorwiegend festkochenden Knollen eignen sich gut für Pommes frites und Chips.*

Birte: *robuste, sehr gut lagerbare Sorte, auch für den gewerblichen Anbau. Die Fleischfarbe ist tiefgelb; kulinarisch ist sie sehr vielseitig einsetzbar.*

Blauer Schwede: *Kartoffel des Jahres 2006, auch unter anderen Namen wie Blue Congo oder Idahoe Blue bekannt; die alte Sorte stammt möglicherweise von amerikanischen Sorten ab, die in Europa zuerst in Schweden angebaut wurden. Das violette Fleisch wird beim Kochen blau. (Legt man die gekochte Kartoffel einige Stunden in den Kühlschrank, wird die Farbe noch stärker.) Geschmack und Aroma sind intensiv und leicht süßlich.*

Blaue St. Galler: *Schweizer Neuzüchtung durch Kreuzung des Blauen Schweden mit der Schweizer Frühkartoffel Prättigau. Schale und Fleisch sind dunkelblau, die Farbe bleibt beim Kochen und Frittieren erhalten. In der Schweiz kann man sie im Supermarkt bekommen, sie wird auch in Deutschland und Österreich verkauft.*

Blue Salad Potato: *ältere schottische Sorte mit blauer Schale und blauem Fleisch; die rundovale Knolle ist kräftig im Geschmack und ideal als Salat, Salz- oder Pellkartoffel – oder mal einen blauen Kloß versuchen?*

Bonnotte: *exklusive französische Kartoffelsorte, die vor allem auf der Atlantikinsel Noirmoutier angebaut wird; sie wird nur kurze Zeit im Mai angeboten; die Kartoffelfelder werden mit Tang gedüngt und die Knollen haben ein leichtes Jod-Aroma.*

Colomba: *gelbfleischige Frühkartoffel, eignet sich sehr gut als Pellkartoffel.*

POMMES SOUFFLÉS – KARTOFFELKISSEN

4–5 Kartoffeln (vorwiegend festkochend)

2 l Frittierfett (oder selbst ausgelassener Rindertalg)

1–2 TL geräuchertes Paprikapulver (Piment d'Espelette selbst geräuchert, getrocknet und fein zermahlen)

1–2 TL nicht zu grobes Meersalz

Pro Portion: 175 kcal, 12 g F, 13 g KH, 1 g B, 1 g E

Kartoffeln waschen, schälen und in möglichst exakte Scheiben von 3 mm Dicke schneiden. Scheiben noch einmal abwaschen und abtupfen, sodass sie möglichst trocken sind. Zwei Ölbäder vorbereiten: Bad 1: 130 °C, Bad 2: 180 bis 185 °C.

Nicht mehr als 10 Scheiben in Bad 1 vier Minuten vorgaren, dabei ständig umrühren, sodass die Scheiben immer von heißem Öl umgeben sind. Danach sofort 20 bis 30 Sekunden in Bad 2 fertig frittieren. Sie werden sich dabei wie „Kissen" aufblasen, sind dann goldgelb, knusprig und innen hohl. Auf Küchenpapier abtropfen lassen und erst kurz vor dem Servieren mit geräuchertem Paprikapulver und Salz bestreuen.

Tipp: Dazu passt ein Kalbsteak pro Person aus der Kalbslende, lediglich saignat auf dem Grill /Grillpfanne nachgebraten, mit grobem Salz und groben gemischten Pfeffer (Timut, Kubeben, Schwarzer Pfeffer, Mönchspfeffer) würzen. Auch Champignons in Butter geschwenkt passen hervorragend dazu.

verfeinern. Eine trickreiche Variante des Kartoffelpürees erhält man, wenn man einen Teil des Fetts und der Milch durch fetthaltigen Joghurt ersetzt. Die säuerliche, frische Note ergibt neue Geschmacksbilder, die hervorragend zu Fischgerichten, Gemüsegulasch oder sogar kalt als Dip für Rohgemüse wie Fenchel oder Sellerie passen. Der leichte Pilzduft und der erdige Charakter der Kartoffel macht sie wiederum für alle Pilzgerichte zum idealen Begleiter. Bei den Pilzen dürfen es ruhig aromastarke und ausdrucksvolle Pilze sein: Morcheln, Steinpilze oder Herbsttrompeten und natürlich der edle Wintertrüffel sind ideale Partner und ergänzen herzhafte Kartoffelgerichte. Ihre grünen, erdigen Noten lassen sich in Zubereitungen mit grünen Paprika und grünen Bohnen heben. Weizen- oder Gerstengraspulver hingegen gibt nicht nur tolle grünliche Farbe, sondern ergänzt auch deutlich frische grüne Duftnoten. Aus demselben Grund sind Algen (Meeressalat, Wakame, Nori) gern gesehene Partner der Kartoffel. Kombualgen bringen noch Umamigeschmack mit. Meeresfrüchte (Austern, Garnelen, Krabben, Tintenfisch) holen die Kartoffel bei ihrem grünen Gurkenaroma ab. Ähnlich funktioniert die Kombination mit dem „Gurkenkraut" Borretsch, mit dessen Edelvariante Austernkraut und mit Fischen wie z. B. Lachs, die einen starken Gurkenanteil im Aromaspektrum haben. Gurken selbst passen natürlich ebenfalls ausgezeichnet und werden in fast allen Landstrichen mit Kartoffeln kombiniert. Interessant ist hierbei das typische Gurkenaroma der Kartoffel, das sich praktisch nur im rohen und gekochten Zustand zeigt. Bratkartoffeln mit Gurken wären daher weit weniger attraktiv als der Klassiker Kartoffel-Gurken-Salat. Gekochte Kartoffeln paaren sich bestens mit weiteren grünen Aromen: Olivenöl, Weizengras oder Oliven sind köstlich. Gerade die Oliven fügen fermentierte Düfte hinzu und paaren sich über würzige Düfte, die der gekochten Kartoffel zu eigen sind. Die

Désirée: *holländische Sorte mit rötlicher Schale und hellgelbem Fleisch, festkochend bis leicht mehlig, kräftig in Geschmack und Aroma.*

Fontane: *holländische, sehr ertragreiche Neuzüchtung u. a. aus Agria, sie wird von der Industrie wegen ihres überdurchschnittlich hohen Stärkegehalts überwiegend für Pommes frites eingesetzt.*

Granola: *Kartoffel des Jahres 2014: robust und anpassungsfähig; die Knolle ist rauschalig und rundoval mit der Besonderheit, dass sie beim Kochen anfangs fest bleibt, bei längerem Kochen aber mehlig wird.*

Juwel: *Neuzüchtung (2004); die Knollen sind langoval mit gelber genetzter Schale und hellgelbem Fleisch, vorwiegend festkochend bis mehlig. Die Sorte schnitt bei einem mehrjährigen Feldversuch in Bayern unter allen Frühkartoffeln geschmacklich am besten ab.*

Laura: *deutsche Sorte mit rauer roter Schale und tiefgelbem Fleisch. Die rote Schale kann auf das Fleisch abfärben, das hat aber geschmacklich keine Auswirkungen. Eine der letzten Sorten, die im Herbst geerntet werden. Bildet keine sehr großen Knollen aus,* *was den Vorteil hat, dass ein Großteil der Energie beim Reifen in den Geschmack und nicht in die Größe geht. Vielleicht kommt daher der Spruch: „Die dümmsten Bauern haben die dicksten Kartoffeln?"*

Liliana: *eine sehr frühe Sorte mit gelber Fleischfarbe und rundovaler Knollenform.*

Linda: *Die „Protestkartoffel" und Kartoffel des Jahres 2007: Sie war Anlass einer heftigen Auseinandersetzung um Rechte am Saatgut, weil ihr ursprünglicher Züchter sie vom Markt nehmen wollte, um sie durch „bessere" Sorten zu ersetzen. Es erhob sich ein Sturm der Entrüstung, Prominente und Politiker traten für die bedrohte Knolle ein. Die Vereinigung „Rettet die Linda" erreichte in einem langwierigen Rechtsstreit, dass das deutsche Bundessortenamt die Linda wieder zuließ. Heute darf Linda überall in Europa angebaut werden. Das tiefgelbe Fruchtfleisch gilt als besonders aromatisch; frisch ist es festkochend, nach längerer Lagerung mehlig.*

Mandelkartoffel: *mittelspät reifende Sorte aus Lappland, erstmals 1940 registriert; die kleinen, von der Form her mandelähnlichen Knollen sind gelbschalig und -fleischig.*

Marabel: *seit Beginn der 1990er Jahre eine der beliebtesten deutschen Kartoffelsorten sowohl im ökologischen als auch im konventionellen Landbau; sie ist frühreifend, hat eine gelbe, sehr glatte Schale, schmeckt fein säuerlich bis leicht süßlich und ist vielseitig einsetzbar.*

Markies: *Sorte mit großen Knollen mit dunkler Schale und hellem Fleisch, festkochend bis mehlig, wird gerne für Pommes frites eingesetzt.*

Parli: *eigentümliche Sorte aus der Schweiz, die vermutlich auf amerikanische Ursorten zurückgeht; ihr cremiges, an Maronen erinnerndes charakteristisches Aroma ist bei Feinschmeckern sehr beliebt; die gefurchten Knollen haben tief sitzende Augen, man schält sie deshalb besser erst nach dem*

starke Präsenz der erdig-grünen Duftkomponenten machen die gekochte Kartoffel des Weiteren zu einem sehr guten Partner von gekochten grünen Bohnen, Paprika oder gar Spargel, die mit ähnlichen Düften aufwarten. Dies gilt sowohl für kalte Zubereitungen (Salate) als auch für warme Kombinationen in Hauptgerichten. Dieser Überlapp wird durch den ebenfalls stark ausgeprägten Überlapp in den schwefeligen Düften noch verstärkt. Will man den schwefeligen Aspekt der gekochten Kartoffel mehr betonen, bieten sich Kombinationen mit Kohlrabi (roh und gekocht), Radieschen (roh) oder gekochten Eiern (z.B. der Aromaklassiker Eier in Senfsauce) an. Kontrastieren lässt sich die Kartoffel mit Muskat, das weiß jeder Hobbykoch. Der Versuch, die an Maiglöckchen und leicht an würzige Vanille erinnernden Noten der Tonkabohne zu verwenden, ist hingegen kulturell eher ungewöhnlich, liegt aber chemisch nahe und sollte unbedingt ausprobiert werden. Auch aromatisch-würzige Raucharomen, Vanille, Sternanis oder Mandeln machen aus schlichten gekochten Kartoffeln kleine Highlights, die sich mit Sicherheit ins kulinarische Gedächtnis einprägen. Beim Klassiker Kartoffeln mit Quark und Petersilie (oder anderen würzigen Kräutern wie Basilikum, Dill, Kerbel oder Raute) paaren sich einerseits die grünen, milchigen und leicht schwefeligen Noten des Quarks mit der Kartoffel, andererseits ergänzen die Kräuter würzige Noten. Kontrast lässt sich auch mit aromatischen Kräutern wie Oregano, Majoran, Bohnenkraut und Thymian erzeugen. Der mediterrane Klassiker „Rosmarinkartoffeln" funktioniert genau aus diesem Grund so gut.

Geschmacklich vertragen die meistens eher neutralen Kartoffeln Umamibomben: Ein (schwäbischer) Kartoffelsalat geht nicht ohne jede Menge langgekochte Brühe oder Bratenfond. Umami mit typischen Schalentieraromen wäre die Nordseeküstenantwort auf die Fleischbrühe der Schwaben: Dort kennt man Kartoffelsalate mit Meeresfrüchten, und ein kräftiger Fond oder eine Brühe von Schalentieren ist die erste Wahl. Wenn die Farbe der Brühen oder Sojasaucen optisch stört, darf es gern auch Glutamat sein. Das ist nicht schädlich, sondern gehört wie Salz und Zucker zu den „raffinierten" (d.h. hoch gereinigten) Grundgeschmacksabschmeckern.

Gebratene und frittierte Kartoffeln entwickeln unter anderem würzige, an Nelken anklingende Düfte, die sich durch Anis, Muskatnuss oder Tonka fördern lassen. Warum nicht einmal statt Currywurst eine Tonka-, Muskat- oder Aniswurst zu Pommes frites? Oder warum nicht gekochte und gebratene Kartoffeln einmal mit Nelke oder Tonka würzen?

EXTRATIPP Saubere Kartoffelschalen von rohen Kartoffeln müssen nicht unbedingt weggeworfen werden: Sie lassen sich mit gutem, grasig-fruchtigem Olivenöl bepinseln, mit etwas Salz bestreuen und im Ofen bei 160 °C innerhalb weniger Minuten zu feinen Chips backen. So runden sie als Texturgewürz weißes Fleisch, Fisch und feine Cremes aus grünen Paprika oder Avocados ab.

REGIONALE VARIANTEN Die Vielfalt an weltweiten Kartoffelgerichten ist so groß, dass man damit ein ganzes Buch füllen könnte. In den klassi-

ROSARA

SOLIST

CHARLOTTE

Kochen, weil man sonst zu viel wegschneiden müsste.

Quarta: *1979 eingeführte Sorte mit gelber Schale und roten Augen; die Knolle ist kräftig im Geschmack und lässt sich vielfältig einsetzen, z. B. als Baked Potato.*

Rosara: *eine noch relativ junge, rotschalige Sorte mit kräftig gelbem Fruchtfleisch. Sie wird sehr früh geerntet und eignet sich als Allzweckkartoffel.*

Roseval: *ältere französische Sorte (1950) mit cremig-butterigem Aroma; die länglich-ovale Knolle hat eine rote Schale und gelbes Fruchtfleisch.*

Rote Emma: *langovale Neuzüchtung aus der Lüneburger Heide (Barum) mit roter, glatter Schale und rotem Fleisch. Das Aroma ist angenehm würzig; gut geeignet für Salate, Pürees oder als Pellkartoffel.*

Solist: *eine ertragreiche und sehr frühe Kartoffel mit einer hellgelben Schale.*

Shetland Black: *diese Kartoffel mit schwarzvioletter Schale wurde in Schottland schon im 19. Jahrhundert angebaut, ihr Ursprung ist unbekannt. Das Fruchtfleisch ist gelb mit einem lilafarbenen Ring, der beim Kochen verwischt, und hat ein cremiges Aroma.*

Toscana: *neuere Züchtung, vorwiegend festkochend; die Knollen wachsen regelmäßig, das Aroma ist vortrefflich, daher ist die Sorte beim Handel sehr beliebt.*

MEHLIGKOCHEND

Adretta: *Züchtung aus der DDR, war dort sehr populär und ist es immer noch; Kartoffel des Jahres 2009. Eignet sich gut für Pürees, Chips, Kartoffelkloßteig oder Lausitzer Stupperle, auch als Folien- oder Pellkartoffel. Die Sorte entspricht in vielem dem deutschen Ideal der Kartoffel: groß und rund, schön mehlig und geschmacklich attraktiv.*

Agria: *vorwiegend mehlig und sehr stärkereich, ähnelt in Geschmack und Kocheigenschaften der vorwiegend fest kochenden Bintje; gut für Pommes und Chips, Pürees und Eintöpfe.*

Cyclame: *Sommerkartoffel mit tiefroten Schalen und cremefarbenem Fleisch. Die ungarische Züchtung wurde nach dem gleichnamigen Alpenveilchen benannt.*

Eden: *englische Sorte mit weißem Fleisch und hellgelber Schale.*

Highland Burgundy Red/Red Cardinal: *schottische Sorte, bei der sowohl Schale als auch Fleisch rot sind, was selten vorkommt. Die rote Farbe bleibt beim Kochen erhalten, daher ist sie ideal für rosa Pürees, Gnocchi, Gratins oder Suppen. Sie gedeiht am besten über 800 Meter Höhe, darunter neigt sie zur Krautfäulnis.*

Lady Rosetta: *rotschalige Frühkartoffel aus den Niederlanden mit viel Stärke und wenig Zucker; eignet sich gut für Püree und vor* *allem für Chips, weil sie gleichmäßig geformt ist.*

Ora oder Mira: *Stammt von der Ostseeinsel Poel (Erstzulassung 1940) und wurde dann in der DDR angebaut. Die Knolle hat eine braune, leicht angeraute Schale, hellgelbes bis gelbes Fruchtfleisch und ein ausgeprägt „kartoffeliges" und leicht würziges Aroma.*

Saturna: *seit 1970 in Deutschland zugelassen, das Fleisch ist hellgelb und etwas trockener als bei anderen Sorten, beim Kochen wird sie etwas dunkler; der Geschmack ist fein und süß.*

Schwarzblaue aus dem Frankenwald: *regionale alte Sorte aus Franken/Thüringen; aufgrund starken Virenbefalls kurz vor dem Aussterben, wird aber noch von Hobbygärtnern angebaut und wurde aufgrund ihres exzellenten Aromas in die „Arche des Geschmacks" von Slow Food aufgenommen.*

Zwiebler: *alte Sorte aus dem 19. Jahrhundert mit runden rosa Knollen, spätreif und gut lagerbar.*

EINKAUF UND LAGERUNG

Die frühesten neuen Kartoffeln im Jahr kommen im Februar/März aus Israel, Ägypten und Nordafrika zu uns. Die ersten heimischen Frühkartoffeln werden im Juni geerntet, dann gibt es sie frisch bis in den Oktober. Kartoffeln sind lange haltbar, je nach Sorte bis zu einem Jahr. Manche mehlige Kartoffeln müssen sogar lagern, damit sie ihr volles Aroma entfalten. Um das Keimen zu verhindern, werden Kartoffeln oft mit Keimhemmungsmitteln (z.B. Chlorpropahm) und Fungiziden behandelt. Bei Kartoffeln nach EG-Öko-Verordnung oder strengeren Kriterien ist das nicht erlaubt. Zu Hause kann man sie (kurz) im Gemüsefach des Kühlschranks oder (länger) in einem trockenen Keller lagern. Man sollte beachten: Kartoffeln brauchen Luft, aber bei Licht und höheren Temperaturen keimen sie schnell; außerdem sollten sie nicht im

schen Kartoffelländern Mitteleuropas gibt es unzählige traditionelle Zubereitungen von Kartoffeln – von Stampfkartoffeln und Pürees über Pellkartoffeln (die in der Schweiz ***Gschwellti*** heißen) bis zu Kartoffelklößen, Bratkartoffeln oder Kartoffelpuffern. Pommes frites sind eine (angeblich) belgische Erfindung, die Ofenkartoffel hat über (amerikanisch inspirierte) Steaklokale ihren Siegeszug bei uns angetreten und ist heute die klassische Beilage zu allem Gegrilltem, gerne auch in Alufolie gewickelt auf der Grillkohle gegart. Ebenfalls amerikanischen Ursprungs sind die beliebten ***Wedges***: Bratkartoffeln oder frittierte Kartoffeln mit Schale und meistens mit scharfem Paprikapulver gewürzt. Um die Röstaromen zu betonen, kann man auch geräuchertes Paprikapulver nehmen (***Pimenton de la Vera***). Mediterran, südfranzösisch geprägt sind die Rosmarinkartoffeln: Kartoffelscheiben mit viel Rosmarin bestreut im Ofen gebacken. Man kann auch andere mediterrane Kräuter nehmen. Auch in Aufläufen kommen Kartoffeln in unzähligen Varianten vor: solo als Gratin mit Sahne und Knoblauch oder mit anderen Gemüsen, z. B. mit Zwiebeln, Paprika, Tomaten und Eiern (***Hoppelpoppel*** oder die spanische ***Tortilla***, die es wiederum in unzähligen Variationen gibt) oder mit Auberginen im griechischen ***Moussaka*** oder als überbackenes Püree mit Hackfleisch im klassischen britischen ***Shepherd's Pie***. Die Italiener sind traditionell keine Kartoffelfans, kennen aber mit den ***Gnocchi*** ebenfalls eine klassische Kartoffelzubereitung: Nudeln aus Kartoffelteig. Ähnliches nennt man in Österreich ***Schupfnudeln***. Aus Österreich, besonders Oberösterreich, kommen zahlreiche Kartoffelklöße. Hier werden Klöße mit Speck, Käse, Mohn oder gefüllt mit Zwetschgen oder Marillen (Aprikosen) würzig oder süß zubereitet – um nur ein paar Varianten zu nennen.

GESCHICHTE

Die ältesten Funde wilder Kartoffeln, die zur Familie der Nachtschattengewächse zählt, stammen vom Titicacasee in Peru aus dem letzten vorchristlichen Jahrhundert, kultiviert hat man sie dort und im chilenischen Tiefland aber schon viel früher: Archäologen datieren auf bis zu 8000 Jahre v. Chr. 1540 gelangten die ersten Kartoffeln nach Spanien: Sie waren rotschalig mit großen violetten Blättern und wurden zunächst als Zierpflanze angebaut. 1570 begann man mit dem Anbau in Südspanien, von hier gelangten sie nach Italien und weiter in den deutschsprachigen Raum, wo man die „papa", wie sie in der Sprache der Inkas hießen, „tartoffel" nach dem italienischen „tartufo" für Trüffel nannte. 1590 erreichten sie England. Lange war ihr kulinarischer Nutzen jedoch umstritten, im Burgund wurde die „pomme de terre" eine Zeitlang sogar verboten. Damit teilte sie das Schicksal vieler Nachtschattengewächse aus der neuen Welt: Sie galten als giftig und unheimlich. Vermutlich waren die alten, nicht an unser Klima angepassten Sorten damals weniger schmackhaft, zudem wusste man mit ihnen kulinarisch nicht umzugehen, und ihr Kraut, die Schalen und Keime waren viel unbekömmlicher als heute, weil ihr Solaningehalt höher war, sodass man die Abfälle nicht an das Vieh verfüttern konnte. Anfangs schnitt man Kartoffeln in Scheiben, dörrte sie und machte daraus ein Mehl – sie wurden also nicht gekocht. Bald jedoch erkannte man, dass die Zubereitung der Knollen im Grunde einfacher war als die von Getreide: Man brauchte sie weder zu dreschen noch zu mahlen und auch nicht zu Brot zu verbacken. Vor allem waren die Erträge von Kartoffeläckern bedeutend höher als die von Getreide, und die Erdknolle stellt keine hohen Ansprüche an die Böden. Die Kartoffel verdrängte spätestens mit dem Einsetzen der Industrialisierung die traditionellen Grundnahrungsmittel Haferbrei, Hirse und Wurzelgemüse wie die Pastinake fast vollständig. Heute werden Kartoffeln von den noch einfacher zu handhabenden Beilagen Reis und Nudeln verdrängt. Seit dem Zweiten Weltkrieg hat sich der Kartoffelverbrauch in Deutschland mehr als halbiert. Dennoch ist die Kartoffel mit jährlich etwa 300 Millionen Tonnen das viertwichtigste Nahrungsmittel auf der Welt.

GESCHICHTE UND GESCHICHTEN

KARTOFFEL-PROPAGANDA In Frankreich versuchte der Pharmazeut und Agronom Antoine Parmentier Ludwig XVI. für die nahrhafte Kartoffel zu begeistern. Er ließ angeblich rund um Paris Kartoffeläcker anlegen, die von Soldaten bewacht wurden. Abends, wenn sich die Wächter zurückzogen, plünderten die Pariser die Felder. Genau das hatte Parmentier beabsichtigt: Was bewacht wird, muss wertvoll sein! Perfektes Marketing im 18. Jahrhundert. So fanden die Franzosen Geschmack an der „pomme de terre".

In Preußen propagierte Friedrich II. erfolgreich die Kartoffel. Angeblich ließ auch er Kartoffeläcker von Soldaten bewachen. Sein Vater Friedrich Wilhelm I. hatte seinen störrischen Bauern noch mit dem Abschneiden von Nasen und Ohren gedroht. Friedrich II. ging etwas raffinierter vor: Er verschenkte säckeweise Saatgut. Als alles nichts nutzte, ließ er während des Siebenjährigen Krieges den Kartoffelanbau von seinen Dragonern durchsetzen. Preußen blieb lange Zentrum des deutschen Kartoffelanbaus.

DIE ERFINDUNG DER CHIPS Der indianische Koch Georg Crum bereitete 1853 in einem Nobelhotel in Saratoga Springs (New York) einem Gast die europäische Spezialität Pommes frites zu. Aber dem waren die Stäbchen zu dick. Auch ein weiterer Versuch misslang. Aus Wut schabte Crum die Scheiben superdünn und frittierte sie, sodass der Gast sie nicht mehr mit der Gabel aufspießen konnte. Der war begeistert. Daraus wurden *Saratoga Chips*, die Spezialität des Hauses. (Eine andere Version erzählt, dass Crums Schwester aus Versehen eine dünn geschnittene Scheibe ins Fett fallen ließ.) Industriell hergestellt werden Chips seit den 1920er Jahren – seit Erfindung der Schälmaschine.

selben Raum wie Äpfel und Birnen liegen, da das vom Obst abgegebene Ethylen die Keimung fördert. Lagert man sie zu trocken, werden sie schrumpelig; lagert man sie zu kalt (unter 4 °C), spaltet sich die Stärke in Zucker und die Knollen schmecken unangenehm süßlich.

SAISON

01 02 03 04 05 **06** **07** **08** **09** **10** **11** 12

Als Importware ganzjährig erhältlich, beispielsweise aus Israel, Ägypten und Nordafrika.

ANBAU

Kartoffeln mögen karge und mineralstoffreiche Böden, im Idealfall sandig, mit viel Kompost angereichert. Sie können aber auch mittelschwer sein, vor allem tiefgründig. Biosaatkartoffeln lässt man am besten einige Wochen vorkeimen. Die Pflanzzeit ist im April bis Mai, wenn die Bodentemperatur nicht mehr unter 8 °C fällt. Kartoffeln gedeihen auch auf dem Balkon in Kübeln – und sind hier, vor allem die älteren Sorten, nicht zuletzt als Zierpflanze wegen ihrer schönen Blüten beliebt. Kartoffelfäule droht an sehr feuchten Standorten und kann mittels Brennnesseljauche bekämpft werden. (Gegen Kartoffelkäfer ist jedoch kein Kraut gewachsen.) Geerntet wird – je nach Sorte – bereits ab Ende Juni, vor allem aber im September und Oktober.

Chaerophyllum bulbosum

KERBELRÜBE

Kerbel kennt man als Küchenkraut. Die eher unbekannte Kerbelrübe gehört zwar zur gleichen Familie (Doldenblütler) wie das Kraut, doch zu einer anderen Gattung. Die Knolle, die ein wenig wie eine braune Karotte aussieht, zählt zu den „vergessenen" Gemüsearten, die zur Zeit auch in der Hochgastronomie eine Renaissance erleben. Die Wurzel verhält sich kulinarisch im Vergleich zur Karotte wie Champagner zu Wein. Manche nennen sie sogar aufgrund ihres feinen süßlichen Aromas den „Kaviar der Vegetarier".

Aromen roh: LINALOOL △*floral, zitrusartig, rosenholzartig, grün,* □*orangenartig, zitronenartig,* ◇*leicht wachsig, holzig* GERANYLACETAT △*floral, rosenartig, lavendelartig,* □*grün, wachsig, ölig,* ◇*leicht seifig* α-PINEN △*herbal, kampferig, pinienartig,* □*stark holzig, erdig,* ◇*terpentinartig, holzig-würzig* β-PINEN □*herbal, holzig, harzig, pinienartig, heuartig, kampferig,* ◇*gewürznelkenartig, muskatartig-würzig, pfefferig, leicht kühlend* 1,8-CINEOL[T] △*herbal, eukalyptusartig, kampferig,* □*minzig,* ◇*trigeminal kühlend* Δ-3-CAREN △*zitrusartig,* □*leicht holzig* (E,E)-FARNESOL △*floral, maiglöckchenartig,* □*süßlich, lilienartig* MYRISTICIN △*würzig, warm, balsamisch,* □*holzig,* ◇*wärmend* APIOL △*herbal, würzig, petersilienartig* EUGENOL[T] △*würzig, süßlich, gewürznelkenartig,* □*aromatisch, holzig, pimentartig,* ◇*warm-würzig, wärmend*
Aromen gekocht außerdem: METHIONAL △*schwefelig, gekochte Kartoffel, gemüseartig, moderig,* □*hefeartig, käsig, gekochtes Fleisch, gekochte Eier* DIMETHYLSULFID △*schwefelig, zwiebelartig, radieschenblätterartig, kohlartig,* □*fischartig, maisartig, spargelartig,* ◇*ein Hauch gekochte Milch/Sahne*

Der Duft der Kerbelrübe (auch: ***Knollenkerbel, Rübenkerbel, Erdkastanie, Kerbelwurzel, Knolliger Kälberkopf, Pimperlipimp, Päperläpäp, Peperlein, Rimperlimping***) erinnert ein wenig an Petersilienwurzel, was nicht verwunderlich ist, denn die Knolle enthält eine größere Menge des von Petersilie und Muskat bekannten Aromastoffs MYRISTICIN und beachtliche Konzentrationen am ebenfalls von der Blattpetersilie bekannten APIOL. Diese werden von EUGENOL, dem Hauptaromastoff der Gewürznelken, ergänzt. Hinzu kommen zahlreiche Terpene: zum einen mit herbalen, harzig- holzigen Düften, etwa durch PINEN, zum anderen mit Eukalyptusduft über 1,8 CINEOL, das auch im Lorbeer zu finden ist, und nicht zuletzt mit floralen Tönen: Nennenswert sind das nach Zitrusblüten und Rosenholz duftende LINALOOL sowie Düfte nach Rosen, Lavendel, Lilien und Maiglöckchen über GERANYLACETAT und (E,E)-FARNESOL. Der Dufteindruck der Kerbelrübe ist damit deutlich „floral-warm-würzig" – eine außergewöhnliche Kombination.

Beim Schmoren oder Kochen werden die würzigen Noten betont. Allerdings kommen leichte Schwefelnoten, vor allem METHIONAL und DIMETHYLSULFID, dazu, die an gegarte Zwiebeln oder gekochte Kartoffeln erinnern.

Die Wurzel enthält bis zu 50 Prozent Stärke, die während der Lagerung teilweise von Amylasen aus den Zellwänden zu Zucker und Mehrfachzuckern (Maltodextrin) gespalten wird: Die Rübe wird dabei immer süßlicher. Ihre Textur und die leichte Süße erinnern dann an Maronen oder würzigere Kartoffelsorten. Auch Oligofructose (Inulin) ist den Kerbelrüben zu eigen, die, gepaart mit der beim Kochen verkleisternden Stärke, für eine angenehm weiche, cremige, nicht so mehlige Textur verantwortlich ist.

Phenolische Säuren (Kaffeesäure, Chinasäure und weitere komplexe Verbindungen) fügen Bitternoten bei. Nachgewiesen wurden außerdem Flavonoide (darunter Luteolin, Quercetin und Kaempferolverbindungen), die neben ihrer antioxidativen Wirkung ebenfalls zum leichten Bittereindruck der Kerbelrübe beitragen. Kerbelrüben sind damit im Grundgeschmack, wie viele Wurzelgemüse, süßlich-bitter. Außerdem tragen sie – ebenfalls wie viele Wurzelgemüse – mit ihren geschmacksverstärkenden Nukleotiden (Inosinmonophosphat und Guanosinmonophosphat) zum Umamigeschmack beim Schmoren bei.

ZUBEREITUNG

Kleinere Rüben braucht man nur abzubürsten, größere kann man mit dem Sparschäler schälen. Oder man kocht sie ungeschält und drückt sie dann wie gekochte Mandeln aus der Schale. Kerbelrüben lassen sich aber, fein gewürfelt oder in dünnen Scheiben geschnitten, auch roh verzehren. Frische Kerbelrüben sind roh knackig und saftig, gekocht wirken sie etwas mehliger und erinnern an festkochende Kartoffeln, Taro oder Pastinaken. Aus den kleineren Knollen kann man schmackhafte Cremesuppen erzeugen, größere Exemplare lassen sich wie Kartoffeln zubereiten. Ihr typischer Eigengeschmack und ihre Aromen lassen sich durch einfaches Kochen (je nach Dicke 10 bis 18 Minuten) in der Schale in leicht gesalzenem Wasser herausarbeiten. Ihr Potenzial an Süße lässt sich gut nutzen, besonders wenn die Kerbelwurzel einige Tage oder Wochen gelagert wurde und sich ein Teil der Stärke enzymatisch zu Zuckern gespalten hat: Dann werden die Wurzeln mindestens eine Stunde lang bei milder Hitze gegart und püriert. Das Resultat ist ein sehr sämiges, würzig-süßliches Püree. Beim Schmoren in einer Pfanne oder einem Topf mit Fett/Öl eventuell kurz scharf anbraten (so entstehen aufgrund des Zuckers schöne Röstaromen) und dann mit Gewürzen bei schwacher Hitze schmoren, bis die Rüben weich werden. Auch Angrillen unter dem Salamander, in der Grillpfanne oder Abflämmen mit einem Gourmetbrenner liefert wegen der Zucker karamellartige Röststoffe.

KOMBINATIONEN

Das feine Aroma der Kerbelrübe kann durch verschiedene Würzkombinationen hervorgehoben werden. Aufgrund ihres Duftschwerpunkts im würzigen Bereich ergeben sich etwa Harmonien mit Gewürznelken, Muskatnuss, Tonkabohne und Anis/Sternanis. Diese Gewürze kommen auch vor dem Hintergrund der leichten Süße bestens zur Geltung, wenn Kerbelrüben in Butter und mit den Gewürzen bei sanfter Hitze gegart werden. Finales Abschmecken bei gekochten oder gedämpften Kerbelrüben funktioniert mit Petersilie und mit Kerbelkraut, das eine ganze Reihe floraler Düfte mitbringt und die blumigen Aspekte der Wurzel betont. Das Garen der Kerbelwurzel in einem Sud aus floral aromatisiertem Grüntee (z. B. Jasmin, Hibiskus oder Rosenblüten) weist in eine ähnliche Richtung. Die Nähe zu herbalen und holzigen Noten empfiehlt ferner das Garen auf einem Kräuterbett. Dazu Thymian und Lorbeer großzügig auf dem Topfboden verteilen, etwas Olivenöl hinzugeben und die Kerbelrüben ca. 10 Minuten unter größerer Hitze bei geschlossenem Deckel garen. Manche der auf dem Topfboden liegenden Kräuter werden verkohlen, was wegen der dezenten Rauchnoten erwünscht ist. So begleiten die Kerbelrüben Steaks, gegrillte Hähnchen oder im Ofen weichgegarte Auberginen, deren Rauchnoten der Kerbelrübe sehr entgegenkommen. Gepaart mit geräuchertem Speck oder mit intensivem Rauchsalz final abgeschmeckt, werden die würzigen Noten weiter betont. Die Verwendung von geräucherten Gewürzen (z. B. Paprika/Pimentón) funktioniert ebenfalls gut, und selbst rauchig wirkender gerösteter Kaffee macht

GESCHMACK

Kerbelrüben duften fein würzig und floral und schmecken leicht bitter-süßlich. Gekocht erinnern sie von der Textur her an Maroni und Kartoffeln.

HARMONIE

KÜCHENJOKER

Kaffeepulver, Pinienkerne, Nüsse, Vanille

PASST GUT ZU

Fleisch, Fisch, reifem Käse, Geräuchertem, Wild, Innereien

EINKAUF UND LAGERUNG

Kerbelrüben bekommt man im Winter und Frühjahr auf Märkten, selten im Supermarkt. Sie können dunkel und kühl mehrere Wochen gelagert werden, dabei reifen sie nach und werden süßer.

GEKOCHTE KERBELRÜBE MIT GERÄUCHERTEM MOZZARELLA

1 Bund Suppengrün (z. B. Lauch, Sellerie, Möhre, Petersilie)

Pflanzenöl

8 mittelgroße Kerbelrüben

150 g Butter, Salz

200 g getrockneter, stark geräucherter Mozzarella

Pro Portion: 486 kcal, 46 g F, 4 g KH, 2 g B, 13 g E

Suppengrün putzen bzw. schälen und klein schneiden. Etwas Öl in einem Topf erhitzen, das Gemüse kurz darin anschwitzen und 500 ml Wasser aufgießen; etwa 1 Stunde köcheln lassen, dann durch ein Sieb gießen.

Kerbelrüben unter fließendem Wasser abbürsten und für ca. 8 Minuten in der Brühe gar kochen. Herausnehmen und beiseitestellen. Brühe reduzieren, dabei Butter zugeben.

Kerbelrüben 2 bis 3 Minuten in der reduzierten Brühe schwenken, damit sie schön glänzen. Wenn nötig, mit Salz abschmecken.

Geräucherten Mozzarella in mittelgroße Späne reiben. 2 bis 3 EL der Brühe in tiefe Teller geben, je 2 Rüben einlegen und kräftig mit Mozzarellaspänen bestreuen.

sich als Gewürz (Pulver) oder als Grundlage eines außergewöhnlichen Schmorfonds (gern mit etwas Sahne) ausgezeichnet.

Kerbelrüben behaupten sich als Solitär bzw. als Hauptkomponente auf dem Teller, lassen sich aber auch hervorragend kombinieren. So kann man sie gut zusammen mit anderen Wurzelgemüsen (Karotten, Haferwurzel etc.) in einem Gemüseragout mischen. Geschmort passen sie zu Kohl, der die schwefeligen Duftkomponenten betont. Auch Spinat ist mit seiner würzigen, erdig-schwefeligen Note ein guter Partner. Linseneintöpfe (z. B. mit braunen Linsen) aromatisiert die Rübe und trägt mit ihren geschmacksverstärkenden Komponenten zum Umamigeschmack bei. Das leicht süße Wurzelpüree (mit oder ohne Kartoffeln) verträgt süßlich-herzhafte Ergänzungen: Es passt zu Wildgerichten und Innereien oder lässt sich mit Käse überbacken. Schlägt man es mit feinen Ölen zu einer Emulsion auf, lässt sich das Aroma weiter steuern: Nussöle fügen nussigen Duft hinzu, Olivenöle grünen. Wird das Püree mit herben Grüntees oder geräucherten Tees zubereitet, lassen sich feine adstringierende Sensationen erzeugen.

GESCHICHTE UND BOTANIK

Ursprünglich war die Kerbelrübe in Europa überall nördlich der Alpen heimisch, geriet aber im 20. Jahrhundert weitgehend in Vergessenheit – trotz ihres Aromas. Erst seit den 1980er Jahren kümmern sich Züchter in Frankreich und jüngst in England, Österreich und der Schweiz um die Rübe.

Die Kerbelrübe gehört zur Familie der Doldenblütler (*Apiaceae*), zu der auch Kümmel, Anis, Koriander und Gemüsepflanzen wie Sellerie oder Pastinaken zählen. Was wir von der Kerbelrübe essen, ist botanisch der kropfartig verdickte Stängelknoten, eine Hypokotylknolle wie beim Radieschen oder der Roten Bete. Die „Rübe" ist kegelig, spindelförmig bis kugelig rund, wird 3 bis 6 Zentimeter dick und bis zu 10 cm lang.

SAISON

01 02 03 04 05 06 07 08 09 10 11 12

Als Importware beispielsweise aus Frankreich erhältlich.

ANBAU

Die Aussaat erfolgt zwischen September und Dezember. Die Samen brauchen kühle Temperaturen (von +5 bis –5 °C) mehrere Wochen lang, bevor sie im Frühling (unregelmäßig) keimen. Wenn im Juni die Blätter welken, fangen die Wurzeln an, sich mit Nährstoffen vollzusaugen und zur Knolle auszubilden. Jetzt kann man die Knollen ausgraben und mit genügend Abstand erneut auspflanzen. Im Herbst werden die Wurzeln geerntet. Am besten lässt man sie einige Monate nachreifen, damit sie süßer werden – im Keller oder in kühlen, dunklen Räumen, auch mehrere Wochen im Gemüsefach des Kühlschranks.

KICHERERBSE

Cicer arietinum

Wer kennt nicht Falafel oder Hummus? Beide Gerichte bestehen vorwiegend aus Kichererbsen. Diese gehört zur Familie der Leguminosen, ist aber mit „unserer" Erbse nicht direkt verwandt. Im mitteleuropäischen Klima kommt sie selten zur Reife, dafür gedeiht sie in warmen und subtropischen Ländern und zählt dort zu den Grundnahrungsmitteln. Geröstet oder frittiert entfalten Kichererbsen erst ihr ganzes Potenzial. Und sie lassen sich auch jenseits der orientalischen Küche einsetzen – sogar als Gewürzpulver.

Aromen gekocht: HEXANAL △*grün, blattartig, grasig, fettig,* □*gemüseartig, apfelartig,* ◇*leicht holzig* 1-HEXANOL △*grün, herbal, süßlich, apfelschalenartig,* ◇*stechend, ölig, fruchtig* 2,4-UNDECADIENAL △*grün, fettig, hühnerhautartig, gemüseartig,* □*leicht fruchtig, hähnchenartig, gurkenartig* (E,E)-2,4-UNDECADIENAL △*grün, ölig, karamellig, zitrusartig,* □*butterig, würzig,* ◇*hähnchenartig, fettig* MYRCEN △*würzig, floral, balsamisch, kräuterartig,* □*holzig, möhrenartig, fruchtig, mangoartig* Δ-3-CAREN △*zitrusartig,* □*leicht holzig* α-PINEN △*herbal, kampferig, pinienartig,* □*stark holzig, erdig,* ◇*terpentinartig, holzig-würzig* 2-PENTYLFURAN △*würzig, fruchtig,* □*grün, erdig,* ◇*bohnengemüseartig*

Aromen geröstet: (E)-2-HEPTENAL △*fettig, gemüseartig,* □*fruchtige Anklänge, erdig, grün* (E)-2-HEXENAL △*grün, bananenschalenartig, fettig,* □*gemüseartig, blattartig,* ◇*würzig-fruchtig, frischer Käse* 3-HYDROXY-2-BUTANON △*butterig, milchig,* □*sahnig, cremig,* ◇*süßlich* 1-OCTEN-3-OL △*grün, erdig, fungal, champignonartig,* □*gemüseartig, pilzig, hähnchenhautartig,* ◇*brühenartig, saucenartig* α-PINEN △*herbal, kampferig, pinienartig,* □*stark holzig, erdig,* ◇*terpentinartig, holzig-würzig* α-PHELLANDREN △*terpentinartig, zitrusartig, grün,* □*holzig, pfefferig, limettenartig* P-CYMEN △*aromatisch, terpentinartig, holzig,*

Gekochte Kichererbsen (auch: *Echte Kicher, Römische Kicher, Venuskicher, Felderbse*) bestechen durch ihre weiche pastöse Textur und ihren leicht süßlichen, bitteren Geschmack mit einem Hauch umami. Ihr Aroma ist eine Mischung aus grünen Duftstoffen, an Bohnen erinnernden Furanen und zahlreichen Terpenen, die den Hülsenfrüchten ihr kulinarisches Potenzial verleihen. Für die Aromazusammensetzung im Einzelnen kommt es jedoch stark auf die Zubereitungsweise an.

In rohen Kichererbsen (z. B. im Mehl klar erkennbar) dominiert das fruchtige, leicht nach Bananen und Bohnen duftende PENTAN-1-OL, beim Garen treten andere Aromastoffe in den Vordergrund: So tragen bei dem gekochten Gemüse viele aliphatische Verbindungen zum grün-grasigen Bohnenaroma bei, wie etwa HEXANAL, 1-HEXANOL und 2,4-UNDECADIENAL, das noch einen leichten „Hühnerhautduft" einstreut. Des Weiteren bildet sich während des Kochens 2-PENTYLFURAN mit würzig-grünen, leicht fruchtigen und ebenfalls bohnenartigen Noten. Der typische Kichererbsenduft wird allerdings erst durch die Terpene MYRCEN, Δ-3-CAREN und vor allem α-PINEN erzeugt, deren Zusammenspiel den Kichererbsen kräuterige, blumige, erdige und holzige Noten mit Anklängen an Rosen, Karotten, Zitrus und Pinien verleiht. Der hohe Anteil an ungesättigten Fettsäuren wie Ölsäure oder Linolensäure ist ebenfalls für die Aromabildung während des Erhitzens verantwortlich. Vor allem die Bildung von grünen und fettigen Geruchsstoffen wird unter Hitzeeinwirkung gefördert.

Röstet man Kichererbsen trocken, hat dies eine deutliche und sehr komplexe Veränderung in der Aromazusammensetzung zur Folge. Zum einen entstehen Pyrazine aus dem röstig-würzigen Bereich: das nach Erdnüssen und Schokolade duftende 1,2-ETHYL-3-METHYLPYRAZIN, das süßlich-nussige 2-ETHYL-3,5-DIMETHYLPYRAZIN und 2-ETHYL-5-METHYLPYRAZIN mit Karamell- und Kaffee-Röstnoten oder 2-ETHYL-3,6-DIMETHYLPYRAZIN, das die nussig-röstigen Aromen unterstreicht. (Diese Röstaromen ähneln denen von gebratenen Kartoffeln – kein Wunder bei dem hohen Stärkeanteil der Gemüse, in dessen Folge sich freigesetzte Zucker an der → Maillardreaktion (Seite 94) beteiligen. Zum anderen aber entstehen zahlreiche weitere Aromen neu: etwa die Aldehyde (E)-HEPT-2-ENAL mit fettig-grünen, stechenden und gemüsetypischen Noten und das grüne (E)-2-HEXENAL. Hinzu kommen das butterige, nach

Milch und leicht süßlich riechende 3-HYDROXY-2-BUTANON und 1-OCTEN-3-OL mit seiner Pilznote. Düfte nach Karamell, Brot und Nüssen werden durch FURFURAL beigefügt. Für die Abrundung sind wiederum Terpene wichtig: β-PINEN mit herbalen, holzig-harzigen Piniennoten, das an Terpentin und Pfeffer erinnernde α-PHELLANDREN, das noch Zitrusnoten beifügt, und P-CYMEN, das unter anderem einen kräuterigen Oreganoduft einstreut.

Von allen Hülsenfrüchten weisen Kichererbsen den höchsten Anteil am harten Holzstoff Lignin in der Zellwand auf. Lignin ist nicht nur ein unlöslicher Ballaststoff, sondern übernimmt eine wichtige Funktion bei der Aromenbildung: Aus dem Polymer mit hohem Anteil an „Aromaten" (Benzoringen) bilden sich eine ganze Reihe Aromen, die den betörenden Duft der gerösteten Kichererbse ausmachen, unter anderem das würzige Nelkenaroma EUGENOL oder das nach Rauchschinken duftende 4-VINYLGUIAIACOL.

Röstet man nicht die ganzen Samen, sondern das Mehl oder Mus, werden wegen der größeren Oberfläche wiederum andere Düfte erzeugt. Dann sind vor allem heterozyklische Duftstoffe tonangebend. Dazu gehören die Furane 2-ETHYLFURAN mit einem süßlichen, verbrannt-erdigen und malzigen Aroma, 2-BUTYLFURAN mit würzig-fruchtigen Düften sowie 2-PENTYLFURAN, das grüne, fruchtige, aber auch würzig-erdige Noten einbringt. Wesentlich ist außerdem das Entstehen von Lactonen, in diesem Fall γ-BUTYROLACTON, das dem gerösteten Kichererbsenmehl cremig-butterige Noten verleiht und eine starke Assoziation an Karamellbonbons hervorruft. Der Aromat 1, 2, 4-TRIMETHYLBENZOL hingegen erinnert eher an den Geruch von Plastik.

Da beim Rösten von Kichererbsenmehl freie Zucker mit den Aminosäuren der Proteine → Maillardprodukte (Seite 94) bilden, sind geröstete Kichererbsen(-mehle/-mus) weniger süß. Wird zu dunkel geröstet, kommen Bitternoten hinzu, die die verbleibende Süße kontrastieren. Diese Verschiebung des Aroma- und Geschmacksprofils spielt bei Gerichten wie *Falafel* (frittierte Bällchen aus Kichererbsenmus) eine große Rolle.

Der Stärkeanteil der Kichererbsen liegt etwa bei 60 Prozent der Trockenmasse. (Zum Vergleich: Kochbananen und Mais haben 99 Prozent, Kartoffeln 70 bis 80 Prozent, Getreide 80 Prozent.) Im Vergleich zu Getreide ist der Anteil der verkleisternden Stärke Amylopektin höher, d. h. reine Kichererbsenstärke eignet sich für pastöse Zubereitungen wie Cremes oder Pürees und als Saucenverdicker. Sie verkleistert bei höheren Temperaturen als Getreide, nämlich zwischen 64 und 74 °C, was damit die Mindestkochtemperatur für Kichererbsen(-mehl) bestimmt.

Als freie Zucker kommen in Kichererbsen Mono- und Disaccharide wie Glucose, Maltose und Saccharose vor, die für einen süßlichen Grundgeschmack sorgen. Etwa 10 Prozent der Kohlenhydrate liegen als Oligosaccharide vor. Diese werden nicht enzymatisch verdaut, sondern erst unter Fermentation über die bakterielle Darmflora. Dabei entstehen Gärgase, die Blähungen verursachen können (→ Fodmaps, Seite 84).

□ *kreuzkümmelartig, oreganoartig,* ◇ *pfefferig* 4-VINYLGUAIACOL △ *aromatisch, holzig,* □ *zedernartig, röstig,* ◇ *rauchschinkenartig* 1, 2, 4-TRIMETHYLBENZOL △ *plastikartig* EUGENOL △ *würzig, süßlich, gewürznelkenartig,* □ *aromatisch, holzig, pimentartig,* ◇ *warm-würzig* FURFURAL △ *süßlich-röstig, brotartig,* □ *nussig,* ◇ *karamellig* 2-ETHYLFURAN △ *röstig-süßlich, verbrannt,* □ *bohnenartig, erdig,* ◇ *moderig, malzig* 2-BUTYLFURAN △ *würzig, fruchtig,* □ *weinartig,* ◇ *süßlich* 2-PENTYLFURAN △ *würzig, fruchtig,* □ *grün, erdig,* ◇ *bohnengemüseartig* γ-BUTYROLACTON △ *cremig, fettig, ölig, karamellig,* □ *milchig, sahnig, pfirsichartig* 1,2-ETHYL-3-METHYLPYRAZIN △ *röstig, nussig, erdnussartig,* □ *moderig, maisartig,* ◇ *bratkartoffelartig* 2-ETHYL-3,5-DIMETHYLPYRAZIN △ *nussig, süßlich, röstig, leicht kaffeeartig,* □ *leicht schokoladig* 2-ETHYL-5-METHYLPYRAZIN △ *röstig, würzig,* □ *kaffeeartig,* ◇ *karamellig* 2-ETHYL-3,6-DIMETHYLPYRAZIN △ *nussig, röstig, kakaobohnenartig*

GESCHMACK

SÜSS SAUER SALZIG **BITTER** **UMAMI**

Gekochte Kichererbsen haben einen leicht grünen, fruchtigen Duft. Gebraten, gebacken und vor allem (trocken) geröstet kommen unter anderem nussig-karamellige Röstnoten hinzu. Gekocht sind sie angenehm weich und pastös.

MIKRONÄHRSTOFFE *(pro 100 g)*

Vitamine: *B_1 (0,5 mg), B_2 (0,13 mg)*
Mineralstoffe: *Kalium (800 mg), Calcium (125 mg)* ***sekundäre Pflanzenstoffe:*** *Phytosterole, Saponine*

K

HARMONIE

KÜCHENJOKER

Olive, Stangensellerie, Fenchelknolle, Nigella, Five-Spice-Gewürz

PASST GUT ZU

grünen Äpfeln, Pfirsich, Kokosnuss, Nüssen, Meeresfrüchten, gebratener Hähnchenbrust

LÄNDERKÜCHE

***Indien/Pakistan:** Chana Masala **Israel/arabischer Raum:** Falafel, Hummus **Italien:** Farinata **Spanien:** Cocido madrileno (Eintopf) **Türkei:** Leblebi, Nohut pilaw (Eintopf aus Kichererbsen mit Reis) **Frankreich, Maghreb:** Panisse*

SORTEN

*In der Küche werden weltweit heute vor allem zwei Sorten verarbeitet: die kleinen, runzeligen, meist schwarzen Samen mit rauer Schale aus Indien **(Desi)** und die größeren rundlichen, beige-gelben Samen mit*

Kichererbsen wird ein hohes antioxidatives Potenzial zugeschrieben, das auf die Flavonoide Quercetin, Kaempferol und Myrcetin zurückgeführt wird. Diese sorgen zudem für bittere Noten im süßlichen Grundgeschmack.

ZUBEREITUNG

Kichererbsen sollte man immer garen, denn sie enthalten das unbekömmliche Phasin. Die getrockneten Samen werden mindestens 12 Stunden in kaltem Wasser eingeweicht. Danach muss man sie je nach Sorte und Alter ungefähr 45 Minuten bis 1 Stunde (manchmal auch länger) kochen.

Lässt man die Kichererbsen vor dem Kochen 2 bis 4 Tage keimen, bis sich ein Spross zeigt, so verkürzt dies die Kochzeit auf etwa 20 Minuten und führt darüber hinaus zur Freigabe weiterer Aromen (→ „Hülsenfrüchte keimen lassen", Seite 160). Fügt man beim Kochen eine Prise Natron zu und verwendet zugleich vollentsalztes Wasser (bzw. sehr weiches Wasser ohne zweiwertige Calcium-/Magnesiumionen), werden die Samen weicher und zeigen höheres Quellverhalten (→ Theorieteil, Seite 68). Unschlagbar ist allerdings die Zubereitung im Schnellkochtopf: Unter Druck werden die zugefügten Aromen aus Kräutern oder Fonds extrem gut aufgenommen und die Kichererbsen quellen sehr stark auf, was ein sehr weiches und fast cremiges Mundgefühl erzeugt. Spitzenköche entfernen oft die Schale nach dem Kochen, um eine noch cremigere und feinere Textur zu bekommen.

GEKOCHTE KICHERERBSEN bereichern Salate oder Suppen, dienen als Beilage, und vor allem lassen sich daraus – ähnlich wie bei Erbsen – hervorragende Pürees machen. Gekochte Kichererbsen lassen sich bis zu einer Woche im Kühlschrank aufbewahren, man kann also „auf Vorrat" kochen und mit einer jeweils geringen Anzahl z. B. Gemüsesalate bereichern, sie als Texturelement in Gemüsetellern einsetzen oder mit Olivenöl und grobem Salz als Vorspeise servieren.

GERÖSTETE KICHERERBSEN haben ein ganz eigenes Aroma (siehe oben). Um dieses zu erzielen, kann man sie ganz einfach trocken in der Pfanne rösten, und zwar sowohl roh als auch gekocht. Im arabischen Raum, in der Türkei und in einigen Mittelmeerländern werden gekochte Kichererbsen häufig im Ganzen geröstet und wie Nüsse gegessen. Verarbeitet man roh geröstete Kichererbsen in einem leistungsstarken Mixer zu Pulver, erhält man ein sensationell nussiges, malziges „Röstgewürz" für Saucen und Gemüsegerichte. Eine extra schnelle Röstvariante ist das kurze Abflämmen von gekochten Kichererbsen. Die Röstnoten werden dadurch intensiv aufgetragen. Kombiniert man die abgeflämmten mit nur gekochten Kichererbsen, hat man einen „Kichererbseneintopf" mit gekochten und gerösteten Aromen. Natürlich kann man ähnliche Aromen, wie sie beim Trockenrösten entstehen, auch durch Braten und Backen von gekochten Kichererbsen aktivieren – was in vielen Zubereitungen genutzt wird. So kann man zum Beispiel ein Kichererbsenpüree ähnlich wie Polenta kurz anbraten, um zusätzlich zu dem „gekochten" Aroma malzige Röstnoten beizufügen.

KICHERERBSENKUCHEN

50 g Kichererbsen

FÜR DAS HUMMUS

100 g Kichererbsenmehl

1 TL frisch gemahlener Kreuzkümmel

2 TL frisch gemahlene Koriandersamen

1 Knoblauchzehe, geschält und fein gewürfelt

Saft von ½ Zitrone

50 g Tahin

Salz, Olivenöl

FÜR DIE SALZIGEN STREUSEL

100 g Mehl

100 g Butter

1 EL Isomalt (Zucker)

1 TL Salz

FÜR DIE GARNITUR

12 kleine schwarze Oliven

2 EL Sesamsamen, geröstet

1 Zweig kleine weiße Weintrauben

100 g sehr feste Crème fraîche oder Schmand

1 Bund Petersilie, gezupft

Pro Portion: 688 kcal, 47 g F, 46 g KH, 10 g B, 15 g E

Kichererbsen am Vortag in Wasser einweichen, dann abgießen. Alternativ 3 Tage ankeimen lassen. Dabei das Wasser täglich wechseln. Kichererbsen in Salzwasser weich kochen.

Für das Hummus Kichererbsenmehl, Gewürze, Knoblauch und Zitronensaft zu Hummus pürieren. Eine pastöse, nicht zu flüssige Konsistenz mit Tahin und Olivenöl herstellen.

Für die Streusel Backofen auf 180 °C vorheizen. Mehl, Butter, Isomalt und Salz zu einem Mürbteig verkneten, ausrollen und auf einem mit Backpapier ausgelegten Backblech 15 bis 20 Minuten backen. Dann in Stücke von 5 bis 10 mm brechen. Oliven entsteinen und halbieren.

Kichererbsencreme mithilfe einer Schablone auf Tellern zu einer Scheibe (Durchmesser 8 cm) ausstreichen. Streusel darüber verteilen, ebenso wenige geröstete Sesamsamen. Abwechselnd Kichererbsen, Weintrauben und Olivenhälften daraufsetzen. Dazwischen Crème-fraîche-Tupfen mit einer Spritztülle einsetzen. Einige kleine Petersilienblätter in die Crème fraîche einstecken. Es soll wie eine kleine (süße) Tarte aussehen, die herzhaft schmeckt.

Während bei uns nur die Samen der Hülsenfrucht verzehrt werden, nutzt man in Nordindien und Pakistan ebenfalls die jungen Kichererbsenpflanzen (die noch kein Phasin enthalten) und bereitet aus ihnen Salat zu.

KOMBINATIONEN

Kichererbsen sind in der nah- und fernöstlichen Küche traditionell weit verbreitet (siehe unten). Ihr Aromaspektrum legt allerdings eine ganze Reihe ungewöhnlicher Zubereitungen nahe, die nicht weniger spannend sind. So zeigt schon die Kombination von gekochten, lauwarmen Kichererbsen mit Oliven- oder Arganöl die Bedeutung der grünen, fettigen Aromen in der gekochten Hülsenfrucht. Diese „grüne" Grundzubereitung lässt sich erweitern, wenn grüne Apfelwürfel von der Größe der Kichererbsen eingestreut werden – oder Gurken- und Wassermelonenwürfel. Borretsch, Austernkraut oder Meeresfrüchte holen mit ihren „grünen" Düften Kichererbsenteller ebenfalls sofort aus ihrer „bohnigen Schwere". Die Kombination mit „auf der Haut" gebratenen Hähnchenbrüsten weist in eine ähnliche Richtung, da diese mit dem Gemüse nicht nur über den grünen Bereich harmonieren, sondern zudem über die würzigen Röststoffe, die Kichererbsen in geringen Maßen bereits selbst besitzen. Fügt man jetzt noch Pinien- oder Zedernkerne, Wacholder, Fenchel oder Oregano bei, werden die holzig-blumig-kräu-

glatter Schale aus dem Mittelmeerraum und Afghanistan, auch unter dem Namen ***Kabuli*** *(Hindi: „aus Kabul kommend") bekannt.*

EINKAUF UND LAGERUNG

Getrocknete Kichererbsen sind trocken aufbewahrt mehrere Jahre haltbar. Es gibt sie auch bereits gekocht im Glas oder in der Dose. Kichererbsenmehl kann man fertig gemahlen kaufen.

SAISON

01 02 03 04 05 **06** **07** **08** **09** **10** **11** 12

Importware ist ganzjährig z. B. aus Afrika, Portugal und Südamerika erhältlich.

ANBAU

Kichererbsen brauchen viel Wärme und können gut mit Trockenheit und kargen Böden umgehen – was alles für mitteleuropäische Gärten eine Herausforderung darstellt: Zu viel Feuchtigkeit, zu wenig Wärme und zu fette Böden verhindern häufig, dass Kichererbsen bei uns ausreifen. Meist werden sie schon vorher von Pilzkrankheiten dahingerafft. Grundsätzlich ähnelt ihr Anbau dem von Buschbohnen, man braucht also kein Gestell. Wichtig ist eine Vorkultur und ein Setzen von Jungpflanzen, weil man so wertvolle Zeit gewinnt. Je nach Mikroklima findet die Ernte von Sommer bis Spätherbst statt. Wie bei Linsen sind die Hülsen derselben Pflanze zu verschiedenen Zeiten reif, müssen also einzeln gepflückt werden. Man kann sie auch unreif ernten und an einem trockenen Ort nachreifen lassen.

terigen Piniennoten des Gemüses mit angesprochen und es ist ein vollkommen untypisches Kichererbsen-Gericht entstanden, das bisher keinen Hauch Orient trägt. Es basiert lediglich auf dem „Paaren" von Duftfamilien. Nimmt man harzige Pfeffer oder Rosa Beeren hinzu, lassen sich zusätzlich trigeminale Wärme oder Schärfe hinzufügen. Selbst die Verwendung von Tannenharz, Fichtennadeln etc. gibt Kichererbsen neue Wendungen.

Olivenkraut (Santoline) oder Schafgarbe ergänzen kräftig im kräuterigen Bereich und auch die Weinraute lässt sich, neben Klassikern wie Bohnenkraut, Rosmarin, Kreuzkümmel oder Pinienkernen, bestens einsetzen. Möchte man schwefelige Noten ergänzen, die dem Gemüse fehlen, eignen sich Schalotten, Rucola oder Kresse am besten, möglich sind ebenso Kombinationen mit Lauch, Zwiebeln, Knoblauch, Kartoffeln oder Weißkohl. Der erdig-schwefelige Spinat ist Paarung und Ergänzung zugleich. Will man die wachsigen Noten verstärken, kommen Koriandergrün oder Oxalis (das ist Sauerklee mit einem Plus an Oxalsäure) infrage. Auberginen docken über ihre dezenten wachsigen Aromen an und sind besonders fein von der Textur. Erdige Rüben wie die Steckrübe und würzig-harzige Karotten passen ebenso wie Kürbis (Butternuss oder Hokkaido), der willkommene nussige Aromen einbringt: Der Klassiker in der orientalischen Küche ist die Gewürzmischung Raz-el-Hanout, deren Erdigkeit über Kurkuma, die zitronige Harzigkeit des Kreuzkümmels und warme trigeminale Schärfenoten (je nach Herkunft der Mischung) in die Aromalücken der Kichererbse springen. Ein mit Kichererbsen gefüllter gebackener Hokkaido mit einer röstigen Sauce, gezogen aus angeröstetem Wurzelgemüse und etwas Wein, ist ein ungewöhnliches, aber wohlschmeckendes vegetarisches Gericht.

Aufgrund seiner cremigen Pfirsich-Noten ruft das Gemüse geradezu nach Kombinationen mit Pfirsich, Aprikosen oder gar Kokosnüssen. Und ein Schuss karamellisierte (bis zur leichten Bräunung eingekochter) Sahne oder Milch rückt Kichererbsen in ein ganz anderes Licht. Ein solches Püree passt gleichermaßen gut zu salzigen, „umami" oder gar leicht süßen Tellern.

Möchte man nun doch eine klassisch orientalische Variante gekochter Kichererbsen, so bietet sich natürlich das arabisch-israelische ***Hummus*** an, ein Püree aus gekochten und fein pürierten Kichererbsen, gewürzt mit der Sesampaste ***Tahin***, die nussige Noten einbringt, grünem, bitterem Olivenöl, Zitronensaft und Knoblauch. Kreuzkümmel knüpft an die kräuterigholzigen Noten des Gemüses an und verstärkt diese mit seiner typisch „orientalischen" Note. Vor dem Anrichten wird das Püree meist mit Sumach (wieder ein säuerliches Gewürz), scharfem Paprika und Petersilie bestreut, die zu guter Letzt einen würzigen Kontrast einbringt.

REGIONALE VARIANTEN Neben dem orientalischen ***Falafel*** und ***Hummus*** gibt es weltweit zahlreiche traditionelle Gerichte aus gekochten oder gerösteten Kichererbsen. So gibt es in Italien das Pfannkuchengericht ***Farinata*** (in Südfrankreich als ***Socca*** oder ***Cade*** bekannt) aus Kichererbsenmehl mit schwarzem Pfeffer. In Madrid wurde früher der ***Cocido madrileno*** zubereitet, ein Eintopf, der einmal als eine Art spanisches Nationalgericht galt. Diese

Wintermahlzeit besteht aus gekochten Kichererbsen und Gemüse (Kartoffeln, Weißkohl, Möhren und Rüben). In Griechenland und im gesamten östlichen Mittelmeerraum ist ein Salat aus ganzen gekochten Kichererbsen mit Olivenöl, Zitrone, Zwiebeln und Dill bzw. Petersilie populär. In der Türkei und in Israel kennt man zweimal geröstete Samen unter der Bezeichnung ***Leblebi***, die wie gesalzene Nüsse verzehrt werden und relativ geschmacksneutral sind (bis auf einige Röstaromen). Beliebt ist in Südfrankreich und Nordafrika (Maghreb) die ***Panisse***: Aus Kichererbsenmehl und Wasser (mit etwas Salz) wird unter Kochen eine schnittfeste Masse (festes Proteingel) hergestellt, die auf Märkten in 10 cm langen Zylindern mit ca. 5 bis 6 cm Durchmesser verkauft wird. Scheiben davon werden in Olivenöl gebraten, Frites daraus in Öl frittiert – um die feinen Aromen, die beim Rösten von Kichererbsen entstehen, zu nutzen. In Nordindien und Pakistan kennt man ein Gericht aus gekochten Kichererbsen mit dem Namen ***Chana Masala***: Es ist scharf und etwas säuerlich dank getrockneter Mangos und zerdrückter Granatapfelkerne. Weitere Bestandteile sind Zwiebeln, gehackte Tomaten, Koriandersamen, Knoblauch, Chili, Ingwer und andere Gewürze. In Burma wird aus Kichererbsen eine Art Tofu hergestellt.

GESCHICHTE UND BOTANIK

Die Kichererbse stammt vermutlich von der wilden ***Cicer reticulatum*** ab und zählt wie alle Hülsenfrüchtler zu den ältesten kultivierten Feldfrüchten. Bereits vor 8000 Jahren wurde sie in Kleinasien angebaut. Von dort verbreitete sie sich in den Vorderen Orient, den Mittelmeerraum und nach Indien, wo sie noch heute ein wichtiges Grundnahrungsmittel ist. Im deutschsprachigen Raum fand man Samen aus der Römerzeit, auch im Mittelalter wurde die „Zisererbse", wie man sie damals nannte, kultiviert. Hildegard von Bingen empfahl sie als leichte und angenehme Speise, in erster Linie benutzte man sie jedoch als Arznei (gegen Fieber). In neuerer Zeit verliert sich die Spur der Kichererbsen in unseren Breitengraden, wo sie im Gegensatz zu ihren Verwandten Erbse und Bohne nicht so gut gedeiht, da unsere Temperaturen selten ausreichen, um sie zur Reife zu bringen.

Die einjährige, krautige Pflanze wird bis zu einem (bei uns eher einen halben) Meter hoch. Die relativ kurzen Hülsen enthalten meist zwei eckig geformte Samen von beiger, dunkler oder schwarzer Farbe, die aussehen wie Haselnüsse und so wie diese geröstet werden können.

DESI

K

Musa x paradisiaca

KOCHBANANE

Die Familie der Bananengewächse (Musaceae) kennt weltweit über 1000 essbare Sorten der Art Musa x paradisiaca. Botanisch wird zwischen Obst- (Dessert) und Koch- (Gemüse) Bananen nicht unterschieden. Kulinarisch weisen jedoch die Einsatzmöglichkeiten der sehr stärkehaltigen, nicht süßen und nur dezent duftenden Kochbananen eher in Richtung Gemüseteller denn in Richtung Obstsalat.

Aromen roh und gekocht: (E)-2-HEXENAL *△ grün, bananenschalenartig, fettig, □ gemüseartig, blattartig, ◇ würzig-fruchtig, frischer Käse* HEXANAL *△ grün, blattartig, grasig, fettig, □ gemüseartig, apfelartig, ◇ leicht holzig* 2-ETHYLBUTANSÄURE *△ säuerlich, fruchtig, beerenartig, □ whiskyartig, tropische Früchte, ◇ cremig, sahnig* 4-VINYLGUAIACOL *△ aromatisch, holzig, □ zedernartig, röstig, ◇ rauchschinkenartig* VANILLIN *△ aromatisch, vanillig, cremig, sahnig, □ schokoladig, phenolisch, ◇ milchig* ACETOVANILLON *□ vanillig, süßlich, flach* ELEMICIN *△ würzig, aromatisch, □ muskatnussartig, floral*

GESCHMACK

SÜSS SAUER SALZIG BITTER UMAMI

Kochbananen schmecken unreif sauer und auch reif nur leicht süßlich. Ihr Aroma ist zurückhaltend, ihre Konsistenz mehlig und erinnert an Taro.

MIKRONÄHRSTOFFE *(pro 100 g)*

Vitamine: *C (18,4 mg)* ***Mineralstoffe:*** *Kalium (470 mg), Eisen (0,6 mg)*

Das Aroma von Kochbananen (auch: ***Gemüsebanane, Mehlbanane, Pferdebanane, Pisangfeige, Paradiesfeige***) ist im Vergleich zu den bekannteren Obstbananen weit weniger vielfältig und „breit", sie sind nicht so fruchtig und im unreifen Zustand gar nicht, im reifen kaum süß. Allein der Unterschied in den führenden Aromen ist eklatant. Während das Aroma von Obstbananen (z. B. der Sorte Cavendish) von der Kombination von dem grünen, nach Bananenschalen duftenden (E)-2-HEXENAL und dem butterig-süßlich duftenden 3-HYDROXY-2-BUTANON angeführt wird, werden Kochbananen durch die grünen Duftstoffe (E)-2-HEXENAL und HEXANAL aromatisch geprägt. Hinzu kommen ein aromatischer, holziger Duft nach Rauchschinken über 4-VINYLGUAIACOL sowie eine bemerkenswerte Konzentration an 2-ETHYLBUTANSÄURE, die säuerlich-fruchtige Beeren- und Tropenfruchtnoten einbringt. Die beiden Vanille-Duftstoffe VANILLIN und ACETOVANILLON und das würzige, an Muskatnuss erinnernde ELEMICIN runden das insgesamt sehr dezente Kochbananenaroma ab.

Der Hauptmakronährstoff der Kochbanane ist Stärke, sie macht – ähnlich wie beim Mais – über 99 Prozent der gesamten Stoffmenge aus. In rohem Zustand ist die Frucht daher sehr mehlig und kaum genießbar. Die Stärke „gelatinisiert" bei 59 °C, was die Minimumkochtemperatur definiert. Auffallend ist, dass die Frucht keinen signifikanten Anteil an Protein, d. h. „Klebereiweiß", aufweist. Daher kann ihr Mehl für sich nicht zum Backen verwendet werden, denn es kann kein Teigtrieb stattfinden, ohne dass der kaum elastische Teig reißen würde.

Wie die meisten stärkedominierten Lebensmittel ist die Kochbanane relativ arm an Geschmack. Beim Reifen bildet sich eine kaum wahrnehmbare Süße, da nur wenig Stärke in Oligosaccharide oder gar freie Zucker umgewandelt wird. Sie gehört damit zu den typischen „starchy foods" (stärkehaltigen Lebensmitteln) wie Kartoffeln, Maniok, Taro und Mais.

ZUBEREITUNG

Kochbananen können reif oder unreif oder in beliebigen Stadien dazwischen verwendet werden, wobei man nur die reifen bis sehr reifen, die etwas süßer und weicher sind, auch roh zubereiten kann – was sich aber kulinarisch vor allem im Vergleich zu den Obstbananen nicht wirklich lohnt. Auch zum Kochen bevorzugt man die unreifen Kochbananen: Werden reife Früchte gegart, bei denen ein kleiner Teil der Stärke in Zucker umgewandelt worden ist, tendieren sie dazu, beim Kochen/Erhitzen zu karamellisieren. Unreife Kochbananen, die zum Teil sehr hart sind, werden also immer gegart, wobei ihre Zubereitung der von mehlig kochenden Kartoffeln oder Taro ähnelt: Geschält kann man sie kochen, pürieren, braten, frittieren und sogar (in der Schale) grillen. Zu lange sollten sie nicht gegart werden, da sie wegen der fehlenden Proteine zum Zerfallen neigen. Das Garen in der Schale ist daher eine Option.

Beliebt sind in vielen Ursprungsländern vor allem frittierte Kochbananen: Dafür wird die geschälte Frucht in Scheiben geschnitten und diese werden wenige Minuten in heißem Öl frittiert, bis sie leicht bräunen. Danach werden sie geplättet (in Mittelamerika mit einem speziellen Küchengerät, der Tostonera, daher der karibische Name „Tostones" für Kochbananen) und noch einmal frittiert, bis sie goldbraun und knusprig sind. Sie werden warm wie Pommes frites oder kalt wie Chips gegessen.

Geschälte und getrocknete Kochbananen kann man auch zu Mehl vermahlen. Dieses eignet sich zwar nicht gut zum Backen, weil es nicht verklebt, aber man kann mit Milch oder Wasser Pürees oder mürbeteigartige (salzige) „Plätzchen" daraus herstellen.

Bei uns gibt es in der Regel nur die Früchte zu kaufen, doch in den Anbauländern nutzt man ebenfalls die Blüten und Blätter der Pflanze. Die Blüten werden – ähnlich wie Artischocken – nach Entfernen der Schutzblätter und des Stielansatzes in Salzwasser gekocht oder auch geröstet. Die Blätter werden gerne als feuchte, schützende Verpackung für Speisen verwendet oder auf kochende Reisgerichte gelegt.

KOMBINATIONEN

Das dezente Aroma der Kochbananen lässt sich auf viele Arten heben oder ergänzen. So legen die grünen Hauptkomponenten der Früchte eine Kombination mit den grünen Noten von Frischkäse, Fisch (roh, gedämpft oder pochiert) und Hähnchenfleisch, aber auch von Olivenölen oder Algenzubereitungen nahe. Backerzeugnisse mit Kochbananenmehl und Algen sind dabei nicht nur aromatisch spannend, sondern ebenso geschmacklich, da der leichten Säure und dem Hauch Süße der reiferen Frucht eine kräftige Umamigrundlage beigefügt wird. Die Verbindung (z.B. in Pürees) von Kochbanane und Weizen- oder Gerstengraspulver ist ein wunderbares Beispiel für Crossover-Küche, die auf einer soliden aromatischen – hier nämlich „grün" duftenden – Grundlage steht. Kombinationen mit grünen Tees als Getränk oder flüssige Komponenten (Matcha-Sauce oder Emulsionen) oder gelierte Beigaben auf Grundlage grüner Tees sind ebenfalls hervorragend: Zum grünen Aroma-Pairing kommt hier ein Geschmackskontrast über Bitternoten sowie Adstringenz auf der trigeminalen Ebene. Die aromatischen Rauchnoten der Banane laden zu einem harmonisch-verstärkenden Pairing mit Geräuchertem und Wacholder ein (der sich übrigens auch hervorragend zum Würzen von Dessertbananen eignet). Mild geräucherte Schinken, Kochschinken, geräucherter Fisch oder Käse klingen kulturell abwegig, sind aber

HARMONIE

KOCHBANANE
AVOCADO
CHICOREE
LAUCH
RADICCHIO
SCHWARZE BOHNE
SPINAT
ZWIEBEL
BOCKSHORNKLEE
CAYENNEPFEFFER
FENCHELSAMEN
INGWER
KREUZKÜMMEL
MUSKATNUSS
PFEFFER
STERNANIS
TONKABOHNE
WACHOLDER
ZIMT

KÜCHENJOKER

Liebstöckel, Kaffee, Weinraute, Mastix

PASST GUT ZU

Erdnüssen, Fleisch (Huhn, Wild), Fisch (roh, gedämpft, pochiert), Frischkäse, Algen, Weizen/Gerstengraspulver, Grünem Tee, Geräuchertem

LÄNDERKÜCHE

Indonesien/Philippinen: *Pisang goreng (gebratene oder frittierte Banane, auch paniert)* **Mittelamerika:** *Tostones/Patacones/Chips* **Puerto Rico:** *Mofongo* **Puerto Rico, USA:** *Jibarito* **Peru:** *Chapo (Getränk)*

EINKAUF UND LAGERUNG

Kochbananen bekommt man bei uns in Asialäden. Man kann sie ähnlich wie Obstbananen bei Zimmertemperatur lagern, sie reifen nach. An der grünen Schale erkennt man ihren unreifen Zustand, reife Kochbananen sind je nach Sorte gelb bis schwarz.

KOCHBANANEN CROSSOVER

FÜR DEN DASHI-TEE

50 g getrocknete Kombu-Algen

1 Handvoll Bonitoflocken

500 ml Genmaicha (japanischer grüner Tee mit geröstetem Reis)

FÜR DIE BANANEN

4 Kochbananen (nicht zu reif)

1 TL Zitronensaft, Salz, Sojasauce

1 EL Algenmischung (Gewürzfachhandel)

100 g Räucheraal

20 g Misopaste

Für den Dashi-Tee Kombu-Algen und Bonitoflocken im auf 50 °C erhitzten Tee 30 Minuten ziehen lassen. Über Nacht kalt weiter ziehen lassen und am nächsten Tag durch ein sehr feines Sieb abgießen.

Bananen kochen und abkühlen lassen. Im Anschluss in 3 cm lange Stücke schneiden und innen bis knapp vor den Boden mit einem dünnen Löffel aushöhlen. Bananenfleisch mit Zitronensaft beträufeln und leicht salzen, mit 2 bis 3 Tropfen Sojasauce beträufeln.

Algen in „Schnipsel" schneiden, mit Räucheraal und Miso zu einer Paste vermengen und die Bananenstücke damit füllen.

Gefüllte Bananen in kleinen tiefen Tellern anrichten und etwas von dem Dashi-Tee lauwarm angießen. Den Rest des Dashi als Getränk sowie die Bananencreme dazu servieren. Ein Glasschälchen guten Sake kalt dazureichen. Nach Belieben mit Algen garnieren.

Pro Portion: 284 kcal, 8 g F, 43 g KH, 3 g B, 6 g E

Kochbananenblüten bekommt man nur selten in Spezialgeschäften.

SAISON

01	02	03	04	05	06	07	08	09	10	11	12

Als Importware ganzjährig erhältlich, zum Beispiel aus Afrika und Südamerika.

ANBAU

Die kälteempfindlichen, Wasser und Sonne liebenden Bananen können bei uns nicht angebaut werden. Sie benötigen zum Reifen feucht-warme Klimazonen (nicht unter 20 °C und nicht über 40 °C), wie sie in Äquatornähe zwischen 20° nördlicher und 20° südlicher Breite in den Tropen und Subtropen vorkommen.

passende Partner, insbesondere zu gebratenen Kochbananen. Geräucherter Tofu und geräucherte Nüsse oder Mandeln fallen ebenfalls in diese Würzklasse. In die herzhafte Richtung gehen Schmorgerichte, in denen sich die mitgeschmorte Kochbanane besonders gut macht, da sie zum einen als Bindemittel dient, das die Gerichte nahrhaft und sämig werden lässt, und zum anderen Aromaverstärkung durch Röstnoten erhält. Die Fruchtsäuren der Kochbanane schlagen mit ihrem cremig-sahnigen und gleichzeitig tropischen Charakter eine Kombination mit kräftigen Sahne- und Milchsaucen vor. So funktionieren etwa herzhafte Fonds mit Sahne und einem Schuss Cognac oder Whisky bestens, ebenso wie Saucen auf der Basis von fruchtigen Kokosnussprodukten (*creamed coconut*, Kokosfett), wenn gebratene oder gekochte Kochbananen damit übergossen werden. Auf der Grundlage dieser fruchtig-cremigen Aromaharmonie kann man dann ergänzend und sehr effektvoll würzen: entweder mit Bockshornklee, der würzige Karamellnoten hinzufügt, mit würzig-süßem Kreuzkümmel, mit aromatisch-würzigem Fenchel oder mit dem an Anis oder Pastis erinnernden würzig-süßlichen Sternanis. Ebenfalls in die Kategorie der Aromenergänzung fällt das Würzen mit Aromaten. Vanille, Anis, Zimt, Muskatnuss oder Tonkabohne bietet die Kochbanane durch ihre Vanillenoten durchaus Anknüpfungspunkte. Diese Würzungen eignen sich sehr gut für Gebäck, *Pitabreads* oder andere Pfannenbrote aus Kochbananenmehl. Soll das Gericht eine indische Note erhalten, sind Currymischungen mit ihren vielfältigen Düften und der Schärfe eine lohnenswerte Idee. Kochbananen fügen sich darüber hinaus ausgezeichnet zu Bitternoten oder süßlich-bitteren Gerichten. Sie sind damit ein willkommener Partner für Chicorée oder Radicchio (beides gern gebra-

ten oder geschmort) oder für süßlich anmutende Wildgerichte. Auch zu gebratenen Lebern oder Blutwürsten passt das Fruchtgemüse sehr gut. Ein Versuch mit gebratener Ente oder Gans lohnt sich.

REGIONALE VARIANTEN Frittierte unreife Bananen, scharf gewürzt mit Ingwer, Cayennepfeffer und Salz, manchmal auch mit Zwiebeln, Anis, Muskat, Zimt und Chili, sind in ganz Westafrika sehr populär. In Ghana kommen gekochte unreife Bananen in eine Vielzahl von Eintöpfen mit Gemüse, Fleisch oder auch Fisch. Gewürzt wird mit Erdnusspaste, Pfeffer und Zwiebeln. Kombinationen mit Avocado sind dort ebenfalls bekannt. In einigen afrikanischen Ländern erzeugt man aus gedämpften und gerösteten Kochbananen „Bier". Die Idee liegt nahe, denn enzymatisch kann die Stärke mit Hefen zu Alkohol transformiert werden. Die so thermisch vorbehandelten Kochbananen entsprechen dann dem Malz. *Mofongo* heißen puertoricanische Klöße aus geriebenen und frittierten Kochbananen, die man mit Salz und Wasser oder Brühe, etwas Öl und Knoblauch zu Klößen formt, die man wiederum füllen kann (*Mofongo relleno*). Dort kennt man auch den *Jibarito* (wörtlich: „kleiner Scherz"), ein Sandwich oder Burger aus gerösteten Kochbananen statt Brot mit Knoblauchmayonnaise und Fleischfüllung. In den Südstaaten der USA grillt man unreife Kochbananen in der Schale, als herzhafte Beilage.

Reife, süße Kochbananen werden in Ghana ebenfalls frittiert und mit gekochten schwarzen Bohnen kombiniert. In Südindien (Kerala) werden die reifen Früchte zu einem Mus verarbeitet und zum Frühstück gegessen. Und in Peru erzeugt man aus gekochten reifen Kochbananen ein warmes Getränk: *Chapo* (gewürzt mit Zimt und Gewürznelken).

BOTANIK

In den Anbauländern gehört die Banane zu den ältesten Kulturpflanzen. Dort spielt auch die Kochbanane eine viel größere Rolle als bei uns: In Afrika, Süd- und Mittelamerika und in einigen asiatischen Ländern zählt sie zu den Grundnahrungsmitteln. Da sie das ganze Jahr über Früchte trägt, steht sie immer zur Ernährung zu Verfügung. Der Name leitet sich vom arabischen Wort „banan" für Finger ab: Die Früchte wachsen an der Staudenpflanze in Form einer Hand mit 10 bis 20 „Fingern".

Kochbananen unterscheiden sich auch äußerlich deutlich von ihren süßen Obst-Verwandten: Sie können doppelt so groß werden und sind oft kantiger. Ihre Schale kann je nach Sorte (und Reifezustand) unterschiedliche Farben haben: grün, gelb, rot oder auch violett. Geschmack und Duft der unreifen Früchte changieren je nach Sorte zwischen mehlig-trocken-neutral bis leicht säuerlich. **MATOK-BANANEN** sind kleine grüne Gemüsebananen, sie werden immer gekocht und kommen z. B. in Currys.

BANANENBLÜTEN, die in Asien als delikates Gemüse gelten, sind die männlichen Blüten, eingeschlossen in einen weißgelben fleischigen Kolben, der von einigen roten oder rotvioletten Schutzblättern umhüllt ist.

KOCHBANANE, FRÜHREIF

Brassica oleracea var. gongylodes

KOHLRABI

Kohlrabi ist ein sehr deutsches Gemüse, nirgendwo wird er so häufig angebaut und gegessen wie bei uns. Sein deutscher Name ist in viele Sprachen übergegangen: Er heißt auf Englisch, Japanisch und Russisch Kohlrabi, auf Schwedisch Kålrabbi. Wenn man ihn frisch erntet und zubereitet, gerät er dank der neueren „holzfreien" Züchtungen nicht faserig-holzig wie früher leider allzu oft, sondern besticht roh durch seine frische Knackigkeit und gekocht durch sein mildes und feines Kohl-Aroma.

Wie bei allen Kohlgemüsen ist bei Kohlrabi ein Großteil des Aromas durch Schwefel- und Stickstoffverbindungen definiert. Dass sein Geruch weniger stechend erscheint, verdankt sich einem austarierten Gemisch der Duftverbindungen. Vorherrschend sind die schwefeligen Aromastoffe 3-METHYLTHIOPROPYL-ISOTHIOCYANAT und 5-(METHYLTHIO)PENTANONITRIL; sie verleihen dem Gemüse leicht stechende Noten, die an Meerrettich, Lauch, Kresse und an den Geruch gekochter Brühe erinnern. Natürlich fehlt auch der typische schwefelige Kohlgeruch nicht. Dafür sind DIMETHYLDISULFID und weitere Schwefelverbindungen, etwa ALLYLISOTHIOCYANAT mit seiner Senfnote, verantwortlich. Einen leichten Knoblauchhauch erhält der Kohlrabi über DIMETHYLTETRASULFID. Diese schwefeligen Aromaverbindungen haben neben ihrem Geruch eine trigeminale wärmende Wirkung, die sich beim Rohverzehr am deutlichsten zeigt. Bemerkenswert ist außerdem sein Duft nach Kartoffeln und Pilzen: Er wird von dem „Kartoffelbutanon" (4-METHYLTHIOBUTAN-2-ON) hervorgerufen. Und nicht zuletzt spielt im Vergleich zu anderen *Brassica* der Bereich der grünen, wachsigen Noten mit Anklängen an Gurken und Melonen eine dominantere Rolle, nicht nur in den köstlichen Blättern. Dafür ist ein Gemisch aus (E)-2-HEXENAL, (E,E)-2,4-HEPTADIENAL und NONENAL verantwortlich.

Beim Kochen und Erhitzen des Kohlrabis werden Schwefelnoten verstärkt, vor allem die für gekochten Kohl typischen Noten über DIMETHYLSULFID; aber auch DIMETHYLTETRASULFID gewinnt an Intensität. Die „scharfen" Kressenoten (3-METHYLTHIOPROPYL-ISOTHIOCYANAT und 5-(METHYLTHIO)PENTANONITRIL) hingegen nehmen, ebenso wie der Senfduft über Allylisothiocyanat, leicht ab. Zusätzlich bildet sich METHIONAL, das den schwefeligen „gekochtes-Gemüse"-Eindruck nochmals verstärkt.

Der leicht bittere Geschmack des Kohlrabis wird von Glucosinolaten erzeugt: 4-(Methylthio)butylglucosinolat, 3-(Methylthio)propylglucosinolat und 2-Phenethylglucosinolat (→ Glucosinolate, Seite 39). Eine geringe Menge an freiem Zucker dämpft die Bitternoten des Kohlrabis etwas ab. Junge Knollen weisen einen Hauch Süße auf.

Es gibt weiße und rötlich-blaue Sorten, wobei den Letzteren ein höheres antioxidatives Potenzial zugeschrieben wird. Grund dafür ist ein höherer Anteil an den phenolischen Verbindungen Luteolin, Myricetin, Apigenin und Kaempferol.

Aromen roh: (E)-2-HEXENAL *△ grün, bananenschalenartig, fettig, □ gemüseartig, blattartig ◇ würzig-fruchtig, frischer Käse* (E,E)-2,4-HEPTADIENAL *△ fettig, grün, □ gemüseartig, ◇ zimtartig, ölig, grasig* NONENAL *△ fettig, grün, wachsig, □ gurkenartig, melonenartig* **3-METHYLTHIOPROPYL-ISOTHIOCYANAT**[T] *△ schwefelig, wurzelartig, □ meerrettichartig, ◇ stechend, schmerzend kalt* **5-(METHYLTHIO)PENTANONITRIL**[T] *△ schwefelig, □ senfartig, ◇ kressenartig, stechend, schmerzend kalt* **DIMETHYLSULFID** *△ schwefelig, zwiebelartig, radieschenblätterartig, kohlartig, □ fischartig, maisartig, spargelartig, ◇ ein Hauch gekochte Milch/Sahne* **DIMETHYLDISULFID** *△ schwefelig, gemüseartig, □ kohlartig, ◇ zwiebelartig* **DIMETHYLTETRASULFID** *△ schwefelig, ◇ knoblauchartig* **4-(METHYLTHIO)BUTYLISOTHIOCYANAT**[T] *△ schwefelig, stechend, □ brokkoliartig, rettichartig, ◇ kohlartig, stechend, schmerzend kalt* **ALLYLISOTHIOCYANAT**[T] *△ schwefelig, senfartig, ◇ stechend, schmerzend kalt* **4-METHYLTHIOBUTAN-2-ON** *△ schwefelig, kartoffelartig, □ erdig-fettig, leicht metallisch, ◇ pilzig* **1-METHYLTHIOPENTAN-3-ON** *△ schwefelig*
Aromen gekocht: (E,E)-2,4-HEPTADIENAL *△ fettig, grün, □ gemüseartig, ◇ zimtartig, ölig, grasig* NONENAL *△ fettig, grün, wachsig, □ gurkenartig, melonenartig* **DIMETHYLSULFID** *△ schwefelig, zwiebelartig, radieschenblätterartig, kohlartig, □ fischartig, maisar-*

KOHLRABI-LASSI

300 g Kohlrabi
250 ml Naturjoghurt (Vollfettstufe)
1 EL Butter
1 TL schwarze Senfsaat
1 TL weiße Mohnsamen
150 ml Buttermilch
½ TL gemahlener Kardamom
½ TL gemahlener Kreuzkümmel
1 Prise Salz
Crushed Ice

Kohlrabi schälen und würfeln; mit Joghurt sehr fein mixen. (Darauf achten, dass die Temperatur nicht steigt.) Wenn nötig, durch ein Sieb gießen, um eventuelle Faserstoffe zu entfernen.

Butter in einer Pfanne erhitzen und aufschäumen, dann Senfsaat und Mohn darin erhitzen. Sobald die Gewürze zu poppen beginnen, vom Herd ziehen.

Kohlrabi-Joghurt mit Buttermilch, Kardamom, Kreuzkümmel sowie Salz würzen und mit dem Crushed Ice „shaken". In gekühlte Gläser füllen.

Mit angebratenen Senf- und Mohnsamen garnieren.

Tipp: Der Lassi eignet sich als Begleiter zu Gemüsecurrys, aber auch als kalte Sommersuppe zum Menüeinstieg. Aber nicht zu lange stehen lassen, da der Lassi sonst bitter wird.

Pro Portion: 112 kcal, 6 g F, 7 g KH, 1 g B, 5 g E

tig, spargelartig, ◇ ein Hauch gekochte Milch/Sahne DIMETHYLDISULFID *△ schwefelig, gemüseartig, □ kohlartig, ◇ zwiebelartig* METHIONAL *△ gekochte Kartoffel, gemüseartig, moderig, □ hefeartig, käsig, gekochtes Fleisch, gekochte Eier* 3-METHYLTHIOPROPYLISOTHIOCYANAT[T] *△ schwefelig, wurzelartig, □ meerrettichartig, ◇ stechend, schmerzend kalt* 5-(METHYLTHIO)PENTANONITRIL[T] *△ schwefelig, □ senfartig, ◇ kressenartig, stechend, schmerzend kalt* DIMETHYLTRISULFID *△ schwefelig, lauchartig, gekochte Zwiebel, □ herzhaft-fleischartig, ◇ fleisch-gemüsebrühenartig* DIMETHYLTETRASULFID *△ schwefelig, ◇ knoblauchartig*

GESCHMACK

SÜSS SAUER SALZIG BITTER UMAMI

Kohlrabi schmecken roh süßlich-bitter, duften frisch grün, nur wenig „kohlig" und haben eine knackige Textur.

ZUBEREITUNG

Kohlrabiknollen müssen geschält werden. Bei jungen Knollen reicht es, die äußere Haut abzuziehen, bei älteren muss man auch die äußere holzige Schicht (vor allem um die Blattansätze) wegschneiden. Die Attraktivität von Kohlrabi in der Küche rührt vor allem von seiner knackigen Konsistenz her. Deshalb ist er als Rohkost besonders beliebt – etwa in Stifte geschnitten zum Dippen oder geraspelt im Salat. Aber er lässt sich auch vielseitig garen: Man kann ihn dünsten, in Panierungen braten, backen, in Suppen geben, überbacken und sogar füllen. Vor allzu hoher Hitze sollte der Kohlrabi aber geschützt werden. Sein feines und mildes kohliges Aroma geht rasch verloren, seine trigeminalen Reize schwächen sich ab. Die lange Wärmeeinwirkung schwächt die angenehm stechende Kresse-Note deutlich ab. Im Ganzen sollten deshalb nur sehr kleine Kohlrabi (nicht größer als 5 cm Durchmesser) gekocht werden. Gestiftelte oder gewürfelte Kohlrabi benötigen in aller Regel nur kurze Garzeiten – es sei denn, gekochte Noten sollen in den Vordergrund gerückt werden, wie es z. B. in mit Sahne verfeinerten Pürees der Fall ist. Klassisch sind glasierte Kohlrabistifte: Gestiftelte Kohlrabi bissfest kochen, anschließend in Butter anschwitzen, Gemüsebrühe oder Kohlrabifond zugießen und reduzieren, bis die Stifte mit einer glänzenden Schicht überzogen sind.

Manchmal bekommt man auf Bauernmärkten sehr kleine Kohlrabi im Bund, mit nicht mehr als 3 bis 4 cm Durchmesser. Diese sind extrem aromaintensiv und können im Ganzen in Butter in einem engen kleinen Topf gegart werden (etwa 15 bis 20 Minuten). Die kaum vorhandene Schale lässt sich mitessen. Das aromatisierte Butterfett kann man anschließend als

„Kohlrabibutter“ weiterverwenden (z. B. nach dem Erkalten auf 36 bis 40 °C mit etwas Schmand in der Küchenmaschine aufschlagen und als „luftige Gemüsebutter“ auf getoastetem Bauernbrot zum Apéro servieren).

Vorgekochte Scheiben kann man panieren und braten, sie wirken ähnlich wie Sellerieschnitzel, nur weniger intensiv. Die Hauptaromen kommen dann eher von der gebackenen Panierung als vom Kohlrabi selbst. In Osteuropa und Frankreich vergärt man Kohlrabischeiben milchsauer.

Die Blätter kann man ebenfalls essen, sie duften intensiver „grün“ als die Knolle und enthalten noch mehr wertvolle Inhaltsstoffe. Man kann sie roh in einen Salat schneiden, dünsten und in Butter abschwenken, als Suppeneinlage zum Schluss mitkochen oder als Hülle für Kohlrabiröllchen nutzen. Fermentierte Kohlrabiblätter erinnern an „Sauerkraut“, haben aber einen ganz besonderen, feineren Duft als der milchsauervergorene Weißkohl. Dickere Blattstiele sind eher holzig; wer sich aber die Mühe macht, sie zu schälen, wird mit einer zart-knackigen Textur und einem intensiven Kohlgeschmack belohnt. Sehr klein geschnitten und frittiert können die Blattstiele als funktionelles „Schwefelgewürz“ z. B. in Gemüsesalaten, Reis- oder Getreide-„Risottos“ sowie Grünkernzubereitungen eingesetzt werden.

KOMBINATIONEN

Seine grünen, frischen Noten mit Anklängen an Melone und Gurke und die knackige Textur prädestinieren Kohlrabi zum rohen Genuss und laden gleichzeitig zur Verstärkung durch weitere „grüne“ Partner ein. Es liegt daher nahe, geraspelten Kohlrabi etwa in (kalten) Gurken- und Melonenzubereitungen (z. B. Salaten) zu verwenden. Auch die Verbindung von gekochtem Kohlrabi mit anderen „grünen“ Kohlarten wie Rosenkohl und Grünkohl funktioniert sehr gut. Hervorragend sind ebenfalls Zubereitungen mit Äpfeln, die nicht nur über die grünen Noten, sondern auch texturell harmonieren und zudem mit leichter Säure den süßlich-bitteren Grundgeschmack ergänzen. So ist ein Apfel-Kohlrabistrudel sowohl als süßes Dessert als auch bei salzig-herzhaften (umami-)Zubereitungen, etwa als Vorspeise, köstlich. Kombinationen mit Käse harmonieren ebenfalls über die grünen Aromen, seien es nun milde Versionen mit Frischkäse, Joghurt, Schmand oder Brousse, oder kräftige mit Roquefort, Bleu d'Auvergne oder gar reifem Munster, dem das Gemüse mit seinen feinen Schwefelaromen Paroli bietet. Auch über einen klassischen Kohlrabiauflauf mit Kartoffeln, Zwiebeln und Speck gehört Käse, z. B. Emmentaler oder, wenn es italienisch sein soll, Gorgonzola und dazu frischer Salbei, der mit seiner harzigen Zitrusbitterkeit aromatisch ergänzt und geschmacklich andockt. Koriandergrün und Kohlrabi sind spannende Kombinationen: Das Kraut holt Kohlrabi bei den grün-wachsigen Noten ab und ergänzt seinen Zitrusduft. Soll der Kohlrabi „harziger“ werden, empfehlen sich Bohnenkraut, Rosmarin, Wacholder oder gar Fichtensprossen, aber nur in entsprechend dezenten Mengen, um das feine Gemüsearoma nicht zu erschlagen. Im Sommer sind Erbsen mit Kohlrabi und jungen Karotten ein beliebter Klassiker. Die Erbsen

MIKRONÄHRSTOFFE *(pro 100 g)*

Vitamine: *C (63 mg)* ***Mineralstoffe:*** *Kalium (322 mg), Calcium (59 mg)* ***Sekundäre Pflanzenstoffe:*** *Glucosinolate, Carotinoide (Blätter)*

HARMONIE

KÜCHENJOKER

Kala Namak, Fichtensprossen, Tonkabohne

PASST GUT ZU

Sahne, Eiern, Zitrone/Limette, Nüssen, Pinienkernen, Birnen, Äpfeln, Korinthen, Reis, Hähnchen, Fisch, Getreide

LÄNDERKÜCHE

Deutschland, Österreich, Schweiz: *Kohlrabiauflauf, Kohlrabisuppe* ***Orient:*** *Kohlrabiröllchen* ***Frankreich, Polen, Rumänien:*** *Milchsaurer Kohlrabi* ***Italien:*** *Gemüselasagne*

LANRO

AZUR STAR

SUPERSCHMELZ

SORTEN

Azur Star: *eine sehr frühe, blauviolette Sorte mit einem sehr süßlichen Geschmack. Sie hat eine sehr kurze Garzeit.*

Wiener blauer Glas *und* ***Wiener weißer Glas:*** *berühmte alte Sorten, die seit Mitte des 19. Jahrhunderts bekannt sind; es handelt sich um Frühsorten fürs Glashaus, die auch im Freiland angebaut werden können. Die Knollen haben ein besonders feines Aroma, die weiße Sorte kann allerdings holzig werden.*

Blauer Speck: *blaue Sorte für den späten Anbau mit großen, aber trotzdem zarten Knollen, die sich gut lagern lassen.*

Superschmelz: *weißer Riesenkohlrabi mit langer Entwicklungszeit; die Knollen können mehrere Kilogramm schwer werden und sind immer noch zart und nicht holzig; sie vertragen auch leichte Fröste und sind lagerfähig bis März. Das Aroma ist kräftig und sehr intensiv.*

Blaro: *eine schoss- sowie frostfeste Schweizer Züchtung, die in den 1970erJahren in den Handel kam und sich die ganze Saison über anbauen lässt; die violetten Knollen weisen ein ausgewogenes Aroma auf.*

Knaufs Frühweiß: *zuverlässige frühe weiße Sorte, die sich aber nicht lange lagern lässt.*

Lanro: *frühe, schossfeste weiße Sorte; sie kann auch spät angebaut werden, ist aber nicht lagerfähig.*

Böhmischer Strunk: *Strunkkohlrabi, sozusagen der Urahn unserer heutigen Kohlrabi, bei dem das Laub schopfartig an der Knolle*

paaren sich über die grasig grünen Aromen, während sie gleichzeitig erdig-würzige Noten beisteuern, die Karotte bringt kräuterige und holzige Duftnoten ein. Will man die schwefeligen Aromen des Gemüses unterstreichen, passen natürlich Zwiebeln, aber auch Kartoffeln. Für Kartoffelgerichte sollte Kohlrabi nicht lange (besser gar nicht) gegart werden. Wird er z. B. roh gewürfelt und unter (gleich groß) gewürfelte heiße Kartoffeln gemischt, lassen sich Texturkontraste und Aromaharmonie sehr gut erfahren. Abrunden kann man das Gericht mit leicht gesalzener Sahne und kontrastierenden Gewürzen wie Muskatnuss oder der würzig-aromatischen, an Waldmeister erinnernden Tonkabohne. In Kartoffelsalaten lassen sich die obligatorischen Gurken mit Kohlrabi ersetzen – vor allem in Süddeutschland, denn dort werden Kartoffelsalate typischerweise mit Fleisch- oder Gemüsebrühe angemacht, sodass der Kohlrabi über seine leichte Fleischbrühen-Note eine zusätzliche „Andockmöglichkeit" hat. Hervorragend passt feingewürfelter Kohlrabi auch zu feinen Matjes mit Sahne. Der leicht schwefelige, fermentierte Heringsduft harmoniert mit den wachsigen Aromen und reduziert die Säure, die meist durch Äpfel erzeugt wird.

Einfache „Blitzsalate" lassen sich rasch herstellen: Geraspelten Kohlrabi mit Schnittlauch bestreuen, der die schwefeligen Aromen verstärkt; dazu Öl und Essig (oder andere Säuren), die frische Akzente geben. Man kann auch mit geraspelten Birnen variieren, die Fruchtnoten ergänzen und ein feines Süße-Säure-Spiel ermöglichen. Eine Variante mit Senf harmoniert perfekt über schwefelige Noten, den Kontrast bringt Limette, gewürzt mit frischem Koriander. Zitrusdüfte kann man in Salaten auch mit etwas Zitrusschalenabrieb erzeugen. Kohlrabi (roh oder als Salat) ist außerdem ein perfekter Begleiter zu Eiern: Gekochte Eier, Spiegelei oder gar Rührei (gern mit Schnittlauch oder Frühlingszwiebeln) paaren sich bestens mit den feinen Schwefelnoten des Kohlrabi. Die Kombination von Spargel und jungem Kohlrabi ist ebenfalls köstlich: Sowohl die Schwefelnoten als auch die knackige Textur des (nur kurz gedünsteten) Spargels sind kleine Flavourwunder. Werden diese Gemüse in Butter oder etwas Sahne, Crème fraîche oder Schmand gegart, sind Harmonie und Kontrast ideal vereint. Wer darauf noch ein cremig pochiertes Ei setzt und etwas Kala Namak streut, ist der perfekte „Schwefelpairer".

Neben diesen „grünen" und „schwefeligen" Kombinationen lassen sich auch die weniger vordergründigen Aromakomponenten des Kohlrabis durch geschicktes Pairing betonen oder kontrastierend ergänzen. Die Senf- und Kressenoten kann man auf „indische Art" sehr gut heben, etwa (dezent) mit einer von schwarzem Senf dominierten (nord-)indischen Gewürzmischung wie Panch Phoron. Auch die Bitterkeit des Bockshornkleesamens fügt sich sehr gut zu Kohlrabi. Brät man diese Gewürze in Nussbutter, Ghee oder in indischem Senföl an, ergänzen sie zusammen mit den entstehenden Röstaromen den (maximal bissfest gegarten) Kohlrabi ausgezeichnet. Möchte man mehr in Richtung Süden des Subkontinents gehen, erweitert man das Aromaspektrum des Kohlrabis mit Kokosöl um cremig-fruchtige Düfte. Die sehr schwachen fettig-nussigen Eindrücke des Kohlrabis lassen sich mit Nüssen und deren Ölen hervorlocken, zum Beispiel mit einer Vinaigrette aus Nussöl oder mit gerösteten Haselnüssen oder Mandeln. Harzige Pinienkerne kontrastieren eher. Rosa Beeren, duftende Pfeffersorten oder Wacholder, aber auch Kräuter wie Salbei und Rosmarin bringen herbale bis harzige Düfte und leichte Zitrusnoten ein; Szechuan- oder Kubebenpfeffer fügen feine trigeminal prickelnde Noten hinzu und ergänzen besonders die trigeminal wärmende Wirkung des rohen Kohlrabis sehr reizvoll.

In Butter abgeschwenkte Kohlrabi-Blätter sind köstlich. Grüne und „kohlige" Kohlrabi-Röllchen aus größeren, leicht pochierten Blättern füllt man mit Reis, süßen Korinthen, saurem Zitronensaft und harzigen Pinienkernen und – je nach Belieben – mit Minze oder Cayennepfeffer: Minze unterstützt die kalten Trigeminalnoten der schwefeligen Blätter, während der „heiße" Chili dagegensteuert.

GESCHICHTE UND BOTANIK

Die genaue Herkunft des Kohlrabis ist unklar. Vermutlich ist er aus einer Kreuzung zwischen Wildkohl und der wilden weißen Rübe entstanden (darauf deutet sein Name hin: Kohl und Rübe) oder aus dem **MARKSTAMMKOHL** (*Brassica oleracea* var. *medullosa*), der an Tiere verfüttert wurde und wird. Seit dem 16. Jahrhundert ist er in Mitteleuropa dokumentiert; in der heutigen Form wird er seit dem 19. Jahrhundert kommerziell angebaut.

Es gibt blaue und weiße Kohlrabi, bei den blauen sind die Knollen blauviolett, die Blattadern und die Blätter rotblau. Wie beim Rotkohl bleibt die Farbe beim Kochen erhalten, zeigt aber eine ähnliche pH-Wert-Abhängigkeit. Blaue Kohlrabi haben ein etwas kräftigeres Aroma als die weißen. Sorten mit großen Knollen neigen eher zum Verholzen, lassen sich dafür aber zum Teil lange (bis März) lagern. Kleine Kohlrabi sind nie holzig. Heutige Kohlrabisorten tragen meist wenige und eher kleine Blätter. Sie wurden aus dem älteren Strunkkohlrabi gezüchtet, der – wie der Name sagt – einen Strunk mit Knolle und buschigen Blättern ausbildet. Die Kulturdauer variiert: Frühe Sorten sind nach wenigen Wochen erntereif, späte brauchen 16 bis 32 Wochen und sind dafür lange lagerfähig, manche (meist mit großen Knollen) bis in den März.

verteilt ist. Diese ist sehr groß, oval- bis spindelförmig und gelbgrün bis weißlich-grün gefärbt.

EINKAUF UND LAGERUNG

Man muss die Knolle vor Austrocknung schützen, damit sie nicht verholzt. Am besten hält sie sich in ein feuchtes Tuch gehüllt im Kühlschrank, dann bleibt sie wochenlang frisch. Frühlings- oder Sommersorten sollten schnell aufgebraucht werden, im Herbst geerntete Knollen können (ohne Grün) im kalten Keller sogar monatelang gelagert werden. Einfrieren lässt sich Kohlrabi nicht so gut, er wird dann etwas gummiartig; besser ist es, das fertige Gericht einzufrieren.

SAISON

01 02 03 04 **05 06 07 08 09 10 11** 12

Außerhalb der regionalen Saison ist Kohlrabi als Importware aus z. B. Spanien und Italien erhältlich.

ANBAU

Der Geschmack und die Textur des Kohlrabi hängen stark vom Anbau ab: Treibhauskohlrabi ist zarter, aber Freilandkohlrabi schmeckt intensiver. Wie alle Kohlsorten mag Kohlrabi lockeren, nährstoffreichen Boden, der am besten eher im sauren Bereich liegt. Ansonsten ist er sehr leicht anzubauen und gilt als „Einsteigergemüse". Ab Mai kann man ihn aussäen. Die Kulturzeit ist bei frühen Sorten relativ kurz: acht bis zwölf Wochen. Daher kann man mehrmals aussäen, auch im Sommer auf bereits abgeernteten Beeten, und hat dann vom Frühsommer bis in den späten Herbst immer frische Knollen. Wichtig ist, dass Kohlrabi ausreichend feucht bleibt, dann wird er nicht holzig und platzt nicht auf. Daher sollte man regelmäßig wässern und die Erde hacken.

Cucurbita

KÜRBIS

Die Chinesen nennen ihn den „Kaiser des Gartens", die Griechen „gewaltigen Sohn der Erde" und die Österreicher „Plutzer", was so viel wie Blödian heißt. Lange fristete der Kürbis bei uns ein kulinarisches Schattendasein, in den 1970er Jahren endgültig verdrängt von seiner kleinen Schwester, der Zucchini. Doch in den letzten Jahren hat er aufgeholt. Immer neue Sorten (die oft alte sind) kommen auf den Markt.

Aromen roh und gekocht: (Z)-3-HEXENOL *△ grün, grasig, frisch gemähtes Gras, laubartig, fruchtig, ◇ leicht ölig, melonenschalenartig* 1-HEXANOL *△ grün, herbal, süßlich, apfelschalenartig, ◇ stechend, ölig, fruchtig* 3-HYDROXY-2-BUTANON *△ butterig, milchig, □ sahnig, cremig, ◇ süßlich* 3-METHYLBUTANOL *△ fermentiert, fuselartig, □ whiskyartig, bananenartig* 1-OCTEN-3-OL *△ grün, erdig, fungal, champignonartig, □ gemüseartig, pilzig, hähnchenhautartig, ◇ brühenartig, saucenartig* 3-OCTANON *△ herbal, moderig, pilzig, fermentiert, □ käsig, gemüseartig, ◇ schimmelig, fruchtig* DIMETHYLSULFID *△ schwefelig, zwiebelartig, radieschenblätterartig, kohlartig, □ fischartig, maisartig, spargelartig, ◇ ein Hauch gekochte Milch/Sahne,* DIMETHYLDISULFID *△ schwefelig, gemüseartig, □ kohlartig, ◇ zwiebelartig,* LIMONEN *△ zitrusartig, orangenartig, □ süßlich, ◇ terpentinartig,* α-PINEN *△ herbal, kampferig, pinienartig, □ stark holzig, erdig, ◇ terpentinartig, holzig-würzig* β-PINEN *□ herbal, holzig, harzig, pinienartig, heuartig, kampferig, ◇ gewürznelkenartig, muskatartig-würzig, pfefferig, leicht kühlend*
Riesenkürbis außerdem: HENEICOSAN *◇ schwach wachsig* β-DAMASCENON *△ floral, holzig, rosenartig, fruchtig, □ gekochte Pflaumen, ◇ tabakartig, süßlich* (E)-β-IONON *△ holzig, süßlich, floral, beerenartig* β-IONON *△ floral, holzig, süßlich, □ beerenartig,*

PEPOKÜRBIS / GARTENKÜRBIS Alle Kürbisse (auch die → Zucchini) duften roh „grün", die beiden führenden Aromaverbindungen sind das nach Blättern und frischem Gras duftende (Z)-3-HEXENOL, gepaart mit dem grün-herbalen, öligen und nach Apfelschalen riechenden 1-HEXANOL. Ein Hauch erdiger Pilzduft sowie herbal-fettige oder gar leicht schimmelige Untertöne werden über 1-OCTEN-3-OL und 3-OCTANON hinzugefügt. In diese Kerbe schlägt ebenfalls der Duft des 2-PROPANOL. Schwefelige Düfte werden von DIMETHYLSULFID und DIMETHYLDISULFID mit seinen an Mais, Spargel und gekochte Milch erinnernden Noten erzeugt, sowie von DIMETHYLTRISULFID, das eher eine Lauch- und Brühennote beifügt. Des Weiteren sind eine ganze Reihe butterige, sahnige und fruchtige Duftaspekte zu bemerken. Diese verdanken sich vorwiegend 3-HYDROXY-2-BUTANON und 3-METHYLBUTANOL, das neben einer Bananennote auch einen fermentierten, reifen Whiskyduft einstreut. Von den Terpenen stechen bei Kürbissen vor allem zwei in die Nase: LIMONEN, das deutliche Zitrusnoten hinzufügt, sowie β-PINEN, das leicht holzige und harzige Piniendüfte beimischt.

Für die Farbe der Kürbisse sind Carotine verantwortlich, um genau zu sein: alpha- und beta-Carotin (das bei gleichzeitiger Fettaufnahme zu Vitamin A umgebaut wird) und die Carotinoide Lutein und Neolutein. Der Geschmack lässt sich über die Zucker der Stärke als leicht süßlich beschreiben. Durch die der Pflanze eigenen Cucurbitacine kommt eine leicht bittere Note zustande.

Eine aromatische Besonderheit sind die Kerne des Steirischen Ölkürbis (eines Gartenkürbis). Sie werden ausschließlich geröstet verwendet. Ihr Duft ist vielschichtig komplex mit einer deutlich schokoladigen und nussigen Note, wobei die Zusammensetzung des Aromas im Detail von der Röstdauer abhängt.

RIESENKÜRBIS Das Aroma des Riesenkürbis (darunter zählt z. B. der beliebte Hokkaido) zeichnet sich durch einen erweiterten Duft aus, der über das Grundaromaspektrum hinausgeht. Eine starke aromatische Mandel-Nuss-Komponente klingt über BENZALDEHYD an. Florale, holzige und süßliche Düfte werden über β-DAMASCENON und (E)-β-IONON beigefügt, wachsige Noten über eine ganze Reihe aliphatischer Kohlenwasserstoffe, insbesondere HENEICOSAN, das zwar nur schwach duftet, aber retronasal und auf der Zunge deutlich wachsig-fettige Eindrücke hinterlässt.

HOKKARISSA

- 2 kleine Hokkaido-Kürbisse
- 400 g Lammhackfleisch aus der Schulter
- je 1 Trockenaprikose und Trockenpflaume
- 1 getrocknete Dattel, entsteint
- 100 g Aprikosenkerne
- 2 TL Harissagewürz
- 2 rote Zwiebeln
- 2 Knoblauchzehen
- 50 ml Olivenöl, Salz

Backofen auf 200 °C vorheizen. Kürbisse waschen und die Deckel abschneiden. Kerne und Fasern herausschaben, das Fleisch mit einem Kugelausstecher aushöhlen.

Fleisch und Trockenobst mittelfein wolfen. Aprikosenkerne hacken und trocken leicht anrösten, um den aromatischen Duft zu verstärken. Mit Hackfleisch vermengen und Harissagewürz unterheben.

Zwiebeln und Knoblauch schälen, dann grob hacken. Öl in einer Pfanne erhitzen und Hackfleischmischung darin anbraten; herausnehmen. Zwiebeln und Knoblauch in der gleichen Pfanne andünsten, Hackfleisch wieder zugeben, mit Salz abschmecken und die Aromen kurz verbinden lassen. Dann Kürbisse damit füllen.

Abgeschnittene Deckel wieder daraufsetzen und im Ofen 40 bis 50 Minuten garen.

Pro Portion: 752 kcal, 44 g F, 57 g KH, 10 g B, 30 g E

MOSCHUSKÜRBIS Beim Moschuskürbis kommen neben wachsigen Komponenten, die durch HEXADECANSÄURE und HEXADECANONSÄURE verursacht werden, über den Heterozyklus SAFRANPYRANON vor allem bittere, nach Safran- und Walnüssen duftende Aromen hinzu.

ZUBEREITUNG

Gegessen wird bei uns in erster Linie das Fruchtfleisch, bei Sommerkürbissen und einigen Winterkürbissen inklusive Schale. Die an sich geschmacksneutralen, leicht bitteren Samen sind ebenfalls essbar, man röstet sie, um sie aromatisch interessant zu machen. Aus den Samen des Steirischen Ölkürbis presst man ein wohlschmeckendes dunkelgrünes Öl, das zum Aromatisieren von kalten und warmen Speisen verwendet wird (ein Klassiker ist der Käferbohnensalat); geröstet bereichern sie Tellergerichte mit ihrem nussig-schokoladigen Aroma und ihrer knackigen Textur.

Die leuchtenden Blüten sind wie bei Zucchini eine Delikatesse. Man muss Stempel und Staubgefäße herausschneiden, dann sind sie roh (z. B. im Salat) und gegart köstlich und sehen wunderschön aus, (z. B. als Pizzabelag). Die beste Variante ist es, sie zu frittieren, denn dann bekommen sie eine schöne Struktur. In Asien, der Karibik und Afrika werden sogar die Blätter und jungen Triebe der Pflanze verzehrt, meist wie Spinat zubereitet: kurz in Wasser oder Öl blanchiert.

Um an das Kürbisfleisch zu kommen, muss man die Schale entfernen, es sei denn, man hat es mit einem Sommerkürbis (z. B. Patisson) oder einem dünnschaligen Winterkürbis zu tun, bei dem man die Schale mitgaren und -verzehren kann. Dafür gibt es mehrere Möglichkeiten: Entweder man gart den Kürbis ganz bzw. in Hälften – das bietet sich besonders bei kleineren

◇ bienenwachsartig BENZALDEHYD *△ aromatisch, bittermandelartig, nussig, süßlich, □ holzig*
Moschuskürbis außerdem: HEXADECANSÄURE *△ fettig, wachsig, talgig □ seifig, speckig, ◇ milchig, wachsig,* HEXADECANONSÄURE *□ fettig, ◇ wachsig, kerzenwachsartig,* SAFRANPYRANON *△ bitter-herbal, walnussartig, □ safranartig, zitrusartig*

GESCHMACK

SÜSS SAUER SALZIG BITTER UMAMI

Kürbis duftet grün, fruchtig, butterig und leicht schwefelig. Je nach Sorte kommen nussige Aromen hinzu und der Geschmack ist leicht süßlich bis leicht bitter.

MIKRONÄHRSTOFFE *(pro 100 g)*

Vitamine: *A (97 µg), B_2 (0,07 mg)* ***Mineralstoffe:*** *Eisen (0,8 mg)* ***Sekundäre Pflanzenstoffe:*** *Carotinoide*

HARMONIE

●	●	○	●	○	○	○	○	○	**KÜRBIS**
●	●	○	○	●	○	○	○	●	AUBERGINE
○	●	●	●	○	●	●	○	●	FENCHEL
●	●	○	●	○	●	●	●	○	GEMÜSEPAPRIKA
●	●	○	○	○	○	○	●	●	LAUCH
●	○	●	●	●	●	●	●	●	MÖHRE
●	●	○	○	●	●	○	○	●	RETTICH
●	●	●	●	●	●	○	○	●	STECKRÜBE
●	●	●	○	●	○	●	●	○	TOMATE
●	●	○	○	○	●	○	○	●	WIRSING
●	●	○	○	○	○	○	●	●	ZWIEBEL
○	○	●	○	●	●	●	○	●	ANIS
○	○	○	○	○	○	○	●	●	CHILI
●	○	○	○	●	○	●	○	●	GEWÜRZNELKE
○	○	○	●	○	●	○	●	○	KREUZKÜMMEL
○	○	●	●	●	○	●	○	●	MUSKATNUSS, MACIS
●	○	○	○	○	○	○	●	●	PAPRIKA (PULVER)
○	○	●	●	○	○	●	○	●	PIMENT
●	○	○	●	○	○	○	○	○	SAFRAN
○	○	●	●	○	○	○	○	●	SALBEI
●	○	○	○	○	●	○	●	○	SÜSSHOLZ
○	○	○	○	○	●	●	○	○	TONKABOHNE
○	○	●	●	●	●	●	○	●	ZIMT

KÜCHENJOKER

Basilikum, Curryblätter, Dill, Nigella

PASST GUT ZU

Zitronen, Orangen, Grapefruit, Äpfeln, Käse, Sahne, Geräuchertem, Fleisch, Pasta, Couscous

LÄNDERKÜCHE

Italien: *Gnocchi di zucca, Gefüllte Pasta* **USA:** *Pumpkin Pie* **Spanien, Mallorca:** *Cabell D'Angel (Konfitüre)* **Frankreich:** *Kürbissuppe mit Sahne, Garbure catalane (Brotauflauf mit Kürbis)* **Griechenland:** *Kolokytha yemisti me Lahanika (mit Gemüse gefüllte Kürbisse)*

PEPO- ODER GARTENKÜRBIS

Gartenkürbisse (Cucurbita pepo) sind die umfangreichste Art, sie umfasst bis zu 400

Kürbissen an – und löffelt das Fruchtfleisch anschließend heraus, oder man schneidet den Kürbis in Scheiben und bäckt oder brät mit der Schale, oder man schält ihn mit dem Sparschäler. Bei besonders hartschaligen Sorten kann es einfacher sein, den Kürbis vor dem Schälen zu zerteilen. Übrigens: Je härter die Schale, desto dunkler und aromatischer ist oft das Fleisch – die Mühe lohnt sich also.

Manche Sorten (z. B. Eichelkürbis und Muscade de Provence) kann man auch roh essen, geraspelt in einem Salat oder als Carpaccio in dünne Scheiben geschnitten. Ansonsten lassen sich alle Sorten auf vielerlei Weisen garen und zubereiten: kochen, braten, backen, füllen, pürieren und einlegen.

Aus gekochtem Kürbis kann man ausgezeichnet Suppen zubereiten (klar oder mit Sahne gebunden). Paul Bocuse hat sie in der Schale gekocht, also aufgeschnitten im Ofen gebacken. Oder man püriert das gekochte oder gebratene Fleisch zu einem sämigen Püree, das man als würzige Beilage servieren oder als süße Variante in ein Soufflé oder Pudding verwandeln kann. Eine Besonderheit ist der Spaghettikürbis: Diesen lässt man im Ganzen 45 Minuten ziehen (nicht kochen, sonst platzt die Haut), hebt das faserige Fruchtfleisch mit der Gabel heraus und serviert es als „Spaghetti" z. B. mit zerlassener Butter, Parmesan, Salz und Pfeffer – oder mit gebratenen Pilzen in einer Salatsauce (Essig/Öl).

Beim Braten und Backen von Kürbissen entstehen zusätzliche Röststoffe. Dafür eignen sich vor allem Kürbissorten, deren Fleisch beim Garen relativ fest bleibt (z.B. Muskat-, Butternuss-, Bulgarischer Bratkürbis). Den Kürbis schälen, in grobe Spalten oder Scheiben schneiden und in eine feuerfeste Form schichten, salzen und mit Öl einstreichen und im vorgeheizten Ofen bei 180 °C 20 Minuten backen; das Gericht kann beliebig gewürzt werden, muss aber nicht, da das Aroma des Gemüses an sich schon wohlschmeckend genug ist. Zum Füllen eignen sich kleinere Kürbisse (z.B. Bischofsmütze): Den Deckel abschneiden, Kerne und etwas Fleisch herauskratzen, dann kann er beliebig gefüllt werden (z. B. mit Tomaten, Dörrobst, Hackfleisch, Reis, Pilzen) und kommt mit geschlossenem Deckel 1 Stunde ins Rohr.

Aus Kürbisfleisch und Kürbiskernen lässt sich ein ausgezeichnetes Kürbisbrot backen. Und Rührkuchen (z. B. Nusskuchen) wird mit geraspeltem Kürbisfleisch (ähnlich wie der Rüeblikuchen) noch saftiger.

Süß kann man Kürbis zu Kompott oder Marmelade verarbeiten. Süßsauer oder scharf kommt er in Pickles und Chutneys vor: herzhaft einlegen in Essig mit Ingwer, Chili, roten Zwiebelringen, Salz und Zucker.

KOMBINATIONEN

GARTEN-/PEPO-KÜRBISSE Die frischen grünen Noten aller Kürbisse, aber insbesondere der Garten- und Pepo-Kürbisse, lassen sich am besten über ein Garen im Backofen mit Oliven- oder Rapsöl herausarbeiten. So funktioniert er als Beilage oder mit etwas Brot am besten. Der leichte Pilzduft des Gemü-

BUTTERNUSS-SUPPE

½ TL Safranfäden, Salz	Safranfäden mit etwas Salz mörsern.
500 g Butternusskürbis 600 ml Gemüsebrühe 100 ml Walnussöl	Kürbis schälen, Kerne und Fasern herausschaben, das Fleisch klein schneiden. Mit Gemüsebrühe in einen Topf geben und darin weich kochen; Safransalz zugeben. Fein pürieren und mit Salz abschmecken. Im Anschluss Walnussöl einarbeiten.
10 Walnüsse 100 g gebräunte Butter	Walnüsse schälen und halbieren, in der gebräunten Butter anrösten.
2 Scheiben Lardo, in Streifen von 0,5 cm geschnitten Kürbiskernöl	Lardo zupfen und in Tellern verteilen, Suppe angießen, Walnusskerne aufstreuen und etwas Kürbiskernöl aufträufeln. Mit Walnuss- oder Kürbiskernbrot servieren.
	Pro Portion: 557 kcal, 58 g F, 4 g KH, 2 g B, 2 g E

ses harmoniert mit Champignons (oder anderen Pilzen). Dabei kann beim Schmoren gern mit Gemüsebrühe gearbeitet werden, was die sich beim Garen verstärkenden schwefeligen Aromen betont und einbindet. Nicht zu vergessen sind die harzigen Zitrus- und Pinienkernanklänge des Kürbis. Sie fangen Würzungen mit Kräutern wie Koriandergrün, Oregano, Rosmarin oder Currykraut bestens ab. Zitronen- oder Orangenschale docken an die Zitrusnoten an und ergänzen die leichte Süße mit ihrer Säure. Auch harzig-kräuterige Gewürze wie Wacholder, Kreuzkümmel, Kümmel oder stark duftende Pfeffer wie Timut-, Szechuan- und Kubebenpfeffer eignen sich als Partner. Gerade Pfeffer geben Kürbisgerichten in kalten Tagen wärmende Trigeminalnoten. Immer gut sind auch Chili, besonders die rauchigen Chipotles. Als süßliche Gewürze sind zu empfehlen: Zimt und Gewürznelke für Kuchen und Pie, Muskatnuss für Gratins und Suppen mit Sahne und Käse. Kürbispüree kann man mit Süßholz würzen, das betont den Anisgeschmack. Eine Kombination mit (reifem) Käse hebt aromatisch die grünen, fettigen Aromen hervor, nimmt aber den typischen Kürbisbittergeschmack zurück, da die Umamikomponente diesen deutlich dämpft. Käsesaucen sind daher sehr willkommen. Der Einsatz von Frischkäse, Schmand oder Sahne lässt die butterigen Noten des Kürbisses hochleben. Kürbis als Hauptkomponente in vegetarischen Currys ist nach wie vor genial. Currymischungen verstärken die holzig-harzigen und kräuterigen Aromen und geben reichlich trigeminale Wärme, d. h. Schärfe. Dabei darf die Garflüssigkeit ruhig richtig kräftig sein: Eine stark reduzierte Gemüsebrühe oder die Brühen/Fonds von stark gerösteten Gemüseabschnitten ist hervorragend. Die fermentierten, mitunter nach Whisky duftenden und fruchtigen Anteile des Kürbisaromas ermöglichen Saucen auf Sahne- (eher süßlich) bzw. Crème-fraîche-Basis (eher sauer), die mit Cognac oder Whisky

Unterarten und Sorten, die im mitteleuropäischen Klima wachsen. Darunter ist auch der Ölkürbis (Cucurbita pepo var. styriaca). Ihr Erkennungsmerkmal ist ein harter, kantiger Fruchtstiel, der im Querschnitt sternförmig aussieht.

***Spaghettikürbis** (Cucurbita pepo subsp. pepo): japanische Züchtung aus den 1930er Jahren mit hellgelber Schale, dunkelgrünen Kerben und dünnem, gedrehtem Stiel. Die Früchte werden 1,5 bis 3 kg schwer und 20 bis 30 cm lang; sie sind 5 bis 8 Monate lagerfähig und reifen bei der Lagerung nach. Das gelbe Fruchtfleisch duftet nussig, aber nicht sehr ausgeprägt. Es zerfällt beim Kochen im Ganzen in lange spaghettiartige Fasern, die man aus dem halbierten Kürbis herausdreht und für lauwarme Salate verwendet.*

***Squash, Ufo-Kürbis, Patisson, Bischofsmütze** (Cucurbita pepo subsp. pepo conv. Patissonina): buschig wachsender Sommerkürbis, sieht aus wie ein Diskus mit gewelltem Rand in den Farben Weiß, Gelb, Orange, Grün, Gefleckt oder Uni. Das Aroma erinnert an Zucchini oder Rondini, wenn er unreif (handgroß) geerntet wird. Er kann ungeschält im Ganzen blanchiert oder*

K

gebacken werden und ist eine gute Beilage zu Kurzgebratenem. Ausgereift schmeckt er nicht mehr und dient zu Dekorationszwecken.

Türkenturbankürbis *(Cucurbita pepo subsp. pepo conv. Patissonina): Die schöne Kürbissorte sieht ähnlich aus wie Squash – gestreift, mit markanter Kappe – und ist ebenfalls als Zierkürbis beliebt. Er ist im Unterschied zum Squash aber ein Winterkürbis mit harter Schale: schwer zu schälen, gut zum Füllen geeignet.*

Eichelkürbis *(Cucurbita pepo var. turbinata), auch: Acorn Squash, Table Ace: von Indianern in North Dakota gezüchteter Sommerkürbis, 1913 in die US-Saatgutliste aufgenommen. Die etwa 1 kg schweren Früchte sind eichelförmig spitz zulaufend mit zehn deutlich sichtbaren Längsrippen. Die harte Schale ist dunkelgrün und glänzend, manchmal gelblich oder elfenbeinfarben und kann mitgegessen werden. Das Fruchtfleisch ist leuchtend gelb bis orange, angenehm süß-würzig und bleibt beim Garen bissfest. Eichelkürbis kann auch roh gegessen werden; gekocht erinnert er an Süßkartoffel. Es gibt zahlreiche weitere Acorn-Kürbissorten, immer eichelförmig und eher kleinfruchtig (½ bis 2 kg). Die Schale ist weiß bis schwarzgrün, das Aroma mittelstark ausgeprägt, bei ihnen geht es eher ums Aussehen.*

Long White Bush: *sehr früh reifender, ca. 1 bis 3 Kilogramm schwerer Sommerkürbis mit weißer Schale, der schon im März/April aus Italien oder Ungarn angeboten wird. Er erinnert aromatisch an Zucchini und wird in der Wiener Küche traditionell als Beilage zu gekochtem Rindfleisch verwendet.*

Baby Boo: *kleiner Kürbis mit einem nussigen Aroma, das an Maronen erinnert. Ideal zum Füllen und Frittieren.*

Jack be little: *kleiner Winterkürbis wie aus dem Bilderbuch mit einem Durchmesser von höchstens 12 cm. Schale und Frucht-*

abgeschmeckt sind. Reichert man diese Saucen mit kräftigem Fond oder Dashi an, wird eine deutliche Umaminote beigefügt.

Grob gemahlene geröstete Kürbiskerne auf rohem, gekochtem, gedämpftem Fisch, Geflügel oder Gemüse (z. B. wie Kohlrabi) knüpfen über schwefelige Aromen an und ergänzen wunderbare Röstnoten. Selbst in Desserts auf Fruchtbasis (etwa mit Bananen, Birnen oder Joghurt) sind Kürbiskerne wunderbar aromatische und röstige Aromenspender.

EXTRATIPP Geröstete Kürbiskerne grob zermörsern, mit etwas Kaffee bei ca. 50 °C angießen und zwei bis drei Stunden ziehen lassen. Über einen Teefilter abgießen und den sehr flüssigen Sud zum Angießen an gedämpften Rosenkohl, weißen und grünen Spargel, Lauch oder gekochte Kartoffeln geben. Mit 1 bis 2 TL Kürbiskernöl übergießen und mit einem Glas grünen Veltliner servieren.

RIESENKÜRBIS Der Riesenkürbis (z. B. Hokkaido, Chioggia, Buttercup) kann ähnlich zubereitet werden wie der Pepo, wegen seiner starken aromatischen Mandel-Nuss-Komponente bietet sich jedoch außerdem die Kombination mit nuss- und mandelbasierten Füllungen an. Geräuchertes hebt diese aromatischen Komponenten ebenfalls hervor. Fleischfüllungen (z. B. Lammhack, gewürzt mit würzigem Muskat, Nelken und Thymian, angeflankt mit kräuterig-zitronigem Bohnenkraut, Oregano und Rosmarin) sind kleine Köstlichkeiten. Will man eher die floralen Noten des Riesenkürbis betonen, greift man zu Füllungen oder Beilagen (beides auf Basis von Couscous oder Pseudogetreide), die kräftig abgeschmeckt sind mit Orangenblütenwasser, Raz-el-Hanout oder Panch Phoron.

Vor allem im Winter beliebt sind Suppen aus Winterkürbis: Kürbis (z. B. Hokkaido mit Schale, andere müssen meist geschält werden) klein schneiden, mit Zwiebeln anbraten (sodass Schwefelnoten verstärkt und Röstaromen ergänzt werden), mit Gemüsebrühe und Sahne aufgießen, mit Cayenne-Pfeffer (oder Paprika) und etwas Zimt und/oder Sternanis und Orangenschale würzen, 15 Minuten köcheln lassen, pürieren, nochmals aufkochen, mit Crème fraîche, Zitronensaft und Salz abschmecken, mit gerösteten Kürbiskernen servieren. Einige Tomaten ergänzen in einer Suppe mit ihrer Säure die Süße des Kürbisses. Für einen Salat schneidet man z. B. rohen Eichelkürbis in feine Blätter und macht ihn mit Öl und süßlichem Aceto balsamico an, der die florale Süße des Riesenkürbisses angenehm unterstreicht. Einige Löwenzahnblätter runden mit ihrer Herbheit den süßen Kürbisgeschmack ab.

MOSCHUSKÜRBIS Nicht alle Kürbisse der Art *Cucurbita moschata* (z. B. Butternut, Muscade de Provence) duften, wie der Name es vermuten lässt, nach Moschus, allerdings kann eine Zubereitung mit Moschussamen diesen Charakter durchaus anklingen lassen. Die bitteren Noten ihres Safran- und Walnussdufts legen harmonisch verstärkende Zubereitungen mit Walnüssen nahe, deren adstringierende Wirkung zugleich dem wachsig-fettigen Eindruck des Gemüses entgegenkommt. Die erdigen Noten von Safran oder Kurkuma heben hingegen die leichte erdige Pilznote des Kürbisses und

KÜRBIS-APFEL-MELANGE MIT PINIENKERNEN UND HARZVINAIGRETTE

- 400 g Gartenkürbis
- 1 fruchtiger Apfel (z. B. Idared)
- 4 EL milder Apfelessig
- ½ TL gemahlene Macisblüte
- 2 Frühlingszwiebeln mit Grün
- 1–2 EL helle Sojasauce
- Wacholderöl (z. B. 200 ml Traubenkernöl mit 20 Wacholderbeeren mixen, bei 50 °C 10 Minuten aromatisieren, 2 Tage ziehen lassen und durch ein Sieb gießen)
- 2–3 EL Pinienkerne, geröstet
- Abrieb von ½ Bio-Zitrone
- Rosa Beeren, Whisky, Salz

Pro Portion: 542 kcal, 53 g F, 11 g KH, 3 g B, 2 g E

Kürbis schälen und das Fruchtfleisch in Stücke von 0,5 mm schneiden. Würfel in der Mikrowelle 30 Sekunden bei 800 bis 1000 Watt trocken garen.

Apfel in der Mikrowelle 10 Sekunden bei 1000 Watt erwärmen, dann ebenso wie den Kürbis würfeln. Beides vermengen, mit 2 EL Apfelessig benetzen und mit Macis würzen.

Frühlingszwiebeln putzen und in Scheiben schneiden, mit restlichem Apfelessig marinieren, Sojasauce zugeben.

Kürbis und Apfel mit Frühlingszwiebeln vermengen und Wacholderöl unterheben. Mit Pinienkernen, Zitronenabrieb, Rosa Beeren, einigen Tropfen Whisky und etwas Salz abschmecken. Vor dem Servieren 10 bis 20 Minuten ziehen lassen.

VERMICELLI F1

BLACK FUTSU

UCHIKI KURI

BISCHOFFSMÜTZE

ROTER ZENTNER, JUNG

fleisch sind satt orange. Man kann ihn füllen oder als Suppenschale (1 Portion) verwenden. Der Geschmack erinnert an Hokkaido und Esskastanien.

Sweet Dumpling/Patidou: *auffällig hübscher Winterkürbis mit hellgelber Schale und dunkelgrünen Kerben aus Mexiko und dem Südosten der USA. Die Frucht wird etwa ½ Kilogramm schwer, das Fleisch duftet roh nach Haselnuss, gekocht auch nach Maronen; er lässt sich blättrig geschnitten gut braten und ist auch zum Füllen geeignet.*

Steirischer Ölkürbis *(Cucurbita pepo var. styriaca): Bildet als einziger Kürbis keine harte Schale um die Kerne, nur ein Häutchen und ist ideal zur Ölherstellung; die Kerne sind nicht weiß, sondern grün. Das Fruchtfleisch ist aromatisch uninteressant und faserig.*

Rondini: *Sommerkürbisse aus Afrika und Asien, die seit den 1980er Jahren auch in der Schweiz angebaut werden. Die Schale ist hellgrün glänzend mit cremefarbenen Fle-*

unterstützen wiederum den Safranduft auf ausgezeichnete Art und Weise. Für eine süße Variante gart man Kürbisstücke zusammen mit Zitronen- und Orangenscheiben, Vanilleschote, Zimtstange, Ingwer und Honig in Alufolie gewickelt 1 Stunde lang im Ofen. Kürbisfleisch durch ein Sieb streichen, mit Gelatine verdicken, mit Grand Marnier und Zitronensaft abschmecken, Schlagsahne unterheben und im Kühlschrank mehrere Stunden ziehen lassen – eine perfekte Mousse.

REGIONALE VARIANTEN Kürbis ist auf der ganzen Welt beliebt und kennt daher dementsprechend viele traditionelle Gerichte. So gibt es in Griechenland ein Rezept für gefüllten Kürbis: Kürbisfleisch, Wirsing, Lauch, Steckrüben, grüne Bohnen, Fenchel, Stangensellerie, gewürzt mit Knoblauch, Thymian, Zitronenschale und Pfeffer andünsten, Weizenschrot, Petersilie und Minze dazugeben und das Ganze in den hohlen Kürbis füllen (***Kolokytha yemisti me Lahanika***). In Italien füllt man Pasta mit Kürbis, z. B. zusammen mit Senfgurken (Mantua) oder Amaretti (Lombardei), oder man bereitet Gnocchi mit Kürbis zu (***Gnocchi di zucca***). In der kreolischen ***Kürbis-Ratatouille*** werden Kürbisstückchen zusammen mit anderem Gemüse (Paprika, Aubergine, Zwiebel, Tomaten) gebraten oder gebacken und mit Cayennepfeffer, Thymian, Kreuzkümmel und Majoran gewürzt. Französisch ist ein Brotauflauf mit Kürbis (***Garbure catalane***): Geröstete dicke Brotscheiben werden mit gerösteten Zwiebeln, Knoblauch und Majoran, Tomatenscheiben und dünnen Kürbisscheiben belegt, mit Wasser und Olivenöl aufgegossenen und 1 bis 2 Stunden bei niedriger Temperatur gegart, die letzte

SPAGHETTIKÜRBIS

FUTSU KUROKAWA

PATISSON SUMMER SATELLITE

GEM SQUASH

UNGARISCH BLAUER

halbe Stunde ohne Deckel, damit sich eine Kruste bildet. Wer mag, kann diesen Auflauf auch mit Käse überbacken. Aus den USA kommt der bekannte ***Pumpkin Pie***, ein Kuchen aus Kürbispüree mit braunem Zucker, Ingwer, Muskatnuss, Zuckerrübensirup, Gewürznelken, Piment, verquirlten Eiern und Schlagsahne auf Mürbeteig.

GESCHICHTE UND BOTANIK

Archäologische Funde (Kürbissamen) beweisen: Bereits vor 12 000 Jahren haben die Menschen in Mittelamerika Kürbisse gekannt und gegessen. Das Gemüse war für die amerikanischen Ureinwohner und später für die ersten europäischen Siedler aufgrund seines hohen Stärkegehalts und der langen Haltbarkeit eine wichtige Nahrungsquelle. Nach der „Entdeckung" Amerikas machten die amerikanischen Kürbisse (Cucurbita) den europäischen Kürbissen (Flaschen- und Wachskürbissen und einigen Vorformen der heutigen Gurken und Melonen der Familie Cucumis) Konkurrenz und verdrängten sie schließlich. Die österreichische Kaiserin Maria Theresia machte im 18. Jahrhundert kräftig Werbung für Kürbisse und forderte ihren vermehrten Anbau, vor allem um Kürbisbrot daraus herzustellen. Dennoch schwankte in der Folgezeit die Wertschätzung des Gemüses: Mal galt es als Delikatesse, mal als Schweinefutter und Arme-Leute-Essen. In der Mitte des 20. Jahrhunderts geriet der Kürbis in Mitteleuropa fast in Vergessenheit und wurde von den leichter zuzubereitenden Zucchini verdrängt. Paul Bocuse hat im Zuge der Nouvelle Cuisine und der „frischen Marktküche" den Muskatkürbis wie-

cken (sie sehen aus wie runde Zucchini, müssen aber meist geschält werden). Am besten schmecken sie tennisballgroß. Das Fleisch wird beim Kochen faserig und schmeckt leicht nussig.
Vermicelli F1: *langer, zylindrischer Kürbis mit hellgelben Fruchtfleisch.*

RIESENKÜRBIS

Wie der Name nahelegt, tragen Riesenkürbisse (Cucurbita maxima) in der Regel große, schwere Früchte. Aber nicht alle sind riesig: Der beliebte Hokkaido wird z. B. nur 1 bis 2 kg schwer. Ihr Erkennungsmerkmal ist ein dicker, schwammiger Fruchtstiel, der im Querschnitt rund erscheint. Die Blätter sind groß und behaart, das Fruchtfleisch meist orange und die Schale der meistens als Winterkürbisse angebauten Früchte oft sehr hart. ***Gelber/Roter Zentner:*** *Lange Zeit der verbreitetste Kürbis in Mitteleuropa; die Früchte sind rund bis abgeflacht und bis zu 50 kg schwer, die Oberfläche ist rau und*

RUSSISCHER BRATKÜRBIS

SWEET DUMPLING

SWEET DUMPLING GREEN

GELBER HUBBARD

netzartig strukturiert, Schale und Fruchtfleisch sind gelb. Das Fleisch ist faserig, wässrig und verglichen mit anderen Kürbissen weniger hochwertig; es wird eingekocht und zu Marmelade oder zu Saurem verarbeitet, eignet sich aber auch für Suppen.

***Buttercup** (Cucurbita maxima; Turbangruppe): eine südamerikanische Sorte, die für das kulinarische Comeback des Kürbisses mitverantwortlich ist. Die sehr hübschen dunkelgrünen Kürbisse sind flachrund und 1 bis 5 kg schwer. Das intensiv orange Fruchtfleisch hat ein nussiges, an Kastanien erinnerndes Aroma. Es gibt zahlreiche Varianten, viele mit essbaren Schalen.*

***Blue Hubbard** (Cucurbita maxima; Hubbard-Gruppe): graublauer Kürbis mit warziger Schale, die Form ähnelt einem Football oder Rugbyball; das Fruchtfleisch ist dunkelgelb und sehr fest und süß. Die Schale ist sehr hart und kann nicht mitgegessen werden. Es gibt auch einen Goldenen Hubbard und einen Mini Green Hubbard.*

***Hokkaido:** Oberbegriff für verschiedene Kürbissorten, die in Japan aus dem nordamerikanischen Hubbard gezüchtet wurden; auch Uchiki Kuris/Red Kuris und Justynka zählen dazu. Hokkaidos werden heute auch in Europa angebaut; die glatte dünne Schale kann mitgegart und gegessen werden, das Fruchtfleisch ist sehr aromatisch und ideal für Suppen, Pürees und zum Braten. Meist sind Hokkaidos rotorange, wiegen etwa 1 bis 1,5 kg und lassen sich 4 bis 5 Monate lagern. Die Sorte Red Kuri hat leuchtend oranges Fruchtfleisch, das süßlich und nussig duftet; beim Kochen wird es cremig; sie ist ein Allrounder in der Küche. Blue Ballet ist ein blauer Hokkaido. Seine Schale wird nicht ganz so weich wie beim roten Hokkaido, das Fruchtfleisch ist mehliger, das Aroma mild und fein.*

***Ungarischer Blauer:** außen türkiser, innen leuchtend oranger Kürbis, 4 bis 9 kg schwer; muss geschält werden. Das relativ feste Fruchtfleisch schmeckt süß und ist mit seinem kräftigen Aroma gut zum Braten, Backen, für Suppen, Chutneys und Marmeladen geeignet.*

***Bulgarischer Bratkürbis:** Sorte mit hellblaugrauer Schale mit weißen Streifen und orangem Fruchtfleisch; wiegt etwa 3 bis 6 kg. Das aromatische, relativ feste Fruchtfleisch ist ideal zum Braten oder für Pürees. Besonders beliebt in Osteuropa.*

***Türkischer Honigkürbis:** Die Frucht ist gerippt, flachrund, hat eine weiße bis hellgraue Schale, wiegt 5 bis 15 kg und ist lange lagerfähig; das Fleisch ist kräftig orange, sehr aromatisch und deutlich süß; wird in der türkischen Küche häufig zu Süßspeisen verarbeitet.*

***Blue Banana/Grey Banana:** 40 bis 70 cm langer Kürbis, der 5 bis 15 kg wiegen kann und sehr lange lagerfähig ist; die Schale ist graublau, das Fruchtfleisch gelb bis orange, süß und sehr aromatisch.*

***Atlantic Giants:** Sorte mit oranger, gekerbter Schale; bildet die größten Kürbisse der Welt: bis zu 700 kg schwer!*

***Marina di Chioggia:** flachrunder Kürbis mit hübscher genoppter dunkelgrüner Schale; das Fruchtfleisch ist dunkel, fest und aromatisch – ein guter Speise- und Dekokürbis.*

MOSCHUSKÜRBIS

Das Erkennungszeichen der Cucurbita moschata ist ihr Stiel: Er ist hart wie beim Pepo, zeigt aber weniger Furchen und hat eine verbreiterte Basis. Die Schale ist samtig glatt, teils gerippt und nicht sehr hart; Sorten dieser Art sind sehr wärmeliebend und wachsen nicht an allen Standorten. Es gibt zahlreiche Unterarten, die sich durch einen intensiven Geschmack und feines Aroma auszeichnen; bei der Lagerung werden Geschmack und Farbe noch intensiver.

***Butternut/Butternuss:** birnenförmiger, sandfarbener Winterkürbis, 1 bis 2 kg schwer, mit viel Fruchtfleisch und wenig*

BUTTERNUT

HOKKAIDO

JUSTYNKA

FUTSU KUROKAWA

MUSCADE DE PROVENCE

HALLOWEEN ROCKET

Samenraum; mehrere Monate haltbar. Die Frucht lässt sich leicht schälen und gut schneiden; man kann sie im Ofen (mit Fleisch) mitbraten, ohne dass sie mehlig wird. Das Fleisch ist sehr aromatisch. Eine Variante des Butternut ist die Trombetta d'Albenga (Trombolino, Keulenzucchini), eine italienische Züchtung, die tatsächlich wie ein Blasinstrument aussieht. Der bis zu 1 Meter lange Hals enthält keine Samen (die sitzen in der Verdickung am unteren Ende) und kann gut in Scheiben geschnitten werden. Das Fruchtfleisch ist fest und süßlich bis nussig.

Langer von Neapel: *einer großen Zucchini ähnelnder italienischer Kürbis: bis zu 1 m lang und 20 cm dick, die Schale ist auf dunkelgrünem Hintergrund feurig-orange geflammt; er enthält viel Fruchtfleisch und relativ wenige Samen; man kann ihn gut in Scheiben schneiden, er eignet sich zum Grillen und Braten, z. B. für Kürbisschnitzel. Die Schale wird beim Kochen hart, deshalb muss man ihn schälen.*

Futsu Kurokawa (Futsu Black): *alte japanische Zuchtsorte, etwa 0,7 bis 1,5 kg schwer. Die runden, oben und unten abgeflachten Früchte mit unregelmäßigen Längsfurchen sind im reifen, rotbraunen Zustand mehlig überzogen und müssen geschält werden (die schwarzschalige Variante nicht). Das gelborange Fruchtfleisch ist fest, süßlich und nussig. Es eignet sich gut für Süßspeisen wie Kürbiskuchen oder -strudel sowie zum Braten und Backen.*

Muscade de Provence: *französische Züchtung; die runden, stark abgeflachten, mit tiefen Längsrippen versehenen Früchte können sehr groß und schwer werden (7 bis 40 kg). Die grüne Haut ist erst dünn und verletzlich, später wird sie härter und rotbraun. Das Fruchtfleisch ist aromatisch-süßlich bis fruchtig-herb; roh duftet es tatsächlich ein wenig nach Muskat; gekocht bleibt es bissfest. Ein Allrounder in der*

Küche, süß wie pikant einsetzbar und ganzjährig auf Märkten erhältlich.

WEITERE ARTEN

***Silbersamenkürbis/Ayote** (Cucurbita argyrosperma): auch Hopi-Kürbis genannt. Sehr wärmebedürftige Kürbisart, die bei uns nicht angebaut wird. In Mittelamerika gibt es zahlreiche Sorten. Kulinarisch werden vor allem die von einer transparenten, „silbrig" erscheinenden Schicht umgebenen Samen geschätzt, die geröstet gegessen werden oder gemahlen in Saucen oder Eintöpfe kommen.*

***Feigenblattkürbis** (Siamkürbis, Cayote; Cucurbita ficifolia): Den Namen verdankt er seinen rund-ovalen, bis zu 25 cm breiten Blättern. Die Früchte sind grün bis cremefarben, typisch gefleckt und 25 bis 30 cm lang, das Fruchtfleisch ist faserig mit dunkelbraunen bis schwarzen Samen. Als europäische Sorte ist er sehr kältetolerant, wird aber bei uns nicht mehr angebaut, sondern als Unterlage zum Veredeln von Gewächshausgurken verwendet, weil er gegen verschiedene Bodenpilze unempfindlich ist. Aus dem faserigen Fruchtfleisch wird auf Mallorca, in Katalonien und in lateinamerikanischen Ländern die „Engelshaar"-Konfitüre (Cabell D'Angel) hergestellt. Außerdem eignet es sich wegen seiner süßlichen Note und weil es beim Kochen schnell weich wird, für cremige Desserts.*

***Flaschenkürbis** (Kalebasse; Lagenaria siceraria): zählt nicht zur Gattung der Cucurbita; dient seit Urzeiten zur Erzeugung von Gefäßen und Musikinstrumenten, teilweise auch als Speisekürbis; vor der Einführung der „amerikanischen" Sorten in Europa die einzige bekannte Kürbisart.*

***Wachskürbis** (Wintermelone; Benincasa hispida): gehört zur Familie der Kürbisgewächse und wird in Süd-, Südost- und Ostasien als Gemüse angebaut und gegessen. Die Früchte besitzen eine grüne, fleckige,*

derentdeckt. In Österreich feierte der Kürbis zunächst in der Steiermark als Ölkürbis sein Comeback: Verwendet werden von dieser besonderen Sorte die Kerne und das aus diesen Kernen gewonnene Kürbiskernöl, das zum kulinarischen Markenzeichen für die steirische Küche geworden ist.

In den letzten Jahren wurde Kürbis regelrecht zum Kult, was auch mit der Übernahme des amerikanischen Halloween-Festes zusammenhängt. Immer neue Sorten (Hokkaido oder Minikürbisse, die man nicht schälen muss) kommen auf den Markt.

Zur Familie der Kürbisgewächse (**Cucurbitaceae**) zählen neben den Kürbissen selbst Gurken, Zuckermelonen, Wassermelonen, Kiwanos, Bittergurken und Luffa-Gurken. Auch die Zucchini ist ein Kürbis. Die Kürbisfrucht ist botanisch eine Beere, genauer eine Panzerbeere. Mit über 500 kg bildet der Kürbis die größten Früchte aller Pflanzen. Es existieren aber gleichfalls winzige Kürbisse, die nur wenige Gramm wiegen. Es gibt sie in jeder erdenklichen Form und Farbe. Auch das Fruchtfleisch variiert in Farbe und Konsistenz: Es kann zwischen cremeweiß und leuchtend orange sein, hart oder schmelzend, faserig oder kompakt. Das Aroma ist ebenfalls unterschiedlich und sortenabhängig: Manchmal schmeckt Kürbis nach fast nichts, andere Sorten sind nussig oder erinnern an Maronen.

Alle amerikanischen Kürbisse blühen leuchtend gelb bis orange mit großen Blüten und haben eher kratzig-harte Blätter, die alt-europäischen **FLASCHENKÜRBISSE** blühen weiß und ihre Blätter fühlen sich samtig-weich an. Kulinarisch unterscheidet man (arten- und sortenunabhängig) Speisekürbisse, Ölkürbisse und Zierkürbisse, gärtnerisch (ebenso sortenunabhängig) **SOMMERKÜRBISSE** und **WINTERKÜRBISSE**: Sommerkürbisse werden wie Zucchini bereits kurz nach der Blüte geerntet und lassen sich nicht lange (nur etwa eine Woche) aufbewahren. Sie müssen meist nicht geschält werden und sind im Geschmack oft milder als die ausgereiften Winterkürbisse. Prominenteste Vertreter der Sommerkürbisse sind Rondini und Squash (Patisson). Zu den Winterkürbissen zählen alle Kürbissorten, die man erst zur Vollreife erntet, also bis zu 4 Monate nach der Blüte. Sie halten sie sich je nach Sorte 3 bis 12 Monate, müssen meist geschält werden und schmecken und duften meist kräftiger, aromatischer.

Von den sieben existierenden Kürbisarten sind in Europa Feigenblatt, Silbersamen-, Kalebassen- und Wachskürbisse wirtschaftlich weniger bedeutsam. Dominierend sind Pepo- bzw. Gartenkürbisse, Riesenkürbisse und Moschuskürbisse. Von diesen drei Arten gibt es unzählige Sorten.

GESCHICHTE UND GESCHICHTEN

Kürbisse bieten sich geradezu an, um in Wettstreit um den größten oder schwersten zu treten. Daher wundert es nicht, dass seit Jahrhunderten „Hilfsmittel" überliefert sind, um riesige Kürbisse ernten zu können: So soll es helfen, während der Kürbissaat am Acker vorübergehende Leute anzulügen! Gut sei es, wenn der Aussäende einen großen Kopf habe. Tägliches Küssen der heranwachsenden Frucht soll ebenfalls helfen. Stellt man Kür-

KÜRBIS IST NICHT GLEICH KÜRBIS

Kürbisse werden vermutlich schon seit 10 000 Jahren kultiviert. Auch deshalb gibt es unzählige Sorten und Unterarten. Kulinarisch bedeutsam und auch aromatisch unterschiedlich sind drei Hauptsorten: Gartenkürbis, Riesenkürbis und Moschuskürbis.

RIESENKÜRBIS

HAUPTANBAUGEBIET	weltweit, besonders in Südamerika, Indien, Europa, Philippinen, USA und Afrika
GESCHMACK	Süß, Mandel- und Nussaromen
GEWICHT	1 bis 50 kg
VERTRETER	z. B. Gelber Zentner, Hokkaido
KOMBINIEREN MIT	Muskat, Nelken, Thymian, Rosmarin, Raz-el-Hanout, Orangenblütenwasser, Panch Phoron, Walnüssen

GARTENKÜRBIS (PEPO-)

HAUPTANBAUGEBIET	Mittelmeergebiet bis Kleinasien, USA
GESCHMACK	Nussig, süß
GEWICHT	0,5 bis 3 kg
VERTRETER	z. B. Spaghettikürbis, Patisson, Squash
KOMBINIEREN MIT	reifem Käse, Schmand, Sahne, Whiskey, Cognac, saurer Sahne, Zitronen, Orangen, Grapefruit, fruchtigem Pfeffer

MOSCHUSKÜRBIS

HAUPTANBAUGEBIET	in heißem, feuchtem Klima, in den Tropen am häufigsten angebaute Kürbis-Art
GESCHMACK	Nussig, süß mit Moschusaromen
GEWICHT	1 bis 2 kg
VERTRETER	z. B. Butternut, Futsu, Muscade
KOMBINIEREN MIT	Moschussamen, Walnüssen, Kurkuma, Safran, Nüssen, Vanille, Orange, Zimt

dicke, wachsige Haut. Es gibt sie in verschiedenen Formen: länglich bis zu einem Meter, zylindrisch oder kugelig. Das Fruchtfleisch ist weiß, knackig und saftig. Die Früchte werden reif oder unreif geerntet, geschält und zu Suppen verarbeitet. In Indien wird das klein geschnittene Fruchtfleisch in Zuckersirup zu einem Konfekt (Petha) verkocht. In Vietnam brät man sie mit Knoblauch, Zwiebel, Kohl und Fischsauce. Man kann die Früchte bis zu einem Jahr lagern.

EINKAUF UND LAGERUNG

Sommerkürbisse werden während des Sommers laufend in noch unreifem, zartem Zustand mit dünner Schale geerntet; sie lassen sich nur kurz lagern. Winterkürbisse reifen möglichst lange aus und sind dann monatelang und zum Teil sogar bis über ein Jahr haltbar. (Generell gilt: Hohl klingende Kürbisse halten länger.) Sie sollten jedoch trocken bei etwa 10 Grad (im Keller) aufbewahrt werden, dürfen sich nicht berühren und nicht zu hart aufliegen.

SAISON

01 02 03 04 05 06 07 **08** **09** **10** **11** **12**

Als Importware sind Kürbisse außerdem z. B. aus Frankreich und Italien erhältlich.

ANBAU

Der Anbau von Kürbissen ist im Allgemeinen einfach, es muss nur ausreichend warm sein (besonders für Moschuskürbisse), am besten sind sonnige und windgeschützte Standorte; Staunässe sollte man vermeiden. Kürbisse mögen eher leichtere Böden, die sich schnell erwärmen, reichlich Kompost ist gut. Die genügsame, aber wärmeliebende Pflanze ist meistens einjährig, kletternd oder am Boden windend. Ausnahmen: Patissonkürbis und Long White Bush, die wie Zucchini buschförmig wachsen.

bissamen an Christi Himmelfahrt, während die Abendglocken läuten, in einem möglichst großen Eimer in den Garten, werden die daraus entstehenden Pflanzen groß wie Eimer oder Kirchenglocken. Aus dem Glauben, dass Kürbisse Frauen fruchtbar machen, haben sich umgekehrt einige Riten für die Aussaat ergeben: Frauen sollen sich beim Säen immer wieder auf die Erde setzen. Und wenn junge Mädchen in der Walpurgisnacht ihr Unterhemd in der Erde des Kürbisfelds vergraben, gehen die Samen so schnell auf, wie Hexen auf dem Blocksberg reiten.

FEIGENBLATTKÜRBIS

BABY BOO

GEM SQUASH

Allium porrum

LAUCH

Leek, wie Lauch auf Englisch heißt, ist das Nationalgemüse der Waliser. Auch bei uns ist das Wintergemüse aus der Familie der Zwiebelgewächse sehr beliebt, zumal man es – je nach angebauter Sorte – auch im Sommer erhält. Die Stangen sind wesentlich milder und weniger süß als die Zwiebel und erinnern eher an Frühlingszwiebeln.

Das Aroma des rohen Lauchs (auch: ***Porree, Breitlauch, Winterlauch, Sommerlauch, Welschzwiebel, Aschlauch***) wird von schwefeligen, zwiebeligen und wachsig-grünen Düften dominiert. Hervorstechend sind das schwefelige, lauchtypische DIPROPYLDISULFID mit seinen erdigen Anklängen sowie METHYLPROPENYLDISULFID, das einen Hauch Knoblauch mitschwingen lässt. Ein butteriger, fermentierter und nussiger Brot-Duft wird durch PENTANAL verursacht, während DECANAL fettige bis wachsige Noten beisteuert. PROPYLPROPENYLDISULFID rundet mit einem Duft nach gekochter Zwiebel das Laucharoma ab.

Dieses Aromaspektrum des rohen Gemüses verändert sich beim Erwärmen. Bei längerem Kochen entsteht 2,5-DIMETHYLFURAN, was dem Lauch einen merkbaren Fleisch- und Schinkenduft gibt. Außerdem bildet sich, wie meist bei schwefelig dominiertem Gemüse, DIMETHYLSULFID.

Friert man rohen Lauch ein, sind ähnliche Aromaveränderungen zu beobachten. Neben dem entstehenden „fleischigen" 2,5-DIMETHYLFURAN dominieren die eher fettig-wachsigen Duftstoffe PENTANAL und DECANAL, während die schwefeligen Zwiebel-Komponenten wie DIPROPYLDISULFID in den Hintergrund rücken. Blanchiert man den Lauch vor dem Einfrieren 1 bis 3 Minuten, bleibt das rohe Aromaspektrum weitgehend erhalten. Vor allem werden Enzyme deaktiviert, die sonst beim Einfrieren zum „Grauwerden" des Gemüses führen, und der Lauch behält seine frische Farbe.

Lauchstangen bestehen aus einem weißen und einem grünen Teil. Der Farbunterschied rührt daher, dass der grüne Teil aus der Erde ragt und über die Photosynthese Chlorophyll in den Lichtsammlerkomplex eingebaut wird (→ Farben in Gemüse, Seite 75). Beide Teile haben dieselbe Aromenzusammensetzung, im Lauchgrün sind allerdings deutlich mehr antioxidativ wirkende phenolische Verbindungen und Flavonoide zu finden als in der weißen Wurzel. Das Grün ist somit ein hochwertiger Teil des Lauchs. Neben den bitter schmeckenden Glucosinolaten sind die nicht flüchtigen phenolischen Stoffe Kaempferol (und dessen Derivate) sowie Quercetin wesentliche Komponenten im bitteren Lauchgeschmack, der sich aufgrund der höheren Konzentration vor allem im Grün bemerkbar macht.

Ein geringer Anteil an Zuckern (Glucose, Fructose und Saccharose) und an Oligofructosen mildern den bitteren Geschmack etwas ab – besonders bei längerem Erwärmen (mehr als 8 bis 10 Minuten) über 80 °C, da die Zucker eher freigesetzt werden. Gegarter Lauch ist daher etwas weniger bitter und süßer als roher.

Aromen roh: PENTANAL *△fermentiert, butterartig, □brotartig, leicht fruchtig, ◇nussig* DECANAL *△wachsig, aldehydisch, □süßlich, zitrusschalenartig* DIPROPYLDISULFID *△schwefelig, lauchtypisch, erdig, □grüne Zwiebel, ◇leicht metallisch* METHYLPROPENYLDISULFID[T] *△knoblauchartig* PROPYLPROPENYLDISULFID *△schwefelig, □gekochte Zwiebel*
Aromen gekocht: PENTANAL *△fermentiert, butterartig, □brotartig, leicht fruchtig, ◇nussig* DECANAL *△wachsig, aldehydisch, □süßlich, zitrusschalenartig* DIMETHYLSULFID *△schwefelig, zwiebelartig, radieschenblätterartig, kohlartig, □fischartig, maisartig, spargelartig, ◇ein Hauch gekochte Milch/Sahne* 2,5-DIMETHYLFURAN *△leicht röstig, □fleischartig, ◇schinkenartig*

GESCHMACK

SÜSS SAUER SALZIG **BITTER** UMAMI

Der weiße Teil des Lauchs schmeckt und duftet deutlich milder, feiner und weniger süßlich als Zwiebel. Der grüne Teil schmeckt bitterer.

MIKRONÄHRSTOFFE *(pro 100 g)*

Vitamine: *A (123 µg), Folsäure (103 µg)*
Mineralstoffe: *Calcium (63 mg), Eisen (0,8 mg)* ***Sekundäre Pflanzenstoffe:*** *Sulfide*

L

HARMONIE

KÜCHENJOKER

Knollenfenchel, Kohlrabi

PASST GUT ZU

Eiern, Butter, Käse, Sahne, Blauschimmelkäse, Speck, Huhn, Fisch

LÄNDERKÜCHE

Schottland: *Cock-a-leekie* ***Frankreich:*** *Vichyssoise, Quiche (Lauchtarte)* ***Frankreich, Italien:*** *Lauchgratin* ***Italien:*** *Minestrone* ***Deutschland:*** *Hackfleischpfanne mit Lauch* ***Schweiz:*** *Wähe mit Lauch*

SORTEN

Frühlings- und Sommerlauch:

Toledo: *beliebte, spät reifende Sorte.*

Pandora: *frühe, empfindliche Sorte mit gutem Geschmack und Aroma.*

Varna: *langer, schlanker, milder Lauch, passt wie Frühlingszwiebeln gut in Salate.*

Herbst- und Winterlauch:

Musselburgh: *alte schottische Sorte, entwickelt besonders lange grüne und mild schmeckende Blätter und ist die klassische Zutat für Cock-a-leekie.*

Blue Solaise: *französische, sehr widerstandsfähige Sorte mit langen, blaugrünen Blättern.*

ZUBEREITUNG

Essbar sind der untere weiße Teil der Stangen sowie das Grün. Als edel gelten die weißen gebleichten Teile, die ähnlich wie milde Zwiebeln eingesetzt werden. Aber auch die grünen Teile und die Blätter kann man kulinarisch verwerten, sie schmecken sehr aromatisch und sind in feine Ringe geschnitten beliebt als würzende Zutat zum Beispiel in Suppen. Man schneidet das Stück mit den Wurzeln ab und entfernt die meist harte äußere Schicht des Stiels. Auch die dunkelgrünen, harten Blätter sollte man wegwerfen, denn sie werden nicht weich und schmecken sehr bitter. Da beim Anhäufeln zum Bleichen oft Erde in den unteren Teil der Stangen gelangt, sollte man Lauch immer sorgfältig waschen, am besten nachdem man ihn – in Ringe oder Zylinder – kleingeschnitten oder der Länge nach aufgeschlitzt hat (bis kurz vor die Wurzel, damit er nicht auseinanderfällt).

Lauch kann man roh genießen und auf viele Weisen garen. Roh ist er für Salate geeignet: Man behält die knackige Textur und nutzt das sanft zwiebelige Aroma der weißen Stangen oder das kräftigere des in feine Ringe geschnittenen Grüns. Langes Kochen oder Dünsten (mehr als 30 bis 45 Minuten) in wenig Flüssigkeit mit Butter bei niedrigen Temperaturen und geschlossenem Deckel (damit er eher dämpft und keine Röstaromen entwickelt) macht das Gemüse mild im Geschmack, die Textur wird weich bis zartschmelzend. Lauch sollte im Unterschied zu vielen anderen Gemüsen gekocht keinen Biss mehr haben.

Man kann auch nur die grünen Teile quer in feine Streifen schneiden und gesalzen in Butter abschwenken. Dadurch werden die leicht bitteren phenolischen Verbindungen und Flavonoide deutlich milder und man erhält die knackige Textur: eine köstliche Beigabe zu Huhn, Fisch oder gekochtem Rindfleisch. In eine Suppe gibt man aus Texturgründen grüne Ringe erst kurz vor Schluss. Aus in reichlich Butter und Wasser geschmortem Lauchgrün lassen sich feine, leuchtend grüne Pürees herstellen.

Gebacken kommt Lauch als würzender Bestandteil in viele Quiches, Wähen und Tartes und wird dort meist in eine sahnige Umgebung eingebettet. Hier kommt sein Schinkenaroma, das beim längeren Erwärmen entsteht, besonders gut zum Tragen.

Wegen seiner zwiebeligen, aber weniger süßen Aromatik eignet sich Lauch gut zum absichtsvollen Verbrennen: Kleingewürfelten Lauch im Ofen sehr dunkel anrösten, mörsern und als „Lauchasche" zum Würzen verwenden. Mit Salz vermischt erhält man Lauchaschesalz: köstlich zu Fisch und Eierspeisen. Auch beim Grillen gewinnt Lauch durch die Röstaromen. Dafür eignen sich die schlankeren Sorten. Am besten blanchiert man das Gemüse vorher einige Minuten in Wasser, dann kommt es feucht auf den Grill, bis die Stangen an den Rändern Farbe annehmen. Anschließend mit Olivenöl und etwas Zitronensaft abschmecken. Man kann das Gemüse auch auf dem Grill mit Butter bestreichen, um ihm das butterige Aroma zu verleihen, das man in erster Linie mit Lauch verbindet. Dicke ungeschälte Lauchstangen lassen sich außerdem (ähnlich wie Lagerfeuerkartoffeln) in der Glut eines

Grills (alternativ im 300 °C heißen Backofen) garen: Die äußeren Schichten verbrennen nach und nach und die Hitze dringt in das Innere vor. Dort dämpft und gart der Lauch im „eigenen Saft" und wird zugleich durch die Bildung von starken Röststoffen und „verbrannten" Aromen auf außergewöhnliche Art „gewürzt". Zu Tisch werden die Stangen der Länge nach halbiert und man isst lediglich das saftig, grüne, dampfende Innere und die leicht gebräunten Schichten als Zwischengang, lediglich leicht gesalzen.

Darüber hinaus ist die Fermentation von Lauch einen Versuch wert: Die grünen und weißen Teile lassen sich milchsauer vergären (→ Fermentieren, Seite 83), sowohl roh (was ein intensiveres Aroma hervorbringt) als auch vorblanchiert. Die Mischfermentation von Milchsäure (unter Zugabe von Salz) und Enzymen (über nicht pasteurisierte Misopaste) oder Koji-Kulturen (durch Koji-Reis) oder die Zugabe von leicht gekeimten und zermahlenen Hülsenfrüchten führt zu außergewöhnlichen Ergebnissen. Der Geschmack verlagert sich von bitter in Richtung sauer, das Aromaspektrum wird durch typische Fermentationsaromen bestimmt, sie erinnern an *Kimchi*, Sauerkraut und Joghurt. Durch die hohe enzymatische Aktivität des Koji-Pilzes (oder der gekeimten Hülsenfrüchte) werden röstig-erdige Noten gebildet, die ein wenig an Sojasauce erinnern.

EXTRATIPP I Selbst die gesäuberten Wurzeln sind essbar. In Tempurateig getaucht und in Öl ausfrittiert, werden die fein strukturierten Lauchwurzen zur heimisch-exotischen Delikatesse.

EXTRATIPP II Eher unbekannt ist, dass Lauch beim Überwintern unter der Erde im zweiten Jahr Brutknollen ausbildet, sogenannte „Falsche Perlzwiebeln", die auch so schmecken und zudem ein wenig an Rettich erinnern. Sie werden wie Radieschen am besten roh verzehrt, zum Beispiel als Brotbelag.

KOMBINATIONEN

Das schwefelige, grüne und wachsige Aromaspektrum macht rohen Lauch zum perfekten Begleiter von Fleisch, Fisch und nicht zu reifen Käsen, die ähnliche Aromastrukturen aufweisen. Über die Fleisch- und Schinkennote des gekochten Gemüses und die bei gebratenem Lauch entstehenden aromatischen Röststoffe ergeben sich weitere aromatische Anknüpfungspunkte. Ein würziges einfaches Gericht ist eine Lauchpfanne, für die Hackfleisch und Lauch (weiße und grüne Teile) gemeinsam 15 Minuten braten. Natürlich paart sich gekochter Lauch bestens mit gekochtem Schinken. Deshalb wird Lauchgratin mit Schinken und Käsesauce als Klassiker serviert, wobei der Käse durchaus reifer sein darf, wenn der Geschmack stärker in Richtung umami verlagert werden soll und sich beim Gratinieren Röstaromen auf dem Käse bilden. Für das Gratin kann man ganze Stangen nehmen. Vor allem die bitteren grünen Teile lassen sich auf der Geschmacksebene mit herzhaften (umami-)Zubereitungen bestens ergänzen: Sojasaucen, Schmorgerichte oder Fischsaucen fügen sich perfekt ein. Werden Lauchscheiben oder -zylinder langsam im Sesamöl bei geschlossenem Deckel

THE LYON

Hannibal: *sehr ertragreiche und widerstandfähige Sorte mit dunkelgrünen Blättern.*

St. Victor: *beliebte und sehr robuste französische Sorte mit bläulichen Blättern; sehr spät reifend, sie wird im Juli gepflanzt und im späten Winter bzw. Frühling geerntet.*

Siegfried: *sehr robuste deutsche Sorte, gut geeignet für kühle Regionen mit viel Frost.*

The Lyon: *alte englische Sorte, die auch außerhalb der britischen Inseln angebaut wurde und wird; die Stängel sind sehr dick.*

Jaune du Poitou: *alte westfranzösische Sorte, deren Blätter deutlich heller sind als bei anderen Winterlauchsorten.*

Sonderformen:

Sommerknoblauch, *Französischer Knoblauch, Elefantenknoblauch: bildet bis zu faustgroße Knoblauchknollen; in den USA sehr verbreitet, bei uns nahezu unbekannt. In Geschmack und Aroma ist er milder als Knoblauch. Das Grün wird wie Lauch verwendet, die Zehen wie Knoblauch.*

Kurrat *(Allium kurrat), Ägyptischer Lauch: vor allem im arabischen Raum bekannt; bildet keine Stangen, genutzt werden die Blätter als Salat oder Gewürz.*

LAUCHCREME MIT POCHIERTEM EI UND ANGEFRORENEM LAUCH

- 6 Lauchstangen
- 100 g Butter
- 200 ml Hühnerbrühe (oder Gemüsebrühe)
- Salz
- 4 Eier
- Kala Namak (Schwefelsalz; Naturkostladen)

Pro Portion: 332 kcal, 27 g F, 8 g KH, 5 g B, 12 g E

Lauchstangen putzen und das Grüne vom weißen Teil trennen. Vom weißen Teil 16 Scheiben von 0,5 cm Dicke abschneiden und in einer beschichteten Pfanne oder Grillpfanne ohne Fett sehr stark anbräunen, die Scheiben sollten aber nicht komplett durchbraten, sondern auf der einen Seite eher roh bleiben. Aus der Pfanne nehmen und einfrieren.

In der Zwischenzeit Lauchgrün mit restlichem Weiß klein schneiden und in 50 g Butter und 100 ml Brühe weich dünsten. Anschließend sehr fein mixen (evtl. durch ein Sieb streichen). Mit restlicher Brühe und Butter zu einem sämigen Püree verarbeiten; nur leicht salzen. Eier vorsichtig pochieren (alternativ 4 ½ Minuten kochen, abschrecken und vorsichtig pellen).

Lauchcreme in Tellern ausstreichen, pochierte Eier daraufsetzen, leicht „aufbrechen", den noch flüssigen Dotter mit Kala Namak bestreuen und kurz vor dem Servieren gefrorene Lauchscheiben auf den Tellerrand setzen.

gebraten und immer wieder mit einigen Tropfen Sojasauce abgeschmeckt, verleihen diese jedem Gericht einen asiatischen Hauch.

Anders als die aromatisch kräftigere verwandte Zwiebel bildet Lauch nicht das würzende Rückgrat vieler Gerichte, sondern würzt subtiler. Gekocht oder gedünstet passt er wegen seines milden schwefeligen, weniger zwiebelig stechenden Aromas gut zu Eiern, zum Beispiel in einem Soufflée oder einer Quiche, in ein Rührei gemischt oder als Füllung eines Omeletts. Fischgerichten verleiht er einen Hauch Zwiebelgeschmack, aber eben nicht zu viel. Deshalb passt er auch besser als die dominanteren Zwiebeln in eine Fischsuppe. Auch Kartoffeln und Lauch harmonieren hervorragend über ihre schwefeligen Düfte, daher seine Beliebtheit in Kartoffelsuppen. Feiner Sommerlauch und Tomaten harmonieren nicht nur im „grünen" Bereich, sondern ergänzen sich außerdem geschmacklich, da Letztere Säure und Umamigeschmack einbringen.

Die butterigen, wachsigen Noten des Lauchs lassen Butter und Sahne zu Favoriten beim Aroma-Pairing werden. Sanft in Butter gedünsteter Lauch mit etwas Salz ist für sich schon perfekt. Man kann den Lauch ruhig in reichlich Butter garen, denn die dabei entstehende geklärte „Lauchbutter" lässt sich als Grundlage für viele weitere Zubereitungen verwenden. Geröstete Nüsse runden das Gemüse ebenfalls ergänzend ab. Werden beim Schmoren mit Sahne noch einige Blätter eines bitter adstringierenden Rauchtees (z. B. *Lapsang Souchong*) beigefügt, schwingt sich der scheinbar banale Lauch in ganz neue kulinarische Sphären empor.

EINKAUF UND LAGERUNG

Dicke, Farbe und Länge sagen nichts über die Qualität aus; wichtig ist, dass die Stangen frisch sind, also die Blattränder noch nicht welk oder bräunlich aussehen. Wenn man die Wurzeln nicht abschneidet und den Stängel feucht einwickelt, kann man Lauch mehrere Wochen lang im Kühlschrank lagern. Er sollte jedoch nicht zusammen mit mildaromatischen Produkten (etwa Butter, Obst, Blumenkohl) aufbewahrt werden, weil diese Geruch und Aroma des Lauchs annehmen würden. Man kann Lauch einfrieren, sollte jedoch die Aroma- und Farbveränderung bei rohem eingefrorenem Lauch beachten.

HANNIBAL

L

SAISON

01 02 03 04 05 06 07 08 09 10 11 12

Lauch ist aus heimischer Produktion sowie als Importware ganzjährig erhältlich.

ANBAU

Sorten für die Ernte im Herbst/Winter sät man von März bis April im Freiland aus und verpflanzt sie zwischen Ende Mai und Ende Juli an den endgültigen Standort. Da die meisten Wintersorten frosthart sind, können sie den Winter über auf dem Feld bleiben. Es ist sogar günstig, wenn der Lauch Frost bekommt, weil der den Rostpilz abwehrt, für den das Gemüse anfällig ist. Frühjahr- und Sommerlauch wird Anfang Januar bis Anfang März im kühlen Gewächshaus ausgesät. Im belgischen Anbau werden junge Lauchpflanzen in 25 cm tiefe Löcher gesteckt, um einen möglichst langen weißen Teil der Pflanze zu erhalten. Im traditionellen Anbau häufelt man Erde um die nicht ganz so tief in die Erde gesetzte Pflanze.

Kontrastieren lässt sich gegarter Lauch mit harzig-süßlichen Rosa Beeren, kräuterig-aromatischem Kreuzkümmel, würzigem Estragon, aromatischem Anis und mit dem sehr zitronig-süßlichen Timut-Pfeffer oder anderen fruchtigen Gewürzen wie Orangen- oder Zitronenschalen.

REGIONALE VARIANTEN Häufig ist Lauch Bestandteil der eher sanften, feinen Küche, zum Beispiel im französischen Klassiker *Vichyssoise*, einer oft kalt servierten dicken Suppe auf Basis von Hühnerbrühe. Lauch ist klassischer Bestandteil des Suppengrüns (neben Karotten und Sellerie) und manchmal auch des *Bouquet garni*. In der türkischen Küche werden Lauchstangen mit Reis, Petersilie, Dill, Zwiebeln und schwarzem Pfeffer gefüllt. Auch Hackfleisch dient als Füllung.

GESCHICHTE UND BOTANIK

Die Geschichte des Lauchs verläuft im Schatten der Zwiebel. Schon die Sumerer sollen ihn angebaut haben. Er wird bei den alten Ägyptern erwähnt und soll den Arbeitern an den Pyramiden als Nahrung gedient haben. Doch aus den Quellen geht nicht eindeutig hervor, von welchem Zwiebelgewächs die Rede ist. Mit Sicherheit wurde Lauch in der römischen Antike verwendet: Nero schmeckte er so gut, dass man ihn „Porrophagus" (Lauchfresser) nannte.

Die Urform des Lauchs, die nicht mehr existiert, stammt wohl aus dem Mittelmeerraum. Dort wächst noch heute eine nah verwandte Wildform: **ACKERLAUCH** (*Allium ampeloprasum*), ein Sommerlauch, der noch eine kleine Zwiebel bildet und grasgrüne und dünnere Blätter als unser Lauch hat. Ackerlauch ist ebenfalls die Urform für die Lauchsonderformen Elefantenknoblauch und Kurrat (Ägyptischer Lauch). Auch die Kelten und Germanen kannten eine Art Lauch, er wird in ihren Sagen erwähnt, und es gibt die germanische Rune „laukaz", was so viel bedeuten soll wie Lauch. Das schottische Nationalgericht *Cock-a-leekie* (Hühnersuppe) beinhaltet viel Lauch und stammt ursprünglich aus Frankreich. Es kam im 16. Jahrhundert nach Schottland, wo man Zwiebeln durch Lauch ersetzte und die Brühe oft mit Pflaumen kochte. In Deutschland ist der Anbau von Lauch seit dem 16. Jahrhundert belegt.

Lauch gilt wie andere Zwiebelgewächse als gesundheitsfördernd und stand früher insbesondere während der kalten Jahreszeit neben Kohl und Rüben auf dem Speiseplan der einfachen Leute. Kulinarisch entdeckt hat ihn im 20. Jahrhundert die französische Haute und Nouvelle Cousine.

Lauch bildet im Unterschied zu anderen Zwiebelgewächsen keine knollenförmige Zwiebel aus, sondern besitzt eine scheibenförmige gestauchte Sprossachse und kann bis zu 40 cm hoch werden. Man unterscheidet nach den Anbau- und Erntezeiten: Sommer-, Herbst- und Wintersorten werden überwiegend im Freiland angebaut. Die dunkel- bis blaugrünen Wintersorten sind kräftig und frosthart. Die zarteren und helleren Frühjahrssorten wachsen im Treibhaus oder unter Folie. Generell gilt: Dickere Sorten sind widerstandsfähiger als die schlanken, länglichen.

s culinaris subsp. culinaris

LINSE

Linsen sind Hülsenfrüchtler (Leguminosen) und gehören wie die Bohnen oder Erbsen zu den ältesten Kulturpflanzen überhaupt. Sie dienen den Menschen seit Jahrtausenden als wichtiger Eiweißspender. Noch dazu gedeiht die Linse auf mageren und trockenen Böden. Das machte sie in heißen und trockenen Ländern zum Hit. Nur bei uns war sie ziemlich in Vergessenheit geraten – vor allem im kommerziellen Landbau. Doch auch die Linse erfährt in den letzten Jahren eine kleine Renaissance – kulinarisch und gärtnerisch.

Linsen (auch: *Leisa, Erve*) verschiedener Sorten unterscheiden sich leicht in der Zusammensetzung ihres Aromaspektrums, die typischen Grundaromen finden sich jedoch bei allen wieder. Gemeinsam ist allen gekochten Linsen eine charakteristische grüne und wachsige Duftstoffmischung. Dafür sind vor allem das grüne, nach Blättern duftende HEXANAL und der in eine ähnliche Duftrichtung weisende Alkohol 1-HEXANOL, der zudem leichte herbale, stechende Noten beifügt, verantwortlich. Unterstützt wird diese Richtung durch das wachsig und nach Zitrusschale duftende OCTANAL und das wachsige, ein wenig nach Gurken riechende NONANAL. ACETALDEHYD fügt leicht stechende, grün-fruchtige Aspekte hinzu, während 1-PROPANOL und 2-METHYLPROPANOL an Vergorenes erinnern. Nicht zu vergessen sind Aromaten wie NAPHTALIN, das nach Teer duftet, und METHYLNAPHTALIN, das im Hintergrund medizinale Duftanteile einbringt. Ein ausgeprägter bohnentypischer, grünwürziger Duft kommt vor allem durch 2-PENTYLFURAN zustande. Hinzu kommen wie so oft schwefelige „Gemüse"-Duftnoten über DIMETHYLSULFID.

Die Aromastoffe befinden sich überwiegend in den Schalen der Samen. Ungeschälte Linsen sind nicht nur ballaststoffreicher als geschälte, sondern auch aromatischer. In den dünnen Schalen (manche davon lösen sich beim Kochen) befinden sich aber auch Saponine. Während einigen davon entzündungshemmendes Potenzial zugeschrieben wird, gelten viele als antinutritiv und wenig gesundheitsförderlich. Bei Linsen werden Saponine beim Kochen in kleinere Moleküle umgebaut, die sich im Kochwasser lösen. Wichtig ist deshalb, die Linsen mindestens bissfest zu kochen, damit ein Umbau stattfindet. Weitere antinutritive Stoffe wie Phytinsäure und Lektine werden beim Kochen ebenfalls reduziert. Für die Wirksamkeit der phenolischen Stoffe wie Tannin und Catechin ist das Kochen ebenfalls wichtig, denn sie werden erst dann freigesetzt. Sie wirken nicht nur antioxidativ, sondern sorgen außerdem für eine leichte Bitternote und Adstringenz.

Linsen weisen wie andere Hülsenfrüchte und Gemüse eine gewisse Menge an Oligosacchariden auf. Diese sind während der Magen-Darmpassage nicht enzymatisch abbaubar (→ Fodmaps, Seite 84). Wer schnell Blähungen bekommt, dem hilft das Kochen im Schnellkochtopf: Die Reduktion der Oligosaccharide ist bei den höheren Temperaturen und Drücken deutlich ausgeprägter, die Linsen werden „bekömmlicher".

Aromen gekocht: ACETALDEHYD *△ grün, frisch, □ schimmelig, leicht moderig, ◇ stechend* 1-PROPANOL *△ alkoholisch, fuselartig, □ vergoren, ◇ moderig* 2-METHYLPROPANOL *△ ätherisch, alkoholisch, □ weinartig* HEXANAL *△ grün, blattartig, grasig, fettig, □ gemüseartig, apfelartig, ◇ leicht holzig* 1-HEXANOL *△ grün, herbal, süßlich, apfelschalenartig, ◇ stechend, ölig, fruchtig* OCTANAL *△ wachsig, aldehydisch, □ grün, zitrusschalenartig, ◇ fettig* NONANAL *△ wachsig, grün, □ zitrusschalenartig, fettig, gurkenartig* ACETONITRIL *△ ätherisch, ◇ süßlich* DIMETHYLSULFID *△ schwefelig, zwiebelartig, radieschenblätterartig, kohlartig, □ fischartig, maisartig, spargelartig, ◇ ein Hauch gekochte Milch/Sahne* NAPHTALIN *△ aromatisch, stechend, □ teerartig* 1-METHYLNAPHTALIN *△ aromatisch, mottenkugelartig, benzinartig, □ kampferig, medizinal* 2-METHYLNAPHTALIN *△ aromatisch, floral, □ süßlich, holzig, ◇ ölig* 2-PENTYLFURAN *△ würzig, fruchtig, □ grün, erdig, ◇ bohnengemüseartig*

GESCHMACK

SÜSS SAUER SALZIG BITTER UMAMI

Linsen haben ein leicht aromatisches bis grün-wachsiges, fruchtiges Aroma.

L

MIKRONÄHRSTOFFE *(pro 100 g)*

Vitamine: *B_1 (0,44 mg), B_2(0,25 mg), Folsäure (132 µg)* ***Mineralstoffe:*** *Kalium (840 mg), Calcium (71 mg)* ***Sekundäre Pflanzenstoffe:*** *Saponine, Phytosterole*

HARMONIE

KÜCHENJOKER

Porter oder Malzbier

PASST GUT ZU

geräuchertem Fisch, Bulgur, Speck, Datteln, Obst, Schokolade (Kakaobohnenschalen), Nüssen, dunklem Bier

VERTE DE PUY

ZUBEREITUNG

Von Linsen verzehrt man nur die Samen (Kerne), geschält oder ungeschält. Man muss sie immer garen, denn sie enthalten antinutritive Stoffe, die sich erst im Kochprozess umbilden und lösen (siehe oben). Geschälte (gelbe, manche rote) und kleinere Linsen (Mignon-Linsen) brauchen nicht eingeweicht zu werden, weil sie recht schnell zerfallen. Sie sind in weniger als einer halben Stunde weich gekocht. Alle anderen Linsen kann man über Nacht oder einige Stunden wässern, damit verkürzt man die Kochzeit: Mittelgroße Tellerlinsen brauchen etwa 30 bis 40 Minuten Kochzeit mit Einweichen, 60 Minuten ohne. Am zweckmäßigsten ist es, Linsen mit einem mineralarmen (sprich: Leitungswasser) anzuquellen und dann während des Einweichens Salz zuzugeben. Die Linsen lassen sich ohne Weiteres im Einweichwasser kochen. Sie werden in der Regel mit der zweieinhalb- bis dreifachen Menge Flüssigkeit aufgesetzt und zum Kochen gebracht. Die Menge des Wassers kann so bemessen sein, dass nach der Quell- und Kochzeit alles Wasser von den Linsen aufgenommen wurde: Das ergibt maximales Aroma und Geschmack. Oder man kocht im Überschuss und verwendet das Kochwasser (mit Eiweiß geklärt, sprich: etwas geschlagenes Eiweiß unterheben, das die Trüb-und Schwebstoffe bindet) als höchst schmackhaftes, begleitendes Getränk bzw. flüssiges Element des Linsengerichts.

Je nach Lust und Laune werden bereits vor dem Kochen Gewürze und Kräuter, Speck etc. dazugegeben. Die Zugabe von Speck hat allerdings noch eine besondere Funktion: Die in den Schalen sitzenden Saponine (Sapon = Seife) sorgen zusammen mit wasserlöslichen Proteinen dafür, dass Linsen beim Kochen schäumen. Daher ist es nicht nur aus geschmacklichen und kulturellen Gründen ratsam, Speck, Schweine- oder Gänseschmalz, Olivenöl oder Butter(-fett) zum Kochen beizugeben. Das Fett wirkt als Schaumverhinderer und vermindert die Wahrscheinlichkeit des Überkochens.

Wer sich vor den blähenden Wirkungen der Linsen fürchtet, kocht die Hülsenfrüchte wegen des effektiveren Abbaus antinutritiver Stoffe durch die deutlich höheren Temperaturen im Schnellkochtopf und kann außerdem Ingwer, Koriander, Fenchel, Kümmel, Majoran oder Thymian ins Wasser geben – sie alle mildern die blähende Wirkung und geben dem Gericht ihr Aroma. Man kann Linsen auch ruhig zusammen mit Saurem (z. B. Essig oder Tomaten) kochen, dadurch verlängert sich die Kochzeit allerdings geringfügig. Aromatisierte Essige sollte man erst zum Schluss dazugeben, weil sich die Aromastoffe beim Kochen rasch verflüchtigen – übrig bleibt dann nur banale Säure.

Wichtig ist, die Linsen nicht sprudelnd zu kochen, denn dann zerfallen sie und spalten sich, was kein schöner Anblick ist. Leicht sieden bei 90 bis 95 °C reicht vollkommen aus. Profis kochen Linsen sous-vide: einweichen, mit etwas Wasser, Salz und bereits etwas Säure vakuumieren und ab in den Combidämpfer. Nach 20 Minuten bei 89 bis 92 °C sind sie gar, formstabil und wunderschön bissfest, was sich besonders bei farbstarken Sorten wie Belugalinsen oder rote Linsen optisch gut macht.

ALBLINSEN GARNI

200 g kleine Alblinsen

Salz

330 ml Porter (Bier mit Röstmalz, ersatzweise Malzbier)

1–2 EL Schweineschmalz

2 Knoblauchzehen

1 Frühlingszwiebel

1 EL heller Balsamicoessig

1 Saitenwürstchen

4 sehr dünne Scheiben geräucherter Speck

1 Eiweiß

Linsen in 500 ml mineralarmem Wasser leicht salzen und 2 bis 3 Stunden einweichen. Einweichwasser abgießen und mit Porter aufgießen. Kurz aufkochen und bei sehr geringer Hitze ziehen lassen; Linsen sollen nicht zerfallen. Abgießen, dabei Kochsud auffangen. 200 ml des Kochsuds abmessen und stark reduzieren, sodass eine Bindung entsteht. Zusätzlich mit Schweineschmalz binden, dann unter die Linsen ziehen und warm halten.

Knoblauch schälen, Frühlingszwiebel putzen; beides schräg in Streifen schneiden, dann in Balsamico marinieren. Würstchen garen und in Scheiben schneiden. Speckscheiben in Streifen schneiden.

Restlichen Sud aufkochen, wenn nötig, abschmecken (z. B. mit 1 Schuss Porter oder etwas Flüssigrauch.) Leicht abkühlen lassen, das Eiweiß schlagen und die Suppe damit klären; in kleine Gläser füllen. Die Linsen in Schalen anrichten, mit Wurstscheiben und Räucherspeck würzen und mit marinierten Frühlingszwiebeln und Knoblauch garnieren.

Pro Portion: 317 kcal, 12 g F, 25 g KH, 9 g B, 16 g E

Für ein indisches *Dal* kann man nach und nach die anderen Zutaten ins Kochwasser geben. Es bietet sich aber auch an, die (eingeweichten) Linsen wie ein Risotto zuzubereiten: Zwiebeln, Knoblauch und trocken angeröstete Gewürze in Ghee oder Öl braten und in diese Mischung die Linsen geben, etwas Brühe dazu und immer wieder rühren. Nach einer halben bis dreiviertel Stunde sollten die Linsen gar sein und den Geschmack der Gewürze aufgenommen haben.

Je nach Sorte werden Linsen mehlig-weich oder bleiben bissfest. Für ein gutes *Dal* sollte man festkochende und weichkochende Linsen mischen, dann erhält man eine gute Sämigkeit und Textur. Für eine Gemüsebeilage oder einen Salat sollte man immer festkochende Linsen nehmen und nicht zu lange kochen, damit sie bissfest bleiben. Für ein dekoratives Arrangement lohnt es sich, verschiedenfarbige Linsen zu kombinieren, die je nach Kochzeit separat gekocht werden müssen und individuell gewürzt sein sollten. Das ist zwar aufwendiger, aber das Ergebnis ist optisch, geschmacklich und aromatisch ein Genuss.

EXTRATIPP Linsenkeimlinge sind vor allem im Winter eine willkommene vitaminreiche, leicht aromatisch-fruchtige Salatbeilage oder Deko.

KOMBINATIONEN

Linsen sind kulinarisch sehr vielseitig einsetzbar: in Vorspeisen und Salaten, in Suppen, aber auch in Hauptgerichten. Sogar in Gebäck oder als Dessert lassen sie sich verarbeiten. Dabei erweisen sich die Hülsenfrüchte als sehr anpassungsfähige Kombinationspartner. Große Tellerlinsen eignen sich

LÄNDERKÜCHE

Deutschland: *Linsen mit Spätzle und Saitenwürsten (Wiener/Frankfurter Würstchen)* ***Indien:*** *Dal* ***Türkei:*** *Ezogelin corbasi (Linsensuppe mit Bulgur und Minze)*

SORTEN

Verte de Puy: *französischer Klassiker mit grün-marmorierten Kernen und einem edlen, fein aromatischen Aroma; festkochend wie alle grünen Linsen, eignet sich gut als Gemüsebeilage; über Nacht wässern, dann rund 45 Minuten kochen.*

Champagne/Chateau-Linsen: *ebenfalls eine französische Spezialität, sehr kleine, braune, festkochende Sorte.*

Braune Linsen *(Berglinsen): kochen mehlig, bleiben aber bissfest und eignen sich gut für Suppen und Eintöpfe; bekannt für ihr gutes Aroma sind die aus Umbrien (Castelluccio-Linsen).*

Rote Linsen: *kochen weich und zerfallen schnell, gut geeignet für Pürees und Suppen. Es gibt sie geschält und ungeschält, die*

ALBLINSE I

CHAMPAGNE/CHATEAU-LINSEN

ALBLINSE II

BELUGA-LINSEN

ungeschälten sind aromatischer, sollten aber vor dem Kochen eingeweicht werden, um die Kochzeit zu verringern. Überwiegend Importware.

Gelbe Linsen: *Sie sind etwas herber im Geschmack; man bekommt sie schon geschält, sie kochen schneller weich und sind besser bekömmlich für Menschen, die leicht Blähungen bekommen. Überwiegend Importware.*

Steinfelder Tellerlinse: *alte bräunlich-grüne Sorte aus Steinfeld in Niederösterreich, sehr aromatisch.*

Alblinse I + II: *alte schwäbische Sorte, die seit den 1960er Jahren als verschollen galt und erst vor wenigen Jahren wiederentdeckt wurde. Wird auf der schwäbischen Alb angebaut und ist sehr wohlschmeckend.*

Beluga-Linsen: *schwarze Linsen, die bissfest bleiben und sich gut für Salate eignen. Werden überwiegend in den USA und Kanada angebaut.*

EINKAUF UND LAGERUNG

Linsen gehören zu den klassischen Vorrats-Lebensmitteln. Die getrockneten Hülsenfrüchte halten sich sehr lange (weit länger als auf dem MHD angegeben) und lassen sich das ganze Jahr mit saisonalem Gemüse kombinieren. Es gibt sie auch bereits gekocht in Konserven zu kaufen.

wegen ihres ausgeprägten Aromas und ihrer Größe eher für klassische deftige Eintöpfe, wie Linsen mit Speck, geräucherten Würstchen, Eisbein oder Einlagen mit grob geschnittenem Gemüse wie Kartoffelstücken, gerösteten Zwiebeln oder würzigem Sellerie. Rote und gelbe (geschälte) Linsen sind feiner im Aroma und von der Textur her, sie zerfallen schnell und fügen sich hervorragend zu arabisch-indischen exotischen Gewürzen, sie sind bessere Partner für feinere Säuren wie Zitronen-, Limetten- oder Orangensäfte, fruchtigen, dezent trigeminal warmen Ingwer oder eine Spur Knoblauch und passen zum leicht schwefeligen Pak Choi. Kleine Champagnerlinsen, Puylinsen oder Belugalinsen sind immer eine gute Wahl für feine Genüsse. In Südwestfrankreich serviert man sie gern zu Stopfleber, Fisch, Hummer und Geflügelgerichten. Kalt (oder halbwarm) funktionieren sie in Kombinationen mit rohem Fisch (Ceviche) oder Salaten auf Basis von rohen Meeresfrüchten. Dabei hilft auch ihre Größe, denn der geringe Durchmesser gibt das Linsenaroma wesentlich dezenter frei als die großen Tellerlinsen. Die schwarzen Belugalinsen eignen sich außerdem für eine Kaviar-Anmutung. Werden sie entsprechend gegart, z. B. in intensivem Fischfond oder Dashi oder nach dem Kochen mariniert, ergänzen und begleiten sie wunderbar Mousses auf der Basis von Fisch, feinen Meeresfrüchten oder Flusskrebsen. Aber auch hier steht und fällt alles mit der Proportionierung. Liegen nur zwei oder drei der deftigen Linsen aus der Speck- und Essigfraktion auf einer nahezu rohen Jakobsmuschel, übernehmen sie die Funktion eines raffiniertes „Gewürzes“. Liegen sie massiv als „Linsenbett“ darunter, erschlagen sie die Jakobsmuschel komplett.

Das grüne, wachsige bis fettige Aroma der Linsen kann man mit der Wahl des hinzugefügten Fetts stark beeinflussen. Das Abrunden mit Olivenöl (nach dem Garen und Abseihen) betont etwa die grünen Aromen. Solche Linsen lassen sich dann mit ebenfalls „grün“ duftenden Gemüsen wie Gurken, Melonen oder schwefeligen Zwiebeln kombinieren. Als Beilage oder Tellerelement zu Fisch oder gegarten Auberginen finden sie ebenso wie zu jungen (grün duftenden) Frischkäsen Verwendung. Klassischer ist in vielen Kulturen die „fettige“ Zugabe durch Speck. Auch hier werden die fettigen Noten der Hülsenfrüchte betont. Ist der Speck geräuchert, verstärkt er –

ROTE LINSEN

GELBE LINSEN

BERGLINSEN

ebenso wie z. B. geräucherter Fisch – durch seine Rauchnote den leichten aromatischen Teerduft des Gemüses. Kräuter (Petersilie, das bittere Bockshornkleekraut, Thymian oder Oregano) eignen sich gut, weil sie den bei Linsen weitgehend fehlenden Bereich der harzigen, holzigen und kräuterigen Noten ergänzen. Auch orientalische Würzungen auf Kreuzkümmelbasis, Koriandersamen, säuerlich wirkenden Sumach oder Mischungen wie Raz-el-Hanout erfüllen diese Funktion. Betont harzige Noten sind ebenfalls ausgezeichnete Ergänzungen, etwa mit Pinienkernen, Wacholder und Lorbeer. Linsen vertragen durchaus eine kräftige Würzung: ein indisches *Dhal* kommt selten ohne ein *Masala* mit Koriander, Kreuzkümmel, Bockshornklee, Ingwer, Knoblauch, Asant, Zwiebeln, Chili und Pfeffer aus. Trigeminal lassen sich kalte und halbwarme Salate auf Linsenbasis mit Chili und Curry (fernöstlich scharf), Senf (schmerzend kalt), Schafgarbe und Olivenkraut (balsamisch warm) oder Minze (kühlend) bereichern.

Geschmacklich kann man Linsen in viele Richtungen ergänzen. Zum einen natürlich herzhaft (umami): Zwiebeln und Knoblauch geben jedem Linsengericht einen Kick, ebenso deftige Beilagen wie Speck oder Pökelfleisch. Vor allem aber ist immer ein Spritzer Säure zu empfehlen. Diese sollte erst nach einer gewissen Kochzeit zugegeben werden, wenn die Linsen weich werden sollten. Bissfester (aber dennoch gar) werden sie, wenn Säuren zu Beginn des Kochens beigefügt werden. Es muss nicht immer Essig sein, Zitronen-, Yuzu-, Orangensaft oder auch Sauerkrautsaft oder fermentierte Gemüseextrakte, ebenso wie der getreidig-fermentierte Brottrunk sind ausgezeichnete Alternativen. Die Kombination von bissfest gegarten Puy-, Beluga- oder roten Linsen mit *Kimchi* ist extrem erbaulich, und sie verdrängen auch nicht die feinen Aromen des Kimchi. Verjus und Linsen ergänzen sich ebenfalls hervorragend. Von den Gewürzen bringen Sumach, Timutpfeffer oder Zitrusschalen eine „säuerliche" Aroma-Komponente ein. Auch die Kombination mit Ceviche (in Limettensaft, Knoblauch und Ingwer mariniertem rohen Fisch) kommt besonders den schwarzen Belugalinsen („Kaviar") entgegen. Ein mit Linsen angereichertes Sauerteigbrot schmeckt ebenfalls sehr gut. Es lassen sich auch süß-saure Kombinationen mit Obst ableiten. So kann man Linsen in Orangensaft (oder einem anderen Frucht-

SAISON

01 02 03 04 05 06 07 08 **09** **10** **11** 12

Importware ist auch ganzjährig erhältlich, z. B. aus Spanien, Argentinien und Russland.

ANBAU

Linsen vertragen auch Frost, brauchen aber viel Sonne und wenig Wasser. Bei uns wird so früh wie möglich (Mitte April) auf magerem Boden ausgesät. Im Hausgarten sollte man sie wie Erbsen stützen. Ende August, Anfang September entwickeln sich Hülsen, die unregelmäßig reifen. Mit der Ernte sollte man daher möglichst lange, bis in den Oktober, warten, sie dürfen aber nicht zu faulen beginnen. In unseren Breitengraden fällt die Ernte eher gering aus. Wie bei den Erbsen gibt es auch Winterlinsen, die im Oktober gesät und im nächsten Jahr geerntet werden.

saft) kochen und dann mit Obst (von getrockneten Datteln bis Apfelstückchen) kombinieren. Schneidet man das Obst sehr klein oder püriert es, kann man daraus zusammen mit den gekochten Linsen Nockerln herstellen und diese mit Vanillesauce servieren. Linsen lassen sich auch rein süß würzen, zum Beispiel wenn man die gut eingeweichten Linsen in Sirup oder Fruchtsaft kocht und anschließend mit Sirup auf einem Backblech trocknet. Daraus entsteht ein Linsenkrokant, das man wiederum mit Nüssen oder Schokolade verfeinern kann.

EXTRATIPP Das Kochwasser der Linsen nach dem Abgießen nie wegwerfen. Es lässt sich (nach dem Filtern und/oder Klären) immer als Grundlage für eine flüssige Komponente, als kleines Extra für Saucen oder als Grundlage für Gele oder Cremes verwenden. Selbst in Vinaigrettes für herzhafte Gemüsesalate leistet es hervorragende Dienste.

GESCHICHTE UND BOTANIK

Die Linse zählt zu den ältesten Kulturpflanzen: Archäologische Ausgrabungen belegen, dass sie schon vor rund 10 000 Jahren in Ägypten angebaut wurde, und in einer griechischen Höhle fand man 9 000 Jahre alte getrocknete Linsen. In der Antike war Phacusa in Ägypten das Hauptanbaugebiet und Handelszentrum für Linsen. Die Römer nannten die Stadt Lentulus. Daher leitet sich der Name Linse ab. Auch bei den Römern war die Linse sehr beliebt, allerdings eher bei den einfachen Leuten. Diesen Ruf des Arme-Leute-Essens ist die Linse zumindest in Europa nicht mehr losgeworden.

STEINFELDER TELLERLINSEN

Nach dem Zweiten Weltkrieg ist der Anbau von Linsen in Deutschland und Europa praktisch zum Erliegen gekommen: Linsen waren nicht mehr gefragt, der Anbau zu aufwendig, die Erträge zu niedrig. Heute werden in einigen europäischen Gebieten (Auvergne, Schwäbische Alb, Niederbayern und Österreich) wieder spezielle Linsensorten angebaut. Auf dem indischen Subkontinent sind Linsen immer noch ein vegetarisches Grundnahrungsmittel; dort gibt es über 50 verschiedene Sorten. Die meisten roten, braunen und gelben Linsensorten kommen aus Indien. Die anspruchslose Pflanze wird 20 bis 50 cm hoch und hat gefiederte Rankenblätter, sie blüht blassblau im Sommer. Aus den Blüten entwickeln sich leicht aufgeblähte Hülsen, die jeweils 1 bis 3 Samen enthalten.

Linsen werden nach ihrer Größe im Handel in Kategorien eingeteilt: **RIESENLINSEN** (mit einem Durchmesser von 7 mm), **TELLERLINSEN** (6 bis 7 mm) und **MITTELLINSEN** (4,5 bis 6 mm). Besonders kleine Linsen heißen **MIGNON-LINSEN**. Sorten, die beim Kochen fest bleiben, wie z. B. generell die grünen Linsen, eignen sich gut als Gemüsebeilage oder für Salate. Andere Sorten, z.B. Berglinsen, werden schnell weich und zerfallen vollständig. Sie sind gut geeignet für Suppen, Eintöpfe und Püree. Alle Linsen haben nach dem Kochen eine mehr oder weniger mehlige Konsistenz, manche bleiben aber bissfest und zeigen je nach Sorte einen aromatischen (z.B. Belugalinsen) bis grün-wachsigen (z. B. Alblinsen, Champagne-Linsen) oder sogar fruchtigen Flavour (rote und gelbe Linsen).

Nelumbo nucifera

LOTOSWURZEL

In der europäischen Küche bis vor Kurzem unbekannt, hat die Wurzel der Lotosblume über die asiatische, vor allem die japanische Küche mittlerweile bei Gourmets an Beliebtheit gewonnen. Der Reiz der aromatisch und geschmacklich eher zurückhaltenden Wurzel liegt in ihrer Textur und Optik. Für fantasievolle Köche ist ihr Einsatzbereich überraschend vielfältig – auch jenseits der asiatischen Küche.

Das Aroma der Lotoswurzel (auch: ***Indischer Lotos, Indische Lotosblume, Lotusblume, Lotus, Lotos***) ist nicht besonders stark ausgeprägt. Eine ganze Reihe typischer Gemüsearomen fehlt. Lotoswurzeln eignen sich daher eher als Texturelement, das aufgrund seiner „löchrigen" Struktur auch ungewöhnlich aussieht. Ein leichter Duft nach Benzin, der sich beim Kochen bzw. Dämpfen sogar noch etwas verstärkt, aber bei sehr langem Garen wieder deutlich abschwächt, entstammt dem OCTAN. Für einen leicht aromatisch-süßlichen Eindruck sowohl im rohen als auch im gegarten Zustand ist Toluol verantwortlich. Der aromatische Duft wird durch NAPHTALIN unterstrichen, das einen Hauch Teer in die Lotoswurzel bringt, der sich bei den üblichen Garzeiten nicht abbaut. Leicht medizinale Duftnoten, einen Hauch Kampfer und einen Anklang an Mottenkugeln steuern die Aromaten NAPHATALIN und 1-METHYLNAPHTALIN bei. Am stärksten wirken jedoch Düfte der längerkettigen Fettsäureabkömmlinge wie HENEICOSAN und EICOSAN, die beim Kauen der Gemüsewurzel einen leicht „fettigen" Flavour geben, wie er z.B. auch von Schwarzwurzeln bekannt ist. Dieser wachsig-fettige Eindruck wird beim Kochen und Dämpfen noch betont.

Der Eigengeschmack der Lotoswurzel ist kaum ausgeprägt. Phenolische Komponenten fehlen, sodass ein deutlicher Bittergeschmack nicht im Vordergrund steht. Ebenso ist die Konzentration freier Zucker eher gering, eine Süße ist daher ebenso wenig auszumachen.

ZUBEREITUNG

Die Wurzeln waschen und die Enden abschneiden, dann dünn schälen. Man kann sie in Scheiben geschnitten roh (meist mariniert) als Snack reichen. Meist werden sie in Salzwasser bissfest gekocht oder gedämpft – das muss nicht länger als 4 bis 5 Minuten dauern. Verwendet man Konservenware, genügt kurzes Erhitzen.

Die in Scheiben geschnittenen Lotoswurzeln kommen gegart oder noch roh in Currys oder Reisgerichte – roh während des Kochens, vorgegart erst kurz vor dem Servieren. In China und Japan werden sie traditionell gegart und kandiert als Süßigkeit zum Neujahrsfest gereicht oder auch roh oder gekocht in Zitronensaft mariniert. In Japan werden sie in Öl angebraten und dann in Zitronenwasser oder Sojasauce kurz gekocht: Diese japanische Zubereitungsart von Wurzelgemüse nennt man *Kinpira*.

Aromen roh und gekocht: OCTAN △ *kraftstoffartig* EICOSAN ◇ *wachsig* HENEICOSAN ◇ *schwach wachsig* NAPHTALIN △ *aromatisch, stechend,* □ *teerartig* 1-METHYLNAPHTALIN △ *mottenkugelartig,* □ *kampferig, medizinal*

GESCHMACK

SÜSS SAUER SALZIG BITTER UMAMI

Die Lotoswurzeln schmecken und duften sehr zurückhaltend, sind aber optisch und von der knackigen Textur her kulinarisch sehr interessant.

MIKRONÄHRSTOFFE *(pro 100 g)*

Vitamine: *B_2 (0,22 mg), C (44 mg)* ***Mineralstoffe:*** *Kalium (556 mg)*

HARMONIE

LOTOSWURZEL
CHINAKOHL
GEMÜSEPAPRIKA
GURKE
ANIS
CHILI
FENCHEL
KUBEBENPFEFFER
THYMIAN
TIMUTPFEFFER
TONKABOHNE
VANILLE

KÜCHENJOKER

Nigella, Gewürznelke, Liebstöckel, Szechuanpfeffer

PASST GUT ZU

Olivenöl, Frischkäse, Nüssen

LÄNDERKÜCHE

***Japan:** klare Suppen (Dashi)* ***Japan/China:** kandierte Süßigkeit* ***Indien:** Pickles (eingelegt) und Tee (Blätter und Blüten)*

EINKAUF UND LAGERUNG

Frische Lotoswurzeln (d.h. vakuumverpackt und vorgewaschen) sind bei uns nur selten erhältlich. Tiefgefroren oder gekocht in Konserven findet man sie im Asialaden.

SAISON

01 02 03 04 05 06 07 08 09 10 11 12

Als Importware ist die Lotoswurzel, meist konserviert, ganzjährig erhältlich.

ANBAU

Ein Anbau der Lotosblume zu kulinarischen Zwecken ist in Europa unbekannt, aber theoretisch in schlammigen Gewässern denkbar. Als Zierpflanze kommt sie durchaus in europäischen Gärten vor. Sie braucht jedoch viel Wärme und verträgt keinen Frost. Besonders die Überwinterung ist in unseren Breitengraden ein Problem.

Man kann Lotoswurzelscheiben im Ofen wie Chips backen. In Indien kommen sie nicht zuletzt wegen ihrer bissfesten Konsistenz häufig in scharfe Pickles. Wichtig ist immer auch ihre ungewöhnliche Optik.

Die Blätter und Blüten der Lotospflanze werden in Asien ebenfalls verwendet: als Gemüse zubereitet oder getrocknet als Tee. Die geschälten Samen der Lotosfrucht isst man als Knabberei oder verarbeitet sie zu Mehl.

KOMBINATIONEN

Die Lotoswurzel ist aufgrund ihrer aromatischen und geschmacklichen Zurückhaltung ein „Passepartout" in der Küche. Sie verlangt bzw. verträgt starke Würzungen, die fast beliebig sein können. Die Paarung mit fettiggrünen Aromen liegt aufgrund ihres fettigen Flavours und ihrer wachsigen Textur nahe, zum Beispiel in einem Salat mit Olivenöl und Gurken, gewürzt mit Borretsch oder Frischkäse. Da sich das Aromaspektrum bei den üblichen Garzeiten (unter 1 Stunde) nicht ändert, ist es unerheblich, ob die Lotoswurzel gedämpft, gekocht oder sogar roh bzw. nur kurz blanchiert dazugegeben wird. Die leichten aromatischen Noten der Wurzel ermöglichen Würzungen mit Thymian oder auch Rauch, etwa über Pimenton oder Rauchsalz. Traditionell wird die Lotoswurzel in der japanischen Küche gern in herzhaften und umamireichen Fonds (*Dashi*) eingesetzt – woraus wiederum klare Suppen erzeugt werden. Mit ihrer beim Kauen wachsig werdenden Textur läuft die Lotoswurzel hier als anfangs knackige Einlage zu Höchstform auf. Flämmt man die Lotoswurzel zuvor mit einem Gourmetbrenner ab, kann sie zusätzlich dezente Röstnoten in das Gericht einbringen.

Die Lotoswurzel verträgt auch Schärfe und andere Reize des Trigeminus. Eine Kombination mit dem würzig-blumigen Kubebenpfeffer, dem „bitzelnden" Szechuanpfeffer, dem blumigen Timutpfeffer oder auch diversen Chilis (vor allem den geräucherten) ist daher willkommen. Die leicht scharfe, aber vor allem blumig-würzig-süßliche Gewürznelke ist ebenfalls nicht fehl am Platz. Diese Schärfe passt sowohl in herzhaften als auch sogar in süßen Zubereitungen. Denn das aromatisch und geschmacklich dezente Gemüse eignet sich ebenfalls für Desserts. So lässt es sich etwa für Sirups und Säfte bestens süßen und aromatisieren, wenn es mit entsprechenden Suds, süßen Fonds oder Säften mit aromatischen Gewürzen wie Vanille, Tonkabohne oder Anis/Fenchel eingeschweißt und bei Temperaturen unter 80 °C gegart wird (sous-vide). Oder man verwendet fein geschnittene Wurzelscheiben, mit aromatisierten (Vanille-, Lavendel-, Rosenblüten-)Zuckern bestreut und im Ofen kandiert, als „Deko" in Süßspeisen.

Besonders interessant wird die Lotoswurzel, wenn man mit ihrer Textur spielt. So wird in Salaten mit rohem Paprika oder mit Gurken bei gleich großen Stücken die unterschiedliche „Knackigkeit" erkennbar. Oder man überrascht mit unerwarteten Texturkombinationen: Werden z.B. sehr klein gewürfelte (in Brunoise geschnittene) Lotoswurzelwürfel in herzhaft-säuerliche Fleischrouladenfüllungen gegeben oder sogar in Kohlrouladen

LOTOSBRÜHE

- 1 Stück getrocknete Kombu-Alge
- 4 ganze Shiitakepilze
- 30 g Bonitoflocken (Asiahandel)
- 10 g Hojicha (Asiahandel)
- 1 frische Lotoswurzel (Asiahandel)
- 100 g Pak Choi
- Abrieb von ½ Bio-Yuzu
- 8 Blätter Thaibasilikum

Pro Portion: 50 kcal, 0 g F, 7 g KH, 1 g B, 4 g E

Für die Dashi-Brühe Kombu-Alge bei 50 °C in 500 ml Wasser 1 Stunde ziehen lassen. Getrocknete Shiitakepilze in einem kleinen Topf in kaltem Wasser (ca. 100 ml) einweichen, sodass die Pilze komplett bedeckt sind. Kombu-Alge herausnehmen und Wasser mit Einweichwasser der Pilze auf 90 °C erwärmen, Bonitoflocken und Hojicha einstreuen und ca. 20 Minuten auf 70 °C halten. Dashi durch ein feines Sieb gießen, auffangen und Pilze zugeben.

16 dünne Scheiben von der Lotoswurzel schneiden und in Salzwasser bissfest kochen, herausnehmen und abtupfen.

Pak Choi waschen und 1 Minute in heißem Wasser blanchieren, sofort in kaltem Wasser abschrecken, in mundgerechte Stücke schneiden und in Suppenschalen legen. Lotoswurzelscheiben sowie je einen heißen Pilz zum Pak Choi geben und mit Dashi-Brühe übergießen. Mit Yuzuabrieb und Thaibasilikum garnieren.

Tipp: Pro Portion eine Jakobsmuschel und 50 g Wagyu-Rinderfilet sehr kurz anbraten und in die Teller setzen. Beides mit 5 bis 6 Forelleneiern garnieren.

(warum nicht aus dem kulturell verwandten Pak Choi, der ebenfalls leicht medizinale Anklänge zeigt?), erkennt man den kulinarischen und sensorischen Wert von Textur. Auch Knabberbeilagen aus Nüssen (z. B. Cashew) und Lotos(chips) spielen mit dem texturellen Potenzial.

GESCHICHTE UND BOTANIK

Die Heimat der Lotosblume liegt im Wolgadelta, in Iran und in Indien. Auf dem Subkontinent gilt sie bis heute als heilig. Sie ist überwiegend in Südostasien verbreitet, es gibt jedoch auch eine essbare Art auf dem amerikanischen Kontinent. Die Lotosblume ist eine Wasserpflanze, deren Wurzel drei bis vier Zwischenknotenstücke entwickelt. Diese sind zur optimalen Sauerstoffversorgung von kleinen und großen Röhren durchzogen, daher ihre Löchrigkeit. Man baut sie in Asien in Teichen oder auf gefluteten Feldern ähnlich wie Reis an. Die Ernte erfolgt ab Ende September bis ins Frühjahr.

Taraxacum officinale

LÖWENZAHN

Schon im 15. Jahrhundert wurde die Vielseitigkeit des Löwenzahns in Kräuterbüchern gepriesen. Er war vor allem als harntreibendes Mittel bekannt – daher sein französischer Name „Pissenlit“: Bettnässer. Die Blätter und Stiele des wilden wie kultivierten Löwenzahns sind wunderbar würzig-bitter und sehr knackig in der Konsistenz. Auch die Knospen, Blüten und Wurzeln sind essbar und wohlschmeckend bitter.

Aromen roh: ESSIGSÄURE[T] △ *stechend, sauer, essigartig,* □ *überreife Frucht,* ◇ *nasal stechend* BUTYLACETAT △ *stechend, ätherisch, fruchtig,* □ *reife Banane, grünlich, tropische Früchte* 2-METHYL-1-PROPANOL △ *ätherisch, weinartig,* □ *fuselartig, whiskyartig* N-BUTANOL △ *fermentiert, fuselölig, süßlich,* □ *balsamisch, bananenartig, whiskyartig* 4-TERPINEOL △ *terpentinartig, würzig, herbal,* □ *pfefferig, holzig, moderig, minzig, gewürznelkenartig, zitrusartig,* ◇ *warm* α-TERPINEOL △ *holzig, pinienartig, zitrusartig,* □ *floral, fliederartig,* ◇ *holzig* β-TERPINEOL △ *holzig, stechend,* □ *erdig* 4-PHENYL-1-BUTANOL △ *aromatisch, floral,* □ *rosenartig*

GESCHMACK

SÜSS **SAUER** SALZIG **BITTER** UMAMI

Löwenzahn duftet und schmeckt säuerlich und hat einen bitteren Geschmack.

MIKRONÄHRSTOFFE *(pro 100 g)*

Vitamine: *C (30 mg)* ***Mineralstoffe:*** *Kalium (490 mg)* ***Sekundäre Pflanzenstoffe:*** *Flavonoide*

Blätter und Stiele des Löwenzahn (auch: ***Butterblume, Pusteblume, Maulwurfsalat [Niederlande], Pissenlit [Frankreich], Franzosensalat [Westschweiz]***) riechen stechend säuerlich, erinnern ein wenig an grüne Äpfel und haben deutliche holzige und kräuterige Noten. Anders als bei Rucola finden sich keine schwefeligen oder nussigen Anteile im Aromaspektrum. Der stechende, an überreife Früchte erinnernde Duft kann der ESSIGSÄURE zugeschrieben werden, die zusammen mit dem ebenso flüchtigen, stechend und nach Tropenfrucht und Banane riechenden BUTYLACETAT einen Hauptteil des „apfeligen“ Aromas ausmacht. Bemerkenswert sind zwei Alkohole, die einen leichten Geruch nach Wein und Whisky oder auch Fusel einbringen: N-BUTANOL und 2-METHYL-1-PROPANOL. Das aromatische 4-PHENYL-1-BUTANOL fügt einen Hauch Rosenduft hinzu. Die typischen holzigen Kräuternoten mit einem Hauch Terpentin werden durch Terpineole erzeugt, die zusätzlich noch florale und erdige Noten sowie Anklänge an Pfeffer, Gewürznelken und Zitrusfrüchten mitbringen.

Löwenzahn duftet nicht nur säuerlich, er schmeckt auch so, was unter anderem auf die Weinsäure zurückzuführen ist. Vorherrschend im Geschmack sind allerdings bittere Stoffe, darunter Chlorogensäure sowie weitere Verbindungen der Kaffee- und Chinasäure. Blätter und Stiele enthalten außerdem zahlreiche Flavonoide, die sowohl für den bitteren Geschmack als auch für die adstringierende Wirkung verantwortlich sind.

Die Blüten des Löwenzahns sind mehr als Dekoration: Sie enthalten die bitteren antioxidativen Flavonoide Luteolin und Luteolin-7-O-glucosid. Die ebenfalls bittere Wurzel wiederum enthält einen hohen Anteil an Inulin. Geröstet und gemahlen kann man sie als Kaffeeersatz verwenden.

ZUBEREITUNG

Junge Blätter werden als Salat oder als Suppe gegessen. Ältere Blätter und Stiele sind bitterer, da die Konzentration der Phenole mit dem Pflanzenwachstum zunimmt. Gezüchteter Löwenzahn kommt oft „gebleicht“ (siehe unten) in den Handel, dann ist er weniger bitter. Stiele und Blätter einfach waschen und in Stücke schneiden. Die Stiele kann man ebenfalls roh essen. Möchte man ihre Bitterkeit ein wenig abmildern, kann man sie (mit den Blättern) blanchieren oder dünsten, (ohne Blätter) in Milch kochen oder in

Wasser einlegen. Eine Prise Zucker oder etwas Honig helfen ebenfalls. Aber man sollte sich nicht zu sehr vor der Bitterkeit fürchten – gerade sie macht ja den Charme dieses frischen Gemüses aus.

Die leicht bitteren Blütenknospen können sauer eingelegt und wie Kapern verwendet werden. Geöffnete Blüten sind ebenfalls essbar und dienen als schmackhafte Deko im Salat oder auf kalten Platten. Man kann aus ihnen auch einen Löwenzahnhonig herstellen: Frische Blüten 20 Minuten in Wasser mit etwas Zitronensaft kochen (die Säure bewirkt eine Spaltung der Saccharose in Glucose und Fructose), abseihen, mit weißem und braunem Rohrzucker (1,5 kg Zucker auf 400 g Blüten) vermengen und 1 Stunde köcheln lassen, dabei den Schaum immer wieder abschöpfen. Einkochen, bis eine Sirupkonsistenz erreicht ist. Dieser würzige „Honig" schmeckt zu Käse, als Brotaufstrich oder zum Süßen von Tee und Desserts.

Aus den langen Wurzeln lässt sich – geröstet und gemörsert – nicht nur Kaffeeersatz herstellen. Das Pulver kann man ebenso mit Fonds, Brühen oder Tees aufgießen und als tellerbegleitendes Getränk servieren oder als Essenz an Gemüseteller angießen. Darüber hinaus kann man frische Wurzeln kleingeschnitten mit Zwiebeln und Knoblauch in der Pfanne braten und anschließend in Gemüsebrühe weich kochen.

KOMBINATIONEN

Löwenzahn ist als Bittergewürz in vielen Gerichten und Tellern nützlich. Er hebt den Gesamtgeschmack vieler Gerichte durch das dezente Beifügen von bitteren Noten. Gerade bei zurückhaltendem Kohlgemüse wie Kohlrabi wirkt Löwenzahn als exzellenter Geschmacksgeber, ebenso wie bei Zucchini, denen (leider) jeder Hauch Bitterkeit weggezüchtet wurde. Zu Pilzen wie Champignons ergänzt Löwenzahn bittere Geschmacksnoten und verstärkt gleichzeitig deren erdige Aromen. Und gerade im Frühjahr, wenn die letzten Kürbisse verkauft werden, kann Löwenzahn eine Kürbissuppe (z. B. aus Butternut) erstaunlich verbessern, wenn er bei Tisch eingestreut wird. Zu Spargel ist Löwenzahn ebenfalls köstlich: Die bitteren Geschmacksnoten paaren sich perfekt, aber die Aromenspektren überlappen sich kaum, also ergänzen sich beide aromatisch praktisch vollständig. Diese Kombination funktioniert in beide Richtungen: als Löwenzahnsalat mit etwas Spargel oder als Spargelteller mit ein wenig Löwenzahn-„Würzung".

Der gebräuchlichste Einsatz von Löwenzahn (Blättern, Stielen und manchmal Blüten) ist sicherlich im frischen Salat. Dort kommen seine würzigen Aromen ebenso wie die Knackigkeit der Stiele am besten zur Geltung. Ein wenig Obacht ist dabei geboten wegen seiner Bitternoten und der Säure. Verwendet man ihn pur, sollte man die Bitterkeit mit einem betont süßen Dressing ausgleichen. Ideal ist dafür etwa ein Dressing auf Honigbasis, das zudem über die würzigen Noten wunderbar harmoniert. In dieser Kombination sind auch weitere Aromaten, z. B. aus der Süßmandel oder Aprikosenkernen, nicht fehl am Platz. Kontraste lassen sich ebenfalls gezielt einsetzen, um Säure und Bitternoten einen Gegenpart zu bieten: Ein mit Räucherpfei-

HARMONIE

●	○	○	●	○	●	○	○	●	LÖWENZAHN
●	○	○	○	○	●	○	○	○	CHAMPIGNON
●	●	○	●	○	●	●	●	○	KARTOFFEL
●	●	○	○	○	○	○	○	●	KOHLRABI
●	●	○	●	○	○	○	○	○	KÜRBIS
●	●	○	○	○	●	●	○	●	RUCOLA
●	○	○	●	●	○	○	●	●	SALAT
●	●	○	○	○	●	○	●	○	SPARGEL
●	●	●	●	○	○	●	○	●	ZUCCHINI
○	●	○	○	○	○	○	○	●	KNOBLAUCH
○	○	●	●	●	●	○	○	○	OREGANO
○	○	●	●	●	○	●	○	●	ROSMARIN

KÜCHENJOKER

Madrascurry, Pimentón, Rauchsalz, Süßkartoffel, Tomate, Vanille

PASST GUT ZU

hartgekochten Eiern, gebratenen Pilzen Walnüssen, Pinienkernen, Speck, kräftigem Käse, Sahne, Fisch, Äpfeln, Bananen, Beeren, Kokosnüssen, Pfirsichen, Aprikosen, Süßmandeln

LÄNDERKÜCHE

***Österreich:** Röhrlsalat* ***Deutschland (Saarland):** Bettseijersalat*

SORTEN

***Pissenlit à coeur plein:** erste Zuchtsorte aus Frankreich (1857).*

***Großblättriger Löwenzahn:** trägt sehr große, bis 60 cm lange Blätter.*

***Krausblättriger Löwenzahn:** Sorte mit kopfig zusammenwachsenden Herzblättern.*

***Frühester verbesserter Löwenzahn:** große und rasch wachsende Sorte.*

Im Hausgarten gedeihen am besten: ***Sperlings Lyonel, Krausblättriger** und **Verbesserter Vollherziger.***

LÖWENZAHN-TEMPURA MIT HEIMISCHER FORELLE

FÜR DEN FISCH

2 Forellen aus heimischem Fang/Zucht

1 Bund heller Löwenzahn

2 EL Sesamöl

1 EL Algenmischung (z. B. je 1/3 Nori-, Wakame und Kombu-Algen, ersatzweise Meeressalat, Gewürzfachhandel)

1 TL Sushi-Essig

Rosa Beeren, Salz

Sojasauce, nach Belieben

Löwenzahnblüten, zum Garnieren

FÜR DAS LÖWENZAHN-TEMPURA

100 g Weizenmehl

20 g Stärke

1 TL Togarashi (japanische Gewürzmischung, Asiahandel)

1 TL gerösteter Sesam, gemörsert

Salz

1 Msp. Natron

250 ml Wasser

500 ml Pflanzenöl zum Ausbacken

12 sehr grüne Löwenzahnblätter

Für den Löwenzahn in Tempura alle Zutaten bis auf das Öl zu einem glatten Teig verrühren. Löwenzahnblätter in die Tempuramischung tauchen, überflüssigen Teig abtropfen lassen und die Blätter im heißen Öl ausbacken. Auf Küchenpapier abtropfen lassen.

Für den Fisch Forellen filetieren (aus Gräten, Kopf und Flossen einen Fond für andere Zubereitungen ziehen). Löwenzahn putzen und in Stücke von 3 cm schneiden. Sesamöl in einer Pfanne erhitzen und Löwenzahn kurz darin zusammenfallen lassen.

Algen zupfen und mit Sushi-Essig, Rosa Beeren und etwas Salz zum Löwenzahn geben.

Forellen in Bastkörben, im Kombidämpfer oder in einem Topf mit Dampfeinsatz kurz andämpfen.

Löwenzahngemüse auf vorgewärmten Tellern verteilen, gedämpfte Forellenfilets darauflegen und Löwenzahn-Tempura dazureichen.

Nach Belieben Sojasauce separat in Schalen anrichten und jeden Teller mit einer Löwenzahnblüte garnieren.

Pro Portion: 322 kcal, 14 g F, 18 g KH, 2 g B, 28 g E

EINKAUF UND LAGERUNG

Die großen weißen Stiele mit dunkelgrünen bis violetten Blättern gibt es im Frühsommer auf Märkten und im Supermarkt zu kaufen, seltener auch mit gebleichten Blättern. Im Winter bekommt man manchmal die hellgrünen bis weißen gebleichten Triebe des Winterlöwenzahns. Im Gemüsefach ist Löwenzahn einige Tage haltbar.

SAISON

01 02 03 04 **05** **06** **07** 08 09 10 11 12

Als Gewächshausware ist Löwenzahn ganzjährig aus heimischer Produktion erhältlich.

ANBAU

Löwenzahn ist recht genügsam, er braucht allerdings als Tiefwurzler tiefgründig gelockerten Boden. Da er sich später nur schlecht verpflanzen lässt, sollte man ihn gleich an seinem endgültigen Standort aussäen. Erntet man Löwenzahn vor dem Blühen, verbreitet er sich nicht (ungewollt) und steckt seine Energie in die Blätter und Stiele. Möchte man die Bitterkeit abmildern, kann man die Blätter während der sommerlichen Wachstumsphase bleichen, indem man sie zusammenbindet und eventuell einen Eimer darüberstülpt. Will man im Winter Löwenzahn ernten, gräbt man die Wurzeln im Herbst aus und pflanzt sie in einen Eimer mit Kokosfasersubstrat. Gewässert und an einem dunklen und warmen Ort (Heizungskeller), treiben neue gebleichte Stiele aus.

fen geräucherter Löwenzahn-Kartoffelsalat ist „sterneverdächtig". Wer das Gemüse mit Kokosnuss oder Pfirsichen und Aprikosen kombiniert, setzt wiederum auf die starke Ergänzung von cremigen Noten, die den säuerlich-bitteren Grundgeschmack dämpfen. Ansonsten sollte man mit Essig in von Löwenzahn dominierten Salaten sparsam sein, denn spürbare Essigsäure bringt Löwenzahn selbst mit. Oft reicht für das Dressing etwas Olivenöl – und eventuell ein paar Tropfen Rum, Whisky oder Cognac zur Abrundung, denn Löwenzahn kann sich neben im Holz gereiften Alkoholika durchaus sehen lassen: Zum einen bringt er Grunddüfte aus dieser Richtung mit, zum anderen kommen seine holzigen Noten diesem Aspekt sehr entgegen. Ein Löwenzahnsalat in Kombination mit durch Whisky angereichertem Joghurt ist eine kulinarische Offenbarung. Des Weiteren verträgt sich Löwenzahn sehr gut mit fruchtigen Komponenten. Kein Wunder also, wenn er als bitter-holzig-fruchtiges Element in Desserts auf Apfel-, Bananen- oder Beerenbasis landet: Seine Fruchtnoten passen sich den Früchten an, während sein Kräuterduft und der Bittergeschmack einen reizvollen Kontrast zur Süße des Desserts liefern. Nicht zuletzt passt das kräftige Gemüse gut zu herzhaften Zutaten wie Ziegenkäse, Speck oder gebratenen Pilzen. Sie bringen kräftige Aromen mit und dazu Umamigeschmack, der das Geschmacksspektrum des Gemüses ergänzt. Mit Parmesan und Nüssen lässt sich aus Löwenzahn (Blättern, Stielen und Blüten) ein wunderbar herzhaftes, bitter-würziges Pesto zubereiten.

GESCHICHTE UND BOTANIK

Löwenzahn wurde in Italien schon im 17. Jahrhundert gerne gegessen. Tatsächlich ist auch der bei uns wild wachsende und oft als Unkraut angesehene *Taraxacum officinale* wohlschmeckend. Zu kulinarischer Anerkennung haben ihm die Franzosen im 19. Jahrhundert verholfen, als sie begannen, große, angenehm bittere Salatpflanzen mit dicken Stielen und eher wenigen Blättern zu züchten.

Löwenzahnblätter und -stiele werden wie viele andere bittere Gemüse (Zichorie, Cardy, Endiviensalat) durch Zusammenbinden der Blätter während der Wachstumsphase gebleicht: Unter Lichtausschluss sammeln sie weniger Blattgrün an (→ Farbe im Gemüse, Seite 75), bleiben hellgelb und schmecken weniger bitter. Kultursorten erkennt man an den spitz zulaufenden, aufrecht wachsenden und weniger gezackten Blättern. Außerdem ist gezüchteter Löwenzahn wesentlich größer als wild wachsender. In West- und Mitteleuropa werden heute vor allem mehrere – geschmacklich und aromatisch weitgehend identische, vom Anbau und der Optik her aber unterschiedliche – Kultursorten angebaut und von Dezember bis April im gebleichten, getriebenen Zustand, von März bis Mai halbgebleicht geerntet.

Beta vulgaris subsp. cicla

MANGOLD

Das Gänsefußgewächs ist eng verwandt mit Roter Bete, Zuckerrübe und Runkelrübe – nur werden bei ihm die Blätter und Blattstiele gegessen. Seit der Frühen Neuzeit war Mangold ein beliebtes Gemüse im deutschsprachigen Raum, vor allem als Alternative zum aromatisch ähnlichen Spinat. In den letzten Jahren ist es wieder in unsere Küchen und Supermärkte zurückgekehrt, was an der Knackigkeit und interessanten Farbigkeit der Stiele liegen mag.

Mangold (auch: ***Stielmangold, Blattmangold, Krautstiel, Schnittmangold, Römischer Kohl***) ist eng verwandt mit der (Roten) Bete *(Beta vulgaris)*, deren Blätter sich ähnlich wie Mangold verwenden lassen, und erinnert (wie die Rote-Bete-Blätter) in Aroma und Geschmack wiederum an den botanisch entfernter verwandten Spinat. Verantwortlich dafür ist zum einen der erdige, muffig anmutende Aromastoff GEOSMIN, der sich in beiden Gemüsen findet, wenngleich in den Mangoldblättern in einer geringeren Konzentration als in Spinat. Und zum anderen weisen Mangoldblätter – ebenfalls wie Spinat – beachtliche Anteile des grünen Aromaspektrums auf, darunter grüne, grasige Blattduftstoffe wie HEXANAL, aber auch das wachsig-fettige, leicht nach Wein duftende 2-HEXANOL. Ergänzt wird der grüne Anteil durch (Z)-3-HEXENYLACETAT, das fruchtige und an Melone anklingende Eindrücke hinterlässt. Aromatische Mandel-Noten werden durch BENZALDEHYD erzeugt.

Beim Erhitzen kommen das nach gekochtem Gemüse duftende DIMETHYLSULFID sowie das an Kohl und Zwiebeln erinnernde DIMETHYLDISULFID hinzu. Die bei gebratenen oder gekochten Blättern präsenten leicht holzigen Rauchnoten werden durch das dabei entstehende 1-METHYLPYRROL erzeugt.

Neben für Blattgemüse typischen Bitternoten, die durch phenolische Geschmacksstoffe verursacht werden, stehen bei Mangold wasserlösliche Säuren im Vordergrund, die eine beachtliche Sauerkomponente im Geschmacksspektrum erzeugen. Hauptverursacher sind Zitronensäure und die auch beim Spinat und Sauerklee geschätzte Oxalsäure. Als natürliche Zucker stehen in den Mangoldblättern Arabinose, Galactose, Rhamnose, Xylose, Mannose und Glucose bereit, um für eine typische „Blattsüße" zu sorgen.

Die rote Farbe, die sich bei manchen Sorten in den Stielen und den Blättern (Blattadern) zeigt, wird durch Betanin (eigentlich Betanidin-5-O-Glucosid) verursacht, das antioxidative Eigenschaften hat. Über den Lichtsammlerkomplex (→ Farben in Gemüse, Seite 75) stehen beachtliche Mengen an beta-Carotin zur Verfügung, das physiologisch zwei Vitamin-A-Moleküle liefert. Dieser eigentlich orange-rötliche Farbstoff wird optisch durch den hohen Anteil der grünen Chlorophylle überdeckt.

Aromen roh: HEXANAL △ *grün, blattartig, fettig,* □ *apfelartig* (Z)-3-HEXENAL △ *grün, fettig, grasig, frisch gemähtes Gras,* □ *grüner Apfel, unkrautartig* 2-HEXANOL △ *wachsig, fettig,* □ *weinartig, fruchtig,* ◇ *chemisch* GEOSMIN △ *erdig, moderig, schimmelartig,* □ *frisch umgegrabene Erde*

Aromen gekocht: 2-HEXANOL △ *wachsig, fettig,* □ *weinartig, fruchtig,* ◇ *chemisch* (Z)-3-HEXEN-1-YL ACETAT △ *grün, frisch, fruchtig,* □ *apfelartig, melonenartig, bananenartig* DIMETHYLSULFID △ *schwefelig, zwiebelartig, radieschenblätterartig, kohlartig,* □ *fischartig, maisartig, spargelartig,* ◇ *ein Hauch gekochte Milch/Sahne* DIMETHYLDISULFID △ *schwefelig, gemüseartig,* □ *kohlartig,* ◇ *zwiebelartig* BENZALDEHYD △ *aromatisch, bittermandelartig, nussig, süßlich,* □ *holzig* 1-METHYLPYRROL △ *holzig, rauchig,* ◇ *herbal* GEOSMIN △ *erdig, moderig, schimmelig,* □ *frisch umgegrabene Erde*

GESCHMACK

SÜSS SAUER SALZIG **BITTER** UMAMI

Mangold duftet ähnlich erdig wie Spinat und Rote-Bete-Blätter. Die Stiele haben eine knackige Konsistenz. Der Geschmack ist herb-bitter.

MIKRONÄHRSTOFFE *(pro 100 g)*

Vitamine: *A (588 µg), B_1 (0,1 mg), B_2 (0,16 mg)* ***Mineralstoffe:*** *Calcium (103 mg), Eisen (2,7 mg)* ***Sekundäre Pflanzenstoffe:*** *Carotinoide*

HARMONIE

MANGOLD
GEMÜSEPAPRIKA
KARTOFFEL
SAUERAMPFER
SPARGEL
TOMATE
ZWIEBEL
BÄRLAUCH
KNOBLAUCH
KREUZKÜMMEL
MUSKAT
PFEFFER
SAUERAMPFER
SENF
THYMIAN
WACHOLDER
ZITRONE

KÜCHENJOKER

Kokosnuss (auch -öl), Aprikosen, Datteln, Nigella, Grue de cacao

PASST GUT ZU

Eiern, Sardellen, Fisch, Käse

LÄNDERKÜCHE

Schweiz: *Capuns mit Mangold* ***Schweiz, Italien:*** *Pizzoccheri mit Mangold* ***Italien:*** *Mangoldrisotto mit Tintenfisch* ***Kroatien:*** *Blitva (Mangold-Kartoffelauflauf)*

EINKAUF UND LAGERUNG

Je später Mangold geerntet wird und je größer seine Blätter sind, desto bitterer schmeckt er. In ein feuchtes Tuch gewickelt, hält sich Mangold 2 bis 3 Tage im Gemüsefach des Kühlschranks. Man kann Mangold auch kurz blanchieren, mit Eiswasser ab-

ZUBEREITUNG

Gegessen werden die Blätter und die Stiele. Beim Stielmangold müssen bei älteren Zuchtformen die Stiele wie Spargel geschält werden, um die faserige Haut zu entfernen. Bei neueren Züchtungen bzw. früh geernteten Sorten ist das nicht notwendig. Das Gemüse gründlich waschen und klein schneiden.

Roh kann man vor allem jüngere Mangoldblätter essen, die Stiele und ältere Blätter haben eine harte Textur und entwickeln einen höheren Anteil an Oxalsäure. Sie sollten daher gegart werden: gekocht, gedünstet oder in Öl abgeschwenkt. Der manchmal bittere Geschmack des Mangolds mildert sich beim Garen ab, da einige der phenolischen Verbindungen im Kochwasser gelöst werden bzw. chemisch reagieren. Verarbeitet man Stielmangold, sollte man Stiele und Blätter getrennt garen, weil die Stiele ein paar Minuten länger benötigen. Um die Farbe der Stiele zu erhalten, diese nur kurz blanchieren und anschließend kalt abschrecken (→ Blanchieren, Seite 72).

Werden jüngere Stiele roh oder ältere blanchiert sehr fein geschnitten unter Salate gehoben, wirken sie mit ihrer knackigen Textur als „punktuelle“ Säure – und machen Gemüsesalate spannungsreicher. Fein geschnittene Mangoldstiele, in Olivenöl abgeschwenkt, machen sich auf Pastagerichten (z. B. bei Saucen auf Sardellen-/Tomatenbasis) bestens.

Die kurz blanchierten großen Blätter kann man wie Weißkohl zum Einwickeln anderer Lebensmittel benutzen. Die Kochzeit der Füllung darf jedoch nicht zu viel Zeit in Anspruch nehmen, weil die Mangoldblätter sonst zerfallen. Bei Mangold-„Rouladen“ ist daher das Dämpfen (unter 80 °C Dampftemperatur) die bessere Lösung: Die Proteinfüllung gart, während die Zellstruktur des Mangolds zwar weich wird, aber erhalten bleibt.

Mangoldblätter (und auch die verwandten Rote-Bete-Blätter) lassen sich sehr gut fermentieren. Mit Salz, Knoblauch, Ingwer und Zwiebel luftdicht eingelegt (oder vakuumiert), entwickeln sie über die Milchsäuregärung eine wunderbar dezente „Säurenote“, die das Mineralisierende der Oxalsäure stark in den Hintergrund drängt (→ „Milchsäuregärung“, Seite 97). So können sie „pseudoroh“ genossen oder erwärmt werden.

KOMBINATIONEN

Die mit Bitternoten gepaarte Säure des Mangolds lässt sich (wie bei Spinat) auf der Geschmacksebene sehr gut mit „Gegensäuren“ durch Zitronen, Yuzu, Orangen oder Pampelmusen kombinieren und abmildern. Tomate oder auch Sauerampfer haben eine ähnliche Wirkung, daher kann man frischen Mangold gut mit rohen Tomaten kombinieren. Ansonsten lässt sich die Oxalsäure mit Milchprodukten, z. B. mit (kalten) Frischkäseprodukten oder Joghurts, abschwächen. Einen ergänzenden Geschmacksgegenpart bieten darüber hinaus vor allem Kombinationen mit salzigen und herzhaften (umami-)Begleitern, wie z. B. Sardellen und kräftigem Käse (Parmesan) zum Überbacken. Ein herzhafter Küchenklassiker mit Mangold ist das kroatische *Blitva* (Seite 247): Mangold mit viel Knoblauch und zerdrückten Kartoffeln; er passt zu allem Gegrilltem, besonders Fisch. Grundsätzlich können Man-

MANGOLDPFANNE

- 16 kleine Kirschtomaten
- 1 TL Fenchelsamen, grob gemörsert
- 50 ml Olivenöl plus etwas zum Anbraten
- 400 g Mangold mit Stielen
- Muskat, Salz
- 4 dünne, große Scheiben Mortadella
- 16 feine Scheiben getrocknete italienische Fenchelwurst (Fenchelsalami)
- Koriandergrün, gezupft

Backofen auf 160 °C vorheizen. Kirschtomaten mehrmals mit einer Nadel leicht anstechen, mit Fenchelsamen würzen und in eine schmale Form geben; mit Olivenöl bedecken. Im Ofen 10 Minuten erwärmen. Dann Ofen ausschalten und in der Wärme nachziehen lassen.

Mangold waschen, dicke Stiele abtrennen und den Rest in Stücke von 1 cm Länge schneiden. Blätter in schmale Streifen schneiden.

Etwas Olivenöl in einer Pfanne erhitzen und Stiele kräftig darin andünsten. Hitze reduzieren, Blätter zugeben und ca. 10 Minuten dünsten. Währenddessen mit Muskat und Salz abschmecken.

Die Teller mit je einer Mortadellascheibe auslegen. Mangold auf der einen Hälfte darauf anrichten und Kirschtomaten daraufsetzen. Die Mortadella omelettartig umschlagen. Mit Fenchelwurstscheiben und Koriandergrün garnieren. Mit toskanischem, salzfreiem Brot genießen.

Pro Portion: 239 kcal, 22 g F, 2 g KH, 3 g B, 5 g E

goldblätter in jedem Gericht Spinat ersetzen und umgekehrt, desgleichen Stängelkohl bzw. Rübstiel. Mangold schmeckt je nach Alter meist etwas würziger und herber als Spinat. Mangold und Spargel ergeben über die unterschiedlichen Bitternoten und ihre schwefeligen Düfte wunderbare Kombinationen. Zusammen mit einem Hauch Sahne, gekochten Kartoffeln und einem hartgekochten Ei (gewürfelt, als „Gewürz") werden daraus wohltuend leichte Frühlingsboten. Wenn der Mangold kräftig bis herb-bitter schmeckt, eignen sich süßliche Komponenten gut als Ergänzung, z. B. Sultaninen.

Bei den Gewürzen und Kräutern erweist sich Mangold als relativ sperrig, nicht viele bieten sich an. Natürlich passen über ihre gemeinsamen Schwefelnoten Zwiebeln, Knoblauch oder Bärlauch, und auch Senf mit seinen schwefeligen Noten und seiner Säure ist gut geeignet. Darüber hinaus kann man die Erdigkeit des Mangolds mit ähnlich duftendem Gemüse, wie etwa grünem Paprika, oder auch mit Paprikapulver betonen, ebenso wie mit der „grünen Erdigkeit" von Pilzen, die gleichzeitig Umamigeschmack mitbringen. Die leicht rauchigen und erdigen Noten des erhitzten Mangolds werden am besten mit geräuchertem Paprikapulver oder Rauchsalz hervorgehoben. Geröstete Nüsse (besonders Haselnuss) oder rauchig-aromatische Mandeln ergänzen ebenfalls Röstnoten. Auch die Kombination mit Räucherspeck oder geräucherten Würsten (oder Käsen) bietet sich an und ist zugleich eine Möglichkeit, Mangold „mehr Fett" zu geben. Möchte man die erdigen Aromen des Gemüses eher kontrastieren, kann man auf den Bereich der holzig-kräuterigen Düfte oder Zitrusdüfte zurückgreifen, also mit Kreuzkümmel, Wacholder, Thymian oder Zitrusschalen würzen. Die grünen Noten des Mangolds lassen sich mit fruchtigem Olivenöl oder einer

schrecken (das erhält die Farbe) und einfrieren.

SAISON

01 02 03 04 05 06 07 08 09 10 11 12

Als Importware aus Frankreich und Italien auch in den restlichen Monaten erhältlich.

ANBAU

Mangold wird ab Mitte April direkt ins Freiland gesät. Die jungen Pflanzen sind allerdings noch kälteempfindlich. Bei milden Temperaturen gedeiht Stielmangold bis in

STIELMANGOLD

BLATTMANGOLD

den Spätherbst. Kommt er dann ins Gewächshaus oder wird er mit einem Fließ abgedeckt, kann die Saison bis in den Winter verlängert werden. Blattmangold ist winterhart und überdauert auch unter einer Schneedecke. Man kann Stiel- und Blattmangold mehrmals (meist dreimal) beernten, er darf aber nicht zu tief geschnitten werden. Er gedeiht auch in Töpfen.

Vinaigrette aus ungesüßtem Apfelsaft und Olivenöl (die gekochtem oder gebratenem Mangold kurz vor dem Servieren beigefügt werden kann) heben. Ganz hervorragend ist die Kombination von (blanchierten) Mangoldblättern mit milderen Algen wie Wakame, Meeressalat oder Salicorn (Queller). Auch hier werden grüne Noten bestens gehoben.

GESCHICHTE UND BOTANIK

Mangold und Rote Bete oder eine Zwischenform aus beiden waren schon in der Antike bekannt. Im deutschsprachigen Raum wird Mangold seit dem 16. Jahrhundert in Kräuterbüchern erwähnt. Er war lange ein beliebtes Gemüse. Aus seiner Wurzel wurde auch Zucker gewonnen, bis man aus den eng verwandten Zuckerrüben effektiveren Zucker erzeugte. Seine Blätter waren lange vor allem eine Alternative zum Spinat, der im Sommer zum Schießen neigte und bitter wurde. Neuzüchtungen von Spinat sind weitgehend „schossfest". Diese Tatsache und die ganzjährige Verfügbarkeit von Tiefkühlspinat haben dazu geführt, dass nach dem Zweiten Weltkrieg das Interesse an Mangold stark zurückging. Erst in den letzten Jahren ist das aromatische, knackige Gemüse in unsere Küchen und Supermärkte zurückgekehrt.

Man unterscheidet BLATTMANGOLD und STIELMANGOLD, der breite Stiele hat. Es gibt rotstielige Sorten, gelbe, weiße und grüne, die sich geschmacklich und aromatisch nicht unterscheiden. Die Blätter sind immer grün. Mangold entwickelt im ersten Jahr eine Blattrosette mit aufrecht stehenden Blättern, die man laufend ernten kann. Beim Blattmangold isst man wie beim Spinat vor allem diese Blätter, nutzt aber auch die zarteren Stiele.

MELONE

Citrullus lanatus

Melonen sind ein Beispiel für den Grenzfall zwischen Gemüse und Obst: Kulinarisch werden sie zumindest bei uns eher wie Obst behandelt, also roh und frisch verzehrt. Botanisch gehören sie eindeutig zu den Kürbisgewächsen, und die Zuckermelonen sind eng mit den Gurken verwandt. Wir haben uns dafür entschieden, sie als Gemüse zu behandeln – auch weil sie sich auf Gemüsetellern wunderbar machen und mehr als ein erfrischender, kalorienarmer Durstlöscher sind.

●○○○○○○○○

Aromen roh: HEXANAL *△grün, blattartig, grasig, fettig, □gemüseartig, apfelartig, ◇leicht holzig* ETHYL 2-METHYLBUTANOAT *△fruchtig, beerig, □apfelartig* (Z)-3-HEXENOL

Bei Melonen muss man grundsätzlich zwischen Wassermelonen und Zuckermelonen unterscheiden. Ein Teil der vorhandenen Duftstoffe ist zwar identisch. So finden sich in allen Melonen (unter anderem) grüne, grasige Aromastoffe wie HEXANAL und (Z)-3-HEXENOL, ebenso wie der Fruchtester ETHYL 2-METHYLBUTANOAT, der nach Beeren und Äpfeln duftet, und das gurkentypische (E,Z)-2,6-NONADIENAL, das sich allerdings bei der Zuckermelone sehr im

Hintergrund hält. Da aber diese Duftstoffe in jeweils anderen Konzentrationen vorkommen, ist die Aromatik von Zucker- und Wassermelonen vollkommen verschieden ausgeprägt.

Das antioxidative Potenzial von Melonen liegt vor allem in ihren Farbstoffen (Alpha- und Beta-Carotin, Lycopin, Lutein und Zeazanthi) sowie in ihrem hohen Vitamin C-Gehalt. Bittermelonen (→ Gurke, Seite 227) weisen hohe Konzentrationen an (poly)phenolischen Verbindungen und Flavonoiden auf. In Wassermelonen treten diese Bitterstoffe ebenfalls auf, allerdings in deutlich geringerer Konzentration, sodass die Bitterkeit nicht so stark wahrgenommen wird. Sie enthalten auch weniger Zucker als Zuckermelonen. Von besonderem kulinarischen Interesse ist die Verteilung der Zucker (hauptsächlich Saccharose, Glucose und Fructose) in der Frucht: Diese nimmt bei allen Melonen mit der Reifung von innen nach außen zu.

WASSERMELONEN gelten aufgrund ihres hohen Wassergehalts als Durstlöscher. Ihr Grundgeschmack ist leicht süß, sie enthalten aber auch deutliche Bitternoten mit einem Anklang von Säure. Im Duft erinnern sie stark an Gurken, was sich auf ein ähnliches Aromaspektrum zurückführen lässt. In der Wassermelone dominieren das grün-wachsige, leicht pilzige (Z)-1,3-NONENOL, dessen enger Verwandter, das ebenfalls wachsige, aber leicht an Gurke und Honigtau erinnernde (Z)-6-NONENOL, das fettig und nach Veilchen duftende (E,E)-2,4-NONADIENAL sowie das Gurkenaldehyd (E,Z)-2,6-NONADIENAL mit seinem grünen, gurkentypischen Aroma. Der grün-grasige Blattaldehyd Hexanal und der Blätteralkohol (Z)-3-HEXENOL unterstreichen die grüne Duftrichtung und fügen zudem leicht herbal-fruchtige Duftnoten bei. Ergänzt wird das Aroma durch das fruchtig-beerige, ein wenig an Äpfel erinnernde Ethyl 2-methylbutyrat sowie die zurückhaltenden, floralen Rosen- und Magnolien-Anklänge durch Geranylaceton.

ZUCKERMELONEN sind zum einen deutlich süßer im Grundgeschmack, zum anderen kommen eine ganze Reihe anderer Aromaverbindungen zum Tragen, wobei diese bzw. ihre Zusammensetzung bei den einzelnen Sorten noch variieren. Die Charentais ist die aromareichste Zuckermelone, daher soll ihr Aroma beispielhaft aufgeschlüsselt werden. Bei ihr dominieren die Fruchtester, etwa das fruchtige, reif-stechende und nach Bananen duftende Butylacetat, das an Fruchtsaft und überreife Banane erinnernde 2-METHYLPROPYLACETAT sowie das ebenso fruchtig-beerige ETHYL 2-METHYLBUTYRAT mit seiner Apfelnote. Diese Aromastoffe lassen sich zwar auch in der Wassermelone nachweisen, haben jedoch bei der Charantaismelone eine deutlich höhere Duftaktivität. Hinzu kommen fruchtige und grasige Düfte nach Aprikosen, Ananas, Birnen, Bananen und Äpfel durch PROPYLBUTANOAT, AMYLACETAT und (Z)-3-HEXEN-1-OL-ACETAT. Für den süßlichen Jasminduft ist BENZYLACETAT, für florale Rosendüfte und leicht balsamisch anmutende Noten BENZYLALKOHOL verantwortlich. Die Dufterinnerung an Gemüse wird über das grüne, pilzige 1-OCTANOL evoziert sowie durch einen variablen Anteil an schwefelhaltigen Aromen, darunter das süßliche, an Meerrettich erinnernde ETHYL 2-(METHYLTHIO)ACETAT.

△grün, grasig, frisch gemähtes Gras, laubartig, fruchtig (E,Z)-2,6-NONADIENAL *△grün, gurkenartig, □melonenartig, ◇fettig*
Aromen Wassermelone außerdem: (Z)-6-NONENAL *△melonenartig, gurkenartig, grün, □wachsig, ◇gemüseartig* NONENAL *△fettig, grün, wachsig, □gurkenartig, melonenartig* (Z)-1,3-NONENOL *△wachsig, grün, melonenartig, □leicht pilzig* (E)-2-NONEN-1-OL *△grün, wachsig, veilchenartig, □melonenartig, fettig, ◇hühnerfettartig* (Z)-2-NONEN-1-OL *△grün, wachsig, melonenartig, gurkenartig, ◇fettig, gurkenschalenartig* GERANYLACETON *△floral, grün, fruchtig, □wachsig, rosenartig, magnolienartig, ◇apfelartig*
Aromen Zuckermelone außerdem: BUTYLACETAT *△stechend, ätherisch, fruchtig, □reife Banane, grünlich, tropische Früchte* PROPYLBUTANOAT *△fruchtig, aprikosenartig, ananasartig, □süßlich-ranzig* AMYLACETAT *△fruchtig, birnenartig, bananenartig* HEXYLACETAT *△fruchtig, grün, □apfelartig, ◇bananenschalenartig* (Z)-3-HEXEN-1-OL-ACETAT *△fruchtig, apfelartig, □grasig, ◇bananenartig* 1-OCTANOL *△grün, wachsig, □orangenschalenartig, pilzig* 2-METHYLPROPYLACETAT *△fruchtig, süßlich, □saftig-fruchtig, überreife Bananen* ETHYL 2-(METHYL THIO)ACETAT *△schwefelig, fruchtig, □grün, ◇tropische Früchte* BENZYLACETAT *△floral, süßlich, □jasminartig, fruchtig* BENZYLALKOHOL *△floral, rosenartig, □phenolisch, ◇balsamisch*

GESCHMACK

SÜSS SAUER SALZIG BITTER UMAMI

Melonen duften frisch-fruchtig; Wassermelonen sind leicht bitter, Zuckermelonen je nach Sorte honigsüß oder leicht säuerlich.

EIN TELLER RUNDES

- 1 Mozzarella in Molke/Lake
- 100 ml klares Tomatenwasser (abgetropft aus reifen Tomaten)
- 1 g Agar-Agar
- 1 kleine Wassermelone
- 16 kleine Kirschtomaten
- 50 g getrocknete Tomaten
- 1 Spritzer Zitronensaft
- 10 ml fruchtiges Olivenöl, plus zum Bestreichen
- 1 Spritzer Limettensaft, Salz
- 1 kleine Charentais-Melone
- 4 kleine Blätter milde Minze
- 2 Estragonstängel
- 12 Blätter kleinblättrigres Basilikum

Pro Portion: 192 kcal, 12 g F, 12 g KH, 2 g B, 7 g E

Am Vortag Mozzarella mit Molke sehr fein pürieren und in kleinen Silikonhalbschalen (für Pralinen) gefrieren. Tomatenwasser mit Agar-Agar verrühren, kurz aufkochen, dann auf 50 bis 55 °C abkühlen lassen. Zwei gefrorene Mozzarella-Halbkugeln zu einer Kugel zusammensetzen und mit einer Gabel zweimal durch das Tomatenwasser ziehen, das die Kugeln umhüllt und dabei sofort geliert und zusammenhält. Mozzarellakugeln im Kühlschrank auftauen lassen. Sie sollten beim Servieren innen cremig bis flüssig sein.

Wassermelone halbieren und mit einem Löffel (Parisienne) kleine Kugeln ausstechen. Die Abschnitte zur Seite stellen. Acht Wassermelonenkugeln im Ofen bei 45 °C leicht antrocknen. Je vier Kugeln kalt stellen und 30 Minuten vor dem Servieren im Gefrierfach anfrieren; sie sollen nur außen angefroren sein. Kirschtomaten mit kochendem Wasser übergießen, kurz warten und akkurat häuten. Getrocknete Tomaten in heißem Wasser mit etwas Zitronensaft einweichen, abtropfen lassen und mit 50 g Wassermelonenabschnitten sowie Olivenöl zu einer feinen Creme pürieren. Je nach Geschmack mit Limettensaft und Salz abschmecken. Aus der Charentais-Melone vier Kugeln ausstechen. Angetrocknete Wassermelonenkugeln mit einem Gourmetbrenner an wenigen Punkten an der Oberfläche anrösten.

Melonen-Tomaten-Pesto mit Dessertringen dünn auf Teller geben, darauf die verschiedenen Kugeln (Melonen-Varianten, Cherrytomaten, Mozzarellakugeln) dekorativ anrichten. „Geröstete" Melonenkugeln mit einem Pinsel mit etwas Olivenöl bestreichen und Minzblätter (auf Melone), Estragonspitzen (auf Mozzarella) und Basilikum (auf Tomate) darüber verteilen.

Die anderen Zuckermelonensorten liegen aromatisch zwischen der Charentais und der Wassermelone. Ihr Grundgeschmack ist vor allem süß, eher zurückhaltend bitter und kann je nach Reifegrad säuerlich sein. Fast alle Zuckermelonensorten entwickeln sich in etwa gleich: Die Aromabildung für alle fruchtigen Aromen setzt 35 bis 40 Tage nach der Blüte ein und ist nach etwa 45 Tagen abgeschlossen. Die volle Reife ist erst dann erreicht und kann auf den Märkten über die flüchtigen Aromen erschnuppert werden.

ZUBEREITUNG

Die Kerne der Melonen sind bitter und können eher nicht mitgegessen werden. Ausnahmen gibt es bei einigen afrikanischen und chinesischen Sorten. Aus halbierten Zuckermelonen lassen sie sich leicht herauslöffeln. Bei Wassermelonen ist das etwas komplizierter, weil die Kerne verteilt sind, sie lassen sich aber mit einem Löffel oder Messer aus den Stücken herauskratzen. Seit den 1950er Jahren werden Wassermelonen auf Kernlosigkeit gezüchtet (triploide Wassermelonen): Die Hybride sind steril, bilden jedoch bei Bestäubung samenlose Früchte aus.

MIKRONÄHRSTOFFE *(pro 100 g)*

Vitamine (Wassermelone): A (41 µg)
Mineralstoffe: Kalium (109 mg)
Sekundäre Pflanzenstoffe: Carotinoide
Vitamine (Zuckermelone): A (783 µg), C (33 mg) *Mineralstoffe:* Kalium (309 mg)
Sekundäre Pflanzenstoffe: Carotinoide

HARMONIE WASSERMELONE

● ○ ● ○ ○ ○ ○ ○ ○	**WASSERMELONE**
● ○ ● ○ ○ ● ○ ● ○	AVOCADO
● ● ● ○ ○ ● ○ ○ ●	CHINAKOHL
● ● ○ ● ○ ● ● ● ○	GRÜNER PAPRIKA
● ● ○ ○ ○ ○ ○ ○ ○	GURKE
● ● ○ ○ ○ ○ ○ ○ ●	KOHLRABI
● ● ○ ○ ○ ○ ○ ● ●	LAUCH
● ○ ○ ● ○ ● ○ ○ ●	LÖWENZAHN
● ● ○ ○ ● ● ○ ○ ●	RETTICH

HONIGMELONE

GALIA

CHARANTAIS

- RUCOLA
- SPINAT
- TOMATE
- ZWIEBEL
- BORRETSCH

HARMONIE ZUCKERMELONE

- ZUCKERMELONE
- CHINAKOHL
- GRÜNER PAPRIKA
- KOHLRABI
- LAUCH
- LINSE (ROT UND GELB)
- LÖWENZAHN
- RETTICH
- RUCOLA
- SALAT
- TOMATE
- ZWIEBEL
- AMCHOOR
- BERGAMOTTE
- LAVENDEL
- ROSA BEEREN
- WERMUT
- YUZU

KÜCHENJOKER

Grüner Pfeffer, Nigella, Madrascurry, Panch Phoron, Koriandergrün

PASST GUT ZU

Früchten, Nüssen, Käse, Rohschinken, Rohwürsten, rohen Fischen, Austern (Wassermelone)

LÄNDERKÜCHE

Mediterrane Küche: *Zuckermelone mit rohem Schinken* ***China:*** *gebratene Wassermelone (Dessert)* ***Japan:*** *Wassermelonen-Granité, Asa-zuke/Nara-zuke* ***Deutschland, USA:*** *Bowle* ***Europa:*** *Smoothies, Sorbet*

Melonen verzehrt man meist roh und mischt sie so in kalte oder auch kurz vor dem Servieren in warme Zubereitungen. Eine Ausnahme stellen die nichtsüßen Zuckermelonen dar, die bei uns selten angeboten werden: Sie können, ähnlich wie Gurken, auch gekocht oder sauer eingelegt werden.

Dennoch lässt sich mit Melonen auch abseits des erfrischenden Rohverzehrs experimentieren. Trocknet man sie bei verhaltenen Temperaturen (unter 45 °C) leicht an, verändert der sanfte Wasserentzug die Textur, und sie lassen sich danach sehr effektiv angrillen (mit Röstmarken „branden") und als kleines aromatisches und texturelles „Extra" harmonisch und kontrastreich in „salzige" Gemüseteller einfügen. Besonders mit Wassermelonen lassen sich so fantastische kulinarische Effekte erzeugen. Wasser- und vor allem Zuckermelonen lassen sich außerdem vakuumieren: Melonenwürfel mit 2 EL Limettensaft, 1 EL Olivenöl und Salz vermengen, jeweils 12 Würfel für 1 bis 2 Stunden im Vakuumbeutel versiegeln. Durch das Vakuum platzt ein Teil der Zellen auf, die Zellorganellen in den Vakuolen geben ihre Aromen frei, und die Melonenstücke werden in ihrem eigenen Aroma „mariniert". Zudem verändert sich die Textur, die Melone erhält eine fast „fleischartige" Konsistenz. Der Biss im Mund erfolgt nicht mehr ausschließlich über ein Brechen entlang der strammen Pflanzenzellen, sondern über das Auseinanderreißen von Zellwänden. Kleine Effekte auf der Nano- und Mikrometerskala haben große Effekte im Mund und auf das Mundgefühl.

KOMBINATIONEN

Zucker- und Wassermelonen lassen sich aufgrund der gemeinsamen Aromen und der ähnlichen Textur natürlich ausgezeichnet untereinander paaren. Ansonsten lässt sich als grobe, aber nicht zwingende Faustregel anführen: Zuckermelonen passen in Desserts oder zu Käse, Wassermelonen eher in Vorspeisen und salzige bzw. herzhafte Gerichte. Aber die Grenzen sind hier mehr als fließend.

ICEBERG WIS

PIEL DEL SAPO

LA GRANATA

WASSERMELONEN harmonieren über ihr grün-wachsiges Spektrum und das Gurkenaroma natürlich sehr gut mit Gurken, aber ebenso mit rohen Fischen, Olivenöl und mit Kräutern wie Borretsch oder Austernkraut. Geeiste Wassermelonenwürfel sind z. B. wunderbare „Unterlagen" für ausgelöste Austern (im Fingerfoodbereich). Über dieselben grünen Noten lassen sich Wassermelonen mit Algen (Kombu, Wakame, Nori) zusammenführen. Auch Avocados harmonieren über die grüne Aromaschiene. Kombinationen mit jungem (rohem) Spinat, der schwefelige und erdige Aromen ergänzt, liefern spannende Ergebnisse. Dazu passen erdige Blattsalate, Rucola, Löwenzahn oder schwefelige Rettiche, Radieschen und Zwiebel oder Lauchgewächse. Wassermelonen lassen sich auch sehr gut mit grünem Paprika kombinieren, der grün-würzige Erdigkeit ergänzt. Da die Textur von rohem Paprika ähnlich knackig ist, eignet sich hier die rohe Zubereitung am besten. Grüne Noten lassen sich außerdem durch Kombinationen mit mildem Chinakohl ins Boot holen, der noch Schwefel hinzufügt. (Dies ist übrigens auch mit Zuckermelonen spannend.) Wegen der leichten pilzigen Noten erweisen sich Champignons oder Shiitake als gute Partner, und die fruchtigen Noten der Wassermelone paaren sich wunderbar mit Exoten wie Brotfrucht, Tomatillo, Papaya und Pepino.

ZUCKERMELONEN bieten sich über ihre Fruchtaromen für Fruchtsalate an, passen aber auch gut zu pikanten Gerichten, etwa mit Käse und Schinken. Ihre Süße kontrastiert die salzigen (mitunter fermentierten) Noten von Schinken, Käse oder Rohwürsten bestens, während sich ihr fruchtiges Aroma in die fruchtigen und wachsigen Aromaanteile dieser „salzigen" Beigaben einfügt. Populär sind kleine Spieße mit Melone, Schinken und Mozzarella. Zum kräftigen Roquefort, zu dem gern ein Süßwein getrunken wird, können frisch entsaftete, mit etwas Zitronensaft gesäuerte Honigmelonen eine passende alkoholfreie Variante sein. Zuckermelonen lassen sich auch wunderbar mit dem bitter(-süßen) Wermut (als Kraut oder Getränk) zusam-

SORTEN WASSERMELONE

Das Fruchtfleisch der Wassermelone ist meist rot, aber es gibt Sorten mit cremefarbenem bis weißem, manchmal gelblich gefärbtem Fruchtfleisch. Zucht-Wassermelonen können bis zu 100 kg schwer werden, handelsüblich sind Beerengrößen zwischen 4 und 25 kg. Es gibt auch „kühlschrankgerechte" Sorten, die nur rund 1 kg wiegen. Sorten, die auch bei uns bei entsprechend intensiver Pflege und unter Glas gedeihen, sind beispielsweise die in den USA gezüchtete, länglich geformte, hellgrüne ***Charleston Gray*** *und die weltweit beliebte* ***Crimson Sweet****.* ***Sugar Baby*** *bildet kleinere (3 bis 4 kg), dunkelgrüne, fast schwarze Früchte aus.*

SORTEN ZUCKERMELONE

Honigmelone: *eine bei uns häufig angebotene Sorte mit glatter, manchmal etwas gerippter, gelber bzw. grüner Schale. Das weißliche bis grünliche Fruchtfleisch schmeckt wirklich sehr süß und duftet nach Honig. Sie reift nicht nach.*

Ananasmelone: *Die Schale ist glatt und nur leicht gerippt, ähnlich wie bei der Honigmelone; das Fruchtfleisch duftet nach Ananas.*

Cantaloupe *(Warzenmelone): Sorte mit tief eingeschnittenen Längsrillen, die bräunliche Schale ist gelegentlich mit Warzen bedeckt; das orangefarbene Fruchtfleisch verdirbt schnell, weil die Melone nachreift.*

Netzmelone (Galia): *die Sorte mit der netzartig strukturierten Schale, gehört botanisch zur Cantaloupe-Melone und reift ebenfalls nach. Das grünliche bis weiße Fruchtfleisch schmeckt und duftet ähnlich wie das der Honigmelone.*

Charentais: *ist für den Anbau im europäischen Weinbauklima geeignet und reift relativ früh. Die Schale ist hellgrün mit dunkelgrünen Längsstreifen, kaum marmoriert und nicht genetzt, das aprikosenfarbene Fruchtfleisch ist besonders süß-aromatisch.*

Futuro-Melone/Piel de Sapo: *hat eine dunkelgrüne Schale mit grünlich-weißem Fruchtfleisch. Sie ist der süß und knackig.*
La Granata: *eine grünschalige, sehr süße und saftige Melonensorte.*
Iceberg Wis: *eine weiße Melone mit gerippter Schale und cremigem Fruchtfleisch.*
Kelek: *türkische Zuckermelone, die unreif geerntet wird. Die Früchte sind dunkelgrün und faustgroß; sie erinnern im Aroma an Gurken, haben jedoch festeres und süßlicheres Fruchtfleisch. Man kann sie wie Gurken roh essen, schmoren oder sauer einlegen.*

EINKAUF UND LAGERUNG

Bei uns sind Melonen in den Sommer- und Herbstmonaten erhältlich. Geschlossen sind sie einige Wochen bei Zimmertemperatur haltbar. Reife Wassermelonen erkennt man daran, dass sie beim Klopfen dunkel klingen. Zuckermelonen sind reif, wenn sie duften, zu reif, wenn die Schale viele Flecken aufweist und der Duft penetrant wird. Nur Honigmelonen reifen nicht nach und sind länger haltbar.

SAISON

01 02 03 04 05 **06** **07** **08** **09** **10** 11 12

Als Importware aus Spanien, Italien, Frankreich und Brasilien sind sie ganzjährig erhältlich.

ANBAU

Honigmelonen kommen bei uns meist eher unreif in den Handel und reifen nicht nach, deshalb lohnt sich der eigene Anbau. Allerdings ist der Melonenanbau generell (insbesondere bei Wassermelonen) nur erfahrenen und/oder ambitionierten Hobbygärtnern zu empfehlen. Er funktioniert eigentlich ausschließlich im Kleingewächshaus, im Sommer im Wintergarten oder im Freiland an sehr sonnigen und windgeschützten Stellen.

menführen. Eine Vorspeise mit süß-fruchtiger Honigmelone, mit etwas Salz, Sojasauce (Umamigeschmack) und Sake (Reisnoten) gewürzt, ist eine exzellente, aus der Duftchemie inspirierte Kombination: Die Melone liebt den Kontrast, daher passen Umami- und Salzgeschmack, welche die Süße und schwache Bitternoten ergänzen. Aromatisch ergänzen – ähnlich wie die Röstnoten bei der gegrillten Melone – Reis, Mais oder das Reisgebräu Sake würzige Noten. Die schwefeligen Aromen der Zuckermelone fügen sich weiterhin zu den schwefeligen Noten von Kohlrabi, Lauch, Frühlingszwiebeln oder Rettich. Auch alle möglichen Sprossen mit ihren grünen Aromen und leicht würzigen Noten harmonieren bestens. In milden Gerichten mit roten Linsen bringt die Zuckermelone Fruchtnoten. Ihre floralen Düfte lassen sich mit Orangenblüten- oder Rosenblütenwasser heben. Eine hervorragende Ergänzung sind Rosa Beeren: Ihre leichten Zitrusnoten mit Anklängen an Harz und Fruchtnoten betonen die Aromen der Melonen bestens. Auch die Verwendung von Amchoorpulver (getrocknete unreife Mango) ist ein Hochgenuss. Ansonsten bieten sich für Zuckermelonen natürlich viele Dessertoptionen an. Aus dem Fruchtfleisch kann man Sorbets herstellen und z. B. mit Lavendel oder Basilikum würzen. Eis am Stiel aus Melonensaft ist eine erfrischende Angelegenheit. Um der Süße der Zuckermelonen etwas entgegenzusetzen, kann man mit Angostura bittern oder mit Bergamotte oder Yuzu „zitrusieren".

GESCHICHTE UND BOTANIK

Melonen sind die Früchte von einjährigen Rankpflanzen und gehören botanisch zur Familie der Kürbisgewächse (*Cucurbitaceae*). Die Beerenfrüchte bilden sich aus den weiblichen Blüten. Grundsätzlich unterscheidet man botanisch und kulinarisch Wassermelonen von Zuckermelonen.

Die **WASSERMELONE** *(Citrullus lanatus)* stammt aus dem tropischen Westafrika, wo sie noch heute wild wächst. Sie diente seit alters als Wasserspeicher auf Reisen in der Wüste. Seit dem 16. Jahrhundert wird sie in Südeuropa angebaut. Heute produziert China weltweit am meisten Wassermelonen – auch Sorten mit extragroßen Samen, aus denen Öl erzeugt wird.

Die mit den Gurken verwandten **ZUCKERMELONEN** (*Cucumis melo*) stammen vermutlich aus dem südlichen Asien oder dem tropischen Westafrika und waren schon im Ägypten der Pharaonen beliebt. Auch die Römer kannten sie. Kolumbus brachte Melonensamen nach Amerika, wo die indigene Bevölkerung ihre Zucht übernahm. Die Zuckermelone ist also ein Beispiel für den umgekehrten Weg: von der „alten" Welt in die „neue"! Heute werden zahlreiche Sorten in allen wärmeren Ländern der Welt kultiviert. In Indien werden auch nicht-süße Zuckermelonen angebaut: Phoot haben ein mehlig-saures Fleisch, Kakri wird als Salatgurke genutzt, Dosa Kaya wird gekocht. Auch in Japan gibt es mit der Oriental Pickling Melon eine nicht-süße Variante, die zu Sauergemüse verarbeitet wird. In Deutschland gibt es im Handel unreif geerntete türkische Melonen, die an Gurken erinnern: Kelek.

Brassica juncea var. japonica

MIZUNA

Mizuna ist ein typischer Vertreter der „Asia-Salate" mit deutlichem scharfen Senfaroma. Kulinarisch kann er ähnlich wie Rucola verwendet werden: als würzende Zugabe oder unter Blattsalate gemischt. Seine Wirkung ähnelt der einer Senfvinaigrette, nur ohne stechende Säuren.

Das Aroma des Mizuna *(auch: Japanischer Salatkohl)* ist geprägt von Schwefel- und Stickstoffverbindungen, die den Blättern und Stielen neben typischen Senfnoten eine deutliche trigeminale, warme, leicht stechende Note verleihen. Im wahrsten Sinne hervorstechend sind 3-BUTENYLISOTHIOCYANAT und 4-PENTENYLISOTHIOCYANAT, dessen Senf- und Meerrettichnoten klar dominieren. Für Anklänge an Rettich, Kohl und Wurzeln sorgen 4-(METHYLTHIO)BUTYLISOTHIOCYANAT und das verwandte METHYLTHIOPENTYLISOTHIOCYANAT. Das leicht stechende, wie Kresse duftende 3-PHENYLPROPIONONITRIL rundet diesen Aromenbereich ab. Bemerkenswert ist darüber hinaus die würzige Ergänzung durch 5-HEXENENITRIL, das an Zimtblüte oder gar Kreuzkümmel erinnert. Dieser Duft macht Mizuna abseits von Meerrettich oder europäischen Senfkräutern zu einer abwechslungsreichen Komponente in vielen Zubereitungen.

Der bittere Grundgeschmack des Mizuna ist kohltypisch über Glucosinolate festgelegt, die ebenfalls eine leicht schmerzend kalte, „senfige" Trigeminalnote auf der Zunge hinterlassen.

ZUBEREITUNG

Mizuna sollte nur kurz mit Wasser abgespült werden. Ansonsten ist es ratsam, ihn ähnlich sorgsam wie Basilikum zu behandeln, wenn sein zartes Aroma erhalten bleiben soll, denn viele seiner Aromen sind sehr flüchtig. Je nach Größe der Blätter (in der Regel haben sie die Größe von Blattpetersilie) lassen sie sich im Ganzen, „gerupft" oder in Streifen geschnitten einsetzen. Die Stiele sind knackig mit vollem Aroma und deshalb genauso verwendbar.

Um das Aroma, die trigeminale Wärme und den frisch-bitteren Geschmack zu erhalten, belässt man Mizuna am besten roh. Will man ihn erwärmen, sollte man ihn nur extrem kurz in etwas heißem Fett schwenken. Die dünnen Blätter werden rasch sehr weich und verlieren ihre knackige Textur, ähnlich wie sehr junger Spinat. Zugleich verflüchtigen sich viele der Aromen aus dem zarten Blattwerk. Zu lange erhitzter Mizuna wirkt weich und vom Aroma her eher grasig bis heuartig.

KOMBINATIONEN

Mizuna hebt das Aroma vieler komplexer Salate und halbwarmer (Gemüse-)Zubereitungen. Die stechenden Noten werden erst beim Kauen frei und können sich trigeminal und vor allem retronasal entfalten. Daher kann Mizuna im Salat eine Senfvinaigrette ersetzen, ohne deren stechende Säuren mitzubringen. Bei Mizuna treten die grünen Blatt-Aromen eher in

Aromen roh: 3-BUTENYLISOTHIOCYANAT *△ schwefelig, ◇ stechend* 4-PENTENYLISOTHIOCYANAT[T] *△ schwefelig, □ intensiv senfartig, ◇ meerrettichartig* 4-(METHYLTHIO)BUTYLISOTHIOCYANAT[T] *△ schwefelig, stechend, □ brokkoliartig, rettichartig, ◇ kohlartig* METHYLTHIOPENTYLISOTHIOCYANAT[T] *△ schwefelig, wurzelartig, ◇ stechend* 5-HEXENNITRIL *△ würzig, aromatisch, zimtartig, □ kreuzkümmelartig* 3-PHENYLPROPIONONITRIL *□ kressenartig, ◇ stechend*

GESCHMACK

SÜSS SAUER SALZIG **BITTER** UMAMI

Das Aroma des Mizuna ist leicht stechend und erinnert an Senf mit einem Hauch Zimtblüte und Kreuzkümmel.

MIKRONÄHRSTOFFE *(pro 100 g)*

Vitamine: C (55 mg) *Mineralstoffe:* Calcium (115 mg)

HARMONIE

MIZUNA
GURKE
MELONE
ROTE BETE
SALAT
SELLERIE
INGWER
KREUZKÜMMEL
SESAM(ÖL)
ZIMTBLÜTE

MIZUNA GRÜN

MIZUNA ROT/GRÜN

MIZUNAPESTO

- 1 Bund Mizuna
- Salz
- 100 ml Sonnenblumenöl
- 100 g Sonnenblumenkerne, geröstet
- 50 ml Sesamöl
- 1 Msp. fein gemörserter Zimtblüte
- 1 Msp. fein gemörserter Kreuzkümmel

Mizuna waschen und klein schneiden, in einen hohen Mixbecher geben, leicht salzen und stehen lassen, bis es etwas Wasser gezogen hat. Einen Teil des Sonnenblumenöls angießen und mit einem Stabmixer pürieren, dabei nach und nach die restlichen Zutaten zufügen. Sonnenblumenöl so lange nachgießen, bis die gewünschte mayonnaisenartige Konsistenz erreicht ist. Darauf achten, dass während des Zerkleinerns keine starke Erwärmung eintritt, das Öl darf daher ruhig kalt sein.

Tipp: Zum Würzen von Rohkostplatten oder leichten, saucenarmen Fleischgerichten.

Pro Portion: 460 kcal, 43 g F, 9 g KH, 2 g B, 7 g E

KÜCHENJOKER

Zwetschgen, Pflaumen, Pfirsiche, Gewürznelke

PASST GUT ZU

Fisch, Hähnchen, Schweinefleisch, Meeresfrüchten, Nüssen

LÄNDERKÜCHE

Japan: beliebte Zutat in Nabemono (Topfgericht) und Suppen

EINKAUF UND LAGERUNG

Man bekommt Mizuna in Asialäden, manchmal auch im Supermarkt mit losen Blättern als „Asiasalat". Er hält sich nur kurze Zeit im Kühlschrank – am besten in ein feuchtes Tuch geschlagen im Gemüsefach.

SAISON

01 02 03 **04 05 06 07 08 09** 10 11 12

Importware aus asiatischen Ländern ist ganzjährig erhältlich.

ANBAU

Mizuna lässt sich gut im Garten anbauen und eignet sich ebenfalls für die Aussaat in Töpfen und Kisten. Wie Pak Choi kann man ihn auch im Baby-Leaf-Stadium ernten.

den Hintergrund, lassen sich aber über Salate mit Gurken, Melonen oder Äpfeln ergänzen. Auch Kombinationen von Mizuna und Borretsch (mit grünen Aromen) wirken deshalb ergänzend. Koriandergrün fügt noch eine wachsige Zitrusnote hinzu. Auf sanft gegartem Fisch angerichtet, bewirken die Blätter kleine Wahrnehmungswunder. Bei sanftem Dämpfen (*dim sum*) von Fisch oder hellem Fleisch kann man dem Wasser Mizuna beifügen, um das Gargut mit einer leichten, exotischen Senfnote zu bedampfen. Dabei wird die starke Flüchtigkeit der Mizuna-Aromastoffe genutzt. Möchte man das feine Zimtblüten- und Kreuzkümmelaroma des Salats unterstreichen, kann man dieses mit den entsprechenden Gewürzen heben: Mit etwas Sesamöl, Zimtblüte und Kreuzkümmel leicht erwärmte Mizunablätter sind eine feine Beilage zu Fisch oder zu Gemüsegerichten, etwa mit erdig duftendem Sellerie (in Sahnesauce) oder Roter Bete. Selbst zu gebratenem Lauch fügt sich Mizuna, weil sich dann die schwefeligen Düfte beider Gemüse addieren. Vor allzu starker Hitze ist jedoch abzuraten, damit sich das feine Aroma nicht verflüchtigt und verändert. Spannend sind „asiatische" Pesto-Varianten mit geröstetem Erdnuss-, Sesam- oder schlicht Olivenöl, Macadamianussstücken (oder geröstete Erdnüssen) und Walnüssen. Soll die trigeminale Kälte kontrastiert werden, ist Ingwer, der zugleich Zitrusdüfte mitbringt, eine gute Wahl. In einer Paste aus roh püriertem Mizuna, Kokosöl und leicht gerösteten Kokosnussstücken bieten die cremigen Kokosnussaromen einen samtigen Kontrast zu den kohligen Senfnoten.

GESCHICHTE UND BOTANIK

Mizuna stammt ursprünglich aus China, erfreut sich aber in Japan größter Beliebtheit und hat mittlerweile Einzug in Europa gehalten. Botanisch ist der Salatkohl eng verwandt mit unserem Stielmus (Rübstiel), einer rheinischen Kohlspezialität. Er bildet eine Rosette aus fein geschlitzten, federartigen, grünen Blättern mit saftig-zarten weißen Blattstielen und kann bis zu 25 cm hoch und 40 cm breit werden.

Daucus carota

MÖHRE

Die Möhre gehört zu den Doldenblütlern (Apiaceae) – wie viele Gewürzpflanzen, die aromatisch gut zu ihr passen: Kümmel, Kerbel, Kreuzkümmel, Petersilie, Koriander, Dill. In der EU ist sie nach den Tomaten die am häufigsten angebaute Gemüseart und sehr vielseitig und einfach zuzubereiten.

Die Möhre (auch: ***Karotte, Rüebli***) besticht durch ihren erdig-würzigen, harzig-holzigen Duft, der sich einer Vielzahl von Terpenen verdankt. So steuert das α-PINEN den Hauptanteil des herbalen, warm-holzigen Piniendufts bei. Begleitet wird es vom nach Holz und Kampfer duftenden SABINEN sowie von den ölig-terpentinartigen γ-TERPINEN und TERPINOLEN, wobei Letzteres zudem süßliche Zitrusschalennoten einbringt. Darüber liegen die Rosenanklänge des acyclischen Terpens β-MYRCEN. Es sind vor allem diese Terpenverbindungen, die bei der Möhre hin und wieder die Assoziation „Oregano" oder „Rosmarin" hervorrufen. Der vergleichsweise hohe Anteil der Sesquiterpene α- und β-CARYOPHYLLEN sowie GERMACREN vervollständigt die würzig-holzige bis erdige Note. Abgerundet wird das Aroma durch das „Petersilien"-Aroma MYRISTICIN. Ihren grünen Duftanteil erhalten Möhren durch HEXANAL, das durch die Oxidation von Fettsäuren entsteht.

In gekochten Möhren findet sich ein anderes Aromaspektrum, das sich durch eine Vielzahl von chemischen Reaktionen während der Hitzeeinwirkung bildet. So nehmen die kräuterigen Duftkomponenten der Terpene sehr rasch ab. Gleichzeitig entsteht vor allem der Heterozyklus LINDENETHER, der den gekochten Wurzeln jene florale, leicht minzige Note aufdrängt, die auch in Lindenhonig deutlich zu riechen ist. Weitere floral-würzige Komponenten kommen durch β-DAMASCENON, das auch an gekochte Pflaumen erinnert, oder β-IONON mit seinem Bienenwachs-Aroma hinzu. Wachsig-fettige, nach Gurke und Koriandergrün duftende Noten werden durch (E)-2-NONENAL, OCTANAL, (E)-2-DECENAL und (E,E)-2,4-DECADIENAL bestimmt. Das Nelkenaroma EUGENOL bleibt erhalten, das aromatische, an Rauchschinken erinnernde 4-VINYLGUAIACOL bildet sich neu. Erhitzen verschiebt also das Aroma der Möhren vom kräuterig-holzigen in den floralen, wachsigen, würzig-aromatischen Bereich. Braten fügt Röstaromen hinzu.

Die wichtigste Änderung findet jedoch auf der Geschmacksebene statt: Möhren verfügen über ein breites Spektrum an Zuckern, die bereits dem rohen Gemüse eine gewisse Süße geben. Dazu gehören Saccharose, α-Glucose, β-Glucose und Fructose sowie zahlreiche Phosphorverbindungen. Diese Süße verstärkt sich beim Kochen – je länger gekocht wird, desto mehr: Möhrenpürees, die mehr als eine Stunde lang zwischen 80 und 90 °C gegart werden, sind fast schon ganacheartig süß und taugen sogar als standfeste Pralinenfüllung, sofern sie mit ausreichend Butter gekocht und püriert wurden.

Aromen roh: HEXANAL △ *grün, blattartig, grasig, fettig,* □ *gemüseartig, apfelartig,* ◇ *leicht holzig* MYRCEN △ *floral, rosenartig, herbal, terpentinartig,* □ *würzig, holzig, leicht zitrusartig,* ◇ *möhrenartig* α-PINEN △ *herbal, kampferig, pinienartig,* □ *stark holzig, erdig,* ◇ *terpentinartig, holzig-würzig* SABINEN △ *holzig, terpentinartig, zitrusartig,* □ *pinienartig, möhrenartig,* ◇ *ölig, würzig* γ-TERPINEN △ *terpentinartig, ölig, holzig,* □ *balsamisch, zitrusartig* TERPINOLEN △ *herbal, holzig, süßlich,* □ *pinienartig, zitrusschalenartig* β-CARYOPHYLLEN △ *holzig, würzig, süßlich, zitrusartig,* □ *heuartig, getreideartig,* ◇ *ein Hauch Gewürznelke* α-CARYOPHYLLEN △ *holzig* GERMACREN △ *holzig,* □ *würzig, erdig* MYRISTICIN △ *würzig, warm, balsamisch,* □ *holzig,* ◇ *wärmend* EUGENOL[T] △ *würzig, süßlich, gewürznelkenartig,* □ *aromatisch, holzig, pimentartig,* ◇ *warm-würzig*

Aromen gekocht außerdem: (E)-2-NONENAL △ *fettig, grün, gurkenartig,* □ *zitrusartig, seifig, aldehydisch,* ◇ *melonenartig, fettig* (E,E)-2,4-DECADIENAL △ *fettig, ölig, gurkenartig,* □ *melonenartig,* ◇ *hühnerfettartig, frittiert* OCTANAL △ *wachsig, aldehydisch,* □ *grün, zitrusschalenartig,* ◇ *fettig* (E)-2-DECENAL △ *wachsig, grün, fettig,* □ *erdig, koriandergrünartig, pilzig* β-DAMASCENON △ *floral, holzig, rosenartig, fruchtig,* □ *gekochte Pflaumen,* ◇ *tabakartig, süßlich* β-IONON △ *floral, holzig, süßlich,* □ *beerenartig,* ◇ *bienenwachsartig* 4-VINYLGUAIACOL △ *aromatisch, holzig,* □ *zedernartig, röstig,*

◇ rauchschinkenartig LINDENETHER *△ würzig, floral, □ minzig*
Aromen (Kraut) roh: HEXANAL *△ grün, blattartig, grasig, fettig, □ gemüseartig, apfelartig, ◇ leicht holzig* (E)-2-HEXENAL *△ grün, bananenschalenartig, fettig, □ gemüseartig, blattartig, ◇ würzig-fruchtig, frischer Käse* HEXANOL *△ grün, herbal, ätherisch, □ fuselartig, ◇ fettig, leicht fruchtig* SABINEN *△ holzig, terpentinartig, zitrusartig, □ pinienartig, möhrenartig, ◇ ölig, würzig* γ-TERPINEN *△ terpentinartig, ölig, holzig, □ balsamisch, zitrusartig* TERPINOLEN *△ herbal, holzig, süßlich, □ pinienartig, zitrusschalenartig* GERMACREN *△ holzig, □ würzig, erdig* α-BISABOLEN *△ holzig, fruchtig, □ zitrusartig* γ-BISABOLEN *△ holzig-fruchtig, zitrusartig, □ balsamisch, myrrheartig, grüne Banane, ◇ tropisch, terpentinartig, adstringierend* MYRISTICIN *△ würzig, warm, balsamisch, □ holzig, ◇ wärmend*

GESCHMACK

SÜSS SAUER SALZIG BITTER UMAMI

Möhren schmecken je nach Sorte mehr oder weniger süßlich und bitter mit einem erdig-herbalen, holzig-würzigen Aroma.

MIKRONÄHRSTOFFE *(pro 100 g)*

Vitamine: *A (1637 µg)* ***Mineralstoffe:*** *Kalium (355 mg)* ***Sekundäre Pflanzenstoffe:*** *Carotinoide*

LOBBERICHER GELBE MÖHRE

Auch das Kraut der Möhren lässt sich sehr gut verwerten: Sein ungewöhnliches Aromaspektrum besteht aus „grünen“ Düften durch die Blätteraldehyde HEXANAL und (E)-2-HEXENAL sowie den Blätteralkohol HEXANOL, der noch einen Anklang an Apfelschalen mitbringt. Das Terpen LIMONEN fügt Zitrusduft hinzu, die auch in der Wurzel vorkommenden SABINEN, γ-TERPINEN und TERPINOLEN geben eine leichte holzige Note, die allerdings im Vergleich zur Wurzel weit weniger ausgeprägt ist. Wesentlich für das Möhrenkraut sind vor allem die Sesquiterpene GERMACREN, α-BISABOLEN und MYRISTICIN. Sie definieren den holzig-würzigen, balsamischen und leicht fruchtigen Charakter des Krauts. Ist (in manchen Sorten) MYRISTICIN betont, erinnert das Möhrenkraut an Petersilie. Vor allem die hohe Konzentration und die rasche Freigabe der Terpene SABINEN, γ-TERPINEN und TERPINOLEN ergeben mit MYRISTICIN neben dem Würzeffekt leichte trigeminale Wärmereize. Möhrengrün ist daher ein regelrechtes „Wohlfühlkraut“ und viel zu schade zum Wegwerfen. In der Wurzel ist dieser Trigeminaleffekt wegen der verzögerten Freigabe dieser Aromaverbindungen weniger ausgeprägt.

FARB- UND INHALTSSTOFFE Die gelbe bis orange Farbe der Möhren kommt durch Carotinoide zustande, wobei das beta-Carotin einen großen Teil ausmacht. Je nach Farbe – es gibt weiße, gelbe, orange, rote und violette Wurzeln – kann man verschiedene bioaktive Wirkstoffe nachweisen. So sind violette Möhren vor allem reich an Anthocyanen (→ siehe Theorieteil, Seite 81), die ein hohes antiradikales Potenzial aufweisen. Rote Möhren zeigen ein höheres antioxidatives Potenzial als orange, gelbe oder weiße, die weniger phenolische Verbindungen und Flavonoide (Myrcetin, Quercetin, Luteolin und Kaempferol) enthalten. Bei den Inhaltsstoffen kommt es jedoch immer auch darauf an, inwiefern sie in verfügbarer Form vorliegen (→ Farben in Gemüse, Seite 75): Tatsächlich liegt das Provitamin A, β-Carotin, in den Pflanzenzellen als Kristall vor. Diese Kristalle sind sehr stabil, die antioxidative Wirkung der beta-Carotine ist in dieser Form in rohen Möhren gleich null! Liegen die beta-Carotinmoleküle hingegen einzeln vor, sind die elektronenreichen Strukturen bioaktiv. Um die Moleküle zu vereinzeln, gibt es zwei Möglichkeiten: Zum einen können Kristalle bei 176 bis 179 °C geschmolzen werden, zum anderen lassen sie sich auflösen, und zwar – da die Moleküle fettlöslich sind – in Fett oder Öl. Da allerdings die Lösungskinetik sehr langsam ist, kommt ein gleichzeitiges Erwärmen und Auflösen, sprich: das Braten in Öl, der Freisetzung des Carotins am meisten entgegen.

ZUBEREITUNG

Junge Möhren muss man nur abspülen, ältere dünn mit einem Gemüseschäler schälen oder mit dem Messer abkratzen. Junge Möhren sind vor allem süß und eignen sich am besten für den Rohverzehr in einem Salat, z. B. in Scheiben oder feine Stifte (Julienne) geschnitten.

Man sollte das Gemüse nicht zu lange geraspelt oder geschnitten stehen lassen, denn unter Sauerstoffeinfluss baut sich Vitamin C in weniger wirksame Moleküle um. Dies passiert auch in Smoothies: Kurz nach dem

Pürieren bzw. Entsaften oxidieren Vitamin C und andere Inhaltsstoffe durch die hohe Aktivität der dabei aus den Zellwänden freigesetzten Enzyme. Der frühmorgendlich zubereitete Smoothie hat also bis zum Mittagessen (im Büro) einen Großteil seiner oxidierbaren Inhaltsstoffe verloren. Dagegen hilft nur eines: Die Möhren vor dem Entsaften auf 65 °C erwärmen. Dabei werden die meisten Enzyme deaktiviert, und die Möhrebleibt dennoch quasi „roh" (→ Blanchieren, Seite 72)

Garen lassen sich Möhren auf vielerlei Weise: Man kann sie in Salzwasser kochen, in einem Kuchen backen, braten, rösten oder frittieren. Dabei haben die unterschiedlichen Zubereitungsweisen einen deutlichen Einfluss auf das Aromaspektrum des Gemüses. So ist es nicht nur nährstofftechnisch günstig, Möhren in Butter oder Öl zu dünsten, sondern auch kulinarisch: Butter unterstreicht das süßlich-würzige Aroma von Möhren, ein kräftiges Olivenöl fügt leicht bittere Geschmackskomponenten dazu und betont zugleich die grünen Noten der erhitzten Möhren. Eine eindrucksvolle Zubereitung der Möhre als Solist gibt es in der „nordischen Küche": Dort werden Möhren ähnlich wie Fleisch sehr lange in Butter in einer Pfanne gebraten und immer wieder mit dem entstehenden Fett bzw. Fond übergossen. Dadurch wird die Konsistenz sehr weich und die „gekochten" Aromen (siehe oben) in ihrer Reinform betont.

Bei mit Zucker in Fett gebratenen, mit etwas Wasser „glasierten" Möhren unterstreicht man deren karamellartige Süße; dünstet man sie in Brühe oder Weißwein, werden sie besonders würzig. Längeres Rösten (auch als Teil der Schmorgemüse in Braten) lässt feine, karamellartige bis würzig-rauchige Röstaromen entstehen. Man kann aus geriebenen Möhren Kroketten formen und diese frittieren. Oder sie gemeinsam mit geriebenen Kartoffeln zu Pfannkuchen ausbacken. Aus dünn gehobelten Wurzeln lassen sich Chips backen.

Wegen des hohen Zuckergehalts eignet sich das Gemüse auch zur effektiven Milchsäuregärung. Dazu werden geputzte Möhren mit einem Sparschäler in feine Streifen geschnitten („Möhrentagliatelle"), mit Salz und möglichst mineralarmem Wasser versetzt und luftdicht abgeschlossen (kleine Gärbehälter wie für Sauerkraut oder vakuumiert). Nach 5 bis 10 Tagen haben die Möhrenstreifen ein typisches Milchsäurearoma und können so warme Teller wie kalte (Gemüse-)Salatzubereitungen mit einem gewissen „Etwas" aufwerten.

Traditionelle Zubereitungsweisen sind außerdem die Schweizer Dörrmöhren und der türkische *Salgam*, ein Getränk aus vergorenem Möhrensaft.

Das Kraut der Möhren kann man ebenfalls roh oder gegart verwenden, z. B. roh als Würzkraut in Suppen oder Saucen. Es lässt sich auch ausgezeichnet frittieren, wobei Aroma und knusprige Textur betont werden. Vor allem lassen sich aber daraus würzige Pürees herstellen, die als Beilage oder Tellerelement dienen.

HARMONIE

MÖHRE
BOHNEN (HÜLSEN)
ERBSE
GRÜNER PAPRIKA
KARTOFFEL
LAUCH
PASTINAKE
SELLERIE
WURZELPETERSILIE
ZWIEBEL
ANIS
DILL
KERBEL
KORIANDERKÖRNER
KREUZKÜMMEL
LORBEER
MAJORAN
OREGANO
ROSMARIN
SESAM
THYMIAN
TONKABOHNE
WACHOLDER

KÜCHENJOKER

Bohnenkraut, Koriandergrün, Schokolade, Kaffee

PASST GUT ZU

gekochtem und gebratenem Fleisch (Rind und Lamm), Nüssen, Äpfeln, Mayonnaise (Aioli), Frischkäse

LÄNDERKÜCHE

England: *Sunday Roast (Beilage zum englischen Braten)* **Deutschland:** *Leipziger Allerlei, Gälriaba mit Broggala (schwäbisch: Beilage gemischt mit Erbsen und Bohnen)* **Weltweit:** *Möhrensuppe, Rohkostsalat* **Schweiz:** *Rüeblitorte, Küttiger Rüebli mit Speck* **Italien:** *Minestrone* **Frankreich:** *Boeuf-carotte (geschmortes Rindfleisch mit Möhren)* **Ostjüdische Küche:** *Tzimmes*

JAUNE LONGUE DU DOUBS

DUWICKER

SCARLETT NANTES

Indien: *Gajar Ka Halwa (Dessert)* ***Türkei:*** *Salgam (vergorener Saft)*

SORTEN

Küttiger Rüebli: *sehr aromatische, weiße, konisch gedrungene, aber unten spitz zulaufende traditionelle Sorte aus dem Schweizer Kanton Aarau; das Aroma ist mild, weniger süß bis leicht herb; sie wird traditionellerweise sauer eingelegt.*
Jaune longue du Doubs: *hellgelbe, längliche, wohlschmeckende alte Sorte aus Frankreich (aus dem 16. Jahrhundert!) und dem Schweizer Jura, spätreif und weniger süß.*
Lunar White: *weiße Sorte mit grünen „Schultern" und angenehm süßlichem Aroma.*
Riesen von Colmar/Rote Riesen: *alte Sorte mit sehr großen orangen Rüben, wächst auch auf mittelschwerem Boden.*
Nantaise: *sehr beliebte alte französische Möhrensorte, die es heute in vielen Weiterzüchtungen gibt – mit den klassischen zylindrischen, orange-roten, mittelgroßen Rüben.*
Lobbericher Gelbe Möhre: *alte deutsche gelbe Sorte, die am Niederrhein angebaut wird. Sie war früher als robuste Futtermöhre bekannt. Weiterzüchtungen ergaben eine sehr schmackhafte und lagerfähige Möhre mit vergleichsweise niedrigem Zuckergehalt.*
Rodelika: *eine robuste Möhre mit süßem Geschmack. Sie ist gut lagerfähig.*
Gniff Savosa: *alte Sorte aus dem Tessin, die Wurzeln sind außen dunkelrot und innen weiß.*
Violette Chantenay: *farbenprächtige Sorte mit dreifarbiger Schale und goldgelbem Fruchtfleisch.*
Rotfleischige Chantenay: *sehr saftig, gut zum Pressen von Säften geeignet. Chantenay schmecken ziemlich süß und werden oft als junge Bundmöhren angeboten.*
Scarlett Nantes: *ist eine süße, kräftig orange Sorte.*

KOMBINATIONEN

Da Möhren ein ausgeprägtes kräuterig-harziges, mitunter holziges Aroma aufweisen, sind sie ein Allrounder. Ihr Duft- und Geschmackspotenzial macht sie zu einer beliebten Zutat in jedem Schmorgericht. Der Beilagenklassiker Möhren mit Erbsen und Bohnen (***Leipziger Allerlei*** oder ***Gälriaba mit Broggala***) kombiniert die holzig-würzigen Noten der Möhre mit den würzig-erdigen der Erbse und der grünen Gartenbohne. Ein weniger traditioneller Partner funktioniert genauso: grüner Paprika.

Möhren sind mit ihrer erdig-würzigen Süße und dem bitteren Grundgeschmack eine gute Basis, auf der man weitere Aromen in einem Gericht aufbauen kann. Paaren lassen sich die Wurzeln mit allen Kräutern und Gewürzen, die ähnlich kräuterig-würzige Noten aufweisen: Kerbel, Oregano, Lorbeer, Thymian, Rosmarin, Kreuzkümmel, Kümmel, Wacholder und duftende Pfeffersorten. Darunter fällt auch getrocknetes Basilikum, dessen florale Noten bei der Trocknung abhandengekommen sind, und das in Verbindung mit Möhren (z. B. sous-vide gegart) eine kulinarische Offenbarung ist. Ein Klassiker ist Möhrensuppe, gewürzt mit Paprika, Butter und Zitronensaft, frischen Kräutern wie Petersilie, Basilikum, Majoran/Oregano, Kümmel, Kerbel, Kreuzkümmel, Korianderkraut oder Dill, angedickt mit Kartoffeln, die schwefelige Noten ergänzen. Koriandersamen passen mit ihren blumigen und herbalen, an Zitrusfrüchte und Harz erinnernden Noten besonders gut zur den kräuterigen und zitrusartigen Hauptaromen der Möhre. Röstet man die Koriandersamen trocken in der Pfanne, entwickeln sich nussige Töne, die wiederum ideal das Aromaspektrum des Gemüses ergänzen. Als bestechend erweisen sich ferner Würzungen mit Aromaten und süßlichen Gewürzen wie etwa Anis, Vanille oder Tonkabohne (die der Süße stark entgegenkommen), aber auch Gewürznelken, die die Erdigkeit und die Bitternoten der Möhre betonen. Die Kombination von gekochten Möhren mit Rauchnoten – z. B. Räucherspeck, -tofu oder -mozza-

rella – verstärkt das leichte Rauchschinkenaroma des Gemüses. Über den leichten Lindenblütenduft gekochter Wurzeln ergeben sich wiederum ganz neue Ideen. So kann man z. B. Möhren mit Lindenhonig dünsten oder auf Heu in einem geschlossenen Topf garen, wobei sich die feinen Heudüfte mit dem floralen Lindenaroma paaren. Rohen Wurzeln (die kein solches Aroma aufweisen) kann man mit Lindenblütenhonig oder -tee, z. B. als Grundlage einer Vinaigrette, nachhelfen. So lassen sich spannende Variationen um das Thema „roh/gekocht" ersinnen. Ansonsten werden die süß-bitteren Möhren weltweit in nahezu allen Geschmacksrichtungen kombiniert und ergänzt.

HERZHAFT / UMAMI Möhren sind ein klassischer Bestandteil unseres Suppengrüns (neben Pastinake, Wurzelpetersilie, Sellerie, Lauch und Petersilie) und sorgen dort für süßlich-erdige Töne. Sie gehören in viele europäische Eintöpfe, Suppen, Ragouts, Quiches, Soufflés und gefüllte Omelettes. Hierbei liefern die Aromen in Sellerie, Pastinaken und Petersilienwurzel hinreichend Umamigeschmacksverstärker, während die in Suppen verwendeten Brühen Umamigeschmack beisteuern. Gepaart mit der ausgeprägten Süße der Möhren ergibt das eine nahezu perfekte Kombination der Grundgeschmacksrichtungen süß und umami.

SAUER Milde Säuren, etwa feiner Balsamico, bilden einen guten Kontrast zur Süße der Möhren . Geschnittene oder geraspelte rohe Möhren mit Zitronensaft und Olivenöl sind ein Klassiker im arabisch-türkischen Raum. Im Rohkostsalat kombiniert man oft Möhren mit säuerlichen Äpfeln plus Sultaninen mit Zitronenschale, Zitronensaft, Zucker, Salz und Pfeffer. Indisch wird es mit Senfkörnern und gebratenen grünen Chilis. In der Schweiz werden Möhren gelegentlich sauer eingelegt. Serviert man dazu Apfelkompott oder Apfelschnitze, ergibt das eine süß-saure Kombination, die wiederum sehr gut zu Blut- und Leberwürsten passt.

SÜSS Eine Rundum-Karamellisierung der Möhren mit Zucker-Buttermischungen kommt ihrer Süße entgegen. Zum Beispiel Möhren in Butter

De Djerba: *tunesische Möhre in Violett-, Schwarz- und Orangetönen.*

Lange Loiser: *österreichische orange Sorte mit sehr großen Rüben, die aus einer Futtermöhre (Rote Stumpfe) zur Speisesorte weitergezüchtet wurde, mit ausgezeichnetem süßlich-aromatischen Geschmack, sehr saftig.*

Guérande/Ochsenherz: *ungewöhnliche alte Sorte mit großen, kurzen und dicken Rüben aus Frankreich, das orange gefärbte Fleisch ist sehr zart und aromatisch.*

St. Valery: *alte nordfranzösische Sorte mit dichtem, süßem und zartem Fleisch, die Farbe ist dunkelorange.*

Violet: *Sorte mit dunkelrotem Fleisch und violetter Haut.*

Pariser Karotte/Pariser Markt: *kleine, gedrungene, orange Wurzel, die wie ein großes Radieschen aussieht und ein leichtes Honigaroma hat. Sie wird früh reif (60 bis 75 Tage) und muss nicht geschält werden.*

Lange Hoornse: *alte orange Sorte aus Holland.*

Duwicker: *alte holländische Frühsorte mit kurzen, kreiselförmigen und hellorangen Wurzeln; im Geschmack süßlich.*

Amsterdamer: *sehr frühe Sorte, die Aussaat ist ab Januar im Frühbeet möglich, die Ernte bereits ab Mai.*

Purple Dragon und Purple Haze: *violette Neuzüchtungen, die Purple Haze ist außen dunkel violett, innen leuchtend gelb, ihr Fleisch ist etwas zäh.*

EINKAUF UND LAGERUNG

Möhren sollte man möglichst mit frischem Grün kaufen, das Grün aber bald abschneiden, da die Wurzeln bei der Lagerung sonst schneller austrocknen. Außerdem lässt sich das Kraut ebenfalls kulinarisch einsetzen. Im Kühlschrank sind Möhren bis zu 3 Wochen haltbar (am besten auf feuchtem Krepppapier unten im Gemüsefach), im Keller an einem feuchten, dunklen, gut

GRÜNE MÖHRENSUPPE

- 100 g Parmesan
- 250 ml kräftige klare Gemüsebrühe (ersatzweise Hühnerbrühe)
- 1 Zwiebel
- 3 Knoblauchzehen
- 80 g Butterschmalz
- 1 Bund bunte Möhren mit Grün
- 250 ml Vollfettnaturjoghurt

Parmesan reiben und mit der Brühe aufkochen, ca. 15 Minuten auf 60 bis 70 °C halten. Danach abkühlen lassen und durch ein Sieb gießen.

Zwiebel und Knoblauch schälen und würfeln. Butterschmalz in einer Pfanne erhitzen, beides darin andünsten, aber keine Farbe nehmen lassen.

Möhren mit Grün waschen und klein scheiden, Stängel mitverwenden. In der Brühe aufkochen und zu den Zwiebeln geben. Circa 10 Minuten weitersimmern lassen, anschließend mit dem Mixer, Stabmixer oder im Thermomix sehr fein mixen. Mit dem Joghurt mischen und vor dem Servieren auf maximal 50 °C erwärmen, damit der Joghurt nicht ausflockt.

Pro Portion: 340 kcal, 27 g F, 11 g KH, 3 g B, 9 g E

durchlüfteten Ort noch länger. Nicht neben Birnen, Äpfeln, Kartoffeln, Tomaten oder Paprika (sie sondern das Reifungsgas Ethylen ab) aufbewahren, sie werden sonst bitter. In Sand eingegraben halten sie sich 6 Monate. Blanchiert lassen sich die Wurzeln gut einfrieren.

SAISON

01 02 03 04 05 06 07 08 09 10 11 12

Als Lager- und Importware sind Möhren ganzjährig erhältlich.

ANBAU

Möhren zählen im Haus- und Kleingarten zu den Sorgenkindern. Sie vertragen keinen zu stark gedüngten Boden, keine klumpige Erde (sonst tendieren sie dazu, sich zu gabeln) und sollten wie alle Doldenblütler nur alle 4 Jahre am selben Ort angepflanzt werden. Der größte Feind der Möhre ist die Möhrenfliege. Gegen sie hilft eine rasche Entsorgung des Möhrenkrauts beim Ausdünnen oder Plastiktunnel bzw. Schutznetze (wirkungsvoll, aber nicht jedermanns Sache). Ob die Nähe von Allium-Gewächsen (Zwiebeln, Knoblauch) oder stark duftenden

anbraten, Honig dazugeben und zugedeckt dünsten, evtl. mit Wasser verdünnen, mit Weinbrand abschmecken, mit Petersilie und Sesam bestreuen. In der ostjüdischen Küche heißt das Gericht mit süßsauren Früchten (getrockneten Pflaumen oder Rosinen) *Tzimmes*. Auch im Kuchen oder im Brot machen sich geraspelte Möhren gut: Sie geben Feuchtigkeit und harmonieren zum Beispiel gut mit Mandeln. Zugleich fügen sie ihre bitter-erdigen Aromen hinzu – im Kuchen eine überraschende Komponente. Süßes Möhren-Confit (mit Farin- oder Muscovadozucker eingekocht, 1 Teil Zucker auf 2 Teile Wasser) passt zu hellem Fleisch und Pasteten. Das indische Dessert *Gajar Ka Halwa* wird mit in Milch gekochten und gratinierten Möhren zubereitet, zum Schluss kommen Butter und Nüsse hinzu.

BITTER-SCHARF Möchte man den bitteren Grundgeschmack der Möhren unterstreichen, so bietet sich eine Kombination mit Sellerie an. Die indische Küche kennt viele bitter-scharfe Variationen: zum Beispiel geriebene Möhren mit Kreuzkümmel; in der Pfanne mit roten Chilis und Kurkuma gebraten oder eingelegt mit Ingwer und dann mit Garam Masala gewürzt.

GESCHICHTE UND BOTANIK

Der Ursprung der Möhre ist unklar. Die wilde Möhre *(Daucus carota subsp. carota)* wächst in Nordafrika, Kleinasien und Europa und stand schon vor 3000 Jahren auf dem Speiseplan unserer Vorfahren. Sie schmeckt allerdings nicht besonders gut: Sie ist dünn, holzig und weiß. Deshalb wird sie in antiken Quellen oft mit der weißen Pastinake verwechselt. Im 10. Jahrhundert wurden im heutigen Iran rotviolette und gelbe Möhren gezogen (vermutlich aus der wilden Urform *Daucus carota subsp. afghanicus)*. Diese gelangten wohl im 12. Jahrhundert nach Spanien und von dort nach Italien. Italienische, französische und vor allem niederländische bzw. flämische Züchter kreuzten die einheimische gelbe mit den farbigen Sorten, also süd-

europäische wilde weiße **RIESENMÖHRE** *Daucus carota subsp. maximus* und die dunkel gefärbten asiatischen, und bekamen so die bekannte orangenfarbige Möhre. Auf niederländischen Gemälden aus dem späten 17. Jahrhundert ist sie zu sehen – vorher gab es auf europäischen Gemälden nur gelbe Möhren. Diese orange und carotinreiche Möhre ist bis heute weitergezüchtet worden mit dem Ziel, unverzweigte, einheitliche Wurzeln zu erhalten, viel Fruchtfleisch, wenig holziges Mark, einen erhöhten Carotin- und Zuckergehalt, einen optimaler Ertrag und lange Lagerfähigkeit (mit Kompromissen beim Aroma). Die alte weiße bzw. hellgelbe Möhre wurde noch lange als Futtermöhre angebaut – und dient heute wieder als züchterische Grundlage für neue, schmackhafte Möhren für die Küche.

Heute finden sich auf Märkten und auch schon im Supermarkt neben der klassischen orangen Möhre wieder farbige Sorten – manche davon alte traditionelle Sorten, viele aber auch Neuzüchtungen. Die Farbe variiert je nach dem Anteil von Carotinen, Anthocyanen und anderen pflanzlichen Farbstoffen zwischen Weiß, Hellgelb, Hellorange, Dunkelorange und Rotviolett. Möhren vom alten europäischen Typus sind weißlich, gelb bis orange, ihre Farbe bleibt beim Kochen erhalten. Beim asiatischen Typus oder Anthocyan-Typ, der aus Wildformen selektiert wurde, dominieren die dunklen Farbtöne von Gelb bis Violett. Anthocyan ist im Gegensatz zu Carotin wasserlöslich: Diese Möhren bleichen beim Kochen aus und färben andere Speisen im gleichen Kochtopf. Bei den Formen der Wurzeln kann man ebenfalls verschiedene Typen erkennen: Sie sind lang und spitz zulaufend, stumpfzylindrisch oder kegelförmig; auch rundliche Möhren gibt es. Manche Sorten sind ausgesprochen süß, andere weniger – was beides kulinarisch seine Vorteile haben kann.

Kräutern hilft, ist umstritten. Die „Arche Noah" empfiehlt eine Untersaat mit Erdklee (Trifolium subterraneum). Die Aussaat beginnt, wenn die Erde anfängt sich zu erwärmen (bei manchen Sorten geht das schon im Januar). Damit sie große lange Wurzeln entwickeln, müssen sie ausgedünnt werden, bis sie zum Schluss etwa 10 cm Abstand haben (aber das ist auch sortenabhängig).

AUF THYMIAN GEGARTE BUNTE MÖHREN

erhitzbares Bratöl (z. B. hocherhitzbares Sonnenblumenöl oder Erdnussöl)

getrockneter, verholzter Thymian (mit Holz) aus dem Garten (ideal nach der Blüte, wenn der Thymian beginnt, sich zurückzuziehen); alternativ Räucherchips und getrocknete Thymianzweige vom Markt

24 bunte Möhren, abgebürstet und Stielansätze gesäubert

Pro Portion: 96 kcal, 0 g F, 17 g KH, 7 g B, 2 g E

Boden eines alten schweren Topfes oder Wok mit passendem Deckel mit Öl bedecken, Thymian hineinlegen (im alternativen Fall Holzchips auf den Boden legen). Der Boden sollte komplett mit Thymian bedeckt sein, sodass die Möhren den Boden nicht (!) berühren – auch während des Garens nicht.

Möhren darauf verteilen, Deckel auflegen und 3 bis 4 Minuten bei starker Hitze auf den Herd stellen, sodass sich der restliche Wasserdampf sowie die Aromen des Thymians/Thymianholzes freisetzen. Die Temperatur reduzieren und die Möhren im Thymiandampf garen.

Kurz vor dem Servieren die Hitze nochmals einmal kräftig erhöhen, sodass sich aus dem Thymian/Holz Rauch bilden kann und die Möhren dabei zusätzlich leicht geräuchert werden (Dampfabzug einschalten). Danach noch 20 Minuten bei abgeschalteter Hitze im Topf nachräuchern lassen.

Die geräucherten Möhren z. B. auf einem Rucolabett anrichten, kräftig mit fruchtigem Olivenöl beträufeln und die grüne Möhrensuppe (s. o.) in kleinen Gläschen dazu reichen.

Abelmoschus esculentum

OKRA

Okra, in englischsprachigen Ländern auch Lady Fingers genannt, ist Bestandteil vieler Currys. Die Schoten des Bisameibisch werden meist kurz in Gewürzen gebraten, manchmal auch gefüllt. Bei längerem Garen werden sie schleimig und verleihen Suppen und Saucen eine sämige Konsistenz.

Aromen roh und gekocht: 2-METHYLBUTYL-2-METHYLBUTANOAT *△fruchtig, süßlich, beerenartig, □grün, wachsig, ananasartig, ◇holzig* DIMETHYLSULFID *△schwefelig, zwiebelartig, radieschenblätterartig, kohlartig, □fischartig, maisartig, spargelartig, ◇ein Hauch gekochte Milch/Sahne* CITRONELLYLETHOXALAT *△floral, süßlich, maiglöckchenartig, □rosenartig, wachsig* (E)-CARVEOL *△holzig, □kümmelartig* (Z)-CARVEOL *△holzig-würzig, □kümmelartig, ◇pfefferminzig* β-DAMASCENON *△floral, holzig, rosenartig, fruchtig, □gekochte Pflaumen, ◇tabakartig, süßlich* β-CARYOPHYLLEN *△holzig, würzig, süßlich, zitrusartig, □heuartig, getreideartig, ◇ein Hauch Gewürznelke* γ-MUUROLEN *△holzig, □kräuterig, würzig* 4-VINYLGUAIACOL *△aromatisch, holzig, □zedernartig, röstig, ◇rauchschinkenartig* 2-ISOBUTYL-3-METHOXYPYRAZIN *△würzig, erdig, grün, sprossenartig, □grüne Bohnen, grüner Paprika* 2,5-DIMETHYL-3-ETHYLPYRAZIN *△nussig, kartoffelartig, □kakaoartig, röstig, haselnussartig* 5-METHYLFURFURAL *△röstig, süßlich, karamellig, brotrindenartig, □kaffeeartig, ◇geröstetes Getreide, ahornsirupartig* AMBRETTOLID *△seifig, süßlich, moschusartig, □ambraartig, fruchtig, beerig*

GESCHMACK

SÜSS SAUER SALZIG **BITTER** UMAMI

Das milde Aroma der leicht bitteren Okrafrucht erinnert an grüne Bohnen und grüne

Okra (auch: ***Griechisches Hörnchen, Gemüse-Eibisch, Lady Fingers***) haben ein vielschichtiges Aroma. Es dominieren der Aromat 4-VINYLGUAIACOL mit seinem holzigen Duft nach Rauchschinken sowie das erdig-grüne 2-ISOBUTYL-3-METHOXYPYRAZIN, das im grünen Paprika tonangebend ist. 2,5-DIMETHYL-3-ETHYLPYRAZIN streut nussige Kartoffel- und Kakaonoten ein. Außerdem finden sich im Aromaspektrum der Okra mehrere Terpene, die dem Gemüse holzige und herbale Düfte mit Anklängen an Zitrus, Eukalyptus und Kümmel verleihen, darunter LIMONEN, 1,8 CINEOL oder CARVEOL, während CITRONELLYLETHOXALAT florale, wachsige Untertöne beifügt, die an Maiglöckchenduft erinnern, und von dem fruchtigen Ananasduft des 2-METHYLBUTYL-2-METHYLBUTANOAT unterstützt wird. Bemerkenswert sind die Sesquiterpene β-CARYOPHYLLEN und β-DAMASCENON, die der Okraschote eine leicht holzig-würzige Heunote und einen floral-holzigen Duft nach gekochten Pflaumen und Tabak verleihen. Abgerundet wird das Aroma von einer Reihe heterozyklischer Duftstoffe, für die stellvertretend 5-METHYLFURFURAL mit seinen röstig-süßlichen Kaffeenoten genannt sei. DIMETHYLSULFID sorgt für schwefelige Duftkomponenten, die an gekochten Kohl und Zwiebel erinnern und die sich beim Garen verstärken.

Die Samen der Okra verströmen einen intensiven Duft, der ebenfalls von 4-VINYLGUAIACOL sowie von dem fruchtigen Ananasduft des 2-METHYLBUTYL-2-METHYLBUTANOAT angeführt wird. Begleitet wird das Aroma von einer Vielzahl von holzig und herbal-harzigen duftenden Terpenen und von Pyrazinen. Dieses hohe aromatische Gefüge dient vor allem der Abwehr von Insekten und Fraßfeinden. In manchen Sorten kommt in den Samen das holzige, kräuterig würzige γ-MUUROLEN vor, das zusammen mit dem makrozyklischen Molekül AMBRETTOLID und seinem seifigen, süßlichen Moschusduft einen Eindruck von Moschus und Ambra hinterlässt.

Die Okrafrucht enthält eine Reihe von antioxidativ wirkenden, bitter schmeckenden (Poly-)Phenolen und Flavonoiden, vor allem in der Haut der Schote und in den Samenkernen. Führend sind dabei Hydroxyzimtsäurenverbindungen, Kaffeesäure und Quercetinderivate sowie Catechin.

Untersuchungen haben gezeigt, dass sich das antioxidative Potenzial der Okrasamen mit zunehmender Röst- und Kochzeit (der reinen Samen) stark erhöht. Offenbar bilden sich viele der wirksamen Verbindungen erst beim Erhitzen bzw. werden erst dann freigesetzt. In-vitro-Experimente zeigen darüber hinaus, dass sich die stärkste Wirkung erst in der gastrointestinalen Passage zeigt. Aus diesem Grund wird in den Hauptanbaugebieten der Okra aus den Samen Mehl gewonnen, das in der Küche eingesetzt wird.

BHINDI-BAZDA

1 TL ganze Bockshornkleesamen	Bockshornkleesamen kurz in Wasser aufkochen und einweichen, dann abtropfen lassen.
50 g Haselnüsse, geröstet	Haselnüsse zerstoßen. Mit Camembert, Kaffeebohnen, 1 bis 2 TL Crème fraîche sowie Bockshornklee zu einem „Obazda" vermengen.
100 g nicht zu reifer Camembert	Okra seitlich aufschlitzen und mit dem „Obazda" füllen.
½ TL frische, gemörserte Kaffeebohnen	Restliche Crème fraîche mit etwas Salz und Fenchelsamen zu einer Creme verrühren.
100 g sehr saure und feste Crème fraîche	Butterschmalz erhitzen und gefüllte Okra darin kurz, aber kräftig ausbacken. Mit aromatisierter Crème fraîche anrichten.
400 g etwa gleich große Okraschoten	
½ TL Fenchelsamen	
Salz, Butterschmalz zum Ausbacken	Pro Portion: 365 kcal, 33 g F, 3 g KH, 6 g B, 10 g E

Werden Okra lange gekocht oder gebraten, werden sie „schleimig". Suppen oder Saucen, denen rechtzeitig (frische oder getrocknete) Okraschoten beigefügt werden, bekommen dadurch eine sämige Konsistenz, die ein wenig an die Verdickung mit Guarkernmehl erinnert. Grund dafür ist die Zusammensetzung des Pektins in der Okra. Denn Pektin ist nicht gleich Pektin, das zellstabilisierende Polymer gibt es in mehreren Variationen. Die Pektinmoleküle, die in der Okra in hoher Konzentration vorliegen, weisen mehrere Seitenketten auf und binden nicht über Calciumionen, sondern wirken verdickend. Daraus folgt das ungewöhnliche „schleimige" Fließverhalten.

ZUBEREITUNG

Frische Okraschoten lassen sich im Ganzen roh (z. B. geschnitten in Salaten) verzehren. Dazu wird der Flaum auf der Oberfläche (sollte er zu stark sein) beim Waschen abgebürstet. Die Samen in der Schote werden mitgegessen und sind ein „okraeigenes" Gewürz, da sich das Aromaspektrum der Frucht und der Samen deutlich unterscheidet. Meist werden Okraschoten im Ganzen oder in Scheiben geschnitten gekocht, gebraten, gebacken, frittiert, eingelegt oder getrocknet. Sie werden beim Kochen schnell sehr weich und sondern dann einen Schleim ab, der als Bindemittel für Suppen und Eintöpfe genutzt wird. Die Kunst der Zubereitung liegt in der Steuerung der Schleimabsonderung: Kocht man die Schoten im Ganzen und schneidet nicht den Stielansatz ab, dann dauert es etwas länger, bis sie ihren Schleim abgeben, bzw. man verhindert bei längeren Kochprozessen (zum Beispiel in einem simmernden Curry), dass der erwünschte Schleim zu schnell verkocht. Gibt man Natron zu den Schoten (wie in vielen Zubereitungen der karibischen und afrikanischen Küche üblich), beschleunigt man hingegen die Schleimbildung. In getrockneter Form werden Okra vorwiegend als Verdicker eingesetzt, die man einfach mitkochen lässt. In afrikanischen Ländern verkocht

Paprika mit leicht rauchigen und getreidigen Untertönen.

MIKRONÄHRSTOFFE *(pro 100 g)*
Vitamine: *A (66 µg), Folsäure (88 µg)* ***Mineralstoffe:*** *Calcium (64 mg), Eisen (0,7 mg)* ***Sekundäre Pflanzenstoffe:*** *Flavonoide*

HARMONIE

KÜCHENJOKER
Pistazienkerne, Kümmel, Fichtennadeln

PEKTIN IN OKRA

Die Okraschoten werden bei längerem Erwärmen schleimig, darum dienen sie auch als Verdickungsmittel in Eintöpfen und Suppen. Grund dafür ist das in den Okraschoten enthaltene Pektin, ein zellstabilisierendes Polymer. Es kommt auch in anderen Pflanzen vor.

Bei Pflanzenzellen gibt es drei wesentliche strukturbildende Elemente, die für das Garen wichtig werden: Cellulosefasern (grün), die von den Hemicellulosen (rot) und den Pektinnetzwerken (blau) stabilisiert werden. Bei Temperaturen von 70 bis 75 °C beginnen sich die Hemicellulosen und Pektine nach und nach von den Cellulosefasern zu lösen. Der Zelldruck wird dadurch höher, die Zellwände platzen an manchen Stellen auf und das Wasser tritt aus den Zellen aus. Das Ergebnis: Das Gemüse wird weich und das gelöste Pektin verdickt die Kochflüssigkeit.

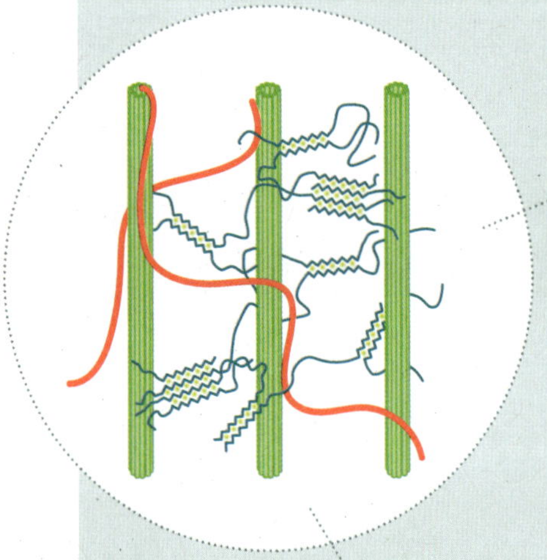

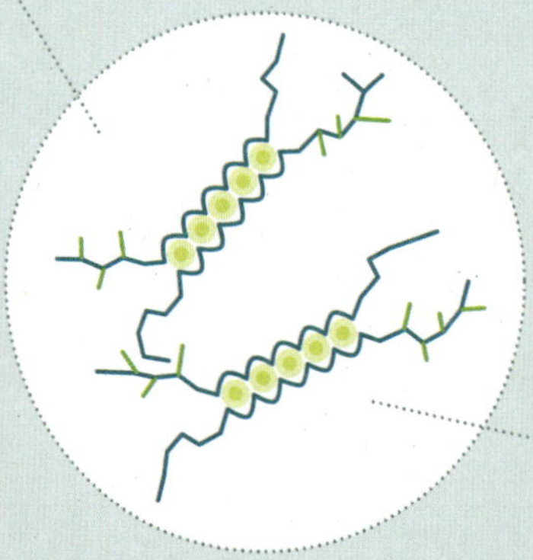

Zwei Pektinketten (blau) verbinden sich über ihre negativen Ladungen unter dem Einbau von Calciumionen (gelb) wie in einer Eierschachtel zu einem festen Netzwerk. Pektin ist nicht gleich Pektin, das zellstabilisierende Polymer gibt es in mehreren Varianten. Das Pektin der Okra etwa verfügt noch über mehrere Seitenketten (grün), die verdickend wirken und zu dem„schleimigem" Fließverhalten beitragen.

man Okra zusammen mit Zwiebeln und Tomaten zu einer dicken Paste, die als Basis für viele Suppen und Eintöpfe dient.

In Indien und Südostasien werden die Samen manchmal geröstet und gemahlen als Kaffeeersatz verwendet. Damit lassen sich neben den köstlichen Aromen auch die Polyphenole und andere sekundäre Inhaltsstoffe genussvoll nutzen. Aus den Samen kann man außerdem ein wohlschmeckendes, grünlich-gelbes Öl pressen, das besonders viele ungesättigte Fettsäuren enthält.

KOMBINATIONEN

Das milde, zurückhaltende, an grüne Paprika und Gartenbohnen erinnernde Aroma der Okra macht sie universell einsetzbar. Das ist wichtig, wenn man ihre kulinarische Funktion als Bindemittel nutzen möchte, ohne das Gericht aromatisch stark zu beeinflussen. Andererseits ist das feine Aroma so breit gefächert, dass es zahlreiche Anknüpfungspunkte bietet und sich gezielt in verschiedene Richtungen hervorheben und ergänzen lässt. So passt die Okra über ihre holzigen Eukalyptus- und Zitrusnoten perfekt zu den Gewürzmischungen des indischen Subkontinents. Es wundert daher nicht, dass sich Okras dort in vielen klassischen Rezepten finden. Die röstigen Anklänge an Haselnuss, Mais und Popcorn ermöglichen das perfekte Nebeneinander von Okra, gerösteten Haselnüssen und den ebenfalls maisartigen Duftkomponenten des Reis, vor allem in *Byriani*, d. h. vollständigen Reisgerichten. Auch der als Partner eher untypische Mais (Polenta) holt Okra deshalb aromatisch ab. Denkt man von der Aromachemie her, ergeben sich für Okra noch ganz andere Aspekte. So lohnen sich über ihre Rauchschinkennote beispielsweise Paarungen mit geräuchertem Tofu, Schinken (roh und gekocht) oder geräuchertem Käse. Brät man Okras in etwas halbwarmem flüssigen Ghee oder gar Olivenöl, werden frische grüne Noten zu den würzig-grünen der Okra hinzugefügt. Mit etwas Rauchsalz abgeschmeckt, werden sie so zu einer köstlichen Vorspeise. Ähnliches gilt für das Schwefelsalz Kala Namak, das zwar weniger Rauchnoten aufweist, dafür aber die Schwefelnoten des Gemüses hebt. Die holzige Heunote der Okra lässt Würzungen mit Oregano oder auch mit Gewürznelken zu, die Blütenduftkomponenten laden ein zu Kombinationen mit aromatisierten Tees, Rosen- oder Orangenblütenwasser. Selbst sauer (in Reisessig) eingelegte Pflaumen machen in einer kalten bzw. halbwarmen Zubereitung auf Okrabasis eine gute Figur, vor allem wenn sie kalt geräuchert werden. Trigeminale Wärme mit fruchtigen Pfeffern oder auch Chili und Cayennepfeffer ist ebenfalls eine sehr gute Wahl. In klassischen indischen Zubereitungen darf der schwefelige Knoblauch und der floral-zitronig, trigeminal wärmende Ingwer nicht fehlen.

Die Gartenbohnen- und Paprikanote der Okra lässt sich in Kombinationen mit diesen Gemüsen verstärken. Als Partner bieten sich außerdem über dieselbe grün-würzige Aromaschiene Tomaten und Zwiebeln an (wobei Letztere noch schwefeligen Duft dazugeben). Beide kommen auch in vielen arabischen und afrikanischen Zubereitungen vor. Schwefeliger Spar-

PASST GUT ZU

Huhn, Meeresfrüchten, Fisch, Lamm, Kokosnuss, geräuchertem Tofu, Schinken (roh und gekocht), geräuchertem Käse, Pflaumen (sauer eingelegt)

LÄNDERKÜCHE

***USA:** Gumbo **Afrika:** Eintöpfe und Suppen **Brasilien:** Frango com quiabo **Japan:** Sushi und Tempura **Malaysia:** Nudelsuppe **Griechenland, Türkei, arabischer Raum, Israel:** Meze **Indien:** Pickles und Chutneys, Byriani*

SORTEN

***Clemson Spineless:** eine sehr verbreitete dunkelgrüne Sorte, die auch in Mitteleuropa gedeiht.*

***Burgundy:** Sorte, die im reifen Zustand rot wird. Sie hat einen milden, leicht herben Geschmack.*

***Star of David:** israelische Sorte mit eine kurzen, dicken Schote, die sich sehr gut zum Grillen und Frittieren eignet.*

EINKAUF UND LAGERUNG

Man bekommt Okra frisch in Asialäden oder auf Märkten. Sie halten sich im Ganzen einige Tage im Gemüsefach des Kühlschranks.

SAISON

01 02 03 04 05 **06** **07** **08** 09 10 11 12

Als Importware ganzjährig erhältlich, z. B. aus der Türkei, Brasilien oder Thailand.

ANBAU

Man kann Okra auch bei uns anbauen. Über Nacht eingeweichte Okrasamen kann man im Mai aussäen. Die Ansprüche an die Erde sind gering, sie kann trocken sein, sollte aber mindestens 15 °C warm sein. Danach sollten die Pflanzen feucht gehalten werden, indem man sie regelmäßig besprüht. Nach ca. 50 Tagen kann man die Schoten ernten.

OKRA BURGUNDY

STAR OF DAVID

CLEMENS SPINELESS

gel und Saucen auf Kaffeebasis docken über karamellige, kaffeeartige Düfte an und führen Okra ebenfalls in vollkommen eigenständige und eigenwillige Richtungen – kulturell nicht naheliegend, aber aromachemisch begründet und ein kulinarisch lohnendes Experiment.

REGIONALE VARIANTEN In der arabischen, griechischen und türkischen Küche isst man gekochte oder gebackene Okra gerne als kalte Vorspeise (*Meze*), mit Olivenöl und reichlich Zitronensaft beträufelt. In Brasilien ist ein Gericht mit Okra und Huhn populär: *Frango com quiabo*. In Japan kommen Okraschoten manchmal in Sushi oder werden als Tempura zubereitet, in Malaysia füllt man Okraschoten mit einer Fischpaste (surimi) und kocht sie zusammen mit anderen Gemüsen, um sie in einer Nudelsuppe zu servieren. In Indien werden sie auch sauer eingelegt. Sie kommen häufig im Ganzen in Currys, und man entfernt erst beim Essen den harten Stielansatz.

GESCHICHTE UND BOTANIK

Die Herkunft der Okra ist nicht geklärt, sie stammt vermutlich aus Äthiopien, aber in Indien und Südostasien sind ebenfalls wildwachsende nahe Verwandte bekannt. Okra wurde jedenfalls bereits ab dem 2. Jahrtausend v. Chr. in Ägypten kultiviert, wanderte von dort in den Mittelmeerraum und wurde Bestandteil der mediterranen und arabischen Küche. Aber Okraschoten werden fast weltweit gegessen, sie sind auch ein wichtiges Gemüse in der afrikanischen, karibischen und kreolischen Küche, werden generell in den Tropen und Subtropen angebaut und kommen als Bindemittel nicht nur in den traditionellen kreolischen Eintopf *Gumbo*.

Die Okra gehört zu den Malvengewächsen und dort zur Gattung Bisam-Eeibisch, auch Abelmoschus genannt. Man nennt die Gattung so, weil die Samen einiger ihrer Arten, besonders des Bisamstrauchs (*Abelmoschus moschatus*), deutlich nach Moschus riechen: Sie werden in der Parfümerie unter dem Namen Ambrette verwendet, und im Gewürzhandel werden sie getrocknet als „Moschussamen" angeboten. Die ca. 10 cm langen Früchte der Okra (umgangssprachlich Schoten genannt) wachsen an mehrjährigen, bis zu 2,5 Meter hohen Sträuchern und werden im noch unreifen Zustand geerntet, bevor die Hülle der Frucht holzig werden kann. Jede Frucht enthält Samen. Es gibt grüne und rote Sorten, wobei die roten Früchte beim Kochen ebenfalls grün werden. Sie schmecken und duften gleich und erinnern immer an grüne Bohnen.

Brassica rapa chinensis

PAK CHOI

Pak Choi kommt in asiatischen Ländern, besonders in Korea, Taiwan und Japan, in einer großen Sortenvielfalt vor, die bei uns so gut wie unbekannt ist. Wörtlich bedeutet Pak Choi „weißes Gemüse". Mittlerweile wird der milde Blattkohl auch bei uns, vor allem in den Niederlanden, angebaut und hat Einzug in die gehobene Küche gehalten – nicht ohne Grund, denn er ist aromatisch interessanter als der verwandte Chinakohl.

Das Aromaprofil des Pak Choi (auch: ***Senfkohl, Blätterkohl, Bok choy, Tatsoi: Spinatsenf, Löffelsenf, Rosetten-Pak Choi***) ist im Vergleich zum Chinakohl insgesamt weniger schwefelig ausgeprägt. Zwar kommen auch hier die Schwefelstickstoffverbindungen 4-(METHYLTHIO)BUTYLISOTHIOCYANAT und 3-BUTENYLISOTHIOCYANAT mit stechenden und schwefeligen Noten nach Kohl und Rettich vor, aber das Duftspektrum wird ebenso von grünen Verbindungen wie dem grasig-grünen, nach Apfel duftenden (Z)-3-HEXENAL und (Z)-3-HEXENOL sowie von den grünen, moderigen Pilznoten von 1-OCTANOL, OCTANAL und (E)-2-OCTENAL mitbestimmt. Die typischen Kohlnoten werden damit in den Hintergrund gedrängt. Die feine Note des Pak Choi wird darüber hinaus durch den heterozyklischen Schwefelkohlenwasserstoff 4-ETHYL-5-METHYLTHIAZOL geprägt, der grüne, aber auch fleischige Duftkomponenten einbringt. Das Terpen CAMPHOR rundet mit einem balsamischen Anteil das Duftspektrum ab. Dieser breite und gleichzeitig „kohlreduzierte" Duft macht Pak Choi für die gehobene Küche zu einer gern gesehenen und leicht exotischen Kohlalternative.

Das Gemüse wird meist im Wok bei hohen Temperaturen zubereitet. Dabei bilden die unterschiedlichen Teile des Kohls das Aroma und nutritive Eigenschaften unterschiedlich aus: Das kohltypische, an gekochten Kohl erinnernde Schwefelaroma DIMETHYLSULFID zeigt sich nur in den Blättern, in den Stielen hingegen nicht. Dafür ist das antioxidative Potenzial in den Stielen deutlich höher ausgeprägt. Beim „Woken", also beim Hocherhitzen, gehen nicht alle Inhaltsstoffe verloren, im Gegenteil: Zwar oxidiert Vitamin C rasch (→ Vitamin C, Seite 74), aber das Potenzial anderer Antioxidantien nimmt zu und zeigt ein Maximum, wenn bei 160 °C nicht mehr als 90 Sekunden im Wok gebraten wird. Nach dem Entnehmen des Kohls steigt es durch weitere chemische Reaktionen beim Abkühlen noch weiter an.

Wie alle Kohlsorten enthält Pak Choi bittere Glucosinolate. Gemildert wird der Bittergeschmack durch die freien Zucker Glucose, Fructose und Saccharose, die einen spürbaren Süßeindruck hinterlassen.

ZUBEREITUNG

Pak Choi wird im Prinzip ähnlich wie (China-)Kohl zubereitet. Meist werden nur Stiele und Blätter verzehrt, doch auch die Blüten sind essbar: roh oder kurz blanchiert. Junge Blütentriebe (***Choi sum***) sind zart und schmecken leicht bitter und süßlich.

Aromen roh und gekocht: (Z)-3-HEXENAL *△grün, fettig, grasig, frisch gemähtes Gras, □grüner Apfel, unkrautartig* (Z)-3-HEXENOL *△grün, grasig, frisch gemähtes Gras, laubartig, fruchtig, ◇leicht ölig, melonenschalenartig* 1-OCTANOL *△grün, wachsig, □orangenschalenartig, pilzig* OCTANAL *△wachsig, aldehydisch, □grün, zitrusschalenartig, ◇fettig* (E)-2-OCTENAL *△fettig, wachsig, □bananenartig* 4-(METHYLTHIO)BUTYLISOTHIOCYANAT[T] *△schwefelig, □brokkoliartig, rettichartig, ◇kohlartig, stechend,* 3-BUTENYLISOTHIOCYANAT[T] *△schwefelig, ◇stechend* CAMPHOR *△kampferig* 4-ETHYL-5-METHYLTHIAZOL *△würzig, schwefelig-grün, □fleischartig*

GESCHMACK

SÜSS SAUER SALZIG **BITTER** UMAMI

Pak Choi ist würziger als der verwandte Chinakohl, aber mild und wenig schwefelig. Sein Aroma wird zusätzlich von grünen und pilzigen Düften geprägt.

MIKRONÄHRSTOFFE *(pro 100 g)*

Vitamine: *C (45 mg)* ***Mineralstoffe:*** *Calcium (105 mg), Eisen (0,8 mg)* ***Sekundäre Pflanzenstoffe:*** *Flavonoide, Glucosinolate*

GEDÄMPFTER PAK CHOI

- 2 Pak Choi
- 50 ml Sojasauce
- 100 ml Gemüsebrühe
- 50 ml Reisessig
- 2 Knoblauchzehen
- 10 g frischer Ingwer
- 1–2 TL Fischsauce
- 50 ml kräftiges Malzbier
- ½ TL Tapiokastärke
- 2 EL sehr aromatisches Erdnussöl

Pak Choi putzen und im Ganzen dämpfen, dazu einen Dimsum- oder Dampfeinsatz für den Kochtopf verwenden.

Sojasauce, Gemüsebrühe und Reisessig kurz aufkochen. Knoblauch schälen und in feine Scheiben schneiden. Ingwer schälen und reiben. Beides zugeben, aber nicht mehr kochen lassen.

Fischsauce und Malzbier mit Tapiokastärke anrühren und in den heißen, aber nicht kochenden Sud geben; diesen damit leicht andicken. Erdnussöl grob einrühren.

Pak Choi längs halbieren, auf Teller legen und die Sauce angießen.

Pro Portion: 100 kcal, 6 g F, 6 g KH, 3 g B, 3 g E

HARMONIE

KÜCHENJOKER

Sambal olek, Timutpfeffer, stark gehopfte Biere, fermentierter Pfeffer

PASST GUT ZU

gekochtem Rind- und Schweinefleisch, gedämpftem Fisch

Die kleinen Baby-Leaf-Pflanzen werden im Ganzen oder halbiert blanchiert oder gebraten. Ausgewachsene Pflanzen werden fein geschnitten roh als Salat gegessen, in Öl gebraten oder gekocht in der Suppe verwendet. Generell gilt: Wird Pak Choi gegart, sollte man ihn nur kurz erhitzen, damit er seine knackige Textur behält. In chinesischen Menüs wird gebratener Pak Choi als eigenständiges Gericht gereicht. Traditionell wird Pak Choi auch milchsauer vergoren (*Kimchi*) oder roh mit „asiatischen Säuren" Ume Su, Reisessig oder Yuzusaft mariniert. In größere Stücke geschnitten kann man ihn in Bierteig frittieren.

KOMBINATIONEN

Pak Choi lässt sich generell wie milder Kohl einsetzen und ist aufgrund seiner reduzierten Schwefelnoten relativ variabel. Wunderbare harmonische Kombinationen ergeben sich über die grünen, gurkigen Noten des Kohls mit Gurken oder über die leicht stechenden, fruchtigen Aromen mit Senffrüchten oder anderen leicht säuerlich fermentierten Beigaben. Diese Verbindungen funktionieren sowohl roh als auch gekocht, am besten, wenn die Gurken gewürfelt sind (ca. 1 cm Seitenlänge) und der Pak Choi in passende Streifen (ca. 1 x 2 cm) geschnitten wird. Roh angemacht mit Sesamöl oder steirischem Kürbiskernöl (beide fügen röstig-nussige Noten hinzu) und einer geringen Menge an Säure aus fermentierten *Umemboshi*-Pflaumen, ergibt das einen frischen, leichten Sommersalat, der mit einem kräftigen Schluck (kalten) Sake bestens auf ein Menü einstimmt. Ähnliches gilt für warme Zubereitungen: Gurken schälen, Kerngehäuse und Gurkenfleisch separat würfeln, die Gurkenfleischwürfel in etwas Reisessig und mildem

TATSOI, GEZUPFT

BABY PAK CHOI

Traubenkernöl andünsten, den Pak Choi sehr kurz im heißen Wok mit etwas nussig und cremig duftendem Kokosöl abschwenken und mit ein, zwei Tropfen fassgereifter Sojasauce abschmecken. In tiefen Tellern mit den erwärmten Gurkenwürfeln anrichten, mit den rohen Würfeln aus dem Gurkenkerngehäuse garnieren und mit Frühlingszwiebelringen bestreuen. Grüner Paprika ist ein Partner, der nicht nur über die grün-grasigen Töne harmoniert, sondern zugleich grün-erdige Noten ergänzt. Diese Kombination funktioniert wegen der knackigen Textur der beiden Komponenten am besten roh: Der in kleine Quadrate (1x1 cm) geschnittene Pak Choi (Blätter und Stiele) und die in Brunoise (Würfel von 0,5 cm Seitenlänge) geschnittene Paprika, mit etwas schwefeligen Frühlingszwiebeln vermengt und nur mit einer Vinaigrette aus grün-fruchtigem Tomatenwasser und Olivenöl abgeschmeckt, sind eine kleine Sensation. Etwas Salz und wenige zerstoßene Körner von fermentiertem, milchsauer vergorenem Pfeffer machen dieses Gericht perfekt. Zur Unterstützung der grünen Noten bieten sich außerdem kräftige Würzungen mit Algen an, wie es manche asiatischen Rezepturen vorsehen. Wakame, Nori und Meeressalat sind köstlich, Kombu (auch in Form von Dashi) fügen noch eine kräftige Umamigeschmacksnote bei. Ein Anguss mit Dashi (Kombuauszug und geräucherten und fermentierten Bonitoflocken) hebt die fleischig-würzigen Noten des Kohls ausgezeichnet.

Sehr klassisch wäre die Kombination von abgeschwenktem Pak Choi mit den schwefeligen Noten von gekochten Kartoffeln. Diese Richtung kann man weiter verstärken in der Kombination mit milden Zwiebeln (z. B. Schalotten) oder Frühlingszwiebeln. Ebenso gut funktioniert ein schwäbisch-chinesischer Tarosalat aus gekochten Taroscheiben, Gurkenscheiben und rohen Pak-Choi-Streifen sowie einigen Frühlingszwiebeln mit einer Vinaigrette aus Sesamöl, Sojasauce, etwas kräftigem Aufguss aus Lapsang Souchong (des aromatischen Rauchkontrasts wegen) und hellem Reisessig. Aufgrund der pilzigen Noten des Kohls ist die Kombination mit Champignons, Shiitake oder Pfifferlingen perfekt. Dazu die Pilze in dünne Scheiben schneiden, in heißem Öl (röstig-nussigem Sesamöl oder grün-fruchtigem Olivenöl) abschwenken, den geschnittenen Pak Choi dazugeben und sofort vom Herd ziehen. Als Beilage zu gekochtem oder gedämpftem, sprich: mit keinen ausgeprägten Röstnoten zubereitetem Fleisch oder Fisch ist gekochter Pak Choi aufgrund seines feinen fleischigen Dufts höchst willkommen. Spannend sind ferner Kombinationen mit würzigen-harzigen Möhren und anderen Wurzelgemüsen, die dann wiederum Kompositionen mit röstig gebratenem

LÄNDERKÜCHE

***China:** Pak Choi mit Knoblauch und Sojasauce; klare Gemüsesuppen* ***Thailand:** Paggad Kiauw Dohng (milchsauer vergorener Pak Choi)* ***Korea:** Kimchi*

SORTEN

Man unterscheidet zwischen folgenden Pak-Choi-Typen: Der weiße chinesische Typ umfasst groß wachsende Sorten mit hell- bis dunkelgrünen Blättern und weißen Stielen. Der Suppenlöffeltyp wächst noch höher, ist aber weniger kompakt; die Blätter sind an der Basis löffelartig verbreitert und bei einigen Sorten rötlich. Sein Aroma ist sehr intensiv. Der Zwerg-Typ von gedrungenem Wuchs mit kurzen, dicken weißen Stielen und glänzenden Blättern ist der klassische Typ für Wokgerichte oder Suppen.
***Shanghai Pak Choi:** eine beliebte Sorte mit grünen Blattrippen.*
***Rosetten-Pak Choi** (Brassica rapa subsp. chinensis var. rosularis) ist ein enger Verwandter des Pak Choi. In Japan heißt er **Tatsoi** oder **Tah Tsai**. Er ist wie alle asiatischen Kohlsorten sehr kälteresistent und eher anspruchslos im Anbau und bildet flache, im Durchmesser ca. 40 cm große Rosetten aus dunkelgrünen, glänzenden, löffelartigen Blättern aus, die im Garten sehr schön aussehen. Er wird ähnlich wie Pak Choi zubereitet und schmeckt etwas intensiver.*

EINKAUF UND LAGERUNG

Pak Choi gibt es in fast jedem gut sortierten Supermarkt. Er ist wie alle Blattkohle nur wenige Tage im Kühlschrank haltbar.

SAISON

01 02 03 **04 05 06 07 08 09 10 11** 12

Als Importware ist Pak Choi ganzjährig erhältlich, vor allem aus den Niederlanden.

ANBAU

Pak Choi ist einfach zu kultivieren und seine Kulturdauer ist kürzer als die von Chinakohl. Er benötigt mittelschweren, nährstoffreichen Boden in windgeschützter Lage. Sein Wärmebedarf ist sehr hoch, er verträgt Halbschatten oder Sonne. Man baut ihn entweder im Frühjahr als Baby-Leaf an oder im Sommer, wenn die Tage wieder kürzer werden. Sind die Tage zu lang, schießen die die Pflanzen. Pak Choi verträgt auch Frost, kann dann aber nicht geerntet werden, weil die Blätter im gefrorenen Zustand sehr empfindlich sind, sie werden bei Berührung sofort braun und matschig.

Fleisch und geräuchertem Fisch ermöglichen. Wird etwas Zitrusschale beigefügt, dockt diese an die unterschwelligen Zitrusnoten des Kohls an. Gute Partner sind außerdem umamireiche Pilz-, Fisch- oder Austernsaucen, die die geschmackliche „Bittersüße" ergänzen, aber auch Ingwer, der zitronige, leicht holzige Aromanoten und trigeminale Wärme mitbringt. Mag man es schärfer, schadet eine Spur Chili nicht. Kräuterig-balsamische Gewürze lassen sich über die balsamische Note des Kohls anknüpfen: Kreuzkümmel, Lorbeer oder Rosmarin. In dieselbe Richtung gehen Wacholder, Tannen- oder Fichtennadeln. Auch Ergänzungen mit trigeminal warmen Kräutern wie Olivenkraut, Angelika oder Schafgarbe liefern neue Ideen für den Kohl.

GESCHICHTE UND BOTANIK

Während man in Europa aus der Urform des Kohls, dem Rübsen, die Speiserübe züchtete, zielte man in Asien auf eine Blattnutzung der Pflanze ab. Daraus entstand die große Sortenvielfalt der sogenannten Asia-Salate, zu denen auch Pak Choi zählt. Besonders in Korea, Taiwan und Japan werden zahlreiche Sorten und Arten gezüchtet.

Die Stiele von Pak Choi können in Größe und Form stark variieren, bei manchen Sorten sind sie grün und nicht weiß. Asiatische Kohlsorten neigen bei uns zum Schossen, weil sie an tropische und subtropische, vor allem äquatornahe Klimabedingungen angepasst sind, wo sich die Tageslängen im Jahresverlauf nicht so stark unterscheiden wie bei uns.

Carica papaya

PAPAYA

Die Papaya ist ein Exot zwischen Obst und Gemüse und lässt sich reif und unreif verwenden. Reife Früchte bieten geschmacklich ein feines Süße-Säure-Spiel mit cremigem, „grünem" Aroma. Unreife Papayas, die in der herzhaften Küche, vor allem in Südostasien, verwendet werden, sind nicht süß, sondern säuerlich-bitter und duften blumig und würzig. Sie sind die Grundzutat für den bekannten thailändischen Papayasalat.

Aromen roh und gekocht: ETHYLBUTANOAT △*fruchtig, fruchtsaftartig, ananasartig,* □*süßlich, apfelartig, eingemachtes Obst* METHYLBUTANOAT △*fruchtig, bananenartig,*

Papaya ist – ein wenig wie Rhabarber – eine Frucht, die zwischen Obst- und Gemüsezubereitungen schwankt. Der Grund dafür liegt auch in der Aromazusammensetzung, denn der Duft steht mit Fruchtestern, aromatisch-phenolischen Schwefeldüften und grünen Noten auf einer Basis, die sich sowohl in die eine als auch in die andere Richtung interpretieren lässt. Den Hauptanteil im Duftspektrum hat ETHYLBUTANOAT mit seinen sehr fruchtigen

Noten. Butterige Fruchtnoten enthält die Papaya von METHYLBUTYRAT, während 3-METHYLBUTANAL schweißige Untertöne mit Anklängen an Schokolade und Pfirsich beifügt. Der aliphatisch-grüne Teil des Duftspektrums wird durch 1,3-HEXENON angeführt, das deutliche Gemüsenoten einbringt und dabei vom Blätteralkohol (Z)-3-HEXENOL und dessen grasigen Laub- und Melonenschalendüften begleitet wird. Nicht weniger wichtig sind die stark floralen Noten und die Zitrusdüfte. An erster Stelle ist hier das Sesquiterpen β-IONON mit süßlich-holzigen Aromen, die an Bienenwachs erinnern, zu nennen, unterstützt von LIMONEN mit seinen Zitrusnoten und vom holzig-herbal und erdig duftenden α-PINEN. Ein großer Anteil des Duftspektrums wird durch Aromaten bestimmt. Dazu gehören das aromatisch nach Brunnenkresse und leicht nach Meerrettich duftende BENZYLISOTHIOCYANAT sowie PHENYLACETALDEHYD und 4-VINYLGUAIACOL, wobei die Letzteren mit aromatischem Rauch- und Schinkenduft deutlich in Richtung „Gemüse" gehen. Die (im wahrsten Sinne des Wortes) Abrundung des Papaya-Aromas erfolgt durch die sahnig-cremigen Lactone γ-OCTALACTON, δ-HEXALACTON und γ-NONALACTON.

Papayas sind kleine Wunderwerke, was ihren Cocktail der Polyphenole anbelangt. Darunter finden sich Kaempferol und Quercetin, Zimtsäure, Ferulasäure, Kaffeesäure sowie verschiedene Gerbstoffe, wie Gallussäure, die für den bitteren Geschmack verantwortlich sind. Im unreifen und frühen Reifungsstadium bestimmen Äpfel- und Zitronensäure den sauren Geschmackseindruck. Die ebenfalls auftretende Gallussäure und ihre Derivate wirken stark adstringierend und unterstreichen den herben Eindruck. Mit der Reifung nehmen Saccharose, Fructose und Glucose und damit die Süße deutlich zu, die den bitter-adstringierenden Eindruck zurückdrängt. Auch die Säure hat im vollreifen Zustand stark abgenommen. Der süße Flavour dominiert. Hauptaromakomponente der Papayakerne sind stark nach Kresse und Meerrettich duftende BENZYLISOTHIOCYANATE.

ZUBEREITUNG

Die Schale der Papaya ist nicht essbar. Die trigeminal scharf wirkenden Kerne, die an Kresse erinnern, lassen sich in Pulverform als Gewürz verwenden oder zum Zartmachen von Fleisch einsetzen, sie werden aber meist entfernt.

Das nicht-süße und noch halbwegs knackige Fruchtfleisch unreifer Früchte wird wie Gemüse zubereitet, d. h. gekocht oder gebraten. Es lässt sich auch zu Salsas und Chutneys verarbeiten. Reifes, süßes, eher weiches Fruchtfleisch dient als Obst und wird roh zubereitet und verzehrt, z. B. in Salaten, Vorspeisen oder Desserts.

KOMBINATIONEN

Gerade das Zusammenspiel zwischen fruchtigen, grünen, aromatischen und cremigen Düften verleiht der Papaya mehr Potenzial, als man ihr auf den ersten Blick zutraut. Die starke „grüne" Note im Duftspektrum ermöglicht (Vorspeisen-)Salate mit roher Papaya in Verbindung mit Gurke oder

süßlich, □ *fermentiert, butterig, sahnig, joghurtartig,* ◇ *säuerlich* 3-METHYLBUTANOL △ *fermentiert, fuselartig,* □ *whiskyartig, bananenartig* 1,3-HEXENON △ *gekochtes Gemüse,* ◇ *leicht metallisch* (Z)-2-HEXENOL △ *grün, gemüseartig, herbal,* □ *grüne-bohnenartig, grün-tomatig,* ◇ *wachsig* (Z)-3-HEXENOL △ *grün, grasig, frisch gemähtes Gras, laubartig, fruchtig,* ◇ *leicht ölig, melonenschalenartig* LIMONEN △ *zitrusartig, orangenartig,* □ *süßlich,* ◇ *terpentinartig* α-PINEN △ *herbal, kampferig, pinienartig,* □ *stark holzig, erdig,* ◇ *terpentinartig, holzig-würzig* β-IONON △ *floral, holzig, süßlich,* □ *beerenartig,* ◇ *bienenwachsartig* BENZYLISOTHIOCYANAT △ *aromatisch, brunnenkresseartig,* □ *medizinal,* ◇ *ölig, meerrettichartig* 4-VINYLGUAIACOL △ *aromatisch, holzig,* □ *zedernartig, röstig,* ◇ *rauchschinkenartig* PHENYLACETALDEHYD △ *aromatisch, grün, honigartig, floral,* □ *hyazinthenartig, kakaoartig, schokoladig,* ◇ *leicht erdig* γ-OCTALACTON △ *kokosartig, süßlich, sahnig, cremig,* □ *tonkabohnenartig, milchig, aprikosenartig, buttertoastartig, pfirsichartig* GALLUSSÄURE ◇ *adstringierend*

GESCHMACK

SÜSS SAUER SALZIG BITTER UMAMI

Der Duft reifer, süß schmeckender Papayas ist fruchtig und komplex, er erinnert an Melone und an Gemüse, Fleisch und Kresse. Unreife Papayas sind eher bitter und sauer.

MIKRONÄHRSTOFFE *(pro 100 g)*

Vitamine: *C (80 mg)* ***Mineralstoffe:*** *Kalium (190 mg)* ***Sekundäre Pflanzenstoffe:*** *Glucosinolate*

HARMONIE

● ○ ○ ● ● ● ○ ● ●	PAPAYA
● ● ○ ○ ○ ● ○ ● ○	BOHNE (HÜLSEN)
● ● ● ● ● ○ ○ ● ●	ERBSE
● ● ○ ● ○ ● ● ● ○	GRÜNER PAPRIKA
● ○ ● ● ○ ● ● ● ○	KICHERERBSE
● ● ○ ○ ○ ● ○ ● ○	LINSE
● ○ ● ● ● ● ● ● ●	MÖHRE
● ● ● ● ● ○ ● ● ○	PASTINAKE
● ● ○ ○ ○ ● ○ ● ○	SPARGEL
● ○ ○ ○ ○ ○ ● ○ ○	KERBEL
○ ○ ● ● ○ ○ ● ○ ●	LORBEER
● ○ ○ ○ ○ ○ ● ● ●	WEINRAUTE

KÜCHENJOKER

Angelicawurzel, Kresse, Kümmel, Weinraute

PASST GUT ZU

Walnüssen, Meeresfrüchten, Innereien, Schinken, gegrilltem Fleisch, Schokolade

LÄNDERKÜCHE

***Thailand:** Papayasalat, Kaeng som* ***Laos:** Tam mak hung*

EINKAUF UND LAGERUNG

Die Reife der Papaya kann man an gelben Flecken oder Streifen an der Schale erkennen. Je weicher sich die Schale anfühlt und

Melone, aber auch mit schwefeligem Spargel, grünem Paprika oder grünen Bohnen, die würzig-grüne Düfte ergänzen. Fruchtig-grün duftendes Olivenöl harmoniert dazu sehr gut. Über die Rauchschinkennote der Papaya passt in solch einen Salat wiederum sehr gut gekochter Schinken. Oder man ersetzt den Essig in der Vinaigrette durch Wurstbrühe. Wer Säure vermisst, muss nicht nur an Zitrone denken, sondern ruhig einmal an Apfelsaft, Apfelwein oder an einen ungesüßten Sauerkirschsaft. Ebenfalls über die fleischigen Düfte funktioniert eine Vorspeisenvariante, welche die Melone zum geräucherten Schinken durch eine reife Papaya ersetzt. Und wer keinen Schinken mag, kann sich mit Kombinationen aus Haferwurzel, Kaktusfeigenblättern, Okra sowie Süßkartoffel, Taro oder gar Zuckermais helfen, deren holzige, zedernartige, rauchige Noten die der Papaya in allen Reifungsgraden, roh und gekocht, hervorragend heben. Trocknet man Papaya leicht an und räuchert sie kalt, fügt sie sich mit den zusätzlichen Rauchnoten hervorragend zu gelben und roten Linsen, die ebenfalls von grünen Düften leben, und man erhält ganz neue Ideen für Currys. Dabei werden die geräucherten Papayas erst ganz am Ende der Kochzeit zugegeben. Sie enthalten kein Fett, und langes Mitkochen würde wegen der hohen Flüchtigkeit die Raucharomen eher in der Küche verteilen als in den Linsen. Zusammen mit grünen Tomaten, die nicht nur grüne Aromen, sondern auch Säure und Umamigeschmack einbringen, gewürzt mit scharfem Chili, kann man sowohl unreife als auch reife Papaya ausgezeichnet in der Pfanne braten. Das Aroma der süßlichen, reifen Papaya lässt sich mit Zitronensaft und Ingwer heben, insbesondere in Kombination mit würzig-harzigen Möhren. Süßlich-würzige Wurzelgemüse wie Pastinaken oder auch der weniger süße Sellerie paaren und ergänzen sich mit der eher unreifen Papaya. Balsamisch warme Würzeffekte lassen sich mit Schafgarbe oder Olivenkraut erzeugen, welche die herbalen Piniennoten der Papaya betonen, besonders wenn man zusätzlich mit leicht gerösteten Pinien- oder Zedernkernen würzt.

Der florale Anteil des exotischen Fruchtgemüses kann in Kombinationen mit Kürbis oder Rhabarber gehoben werden. Nimmt man stattdessen Chicorée, paaren sich nicht nur die leicht floralen Rosenholzdüfte, sondern auch, besonders bei unreifen Papayas, bittere und adstringierende Noten. Fügt man Walnusskerne hinzu, werden fein säuerliche Geschmacksnoten mit herben Effekten ergänzt – ein perfekter Sologang oder ein attraktiver Kontrast zu kräftig gegrilltem Fleisch. Über die Kressenote des Fruchtgemüses kann man es ausgezeichnet mit Meerrettich, Zwiebeln, Lauch, Kresse und sogar mit Kohlsorten kombiniert garen. Die Kohlgerichte wirken dadurch weniger schwer und passen über die fruchtigen Papaya-Noten wiederum weit besser zu Wildgerichten. Die cremig duftenden Papayas ergeben in kokosnussdominierten Currys (inspiriert von Kochideen aus Kerala) herrliche Genussmomente. Auch in Eintöpfen mit grünen Bohnen macht sich Papaya gut, denn die cremig wirkenden Aromen potenzieren sich. Will man die säuerlich-herben Noten betonen, nimmt man unreife Früchte, will man mehr Süße herausarbeiten, bieten sich reife an. Die an Kokosnuss erinnernden Düfte lassen sich auch mit Kichererbsen sehr gut kombinieren. Dazu sollte man aus texturellen Gründen die Papaya in Würfel schneiden, deren Kantenlänge etwa dem Durchmesser der gegarten Kichererbse entspricht. Wegen seiner cremig-sahnigen Düfte harmoniert die Papaya außerdem ausgezeichnet mit fetten Fischen (etwa Matelote, die durchaus Räucheraal im Gepäck haben dürfen). Auch Gerichte mit Innereien (Nieren, Leber, Bries) lassen sich mit Papaya aufwerten.

Nicht zuletzt sind rohe Papayas (samt Kernen) mit ihren fruchtigen und cremigen Düften in vielen Desserts willkommen. Selbst in Süßspeisen auf Schokoladen- oder Sahnebasis machen sie eine gute Figur, und zwar in allen Reifestufen. Unreif darf sie sein, wenn die adstringierenden Noten einer dunklen Schokolade mit hohem Kakaoanteil betont werden sollen.

REGIONALE VARIANTEN International bekannt ist ein Papayasalat aus der thailändischen Küche, der die vier Hauptgeschmäcker Südostasiens vereint – sauer (Limone), scharf (Chili), süß (Palmzucker) und umami (Fischsauce) – unreife Papaya mit Fischsauce und getrockneten Garnelen, gewürzt mit Knoblauch, Chili, Palmzucker und Limonensaft.

GESCHICHTE UND BOTANIK

Der Name Papaya kommt aus der Sprache der Arawak, einem indigenen Volk an der Nordküste Südamerikas. Schon im 16. Jahrhundert pflanzten die Spanier Papaya-Bäume auf den Antillen und den Philippinen. Heute wird die Papaya fast überall in den Tropen und Subtropen kultiviert.

Sie gehört zu den Melonenbaumgewächsen (*Caricaceae*) und stammt vermutlich ursprünglich aus Mexiko. Die Früchte (botanisch: Beeren) wachsen an einem baumartigen Kraut, das bis zu 10 Meter hoch werden kann. Sie sitzen an den Blattachseln am Stamm der Pflanze. Bis zur Reife der Frucht fallen die Blätter ab. Die Frucht kann bis zu 6 kg schwer werden. Bei uns werden allerdings meist die kleineren hawaiianischen oder brasilianischen Früchte gehandelt, die etwa 500 g wiegen. Das Fruchtfleisch ist in der Regel hellrot, die Schale der reifen Papaya gelb.

PRAKTISCHE KÜCHENHELFER: PAPAIN UND PEKTIN

Kerne, Blätter und Saft der Papaya enthalten Papain, ein Enzym, das das (ungekochte) Bindegewebe Kollagen im Fleisch spaltet und als Zartmacher eingesetzt werden kann. In der Karibik wurde und wird noch heute rohes Fleisch in Papayablätter eingewickelt oder in Papayasaft eingelegt, um es zart zu machen. Auch in der „modernen" Küche wird Papain genutzt: So kann z. B. frischer Papayasaft mit pulverisierten Kernen in das Fleisch gespritzt werden, damit das Enzym seine Wirkung entfaltet. Zu lang sollte die Einwirkdauer nicht sein, sonst gibt es im Inneren rasch „Fleischbrei". Roh sollten sie immer sein, denn ein Erwärmen über 65 bis 70 °C inaktiviert die Enzyme. Zugleich bringt das Papain Einschränkungen mit sich: Zum einen können Zubereitungen mit frischer Papaya nicht mit Gelatine verfestigt werden. Die Enzyme schneiden die Gelatineketten, sie können daher keine

je gelber sie ist, umso reifer ist die Beere. Papayas reifen bei Lagerung nach, allerdings nicht im Kühlschrank. Man bekommt sie bei uns ganzjährig als Importware, überwiegend aus Hawaii oder Brasilien.

SAISON

01 02 03 04 05 06 **07** **08** **09** **10** 11 12

Als Importware ganzjährig erhältlich, vor allem aus Hawaii und Brasilien.

ANBAU

Papaya brauchen einen sonnigen bis halbschattigen Standort. Im Sommer gedeihen sie im Garten oder im Kübel auf Terrasse und Balkon. Kübelpflanzen sollten bei 18 bis 25 °C und ziemlich trocken gehalten im hellen Wintergarten die kalte Jahreszeit verbringen. Stehen sie kälter und dunkler, verläuft das Wachstum langsamer. Papaya brauchen mindestens 10 °C Wärme und bevorzugen Temperaturen über 15 °C. Im Winter verliert die Pflanze fast alle Blätter und treibt im Frühjahr wieder aus. Die Früchte sind reif, wenn sie gelb und etwas ledrig werden. Sie reifen nach, die ganz unreif und grün geernteten allerdings nicht mehr richtig.

SAURE „KUTTELN" MIT PAPAYA

- 800 g frische, nicht zu kleine Kräuterseitlinge
- 1–2 TL Reisessig
- Salz, 2 EL Olivenöl
- 1–2 TL Petersilie, gezupft und gehackt
- 200 g weiße Zwiebeln
- 100 g Butter
- 3 Lorbeerblätter
- 200 ml heller Geflügelfond (ersatzweise Gemüsefond)
- 200 ml trockener Weißwein
- 1 frische Papaya
- 1 EL Mehl
- 2 EL Butter
- ½ Bund Koriander, gezupft und gehackt

Pro Portion: 434 kcal, 32 g F, 19 g KH, 2 g B, 10 g E

Kräuterseitlinge in einen Zipbeutel geben, etwas Reisessig angießen, leicht salzen, die Luft herausdrücken und verschließen. Im Dampf oder Wasserbad bei 89 bis 90 °C 1 Stunde garen. Im Anschluss öffnen, Pilze am Fuß anritzen und in Streifen („Kutteln") ziehen. Mit Öl und Petersilie würzen und zur Seite stellen.

Zwiebeln schälen und in feine Ringe schneiden. Butter in einer Pfanne erhitzen, Lorbeer zugeben und Zwiebeln darin anschwitzen, bis sie fast gar sind, aber keine Farbe nehmen. Dabei immer wieder Fond und Wein angießen. Papaya schälen, entkernen und das Fruchtfleisch in Würfel schneiden, dann zugeben. Vom Herd nehmen, aber warm halten, damit die Papaya durchziehen kann.

Mehl und Butter in einem Topf braun anrösten und die warme Sauce angießen. Köcheln, bis eine gute Bindung erreicht ist. Kräuterseitlinge zugeben, erwärmen und in tiefen Tellern mit Koriander garniert servieren.

Gele bilden. Außerdem sollten Gerichte mit Papaya und Milchprodukten möglichst sofort verzehrt werden. Die Enzyme schneiden Milchproteine rasch, und manche der dabei abgeteilten bzw. freigesetzten Aminosäuren und Peptide schmecken extrem bitter. Das ist zwar nicht ungesund, schmeckt aber unangenehm, und so kann ein im Voraus vorbereitetes Papaya-Dessert unter Umständen den Abschluss eines Menüs verderben.

Wie viele Gemüse- und Obstsorten enthalten Papayas ausreichend Pektin, das als fruchteigenes Verdickungsmittel für Marmeladen und Chutneys genutzt werden kann. Es entfaltet durch Kochen, Säuern und Zuckern seine volle Wirkung. Konfitüren und Chutneys, die man ohne Gelierzucker herstellt, bekommen durch diese Methode einen runden, vollen Flavour, wenn das Pektin über osmotisch unterstützte Prozesse länger als 2 Tage im sich bildenden Zuckersirup aus den Zellen gelöst wird und die Konfitüre danach bis zur Gelierfähigkeit eingekocht wird. Dazu muss eine Gelierprobe gemacht werden: Während des Einkochens immer wieder einen Tropfen auf einen kalten Teller fallen lassen und diesen schräg halten. Ist die gewünschte Konsistenz erreicht, kann die Konfitüre in sterile Gläser gefüllt werden und (im Keller) mehrere Monate „reifen". Längeres Einkochen und Reifen unterstützt die Aromabildung, die Spaltung des Kristallzuckers in Glucose und Fructose und nimmt die Säurespitzen aus der Konfitüre. Außerdem bleibt die Konfitüre so über Jahre hinweg haltbar. Allein aufgrund der kürzeren Kochzeit ist der leider so beliebte Gelierzucker aus physikalisch-chemischer Sicht eher ein Aromabildungs- und Geschmacksverhinderer.

Pastinaca sativa

PASTINAKE

Das süßeste aller Wurzelgemüse gehört wie Möhre, Sellerie und Petersilie zu den Doldenblütlern und erinnert im Aroma an ihre Verwandten. Während die Pastinake bei uns erst seit Kurzem ein Comeback erlebt – vor allem getrieben durch die ökologische Landwirtschaft, die ihre Robustheit schätzt –, blieb sie in England, Frankreich und Nordeuropa beliebt – zu Recht, denn ihr besonderes Aroma kommt nicht nur als klassische Suppenzutat zur Geltung, sondern auch gebacken oder als Püree.

Aromen roh: HEXYLBUTANOAT △ *grün, süßlich, fruchtig,* □ *wachsig, apfelartig,* ◇ *leicht seifig* (E)-β-OCIMEN △ *herbal, süßlich* (Z)-β-OCIMEN △ *floral, herbal, süßlich,* □ *grün, holzig,* ◇ *warm, gemüseartig* β-PINEN □ *herbal, holzig, harzig, pinienartig, heuartig, kampferig,* ◇ *gewürznelkenartig, muskatartig-würzig, pfefferig, leicht kühlend* TERPINOLEN △ *herbal, holzig, süßlich,* □ *pinienartig, zitrusschalenartig* β-BISABOLEN △ *balsamisch, holzig* α-FARNESEN △ *holzig, zitrusartig, floral, rosenartig,* □ *neroliartig,* ◇ *gemüseartig* 5α-ANDROST-16-EN-3-ON △ *erdig, moderig, trüffelartig* APIOL △ *herbal, würzig, petersilienartig* MYRISTICIN △ *würzig, warm, balsamisch,* □ *holzig,* ◇ *wärmend* γ-PALMITOLACTON □ *leicht fruchtig,* ◇ *cremig, fettig*
Aromen gekocht außerdem: DIMETHYLSULFID △ *schwefelig, zwiebelartig, radieschenblätterartig, kohlartig,* □ *fischartig, maisartig, spargelartig,* ◇ *ein Hauch gekochte Milch/Sahne* DIMETHYLDISULFID △ *schwefelig, gemüseartig,* □ *kohlartig,* ◇ *zwiebelartig* METHIONAL △ *schwefelig, gekochte Kartoffel, gemüseartig, moderig,* □ *hefeartig, käsig, gekochtes Fleisch, gekochte Eier*

Das Aroma der Pastinake (auch: ***Pastinak, Hammelmöhre, Hirschmöhre, Welsche Petersilie, Moorwurzel***) erinnert ein wenig an Petersilienwurzeln, besticht aber durch seine spezielle Mischung aus erdigen, harzigen und floralen Noten. Pastinaken lassen sich gesamtverwerten, sowohl die Wurzel als auch Stängel und Grün – selbst die Blüten eignen sich zum Würzen.

In den harzig und leicht floral duftenden Blättern und Stängeln dominieren vor allem das holzig-herbal duftende, kühl wirkende β-PINEN mit seinen Pfeffernoten, das herbal-süßliche (E)-β-OCIMEN und das grünlich-süßlich, nach Seife duftende HEXYLBUTANOAT, das noch einen Hauch Apfel einstreut. Die floralen, zitrusartigen Noten werden durch OCIMEN hinzugefügt. Diese Duftstoffe sind in den Wurzeln ebenfalls vorhanden, aber in geringerer Konzentration. Dort dominieren eher die an Petersilie und Muskatnuss erinnernden Phenylpropanoide APIOL und MYRISTICIN, die würzige, balsamische und holzige Duftaspekte freisetzen. Der herbale Charakter wird unterstützt von TERPINOLEN mit seinem holzigen Pinienduft sowie von den Sesquiterpenen β-BISABOLEN, das balsamisch und warm wirkt, und (E)-β-FARNESEN, das Zitrusholznoten und süßliche Duftkomponenten beisteuert. In der Küche wichtig ist auch der Hauch Trüffel, den die Pastinakenwurzel mit ins Spiel bringt: Verantwortlich dafür ist das Pheromon 5α-ANDROST-16-EN-3-ON. Erwähnenswert ist weiterhin der Heterozyklus γ-PALMITOLACTON. Das langkettige Lacton ist zwar wenig duftaktiv, sorgt aber zusammen mit den kurz- und mittelkettigen Fettsäurenderivaten und dem Inulin für den „cremigen" Charakter der Pastinake.

Aufgrund der harten Struktur der Wurzel bleiben die Aromen beim Erwärmen weitgehend erhalten. Es werden allerdings während des Kochens die typischen gekochten schwefeligen Aromen zugefügt, etwa METHIONAL, DIMETHYDISULFID und DIMETHYLSULFID.

Antioxidativ wirkende Polyphenolverbindungen gibt es in der Pastinake reichlich: Quercetin, Kaempferol, Apigenin sowie Genkwanin-Glucoside. Auch Hydroxyzimtsäuren und Kaffeesäuren sind vorhanden, ebenso wie die bei Sellerie zuhauf vorkommenden Furanocoumarine. Sie tragen zum bitteren Gesamteindruck im Grundgeschmack bei.

Pastinaken enthalten wie viele Wurzelgemüse die Oligofructose Inulin. Dieser Ballaststoff besteht aus Fructoseketten unterschiedlicher Länge mit je einer Glucose am Ende der Molekülkette. Die sehr kurzkettigen Fructosen (aus ein bis vier Fructosen) des Gemischs tragen zum deutlich süßen Geschmack der Pastinake bei. Inulin kann nicht von Amylasen gespalten und verdaut werden, sondern muss wie Oligosaccharide mithilfe von Enzymen im Dünndarm abgebaut werden. Dabei entstehen Gärgase, die bei manchen Menschen zu Blähungen führen, allerdings mit geringerer Wahrscheinlichkeit als bei Oligosacchariden (z. B. in Kohl, Hülsenfrüchten oder Rüben, → Fodmaps, Seite 84).

Nicht zuletzt enthalten Pastinakenwurzeln Stärke. Das ist insofern bemerkenswert, als diese lediglich etwa 11 Prozent Amylose aufweist und der Amylopektingehalt daher höher ist (→ Kartoffeln, Seite 243). Das hat zur Folge, dass die Gelatinisierungstemperatur der Pastinakenstärke zwischen 53 und 55 °C liegt – und damit 10 °C unter der von Kartoffeln oder Reis. Pastinakenpürees binden deshalb schon unter niedrigeren Temperaturen.

ZUBEREITUNG

Pastinaken kann man von der Wurzel bis zum Grün verwerten, das Grün und die Stängel wie Petersilie oder Selleriegrün am besten roh, um das volle Aroma zu erhalten. Sie würzen und ergänzen Salate mit harzigen, kräuterigen und leicht floralen Noten. Klassikern wie Kartoffelsalat verleiht Pastinakengrün eine von der üblichen Petersilie oder Schnittlauch abweichende, spannende Aromatik. Beim Servieren über gegrilltes Fleisch gestreut, kontrastiert das starke Kraut Grill- und Röstaromen. Selbst die Pastinakenblüten, welche die floralen Noten stärker betonen, eignen sich zum dekorativen und funktionellen Würzen.

In erster Linie nutzt man jedoch die Wurzeln: schälen, oberes und unteres Ende knapp abschneiden und in Stücke oder Scheiben schneiden. Vorsicht: Nach dem Schneiden der Wurzeln nicht mit den Händen an die Augen kommen: Die ätherischen Öle können brennen.

Ähnlich wie Kartoffeln können Pastinakenwurzeln vielfältig eingesetzt werden: roh, gekocht, gedämpft, gebraten, gebacken, frittiert und püriert. Als Rohkost sind sie geeignet, solange die äußeren Teile der Wurzel nicht zu stark verholzt und faserig sind. Man kann sie in dünnen Scheiben in Rohsalaten oder als Rohelemente auf Tellern einsetzen oder geraspelt für einen Salat, der mit einer Vinaigrette und nussigen Beigaben wie Sesam oder gerösteten Haselnüssen (oder den entsprechenden Ölen) gewürzt wird.

Sie gehören in die Gemüsesuppe, weil sie Suppen und Brühen „Gehalt" verleihen: Das Aroma der Pastinake unterstreicht und ergänzt eine Vielzahl der Aromen des klassischen Suppengrüns (Sellerie, Wurzelpetersilie, Möhre und Lauch). Außerdem bindet das Pektin aus der Stärke in der Pastinake Flüssigkeiten. Die Kochzeit von Pastinaken ist nur halb so lang wie die von Kartoffeln oder Möhren. Dünstet man sie über Dampf bissfest, kann man sie mit einem guten Öl, Essig, Salz und Pfeffer marinieren und lauwarm servieren. Aus weich gedünsteten Wurzeln (nicht gekochten, das macht das Püree geschmeidiger) lassen sich mit warmer Sahne feine Pürees

GESCHMACK

Das Aroma der Pastinake ist leicht blumig, erdig, harzig und erinnert ein wenig an Trüffel. Auffällig ist ihr süßlicher Geschmack, der sich beim Garen noch intensiviert.

MIKRONÄHRSTOFFE *(pro 100 g)*

Vitamine: *B_2 (0,13 mg), Folsäure (59 µg)* ***Mineralstoffe:*** *Kalium (523 mg), Phosphor (82 mg)* ***Sekundäre Pflanzenstoffe:*** *Furocumarine*

HARMONIE

KÜCHENJOKER

Chili, scharfes Curry, getrocknetes Basilikum, getrocknete Curryblätter, Rauch

PASTINAKOKO

- 1 kleine Pastinake und 2 große Pastinaken
- 1 EL Zucker
- 1 EL Isomalt
- 150 g natives Kokosöl
- 50 ml Kokossirup
- 100 ml Kokoswasser
- 1 Bio-Orange
- 50 ml Grand Marnier

Backofen auf 60 °C vorheizen. Kleine Pastinake abbürsten, in hauchdünne Scheiben schneiden und mit beiden Zuckersorten mischen. Auf einem mit Backpapier ausgelegten Blech verteilen und bei 60 °C (Umluft) 20 bis 30 Minuten zu Chips trocknen. Große Pastinaken schälen und klein schneiden. Kokosöl in einer Pfanne erhitzen und Pastinaken darin dünsten, bis sie sehr weich sind. Kokossirup und -wasser zugeben und zu einem sehr feinen Püree verarbeiten; auf Tellern verteilen. Orange mit Schale würfeln und mit Grand Marnier marinieren. Abtropfen lassen, Flüssigkeit dabei auffangen. Creme mit Orangenwürfeln und Pastinakenchips garnieren. Grand-Marnier-Orangen-Flüssigkeit auf Sektgläser verteilen und mit einem trockenen Winzersekt auffüllen. Zum Dessert genießen.

Pro Portion: 518 kcal, 38 g F, 35 g KH, 3 g B, 2 g E

herstellen: am besten im Mixer, damit alle Fasern komplett zerkleinert werden. Mit Kartoffeln und Mehl kann man aus gedämpften Pastinaken Gnocchi machen. Intensiver im Geschmack sind reine Pastinakengnocchi, die lediglich mit etwas Eiklar gebunden werden.

Pastinaken lassen sich roh oder vorgekocht braten oder backen. Möchte man kräftige Röstaromen, legt man sie (halbiert oder in Scheiben) mit Fett in die Pfanne und brät sie anfangs bei geschlossenem Deckel (damit die Stärke schmilzt und das Zellwasser bindet), zum Schluss auf Vollgas, bis man Karamell, Brotrinde, Kaffee und Schokolade riecht und das Gemüse schön geröstet ist. Will man verhaltene Röstaromen, kocht man sie vor und schwenkt sie dann in heißem Fett ab (oder flämmt sie mit dem Gourmetbrenner kurz an). Für Röstis nimmt man immer roh geriebene Pastinaken – entweder gemeinsam mit Kartoffeln und Möhren oder solo mit Eigelb und etwas Stärkemehl. Gewürzt mit Kümmel, Muskat, Salz, Pfeffer und in Butterschmalz ausgebacken, schmecken sie hervorragend. Im Ofen gart man Pastinakenstücke oder -stifte langsam (etwa 1 Stunde) bei nicht zu hohen Temperaturen (160 °C) und aromatisiert sie mit eher milden Gewürzen (z. B. Kreuzkümmel, Macis). Es gibt auch Kuchenrezepte mit Pastinaken – analog zu Möhren. Zum Frittieren nimmt man blanchierte Wurzeln – dann erhält man süßliche Chips, allerdings selten so knusprig wie Pommes frites – oder, für ein knusprigeres Ergebnis, roh und dünn gehobelte.

EXTRATIPP Die Schalen gut abgebürsteter Pastinaken kann man frittieren, abtupfen, grob mörsern und daraus eine hocharomatische Würze herstellen. Oder man schneidet sie klein, bestreut sie mit einem Teil Zucker und zwei Teilen weniger süßem Zuckeralkohol Erythritol und wartet, bis sie Wasser gezogen haben. Anschließend trocknet man sie mit dem entstandenen Sirup bei 70 °C im Ofen. Die Flocken erinnern an Cornflakes und lassen sich in Desserts als würzig-süßes Texturelement einsetzen.

PASST GUT ZU

Schweinefleisch, Äpfeln, Birnen, Orangen, Lamm, Nüssen, Käse, Herbsttrompeten, geräuchertem Wild

LÄNDERKÜCHE

Deutschland, Österreich, Schweiz: *Suppengemüse* ***England:*** *Pastinaken-Curry-Suppe, Mashed parsnip (Pastinakenpüree), Parsnips Molly Parkin (Auflauf), Pastinakenwein* ***England, USA, Kanada:*** *geröstete Pastinaken (Teil des Weihnachtsmenüs)* ***Dänemark:*** *Pastinakenauflauf mit Schweinemedaillons* ***Frankreich:*** *Pastinakensirup*

SORTEN

White King: *kurze Sorte, die besonders für schwere Böden geeignet ist.*

Halblange Weiße: *Standardsorte mit 20 bis 30 cm langen Wurzeln, im Geschmack besonders süß.*

Lange Weiße: *Sorte mit bis zu 40 cm langen Wurzeln.*

Aromata: *neue Zuchtform mit schmalen und langen Wurzeln, besonders süß und intensiv im Aroma. Sie ist beliebt im biologischen Landbau.*

Runde Pastinake: *kurze, dicke Form für flachere Böden, kommt nur noch selten vor.*

Tender & True: *alte englische Sorte aus dem 19. Jahrhundert, die Wurzeln sind halblang mit sehr feinem Geschmack.*

Demi-longue de Guernesey: *berühmte französische Sorte, auch „weiße Karotte" genannt.*

EINKAUF UND LAGERUNG

Pastinaken sollte man eher beim Biobauern kaufen, weil diese die Wurzel wieder anbauen. Nicht zu große Wurzeln nehmen, die sind schwammig oder holzig. Man kann sie anhand ihres Duftes von der sehr ähnlich aussehenden Wurzelpetersilie unterscheiden: Pastinaken duften nach Möhren, Wurzelpetersilie nach Petersilie. Die Lagerung ist ähnlich wie bei den Verwandten Möhre und Sellerie: Kühl und in ein feuchtes Tuch eingeschlagen, damit die Wurzel nicht austrocknet, halten sie sich mehrere Wochen, sogar Monate. Wie Möhren lassen sie sich außerdem vorgegart einfrieren.

KOMBINATIONEN

Die Pastinake lässt sich, ähnlich wie die verwandte Möhre, aufgrund ihres breiten Aromaspektrums auf vielerlei Arten würzen. Der holzig-würzige Duftbereich lädt zum Würzen mit Zitrusschalen, Kampotpfeffer, Kreuzkümmel, Koriandersamen oder Wacholder ein. Zitronengras („Zitrone ohne Säure") macht sich vor allem bei gekochten oder pürierten Pastinaken gut, gebraten nur, solange kräftige Röstaromen nicht dominieren. Ingwer oder Galgant docken ebenfalls in diesem Bereich an und liefern trigeminale Wärme. Über ihre holzig-kräuterigen Düfte passt die Pastinake gut zu Kerbel, Lorbeer, Rosmarin oder getrocknetem Basilikum (das zwar beim Trocknen viele der leicht flüchtigen floralen Noten verliert, aber holzige Düfte bewahrt). Naheliegend ergänzt wird die Pastinake mit würziger Petersilie, Muskat, Anis oder Fenchelkraut. Auch Bockshornkleesamen, der leichte Bitternoten beifügt, überzeugt. Fermentierte Noten und die dabei entstehenden Säuren sind bei den süßlichen Pastinaken ebenfalls willkommen. Diese Mischung aus grünen, würzigen, vergorenen Duftnoten und der feinen Säure kommt z. B. beim Garen mit Sauerkrautsaft, Oliven (und deren Lake) oder fermentierten Zitronen (Salzzitronen) zum Tragen. Die Kombination mit Sauerteigferment oder Brottrunk sind, wie das Schmoren in Dunkelbiersaucen, besondere Highlights der Pastinakenküche. Der leicht cremig-sahnige Duft wie auch der cremige Textureindruck der Pastinake erlaubt ferner Kompositionen mit „cremigen" Partnern, etwa das Verfeinern durch Aprikosen- oder Pfirsichpüree bzw. -saft, mit Saucen auf Cognac- oder Whiskybasis oder mit dem cremigen Paradevertreter Kokosnuss (z. B. creamed coconut). Gut passen außerdem Nüsse oder Pinienkerne: Ein Püree, ergänzt mit gerösteten Pinienkernen, gewürzt mit Muskat oder Muskatblüte, ist ein fast luxuriöser Begleiter zu Lamm.

Pastinaken werden wegen ihres charakteristischen Aromas am besten mit nicht viel anderem Gemüse kombiniert. Kartoffeln paaren sich über die gemeinsamen erdigen Noten, zum Beispiel in Röstis, Gnocchi oder Pürees. In Eintöpfen mit Kichererbsen und Pastinaken harmonieren fettig-wachsige und floral-herbale Noten sowie der Anklang an Möhren – die aus diesem Grund natürlich ebenfalls passen, etwa in einer Pastinaken-Möhren-Pfanne mit Gänseschmalz, gewürzt mit getrocknetem Rosmarin, Oregano oder Nigella. Kontrastieren lassen sich diese Gerichte mit der aromatisch-würzigen Muskatnuss. Wer es exotischer, aber aus einem ähnlichen Würzspektrum mag, greift zu Tonkabohne oder Anis. Selbst die reinen aromatischen Noten von Bittermandel und Vanille fügen sich ein. Die aromatische Verwandtschaft der Pastinaken zu den Trüffeln lässt sich in der Kombination mit Herbsttrompeten hervorragend herausarbeiten. Werden diese schwarzen Pilze mit Pastinaken kombiniert, duftet die Präparation erdig nach Trüffeln. Roh schmecken Pastinaken auch in der hochveredelten Version wunderbar: Dünne Pastinakenscheiben leicht salzen, mit Olivenöl anmachen und kräftig weiße Albatrüffeln darüberhobeln. Diese rohe Zubereitung kann man gut mit heißer Pasta mischen. Roh geraspelt oder dünn gehobelt vereinen sich Pastinaken mit dem grünen, fruchtigen Feldsalat; wird noch etwas Apfelsaft mit Olivenöl und etwas grüner Pfeffer beigefügt, ist das ein kleines Winterglück.

Zucker und Stärke des Gemüses laden zum Karamellisieren ein. In Butter (eventuell mit Zucker) karamellisierte Pastinaken sind mit ihren süßlichen und nussigen Noten Multitalente in Desserts, beispielsweise als Partner von Orangen, Zitronen, Äpfeln oder auch Maronen, ebenso wie in Wildgerichten, vor allem wenn die Saucen auf einer feinen Portwein- oder Madeirabasis stehen. Die Kombination mit (trockenem) Sherry, dessen säuerliche Noten die Süße der Pastinake ergänzen, ist eine kleine Sensation. Gewürze mit aromatisch-würzigen Duftkomponenten (etwa Vanille, Zimt, Sternanis, Muskat oder Tonkabohne) setzen hier interessante Akzente.

Man kann ein würzig-süßes Eis aus Pastinaken herstellen: Pastinakenwürfel in Milch aufkochen, eine halbe Stunde ziehen lassen, abgießen und pürieren. Die Milch mit Eigelb mischen und wie eine Englische Creme kochen (vorsichtig in einem Wasserbad eindicken lassen). Bei 45 °C Stabilisator und Invertzucker unterrühren und in einer Eismaschine gefrieren.

Die Süße der (länger) gegarten Pastinaken ist Grundlage für ein reizvolles Spiel mit trigeminaler Wärme und Kühle, und zwar in beide Richtungen. Werden Pastinaken in Chilisud gegart und anschließend mit balsamischen Kräutern und Gewürzen (z. B. Scharfgarbe, Olivenkraut, Wacholder) gewürzt, wird dadurch nicht nur das Eigenaroma der Pastinake hervorgehoben, sondern es entsteht im Trigeminalwärmebereich zwischen 30 und 37 °C ein angenehmes Mundgefühl. Aber auch gegen eine „Abkühlung" ist nichts einzuwenden: Fügt man kalten bzw. halbwarmen Salaten auf der Grundlage von bissfest gegarten, in dünne Scheibchen oder Brunoise (kleine Würfel) geschnittenen Pastinaken in nicht zu sauren Vinaigrettes kurz vor dem Servieren noch etwas Minze bei, „sinkt" die „trigeminale Temperatur", ohne dass die kühlende Minze und die balsamisch warmen Noten der Pastinake aus der Balance geraten.

REGIONALE VARIANTEN In England ist das Wurzelgemüse sehr beliebt. Dort ist es ein klassischer Begleiter zum britischen *Sunday Roast* – meist als Püree. Ein beliebtes englisches Rezept stammt von der schillernden Bohemienne Molly Parkin: *Parsnips Molly Parkin*, ein Auflauf aus Tomaten, Pastinaken, braunem Zucker und Sahne – es schmeckt weniger süß, als es klingt. Man kann es als eigenständiges Gericht einsetzen oder als Beilage, vergleichbar mit einem Kartoffelgratin: Die Sahne und die Säure der Tomaten machen es sehr flexibel. Dieses Zusammenspiel von Tomaten und Wurzelgemüse ist sonst eher selten. Ebenfalls britisch ist eine wärmende Wintersuppe aus je zur Hälfte Kartoffeln und Pastinaken, mit Sahne verfeinert und püriert, mit frischen Kräutern wie Petersilie und Kerbel, Thymian und Rosmarin gewürzt. Variieren kann man hier mit Zimt oder auch mit der Säure von Zitrone, Apfel oder Birne, die einen guten Kontrast zur Süße der Pastinake bilden. Auch Kokosmilch ist eine ideale Ergänzung. Ein weiterer moderner Klassiker der englischen Küche ist Jane Grigsons Curry-

SAISON

01 02 03 04 05 06 07 08 09 10 11 12

Importware ist beispielsweise aus Großbritannien erhältlich.

ANBAU

Pastinaken sind ein typisches Wintergemüse, müssen aber wegen der langen Kulturzeit von über einem halben Jahr im Frühjahr gesät werden. Damit sich die Wurzeln entwickeln können, sollte der Boden tiefgründig aufgelockert sein und am besten nicht überdüngt und zu fruchtbar, da die Pflanze dann auf Kosten der Wurzel zu viel Kraut entwickelt. Pastinaken passen im Beet gut zu schnell wachsenden Radieschen: Diese kennzeichnen die ausgesäten Reihen und werden lange vor den Pastinaken geerntet. Pastinaken sind frosthart und können den ganzen Winter hindurch geerntet werden. Wenn sie Frost bekommen haben, entwickeln sie erst ihr volles süßliches Aroma. Achtung: Die in Blättern und Samen enthaltenen Cumarinverbindungen können in Kombination mit Sonnenlicht Hautirritationen auslösen.

Pastinaken-Suppe aus den 1960er Jahren. Sie hat die Kombination von Pastinaken mit indischen Gewürzen populär gemacht: Kreuzkümmel, Koriandersamen, Kardamom, Senfkörner, Kurkuma und Pfeffer ergänzen und kontrastieren hier die Süße. Sogar Wein wird in englischsprachigen Ländern aus Pastinaken erzeugt – traditionellerweise kurz nach Weihnachten: Als Zutaten fungieren neben gekochten Pastinaken Wasser, Zitrone, Orange, Zucker, Rosinen, Hefe und Pottasche. Man lässt die Mischung eine Woche gären, dann gießt man die Flüssigkeit ab und lässt sie ein halbes Jahr fermentieren. Das Ergebnis ist ein Süßwein, der an Madeira erinnert.

Pastinakenauflauf ist ein Klassiker der skandinavischen, besonders der dänischen Küche: mit Zwiebeln, Äpfeln und Frischkäse, gewürzt mit Majoran und etwas Curry und kombiniert mit angebratenen Schweinefiletmedaillons. In deren Bratensud brät man das Gemüse an und gart alles zusammen in einer Auflaufform im Ofen.

GESCHICHTE UND BOTANIK

Die Pastinake wird schon sehr lange in Europa gegessen, am Bodensee fand man in Siedlungen aus der Steinzeit Spuren des Gemüses. Es ist allerdings unklar, ob es gezüchtete oder wilde Formen waren. Als „Germanenwurzel" schätzte sie bereits der römische Kaiser Tiberius (42 v. Chr.–37 n. Chr.), der sie aus Germanien einführen ließ. Wegen ihres hohen Zucker- und Stärkegehalts war die Pastinake lange ein beliebtes Grundnahrungsmittel. Sie wurde im Mittelalter auch als Zucker- und Honigersatz verwendet, weil beides damals sehr teuer war. Die uns heute vertrauten dickwurzeligen Sorten sind allerdings erst eine englische Züchtung aus der Mitte des 19. Jahrhunderts. Vorher waren sie dünner. Die Einführung der Kartoffel und die Züchtung der nahezu holzfreien, ebenfalls süßlichen Möhre haben die Pastinaken in großen Teilen Europas vom Speiseplan verdrängt, vermutlich auch weil ihre Kulturdauer so lang ist (6 bis 7 Monate). Sie hielt sich nur im für sie besonders günstigen atlantischen Klima in den Niederlanden, Frankreich und England. Erst der ökologische Landbau brachte sie zurück: Biobauern lieben das robuste und wohlschmeckende Gemüse. Außerdem ist sie ein beliebtes Tierfutter. In Parma schwört man darauf, dass der berühmte Schinken am besten schmeckt, wenn man die Schweine mit Pastinaken gefüttert hat. Pastinaken wachsen noch vielfach wild am Wegesrand, auf Brachflächen und Wiesen.

Die zweijährige Pflanze wird 50 bis 100 cm hoch und entwickelt wie die Möhre Pfahlwurzeln, außen gelb, innen weiß. Botanisch gibt es rund 14 Pastinakenarten, die aber nur regional verbreitet sind. Die in Europa kultivierte Art ist *Pastinaca sativa*. Bei uns in Mitteleuropa gibt es nur wenige Sorten, anders als in England, wo die Pastinaken beliebt und weitverbreitet sind. Großwurzelige Sorten tendieren dazu, schwammiges und nicht so aromatisches Fleisch auszubilden, und werden fast ausschließlich als Tierfutter verwendet. Für die menschliche Ernährung werden kleinere, aromatischere Sorten gezüchtet.

Solanum muricatum

PEPINO

Die Pepino gehört wie Tomate, Paprika oder die ihr auch äußerlich ähnelnde Aubergine zu den Nachtschattengewächsen und kam wie diese aus der „neuen" in die „alte" Welt, allerdings deutlich später als die anderen: 1785 taucht sie zum ersten Mal in Frankreich auf. Das süße und saftige Fruchtgemüse ist wegen seines überdurchschnittlichen Vitamin C-Gehalts beliebt, aber in der europäischen Küche ein Außenseiter – hier ist das kulinarische Potenzial der „süßen Gurke" noch zu entdecken.

Aromatisch erinnert die Pepino (auch: ***Birnenmelone, Melonenbirne***) ein wenig an Honigmelonen oder Birnen, ist aber botanisch nicht mit ihnen verwandt. Auf Englisch nennt man sie auch „sweet cucumber" – süße Gurke. Diese Bezeichnung trifft den Duftcharakter der Pepino sehr gut: Ihr Aroma zeigt säuerlich-fruchtige Noten über grün-„gurkige" und würzig-florale Komponenten bis hin zu deutlich süßlichen Noten mit Anklängen an Pfirsich, Aprikose und Marmelade. Bei den Fruchtsäuren stehen drei im Vordergrund: das leicht stechende BUTYLACETAT mit seinem Duft nach reifer Banane und tropischen Früchten, AMYLACETAT, das eher Birnen im Duftprogramm führt, und HEXYLACETAT mit Birnen- und Beerentönen. Grüne, grasige Düfte nach Gemüse, Melonen und Gurken werden von HEXANAL, NONENAL sowie dem deutlich „gurkigen" (E,Z)-2,6-NONADIENAL bereitgestellt, und selbst würzige, holzige Blütendüfte mit leichten Tabaknoten kommen über β-DAMASCENON hinzu. Ein wichtiger Aromastoff der Melonenbirne ist außerdem 2,5-DIMETHYL-4-METHOXY 3(2H)-FURANON, auch Erdbeerfuranon(methylether) genannt. Er duftet etwas moderig, retronasal aber marmeladig, wie man es unterschwellig von konfierten Erdbeeren kennt. Im Bereich der heterozyklischen Duftstoffe sind Lactone duftprägend, vor allem γ-NONALACTON mit seinem cremig-milchigen Kokosnussduft und γ-DECALACTON, das einen Hauch Kokosnuss mit Pfirsich und Aprikose einstreut. Diese Gruppe definiert damit den obstigen Charakter der Pepino.

Zu diesem fruchtigen und säuerlichen Eindruck tragen auch Zitronensäure und Äpfelsäure bei; die Zucker Saccharose, Fructose und Glucose sind für den Süßgeschmack der Pepino verantwortlich. Der säuerliche Zitruseindruck wird durch den relativ hohen Anteil an Ascorbinsäure (Vitamin C) unterstützt. Bemerkenswert ist außerdem das Vorhandensein der aus dem Kaffee bekannten Chinasäure. Sie trägt einen Hauch Bitterkeit und einen leicht herben Charakter bei.

ZUBEREITUNG

Die 10 bis 20 cm großen, meist eiförmigen Früchte können, müssen aber nicht geschält werden (ähnlich wie beim Apfel). Die etwas bitteren Kerne sollte man wie bei einer Honigmelone oder einem Apfel entfernen, ebenso den Stiel. Die Verwendung in der Küche ist überwiegend roh, zum Beispiel

Aromen roh und gekocht: AMYLACETAT *△fruchtig, birnenartig, bananenartig* BUTYLACETAT *△stechend, ätherisch, fruchtig, □reife Banane, grünlich, tropische Früchte* HEXYLACETAT *△fruchtig, grün, □grüner Apfel, ◇bananenschalenartig* (E)-2-HEXENAL *△grün, bananenschalenartig, fettig, □gemüseartig, blattartig, ◇würzig-fruchtig, frischer Käse* (Z)-6-NONENAL *△melonenartig, gurkenartig, grün, □wachsig, ◇gemüseartig* (E,Z)-2,6-NONADIENAL *△grün, gurkenartig, □melonenartig, ◇fettig* β-DAMASCENON *△floral, holzig, rosenartig, fruchtig, □gekochte Pflaumen, ◇tabakartig, süßlich* γ-DECALACTON *△cremig, butterig, kokosartig, süßlich, □fruchtig, ◇pfirsichartig, aprikosenartig* δ-DECENOLACTON *△kokosnussartig, cremig, sahnig, □herbal, ◇milchig, fruchtig* 2,5-DIMETHYL-4-METHOXY 3(2H) FURANON *△moderig, schimmelig, ahornsirupartig, süßlich, fruchtig, □karamellig, kakaobohnenartig, gemüseartig, ◇fleischig, marmeladig*

GESCHMACK

SÜSS SAUER SALZIG BITTER UMAMI

Der Duft von Pepinos erinnert an Birnen und Melonen. Ihr Geschmack ist säuerlich und leicht herb.

P

NACHTSCHATTENGEWÄCHSE

Die „Produkte“ der meisten Nachtschattengewächse sind giftig. Nur wenige Ausnahmen können verzehrt werden und sind daher vom Menschen als Lebensmittel kultiviert worden.

Alraune/Alraunwurzel *wird seit der Antike als „Zauberpflanze“ bezeichnet und verwendet: wegen ihrer besonderen Wurzelform, die einer menschlichen Gestalt ähneln kann; sie soll die Zukunft voraussagen können. Sie ist giftig bzw. wirkt parasympatholytisch (muskelentspannend) und wurde früher als Aphrodisiakum, Narkotikum, schmerzstillendes Mittel und halluzinogene Droge eingesetzt.*

Tollkirsche *enthält wie die Alraune ein Anticholinergikum: Atropin (Belladonna) wirkt toxisch und halluzinogen. Sie wird und wurde in der Augenheilkunde zur Pupillenerweiterung eingesetzt.*

GIFTPFLANZEN UND RAUSCHMITTEL

Bilsenkraut *wirkt toxisch, halluzinogen und ist auch als „Hexenkraut“ berüchtigt. Das Kraut spielte eine entscheidende Rolle im Mordprozess gegen den Engländer Hawley Crippen, der 1910 seine Frau damit umgebracht hat. Der Prozess gilt als Beginn der Forensik.*

Stechapfel *ist stark giftig, halluzinogen und kann Horrortrips auslösen. Stechapfel hatte bei indigenen Völkern in Amerika zeremonielle und medizinische Bedeutung. In Europa wurde er bis ins 20. Jahrhundert zur Linderung von Asthma (Rauch aus getrockneten Blättern) eingesetzt.*

Tabak *enthält das Pyridinalkaloid Nikotin, stammt aus Südamerika und der Karibik. Die Entdecker Amerikas brachten ihn nach Europa. Er wurde schon von den indigenen Völkern als Kautabak konsumiert, geschnupft, gerollt als Zigarre geraucht oder zerkleinert in Pfeifen gestopft.*

Kartoffeln *kamen mit den Entdeckern Amerikas nach Europa, Auswanderer brachten sie als Kulturpflanze/ Grundnahrungsmittel zurück in die Neue Welt. Dass die Knolle nur gekocht essbar ist, musste schmerzvoll gelernt werden.*

Gemüsepaprika *kamen vermutlich ursprünglich aus Mexiko und haben sich von dort aus auf der ganzen Welt verbreitet. In Europa wurden sie anfänglich nur als Zierpflanze genutzt.*

Tomaten *brachte Columbus von Südamerika nach Europa, wo sie die Italiener zuerst kultivierten. Europäische Auswanderer brachten sie dann nach Nordamerika.*

GEMÜSEPFLANZEN

Tomatillos *kommen aus Mittelamerika und werden dort seit 3000 Jahren kultiviert. Es gibt noch heute wilde Formen. In Europa gerieten sie nach ihrem Eintreffen jedoch bald wieder in Vergessenheit und wichen der Tomate. Erst in den letzten Jahren haben sie eine kleine Küchen-Renaissance bei uns erlebt.*

Auberginen *kamen über die arabische Welt nach Europa. Ursprünglich stammen sie wahrscheinlich aus Indien, wo sie schon seit mehr als 4000 Jahren angebaut werden. Sie heißen dort Brinjal und werden aufgrund ihrer vielfältigen Einsatzmöglichkeiten in der Küche als „Königin der Gemüse" bezeichnet. Im griechischen und römischen Altertum werden sie nicht erwähnt. Erst die Sarazenen scheinen sie im Mittelalter nach Europa gebracht und in Andalusien kultiviert zu haben.*

Pepinos *wurden im nördlichen Peru schon zwischen 600 bis 800 n. Chr. kultiviert: Sie wurden auf Keramikskulpturen der Moche-Kultur abgebildet, die man in Gräbern fand.*

PEPINO-SALSA

- 2 EL Blütenhonig
- 2 TL Balsamicoessig
- ½ TL Chiliflocken
- 2–3 reife Pepinos
- 2 Frühlingszwiebeln
- 2 EL getrocknete Feigen
- 3 EL geröstete Pekannüsse
- 1 Handvoll Minzeblätter, gehackt
- Salz und frisch gemahlener schwarzer Pfeffer

Pro Portion: 146 kcal, 8 g F, 14 g KH, 2 g B, 2 g E

Honig, Balsamico und Chiliflocken verrühren. Pepinos halbieren, Kerne entfernen, Fruchtfleisch herauskratzen und würfeln. Frühlingszwiebeln putzen und weiße sowie hellgrüne Teile in Scheiben schneiden. Feigen und Pekannüsse hacken. Pepino-Fruchtfleisch mit Zwiebeln, Feigen und Nüssen vermischen. Frische Kräuter zugeben, mit Honigsauce übergießen, mit Salz und Pfeffer würzen.

Tipp: Passt zu Fisch oder hellem Fleisch und als Auflage für Crostini oder Bruschetta.

MIKRONÄHRSTOFFE *(pro 100 g)*
Vitamine: *C (35 mg)*

HARMONIE

KÜCHENJOKER
Basilikum, Petersilie, Minze, Weizenbier

PASST GUT ZU
Frischkäse, Blauschimmelkäse, Trockenpflaumen, Kokosnuss, Milchprodukten, Wild, Leber

LÄNDERKÜCHE
Lateinamerika: Salsa, Obstsalate

in Stücke geschnitten in einem exotischen Obstsalat, in einem Dessert oder auch als Eis oder Fruchtmus.

Unreife, weniger süße Pepinos kann man wie einen Kürbis zubereiten und dünsten, backen oder braten. Sie kommen roh am Schluss in eine Suppe oder lassen sich unter Risotti, Linsen- und Bohnengerichte heben, um diesen einen fruchtig-säuerlichen Charakter zu geben.

KOMBINATIONEN

Pepino wird bei uns meist als Obst eingesetzt, roh in süßen oder süß-sauren Gerichten. Der hohe Anteil der Fruchtsäuren legt natürlich die Kombination mit Früchten nahe, die nahezu beliebig gewählt werden können, denn die Pepino ist in dieser Hinsicht extrem anpassungsfähig, etwa als Bestandteil komplexerer Obstsalate. In Desserts bietet sich über die cremigen Aromen des Fruchtgemüses die Kombination mit Milchprodukten und Kokosnuss an, etwa püriert in einem Milchshake. Die Verwendung von Pepinosaft (roh, frisch entsaftet) in exotischen Cocktails (z. B. mit Rum und/oder Kokos) gibt auch an der Bar Anlass zur Freude, zumal durch das Entsaften die grünen Aromen und Bitternoten mehr betont werden. Kleine Pepinos kann man geschält ganz, große in Stücke geschnitten in flüssige Schokolade tauchen. Ein Pepino-Kompott aus gekochten Früchten, leicht gesalzen und trigeminal und harzig ergänzt mit Langem Pfeffer oder zitrusartigem Timutpfeffer ergibt eine exotische Füllung für Crêpes.

Darüber hinaus bieten die eher „gemüsigen" Aromen zahlreiche weitere Anknüpfungspunkte. So lässt der relativ stark ausgeprägte „grüne" Teil des Aromaspektrums die Kombination mit fruchtigen Olivenölen zu. Oder man kombiniert klein gewürfelte gegarte Pepinos mit frischen Erbsen: In Butter (Sahne, Crème fraîche, *creamed coconut*) abschwenken, leicht salzen oder etwas Minze dazugeben, die ein wenig trigeminal kühlt. Möchte man es trigeminal wärmer und aromatisch harziger haben, sind Olivenkraut oder Rosa Beeren eine gute Wahl. Will man die würzig-grüne Erdigkeit betonten, bewirkt eine Handvoll gewürfelter grüner Paprika zu diesen

Pepino-Erbsen kleine Wunder. Auch die Ergänzung mit einem Hauch Schwefel über 1 EL Frühlingszwiebeln ist ausgezeichnet. Im Bereich nicht vollkommen süßer Vorspeisen sind über die grünen und „gurkigen" Noten außerdem Kompositionen mit Gurken und Melonen naheliegend. Dabei liefert die rohe Pepino einen hohen Anteil an Säure und Süße, die vor allem bei süß-sauer abgeschmeckten Gurken gern gesehen wird. Perfekt passt dazu Frischkäse, der ebenfalls mit „grünen" Aromen punktet. Möchte man es würziger haben, sind cremige Käse wie reifer Camembert (auch warm), Bleu d'Auvergne oder Ziegenkäse „cremeux" wunderbare Partner: Auf der Geschmacksebene ergänzen sich Säure und Süße des Gemüses mit dem Umamigeschmack des Käses, aromatisch paaren sich die cremig-sahnigen Noten. Die vielschichtigen fruchtigen Bananen- und Birnenaromen lassen sogar Kombinationen mit Saucen auf Weizenbierbasis zu. Das wenig gehopfte und damit wenig bittere Bier mit seinem Bananenduft erlaubt raffinierte Käsegänge: zwei Teile Bananensaft mit einem Teil Weizenbier ohne zusätzlichen Zucker bis zur Sirupkonsistenz eindicken. Wer möchte, darf zum Schluss etwas (süße) Sahne unterheben. Gegarte Pepino mit rohen Melonenwürfeln und Blauschimmelkäse in einem Schälchen anrichten, die Weizenbiersauce angießen.

Pepinos (roh oder gegart) lassen sich außerdem hervorragend räuchern, denn das Grundaroma ist bereits angelegt. Am besten hebt man dem Buchenräuchermehl noch etwas Kokosnussschale bzw. -raspeln oder mit Whisky oder Cognac aromatisierten Pfeifentabak unter, um die cremigen Aromen zu betonen. Der Kombination mit Wildgerichten, Ente, Nieren oder Leber steht auf der Geschmacksebene nichts im Wege, denn diese vertragen traditionell Süße und Säure. Beliebt sind in Südamerika Salsas mit Pepino: Hier wird die melonenartige Süße mit würzigeren Noten (Petersilie) kontrastiert und mit süßlichem Essig (Balsamico) abgerundet.

Manchmal ist das Einfache das Beste: Pepino (aller Reifungsstufen, je nach gewünschter Säure oder Süße) in Butter abschwenken und, der karamelligen Noten wegen, mit leicht angetoasteter Brioche und einem Glas Gewürztraminer aus den Grand-Cru-Lagen des Elsass servieren – ein wunderbares Spiel aus cremigen, holzigen und rosenartigen Düften.

GESCHICHTE UND BOTANIK

Pepinos wurden in Peru schon zwischen 600 bis 800 n. Chr. kultiviert. Wildformen sind nicht bekannt. Das Fruchtgemüse wird heute außerhalb Südamerikas in Kalifornien, Florida, Äthiopien, Südafrika und Australien/Neuseeland angebaut, in Europa in Spanien, Italien und der Schweiz.

Pepino wächst in Strauch- oder Buschform und wird wegen der gestreiften Früchte und hübschen Blüten auch als Zierpflanze genutzt. Sie bildet apfelgroße, rundliche bis eiförmige Beeren aus, die grün, gelb oder orange gefärbt sind mit roten oder violetten Streifen. Sie erinnern an kurios gefärbte rundliche Auberginen. Das Fruchtfleisch ist gelblich-orange bis goldgelb. Aufgeschnitten ähnelt die Pepino einer kleinen Honigmelone.

EINKAUF UND LAGERUNG

Pepinos erhält man im gut bestückten Spezialladen oder Supermarkt auch bei uns, sie sind relativ teuer. Importware wird meist unreif geerntet und reift während des Transports nach. Auch zuhause kann man sie nachreifen lassen und eine Weile lagern, am besten bei ca. 5 °C und hoher Luftfeuchtigkeit.

SAISON

01 02 03 04 05 06 07 08 **09** **10** **11** 12

Als Importware aus dem Mittelmeerraum und Südamerika ganzjährig erhältlich.

ANBAU

In Mitteleuropa können Pepinos entweder in Töpfen oder, wenn die Nachttemperaturen nicht mehr unter 10 °C fallen, auch im Freien angebaut werden, sie müssen aber regelmäßig gedüngt und feucht gehalten werden. Sie bilden schon im ersten Jahr Früchte aus. Überwintern können die mehrjährigen Pflanzen an einem hellen Ort bei rund 15 °C. Im erwerbsmäßigen Anbau werden sie in Europa unter Glas und, wie Gurken, Tomaten oder Paprika, an Schnüren gezogen.

Funghi

PILZE

Pilze (Fungi) spielen botanisch eine Sonderrolle: Sie ähneln zwar Pflanzen, da sie sich nicht fortbewegen und Zellwände ausbilden, sind aber nach heutigem Erkenntnisstand näher mit den Tieren verwandt, weil sie sich wie diese heterotroph, d. h. „von anderen" ernähren, nicht durch Photosynthese. Dennoch haben wir einige wichtige Speisepilze aufgenommen, weil sie – frisch oder getrocknet – aus der Gemüseküche nicht wegzudenken sind.

●○○○○○○○○

Aromen roh: 1-OCTEN-3-ON *△pilzig, erdig, roher Champignon, □moderig, herbal, ◇hähnchenhautartig* 1-OCTEN-3-OL *△grün, erdig, fungal, champignonartig, □gemüseartig, pilzig, hähnchenhautartig, ◇brühenartig, saucenartig*

MIKRONÄHRSTOFFE *(pro 100 g)*

Vitamine: B_2, C, Folsäure *Mineralstoffe: Kalium, Phosphor, Eisen*

HARMONIE

●○○○○○○○○	PILZE
●○○○●●●●●	ARTISCHOCKE
●●○○○●○●○	BOHNE, HÜLSEN
●●○●○●●●○	GRÜNER PAPRIKA
●○○●○●○○●	LÖWENZAHN
●●○●○●●●○	KARTOFFEL
●●○○○○○○●	KOHLRABI
●●●●○○●●○	WURZELPETERSILIE
○○●●●●○○○	BOHNENKRAUT
●○●●○○●●○	DILL
○○●●○●●○●	ESTRAGON
●○○●○○●○○	PETERSILIE
○○●●●○○○●	PFEFFER
○○○●●○○○○	ROSA BEEREN
○○●●●○●○●	ROSMARIN
○○●●●●○○○	THYMIAN
○○●●●○○○●	TIMUTPFEFFER

Aromabestimmend sind bei den meisten Pilzen zwei Geruchsstoffe, die beim Fettabbau entstehen: 1-OCTEN-3-ON, dessen pilztypischer, erdiger, leicht moderiger Geruch mit herbalen Einsprengseln den Duft vieler Speisepilze dominiert, sowie dessen enger Verwandter 1-OCTEN-3-OL, der neben den typisch pilzigen Gerüchen grüne Noten einstreut.

Geschmacklich weisen viele Speisepilze stark in Richtung umami. Verantwortlich dafür sind bemerkenswerte Konzentrationen an Glutaminsäure sowie an Guanosinmonophosphat, das umami-verstärkend wirkt. In manchen Pilzen sind schwache Anklänge von Säuren bemerkbar.

KOMBINATIONEN

Während sich die Zubereitung der verschiedenen Pilzarten doch unterscheidet, gibt es bei den Kombinationen Gemeinsamkeiten – basierend auf den typischen Pilz-Aromen. So paaren sich gebratene, gedünstete oder gar rohe Pilze generell sehr gut mit Artischocken, grünen Bohnen, Kartoffeln oder Wurzelpetersilie, die ähnliche Geruchskomponenten aufweisen. Selbst milde Kohlsorten wie Kohlrabi oder Blumenkohl harmonieren roh oder gedünstet sehr gut. Pilze passen weiterhin ausgezeichnet zu Käse, insbesondere zu Camembert, der aufgrund des Edelschimmels ebenfalls typische Pilznoten zeigt, oder auch zu lang gereiftem Rindfleisch (Tatar, Burger) sowie zu Bündner Fleisch oder fermentierten Rohwürsten. Außerdem kann man immer mit „Wald" kontrastieren: Erdige Noten lassen sich durch Spinat, Beten oder Speiserüben einbringen, harzige Noten über Möhren, die, wenn sie länger gekocht sind, außerdem Süße mitbringen – eine der beiden positiv besetzten Urgeschmacksrichtungen –, die andere, nämlich den Umamigeschmack der Pilze, wunderbar ergänzt. Stark erdig-herbale Noten lassen sich, außer durch Kräuter, über Löwenzahn oder Rauke zufügen, erdiggrüne Noten mit grünem Paprika. Gefüllte Paprikaschoten mit etwas Reis (oder Couscous) und Hackfleisch und einer guten Portion gemischten Pilzen und Pinienkernen sind kleine Aromawunder.

(Fast) alle Pilze lassen sich roh mit etwas Salz (und Kräutern wie Majoran, Rosmarin oder Thymian) im Mixer mit wenigen Stößen zu einer Masse verarbeiten, aus der man ohne weitere Bindemittel wie Mehl oder Ei kleine Klöße formen kann, die man in Öl oder schäumender Butter anbraten kann – ein lohnendes Experiment: texturell, aromatisch und geschmacklich.

GESCHICHTE UND BOTANIK

Die meisten Speisepilze gehören botanisch zu den Ständerpilzen *(Basidiomycota)* – nur wenige wie die Morchel oder der Trüffel zu den Schlauchpilzen *(Ascomycota)*. Unterirdisch bilden Pilze ein fadenförmiges Zell- bzw. Hyphengeflecht, das Myzel. Am Ende der Myzelfäden wachsen die Fruchtkörper aus dem Boden.

Bereits in der Antike unterschied man zwischen essbaren und giftigen Pilzen, glaubte aber, die Giftigkeit rühre vom Standort her. Die kulinarische Verwendung von Pilzen kann sich regional deutlich unterscheiden: Während man beispielsweise in Osteuropa den Wolligen Milchling schätzt, wird er anderswo als ungenießbar angesehen. In Skandinavien werden sogar (leicht) giftige Arten wie der Frühjahrslorchel verzehrt. Auch der heute als giftig bzw. unbekömmlich angesehene Kahle Krempling wurde vor einigen Jahrzehnten bei uns noch gegessen.

GESCHMACK

SÜSS **SAUER** SALZIG **BITTER** **UMAMI**

Geschmacklich weisen viele Speisepilze stark in Richtung umami. Verantwortlich dafür sind bemerkenswerte Konzentrationen an Glutaminsäure sowie an Guanosinmonophosphat, das umami-verstärkend wirkt. In manchen Pilzen sind schwache Anklänge von Säuren bemerkbar.

SAISON

01 02 03 04 **05** **06** **07** **08** **09** **10** **11** **12**

Zuchtpilze gibt es das ganze Jahr, frisch gesammelte als Importware.

ANBAU

Züchten kann man nur Champignons, Shiitake und Austernpilze. Beim Sammeln von Pilzen muss man die Auflagen des Naturschutzes beachten sowie die Gefahr der Verwechslung mit giftigen Pilzen.

AUSTERNPILZE

ENOKIPILZE

POMPOM BLANC

KRÄUTERSEITLING

ZITRONENSAITLING

SHIMEJI-PILZE

GEMEINER RIESENSCHIRMLING

P

Agaricus bisporus

Aromen roh: 1-OCTEN-3-OL *△erdig, muffig, pilzartig, grün, □schimmelig, ölig, ◇herzhaft* 1-OCTEN-3-ON *△pilzig, erdig, roher Champignon, □moderig, herbal, ◇hähnchenhautartig* 3-METHYLBUTANAL *△aldehydisch, ätherisch, pfirsichartig, □schokoladenartig, fruchtig, ◇schweißig* (E)-2-OCTENAL *△fettig, wachsig, □bananenartig* (Z)-2-OCTENAL *△fettig, fruchtig, grün, □blattartig, walnussartig* BENZALDEHYD *△aromatisch, bittermandelartig, nussig, süßlich, □holzig*

GESCHMACK

SÜSS SAUER SALZIG **BITTER** **UMAMI**

Je nach Sorte duften Champignons erdig oder erinnern an Anis oder Mandeln; sie haben einen deutlichen Umamigeschmack.

HARMONIE

CHAMPIGNON
FENCHEL
BOHNE, HÜLSEN
HONIGMELONE
KARTOFFEL
PAPAYA
PAPRIKA
WURZELPETERSILIE
ZWIEBEL
ANIS
ESTRAGON
FENCHELSAMEN
KNOBLAUCH
PETERSILIE

CHAMPIGNON

Der Geruch frischer Champignons wird oft mit „feuchter Boden, Mandeln, leicht schimmelig bis muffig, mit einem Hauch Kork" beschrieben. Für diese Duftnoten ist der Aromastoff 1-OCTEN-3-OL verantwortlich. Die typischen Aromen entstehen jedoch erst während des Kochens: Werden Champignons erhitzt, oxidiert der Aromastoff zu 1-OCTEN-3-ON, dessen Geruch eindeutig „champignonartig, pilzig" ist. Des Weiteren wirken im Champignonaroma streng erdige, fast verbrannt riechende Noten und ein nussig-feuchter, erdig-holziger Duft mit.

ZUBEREITUNG

Wie fast alle Pilze sollte man Champignons nicht waschen, sondern mit einem Tuch abreiben. Andernfalls nehmen sie über ihre poröse Struktur Wasser auf und verlieren deutlich an Aroma. Geputzt schneidet man sie in Scheiben und brät sie in Fett bei niedriger Hitze – oder man legt sie auf den Grill, zum Beispiel mit Zwiebeln, Knoblauch und frischen Kräutern in Folie gewickelt (cc. 10 bis 20 Minuten, je nach Hitze). Ganze Champignons kann man in Bierteig gehüllt frittieren wie Tempura oder in Semmelbrösel und Ei gehüllt ausbacken wie ein Schnitzel (dazu wird in Österreich Sauce Tartar gereicht). Große Exemplare (Riesenchampignons) lassen sich ausgezeichnet füllen und backen.

Anders als die meisten Pilze kann man Champignons auch roh verzehren – frisch (etwa in Salaten), getrocknet oder eingelegt. Zum Trocknen werden geputzte Champignons geviertelt und auf Backpapier oder einer Backmatte im Ofen bei Heißluft bei 45 °C mindestens 5 bis 6 Stunden getrocknet. Als Alternative bietet sich ein Dörrautomat an. Pulverisiert man sie anschließend in einem Mörser oder im Thermomix, erhält man ein wunderbares Gewürz, das Suppen und Saucen Pilzaroma und Umamigeschmack verleiht. Angebraten oder blanchiert lassen sich Champignons gut in Öl oder Essig einlegen.

KOMBINATIONEN

Champignons dienen oft als Beilage für viele Gerichte, können aber durchaus im Zentrum eines Gemüsetellers stehen.
Ein beliebtes Gericht sind gebratene Champignons mit Zwiebeln und mit viel frischer Petersilie. Während in der Pfanne auf natürliche Weise Glutaminsäure entsteht und für einen herzhaften Umamigeschmack sorgt, ergänzt das frische Kraut die Komposition um schwer-würzige sowie grasige Töne. Alternativ können mediterrane Kräuter wie Thymian, Majoran, Salbei, Estragon oder Oregano verwendet werden. Die pilzigen Aromen lassen sich je nach Vorliebe durch schwefelig-scharfe Noten erweitern, die sich etwa in frischem Knoblauch, Kresse, Bärlauch und Schnittlauch finden. Mit oder ohne Kräuter geben die Pilze Omelettes und Risotti eine herzhafte, erdige Note.

CHAMPIGNONOMELETTE

- 500 g Champignons
- Olivenöl
- 2 Eier
- 1 Msp. Backpulver
- 1 TL Champignonpulver
- Salz, Pfeffer

Die Champignons abbürsten und in feine Blätter schneiden. Olivenöl in einer Pfanne erwärmen und die Pilze darin anbraten, bis alles Wasser verdampft ist. Die Eier mit Backpulver, Champignonpulver und Salz aufschlagen und über die Champignons gießen. Stocken lassen und heiß servieren. Vor dem Servieren nochmals mit frisch gemörsertem groben Pfeffer nachwürzen.

Pro Portion: 113 kcal, 8 g F, 1 g KH, 2 g B, 8 g E

Besonders große Champignons (Portobello) lassen sich roh wunderbar füllen, z. B. mit Couscous und angerösteten, kleingehackten Tomaten, Zwiebeln, Knoblauch, Tomaten und Speck, gewürzt mit Fenchelsamen: im Ofen mit würzigem Käse 15 Minuten überbacken ergibt das ein wunderbar herzhaftes Gericht. Als Füllung eignen sich ebenso Feta und getrocknete Tomaten, die zusätzlich intensiven Umamigeschmack bringen. Die Milde der Champignons und ihre aromatisch fruchtigen Noten erlauben sogar die Kombination mit Früchten. In Butter mit etwas würziger Kontrastpetersilie geschwenkte Champignons, die zum Ende der Garzeit mit Aprikosen oder Honigmelonen abgeschwenkt werden, sind mit einer Flasche Rosé und frischem Baguette eine kleine Sensation.

GESCHICHTE UND BOTANIK

Champignons werden seit der Mitte des 17. Jahrhunderts gezüchtet, als Pariser Gärtner entdeckten, dass sich der Feld- und Wiesenchampignon, der am Hofe Ludwigs XIV. als exklusive Delikatesse galt, in dunklen Gewölben und Kellern anbauen ließ. Zu Beginn des 20. Jahrhunderts entstand eine nennenswerte Champignonzucht. Immer mehr Produktionsbetriebe ließen die beliebten Pilze in abgedunkelten und klimatisierten Spezialhallen wachsen, in denen rund ums Jahr geerntet werden konnte. Ursprünglich waren alle Zuchtchampignons hellbraun. 1926 entdeckte ein Pilzzüchter in Pennsylvania (USA) durch Zufall schneeweiße Champignons in seinem Pilzbeet und züchtete sie weiter. Die weißen und braunen unterscheiden sich aromatisch nur unwesentlich voneinander. Als Zucht-Champignon kultiviert wird der Zweisporige Egerling (*Agaricus bisporus*).

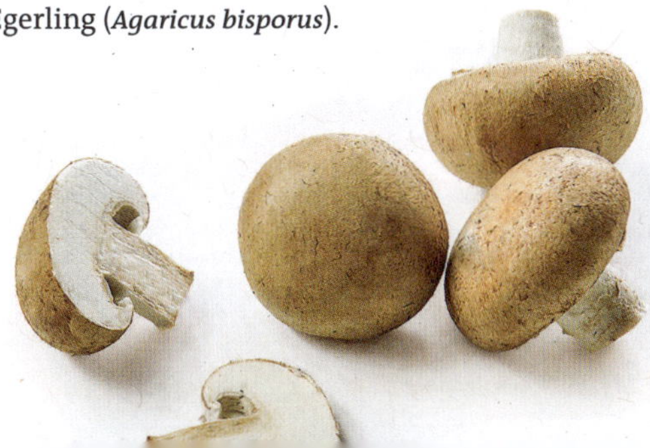

PFEFFER
THYMIAN
TOMATE (GETROCKNET)

PASST GUT ZU

Fleisch, auch Wild, Fisch, Käse, Eiern, Pasta

LÄNDERKÜCHE

Deutschland: *Champignoncremesuppe, Omelette* ***Italien:*** *Pastasauce, Risotto* ***Frankreich:*** *Bœuf Stroganoff (Ragout)*

EINKAUF UND LAGERUNG

Champignons im Handel sind fast immer Zuchtpilze. Manchmal bekommt man die wilden Wiesen- und Waldchampignons und den seltenen Anis-Champignon. Die Pilze lassen sich 2 bis 3 Tage im Gemüsefach des Kühlschranks lagern, am besten in Papier, einem trockenen Tuch oder der mit Folie überzogenen Packung, denn sie nehmen leicht Gerüche an.

ANBAU

Zuchtchampignons werden auf kompostierten Substraten aus Mist in dunklen, kühlen Räumen gezogen. Die Pilze werden unreif geerntet. Manche Blumengeschäfte bieten Pilzkulturen für den Hausgebrauch an, sodass man frisch aus dem Keller ernten kann.

Morchella esculenta

Aromen roh: 1-OCTEN-3-OL *△grün, erdig, □pilzig* 1-OCTEN-3-ON *△pilzig, erdig, roher Champignon, □moderig, herbal, ◇hähnchenhautartig* 2-OCTANON *△fettig, erdig, grasig, □holzig, blauschimmelkäsig, milchig, ◇pilzig, hefig* 3-OCTANOL *△fettig, erdig, pilzig, □herbal, melonenartig, zitrusartig, ◇minzartig, sahneartig* 2-HEXANON *△fruchtig, pilzig, □fleischartig, butterig* 2-HEPTANON *△fettig, käsig, □fruchtig, grüne Bananen* P-CYMEN *△aromatisch, terpentinartig, holzig, □kreuzkümmelartig, oreganoartig, ◇pfefferig* THYMOL *△ thymianartig*

GESCHMACK

SÜSS SAUER SALZIG BITTER UMAMI

Morcheln duften nussig-feucht, holzig, frisch, erdig-grün, würzig und ein wenig nach Thymian. Sie schmecken säuerlich und umami.

HARMONIE

MORCHEL
MÖHRE
SELLERIE
SPARGEL
ZWIEBEL
BOHNENKRAUT
KERBEL
LANGER PFEFFER
MUSKATNUSS, MACIS
PETERSILIE
THYMIAN
ZIMT

MORCHEL

Morcheln (*Morchella*) gehören zu den aromatischsten Pilzen, deshalb kommen sie in der Spitzengastronomie häufig zum Einsatz. Bei frischen Morcheln ist der eiförmige, fast regelmäßig geriffelte Hut auch optisch attraktiv. Getrocknet stehen sie das ganze Jahr zur Verfügung und sind im Aroma noch intensiver.

Das Aroma der Morcheln ist komplex. Wie viele andere Pilze enthalten sie 1-OCTEN-3-OL, das beim Erhitzen zu 1-OCTEN-3-ON oxidiert und für einen Großteil des Pilzgeruchs verantwortlich ist. Darüber hinaus steuert 3-OCTANOL, nussig-feuchten und erdig-holzigen Duft bei, 2-OCTANON frisch-erdige-grüne Noten. Außerdem finden sich fruchtig-käsige Töne sowie der Hauch eines eher stechenden Aromas, das sich beim Kochen und Trocknen jedoch verflüchtigt. Ein Plus im Duft der Morchel ist das aromatisch-würzige THYMOL, das am Hauptaroma des Thymians beteiligt ist. Die kräuterige Note wird durch P-CYMOL unterstützt. Beide Aromen bleiben beim Trocknen weitgehend erhalten, daher duften getrocknete Morcheln intensiver nach ihnen.

Für den leicht säuerlichen Geschmack der Morchel ist ein Gemisch von Apfel-, Essig- und Zitronensäure verantwortlich. Hervorzuheben ist ihr deutlicher Umamigeschmack, der sich einem hohen Anteil an Asparaginsäure und freier Glutaminsäure verdankt.

ZUBEREITUNG

Morcheln werden immer mitgekocht, -gedünstet oder -gebraten. Frisch enthalten sie ein leichtes Gift (Helvellasäure), das beim Waschen zu einem großen Teil und beim Kochen vollständig verschwindet. Wichtig bei der Zubereitung der frischen Morcheln ist die Säuberung: zuerst ausklopfen, dann eventuell halbieren und mit einem Pinsel oder einer kleinen Bürste unter fließendem Wasser abspülen, danach in der Salatschleuder vorsichtig trocken schleudern. Puristen raten wie bei allen Pilzen von dem Kontakt mit Wasser beim Säubern ab, da es viele der Aromen herausspülen würde. Nicht zuletzt ist aber der Verschmutzungsgrad der Pilze entscheidend, der bei Morcheln wegen der Löcher meistens höher ist. Die Hüte lässt man aus optischen Gründen ganz oder halbiert sie lediglich. Stiele können im Ganzen verarbeitet oder für die köstliche Morchelrahmsauce klein gehackt werden. Größere Morcheln kann man füllen. Sie lassen sich auch behutsam anbraten, dabei muss man allerdings vorsichtig vorgehen, denn sie geraten außer Form. Sehr große Morcheln kann man quer in Ringe schneiden und in Olivenöl anbraten – eine dekorative Köstlichkeit zu kurzgebratenem Wild.

Werden Morcheln getrocknet, verdampft vorwiegend Wasser, die Aromen bleiben aufgrund der schwammartigen Pilzstruktur und der aromenbindenden Zellstoffe erhalten. Die Glutaminsäure ist nichtflüchtig, sodass der Umamigeschmack in getrockneten Pilzen noch intensiver zur Geltung kommt. Getrocknete Pilze werden vor dem Kochen etwa 15 Minuten in ein wenig Wasser eingeweicht. Wegen des Sands und der Erde sollte man es zwar filtern, kann es beim Kochen aber noch verwenden, beispielsweise für Reis.

WARMER MORCHELFRISCHKÄSE

- 12 größere frische Morcheln
- 100 g Butter
- Salz
- 150 g Ziegenfrischkäse
- etwas Kerbel

Die Butter in einer Pfanne zerlassen. Die gesäuberten, vom Stiel befreiten, aber möglichst nicht gewaschenen Morcheln darin vorsichtig andünsten, sodass sie weich sind, aber nicht zerfallen. Leicht salzen. Herausnehmen, mit einem Küchenpapier leicht abtupfen und abkühlen lassen. Die „Morchelbutter" durch ein Sieb geben und mit dem Ziegenfrischkäse vermengen. Dabei etwas Kerbel zugeben. Die Morcheln damit füllen und vorsichtig wieder unter dem Grill erwärmen. Halbwarm als kleine Vorspeise genießen. Die Morchelhülle und die eingerührte Morchelbutter wirken quasi als „Gewürz" für den Frischkäse.

Pro Portion: 256 kcal, 25 g F, 2 g KH, 2 g B, 4 g E

KOMBINATIONEN

Morcheln schmecken hervorragend pur, allein mit Schalotten gebraten und als Vorspeise zubereitet, oder in Kombination mit klein geschnittenem grünem Spargel: Dessen Erdigkeit und leichte Schwefelnote ergänzt die pilzigen Aromen ausgezeichnet. Die klassische Morchelsauce kombiniert die Pilze mit Schalotten, Weißwein, Sahne und Kalbsfond. Über ihre fruchtigen und würzigen Aromen setzen die Pilze schöne Kontraste zu süßlichem Gemüse wie Möhren oder zu Trockenobst (Aprikosen, Pflaumen). Eine Morchelfüllung aus würzig-süßlichen Trockenfrüchten (Rosinen, Aprikosen, Pflaumen), Ziegenfrischkäse und etwas Basilikum ist köstlich – ebenso wie Füllungen auf Quark-Nuss/Mandelbasis. Zu den „suppigen" Noten von Sellerie und Pastinaken passen die würzige Morcheln ausgezeichnet. Mit würziger Muskatnuss oder Zimt kann man den Pilzen ungewöhnliche Seiten abgewinnen. Über ihre Thymiannote paaren sich Morcheln mit Thymian und den Kräutern und Gewürzen, die mit Thymian harmonieren, etwa Rosmarin, Oregano, Majoran, Salbei oder Bohnenkraut.

Dank der freien Glutaminsäure sorgt bereits eine kleine Menge in Saucen mitgekochter, getrockneter Morcheln für eine erhebliche Verstärkung des herzhaften Umamigeschmacks, ohne dass ein direktes Morchelaroma wahrgenommen wird. Auch saure Noten können durch Morcheln erzeugt oder verstärkt werden.

BOTANIK

Botanisch gehören sie wie Trüffeln zu den Schlauchpilzen. Sie leben in Wäldern, Obstgärten, Gärten und Gebüschen und bilden bis zu 15 Zentimeter hohe und bis zu 8 Zentimeter breite Fruchtkörper, die aus Hut und Stiel bestehen. In kommerzieller Zucht kommen Morcheln nicht vor, es gibt aber Züchtungen unter Laborbedingungen. Man unterscheidet oft nach der Farbe gelbe und graue Morcheln. Es gibt zwei Arten: die **SPEISEMORCHEL** (*morchella esculent*) und die schmalere **SPITZMORCHEL** (*morchella elata*), die sich optisch ein wenig unterscheiden, aber nicht aromatisch.

PASST GUT ZU

Rind-, Kalb- und Schweinefleisch, Geflügel, Wild, Fisch, Krustentieren, Pasteten, Terrinen, Suppen, Nudeln

LÄNDERKÜCHE

Deutschland: *Wildgerichte, Rinderfilet mit Spargel und Morcheln* **Österreich:** *Rostbraten mit Morcheln, Maibock (einjähriges Reh) mit Morcheln* **Frankreich:** *Poulet aux morilles (Morchelhuhn), Velouté aux morilles (gebundene Morchelsuppe), Morilles à la crème (Morcheln in Sahnesauce)*

EINKAUF UND LAGERUNG

Morcheln haben im April und Mai Saison. Sie wachsen in Auwäldern, an Bachufern und bei Holzlagern. Vorsicht: Es besteht Verwechslungsgefahr mit der leicht giftigen Frühjahrs-Lorchel! In Deutschland darf die Morchel als geschützte Art nicht kommerziell gesammelt werden. Deshalb gibt es im Handel meist Importware aus der Türkei, Pakistan, Italien oder dem Elsass – frisch, getrocknet oder tiefgefroren. Die frischen Pilze muss man schnell verarbeiten, sie sind kaum lagerfähig. Getrocknete Morcheln sind dafür verschlossen lange haltbar. Nicht verwechseln: Mu-err, oft „chinesische Morcheln" genannt, sind etwas anderes.

Cantharellus cibarius

Aromen roh: 1-HEXANOL △*grün, herbal, süßlich, apfelschalenartig,* ◇*stechend, ölig, fruchtig* 1-OCTEN-3-OL △*grün, erdig,* □*pilzig,* ◇*brühenartig, saucenartig* 1-OCTEN-3-ON △*pilzig, erdig, roher Champignon,* ◇*moderig, herbal,* ◇*hähnchenhautartig* 3-OCTANOL △*fettig, erdig, pilzig,* □*herbal, melonenartig, zitrusartig,* ◇*minzartig, sahneartig* 1,8-CINEOL △*herbal, eukalyptusartig, kampferig,* □*minzig,* ◇*trigeminal kühlend* α-PINEN △*herbal, kampferig, pinienartig,* □*stark holzig, erdig,* ◇*terpentinartig, holzig-würzig* PHENYLACETALDEHYD △*aromatisch, grün, honigartig, floral,* □*hyazinthenartig, kakaoartig, schokoladig,* ◇*leicht erdig* 2-PHENYLETHANOL △*aromatisch, floral, rosenartig, getrocknete Rose,* □*honigartig, süßlich,* ◇*Rosenblüte*

GESCHMACK

SÜSS SAUER SALZIG **BITTER** **UMAMI**

Pfifferlinge schmecken leicht umami und leicht säuerlich, sie duften harzig-pfefferig und haben, wenn sie sehr frisch sind, Anklänge an Eukalyptus.

HARMONIE

PFIFFERLING
FENCHEL
LAUCH
LINSEN
MÖHRE
OKRA
PASTINAKE
ZWIEBEL
BASILIKUM

PFIFFERLING

Der Duft sehr frischer und junger Pfifferlinge wirkt fruchtig, butterig und erinnert mitunter an Pfirsiche, dank eines Zusammenspiels des grünen, fruchtigen 1-HEXANOL mit den beiden Aromaten 2-PHENYLETHANOL und PHENYLACETALDEHYD. Mit zunehmender Reife kommt eine gewisse „Pfefferigkeit" dazu – Resultat einer Mischung aus dem nach Eukalyptus und Kampfer duftenden 1,8-CINEOL und dem als kühlend empfundenen, minzigen MENTHOL. Das Hauptaroma ist wie bei allen Pilzen das muffige und pilzige 1-OCTEN-3-OL, das während des Kochens zu 1-OCTEN-3-ON oxidiert. Auch nussig-feuchte und erdig-holzige Noten tragen zum Aroma bei. Leicht harzige „Wald"-Noten werden durch α-PINEN unterstützt.

ZUBEREITUNG

Um ihr Aroma zu erhalten, sollte man Pfifferlinge nicht waschen, sondern trocken abreiben oder mit einem Pinsel abbürsten. Aufgrund ihres festen Fleisches sind sie selten von Würmern und anderen Schädlingen befallen. Sollten sie sehr sandig sein, kann man sie mit Mehl bestäuben und kurz in Wasser schwenken: Das Mehl bindet die Erde. Unbedingt sofort danach trocken tupfen, damit sich die Pilze nicht mit Wasser vollsaugen.

Roh sind Pfifferlinge unangenehm zu essen, weil ihre Zellwände das harte Chitin enthalten. Darum schmort, brät oder kocht man sie. Bei zu langem Braten verschwindet allerdings das pfefferige Aroma, da manche der leicht trigeminal wirkenden Geruchsstoffe sich abbauen oder verflüchtigen. Tipp: Die Pilze einige Minuten scharf anbraten, dann verlieren sie nicht so viel Wasser und werden weniger zäh. Danach die Hitze reduzieren. Nicht salzen, sonst wird den Pilzen während des Bratens zu viel Flüssigkeit entzogen. Die Kochflüssigkeit mit etwas Butter abbinden, sie enthält das pfifferlingstypische Aroma, das sich mit floral-würzigem Basilikum verfeinern lässt.

Pfifferlinge können durch Trocknen haltbar gemacht werden: Dazu schneidet man sie in kleine Stücke (um Restfeuchte zu verhindern) und trocknet sie bei 60 bis 80 °C ca. 3 Stunden im Ofen. Zerstoßen oder gemahlen ergeben sie ein hervorragendes Pilzpulver, denn anders als beim Kochen bleiben die minzigen Noten hierbei erhalten.

KOMBINATIONEN

Gerade die pfefferig wirkenden und minzigen Anteile des Aromas machen Pfifferlinge zum idealen Partner für erdig-grün duftende Erbsen, die ebenfalls eine herbale Würzigkeit aufweisen, aber auch für Gemüsefenchel oder kulturübergreifend für Okraschoten. Final zu Linsen (roten oder gelben) gereicht, paaren sich die an Kampfer erinnernden Noten. Petersilie, Rosmarin, Salbei oder Basilikum harmonieren mit den Pilzen ebenfalls über die gemeinsamen holzigen Kampfernoten.

Kontrastieren lassen sich Pfifferlinge gut mit schwefeligen Noten, etwa mit Knoblauch, Schnittlauch oder Zwiebeln, Romanesco oder mit in Butter gedünstetem Lauch. Kommen Pinienkerne, Rosmarin als harziger,

CREMIGES EIGELB MIT PFIFFERLINGSPFEFFER

- 4 Eier
- 10 getrocknete Grüne Pfefferfrüchte
- 10 g getrocknete Pfifferlinge
- 1 Prise grobes Meersalz

Eigelb vorsichtig vom Eiweiß trennen, die einzelnen Eigelbe über Nacht einfrieren, sie werden dann nach dem Auftauen sehr cremig. Herausnehmen, kurz unter dem Grill erwärmen, aber keinesfalls stocken lassen. Aus Pfeffer und getrockneten Pfifferlingen durch Zerstoßen (oder im Blitzhacker) ein „grobes" Gewürz herstellen. Salz untermischen und die cremigen, halbwarmen Dotter damit würzen. Alternativ das Pfifferlingsgewürz für wachsweiche Eier verwenden.

Pro Portion: 87 kcal, 5 g F, 1 g KH, 1 g B, 7 g E

Knoblauch als schwefeliger oder Koriander als zitruswürziger Vermittler dazu, lassen sich aus Pfifferlingen, Lauch und den insgesamt milderen jungen Wurzelgemüsen wie Möhren, Petersilienwurzel oder Pastinaken sensationelle Gemüseteller weitab vom Üblichen kreieren. Für in Öl eingelegte Pfifferlinge empfiehlt sich die Kombination mit saurem Weißweinessig, scharfen Chilis, blumig-harzigen Koriandersamen und frischem Rosmarin. Die an Honig und frische Früchte erinnernden Düfte sehr kleiner junger Pfifferlinge macht diese – wohldosiert und präzise platziert – zu raffinierten Zugaben in Frucht- und Schokoladendesserts. Beliebt sind die Pilze ansonsten als klassische Begleiter zu Pasta: entweder trocken mit viel Knoblauch und Petersilie gebraten oder in einer Sauce mit Sahne oder Schmand. Auch Fleisch, besonders Wild, wird gerne von einer Sahnesauce mit Pfifferlingen oder auch ganzen gebratenen Pfifferlingen als Beilage begleitet. Und (Blätter-)Teigtaschen lassen sich mit Pfifferlingen und Frischkäse köstlich füllen.

GESCHICHTE UND BOTANIK

In Österreich nennt man diese Pilze ***Eierschwammerl***, andere deutschsprachige Namen sind ***Reherl***, ***Schweinsfüßerl***, ***Marillenschwamm***, ***Gelbchen*** oder ***Kragenknöpferl***. Pfifferlinge gelten als reichhaltige Quelle für Vitamin D. Das Besondere an ihnen ist ihr „pfefferiger" Duft, der bei reiferen Exemplaren auftritt und sich in den getrockneten Pilzen erhält.

Pfifferlinge wurden bereits im Altertum als Speisepilze geschätzt und damals in großen Mengen gehandelt. In Deutschland waren sie früher häufig anzutreffen, seit den 1970er Jahren seltener.

Pfifferlinge können nicht gezüchtet werden, denn sie gehen Symbiosen mit diversen Nadel- und Laubbäumen ein. In Mitteleuropa sind das vor allem Fichte und Rotbuche; auch unter Eichen, Kiefern und Tannen kann man Pfifferlinge finden. Man kann den Echten Pfifferling mit dem Falschen Pfifferling und dem im deutschsprachigen Raum eher seltenen giftigen Ölbaumpilz verwechseln. Der Falsche Pfifferling ist durchaus essbar, schmeckt aber deutlich schlechter als der Echte. Den Echten Pfifferling gibt es in unterschiedlichen Gelbtönungen von Dottergelb bis Blassgelb.

PASST GUT ZU

Pasta, Fleisch, auch Wild, Sahne, Schmand, Teig

LÄNDERKÜCHE

Deutschland: *Pilzsaucen, Omelettes*
Italien: *Pasta*

EINKAUF UND LAGERUNG

In Österreich dürfen Eierschwammerl wie andere Pilze auch von Privatpersonen nur bis zu einer Maximalmenge von 2 kg geerntet werden. Bei uns gehandelte Pfifferlinge kommen meist aus ostmitteleuropäischen, baltischen oder osteuropäischen Ländern. Beim Kauf darauf achten, dass sie leuchtend gelb sind und keine feuchten, dunklen Stellen aufweisen. Man kann sie bis zu 2 Tage in Papier gewickelt im Gemüsefach oder noch besser im kühlen, dunklen und luftigen Keller lagern. Man kann Pfifferlinge zwar einfrieren, dabei verlieren sie aber an Aroma und werden sicher matschig. Ob vorheriges Blanchieren aromatisch etwas bringt, ist umstritten.

Lentinula edodes

Aromen roh: 1-OCTEN-3-OL △ *grün, erdig,* □ *pilzig,* ◇ *brühenartig, saucenartig* 1-OCTEN-3-ON △ *pilzig, erdig, roher Champignon,* □ *moderig, herbal,* ◇ *hähnchenhautartig* 3-OCTANOL △ *fettig, erdig, pilzig,* □ *herbal, melonenartig, zitrusartig,* ◇ *minzartig, sahneartig* 3-OCTANON △ *herbal, pilzig,* □ *käsig,* ◇ *schimmelig, fruchtig* METHANTHIOL △ *schwefelig, knoblauchartig, gekochter Kohl, lauchartig,* □ *ölig, gekochte Eier,* ◇ *herzhaft-fleischartig, reifer Käse* LENTHIONIN △ *erdig-pilzig,* □ *shiitakepilzig* HEXATHIONAN △ *erdig-pilzig*

GESCHMACK

SÜSS SAUER SALZIG **BITTER** **UMAMI**

Frisch duften Shiitake erdig, würzig, nach Lauch und Knoblauch. Getrocknet haben sie einen starken Umamigeschmack.

HARMONIE

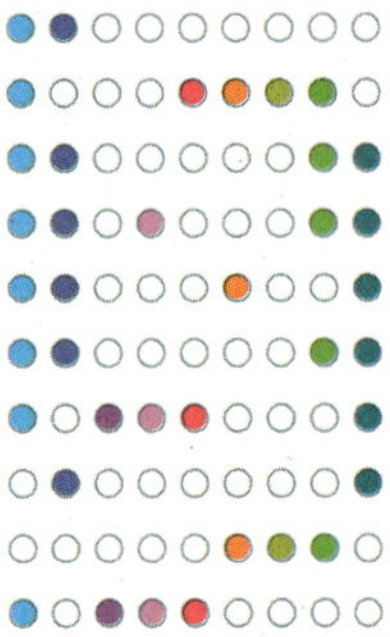

SHIITAKE
BAMBUSSPROSSE
LAUCH
PAK CHOI
WEISSKOHL
ZWIEBEL
INGWER
KNOBLAUCH
SESAM
ZITRUSFRÜCHTE

SHIITAKE

Shiitake unterscheiden sich von anderen Pilzen dadurch, dass ihr Hauptaroma nicht von den „leichten", pilzig-erdigen Düften dominiert wird, sondern eher aus „schweren", röstigeren Noten besteht. Diese Besonderheit verleiht dem Shiitake ein einmaliges Aroma und begründet seine Sonderstellung unter den Pilzen. Duftentscheidend ist dabei die Schwefelverbindung LENTHIONIN, die erdig-pilzig bis typisch nach Shiitake riecht und die von weiteren, ähnlich duftenden Aromen unterstützt wird. Darüber hinaus kommt das ein wenig an Kohl und an leicht faulig-schwefelige Noten erinnernde Aroma METHANTHIOL in Shiitake vor sowie diejenigen Aromen, die sich bei einer Vielzahl von anderen Pilzgewächsen finden: etwa das krautig, würzig-butterige 3-OCTANON, das metallisch-pilzige 1-OCTEN-3-ON oder das feucht-nussige 3-OCTANOL.

ZUBEREITUNG

Für den Erhalt der Aromen sollte man Shiitake beim Säubern nicht zu intensiv abspülen, ein kurzes Abbrausen schadet aber nicht. Man verarbeitet sie in der Küche wie andere Pilze auch, roh kann man sie nicht essen. Also dünstet und brät man sie oder kocht sie mit.

Shiitake lassen sich gut trocknen. Der Trocknungsprozess betont die aromatischen Noten und den Umamigeschmack der Pilze. Außerdem wird das in den frischen Pilzen reichlich enthaltene Provitamin Ergosterin während des Trocknens zu Vitamin D umgebaut. Ganze getrocknete Pilze kann man in etwas lauwarmem Wasser einweichen und wie frische zubereiten, sie müssen lediglich etwas länger gekocht bzw. gebraten werden. Das Einweichwasser wird ebenfalls als Würze verwendet.

Für die Herstellung eines Würzpulvers trocknet man die Pilze im Dehydrator bei 40 bis 50 °C über 12 Stunden und pulverisiert sie anschließend im Thermomix oder Foodblender in kurzen Impulsen mit hoher Geschwindigkeit. Das Pulver kann sowohl zu Beginn des Kochprozesses beigefügt werden – so wirkt sein Aroma pilziger – oder gegen Ende, dann überwiegen die herbalen und schwefeligen Noten.

KOMBINATIONEN

Shiitake werden in der asiatischen Küche einer Vielzahl von Gerichten beigegeben und mitgeschmort – sowohl frisch als auch getrocknet oder als Pulver. In Japan dienen getrocknete und gemahlene Shiitake als Grundzutat für Dashi (Suppenbrühen). Berühmt ist das Gericht ***Buddhas Fastenspeise*** oder ***Buddha's Delight***, ein variantenreiches vegetarisches Gericht, das ursprünglich von buddhistischen Mönchen stammt: Neben frischen und getrockneten Shiitake kann der Eintopf mit Sojasauce, Erdnuss- oder Sesamöl, Knoblauch, Ingwer, Salz und Zucker gewürzt sein. Obwohl Shiitake – wie in den Dashi – vorrangig auf der Geschmacksebene arbeiten und die Speise um ihren vollen, herzhaften Umamigeschmack erweitern, ergeben sich über die pilzigen Aromen der frischen Pilze auch Anknüpfungspunkte für

SHIITAKESCHWAMMERL

300 g Shiitake (getrocknet)	
Butter	
Salz	
100 ml Hühnerfond	
100 ml Sahne	
6 g Gelatine (eingeweicht, ausgedrückt)	
Schüssel mit Eiswasser	

Die Shiitake in Butter andünsten, leicht salzen und die Hühnerbrühe angießen. Sobald die Pilze weich sind, diese Masse sehr fein pürieren, eventuell durch ein Sieb streichen. Die Sahne einrühren, noch einmal aufkochen, gegebenenfalls nochmals salzen. Die Gelatine einrühren und auflösen. Sofort in einem Eiswasserbad zu einem gelierenden Schaum aufschlagen. Kalt stellen. Als kaltes Element zu gebratenem Huhn oder Kalb servieren.

Pro Portion: 327 kcal, 15 g F, 33 g KH, 8 g B, 8 g E

schwefelig-lauchige Gemüse. So sind Shiitake ideale Partner für Kohl, insbesondere Asiatischen Kohl, etwa Pak Choi, der dem feinen Schwefelgeruch der Shiitake noch Raum lässt. Mit den schwefeligen Noten gekochter Kartoffeln lässt sich der Shiitake ebenfalls bestens kombinieren. In cremigen Sahnesaucen und würzigen Käse-Kartoffelgratins unterstreicht die starke umami-Komponente der Shiitake deren herzhaft-salzigen Geschmack.

GESCHICHTE UND BOTANIK

Die Shiitake (auch *Shii-Take*) gehören zur Familie der Schwindlingsverwandten (*Marasmiaceae*). Sie wachsen am Stamm oder an frisch gefällten oder umgestürzten Stämmen des Pasania-Baums, einer immergrünen Scheinkastanie (japanisch: shii), darum wird der Pilz (japanisch: take) auf Deutsch manchmal Pasaniapilz genannt. Er kann auch auf dem Holz von anderen Laubbäumen wachsen, wobei er hartes Holz bevorzugt. In China und Japan wird er schon seit hunderten Jahren kultiviert, eine erste Erwähnung des Shiitake-Anbaus findet sich in einer chinesischen Quelle aus dem Jahr 1209. Nach dem Champignon ist der Shiitake der bedeutendste Speisepilz weltweit, in Asien ist er noch wichtiger als der Champignon.

Sein Hut ist hell- bis dunkelbraun. In China unterscheidet man den DONGGU oder XIANGGU („Pilz des Winters" bzw. „duftender Pilz") vom aromatischeren HUAGU („gemusterter Pilz"), dem König der Shiitakepilze. Er hat einen etwas dunkleren Hut, der mit Musterungen aus weißen Furchen überzogen ist. Im Handel gibt es außerdem den Koshin, der dünnfleischiger ist und einen weit geöffneten Hut besitzt.

PASST GUT ZU

Pilzen, Meeresfrüchten, Saucen, Schmorgerichten mit oder ohne Fleisch

LÄNDERKÜCHE

Japan: *Misosuppe, Dashi (Brühe)*
China: *Luóhàn zhai (Buddhas Fastenspeise, vegetarisches Gericht)* ***Russland:*** *sauer eingelegte Shiitake*

EINKAUF UND LAGERUNG

Die beste Qualität in Japan heißt Donko, ihr Hut ist kaum geöffnet. Shiitake mit weit geöffnetem Hut heißen Koshin. Gezüchtete Pilze unterscheiden sich aromatisch kaum von wild wachsenden. Meist bekommt man sie bei uns bereits getrocknet, die Qualität in Naturkostläden ist auch hierzulande gut. Luftdicht verschlossen sind die getrockneten Pilze mindestens ein Jahr haltbar.

Boletus edulis

Aromen roh: 1-OCTEN-3-OL △*grün, erdig,* □*pilzig,* ◇*brühenartig, saucenartig* 1-OCTEN-3-ON △*pilzig, erdig, roher Champignon,* ◇*moderig, herbal,* ◇*hähnchenhautartig* 3-OCTANOL △*fettig, erdig, pilzig,* ◇*herbal, melonenartig, zitrusartig,* ◇*minzartig, sahneartig* 3-OCTANON △*herbal, moderig, pilzig,* □*käsig,* ◇*fruchtig*

GESCHMACK

SÜSS SAUER SALZIG BITTER UMAMI

Steinpilze besitzen ein besonders intensives Aroma und schmecken leicht bitter, säuerlich und intensiv umami.

HARMONIE

STEINPILZ
CHICORÉE
ENDIVIENSALAT
KARTOFFEL
MÖHRE
SALAT
SELLERIE
WEISSKOHL
ZWIEBEL
KNOBLAUCH
PETERSILIE
STERNANIS

PASST GUT ZU

Pasta, Fleisch, auch Wild, Reis

STEINPILZ

Wie bei anderen Pilzen wird das Aroma des Steinpilzes durch das muffig, pilzig, schimmelig riechende 1-OCTEN-3-OL geprägt. Während des Kochens oxidiert der Stoff zu 1-OCTEN-3-ON, das dann für den typischen Pilzgeruch verantwortlich ist. Der Anteil am Ausgangsaromastoff ist im Vergleich zum Champignon deutlich erhöht, daher wirkt das Steinpilzaroma viel intensiver. Für den starken Umamigeschmack der Steinpilze ist der sehr hohe Anteil an freier Glutaminsäure verantwortlich. Des Weiteren enthalten Steinpilze eine ganze Reihe organischer Säuren wie Äpfel- und Chinasäure, die sich etwa auch in Sternanis und vielen Früchten befindet. Durch sie wird die Geschmacksrichtung „sauer" in Speisen betont, Chinasäure wirkt zudem auf die Bitterrezeptoren. Daraus ergibt sich im Steinpilz ein komplexes Geschmacksspektrum zwischen umami, sauer und bitter.

ZUBEREITUNG

Der Rohverzehr von Steinpilzen wird nicht empfohlen, er kann Magenschmerzen auslösen. Man säubert sie trocken wie Pfifferlinge und andere Pilze. Von Würmern befallene Stellen wegschneiden, danach klein schneiden und wie Champignons braten oder dünsten.

Steinpilze eignen sich besonders gut zum Trocknen: Man schneidet sie in etwa 3 mm dicke Scheiben, legt sie locker auf Papier oder ein Tuch und trocknet sie an einem luftigen Ort unter häufigem Wenden – oder bei 40 °C im Ofen, bis sie hart sind. Aus den getrockneten Pilzen kann man im Blitzhacker, Thermomix oder im Mörser ein Würzpulver herstellen. Getrocknete Pilzscheiben lassen sich wie frische zubereiten, zum Beispiel in einer Pastasauce oder einem Risotto. Man muss sie dafür nicht einmal einweichen, wenn sich in der Sauce genügend Feuchtigkeit (z. B. Sahne) befindet.

In Italien und Polen werden Steinpilze häufig sauer oder in Öl eingelegt. Dabei lässt sich der hohe Anteil typisch pilziger Aromen über ihre Fettlöslichkeit nutzen: Nur wenige in Olivenöl eingelegte Steinpilze aromatisieren dieses deutlich.

KOMBINATIONEN

Steinpilze machen sich aufgrund ihres intensiven Geschmacks und Aromas sehr gut allein auf Tellern, lassen sich aber auch bestens ergänzen, etwa mit schwefeligem Weißkohl, harzig-würzigen Karotten oder Sellerie. Wie alle Pilze harmonieren sie besonders gut mit Petersilie, deren erdige Aromen sich mit den typisch pilzigen Noten ergänzen. Auch Zwiebeln, Kartoffeln und Knoblauch fügen sich mit ihren schwefeligen Noten gut in das Duftspektrum der Pilze ein. Frische oder getrocknete Steinpilze, mit Knoblauch in Olivenöl gebraten, ergeben einen herrlichen Sugo zu Bandnudeln oder Spaghetti. Ein Steinpilzrisotto ist ein Klassiker der italienischen Küche. Kurz abgeschwenkte Steinpilze heben außerdem herbstlich angemachte Gemüsesalate bestens. Und über die Umamischiene funktioniert die Kombination mit gekochten oder gegrillten Tomaten hervorragend.

STEINPILZCHARLOTTE

- 5 große und 50 g kleine Steinpilze
- Zitronensaft zum Beträufeln
- Butter zum Braten und für die Formen
- 50 g thailändischer Duftreis
- 100 ml Gemüsebrühe (z. B. 1 TL Steinpilzpulver mit 100 ml Wasser gemischt)
- 100 g Geflügelleber
- Salz, frisch gemahlener schwarzer Pfeffer
- krause Petersilie

Pro Portion: 167 kcal, 7 g F, 10g KH, 5 g B, 10 g E

Die Steinpilze putzen und die großen Exemplare vorsichtig in gleichmäßig dünne Scheiben schneiden. Die kleinen Steinpilze sowie die Abschnitte der großen Pilze hacken, mit dem Zitronensaft beträufeln und beiseitestellen. Die Steinpilzscheiben in einer antihaftbeschichteten Pfanne mit etwas Butter anbraten, bis sie weich und biegbar sind. Den Reis in der Gemüsebrühe bissfest kochen. Die Leber grob hacken, mit Salz und Pfeffer mit einem Stabmixer pürieren und unter den leicht abgekühlten Reis heben, sodass eine Reisfarce entsteht. Die gehackten Steinpilze ebenfalls darunterheben. Dann die Petersilie waschen, trocken schütteln, hacken und unterheben.

Den Ofen auf 180 °C vorheizen. Kleine Charlotteformen ausbuttern und an Boden und Rand mit den Steinpilzscheiben auslegen, sodass die Steinpilze etwas über den Rand überstehen. Sie sollen später umgeklappt werden, damit die Förmchen weitgehend verschlossen werden können. Die Farce einfüllen und die Förmchen mit den überstehenden Steinpilzen verschließen. Im Ofen etwa 20 Minuten garen. Auf Teller stürzen und mit einem guten Schluck tanninreichen älteren Rotweins genießen.

Wie bei Morcheln fügt bereits eine kleine Menge an mitgekochten Steinpilzen Saucen und Schmorgerichten Umamigeschmack hinzu, ohne dass dabei Pilzaromen wahrgenommen werden. Auch ein Würzpulver aus Steinpilzen lässt sich vielseitig einsetzen: Suppen, Saucen und Füllungen verleiht es sein feines Steinpilzaroma und kann einen überraschenden „herzhaften" Akzent setzen.

GESCHICHTEN UND BOTANIK

Der Steinpilz ist einer der edelsten Speisepilze. Schon die Römer kannten und schätzten ihn – und dichteten ihm alle möglichen Heilwirkungen an: z. B. sollte er gegen Sommersprossen oder Hundebisse helfen. Auch die traditionelle chinesische Medizin setzt den Pilz ein.

Botanisch bilden Steinpilze eine Sektion in der Gattung Dickröhrlinge (*Boletus*). Sie wuchsen ursprünglich nur auf der nördlichen Halbkugel, wurden aber vom Menschen nach Afrika, Australien und Neuseeland gebracht. Steinpilze nennt man sie, weil ihr Fleisch fester als das der meisten Pilze ist. Es gibt mehrere Arten, deren Aroma sich nur unwesentlich unterscheidet. Viele halten den schweren, gegen Trockenheit resistenten SOMMERSTEINPILZ oder EICHENSTEINPILZ *(Boletus aestivalis)* für den aromatisch besten. Er wächst in Symbiose mit Laubbäumen, vor allem Buchen und Eichen, und steht unter Naturschutz, darf aber in kleinen Mengen gesammelt werden. Der GEMEINE STEINPILZ oder HERRENPILZ wird bei uns kommerziell gesammelt und verkauft. Der BRONZE-RÖHRLING oder SCHWARZHÜTIGER STEINPILZ *(Boletus aereus)* ist eine seltenere Art mit fast schwarzen Hüten. Er darf im deutschsprachigen Raum nicht gesammelt werden.

LÄNDERKÜCHE

Deutschland/Österreich: *Kartoffelcremesuppe mit getrockneten Steinpilzen, Schweinemedaillons mit Steinpilzen* ***Italien:*** *Pappardelle con porcini (Bandnudelgericht), Risotto con porcini* ***Frankreich:*** *Lièvre aux cèpes (Hase mit Steinpilzen), Charlotte aux cèpes (Terrine)*

EINKAUF UND LAGERUNG

Steinpilzsaison ist bei uns zwischen Juli und September. In den Handel kommen heimische Steinpilze und vermehrt Importe aus China, Osteuropa und den Balkanländern (auch via Italien als italienische „Porcini"). Gut sind die jungen Pilze, ältere sind bisweilen madig, etwas schleimig und weniger aromatisch. Frische Pilze sind im Kühlschrank einige Tage haltbar. Getrocknet, luftdicht und dunkel aufbewahrt, halten sie mindestens ein halbes Jahr. Man kann sie auch einfrieren, roh oder kurz in Butter abgeschwenkt.

Portulaca oleracea subsp. sativa

PORTULAK

Portulak ist seit Urzeiten als Heil- und Gemüsepflanze bekannt. Er enthält viel Vitamin C und wurde deshalb lange Zeit gegen Skorbut eingesetzt. Vor allem in heißen Regionen ist er auch wegen seiner durststillenden Wirkung beliebt. Bei uns war er kulinarisch seit der Frühen Neuzeit bis in die 1980er Jahre in Vergessenheit geraten. Jetzt ist er manchmal auf Wochenmärkten wieder zu haben. Er schmeckt säuerlich, leicht salzig und wirkt erfrischend – gut für Salate, im Quark oder zu Frischkäse.

Aromen roh: (Z)-3-HEXENAL *△grün, fettig, grasig, frisch gemähtes Gras, □grüner Apfel, unkrautartig* (E)-2-HEXENOL *△grün, blattartig, frisch, gemüseartig, □fruchtig, unreife Banane* (Z)-2-HEXENOL *△grün, gemüseartig, herbal, □grüne-bohnenartig, grüntomatig, ◇wachsig* LINALOOL *△floral, zitrusartig, rosenholzartig, grün, □ orangenartig, zitronenartig, ◇ leicht wachsig, holzig* PHYTOL *△ wachsig, floral, □ balsamisch, jasminartig* BERGAPTEN *fruchtig, bitter* UMBELLIFERON *◇sehr verhalten heuartig, bitter*

GESCHMACK

SÜSS **SAUER** SALZIG **BITTER** UMAMI

Blätter und Stängel schmecken säuerlich und wirken erfrischend pikant und adstringierend. Die Blätter sind saftig und knackig.

WINTERPOSTELEIN

Die Blätter des Portulak (auch: ***Sommerportulak, Gemüseportulak, Gartenportulak, Burzelkraut***) haben eine knackige, nach dem Biss fast fettige bis fleischige Textur, die auch auf den hohen Fettgehalt der Blätter zurückzuführen ist. Ihr Duft ist zurückhaltend, ihr Geschmack intensiv: Auf der Zunge reizt das Gemüse die Grundgeschmacksrichtungen sauer und bitter.

Der orthonasale Geruch des Portulak ist verhalten, denn seine Aromen sind wegen der festen Blattstruktur nicht sehr flüchtig. Der grasige retronasale Duft, der beim Zerbeißen der Blätter freigesetzt wird, stammt von (Z)-3-HEXENAL, der bittere Unterton auch im Geschmack wird durch die schwer flüchtigen Sesquiterpene BERGAPTEN und UMBELLIFERON bestimmt.

Das Phenylderivat Ferulasäure spielt ebenso eine Rolle wie die trigeminal adstringierend wirkende Gallussäure (die auch im Grünen Tee vorkommt) oder Daidzein (in der Sojabohne). Der leicht säuerlich-frische Geschmack wird vor allem durch freie Zitronen- und Äpfelsäure, aber auch durch Oxalsäure ausgelöst, wie sie ebenfalls im Sauerklee, Spinat oder Rhabarber zu finden ist. Feine „feste" Säure kann damit punktuell zum Würzen auf Teller gebracht werden. Portulak hat zudem eine Reihe antioxidativer Substanzen im Gepäck: Kaffeesäure, p-Coumarinsäure, die bereits genannte Ferulasäure und Rosmarinsäure sowie Quercetin und Kaempferol, die für den bitteren Grundgeschmack des Portulaks verantwortlich sind.

Das Fettsäurespektrum ist für eine Blattpflanze beachtlich. Darunter sind eine ganze Reihe kurze und mittelkettige gesättigte Fettsäuren (→Seite 64) wie Caprinsäure (C 10:0), Laurinsäure (C 12:0), Myristinsäure (C 14:0) und Palmitinsäure (C 16:0), wie sie auch in Milch- und Kokosfett zu finden sind. Neben der Stearinsäure (C 18:0) sind sowohl die Ölsäure (C 18:1) und die Linolsäure (C 18:2) als auch die alpha-Linolensäure (C 18:3) in hohem Maß vertreten. Portulak weist damit eine hohe Konzentration an mehrfach ungesättigten Fettsäuren auf. Diese Fettsäuren sind zwar nicht so „gesund", wie man lange gedacht hat, aber mit Blick auf die Küche interessant. Vor allem erklärt ihr hoher Anteil die fleischige, an Fetthennenblätter erinnernde Textur des Gemüses und damit einen Teil des kulinarischen Vergnügens.

Bemerkenswert ist in diesem Zusammenhang auch das Vorkommen von emulgierend wirkenden Saponinen und von sogenannten Schleimstoffen. Hinter dem etwas unappetitlich klingenden Begriff verbirgt sich ein Polysaccharidgemisch, dessen Zusammensetzung der von Pektinen und anderen Biopolymeren der Zellwände, wie Hemicellulosen, ähnelt und das eine verdickende Wirkung hat. Beim Erhitzen des Gemüses werden diese freigesetzt und erzeugen ein angenehmes Mundgefühl. In flüssigen, stark zerkleinerten Zubereitungen (Smoothies) sorgen sie für eine viskose, fast cremige Konsistenz, da beim Pürieren die Zellen stark zerstört werden und die zellwandverstärkenden Biopolymere in Lösung gehen.

ZUBEREITUNG

Zum Verzehr eignen sich sowohl die Blätter als auch die jungen Stängel. Ältere Blätter kann man blanchieren, sofern die Textur zu hart erscheint. Besonders intensiv erlebt man den Geschmack von Portulak, wenn man ihn einfach roh in Streifen schneidet und auf ein Butterbrot legt. Portulak wird meist roh in Salaten und Salsas verwendet, man kann ihn jedoch auch in Ragouts oder Suppen kurz (um die Vitamine zu erhalten) mitkochen. Dabei lässt sich die Tatsache nutzen, dass die fleischigen Blätter beim Kochen einen „Schleim" absondern, der Flüssigkeiten bindet (siehe oben). Portulak ist daher – ähnlich wie Okra – eine ideale Grundlage für Cremes mit guter Bindung. Aufgrund ihrer Saftigkeit und der Schleimstoffe eignen sich die rohen Blätter außerdem hervorragend für vitaminreiche Smoothies.

Die Blüten des Portulak sind ebenfalls essbar und sehr dekorativ in Salaten. Außerdem kann man sie frittieren oder wie Kapern einlegen.

KOMBINATIONEN

Abgesehen von den säuerlichen und trigeminal adstringierenden Noten lebt Portulak aromatisch von seinen grünen, grasigen Gerüchen. Das macht ihn zum perfekten Partner von Gurken, Auberginen oder Taro und Kartoffeln. Während sich grüne Aromen paaren, fügt Portulak gleichzeitig säuerliche Noten hinzu, die nicht nur Gurken und Auberginen bestens vertragen, sondern die auch bei den stärkehaltigen Gemüsen Taro und Kartoffeln gern gesehen sind, denkt man etwa an saure Kartoffelzubereitungen wie „saure Rädle" oder Kartoffelsalat. Die Kombination mit Spargel, grünen Bohnen oder frischen Saubohnen ist hervorragend: Die Paarung auf der grünen Schiene und die Erweiterung im erdig-grünen Aromabereich, kombiniert mit der feinen säuerlichen und ausgeprägt adstringierenden Wirkung des Portulak ist im Frühling eine willkommene kulinarische Idee. Deshalb passen die säuerlich-pikanten Stiele und Blätter des Portulak ebenfalls ausgezeichnet zu Gurken-, Tomaten- und Kopfsalaten, angemacht mit einem Dressing aus Olivenöl und Zitronensaft. Auch zu Spinat mit Olivenöl und Zitronen (sie „puffern" die Oxalsäure deutlich, → Säure, Seite 49) passt er. Kräuterquark bekommt mit Portulak eine eigene säuerlich-frische Note.

In der mexikanischen Küche wird Portulak gerne mit Chipotle-Chilis und Tomatillos kombiniert, auch hier kommt es zu einem interessanten Spiel mit Säure und Adstringenz. In der türkischen Küche wird Lammragout

MIKRONÄHRSTOFFE *(pro 100 g)*

Vitamine: B_2 (0,10 mg), C (70 mg) *Mineralstoffe:* Calcium (95 mg), Eisen (3,6 mg)

HARMONIE

● ○ ● ○ ● ● ○ ● ○	PORTULAK
● ● ○ ○ ● ○ ○ ○ ●	AUBERGINE
● ● ○ ○ ○ ● ○ ● ○	BOHNEN (HÜLSEN)
● ○ ○ ○ ○ ● ○ ○ ○	FELDSALAT
● ● ○ ● ○ ● ● ● ○	GEMÜSEPAPRIKA
● ● ○ ○ ○ ○ ○ ○ ○	GURKE
● ○ ○ ● ● ○ ○ ● ●	SALAT
● ● ○ ○ ○ ● ○ ● ○	SPARGEL
● ● ○ ○ ○ ● ○ ● ●	SPINAT
● ● ● ○ ● ○ ● ● ○	TOMATE
● ● ● ○ ● ● ○ ● ●	TOMATILLO
● ○ ○ ○ ○ ○ ○ ○ ○	BORRETSCH
○ ○ ○ ○ ○ ○ ○ ● ●	CHIPOTLE-CHILIS
○ ● ○ ○ ○ ○ ○ ○ ●	KNOBLAUCH
● ○ ● ● ● ○ ○ ○ ○	ZITRONE

KÜCHENJOKER

Pinienkerne, Kresse, Muskat

PASST GUT ZU

Fisch, Eiern, Joghurt, Quark, Nüssen, säuerlichen Früchten wie Marillen (Aprikosen), Ringlotten, Zwetschken oder Pfirsichen

LÄNDERKÜCHE

Griechenland: *Bauernsalat*

SORTEN

Im Handel werden ***grüner, gelber, breitblättrig gelber*** *und* ***goldgelber Portulak*** *unterschieden. Gelbblättrige Sorten schmecken meist zarter und sind weicher, grüne sind kräftiger im Geschmack. Zudem gibt es* ***Sommer-*** *und* ***Winterportulak****, auch Postelein oder Kubaspinat genannt.*

EINKAUF UND LAGERUNG

Portulak erhält man im Sommer auf Märkten. Eingeschlagen in ein feuchtes Tuch, lässt er sich 3 bis 5 Tage im Kühlschrank

GERÄUCHERTE PORTULAK-JOGHURT-MAYONNAISE

2 Bund Portulak

250 g Naturbauernjoghurt, am besten aus Rohmilch (Vollfettstufe)

150 g Räucheraal (ohne Haut und Knochen)

1 Prise Salz

Zutaten mit einem Mixer fein pürieren – dabei darauf achten, dass die Creme nicht zu warm wird. Als Dip mit rohem Gemüse (z. B. Paprika, Fenchel, Stangensellerie) reichen und auf das Mundgefühl achten. Die leichte Räuchernote wird bestens in den Flavour des Portulaks eingebunden.

Pro Portion: 171 kcal, 13 g F, 2 g KH, 1 g B, 9 g E

lagern. Man kann ihn haltbar machen, indem man ihn salzt und in Essig einlegt. Trocknen funktioniert nicht.

SAISON

01 02 03 04 05 **06** **07** **08** **09** 10 11 12

Als Importware ganzjährig erhältlich, z. B. aus den Niederlanden und Belgien.

ANBAU

Portulak mag warme und sonnige Standorte. Er wird nach den Eisheiligen im Mai gesät, am besten zeitversetzt mehrere Male, dann kann man ihn von Juni bis Oktober ernten. Nach der Blüte werden die Blätter hart und bitter. Man kann ihn auch gut in Töpfen kultivieren.

GELBER PORTULAK

GRÜNER PORTULAK

traditionell mit Bohnen und ganzen Portulakbündeln gekocht. Im ganzen Orient kommt gehackter Portulak in einen Joghurtdip mit Knoblauch, der zu gegrilltem Fleisch serviert wird.

GESCHICHTE UND BOTANIK

Portulak ist eine einjährige, krautige Pflanze, die wild 10 bis 30 cm, in Kultur bis zu 40 cm hoch wird. Ihr Name leitet sich vermutlich von den Samenkapseln der Pflanze her, die sich mit einem kleinen Deckel öffnen; „Portula" ist die Verkleinerungsform von lateinisch „porta": Tür. Aufgrund der großen Verbreitung ist unklar, aus welcher Gegend die Wildform ursprünglich stammt. Sie konnte sich so weit verbreiten, weil ihre Samen ungewöhnlich langlebig sind: Noch nach 14 Jahren keimt die Hälfte der Samen; zudem schwimmen sie und bleiben selbst in Meerwasser keimfähig. Heute wächst wilder Portulak weltweit in allen warm-gemäßigten Zonen, in Mitteleuropa in wärmeren Lagen in Unkrautfluren, Weinbergen und Pflasterfugen. Die wilden Formen des Portulak bilden kleinere Blätter, sind aber ebenfalls essbar. Bis heute wird wilder Portulak jedoch häufig als „Unkraut" bekämpft, vor allem in den USA auf Maisäckern.

Portulak wird seit Jahrtausenden kultiviert. Der Grund für seine Beliebtheit vor allem in heißen Regionen dürfte in seinem frischen, adstringierenden Geschmack liegen. Lässt man seine Blätter eine Weile auf der Zunge liegen, erlebt man ihre durststillenden Eigenschaften. Mit den Römern kam er vermutlich nach Mitteleuropa, aber erst ab dem 16. Jahrhundert wurde er als Gemüse erwähnt und geriet offensichtlich bald wieder in Vergessenheit. In den 1980er Jahren wurde er von Feinschmeckern wiederentdeckt. Er wird vereinzelt in Frankreich, den Niederlanden, Großbritannien und Belgien angebaut. Man findet ihn in letzter Zeit auch wieder auf heimischen Wochenmärkten. Verwandte Arten sind der **GROSSBLÜTIGE PORTULAK** (***Portula grandiflora***), der als Zierpflanze dient, und der **WINTERPORTULAK** (***Montia perfoliata***), auch Postelein oder Kubaspinat genannt. Er wird ab September ausgesät und ist frosthart. Die Blätter sind tellerrund, bisweilen wie ein Schildblatt geformt und ähneln in Aroma und Geschmack dem Sommerportulak.

Diplotaxis tenuifolia

RAUKE, RUCOLA

Garten-Senfrauke, also die alte mitteleuropäische Rauke, und Wilde Rauke bzw. Rucola sind botanisch nicht ganz das Gleiche, stammen aber beide aus der Familie der Korbblütler und schmecken und duften ganz ähnlich, wobei Letztere schärfer und kräftiger im Aroma ist. Die Rauke konnte sich bei uns nie kulinarisch durchsetzen, erst als Rucola wurde sie Ende des 20. Jahrhunderts über die italienische Küche populär.

Das Aroma der Rauke (auch: ***Garten-Senfrauke, Wilde Rauke, Rukola, Ruccola, Ölrauke, Salatrauke, Schmalblättriger Doppelsame***), wird unterschätzt, wie bei den meisten als „Salat" verwendeten Pflanzen. Tatsächlich ist ihr Duftspektrum reich an Aromaverbindungen.

Dominiert wird es durch Schwefel-Stickstoffverbindungen wie Isothiocyanate, etwa durch das stechend und nach Kohl und Rettich duftende 4-METHYTHIOBUTYLISOTHIOCYANAT, das man auch in vielen Kohlarten findet. Begleitet wird es von dem ebenfalls nach Rettich duftenden 5-METHYLTHIOPENTYLISOTHIOCYANAT sowie von 5-METHYLTHIOPENTANE-NITRIL, das Brokkolinoten einstreut. Wesentlich für den Duft der Rauke sind ferner der grün-grasige Blätteralkohol (Z)-3-HEXENOL sowie (Z)-3-HEXEN-1-YL BUTYRAT, das grüne, fruchtige und wachsige Aspekte einbringt. Der Ester (Z)-3-HEXENYL 2-METHYLBUTANOAT schlägt mit grünen, herbalen und fruchtigen, leicht an Melone erinnernden Nuancen zu Buche. Die pilzigen, champignonartigen Gerüche kommen durch 1-OCTEN-3-OL zustande. Deutliche aromatische Gerüche nach Mandeln und Marzipan werden durch BENZALDEHYD beigefügt. Hinzu kommen frisch-fruchtige, nach Blättern duftende und säuerliche Töne sowie grüne Noten mit einem Hauch unreifer Äpfel und Grapefruit und leichte herb-bitter wirkende Geruchsnoten.

Die Blätter schmecken wegen der enthaltenen Glucosinolate und Polyphenole bitter und aufgrund der freien Asparaginsäure leicht säuerlich. Während des Kauens der dünnen Blätter bilden sich aus den Glucosinolaten in größeren Konzentrationen Isothiocyanate (→ Glucosinolate, Seite 39), die angenehme, schmerzhaft kalte Reize auf der Zunge und am Gaumen auslösen.

In den Samen der Rauke befinden sich die gleichen scharf-stechenden Noten, die durch ähnliche Aromen ergänzt werden. Das Öl der Samen besteht aus einer Mischung aus etwa 25 Prozent Ölsäure (C 18:1), 10 Prozent Linolsäure (C 18:2), 6 Prozent Linolensäure (C 18:3), 12 Prozent Arachinsäure (C 20:0) und 37 Prozent Erukasäure (C 22:1). Auffallend ist der relativ hohe Anteil der langkettigen, einfach ungesättigten Fettsäure Erukasäure (→ Fette, Seite 64).

Die kleinen weißen Blüten sind ebenfalls essbar. Neben einem Hauch Schwefel und wachsigen Duftanteilen mit Anklängen an Apfel und Grapefruit strotzen sie vor 2-PHENYLETHANOL mit seinem floral-aromatischen Duft

Aromen (Blätter, Stiele, Samen) roh: 1-OCTEN-3-OL △ *grün, erdig, fungal, champignonartig,* □ *gemüseartig, pilzig, hähnchenhautartig,* ◇ *brühenartig, saucenartig* (E,Z)-2,4-HEPTADIENAL △ *fettig, frittiert* (Z)-3-HEXENOL △ *grün, grasig, frisch gemähtes Gras, laubartig, fruchtig,* ◇ *leicht ölig, melonenschalenartig* (Z)-3-HEXEN-1-YL BUTANOAT △ *grün, frischer grüner Apfel, fruchtig, weinartig,* □ *ölig, wachsig, reife Birne,* ◇ *grapefruitartig, gemüseartig* (Z)-3-HEXENYL 2-METHYLBUTANOAT △ *grün, herbal, fruchtsaftartig,* □ *apfelartig, ananasartig, honigmelonenartig* 4-METHYLTHIOBUTYLISOTHIOCYANAT[T] △ *schwefelig, typisch kohlartig,* ◇ *rettichartig* 5-METHYLTHIOPENTAN-NITRIL[T] △ *kohlartig, brokkoliartig,* ◇ *rettichartig* BENZALDEHYD △ *aromatisch, bittermandelartig, nussig, süßlich,* □ *holzig*

Aromen (Blüte) roh: (Z)-3-HEXEN-1-YL BUTANOAT △ *grün, frischer grüner Apfel, fruchtig, weinartig,* □ *ölig, wachsig, reife Birne,* ◇ *grapefruitartig, gemüseartig* 2-PHENYLETHANOL △ *aromatisch, floral, rosenartig, getrocknete Rose,* □ *honigartig, süßlich,* ◇ *Rosenblüte*

GESCHMACK

SÜSS **SAUER** SALZIG **BITTER** UMAMI

Rauke wird als säuerlich-scharf und leicht nussig empfunden, ihr Aroma erinnert an Kresse, Früchte und Senf.

MIKRONÄHRSTOFFE *(pro 100 g)*
Vitamine: *A (233 µg), C (62 mg)* ***Mineralstoffe:*** *Natrium (27 mg), Calcium (160 mg), Eisen (1,5 mg)* ***Sekundäre Pflanzenstoffe:*** *Glucosinolate*

HARMONIE

KÜCHENJOKER
Schokolade, Sauerkraut, Bockshornklee

PASST GUT ZU
Pizza, Bresaola, Parmesan, Pasta, Honig, Bananen, Äpfeln, Birnen, Ananas

LÄNDERKÜCHE
Frankreich: *Mischsalat (Mesclun)* ***Italien:*** *Salat, Pizza, Bresaola mit Rucola, Pesto, Tramezzini, Ravioli* ***Uruguay:*** *Rucola-Suppe*

EINKAUF UND LAGERUNG
Rucola bekommt man bei uns ganzjährig im Supermarkt. Saison hat die Rauke zwischen Mai und September. In ein feuchtes Tuch gewickelt, halten sich die Blätter einige Tage im Kühlschrank. Man kann sie auch büschelweise wie Petersilie oder Schnittlauch in ein Glas Wasser stellen.

mit Rosen- und Honigaromen. Dieser ergänzt in vielen Raukegerichten deutlich florale Noten, die wiederum die fruchtigen Aromen der Blätter bestens abholen. Etwas Oxalsäure ergibt einen leichten Säurereiz

ZUBEREITUNG

Verzehrt werden von der Rauke in erster Linie die Blätter. Einfach waschen und eventuell klein schneiden oder auch ganz lassen. Man verwendet sie meist roh, denn so kommt ihre frische Schärfe und die knackige Textur am besten zur Geltung.

Beim Erhitzen verliert das Gemüse an trigeminalen Reizen und wirkt weniger stechend, da sich manche der Schwefelaromen beim Kochen verändern. Will man zum Beispiel ein Risotto mit Rauke würzen, sollte man sie nicht lange mitkochen. Um ihre typischen Aromen zu nutzen, ist es am besten, sie gar nicht oder nur schwach (maximal 60 °C) zu erwärmen.

Die Blüten mit ihrem grünen und floralen, mitunter fruchtigen und an Grapefruit erinnernden Aroma lassen sich in Salaten oder gezielt platziert auf Rohkosttellern verwenden. Auch zu nicht zu sehr gereiftem Käse machen sie eine gute Figur und stellen mit ihren fruchtig-floralen Noten die üblichen, oft zu dominanten fruchtigen Senfbeigaben in den Schatten.

KOMBINATIONEN

Roh passt die Rauke in jeden Blattsalat oder Tomatensalat und gibt ihm eine bitter-scharfe Note. Das Kraut harmoniert mit Aceto Balsamico besonders gut, da dessen süßlicher Geschmack und hoher Anteil an karamelligen Düften seine Bitterkeit etwas abmildern. Auch alleine funktionieren die Blätter als Salat – am besten mit einem Nussöl (Erdnuss-, Haselnuss- und Walnussöl), dann unterstreicht man ihr leicht nussig und mandelartig anmutendes Aroma. Nussadditionen in Salaten oder Rucolacremes sind natürlich ebenfalls willkommen. In einer frisch-fruchtig-säuerlichen Vinaigrette dämpft Honig die Bitterkeit. Ein Rauke-Salat verträgt außerdem immer reichlich grob gehobelten Parmesan: Dessen würzig fruchtig-seifiger Duft ergänzt die Bitterkeit, dazu bringt er Umamigeschmack und das Gefühl von Mundfülle (kokumi) ein. Generell sind bei der Kombination mit umamireichen reifen Käsen süß-aromatische Beifügungen von Honig oder Zuckerkaramell (z. B. angereichert mit leicht gerösteten Mandeln, Vanille und Anis) nicht verkehrt, da sie die aromatischen Marzipan-Anklänge der Rauke unterstützen. Ältere, pfefferig duftende Raukeblätter, die sich weniger für einen Salat eignen, weil ihr Aroma dort zu durchdringend wäre, können als würziges „Bett" für schwefelige hartgekochte Eier oder gegrillten (roten) Paprika dienen: Letzterer dockt an die Fruchtnoten der Rauke an und fängt mit den erdigen, würzig-grünen und karamelligen Röstnoten die aromatischen Anteile der Rauke ein.

Aufgrund seines ausgeprägten schwefeligen Aromas lässt sich Rucola sehr gut mit Rettich und Radieschen kombinieren, und zwar sowohl mit den Wurzeln als auch mit den Blättern. Für eine ebenfalls schwefelige und

SCHWARZ-WEISS-GRÜN

- 100 ml nicht gesüßter Apfelsaft
- 300 g feine Blutwurst (ohne Grieben)
- 1 TL Schweineschmalz
- 200 g Frischkäse von der Kuh
- 1 kleine Schalotte
- 1 Bittermandel, gehackt
- 200 g Rucola
- 50 ml Olivenöl
- 1 Dattel, entsteint
- grobes Kala Namak (Schwefelsalz, Naturkostladen)
- Salz, Muskat, gemahlener Anis

Pro Portion: 602 kcal, 53 g F, 9 g KH, 1 g B, 17 g E

Apfelsaft auf ein Drittel reduzieren und leicht salzen. Blutwurst in Schweineschmalz anbraten, aus der Pelle drücken und zu Püree vermengen. Mit Muskat abschmecken. Frischkäse zerdrücken, Schalotte schälen und in sehr feine Würfel schneiden. Mit Frischkäse vermengen, Bittermandel unterrühren und mit Salz sowie Anis abschmecken. Rucola klein schneiden, in Olivenöl und Apfelsaft marinieren. Dattel fein würfeln und mit Rucola vermengen.

Blutwurst mithilfe von Dessertringen auf Tellern verteilen, darauf Frischkäse geben und mit Rucolasalat bedecken. Dessertringe abziehen und mit einigen Kala-Namak-Kristallen bestreuen.

leicht säuerliche Rucolabutter lässt man Butter schäumen, dünstet Knoblauch und schwarze Oliven kurz darin, würzt mit Zitronensaft und -schale und lässt klein geschnittenen Rucola darin zusammenfallen. Diese Butter passt gut zu Meeresfrüchten und in Kräutersaucen, auch in Pestos: Wie der Essig in der Vinaigrette dient hier das Fett als Lösungsmittel für die Aromen und hält sie in der Sauce.

Eine starke Aromapotenzierung in Richtung „Kohl" kann durch Kombinationen mit Brokkoli und Romanesco erreicht werden. Dazu kann die Rauke auch mit Nüssen, Nuss- oder Olivenölen usw. püriert werden. Natürlich funktioniert in diesem Zusammenhang ebenso ein „Pesto" mit Ergänzungen von Zedern-, Pinienkernen oder Bittermandeln: Hier wird mit aromatischen und harzigen Düften der Aromaraum der Grundzutaten erheblich erweitert. Die starken schwefeligen und trigeminalen Reize des Rucola stellen sich auch deutlichen Grillnoten von Fleisch ausreichend entgegen. Seine pilzigen Noten fügen sich wiederum gut zu Champignons und anderen Pilzen wie Morcheln, Steinpilzen oder gar zu Trüffeln. Die grünen, fettigen Duftstoffe erlauben darüber hinaus trickreiche Kombinationen mit Gurken und Wassermelonen. Die Verbindung mit Algen (z. B. Norialgen in Sushi-Konstruktionen) gibt der Rauke abseits der japanischen Klassik Möglichkeiten, ihr Potenzial neu zu definieren. Über die Trigeminalschiene lässt sich dabei mit wärmendem Ingwer bestens kontrastieren.

Aufgrund der relativ ausgeprägten Präsenz der fruchtigen Aromen ist die herbe, leicht bittere Rauke nicht zuletzt ein perfekter Partner in fruchtigen Smoothies, wenn z. B. Äpfel, Birnen, Ananas oder Melonen verarbeitet werden. Diese Kombination lässt sich natürlich auch in Desserts (z. B. als Sauce) anwenden. Vor allem Bananendesserts gibt Rauke einen ganz besonderen Touch: Ein Eis aus drei Fünftel Banane, einem Fünftel Rucola und einem Fünftel Sahne mit etwas Zucker ist schlicht genial. Die kühlen Temperaturen spielen die Bitternoten der Rauke stärker in den Vordergrund, die

SAISON

01 02 03 04 **05 06 07 08 09 10** 11 12

Als Importware ganzjährig erhältlich, vor allem aus Italien.

ANBAU

Anbauen kann man bei uns beide Arten der Rauke. Sie ist ein ideales Balkongemüse und lässt sich sehr leicht in Töpfen ziehen. Ab April kann man sie alle 3 Wochen im Beet aussäen, dann hat man immer frische Rauke im Garten. Nach 4 bis 6 Wochen ist sie schnittreif. Wenn man Garten-Senfrauke so erntet, dass das Herz nicht verletzt wird, treibt sie noch einmal nach. Bei der rosettenartig wachsenden Wilden Rauke (Rucola) pflückt man immer nur ein paar Blätter und lässt den Rest stehen. Je älter Rauke ist, desto pfefferiger und bitterer wird sie. Sobald sich Blüten entwickeln, lässt die Schärfe in den Blättern nach.

einen wunderbaren Kontrast zur Süße der reifen Bananen bilden. Generell gilt: In fruchtbasierten Desserts ist Rauke immer eine erste Wahl für einen leichten bitteren Kontrast und für eine zusätzliche warme, leicht scharf wirkende Trigeminalnote. Sind die Blüten der Rauke mit im Spiel, lohnt sich der Gedanke an weitere Ergänzungen durch Honig und (Süß-)mandeln.

REGIONALE VARIANTEN In Uruguay kennt man eine Suppe mit Rucola: Zu Kartoffeln, Lauch und Frühlingszwiebeln fügt man nach 30 Minuten gehackte Rauke hinzu, lässt sie kurz ziehen, püriert alles, rührt Crème fraîche ein und stellt die Suppe 2 Stunden kalt. Vor dem Servieren fügt man noch klein gewürfelte rohe Paprika und Tomaten hinzu. Die meisten auch bei uns bekannten Rucola-„Klassiker" stammen aus Italien. Zusammen mit reichlich Parmesan und etwas Olivenöl streut man dort die rohen Blätter über Bresaola (luftgetrocknetes Rindfleisch) oder belegt eine Pizza damit. In Sandwiches und Tramezzini kommen sie gerne als bitter-würzige Beigabe statt eines vergleichsweise laschen Salatblattes. Fein gehackt bilden Raukeblätter mit Käse eine würzige Raviolifüllung – fügt man noch Pilze hinzu, harmonieren die Aromen der Rauke, der Pilze und des Käses über ähnliche aliphatische Wasserstoffe und die schwefelige Schärfe.

GESCHICHTE UND BOTANIK

Die Wildform der Rauke stammt aus Südostasien und Südeuropa. Die Römer sagten der Rauke aphrodisierende Eigenschaften nach. Außerdem glaubten sie, sie rege den Appetit an – was sich aufgrund ihrer Bitterstoffe heute wissenschaftlich belegen lässt. Rauke wird als Küchenkraut in Deutschland das erste Mal im 18. Jahrhundert erwähnt, spielte aber wegen seiner scharfen Bitterkeit nie eine Rolle. Das geschah erst in der zweiten Hälfte des 20. Jahrhunderts über den Umweg über die italienische Küche – als Rucola. Heute ist sie in fast jedem Supermarkt zu finden.

Man unterscheidet botanisch zwei Arten: Die **GARTEN-SENFRAUKE** (*Eruca sativa*) ist meist einjährig **WILDE RAUKE** bzw. **RUCOLA** (*Diplotaxis tenuifolia*) ist mehrjährig und schärfer, kräftiger im Geschmack. Ihre Blätter sind gezähnt und kleiner als die der Garten-Senfrauke, die eher buchtig ausgezahnt sind und auf jeder Seite nur zwei bis vier Ausbuchtungen (Fiederabschnitte) zeigen.

GARTEN-SENFRAUKE

RETTICH UND RADIESCHEN

Rettich und Radieschen gehören zur Familie der Kreuzblütler und sind weitläufig mit Kohl verwandt, jedoch nicht mit Meerrettich. Radieschen sind zwar eng verwandt mit Rettich, aber keine Weiterzüchtung. Beide Gemüse sind auf der Zunge angenehm scharf und vor allem roh ein Genuss.

Das Aroma der Rettiche (auch: ***Forzwurzel (Schlesien), Radi***) und Radieschen, ***(auch: Monatsrettich, Radiesknollen***) ist sehr schwefelig mit deutlichen Kohl- und Senfnoten die teilweise starke trigeminale Kälteschmerzwirkungen zeigen. Rote, schwarze und weiße Rettichsorten weisen im Wesentlichen dieselben Aromakomponenten auf, wobei jedoch die unterschiedliche Gewichtung der einzelnen Anteile zu differenzierbaren Aromaeindrücken führt, die sich auch am Küchentisch erschnuppern lassen. Radieschen liegen je nach Züchtung, Anbau und klimatischen Verhältnissen aromatisch und geschmacklich zwischen Roten und Weißen Rettichen.

Im Schaubild lässt sich erkennen, dass das Dominante, Rettichtypische mit seinem schwefeligen, stechenden Duft in allen drei „Farben" vorhanden ist, dass aber der roten Sorte im Vergleich zu den beiden anderen einiges von dem aromatischen Beiprogramm fehlt, insbesondere das an Kohl und Wasabi erinnernde 5-(METHYLTHIO)-4-PENTENE-NITRIL. Ein Großteil der trigeminalen Reize ist daher beim roten Rettich nicht oder nur sehr reduziert vorhanden. Das Plus an DIMETHYLTRISULFID gibt ihm zwar eine Lauchnote dazu, diese erinnert aber eher an gekochte Aromen. Daher kann roter Rettich (ebenso wie Radieschen) ohne Salz und ohne sonstige mildmachende Tricks roh (in Salaten oder einfach so) genossen werden. Kochen oder starkes Erwärmen würde sein ohnehin feines Aroma noch weiter abschwächen.

Schwarze Rettiche sind wegen des 4-(METHYLTHIO)BUTENYLISOTHIOCYANATS und des entsprechenden Glucosinolats trigeminal am schmerzhaftesten, sie eignen sich auch zum Kochen oder für halbwarme Gerichte. Der weiße (Bier-)Rettich liegt in der Mitte und ist praktisch ein Universalrettich, leicht gesalzen wird er milder. Der in Japan gern eingesetzte Daikon entspricht aromatisch in etwa dem weißen Rettich, allerdings mit höherem Trigeminusreiz (wegen des Methylthio-3-butenylisothiocyanatglucosinolats); leicht erwärmt passt er zu vielen feinen japanischen Gerichten.

Rettiche sind reich an Phenolen und phenolischen Flavonoiden, darunter Kaffeesäure, p-Cumarinsäure, Ferulasäure, Hydroxyzimtsäure, Vanillinsäure, Salicylsäure und Gentisinsäure. Zusammen mit Synapinverbindungen und Kaempferolglycosiden sind sie verantwortlich für den bitteren Geschmack und das antioxidative Potenzial der Wurzeln. Auch die sekundären Pflanzenstoffe Quercetin, Kaempferol, Myricetin, Apigenin sowie Luteolin tragen zur Farbe und zum bitteren Geschmack bei.

Die Blätter von Rettichen und Radieschen sind allein aufgrund ihres Aromas viel zu schade zum Wegwerfen. Die rettichtypischen Schwefelaro-

Aromen (Wurzeln) roh: HEXADECANONSÄURE □ *fettig,* ◇ *wachsig, kerzenwachsartig* TETRADECANONSÄURE □ *fettig, wachsig, kokosartig, leicht ananasartig,* ◇ *speckig* 4-(METHYLTHIO)BUTYLISOTHIOCYANAT[T] △ *schwefelig,* □ *brokkoliartig, rettichartig,* ◇ *kohlartig, stechend,* 5-(METHYLTHIO)-4-PENTEN-NITRIL[T] △ *kohlartig, rettichartig,* □ *wasabiartig* 5-(METHYLTHIO)PENTYLISOTHIOCYANAT[T] △ *rettichartig,* □ *kohlartig* DIMETHYLDISULFID △ *schwefelig, gemüseartig,* □ *kohlartig,* ◇ *zwiebelartig* DIMETHYLTRISULFID △ *schwefelig, lauchartig, gekochte Zwiebel,* □ *herzhaft-fleischartig,* ◇ *fleisch-gemüsebrühenartig* 2-PHENYLETHYLISOTHIOCYANAT △ *schwefelig, grün,* ◇ *meerrettichartig, kressenartig*
Aromen (Blätter) roh: (Z,E)-PHYTOL △ *wachsig, floral,* □ *balsamisch, grün, jasminartig,* ◇ *fettig* HEXADECANSÄURE △ *fettig, wachsig, talgig,* □ *seifig, speckig,* ◇ *milchig, wachsig* METHYL LINOLENAT □ *unbestimmt fettig, wachsig,* ◇ *fettig* (Z)-3-HEXENOL △ *grün, grasig, frisch gemähtes Gras, laubartig, fruchtig,* ◇ *leicht ölig, melonenschalenartig* DIMETHYLSULFID △ *schwefelig, zwiebelartig, radieschenblätterartig, kohlartig,* □ *fischartig, maisartig, spargelartig,* ◇ *ein Hauch gekochte Milch/Sahne* (E)-β-IONON △ *holzig, süßlich,* □ *floral, beerenartig*

GESCHMACK

SÜSS SAUER SALZIG **BITTER** UMAMI

Radieschen sind knackig und pfefferig-scharf mit schwefeligem Aroma. Rettich-

wurzeln sind kalt schmerzreizend und ein wenig bitter: Schwarze schmecken und duften am intensivsten und sind am schärfsten, rote am mildesten. Die Blätter sind weniger schwefelig-stechend, dafür kommen fettige und grüne Aromen hinzu.

MIKRONÄHRSTOFFE *(pro 100 g)*

Vitamine (Radieschen): *C (29 mg)* ***Mineralstoffe:*** *Natrium (22 mg)* ***Sekundäre Pflanzenstoffe:*** *Glucosinolate*

Vitamine (Rettich): *C (27 mg)* ***Mineralstoffe:*** *Kalium (450 mg)* ***Sekundäre Pflanzenstoffe:*** *Glucosinolate*

HARMONIE

- **RETTICH, RADIESCHEN**
- GEMÜSEPAPRIKA
- KARTOFFEL
- LAUCH
- MÖHRE
- ROTE BETE
- RUCOLA (RAUKE)
- INGWER
- KREUZKÜMMEL
- MUSKAT
- PFEFFER
- SAUERAMPFER

KÜCHENJOKER

Spinat, Nigella, Sauerkraut (kalt)

PASST GUT ZU

Oliven, Käse, Brot, Fleisch, Fisch (roh), Bier, Nüssen, Erdbeeren, Himbeeren

LÄNDERKÜCHE

Deutschland: *Radieschenbutterbrot, Rohkostsalate* ***Deutschland, Österreich:*** *Bierradi* ***Japan:*** *Takuan (eingelegter Rettich), Beilage zu Sashimi* ***China:*** *Poon choi, Mooli-Kuchen* ***Korea:*** *Kimchi*

men sind hier in weit geringerer Konzentration vorhanden. Dafür bieten sie verstärkt grüne und wachsige Blattduftstoffe. Neben der speckig wirkenden HEXADECANSÄURE kommen das ebenfalls fettig wirkende METHYL LINOLENAT und das grüne, sehr grasige (Z)-3-HEXENOL hinzu. Außerdem finden sich florale Düfte und herbale, harzige Terpenaromen, die teilweise zur Abwehr von Insekten und Fraßfeinden dienen. Hervorzuheben sind darunter die floralen Aromastoffe β-DAMASCENON und β-IONON, die je nach Schädlingsbefall und Angriff unterschiedlich stark ausgeprägt sind. Bemerkenswert sind weiterhin das rauchig-holzige, leicht an Schinken erinnernde 4-VINYLGUAIACOL sowie das waldmeisterartige CUMARIN, das Rettichkraut zu einer kleinen Delikatesse macht. Die Blätter weisen weit weniger Senföle auf, werden kaum schmerzend „kalt" wahrgenommen und reizen nicht zu Tränen. Blätter von roten Rettichen sind – im Gegensatz zu den Wurzeln – intensiver im Aroma. Die Blätter des schwarzen Rettichs wirken wachsiger und speckiger, denn METHYL LINOLENAT und HEXADECANONSÄURE sind dort am stärksten vertreten.

ZUBEREITUNG

Radieschen braucht man nicht zu schälen, größere Rettiche sollte man abkratzen wie Möhren, oft reicht auch ein gründliches Abwaschen und Abbürsten, gerade die Schalen enthalten einen beachtlichen Teil der phenolischen, bitter schmeckenden Komponenten.

Beide Gemüse sind klassische Rohkost. Radieschen kommen oft in Salate, Rettiche werden meist roh, leicht gesalzen, aufgeschnitten zu Vorspeisen gereicht. Durch Salzen verliert das Senföl an trigeminaler Wirkung, der Rettich wirkt weniger scharf. Der Hauptgrund liegt in der Osmose, denn unter der osmotischen Wirkung werden die stark trigeminalreizenden Schwefelverbindungen ausgeschwemmt. Der Zellsaft, das Rettiche nach dem Salzen verlieren, muss daher nicht weggeworfen werden, es eignet sich z. B. für eine Weiterverarbeitung in Vinaigrettes und tritt an die Stelle von Essig. Vor dem Servieren mit etwas Zitrone und Öl über gedämpfte Fische gepinselt, ersetzt es einen Großteil der üblichen Salz- und Pfefferwürzungen und fügt milde, aber dennoch pikante Schwefelnoten hinzu.

Rettiche und Radieschen lassen sich jedoch auch kochen, braten oder rösten. Bei den Rettichen sollte man jedoch nur die weißen oder schwarzen garen, die milden roten eher nicht, weil ihr feines Aroma sonst untergeht. Wenn man Radieschen gart, verlieren sie Farbe und werden milder. Erwärmt man Rettiche, verlieren sie ihre wasabiartige Schärfe. Beim Erhitzen brechen die Zellen auf und die Senfölglycoside verflüchtigen sich deutlich. Man kann sie im Topf kochen oder im Wok kurz braten. Dickere Daikonrettiche lassen sich außen mit einem Gourmetbrenner abflämmen, dabei entstehen deutliche, leicht verbrannt wirkende Röstaromen, die das rohe Innere sehr gut kontrastieren.

Die Blätter beider Gemüse lassen sich roh, gekocht und fermentiert verarbeiten. Zarte rohe Blätter können als Salat gegessen werden, sie duften grün-würzig und sind kaum trigeminal scharf. In kleinen Dosen fügen sie

RETTICH ROT WEISS SCHWARZ

Rettiche sehen nicht nur verschieden aus, sie unterscheiden sich auch aromatisch. Dabei deutet bereits die Farbe die Ausprägung des Trigeminusreizes oder auch das Aromaspektrum an: Die schwarzen Rettiche sind die „Schärfsten", die roten sind aromatisch unkompliziert.

	ROT	WEISS	SCHWARZ
1	●●●	●●●	●●●
2	●●●	●●●	●●●
3	○	●	○
4	●	◍	●●
5	◍	●	●
6	●●	●	●
7	○	●●	●●
8	○	◍	●

● stark vorhanden, ◍ vorhanden (kleine Mengen, Spuren), ○ nicht nachgewiesen

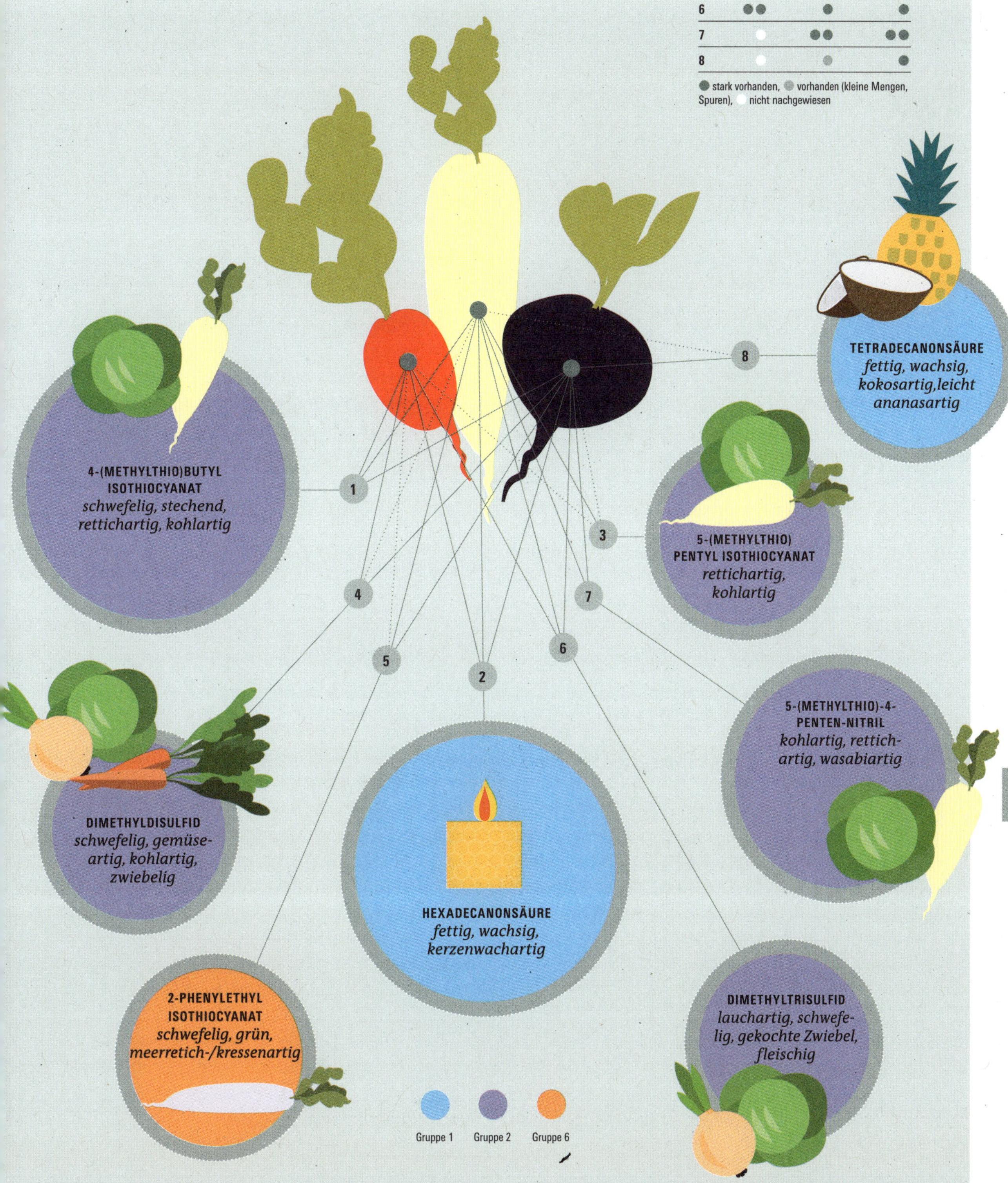

DAIKON

MÜNCHNER BIER

WEISSER RETTICH

OSTERGRUSS ROSA

SCHWARZER WINTERRETTICH

(roh) selbst Desserts eine pikant-grün-bittere Note bei. Auch als Suppeneinlage sind die Blätter geeignet, und aus gekochten Rettichblättern kann man ein wunderbar würziges Püree herstellen. Als Gemüsebeilage sind sie köstlich, sei es gedünstet oder in Butter, Öl oder Schmalz abgeschwenkt.

KOMBINATIONEN

Rettiche und Radieschen sind klassische Alleinunterhalter auf den Tellern. Das muss nicht so sein, denn sie lassen sich gut kombinieren. Asiatisch wäre ein Salat mit Rettich, Gurken und Fenchel, angemacht mit Sojasauce und Sake oder Reiswein (Umamigeschmack), Ingwer und Chili (für gegensätzliche trigeminale Hitze), Sesamöl (Röstnoten), Pfeffer, Zucker (der Bitternoten abmildert), Salz und etwas geschmacksneutralem Öl. In der chinesischen Küche wird Rettich auch mit anderen Gemüsen, etwa schwefeligen Zwiebeln und Lauch, gekocht. Den klassischen Bierrettich kann man ebenfalls warm servieren: Gesalzene Rettichscheiben mit geriebener roher Kartoffel und Zucker, Apfelessig und Gemüsefond 8 Minuten kochen, mit kalter Butter binden, mit ergänzender Muskatnuss würzen. Wird rohes, fein geschnittenes Rettichkraut dazugegeben, ist eine Würzung mit der Tonkabohne ein perfekter Brückenschlag von Wurzel zu Kraut. Schwarzen oder weißen Rettich kann man in Scheiben im Wok mit erdig-grünen Erbsen oder grünem Paprika, würzigen Möhren, schwefeligem Lauch und Knoblauch kurz braten und mit würziger Petersilie oder wachsig-floralem-zitrusartigen Koriandergrün und Zitronensaft abschmecken. Roher geraspelter Rettich passt wegen seiner intensiven Schwefelnoten zu den schwefeligen Kartoffeln des Kartoffelsalats und kann dort die Zwiebeln ersetzen. Ebenso passt er zu Bohnensalat, weil sich dessen grüne, erdige Noten mit dem stechenden Schwefelduft des Rettichs genauso gut ergänzen wie mit Zwiebeln. Spannend ist die Kombination mit Roter Bete – das geht mit Radieschen und mit Rettich, je bitterer dieser ist, umso besser. Interessant ist dabei nicht nur der rot-weiße Farbkontrast (sofern das Gemüse erst beim Anrichten zusammengeführt wird), sondern die Aroma- und

SORTEN RETTICH

Hilds roter Neckarruhm: *kleiner Sommerrettich in Form einer spitzen Karotte mit leuchtend roter Haut; mild.*
Neckarruhm: *weißer früher Rettich, der bis zu 20 cm lang wird.*
Ostergruß rosa: *rosaroter Sommerrettich, der sehr früh reif ist.*
Hilds Blauer: *Die Schale der spitzkegeligen Wurzeln dieses Winterrettichs ist blauviolett gefärbt, das Aroma mild bis würzig.*
Münchner Bier: *klassischer bayerischer Winterrettich, reinweiß, mittelgroß und würzig.*
Runder schwarzer Winterrettich: *Die Knollen sehen aus wie Äpfel, die Außenhaut ist schwarz und rau. Er enthält besonders viel Senfglycoside, was ihn aromatisch und scharf macht, aber auch ein wenig bitter.*
Watermelon Mantang Hong/Chinese Red Meat Radish: *asiatische Sorte mit runden Knollen, die aussehen wie große Radieschen, nur umgekehrt: Sie sind außen weiß und innen rot wie eine Wassermelone.*
Daikon Rettich *(Raphanus sativus var. longipinnatus): beliebte japanische Sorte, die bis zu 1 Meter lang und 20 kg schwer wer-*

SAXA 2

FRENCH BREAKFAST

ZLATA

EISZAPFEN

HILDS BLAUER

Geschmackskombination aus trigeminal kalt-bitter-schwefelig und bittersüß-erdig. Roh und eventuell kurz angeflämmt sind Rettiche beste Begleiter zu Ceviches (roh, mit Ingwer, Chili, Limette marinierte Fische) oder angegrillten Jakobsmuscheln. Bestechend sind dünne, leicht gesalzene Rettichscheiben, die unter den Reis in Sushi mit eingerollt sind. Ihre schwefelige Frische bietet eine hervorragende Alternative für den eingelegten Ingwer. Rettiche statt in Salz in Glutamat gebeizt, sind eine kleine kulinarische Sensation. So lässt sich der trigeminal kalte Rettich z. B. mit geräucherten Fischen (Haddock, Aal), der eher warm assoziiert, sehr gut zur Geltung bringen.

Beide Gemüse lassen sich in fruchtbetonten Zwischengängen verwenden: Dünne Radieschenscheiben mit Erdbeeren und Himbeeren, angemacht mit Balsamico und Olivenöl, gewürzt mit Salz und Zucker, ergeben ein süßscharfes, schwefelig-fruchtiges Gericht. Die Kombination mit gerösteten Nüssen funktioniert ebenfalls gut. Gestiftelte Radieschen mit Frischkäse und Butter gemischt, gewürzt mit Muskat, Salz und Pfeffer, bieten über die langkettigen Fettsäurenderivate ein schwefelig-aromatisches Zusammenspiel mit einem wachsig-fettigen Texturgefühl – das noch durch leicht geräucherten Speck unterstützt werden kann, während Muskat aromatisch würzige Komponenten beifügt, die Käse und Radieschen fehlen.

BLÄTTER Das Kraut von Rettichen und Radieschen bildet als Püree, leicht in Butter oder Öl gebraten, oder gar mit Milchsäurebakterien fermentiert, ungewöhnliche Komponenten zu Frischkäse, Tofu, Tempeh, Speck oder z. B. wachsweichen Eiern (die sich mit grünen, wachsigen und fettigen Aromen paaren). Roh heben sie die Aromatik von Salaten, und selbst als eigenständige Vorspeisenkomponente (mit Öl, Knoblauch und etwas Joghurt) sind sie eine Köstlichkeit. Der deutliche Anteil der Blütenaromen lässt auch an Rettichblattsalate mit Blüten, etwa Rosenblättern, Geranienblättern oder Veilchen, denken – oder an gekochte Rettichblattpürees, die mit Butter und Blütentees (statt Sahne oder Fonds) verfeinert sind. Diese floralen und „grünen“ Pürees, akzentuiert auf Gemüsetellern eingesetzt, zu fri-

den kann. Die „Shogoin“-Typen wiegen sogar bis zu 50 kg. Die Blattrosette kann bis zu 2 Meter im Durchmesser betragen. Er heißt in Indien „Mooli“.

SORTEN RADIESCHEN

Eiszapfen: *Die Knollen sehen aus wie Minirettiche und sind sehr scharf.*

French Breakfast: *Sorte mit länglichen, zweifarbigen (rot-weiß) Knollen.*

Zlata: *Sorte mit gelben Knollen.*

Riese von Aspern: *große lokale Wiener Sorte; der Durchmesser der Knollen beträgt bis zu 6 cm; wurde in die „Arche des Geschmacks“ von Slow Food aufgenommen.*

Saxa: *ist eine für den Freilandanbau und Anbau unter Glas geeignete Sorte. Sie hat eine schöne runde Form und sind sehr saftig.*

MEER TRIFFT RETTICH

- 20 Miesmuscheln
- 2 rote Rettiche mit schönem Kraut
- 1 TL Zitronensaft
- 2–3 EL Olivenöl
- 1 Daikonrettich
- Salz
- ½ TL Xanthan
- 1 TL Pflanzenöl
- 4 Jakobsmuscheln

Miesmuscheln kochen und aus der Schale lösen.

Rettichkraut abtrennen, sehr fein schneiden und in Zitronensaft und Olivenöl marinieren. Daikonrettich halbieren und eine Hälfte mit dem Gourmetbrenner stark (fast schwarz) angrillen, sodass eine „schwarze Haut" entsteht. Abkühlen lassen und in sehr feine Scheiben schneiden, leicht salzen. Vor dem Anrichten etwas abtupfen. Die andere Hälfte mit beiden roten Rettichen entsaften, den Rohsaft leicht salzen und mit etwas Xanthan binden. Nicht höher als 50 °C erwärmen.

Öl in einer Pfanne erhitzen und Jakobsmuscheln kurz sehr heiß anbraten; in der Mitte der Teller anrichten, Rettichsaft angießen, je 5 Miesmuscheln herumsetzen und ein wenig Rettichkraut in kleinen Häufchen zwischen die Muscheln geben. Seitlich mit 2 bis 3 Scheiben geflämmtem Rettich garnieren.

Pro Portion: 104 kcal, 6 g F, 3 g KH, 1 g B, 8 g E

EINKAUF UND LAGERUNG

Radieschen- und Rettichknollen sollten knackig und fest sein, frisches grünes Kraut ist ein gutes Zeichen; auf keinen Fall sollte sich die Knolle gummiartig anfühlen. Bei zu großen Rettichen besteht die Gefahr, dass sie holzig sind. Will man Radieschen aufbewahren, sollte man das Laub abschneiden und die Knollen feucht einschlagen (damit sie nicht austrocknen), am besten in einer festschließenden Dose oder Plastiktüte. Man kann sie auch in Wasser legen, um sie knackig zu halten. Ungeschälter Rettich hält sich besser, angeschnittenen Rettich wickelt man in Folie. Einfrieren kann man weder Rettich noch Radieschen.

SAISON

01 02 03 04 05 06 07 08 09 10 11 12

Radieschen sind als Treibhausware ganzjährig erhältlich.

ANBAU

Die Keimzeit von Radieschen beträgt nur 1 Woche, nach 4 bis 6 Wochen kann bereits geerntet werden. Im Erwerbsgartenbau wird das ganze Jahr über angebaut. Wartet man mit der Ernte zu lange, werden Radieschen holzig. Radieschen vertragen sich gut mit vielen Nachbarn im Beet, nicht geeignet sind hingegen Gurke und Wassermelone. Sommerrettich wird ab April gesät, ab Ende Juni die Sorten für die Herbsternte. Nur behutsam düngen, sie benötigen aber reichlich Bor. Auch hier gilt: nicht zu spät ernten, damit die Wurzeln knackig bleiben.

schen Käsen gereicht oder neben Meeresfrüchten angerichtet, sind köstliche Erfahrungen abseits des Gemüsealltags.

REGIONALE VARIANTEN In China werden Radieschen nach den Regeln der Traditionellen Chinesischen Medizin (TCM) gekocht und mit Zitronensaft, Kreuzkümmel und Senfkörnern gewürzt. Eine in Italien beliebte Kombination sind salzige Zutaten wie Oliven und Kapern. Der Daikon-Rettich ist ein wichtiger Bestandteil der japanischen Küche. Er kommt in Eintopfgerichte wie *Nabemono* oder *Oden*, wird roh gerieben und als Beilage zu *Tempura* oder *Sashimi* serviert und dient als Einlage in Misosuppen. Mit Sojasauce gewürzt, kommt er in japanische Hamburger. Geschnitzelt und getrocknet heißt er *Kariboshi daikon* und wird als Gewürz verwendet. Eingelegt wird aus ihm *Takuan*: gelb gefärbter, sehr mild süßsauer schmeckender Rettich, der als Beilage oder Vorspeise auf den Tisch kommt und Bestandteil von Makis ist. Auch in China wird Daikon verwendet, z. B. in Gerichten wie *Poon choi* (eine Art chinesische Schlachteplatte) oder in Fischcurrys. Er ist außerdem Bestandteil der traditionell zum Neujahrsfest gereichten *Mooli*-Kuchen. In Korea ist Rettich neben Chinakohl eine weitere Beigabe zu *Kimchi*.

GESCHICHTE UND BOTANIK

RETTICH wurde bereits in der Antike kultiviert, wobei der Bericht von Herodot, dass die Arbeiter beim Pyramidenbau sich von Rettich ernährt haben sollen, als unglaubwürdig gilt. In mittelalterlichen Klostergärten wurde Rettich nachweislich schon im 9. Jahrhundert angebaut. In Ostasien ist das Gemüse deutlich beliebter als bei uns: Während wir pro Kopf durchschnittlich 250 g Rettich im Jahr verzehren, sind es in Japan 13 kg und in Korea sogar 30 kg. Besonders beliebt sind in Asien die riesigen weißen Daikonrettiche, die auch gegart und wie Sauerkraut milchsauer vergoren werden. Asiatische Rettiche können auch rosafleischig sein. Gärtnerisch unterscheidet man zwischen Sommer- und Winterrettichen. Letztere sind trigeminal schmerzender und weisen höhere Konzentrationen an stechenden Isothiocyanaten auf. Farblich und aromatisch unterscheidet man Knollen mit weißer, roter und schwarzer Schale, die es sowohl als Sommer- als auch als Wintersorten gibt. Schwarze schmecken am intensivsten und reizen am stärksten, rote wirken am mildesten. Das Fruchtfleisch ist bei allen weiß.

RADIESCHEN tauchen in Europa in Quellen des 16. Jahrhunderts auf. In französischen Renaissancegärten wurden sie wohl erstmals gezüchtet. Die essbaren Knollen sind, anders als der Name „Radix" – von dem sich der deutsche Name Radieschen ableitet – andeutet, keine Wurzel, sondern eine Verdickung des Wurzelhalses. Das dünne Fädchen, das unten am Radieschen hängt, ist die Wurzel. In den letzten 200 Jahren wurde eine Vielzahl an Radieschensorten gezüchtet. Die ursprünglich grauen und gelbbraunen Radieschen wurden von leuchtend roten verdrängt. Es gibt frühe und späte Sorten, runde und längliche und unterschiedlich gefärbte. Frühjahrssorten wie z. B. Cyros, Neckarperle und Saxa sind milder.

Rheum rhabarbarum

RHABARBER

Botanisch gehört Rhabarber zur Familie der Knöterichgewächse, ist also verwandt mit Mangold, Roter Bete, Spinat und Sauerampfer. Das säuerliche Stielgemüse, das ein Frühjahrsbote ist, wird häufig wie Obst verwendet und kommt in Kompott oder Kuchen. Es lohnt sich aber, sein kulinarisches Potenzial auch in herzhaften Gerichten auszuprobieren. Auffällig ist seine adstringierende Wirkung auf der Zunge, die von seinem hohen Gehalt an Oxalsäure herrührt.

Das Aromaspektrum des rohen oder nur kurz gekochten Rhabarbers ist vor allem durch grüne, an Blätter und Blüten erinnernde Duftstoffe geprägt. Führend bei den zahlreichen grünen Blattduftstoffen ist das grasig-grüne (Z)-3-HEXENAL; (E,Z)-2,6-NONADIENAL streut einen Schuss Gurke in das Aroma ein. Die floralen Duftnoten werden vor allem durch β-IONON, unterstützt vom floral und nach Zitrus duftenden LINALOOL, erzeugt, während 2-METHYLBUTANOL noch einen Hauch Wein, Alkohol und Zwiebel mitbringt. Stechende Essiggerüche werden von ESSIGSÄURE verursacht.

Beim Kochen von Rhabarber bleiben diese Geruchsstoffe bis auf geringe Abweichungen in der Konzentration erhalten. Zusätzlich entsteht 5-HYDROXYMETHYLFURFURAL, das deutliche röstige, butterige und karamellige Noten mit einem Anklang an Heu hinzufügt. Außerdem bilden sich beim Kochen stechende Gerüche aus, die auf eine deutliche Erhöhung der Essigsäurekonzentration zurückzuführen sind.

Sein großes geschmackliches Plus ist sein Säurespektrum: Rhabarber enthält Äpfelsäure, Zitronensäure, Oxalsäure und einen kleinen Teil Fumarsäure. Das feine Spiel zwischen diesen vier Säuren macht rohen Rhabarber bzw. dessen Saft zu einem (unterschätzten) Säuerungsmittel. Der relativ hohe Anteil an Ascorbinsäure sorgt bei rohen Rhabarberprodukten (selbst hergestellten Säften, Pürees etc.) für eine erhöhte Haltbarkeit. Der Vorteil der Oxalsäure ist, dass sie keinen stechenden Geruch wie Essigsäure hat und nicht flüchtig ist. Sie wirkt lediglich auf der Zunge. Sie macht allerdings die Zähne „stumpf" und will daher wohl dosiert sein. Daher sollte man Folgendes beachten: Später Rhabarber (ab Mitte Juni) enthält besonders viel Oxalsäure. Schälen entfernt einen großen Teil der Säure, Erhitzen weitgehend den Rest; gekochter Rhabarber ist daher unbedenklich. Und nicht zuletzt lässt sich die Oxalsäure durch Zugabe von Zitronensäure abmildern.

Aromen roh: (Z)-3-HEXENAL △ *grün, fettig, grasig, frisch gemähtes Gras,* □ *grüner Apfel, unkrautartig* (Z)-2-HEXENAL △ *grün* (E)-2-HEXENAL △ *grün, bananenschalenartig, fettig,* □ *gemüseartig, blattartig,* ◇ *würzig-fruchtig, frischer Käse* (Z)-3-HEXENOL △ *grün, grasig, frisch gemähtes Gras, laubartig, fruchtig,* ◇ *leicht ölig, melonenschalenartig* (E)-2-HEXENOL △ *grün, blattartig, frisch, gemüseartig,* □ *fruchtig, unreife Banane* (E,Z)-2,6-NONADIENAL △ *grün, gurkenartig,* □ *melonenartig,* ◇ *fettig* 2-METHYLBUTANOL △ *röstartig,* □ *weinartig, zwiebelartig,* ◇ *alkoholisch, whiskyartig* ESSIGSÄURE[T] △ *stechend, sauer, essigartig,* □ *überreife Frucht,* ◇ *nasal stechend* LINALOOL △ *floral, zitrusartig, rosenholzartig, grün,* □ *orangenartig, zitronenartig,* ◇ *leicht wachsig, holzig* β-IONON △ *floral, holzig, süßlich,* □ *beerenartig,* ◇ *bienenwachsartig* (E)-β-IONON △ *holzig, süßlich,* □ *floral, beerenartig* OXALSÄURE ◇ *demineralisierend, stumpf*

Aromen gekocht außerdem: 5-HYDROXYMETHYLFURFURAL △ *röstig, fettig, butterig, karamellig,* □ *herbal, heuartig,* ◇ *tabakartig*

ZUBEREITUNG

Essbar sind die Stängel, nicht die Blätter, die zu viel Oxalsäure enthalten. Das unterste, häufig holzige Stück des Stiels abschneiden und die Stangen, falls erforderlich, schälen, indem man mit einem scharfen Messer vom unteren Ende her die Haut abzieht; es sollten keine Fäden an den Stangen hängen bleiben. Danach in Stücke schneiden.

GESCHMACK

SÜSS SAUER SALZIG BITTER UMAMI

Rhabarber schmeckt sauer und wirkt auf der Zunge demineralisierend, er duftet nach

Blättern, Gras und Blüten, manchmal auch nach Himbeeren.

MIKRONÄHRSTOFFE *(pro 100g)*

Vitamine: *C (10 mg)* ***Mineralstoffe:*** *Calcium (66 mg)*

HARMONIE

KÜCHENJOKER

Salbei, Muskat, Möhre

PASST GUT ZU

Erdbeeren, hellem Fleisch, Fisch, Äpfeln, Bananen, Blüten, Beeren, Frischkäse, Quark oder Joghurt, Kokosnuss

LÄNDERKÜCHE

Deutschland, Österreich, Schweiz: *Rhabarbertorte* ***England, USA:*** *Rhabarbercrumble, Rhabarberchutney*

Man kann Rhabarber roh verzehren, wenngleich nicht in großen Mengen wegen der Oxalsäure. Klein gewürfelt bereichert er Gemüsesalate oder auch Fisch oder Hähnchen abseits von den üblichen Zitrusfrüchten. Außerdem lässt er sich gut entsaften, entweder mit entsprechenden Entsaftern oder mit der Osmosemethode: Rhabarber klein schneiden, mit nur 100 g Zucker auf 1 kg Gemüse vermengen und kühl stellen. Die osmotischen Kräfte sprengen die Zellen, der Saft tritt aus. Nach 24 Stunden in ein Sieb geben und den Saft auffangen, der als Grundlage für Vinaigrettes, Saucen oder Desserts dienen kann. Der so entsaftete Rhabarber enthält Pektine, Zellmaterial und genügend Zucker und Säure, sodass sich daraus unter kurzem Aufkochen und Pürieren (mit dem Stabmixer) eine wunderbare, weniger säuerliche Rhabarbercreme herstellen lässt, die sowohl Fisch, Meeresfrüchte, Fleisch, aber auch Desserts (oder gar Müslis) begleitet.

Darüber hinaus eignet sich Rhabarber sehr gut zum Dünsten, Backen oder Einkochen. Beim Dünsten muss man aufpassen, dass das Gemüse nicht völlig zerfällt, das kann recht schnell gehen. Achtung: Die Oxalsäure greift Aluminiumgeschirr an. Rhabarber ist ein gutes Beispiel für „Autoaromatisierung“ (→ Aromabildung, Seite 39): Wird er in (selbst zubereitetem) reduziertem Rhabarbersaft gekocht, intensivieren sich seine Aromen erheblich. Je nach zugefügtem Zucker oder Salz passen die gegarten Stücke dann in Vorgerichte oder Desserts. Für einen Kuchen verteilt man Rhabarber vor dem Backen auf dem Teig – roh oder kurz überbrüht und gut abgetropft. (Damit der Tortenboden nicht durchweicht, kann man ihn mit Semmelbröseln oder Grieß bestreuen.) Zum sauren Rhabarber passt als Deckschicht zuckersüßer Eiweißschaum (Baiser). Für Kompott füllt man Rhabarber mit Zucker und Gewürzen (zum Beispiel Nelken, Zimt, Vanille) roh in Gläser und lässt ihn 3 bis 4 Stunden im offenen Glas ziehen, damit sich Saft bildet. Dann erst die Gläser verschließen und verschlossen bei 80 °C sterilisieren. Für Sirup bestreut man rohe Rhabarberstücke mit Zucker und lässt ihn einige Stunden stehen. Dann durch ein Sieb abseihen. Der Sirup hält im Kühlschrank einige Tage.

Eine sehr einfache Art, um Rhabarber haltbar zu machen, ist die osmotisch unterstützte Trocknung: Die Rhabarberstücke werden dazu einfach in Zucker gewendet und luftgetrocknet, bis sie eine gummiartige Konsistenz haben. Geschmack und Aroma bleiben erhalten. Die über ein Jahr haltbaren Stücke können direkt (oder nach Rehydrierung mit Wasser, Säften, Gin) verwendet werden.

KOMBINATIONEN

Dank seiner Aromatik und seines Geschmacksprofils lässt sich Rhabarber weit vielfältiger einsetzen, als dies die üblichen Konfitüren und Chutneys vorgeben. So macht ihn sein grünes Aromaspektrum in Verbindung mit dem feinen Säurespiel zum perfekten Begleiter von Fisch und hellem Fleisch, nicht nur in süßsauren asiatischen Wokgerichten und in Kombination mit Ingwer, Koriander, Kurkuma, Chili, Knoblauch, Zwiebeln und Kar-

RHABARBER: MULTIFUNKTIONELL

600 g Rhabarber

250 g Zucker

Pro Portion: 275 kcal, 0 g F, 63 g KH, 4 g B, 1 g E

Rhabarber je nach Sorte schälen und in 1 cm lange Stücke schneiden. Mit Zucker vermengen und 2 bis 3 Tage an einem nicht zu warmen Ort (10 bis 15 °C) stehen lassen. Entstehenden Saft abfiltern und Rhabarber fein pürieren.

Der Saft ist Grundlage für viele Vinaigrettes, Saucen, Essenzen im herzhaften, salzigen, bitteren oder süßen Bereich. Ideal auch zum Angießen bei Fisch- oder Hühnchengerichten. Schmeckt auch zu Gemüse (z. B. Artischocke, Aubergine, Zucchini). Das nicht zu süße Püree hat aufgrund der „sanften Entsaftung" eine sämige Konsistenz und Cremigkeit.

damom. Über die grünen Aromen funktioniert ebenfalls eine Paarung von gedünstetem oder rohem, klein gewürfeltem Rhabarber mit allerlei Blattsalaten, die mit Olivenöl angerichtet werden. Dazu passt am besten eine Vinaigrette auf Apfelsaftbasis. Als Kontrast bieten sich Zutaten mit schwefeligen Duftstoffen an, etwa Rucola, Rettich oder Kohlrabi. Auch die Blätter von Rettich, Radieschen oder Kohlrabi ergänzen den säurelastigen, aber aromatisch grün dominierten Rhabarber mit ihren grünen, grasigen und herben Noten sehr gut. Kombinationen mit schwefeligem Bärlauch sind saisonal wunderbar: Dieser dockt über die grünen Aromen an und gibt noch deutliche Schwefelaromen dazu. In Vorspeisen machen sich außerdem Kombinationen mit Melonen, Olivenöl und Gurken hervorragend, denn alle Zutaten haben einen starken Überlapp im grün-„gurkigen" Bereich. Kontrastieren lassen sich solche Teller mit würzigen Kräutern wie Dill oder Basilikum. Auch Gewürze wie Anis, Fenchel oder Vanille, die aromatisch-phenolisch dominiert sind, bieten spannende Kontraste auf der säuerlichen Grundlage. Die trigeminal kühle Minze wiederum setzt einen Kontrapunkt zur Säure, während das minzige Aroma mit den Zitrusnoten des Rhabarbers harmoniert. Ebenfalls im frischen grünen Duftbereich treffen sich Rhabarber und Butter. Aus drei Teilen Butter und einem Teil Rhabarber lassen sich im Thermomix bei 60 bis 70 °C feine „Streichfette" oder leicht aufgeschlagene, schaumige Fettemulsionen erzeugen, die den Menüpart „Brot & Butter" einmal ganz anders darstellen. In dieselbe Richtung gehen Kompositionen mit Frischkäse, Quark oder Joghurt, die leicht gesalzen nicht mehr Teile des Desserts sind. Und nicht zuletzt erlauben die grünen Noten des Rhabarbers

SORTEN

Holsteiner Blut: *mittelfrühe Sorte mit rotgrünen Stängeln; ihr Geschmack, Aroma und Säuregehalt sind eher mild.*

The Sutton: *englische Sorte, die Stängel sind außen rötlich und innen grün. Sie hat eine ausgeprägte Säure und kräftiges Aroma.*

Frambozen Rood *(Himbeerrhabarber): Sorte mit etwas dünneren rötlichen Stielen, die nach Beeren duften. Die Stangen muss man nicht schälen.*

EINKAUF UND LAGERUNG

Saison hat Rhabarber von April bis Ende Juni, Treibhausware gibt es von Dezember bis April. Generell gilt: Je intensiver rot der Rhabarber, umso weniger sauer ist er. Freilandrhabarber hat eine dickere Schale und muss sorgfältig geschält werden, sonst ist er faserig und holzig. Lagern kann man die Stangen am besten in ein feuchtes Tuch

R

THE SUTTON

eingeschlagen im Kühlschrank, dort halten sie einige Tage. Geschnitten und blanchiert sind sie gut einzufrieren. An Zucker luftgetrocknete Stücke halten bis zu einem Jahr.

SAISON

01 02 03 **04 05 06** 07 08 09 10 11 12

Den Rest des Jahres aus geschütztem Anbau erhältlich.

ANBAU

Rhabarber braucht einen humusreichen, eher feuchten Standort und Platz für seine großen Blätter. Man kann ihn im Frühjahr oder Herbst pflanzen. Er mag direkte Sonne, verträgt aber auch Halbschatten. Geerntet wird von April bis Ende Juni. Man erntet übrigens mit einer Drehbewegung, es wird nichts geschnitten oder herausgerissen, um die mehrjährige Pflanze zu schonen. Die Blätter der Staude rollen sich im Herbst von selbst ein und das Rhizom überdauert den Winter.

Kombinationen mit dem karamellig-würzigen Grün von Sellerie (als Gemüse zu Fisch), jungen Erbsen (mit Erweiterung im erdig-grünen Pyrazinbereich) oder grünen Bohnen.

Im Dessertbereich passen vorzüglich Bananen, die wenig Säure mitbringen. Erdbeeren kommen als erste Früchte im Garten nicht nur zeitlich gelegen, sondern docken an die grünen Noten an und erweitern gewaltig den Bereich der fruchtigen, floralen Aromen, z. B. in Konfitüren oder als Kuchenbelag. Darüber hinaus paaren sich natürlich Zitrusfrüchte gut mit dem sauren Rhabarber – nicht nur zum Dessert. Bestechend ist die Kombination mit Grapefruit, deren typisches Aroma nicht nur sehr würzige Zitrusnoten, sondern eine gehörige Portion holzig-harzige Aromen mitbringt, die dem Rhabarber ganz neue Seiten abluchsen. So passt er als Beilage zu gebratenen Entenbrüsten oder Leber. Ausgezeichnet ist auch ein Rhabarber-Chutney: Das Gemüse in Orangensaft kurz kochen und mit Chili Schärfe zufügen. Die starken floralen und süßlichen Anklänge an Bienenwachs und Beeren legen eine weitere Verstärkung durch Blütendüfte, Pollen und Beeren nahe. Der auf der Zunge etwas reizende Rhabarber lässt sich außerdem wunderbar mit aromatisch-cremigen Aromen abmildern. Dazu bieten sich Kokosmilch, Kokosraspeln oder selbst Pastinaken an.

Ansonsten lässt sich das saure Gemüse in weitere Geschmacksrichtungen ergänzen – je nach Wunsch süß, salzig oder umami. Eine klassische Variante wäre das Einlegen in Zucker, Salz, Zitronensaft oder Sojasauce. Man kann ihn auch mit Salz, wenig Zucker und Glutamat beizen. So erhalten die Stücke einen herzhaften, fleischigen Umamitouch und werden zu ungewöhnlichen, sehr geschmacksintensiven Tellerelementen, zum Beispiel zu einem klassischen Kartoffelsalat.

GESCHICHTE UND BOTANIK

Die Heimat des Rhabarbers liegt in Mittelasien, in den Bergen Nordchinas und Tibets (Himalaya); dort schätzt man ihn seit knapp 3000 Jahren als Heilpflanze, genauer: als Abführmittel und gegen Magen-Darm-Beschwerden. Die alten Griechen gaben ihm seinen Namen, der so viel wie „fremdländische Wurzel" bedeutet. Sie nutzten ihn, ebenso wie die Römer, ebenfalls in erster Linie als Heilmittel (bei Magen-Darm-Beschwerden). Traditionell ist er vor allem in England beliebt und wurde dort auch zuerst (Mitte des 19. Jahrhunderts) kultiviert. Rhabarber wird in vielen Hausgärten angepflanzt – nicht nur auf den britischen Inseln.

Der **GEWÖHNLICHE RHABARBER** (*Rheum rhabarbarum*) gehört zur Familie der Knöterichgewächse, wie auch Ampfer und Buchweizen. Je nach Sorte ist der Blattstiel durch Anthocyane mehr oder weniger stark rot gefärbt. Man kann farblich und geschmacklich unterscheiden: Sorten mit grünfleischigen Stielen und grüner Haut enthalten am meisten Säure; Sorten mit grünfleischigen Stielen und roter Haut (**BLUT-RHABARBER**) sind etwas weniger sauer, und rotfleischige Sorten mit roter Haut sind am mildesten; ihr Aroma erinnert ein wenig an Himbeeren.

Brassica oleracea var. gemmifera

ROSENKOHL

Rosenkohl ist kein „junger" Kohl, sondern es sind Achselknospen, die an einem Stiel wachsen und aussehen wie kleine Kohlköpfe. Die vermutliche „Erfindung" von Brüsseler Gärtnern ist schwer zu ziehen, die Röschen müssen überwiegend per Hand gepflückt werden, weshalb er lange als „Luxuskohl" galt. Er ist aber auch ausgesprochen wohlschmeckend und sieht auf dem Teller attraktiv aus – wenn man ihn nicht zu lange kocht.

Das Aromaspektrum des Rosenkohls (auch: ***Brüsseler Kohl, Sprossenkohl, Kohlsprossen [Österreich], Bebbellesgmias [Schwaben], Spruute (Rheinland))*** ist in geringerem Maße von schwefeligen kohltypischen Düften geprägt als Weißkohl und andere Kohlarten und weist einen höheren Anteil an „grünen" Aromen auf. Im Bereich der schwefeligen Duftstoffe dominieren das nach Kohl und Zwiebel riechende DIMETHYLSULFID und das eher nach Gemüse duftende DIMETHYLDISULFID. Ebenfalls aromabestimmend sind ALLYLISOTHIOCYANAT und ISOPROPYLISOTHIOCYANAT mit ihren stechenden Senfnoten. Die Überleitung zum „grünen" Duftspektrum ist durch BUTYLISOTHIOCYANAT gegeben, das stechende, grasige Noten mit sich führt. Die grün-grasigen Düfte werden durch Blattduftstoffe wie HEXANAL, (E)-2-HEXENAL und das grasige (Z)-3-HEXENOL definiert. Trigeminal-kalte, stechend-moderige Eindrücke kommen durch ALLYLCYANID, ACETON und ACETALDEHYD zustande, die in erster Linie die „Eigenwürze" des Rosenkohls ausmachen. Dieses komplexe Duftspektrum erlaubt es, Rosenkohl weitgehend (bis auf ein wenig Salz) ungewürzt zur Geltung zu bringen.

Rosenkohl weist von allen Kohlsorten den höchsten Anteil an Glucosinolaten (→ Seite 39) auf, die für den bitteren Geschmack verantwortlich sind. Diese kohltypischen chemischen Verbindungen bestehen aus einem Vorläufer eines schwefeligen Aromastoffs und einem Zuckermolekül. Erst wenn der Aromastoffvorläufer enzymatisch vom Zucker getrennt wird und chemisch zum Aromastoff reagiert, wird dieser flüchtig (wasserunlöslich) und kann als Duft wahrgenommen werden. Der abgespaltene Zucker verbleibt im Zellwasser und trägt zu einer geringen Süße bzw. zur sensorischen Abschwächung der Bitterkeit bei (→ Bittergeschmack durch Glucosinolate, Seite 481). Die kompakte Struktur der Rosenkohlköpfchen lässt allerdings, im Gegensatz zu den offenen Strukturen von Brokkoli oder Blumenkohl, einen raschen Umbau der Glucosinolate nicht zu. Das bedeutet, sie werden nicht alle zu duftenden Aromen abgebaut; Rosenkohl riecht also nicht vordergründig „kohlig". Zugleich bleiben die flüchtigen grünen Blattduftstoffe im Inneren der Röschen erhalten. Daher behält Rosenkohl einen Großteil seines rohen Geschmacks und Dufts, wenn er nicht zu lange gekocht, also übergart wird.

An phenolischen Komponenten sind Kaempferol, Quercetin sowie Verbindungen des 3-O-Sophorosid-7-O-Glucosid reichlich vorhanden. Sie steigern das antioxidative Potenzial, das über einen Teil der Glucosinolate

Aromen roh und gekocht: HEXANAL △*grün, blattartig, grasig, fettig,* □*gemüseartig, apfelartig,* ◇*leicht holzig* (E)-2-HEXENAL △*grün, bananenschalenartig, fettig,* □*gemüseartig, blattartig,* ◇*würzig-fruchtig, frischer Käse* (Z)-3-HEXENOL △*grün, grasig, frisch gemähtes Gras, laubartig, fruchtig,* ◇*leicht ölig, melonenschalenartig* 2-PROPENOL △*lauchartig, grün* ACETON △*lösungsmittelartig, leicht fruchtig,* ◇*stechend* ACETALDEHYD △*grün, frisch,* □*schimmelig, leicht moderig,* ◇*stechend* ALLYLCYANID ◇*stechend, schmerzend kalt* DIMETHYLSULFID △*schwefelig, zwiebelartig, radieschenblätterartig, kohlartig,* □*fischartig, maisartig, spargelartig,* ◇*ein Hauch gekochte Milch/Sahne* DIMETHYLDISULFID △*schwefelig, gemüseartig,* □*kohlartig,* ◇*zwiebelartig* ALLYLISOTHIOCYANAT[T] △*schwefelig, senfartig,* ◇*stechend* ISOPROPYLISOTHIOCYANAT[T] △*schwefelig, lauchartig,* ◇*stechend, senfartig* METHYLPROPYLDISULFID △*schwefelig, lauchartig,* □*rettichartig, zwiebelartig* BUTYLISOTHIOCYANAT[T] △*schwefelig, grün,* ◇*stechend*

GESCHMACK

SÜSS SAUER SALZIG **BITTER** UMAMI

Rosenkohl schmeckt und duftet fein-mild, leicht grün, kohlig und ein wenig bitter.

ROSENKOHLKRAUT

FÜR DAS ROSENKOHLKRAUT

400 g Rosenkohl

50 g gesalzene Butter

FÜR DIE HERBSTTROMPETEN-CREME

200 g Herbsttrompeten

100 g Zwiebel

50 g Butter

Salz

100 g Crème fraîche

100 ml Reis-Bonito-Essig (Reisessig mit 2 TL Bonitoflocken über Nacht ziehen lassen, filtern)

FÜR DIE FRISCHKÄSECREME

200 g Frischkäse (Ziege oder Kuh), gut abgetropft

1 Msp. geriebene Tonkabohne

Salz

Pro Portion: 478 kcal, 44 g F, 5 g KH, 6 g B, 11 g E

Für das Rosenkohlkraut Rosenkohlröschen in feine Scheiben schneiden, sodass ein „Kraut" entsteht. Butter erhitzen und das Kraut kurz darin schwenken.

Für die Herbstrompetencreme Pilze putzen und klein schneiden. Zwiebel schälen und würfeln. Butter in einer Pfanne erhitzen, Zwiebel darin glasig dünsten. Herbsttrompeten zugeben und weich dünsten, dann leicht salzen. Dabei immer wieder Crème fraîche zugeben, bis alles sehr weich ist. Im Anschluss sehr fein pürieren und mit etwas Reis-Bonito-Essig abschmecken.

Für die Frischkäsecreme Käse mit Tonkabohne und Salz vermengen.

Zum Anrichten alle Bestandteile in Gläser schichten: Unten Frischkäsecreme (kalt), dann Herbstrompetencreme (halbwarm), obenauf Rosenkohlkraut (heiß). Eventuell mit knusprigen Toastbrotscheiben und gerösteten Haselnüssen texturell „würzen".

MIKRONÄHRSTOFFE *(pro 100 g)*

Vitamine: *B_1 (0,13 mg), Folsäure (101 µg), C (112 mg)* ***Mineralstoffe:*** *Kalium (471 mg), Eisen (0,9 mg)* ***Sekundäre Pflanzenstoffe:*** *Glucosinolate*

HARMONIE

KÜCHENJOKER

Honig, Wermut

bereits vorhanden ist. Die Phenole Kaempferol und Quercetin tragen außerdem zum bitteren Geschmack bei (→ Bitter und Adstringenz, Seite 58).

ZUBEREITUNG

Den Rosenkohl waschen, eventuell vorhandene gelbe Blätter entfernen. Den Strunk kann man kreuzweise einschneiden, damit er schneller weich wird. Wer Geruch vermindern möchte, kann Milch ins Kochwasser geben, denn die Caseine in der Milch binden manche der schwefeligen Aromastoffe.

Rosenkohl kann man roh genießen, sofern man sich nicht vor Fodmaps fürchtet, die Blähungen verursachen können (→ Fodmaps, Seite 84). Die ganzen, größeren Blätter können als „essbare Schälchen" für cremigen Käse oder Mayonnaisen dienen. Fein als „Kraut" geschnitten, lassen sie sich als Salat zubereiten. Durch sehr kurzes Blanchieren der bereits präparierten Blätter wird die Textur ohne Aroma und Geschmacksverlust feiner.

Man sollte Rosenkohl nicht zu lange kochen, damit er bissfest bleibt. Lässt man ihn allzu lange im heißen Wasser liegen, wird er wie viele grüne Gemüse braun (→ Theorie, Seite 74, 81), denn beim Erhitzen platzen einige Zellen und setzen organische Säuren frei. Die ideale Kochtemperatur ist knapp unter dem Siedepunkt des Wassers; möglichst kurz und ohne Deckel garen, dann können sich einige Säuren mit dem Wasserdampf verflüchtigen. Am besten blanchiert man die ganzen Röschen oder dünstet sie in Fett. Rosenkohl kann dabei ruhig wie alle Kopf- und Blattkohle ein wenig anbräunen, das macht ihn durch die Röstnoten nur noch aromatischer. Allerdings sollte man ihn nicht so stark anrösten wie Kohlrouladen, dafür ist sein Aroma zu fein. Das Gemüse lässt sich auch hervorragend im Ofen backen oder mit Käse überbacken.

Aus gekochtem Rosenkohl kann man ein ausgezeichnetes Püree herstellen: Die Röschen 10 Minuten kochen und mit der Küchenmaschine fein pürieren. Butter, Speck und Zwiebeln anbraten, Rosenkohl und Sahne dazugeben, bei mittlerer Hitze 5 Minuten erwärmen und würzen (mit Pfeffer, Salz und Muskat). Man kann die gekochten Röschen auch mit einem Kartoffelstampfer nur grob stampfen und z. B. mit Essig und Minze leicht säuerlich würzen. Für eine Suppe kocht man halbierte oder geviertelte Kohlsprossen mit gedünsteter Zwiebel und geviertelten Kartoffeln in Gemüsebrühe und püriert das Ganze anschließend. Am besten mit saurer Sahne und knusprig gebratenem Dörrfleisch servieren.

Rosenkohl eignet sich außerdem gut zum Fermentieren. Dazu gibt man 400 g ganze (geputzte) Köpfchen mit 1 TL Zucker und 1 EL Salz ohne Wasser in einen Vakuumbeutel und lässt sie bei 30 °C (im Winter auf der Heizung) 4 bis 6 Tage fermentieren. Die Konsistenz bleibt schön knackig, der Duft ist innen noch „roh", während in den äußeren Schichten die fermentierten, säuerlichen Aromen dominieren. Diese Grundversion kann man mit Terpenen (Kümmel, Kreuzkümmel), Aromaten und Phenylpropanoiden (Gewürznelken, Anis, Fenchel) und süßen Beigaben wie Sultaninen oder Trockenfrüchten ergänzen, die nicht nur fruchtige Aromen einbringen, sondern auch mit dem Zucker den Gärprozess unterstützen.

ROSENKOHLEIS 500 g Rosenkohl klein schneiden, blanchieren, in 150 ml Milch, 100 ml Sahne und 100 ml Gemüsebrühe mit Muskat weich kochen. Sehr fein mixen, Farbe eventuell mit Spinatpulver „korrigieren". Etwas Zucker und etwas mehr Salz (als Zucker) und Sojasauce (Glutamat oder Pilzpulver) zugeben, leicht erwärmen und ein Blatt rehydrierte, ausgedrückte Gelatine zugeben. Gut lösen lassen, erkalten lassen und in der Eismaschine gefrieren. Als kalte Komponente z. B. zu Fischgerichten servieren.

KOMBINATIONEN

Natürliche Partner des Rosenkohls sind die schwefeligen Noten der Zwiebelgewächse, die dem Rosenkohl ebenfalls unterschwellig zu eigen sind, wie Knoblauch, Zwiebel und Lauch. Steckrüben sind ebenso nicht verkehrt. Über dieselbe Duftschiene fügt sich auch Bechamelsauce ein – insbesondere mit Käse wie im holländischen Klassiker, der Rosenkohlpfanne mit Gouda und mit Zwiebelgewächsen gepaart. Als Begleiter eignen sich außerdem Äpfel und Birnen (die man in einer Schmandsauce ziehen lässt) sowie Maronen und Möhren: Alle haben süßliche Komponenten, die den Bittertönen entgegenwirken, bei den Äpfeln kommt eine ausgeprägtere Säure hinzu, die ebenfalls willkommen ist. Die beliebten Winterkombinationen mit Zwiebeln und Speck, Gänseschmalz und Gänseklein, Entenmägen usw. sind vor allem kulturell und saisonal bedingt, lassen sich jedoch auch aromatisch begründen: Die Zwiebeln harmonieren über die gemeinsamen schwefeligen Düfte, die bitter-süßen Innereien paaren sich mit den Bitternoten des Kohls,

PASST GUT ZU

Käse, Sahne, Äpfeln, Birnen, Nüssen, Maroni, Essig, Fleischgerichten (geschmort), Geflügel, Makrelen, Thunfisch, Lachs

LÄNDERKÜCHE

Belgien/Niederlande: *mit Käse überbacken* ***Österreich:*** *Maroni-Kohlsprossen mit Speck* ***Deutschland:*** *klassische Beilage zu Gans, Ente, Wild* ***Italien:*** *Rosenkohl mit Parmesan* ***USA:*** *Truthahnpie mit Rosenkohl, Truthahn mit Ofengemüse* ***Großbritannien:*** *Gemüseeintöpfe mit Rosenkohl*

SORTEN

Groninger: *bewährte, schmackhafte, sehr ertragreiche samenfeste Sorte.*
Hilds Ideal: *bewährte Standardsorte mit mittelgroßen, sehr festen Röschen.*
Long Island Improved *(Herkules): alte samenfeste Sorte, die es einst in vielen Wuchsvarietäten gab. Relativ ertragreich und sehr frostresistent.*
Early Half Tall: *relativ kleine Pflanze aus englischer Züchtung, schnellwüchsig und frühreifend, aber nicht frostresistent.*
Noisette: *alte englische Sorte mit kleinen Sprossen, die deutlich nach Nüssen duften.*
Rubine: *außen violette und innen grüne Sorte, deren rote Farbe sich aber weitgehend beim Kochen verliert.*
Falstaff: *violett-blättrige Sorte, deren Farbe sich erst nach dem ersten Frost richtig entwickelt und beim Kochen erhalten bleibt.*
Flower Sprout: *Züchtung aus Rosenkohl und Grünkohl, ein echter Blickfang. Er hat einen milden, leicht nussigen Geschmack.*

EINKAUF UND LAGERUNG

Frisch gibt es Rosenkohl von August bis in den Dezember. Die Köpfchen sollten weitgehend geschlossen sein und so gut wie keine gelblichen Blätter aufweisen. Man kann kurz blanchierten Rosenkohl einzeln einfrieren, dann lässt er sich ähnlich wie

Erbsen direkt tiefgefroren verwenden. Frische Röschen halten im Kühlschrank einige Tage.

SAISON

01 02 03 04 05 06 07 08 09 10 11 12

Das ganze Jahr aus geschütztem Anbau oder als Importware erhältlich.

ANBAU

Samenfeste Sorten reifen von unten nach oben ab, man hat also eine lange Erntezeit. Auch das ist ein Grund, warum kommerziell nur noch Hybridsorten zum Einsatz kommen, die man in einem Durchgang ernten kann. Ansprüche an Standort und Boden sind ähnlich wie beim Weiß- oder Rotkohl. Die meisten Rosenkohlsorten sind jedoch frostresistenter als andere Kopfkohlarten, besonders die samenfesten Sorten. Deshalb kann man den ganzen Winter über ernten. Frost und tiefe Temperaturen erhöhen die Anlagerung von Disacchariden (Zweifachzuckern).

FLOWER SPROUT

HILDS IDEAL

und Speck und Fleisch geben Umamigeschmack, der dem Rosenkohl weitgehend fehlt. Die kohltypische Aromatik und der bittere Geschmack lassen aber noch weitere spannende Kreationen zu. So lässt sich Rosenkohl für ein herzhaftes vegetarisches Gericht beispielsweise sehr gut mit Olivenöl, Honig, etwas *Noilly Prat* und etwas Sojasauce garziehen: Die grünen Noten des Gemüses werden durch das ebenfalls grün duftende Öl verstärkt, während der Honig einen aromatischen Süßkontrast und würzige Blütennoten hinzufügt. Der trockene Wermut dockt über seine milde Bitterkeit an und ergänzt Kräuternoten, die Sojasauce bringt zusätzlichen Umamigeschmack. In eine ganz andere Duft- und Geschmacksrichtung geht kleingeschnittener, in Butter und Kreuzkümmel geschmorter Rosenkohl, der mit leicht bitterer und nach Zitrusfrucht duftender Orangenschale gewürzt wird. Das ergibt eine wunderbare Beilage für dunkles Geflügel (Gans, Entenbrust, Wildgeflügel). Als weitere Gewürze ergänzen Muskat und Kümmel, Salbei, Vanille oder Thymian kräuterige und aromatische Komponenten, der Salbei auch harzige. Alle setzen einen Kontrapunkt zu den feinen Kohlnoten, ebenso wie die Minze, die den kräuterig-harzigen Noten eine angenehme trigeminale Kühle an die Seite stellt. Ein mit Minze und säuerlich mit Essig gewürztes Rosenkohlpüree passt hervorragend zu Lamm.

EXTRATIPP Leicht geräuchert (Räucherpfeife oder Flüssigrauch), wird bissfest gegarter Rosenkohl zur Sensation. Die süßlich-aromatischen Rauchnoten bauen eine Brücke zwischen den schwefeligen Fleisch- und den ebenfalls schwefeligen Rosenkohlnoten.

GESCHICHTE UND BOTANIK

Rosenkohl wurde vermutlich um 1800 in Belgien das erste Mal kultiviert und heißt deshalb auch Brüsseler Kohl. Es ist jedoch möglich, dass ähnliche Formen schon im Mittelalter bekannt waren. In Brüssel ist im Jahr 1231 eine Lokalform unter dem Namen „Spryten" dokumentiert: War das schon unser Rosenkohl? Ob Rosenkohl eine gezielte Züchtung oder eine zufällige Mutation war, lässt sich ebenfalls nicht mehr mit Bestimmtheit sagen. Es könnte sein, dass er aus einer Kreuzung aus hochstämmigen Brokkoli und einem Kopfkohl hervorgegangen ist. Seine kommerziellen Hauptanbaugebiete liegen heute in den Niederlanden, Frankreich, Belgien und England.

Der Rosenkohl entwickelt an einer Sprossachse, die 30 bis 80 Zentimeter hoch wird, bis zu 40 Köpfchen, die meist mit der Hand geerntet werden. Er ist ein Herbst- bzw. Wintergemüse: Wie bei vielen Kohlsorten verbessern tiefe Temperaturen das Aroma. Durch den kommerziellen Anbau von Rosenkohl, der auf einheitliches Aussehen, gleichzeitige Ernte, hohe Wuchskraft und Krankheitenresistenz abzielt, sind fast nur noch Hybridsorten im Angebot (deren Züchtung erstmals 1958 gelang). Samenfeste Sorten, die häufig besser schmecken, aber nicht so ertragreich sind, gibt es fast nur noch für den Anbau im eigenen Garten oder aus ökologischem Anbau. Geschmacklich und aromatisch reicht die Spannbreite je nach Sorte, Standort, Klima und Boden von nussig zart über kohltypisch bis leicht bitter.

Beta vulgaris subsp.vulgaris

ROTE BETE

Dieses farbenfrohe Gemüse, botanisch verwandt mit der Zuckerrübe und dem Mangold, ist ein Beispiel dafür, dass Züchtungen ihre Vorteile besitzen und nicht immer „alte“ Sorten besser, weil „naturnaher“ sind bzw. schmecken. Die zur Gruppe der Gänsefußgewächse gehörende Rübe ist durch eine Weiterentwicklung der Runkelrübe entstanden und ist im deutschsprachigen Raum seit dem Mittelalter bekannt. Damals allerdings war sie noch so zäh und holzig, dass sie nur in Notzeiten gegessen wurde.

Rote Bete (auch: ***Rande, Rote Rübe, Rote Beete, Rohne***) ist wie alle Wintergemüse reich an Mineralien, Vitaminen und bioaktiven Inhaltsstoffen, da die Pflanze in der kälteren Jahreszeit ihre oberirdischen Teile absterben lässt und alle Energie in den Knollen sammelt. Der hohe Zuckeranteil dient im Winter als Nähr- und Reservestoff und als Frostschutz: Bei tiefen Temperaturen lässt der Zucker kein Wasser mehr in die Pflanzenteile, so schützt sich die Pflanze vor dem „Einfrieren“. Rote Bete schmeckt daher wie viele Wintergemüse aus der Erde süßlich. Ihr Oxalsäuregehalt ist höher als bei anderen Wurzelgemüsen – daher die auffällig säuerliche, ein wenig „spitze“ Note.

Das Gemüse duftet nach frischer Erde, leicht muffig und schimmelig, aber nicht unangenehm; verantwortlich dafür ist die Hauptaromakomponente GEOSMIN. Unterstützt wird das erdige Aroma durch das Terpen METHYLISOBORNEOL, das holzige, moderige und erdige Aromakomponenten beisteuert. Beim Kochen verändert sich der Dufteindruck, Geosmin wird abgebaut bzw. flüchtig. Hinzu kommen nun Noten nach Haselnuss und gekochtem Gemüse durch 4-METHYLPYRIDIN sowie säuerliche, an gekochten Fisch erinnernde Düfte über PYRIDIN. Zucker metabolisiert auch zu FURFURAL, das für süßliche Karamell- und Brotnoten sorgt. Aromatische Mandeldüfte fügt BENZALDEHYD bei, das Terpen CARVON herbale und an Lakritz erinnernde Noten, wie sie auch vom Kümmel bekannt sind. Natürlich darf das schwefelige „gekochte“ DIMETHYLSULFID bei der gekochten Roten Bete nicht fehlen.

Das leicht adstringierende Gefühl und der Bittergeschmack auf der Zunge wird durch Phenole und Gerbstoffe ausgelöst. Die Süße kommt durch einen hohen Anteil an freien Zuckern zustande. Zitronen- und Oxalsäure lassen die Beten säuerlich wirken.

Für die intensive Farbe von Rote Bete ist Betanin verantwortlich. Da der Farbstoff wasserlöslich ist, geben die Knollen sowohl roh als auch beim Kochen ihre Farbe an andere Lebensmittel ab. Zitronen- und Oxalsäure lassen die Beten säuerlich wirken. Auch die Blätter schmecken säuerlich-bitter, ähnlich wie die des verwandten Mangolds.

ZUBEREITUNG

Von Roter Bete kann man sowohl die Knolle als auch die Blätter verwenden. Die Knolle lässt sich roh genießen, kochen, fermentieren und marinieren.

Aromen roh: 2-METHYLISOBORNEOL *△ moderig, erdig* GEOSMIN *△ erdig, moderig, schimmelartig, □ frisch umgegrabene Erde*
Aromen gekocht: DIMETHYLSULFID *△ schwefelig, zwiebelartig, radieschenblätterartig, kohlartig, □ fischartig, maisartig, spargelartig, ◇ ein Hauch gekochte Milch/Sahne* CARVON *△ herbal, minzig, ◇ lakritzartig* BENZALDEHYD *△ aromatisch, bittermandelartig, nussig, süßlich, □ holzig* GEOSMIN *△ erdig, moderig, schimmelartig, □ frisch umgegrabene Erde* 4-METHYLPYRIDIN *△ gekochtes Gemüse, würzig-süßlich, grünlich, haselnussartig, □ nussig, ◇ leicht adstringierend* PYRIDIN *△ säuerlich, fischartig, ◇ ammoniakartig* FURFURAL *△ süßlich-röstig, brotartig, □ nussig, ◇ karamellig* OXALSÄURE *◇ demineralisierend, stumpf*

GESCHMACK

SÜSS SAUER SALZIG BITTER UMAMI

Rote Bete duftet vor allem roh erdig, nach feuchtem Boden und schmeckt leicht süß-säuerlich.

MIKRONÄHRSTOFFE *(pro 100 g)*

Vitamine: *Folsäure (83 µg)* ***Mineralstoffe:*** *Natrium (58 mg), Eisen (0,9 mg)* ***Sekundäre Pflanzenstoffe:*** *Flavonoide*

HARMONIE

KÜCHENJOKER

Weiße Schokolade, Orangenmarmelade, Vanille, Süßholz

PASST GUT ZU

fetten Fischen (Hering, Sardine, Lachs, Makrele, Aal), Äpfeln, Nüssen, Frischkäse, Roggenbrot, saurer Sahne/Crème fraîche, Ananas, Orangen, Mandarinen, Bananen

LÄNDERKÜCHE

***Russland/Polen/Ukraine:** Bortschtsch/Barszcz (kalte oder warme Suppe)* ***Europa:** gemischte Salate* ***Italien:** Risotto, Rüben-Zwiebel-Salat* ***England:** Randen-Kartoffel-Salat* ***Deutschland:** Beilage zu Königsberger Klopsen (auch sauer eingelegt)* ***Deutschland, Skandinavien:** Heringssalat* ***Armenien:** Rote-Bete-Salat mit weißen Bohnen und Äpfeln* ***Iran:** Rote Bete in der Schale gegrillt*

Will man sie schälen (z. B. für den Rohverzehr), sollte man dabei Handschuhe tragen und kein Holzbrettchen zum Schneiden verwenden, da der Rote-Bete-Saft sehr intensiv färbt. Die Strünke lassen sich einfach herausdrehen. Rohe geraspelte Rote Bete kommen in einen Rohkostsalat, z. B. mit geraspelten Möhren, gewürzt mit Zitrone und frischer Pfefferminze, oder mit Knoblauch in Joghurt (Rote-Bete-Zaziki). Wichtig: Die Bete wegen der Verfärbung immer erst zum Schluss dazugeben.

Bevor man die Knolle ungeschält (!) kocht, im Dampf gart oder einzeln in Alufolie gewickelt (mit ein wenig Wasser, damit sie nicht verbrennen) im Ofen backt, schneidet man Blätter und Wurzeln bis auf einen kleinen Stumpf ab, jedoch nicht vollständig, da die Knollen sonst „ausbluten" und Farbe und Inhaltsstoffe verlieren. Ungesalzen kochen, damit sie ihre Farbe behalten. Ein Schuss Essig hilft besonders bei den gelben Sorten zusätzlich. Die Kochzeit ganzer Knollen beträgt 1 Stunde – in Alufolie gewickelt im Ofen 2 Stunden. Kleine, jung geerntete Knollen brauchen nur 20 Minuten. Um zu sehen, ob sie gar sind, sticht man mit einem Spieß hinein: Geht es leicht wie in Butter, sind sie gar. Die Schale lässt sich leicht mit den Händen entfernen.

Rote Bete lässt sich gut säuerlich marinieren: Gekochte, abgeschreckte (aber noch warme, dann nimmt sie die Aromen besser auf) Rote Bete würfeln und mit gehackten Schalotten, Rotweinessig (oder fruchtigem Himbeeressig), Senf, Salz, Olivenöl (Walnuss-/Haselnussöl) und Küchenkräutern (etwa Petersilie, Kerbel, Schnittlauch, Basilikum, Dill) etwa 2 Stunden einlegen. So ein Salat schmeckt hervorragend zu fetten Fischfilets in knusprig gegrillter Haut oder zu kalten Matjes.

Knollen und Blätter der Roten Bete kann man auf der Heizung fermentieren. Dazu reibt man rohe feine Scheiben mit etwas Salz ein und vakuumiert sie. Im Kühlschrank hält sich das im Beutel verschlossene fermentierte Gemüse mehrere Monate. Für eine weitere Aromatisierung ergänzt man vor dem Vakuumieren Kreuzkümmel, frischen Meerrettich oder scharfe Currymischungen. Gibt man noch (mineralarmes) Wasser dazu, lässt sich die sich bildende rote Gärflüssigkeit als „Getränk" servieren oder statt Essig als Grundlage für feine Vinaigrettes verwenden.

Nicht zuletzt kann man Bete auch gezielt für Farbeffekte auf Tellern einsetzen: Gibt man die Rüben in ein Risotto, bekommt man je nach Sorte ein farbenprächtiges Gericht in Rot oder Gelb. Auch Pastateig lässt sich mit dem Saft der Rübe färben, und Kürbissuppe wird mit ein wenig Rote Bete leuchtender orange. Frittiert man hauchdünne rohe Rote-Bete-Scheiben, erhält man farbenfrohe Chips.

Die Blätter lassen sich wie Mangold zubereiten, zum Beispiel mit etwas Knoblauch oder Zwiebeln dünsten und anschließend mit geriebener Muskatnuss würzen.

KOMBINATIONEN

Grundsätzlich kann man Rote Bete einfach nur salzen und den charakteristischen Eigengeschmack genießen. Das Gemüse verträgt jedoch ebenso gut eine kräftige Würzung, vor allem Schärfe, und wegen der eigenen Süße Partner, die Säure, Umamigeschmack oder Bitterkeit mitbringen oder die Süße noch verstärken.

Die Hauptbestandteile des erdigen Teils im Aromaspektrum sind geradezu prädestiniert, Rote Bete als Grundbestandteil von sogenannten essbaren Erden zu verwenden, d. h. krümeligen, knusprigen Beigaben, wie sie in der avancierten Gastronomie mittlerweile gang und gäbe sind – besonders in Verbindung mit Haselnüssen oder Mandeln, die nicht nur für einen entsprechenden texturellen Eindruck sorgen, sondern an die nussigen Aromen des Gemüses ankoppeln. Daher wirken bei Rote-Bete-Salaten oder -Rohkostzubereitungen Nussöle wie „natürliche Partner". Die dezenten herbalen Anteile im Aromaspektrum rufen nach deutlicher Verstärkung: Würzungen mit Kümmel, Kreuzkümmel (klassisch orientalisch) und Bockshornkleesamen sind willkommen, ebenso Kräuter wie Rosmarin, Oregano oder Majoran, die herbale und erdige Noten unterstreichen. Rote Bete lässt sich auch ähnlich wie Rotkohl zubereiten: Feine Streifen mit Zwiebeln in neutralem Öl (oder Butter) dünsten und mit Nelken und Zimt würzen. Ein kleiner Schuss Rosen- oder Orangenblütenwasser und Lavendel betonen die leicht blumige Note der Roten Bete und bringen durch den Kontrast ihre erdigen Noten zur Geltung, besonders in Gerichten mit nordafrikanischen/arabischen Grundwürzungen oder in Desserts. Honig oder Malz heben ebenfalls die floralen Anklänge des Gemüses. Die Verstärkung der Erdigkeit (etwa als à-part-Beilage bei Schmorgerichten) lässt sich in Kompositionen mit Kartoffeln oder Spinat erreichen: Jene docken über die gemeinsamen Schwefelnoten an, dieser über die erdigen Noten. Die Kombination mit fettreichen Fischen (Matjes, Makrele, Lachs) funktioniert gut aufgrund der säu-

SORTEN

Ägyptische Plattrunde: *alte Sorte, seit 1868 im Handel, dunkelrot, manchmal mit leichter Ringelung. Die großen und etwas abgeflachten, breiten Knollen sind gut für große Scheiben oder zum Füllen geeignet.*

Albina Vereduna: *besonders feine weiße Sorte.*

Baby Beets, Minibeets, Yale Beets: *kleine Sorten in verschiedenen Farben, die einer kalten Platte Farbtupfer geben oder die man zu Drinks (Orangensaft) reicht.*

Carotte rouge du pays: *Schweizer Sorte, mit altem Ringmuster (ähnlich wie* ***Noire de Lausanne*** *oder* ***Ochsenblut****) und besonders feinem Aroma; gut für Suppen geeignet.*

Chioggia *(auch: Bassano): italienische, optisch sehr attraktive Sorte mit Ringmuster; ihr Aroma ist erdig.*

Crapaudine: *alte Sorte aus Frankreich mit gefurchter Rinde und besonders fein-süßlichem, leicht nussigem Aroma.*

Non Plus Ultra: *besonders alte Sorte, deren rote Stiele an den Verwandten Mangold erinnern; die Knolle läuft nach unten spitz zu.*

Golden: *englische gelbe Sorte.*

Taunus F1: *zylindrische Züchtung, intensiv rot mit glatter Schale.*

ROTE-BETE-PÜREE

- 300 g Rote Bete
- 100 ml Gemüsebrühe
- 100 ml Sahne
- ½ langer Pfeffer, Salz
- süße Sojasauce, nach Belieben
- 10–20 ml Rosenwasser

Rote Bete mit Schale 1 bis 1 ½ Stunden sehr weich kochen, abkühlen lassen, dann schälen. Bete würfeln und mit Gemüsebrühe, Sahne und langem Pfeffer sehr fein pürieren, wenn nötig, durch ein Sieb streichen. Leicht salzen, nach Belieben mit süßer Sojasauce abschmecken. Rosenwasser unterheben. Zu kurz gebratenem Wild oder Entenbrust reichen.

Tipp: Rote-Bete-Asche (nach einem Rezept des Sternekochs Robert Stolz) als Gewürz dazu: 1 gekochte Rote Bete im Backofen bei 250 °C ca. 1 Stunde „veraschen," bis die Oberfläche schwarz-rot ist. Abkühlen lassen und in dünne Scheiben schneiden. Diese im Ofen bei 60 °C vollständig trocknen. Im Mixer pulverisieren und als Streugewürz für Wild (oder in Desserts) verwenden.

Pro Portion: 104 kcal, 8 g F, 5 g KH, 1 g B, 1 g E

EINKAUF UND LAGERUNG

Die Knollen sollten sauber, fest, unbeschädigt, fleckenlos und nicht über 500 g schwer sein. Mindestens 5 cm Stielansatz sind ein Qualitätsmerkmal. Es gibt sie ganzjährig auch bereits gekocht und geschält luftdicht eingeschweißt zu kaufen. Die frischen Knollen lagert man am besten kühl und dunkel oder in Sand gehüllt (stratifiziert): Dann bleiben sie bis zu drei Monate frisch. Niemals roh einfrieren, dann werden sie schlaff.

OCHSENBLUT UND NOIRE DE LAUSANNE

erlichen, leicht an Fisch erinnernden Noten, wobei die fettig-grünen Noten der Meeresbewohner das Aromaspektrum erheblich erweitern.

SCHARF Ingwer ergänzt in der warmen Küche eine attraktive Schärfe zum süßlichen Grundgeschmack der Rübe. Man kann die Knollen mit dünnen, in Butter gedünsteten Ingwerscheiben während des Garens im Ofen würzen. Schärfe erzielt bei gekochter Roter Bete auch geriebener Meerrettich – er sollte am Schluss des Kochvorgangs hinzufügt werden. Der Reiz dieser beliebten Kombination liegt in der Verbindung von Süße mit trigeminalen Reizen. Gleichzeitig betont der Meerrettich die erdigen Wurzelnoten und fügt Kresse- und Senfaromen bei. Ähnliches gilt für Zubereitungen mit Senfsaat oder Senföl (wie aus der südindischen Küche bekannt). Ein besonderes optisches süß-scharfes Erlebnis ist ein Carpaccio aus hauchdünnen, am besten mit einem Gemüsehobel geschnittenen Chioggia-Scheiben mit einem Dressing aus Olivenöl, Senf, Salz und Pfeffer.

SAUER Eine klassische Kombination ist wegen der gemeinsamen süßen Säuerlichkeit Rote Bete mit Apfel. Beide werden roh geraspelt, wobei man die Farbe des Salats je nach Wunsch bestimmen kann: Nimmt man Rote Bete, verfärbt sich auch der Apfel, bei weißen Sorten bleibt der Salat insgesamt weiß. Ebenfalls ins Säuerliche geht die Verbindung mit Frischkäse oder Kräuterquark: Nach dem Garen im Ofen wird die Knolle ausgehöhlt und gefüllt – besonders geeignet dafür ist die bauchige Ägyptische Plattrunde. Als Gemüsebeilage kann man die Rüben mit Salz, Zucker und Rotwein würzen: Die Oxalsäure der Roten Bete unterstreicht die Säure und Adstringenz des Rotweins, ohne diese überzubetonen. Gute Kontraste ergeben sich mit sauren Gurken (süß-sauer) oder Kapern (süß-sauer plus herb).

BITTER Rote Bete mit ihrem Spiel aus Süße und Bitterkeit ergänzt sehr gut Salate mit bitteren Sorten wie Endivien oder Chicorée. In Norditalien ist ein Salat beliebt, der aus gewürfelter und gerösteter Rote Bete mit rohen

Zwiebeln besteht, beträufelt mit Olivenöl und bestreut mit grobem Meersalz. Diesen Salat kann man mit bitteren Blattsalaten oder Zichorien variieren. In eine angenehm säuerlich-bittere Richtung führt die Idee, vorgekochte Bete in Orangenmarmelade abzuschwenken: Die Bitternoten der Orangen werden durch die Süße der Rüben moduliert, während die Zitrusdüfte das erdige Aroma des Gemüses perfekt ergänzen. So passt diese Kombination als Beilage nicht nur zu kräftigem Fisch (Makrele, Hecht, Karpfen), sondern auch zu süßlichem Wild, Enten, Leber oder Blutwürsten.

UMAMI Geschmacklich passen Sojasauce und Rote Bete sehr gut zusammen; die Kombination verkörpert ein Zusammenspiel der Grundgeschmacksrichtungen süß und umami und lässt sich auch als Komponente in Desserts auf Beerenbasis (Johannisbeere, Cassis oder Zitrusfrüchte und Ananas) einsetzen.

SÜSS Ihre außergewöhnliche Süße macht aus der Roten Bete ein ideales Dessertgemüse. Gezuckerte Chips, gesüßte Pürees oder in Zuckersirup gegarte Rote-Bete-Würfel lassen sich mit Ananas, Orange, Mandarine oder Banane kombinieren. Rote-Bete-Konfitüre ergibt einen erdig-süßen Brotaufstrich oder süßt Quark und Joghurt auf ungewöhnliche Weise. Die Süße der Roten Bete lässt sie sogar in Eisform (zusätzlich mit blumigen Noten versehen) brillieren, natürlich auch farblich. Ähnlich wie Möhren kann man sie im Kuchen mitbacken, was den Teig besonders saftig (und schön rot) macht. Die Kombination mit Süßholz (Lakritz) ist ebenso sensationell, da sich auf der Geschmacks- und Aromaebene unterschiedliche Süßnoten verstärken. Getrocknete (oder frittierte) Rote-Bete-Chips, mit etwas Süßholz und Salz gewürzt, sind dafür nur ein Beispiel.

Die roten Stiele der Roten Bete lassen sich in karamellisiertem Zucker garen und finden auf Frucht-Desserts (mit Erdbeeren, Aprikosen) ihre Vollendung.

GESCHICHTE UND BOTANIK

Alle Arten der ***Beta vulgaris*** (Rote Bete, Zuckerrübe, Runkelrübe und Mangold) stammen vermutlich von der wilden Rübe (***Beta vulgaris*** subsp. ***maritima***) ab. Erste Züchtungen gab es bereits in der Antike, wobei Rote Bete und Mangold noch nicht unterschieden wurden; man hat Wurzeln (Knollen) und Blätter gegessen. Die Römer brachten sie nach Mitteleuropa. Im 16. Jahrhundert ist von „Mangolt" und „Rotrüben" die Rede. Heute sind Rote Bete besonders in Russland beliebt, auch Nordamerika, Polen und die skandinavischen Länder produzieren große Mengen.

Heutige Züchtungen sind vor allem im 19. Jahrhundert in Italien entstanden. Früher hatte Rote Bete innen ein rot-weißes Muster, bis man dies im 20. Jahrhundert als vermeintlichen Fehler wegzüchtete. Heutige Züchtungen sind zartfleischig, saftig und ausgesprochen wohlschmeckend – und wieder in verschiedenen Farben erhältlich. Grundsätzlich schmecken die gelben und weißen Sorten etwas süßer als die roten, und das Aroma größerer Knollen ist erdiger als das kleinerer.

SAISON

01 02 03 04 05 06 07 08 09 10 11 12

Rote Bete ist ganzjährig auch als Lagerware erhältlich.

ANBAU

Rote Bete sät man Mitte April bis Mitte Juli direkt aus; der Boden ist fast beliebig, besonders gut gedeiht sie in Lehmboden. Die Erde sollte tief gelockert, aber vor der Ernte nicht frisch gedüngt sein (Rote Bete nimmt Nitrat sehr leicht auf, deshalb immer biologisch, also nitratfrei düngen). Die Pflanzen brauchen nicht regelmäßig gegossen zu werden, weil sie tief wurzeln, sollten aber nicht austrocknen, weil sie dann die kratzenden Saponine entwickeln. Erntereif sind sie ab Herbst bis in den Winter, wenn die Blätter leicht fleckig werden und sich braun verfärben. Man kann sie aber auch schon vorher, jung ernten. Mit der Grabegabel vorsichtig aus dem Boden heben. Rote-Bete-Samen lassen sich im Winter gut auf der Fensterbank ziehen, in ihren Keimsprossen stecken einige Vitamine und Spurenelemente.

TAUNUS F1

Brassica oleracea convar. capitata var. rub

ROTKOHL

Im Mittelalter begann man, aus Blattkohlen Sorten mit festem Kopf zu züchten. Rotkohl ist noch gesünder als sein Verwandter, der Weißkohl. Er enthält viel Vitamin C, Eisen, Mineralstoffe, Senföle und überdurchschnittlich viel Selen. Sein Farbstoffgemisch der Anthocyane zählt zu den „Radikalenfängern" und wirkt antioxidativ. Er hat ein kräftiges Aroma mit einer leichten süßlichen Note.

Aromen roh: ALLYLISOTHIOCYANAT[T] △*schwefelig, senfartig,* ◇*stechend, schmerzhaft kalt* 1-CYANO-2,3-EPITHIOPROPAN △*schwefelig, senfartig,* □*moderig* DIMETHYLSULFID △*schwefelig, zwiebelartig, radieschenblätterartig, kohlartig,* □*fischartig, maisartig, spargelartig,* ◇*ein Hauch gekochte Milch/Sahne* DIMETHYLTRISULFID △*schwefelig, lauchartig, gekochte Zwiebel,* □*herzhaft-fleischartig,* ◇*fleisch-gemüsebrühenartig*
Aromen gekocht: (E,E)-2,4-HEPTADIENAL △*fettig, grün,* □*gemüseartig,* ◇*zimtartig, ölig, grasig* 3-BUTENYLISOTHIOCYANAT △*schwefelig,* □*kohlartig,* ◇*stechend* 3-METHYLTHIOPROPYLISOTHIOCYANAT △*schwefelig, wurzelartig,* □*erdig, meerettichartig* 4-(METHYLTHIO)BUTYLISOTHIOCYANAT △*schwefelig,* □*brokkoliartig, rettichartig,* ◇*kohlartig, stechend,* 2-PHENYLETHYLISOTHIOCYANAT △*schwefelig, grün,* ◇*meerrettichartig, kressenartig* 3-PHENYLPROPANNITRIL △*schwefelig, aromatisch, kressenartig,* □*gemüseartig,* ◇*stechend, kalt-schmerzend*

GESCHMACK

SÜSS SAUER SALZIG BITTER UMAMI

Rotkohl hat ein kräftigeres Kohlaroma als Weißkohl und schmeckt gekocht leicht süßlich.

Das Aroma des Rotkohls (auch: ***Blaukohl, Blaukraut, Rotkraut, Rotkabis, Blaukabis***) entspricht weitgehend dem des Weißkohls, allerdings ist sein Bitter- und Süßgeschmack ausgeprägter, was auf die höhere Konzentration der Glucosinolate und freien Zucker zurückzuführen ist. Im Rohzustand herrschen vor allem Schwefelaromen vor wie das stechend und nach Senf duftende ALLYLISOTHIOCYANAT, das durch 1-CYANO-2,3-EPITHIOPROPAN unterstützt wird. 2-PROPENYLISOTHIOCYANAT fügt stechende, nach Meerrettich duftende Noten bei. Bei rohem Rotkohl sind DIMETHYLSULFID und DIMETHYLTRISULFID gleichermaßen für die kohltypischen „gekochten" Duftkomponenten verantwortlich, die Rohkostzubereitungen zugutekommen.

In gekochtem Rotkohl wird DIMETHYLSULFID verstärkt. Daneben bilden sich weitere Duftstoffe, vornehmlich Schwefel- und Schwefelstickstoffverbindungen, die leicht stechend, kohlig und mitunter „scharf" riechen, etwa 3-BUTENYLISOTHIOCYANAT oder 2-PHENYLETHYLCYANID. Der Aromat 3-PHENYLPROPANNITRIL sowie 3- und 4-METHYLTHIOPROPYLISOTHIOCYANAT fügen noch Kresse- und Wurzeldüfte hinzu. Zu guter Letzt entsteht beim Erhitzen das grüne, ein wenig ölige (E,E)-2,4-HEPTADIENAL, das leichte Zimtnoten einstreut und einen nicht unerheblichen Einfluss auf das Abschmecken des Blaukrauts mit Portwein, Zimt und Nelken hat.

Rotkohl enthält Glucosinolate, die für den bitteren Geschmack verantwortlich sind. Diese nehmen beim Kochen und insbesondere beim Konservieren deutlich ab (→ Glucosinolate, Seite 39). Rotkohl hat etwas mehr Kohlenhydrate als Weißkohl, was ihn besonders nach längerem Kochen süßlicher wirken lässt: Die freien Zucker sorgen für eine leichte Süße, womit die Bitternoten „maskiert" werden.

Ein hoher Anteil an Anthocyanen in den farbgebenden Chloroplasten (→ Farben in Gemüse, Seite 75) lässt den Kohl bläulich bis rot erscheinen. Die Farbe ist stark vom pH-Wert abhängig. Bei niedrigen pH-Werten, also im „sauren" Bereich, schimmert sie eher rot, bei höheren pH-Werten eher blau, bei sehr hohen pH-Werten, weit im (unkulinarischen) alkalischen Bereich sogar grün bis gelb. Die elektronenreichen und sehr stabilen Farbstoffmoleküle wirken stark antioxidativ. Dies ist nicht nur bei Rotkohl der Fall, sondern auch bei anderen rötlich-bläulichen Früchten und Gemüsen wie schwarzen Johannisbeeren, Trauben, Linsen oder Auberginen.

ZUBEREITUNG

Rotkohl wird meist gekocht, lässt sich aber auch roh verwenden und sogar fermentieren. Die äußeren beschädigten Blätter des Kopfs entfernen, dann den Strunk herausschneiden, den Kopf vierteln und in Streifen schneiden. Rotkohl lässt sich gut mit zucker-, salz- oder säurehaltigen Marinaden über Nacht vorbehandeln. Durch osmotische Prozesse werden einige der Pflanzenzellen aufgebrochen. Die so vorbereiteten Streifen karamellisieren rascher, die Textur wird schneller weich. Gleichzeitig wird die Aromabildung durch die Marinaden begünstigt. Verwendet man Rotkohl als Rohkost, sollte man ihn trotzdem vorher kurz blanchieren, das macht ihn bekömmlicher. Oder walken: in dünne Streifen schneiden und mit Zucker und Salz kräftig kneten – Zellen brechen auf, der Kohl wird weich und kann das Dressing besser aufnehmen.

Rotkohl wird meistens länger gekocht, um ihn weich zu machen. Für Eilige lohnt sich das Kochen im Schnellkochtopf. Unter dem Überdruck und bei einer Temperatur von bis zu 120 °C ist er innerhalb von 10 Minuten gar. Auch das „Überkochen" über einen längeren Zeitraum im Dampfdruckkochtopf lohnt sich: Der Kohl wird zu einem feinen Brei und lässt sich bestens pürieren. Was sich nach Babynahrung anhört, ist durch die extensive Freigabe aller Geschmacks- und Aromastoffe ein kleines Aromawunder – und passt, entsprechend gewürzt, hervorragend zu Reh oder Hirsch. Auf der anderen Seite kann man Rotkohlstreifen auch wie Weißkohl kürzer in der Pfanne braten und karamellisieren lassen: Dann bleibt er knackig und entwickelt malzige Karamellaromen. In manchen Rezepten wird empfohlen, den gekochten Kohl mit etwas zugesetztem Reis abzubinden. Dafür gibt es aber bessere Methoden: Lieber etwas Stärke und Fett nehmen, das verleiht dem Kohl Glanz.

Beim Fermentieren (der milchsauren Vergärung zu Sauerkraut) verliert Rotkohl normalerweise seine Farbe und wird grau, deshalb ist Sauerkraut aus Rotkohl nicht üblich. Wenn man allerdings beim Fermentieren den Sauerstoff ausschließt, kann man Rotkohl ohne Farbverlust zu Sauerkraut verarbeiten (siehe Rezept). Zum Haltbarmachen wird Rotkohl normalerweise eingekocht und in sterile Gläser abgefüllt – so kann man ihn auch kaufen. Dabei nimmt jedoch die Konzentration der Glucosinolate nachweislich deutlich ab – zu Lasten des Geschmacks.

Wärmt man Rotkohl auf, wird er in Geschmack und Aroma noch besser, weil sich während der Lagerung und der Heiz- und Abkühlzyklen neue Aromen und Geschmacksstoffe bilden bzw. vorhandene sich potenzieren.

Ob roh oder gekocht – eine Besonderheit beim Rotkohl sind seine Farbnuancen. Dass das Offenlassen des Topfes beim Dünsten die Farbe erhält, ist ein Märchen. Die Farbe wird maßgeblich durch den pH-Wert bestimmt. Mit diesen Farben kann man in der Küche gezielt spielen: Während bei Zugabe von Zitronensaft, Äpfeln, Wein oder Essig die Farbe intensiver rot wird, erzeugt eine ausreichenden Menge an (Haus-)Natron tatsächlich „Grünkohl" – das Aroma wird dann allerdings etwas „seifig". Als ganzes

MIKRONÄHRSTOFFE *(pro 100 g)*

Vitamine: *C (57 mg)* ***Mineralstoffe:*** *Calcium (37 mg)* ***Sekundäre Pflanzenstoffe:*** *Glucosinolate*

HARMONIE

KÜCHENJOKER

Muskat, Tonkabohne

PASST GUT ZU

Gans, Ente, Wild, Braten, Äpfeln, Birnen, Kartoffelknödeln, Maroni/Kastanien, Orangen, Grapefruit, Nüssen, Datteln, (halb-)getrockneten Pflaumen (Pruneau d'Agen), Aprikosen

LÄNDERKÜCHE

Österreich: *Martinigansl mit Rotkraut*
Deutschland: *Sauerbraten mit Rotkohl*
Deutschland, Österreich: *Rohkostsalat*
Japan: *Beilage zu Sushi*

SORTEN

Rona: *Lagersorte mit besonders intensiver Farbe.*

R

FARBEN BEI KOHL

Die Farbe von Rotkohl oder Blaukraut ist keine Frage der geografischen Herkunft, sondern des pH-Werts: Je nachdem, wie sauer oder alkalisch (bzw. basisch) die Umgebung ist, färbt sich der Kohl in unterschiedliche Farben – und wird zu Rotkohl oder eben Blaukraut.

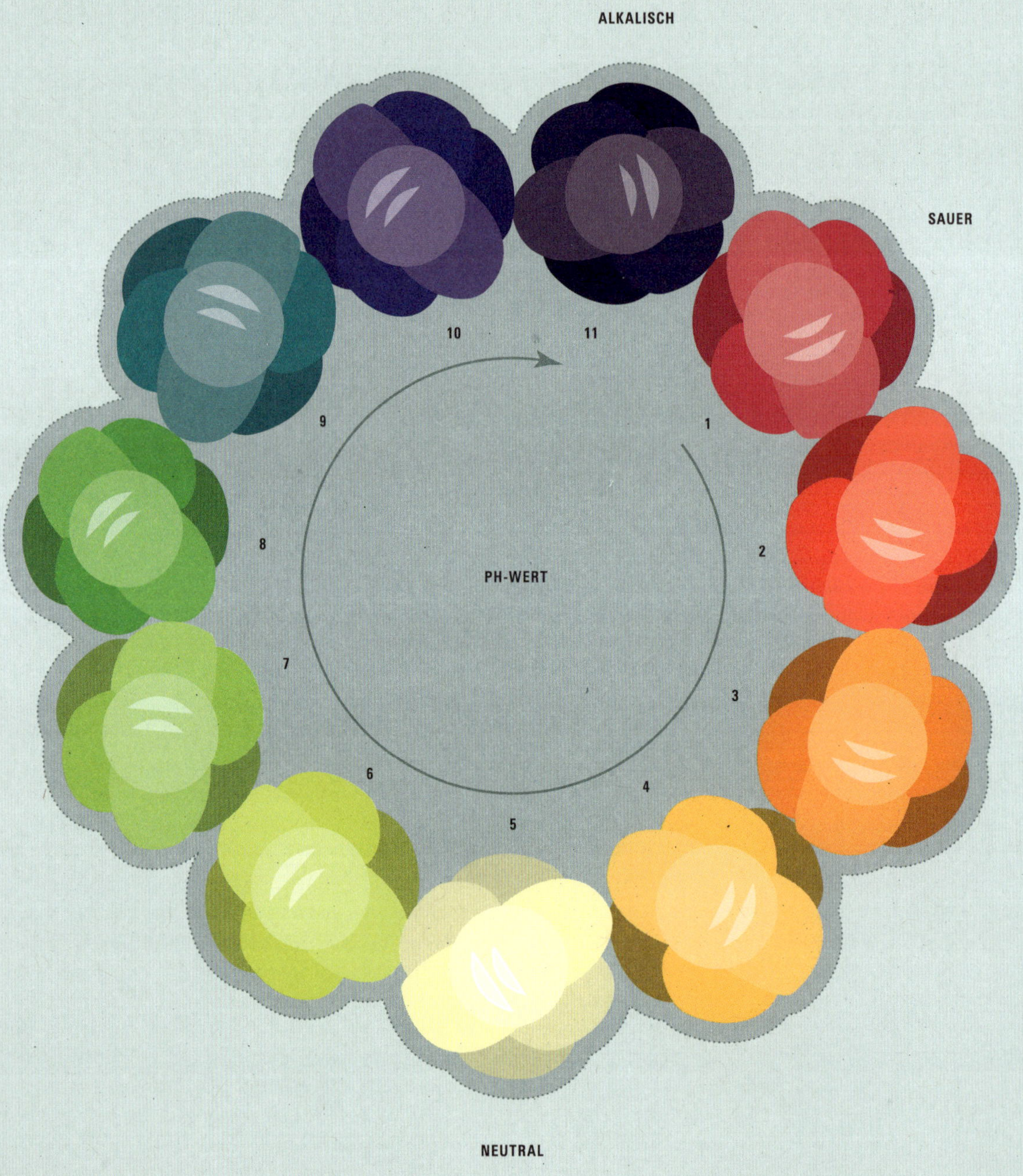

Gericht taugt dies wenig, allerdings lassen sich grüne, alkalisch und doch nach Kohl schmeckende Farbtupfer in der Küche einsetzen.

Nicht zuletzt lässt sich Rotkohl ausgezeichnet roh/kalt entsaften. Der daraus gewonnene Saft dient als Grundlage für Vinaigrettes, „kohlige" Mayonnaisen und Kochfonds – sofern die blaue bzw. rote Farbe nicht stört.

KOMBINATIONEN

Die Ausbildung von aromatisch würzigen Schwefelduftstoffen legt eine Harmonie mit den würzig-aromatischen Gerüchen von Honig und dem süßlichen Karamell mit seinen leicht „verbrannten" Noten nahe. Datteln, (halb-) getrocknete Pflaumen (Pruneau d'Agen) und Aprikosen sind hervorragende honigartig würzige und geschmacklich süß-saure Alternativen zu Rosinen und Korinthen. Die beim Kochen entstehende würzige Zimtnote lässt sich durch die Zugabe von Zimt noch verstärken. Über dieselbe Aromagruppe harmonieren Gewürznelken, Fenchel, Anis und Sternanis. Das Flambieren mit Pastis passt in diesem Zusammenhang ebenfalls. Auch das Abschmecken mit der aromatischen, an Vanille erinnernden Tonkabohne fällt in diese Würzklasse. Wird Rotkohl in Rotwein und/oder Portwein geschmort, ergeben sich feine „Glühwein"-Aspekte bei Tisch, die bestens an deftige Wildragouts, säuerliche Äpfel und fruchtige Rosinen ankoppeln. Die feinen fruchtigen Düfte, die die Äpfel hier einbringen, lassen sich wiederum mit der leicht trigeminalen Schärfe des Ingwers und dessen Zitrusaroma verbinden. Aus demselben Grund bieten sich Pfeffer mit Zitrusnoten an, darunter rote und schwarze Pfeffer, Timutpfeffer oder der stark trigeminale, bitzelnde Szechuan- oder Kubebenpfeffer, der einen deutlichen Hauch Gewürznelke anklingen lässt. Wem das Trigeminale zu stark ist, der greift zu Wacholder (auch in Form von Gin) oder Rosa Beeren. Verwegene Köche denken jetzt vielleicht an Baumharze (Mastix), Fichtennadeln und deren Extrakte. Auch diese lassen den Rotkohl hochleben. Über die Säure des Rotweins oder des Weinessigs, die gern bei Rotkohl verwendet wird, lässt sich auch die säuerliche Tamarinde einbringen. Die harzigen Gerüche und eine an die südindische Küche erinnernde Säure heben den bodenständigen Rotkohl in ganz neue Dimensionen.

Die ergänzende Paarung mit Zitrusfrüchten, vor allem Orangen, verdient besondere Erwähnung. Orangensaft kann zu Beginn und während des Kochens, am besten in zwei Stufen, beigefügt werden; nicht zu vergessen ist das finale Abschmecken mit karamellisierten oder konfierten Orangenzesten. Für „Bitterfans" ist die Kombination mit Grapefruit mit ihrem intensiv zitrusartigen, holzigen und bitter wirkenden Aroma plus etwas Radicchio (direkt vor dem Servieren eingestreut) ein kulinarisches Erlebnis. Wem das mundet, der kann Rotkohl auch in leicht bitterem Tonicwater garen. Die Betonung der aromatisch-phenolischen Komponenten lässt sich, jeweils mit anderen Duftflanken, mit Vanille, Thymian oder Rauch bewerkstelligen. Frisch geräucherter Rotkohl (abseits von üblichen Zubereitungen mit Räucherspeck oder geräucherter Gänsebrust) ist köstlich, ebenso wie Komposi-

Marner Frührotkohl: *frühe Sorte, die bereits im Mai oder Juni geerntet werden kann.*
Mammoth Red Rock: *alte europäische Sorte, seit den 1980er Jahren in Großbritannien offiziell zugelassen. Die großen abgeflachten Köpfe können bis zu 25 cm Durchmesser erreichen.*
Schwarzkopf: *alte Schweizer Sorte mit festem Kopf; im Inneren dunkelrot.*

SONDERSORTE

Kalibos/Vysocke: *Kreuzung aus Spitzkohl und Rotkohl mit leuchtend roter Farbe und Eigenschaften des Spitzkohls, nämlich eine kürzere Kulturzeit und ein zartes knackiges Blatt. Ist nicht zum Einlagern geeignet.*

EINKAUF UND LAGERUNG

Rotkohl ist von Mai bis Dezember erhältlich: als Frühkohl Mai bis Juni, mittelfrüh von Juli bis Oktober, späte Sorten von November bis Dezember. Im Kühlschrank hält er sich bis zu 14 Tagen, aufgehängt wie Weißkohl im Keller mehrere Monate. Auch als küchenfertige Tiefkühlkost ist Rotkohl zu empfehlen. Der vorgeschnittene im Glas kann mit dem frisch zubereiteten Kohl nicht mithalten.

SAISON

01 02 03 04 **05 06 07 08 09 10 11 12**

Rotkohl ist ganzjährig aus heimischer Produktion erhältlich, im Frühjahr als Lagerware.

SAUERROTKRAUT MIT SELLERIE-TRÜFFEL-HANDKÄS

- 300 g Rotkraut
- 1 kleine Schalotte
- 10 g Salz
- 10 g Rosinen
- 1 getrocknete Feige, gehackt
- 5 schwarze Pfefferkörner, gemörsert
- 100 ml Wasser

FÜR DEN HANDKÄS

- 1 Handkäse (ca. 65 g)
- 100 ml Frankfurter Apfelwein
- 1 Knollensellerie
- 1 schwarzer Wintertrüffel
- fermentiertes Rotkraut (s. o.)
- 1 EL Olivenöl
- 200 g Schmand

Rotkraut fein schneiden oder hobeln und mit den Handballen durchwalken, sodass die Pflanzenzellen gebrochen werden. Schalotte schälen und in dünne Scheiben schneiden. Beides mit Salz, Rosinen, Feige und Pfeffer vermengen.

In einen stabilen (sous-vide-geeigneten) Plastikbeutel füllen, Wasser zugeben und alles noch einmal durchwalken. Vakuumieren und 5 Tage auf die Heizung legen. (Beutel wird sich leicht bis stark aufblähen, zur Sicherheit in eine Schüssel legen.)

Danach Beutel an einer Ecke aufschneiden und Gärsaft ablassen, auffangen und für Vinaigrettes, zum Einlegen von Gemüse oder als kaltes Getränk verwenden.

Handkäse in gleich dicke Scheiben schneiden und 24 Stunden im Apfelwein im Kühlschrank marinieren.

Sellerie gut schrubben und in der Schale in Salzwasser garen, bis er weich ist. Stäbchenprobe machen. Schälen und in Scheiben scheiden, die dem Handkäsdurchmesser entsprechen.

Handkäse aus dem Wein nehmen, den Wein aufbewahren; Trüffel fein hobeln. Sellerie und Handkäs mit Trüffelscheiben zu Türmchen schichten. Wenn möglich, vakuumieren und etwa 30 Minuten bei 50 °C im Wasserbad aromatisieren.

Fermentiertes Rotkraut in Olivenöl erwärmen, den Wein zugeben. Hitze erhöhen und Rotkraut in Olivenöl und Wein glasieren.

Rotkraut anrichten, Handkäse-Sellerie-Trüffel-Türmchen danebensetzen und etwas Schmand zugeben.

Pro Portion: 221 kcal, 14 g F, 10 g KH, 4 g B, 8 g E

ANBAU

Rotkohl wächst von allen Kohlsorten am langsamsten und stellt die höchsten Ansprüche an Boden und Nährstoffe. Er ist traditionell ein typisches Wintergemüse, es gibt aber auch frühe Sorten, die man schon im Sommer erntet.

tionen mit geräuchertem Aal. Die Garung in Olivenöl mit betont grünen und fruchtigen Aromen oder mit Gänse- oder Schweineschmalz funktioniert ebenfalls, insbesondere wenn dabei Thymian und Rosmarin holzige und harzige Aromen ergänzen. Eine intensive Würzung des Rotkohls mit Lorbeer, der herbale, harzige und Eukalyptusdüfte mitbringt, ist wunderbar, vor allem wenn dieser zu gekochtem und gesottenem Fleisch und dessen Brühe (eventuell à part gereicht) serviert wird.

Dank der Duftanklänge an Lauch, Fleisch und Brühe kann gekochter Rotkohl durch kräftige Fonds und Saucen (Bratensaucen, Sojasauce, Ketchup) komplett in die umami-süß-Richtung gezwungen werden. Dann ist eine Untermalung mit umamireichen getrockneten Pilzen, Steinpilzen oder Morcheln angebracht. Eine Abrundung vor dem Servieren mit dem entsprechenden tierischen Schmalz macht den Rotkohl dann zum alleinigen Begleiter von deftigen Schmorbraten (Gans, Ente, Schwein, Rind). Auch ein Garen des Rotkohls mit Lauch und Zwiebeln ist kein aromachemischer Fauxpas.

SCHWARZKOPF

RONA

KALIBOS

Kastanien geben aromatisch nussige, kräuterige und cremig-fruchtig wirkende Aromen wie auch etwas Süße über ihre freien Zucker. Walnüsse unterstreichen den bitteren Geschmack und fügen eine wohltuende Adstringenz hinzu, die sich mit den trigeminal schmerzenden Noten mancher schwefeliger Aromen sensorisch vereint. Ähnliches mit Ähnlichem bietet eine köstliche Rohkombination von geraspeltem Rettich und Rotkohl. Beide paaren sich über ihre schwefeligen Noten, allerdings betont Rettich eher die Kresse- und Senfdüfte, der Rotkohl die Kohlnoten. Zusammen verstärken sie sich zu einer kraftvollen Vorspeise.

Im rohen und pseudorohen Bereich (→ roh/gekocht Seite 61) sind Mischungen aus fein gehobeltem rohen und fermentierten Kohl hervorragend. So lässt sich der typisch deutsche Rotkohl durch Abschmecken mit Algen oder Queller in eurasiatische Crossovergerichte einbringen und kann sogar zu Sushi gereicht werden. In die asiatische Richtung kann Rotkohl auch mit *Ume-boshi*-Pflaumen und *Ume-su/Genmai-su* gelenkt werden. Die Pflaumigkeit ist noch deutlich vorhanden, allerdings ist das Säure-Süßespiel von einer japanisch filigranen Art – Suchtpotenzial ist garantiert.

ROTKOHLEIS Kohl in karamellisiertem Zucker andünsten, mit Rotwein und Portwein ablöschen, mit Zimtstange, Nelken und Piment reduzieren, das Ganze durch ein Sieb passieren. Zitronen- und Apfelsaft hinzugeben. Eigelb dazugeben, geklärte Butter unter den noch warmen Fond mixen, in einer Eismaschine/Sorbetière gefrieren lassen: Ergibt ein schön gefärbtes, ungewöhnlich schmeckendes Eis! Zuletzt können noch ein bis zwei Tropfen mildes Ume-su hinein.

GESCHICHTE UND BOTANIK

Kohl war schon im klassischen Altertum bekannt, für den deutschsprachigen Raum ist seine kulinarische Verwendung erst ab dem Mittelalter belegt. In mittelalterlichen Quellen kommen auch erstmals Kopfbildungen und eine Rotfärbung vor. Hildegard von Bingen erwähnt im 12. Jahrhundert Rotkohl als „rubae caulas". Die erste bildliche Darstellung findet sich auf einem Gemälde des flämischen Malers Frans Snyders aus dem Jahr 1610.

Rotkohl bildet unter den Kopfkohlen den kompaktesten Kopf. Der Kohl ändert seine Farbe – ähnlich wie beim Kochen – je nach Beschaffenheit des Bodens: Wächst er auf sauren Böden, sieht er eher rot aus, auf alkalischen Böden eher bläulich. Die pH-abhängigen Farbänderungen beim Kochen erklären seine regional verschiedenen Namen: In Norddeutschland und Baden gibt man eher Säuren hinzu (Essig, Äpfel, Birnen), dort wird das Gemüse rot. In Süddeutschland kocht man ihn eher in einer alkalischen Umgebung (mit Natron oder Zucker) – dort wird er bläulich. Kraut ist die südliche (Süddeutschland, Österreich) Bezeichnung für den norddeutschen Kohl. Deshalb heißt er im Norden Rotkohl, im Süden Blaukraut.

Beim Rotkohl gibt es nicht so viele Sorten wie beim Weißkohl, frühe Sorten machen nur etwa 10 Prozent aus, der Rest ist Wintergemüse. Geschmacklich und aromatisch ähneln sich die Sorten.

Lactuca sativa

SALAT (BLATTSALATE)

Salat ist bei uns zu einem Grundnahrungsmittel geworden und oft schon wichtigste Zutat einer vollständigen Mahlzeit – zumindest bei Menschen, die auf ihre Linie achten (wollen). Es gibt ihn in unzähligen Varianten: Die wichtigsten neben dem klassischen Kopfsalat sind Eisbergsalat, Lollo rosso, Eichblattsalat und andere Pflücksalate. Auch der bei uns eher seltene asiatische Spargelsalat gehört zu dieser botanischen Gruppe, die von der Gruppe der Zichoriensalate (und auch vom Feldsalat) zu unterscheiden ist.

Blattsalate, wie ***Buttersalat, Grüner Salat, Lattich, Romana-Salat, Eisbergsalat, Batavia, Pflücksalat, Lollo, Eichblattsalat, Spargelsalat*** sind in der Küche absolut unterbewertet, denn ihr kulinarisches Potenzial ist deutlich besser als ihr Ruf, das ist an ihrem Aromaprofil und den Bittergeschmacksnoten zu erkennen.

In allen Blattsalaten dominieren grüne Blattduftstoffe das Aroma. Dazu gehört das grüne, nach frisch gemähtem Gras und Äpfeln duftende (Z)-3-HEXENAL, gepaart mit dem ebenso grün duftenden Blätteralkohol (Z)-2-HEXENOL, der noch fruchtigere Noten einstreut. Dessen Cis-Isomer (E)-2-HEXENOL verstärkt den grünen Eindruck und fügt einen Hauch Gemüse und grüne Bohnen sowie herbale Noten hinzu. Außerdem sind in Blattsalaten Terpene und Sesquiterpene duftaktiv, darunter BISABOLEN, das mit leicht holzigen, fruchtigen Noten und einem Anklang an Myrrhe besticht, sowie das holzig-balsamische und würzig nach Honig duftende α-COPAEN. VALENCEN fügt ebenfalls holzige und zitrusartige Noten hinzu. Das holzig-würzige GERMACREN hat Salat ebenso im Angebot wie α-TERPINOLEN mit seinem herbal-holzigen Duft nach Zitrus und Pinien. Und nicht zuletzt werden die aliphatischen grün-grasigen Noten durch würzigere Grüntöne eines Pyrazins verstärkt: 2-ISOBUTYL-3-METHOXYPYRAZIN bringt würzige und erdige Düfte nach Erbsen und grünem Paprika in das Duftspektrum ein.

Die exakte Konzentration der Geruchsstoffe dieses Aromaspektrums variiert regional und auch klimatisch bedingt. Dennoch ist die Grundstruktur sehr ähnlich. Die typischen Terpene werden beim Angriff von Insekten und anderen Herbivoren als Abwehrmaßnahme gebildet (→ Theorie, Seite 43) und sind deshalb praktisch allen Salaten zu eigen.

Werden Blattsalate gekocht oder erwärmt, bilden sich mit 2- und 3-METHYLBUTANAL fruchtige, schokoladige, aber bei längerem Kochen auch moderige Aromen heraus.

Auch die Lagerung hat Einfluss auf das Aroma von Salaten: Eine relativ warme Lagerungstemperatur (ab 10 °C) bedingt einen deutlichen Anstieg des leicht bitteren α-LONGIPINEN sowie von 2- und 3-METHYLBUTANAL mit moderigen und überdeutlichen fruchtig-grünen Duftnoten, die als unerwünschte „Fehlaromen" wahrgenommen werden. Diese lassen die erwünschten frischen grünen Aromen in den Hintergrund treten. Bei niedrigeren Lager-

Aromen roh: (Z)-3-HEXENAL △ *grün, fettig, grasig, frisch gemähtes Gras,* □ *grüner Apfel, unkrautartig* (Z)-2-HEXENOL △ *grün, gemüseartig, herbal,* □ *grüne-bohnenartig, grün-tomatig,* ◇ *wachsig* (E)-2-HEXENOL △ *grün, blattartig, frisch, gemüseartig,* □ *fruchtig, unreife Banane* α-COPAEN △ *holzig, würzig,* □ *honigartig* α-TERPINOLEN △ *herbal, holzig, süßlich,* □ *pinienartig, zitrusschalenartig* VALENCEN △ *holzig, zitrusartig, grapefruitartig,* □ *orangenölartig,* ◇ *warm-holzig, ölig* GERMACREN △ *holzig,* □ *würzig, erdig* γ-BISABOLEN[T] △ *holzig-fruchtig, zitrusartig,* □ *balsamisch, myrrheartig, grüne Banane,* ◇ *tropisch, terpentinartig, adstringierend* 2-ISOBUTYL-3-METHOXYPYRAZIN △ *würzig, erdig, grün, sprossenartig,* □ *grüne Bohnen, grüner Paprika*

Aromen gekocht außerdem: 2-METHYLBUTANAL △ *schokoladenartig,* □ *kaffeeartig,* ◇ *nussig, getreideartig, moderig* 3-METHYLBUTANAL △ *aldehydisch, ätherisch, pfirsichartig,* □ *schokoladenartig, fruchtig,* ◇ *schweißig*

GESCHMACK

SÜSS SAUER SALZIG **BITTER** UMAMI

Salate schmecken meist dezent bitter mit einem Hauch Süße und haben ein grasig-fruchtiges Aroma.

S

MIKRONÄHRSTOFFE *(pro 100 g)*
Vitamine: *A (186 µg)* ***Mineralstoffe:*** *Kalium (306 mg)* ***Sekundäre Pflanzenstoffe:*** *Carotinoide, Flavonoide, Phytosterine*

HARMONIE

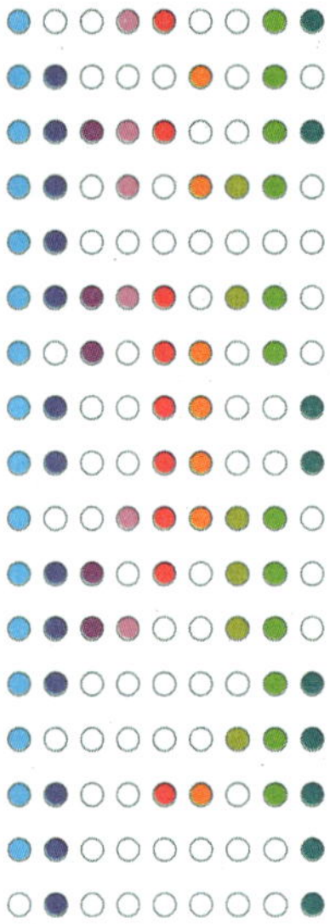

SALAT
BOHNEN (HÜLSEN)
ERBSE
GRÜNER PAPRIKA
GURKE
PASTINAKE
PORTULAK
RADIESCHEN
RETTICH
STANGENSELLERIE
TOMATE
WURZELPETERSILIE
ZWIEBEL
GRUE DE CACAO
KAFFEEPULVER
SCHNITTLAUCH
SENF

KÜCHENJOKER
Kaffee (Vinaigrette), Banane, Weinraute, Melde, Raucharomen

PASST GUT ZU
Nüssen, gekochten Eiern, Mayonnaise, Joghurt, Sahne, Früchten, Beeren

LÄNDERKÜCHE
USA: *Caesar's Salad* ***Frankreich:*** *Salade Niçoise* ***Italien:*** *Insalata mista, Insalata verde*

SORTEN
Kopfsalat: *Diesen klassischen grünen Salat nennt man regional auch Butterkopfsalat, Gartensalat, Häuptelsalat oder Lattich (in der Schweiz meint „Lattich" jedoch den Romanasalat). Die Blätter sind mehr oder weniger zu einem festen Kopf geschlossen. Dadurch bleichen die inneren Blätter, die*

temperaturen bleibt das „grüne" Aroma besser erhalten. „Cold insurances" (→ Seite 81) spielen bei Blattsalaten kaum eine Rolle.

Außerdem hat die Schnittrichtung bei Salaten Einfluss auf das Aroma: Je nachdem, ob die Blätter quer oder längs zur Blattrippe geschnitten werden, zeigen sich Unterschiede in der Freisetzung ihrer Aromen. Beim Eisbergsalat hat man nachgewiesen, dass ein Schnitt quer zur Blattrippe den grünen Anteil des Aromaspektrums deutlicher betont als der Längsschnitt, weil die in der Membran enthaltenen fettspaltenden Enzyme und Lipasen in unterschiedlichen Konzentrationen freigesetzt werden.

Die wichtigsten Antioxidantien, neben geringen Konzentrationen an Vitamin C und Vitamin E, verbergen sich in beta-Carotinen und vor allem in den phenolischen Komponenten: Kaffeesäure, Chlorogensäure, Syringin, Chicoriensäure sowie Luteolin und Quercetin. Diese sind für den ausgeprägt bitteren Geschmack der Blattsalate verantwortlich.

Der Hauptfarbstoff der grünen Salate ist Chlorophyll. Friséesalat bleibt goldgelb bis weiß, da er mit Glocken abgedeckt und das Sonnenlicht ferngehalten wird. Die in verschiedenen Sorten (z. B. Eichblattsalat) eingebaute rote Färbung kommt ebenfalls von der Sonneneinstrahlung, ist jedoch auch sortenbedingt. Hier werden bei der Photosynthese Anthocyane in den Lichtsammlerkomplex eingebaut (→ Theorie, Seite 75). Diese elektronenreichen Farbstoffe gelten, im Gegensatz zum Chlorophyll, als potenziell antioxidativ. Es ist also nicht ratsam, die dunkleren äußeren, dem Sonnenlicht mehr exponierten Blätter wegzuwerfen. Tatsächlich befinden sich dort höhere Konzentrationen Antioxidantien als in den Salatherzen, auch wenn Letztere meist knackiger und ansprechender wirken.

Es ist ein Irrglaube, dass Chlorophyll „nach Chlorophyll" schmeckt. Das Pigment ist vollkommen geschmacklos. Was vermutlich gemeint ist, wenn von „Chlorophyllnoten" die Rede ist, sind geschmackliche Bitternoten mit starken harzigen, kräuterigen, retronasal wahrgenommenen Geruchsstoffen.

ZUBEREITUNG

Wenn man Salat wäscht, sollte man immer kaltes Wasser nehmen, sonst macht er sofort schlapp. Anschließend gut trocken schleudern, damit das Restwasser nicht das Dressing verdünnt. Meist wird Salat als Rohkost genossen, dann sollte man ihn erst kurz vor dem Servieren anmachen. Kopf- und Blattsalate müssen nicht „ziehen". Je dünner und zarter das Blatt, umso vorsichtiger sollte man beim Dressing sein. Joghurt- und Mayonnaisesaucen vertragen eher die dickblättrigen Sorten. Eine Grundregel beim Dressing könnte lauten: Weniger ist mehr. Manchmal braucht man überhaupt keine Sauce: Ein Spritzer eines besonders feinen Essigs oder geschmacksreichen Öls kann schon genügen. Beim Öl sollte man nicht an der Qualität sparen, es kann für einen Salat gar nicht edel genug sein. Auf jeden Fall sollte man kaltgepresstes, also unraffiniertes Öl verwenden, denn es ist wesentlich aromatischer (und gesünder), und der oft kritische Rauchpunkt bei unraffinier-

SCHNITTRICHTUNG VON SALATEN

Beim Eisbergsalat hat man nachgewiesen, dass ein Schnitt quer zur Blattrippe den grünen Anteil des Aromaspektrums deutlicher betont als ein Längsschnitt. Schneidet man den Salat längs, werden die in der Membran enthaltenen, fettspaltenden Enzyme und Lipasen in unterschiedlicher Menge freigesetzt. Dadurch werden Aromen in verschiedenen Konzentrationen gebildet.

(KOPF-)SALAT MIT'N BÜSCHN FISCH

1 Schalotte

1 Knoblauchzehe

2 Kopfsalate

50 g Butter

100 ml Noilly Prat

100 ml kräftige Gemüsebrühe

100–150 g saure Sahne

Salz

1–2 EL Reisessig

1–2 EL helle Sojasauce

1 Stück Räucheraal (16 cm)

2 EL Kürbiskernöl

1 Handvoll Friséesalatspitzen

1 Handvoll frische Kräuter der Saison, gezupft

Schalotte schälen und würfeln. Knoblauch schälen.

Von den Kopfsalaten die äußeren Blätter entfernen, bis die Herzen erscheinen. Herzen in kaltes Wasser legen, damit sie knackig bleiben. Äußere und halbinnere Salatblätter waschen und trocken schleudern.

Butter in einer Pfanne erhitzen, Schalotte darin anschwitzen, mit Noilly Prat ablöschen und verdampfen lassen. Brühe angießen, vom Herd nehmen und die Salatblätter darin zusammenfallen lassen. Mit saurer Sahne und Knoblauch in einem Mixer sehr fein pürieren; salzen und abkühlen lassen.

Salatherzen aus dem Wasser nehmen, trocken tupfen, vierteln und mit Reisessig und Sojasauce beträufeln.

Räucheraal in acht Stücke von 2 cm Länge schneiden (Haut und Gräte entfernen).

Kopfsalatpüree in tiefen engen Tellern anrichten. Mit Kürbiskernöl beträufeln, Aal und Kopfsalatviertel auf dem Püree anrichten. Mit Friséespitzen und Kräutern garnieren.

Pro Portion: 368 kcal, 32 g F, 5 g KH, 2 g B, 10 g E

KOPFSALAT ROT

LOLLO BIONDA

EISBERGSALAT

zarter und süßer als die Außenblätter schmecken. Eine besonders geschätzte, leicht süßliche regionale Sorte ist der „Grazer Krauthäuptel".

Romanasalat (Römersalat) *(Lactuca sativa var. longifolia): Der Romanasalat, auch Kochsalat und vor allem in der Schweiz auch Lattich genannt, entwickelt nur lockere, längliche Köpfe. Sie werden teilweise zusammengebunden, damit sich in ihrem Inneren unter Lichtausschluss zarte und weniger bittere Blätter bilden („Bindesalat"). Er hat lange, dunkelgrüne, oft gerippte Blätter, die etwas kräftiger und bitterer als beim Kopfsalat schmecken. Optisch besonders attraktiv ist die Sorte „Forellenschluss" mit ihren rötlich gefleckten Blättern. „Counter" ist eine Sorte mit sehr kleinen Blättern, außerdem sehr resistent gegen die meisten Salatkrankheiten, also gut für den Eigenanbau geeignet. Die Miniform, die aussieht wie Salatherzen (oft zwei in einer Packung), nennt sich u. a. Little Gem und ist ein Mini-Romanasalat, weniger aromatisch, aber sehr leicht portionsweise zu verarbeiten.*

Batavia: *französische Züchtung aus dem 18. Jahrhundert, die zu den Krachsalaten zählt. Sie bildet etwas weniger geschlossene Köpfe und weniger robuste Blätter aus als der Eisbergsalat, es gibt sie mit grünen und roten Blättern.*

Eisbergsalat: *wurde zuerst am Ende des 19. Jahrhundert in den USA gezüchtet. Er kann mitunter bis zu 1 kg wiegen und hat besonders knackige und deshalb bis zu 2 Wochen haltbare Blätter. Er ist wohl der bekannteste Krachsalat. Man kann ihn in der Küche vielfältig einsetzen, u. a. auch zum Umwickeln von Speisen. Er ist im Freiland schwierig anzubauen, denn er neigt wegen seiner dicht geschlossenen Köpfe zu Fäulnis.*

Lollo rosso bzw. Lollo bionda: *Klassiker aus Italien, die längst auch bei uns angebaut werden, mit krausen Blättern, mal dunkel*

ten Ölen ist in der kalten Küche egal. Auch Senf und Joghurt oder Sahne eignen sich als Grundlage für ein Dressing. Ein Wort zum Salzen: Damit sich das kleinkörnige Salz besser im Salat verteilt, sollte man es zuerst in der wässrigen Phase, d.h. Essig oder Zitronensaft, auflösen. Danach das Öl unterschlagen, bis die Flüssigkeit emulgiert, weil sie sich dann besser im Salat verteilt. Gibt man Senf dazu, emulgieren Öl und Säure besser, die Vinaigrette wird cremiger.

Kochsalat ist ein (ehemaliger) Klassiker der Wiener Küche: Er wurde im Mai und Juni als Gemüse verwendet, oft in Kombination mit Erbsen. Deshalb nannte man die Wiener Sorte des Romanasalats „Wiener Erbsenscharl", sie ist heute nicht mehr erhältlich. Auch der heutige robuste Romanasalat, der roh für kräftige Dressings wie das aus Eigelb und Olivenöl eines Caesar-Salats am besten geeignet ist, lässt sich dünsten und braten. Einfachen Kopfsalat kann man ebenfalls kochen, zum Beispiel gedünstet mit dicken Bohnen und Olivenöl. Sogar für eine Suppe kann man ihn verwenden: mit Erbsen ein paar Minuten köcheln lassen und anschließend pürieren. Pürees aus gekochtem (oder gebratenem) Kopf- oder Romanasalat kann man sogar in Desserts mit Schoko- oder Fruchtkomponenten einsetzen.

KOMBINATIONEN

Die Kunst der Zubereitung eines frischen Salates liegt in seiner Zusammenstellung aus verschiedenen Salatsorten und ihrer Kombination mit Nüssen, Kernen, Früchten, Speck oder Käse, mit frischen Kräutern und nicht zuletzt mit einer Sauce aus feinen Essigen oder Zitrussäften und aromatischen Ölen. Der Fantasie ist dabei keine Grenze gesetzt. Bei Vinaigrettes ist das feine Zusammenspiel aus Süße und Säure wichtig: Nimmt man Zitrusfrüchte, ist die Zugabe von Zucker unabdingbar, bei einer Vinaigrette mit dem süßen Balsamico wiederum nicht. Kombinationen mit Sommerfrüchten (Johannisbeere, Heidelbeere, Aprikose) bzw. deren Säften liefern weni-

BATAVIA

EICHBLATTSALAT

LOLLO ROSSO

SPARGELSALAT

ger stechende Säure als Essige und ergänzen dafür willkommene Fruchtnoten. Die Öle von gerösteten Ölsaaten (Kürbiskern, Erdnuss, Sesam) ebenso wie native Nussöle (Wal- oder Haselnuss) gesellen sich bestens zu den Bittertönen des Salats und kommen seinen erdigen, grünen Noten entgegen. Über diesen Bereich docken auch grüne Bohnen, Erbsen oder grüner Paprika mit ihren grün-würzigen Aromen an, gleichwohl für die rohe, gekochte oder angebratene Variante. Im Bereich der grünen Duftstoffe lassen sich außerdem natürlich Melonen, Gurken oder Äpfel bestens in den Salat einarbeiten. Passende Paare, die jeweils noch ihre eigenen Aromen mitbringen, sind Melde und Portulak oder Wurzelgemüse wie Möhren, Petersilienwurzel oder Pastinaken. Klassische Partner sind natürlich auch Tomaten, Zwiebeln oder Stangensellerie. Ein wenig trigeminale Schärfe steuern Radieschen und Rettich bei.

Ungewöhnlicher, aber aromachemisch durchaus naheliegend ist die kalte Würzung frischer Salate mittels einer Räucherpfeife: Die aromatisch-süßlichen Rauchtöne kommen den holzigen Düften des leicht bitteren Gemüses sehr entgegen.

Sowohl bei zu langer Lagerung als auch beim Erwärmen entstehen Duftanklänge an Kakao und Schokolade, die man durchaus kulinarisch nutzen kann: Die Würzung einer auf Salat (püriert oder als Einlage) basierten Suppe mit Kaffee (statt Essig) oder Kaffeeöl sowie Grue de cacao unterstützt diese Tendenzen. So lassen sich dem Salat ganz ungewöhnliche Eigenschaften, auch in Desserts, abgewinnen.

GESCHICHTE UND BOTANIK

Die Urform unserer Blattsalate ist vermutlich der Zaunlattich: Er ist heimisch in Süd- und Mitteleuropa, Westasien und Teilen Sibiriens. Auch die alten Ägypter kannten ihn, allerdings nicht in der Form von Salatköpfen, wie wir sie heute kennen, sondern in lockeren Formen und strunkigen Arten, die man auch kochte. In der griechisch-römischen Antike galt Salat

gefärbt, mal hellgrün. Die dunklen Blätter duften kräftiger, aromatischer und nussiger als Kopfsalat. Je nach Sorte können sie auch sehr robuste Blätter ausbilden, was ihre Haltbarkeit verbessert. Auf dem Markt oder im Supermarkt bekommt man ihn meistens ausgewachsen, dann bilden die Blätter eine lose Kopfform. Eigentlich gehört er zu den Pflücksalaten.

Australischer Gelber: *ein früher und zartblättriger Pflücksalat, interessant für Hobbygärtner, im Handel nicht zu bekommen.*

Grüner und Roter Eichblattsalat: *Seine Blätter erinnern vom Aussehen an Eichenlaub, daher der Name. Sonst ist er vom Aroma und Geschmack dem Lollo sehr ähnlich. Im Garten pflückt man ihn, zu kaufen gibt es ihn als lockeren Kopf.*

Spargelsalat *(lactuca sativa var. angustana): Von diesem Salat isst man die etwas bitteren, groben Blätter (vor allem, wenn sie noch jung sind) und die (wie Spargel) geschälten und gekochten Stängel. Der Salat wächst in die Höhe und bildet keine Köpfe. Er ist in Asien beliebt und kommt auch bei uns in Mode, nachdem er in Hessen und Hannover schon einmal Karriere gemacht hatte: Bis zum Anfang des 20. Jahrhunderts wurden dort seine dicken Stängel in Salz eingelegt und bis in den Winter gegessen.*

EINKAUF UND LAGERUNG

Kopf- und Pflücksalate sollte man möglichst frisch genießen, die weichen Blätter welken schnell. Krachsalate und auch Römersalat mit dickeren Blättern sind ein paar Tage haltbar, am besten in einer Tüte oder einer verschlossenen Dose. Wichtig: Um Fehltöne zu vermeiden, sollte man Salate nicht unter 10 °C lagern.

SAISON

01 02 03 04 05 06 07 08 09 10 11 12

Als Importware ganzjährig erhältlich, z. B. aus Belgien, Frankreich und Italien.

ANBAU

Sät man ihn im späten Frühling oder im Sommer in zweiwöchigen Abständen, hat man den ganzen Sommer über bis in den Herbst frischen Salat – wenn ihn nicht die Schnecken gefressen haben. Es gibt für Salate ein Erntefenster von ca. 5 Tagen: Dann ist er am aromatischsten. Wartet man zu lange, beginnt er zu schießen und wird bitter. Es gibt jedoch Zuchtsorten, die man als „schossfest" bezeichnet, dazu zählen viele Krachsalate. Grundsätzlich sollte man Salat am frühen Morgen ernten – sagen erfahrene Gärtner. Dann ist er am knackigsten.

nach der damals geltenden Säftelehre als „kühlend" (Plinius im 1. Jh. n. Chr.). Um 1500 sind in Europa bereits verschiedene Sorten belegt, auch kopfbildende, die erstmals gezüchtet wurden. Seine ursprüngliche Bitterkeit hat man dem Salat bis auf wenige Ausnahmen leider weitestgehend weggezüchtet.

Grundsätzlich gibt es verschiedene Varianten der Art *Lactuca sativa*, wobei man botanisch zwischen **KOPFBILDENDEN** (var. *capitata* bzw. *longifolia*) und **SCHNITT-** und **PFLÜCKSALATEN** (var. *crispa*) unterscheidet. Gärtnerisch sind die Grenzen jedoch zum Teil fließend, da man kopfbildende wie den Lollo rosso und Eichblattsalat zum Teil ebenfalls als Pflücksalate behandeln und blattweise ernten kann.

Von jeder Sorte gibt es viele regionale Zuchtformen, die jedoch eher für den Gärtner als den Gourmet interessant sind, weil sie sich geschmacklich und aromatisch nicht wesentlich unterscheiden. Auch die Namen sind oft regional unterschiedlich, bezeichnen aber alle mehr oder weniger dasselbe Gewächs: In Österreich nennt man Kopfsalat oder Grünen Salat zum Beispiel *Häuplsalat* oder *Butterhäuptel*. Unter der Bezeichnung „Krachsalate" fasst man kopfbildende Sorten mit besonders knackiger Konsistenz zusammen. Dazu gehören z. B. der Eisbergsalat und der Batavia. Pflücksalate kamen vor knapp 100 Jahren aus den USA zu uns und waren damals eine kleine Sensation. „Baby-Leaf" bzw. „Baby-Blatt" heißen diese Sorten, die keinen Kopf bilden und sich für eine dichte Aussaat in Reihen eignen. Sie werden jung (im „Babyalter") geerntet und sind deshalb besonders zart.

Zichoriengewächse wie Endivie, Chicorée und Radicchio gehören ebenfalls zu den Korbblütlern, jedoch nicht zur Gattung der *Lactuca*, sondern zu *Cichorium*, und werden in diesem Buch gesondert abgehandelt. Feldsalat spielt botanisch eine Sonderrolle: *Valerianella locusta* gehört zu den Baldriangewächsen und erhält deshalb ebenfalls ein eigenes Kapitel.

GESCHICHTE UND GESCHICHTEN

Jean-Anthelme Brillat-Savarin, ein französischer Gastrosoph des späten 18. und frühen 19. Jahrhunderts, über die perfekte Salatzubereitung:

> *„Fünf Köpfe bringen einen guten Salat zustande:*
> *Ein Geizhals, der den Essig träufelt,*
> *ein Verschwender, der das Öl gibt,*
> *ein Weiser, der die Kräuter sammelt,*
> *ein Narr, der sie durcheinander rüttelt,*
> *ein Künstler, der den Salat serviert."*

RÖMERSALAT

RÖMERSALAT (HERZEN)

FORELLENSCHLUSS

Scorzonera hispanica

SCHWARZWURZEL

Was wäre der Besuch eines Wiener Heurigenbüffets ohne einen Schwarzwurzelsalat? Das Wurzelgemüse, das botanisch zu den Kreuzblütlern gehört, kam ursprünglich aus Spanien, wuchs dort wild und wurde lange lediglich als Heilpflanze genutzt. Erst seit dem 17. Jahrhundert ist der Anbau als Gemüse überliefert. Bis ins 20. Jahrhundert galten die Wurzeln als „vornehmes" Gemüse, wurden dann aber als „Spargel des kleinen Mannes" verunglimpft und gerieten in großen Teilen Europas in Vergessenheit.

Schwarzwurzeln (auch: ***Skorzoner Wurzel, Winterspargel, Schötzenmiere***) gehören zu den klassischen Wintergemüsen. Ihr Aroma ist geprägt von einem wachsigen, leicht süßlichen Duft nach Mais und Getreide mit holzig-erdigen bis moderigen Wurzeltönen. Längerkettige Abbauprodukte von Fettsäuren, u. a. der HEXADECANONSÄURE, sorgen zum einen für benzinartige, wachsige Aromen. Die sehr duftschwache OCTADECA-9,12-DIENONSÄURE legt darüber hinaus das angenehm wachsige Mundgefühl fest, das sich beim Genuss von Schwarzwurzeln rasch einstellt. Des Weiteren ist das Aroma insbesondere durch die stark holzigen, würzigen Duftkomponenten verschiedener Sesquiterpene geprägt: α-CALACOREN, α-MUUROLEN, α-CADINEN und α-COPAEN, wobei Letzteres noch eine würzige Honignote hinzufügt. Die Schwarzwurzel ist somit ein typisches Beispiel für die terpenreiche Aromabildung zum Schutz vor Herbivoren (→ Aromabildung, Seite 39). LONGICYCLEN gibt eine Spur von Rauch. Die vielen Wurzeln, etwa Sellerie, Pastinaken oder Petersilienwurzeln anhaftenden erdigen, süßlich-nussigen Duftnoten kommen durch Phthalide zustande.

Die Grundgeschmacksrichtung ist bitter, der Gehalt an bitteren phenolischen Stoffen erheblich. Sowohl in den oberirdischen Teilen des Gemüses (die ebenso verzehrbar sind) als auch in der Wurzel finden sich verschiedene Isomere und Derivate der Kaffee- und Chinasäure. Die Wurzel liefert (auch als Vorläufer der duftbestimmenden Sesquiterpene) eine ganze Reihe von wasserlöslichen und geschmacksbestimmenden Sesquiterpenoiden, deren entzündungshemmendes Potenzial in Zellversuchen nachgewiesen wurde. Die Wurzeln enthalten weiterhin den löslichen Ballaststoff Inulin, der ebenfalls in Topinambur oder Chicoréewurzeln zu finden ist, und der neben den langkettigen aliphatischen Kohlenwasserstoffen für das fettige Mundgefühl der Schwarzwurzeln verantwortlich ist. Niedrigmolekulare Oligofructosen des Inulins steuern zur leichten Süße der Schwarzwurzel maßgeblich bei.

ZUBEREITUNG

Schwarzwurzeln werden im Herbst geerntet und können lange gelagert werden, was sie zu einem idealen Wintergemüse macht. Einziges Problem: ihre etwas mühsame Zubereitung. Beim Schälen sollte man am besten Einweg-

Aromen roh und gekocht: HEXADECANONSÄURE *□ fettig, ◇ wachsig, kerzenwachsartig* OCTADECA-9,12-DIENONSÄURE *△ fettig, □ wachsiges Mundgefühl, ◇ texturell-wachsig, fettig-schmierend* HEXAN *△ benzinartig* α-COPAEN *△ holzig, würzig, □ honigartig* α-MUUROLEN *△ holzig* α-CALACOREN *△ holzig,* α-CADINEN *△ trockenes Holz* LONGICYCLEN *△ holzig, □ leicht rauchig* 3-BUTYLHEXAHYDROPHTHALID *△ erdig, nussig, □ moderig* 3-BUTYL-3A,4,5,6-TETRAHYDROPHTHALID *△ erdig, süßlich, □ wurzelartig, medizinal*

GESCHMACK

SÜSS SAUER SALZIG **BITTER** UMAMI

Schwarzwurzeln duften nussig, erdig und holzig, erinnern von der Form her an Spargel, haben aber eine wachsigere Textur.

MIKRONÄHRSTOFFE *(pro 100 g)*

Vitamine: *B_1 (0,11 mg)* ***Mineralstoffe:*** *Phosphor (76 mg), Eisen (3,3 mg)*

HARMONIE

KÜCHENJOKER

Sandelholz, Wacholder, Baumharz

PASST GUT ZU

Sardellen, Kapern, Käse, Pilzen, Nüssen, Eiern, Äpfeln, Orangen, Fisch, Meeresfrüchten, Sahne, Joghurt, Mayonnaise, Dörrobst, Leber

LÄNDERKÜCHE

Österreich: *Schwarzwurzelsalat*
Italien: *Scorzonera alle Acchiughe*

SORTEN:

Duplex: *Sorte mit zylindrisch stumpfen, tiefschwarzen Wurzeln ohne Verzweigungen.*
Hoffmanns Schwarze Pfahl: *fränkische Züchtung aus den 1950er Jahren mit sehr langen dünnen, aber leicht zerbrechlichen Wurzeln.*
Russische Riesen: *traditionelle, alte Sorte.*
Einjährige Riesen: *sehr alte Sorte, bereits 1904 erstmals erwähnt, die einjährig angebaut werden kann – damals ein Novum, heute bei Schwarzwurzeln üblich.*

handschuhe tragen, denn der klebrig-wachsige Pflanzensaft hinterlässt über rasche Oxidation und enzymatische Reaktionen dunkle unansehnliche Flecken auf Händen (und Kleidung). Schält man sie unter fließendem Wasser, kann man eine Verfärbung der Hände vermeiden. Wenn man sie nicht sofort weiterverarbeitet, sollte man geschälte Wurzeln in Wasser mit Ascorbinsäure legen, damit sie sich nicht verfärben (oxidieren).

Grundsätzlich ist es besser, Schwarzwurzeln in der Schale zu kochen, die sich danach leichter abziehen lässt. Außerdem bleiben Aroma- und Geschmacksstoffe deutlich besser erhalten. Als Suppeneinlagen oder für sehr cremige Pürees (mit viel Butter) eignen sich gekochte Schwarzwurzeln ausgezeichnet. Möchte man das Eigenaroma der Schwarzwurzel herausarbeiten, ist eine schlichte Garung der (ungeschälten) Wurzel im Salzmantel im Ofen eine gute Idee. Die Wurzeln lassen sich außerdem auch braten, als Belag von Wähen und Tartes backen oder gratinieren. Sogar frittieren kann man sie: Die fettig-wachsigen Aromen laden dazu ein, rohe, blanchierte oder in der Schale vorgegarte Schwarzwurzelstücke zu frittieren oder paniert in Öl auszubacken.

Gut gebürstet und längs mit der Aufschnittmaschine, Mandoline oder Sparschäler in feine Streifen geschnitten, zieren sie rohe Salate oder heben mit holzig-erdigen Noten feine winterliche Fleisch- und Gemüseteller.

Im Handel erhältlich sind nur die Wurzeln, doch können auch die jungen Triebe der Pflanze gegessen werden: Aus den Blättern, Blattstielen und Blüten lässt sich im Frühjahr ein Salat zubereiten.

KOMBINATIONEN

Auch wenn das Aroma der Schwarzwurzel ähnlich wie bei Haferwurzel und Sellerie von deutlich holzigen Düften dominiert wird, lassen die Unterschiede im den einzelnen Aromaspektren jeweils andere kulinarische Einsatzmöglichkeiten zu. Ihr Aussehen ohne Schale und ihre Textur legen wiederum den Vergleich mit Spargel nahe, auch wenn sich der Flavour der beiden Gemüse überhaupt nicht ähnelt. Dennoch kann man grundsätzlich Schwarzwurzeln wie Spargel zubereiten und servieren, also mit Butter und Semmelbröseln oder mit einer cremigen Sauce Hollandaise, die sich sehr gut der „fettigen" Textur anpasst. Auch Mayonnaisen, Remouladen oder geschlagene (nicht süß abgeschmeckte) Würz- oder Kräutersahne knüpfen hier gut an. Sabayons, z. B. auf Grundlage von Rauchbier oder vom herbmalzig-süßlichen Porter (statt Wein) sind geniale Saucenpartner. Aufgrund der würzig-holzigen Aromen der Wurzeln bieten sich ähnlich duftende Gewürze wie etwa Oregano und Bohnenkraut an. Aber auch aromatische Kräuter und Gewürze wie z.B. Muskat, Zimt, Gewürznelken oder Anis begleiten die holzigen Düfte des Gemüses wunderbar. Petersilie geht in eine ähnliche Richtung wie die Muskatnuss. Schwarzwurzeln in süßer Sahne geschwenkt, gewürzt mit etwas Vanille und Thymian oder Tonkabohne (Letztere sind von phenolischen Aromastoffen dominiert) sind köstlich. Nimmt man statt Thymian oder Tonkabohne wiederum geröstete Mandeln,

Bittermandeln oder Aprikosenkerne, fügen diese ihren aromatischen, marzipanartigen Mandelton bei, der sich wiederum gut mit der Vanille paart. Schwarzwurzeln vertragen durchaus schwefelige Töne, die sie selbst nicht mitbringen. Daher sind Kombinationen mit Zwiebeln, Knoblauch oder Lauch köstliche winterliche Genüsse. Auch hartgekochte Eier liefern Schwefelnoten, gern in Kombination mit Knollensellerie, der wiederum die leicht süßlichen Heunoten der Schwarzwurzel bestens fördert. Die holzig-harzigen und rauchigen Aromen der Wurzel lassen sich mit Pinienkernen betonen. Ein leichtes Abflämmen der gebürsteten (je nach Gusto rohen oder vorgekochten), ungeschälten Schwarzwurzeln liefert subtile Rostnoten mit rauchigen Untertönen. So begleiten Schwarzwurzeln feine Wildgerichte. Innereien (Leber, Nieren) fügen sich über ihre süßlich-bitteren Noten ein, und auch texturell stimmt die Chemie: rosa gebratene Leber und die wachsig-fettig wirkende Schwarzwurzel sind eine kleine Sensation zwischen Zunge und Gaumen.

Grundsätzlich sind Begleiter willkommen, die den bitteren Grundgeschmack des Gemüses mit Säure oder Umamigeschmack ergänzen. In der Wintersaison kann man Schwarzwurzeln auch gut „bitter" kombinieren, zum Beispiel mit geschmortem Chicorée, dessen Bitternoten von den fettig-wachsigen Aromen und der wachsigen Textur der Schwarzwurzel gut kontrastiert werden. Schwenkt man dazu die Schwarzwurzeln in Sahne, Crème fraîche oder Sauerrahm mit etwas Szechuan-, Timut- oder Kubebenpfeffer ab, kommen neben Zitrus- und harzigen Noten feine trigeminale Reize hinzu. In Italien serviert man Schwarzwurzeln mit einer Sauce aus gebratenen (umamireichen) Sardellen, Kapern und Essig, die zum Schluss mit frischer Petersilie bestreut wird (*Scorzonera alle Acciughe*). In eine ähnliche Richtung geht ein Schwarzwurzelauflauf mit Kapern, Käse und Bechamelsauce. Gebratene Pilze liefern ebenfalls Umamigeschmack plus erdige Noten. Die Süße der Wurzeln lässt sich mit karamellisiertem Zucker und Butter fördern. Rohe Schwarzwurzeln vertragen die Kombination mit säuerlichen Komponenten hervorragend, etwa in einem Salat aus geraspelten Wurzeln mit Sahne, Äpfeln und gehackten Nüssen – oder mit frischem Ziegenkäse und einer Walnussvinaigrette. Kulinarisch überzeugend ist nicht zuletzt auch die süß-säuerliche Variante: Gegarte Schwarzwurzeln mit in Streifen geschnittenen Dörrpflaumen und -aprikosen mit dem noch warmen Wurzelsud übergießen, mit Traubenkernöl abschmecken und als lauwarmen Salat servieren. Die süßen-säuerlichen Trockenfrüchte kommen der leichten Süße der Wurzeln sehr entgegen.

Meres: *neuere Züchtung mit zylindrischen Wurzeln und mit hohem Ertrag; tolerant gegen Echten Mehltau.*

EINKAUF UND LAGERUNG

Das typische Wintergemüse ist von Oktober bis April im Handel erhältlich. Schwarzwurzeln neigen zum Auskeimen, müssen also möglichst frisch verkauft oder dunkel gelagert werden. Sie sollten keine Verzweigungen oder Nebenwurzeln haben, das macht die Verarbeitung noch komplizierter, und auch keine Verletzungen, weil sonst Milchsaft austritt, sie an Aroma verlieren und austrocknen. Im Kühlschrank kann man sie feucht eingewickelt und möglichst kalt einige Tage lagern. Im Sand vergraben oder in einem dunklen und feuchten Keller halten sie wochenlang. Es gibt Schwarzwurzeln auch küchenfertig in Dosen oder Gläsern, das erspart das etwas mühsame Schälen, Geschmack und Aroma sind aber nicht dieselben wie die von frischen Wurzeln.

SCHWARZWURZELSALAT AUF WIENER ART

- 700 g Schwarzwurzeln
- Zucker, nach Belieben
- 250 ml Milch
- 60 g Joghurt
- 60 g Crème fraîche
- 2 EL Mayonnaise, nach Belieben
- Salz, frisch gemahlener schwarzer Pfeffer
- 1 Knoblauchzehe, zerdrückt
- ½ Bund Dill
- Saft von ½ Zitrone
- je 1 EL gehackter Schnittlauch und Petersilie

Pro Portion: 112 kcal, 5 g F, 3 g KH, 18 g B, 2 g E

Schwarzwurzeln unter fließendem Wasser abbürsten und über Dampf 20 Minuten garen. Alternativ in einer gesalzenen und nach Belieben gezuckerten Milch-Wasser-Mischung bissfest kochen. Abschrecken und schälen. In Stücke von 4 cm Länge schneiden. Joghurt, Crème fraîche und nach Belieben Mayonnaise verrühren, mit Salz, Pfeffer und zerdrücktem Knoblauch würzen. Dill hacken. Vor dem Servieren Zitronensaft, Dill, Schnittlauch und Petersilie unterrühren. Nach Geschmack leicht zuckern.

Schwarzwurzelstücke in die Marinade geben; sie müssen reichlich davon umgeben sein. Dazu passt ein Grüner Veltliner.

SAISON

01 02 03 04 05 06 07 08 **09** **10 11 12**

Als Importware während der Saison vor allem aus den Niederlanden und Belgien erhältlich.

ANBAU

Die mehrjährigen Schwarzwurzeln mögen leichte und trockene Böden in voller Sonne. Die Erntezeit ist ab Oktober, weil sie frosthart sind, auch bis in den Winter hinein. Die brüchigen Wurzeln müssen wie Spargel vorsichtig mit einer Gabel ausgegraben werden, am besten seitlich einen Graben ausheben und dann erst die Wurzeln vorsichtig herauslösen. Anders als viele Wurzelgemüse, vor allem die verwandte Haferwurzel, beeinträchtigt eine Blüte im ersten Jahr die Ausbildung der Wurzel nicht, sie wird nicht holzig.

GESCHICHTE UND BOTANIK

Die Schwarzwurzel wurde im 17. Jahrhundert als Heilmittel gegen Schlangenbisse gepriesen. In den 1660er Jahren begann, von Ludwig XIV. gefördert, der Anbau in Frankreich und der Schweiz, 100 Jahre später auch in Deutschland. Zu einer massenhaften Kultivierung kam es jedoch nie: Der Konkurrent Kartoffel war leichter anzubauen und zuzubereiten. Mittlerweile gilt die Schwarzwurzel besonders in Österreich, in Bayern und Italien wieder als „Liebhabergemüse" und darf in Österreich auf keinem Heurigenbüffet fehlen.

Die mehrjährige, bis zu 1 Meter hoch wachsende Pflanze entwickelt 30 cm lange und bis zu 3 cm dicke Wurzeln mit dunkelbrauner bis schwarzer, korkartiger Schale. Sie ist mit der weißschaligen Haferwurzel verwandt, duftet und schmeckt jedoch anders, vor allem süßer. Züchterisch wurden Schwarzwurzeln mit dem Ziel verbessert, möglichst lange oder kompakte, auf alle Fälle unverzweigte Wurzeln zu bekommen, damit man sie leichter verarbeiten kann.

GESCHICHTE UND GESCHICHTEN

Der französische „Sonnenkönig" Ludwig XIV. ließ im 17. Jahrhundert die „Scorsonère" in großen Mengen anbauen. Denn er hatte von den zahlreichen „gesunden" Wirkungen der Schwarzwurzel gehört und war überzeugt, mit dem regelmäßigen Verzehr der Schwarzwurzel seinen durch üppige Tafelfreuden überbeanspruchten Magen wieder ins Lot bringen zu können. Damit lag er nicht ganz falsch: Die Schwarzwurzel enthält tatsächlich magenschonende Schleimstoffe und gilt noch heute als Schonkost. Der Sonnenkönig hat auf alle Fälle wesentlich dazu beigetragen, die zuvor exotische und nur wild vorkommende Schwarzwurzel in ganz Europa populär zu machen.

Apium graveolens var. rapaceum (var. dulce)

SELLERIE

Der Doldenblütler ist die Basis vieler Suppen, Saucen und Fonds – je nach Region als Knollensellerie oder als Stangensellerie. Aber gerade der Knollensellerie kann mehr sein als obligatorischer Bestandteil im Suppengrün: Solo, als Röstgemüse, Püree, in Rohkostsalaten oder auch gebraten als paniertes Sellerieschnitzel kann er durchaus die Hauptrolle spielen.

Sellerie (auch: ***Zeller, Eppich***) gehört, sowohl mit Knolle als auch Stängel, zu den intensivsten Duftgemüsen. Deswegen ist seine Präsenz in Schmorgerichten Pflicht, denn selbst lange Kochzeiten können dem Aroma und den Geschmackskomponenten kaum etwas anhaben. Auch roh lässt sich Sellerie genießen, und selbst die Blätter ergeben als Rohkost intensive Salate.

KNOLLENSELLERIE Das intensive Aroma der Wurzelknolle ist mit eine Folge der Abwehrversuche der Pflanze gegen Angriffe von Herbivoren und wird vor allem durch harzig und holzig duftende Terpene bestimmt. Federführend sind α-THUJEN, das zusätzlich noch herbale, grüne Töne anschlägt, sowie α-SELINEN mit holzigen, an Ambra erinnernden Duftnoten und β-SELINEN. Der leicht zitrusartige Duft bei frisch geerntetem Sellerie wird von einem höheren Anteil an LIMONEN hervorgerufen, während α-PINEN und CAMPHEN dem Sellerie sogar einen leichten Nadelholzcharakter aufprägen. Die hohe Konzentration an extrem würzigen, erdigen phenolischen und heterozyklischen Duftstoffen (vor allem Phthalide), die fast an Röststoffe und Karamell erinnern, ergibt, in Kombination mit den Terpenen, den typischen Sellerieduft. Gleich drei dieser unterschiedlichen Phthalide schlagen noch dazu in die gleiche Duftkerbe: 3-BUTYLPHTHALID mit seinem würzigen, herbalen und sellerietypischen Charakter, das würzig-wurzelige 3-BUTYLTETRAHYDROPHTHALID (auch Sedanolid genannt) sowie 3-BUTYL-4,5-DIHYDROPHTHALID (auch Sedanenolid genannt). Die Phtalide gehören zur Gruppe der Furane, die in vielen Fällen beim Rösten und Anbraten entstehen. Sellerie gehört damit zu den wenigen Gemüsen, die derartige Stoffe beim Wachstum einbauen. Wenn man Sellerie röstet, kann man diese Aromen noch betonen.

Selleriewurzeln bieten ungewöhnliche Phenolderivate, die flavourbestimmend sind und den Geschmack in die leicht bittere Richtung lenken, wie zum Beispiel die Cumarinabkömmlinge Xanthotoxin und Psoralen. Reichlich vorhanden sind außerdem bitter schmeckende Phenole, Polyphenole und Flavonoide, darunter Derivate von Kaffeesäure, Ferulasäure, Apiin und Chinasäure. Auch Glycoside, verschiedene glycolisierte Formen des Luteolins, machen aus dem Sellerie einen Rundumversorger und geben ihm ebenfalls einen Teil seines bitteren Grundgeschmacks. Beim Kochen der in Stücke geschnittenen Knollen, also beim Erhitzen bis zu Temperaturen um 100 °C, nimmt das gesamte antioxidative Potenzial zu. Grund dafür ist die erst bei diesen hohen Temperaturen vollzogene Inaktivierung der Enzyme, die für den Abbau der Polyphenole verantwortlich sind.

Aromen (Knollen, Stangen und Blätter) roh: γ-TERPINEN *△ terpentinartig, ölig, holzig, □ balsamisch, zitrusartig* α-PINEN *△ herbal, kampferig, pinienartig, □ stark holzig, erdig, ◇ terpentinartig, holzig-würzig* β-PINEN *□ herbal, holzig, harzig, pinienartig, heuartig, kampferig, ◇ gewürznelkenartig, muskatartig-würzig, pfefferig, leicht kühlend* LIMONEN *△ zitrusartig, orangenartig, □ süßlich, ◇ terpentinartig* CAMPHEN *△ holzig, herbal, tannennadelartig, □ kampferig, minzig, ◇ kühlend* α-THUJEN *△ holzig, grün, □ herbal* α-SELINEN *△ holzig, □ ambraartig* β-SELINEN *△ herbal, holzig, ◇ bitterartig* APIOL *△ herbal, würzig, petersilienartig* 2-BUTYLPHTHALID *△ würzig, herbal, □ sellerieartig* 3-BUTYLTETRAHYDROPHTHALID *△ würzig, herbal, □ erdig, sellerieartig* 3-BUTYL-3A,4,5,6-TETRAHYDROPHTHALID *△ erdig, süßlich, □ wurzelartig, medizinal*

Aromen (Stängel und Blätter) gekocht außerdem: 3-METHYLBUTANSÄURE *△ fettig, käsig, säuerlich, □ schweißig, milchig* β-DAMASCENON *△ floral, holzig, rosenartig, fruchtig, □ gekochte Pflaumen, ◇ tabakartig, süßlich* β-IONON *△ floral, holzig, süßlich, □ beerenartig, ◇ bienenwachsartig* VANILLIN *△ aromatisch, vanillig, cremig, sahnig, □ schokoladig, phenolisch, ◇ milchig* SOTOLON *△ karamellig, süßlich, ahornsirupartig, □ verbrannter Zucker, kaffeeartig* γ-DECALACTON *△ cremig, butterig, kokosartig, süßlich, □ fruchtig, ◇ pfirsichartig, aprikosenartig*

GESCHMACK

SÜSS SAUER SALZIG BITTER UMAMI

Die etwas bittere Wurzelknolle duftet harzig, holzig und extrem würzig. Beim Kochen bildet sich ein typisch „suppiges" Aroma. Das Aroma von Stangensellerie und Selleriegrün ist grasig-grün, mit fruchtigen Noten.

MIKRONÄHRSTOFFE *(pro 100g)*

Vitamine (Knollensellerie): *Folsäure (76 µg)* ***Mineralstoffe:*** *Natrium (77 mg), Phosphor (69 mg)* ***Sekundäre Pflanzenstoffe:*** *Flavonoide*

Vitamine (Stangensellerie): *A (483 µg)* ***Mineralstoffe:*** *Natrium (125 mg), Calcium (80 mg)* ***Sekundäre Pflanzenstoffe:*** *Flavonoide*

TANGO

WIENER RIESEN

STÄNGEL UND BLÄTTER Das Aroma der rohen Sellerieblätter und -stängel kommt über andere Aromabildungsprozesse zustande, da diese Teile dem Sonnenlicht ausgesetzt sind und somit die Photosynthese durchlaufen. Die Fettoxidation in den Blättern und den grünen Stängeln sorgt für eine hohe Konzentration der grasig-grünen Geruchsstoffe (Z)-3-HEXENAL und (Z)-3-HEXENOL, die außerdem leicht fruchtige Duftanteile beisteuern. Das florale, an Rosen und Tabak erinnernde β-DAMASCENON findet sich in den rohen Blättern und Stängeln ebenso wie das florale, würzig-pfefferige MYRCEN.

AROMAVERÄNDERUNGEN BEIM KOCHEN Beim Kochen von Sellerieknollen, -blättern und -stängeln verändert sich das Aroma spürbar. Neu gebildet wird SOTOLON, das leicht süßlich nach Karamell, Ahornsirup und sogar ein wenig nach Kaffee duftet.

Des Weiteren bildet sich VANILLIN, das gekochten Blättern süßliche Vanillenoten mitgibt; in den Knollen ist dies weniger ausgeprägt. Das florale, an Rosen- und Tabaknoten erinnernde β-DAMASCENON baut sich beim Kochen deutlich ab, während das floral-holzige, nach Bienenwachs duftende β-IONON erst gebildet wird. Dieses neue Aromaspektrum prägt das typisch „suppige" Aroma, das beim rohen Sellerie kaum vorhanden ist. Bei den gekochten Blättern bauen sich die grünen Noten deutlich ab, während sich 3-METHYLBUTANSÄURE ausbildet, die fettige, säuerlich-käsige und schweißige Noten einstreut; bei den Stängeln eher weniger, bei den Knollen fast nicht.

ZUBEREITUNG

KNOLLENSELLERIE Für viele Anwendungen wird Knollensellerie geschält. Die Wurzel lässt sich aber auch in der abgebürsteten Schale sieden, im Ofen bei niedrigen Temperaturen um 100 °C oder sous-vide garen. Die Aromen bleiben sehr gut erhalten, wenn erst nach dem Garen die Schale entfernt wird. Gleiches gilt für die Garung unter Salz oder in Salzkrusten. Dort schützt die Schale vor einem starken Transport der Natrium- und Chloridionen in das Innere. Aufgeschnittener Knollensellerie oxidiert aufgrund enzymatischer Prozesse schnell. Soll er beim Kochen hell bleiben, einen Spritzer Zitrone bzw. Ascorbinsäure ins Kochwasser geben. Auch beim Schneiden größerer Mengen sollte man die geschnittenen Stücke mit Zitrone oder Ascorbinsäure beträufeln oder in Klarsichtfolie verpacken.

Die Grundaromen des Selleries, vor allem des Knollenselleries, und die sich während des Kochens ausbildenden Brühenaromen machen ihn unentbehrlich im Suppengemüse und als aromatische Basis für Fonds und Saucen. Das Kochwasser des Selleries ist Grundlage einer ausgezeichneten Gemüsebrühe. Gart man darin noch andere Gemüse, ergibt sich nach einiger Zeit ein intensiver Gemüsefond. Aus Knollensellerie und mehlig kochenden Kartoffeln (im Verhältnis 10:3) kann man ein Selleriepüree herstellen, aus grob geraspeltem Knollensellerie Sellerierösti. Für ein Carpacchio schneidet man rohen Knollensellerie in ganz dünne Scheiben und blanchiert ihn kurz. Man kann das Gemüse auch als „Schnitzel" braten: dickere Scheiben weich dünsten, dann panieren und braten.

STANGENSELLERIE Bei Stangensellerie muss man eventuell ein paar Fäden abziehen, zu schälen braucht man ihn nicht. Wegen seiner knackigen und frischen Konsistenz eignet er sich vorzüglich als Rohkost: in Stifte geschnitten zum Dippen oder in Salaten. Wenn man Stangensellerie kurz blanchiert und mit Eiswasser abschreckt, bleibt er im Salat besonders knackig. In der mediterranen Küche und in Großbritannien wird er gerne als würzende Zutat für Suppen und Saucen verwendet. Zum Beispiel kommt er in die Sauce Bolognese. Man kann die Stangen in Brühe pochieren oder im Ofen backen, sollte dabei jedoch darauf achten, dass er nicht zu stark bräunt, sonst wird er bitter.

BLÄTTER Rohe Sellerieblätter eignen sich sehr gut für Salate. Legt man Blätter des Stangenselleries für einige Stunden in kaltes Wasser, kräuseln sie sich und lassen sich als Dekoration einsetzen. Auch in Suppen und Saucen kann man das Grün mitkochen. Ein kurzes Mitschwenken der Blätter z. B. kurz vor Fertigstellen von Saucen bringt einen ausgewogenen Duft zwischen grüner, grasiger Frische, typischen Sellerienoten und einen Hauch von floralen Noten ein ohne störende Bitterstoffe, wenn die Blätter nach wenigen Minuten wieder entfernt werden.

KOMBINATIONEN

KNOLLENSELLERIE Für Sellerieliebhaber gebietet sich eher Zurückhaltung beim externen Würzen, um die Aromenvielfalt nicht zu überdecken. Sie spielen daher lieber auf der reinen Geschmacksebene, sprich: ergänzen süße oder saure Komponenten, Umamigeschmack und Salz. Bitterstoffe bringt der Sellerie in ausgewogener Form selbst mit.

Die kulturell gewachsenen Kombinationen paaren Sellerieknollen gern mit anderen Wurzelgemüsen wie Möhren oder Kartoffeln. Das typische Aromaspektrum schlägt aber auch weitere Kombinationen vor. Die harzigen Noten lassen sich vor allem durch Garen mit Wacholder oder milden Pfefferarten betonen, auch Kreuzkümmel oder Bockshornklee sind attraktive Alternativen. Rauten, wie Weinraute oder Eberraute, liefern perfekte Kombinationen. Über die leichte Zitrusnote der Knolle lassen sich die Schalen von Zitrusfrüchten einbinden; die Säfte liefern schlüssige Säure, die jedoch nicht zu stark betont werden sollten, um die Selleriearomen nicht zu erschlagen. Ansonsten sind Verbene und Zitronengras gute Partner. Auch Gewürznelken sind wunderbare ergänzende Partner, ebenso wie andere Gewürze aus dieser würzig-aromatischen Duftklasse, etwa Thymian. Hier zeigt sich auch der Vorteil der Duftgruppe: Klar, dass die würzige Petersilie sich mit der Sellerieknolle gut verträgt, ähnliche Aromastoffe sind auch im Selleriegrün zu finden. Die Verwendung von Liebstöckel ist Aromaverstärkung pur, da dieses Kraut bereits eine Vielzahl der Aromen des Selleries trägt und auch die „gekochte" Note, die sich beim Sellerie erst über das Erhitzen bildet, bereits einträgt (daher der Name „Maggikraut"). Aus diesem Grund lassen sich (rohe) Selleriesalate oder Sellerieremouladen mit Liebstöckel bestens würzen. Fügt man Äpfel hinzu, ergänzt man grüne und

HARMONIE

KÜCHENJOKER

Kaffee (mit einigen Sellerieblättern gebrüht), Kakao

PASST GUT ZU

Schmorgerichten (Rindfleisch), Sardinen, Nüssen, Äpfeln, rohem Fisch, Joghurt, Sahne, Mayonnaise

LÄNDERKÜCHE

USA: *Waldorfsalat* ***Vietnam:*** *Pho (Selleriesuppe)* ***Österreich:*** *Schnitzel*

SORTEN KNOLLENSELLERIE

Sellerieknollen gibt es rund, platt, hochoval, kegelförmig und trapezförmig, im kommerziellen Anbau haben sich schneeweiße Sorten durchgesetzt.

Wiener Riesen: *österreichische Züchtung, seit 1948 auf der Sortenliste; die Knollen*

DER ALLROUNDER IN DER KÜCHE

Sellerie lässt sich aufgrund seiner ungewöhnlichen chemischen und physikalischen Eigenschaften sehr vielfältig in der Küche einsetzen und dient sogar als schmackhafter „Fleischersatz".

Als einziges Gemüse bietet Sellerie schon roh viele „Röstaromen" und heterozyklisch dominierte Moleküle. Daher liefert er einem Rohkostsalat selbst in kleinen Mengen viel aromatische Tiefe.

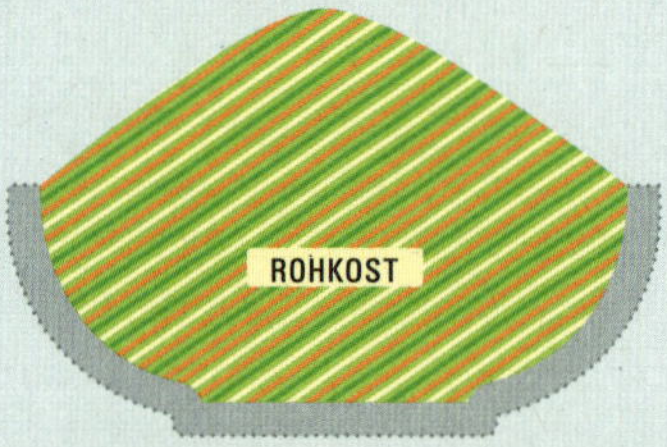

Sellerie steuert viele Umamikomponenten für Saucen und Schmorfonds bei. Das unterstützt auch das von Sellerie gebildete Sotolon mit seinem karamelligen Suppenaroma.

Er lässt sich faserfrei pürieren und dient somit als Bindemittel. Daher ist Sellerie ein Sämigkeitskünstler für Suppen und Pürees.

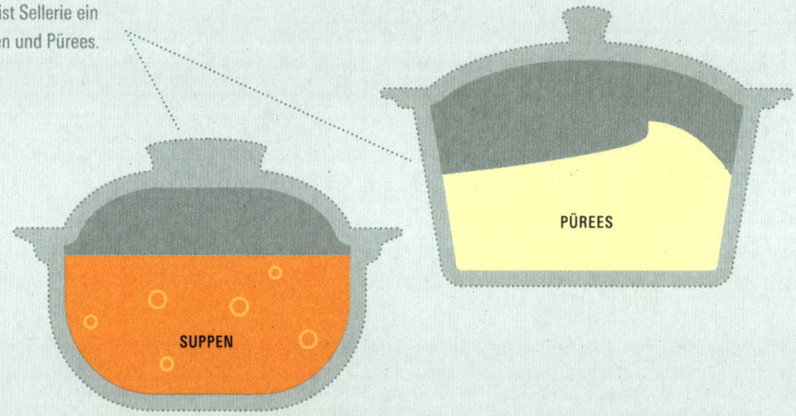

Er hat röstige, karamellartige und würzige Aromen sowie einiges an umami und ist daher eine wunderbare Alternative für alle Vegetarierer.

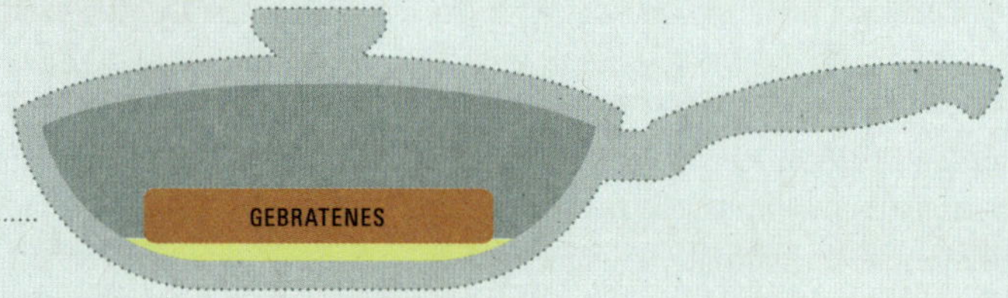

Bei längerem Kochen entwickelt Sellerie eine Süße, die selbst zu Desserts passt. Etwa als Ganache für Bitterschokolade, um Selleriepralinen herzustellen.

fruchtige Aromen, gepaart mit der wenig aufdringlichen Säure der Äpfel. Das Garen in Heu in geschlossenen Tontöpfen (Römertopf oder Tajine) betont besonders die würzigen Noten. In diesem Zusammenhang ist auch eine Kombination mit der Tonkabohne oder Waldmeisterkraut interessant. Fenchel, Anis, Sternanis oder Muskat fallen in dieselbe Kategorie. Selbst dezente Beigaben von Zimt sind nicht falsch, im Gegenteil, diese würzig-phenolischen Gewürze fügen dem Sellerie ganz neue Geruchssensationen zu. Räuchern bzw. Würzen mit intensivem Rauchsalz oder das Kombinieren mit stark geräuchertem Speck verbinden sowohl die harzig-holzigen wie auch die würzigen Noten. Daraus ergeben sich sofort Erweiterungen mit Vanille (etwa in Sahne- oder butterbetonten Saucen) oder gar (leicht gerösteten) Mandeln oder Bittermandeln mit ihren sehr aromatischen Düften. Diese lassen sich auch beim „Sellerieschnitzel“ einbringen, wenn ein großer Teil des Paniermehls durch geraspelte Mandeln ersetzt wird. Komplexere Kombinationen ergeben sich mit Haselnüssen. Feine Selleriepürees, kräftig mit duftendem Haselnussöl aufgeschlagen, sind kleine kulinarische Sensationen. Der bittere Geschmack des Knollenselleries erlaubt ferner kulinarische Kombinationen mit Kaffee, Kaffeeöl oder gerösteten Kakaobohnen. Die Röstnoten paaren und ergänzen die des Selleries bestens. Das Garen von Knollensellerie in dunklem, malzbetontem Bier ist wegen der Komplexität der Bitternoten köstlich. Darüber hinaus kommt (etwa bei Malzbier) eine feine, wenig dominante Süße hinzu. Beim Erhitzen des Gemüses entstehen (in Knolle und Blättern) Aromen, die in Richtung Karamell weisen. Also warum nicht einmal eine salzige Karamellsauce zu Sellerie reichen: Zucker hellbraun karamellisieren, mit Sahne ablöschen und salzen.

Knollensellerie ist beliebt in Creme-Suppen, gern in Verbindung mit Blumenkohl. Eine klare Suppe auf vietnamesische Art (*Pho*) geht so: Halbierte Zwiebeln mit der Schnittseite nach unten stark trocken anrösten, mit Wasser ablöschen, Selleriewürfel, Möhren, Knoblauch, Sternanis und Zimt dazugeben und eine Stunde köcheln. Gekochte Reisnudeln zur Brühe geben. Als Beilage werden Feldsalat, Enokipilze, Zitronengrasringe, Chilis, rote Zwiebelringe, Sojasprossen, Limettenviertel und Koriandergrün gereicht.

STÄNGEL UND BLÄTTER Stangensellerie eignet sich wegen seiner knackigen Konsistenz vor allem sehr gut als rohe Zutat für Salate, z. B. für einen säuerlich-süß-bitteren Selleriesalat mit Äpfeln, Rosinen und Nüssen und einem Sahnedressing. So ähnlich wird auch der Klassiker *Waldorfsalat* zubereitet (ohne Rosinen). Auch zu Dips wie Hummus oder einer Auberginencreme passt er gut. Man schneidet den Stangensellerie in handliche Stäbchen, mit denen man den Dipp löffelt. Nur kurz blanchiert, kann man ihn für ein „Tartar“ einsetzen: Kleine Selleriewürfel mit kochendem Wasser überbrühen, sofort kalt abschrecken und mit gekochten Kartoffelwürfeln vermengen. Gekocht kann man Stangensellerie wie die Knolle zu Suppe verarbeiten, gewürzt mit Lorbeer und Zwiebeln. Zum mediterranen Stangensellerie passt alles, was nach Anis duftet: Fenchel, Sternanis, Estragon, Dill und Kerbel. Interessante Begleiter sind salzige, umamireiche Sardellen und Pilze.

sind mittelgroß und rund, das reinweiße Fleisch zeigt beim Kochen keine Farbänderung.

Wiener Markt: *alte Sorte mit breitrunden bis ziemlich flachen Knollen.*

Prager Riesen: *gängige Frischmarktsorte mit guter Haltbarkeit; die Außenhaut ist relativ glatt, das Fleisch reinweiß.*

Bergers Weiße Kugel: *große, hellbraune und sehr aromatische Knollen.*

Monarch: *trapezförmige, weiß kochende Knolle mit ausgeprägt würzig-erdigem Aroma; gut lagerfähig.*

SORTEN STANGENSELLERIE

Es gibt grüngelbe bis mittelgrüne Sorten, viele stammen aus England, wo Stangensellerie seit dem 19. Jahrhundert angebaut wird. Die meisten modernen Sorten sind selbstbleichend, ältere Sorten müssen gebleicht werden.

Tango: *mittelgrüne, sehr schossfeste Sorte.*

Golden Spartan: *bewährte schossfeste Sorte mit grüngelben, langen und breiten Blattstielen.*

Solid White: *alte Sorte mit eher dünnen, aber saftig-knackigen Stielen; die Stangen haben ein sehr feines Sellerieаroma und einen süßlichen Geschmack.*

SONDERSORTE

Parcel: *Kreuzung aus Petersilie und Sellerie: Die Pflanzen haben ein petersilienähnliches Blatt mit deutlichem Sellerieаroma. Man isst nur die Blätter.*

EINKAUF UND LAGERUNG

Frischen Knollensellerie erkennt man daran, dass die Knollen auf Druck nicht nachgeben und besonders aromatisch duften. Alter Sellerie klingt hohl. Kleinere, früher geerntete Exemplare sind meist zarter, weniger verholzt und milder. Man sollte darauf achten, dass er nicht zu weiß ist, denn die aromagebenden ätherischen Öle sitzen

SLOW CELLERY MIT GRÜNGELBEM UMAMI-SELLERIE-KARTOFFELSALAT

- 1 feste Sellerieknolle (mit Grün und Stängel)
- Heu vom Biobauern
- 500 g kleine festkochende Kartoffeln
- 200 ml sehr kräftige Rinderbrühe
- 1 TL Tomami (Würzmittel aus Tomaten; Fachhandel)
- 1 rote Zwiebel
- 1 paar Spritzer milder Weißweinessig
- grobes Meersalz
- 50 ml sehr kräftiges Walnussöl

Pro Portion: 234 kcal, 13 g F, 20 g KH, 7 g B, 4 g E

Sellerieknolle und Grün trennen; Grün aufbewahren. Römertopf wässern. Sellerieknolle gut unter Wasser abbürsten. Knolle mit einem Gourmetbrenner kräftig anrösten.

Backofen auf 100 °C vorheizen. Römertopf mit Heu auslegen, Heu teilweise abflämmen. Knollensellerie in das Rauchheu geben, sofort verschließen und ab Zimmertemperatur im Ofen 3 bis 4 Stunden garen. Rechtzeitig vor dem Servieren Kartoffeln mit Schale kochen.

Rinderbrühe kurz aufkochen, wenn nötig etwas reduzieren, damit der Geschmack konzentriert wird. Mit Tomami verfeinern; warm halten. Zwiebel schälen und fein würfeln, in eine Schüssel geben und mit heißer Brühe übergießen.

Kartoffeln heiß schälen, mit Essig beträufeln und möglichst warm unter die Zwiebel rühren; ziehen lassen. Selleriegrün und Stängel fein schneiden und zur Kartoffel-Zwiebel-Mischung geben. Salzen und durchziehen lassen. Mit Walnussöl übergießen und durchmischen. Der Salat ist im Idealfall immer noch warm.

Sellerieknolle aus dem Römertopf nehmen, grob schälen und in Scheiben schneiden. Auf Tellern anrichten und mit dem Kartoffelsalat begleiten.

in den gelblichen dunklen Flecken. Eingewickelt (damit er nichts anderes im Kühlschrank aromatisiert) hält sich Knollensellerie mehrere Wochen. Frischen Stangensellerie erkennt man natürlich an seinem frischen Grün. Er hält nur ein paar Tage, dann verliert er seine knackige Konsistenz.

SAISON

01 02 03 04 **05 06 07 08 09 10 11** 12

Als Importware ganzjährig erhältlich, vor allem aus den Niederlanden.

Für eine eher süße Variante, die die Bitternoten des Gemüses ausgezeichnet ergänzt, Selleriestreifen in Butter anbräunen und mit Zucker würzen, etwas Wasser zugeben und weiterkochen, bis das Wasser verdunstet ist und das Gemüse weich. Dazu passen die fruchtigen grünen Noten des Feldsalats mit einer Vinaigrette aus Olivenöl, Rotweinessig, Senf und Honig: Das Olivenöl paart sich sehr gut über die grünen Düfte, der Honig über die würzig-florale Note des gekochten Sellerie.

Wird Selleriegrün (Stängel, Blätter) blanchiert, entwickelt es cremige und fruchtige Noten, die auch wunderbar zu cremigen Früchten wie Pfirsichen und Aprikosen in Desserts oder in fruchtigen Beilagen passen, vor allem wenn cremige Milchprodukte wie Joghurt oder Crème fraîche daran beteiligt sind.

Aus den blanchierten Blättern von Knollen- oder Staudensellerie kann man mit Petersilie ein Pesto zubereiten: Mit Olivenöl, harzig duftenden Pinienkernen und würzigem, reifem Käse mörsern oder kurz mit dem Stabmixer anmixen. Selleriegrün würzt Fisch (am besten rohen) und fügt dessen grünen, fettig-fruchtigen Aromen würzig-florale hinzu. Rohe Sellerieblätter passen sehr gut in Kartoffelsalate, sie fördern deren grüne Aromen und fügen würzige, erdige Petersiliennoten bei. Intensive Salate auf der Basis von rohen Sellerieblättern schmecken ebenfalls wunderbar. Milde Zwiebeln fügen Schwefel hinzu, geröstete Nüsse fettige und nussige Aromen, und Rote Bete holen die erdigen Aromen ab. Intensive Öle wie Arganöl, sehr fruchtige Olivenöle oder Sesamöl aus geröstetem Sesam passen dazu

WIENER RIESEN

ANBAU

Der Anbau von Knollensellerie ist im eigenen Garten möglich, aber man braucht dafür etwas Fingerspitzengefühl: Jungpflanzen muss man zum Beispiel pikieren, und er ist anfällig gegen bestimmte Krankheiten wie die Septoria-Blattfleckenkrankheit. Außerdem braucht er ausreichende Bewässerung. Die Aussaat erfolgt im Januar im Gewächshaus für eine Ernte im Mai, zwischen Eisheiligen und Ende Juni im Freiland für eine Ernte im Spätsommer und Herbst.

Auch bei dem heutzutage selbstbleichenden Stangensellerie lohnt sich ein zusätzliches Bleichen, denn es macht die Stangen zarter: 7 bis 10 Tage vor der Ernte die Pflanzen am Blattschopf zusammenbinden und mit Papier oder Stroh umwickeln.

ausgezeichnet. Eine herrliche Ergänzung sind die fein würzigen, leicht bitteren Nigellaöle oder leicht geröstete Nigellasamen.

GESCHICHTE UND BOTANIK

Sellerie wird schon sehr lange kultiviert, selbst die Wikinger haben ihn angeblich gekannt. Sein Name leitet sich von der Stadt Selinus auf Sizilien ab – damals eine griechische Kolonie. Bei den Römern hieß der Sellerie „apium", unter diesem Namen taucht er auch in der Landgüterverordnung von Karl dem Großen auf. In Deutschland wurde er früher „Eppich" genannt. Sein botanischer Zusatz *gravolens* bedeutet „stark riechend". Die Züchtung zur heutigen Knolle bzw. zum Stangensellerie erfolgte ab dem 17. Jahrhundert, zuerst in Italien, danach in England (Stangensellerie).

Vom KNOLLENSELLERIE (*Apium graveolens* var. *rapaceum*) essen wir das halb unterirdisch wachsende Speicherorgan (eigentlich eine Rübe). Er ist besonders in Ost- und Mitteleuropa verbreitet. In den südlichen und (nord-)westlichen Ländern Europas kennt man eher den STANGENSELLERIE (*Apium graveolens* var. *dulce*). Besonders beliebt ist er in den USA. Früher wurde er durch Aufhäufeln von Erde oder das Überstülpen mit Blechrohren kurz vor der Ernte gebleicht, um ihn zarter zu machen. Moderne Zuchtsorten sind selbstbleichend, was den Anbau wesentlich vereinfacht hat. Dennoch wird besonders in England im Winter Stangensellerie gebleicht, der nicht grün, sondern weiß auf den Markt kommt und als besonders fein gilt. Gebleichter weißer Stangensellerie ist faserig, aber sehr schmackhaft. Grüner selbstbleichender Stangensellerie hat selten Fasern. Es gibt noch eine dritte Sellerieart, den Schnittsellerie. Er wird aber nicht als Gemüse, sondern als Würzkraut verwendet. Aus dem getrockneten Kraut wird Selleriesalz erzeugt. Wilder Sellerie wächst auf salzhaltigen Böden in Meeresnähe, auch an der deutschen Nordseeküste war das bis ins 20. Jahrhundert der Fall.

GESCHICHTE UND GESCHICHTEN: DER TOD UND DER SELLERIE

Sellerie war in der Antike eng mit dem Tod verbunden. Man glaubte, Sellerie wachse am Eingang zum Hades. War ein Mensch vom Tod gezeichnet, hieß es, es gebe für ihn „nur noch Sellerie". Sellerie war bei den Griechen dem Gott der Unterwelt geweiht, wurde Toten mitgegeben und nur bei Begräbnissen gegessen. Unglück brachte es, am Morgen als Erstes einem Wagen mit Sellerie zu begegnen. Das glaubten vor allem die Römer. Andererseits bekränzten Griechen und Römer die Sieger von Wettkämpfen nicht nur mit Lorbeer, sondern auch mit Sellerie – vermutlich als Ausdruck dafür, dass es um Leben und Tod gegangen war.

Brassica juncea

SENFKOHL

Senfkohl ist der Sammelname für eine große und sehr vielfältige Kohlgruppe, die in Asien als Gemüse bzw. Salat sehr beliebt ist. Milchsauer vergoren und scharf-würzig-salzig eingelegt, nennt man es „Szechuangemüse". Bei uns werden die meisten Sorten im Baby-Leaf-Stadium geerntet und als „Asiasalate" angeboten. Von manchen Sorten verwendet man auch die Samen als Gewürz und zur Senfherstellung (Dijonsenf) oder zur Ölgewinnung.

Der stechend schwefelig und würzig duftende Senfkohl (auch: ***Brauner Senf, Chinesischer Senf, Breitblättriger Senf, Roter Senf, Szechuangemüse***) erhält sein typisches Aroma aus Schwefel- und Stickstoffverbindungen. Vorherrschend ist ALLYLISOTHIOCYANAT mit seinem schwefeligen und stechenden Senfgeruch, unterstützt von PENTANDINITRIL mit schwefeligen und BENZOLPROPANNITRIL mit aromatisch-schwefeligen Düften. Seine würzigen Noten erhält der frische Senfkohl unter anderem von dem aromatisch-würzigen heterozyklischen Duftstoff 4-(BENZOYLOXY)-2H-PYRAN-3-ON, seine medizinalen Töne über 1-METHYLNAPHTALIN und 1,8-DIMETHYLNAPHTHALIN. Die fruchtigen und fettig-wachsigen Noten, wie sie z. B. auch im Koriandergrün dominieren, werden durch Fettsäuren unterschiedlicher Länge und deren Abkömmlinge, wie METHYLHEXADECANOAT, METHYLNONANOAT und BUTYLACETAT, hervorgerufen. NONANAL und (E)-2-NONENAL fügen wachsige Anklänge an Gurken und Zitrusschalen hinzu. β-CYCLOCITRAL verleiht dem Senfkohl einen Duft nach Safran, Minze, Rosen und Tabak. Natürlich sind auch die grasigen, blattartigen Aromen (Z)-3-HEXENOL und 1-HEXANOL im Senfkohl vorhanden.

Legt man Senfkohl milchsauer ein, bilden sich neue Duftstoffe, die im frischen Senfkohl nicht vorhanden sind, während andere weitestgehend verschwinden. Was bleibt, sind viele der wachsig-fettigen Noten, und die grasig-grünen werden durch eine starke Präsenz des Blätteralkohols (Z)-3-HEXENOL und des 1-HEXANOL sogar noch verstärkt. Neu bilden sich unter dem Fermentationsprozess ETHANOL und die stechende ESSIGSÄURE sowie typische schwefelig duftende Sulfidverbindungen, etwa ALLYLMETHYLSULFID und DIMETHYLTRISULFID, die sich zu dem ALLYLISOTHIOCYANAT gesellen. Die medizinal duftenden Naphtalenverbindungen bauen sich weitgehend ab, dafür entstehen andere Heterozyklen wie 2-METHOXY-3-(1-METHYLPROPYL)-PYRAZIN, das grün, erdig, moderig und leicht nach Nüssen und Kartoffeln duftet.

Senfkohl zeigt aufgrund der kohltypischen Glucosinolate einen bitteren Grundgeschmack. Diese sind allerdings in etwas verhaltener Konzentrationen vorhanden als in den anderen Kohlsorten. Daher wirkt Senfkohl milder. Eine leichte unterschwellige Süße ist durch freie Zucker auszumachen. Beim Rohgenuss werden beim Kauen Schwefelstoffe frei, die für einen deutlichen trigeminalen Effekt in der Klasse „schmerzhafte Kühle" sorgen und auf die Freisetzung von Cyanaten, wie sie aus Senf oder Knoblauch bekannt sind, zurückgehen.

Aromen roh: METHYLHEXADECANOAT △*fettig, wachsig, ölig* METHYLNONANOAT △*fruchtig, süßlich, wachsig,* □*weinartig, birnenschalenartig,* ◇*sellerieartig* BUTYLACETAT △*stechend, ätherisch, fruchtig,* □*reife Banane, grünlich, tropische Früchte* NONANAL △*wachsig, grün,* □*zitrusschalenartig, fettig, gurkenartig* (E)-2-NONENAL △*fettig, grün, gurkenartig,* □*zitrusartig, seifig, aldehydisch,* ◇*melonenartig, fettig* ALLYLMETHYLSULFID[T] △*schwefelig, lauchartig, knoblauchartig,* □*zwiebelartig, saucenartig* ALLYLISOTHIOCYANAT[T] △*schwefelig, senfartig,* ◇*stechend, schmerzend kalt* PENTANDINITRIL[T] △*schwefelig* BENZOLPROPANNITRIL △*aromatisch schwefelig* 1-METHYLNAPHTALIN △*aromatisch, mottenkugelartig, benzinartig,* □*kampferig, medizinal* 1,8-DIMETHYLNAPHTALIN △*medizinal* 4-(BENZOYLOXY)-2H-PYRAN-3-ON △*würzig, aromatisch* β-CYCLOCITRAL △*safranartig, minzig,* □*rosenartig, floral, tabakartig*

Aromen eingelegt: ETHANOL △*alkoholisch,* □*ätherisch,* ◇*medizinisch* ESSIGSÄURE △*stechend, sauer, essigartig,* □*überreife Frucht,* ◇*stechend* 3-METHYLBUTANOL △*fermentiert, fuselartig,* □*whiskyartig, bananenartig* (Z)-2-PENTEN-1-OL △*grün, plastikartig, ätherisch,* □*fruchtig,* ◇*senfartig, meerrettichartig* (E)-2-HEXENOL △*grün, blattartig, frisch, gemüseartig,* □*fruchtig, unreife Banane* (Z)-3-HEXENOL △*grün, grasig, frisch gemähtes Gras, laubartig, fruchtig,* ◇*leicht*

S

ölig, melonenschalenartig **ALLYLMETHYLSULFID**[T] △*schwefelig, lauchartig, knoblauchartig,* □*zwiebelartig, saucenartig,* ◇*würzig, kalt* **2-PHENYLETHYLISOTHIOCYANAT** △*schwefelig, grün,* □*meerrettichartig,* ◇*kaltschmerzend* **2-METHOXY-3-METHYLPROPYL-PYRAZIN** △*moderig, grün, nussig,* □*grünes Gemüse, kartoffelartig*

AMCHOI

FRIZZY JOE

GESCHMACK

SÜSS SAUER SALZIG BITTER UMAMI

Die rohen Blätter schmecken und duften würzig-schwefelig, der Grundgeschmack ist bitter mit leicht süßlichen Tönen. Eingelegt ist Senfkohl immer säuerlich.

MIKRONÄHRSTOFFE *(pro 100 g)*

Vitamine: *C (45 mg)* ***Mineralstoffe:*** *Calcium (105 mg), Eisen (0,8 mg)* ***Sekundäre Pflanzenstoffe:*** *Glucosinolate*

HARMONIE

SENFKOHL
KARTOFFEL
RHABARBER
SELLERIE
SPARGEL
ZICHORIEN
CHILI
SAFRAN
SALBEI
SZECHUANPFEFFER
WERMUT

KÜCHENJOKER

Eingelegte Gurken, Karamell

PASST GUT ZU

Fleisch, Reis, Birnen, Äpfeln, Erdbeeren, Eiern, Fisch

LÄNDERKÜCHE

China: *Dandan Nudeln, Cifantuan*

Milchsäurevergorener Senfkohl erinnert geschmacklich wie auch aromatisch ein wenig an *Kimchi*. Eine milde Säure stellt sich in den Vordergrund, das Bittere tritt ein wenig zurück.

ZUBEREITUNG

Senfkohl lebt von den stechenden schwefeligen Aromen, die an Senföle erinnern, daher sollte das zarte Gewächs möglichst unerhitzt genossen werden. Man kann ihn jedoch auch wie Pak Choi braten und dünsten, dann sollte man die dunkleren Blätter von den hellen Stielen trennen, denn die Stiele brauchen etwas länger, bis sie gar sind. Den Strunk muss man herausschneiden, er wird nicht mitgegessen.

KOMBINATIONEN

Kulinarisch kommen die Blätter im Baby-Leaf-Stadium als optische und aromatische Bereicherung in Mischsalaten am besten zur Geltung – besonders in Kombination mit den bitter-aromatischen Endivien- und Zichoriensalaten, bei denen sich nicht nur die bitteren Noten, sondern auch die wachsig-fettigen Töne bestens paaren. Ähnlich wie die ebenfalls aromatisch-scharfe Rauke kann man die rohen Blätter aber ebenso gut allein als würzende Beilage zum Beispiel zu einer Polenta reichen. Senfkohl paart sich über die Schwefelschiene mit gekochten Kartoffeln und Spargel. Oder man verwendet ihn statt Norialgen blanchiert (kurz überbrühen und trocknen lassen) als Umwickelung von Maki/Sushi. Hier begleiten die milden Schwefeltöne die grünen, bisweilen fettig-wachsigen, leicht nach Melone und Gurke duftenden Aromen der rohen frischen Fische bestens. Wird roher Senfkohl mit Ingwer und würzig-nussigem Sesamöl zu einer leicht nach Zitrus duftenden Paste verarbeitet, fügen sich seine Schwefelaromen hervorragend zu Gerichten mit Eiern.

SENFKOHL MIT FELCHEN AUS DEM SALON

- 1 EL Buchenräuchermehl
- 2 EL Pfeifentabak (mit Whisky)
- 2 Bodensee-Felchen, filetiert
- 1 Bund Senfkohl
- 1 EL geklärte Butter
- 5 Safranfäden, mit 1 Prise Zucker und Meersalz im Mörser zerrieben
- grobes Salz (Fleur de sel oder Salzpyramiden)

In einem Wok (oder schweren Topf) Buchenräuchermehl und Tabak auf dem Herd zum Glimmen bringen und Felchenfilets mittels eines Kuchengitters bei geschlossenem Deckel 1 Minute darüber räuchern. Dann von der Platte ziehen, Deckel geschlossen halten und 3 bis 5 Minuten nachräuchern.

Senfkohl putzen und in Streifen von 1 cm Breite schneiden. Geklärte Butter schmelzen, mit Safran würzen und Senfkohl darin leicht zusammenfallen lassen. Senfkohl locker in Tellern anrichten, mit grobem Salz abschmecken und in Tabak geräucherte Felchen darauflegen.

Pro Portion: 114 kcal, 5 g F, 2 g KH, 2 g B, 13 g E

Über den grasig grünen Teil des Aromaspektrums lassen sich weiterhin kurz gegarte Kombinationen mit Rhabarber entwickeln. Beide Komponenten, geschnitten und in Olivenöl im Wok kurz abgeschwenkt, lassen sich zu Fisch oder hellem Fleisch reichen. Die leicht fruchtigen Noten legen es nahe, frischen Senfkohl mit Birnen, Äpfeln oder sogar Erdbeeren zu kombinieren. Das funktioniert ausgezeichnet in Apfelbrei, mit in jungen Weißweinen pochierten Birnen oder auf Erdbeertartelettes. Ähnliches gilt für abgewandelte und mit Senfkohl erweiterte Waldorfsalate oder andere selleriedominierte Konstruktionen, die aus dem Bereich der erdig-würzigen Gerüche den Senfkohl ergänzen. Ebenfalls von Bedeutung sind die medizinalen und leicht aromatischen Noten des Senfkohls, die Gerichte mit bitterem Wermut oder Chartreusegewächsen, wie der würzig-harzig und medizinal duftenden Kamille und/oder Salbei, ausgezeichnet erweitern. Selbst Saucen auf Wermutbasis, etwa mit dem trockenen Noilly Prat, ergänzen und paaren sich wunderbar mit Senfkohl. Der besondere Duft nach Safran, Minze und Tabak erlaubt es, ein von Safran dominiertes Reisgericht, z. B. ***Paella***, kurz vor dem Servieren mit Senfkohl abzuschmecken.

Die verdickten Sprossen der Varietät ***Brassica juncea*** var. ***tsatsai*** werden in der chinesischen Küche milchsauer eingelegt und sind als ***Tsa Tsai*** („gepresstes Gemüse") oder „Szechuangemüse" bekannt. Der eingelegte ***Tsa Tsai*** hat eine fleischartige, bissfeste Textur und einen salzig-würzigen, scharfen Geschmack. Er wird gesalzen, gepresst und getrocknet, mit einer Chilipaste eingerieben und in Tontöpfen fermentiert (ähnlich wie ***Kimchi***). ***Tsa Tsai*** ist Bestandteil vieler einfacher traditioneller Gerichte, dient oft auch als Fleischersatz und winterliche Vitaminquelle (wie unser Sauerkraut). Man wäscht ihn, um ihn weniger scharf zu bekommen und legt ihn in Wasser ein, um den Salzgeschmack zu reduzieren. Dann ist er klein geschnitten eine beliebte Zutat für Suppen oder auch in Wokgerichten z. B. mit Schweinefleisch. Der Geschmack ist je nach Würzung süß-sauer bis scharf. Vorsich-

SORTEN

Red Giant: *klassische, sehr aromatische Sorte mit roten, glattrandigen Blättern. Noch intensiver rot ist* ***„Bloody Mary"****.*

Golden Streaks, Red Streaks *und* ***Agano:*** *bilden sehr filigrane, fein gefiederte Blätter aus.*

Frizzy Lizzy *und* ***Frizzy Joe:*** *Senfkohl mit ausgeprägter Schärfe.*

Southern Giant: *Sorte mit gekrausten Blättern.*

Grün-im-Schnee: *sehr kälteresistente Sorte, die in China sauer-scharf eingelegt wird und auch bei uns in Dosen erhältlich ist.*

Amchoi *und* ***Kasoi:*** *glattrandige Blattsenfkohlsorten, die auch in Europa (England, Niederlande) kommerziell angebaut werden.*

Szechuangemüse: *Sorte mit verdicktem Spross, die traditionell milchsauer vergoren und scharf gewürzt wird.*

EINKAUF UND LAGERUNG

Man bekommt frischen und eingelegten (in Dosen) Senfkohl ganzjährig in asiatischen Supermärkten. Frisch als Salat hält sich Senfkohl nur wenige Tage im Kühlschrank, milchsauer eingelegt einige Wochen, in Dosen nahezu unbeschränkt.

SAISON

01 02 03 04 05 06 07 08 09 **10 11 12**

Importware ist ganzjährig erhältlich, vor allem aus asiatischen Ländern.

ANBAU

Senfkohl benötigt mittelschweren, nährstoffreichen Boden in windgeschützter Lage. Die meisten Sorten sind an das Klima in Süd- und Südwestchina gewöhnt und lassen sich bei uns eher nicht anbauen. Es gibt aber Sorten wie „Amchoi" und „Kasoi", die sich eignen. Man baut Senfkohl im Frühjahr an und erntet im Baby-Leaf-Stadium. Ältere Blätter werden zäh und bitter.

tig dosieren! „Grün-im-Schnee" oder „Rot-im-Schnee", also sauer eingelegte Blätter des Senfkohls, sind in China ebenfalls eine beliebte Suppenzutat oder Begleiter zu gebratenem Fleisch.

BOTANIK

Die in Asien sehr beliebte Kohlgruppe der SENFKOHL (*Brassica juncea*) umfasst zahlreiche Sorten. Es gibt Sorten mit geschlossenen Köpfen, mit verdicktem Stängel, breiten Blattstielen oder verdickter Wurzel, die alle essbar sind. Die Blattformen können ganz unterschiedlich ausfallen: gezackt, glattrandig oder gekraust. Von manchen Sorten verwendet man auch die Samen als Gewürz oder zur Ölgewinnung.

SOJABOHNE

Die Sojabohne zählt wie Bohnen und Kichererbsen zu den Leguminosen. Sie stammt aus China und ist aufgrund ihrer Nährwerte in letzter Zeit neben Mais zum wichtigsten Gemüse der Welt avanciert. Kulinarisch ist sie in erster Linie in ihrer weiterverarbeiteten Form, als Tofu, Sojamilch, Sojasauce, Sojaöl und Miso bedeutend, vor allem in der asiatischen Küche. Dort werden Sojabohnen jedoch auch frisch oder getrocknet verwendet, ähnlich wie bei uns grüne Bohnen oder Bohnenkerne.

Glycine max

Aromen roh: 1-PENTEN-3-ON △ *stechend, ätherisch, pfefferig,* □ *knoblauchartig, fischartig,* ◇ *senfartig* DIMETHYLSULFID △ *schwefelig, zwiebelartig, radieschenblätterartig, kohlartig,* □ *fischartig, maisartig, spargelartig,* ◇ *ein Hauch gekochte Milch/Sahne*

Sojamilch: ETHANOL △ *alkoholisch,* □ *ätherisch,* ◇ *medizinisch* ACETALDEHYD △ *grün, frisch,* □ *schimmelig, leicht moderig,* ◇ *stechend* HEXANAL △ *grün, blattartig, fettig,* □ *gemüseartig, apfelartig,* ◇ *leicht holzig*

Das finale Aromaspektrum der Sojabohnenkerne und -hülsen wird, wie bei allen Hülsenfrüchten, vor allem durch deren Prozessierung, d.h. Kochen, Fermentation etc. bestimmt. Da Sojabohnen aber Rohstoff für Tofu, Sojamilch und andere Produkte sind, spielt das Aroma der rohen, eingeweichten Bohnenkerne dennoch eine besondere Rolle.

ROH Das rohe Aroma wird dominiert durch das stechend, pfefferig und etwas nach Fisch riechende 1-PENTEN-3-ON sowie durch DIMETHYLSULFID, das schwefelig, stechend und leicht nach Kohl und gekochten Zwiebeln duftet. Bemerkenswert ist weiterhin das medizinal-aromatische, an Kampfer und Mottenkugeln erinnernde 1-METHYLNAPHTHALIN.

SOJAMILCH UND TOFU In Sojamilch herrscht vor allem ein leicht alkoholischer Duft vor, der durch geringe Konzentrationen an METHANOL und ETHANOL verursacht wird. Die oft als störend empfundenen grünen bis grasigen und leicht fruchtigen Aromen der Sojamilch werden durch beachtliche Konzentrationen an den Blattduftstoffen HEXANOL und HEXANAL und deren Isomeren verursacht. Dieser „grüne" Ton lässt sich durch Fermentation mittels unterschiedlicher Bakterienkulturen vermindern. In den entstehenden „Joghurtprodukten" sinkt der pH-Wert, und das Aromaspektrum entfernt sich deutlich vom „rohen" Charakter der frischen Sojamilch. Der Geruch von Tofu (der „gefällten" Sojamilch, also deren Proteinen) ist ebenfalls eher schwach von grünen Geruchsstoffen geprägt. Im Vergleich zu gekochten Sojabohnen schmeckt und duftet Tofu sehr zurückhaltend.

GEKOCHT Beim Kochen nehmen die grünen Duftstoffe HEXENAL und (E)-2-HEXENAL bei Sojamilch stark, bei Bohnen etwas verhaltener ab, während das herbal-grüne, leicht fuselartige HEXENOL noch bemerkbar ist. Gleichzeitig bilden sich das für Bohnengemüse typische 2-PENTYLFURAN sowie der nach Pilzen duftende Aromastoff 1-OCTEN-3-OL heraus. Die fuselartigen, fermentierten Noten werden durch eine Zunahme des 3-METHYLBUTANOL betont. Gekochte Sojabohnen riechen eher nach Brühe und schmecken umami, da sich freie Glutaminsäure bildet, während die Bitterkeit über Phenolabbau abnimmt.

Bei (kaum haushaltsüblichen) Kochzeiten über 3 Stunden verschwinden die meisten dieser Geruchsstoffe bis auf 1-OCTEN-3-OL, und es treten nach und nach eher schwefelige und nach Fleisch und Brühe duftende Noten in den Vordergrund.

GERÖSTET Ein Trockenrösten der Sojabohnenkerne vor der Zubereitung verändert das Aromaspektrum ebenfalls deutlich. Die Bohne verliert ihre „grünen" Noten und wird aromatisch je nach Anröstdauer eher in die Duftrichtung „Kaffee" oder „geröstete Gerste" verschoben. Vor allem bei kürzeren Röstzeiten entstehen dabei die als angenehm empfundenen aromatischen Aldehyde wie das süßliche Mandel-Nuss-Aroma BENZALDEHYD und das florale PHENYLACETALDEHYD mit seiner Honignote. Daneben spielt weiterhin das fettig wirkende, „grün" und nach gebratener Hühnerhaut duftende (E E)-2,4-DECADIENAL eine größere Rolle. Nach längeren Röstzeiten dominieren in erster Linie die typischen Röststoffe wie GUAIACOL mit seinen Rauchschinken-Untertönen sowie röstige Pyrazine wie 1,2-ETHYL-3-METHYLPYRAZIN mit Anklängen an Erdnuss, Maischips oder Bratkartoffeln und 2-ETHYL-5-METHYLPYRAZIN, das eher die Kaffee- und Karamellnoten unterstreicht. Auch das röstige, nach Süßholz duftende 2-ACETYLPYRROL unterstreicht die Röstnoten.

FERMENTIERT Die Fermentation von frischen (eventuell angekeimten) Sojabohnen für 3 bis 5 Tage bringt mit zusätzlichen würzigen Noten ebenfalls eine Verbesserung des Aromas (→ Fermentation, Seite 83). Die Aromabildung hängt dabei von den verwendeten Bakterienkulturen ab.

Natto, fermentierte und zuvor gekochte oder gedämpfte Sojabohnenkerne, sind eine Nationalspezialität in Japan. Die gedämpften Bohnen werden mit dem ***Bacillus subtilis*** ssp. ***natto*** fermentiert. Natto hat einen herzhaften Geschmack, der von würzigen Aromen begleitet wird. Der Geruch wird vorwiegend durch Pyrazine ausgelöst, federführend ist das röstig-schokoladige 2,6-DIMETHYLPYRAZIN. Vor allem 2,3,5-TRIMETHYLPYRAZIN fügt nussige, aber auch erdig-moderige Gerüche bei, die eher gewöhnungsbedürftig sind.

HEXANOL △ *grün, herbal, ätherisch,* □ *fuselartig,* ◇ *fettig, leicht fruchtig* (Z)-3-HEXENAL △ *grün, fettig, grasig, frisch gemähtes Gras,* □ *grüner Apfel, unkrautartig* (Z)-3-HEXENOL △ *grün, grasig, frisch gemähtes Gras, laubartig, fruchtig,* ◇ *leicht ölig, melonenschalenartig* 1-METHYLNAPHTALIN △ *aromatisch, mottenkugelartig, benzinartig,* □ *kampferig, medizinal*

Aromen gekocht: 1-OCTEN-3-OL △ *grün, erdig, fungal, champignonartig,* □ *gemüseartig, pilzig, hähnchenhautartig,* ◇ *brühenartig, saucenartig* 3-METHYLBUTANOL △ *fermentiert, fuselartig,* □ *whiskyartig, bananenartig* 3,5-DIMETHYL-1,2,4-TRITHIOLAN △ *schwefelig, fleischartig,* □ *rindfleischartig* (R,S)-2,4,6-TRIMETHYL-5H-1,3,5-DITHIAZIN △ *röstig, fleischig, rindfleischartig* 2-PENTYLFURAN △ *würzig, fruchtig,* □ *grün, erdig,* ◇ *bohnengemüseartig* 4-ETHYL-2-METHYLTHIAZOL △ *nussig, kohlartig*

Aromen geröstet: (E,E)-2,4-DECADIENAL △ *fettig, ölig, gurkenartig,* □ *melonenartig,* ◇ *hühnerfettartig, frittiert* BENZALDEHYD △ *aromatisch, bittermandelartig, nussig, süßlich,* □ *holzig* PHENYLACETALDEHYD △ *aromatisch, grün, honigartig, floral,* □ *hyazinthenartig, kakaoartig, schokoladig,* ◇ *leicht erdig* GUAIACOL △ *phenolisch, rauchig, würzig,* □ *holzig, vanillig, fleischartig,* ◇ *schinkenartig* 1,2-ETHYL-3-METHYLPYRAZIN △ *röstig, nussig, erdnussartig,* □ *moderig, maisartig,* ◇ *bratkartoffelartig* 2-ETHYL-5-METHYLPYRAZIN △ *röstig, würzig,* □ *kaffeeartig,* ◇ *karamellig*

Aromen fermentiert: 3,5-DIMETHYL-1,2,4-TRITHIOLAN △ *schwefelig, fleischartig,* □ *rindfleischartig* (R,S)-2,4,6-TRIMETHYL-5H-1,3,5-DITHIAZIN △ *röstig, fleischig, rindfleischartig* 2,3,5-TRIMETHYLPYRAZIN △ *nussig, moderig, erdig,* □ *kakaoartig, kartoffelartig* 2,6-DIMETHYLPYRAZIN △ *röstig, schokoladig, moderig, erdig, holzig,* □ *nussig, erdnussartig,* ◇ *kartoffelartig, fettig*

GESCHMACK

SÜSS SAUER SALZIG **BITTER** **UMAMI**

Gekochte Sojabohnen duften nach Brühe und schmecken umami, Sojamilch duftet deutlich grasig, Tofu ist sowohl aromatisch wie geschmacklich sehr zurückhaltend.

MIKRONÄHRSTOFFE *(pro 100g)*

Vitamine: *B_1 (0,97 mg), Folsäure (250 µg)* ***Mineralstoffe:*** *Kalium (1800 mg), Calcium (200 mg)* ***Sekundäre Pflanzenstoffe:*** *Flavonoide, Phytoöstrogene, Saponine, Phytosterole*

HARMONIE

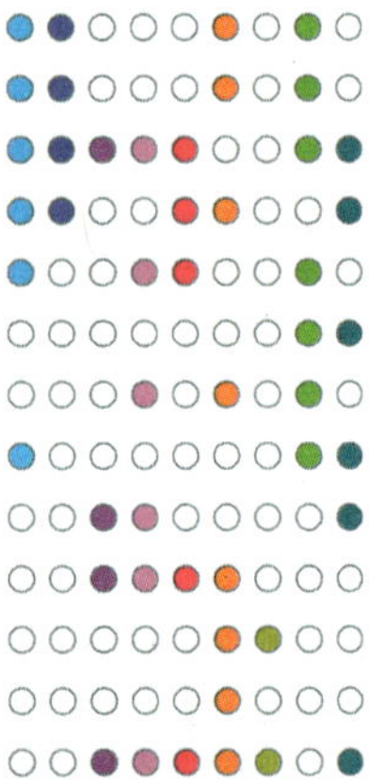

SOJABOHNE
BOHNEN (HÜLSEN)
ERBSE
RETTICH
SCHWARZWURZEL
CHILI
KREUZKÜMMEL
PAPRIKA
SZECHUANPFEFFER
THYMIAN
TONKABOHNE
VANILLE
ZIMT

KÜCHENJOKER

Schokolade

PASST GUT ZU

Eiern, Hackfleisch, Pilzen

LÄNDERKÜCHE

Japan: *Edamame, Misosuppe* ***Europa:*** *veganer Brotaufstrich*

EINKAUF UND LAGERUNG

Frische Sojabohnenhülsen gibt es bei uns als Tiefkühlware, getrocknete Sojabohnenkerne in Bio- oder Asialäden. Dort gibt es auch frischen Tofu, Sojamilch oder Miso.

Kochen und Fermentieren sind jedoch nicht nur aromatisch interessant, sie bauen auch antinutrive Bestandteile ab: Beim Kochen werden z. B. unverträgliche Lektine (Phasin) denaturiert, beim Fermentieren über die Freisetzung und Bildung von entsprechenden Enzymen zerschnitten. Die Fermentation hat darüber hinaus den Vorteil, dass sich antinutrive Phenole umbauen, etwa die Chlorogensäure zu einer Kaffee- und einer Chinasäure, denen beiden ein hohes antioxidatives Potenzial zugeschrieben wird. Rösten hingegen reicht nicht aus: Werden vorgeröstete Sojabohnen weiterverarbeitet, müssen sie zumindest eingeweicht werden.

Durch den hohen Anteil an Polyphenolen wirken die Sojabohnenkerne und auch die Schoten im Geschmack bitter und adstringierend. Gepaart mit dem grünen Aroma der rohen Bohne, wird dies oft als unangenehm empfunden. Unter den wichtigsten phenolischen Verbindungen finden sich in der Sojabohne die Gallussäure, die für die mitunter starke Adstringenz der Bohne (und der Sojamilch) verantwortlich ist, sowie Quercetin und Rutin, die für den bitteren Geschmack der Sojabohne sorgen.

ZUBEREITUNG UND KOMBINATIONEN

Sojabohnen – Schoten und Kerne – sollten wegen des antinutriven Phasins ähnlich wie Bohnen immer gekocht werden. Das Einweichen der Kerne löst einen Teil des Phasins, aber nicht vollständig: Wenn man getrocknete und eingeweichte, nicht gekochte Sojabohnen verarbeitet, muss man mit geringen Mengen an Phasin rechnen.

SCHOTEN Die frischen grünen Schoten der Sojabohne (japanisch: ***Edamame***) bekommt man tiefgekühlt bei uns in Asialäden. Die tiefgefrorenen Schoten 5 Minuten kochen und mit Salz bestreuen – sie sind ein köstlicher Snack. Man kann dazu auch Sojasauce reichen, die zusätzlichen Umamigeschmack einbringt. Außerdem kann man die Schoten ähnlich wie Erbsen und Bohnen dünsten oder braten und ebenso mit diesen kombinieren. Sie lassen sich außerdem gekocht in Essig einlegen, die starke saure Ergänzung bekommt den bitteren Schoten gut.

KERNE Getrocknete Sojabohnenkerne müssen wie die meisten anderen Hülsenfrüchte einige Stunden oder am besten über Nacht eingeweicht und dann gekocht werden. Gekocht werden sie je nach Einweichzeit ca. 1 bis 2 Stunden. Während des Kochens löst sich ein Großteil der harten Schalen, die entfernt werden sollten. Man kann sie auch bereits nach dem Einweichen schälen, indem man jede Bohne einzeln zwischen Daumen und Zeigefinger nimmt und fest zudrückt. Unter Zugabe von Milch (auch Sojamilch) wird aus den gekochten Bohnen ein Püree, das ähnlich wie Kartoffelpüree eingesetzt werden kann. Oder man bereitet aus den gekochten Bohnen ein Mus zu, das man mit Mehl und Eiern zu einem Teig weiterverarbeitet, den man wie Kartoffelpuffer zu herzhaften (z.B. mit Thymian, Koriander, Kreuzkümmel) oder süßen Bratlingen (gewürzt mit Vanille, Tonkabohne oder Zimt) ausbacken kann. Auch einen pflanzlichen Brotaufstrich aus Bohnenmus kann man ähnlich süß oder herzhaft würzen, hier sind

SOJABOHNENRAGOUT MIT SOJAMAYO

FÜR DAS SOJABOHNENRAGOUT

- 100 g getrocknete Sojabohnenkerne (Naturkostladen)
- 400 ml kräftige Gemüsebrühe
- 50 g grüne Kaffeebohnen
- Salz, Sojasauce
- 100 g Schwarzwurzel
- 100 g weißer Rettich
- 1–2 TL Umeboshipaste (Asiahandel)

FÜR DIE SOJAMAYO

- 100 g Seidentofu (Naturkostladen)
- Salz
- 200 ml heller Reisessig
- Sojasauce
- 10 ml Sushi-Seasoning (Asiahandel oder Naturkostladen)
- 200–300 ml Sojaöl
- Shichimi Togarashi (japanische Gewürzmischung)

Pro Portion: 615 kcal, 57 g F, 3 g KH, 15 g B, 13 g E

Für das Sojabohnenragout die Bohnen 2 bis 3 Tage keimen lassen. Dabei alle 6 bis 8 Stunden abspülen und wieder feucht halten (am besten in Keimgläsern aus dem Naturkostladen). Anschließend in Gemüsebrühe weich kochen. Kaffeebohnen mörsern und ca. 10 Minuten mitgaren. Mit Salz und Sojasauce abschmecken. Die Brühe sollte vollkommen verdampft sein; Bohnen warm halten. Schwarzwurzel abbürsten und in der Schale dämpfen, bis sie bissfest ist. Schälen und klein würfeln. Rettich abbürsten und ebenfalls klein würfeln. Beides mit Sojabohnen vermengen und mit Umeboshipaste abschmecken.

Für die Sojamayo Tofu zerdrücken, leicht salzen, mit Reisessig, Sojasauce und Sushi-Seasoning abschmecken und mit dem Öl zu einer luftigen Mayonnaise schlagen. Mit Shichimi abschmecken.

Sojagemüse in Tellern anrichten, Mayo dazu reichen. Immer wieder von beidem essen. Mit leicht temperiertem Sake genießen.

auch trigeminale Reize durch Chili, das würzige Paprika oder Currypulver willkommen. Gekochte Sojabohnen passen über die Umamischiene gut zu Pilzen wie Morcheln oder chinesischen Champignons. Aus über Nacht eingeweichten Sojabohnen lassen sich mit Zusatz von Rauchsalz, Kräutersalz, Currypulver, Paprikapulver und Chiliflocken im Backofen Snacks rösten. Gekochte und geröstete Sojabohnen kann man zu einer Art Kaffeeersatz vermahlen, den man allerdings nur wie türkischen Kaffee aufbrühen kann, Filter würden verstopfen. Das Aroma erinnert an Nüsse. Nimmt man nur eingeweichte geröstete Bohnen, wird das Kaffeeergebnis noch würziger, allerdings muss man es 5 Minuten kochen. Die gerösteten Bohnen lassen sich weiterhin in Obstsalaten als Kontrast einsetzen oder gar wegen der Paarung über die Röstnoten in schokobasierten Desserts einbauen.

SOJAMILCH UND TOFU Sojamilch kann man selbst herstellen: Dazu werden Sojabohnen über Nacht im Kühlschrank eingeweicht und anderntags mit einem Mixer zerkleinert, dann lässt man diese Präparation nochmal 6 bis 8 Stunden stehen, bevor sie durch ein Haarsieb (oder Filter) gegeben wird, um die Feststoffe zu entfernen. Zum längeren Aufbewahren sollte sie kurz aufgekocht werden (Pasteurisierung). Die Milch zeigt dann vor allem grasig-grüne Aromen und einen leicht bitteren Geschmack. Bei Dessertvarianten kommt ihr vor allem der hohe Lecithingehalt zugute: Erwärmte Sojamilch mit flüssiger Schokolade gerührt ergibt sehr gute Schokocremes mit ausgezeichnetem Mundgefühl. Dasselbe gilt insbesondere für den besonders zarten Seidentofu, aus dem sich leichte (vegane) Mayonnai-

Sojamilch findet man mittlerweile als laktosefreien Milchersatz fast in jedem Supermarkt. Tempeh und Natto bekommt man in Europa in sehr gut sortierten Asialäden.

SAISON

01 02 03 **04 05 06 07 08 09 10** 11 12

Sojabohnen sind tiefgekühlt oder getrocknet das ganze Jahr als Importware erhältlich.

ANBAU

Sojabohnen sind kälteempfindlicher als unsere hiesigen Bohnen und Erbsen. Aber es gibt mittlerweile einige wenige Sorten wie die Zuchtsorte „Funke", die auch bei uns wachsen, weil sie eine kurze Entwicklungszeit haben.

sen herstellen lassen. Buttercremes und andere Zutaten für die Patisserie lassen sich ebenfalls wegen dieser Eigenschaften auch für nichtvegane Küchennerds neu interpretieren. Ansonsten dient Tofu, vor allem der etwas festere Schwammtofu, in der japanischen Küche als Suppeneinlage (Misosuppe), er wird auch frittiert, geräuchert oder eingelegt. In der chinesischen Küche wird Tofu gedämpft und mit gebratenem Hackfleisch serviert, Aroma gibt ihm häufig Szechuanpfeffer. Aufgrund seines zurückhaltenden Aromas lässt sich Tofu vielfältig kombinieren, sowohl herzhaft als auch süß.

MISO, SOJASAUCE UND CO. In Asien sind fermentierte Sojaprodukte sehr verbreitet: Tempeh, Miso, Sojasauce, Natto oder fermentierte, gesalzene schwarze Sojabohnen in Konserven, die als Gewürzpaste verwendet werden. ***Tempeh*** ist ein indonesisches Sojabrot aus fermentierten Bohnen, es wird mit einem Edelschimmelpilz gereift. Dabei bilden sich pilzige Aromen, wie sie von weißem Edelschimmelkäse oder dry-aged-Fleisch bekannt sind. Leicht gärige Noten verlieren sich beim Braten. Sie ersetzen in vielen Fällen Fleisch oder Käse, etwa in Salaten oder asiatisch angehauchten Gerichten. Die Würzpaste ***Miso*** wird aus gedämpften Sojabohnen unter Zugabe einer Schimmelpilzkultur (***koji***) und weiteren Zutaten (zum Beispiel fermentiertem Reis oder Gerste) vergoren, schmeckt immer salzig und umami, manchmal zusätzlich süßlich. Sie ist neben *Dashi* die klassische Würzung von Misosuppe (→ Fermentation, Seite 83). Auch die umamireiche Sojasauce wird aus fermentierten Bohnen hergestellt.

TOFU

„FALSCHE" SPROSSEN Unsere sogenannten Sojasprossen sind gar keine, sondern Mungbohnensprossen (→ Bohnen, Seite 154). Sprossen von echten Sojabohnen können im Unterschied zu diesen nicht roh verzehrt werden, weil sie Trypsininhibitoren enthalten, die die Eiweißverdauung beeinträchtigen. Diese werden erst beim Erwärmen inaktiviert.

SEIDENTOFU

GESCHICHTE UND BOTANIK

Die Sojabohne gehört wie die Gartenbohne zu den Schmetterlingsblütlern und stammt aus Ostasien. In Europa ist sie seit dem 18. Jahrhundert bekannt, konnte sich jedoch nicht durchsetzen, vermutlich auch, weil die klimatischen Bedingungen nicht ideal waren und sind. Lediglich wenige Sorten wie die Zuchtsorte „Funke" können auch bei uns angebaut werden. Auch in den USA und in Südamerika werden mittlerweile flächendeckend Sojabohnen angebaut. Im deutschsprachigen Raum setzt man auf ökologischen Sojaanbau, z. B. im österreichischen Donauraum („Donausoja") oder im südlichen Bayern und im Südwesten Deutschlands. Ansonsten werden weltweit mittlerweile überwiegend genetisch veränderte Sojabohnen angebaut, um sie resistent gegen Glyphosat und andere Herbizide zu machen.

TEMPEH

Die Sojabohne ist eine einjährige Pflanze und es gibt sie in vielen Varietäten: Schätzungen gehen weltweit von 15 000 Sorten aus! Die grünen, leicht behaarten Hülsen werden 2 bis 10 cm lang und sind in reifem Zustand gelb, grau oder schwarz. Sie enthalten 1 bis 5 Samen, die braun, grün oder schwarzviolett sein können. Meist sind sie cremeweiß.

Aspargus officinalis

SPARGEL

Spargel gehört wie Zwiebel, Lauch oder Knoblauch zu den Liliengewächsen. Viele können die Spargelsaison zwischen Mitte April und Ende Juni kaum erwarten: Nichts schmeckt und duftet wie Spargel, und die Zubereitung ist denkbar einfach. Ob grüner oder weißer Spargel vorzuziehen ist, ist sowohl Geschmackssache als auch kulturell bedingt.

Spargel (auch: ***Gemüsespargel, Speike, Sparsich, Aspars, Schwammwurz, Korallenkraut***), eines der ersten frischen Gemüse im beginnenden Frühjahr, lebt von seinen schwefeligen Aromen, ganz ähnlich wie Zwiebel, Knoblauch oder Lauch, auch wenn der Spargelduft weniger intensiv und stechend ist.

Das Aromaspektrum des rohen Spargels wird von etwa 15 Hauptaromen getragen. Grünlich-erdige Duftkomponenten, die ein wenig an grünen Paprika oder grüne Bohnen erinnern, entstammen dem 2-ISOBUTYL-3-METHOXYPYRAZIN, die leichten röstigen, schokoladigen Noten dem 2,6-DIMETHYLPYRAZIN.

Ein Großteil der typischen Spargelaromen entsteht erst beim Garen des Gemüses, denn viele der roh vorherrschenden Schwefelaromen sind hochgradig reaktiv. Zwei der Schlüsselaromen für gekochten Spargel sind die in vielen gekochten Gemüsearten (z. B. Kartoffeln, Lauch, Zwiebeln) vorherrschenden schwefeligen Aromen DIMETHYLSULFID und METHIONAL, wobei Letzteres außerdem auch gekochtem Fleisch oder hart gekochten Eiern zu eigen ist. Beim Erhitzen von Spargel bilden sich weiterhin 1-OCTEN-OL, das einen Hauch Pilze zufügt, sowie 2,3-OCTANDION, das einen butterigen Geruch nach Dill und Brokkoli erzeugt. Den butterig-nussigen Duft des gekochten Spargels liefert 2,3-PENTANDION. Diese Aromen gehören zu den Generalisten (→ Theorie, Aromabildung, Seite 39) und erlauben es, Spargel mit vielen anderen Gemüsen zu paaren (wie zum Beispiel im Leipziger Allerlei). Begleitet werden die Schwefelaromen von METHYL-1,2-DITHIOLAN-4-CARBOXYLAT, das zwar spargeltypisch, allerdings nur sehr schwach geruchsaktiv ist. Die Blattduftstoffe HEXANAL, (E)-2-HEXENAL und 1-HEXANOL legen einen Großteil des „grünen" Spektrums von gekochtem Spargel fest. Die grünlich-würzig-erdigen Noten des 2-ISOBUTYL-3-METHOXYPYRAZIN bleiben beim Erhitzen erhalten, während sich zusätzlich noch das nussige, fast nach Kaffee duftende 2-ETHYL-3,5-DIMETHYLPYRAZIN bildet.

Bei grünem Spargel steht diese „grüne" und würzige Duftschiene mehr im Vordergrund als bei weißem. Nennenswert sind in diesem Zusammenhang ferner leichte aromatisch grüne, florale Noten durch PHENYLACETALDEHYD. Wenn sich die Spitzen beim weißen Spargel lila verfärbt haben, weil sie kurz dem Licht ausgesetzt waren, schmeckt er etwas fruchtiger.

Geschmacklich rangiert Spargel, je nach Züchtung, Anbaugebiet und Bodenbeschaffenheit, zwischen bitter und süßlich. Der bittere Geschmack des Spargels ist einer ganzen Reihe von größeren phenolischen Molekülen und phenolischen Glycosiden geschuldet. Auch Saponine verursachen

Aromen roh: METHYL-1,2-DITHIOLAN-4-CARBOXYLAT △ *schwefelig, spargeltypisch* 2-ISOBUTYL-3-METHOXYPYRAZIN △ *würzig, erdig, grün, sprossenartig,* □ *grüne Bohnen, grüner Paprika* 2,6-DIMETHYLPYRAZIN △ *röstig, schokoladig, moderig, erdig, holzig,* □ *nussig, erdnussartig,* ◇ *kartoffelartig, fettig*

Aromen gekocht: 2,3-PENTANDION △ *butterig, nussig, toastartig, karamellig,* □ *leicht stechend,* ◇ *mellassenartig* 2,3-OCTANDION △ *grün, dillartig, brokkoliartig,* □ *butterig* HEXANAL △ *grün, blattartig, grasig, fettig,* □ *gemüseartig, apfelartig,* ◇ *leicht holzig* (E)-2-HEXENAL △ *grün, bananenschalenartig, fettig,* □ *gemüseartig, blattartig,* ◇ *würzig-fruchtig, frischer Käse* 2-HEXANOL △ *wachsig, fettig,* □ *weinartig, fruchtig,* ◇ *chemisch* DIMETHYLSULFID △ *schwefelig, zwiebelartig, radieschenblätterartig, kohlartig,* □ *fischartig, maisartig, spargelartig,* ◇ *ein Hauch gekochte Milch/Sahne* METHIONAL △ *schwefelig, gekochte Kartoffel, gemüseartig, moderig,* □ *hefeartig, käsig, gekochtes Fleisch, gekochte Eier* PHENYLACETALDEHYD △ *aromatisch, grün, honigartig, floral,* □ *hyazinthenartig, kakaoartig, schokoladig,* ◇ *leicht erdig* 2-ETHYL-3,5-DIMETHYLPYRAZIN △ *nussig, süßlich, röstig, leicht kaffeeartig,* □ *leicht schokoladig*

GESCHMACK

Spargel schmeckt und duftet wunderbar butterig, mit süßlichen und leichten Bitternoten. Gekocht entwickelt er grüne Aromen. Grünspargel schmeckt kräftiger, auch wirkt seine Aromatik weniger „schwefelig".

MIKRONÄHRSTOFFE *(pro 100 g)*

Vitamine: *A (86 mg), Folsäure (108 µg)*
Mineralstoffe: *Eisen (0,7 mg)* ***Sekundäre Pflanzenstoffe:*** *Saponine*

HARMONIE

KÜCHENJOKER

Saubohne, Schokolade

einen Teil des bitteren Geschmacks und machen zugleich einen beachtlichen Teil des „butterigen" Mundgefühls und süßlichen Geschmacks des Spargels aus. Einen Hauch Süße liefern weiterhin diverse freie Zucker wie Glucose und Fructose.

ASPARAGIN- UND ASPARAGUSINSÄURE Spargel enthält sowohl Asparagin als auch Asparagusinsäure, die oft miteinander verwechselt werden, aber chemisch nichts miteinander zu tun haben. Die freie Aminosäure „Asparaginsäure" ist wasserlöslich und wie die Glutaminsäure (bei pH = 7) negativ geladen. Sie ist für den Umamigeschmack verantwortlich, wenngleich mit deutlich schwächerer Wirkung als Glutaminsäure. Wegen ihrer Wasserlöslichkeit ist Asparaginsäure nicht flüchtig, kann also zum Duftspektrum des Spargels nichts beitragen. Asparagusinsäure ist im Spargel nicht duftaktiv, aber ihre Abbauprodukte geben dem Urin die spargeltypischen schwefeligen Noten – zumindest bei jenen Zeitgenossen, die während der Magen-Darm-Passage dieses Molekül enzymatisch abbauen können.

ZUBEREITUNG

Weißer Spargel muss geschält werden: am besten vom Kopf her nicht zu dünn die bastartige Schale abschälen; das holzige Ende ebenfalls entfernen. Beides kann zu einem Sud für Saucen und Suppen verkocht werden. Grüner Spargel muss meist nicht geschält werden und wenn, dann nur das untere Drittel von etwas dickeren Stangen. Alle Spargelsorten lassen sich sowohl roh verzehren als auch kochen, dünsten, backen und braten.

Roh ist Spargel weniger aromatisch als gekocht, man kann ihn aber durchaus als knackige Zutat etwa in Salaten verwenden. Außerdem empfiehlt es sich, gekochten Spargelgerichten stets ein paar rohe Spargelscheiben unterzuheben. Dies ist nicht nur wegen der Textur sinnvoll, sondern auch wegen des um die „rohen" Aromen erweiterten Duftspektrums.

Man kocht Spargel in gesalzenem und leicht gezuckertem Wasser. Manche geben auch noch ein Stück Butter oder Weißbrotstücke dazu, beides maskiert (ebenso wie die Prise Zucker) die Bitternoten: die Lactose in der Butter, die Glucose im Weißbrot. Die Kochzeit liegt je nach Dicke der Stangen bei 8 bis 15 Minuten in siedendem Wasser. Wünscht man ein etwas „bissigeres" Ergebnis: 3 bis 4 Minuten kochen, dann 6 bis 8 Minuten ziehen lassen. Das traditionelle Kochen von Spargel in viel Wasser ist allerdings die schlechteste aller Zubereitungsarten. Wegen des fragiles Zellgerüsts und des kaum physikalisch gebundenen Wassers platzen die Gemüsezellen schon bei Temperaturen unter 80 °C rasch auf, ein deutlicher Aromaverlust ist die Folge. Ratsamer ist es, Spargel so zu garen, dass er möglichst wenig mit dem Wasser in Berührung kommt (das gilt vor allem für den zarteren weißen Spargel). Man kann die Stangen z. B. auf den eigenen Schalen in einem geschlossenen Topf 15 bis 20 Minuten dünsten. Manche hängen sie zum Dämpfen in ein Geschirrtuch über kochendes Wasser. Ideal ist ein gelochter Einsatz in einem Topf, auf den man die Stangen legt. Wenn es die Anwendung erlaubt, kann man Spargelstücke außerdem sehr gut in Emulsionen

SPARGEL – MEHR GESCHMACK

Die Grafik zeigt die Verteilung der Geschmackskomponenten und oralen Eindrücke im Spargel – und wie sinnvoll es ist, in der Küche die fehlenden Richtungen sauer, salzig und umami zu ergänzen, um zu einem „runden" Geschmackserlebnis zu kommen.

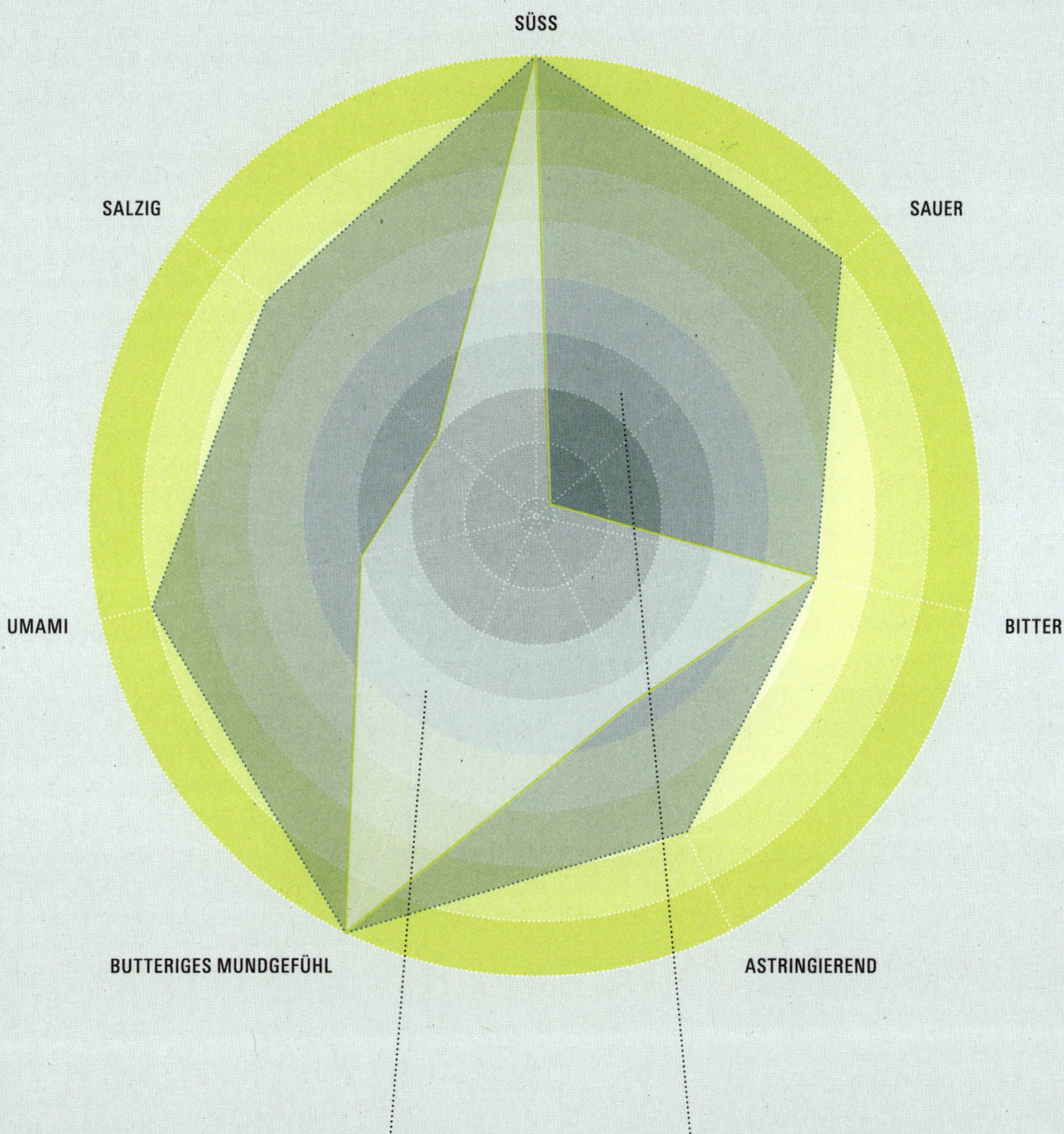

Geschmacksspektrum von Spargel

Erweiterung des Geschmacks durch das Würzen mit Salz, Zitrone und Essig (sauer), Käse und Sojasauce (umami), Walnüssen und grünen Teeblättern (adstringierend), Zucker und Sirup (süß), Butter und Öl (Mundgefühl).

PASST GUT ZU

Butter, Käse, Speck, Schinken, gekochten Eiern, Rühreiern, Omelette, Kalbfleisch, Fisch, Meeresfrüchten

LÄNDERKÜCHE

England: *Grüner Spargel mit Cheddar und Stilton* ***Deutschland/Österreich/Schweiz:*** *Weißer Spargel mit Schinken und Kartoffeln, mit zerlassener Butter, mit Semmelbröseln und Kartoffeln, mit Sauce Hollandaise, Leipziger Allerlei* ***Italien:*** *Grüner Spargel mit Parmesan, Spargelrisotto*

EINKAUF UND LAGERUNG

Spargel verliert rasch an Aroma, deshalb ist hier Frische oberstes Gebot. Man sollte stets zu heimischem Spargel aus der Region greifen. Frischer Spargel sollte quietschen, wenn man die Stangen aneinanderreibt, und die Schnittstelle sollte nicht trocken oder holzig aussehen. Wenn man doch einmal Spargel zumindest kurz lagern muss, legt man ihn am besten 15 Minuten in Eiswasser ein und wickelt ihn danach abgetupft in ein feuchtes Handtuch und dann in Folie. So lässt er sich einige Tage im Kühlschrank aufbewahren (Gemüsefach). Oder man stellt ihn einfach wie einen Blumenstrauß in Wasser.

SAISON

01 02 03 **04 05 06** 07 08 09 10 11 12

Den Rest des Jahres als Importware erhältlich, vor allem aus Griechenland und Peru.

ANBAU

Der Spargelanbau ist sehr aufwendig: Von der Pflanzung bis zur ersten Ernte vergehen drei Jahre. Spargel braucht sandigen Lehm, keinen schweren Boden, und der Grundwasserspiegel darf aufgrund der tiefwurzelnden Rhizome nicht zu hoch sein. Die Triebe wachsen aus einem Wurzelsystem fleischiger Rhizome, geerntet werden die Stängel.

von Wasser und Fett (weißen Spargel in reichlich Butter, grünen in Olivenöl) dünsten. Beide Spargelsorten lassen sich außerdem gut braten: in Stücke geschnitten etwa 5 Minuten in der Pfanne. Den würzigeren grünen Spargel kann man sogar grillen, er nimmt das Raucharoma der Holzkohle auf, das für das feine Eigenaroma des weißen Spargels zu stark wäre.

KOMBINATIONEN

Spargel braucht nur wenige Gewürze, viele würden sein feines Aroma überdecken. Verwendet werden Zitrone und Zitronenmelisse, manchmal frische Kräuter wie Schnittlauch, Kerbel, Petersilie, Estragon oder Basilikum sowie aromatische Gewürze wie Zimt oder Anis oder der kräuterig-holzige Kardamom mit seinen Anklängen an Zitrus und Ingwer. Petersilie fügt einen leichten würzigen, erdigen Kontrast hinzu. Aus demselben Grund passt auch Muskat zu Spargel ausgezeichnet, ebenso wie Maikraut und Tonkabohne, die würzige, vanillige Düfte hinzufügen. Über seine leicht aromatischen grünen, floralen Noten harmoniert Spargel außerdem sehr gut mit Bitterschokolade und Blütendüften, über den phenolisch-aromatischen Anteil schadet etwas Honig (statt des aromafreien Zuckers) zu Spargel nicht.

Klassische deutsche Partner für Spargel sind zerlassene Butter und neue Pellkartoffeln: In diesem Fall potenzieren sich die schwefeligen gekochten Aromen, wobei die Butter beim Spargel eine besondere Rolle spielt, denn sie duftet leicht schwefelig, aber eben ganz speziell butterig und unterstreicht damit die butterigen, nussigen Noten des Spargels. Aus demselben Grund passt die butterige Sauce Hollandaise so gut, die zusätzlich ein paar saure Akzente setzt. Zerlassene Butter und Rührei, eine Spezialität vom Niederrhein, geht in die gleiche „schwefelige" Richtung, ebenso wie weitere Kombinationen mit gekochtem Ei. In der Berliner Gegend röstet man gerne Semmelbrösel in Butter und gibt dies über den weißen Spargel. Hier werden den spargeleigenen leichten Röstnoten weitere Röstaromen aus derselben Aromagruppe zugefügt. Man kann rohen oder gekochten Spargel gut als Salat zubereiten: zum Beispiel mit grünem Spargel und gekochten weißen Bohnen, welche die butterigen Aspekte unterstreichen, oder mit (in Butter) angedünsteten Zucchini – sie paaren sich mit den grasig-grünen Noten – und rohen roten Zwiebeln, die den trigeminalen Schwefel-i-Punkt setzen. Dünnen grünen Spargel (in England „Sprue" genannt) oder „Wilden Spargel" kann man sehr gut mit salzigem Queller (Meeresspargel) kombinieren.

Ideale Ergänzungen für den leicht bitteren und leicht süßlichen Spargel sind vor allem Partner, die Säure und Umamigeschmack einbringen. Säurekomponenten wie Zitronensaft, Orangensaft und Yuzu kommen den organischen, schwefelhaltigen Säuren des Spargels sehr entgegen. So kann man etwa die zerlassene Butter mit Zitrone säuern (das schmeckt besonders gut zum etwas kräftigeren grünen Spargel). Oder man lässt gekochten Spargel kurz in Essig ziehen. Die Kombination mit umamireichen Algen (Kombu, Meeressalat, Wakame) gibt Spargel einen perfekten Kontrast zu den eigenen Bitternoten. Beliebt ist in Italien und Frankreich eine Senfsauce

WEISSER SPARGEL MIT FRÜHLINGSZWIEBELRINGEN

- 5 Frühlingszwiebeln
- Salz
- 2–3 Spritzer Reisessig
- 200 g Crème double
- 100 ml kräftige Fleisch-/Gemüsebrühe
- 80 g gesalzene Butter
- 600 g weißer Spargel
- Muskat
- 1 TL Weizengras (Naturkostladen)
- Butter zum Abbinden
- Nori-Algen-Stücke und geschlossene Schnittlauchblüten zum Garnieren

Frühlingszwiebeln putzen und mit Grün in mitteldicke Ringe schneiden. Salzen und mit Reisessig mischen; kurz ziehen lassen. Dann Crème double unterheben.

Brühe mit Butter in einem Topf aufkochen. Spargel schälen und in Stücke von 2,5 bis 3 cm Länge schneiden. Spitzen abschneiden und Spargel (bis auf die Spitzen) in der Brühe-Butter-Mischung bissfest garen. Dabei mit Muskat und Weizengras abschmecken. Die Spitzen erst kurz vor Ende der Garzeit zugeben und durchschwenken.

Spargel herausnehmen und warm stellen. Kochbrühe leicht reduzieren, wenn nötig, mit etwas frischer Butter binden.

Gebundene Brühe in tiefen Tellern verteilen, Spargel darauf anrichten und mit Crème-double-Zwiebeln toppen. Mit Nori-Algen und 2 bis 3 Schnittlauchblüten garnieren.

Pro Portion: 364 kcal, 35 g F, 6 g KH, 2 g B, 3 g E

mit Sardellen (umami), Kapern (Säure) und Petersilie. In Deutschland ist der traditionelle Umami-Begleiter Schinken, roh oder gekocht. Eine ausgefallenere Kombination wäre zum Beispiel eine säuerliche Vinaigrette auf Sherry-Basis, dazu gebratene, umamireiche Scampi und Löwenzahn oder Rucola, die sich über die grünen und schwefeligen Aromen paaren. Zitronenmelisse oder Dill als Garnierung betonen die würzig-kräuterigen Noten. Ein weiterer Klassiker, um Umamigeschmack zu ergänzen, sind reife Käse: Klassisch italienisch ist grüner Spargel mit Parmesan. In England überbackt man grünen Spargel in einer Butter-Milch-Ei-Sauce mit Cheddar und Stilton. In Italien kombiniert man außerdem gern grünen Spargel mit gebratenen Tomaten, die sowohl Säure als auch leichten Umamigeschmack mitbringen.

Nicht zuletzt eignet sich der dezent süß-bittere weiße Spargel ebenso für süße Kompositionen wie Fruchtsalate (etwa mit Erdbeeren oder den ersten Himbeeren) oder Desserts: Zucker karamellisieren, mit etwas gesalzener Butter und Sahne ablöschen, reduzieren und weißen Spargel damit glasieren. Die glasierten Stückchen lassen saisonale Desserts auf Erdbeer- oder Rhabarberbasis zu kulinarischen Höhenflügen aufsteigen. Noch ein letzter Tipp: Spargelspitzen in flüssige Bitterschokolade tauchen: Ein wunderbares Zusammenspiel aus bitterer und leichter Süße.

GESCHICHTE UND BOTANIK

Die genaue Herkunft des Gartenspargels ist unbekannt. Es gibt noch wild wachsenden grünen Spargel in Mittel- und Südeuropa, im nördlichen Afrika

Der Anbau von Grünspargel ist einfacher, er braucht nur ein sonniges Plätzchen, Zeit und Platz. Er gedeiht auch auf steinigen oder mittelschweren Böden. Der 24.6. (Johannistag) gilt als der letzte Erntetag für deutschen Spargel, damit sich die Pflanzen anschließend erholen und ins Kraut schießen können.

THAI-SPARGEL

GRÜNER SPARGEL

WILDER SPARGEL

und in Westsibirien: Er ist dünn, zart und bitterer. Manchmal kann man ihn auch kaufen. Griechen und Römer kannten ihn als Gemüse- und Heilpflanze. Seit wann er im deutschsprachigen Raum angebaut wird, weiß man nicht genau, am Ende des Mittelalters spricht man bei uns jedenfalls von „spargen". „Officinalis" wurden früher alle Heilpflanzen genannt, noch im Mittelalter galt Spargel (ausschließlich) als Heilpflanze. Bleichspargel kam erst im 19. Jahrhundert in Mode.

Es gibt weiblichen und männlichen Spargel: Die weiblichen Pflanzen bringen weniger, jedoch dickere Stangen hervor und haben eine kürzere Lebensdauer als die männlichen. Auch die Aromabildung ist deutlich unterschiedlich: So bildet männlicher Spargel (auch beim Kochen) eine höhere Konzentration an Pyrazinen. Deshalb verwendet man im gewerblichen Anbau ausschließlich männliche Pflanzen. Deutsche, Österreicher und Schweizer schätzen den reinweißen Spargel, Franzosen den zumindest leicht violett verfärbten, Italiener und Briten ziehen den grünen Spargel vor. Heutige kommerziell angebaute Hybridsorten stammen vermutlich alle von der Sorte VIOLETTE DEUTSCHE ab. Daraus haben sich zwei Gruppen entwickelt: ARGENTEUIL und RUHM VON BRAUNSCHWEIG, eine „französische" und eine „deutsche" Linie. Manchmal bekommt man im Handel sehr dünnen Mini-Grünspargel, der Wildspargel genannt wird und ein herb-würziges Aroma hat. Ganz selten wird bei uns dunkelvioletter Spargel angeboten, der in Frankreich und Kalifornien angebaut wird. Auch er ist kräftig im Aroma.

Brassica rapa subsp. rapa

SPEISERÜBE

Die Speiserübe gehört wie Kohl zur Familie der Kreuzblütler, zu der auch Radieschen und Rettich, Meerrettich und Gartenkresse zählen – was man schmeckt: von der zarten Mairübe über die kräftigen Herbstrüben bis hin zum Rübengrün von Stielmus oder Cima die Rapa. In der Abwehr gegen Insekten entwickeln die Pflanzen eine Vielzahl an „Kampfstoffen", die wir als Aromen kulinarisch schätzen. Rüben sind wahre „Aromenbomben" und haben zu Unrecht den Ruf eines Arme-Leute-Essens.

Aromen roh: (E)-2-HEXENOL △*grün, blattartig, frisch, gemüseartig,* □*fruchtig, unreife Banane* (Z)-3-HEXENOL △*grün, grasig, frisch*

Es gibt zahlreiche eng verwandte Rübensorten, die sich geschmacklich und aromatisch ähneln und die daher hier gemeinsam abgehandelt werden: die Herbstrübe, die zarten Mairüben und Teltower Rübchen, der grüne Stängelkohl/Cima di rapa und ebenfalls, weil sie der Herbstrübe kulinarisch gleicht, die botanisch etwas weiter entfernte Steckrübe.

Ein Großteil der Aromastoffe der Rübenwurzeln und der essbaren Blätter entstehen auf ähnlichem Wege wie bei allen *Brassica*-Arten: bitter schmeckende Glucosinolate werden über Myrosinase gespalten. Dabei entstehen Glucose und Schwefelduftstoffe (→ Glucosinolate, Seite 39). In den Blättern zum Beispiel finden sich typisch schwefelige, stickstoffhaltige Aromaverbindungen wie PHENYLACETONITRIL. Das Aroma ALLYLISOTHIOCYANAT ergänzt stechende Senfnoten, PHENYLETHYLISOTHIOCYANAT grüne Düfte nach Kresse und Meerrettich. Außerdem duften Rübenblätter wegen der Aromaverbindungen (Z)-3-HEXENAL und (Z)-3-HEXENOL grün bis leicht fruchtig.

In den Knollen kommen die kohltypischen Schwefelaromen ebenfalls vor, doch sind sie eingebettet in ein breites Spektrum von Aromaverbindungen, die der Rübe ihre Einzigartigkeit verleihen. Denn die Wurzel bildet zur Abwehr von Insekten chemische Kampfstoffe aus – ein aromatisches Abwehrfeuer aus wohlriechenden Terpenen, Sesquiterpenen und scharfen Schwefelaromen. Der Grundstock besteht aus dem floralen α-FARNESEN mit Anklängen an Zitrus, Rosen und Holz, dem holzig und nach Gewürznelken duftenden CARYOPHYLLEN und dem holzig-würzigen GERMACREN. Bei „Insektenangriff" verstärken bzw. bilden sich außerdem schwefelig und stechend riechende Stoffe: 1-METHYLPROPYLISOTHIOCYANAT und 3-BUTENYLISOTHIOCYANAT, der nach Kresse und Meerrettich duftende Aromat 2-PHENYLETHYLISOTHIOCYANAT und 4-PENTENYLISOTHIOCYANAT mit seinem intensiven Senfduft und trigeminalen Reizen. Zugleich verstärken sich grüne und grasige Noten, während herbale und holzige Terpene neu produziert werden: vor allem das nach Pinien und Terpentin duftende α-PINEN, das pfefferig-holzige MYRCEN und das lineare Sesquiterpen (E)-β-FARNESEN, das noch zitrusartige und süßliche Noten beifügt. Eine wichtige Rolle im Duftspektrum spielt der Aromat METHYLSALICYLAT, der minzig-süßliche und phenolische Düfte einstreut. Die kohltypischen Schwefelaromen werden unterschiedlich stark von floralen, harzigen und würzigen Aromen umschmeichelt. Natürlich gibt es feine Unterschiede zwischen den Sorten. Mairüben etwa bilden weniger Terpene aus, dafür ist in ihren Wurzeln das (Z)-3-HEXENYLACETAT sehr präsent, sie duften daher weniger holzig-würzig, dafür grüner und fruchtiger als andere Rüben. Steckrüben hingegen bilden mehr kohltypische, würzige und harzige Geruchsnoten aus und dominieren eher in den Isothiocyaten und Nitrilen.

Beim Kochen entstehen zusätzlich neue Aromen: das nach gekochtem Kohl oder Kartoffeln riechende DIMETHYLSULFID, das schwefelige METHANTHIOL, das an die kohlige Verwandtschaft erinnert, sowie ACETALDEHYD, das grüne, stechende und fruchtige Aromen verbreitet. Ein unangenehm fäkalischer Geruch, der sich während der ersten Kochphase durch den Schwefelwasserstoff (Hydrogensulfid) bemerkbar macht und der auch in fauligen Eiern zu finden ist, verschwindet rasch.

Der bittere Grundgeschmack aller Rüben verdankt sich nicht nur den Glucosinalaten, auch ihre phenolischen Anteile, Quercetin, Kaempferol, Isorhamnetin oder Cyanidin, tragen dazu bei. Nicht zu vergessen sind freie Zucker, die der Steckrübe eine leichte Süße verleihen. Der Zuckergehalt stei-

gemähtes Gras, laubartig, fruchtig, ◇ *leicht ölig, melonenschalenartig* (Z)-3-HEXEN-1-YL-BUTANOAT △ *grün, frischer grüner Apfel, fruchtig, weinartig,* □ *ölig, wachsig, reife Birne,* ◇ *grapefruitartig, gemüseartig* (E)-4,8-DIMETHYL-1,3,7-NONATRIEN □ *floral, holzig* **1-METHYLPROPYLISOTHIOCYANAT**[T] △ *schwefelig, grün* **3-BUTENYLISOTHIOCYANAT**[T] △ *schwefelig,* □ *kohlartig,* ◇ *stechend* **4-PENTENYLISOTHIOCYANAT**[T] △ *schwefelig,* □ *intensiv senfartig,* ◇ *meerrettichartig* **LINALOOL** △ *floral, zitrusartig, rosenholzartig, grün,* □ *orangenartig, zitronenartig,* ◇ *leicht wachsig, holzig* **MYRCEN** △ *würzig, floral, balsamisch, kräuterartig,* □ *holzig, möhrenartig, fruchtig, mangoartig* α-PINEN △ *herbal, kampferig, pinienartig,* □ *stark holzig, erdig,* ◇ *terpentinartig, holzig-würzig* **α-CARYOPHYLLEN** △ *holzig, süßlich-herbal,* □ *kampferig, leicht pfefferig, mit Zitrushintergrund* **β-CARYOPHYLLEN** △ *holzig, würzig, süßlich, zitrusartig,* □ *heuartig, getreideartig,* ◇ *ein Hauch Gewürznelke* **(E)-β-FARNESEN** △ *holzig, zitrusartig,* □ *süßlich* **GERMACREN** △ *holzig,* □ *würzig, erdig* **METHYLSALICYLAT** △ *aromatisch, minzig,* □ *kampferig, balsamisch*

Aromen gekocht außerdem: ACETALDEHYD △ *grün, frisch,* □ *schimmelig, leicht moderig,* ◇ *stechend* **METHANTHIOL** △ *schwefelig, knoblauchartig, gekochter Kohl, lauchartig,* □ *ölig, gekochte Eier,* ◇ *herzhaft-fleischartig, reifer Käse*

GESCHMACK

SÜSS	SAUER	SALZIG	BITTER	UMAMI

Das Aroma von Rüben ist sehr vielschichtig und erinnert ein wenig an Meerrettich oder Rettich. Je nach Sorte können Rüben scharf-bitter oder süßlich schmecken. Je kleiner die Rübe, desto milder das Aroma.

MIKRONÄHRSTOFFE *(pro 100 g)*
Vitamine: *A (12 µg), C (20 mg)* *Mineralstoffe:* *Natrium (58 mg)*

HARMONIE

● ● ● ● ● ● ○ ○ ●	SPEISERÜBE
● ● ○ ● ○ ● ● ● ○	KARTOFFEL
● ● ○ ○ ○ ○ ○ ○ ●	KOHLRABI
● ● ○ ○ ○ ● ○ ● ○	LINSE
● ○ ● ● ● ● ● ● ●	MÖHRE
● ○ ○ ● ● ● ● ● ○	SELLERIE
● ● ○ ○ ○ ● ○ ○ ○	ZUCKERMELONE
● ● ○ ○ ○ ○ ○ ● ●	ZWIEBEL
○ ○ ● ○ ● ○ ● ● ●	BOCKSHORNKLEE
○ ○ ● ● ○ ● ● ○ ○	FENCHEL
● ○ ○ ○ ○ ○ ● ○ ●	KERBEL
○ ○ ○ ● ○ ● ○ ● ○	KREUZKÜMMEL
○ ○ ○ ● ● ● ● ● ●	LIEBSTÖCKEL
○ ○ ● ● ● ○ ○ ○ ●	MAJORAN
● ○ ○ ● ○ ○ ○ ● ●	MINZE
○ ○ ● ● ● ○ ● ○ ●	MUSKAT
● ○ ○ ● ○ ○ ● ○ ○	PETERSILIE
○ ○ ● ● ● ○ ● ○ ●	ROSMARIN
○ ○ ● ● ● ● ○ ○ ○	THYMIAN
○ ○ ○ ○ ○ ● ○ ○ ○	VANILLE

KÜCHENJOKER
Trüffel, Chili, Schokolade, Ahornsirup

PASST GUT ZU
deftigem Fleisch, geräucherter Wurst, Pasta (Cima di Rapa), Frischkäse, Äpfeln, Birnen, Frischkäse

LÄNDERKÜCHE
Österreich: *Krautinger (Rübenschnaps), Ruabenkraut (Saure Rüben)* ***Schweiz:*** *Rübenkraut (Saure Rüben), Räbepappe (Stampf)* ***Deutschland:*** *Bayerischer Rübentauch mit Schmalznudel, Karamellisierte Teltower Rübchen, Steckrübeneintopf (mit Karotten und Kartoffeln), Rübenmus/Rübenmalheur (Steckrübenbrei)* ***Italien:*** *Orecchiette mit Cima di Rapa*

gert sich in den ersten beiden Wochen der Lagerung. Die trigeminalen Irritationen und Reize über den Kälte-Schmerz-Rezeptor weisen über Isothiocyanate in Richtung kühlenden Schmerz, der als „scharf" beschrieben wird.

ZUBEREITUNG

HERBSTRÜBE, STECKRÜBE UND CO. Die meisten Rüben (außer Mairüben) schält man: Die Wurzeln von der Knolle abschneiden, holzige Teile wegschneiden, mit dem Sparschäler schälen und in Scheiben oder Würfel schneiden. Je kleiner die Rüben, desto zarter sind sie. Für den Rohgenuss eignen sich die harten Rüben nur, wenn sie entsprechend präpariert werden – in dünne Scheiben oder in Spiralen geschnitten. Man kann gekochte Rübenstückchen pürieren oder roh geriebene Rüben als knusprige Rösti zubereiten. Häufig kommen sie in Gemüseeintöpfe oder Cremesuppen. Auch füllen kann man sie – je nach Form. In der Alpenregion macht man aus Herbstrüben milchsauer vergorenes Rübenkraut. In der Gegend um Bozen werden Herbstrüben in einen dunklen Keller gelegt, wo sie erneut austreiben. Die gebleichten, bitter-herben Triebe sind wahre Vitaminbündel; man isst sie roh als Salat oder als Beigabe etwa zu einem Risotto.

MAIRÜBCHEN UND TELTOWER RÜBCHEN Diese kleinen Sorten brauchen nicht geschält zu werden, man kratzt sie höchstens wie Karotten oder Rettich dünn ab. Sie schmecken auch roh im Salat. Ansonsten werden sie in Butter gedünstet, wie Kohlrabi glasiert oder kommen in Gemüseeintöpfe. Mairübchen in Gänse- oder Schweineschmalz abgeschwenkt sind kleine Köstlichkeiten. Man kann sie auch süßsauer einlegen. Teltower Rübchen lassen sich mit Olivenöl und mit Gewürzen in Folie gewickelt im Ofen garen (45 Minuten). Ihre Garzeit ist deutlich kürzer als die anderer Rüben und Wurzelgemüse. Gekocht verlieren sie ihren trigeminalen Schmerzreiz.

STIELMUS (RÜBSTIEL) UND CIMA DI RAPA (STÄNGELKOHL) Stielmus – das Grün der Herbst- oder Mairübe – und der Stängelkohl bzw. Cima di Rapa lassen sich ganz ähnlich zubereiten und verwenden. Man verarbeitet Stielmus zu einem Püree oder dünstet die Stängel kleingeschnitten in heißem Fett. Das Grün wird auch fermentiert zu „Sauerrübenkraut". Blätter und Stängel von Cima di Rapa haben einen kräftigen, leicht bitteren, sehr dezenten Kohlgeschmack mit grünen Noten, der am ehesten an Brokkoli erinnert. Auch die Blütenstände kann man essen, sie schmecken geschlossen recht mild, geöffnet deutlich strenger. Wird Stängelkohl sehr jung geerntet, kann man ihn auch roh verzehren.

KOMBINATIONEN

Das wahre Potenzial von Rüben kommt durch trickreiches Kombinieren zustande. Süße Kombinationen oder das Karamellisieren der Wurzeln bieten sich an, weil dies den süßlichen Geschmack der Rüben verstärkt bzw. die bittere Schärfe abschwächt. Zu Rüben passen süßsaure Obstsorten wie Äpfel, Birnen, Orangen, Limetten oder Quitten. Möchte man die florale Note der Rüben hervorheben, lässt sich das Gemüse z. B. in einem floral betonten

RÜBENTELLER

FÜR DIE STECKRÜBEN

- 1 gelbe Zwiebel
- 1 Steckrübe (ca. 400 g)
- 50 g Zucker
- 100 g Butter
- 100 ml trockener Weißwein
- 200 ml Gemüsebrühe
- Sahne oder Milch nach Bedarf
- 2 EL Steckrübenwürfel (ca. 0,5 x 0,5 x 0,5 cm)

FÜR DIE NAVETS

- 2 kleine gelbe Navets
- 1 EL Schweineschmalz
- 50 geräucherter Speck, fein gewürfelt

FÜR DIE MAIRÜBCHEN

- 2 kleine Mairübchen (mit Grün)
- 1 EL Gänseschmalz
- 1 TL Mischung aus schwarzem Senf, Bockshornklee, Fenchelsamen
- 50–100 g Lactose (Reformhaus), Salz

Für die Steckrüben Zwiebel schälen und würfeln. Steckrübe putzen, schälen und ebenfalls würfeln. Zucker in einer Pfanne hellbraun karamellisieren lassen, Butter zugeben und so den Karamellisierungsprozess stoppen. Zwiebel in der Karamellbutter anschwitzen, Steckrübe zugeben und 10 bis 15 Minuten in der Butter anbraten, ohne weitere Farbe nehmen zu lassen. Wein angießen und einkochen lassen. Nach und nach Gemüsebrühe angießen und das Gemüse weich kochen. Im Anschluss sehr glatt pürieren, wenn nötig, etwas Sahne oder Milch zugeben. Kleine Rübenwürfel mit einem Gourmetbrenner abflämmen, sodass sich kräftige Röstnoten entwickeln.

Für die Navets die Rüben waschen, falls erforderlich schälen, und in kleine Würfel schneiden. Schweineschmalz erhitzen, Navets bei niedriger Hitze darin schwenken, bis sie gar sind, aber noch Biss haben. Lediglich mit Speckwürfeln „würzen".

Die Mairübchen putzen, falls erforderlich schälen und in Würfel schneiden; Grün aufbewahren. Gänseschmalz erhitzen, Gewürzmischung darin anrösten. Rübchenwürfel sofort zugeben, in der Resthitze bei geschlossenem Deckel ziehen und aromatisieren lassen. Immer wieder schwenken.

Grün der Rübchen putzen, Blätter kurz in Salzwasser blanchieren. Abgießen, trocken tupfen, große Blätter halbieren oder vierteln, mit Lactose bestäuben und einarbeiten, sodass die Blätter gut damit überzogen sind. 30 Minuten stehen lassen und im Ofen bei 70 °C zu herzhaft süßen Gebilden trocknen.

Steckrübenpüree mithilfe von Dessertringen in Tellern ausstreichen. Andere Rüben darauf anrichten, knusprige Blätter und abgeflämmte Rübenwürfelchen aufstreuen.

Tipp: Als Gang in einem größeren Menü servieren. Alternativ als Beilage für Gänse-/Entenbrust oder Schweinebäckchen servieren.

Pro Portion: 466 kcal, 32 g F, 35 g KH, 4 g B, 4 g E

Sud garziehen, dazu eignen sich aromatisierte Tees, Hibiskus oder Fruchtsäfte (z. B. Apfel, Johannisbeere). Auch Rosenwasser ist einen Versuch wert. Kompositionen mit frischen Curryblättern liefern ausgezeichnete Ergebnisse: Ihre floralen Aromastoffe holen die Rübe ab, während gleichzeitig ihr harzig-holziges Duftspektrum unterstützt wird. Die aromatisch-balsamische Duftkomponente erlaubt auch die Kombination mit Vanille. Im Heißrauch im geschlossenen Kugelgrill (bei 100 bis 120 °C) mit Thymianholz gegarte Steckrüben bekommen ein wunderbares Aroma. Ein nachträgliches Beifügen von Minze bringt eine feine trigeminale Kühlung, die sich den „warmen" Holz- und Schwefelnoten ganz leicht entgegensetzt.

Zur Ergänzung eignen sich die aromatischen Gewürze Anis, Fenchel, Muskat und Tonkabohne oder gekochter Sellerie, der Suppen- und Brühenduft einbringt. Der ebenfalls an Brühe erinnernde Liebstöckel und die wür-

SORTEN

Mairübe (französisch: Navette) (Brassica rapa subvar. majalis): kleinere, kugelrunde oder plattrunde Rüben; sie sind weiß, gelb, rot oder am Krautansatz violett gefärbt. Sie wird im Frühjahr ausgesät und ist bereits im Mai reif. Es existieren viele regionale Varianten wie die südlich von Berlin angebauten ***Teltower Rübchen****, die* ***Pfatterer Rübe*** *(Bayern), die* ***Sellrainerrübe*** *aus dem Tiroler Gschnitztal, die* ***Ulmer Ochsenhörner*** *oder die* ***Zürcher Räben****. Heute findet man im*

S

CIMA DI RAPA

Handel auch asiatische weiße Mairüben, die weniger streng und scharf schmecken.
Herbstrübe *(Stoppelrübe, Räbe, Navet, Ackerrübe, Wasserrübe; Brassica rapa subvar. rapifera): hat im alpinen Raum eine lange Tradition, insbesondere in Tirol. Dort diente sie noch bis weit ins 20. Jahrhundert auf hochgelegenen Höfen als Grundnahrungsmittel. Sie ist größer als die Mairübe und kann je nach regionaler Variante plattrund, rund oder länglich sein. Als Farben kommen vor: Weiß, Gelb, Grünlich, Rosarot oder Violett. Das Fleisch ist weiß oder gelb und hat einen etwas streng-scharfen Beigeschmack, der an Rettich erinnert.*
Steckrübe *(Kohlrübe, Wruke; Brassica napus var. napobrassica.) ist wohl aus einer Kreuzung von Herbstrübe und Kohlrabi entstanden und dient häufig als Viehfutter, vor allem die weißfleischigen Sorten. Die etwas aromatischere, kohlartige gelbfleischige Steckrübe schmeckt süßlich mit einer leicht herben, harzigen Note. Sie wächst anders als die anderen Rüben oberirdisch wie Kohlrabi und kann bis zu 1,5 kg schwer werden.*
Stielmus, Rübstiel *(Brassica rapa var. rapa bzw. Brassica rapa subvar. majalis): eine rheinische Spezialität: Das Grün von eng gesäten Mai- oder Herbstrüben wird als frühes Blattgemüse (inklusive Blütenstände) geerntet, es hat einen fein-bitteren Geschmack. Kulinarisch ähnlich verwendet wird die norddeutsche Spezialität* **Bremer Scheerkohl** *(Brassica napus var. pabularia), eine Kreuzung aus Rübsen (Brassica rapa) und Kohl (Brassica oleracea): Auch hier werden die Blätter und Stiele gegessen, im jungen Stadium sind sie sehr zart und schmecken angenehm mild. Sie kommen in Salate, Suppen oder werden gedämpft oder kurz gedünstet. Der Bremer Scheerkohl wurde von Slow Food in die „Arche des Geschmacks" aufgenommen.*
Cima di Rapa *(Broccoletto, Stängelkohl, Rappa; Brassica rapa var. cymosa): Von diesem Rapa-Gewächs aus dem Mittelmeerraum wird nicht die Knolle gegessen, sondern das Grün wie bei Stielmus. Wird Stängelkohl sehr jung geerntet, kann man ihn auch roh verzehren.*

BREMER SCHEERKOHL

RÜBSTIEL

SORTEN FÜR DEN EIGENANBAU

Boule: *Navet-Rübe aus Frankreich mit festem, aromatischem gelbem Fleisch.*
Holländische weiße Mairübe: *zarte Sorte mit weißem Rübenfleisch, deren Blätter ebenfalls gegessen werden können.*
Navetrübe Armand: *Herbstrübe mit violetten Köpfen.*
Teltower Rübchen: *kleine Mairübensorte aus Brandenburg, die sehr sandigen Boden braucht. Das weiße bis gelbe Fleisch ist stärkehaltiger und weniger wässrig als bei anderen Sorten, die Haut ist leicht rau.*

NAVET

zige Petersilie sind neben harzig-holzigem, zitrusartigem Rosmarin und aromatischem Thymian Kräuter, die dem Aroma und dem Geschmack der Rübe standhalten und sie gleichzeitig bereichern. Als Kontraste können die holzigen, kräuterigen Noten von Lorbeer helfen. Knoblauch und Zwiebeln harmonieren über gemeinsame Schwefelaromen, etwa in einer Rübenfüllung mit Pilzen, Kräutern, Knoblauch, Crème fraîche und Frischkäse oder in einem Steckrüben-Kartoffel-Stampf mit gebratenen Zwiebeln und Knoblauch, Kokosmilch, Cajun-Würzmischung, Koriandergrün, Chili, Limettensaft und -schale, Cayenne- und schwarzem Pfeffer.

MAIRÜBCHEN Rohe Mairübchen eignen sich wegen ihrer Zurückhaltung im Bereich der holzigen und würzigen Düfte und aufgrund ihrer fruchtigen Note besonders für die Betonung des grünen und des floralen und fruchtigen Spektrums: Sie lassen sich nicht nur mit rohen Äpfeln oder Birnen paaren, sondern auch mit Melonen; in Rohzubereitungen fügen sich dann grüne bis fruchtige Aromen zusammen. Süßen kann man die roh recht scharfen Rübchen mit Zucker, Honig oder Ahornsirup, würzen mit Muskat oder in einem asiatischen Salat mit Sojasauce und Reisessig. Im gekochten Zustand sind es holzig-harzige Düfte, die der Mairübe helfen: Kreuzkümmel, Wacholder, Rosa Beeren oder Nigella. Auch mit Bockshornklee oder Fenchel vertragen sich die Rüben gut. Rote und fruchtige Pfeffer bringen einen Teil der durch das Kochen verlorenen Fruchtester zurück.

STIELMUS UND CIMA DI RAPA Die bitteren und intensiv nach Kohl duftenden Stängel und Blätter werden in einem Püree mit Zwiebeln, Knoblauch

Lange Schwarze: *karottenförmige Rübe mit fast schwarzer Haut und weißem Fleisch; sieht aus wie eine Schwarzwurzel.*

Di Milano a colletto viola: *flachrunde, leuchtend violette Rübe aus Italien.*

Blanc de vertus: *traditionelle französische Sorte, rund bis länglich und mittelscharf.*

Blanc dur d'hiver: *kleine bis mittelgroße Rübe mit cremig-zartem, süßem weißen Fleisch; kann über den Winter draußen bleiben.*

Gammal svensk: *schwedische Herbstrübensorte mit großen, ovalen Knollen; der Hals ist grün oder lila, das Fleisch hellgelb.*

Snowball: *alte Sorte aus dem 19. Jahrhundert, jung geerntet ist sie süßlich und saftig.*

Stoppelrübe aus der Wildschönau: *berühmte Regionalsorte aus Tirol, aus der „Krautinger" gebrannt wird, ein lokaler Rübenschnaps.*

Shogoin: *japanische Sorte der Mairübe mit feiner, weißer, flachrunder Knolle mit einem Durchmesser von etwa 10 cm.*

Namenia: *Stielmus-Sorte, die auf kräftigen, stark gefiederten Blattwuchs gezüchtet ist.*

EINKAUF UND LAGERUNG

Nicht zu leichte Rüben kaufen, sonst sind sie innen hohl und schmecken nicht. Je kleiner die Rüben, desto besser (zarter) schmecken sie häufig. Mairübchen und die gelbe Herbstrübe verlieren wegen der dünneren Schale Wasser, sie werden schrumpeliger, die Zellwände erleiden Schaden und werden weicher. So werden Enzyme frei, die Glucosinolate abbauen und mehr schwefelige Aromen erzeugen. Diese Sorten müssen rasch verzehrt werden.

SAISON

01 02 03 **04 05 06 07 08 09 10 11 12**

Einige Sorten der Rüben sind aus geschütztem Anbau ganzjährig erhältlich.

S

ANBAU

Rüben bevorzugen sandigen Lehm- oder Sandboden, Herbstrüben und Mairüben Sandboden. Sie wachsen kurz unter der Erdoberfläche und ragen zu etwa einem Drittel aus dem Boden, deshalb muss dieser gut gelockert werden. Leichtes Anhäufeln verbessert den Geschmack und sorgt dafür, dass die Rüben wegen der ständig befeuchteten Umgebung nicht holzig werden. Man muss sie regelmäßig wässern und, damit sie nicht zu süß werden, vor starken Frösten schützen.

und reichlich Butter oder Frischkäse zu einer deftigen Beilage zu Fleisch. Klein geschnitten und gedünstet kann man sie wie Spinat zubereiten. Auch fermentiert macht das Grün eine gute Figur: Es würzt und säuert roh Salate und ergibt gekocht als „Sauerrübenkraut" einen herzhaften Begleiter zu deftigen Wurst-, Speck- und Fleischgerichten. Cima di Rapa reicht man in Italien auch zur Pasta: kurz gekocht, klein geschnitten und mit Sardellen und Knoblauch angebraten.

GESCHICHTE UND BOTANIK

Die Speiserübe wurde bereits in der Antike angebaut und war im mittelalterlichen Europa vor Einführung der Kartoffel unentbehrlich für die Ernährung breiter Bevölkerungsschichten, zumal sie schnell wächst.

Die Speiserübe ist eine zweijährige Pflanze. Die Rübe an sich ist eine Verdickung der Wurzel und des Hypokotyls, die der Pflanze als Speicherknolle dient.

SPINAT

Spinat gehört wie auch Mangold zur Familie der Gänsefußgewächse. Sein charakteristischer Grundgeschmack rührt von der Oxalsäure her – und die macht ihn auch bei Kindern so unbeliebt. In der Küche ist er gleichzeitig einfach und sehr vielfältig einsetzbar. Neben dem Echten Spinat gibt es zahlreiche, seit Jahrhunderten bekannte Spinatgemüse wie z. B. Melde, Amaranth oder Gartenampfer, die teils botanisch, in jedem Fall aber kulinarisch mit ihm verwandt sind und die hier ebenfalls erwähnt werden.

Spinacia oleracea

Aromen roh: (Z)-3-HEXENAL *△grün, fettig, grasig, frisch gemähtes Gras, □grüner Apfel, unkrautartig* (E)-2-HEXENAL *△grün, bananenschalenartig, fettig, □gemüseartig, blattartig, ◇würzig-fruchtig, frischer Käse* (E)-2-HEXENOL *△grün, blattartig, frisch, gemüseartig, □fruchtig, unreife Banane* DIMETHYLTRISULFID *△schwefelig, lauchartig, gekochte Zwiebel, □herzhaft-fleischartig,*

Je nachdem, ob man Spinat (auch: ***Gemüsespinat, Gartenspinat, Echter Spinat***) roh oder gegart zubereitet, erhält man zwei deutlich verschiedene Aromaspektren. Roh dominieren Blattduftstoffe wie das grün und nach Blättern duftende (Z)-3-HEXANAL, das grüne, leicht stechende (E)-2-HEXENAL und der Blätteralkohol (E)-2-HEXENOL. Schwefelige, an Lauch erinnernde Duftkomponenten kommen durch DIMETHYLTRISULFID hinzu. Die charakteristisch erdige Note ist auf GEOSMIN zurückzuführen, das bei Roter Bete duftbestimmend ist.

Im gekochten Zustand bleiben die Aromastoffe des rohen Spinats weitgehend erhalten, doch das Verhältnis zueinander verschiebt sich. So nehmen die grasigen Aromen leicht ab, während bereits vorhandene Schwefelnoten mehr betont werden. Hinzu kommen typische Duftstoffe von

SPINAT AUS DER MIKROWELLE

1 kg frischer Spinat

100 g natives Kokosöl

1 TL gemahlene Kurkuma

1 TL Kala Namak (Schwefelsalz; Naturkostladen)

Pro Portion: 274 kcal, 25 g F, 2 g KH, 4 g B, 6 g E

Spinat waschen, in mundgerechte Stücke schneiden und in einer Salatschleuder gut trocken schleudern. Kokosöl erwärmen, sodass es gerade flüssig ist und mit Kurkuma vermengen. Spinat in eine große mikrowellentaugliche Schüssel geben und mit Kurkumaöl vermengen.

In der Mikrowelle bei 1000 Watt 20 bis 30 Sekunden leicht zusammenfallen lassen, sodass kein (!) Wasser aus dem Spinat tritt. Der Spinat ist im Idealfall heiß, es befindet sich kein Wasser auf dem Boden der Schüssel, folglich ist er noch knackig, erdig und säuerlich.

Auf Tellern verteilen, mit Kala Namak bestreuen und mit etwas Fladenbrot genießen.

gekochtem Gemüse durch DIMETHYLSULFID und METHIONAL, das nach gekochten Kartoffeln und ein wenig nach Brühe riecht. Sogar röstige, an Popcorn erinnernde Duftkomponenten werden über 2-ACETYL-1-PYRROLIN gebildet. Das Bittermandelaroma BENZALDEHYD und pilzige Aromen über 1-OCTEN-3-OL machen aus gegartem Spinat ein kleines Aromenwunder. Der erdige Aspekt durch GEOSMIN bleibt bei gegartem Spinat erhalten.

Spinat enthält eine hohe Dichte an Farbstoffen, den Carotinoiden (→Seite 79), darunter beta-Carotin, Lutein, Violaxanthin und Neoxanthin. Auch verschiedene Phenole und Polyphenole sind reichlich präsent. Zusammen mit den Farbstoffen sind sie für einen Teil des bitteren Geschmacks verantwortlich. Phenole erzeugen eine deutliche Adstringenz.

Spinat enthält außerdem Oxalsäure, die für den charakteristischen frischen, säuerlichen Geschmack sorgt – und für das Gefühl von „stumpfen Zähnen": Sie wirkt demineralisierend, d.h. sie löst einen geringen Teil des Calciums aus dem Zahnschmelz, das erst wieder nachgeliefert werden muss. Nicht zuletzt hat Spinat über Glucose, die Zuckeralkohole Mannitol und Sorbitol weiterhin eine leichte Süße. Stärker ist allerdings sein Umamicharakter, da Spinat einen merkbaren Anteil an freier Glutaminsäure („Glutamat") aufweist. Spinat besitzt daher ein für Gemüse ungewöhnlich komplexes oral sensorisches Spektrum: süß-sauer-umami-bitter-adstringierend.

ZUBEREITUNG

Spinat lässt sich roh, gekocht und gebraten genießen. Roh liefert er in jedem Gemüse- oder Blattsalat eine erdige Komponente sowie eine punktuelle Oxalsäurenote. Insbesondere die jungen Spinatblätter (Babyspinat) sind eine beliebte Salatzutat und brauchen nicht gekocht zu werden. Die Samen sind ebenfalls roh oder gekocht essbar.

Frische Spinatblätter sollte man mit wenig Wasser kochen und eher kurz, sonst wird das Gemüse matschig und verliert wasserlösliche sowie einige aromatische Stoffe.

◇ *fleisch-gemüsebrühenartig* GEOSMIN △ *erdig, moderig, schimmelartig,* □ *frisch umgegrabene Erde*

Aromen gekocht: 1-OCTEN-3-OL △ *grün, erdig, fungal, champignonartig,* □ *gemüseartig, pilzig, hähnchenhautartig,* ◇ *brühenartig, saucenartig* DIMETHYLSULFID △ *schwefelig, zwiebelartig, radieschenblätterartig, kohlartig,* □ *fischartig, maisartig, spargelartig,* ◇ *ein Hauch gekochte Milch/Sahne* METHIONAL △ *schwefelig, gekochte Kartoffel, gemüseartig, moderig,* □ *hefeartig, käsig, gekochtes Fleisch, gekochte Eier* METHANTHIOL △ *schwefelig, knoblauchartig, gekochter Kohl, lauchartig,* □ *ölig, gekochte Eier,* ◇ *herzhaft-fleischartig, reifer Käse* BENZALDEHYD △ *aromatisch, bittermandelartig, nussig, süßlich,* □ *holzig* 2-ACETYL-1-PYRROLIN △ *popcornartig, gerösteter Mais,* □ *toastbrotartig,* ◇ *malzig* GEOSMIN △ *erdig, moderig, schimmelartig,* □ *frisch umgegrabene Erde* OXALSÄURE ◇ *demineralisierend, stumpf*

GESCHMACK

SÜSS SAUER SALZIG BITTER UMAMI

Spinat duftet erdig, wirkt adstringierend und hinterlässt auf den Zähnen ein säuerlich-stumpfes Gefühl.

MIKRONÄHRSTOFFE *(pro 100 g)*
Vitamine: *A (795 µg), Folsäure (141 µg)* ***Mineralstoffe:*** *Natrium (69 mg), Calcium (117 mg), Eisen (3,4 mg)* ***Sekundäre Pflanzenstoffe:*** *Carotinoide*

HARMONIE

KÜCHENJOKER
Artischocke, Banane, Chayote

PASST GUT ZU
Reis, Eiern, Schinken, Fisch, Frischkäse, Gorgonzola, Parmesan, Feta, Mandeln, Nüssen, Algen, Sahne

LÄNDERKÜCHE
Deutschland: *Rahmspinat* ***Italien:*** *Pizza, Ravioli, Gnocchi* ***Frankreich, Italien, Schweiz:*** *Quiche* ***Italien, England, USA:*** *Eier Florentiner Art* ***Simbabwe:*** *Dobi (Spinat mit Tomaten)* ***Indien:*** *Saag aloo (Curry)*

Wer die demineralisierende Wirkung der Oxalsäure mildern möchte, kann den Spinat zusammen mit Milchprodukten zubereiten, die einen Teil der Oxalsäure binden: Bei uns nimmt man meist Sahne, in Indien auch Joghurt, in Griechenland Feta, oft überbacken. Auch das Dünsten in Butter mildert die Wirkung der Oxalsäure etwas. Püriert macht man aus gekochtem Spinat würzige Cremesuppen. Spinat kommt häufig blanchiert als Füllung in Teigtaschen, Ravioli, Pfannkuchen, Blätterteig oder Fischröllchen (oft in Kombination mit Frischkäse). Auch als Pizzabelag wird er gern verwendet. Rohe Spinatblätter kann man durch Eiklar und Mehl ziehen und dann in Öl frittieren.

Spinat kann trotz anderslautender Meinungen problemlos aufgewärmt werden. Man darf ihn nur nicht lange bei Zimmertemperatur stehen lassen, weil Bakterien dann das enthaltene Nitrat in Nitrit umwandeln können. Nitrit wiederum kann in Nitrosamine umgewandelt werden, die unter dem Verdacht stehen, Krebs zu erregen. Diese Prozesse laufen nach etwa 2 Stunden ab, wenn Spinat gewärmt herumsteht. Spinat, vor allem im Winter aus dem Treibhaus, enthält relativ viel Nitrat. Durch Blanchieren kann man bis zu 70 Prozent des unerwünschten Nitrats entziehen. Spinat, der erst am anderen Tag verzehrt wird, kann man rasch abkühlen, indem man ihn sofort in Metallschüsseln füllt, die im Eiswasser stehen. Ansonsten gilt auch hier: weniger Angst ist mehr Genuss. Die tatsächliche Gefahr dieses Sachverhalts ist umstritten und wissenschaftlich nicht nachgewiesen.

KOMBINATIONEN

Spinat lässt sich aufgrund seines sehr komplexen Geschmacks- und Aromaspektrums am besten als Alleinherrscher genießen. Daher kann man ihn ganz schlicht zubereiten und z. B. kurz gekocht, gedämpft, in heißem Olivenöl geschwenkt, nur leicht mit Salz abgeschmeckt als Universalbeilage zu Fleisch- und Fischgerichten oder zu Pasta genießen – oder als Hauptprotagonist mit Frischkäse, Joghurt oder Mozzarella. Wegen seiner schwefeligen und grünen Düfte kann er mit Zwiebel oder Knoblauch gewürzt werden, wegen der schwefeligen „gekochten" Noten passt er gut zu Eiern. Klassisch sind Spiegeleier mit Rahmspinat oder *Eier Florentiner Art* auf gedünstetem Spinat. Die Ausbildung des Pilzdufts beim Kochen legt die Kombination mit Champignons, Steinpilzen oder Herbsttrompeten und anderen Pilzen nahe, die zugleich die Umaminote des Spinats verstärken – ebenso wie Tomaten, die sich darüber hinaus mit den grünen Noten und mit ihrem Süße-Säure-Spiel bestens paaren. Ähnlich funktioniert die beliebte Kombination mit reifem Käse wie Parmesan oder Roquefort: Sie bringen ebenfalls Umamigeschmack, fügen grüne schwefelige Aromen hinzu und paaren sich zudem über bei der Käsereifung entstehende Aromastoffe mit den Karamellnoten des gegarten Spinats. Dieselben röstigen Karamellnoten finden sich ebenfalls in Mais oder Reis, sodass Kompositionen mit (gebratener) Polenta, Reis/Duftreis oder gar mit salzigem Popcorn nicht fernliegen. Sardellen, vor allem im Salat, ergänzen und unterstreichen ebenfalls Umaminoten –

BABY LEAF

ebenso wie Speck. Dazu passt ein Nussöl (besser als Olivenöl), das die nussigen Aromen unterstreicht. Die Ausbildung des Bittermandeldufts beim Kochen von Spinat zeigt, dass geröstete Mandeln, Bittermandeln oder Geräuchertes harmonieren. Pinienkerne oder Walnüsse gehen in eine ähnliche Richtung, wobei die Ersteren noch holzig-harzige Noten ergänzen, die beim Spinat wenig ausgeprägt sind.

In vegetarischen Gerichten fügt er sich gut über die gemeinsamen aromatischen Mandelnoten zu Sellerie, Hafer- und Schwarzwurzeln. Über milde Schwefelnoten harmoniert er mit Blumenkohl. Auch Gartenbohnen sind wunderbare Partner: Sie paaren sich über die leichten pilzigen Noten, fügen aber auch dezente würzig-erdige Noten hinzu. Ähnlich funktioniert roher grüner Gemüsepaprika, der zudem einen wunderbar knackigen Textureffekt liefert. Grüne und gleichzeitig bohnige Aromen werden beim Spinat mit Kichererbsen auf wundersame Weise abgeholt. Dann erträgt der Spinat auch dezente, sprich nicht maskierende Würzungen mit Raz-el-Hanout oder duftenden Currymischungen.

Möchte man die bitteren Seiten des Spinats herausarbeiten, greift man zu Bockshornkleesamen, schwarzer Senfsaat oder der Würzmischung *Panch Phoron*. Das Schwenken von Spinat in Öl oder Nussbutter, zusammen mit dem exotisch fruchtigen, aromatischen Timutpfeffer, Kreuzkümmel, oder/und Fenchelsaat stellen den einfachen Spinat in ein ganz neues Licht.

Die klassische, kontrastierende Würzung für gekochten Spinat in Europa ist die würzige, warme, dunkle Muskatnuss, besonders zum Rahmspinat. Orangen oder Zitronen, vor allem Blutorangen, kontrastieren die mineralischen Noten der Blätter (im Salat) und halten die Wirkung der Oxalsäure im Mundraum im Zaum (→ Säure, Seite 49). Zitronen, Zitronenschale und Zitronengras mildern zudem die erdigen Töne ab. Die Erdigkeit des Spinats und sein deutlicher Umamigeschmack erlauben wiederum die Kombination mit ausdrucksstarken Kombualgen. Eine Mischung aus zwei Dritteln Spinat und einem Drittel frischen (oder eingeweichten) Kombualgen ist eine vegetarische Form der als „terre et mer" bekannten Gerichte, die Meeresfische und Landtiere auf herzhaften Tellern vereinen.

REGIONALE VARIANTEN In Simbabwe und anderen afrikanischen Ländern kennt man die Kombination mit Tomaten (*Dobi*), deren Säure ähnlich wie bei Zitronen die Oxalsäure abmildern. Auch in der fernöstlichen Küche wird Spinat verwendet, gerne mit Chili, Ingwer, Zitrone und evtl. Sojasauce (umami). Indische Currys (*Saag aloo*) enthalten neben Kartoffeln und Zwie-

SORTEN

Monströser von Viroflay: *sehr alter französischer Frühjahrsspinat, der bei guter Düngung sehr große Blätter ausbildet. Der Herbstanbau ist ebenfalls möglich, aber die Sorte ist nicht winterhart und im Sommer nicht schossfest.*

Winterspinat Erste Ernte: *alte Sorte mit spitzen Samen (bei Zuchtspinat eher selten) und pfeilförmigen, spitzen Blättern. Sie wächst sehr schnell, schießt aber auch schnell, daher ist sie für den frühen Anbau auch unter Folie oder für den sehr späten Freilandanbau im Herbst geeignet; dementsprechend erfolgt die Aussaat zwischen Dezember und Februar oder für den Winteranbau zwischen August und Oktober.*

Matador: *rasch wachsende, eher spät schießende Sorte mit großen Blättern, die sich für die Überwinterung eignet; sie ist sehr ertragreich und hat ein gutes Aroma.*

Monopa: *mehltau-resistente neuere Sorte (Mehltau ist die am häufigsten bei Spinat vorkommende Krankheit) mit wenig Oxalsäure.*

Viktoria: *alte englische Sorte mit dunkelgrünen Blättern, die langsam wächst und hohe Erträge bringt; geeignet für den Frühjahrs- und Herbstanbau.*

Riccio d'Asti: *italienische Herbst-/Winterspinatsorte, die in milden Regionen auch überwintern kann; sehr ertragreich und aromatisch.*

Hammenhögs Vinter: *alte schwedische Sorte mit mittelgroßen, pfeilförmigen Blättern; sie ist sehr ertragreich und gut für die Überwinterung geeignet.*

EINKAUF UND LAGERUNG

Spinat sieht ungegart nach viel mehr aus, er fällt beim Kochen stark zusammen: Frisch benötigt man ungefähr 200 g pro Person. Ganz frischer roher Spinat quietscht, wenn man die Blätter aneinanderreibt. Die Größe der Blätter verrät nichts über die Zartheit. Das Gemüse lässt sich nur schlecht lagern; feucht eingewickelt hält es sich wenige Tage im Gemüsefach des Kühlschranks.

SAISON

01 02 03 04 05 06 07 08 09 10 11 12

Als Importware ganzjährig erhältlich, vor allem aus den Niederlanden und Italien.

BLATTAMARANTH

BAUMSPINAT

beln viel Spinat, der dann recht lange gekocht wird: Er sorgt für eine kräftige dunkelgrüne Farbe und eine angenehm breiige Konsistenz.

GESCHICHTE UND BOTANIK

Die Herkunft des Echten Spinats ist unklar, vermutlich stammt er aus Südwestasien. Die Perser nannten ihn „Fürst der Gemüse". Die Araber (Mauren) brachten ihn als „isbanah" mit nach Spanien. Dort wird er im 9. Jahrhundert zum ersten Mal erwähnt und verbreitete sich als „espanachia" in ganz Europa. Im 16. Jahrhundert eroberte er auch die deutschen Gärten und verdrängte dabei die bis dahin bekannten „Spinatgemüse".

Der **ECHTE SPINAT** ist eine einjährige Langtagpflanze und bildet eine üppige dunkelgrüne Blattrosette aus. Man unterscheidet zwischen krausem und glattblättrigem Spinat bzw. Sorten mit spitzen (var. *oleracea*) und runden (var. *inermis*) Samen. Kulinarisch bedeutender ist die Unterscheidung zwischen Herbst-/Winterspinat mit meist größeren und kräftiger schmeckenden Blättern und dem zarteren Frühlings- bzw. Sommerspinat.

Spinat neigte früher als typische Langtagpflanze im Sommer zum „Schießen", wobei die Blätter wegen der sehr hohen Konzentrationen an Oxalsäure und den stark bitter schmeckenden und in hohen Dosen abführend wirkenden Anthrachinonglycoside ungenießbar werden. Neuzüchtungen sind weitgehend „schossfest". Zarten Frühlings- und Sommerspinat (oft als „Babyspinat" gehandelt), den man von März bis Mai erntet, kann man auch als Salat essen. Winterspinat, der von September bis Dezember erntereif ist, kocht man eigentlich immer – wobei die Entscheidung vom jeweiligen Blatt abhängt: Auch frischer Winterspinat kann roh sehr gut schmecken, wenn man die Wirkung der Oxalsäure und Bitterkeit nicht scheut.

SPINATGEMÜSE

Es gibt viele Blattgemüsesorten, die kein „Echter" Spinat sind, jedoch teils botanisch, in jedem Fall aber aromatisch verwandt sind. Sie werden ähnlich zubereitet und deshalb auch als „Spinatgemüse" bezeichnet.

NEUSEELÄNDER SPINAT *(Tetragonia tetragonioides)* wird im deutschsprachigen Raum gewerblich nicht angebaut, nur von Liebhabern im eigenen Garten. Sein Vorteil: Er schießt bei warmen Temperaturen nicht. Die jungen Triebe bzw. Triebspitzen, d. h. die dreieckigen, fleischigen Blätter dieses Eisenkrautgewächses, kann man roh und gedünstet essen. Er enthält ebenfalls Oxalsäure und schmeckt kräftiger als der Echte Spinat.

MALABARSPINAT (*Basella alba*) ist wie der Neuseeländer Spinat nicht mit dem Echten Spinat verwandt. Er schmeckt mild und angenehm, ist reich an Eiweiß, Vitaminen und Mineralstoffen. Allerdings werden die Blätter beim Kochen schleimig, was gewöhnungsbedürftig ist. Es gibt auch eine rotstielige Varietät, die optisch an Mangold erinnert. Beide Sorten sind in Asialäden erhältlich.

GARTENMELDE (*Atriplex hortensis*), auch als Melde, Bergspinat, Spanischer Spinat oder Schießmelde bezeichnet, gehört wie der Echte Spinat

MALABARSPINAT

NEUSEELÄNDISCHER SPINAT

ERDBEERSPINAT

zur Familie der Gänsefußgewächse. Melde enthält weniger Oxalsäure als Spinat und ist daher weniger intensiv im Geschmack, enthält aber dreimal so viel Vitamin C. Die Blätter sind typisch dreieckig geformt und können bei einigen Sorten auch rot oder gelb sein.

GUTER HEINRICH (*Chenopodium bonus-henricus*) ist unter mehreren Namen bekannt: Großer Gänsefuß, Bergspinat, Hundsmelde oder Wilder Spinat. Früher war er weit verbreitet, wurde aber vom Echten Spinat fast vollständig verdrängt. Heute steht er auf der Roten Liste der bedrohten Pflanzen. Umso lohnender ist ein Anbau im eigenen Garten! Die jungen Triebe können gebleicht und wie Spargel zubereitet werden. Die Blütenstände hingegen kann man wie Brokkoli verarbeiten.

BAUMSPINAT (*Chenopodium giganteum*): Die auch Riesen-Gänsefuß genannte Pflanze kann tatsächlich bis zu 3 Meter hoch werden und stammt aus Südostasien. Die jungen Blätter sind magentarot und setzen in einem Salat hübsche Farbakzente; beim Kochen verliert sich die Farbe allerdings. Die etwas älteren grünen Blätter können ebenfalls gekocht werden.

BLATTAMARANTH (*Amaranthus tricolor*), Gemüseamaranth, auch: Blitum, Meier, Chinesischer Spinat, Thailändischer Spinat, Karibischer Spinat, Roter Heinrich. Vom Amaranth kann man nicht nur die Samen essen (dafür nimmt man allerdings Körneramaranth oder Inkaweizen), sondern auch die Blätter, die während des Sommers immer wieder nachwachsen. Beim Kochen verliert sich die leichte Rauheit der Blattoberfläche. Geschmacklich ähnelt Amaranth dem Echten Spinat.

QUINOA (*Chenopodium quinoa*) gehört wie der Amaranth zu den Pseudocerealien, also zu stärkehaltigen Samen, die man nicht zum Getreide rechnet. In seiner Heimat in den Anden isst man von der auch Reisemelde genannten Pflanze nicht nur die Samen, sondern ebenfalls die Blätter.

ERDBEERSPINAT (*Chenopodium capitatum, Chenopodium foliosum*) ist eine uralte Kulturpflanze mit tatsächlich erdbeerähnlichen Früchten und spinatähnlichen Blättern. Leider schmecken und duften die „Erdbeeren" eher nach nichts. Immerhin stellen sie einen hübschen Tellerschmuck dar. Die Blätter werden wie Spinat zubereitet.

EWIGER SPINAT (*Rumex patientia*), auch als Gemüse-Ampfer bekannt, gehört wie Rhabarber zur Familie der Knöterichgewächse. Vom Ampfer gibt es rund 200 Arten. Bekannt als würzendes Kraut ist Sauerampfer; etwas größere und weniger saure Blätter hat der Garten-Sauerampfer. Der Gemüse-Ampfer wird wegen seiner Beliebtheit in England auch „Englischer Spinat" genannt und bildet die größten Blätter aus. Besonders hübsch anzusehen ist der Blut-Ampfer wegen seiner rotgeäderten Blätter. Er kann als Salat gegessen werden.

GELBE GARTENMELDE

ROTE GARTENMELDE

ANBAU

Spinat wird direkt ins Beet gesät. Als Dunkelkeimer muss er gut mit Erde bedeckt sein, und der Boden muss feucht sein. Für jede Jahreszeit gibt es bestimmte Sorten, Wintersorten können problemlos überwintern bis ins Frühjahr. Erste Blätter können bereits 6 bis 8 Wochen nach der Aussaat geerntet werden (Babyspinat), später wird die ganze Pflanze abgeschnitten. Erntet man ihn zu spät, schmeckt Spinat bitter. Die Wurzeln sollten im Boden bleiben, sie fördern durch die Abgabe von Saponinen das Wachstum benachbarter Pflanzen. Spinat ist im Garten überhaupt ein wichtiges „Bodengemüse": Seine bis über 1 Meter tief reichenden Wurzeln lockern den Boden auf und holen Nährstoffe an die Oberfläche, und seine schnell wachsenden Blätter beschatten den Boden.

Ipomoea batatas

SÜSSKARTOFFEL

Batate sind die Knollen eines tropischen und subtropischen Windengewächses, nicht mit Kartoffeln verwandt, auch wenn sie durchaus ähnlich schmecken – nur eben süßer, daher ihr europäischer Name „Süßkartoffel". Nach Kartoffeln und Maniok sind die stärkereichen Batate ernährungstechnisch das drittwichtigste Wurzel- und Knollengemüse der Erde. In den USA sind sie weitaus beliebter als bei uns: Gebackene Süßkartoffeln gehören dort als Beilage zum traditionellen Thanksgiving-Menü.

Aromen gekocht: HEXADECANSÄURE △ *fettig, wachsig, talgig,* □ *seifig, speckig,* ◇ *milchig, wachsig* 2,3-BUTANDION △ *butterig, karamellig,* □ *süßlich, leicht stechend* 2,3-PENTANDION △ *butterig, nussig, toastartig, karamellig,* □ *leicht stechend,* ◇ *mellassenartig* METHIONAL △ *schwefelig, gekochte Kartoffel, gemüseartig, moderig,* □ *hefeartig, käsig, gekochtes Fleisch, gekochte Eier* α-COPAEN △ *holzig, würzig,* □ *honigartig* BORNYLACETAT △ *holzig, balsamisch, pinienartig, herbal,* ◇ *zedernartig, kampferartig, mentholisch, seifig* β-IONON △ *floral, holzig, süßlich,* □ *beerenartig,* ◇ *bienenwachsartig* (E)-β-IONON △ *holzig, süßlich,* □ *floral, beerenartig* PHENYLACETALDEHYD △ *aromatisch, grün, honigartig, floral,* □ *hyazinthenartig, kakaoartig, schokoladig,* ◇ *leicht erdig* GUAIACOL △ *phenolisch, rauchig, würzig,* □ *holzig, vanillig, fleischartig,* ◇ *schinkenartig* 4-VINYLGUAIACOL △ *aromatisch, holzig,* □ *zedernartig, röstig,* ◇ *rauchschinkenartig* MALTOL △ *karamellig, röstig,* □ *gebräunter Zucker,* ◇ *süßlich, marmeladenartig* 5-METHYL-2-FURFURAL △ *karamellig, würzig, ahornsirupartig,* □ *brotartig, kaffeeartig, geröstetes Getreide*

SÜSSKARTOFFEL, HELLFLEISCHIG

Süßkartoffeln (auch: ***Batate, Kumara, Weiße Kartoffel, Knollenwinde)*** unterscheiden sich, trotz einer Vielzahl an gemeinsamen Aromastoffen, deutlich vom Aromaprofil herkömmlicher Kartoffeln. Herausragend sind die starken aromatisch-phenolischen Anteile. Vor allem PHENYLACETALDEHYD mit seinen aromatisch-grünen und floralen Düften und Anklängen an Honig und Schokolade steht dabei im Vordergrund. Unterstützt wird der phenolische Charakter durch GUAIACOL und 4-VINYLGUAIACOL mit ihren würzig-rauchigen, an Fleisch und Schinken erinnernden Duftmerkmalen. Natürlich prägt wie auch bei herkömmlichen Kartoffeln im gekochten Zustand der schwefelige Duftstoff METHIONAL den typischen Kartoffelduft, der auch ein wenig an gekochte harte Eier erinnert. Für den stark süßlichen, karamelligen Duft der Batate ist MALTOL verantwortlich, jener Duftstoff, der beim Karamellisieren von Haushaltszucker entsteht und sich beim Anbraten verstärkt bildet. 5-METHYL-2-FURFURAL schlägt in die gleiche Duftkerbe. Die würzig-floralen Bienenwachs-Töne sind auf das lineare Sesquiterpen β-IONON zurückzuführen. Die wachsigen, speckigen und talgigen Eindrücke der Süßkartoffel werden durch gerade noch flüchtige Fettsäuren wie die HEXADECANSÄURE verursacht, ein starker butteriger Eindruck entsteht durch 2,3-BUTANEDION und 2,3-PENTANDION. Die holzigen, balsamischen und mitunter nach Pinien duftenden Aromen entstehen durch Abwehr von Herbivoren im Boden und lassen sich auf das Zusammenspiel einer ganzen Reihe von Terpenen zurückführen; stellvertretend seien hier BORNYLACETAT und α-COPAEN mit ihren holzigen, würzigen und an Honig erinnernden Düften genannt.

Das Attribut „süß" trägt die Batate zu Recht. Die Knollen enthalten einen hohen Anteil (bis zu 60 Prozent des Zuckeranteils) an dem Haushaltszucker Saccharose, der, wie Fructose, Glucose und Maltose, für den starken süßen Grundgeschmack verantwortlich ist.

Interessant für das Kochverhalten der Süßkartoffel sind die besonderen Eigenschaften ihrer Stärkekörner. Im Gegensatz zu anderen stärkereichen Gemüsesorten wie Kartoffeln, Mais oder Kochbananen quellen und platzen die Stärkekörner der Batate beim Kochen fast vollständig. Daher zerfallen Süßkartoffeln relativ rasch – ein physikalischer Fakt, der sie für sämige Pürees prädestiniert. Auch ist der Proteingehalt der Süßkartoffel zu gering, um einem Zerfallen entgegenzuwirken. Soll die Form (z. B. bei Süßkartoffel-„Wedges") erhalten bleiben, müssen die Koch- und Frittierzeiten exakt kontrolliert werden. Beim Vorkochen in Wasser sind niedrige Temperaturen besser, um ein zu rasches Zerfallen von den Rändern her zu vermeiden. Süßkartoffeln sind daher immer „mehlig kochend".

Die gelbe bis orange Farbe der Knollen rührt vom relativ hohen Gehalt an beta-Carotin, dem Provitamin A, das auch als Vorläufer für die deutlich floralen Gerüche (Ionen) dient.

ZUBEREITUNG

Süßkartoffeln können mit oder ohne Schale gekocht werden, ähnlich wie Kartoffeln. Besonders gut sind sie aufgrund ihrer Mehligkeit für Stampf oder Püree geeignet (siehe oben), die bei den lachsfarbenen Sorten zusätzlich noch hübsch orange werden.

Man kann sie auch als Folienkartoffel im Ofen backen oder wie Pommes frittieren. Für gebackene „Wedges" schneidet man die geschälte und quer halbierte Knolle in Achtel und legt sie mit Fett bzw. Öl bepinselt in den 160 bis 180 °C heißen Backofen. Im Übrigen erträgt die Süßkartoffel durchaus starke Röstnoten und deftig wirkende Bräunungen. Das Fehlen von Asparaginsäure verhindert eine starke Ausbildung von Acrylamid und dürfte auch starken Bräunungsphobikern Lust an den würzigen, aufgrund der Stärkedominanz nach Karamell duftenden (denn es ist jede Menge Zucker im Spiel) Röstaromen aufkommen lassen. Süßkartoffeln eignen sich außerdem sehr gut zum Dörren: Die rohen Knollen in hauchdünne Scheiben schneiden, in eine große Schüssel mit Wasser geben, abgießen und öfter spülen, um die Stärke an den Oberflächen abzuspülen, damit sie nicht zu stark kleben und sich leichter trocknen lassen, mit Olivenöl und Salz vermengen. Dann aufs Dörrgitter legen und bei 48 °C einen Tag lang, oder bis sie vollkommen trocken und knusprig sind, dehydrieren. So erhält man schmackhafte Chips.

In Asien wird aus Süßkartoffeln auch Nudelteig für Glasnudeln gemacht. In ihren Heimatländern (vor allem in Westafrika) isst man ebenfalls die Blätter der Pflanze und bereitet sie wie Spinat zu.

KOMBINATIONEN

Meist werden Süßkartoffeln in Form von Pürees als Beilage für Gerichte verwendet, die süße Ergänzungen vertragen wie Wild, Schwein, Innereien oder Blutwurst. Ihr Aromaprofil lässt allerdings weitere Kombinationen zu: So legen die rauchigen und an Schinken erinnernden Noten ein Räuchern geradezu nahe. Andere Wurzelgemüse wie etwa die würzige Möhre, Sellerie oder Petersilienwurzel fügen sich bestens über die holzig-harzigen und kräuterigen Aromen ein. Pürees lassen sich auch mit vielen Gewürzen aus derselben Aromaklasse akzentuierter zur Geltung bringen. Dazu gehören Kreuzkümmel oder harzige Gewürze wie Rosa Beeren oder Wacholder. Ganz besonders sind Macis, Pinien- oder Zedernkerne geeignet. Kräuter mit Anklängen an Kampfer wie Olivenkraut, Lorbeer oder Schafgarbe machen

GESCHMACK

SÜSS SAUER SALZIG **BITTER** UMAMI

Süßkartoffeln schmecken und duften ähnlich wie mehlige Kartoffeln – nur deutlich süßer mit Anklängen an Nüsse, Butter und Karamell.

MIKRONÄHRSTOFFE *(pro 100 g)*

Vitamine: *A (1314 µg)* ***Mineralstoffe und Spurenelemente:*** *Kalium (360 mg)* ***Sekundäre Pflanzenstoffe:*** *Flavonoide*

HARMONIE

KÜCHENJOKER

Schokolade, Kaffee, Basilikum, Dill

PASST GUT ZU

Milch, Kokosmilch, Honig, Nüssen

STÄRKE IN SÜSSKARTOFFELN

Die Stärke ist bei Süßkartoffeln für den starken Zerfall verantwortlich. In der normalen – etwa festkochenden – Kartoffel dagegen werden zusätzlich Proteine aktiv, die die Stärkekörner zusammenhalten. Sie bleiben daher stabiler.

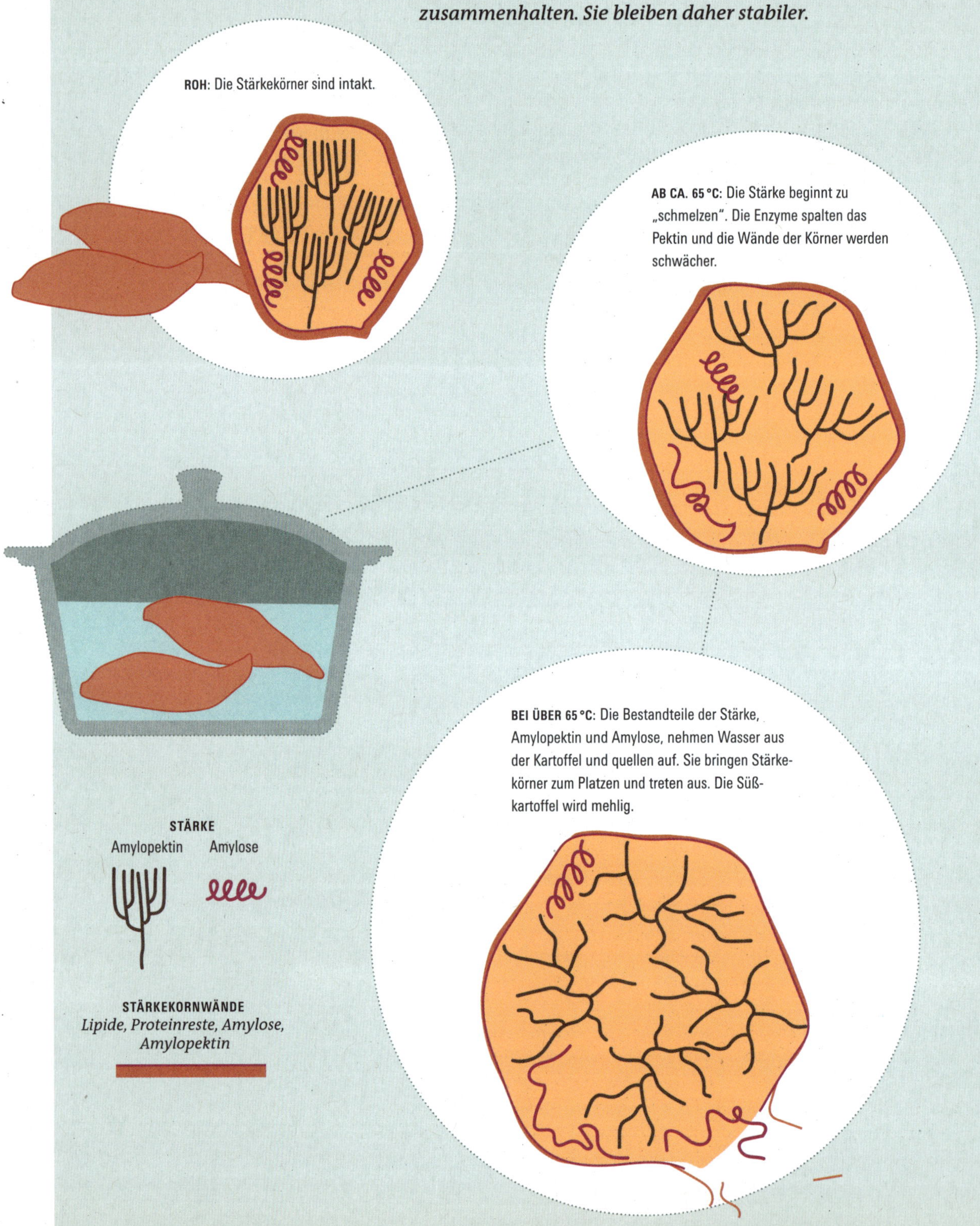

sich ebenfalls gut. Und wer mehr in die herbale Richtung gehen möchte, ist mit Bohnenkraut und Oregano gut bedient. Die aromatischen, floral-würzigen Honignoten bieten Anknüpfungsmöglichkeiten der Batate an phenolische Würzungen mit Anis, Muskatnuss, Tonkabohne oder Gewürznelken an. Den Hauch ins Florale unterstützen Rosenblüten(-wasser) und Hibiskus. Werden die floralen Noten deutlich herausgearbeitet, kann das Gemüse sogar den Jasminreis in asiatischen Gerichten ersetzen, zumal die starke Süße der Batate eine hohe trigeminale Schärfe zulässt, etwa durch exotische, chilibasierte Würzmischungen. Wie gekochte Kartoffeln sind Süßkartoffeln aufgrund ihres schwefeligen „gekochten" Aromas eine perfekte Beilage zu vielen Gerichten auf Fleisch- und Fischbasis. Die butterigen Aromastoffe des Gemüses verlangen direkt nach einem Montieren des Süßkartoffelpürees mit Butter, die nussigen Duftanteile schlagen insbesondere eine Montage mit Nussbutter, gebräunter Butter oder Ghee vor. Nussöle und Nussfette (Erdnussbutter) sind eine willkommene Variante. In diesen Kombinationen lassen sich trotz des oben genannten mehligen Stärkeproblems feine „Emulsionen" gestalten. Süßkartoffeln lassen sich geschmacklich sehr gut in Richtung bitter und umami ergänzen. Bitteren Gemüsen wie Chicorée, Radicchio und Brokkoli wird ihre Bitternote genommen. Zu Spargel gereicht, hebt die Batate sowohl den Spargel als auch sich selbst. In diese Kategorie fällt auch die Kombination mit sehr fruchtigem, leicht bitterem Olivenöl, ebenso wie Würzungen mit Kaffee, (aromatisierten) Grün- und Schwarztees, Grue de cacao oder dunkler Schokolade (sowohl bei Wildsaucen als auch in Desserts). Kompositionen von süßen Batate mit reifen (umami, kokumi) und stark trigeminalen Käsen, z. B. sehr reifer Roquefort, Münster, die säuerliche und bittere Geschmackskomponenten aufweisen, sind ganz hervorragend. Die aromatische Paarung wird über den Geschmack kontrastiert und führt zu feinen Spannungen im Gesamteindruck.

Die karamelldominierten Duftstoffe der Batate führen sie als Gemüsekomponente in komplexere Desserts. Selbst Erdbeeren, Cassis oder Weintrauben profitieren von einer Kombination mit der Batate.

Mit weiteren süßen Komponenten wie Honig oder Ahornsirup sollte dabei vorsichtig agiert werden. Zwar sind sie aromatisch perfekte Partner, allerdings führen sie selbst viel Zucker und damit Süße mit, sodass diese rasch zu ausgeprägt wird.

REGIONALE VARIANTEN In Südafrika stampft man gekochte Süßkartoffeln mit Feta, würzt sie mit Chili, Salz und Pfeffer, formt daraus Klößchen und wälzt sie in gerösteten Sesamsamen. Auf Hawaii kennt man einen süßsauren Auflauf mit Bananen, braunem Zucker, Zimt und Ananas, gewürzt mit Limettensaft und Honig, in der Karibik ein Mus, scharf gewürzt mit Cayennepfeffer oder einer scharfen Cajun-Mischung oder mit Ingwer, Knoblauch, Chili und Koriandergrün. Asiatisch ist eine klare Kartoffelsuppe aus Süßkartoffeln mit Kokosöl, Kaffirlimettenblättern, Koriandergrün und Limetten oder Zitronengras.

LÄNDERKÜCHE

Südafrika: *Süßkartoffelklößchen mit Feta* ***Australien, pazifische Inseln, Hawaii:*** *Kumara-Fries (Pommes frites)* ***USA:*** *Beilage zum Thanksgiving-Menü, gesüßte Ofenkartoffeln, Sweet Potato Pie* ***Hawaii:*** *Auflauf mit Bananen* ***Korea:*** *Japchae (Glasnudeln aus Batatenmehl mit Rindfleisch)* ***Japan:*** *Yokan (Süßspeise), Imojochu (Schnaps)* ***Uganda:*** *Amukeke (sonnengetrocknete Scheiben zum Frühstück), Inginyo (sonnengetrocknet und gemahlen, vermischt mit Maniokmehl und Tamarinde zu Atapa)*

EINKAUF UND LAGERUNG

Wie Kartoffeln sollte man Süßkartoffeln nicht zu kalt (also nicht im Kühlschrank) lagern, aber dunkel. Sie sind aufgrund ihres hohen Wassergehaltes nicht so lange haltbar wie unsere Kartoffeln und reagieren empfindlicher auf Druckstellen.

SAISON

01 02 03 04 05 06 07 08 **09** **10** **11** 12

Importware ist ganzjährig erhältlich, z. B. aus den USA, Israel und Spanien.

ANBAU

Optimale Wachstumsbedingungen herrschen bei einer Temperatur von 24 °C oder darüber, bei Temperaturen unter 10 °C ist das Wachstum stark eingeschränkt, unter 0 °C sterben die Pflanzen ab. Die Pflanzen werden wie auch manchmal Kartoffeln auf Erdhügel oder in Erdwällen gepflanzt, um eine gute Durchlässigkeit des Bodens für Wasser zu gewährleisten. Die Batate lässt sich anders als die Kartoffel nicht direkt aus den Knollen ziehen.

HIMMEL UND ERDE

- 2 rote Paprikaschoten
- 1 EL Erdnussöl
- Salz
- 1 TL Pimentón (geräuchertes Paprikapulver)
- 1 große Süßkartoffel
- 50 g natives Kokosöl
- 2 EL Sojasauce
- 4–6 Kaffeebohnen, grob zerstoßen
- 4 kleine junge Möhren (mit sehr frischem Grün)
- 100 ml Möhrensaft
- 4 Wacholderbeeren, grob zerdrückt
- 1 säuerlicher Apfel (z. B. Boskoop)
- Zitronensaft
- 1 EL Butter
- 1 TL Shiitake-Pulver
- 4–6 Lavendelblüten
- 2–3 EL Olivenöl

Paprika von Kernen und Scheidewänden befreien, dann in Stücke schneiden. Erdnussöl in einer Pfanne erhitzen und Paprika darin anrösten. Pürieren, mit etwas Salz und kräftig mit geräuchertem Paprikapulver würzen.

Süßkartoffel in der Schale kochen, schälen und mit Kokosöl und Sojasauce zu einem sämigen Püree zerdrücken. Dabei salzen und zum Schluss die Kaffeebohnen unterziehen.

Möhren waschen und das Grün mit einer kleinen Scheibe der Wurzel abschneiden; aufbewahren.

Möhrensaft erhitzen und die Möhren darin mit Wacholder gar ziehen lassen. Diesen Garsaft filtern und bis zur einer sirupartigen Konsistenz reduzieren. Möhren halbieren und im reduzierten Garsaft glasieren.

Apfel würfeln und mit etwas Zitronensaft beträufeln. Butter in einer Pfanne aufschäumen, Pilzpulver zugeben und Apfelwürfel kurz darin schwenken.

Süßkartoffel- und Paprikapüree dekorativ auf Tellern ausstreichen, Möhren dazwischen anrichten, Apfelwürfel aufstreuen, alles mit 1 bis 2 Lavendelblüten „würzen".

Das Grün mit dem „Fuß" zurechtstutzen, d. h. lange Stängel entfernen und den Rest sehr kurz schneiden. Mit Olivenöl vermengen. Teller mit dem rohen jungen Grün dekorieren und mit einigen Tropfen des Möhren-Olivenöls dekorieren.

Pro Portion: 390 kcal, 24 g F, 37 g KH, 8 g B, 4 g E

SÜSSKARTOFFEL, VIOLETT

GESCHICHTE UND BOTANIK

Batate sind in Mittel- und Südamerika seit über 5000 Jahren bekannt. Sie gelangten wie die Kartoffeln oder Tomaten mit der „Entdeckung" Amerikas nach Europa und auch China, konnten sich aber in Europa nicht als Standardgemüse durchsetzen – auch weil sie nicht an das nord- und mitteleuropäische Klima angepasst waren. Später brachten freigelassene Sklaven die Süßkartoffel von Amerika nach Afrika.

Heute wird das Gemüse in fast allen Ländern der Tropen und Subtropen angebaut, auch in wärmeren Gebieten der gemäßigten Zonen. Hauptanbauländer sind China und Uganda. Die Süßkartoffel ist weltweit eines der wichtigsten Grundnahrungsmittel, denn sie ist eine wesentliche Kohlenhydrat- und β-Carotin-Quelle und liefert pro Hektar Anbaufläche mehr verwertbare Energie als Reis oder Weizen. Es gibt zahlreiche Sorten. Die Knollen laufen immer spitz zu, die Farbe der Schale variiert von Rötlich bis Gelblich-Hellbraun. Weißfleischige haben eine hellbraune Schale, rotschalige ein lachsfarbenes Fleisch.

Colocasia esculenta

TARO

Man nimmt an, dass Taro eine der ältesten Kulturpflanzen ist. Er wird in Indien bereits seit 7000 Jahren kultiviert und ist dort sehr populär. Außerdem wird die Wurzel heute vor allem in Afrika angebaut. Man verzehrt die Rhizome der stärkehaltigen Pflanze, in den Herkunftsländern auch Blattstängel und Blätter.

Aromen roh und gekocht: OCTAN *△ kraftstoffartig* (Z)-3-HEXENOL *△ grün, grasig, frisch gemähtes Gras, laubartig, fruchtig, ◇ leicht ölig, melonenschalenartig* HEXADECANSÄURE *△ fettig, wachsig, talgig, □ seifig, speckig, ◇ milchig, wachsig* HEXADECANONSÄURE *□ fettig, ◇ wachsig, kerzenwachsartig* 4-VINYLGUAIACOL *△ aromatisch, holzig, □ zedernartig, röstig, ◇ rauchschinkenartig* 4-VINYLPHENOL *△ aromatisch, phenolisch, medizinal, □ süßlich, moderig, ◇ fleischartig, würzig* GERANYLACETAT *△ floral, rosenartig, lavendelartig, □ grün, wachsig, ölig, ◇ leicht seifig* LINALOOL *△ floral, zitrusartig, rosenholzartig, grün, □ orangenartig, zitronenartig, ◇ leicht wachsig, holzig* NEROL *△ floral, süßlich, rosenartig, magnolienartig, □ zitrusartig, bitter, ◇ grün, terpentinartig* GERANIAL *△ floral-zitrusartig, süßlich, zitronenschalenartig, □ limettenartig, holzig, herbal* 2-ACETYLTHIAZOL *△ popcornartig, nussig, getoasteter Mais, □ brotartig* FURFURAL *△ süßlich-röstig, brotartig, □ nussig, ◇ karamellig* PYRIDIN *△ säuerlich, fischartig, ◇ ammoniakartig*

GESCHMACK

SÜSS SAUER SALZIG BITTER UMAMI

Das Aroma von gekochtem Taro erinnert an gekochte Kartoffeln, gekochten Reis und geröstetes Getreide, auch Popcornduft kann man wahrnehmen.

Das Aroma von gekochtem Taro (auch: ***Wasserbrotwurzel, Kolokasie***) erinnert an eine Mischung aus gekochter Kartoffel, gekochtem Reis und geröstetem Getreide. Ungewöhnlich hoch ist der Anteil an OCTAN, das beim Erhitzen einen kraftstoffartigen Duft freisetzt, der bei längerem Kochen wieder verschwindet. Außergewöhnlich ist auch die Konzentration an PYRIDIN, das säuerlich, nach Fisch und Ammoniak duftet. Deutlich erkennbar ist weiterhin der Aromat 4-VINYLGUAIACOL mit seinen holzigen, an Rauchschinken erinnernden Düften. Außerdem gehört die Tarowurzel zu den wenigen Gemüsen, in denen der würzig und fleischig duftende Aromat 4-VINYLPHENOL vorkommt, der ihr zusammen mit 4-VINYLGUAIACOL einen weit herzhafteren Eindruck verleiht, als ihn Kartoffel oder Reis haben. Die Verwandtschaft zu Mais und Reis wird durch 2-ACETYLTHIAZOL getragen, das nussige Düfte mit Popcorn- und Brottönen beisteuert. Die grünen Duftkomponenten verursacht hauptsächlich der Blätteralkohol (Z)-3-HEXENOL, während die Blütennoten von LINALOOL, NEROL, GERANIAL und GERANYLACETAT hervorgerufen werden. Der süßliche Anklang entsteht durch das würzige, röstige FURFURAL, das zum Beispiel auch in Erdbeeren oder Brotkrusten eine wesentliche Duftkomponente darstellt. Zum wachsig-fettigen Eindruck, sowohl retronasal als auch taktil auf der Zunge, tragen HEXADECANON- und HEXADECANSÄURE bei.

Roh ist die Tarowurzel ungenießbar. Zum einen enthält sie Kalziumoxalat mit schleimhautreizenden Kristallen, die erst beim Kochen aufgelöst werden. Zum anderen weist Taro einen sehr hohen Gehalt an Stärke auf und ist auch deswegen roh kein Genuss. Sie muss im Prinzip genauso behandelt werden wie Kartoffeln, sprich: kochen, braten, frittieren.

Bemerkenswert im Vergleich zur ebenfalls stärkehaltigen Kartoffel ist der geringere Gehalt an Amylose und Protein, der sich sowohl aromatisch als auch texturell auswirkt: So kann während des Kochens kaum Maltose gebildet werden. Karamellige Düfte, wie bei der Kartoffel bekannt, fehlen bei Taro, die eher an die Süßkartoffel erinnert. Außerdem werden Taroknollen beim Abkühlen unangenehm fest und speckig. Das liegt daran, dass die Amylopektine (→ Kartoffeln, Seite 243) in der Stärke, deren Anteil im Verhältnis zu Amylose und Proteinen höher ist als bei anderen Gemüsen, beim Abkühlen wieder kristallisieren können. Die Speckigkeit wiederum ist auf die durch das Kochen freigelegten Fettsäuren zurückzuführen. Die schwach polaren Fettsäuren können einen Teil des Wassers beim Abkühlen einschließen, was das speckige Mundgefühl noch verstärkt.

WARMER TAROSALAT: FLORAL & RAUCHIG

- 8 Tarowurzeln
- 2 Schalotte
- 400 g Räucherspeck
- 50 ml Rosenblütenwasser
- 40 ml Apfelessig
- 80 ml mildes Sonnenblumenöl
- 8 Körner Timut-Pfeffer
- 3–4 Lavendelblüten

Tarowurzeln mit Schale in Wasser weich kochen, im Anschluss schälen und in Scheiben schneiden; warm halten.

Schalotte schälen und würfeln. Räucherspeck ebenfalls würfeln. Beides in einer Pfanne auslassen. Taroscheiben darin schwenken und warm stellen.

Rosenblütenwasser, Apfelessig, Sonnenblumenöl, Timut-Pfeffer und Lavendelblüten zu einer Vinaigrette verrühren und über die warme Taromischung gießen. Durchschwenken und sofort servieren.

Pro Portion: 438 kcal, 27 g F, 34 g KH, 6 g B, 10 g E

ZUBEREITUNG

Die bis zu steckrübengroßen, häufig violetten Rhizome muss man schälen und kochen. Ein Trick ist, sie ungeschält im Druckkochtopf zu kochen (30 Minuten). Danach kann man sie ganz leicht von ihrer Schale befreien und noch 20 Minuten backen, rösten oder frittieren. Die Rhizome lassen sich grundsätzlich wie Kartoffeln zubereiten, brauchen aber länger, um gar zu werden. Taroknollen werden beim Abkühlen fest und speckig, man sollte sie immer heiß servieren.

Aus gekochtem oder gedämpftem Taro kann man eine milchsauer vergorene Paste herstellen (*poi*). Taro bildet sehr große Blätter aus. Die jungen Blätter kocht man, um ihren säuerlichen Geschmack zu reduzieren, und verwendet sie als Gemüsebeilage oder in Suppen.

KOMBINATIONEN

Ähnlich wie die Kartoffel lässt sich die Tarowurzel mit fast allem gut kombinieren. So machen etwa ihre aromatisch-würzigen, leicht rauchigen Noten die Knolle zu einem idealen Partner von allen gebratenen Gemüsearten, gegrilltem Fleisch oder Fisch. Die aromatischen „fleischigen“ Duftkomponenten der Wurzel binden Taro außerdem bestens an Rauchwaren wie Rauchschinken, geräucherte Würste oder Käse an. Zugleich knüpfen sie an phenolische Gewürze wie Waldmeister oder Tonkabohne an oder an die würzig-warmen Düfte von Muskat und Petersilie. Selbst Vanille passt wunderbar, wenn sie etwa mittels Sahne- oder gar Joghurtsaucen integriert wird. Hervorragend funktioniert auch eine Kombination des Gemüses mit dem würzig-phenolischen Estragol und den holzigen, pfefferigen Noten des Basilikums oder Kerbels. Die Aromaanklänge an Popcorn und Mais lassen sich deutlich heben, wenn man die geschälte und in Scheiben oder Würfel geschnittene Tarowurzel in mit geröstetem Mais versetztem Tee (*Genmaicha*) kocht. So passt sie wunderbar zu gebratenem Fleisch oder Fisch, aber

MIKRONÄHRSTOFFE *(pro 100 g)*

Vitamine: B_1 *(0,07 mg)* *Mineralstoffe:* *Kalium (564 mg), Phosphor (98 mg), Eisen (1,5 mg)*

HARMONIE

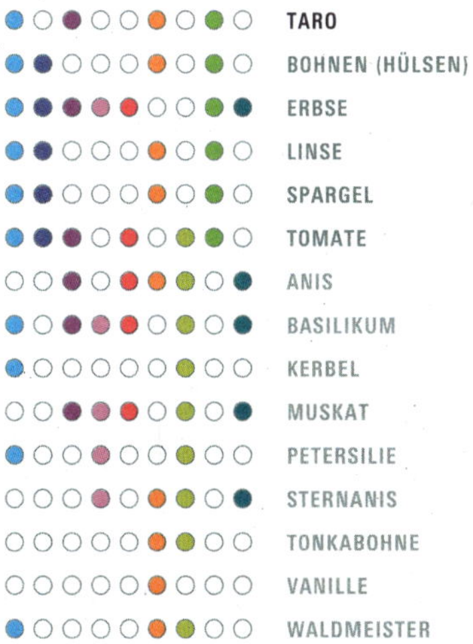

KÜCHENJOKER

Nigella, grüner Paprika, aromatisierte schwarze Tees

PASST GUT ZU

gegrilltem Fleisch oder Fisch, Rauchschinken, geräucherten Würsten oder Käse

LÄNDERKÜCHE

Hawaii: *Poi (milchsauer vergorene Paste)*
Ghana: *Mankani Asombrofi (gefüllte Taro)*

EINKAUF UND LAGERUNG

Taro gibt es in asiatischen Supermärkten frisch, tiefgefroren oder in Dosen. Die Knollen lassen sich bei relativ hoher Luftfeuchtigkeit und einer Temperatur zwischen 11 und 13 °C einige Wochen lagern.

SAISON

01 02 03 04 05 06 07 08 09 10 11 12

Als Importware beinahe ganzjährig erhältlich, z. B. aus Brasilien und Costa Rica.

ANBAU

Taro bildet sehr große Blätter aus (die man ebenfalls gekocht essen kann) und braucht viel Feuchtigkeit und viel Sonne. Er kann in unserem Klima nur im Gewächshaus angebaut werden.

auch zu Spargel (statt Kartoffeln), zu grünen Bohnen oder Erbsen und sogar zu roten und gelben Linsen. Die fettig-wachsigen Noten der Knolle werden mit feinen Ölen (ganz besonders fruchtigen, grünen Olivenölen) eingebunden, sowohl als finaler Überguss über gekochte oder gebratene Taro als auch in Pürees. Die Kombination mit getrockneten, aromatisch-würzigen Tomaten und deren Umamigeschmack hat einen besonderen Reiz. Etwas ungewöhnlich, aber lohnenswert: Die leichten floralen Noten lassen sich mit Blütenwürzungen, Rosenwasser oder Saucen auf der Basis von aromatisierten Tees sehr gut hervorheben.

GESCHICHTE UND BOTANIK

Taro wurde in Indien schon um 5000 v. Chr. kultiviert. Auch die Römer kannten die Wurzel, im Kochbuch des Apicius finden sich mehrere Rezepte. Die Pflanze ist heute überall in den Tropen verbreitet. Die immergrüne, ausdauernde krautige Pflanze wird zwischen 1 und 2 Metern hoch. Verzehrt werden ihre Rhizome, die horizontal und vertikal in der Erde wachsen. Sie sind fleischig und haben einen Durchmesser von 3 bis 5 cm, in Kultur werden sie bedeutend größer, bisweilen so groß wie eine Steckrübe. Die Knollen haben eine raue braune bis violette Schale mit ringförmigen Narben. Das Fleisch ist weich und weiß, häufig mit charakteristischen violetten Einsprengseln.

TOMATE

Solanum lycopersicum

Als Kolumbus von seiner zweiten Fahrt in die Neue Welt „tomatles" mitbrachte, galten diese – damals überwiegend gelben – Früchte bei den Europäern als giftig und standen im Verdacht, liebestoll zu machen, daher ihr alter Name „Liebesapfel". Sie brauchten bis ins 20. Jahrhundert, um sich ihren Platz auf unserem Menüplan zu erobern, von dem sie heute nicht mehr wegzudenken sind.

Aromen roh: HEXANAL *△ grün, blattartig, grasig, fettig, □ gemüseartig, apfelartig, ◇ leicht holzig* (Z)-3-HEXENAL *△ grün, fettig, grasig, frisch gemähtes Gras, □ grüner Apfel, unkrautartig* (E)-2-HEXENAL *△ grün, bananenschalenartig, fettig, □ gemüseartig,*

Aromatisch bieten Tomaten (auch: ***Paradeiser [Österreich], Paradiesapfel, Liebesapfel, Goldapfel***) ein komplexes Spektrum, sie weisen kein einzelnes Schlüsselaroma auf. Ihr bestechender Duft, der von Sorte, Herkunft, Reife und Boden abhängt, ergibt sich durch das Zusammenspiel verschiedener Aromaverbindungen. Darunter sind vor allem grüne, grasige Blattduftstoffe wie HEXANAL, (Z)-3-HEXENAL und (E)-2-HEXENAL als besonders aktive Aromen hervorzuheben. (Die beliebten Rispentomaten duften sehr stark grünlich über eine hohe Aktivität von Blattduftstoffen in der grünen Rispe – davon hat man beim Verzehr leider eher wenig bis nichts.) (E,E)-2,4-HEPTADIENAL liefert Anklänge von gekochten Kartoffeln und wird dabei von dem schwefeligen Duftstoff METHIONAL unterstützt, während 2-ISOBUTYLTHIAZOL typische fermentierte Aromen ins Spiel bringt. Die butterigen, leicht stechenden Duftkomponenten werden durch 1-PENTEN-3-OL erzeugt. Florale und nach Brotrinde duftende Komponenten werden durch 2-PHENYLETHANOL beigesteuert und leichte floral-zitrusartige Noten durch die azyklischen Terpene LINALOOL, GERANIAL und GERANYLACETON hinzugefügt. Nicht zu vergessen ist das floral-holzig-würzige β-IONON, das direkt aus dem roten Tomatenfarbstoff entsteht.

In gekochten und erwärmten Tomaten bleiben die Aromen weitgehend erhalten, auch wenn sich ihre grünen Noten abschwächen und florale, leicht zitrusartige Düfte leicht intensivieren (z. B. LINALOOL). Dominanter wird aber DIMETHYLSULFID, das den gekochten Gemüsecharakter hervorhebt, ebenso wie METHIONAL, das sich beim Kochen verstärkt. Dieser Geruch ist in Tomatenkonserven, Ketchups oder Tomatenmark deutlich wahrzunehmen.

Bei starker Hitze (durch Anbraten oder Grillen) entstehen außerdem Karamellnoten, etwa MALTOL, über die vorhandenen Zucker. Aufgrund des komplexen Zuckerspektrums (siehe unten) kommt ferner das nach Karamell und leicht muffig riechende 5-HYDROXYMETHYLFURFURAL hinzu. Aus Pentosen bildet sich vorwiegend das röstige und süßliche FURFURAL, aus Rhamnose 5-METHYLFURFURAL, das mit Düften nach Karamell, Brot und Kandis besticht.

Reife Tomaten bieten geschmacklich ein ausbalanciertes Spiel mit Süße, Säure und Umamigeschmack, das je nach Sorte und Anbaugebiet unterschiedliche Schwerpunkte hat. Einfach nur „süß" macht noch keine bessere Tomate. Erst Säure gibt der Tomate ihre typische „Frische". Das feine Säurespektrum von Tomaten wird durch Zitronensäure, Äpfelsäure, Ascorbinsäure (Vitamin C) und Bernsteinsäure (Succinylsäure) je nach Sorte in unterschiedlichen Gewichtungen festgelegt. Der pH-Wert der Tomaten liegt daher zwischen 4 und 4,5.

Die Hauptbestandteile der Zucker sind Fructose, Glucose und zu einem geringeren Anteil Saccharose. Die Süße der Tomaten ist aber deutlich komplexer, sie wird durch Raffinose, Arabinose, Xylose, Galactose und den Zuckeralkohol Inositol moduliert. Diese sorgen bei der Karamellisierung (durch Anbraten oder Grillen) für die typischen Noten der „Grilltomate" und geben auch Saucen und Schmorgerichten einen ganz besonderen aromatischen Schub (→ Maillardreaktion, Seite 94).

Ihr beachtlicher Glutamatgehalt (freie Glutaminsäure) sorgt für Umamigeschmack und gibt vor allem lange gekochten Tomatensaucen herzhafte Tiefe. Das liegt daran, dass beim Kochen über die Proteinhydrolyse weiteres „Glutamat" aus den Proteinketten freigesetzt wird und sich der Umamigeschmack intensiviert. Tomaten sind daher neben Zwiebeln fester Bestandteil in vielen Schmorsaucen.

Bemerkenswert ist die im Gegensatz zu vielen anderen Gemüsearten sehr untergeordnete Rolle der Bitterkomponenten: Von den phenolischen Komponenten sind die antioxidativ wirkenden Flavonoide Quercetin und

blattartig, ◇ würzig-fruchtig, frischer Käse (E,Z)-2,4-HEPTADIENAL *△ fettig, frittiert* (E,E)-2,4-HEPTADIENAL *△ fettig, grün, □ gemüseartig, ◇ zimtartig, ölig, grasig* 1-PENTEN-3-OL *△ grün, stechend, meerrettichartig, □ grünes Gemüse, leicht fruchtig* LINALOOL *△ floral, zitrusartig, rosenholzartig, grün, □ orangenartig, zitronenartig, ◇ leicht wachsig, holzig* GERANIAL *△ floral-zitrusartig, süßlich, zitronenschalenartig, □ limettenartig, holzig, herbal* GERANYLACETON *△ floral, grün, fruchtig, □ wachsig, rosenartig, magnolienartig, ◇ apfelartig, seifig* β-IONON *△ floral, holzig, süßlich, □ beerenartig, ◇ bienenwachsartig* PHENYLETHANOL *△ aromatisch, floral, karamellig, brotkrustenartig, □ honigartig, ◇ rosenwasserartig* 2-ISOBUTYLTHIAZOL *△ grün, wasabiartig, erdig, tomatenblattartig, □ gemüseartig, fermentartig, moderig, tomatenartig, leicht erdig*

Aromen gekocht außerdem: DIMETHYLSULFID *△ schwefelig, zwiebelartig, radieschenblätterartig, kohlartig, □ fischartig, maisartig, spargelartig, ◇ ein Hauch gekochte Milch/Sahne* METHIONAL *△ schwefelig, gekochte Kartoffel, gemüseartig, moderig, □ hefeartig, käsig, gekochtes Fleisch, gekochte Eier* 5-HYDROXYMETHYLFURFURAL *△ röstig, fettig, butterig, karamellig, □ herbal, heuartig, ◇ tabakartig* FURFURAL *△ süßlich-röstig, brotartig, □ nussig, ◇ karamellig* 5-METHYLFURFURAL *△ röstig, süßlich, karamellig, brotrindenartig, □ kaffeeartig, ◇ geröstetes Getreide, ahornsirupartig*

GESCHMACK

SÜSS	SAUER	SALZIG	BITTER	UMAMI

Tomaten spielen mit Säure, Süße und einer Vielzahl von Aromen. Trigeminal wirken sie leicht adstringierend; der Flavour ist grün, fruchtig, süßlich-sauer und herzhaft-saftig.

MIKRONÄHRSTOFFE *(pro 100 g)*
Vitamine: A (99 µg) Mineralstoffe: Kalium (235 mg) Sekundäre Pflanzenstoffe: Carotinoide

HARMONIE

●●●○●○●●○	TOMATE
●●○○●○○○●	AUBERGINE
●●●○○●○○●	CHINAKOHL
○●●●○●●○●	FENCHEL
●●○○○○○○○	GURKE
●●○●○●●●○	KARTOFFEL
●●○○○○○○●	KOHLRABI
●●○○○●○●○	MANGOLD
●○○○○○○○○	MELONE
○●○○○●○○●	MIZUNA
●●○○●●○○●	RADIESCHEN
○●○●○●○●●	ROTE BETE
●○○●●○○●●	SALATE
●○○●●●●●○	SELLERIE
●●●●○○●○●	ZUCCHINI
●●○○○○○●●	ZWIEBEL
○○●○●●●○●	ANIS
○○●●●●○○○	BOHNENKRAUT
○○○○○○○●●	CHILI
●○●●●○○○●	INGWER
○●○○○○○○●	KNOBLAUCH
○○○●○●○●○	KREUZKÜMMEL
○●○○○○○○●	MEERRETTICH
●○○●○○○●●	MINZE
○○●●●○●○●	MUSKAT
○○○●●●●○○	NIGELLA
○○●●●●○○○	OREGANO
○○●●●○●○●	ROSMARIN
○○●●●●○○○	THYMIAN
○○○○○●●○○	TONKABOHNE
●○○○○●●○○	WALDMEISTER
○○●●●●●○●	ZIMT

KÜCHENJOKER
Kokosnuss, Mandeln, Rauch

PASST GUT ZU
Mozzarella, Äpfeln, Pasta, Fleisch, Fisch, Pinienkernen

Naringenin zu nennen. Zum antioxidativen Potenzial tragen auch die Hydroxyzimtsäuren, Kaffeesäure, p-Cumarsäure und Ferulasäure bei, die eine unterschwellige Bitternote beisteuern, die allerdings im Vergleich zu anderen Gemüsen kaum wahrnehmbar ist. Phenolische Verbindungen mit geringem Molekulargewicht lösen die leichte Adstringenz mancher Tomatensorten aus (→ Phenole: das Spiel zwischen Bittergeschmack und trigeminaler Adstringenz, Seite 56).

SCHÖN UND WIRKSAM – DIE ROTE FARBE Eine Besonderheit der Tomate ist ihr roter Farbstoff Lycopin. Dieser wird während des Kochens (in der leicht sauren Umgebung) chemisch aus der linearen Trans-Form in die cis-Form umgewandelt, das Molekül erhält dadurch einen Knick. Diese cis-Form verhindert, dass sich die Moleküle zu festen, großen Kristallen zusammenlagern; sie bleiben weitgehend separiert und sind damit biologisch besser verfügbar. Die in italienischen Küchen stundenlang mit Olivenöl gekochte Tomatensauce ist somit kein „totgekochtes Essen" (wenngleich natürlich der Gehalt an leicht oxidierbarem Vitamin C gegen null strebt), sondern eine reichhaltige Quelle für cis-Lycopin als Radikalfänger.

ZUBEREITUNG

Unreife grüne Tomaten enthalten das antinutrive (und in hohen Dosen toxische) Solanin. Reife und auch gelb-grüne Tomaten enthalten kein Solanin mehr, man findet es aber in den grünen Teilen rund um den Stielansatz, den man deshalb wegschneiden sollte. Vor dem Waschen den Stiel nie entfernen, das würde die Tomaten verwässern und Geschmacksstoffe würden ausgeschwemmt; wegen der mitunter festen Schale ein sehr scharfes Messer verwenden.

KALT Frische Tomaten kann man in Scheiben schneiden (für Caprese) oder vierteln zum Naschen (mit Salz und Pfeffer bestreuen – ideal, um verschiedene Pfeffersorten auszuprobieren, sie passen alle, besonders die schwarzen). Sie lassen sich auch füllen, besonders die süßen Cocktailtomaten, zum Beispiel mit Quark oder Schafskäse und frischen Kräutern.

WARM Möchte man aus Tomaten eine Sauce machen, sollte man sie vorher häuten: mit kochendem Wasser überbrühen, dann löst sich die Haut fast von alleine. Verwendet man für Sauce ganz reife Tomaten mit viel Fruchtzucker, bindet sich die Sauce durch den karamellisierenden Fruchtzucker ganz von alleine. Das ist auch ein Grund, warum man im Winter lieber auf sonnengereifte Tomaten aus der Dose zurückgreifen sollte. Zumindest als Saucengrundlage erfüllen sie den Zweck als Geschmacksgeber: Je länger Tomaten kochen, desto intensiver wird ihr Umamigeschmack.

Für einen fast klaren, kräftig-würzigen Tomatenfond als Basis für Saucen püriert man rohe (und gesalzene) Tomaten und passiert sie durch ein Sieb, sodass man Tomatenwasser erhält. Die molekulare Erklärung für diese „klare Tomatensuppe", die immer wieder für Überraschung sorgt, weil sie trotz des intensiven Tomatengeschmacks keine rote Farbe zeigt, ist einfach: Da sich der Farbstoff nur im Fett löst, kann durch einfaches Filtern von pürierten Tomaten in einem Küchentuch ein nahezu klares Tomatenwasser gewonnen werden. Es enthält zwar Tomatenaromen sowie die wasserlöslichen Salze, Mineralien und Glutaminsäure (umami), aber keinen nennenswerten Anteil des Farbstoffs Lycopin.

Zum Füllen und Backen eignen sich vor allem die großen Fleischtomaten, weil sie weniger Saft enthalten und von Natur aus schon hohl sind (z.B. „Ochsenherz"). Köstlich sind auch gegrillte Tomaten (in der Schale): mit Öl einpinseln und an den Rand des Grills legen. Oder im Ofen 5 Minuten lang über Räucherchips geräucherte Tomaten (perfekt mit Pfirsichen und Basilikum in einem Salat).

HALTBAR Da Tomaten ein fast unentbehrliches Grundnahrungsmittel in der aromatischen Küche sind, sie aber nicht immer vollreif zur Verfügung stehen, hat man zahlreiche Methoden entwickelt, sie haltbar und dadurch oft noch aromatischer zu machen. Verkochen und pürieren und in Gläser füllen oder einfrieren ist die einfachste Variante; daraus kann man dann bei Bedarf Sugo oder Suppe machen. Oder man dünstet in Gläsern die ganzen Früchte ein. Für ein Tomatencoulis mixt man frische Tomaten im Standmixer, streicht die Masse durch ein Sieb (Flotte Lotte) und kocht die Flüssigkeit um ein Drittel ein. In sterile Gläser gefüllt, ist der Coulis eine haltbare Grundlage für Tomatensaucen, Fonds und Bratenansätze.

Man kann Tomaten als herzhafte Marmelade zusammen mit Äpfeln einmachen, gewürzt mit Chili, Zitronensaft und Ingwer. Die Zugabe von Gelierzucker erübrigt sich, wenn man Tomaten und Äpfel vorher mit normalem Zucker bedeckt und über Nacht ziehen lässt, einmal aufkocht und noch mal über Nacht ziehen lässt. Dann bekommt man genügend Pektin aus den Tomaten- und Apfelschalen heraus. (Gelierzucker ist nichts anderes als Zucker und Apfelpektin.) Wieder aufkochen und gegebenenfalls etwas länger köcheln. Geschmack und Aroma werden auf diese Weise tiefer. Mit Salz und Pfeffer abschmecken, Chilis entfernen, noch heiß in Marmeladengläser füllen. Bei einer süßen Variante lässt man Chili, Salz und Pfeffer weg und kocht dafür eine aufgeschnittene Vanilleschote mit.

Die beliebten und besonders aromatischen, an der Sonne oder im Ofen bei 70 °C getrockneten Tomaten sind monatelang haltbar. Bei ihnen dominieren die karamelligen und floralen Gerüche. Ihr Geschmack wird intensiver, da sich durch den Wasserverlust die relative Konzentration an schwerer flüchtigen Aromastoffen und Glutaminsäure (umami), Säuren und Zuckern erhöht.

Ähnliches gilt für konfierte Tomatenscheiben, die mit Olivenöl und Gewürzen (Knoblauch, Thymian, Rosmarin und Basilikum) mindestens 5 Stunden bei 50 °C trocknen.

KOMBINATIONEN

Die Kombinationsmöglichkeiten von Tomaten sind aufgrund ihres vielschichtigen Aromas und der kaum vorhandenen Bitternoten so vielseitig, dass hier nur einige Beispiele genannt werden können. Die grünen Duft-

LÄNDERKÜCHE

Italien: *Caprese, Bruschetta, Insalata Pomodoro, Spaghetti Napoli, Spaghetti Bolognese, Lasagne, Pizza, Tomatencremesuppe* **Italien, Griechenland:** *Panzanella (Salat mit Brot)* **Katalonien:** *Pan con Tomades* **USA:** *Ketchup, Chili con Carne* **USA, England:** *Baked Beans* **Spanien:** *Gazpacho* **Frankreich:** *Ratatouille* **Südfrankreich/Nordspanien:** *Pipérade* **Mexiko:** *Salsa* **Balkan:** *gefüllte Tomaten* **England:** *Tomaten-Apfel-Chutney*

SORTEN

RUNDE STABTOMATEN

Berner Rosen: *die samenechte spätreifende Sorte Schweizer Herkunft gilt als eine der besten Tomaten. Die Früchte sind rund, leicht abgeplattet, rosenrot mit lilafarbenem Anklang, saftig, weich und sehr aromatisch; sie können bis zu 200 g schwer werden bei eher geringerem Ernteertrag; eignen sich gut für Salate und Gemüsegerichte.*

Bolzano F1: *intensiv orange Tomate mit hohem Carotingehalt, früh reifend, ertragreich und etwa 3 Wochen lagerbar; die Früchte sind mittelgroß bis klein (90 bis*

ROMA

CHERRYTOMATE

SCHWARZE KRIM

OCHSENHERZ

SAN MARZANO

MARMANDE

100 g) und süß-fruchtig; gut geeignet für Salate und zum Rohverzehr.

Culina F1: *bewährte, mittelfrühe Standardsorte im Erwerbstomatenanbau; sie verträgt schlechte Witterung, ist gut lagerbar und die Schale ist riss- und schnittfest; wird als „Rispentomate" angeboten und ist mit ihrem guten Aroma universell einsetzbar.*

Frühzauber: *alte bewährte, frühreifende, samenfeste Sorte, die man auch in Töpfen ziehen kann. Die Früchte sind rund, rot, mittelgroß und haben fast keine Kerne.*

Goldene Königin: *eine der ältesten deutschen Sorten, wurde vor dem Zweiten Weltkrieg gezüchtet und wird in vielen Privatgärten kultiviert. Die goldgelben, runden und mittelgroßen Tomaten sind dünnhäutig und lassen sich deshalb nicht lange lagern. Das Fruchtfleisch ist leicht mehlig und hat einen milden, zurückhaltenden Geschmack; gut geeignet für Salate und zum Rohverzehr.*

Grünes Zebra *(Green Zebra): samenechte Sorte aus den USA (in den 1980er Jahren gezüchtet) mit weichem, saftigem Fruchtfleisch, das fruchtig-säuerlich schmeckt und an Pflaumen erinnert; die Haut ist gelborange mit grünen Streifen (es gibt sie auch in anderen Schattierungen) und weich, daher lässt sie sich nicht lange lagern; eignet sich besonders zum Einkochen, als Marmelade oder für Chutneys.*

Harzfeuer: *die erste Hybridsorte der DDR, in den östlichen Bundesländern immer noch sehr beliebt bei Erwerbs- und Hobbygärtnern; sehr früh reifend bei sehr hohem Ertrag. Die Früchte sind rund, rot, mittelgroß, mit gutem Geschmack und universell einsetzbar.*

Hellfrucht: *eigentlich ein Tomatentyp, bei dem die unreifen Tomaten gleichmäßig hellgrün gefärbt sind (andere Typen sind unreif dunkelgrün oder unterschiedlich grün gefärbt); es gibt aber auch eine eigenständige samenechte Sorte mit diesem Namen, die frühreifend und ertragreich ist. Die runden, roten, mittelgroßen festen Früchten sind universell einsetzbar.*

Maranello F1: *neue (teure) Züchtung mit großem Potenzial: Der Lypocingehalt ist sehr hoch, sie ist sehr früh reif, sehr ertragreich und resistent gegen Echten Mehltau . Die Früchte sind rund bis leicht abgeplattet, mittelgroß (100 bis 120 g) und haben einen ausgezeichneten Geschmack und ein gutes Aroma.*

SIBIRISCHES OCHSENHERZ

GELBES SIBIRISCHES OCHSENHERZ

SCHWARZE RUSSISCHE

CAMONE

Matina: *eine der wichtigsten Sorten für den ökologischen Anbau (Freiland), sehr früh reifend. Die Tomaten sind sehr süß mit weicher Haut und eignen sich gut für Sugos.*
Tigerella/Mr. Stripey: *englische, mittelfrühe Sorte, das rote Pendant zum „Grünen Zebra", ein optischer Blickfang in jedem Garten und auf jedem Teller; der Geschmack ist säuerlich-aromatisch, sie sind ideal zum Rohverzehr oder als Gemüsebeilage.*

FLEISCHTOMATEN

Ananastomate *(Pineapple): alte robuste Sorte aus Kentucky (USA), die auch schlechtere Witterung erträgt; die Früchte sind riesig (bis 1 kg!), gelblich, leicht gerippt, innen manchmal rot; sehr aromatisch (süßlich, manchmal auch säuerlich, je nach Säureanteil und Sorte), schnittfest, mit wenig Saft und wenigen Kernen. Wenn man sie längs aufschneidet, sieht die Frucht aus wie eine Ananas; sie reift gut nach, ist aber nicht lagerfähig; ideal für Salate und als Rohkost.*
Andenhorn: *alte Bauernsorte aus den Anden, die Tomaten sehen aus wie Paprikafrüchte, innen fast trocken mit wenigen Samen und gutem Geschmack; eignet sich gut zum Aufschneiden, Füllen und Grillen.*
Brandywine/Punk Brandywine/Red Brandywine: *alte amerikanische Sorte, die viel Wärme braucht. Die Früchte sind groß, flachrund, etwas gerippt, die Farbe kann zwischen Orangerot und Tiefrosa variieren. Sie können bis zu 500 g schwer werden und haben einen sehr guten Geschmack; die auch „Beefsteak-Tomate" genannte Sorte eignet sich gut für Salate und zum Kochen.*
Marmande: *in Frankreich beliebte alte Sorte aus der gleichnamigen Stadt im Südwesten des Landes mit plattrunden, mehr oder weniger stark gerippten Früchten, die bis zu 250 g schwer werden und aromatisch-fruchtig duften; gute Kochtomate.*
Ochsenherz/Cuor di bue: *beliebte Feinschmeckertomate. Die Früchte sind stark gerippt und recht groß (bis 300 g); sie werden in Italien noch unreif grün geerntet und verwendet; das Fruchtfleisch ist mehlig, mit wenig Saft, mild, etwas säuerlich und kaum süß; es gibt auch sibirische Ochsenherztomaten; man verwendet sie roh in Scheiben oder gekocht.*
Schwarze/Braunrote Russische: *leicht anzubauende, aber kaum lagerbare dunkelfarbige Tomate in verschiedenen Tönungen; die Form ist prallrund, das Fleisch saftig, leicht mehlig und sehr aromatisch; gute Kochtomate.*
Schwarze Krim: *ukrainische Sorte, deren Rot im reifen Zustand ins Violette tendiert; das Fruchtfleisch ist kompakt, fest, tiefrot und sehr süß; ideal für Salate und als Kochtomate.*
Weiße Schönheit/Beauté Blanche: *helle, fast weiße französische Sorte mit sehr weichem Fleisch; da sie nicht schnittfest ist und wenig Säure hat, eignet sie sich vor allem für Saucen oder Marmelade.*

KIRSCH-/COCKTAILTOMATEN

Cerise: *hübsche, kirschrote, kleinfrüchtige Tomate (15 bis 30 g), die es auch mit gelben und orangeroten Früchten gibt. Die früh reifende und lange ertragreiche Sorte ist eine beliebte Hobbygärtner-Tomate, die auch am Balkon wächst und sehr widerstandsfähig gegen Kraut- und Braunfäule ist. Die*

EINMACHEN

Marmelade (herzhaft): Tomaten mit Äpfeln dünsten, durch ein Sieb streichen. Das Püree mit halbierten Chilis, Zitronensaft, Ingwer und Gelierzucker (im Verhältnis 1:1) zum Kochen bringen und 3 Minuten kochen lassen. Alternativ zu Gelierzucker: Tomaten und Äpfel mit normalem Zucker bedeckt über Nacht ziehen lassen, dann einmal aufkochen und noch mal über Nacht ziehen lassen. So erhält man genügend Pektin aus den Tomaten- und Apfelschalen. Anschließend nochmals aufkochen und gegebenenfalls etwas länger köcheln lassen. Geschmack und Aroma werden so tiefer und natürlicher. Beide Zubereitungen mit Salz und Pfeffer abschmecken, Chilis entfernen, noch heiß in Marmeladengläser füllen.

Für eine süße Variante Chili, Salz und Pfeffer weglassen, dafür eine aufgeschnittene Vanilleschote mitkochen.

FOND

Frische Tomaten pürieren und durch ein Sieb passieren; man erhält einen fast klaren, kräftig-würzigen Fond als Basis für Saucen. Molekulare Erklärung für „klare Tomatensuppe", die immer wieder für Überraschung sorgt, weil sie trotz des intensiven Tomatengeschmacks keine rote Farbe zeigt: Da sich der Farbstoff nur im Fett löst, kann durch einfaches Filtern von pürierten Tomaten durch ein Küchentuch ein nahezu klares Tomatenwasser gewonnen werden. Es enthält zwar noch einige Tomatenaromen, sowie die wasserlöslichen Salze, Mineralien und Glutaminsäure (umami), aber keinen nennenswerten Anteil des Farbstoffs Lycopin.

TROCKNEN

Früchte aufschneiden, Saft und weiches Inneres entfernen, nur das feste Fruchtfleisch und die Schale zum Trocknen verwenden. In südlichen Ländern trocknet man Tomaten an der Luft, in unseren feuchteren Breitengraden sollte man den Ofen verwenden (oder noch besser einen professionellen Dörrofen): Bei 70 °C im Ofen trocknen, bis die Stücke sich lederig anfühlen. So sind sie nicht nur monatelang haltbar, sondern auch besonders geschmackvoll und würzig mit karamellartigem Duft.

KONFIEREN

Dickere Scheiben auf ein mit Olivenöl bestrichenes Backblech verteilen, mit fein geschnittenem Knoblauch, Thymian, Rosmarin und Basilikum bestreuen, anschließend mit Olivenöl beträufeln, salzen und pfeffern. Mindestens 5 Stunden bei 50 °C trocknen.

EINFRIEREN

Tomaten lassen sich im Ganzen oder geschnitten einfrieren, man muss sie vorher nicht blanchieren. Allerdings werden sie dann immer matschig. Praktisch und besser ist es, pürierte Tomaten portionsweise in einem Eiswürfelbehälter einzufrieren – damit kann man dann Suppen oder Saucen würzen.

TOMATEN HALTBAR MACHEN

Kaum ein Gemüse lässt sich so vielfältig haltbar machen wie die Tomate. Jede Methode hat ihre Vorteile und entlockt dem Gemüse seine besten kulinarischen Eigenschaften.

EINDÜNSTEN

Ungeschälte Tomaten einstechen, damit sie beim Eindünsten nicht platzen. Früchte mit kochendem Wasser übergießen, 5 Minuten darin stehen lassen. Dann in ein verschraubbares Einmachglas geben, mit gesalzenem Wasser übergießen und im Wasserbad mit geschlossenem Deckel bei 80 °C zirka 45 Minuten eindünsten. Die so haltbar gemachten Früchte kann man wie frische Tomaten zum Kochen verwenden.

EINLEGEN

Tomaten enthäuten, Flüssigkeit und Samen entfernen, in Olivenöl anbraten, mit Gewürzen (Kräuter, Pfeffer) in Öl und etwas Essig oder Zitronensaft in einem verschlossenen Glas marinieren.

TOMATENCOULIS

Frische Tomaten waschen, halbieren und fein mixen, die Masse durch ein feines Sieb oder eine Flotte Lotte streichen. Anschließend die Flüssigkeit um ein Drittel einkochen. In sterile Gläser füllen und als Grundlage für Tomatensaucen, Fonds oder Bratenansätze verwenden.

RÄUCHERN

Tomaten häuten, mit Salz, Pfeffer und Zucker einreiben, vorsichtig auf den Rost legen. Räucherchips in einer Pfanne zum Rauchen bringen, in eine Bratenform schichten und im Ofen unter den Rost stellen, mit Alufolie abdecken, ein paar Löcher reinstechen. Nach 5 Minuten die Tomaten herausnehmen und abkühlen lassen – und dann mit Pfirsichen und Basilikum in einem Salat kombinieren.

HERZHAFTES „TIRAMISU" MIT PAPRIKAPOLENTA

- 500 g kleine rote Tomaten
- Olivenöl (nach Bedarf)
- 3 Thymianzweige
- ½ EL gerebelter Oregano
- ½ TL Zucker
- Salz und frisch gemahlener schwarzer Pfeffer
- 500 g Tomaten in unterschiedlichen Farben (Grün und Gelb, nicht Rot)
- 250 g Mascarpone
- 250 g Sahne
- 1 Handvoll Parmesanspäne

FÜR DIE PAPRIKAPOLENTA

- 100 g Polenta
- 500 ml Gemüsebrühe
- Salz
- 2 rote Paprikaschoten
- 100 ml Olivenöl
- 8 Salbeiblätter
- 1 Prise Pimentón (geräuchertes Paprikapulver)
- 4 Scheiben Mortadella

Pro Portion: 994 kcal, 87 g F, 32 g KH, 6 g B, 13 g E

Rote Tomaten in Scheiben von 5 mm Dicke schneiden und nebeneinander in eine kleine Auflaufform legen; sie sollten den Boden der Auflaufform ausfüllen. Mit Olivenöl übergießen, bis sie gerade bedeckt sind. Thymian, Oregano, Zucker sowie ½ TL Salz dazugeben und bei 90 °C 2 Stunden schmoren, bis die Tomaten schrumpelig sind. Aufpassen, dass sie nicht verbrennen. Polenta in der Gemüsebrühe sämig kochen, dabei mit Salz abschmecken.

Bunte Tomaten vom Stielansatz befreien und würfeln. Mascarpone mit Sahne, etwas Salz und Pfeffer schaumig schlagen. Zum Schichten konfierte Tomaten in kleinen Gläsern verteilen, mit je einer Schicht Mascarpone bedecken, dann eine Schicht grüne oder gelbe Tomatenwürfel einlegen, den Vorgang wiederholen, bis alle Zutaten aufgebraucht sind. Die Gläser mit einer Schicht Mascarpone abschließen. Vor dem Servieren kühl stellen und mit Parmesanspänen oder konfierten Tomaten garnieren.

Paprikaschoten halbieren, von Samen und Scheidewänden befreien. Über Feuer (oder im sehr heißen Ofen) grillen, bis die Haut schwarz wird und sich abziehen lässt. Die Haut entfernen, das Paprikafleisch mit Olivenöl mixen und unter die Polenta heben.

Kurz vor dem Servieren Salbeiblätter fein schneiden und unter die rote Polenta heben. In tiefen Tellern anrichten, mit Piménton bestreuen und die Polenta mit einer Scheibe Mortadella bedecken.

Früchte sind mild-süß im Geschmack und universell einsetzbar.
Cocktail-Mirabelle: *sehr kleine Tomaten, auch mit cremegelben bis blassorangen oder gelben („Blondköpfchen") Früchten (Durchmesser lediglich 2–3 cm!). Sie schmecken trotzdem süß-fruchtig wie Tomaten und sind gut geeignet für dekorative Zwecke und Salate.*
Dolce Vita F1: *Das sind die klassischen Cocktailtomaten, die man in der Schale im Supermarkt kaufen kann: dicht bestückte Rispen mit kugelrunden kleinen Tomaten, die vor allem zuckersüß schmecken (und deshalb bei Verkostungen oft am besten abschneiden); für Salate und zum Naschen.*

stoffe der Tomate werden traditionell in allen Küchen kombiniert mit Gurken, Melonen, Zucchini, Olivenöl, Mozzarella usw. Die Schwefelnoten schlagen weiterhin Kombinationen mit Meerrettich, (asiatischem) Kohl oder Kohlrabi (und deren Blättern) vor, ebenso wie mit den Blättern von Radieschen, Rote Bete und Mangold. Außerdem harmonieren „moderige, erdige" Dufttöne mit der Tomate sehr gut. Es müssen nicht immer Champignons oder andere Pilze sein, auch Rote Bete erscheinen mit Tomaten im neuen Licht. Die floralen und aromatischen Noten erlauben wiederum Kombinationen mit Honig, Honigwaben und Blütenpollen. Ein mit Honig verfeinertes Tomatenaioli (ohne Ei) wirkt köstlich zu Gemüsetellern oder sommerlichen Wild- und Lammgerichten. Außerdem legen die Blütenduftstoffe der Tomate die Kombination mit Äpfeln und natürlich mit Blütendüften nahe – so lässt sich obiges Tomatenaioli statt mit Honig mit Rosenblütenwasser verfeinern. Es passt dann selbst zu Fischgerichten und verleiht z. B. Fenchel, Sellerie oder Kartoffeln ganz neue Aspekte – womit wir beim Kontrastieren sind. Das Basilikum unterstreicht die florale Duftrichtung der Tomate und gibt der klassischen Caprese (Tomate, Mozzarella, Basilikum) neben dem

Gärtners Wonne/Benarys Gartenfreude: *eine der Lieblingstomaten vieler Gärtner, eine alte, mittelfrüh reifende Züchtung, sehr ertragreich und vollaromatisch, wie alle Cocktailtomaten ins Süßliche tendierend.*
Gelbe Birnenförmige: *optisch eine besondere Tomate, nämlich gelb und tatsächlich birnenförmig, man findet sie häufig in „gemischten-Tomaten"-Angeboten. Die Früchte sind sehr süß; Naschtomate.*
Schwarze Pflaume: *optisch interessante Sorte, die Früchte sehen tatsächlich aus wie Pflaumen: bräunlich dunkelrot mit olivfarbenem Kragen, der Flavour ist saftig-süß-aromatisch.*
Wildtomaten: *haben johannisbeerwinzige bis kirschgroße Früchte und sind sehr beliebt bei Hobbygärtnern. Sie sind widerstandsfähig und schmecken bitterer und säuerlicher als unsere Kulturtomaten – nicht zu verwechseln mit Tomatillos, die botanisch etwas völlig anderes sind.*

FLASCHENTOMATEN/EIERTOMATEN

San Marzano: *italienische, herkunftsgeschützte Sorte („Pomodore San Marzano dell' Agro Sarnese Nocerino DOP"). Die Form ist leicht spitz zulaufend, Geschmack und Aroma sind ausgeprägt tomatig, süßlich, eher wenig säuerlich, die Schale ist hart, das Fleisch fest und saftig. Sie ist besonders als Dosentomate geeignet und entfaltet gekocht erst ihr volles Aroma. Ideal ist sie für Sugo und Pizza, schmeckt aber auch halbreif als Salattomate.*
Roma: *ursprünglich eine sehr alte Sorte aus Südamerika, heute ein Klassiker aus Italien, gut zu erkennen an der spitz zulaufenden, knallroten Frucht. Die fleischigen Tomaten eignen sich nicht so gut als Rohkost, sind aber ideal für Sugos und Ketchup.*

farblichen Gag mit den italienischen Nationalfarben außerdem einen würzigen Kontrast. Auch harzige, holzige Kräuter (Oregano, Rosmarin, Bohnenkraut) und Gewürze (Kümmel, Kreuzkümmel, Nigella, Pinienkerne), ja selbst Aromaten (Vanille, Thymian und Anis) gesellen sich gern in die Nähe der Tomaten, ebenso wie Rauch. Würzige, an Heu erinnernde Düfte durch Waldmeister und Tonka oder gar Zimt und Muskat aus dieser Gruppe ergänzen das Aromaspektrum der Tomate wunderbar. Wie kompatibel die Tomate ist, lässt sich zum Beispiel an einer aromatischen „Modellkonstruktion" erkennen: ausgehöhlte Tomatenhälften, mit einer „Pastisschlagsahne" gefüllt, sind köstlich.

Natürlich lassen sich Tomaten mit Sommerfrüchten sehr gut kombinieren: Himbeeren, Brombeeren, Pfirsiche und Aprikosen sind Partner, die der Tomate mit Süße und Säure auf Augenhöhe begegnen, egal ob in (kalten) Vorspeisen, herzhaften Hauptgerichten (Wild, Wildgeflügel, Gänse, Enten), zu Fleisch oder Käse (statt des üblichen Mozzarella macht sich ein cremiger ***Burrata*** hervorragend) oder sogar in Desserts. Der Grund ist sehr einfach: Die reife Tomate ist ein idealer Mittler zwischen sauer, umami und süß. Ein wahrer Paradiesapfel.

GESCHICHTE UND BOTANIK

Die wilden Vorfahren der Tomaten, die in Österreich passenderweise „Paradeiser" heißen, also direkt aus dem Paradies kommen, stammen aus den Anden beziehungsweise von den Galapagos-Inseln und schmeckten bitterer und säuerlicher als unsere heutigen Kulturtomaten. Von dort kamen sie nach Mexiko. Die Indios kultivierten kleine Kirschtomaten und nannten sie „tomatl", was übersetzt so viel heißt wie „etwas prall Angeschwollenes". Bei den Indios haben sie die spanischen Conquistadores entdeckt und mit nach Europa gebracht. Die Europäer hielten sie zunächst für ungenießbar. Nur im Königreich Neapel wurden sie bereits 1554 angebaut. Die Italiener nannten sie „pomodoro" (Goldapfel). Außerhalb Italiens diente die Tomate wie andere Fruchtgemüse aus der Neuen Welt (Paprika, Chili, Aubergine) lange als Zierpflanze. Erst 1778 werden sie erstmals in der Rubrik Gemüse im Saatgutkatalog der französischen Firma Andrieux-Vilmorin geführt. Ende des 19. Jahrhunderts setzt sie sich langsam als essbares Gemüse außerhalb Italiens durch. Um 1880 begannen Hamburger Gärtner mit dem kommerziellen Anbau, sie hatten weiße, gelbe und rote Sorten im Angebot. Heute verzehren Deutsche und andere Mitteleuropäer im Jahr durchschnittlich 25 kg Tomaten pro Jahr, Spanier und Italiener etwa doppelt so viel. Die Tomate ist weltweit das beliebteste und mengenmäßig führende Gemüse. Marktgerechte Züchtungen fürs Treibhaus und die Gemüsetheke der Supermärkte haben ihr allerdings fast jegliches Aroma ausgetrieben. Aber in den letzten Jahren haben sich engagierte Gemüsebauern den alten und viel aromatischeren Sorten gewidmet – und die verdrängen jetzt zunehmend die „Industrietomaten".

Der Handel unterscheidet zwischen runden Stabtomaten, den wenig saftigen, großen Fleischtomaten, kleinen, oft süßen Kirsch- bzw. Cocktailtomaten und Eiertomaten, die wenig Saft und wenige Kerne haben und oft in Konserven kommen. Alle bei uns verkauften Tomaten, vor allem die heimischen, kommen fast immer aus dem Gewächshaus, Freiland ist bei unserem Klima zu riskant: Es gibt zu viel Regen und zu wenig Sonne. Es existieren weltweit rund 10 000 verschiedene Tomatensorten, hauptsächlich Züchtungen. Das Ziel der Züchter ist ein hoher und sicherer Ertrag von einheitlich wachsenden Früchten bei möglichst langer Saison. Auch Gentechnik wird eingesetzt: Allerdings konnte die legendär-berüchtigte Anti-Matsch-Tomate in den 1990ern in den USA nicht auf dem Markt etabliert werden. Beliebt bei Supermärkten weltweit sind sogenannte Longlife-Tomaten (z. B. „Vanessa F1"). Aufgrund ihrer dicken Haut bleiben sie länger frisch, schmecken aber oft muffig. Mittlerweile werden auch „Aromatomaten" gezüchtet: mit viel Lycopin, Carotin und vor allem Zucker. Durch den hohen Zuckergehalt wirken sie „aromatischer" und geschmackvoller. Doch das Interesse nicht nur beim ambitionierten Hobbygärtner, sondern auch beim anspruchsvollen Gourmet für alte und regionale, aromaintensive Sorten aus Sibirien, Frankreich, Italien, Südamerika oder Australien steigt.

WILDTOMATE

STRAUCHTOMATEN, BUNT

EINKAUF UND LAGERUNG

Am besten noch nicht vollreif ernten und im Haus (an der Sonne oder abgedeckt) nachreifen lassen. Nie im Kühlschrank lagern, zumindest nicht in der kalten Zone, dort verlieren Tomaten sofort an Aroma. Wenn sie einmal unter 10 °C gelagert wurden, reifen sie nicht mehr nach. Reife Tomaten lassen sich bei Zimmertemperatur problemlos einige Tage lagern, aber besser nicht neben anderem Obst und Gemüse, denn sie geben Ethylen an die Luft ab – ein Stoff, der benachbartes Gemüse oder Obst schneller reifen lässt. Tomaten lassen sich einfrieren, werden allerdings matschig. Praktisch und besser sind pürierte Tomaten, die man portionsweise in einem Eiswürfelbehälter einfriert. Nur von einem ist abzuraten: von Supermarkttomaten im Winter. Lieber zu den selbst eingemachten Tomaten greifen und sich auf den nächsten Sommer freuen.

SAISON

01 02 03 **04 05 06 07 08 09 10 11** 12

Als Importware ganzjährig erhältlich, vor allem aus Spanien und den Niederlanden.

ANBAU

Ab Mitte Mai können die kleinen vorgezogenen Tomatenstauden in die Erde, wenn die Gefahr von Bodenfrost gebannt ist. Sie mögen es windgeschützt, trocken und sonnig und brauchen viel Wasser (Starkzehrer). Ein Trick: Wer viele Tomaten an seiner Pflanze haben will, kann zur elektrischen Zahnbürste greifen. Der vibrierende Bürstenkopf wird an den Stängel knapp oberhalb der Blüte gelegt und diese so in Bewegung versetzt. Bei der leichten Erschütterung fallen die Pollen auf die Narbe, die Tomaten bestäuben sich so selbst. In der Regel löst das Summen und Flügelschlagen von Hummeln diesen Vorgang aus, doch in Gewächshäusern muss der Hobbygärtner nachhelfen.

Physalis ixocarpa

TOMATILLO

Die herzhaft-säuerlichen mittelamerikanischen Früchtchen sind fester Bestandteil der mexikanischen Küche: Sie kommen dort in Saucen, Salsa und kalte Suppen. Botanisch haben sie nichts mit Tomaten zu tun, eher mit den Andenbeeren, und ihr Aroma erinnert ein wenig an Stachelbeere.

Aromen roh und gekocht: (Z)-3-HEXENAL △*grün, fettig, grasig, frisch gemähtes Gras,* □*grüner Apfel, unkrautartig* (Z)-3-HEXENOL △*grün, grasig, frisch gemähtes Gras, laubartig, fruchtig,* ◇*leicht ölig, melonenschalenartig* 1-HEXANOL △*grün, herbal, süßlich, apfelschalenartig,* ◇*stechend, ölig, fruchtig* HEXANAL △*grün, blattartig, grasig, fettig,* □*gemüseartig, apfelartig,* ◇*leicht holzig* NONANAL △*wachsig, grün,* □*zitrusschalenartig, fettig, gurkenartig* 6-METHYL-5-HEPTEN-2-ON △*grün, zitrusartig, zitronengrasartig, apfelartig,* □*sahnig, moderig, grüne Banane* METHYL 2-HYDROXY-4-METHYL-VALERAT △*fruchtig, süßlich,* □*moderig* DIMETHYLDISULFID △ *schwefelig, gemüseartig,* □ *kohlartig,* ◇ *zwiebelartig* GERANYLACETON △*floral, grün, fruchtig,* □*wachsig, rosenartig, magnolienartig,* ◇*apfelartig, seifig* β-IONON △*floral, holzig, süßlich,* □*beerenartig,* ◇*bienenwachsartig* β-DAMASCENON △*floral, holzig, rosenartig, fruchtig,* □*gekochte Pflaumen,* ◇*tabakartig, süßlich* METHYLSALICYLAT △*aromatisch, minzig,* □*kampferig, balsamisch* BENZALDEHYD △*aromatisch, bittermandelartig, nussig, süßlich,* □*holzig* GUAIACOL △*phenolisch, rauchig, würzig,* □*holzig, vanillig, fleischartig,* ◇*schinkenartig* FURFURAL △*süßlich-röstig, brotartig,* □*nussig,* ◇*karamellig* CAPSAICIN ◇ *schmerzhafte Hitze, scharf* OXALSÄURE ◇ *demineralisierend, stumpf*

Die Tomatillo heißt dennoch nicht umsonst „kleine Tomate": Im Aromaprofil ist die Nähe zur Tomate deutlich zu erkennen, wenngleich mit deutlichen Unterschieden, sowohl im rohen als auch im gekochten Zustand. (In neueren Untersuchungen zeigt sich, dass von allen Tomatensorten die Roma der Tomatillo aromatisch am nächsten kommt.)

Roh duften Tomatillos deutlich grüner, grasiger und nach Blättern, was sich durch die stärkere Präsenz des Blätteraldehyds (Z)-3-HEXENAL ausdrückt. Unterstützt wird der grüne Duft vom Blätteralkohol (Z)-3-HEXENOL, der noch einen Hauch Melonenschale (vor allem retronasal) einstreut. HEXANAL und NONANAL liefern grüne, wachsige Dufttöne mit Anklängen an Zitrusschalen und Gurken. 1-HEXANOL mit seinem grünen, herbalen und an Apfelschalen erinnernden Duft ist in Tomatillos und Tomaten in ähnlichen Konzentrationen vertreten.

Deutliche Fruchtnoten werden der Tomatillo durch das Keton 6-METHYL-5-HEPTEN-2-ON mitgegeben. Dies ist Teil der grünen, leicht moderigen Zitrus- und Bananennoten, die zum oft genannten Stachelbeeraroma der Tomatillo beitragen. Der Ester METHYL 2-HYDROXY-4-METHYL-VALERAT sorgt ebenfalls für fruchtige, süßliche und leicht moderige Duftbeiträge. Darüber hinaus bringt die Tomatillo auch Aromaten und Phenylpropanoide mit: Duftaktiv sind METHYLSALICYLAT, das aromatische, balsamische und minzige Düfte einstreut, BENZALDEHYD mit seinem Mandelduft sowie das an Rauchschinken erinnernde GUAIACOL und das Gewürznelkenaroma EUGENOL. Nicht zuletzt duftet die Tomatillo ebenso wie die Tomate stark floral. Verantwortlich dafür sind das aus den Carotinen entstehende β-IONON mit seinem süßlichen Beerenduft sowie die Abwehrstoffe GERANYLACETON mit Anklängen an Äpfel und Magnolien und β-DAMASCENON, das nach Rosen, gekochten Pflaumen und ein wenig nach Tabak duftet. Süßliche, röstige Nuss- und Karamellnoten werden über FURFURAL beigefügt.

Wird die Tomatillo gekocht, ist die Ausbildung des schwefeligen, nach gekochtem Gemüse riechenden DIMETHYLSULFID nicht ausgeschlossen. Beim Kochen werden außerdem die grünen Noten stark zurückgefahren, dafür aber die Aromaten stark erhöht. Vor allem das Mandelaroma BENZALDEHYD wird deutlich verstärkt. Die Konzentration der floralen Duftstoffe, etwa durch β-DAMASCENON, erhöht sich ebenfalls, GERANYLACETON allerdings verschwindet beim Kochen praktisch komplett.

Tomatillos schmecken säuerlich-süß, mit leichten Bitteranteilen. Hauptanteil der Säure ist die Zitronensäure und für den pH-Wert von unter

4 verantwortlich. Auch geringe Mengen an Äpfelsäure, Milchsäure und Oxalsäure sind vorhanden. Der leicht bittere Geschmack wird durch Polyphenole ausgelöst, die allerdings nicht im Vordergrund stehen. Geringe Konzentrationen an Capsaicin sorgen hin und wieder für trigeminale Reize in Richtung Schärfe. Die Süße liefern Zucker, vor allem Glucose, Fructose und Saccharose. Beim Kochen wird die Tomatillo süßer. Das liegt zum einen an der weiteren Freisetzung der Zucker aus den Zellen, zum anderen an der Invertase der Saccharose beim Kochen: Durch den niedrigen pH-Wert wird Saccharose in Glucose und Fructose zerlegt, die Gesamtsüße nimmt dadurch zu. Im Gegensatz zu Tomaten weisen Tomatillos deutlich weniger freie Glutaminsäure auf, sie schmecken daher kaum umami.

ZUBEREITUNG

Tomatillos werden in der Regel unreif geerntet und kommen roh in scharfe, grüne Salsas. Man entfernt die Hülle und kann dann die Früchte wie Tomaten verarbeiten, also mit oder ohne Haut verzehren. Um die Haut zu entfernen, wie Tomaten kurz überbrühen.

Pürees lassen sich sowohl aus rohen als auch aus gekochten Tomatillos herstellen, allein oder in Kombination z. B. mit Äpfeln (ebenfalls roh oder gekocht). Pürierte rohe oder gekochte Tomatillos können als Grundlage für eine Vinaigrette dienen oder in Form von Mayonnaisen, z. B. frisch oder blanchiert mit reichlich Olivenöl püriert, als süß-säuerlicher Dip für Fisch, helles Fleisch oder Rohgemüse. In diesem Zusammenhang ist zu betonen, dass roh pürierte Tomatillos (ebenso wie Tomaten) ihr frisches, grünes Aroma schnell abbauen. Werden Enzyme durch Blanchieren bei 65 °C inaktiviert, bleiben die grünen Aromen hingegen erhalten.

Reife süße Tomatillos kann man zu Marmeladen verarbeiten. Hier wird auch das natürlich vorkommende Pektin in den Früchten genutzt.

KOMBINATIONEN

Werden Tomatillos unreif oder nicht voll ausgereift geerntet, duften sie wunderbar grün und grasig und sind damit fester Bestandteil vieler Saucen (Salsas). Diese passen nicht nur gut zu Fisch oder hellem Fleisch, sondern auch als Dip gut zu Rohgemüse wie etwa Stangensellerie, Kohlrabi und Möhren. Die Kombination mit Äpfeln liegt wegen des gemeinsamen süßsauren Geschmacks nahe. Feine rohe (oder gekochte) Pürees aus Tomatillos und (grünen) Äpfeln wirken weit besser als eine ähnliche Konstruktion mit Tomaten. Eine Tomatillo-Apfelcreme (eventuell mit etwas Knoblauch) ist ein wunderbares Element für (saucenarme) Gemüse und Fischgerichte. Wegen der Präsenz der Fruchtnoten eignen sich die kleinen Früchte außerdem bestens für die Kombinationen mit Kochbananen. Würzt man dabei mit Pfeffer, Chili oder Ingwer, lassen sich die angelegten schwach trigeminalen Eigenschaften der Tomatillos betonen. Der Einsatz von floralen Gewürzen und Essenzen ist ebenfalls möglich: Rosenwasser betont die deutlichen floralen Noten der Tomatillo. Die leicht balsamischen Minznoten des

GESCHMACK

Tomatillos schmecken säuerlich-süß, mit leichten Bitteranteilen. Ihr Aroma ist grün und floral mit einem Hauch Mandel.

MIKRONÄHRSTOFFE *(pro 100 g)*

Vitamine: *A (114 µg), C (11,7 mg)* ***Mineralstoffe:*** *Calcium (18 mg), Eisen (0,6 mg)*
Sekundäre Pflanzenstoffe: *Carotinoide*

HARMONIE

KÜCHENJOKER

Trüffel, Herbsttrompeten (getrocknet)

PASST GUT ZU

Fisch, hellem Fleisch, Äpfeln, Tofu (geräuchert), Käse (geräuchert), Speck

LÄNDERKÜCHE

Mexiko: *grüne Salsa*

EINKAUF UND LAGERUNG

Unreife, also die bevorzugten Tomatillos erkennt man an der noch grünen Farbe der Hülle. Bei reifen Früchten wird sie braun

TOMATILLO-VANILLA-TARTE

FÜR DEN MÜRBETEIG

- 80 g Buchweizenmehl
- 40 g Butter
- 1 Ei
- je 1 Prise Zucker und Salz

FÜR DEN BELAG

- 1 Bio-Zitrone
- 1 EL Zucker
- 1 Eigelb
- Mark von 1 Vanilleschote
- 1 Tomatillo

FÜR DIE GEBRANNTEN MANDELN

- 2 EL Zucker
- 100 g geschälte Mandeln
- ½ Tonkabohne, gerieben

Pro Portion: 412 kcal, 24 g F, 34 g KH, 4 g B, 10 g E

Backofen auf 180 °C vorheizen. Für den Teig alle Zutaten verkneten, dünn ausrollen und in vier kleinen Kuchenformen verteilen. Böden im Ofen 15 Minuten vorbacken.

Für den Belag Zitrone heiß abwaschen, entkernen und komplett mit Zucker und Eigelb fein pürieren. Vanillemark zugeben und nochmals durchrühren. In einen Topf geben, im Wasserbad auf ca. 85 °C erhitzen und unter Rühren zur Rose abziehen, bis die Masse auf einem Löffelrücken ein rosenartiges Wellenmuster zeigt, wenn man darauf bläst. Tomatillo in feine Scheiben schneiden.

Zucker in einer Pfanne leicht karamellisieren und die Mandeln unter ständigem Rühren anrösten. Mit etwas Tonkabohne würzen.

Den vorgebackenen Teig mit Zitronencreme bestreichen, Tomatillo darauf verteilen, leicht eindrücken und kurz unter dem Grill erwärmen. Mit gebrannten Mandeln dekorieren.

und papierartig. Auch die Frucht sollte hellgrün sein. Man bekommt sie manchmal frisch auf Märkten oder im lateinamerikanischen Spezialladen. Dort gibt es sie auch in Dosen. Sie halten sich frisch etwa 1 Woche, sollten aber nicht zu kalt gelagert werden.

SAISON

01 02 03 04 05 06 **07 08 09** 10 11 12

Erhältliche Importware stammt beispielsweise aus Mexico.

ANBAU

Die einjährigen Tomatillos sind frostempfindlich, können aber auch bei uns im Freiland angebaut werden, sobald das die Nachttemperaturen erlauben. Ab August sind sie reif.

Gemüses paaren sich natürlich wunderbar mit Minze, aber ergänzen sich ebenso mit typischen mediterranen Kräutern, insbesondere Thymian, gefolgt von Rosmarin, Bohnenkraut oder Oregano. Diese heben das nur schwach ausgeprägte holzig-harzige Duftspektrum der Tomatillos an. Die Anklänge an Bittermandeln, Nüsse und Rauchschinken prädestinieren die Tomatillo als großartigen Partner für deftige Grillgenüsse sowie als Mitstreiter für geräucherte Käse, Tofu oder Speck. Sogar in Richtung Dessert lässt sie sich mit gebrannten Mandeln, Nüssen oder gerösteten Getreide bestens verwenden. Ein „Dessert-Burger" mit Tomatillo, Ananas, einer nicht allzu süßen Crème pâtissière mit Vanille, Zimt und Tonkabohne, etwas knackigem Eisbergsalat und gestoßener Kakaobohne klingt ungewöhnlich, liefert aber ein tolles Ergebnis.

GESCHICHTE UND BOTANIK

Tomatillos kommen aus Mittelamerika und werden dort seit 3 000 Jahren kultiviert. Es gibt noch heute wilde Formen. Zur Zeit der Kolonisierung wurde sie intensiver kultiviert als die Tomate. In Europa geriet sie nach ihrem Eintreffen jedoch bald wieder in Vergessenheit und wich der Tomate. Erst in den letzten Jahren hat die Tomatillo eine kleine Küchen-Renaissance bei uns erlebt. Kommerziell werden sie in Mittelamerika und Mexiko, Indien, Australien, Südafrika und im Süden der USA angebaut.

Tomatillofrüchte sind gelb, grün oder cremefarben. Es gibt auch Sorten mit tief violetter Farbe, die etwas süßer schmecken. Die Früchte sind von einer Hülle umgeben, das ist der Blütenkelch.

Helianthus tuberorus

TOPINAMBUR

Die oder der Topinambur stammt aus Nordamerika und ist mit der Sonnenblume verwandt. Kulinarisch interessant ist die stärkehaltige Knolle. In Europa ist sie seit dem frühen 17. Jahrhundert bekannt, wurde jedoch lange von der einfacher anzubauenden Kartoffel verdrängt und ist erst in den letzten Jahren wiederentdeckt worden. Als „Jerusalemartischocke" ist sie unter Gourmets gerade sehr en vogue.

Aromen roh: 1-HEXANOL *△ grün, herbal, süßlich, apfelschalenartig, ◇ stechend, ölig, fruchtig* LINALOOL *△ floral, zitrusartig, rosenholzartig, grün, □ orangenartig, zitronenartig, ◇ leicht wachsig, holzig* α-PINEN *△ herbal, kampferig, pinienartig, □ stark holzig, erdig, ◇ terpentinartig, holzig-würzig* CAMPHEN *△ holzig, herbal, tannennadelartig, □ kampferig, minzig, ◇ kühlend* SABINEN *△ holzig, terpentinartig, zitrusartig, □ pinienartig, möhrenartig, ◇ ölig, würzig* β-PINEN *□ herbal, holzig, harzig, pinienartig, heuartig, kampferig, ◇ gewürznelkenartig, muskatartig-würzig, pfefferig, leicht kühlend* LIMONEN *△ zitrusartig, orangenartig, □ süßlich, ◇ terpentinartig* α-COPAEN *△ holzig, würzig, □ honigartig* α-CEDREN *△ holzig, zedernartig, □ süßlich* β-PHELLANDREN *□ terpentinartig, minzig* α-BISABOLEN *△ holzig, fruchtig, □ zitrusartig* β-BISABOLEN *△ balsamisch, holzig*
Aromen gekocht außerdem: DIMETHYLSULFID *△ schwefelig, zwiebelartig, radieschenblätterartig, kohlartig, □ fischartig, maisartig, spargelartig, ◇ ein Hauch gekochte Milch/Sahne*

GESCHMACK

SÜSS SAUER SALZIG **BITTER** UMAMI

Topinambur duften holzig-harzig-erdig und schmecken süßlich, gekocht erinnern sie an Artischocke oder Schwarzwurzel.

Topinambur (auch: ***Erdartischocke, Jerusalemartischocke, Knollensonnenblume, Rosskartoffel [Baden], Indianerknolle, Zuckerkartoffel, knollige Sonnenrose, Furzknolle***) duftet erdig, warm-harzig und holzig, mit starken Kräuteranteilen und Zitrusnoten im Hintergrund. Kein anderes Gemüse hat dieses einzigartige Duftspektrum. Die Hauptaromen sind die Terpene β-BISABOLEN und α-PINEN, die der Knolle einen holzig-herbalen, erdigen Duft verleihen. Hinzu kommen eine ganze Reihe von warmen, balsamischen Terpenen, die sich nur selten in dieser Intensität in Gemüse finden und die den ungewöhnlichen Duftcharakter der Topinambur prägen, etwa CAMPHEN, α-COPAEN, α-CEDREN und SABINEN. Selbst floral duftende Terpene wie LINALOOL sind spürbar vorhanden. Roh wird Topinambur vor allem süßlich mit einem Flavour von erdigen, harzigen und kräuterigen Noten wahrgenommen. Gegart wird sie süßlicher und tendiert aromatisch in Richtung Schwarz- oder Haferwurzel.

Topinambur baut als Energiespeicher keine Stärke (Amylose und Amylopektin aus Glucose), sondern den löslichen Ballaststoff Inulin ein. Inulin besteht aus mehr oder weniger langen Fructoseketten. Topinambur gehören zu den Fodmaps (→ Seite 84), die bei empfindlichen Menschen Blähungen verursachen können. Freie Fructose und Glucose ist kaum vorhanden; freie Saccharose trägt im Mittel nur bis zu 8 Prozent zu der wahrgenommenen Süße bei.

Die ebenfalls essbaren Topinamburblätter enthalten signifikant mehr bitter schmeckende phenolische Chlorogen-, Kaffee- und Chinasäuren sowie deren Derivate als die Knollen.

ZUBEREITUNG

Anders als Kartoffeln kann man Topinambur auch roh knabbern, zu Rohkost raspeln oder zu einem „Carpacchio" dünn schneiden. Das Fruchtfleisch verfärbt sich schnell, deshalb geschnittene Knollen in Zitronenwasser oder in Wasser mit aufgelöster Ascorbinsäure legen. Häufig muss man sie nicht schälen, gründliches Abschrubben genügt, denn gerade die Schale enthält viele der holzig-würzigen Aromen und würzt beim Garen die Topinambur. Geschält wie Salzkartoffeln sollte man sie nicht kochen, dann wird die Knolle fad. Aromatisch ideal ist Dämpfen.

Püriert und mit Crème fraîche oder Frischkäse angereichert, kann man die gegarten Knollen als wohlschmeckende und sättigende Beilage, als

Ravioli- oder Maultaschenfüllung oder als Cremesuppe einsetzen. Auch eine Tortilla oder ein Gratin lässt sich aus Topinambur backen. Gerieben werden die Knollen wie Kartoffeln zu Rösti verarbeitet. Dünne Scheiben kann man zu Chips frittieren.

Die Knolle lässt sich wegen des hohen Zuckeranteils außerdem bestens karamellisieren und „verbrennen": Dazu die Knollen sehr gut mit der Gemüsebürste abbürsten und im Ofen bei 300 °C für zwei Stunden „verbrennen". Die äußeren Schichten werden dabei sehr dunkel, das Fruchtfleisch fast trocken und braun gelblich. Abkühlen lassen und in einem Mixer mahlen. Das röstig duftende Granulat lässt sich lange aufbewahren, da es kaum Wasser enthält. Dieser „Topinamburkaffee" ist eine wunderbare Saucengrundlage: Aufgekocht mit Sahne, Crème fraîche oder Fond, ergibt er tiefe, dunkle Saucen. Er eignet sich auch gut für Gemüse: Butter und Wasser mit Topinamburkaffee aufkochen und z. B. ganze Pastinaken darin 1 Stunde lang bei niedriger Hitze schmoren. Nach dem Reduzieren der Sauce hat man hier die Grundlage für ein brillantes vegetarisches Hauptgericht.

Im Ofen zwischen 50 und 55 °C getrocknete Topinamburscheiben sind eine wohlschmeckende Abwechslung für Getreideflocken und lassen sich wie diese in Müslis und Milchprodukten und selbst in Desserts genießen. In Baden wird aus „Rosskartoffeln" der „Rossler" gebrannt, ein klarer Schnaps mit ganz eigenem, erdig-holzigen Aroma, das ein wenig an Enzian erinnert. Topinamburblätter können roh verzehrt (Salat) oder ähnlich wie Spinat kurz blanchiert oder in Butter (Öl) abgeschwenkt werden.

KOMBINATIONEN

Abgesehen von den klassischen Zubereitungsmethoden (kochen, frittieren, roh) lassen sich Topinambur aufgrund ihres Aromaspektrums auch auf eher ungewohnte Weisen interpretieren. So lädt die leichte Honignote der Wurzeln zur verstärkenden Kombination mit Honig ein. Dafür lassen sich kleine Topinambur in Scheiben hobeln und mit etwas Honig und Honigessig kombinieren. Im Dessertbereich kann man die Knolle mit Zimt, Nelken oder Tonkabohnen in einer Pergamenthülle garen. Die würzig-süßlichen Aromen ergänzen die würzig-holzig-balsamischen der Topinambur bestens. Naheliegend sind Pürees mit Pinien- oder Zedernkernen, die direkt an die holzigen Zedernnote der Wurzel andocken und diese unterstreichen, oder mit gerösteten Nüssen und Mandeln, die aromatische Töne beifügen. Die stark würzig-holzigen Anklänge der Topinambur fordern direkt zum Räuchern der Knollen in Tischräucheröfen oder Räuchertöpfen auf. Pürees (gern auch auf Ziegenfrischkäsebasis, der wiederum die grünen Noten der Topinambur hebt) lassen sich mit Räucherpfeifen kalt räuchern und begleiten so Forellen, Fisch und Hähnchen. Die Kombination mit Olivenöl, Weizengraspulver oder Weizengrasöl betont die grünen Noten der Wurzel. Das Garen der Knollen auf verholzten Zweigen des Thymians kombiniert holzige und rauchige mit aromatischen Tönen, das Garen mit Rosmarin betont und erweitert das herbale Duftspektrum der Knolle, das Garen

MIKRONÄHRSTOFFE *(pro 100 g)*

Vitamine: *B_1 (0,20 mg)* ***Mineralstoffe:*** *Kalium (478 mg), Eisen (3,7 mg)* ***Sekundäre Pflanzenstoffe:*** *Polyphenole*

HARMONIE

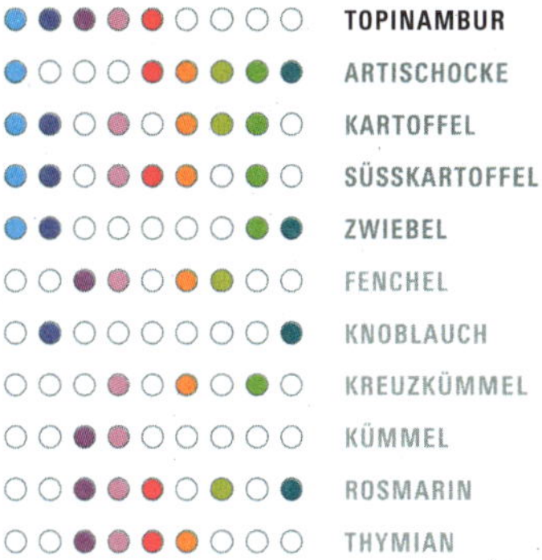

KÜCHENJOKER

Kokosnuss, Trüffel, Mandeln, Knollenziest

PASST GUT ZU

Fisch, hellem Fleisch, Lamm, Nüssen

LÄNDERKÜCHE

Baden: *Topinamburschnaps*

EINKAUF UND LAGERUNG

Beim Kauf sollte man auf feste, unverletzte Knollen achten. Die hellen sind aromatischer. Topinambur lassen sich nicht so lange wie Kartoffeln lagern, weil sie nur eine dünne Schale haben. Sie verlieren deshalb schnell Feuchtigkeit, werden schrumpelig und faulen. In Frischehaltefolie gewickelt halten sie im Gemüsefach ein paar Tage.

SAISON

Als Importware erhältlich, beispielsweise aus Frankreich und Ländern Nordamerikas.

KONFIERTER TOPINAMBUR

4 ganze, etwa gleich große Topinamburknollen

250 g Butterfett

250 ml Milch

16 ganze Paranüsse

Salz

Pro Portion: 378 kcal, 32 g F, 8 g KH, 13 g B, 8 g E

Topinamburknollen gut abbürsten, nicht schälen. Butterfett in einem Topf auf 90 °C erwärmen und Topinambur 45 bis 60 Minuten darin konfieren, bis sie weich sind.

Milch aufkochen, Paranüsse hineingeben und ca. 15 Minuten köcheln lassen. Paranüsse herausnehmen und in feine Scheiben schneiden. Milch dicklich einkochen und mit etwas Salz abschmecken.

Topinambur aus dem Fett nehmen und in Scheiben von ca. 3 mm Dicke schneiden. Eingedickte Milch kräftig mit 2 bis 3 EL des Butterfetts verrühren und aufschlagen.

Topinambur auf Tellern anrichten, 1 bis 2 EL der Sauce angießen und mit Paranüssen dekorieren.

ANBAU

Topinambur stellt geringe Ansprüche an den Boden. Die Aussaat erfolgt von März bis Mai oder im September/Oktober. Geerntet wird ab Herbst bis ins Frühjahr. Hobbygärtner sollten jedoch beachten, dass die Pflanze zum Wuchern neigt und wie Unkraut alles verdrängt.

der Knollen in Weißwein wiederum die floralen Zitrusnoten, ähnlich wie das Garen in Blütentees, Hibiskus oder Rosenblättern.

Für selbstgemachte Brotaufstriche bzw. Cremes für Gemüseteller ist Topinambur prädestiniert: Das Inulin wirkt als „Verdickungsmittel", und werden die gegarten Knollen mit gerösteten Sonnenblumenkernen, Macadamia oder geschälten Paranüssen in Hochleistungsmixern sehr fein püriert, erzeugen Cremigkeit und Mundgefühl, gepaart mit nussigen, holzigen, würzigen Noten, einen wunderbaren Genuss. Dieses Püree verträgt die Geschmacksrichtungen süß, salzig und umami in gleicher Weise, ist also praktisch eine „universelle" Grundlage der feinen Küche.

Eine Kombination mit der verwandten Sonnenblume ist aromatisch ein Gewinn, etwa mit unraffiniertem Sonnenblumenöl, gerösteten Kernen oder Sonnenblumensprossen. Als Gewürze passen u. a. Muskat, Thymian, Knoblauch, Zitronensaft und Weißwein, süßen kann man mit Ahornsirup.

GESCHICHTE UND BOTANIK

Die Topinambur wurde bereits von den Ureinwohnern in Mittel- und vor allem Nordamerika wegen ihrer stärkehaltigen und nahrhaften Knollen kultiviert. Im 17. Jahrhundert kam sie an den französischen Königshof, wo die Knollen rasch populär wurden und nach einem zufällig anwesenden Indianerstamm aus Brasilien „Topinambur" genannt wurden. Später wurde sie von der noch einfacher und in großem Maßstab kultivierbaren Kartoffel verdrängt und nur noch zum Schnapsbrennen verwendet.

Die Pflanze wird bis zu 4 Meter hoch und blüht hübsch mit dottergelben bis rotbraunen Blüten. Es gibt helle cremefarbene, beigebraune und eher rötliche Knollen, wobei die gelben Sorten als besonders aromatisch gelten. Der Name „Jerusalem-Artischocke" hat nichts mit der Stadt oder einer bestimmten Sorte zu tun, sondern rührt vermutlich vom italienischen Wort für die botanisch verwandte Sonnenblume her: „girasole".

Brassica oleracea subsp. oleracea convar. capitata

WEISSKOHL

Weißkohl ist der Klassiker unter den Kohlsorten und sehr vielfältig einsetzbar: Milchsauer vergoren als Sauerkraut, roh im Krautsalat, als Hülle für Rouladen oder gekocht, gebraten oder gebacken als Zutat für eine Vielzahl von Gerichten: von den österreichischen Krautfleckerln bis hin zum berühmten britischen Coleslaw oder als Zugabe zum Hotdog. Der Spitzkohl ist ein früh reifer, spitz zulaufender Weißkohl.

Das Aromaspektrum von rohem Weißkohl (auch: ***Weißkraut, Kappes, Kabis, Spitzkohl, Frühkraut, Filderkraut***) ist durch die kohltypischen schwefeligen Duftstoffe dominiert (→ Aromabildung, Seite 39): das stechend nach Senf duftende ALLYLISOTHIOCYANAT und 1-CYANO-2,3-EPITHIOPROPAN, das moderig-schwefelige Noten beifügt. Der Hauch Meerrettich wird durch 2-PROPENYLISOTHIOCYANAT verursacht. Wie meist bei Kohl findet sich außerdem das schwefelige DIMETHYLSULFID, das einen Hauch Zwiebel mitführt, sowie sein Partner DIMETHYLTRISULFID, der nach Lauch und Fleisch duftet. Die beiden Letzteren entstehen verstärkt bei längerer Lagerung, wenn sich über den Abbau der Proteine der Aminosäurenprodukte S-METHYL-L-CYSTEINSULFOXID bildet, das als Vorläufer der verschiedenen Schwefelaromen dient. Diese Proteinspaltung kann beim Kochen oder durch enzymatische Spaltung beim Lagern entstehen, wenn dabei Enzyme frei werden, die diese Reaktionen auslösen können. Die meisten dieser Schwefelaromen haben in den äußeren Blättern des Kohls eine höhere Geruchsaktivität. Daher eignen sich diese als funktionelle Zutat zur Intensivierung der Schwefeldüfte.

Beim Kochen verändern sich die Aromen stark, auch wenn der Duft weiterhin von Schwefeltönen bestimmt wird. In gekochtem Weißkohl finden sich das schwefelig-stechende 3-BUTENYLISOTHIOCYANAT sowie das erdig, nach Kohl und Meerrettich duftende 4-METHYLTHIOBUTYLISOTHIOCYANAT. Eher aromatisch-schwefelige Duftbeiträge mit Kressenoten entstehen durch 2-PHENYLETHYLISOTHIOCYANAT, 2-PHENYLETHYLCYANID und 3-PHENYLPROPANNITRIL. Auch grüne, grasige und fettige Noten werden beim Kochen betont, vor allem durch (E,E)-2,4-HEPTADIENAL und NONANAL. Die oft als störend empfundenen Duftstoffe DIMETHYLSULFID und DIMETHYLTRISULFID werden ebenfalls durch längere Hitzeeinwirkung verstärkt. Das extrem lange Schmoren von Weißkohl ist daher nicht unbedingt empfehlenswert.

Der Geschmack des Weißkohls ist umami und bitter. Kohl hat einen mit Zwiebeln vergleichbaren Anteil an freier Glutaminsäure, die für Umamigeschmack sorgt. Die Bitternote kann zum Großteil antioxidativen phenolischen Verbindungen zugeordnet werden, darunter Quercetin, Kaempferol, Isorhamnedin und Cyanindin sowie Zimtsäurenderivate.

Weißkohl weist wie viele Kohlarten Oligosaccharide auf, die auf den Abbau von Cellulose und Hemicellulose zurückzuführen sind. Diese kaum süßen Mehrfachzucker können während der Darmpassage nicht enzymatisch in Glucose gespalten werden, sondern werden beim Kontakt mit der

Aromen roh: ALLYLISOTHIOCYANAT[T] *△ schwefelig, senfartig, ◇ stechend, schmerzend kalt* 1-CYANO-2,3-EPITHIOPROPAN[T] *△ schwefelig, senfartig, □ moderig* DIMETHYLSULFID *△ schwefelig, zwiebelartig, radieschenblätterartig, kohlartig, □ fischartig, maisartig, spargelartig, ◇ ein Hauch gekochte Milch/Sahne* DIMETHYLTRISULFID *△ schwefelig, lauchartig, gekochte Zwiebel, □ herzhaft-fleischartig, ◇ fleisch-gemüsebrühenartig*
Aromen gekocht außerdem: (E,E)-2,4-HEPTADIENAL *△ fettig, grün, □ gemüseartig, ◇ zimtartig, ölig, grasig* NONANAL *△ wachsig, grün, □ zitrusschalenartig, fettig, gurkenartig* 3-METHYLTHIOPROPYLISOTHIOCYANAT[T] *△ schwefelig, wurzelartig, □ meerrettichartig* 4-METHYLTHIOBUTYLISOTHIOCYANAT[T] *△ schwefelig, typisch kohlartig, ◇ rettichartig* 3-BUTENYLISOTHIOCYANAT[T] *△ schwefelig, □ kohlartig, ◇ stechend* 2-PHENYLETHYLISOTHIOCYANAT[T] *△ schwefelig, grün, ◇ meerrettichartig, kressenartig* 2-PHENYLETHYLCYANID[T] *△ stechend, ◇ kalt-schmerzend* 3-PHENYLPROPANNITRIL[T] *△ schwefelig, aromatisch, kressenartig, □ gemüseartig, ◇ stechend, kalt-schmerzend*

GESCHMACK

SÜSS SAUER SALZIG **BITTER** **UMAMI**

Weißkohl schmeckt und duftet typisch nach Kohl: schwefelig. Im Geschmack ist er ein wenig bitter, umami und leicht süß.

MIKRONÄHRSTOFFE *(pro 100 g)*
Vitamine: *C (52 mg)* *Mineralstoffe:* *Natrium (12 mg), Calcium (45 mg)* *Sekundäre Pflanzenstoffe:* *Glucosinolate*

HARMONIE

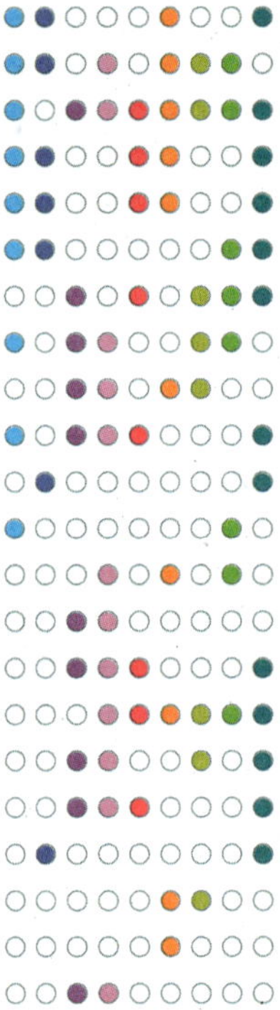

WEISSKOHL
KARTOFFEL
MÖHRE
RADIESCHEN
ROTER RETTICH
ZWIEBEL
BOCKSHORNKLEE
DILL
FENCHEL
INGWER
KNOBLAUCH
KORIANDER
KREUZKÜMMEL
KÜMMEL
KURKUMA
LIEBSTÖCKEL
LORBEER
MAJORAN
SENFKÖRNER
TONKABOHNE
VANILLE
WACHOLDER

KÜCHENJOKER
Fenchel (Gemüse), Grué de cacao, Nigella

PASST GUT ZU
gepökeltem Fleisch, deftigem Fleisch, Räucheraal, Sahne, Sojasauce, Austernsauce, Essig, Sardellen, Senf, Parmesan, Äpfeln

LÄNDERKÜCHE
Deutschland: *Rheinische Suurkappeszopp, Thüringer Kumskraut* *Österreich:* *Krautfleckerln, Krautstrudel* *Deutschland, Österreich:* *Sauerkraut, Krautsalat, Sauerkraut-Reibekuchen* *Deutschland, Österreich, Balkan:* *Kohl-/Krautrouladen* *Schweiz, Frankreich:* *Sauerkraut-Tarte* *Frankreich:*

Darmflora vergoren und führen zu Blähungen (→ Fodmaps, Seite 84). Daher werden Kohlgerichte in vielen Kulturen mit Kümmel, Fenchel, Kreuzkümmel, Wacholder oder Bockshornklee gewürzt, da manche der darin enthaltenen Terpene (z. B. Carvon beim Kümmel) krampflösend wirken.

Der Vitamin-C-Gehalt kann beim Kochen von Kohl noch zunehmen, solange das Kraut nicht zu sehr zerkleinert wird: Das reichlich in Weißkohl, Rotkohl und Wirsing vorkommende Ascorbigen zerfällt beim Kochen in L-Ascorbinsäure (Vitamin C) und 3-Hydroxyindol. Zu lange sollte Kohl aber nicht gekocht werden, da die Ascorbinsäure dann zu der weniger aktiven Desoxyascorbinsäure oxidiert. Beim Zerkleinern passiert das ebenfalls: Durch das Schädigen der Zellwand werden Enzyme frei, die genau diesen Oxidationsprozess einleiten, weshalb es ratsam ist, Rohkost rasch zu verzehren. In Sauerkraut bleibt hingegen wegen des bei der Fermentation rasch sinkenden pH-Werts und des hohen Salzgehalts das Ascorbigen lange erhalten. Gekochtes Sauerkraut enthält daher mehr Vitamin C als gekochter Kohl.

ZUBEREITUNG

Vom Weißkohl sollte man die harten Strünke und die derben und oft unansehnlichen Außenblätter entfernen, die zudem einen hohen Nitratgehalt haben können. Kleinere Köpfe kann man einfach vierteln. Für Rohkost und Sauerkraut hobelt man die Köpfe. Früher sind Spezialisten mit besonderen Hobelmaschinen zu den Sauerkraut erzeugenden Bauern gefahren, heute kann eine fein eingestellte Brotschneidemaschine helfen.

Roh macht man aus Weißkohl Krautsalat mit Essig und Öl und lässt ihn mindestens 2 Stunden ziehen. Kochen sollte man ihn nicht zu lange, denn die „kohligen" Schwefelaromen intensivieren sich zu stark, während Vitamin C bei längerem Kochen oxidiert. Oft genügt es, ihn zu dämpfen oder wenige Minuten zu blanchieren. In Gerichten wie Kohlrouladen wird der Kohl natürlich länger gekocht, aber eher, damit die Fleischfüllung gar wird; dem Kohl selbst tut das lange Kochen nicht unbedingt gut. Das Aufwärmen hingegen umso mehr: Eine aufgewärmte Kohlsuppe oder Kohlroulade schmeckt immer besser, denn das Abkühlen, Lagern und Wiedererwärmen erzeugt über Oxidationsprozesse und andere chemische Reaktionsmuster mehr und neue Aromen, die retronasal wahrgenommen werden und einen intensiveren Gesamteindruck hervorrufen. Zu diesen Prozessen tragen alle Komponenten bei, also bei der Kohlroulade auch die Fleischfüllung. Zudem bilden sich während des Lagerns deutlich mehr umami-Geschmacksstoffe, z. B. freie Glutaminsäure oder Proteinbruchstücke (Peptide), während Bitterstoffe zum Teil in Aromen umgewandelt werden.

Im Backofen lässt sich der Kohl ebenfalls garen, zum Beispiel kann man ihn geschnitten mit angebratenen Schalotten und Zucker in Olivenöl schmoren (gewürzt mit Salz, Majoran und vor dem Anrichten mit frischem Liebstöckel bestreut). Oder man legt ihn geviertelt und mit Öl und Fruchtessig beträufelt auf ein Backblech, dann ist er bei 160 °C in 20 Minuten gar. Am Ende noch einmal mit Öl beträufeln und kurz grillen (das gibt Farbe).

BITTERGESCHMACK DURCH GLUCOSINOLATE

Glucosinolate – auch Senfölglycoside – haben gerade bei Kohlsorten eine wichtige Funktion: Sie sorgen für den bitteren Geschmack. Wegen des Zuckers (Glucose) und der negativ geladenen SO3-Gruppe (an der Schwefelverbindung) sind die Glucosinolate stark wasserlöslich. Durch die Zellverletzung beim Zerkleinern wird das Enzym Myronase aktiv, das die Glucose abspaltet. Die Bitterkeit wird abgemildert und es bilden sich über weitere chemische Reaktionen eine Vielzahl von schwefeligen, kohltypischen Aromen.

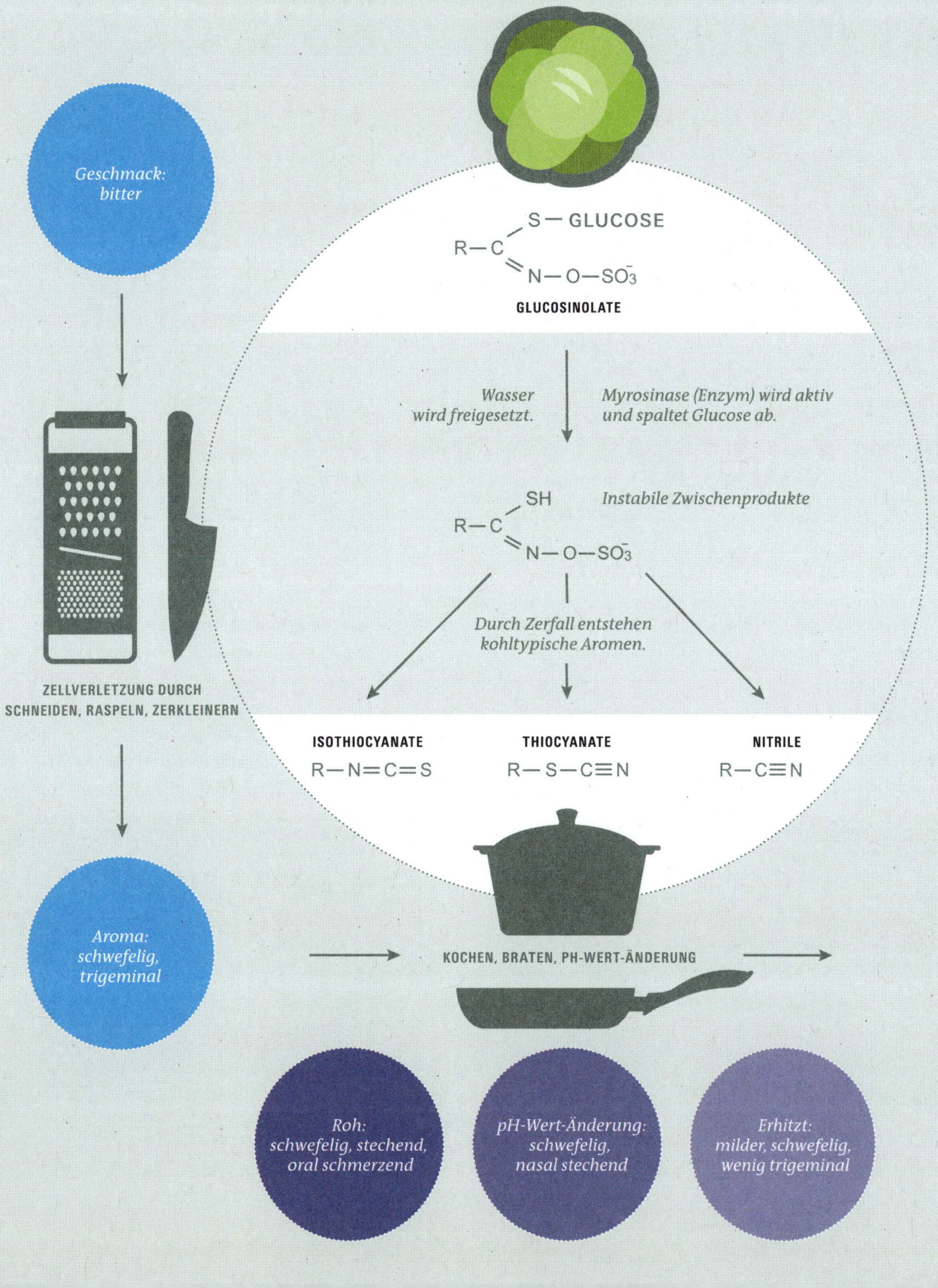

DITHMARSCHER

TIAN DE CHOUCROUTE

- 100 g Crème fraîche
- Salz, 1–2 Msp. gemahlene Bourbonvanille
- 400 g festkochende Kartoffeln
- 300 g Weißkohl
- 500 g Sauerkraut, gut ausgedrückt
- 1 kleine Zwiebel
- 2 TL geklärte Butter
- 100 ml trockener Weißwein (Riesling)
- 200–300 g Räucheraal

Pro Portion: 370 kcal, 23 g F, 18 g KH, 6 g B, 14 g E

Crème fraîche leicht salzen und Vanille zugeben. Kartoffeln kochen, pellen und nicht zu fein zerdrücken. Mit Vanille-Crème-fraîche zu Kartoffelpüree verarbeiten.

Weißkohl putzen und fein schneiden, dann mit Sauerkraut vermengen.

Zwiebel schälen und fein würfeln. 1 TL geklärte Butter in einem Topf erhitzen und Zwiebel darin anschwitzen. Mit Weißwein ablöschen und diesen komplett verdampfen lassen. Sauerkraut-Kohl-Mischung zugeben und bei schwacher Hitze 5 bis 7 Minuten ziehen lassen; der Weißkohl soll dabei noch Biss haben. Aus dem Topf nehmen und unter 50 °C abkühlen lassen.

Räucheraal häuten, Mittelgräte herausnehmen und Rest klein schneiden.

Kraut und Räucheraal vermengen, dann in 4 kleine niedrige (provençalische) Tian-Formen geben. Leicht pressen und obenauf den Kartoffelbrei geben. Mit restlicher geklärter Butter bestreichen und unter dem heißen Grill erwärmen, bis sich leichte Röstmarken auf dem Kartoffelbrei zeigen.

Choucroute garnie ***Polen:*** *Bigos* ***Ungarn:*** *Szegediner Gulasch (mit Sauerkraut)* ***England, USA, Kanada:*** *Coleslaw* ***USA:*** *Hotdog*

WEISSKOHL-SORTEN

Dithmarscher: *frühe Sorte mit fein gerippten, auffallend hellen Blättern, benannt nach der Anbauregion in Schleswig-Holstein.*

Matsumo: *plattrunder, früher Kohl mit zarten Blättern, ideal für Krautsalat, nicht lagerfähig.*

Brunswijker/Braunschweiger: *alter bewährter Herbstkohl mit plattrunden Köpfen. Nicht besonders lagerfähig, aber gut für Sauerkraut und Kohlrouladen geeignet.*

Bergkabis: *historische Schweizer Sorte mit kleinen, festen Köpfen.*

Steinkabis: *sehr robuste Sorte, die auch noch in Mittelgebirgslagen schöne Köpfe ausbildet.*

Derby Day: *frühe, schossfeste Sommersorte.*

Außerdem eignet sich Weißkohl gut zum Rösten, denn dabei werden die starken Kohldüfte maskiert: kleingeschnitten im Wok oder in ganzen Blättern auf Grillplatten/Grillpfannen. Das ultimative Experiment dazu ist, einen ganzen Kohlkopf im Kugelgrill (oder sehr heißen Backofen) regelrecht zu „verbrennen". Werden die äußeren Blätter anschließend entfernt, ist der restliche Kohl im eigenen Saft gedämpft, hat aber einen großen Teil der Röstaromen angenommen, sodass er kaum weitere Würzungen benötigt.

SAUERKRAUT: Die klassische Methode, um Weißkohl haltbar zu machen, ist das milchsaure Vergären zu Sauerkraut: Gehobelten Kohl mit etwas Salz bestreuen, stampfen und in einem Gefäß schichten. Mit Kümmel und/oder Wacholderbeeren würzen. Das Gefäß (am besten geeignet sind Tontöpfe) mit einem Tuch und einem Deckel abdecken. Die Milchsäuerung läuft bei Zimmertemperatur (oder etwas kühler) ab, nach 4 bis 6 Wochen ist sie abgeschlossen. Wenn man Sauerkraut unter 10 °C lagert, hält es sich Monate. Sauerkraut kann man roh genießen oder dünsten, schmoren, braten und backen. Am besten lässt man es langsam dünsten und gießt immer wieder Wasser oder Brühe nach, bis es schön sämig geworden ist.

KOMBINATIONEN

Weißkohl kann sehr unterschiedlich gewürzt werden. Natürlich lassen sich die Schwefelnoten des Kohls verstärken, etwa mit Zwiebeln oder Knoblauch – oder die schwefeligen, senfartigen Gerüche des rohen Kohls. So funktioniert ein Spitzkohlsalat (kurz blanchiert) gut mit rotem Rettich oder Radieschen. Dazu passt ein säuerlicher Apfel, etwas Kreuzkümmel und ein

fruchtiges Balsamicodressing. Generell liebt der schwefelige Weißkohl aber Kontraste und Ergänzungen. Klassische Gewürze sind bei uns Kümmel und Wacholder, deren holzige, harzige Noten das schwefelige Kohlaroma ergänzen, aber er verträgt auch alle indischen Gewürze, insbesondere Asant, der ebenfalls schwefelige und erdige Aromen beiträgt. Wird er mit der aromatischen Vanille oder Tonkabohne gewürzt, lassen sich ihm ganz neue Seiten abgewinnen, da diese Duftrichtung dem Kohl vollkommen fehlt. Auch Anis oder Fenchel bieten mit ihren aromatisch-würzigen Düften Raum für neue Erfahrungen. Krautsalat lässt sich fruchtig-aromatisch bereichern, etwa mit Pepino, Honigmelone oder geriebenen Clementinenschalen. Auch die suppigen, karamelligen Noten des Selleries ergänzen den Weißkohl bestens.

Der leicht bittere, leicht süßliche und ein wenig umami schmeckende Weißkohl lässt sich säuerlich, salzig und umami erweitern bzw. verstärken. Neben Essigen, Zitrone oder Limettensaft sind würzig-säuerliche Pflaumenessige, die japanischen Umeboshi-Pflaumen oder Fruchtsäfte, die durchaus cremig duftende Anteile haben dürfen, wie Pfirsich- oder Aprikosensaft, spannende säuerliche Alternativen. Hervorragend ist milchsäurevergorene Kokosmilch. Salziges begleitet Weißkohl traditionell meist in Form von Geselchtem/Gepökeltem wie Kasseler, deftigen Würstchen oder Speck. Alles, was umami schmeckt, verstärkt die herzhafte Note des Kohls, etwa Sojasauce, Sardellen oder Austernsauce. Kräftige Käse wie Parmesan und Blauschimmelkäse gehen in dieselbe Richtung. Ein Kohlgratin mit Käse und Sahne funktioniert auch mit Weißkohl (nicht nur mit Blumenkohl oder Brokkoli), den man vor dem Überbacken 1 bis 2 Minuten blanchiert.

Donator: *robuste Sorte mit großen runden Köpfen, besonders gut für Sauerkraut geeignet.*

Dottenfelder Dauer: *kurzstrunkige Spätsorte mit ovalen Köpfen; sie hat ein feines Aroma und eignet sich besonders gut für Rohkost.*

Kärntner-Steirisches Gebirgskraut: *steht seit 1995 auf der österreichischen Sortenliste; sehr dichte, runde Köpfe, für Rohkost und Sauerkraut am besten geeignet.*

SPITZKOHL-SORTEN

Filderkraut: *schwäbische Regionalsorte mit langer Tradition aus der fruchtbaren Hochebene Fildern rund um Stuttgart, gut geeignet für Krautsalat oder Sauerkraut; die Köpfe können sehr groß werden (4 kg).*

Durham Early: *britische frühe Sorte mit kleinen Köpfen.*

Winningstadt: *alte skandinavische Sorte, die schon Mitte des 19. Jahrhunderts erwähnt wurde und die heute in England als Sorte für Ausstellungen und Wettbewerbe*

sehr beliebt ist. Die Köpfe können bis zu 5 kg schwer werden.
Châteaurenard: *sehr alte regionale Sorte aus Südfrankreich (bei Avignon) mit kleinen Köpfen (700 g bis 1 kg).*

EINKAUF UND LAGERUNG

Frischer Kohl quietscht wie grüne Bohnen. Feldfrisch gibt es ihn ab Sommer im Handel, als Lagerware rund ums Jahr. Im eigenen Garten lässt man die Köpfe stehen und erntet nach Bedarf. Herbst- und Wintersorten kann man monatelang lagern, wenn man sie mit den Wurzeln ausgräbt und in einem kühlen Keller mit dem Kopf nach unten aufhängt. Je später im Herbst er geerntet wird, desto länger kann man ihn lagern.

SAISON

01 02 03 04 05 06 07 08 09 10 11 12

Weißkohl ist ganzjährig aus heimischer Produktion erhältlich, Importware stammt vor allem aus den Niederlanden.

ANBAU

Für eine Sommerernte muss man den Kohl im Winter im Gewächshaus aussäen. Ansonsten sät man ab März ins Frühbeet, ab April direkt ins Beet. Er lässt sich auch auf der Fensterbank ziehen. Weißkohl kann in Gegenden mit milden Wintern überwintern: Dann bekommt man im März junge Pflanzen mit zarten Blättern. Schneidet man nicht alle Blätter ab, entwickeln sich im Mai Köpfe. Kohl bevorzugt schwere, tiefgründige, nährstoffreiche und humose Böden und kommt auch mit halbschattigen Lagen zurecht. Spitzkohl hat den Vorteil, dass er weniger Platz im Beet benötigt. Bei niedrigen Temperaturen kann es vorkommen, dass der Kohl „schießt" und die Pflanze blüht, ohne einen Kopf gebildet zu haben. Spätere Sorten kommen mit Frost zurecht, und man kann sie lange auf dem Beet stehen lassen.

SAUERKRAUT Sauerkraut verträgt ebenfalls sehr gut herzhafte und salzige Partner, wie es sich in vielen traditionellen Gerichten widerspiegelt. So kombiniert das französische *Choucroute garnie* lange geschmortes Sauerkraut mit Knackwürsten, Schweins(unter)haxe, geräuchertem Speck und Kartoffeln. In Westfalen nimmt man Kassler, in die rheinische *Suurkappeszopp* kommt Speck und Schweineschmalz. Darüber hinaus aber lässt es sich ausgezeichnet süß und fruchtig kombinieren und ergänzen, etwa mit Rosinen, Äpfeln oder Birnen. Süß-säuerlich sind Reibekuchen aus rohem Sauerkraut und geriebenen rohen Süßkartoffeln, dazu passt fruchtiges Birnenkompott.

REGIONALE VARIANTEN In Thüringen kennt man die Spezialität *Kumskraut:* eine Art Sauerkraut, für das man nicht gehobeltes Kraut verwendet, sondern Viertel von kleineren Weißkohlköpfen, die man blanchiert hat. Man würzt sie mit Zwiebel, Pfeffer, Kümmel, Senfkörnern und Dill. Mit etwas Essig und Zucker wird das Ganze zur Gärung gebracht. Nach 4 Wochen sind die Krautviertel leicht rosa gefärbt und werden roh zur Brotzeit oder kurz gekocht als Beilage gegessen. *Coleslaw* ist ein britischer Weißkohlsalat mit Sahne-Mayonnaise-Essig-Öl-Dressing und Karotten. In Italien dünstet man Spitzkohl mit Knoblauch und Schalotten in Olivenöl und gibt am Ende rohe Tomaten und schwarze Oliven dazu. In ein klassisches indisches *Weißkohlcurry* kommen Lorbeerblätter, Zitronengras, Koriandersamen, Bockshornkleesamen und Kreuzkümmel, Kurkuma, Chili, und Ingwer.

GESCHICHTE UND BOTANIK

Kohl gilt als der „Hund unter den Gemüsen", weil er sich so willig vom Menschen formen ließ. Wildkohl ist heute noch an den Küsten Südenglands, Irlands oder Frankreichs anzutreffen. Auch auf Helgoland wächst noch eine Sorte **WILDKOHL** (*Brassica oleracea* var. *sylvestris*). Erst im Mittelalter wurden bei uns die ersten Kopfkohlarten gezüchtet, indem man Pflanzen mit einem kurzen Strunk und dicht stehenden Blättern, die eine Art Kopf bildeten, ausgelesen und vermehrt hat. Das hatte mehrere Vorteile: Das Regenwasser konnte an den festen Köpfen schneller ablaufen, was das Eindringen von Pilzen und anderen Schädlingen erschwerte, und die Köpfe waren haltbarer – man konnte sie monatelang im kühlen Keller lagern. Die Möglichkeit, Kohl milchsauer zu vergären und ihn dadurch haltbar zu machen, haben wohl zuerst die Slawen entdeckt. Aber auch den Chinesen sagt man nach, dass sie bereits seit Tausenden Jahren die milchsaure Vergärung kennen.

WEISSKOHL und **SPITZKOHL** sind zweijährige Pflanzen, die im ersten Jahr einen Kopf ausbilden und im zweiten Jahr blühen. Man unterscheidet frühe, mittlere und späte Sorten. Spitzkohl (Frühkraut) ist eine frühe, mit dem Weißkohl verwandte Sorte mit feinem Geschmack und spitz zulaufenden Köpfen, die besonders gut für Sauerkraut und Kohlrouladen geeignet ist. Er wird bei uns immer weniger angebaut, weil er maschinell nicht so gut verarbeitet werden kann. In Großbritannien ist der „sweatheart cabbage" allerdings sehr beliebt, dort findet man zahlreiche Spitzkohlsorten.

Brassica oleracea convar. capitata var. sabauda

WIRSING

Der krause Bruder des Weiß- und Rotkohls hat als einziger Kopfkohl meist gewellte Blätter und einen lockereren, runden bis spitzen Kopf. Er duftet und schmeckt in der Regel würziger als Weißkohl, wobei seine Blätter zarter, aber trotzdem knackig sind. Das macht ihn auch als Salat beliebt.

Das Aroma des Wirsings (auch: ***Wirz, Welschkohl/-kraut, Savoyer Kohl***) wird durch ähnliche Anteile an schwefeligen Duftstoffen bestimmt wie bei Weißkohl, Grünkohl und Rosenkohl, wenngleich in anderer Gewichtung, sodass sich sein Duft von anderen Kohlsorten leicht unterscheidet.

Beim rohen Wirsing dominieren vor allem das schwefelig und stechend nach Senf duftende ALLYLISOTHIOCYANAT und das ebenfalls nach Senf, aber leicht moderig riechende 1-CYANO-2,3-EPITHIOPROPAN. Begleitet werden sie von 2-PROPENYLISOTHIOCYANAT, das eine leicht stechende Meerrettichnote einbringt. Natürlich fehlen nicht die Schwefelduftstoffe DIMETHYLSULFID und DIMETHYLTRISULFID mit ihren typischen Kohl-, Lauch- und Zwiebeldüften. Bei den aliphatischen grün-grasigen Noten ist HEXANAL führend.

Beim Kochen verschieben sich die Aromen und es bilden sich neue Düfte im schwefeligen und im Stickstoffbereich, vornehmlich das stechend schwefelige 3-BUTENYLISOTHIOCYANAT und das aromatisch-schwefelige, nach Kresse und Meerrettich duftende 2-PHENYLETHYLISOTHIOCYANAT. Auch die stechend „scharfen" Noten von 2-PHENYLETHYLCYANID und 3-PHENYLPROPIONONITRIL geben dem gekochten Wirsing seinen typischen Duft. Hervorzuheben sind weiterhin 3-METHYLTHIOPROPYLISOTHIOCYANAT und 4-METHYLTHIOBUTYLISOTHIOCYANAT, die nach Wurzeln, Meerrettich und typisch nach Kohl duften. Die grünen, wachsigen Noten des gekochten Kohls werden durch (E,E)-2,4-HEPTADIENAL und NONANAL bestimmt, wobei Letzteres retronasal einen Hauch Zitrus beifügt.

Der Geschmack des Wirsings wird wie bei anderen *Brassica*-Arten durch bittere Senfölglycoside (Glucosinolate) bestimmt. Diese werden teilweise beim Kauen in an Senf und Zwiebeln erinnernde Aromastoffe gespalten, die einen starken, kalt-schmerzenden Trigeminalreiz erzeugen (→ Trigeminus, Seite 28). Verschiedene bittere phenolische Verbindungen spielen nur eine marginale Rolle. Im Wirsing finden sich je nach Klima und metabolischem Status verschiedene Zucker, etwa Saccharose, Fructose, Glucose sowie die Zuckeralkohole Sorbitol, Mannitol und Trehalose, die je nach Konzentration für eine leichte unterschwellige Süßkomponente stehen.

ZUBEREITUNG

Wirsing wird in der Küche häufig wie Weißkohl verwendet. Man kann ihn auch roh essen. Die inneren, hellen Blätter muss man, wenn überhaupt, nur kurz blanchieren. Die äußeren eignen sich gut für sattgrüne Pürees oder für Rouladen, weil sie weicher sind als Weißkohl. Klein geschnitten kommen sie in Suppen und Eintöpfe. Der Strunk ist köstlich; blanchiert oder leicht

Aromen roh: HEXANAL △*grün, blattartig, grasig, fettig,* □*gemüseartig, apfelartig,* ◇*leicht holzig* ALLYLISOTHIOCYANAT[T] △*schwefelig, senfartig,* ◇*stechend, schmerzend kalt* 1-CYANO-2,3-EPITHIOPROPAN[T] △*schwefelig, senfartig,* □*moderig* 2-PROPENYLISOTHIOCYANAT[T] △*schwefelig,* □*leicht meerrettichartig,* ◇*kalt-stechend* DIMETHYLSULFID △*schwefelig, zwiebelartig, radieschenblätterartig, kohlartig,* □*fischartig, maisartig, spargelartig,* ◇*ein Hauch gekochte Milch/Sahne* DIMETHYLTRISULFID △*schwefelig, lauchartig, gekochte Zwiebel,* □*herzhaft-fleischartig,* ◇*fleisch-gemüsebrühenartig*

Aromen gekocht außerdem: (E,E)-2,4-HEPTADIENAL △*fettig, grün,* □*gemüseartig,* ◇*zimtartig, ölig, grasig* NONANAL △*wachsig, grün,* □*zitrusschalenartig, fettig, gurkenartig* 3-METHYLTHIOPROPYLISOTHIOCYANAT[T] △*schwefelig, wurzelartig,* □*erdig, meerrettichartig* 4-METHYLTHIOBUTYLISOTHIOCYANAT[T] △*schwefelig, typisch kohlartig,* ◇*rettichartig* 3-BUTENYLISOTHIOCYANAT[T] △*schwefelig,* □*kohlartig,* ◇*stechend* 2-PHENYLETHYLISOTHIOCYANAT[T] △*schwefelig, grün,* ◇*meerrettichartig, kressenartig* 2-PHENYLETHYLCYANID[T] △*stechend,* ◇*kalt-schmerzend* 3-PHENYLPROPIONONITRIL[T] □*kressenartig,* ◇*stechend*

GESCHMACK

Der Grundgeschmack des Wirsing ist bitter und leicht süß, das Aroma typisch schwefelig-kohlig.

MIKRONÄHRSTOFFE *(pro 100 g)*

Vitamine: *C (49 mg)* ***Mineralstoffe:*** *Calcium (64 mg), Phosphor (56 mg)* ***Sekundäre Pflanzenstoffe:*** *Glucosinolate*

HARMONIE

KÜCHENJOKER

Nigella, Kreuzkümmel, Kala Namak

PASST GUT ZU

Rotwein, Äpfeln, Sahne, Rindfleisch, Schweinefleisch, Lamm, Fisch, Reis, Sardellen, Parmesan, Ei, Nüssen

gebraten wird er sehr zart und erhält einen feinen, nur leicht kohligen Flavour. Man kann Wirsing auch einfach mit Zwiebeln und Speck schmoren und mit Brühe angießen oder die Flüssigkeit ganz weglassen und ihn nur in Olivenöl braten – dann riecht er nicht ganz so stark nach „Kohl". Die beim Erhitzen entstehenden Kohlduftstoffe sind fettlöslich, sie bleiben vermehrt im Öl gelöst und haben dadurch eine geringere Geruchsaktivität. Gleichzeitig bilden sich bei höheren Temperaturen während des Bratens röstig duftende Maillardprodukte (→ Seite 94), die den Kohlcharakter schnell überdecken.

KOMBINATIONEN

Wirsing lässt sich natürlich mit allen anderen mehr oder weniger schwefeldominierten Gemüsen und Gewürzen wie Kartoffeln, Lauch, Zwiebeln oder Knoblauch paaren. Allerdings führen Partner, die nicht kohlige Düfte tragen, erst zu richtig spannenden Geschichten. So beugen Fenchel, Kümmel und Bockshornklee, Anis und Muskat nicht nur Blähungen vor, sondern ergänzen Wirsing um ihre holzigen, balsamischen, warmen und zum Teil an Brühe erinnernden (Bockshornklee) Noten. Zitrusschalen bringen gerade im Winter willkommene Düfte und verstärken die leichte Zitrusnote des Kohls. Wie viele Kohlsorten verträgt Wirsing eine kräftige trigeminale Note, etwa durch Pfeffer. Andererseits tun kühlende Noten über Minze dem Wirsing gut. Haselnüsse verstärken die wachsig-fettigen Aromen, Walnüsse fügen sogar noch bittere und adstringierende Aspekte dazu. Das partielle Rösten einiger Blätter bringt in vielen Wirsingzubereitungen eine hervorragende Erweiterung typischer schwefeliger Karamellnoten und nussiger Aspekte, die viele andere Gewürze überflüssig machen. Zu Wirsing passen generell Sahnesaucen, die das manchmal sehr kohlige, bei den Winterwirsingen schon leicht ins Scharfe gehende Aroma abmildern. Dafür kann man den Kohl mit Zwiebeln dünsten, Pfeffer, Salz und (geriebenen) Kümmel dazugeben und mit Süßwein ablöschen, dann Sahne und Trüffelöl dazugeben, die allesamt schwefelige Noten unterschiedlicher Stärke betonen, wobei das Trüffelöl sehr gut zu den moderigen Noten des Gemüses passt; ganzen Kümmel als Kontrast dazugeben und noch einmal 5 Minuten kochen. Oder man würzt die Kohl-Sahne-Mischung kalt-trigeminal-würzig mit Meerrettich, einer Prise Chili und Muskat. Mit Wacholder und schwarzem Pfeffer wiederum ist Wirsing in Sahnesauce eine harmonische Beilage zu Schinken oder Schweinebraten.

REGIONALE VARIANTEN Ein Schweizer Klassiker ist der Eintopf *Pot-au-feu* mit Siedefleisch und Wirz (Wirsing). Dort kennt man außerdem ***Laubfrösche*** (Wirzwickel): Lauch, Karotten, Kohlrabi, Knollensellerie und Wirsing kommen blanchiert mit gedünsteten Schalotten und relativ viel Knoblauch sowie Ricotta, Eigelb, Kräutern (Oregano, Petersilie, Thymian) und Semmelbröseln, gesalzen und gepfeffert in vorgekochte, plattgewalzte Wirsingblätter. Diese werden im Ofen gegart, dazu reicht man eine pikante Tomatensauce. Ein kräftiger Eintopf ist der ***Pichelsteiner Wirsing-Eintopf*** mit Lamm-,

BLOOMENDAALSE GELE

VERTUS

LÄNDERKÜCHE

Deutschland: *Rahmwirsing, Thüringer Wirsingrouladen, Pitter un Jupp (Eintopf)*
Schweiz: *Pot-au-feu, Laubfrösche (gefüllter Wirsing)* ***Italien:*** *frittiert*

SORTEN:

Goldberg: *alte Sorte mit eher lockerem, länglichem Kopf und mildem Geschmack, auch bekannt als Butterkohl (Brassica oleracea conv. capitata var. sabauda convar. fimbriata), eine besonders zarte Rarität, die heute nur noch sehr selten angebaut wird. Die hellgrünen Blätter sind so fein, dass sie nur kurz blanchiert werden müssen.*
Eisenkopf: *alte historische Sorte, Sommerwirsing mit hellen Blättern, die schon nach acht Wochen erntereif ist; aromatisch liegt sie zwischen Butterkohl und dem kräftigeren Winterwirsing.*
Bonner Advent: *alte, wiederentdeckte Sorte aus dem Rheinland, die bereits im Mai reif ist. Die glatten grünen (nicht gewellten!) und knackigen Blätter bilden einen lockeren Kopf; die milde Sorte wurde von Slow Food in die „Arche des Geschmacks" aufgenommen.*
Bloemendaalse Gele: *traditionelle niederländische Sorte mit lockerem, hellen, ovalen Kopf und besonders zartem Aroma und milder Bitterkeit.*
Vertus: *Winterwirsing mit großen (bis zu 3 kg schweren) festen Köpfen und dunkelgrünen Blättern; er ist gut geeignet zum Einfrieren, muss aber noch vor starken Frösten geerntet werden.*
Wiener Winter: *österreichische Züchtung für die Frühherbsternte mit mittelgroßen, spitz zulaufenden Köpfen.*
A pied Court de Plainpalais: *alte Schweizer Sorte aus der Plainpalais-Ebene am Genfer See, wo einst intensiv Gemüsezüchtung betrieben wurde. Diese Sorte wurde 1877 zum ersten Mal erwähnt und war bis in die 1950er Jahre eine gängige Marktsorte. Flachrunder, leichter Herbstwirsing mit riesigen Außenblättern und dünnen, wohlschmeckenden Blättern.*
Marner Grüfewi: *traditionelle späte, frostharte Sorte mit stark gewellten, dunkelgrünen Blättern.*
Ormskirk: *traditionelle englische Sorte mit dunkelgrünen gekrausten Blättern; die Köpfe sollten möglichst lange im Beet stehen und können auch überwintern.*
Winterfürst: *spätreife Sorte, die sehr frosthart ist; die Köpfe können überwintern und im Frühling geerntet werden; sie haben ein sehr tiefes Aroma und einen bitteren Geschmack.*
Samantha: *neue, milde Sorte mit spitzen Köpfen und stark gekrausten Blättern; die Kulturdauer ist kurz, der Kohl kann fortlaufend geerntet werden und ist ideal für den Garten.*
Red Verona Savoy Cabbage: *Wirsing mit leicht gekrausten, rötlichen Blättern aus der Gegend um Verona.*
Roter Wirsing: *Kreuzung aus Rotkohl und Palmkohl.*

EINKAUF UND LAGERUNG

Wirsing gilt zwar als Lagergemüse für den Winter, doch ist er aufgrund der lockeren Köpfe nicht so lange haltbar wie Weiß- oder Rotkohl. Außerdem sollte beachtet werden, dass sich Vitamine (vor allem C) und Farbstoffe (Chlorophyll) bei der Lagerung innerhalb von 40 bis 50 Tagen um bis zu 50 Prozent abbauen können. Dieser Abbau lässt sich in professionellen Kühlhallen unter Schutzgasatmosphäre zur Oxidationsverlangsamung hinauszögern. Im Kühlschrank zu Hause sollte Wirsing allerdings nicht mehr als 2 bis 5 Tage gelagert werden, will man von dessen Vitamin-C Gehalt und der tollen grünen Farbe profitieren. Winterwirsing lässt sich blanchiert gut einfrieren.

SAISON

01 02 03 04 05 06 07 08 09 10 11 12

Den Rest des Jahres als Importware erhältlich, z. B. aus Frankreich, Italien und Spanien.

ANBAU

Wirsing bevorzugt kalkhaltigen Boden. Gesät wird er fast das ganze Jahr über, weil es Früh-, Sommer-, Herbst-und Winterwirsinge gibt. Der Kohl bildet keine richtigen Köpfe aus und wird früh als Sommer- oder Frühwirsing geerntet. Man kann die Blätter bereits vor der Kopfbildung ernten. Der Herbst-, Winter- oder Dauerwirsing bildet

WIRSING IN NUSSBUTTER MIT MIXED PORK

- 2 Frühlingszwiebeln
- 1 Wirsing
- 100 g gesalzene Butter
- Salz

FÜR DAS MIXED PORK

- Schmalz vom Eichelschwein
- 1 EL Kümmel
- 4 Koteletts vom Schwäbisch-Hällischen Eichelschwein
- 8 Nürnberger Bratwürstchen
- grobes Steinsalz

Frühlingszwiebeln und Wirsing putzen, dann in einem Blitzhacker sehr fein hacken.

Butter in einer Pfanne erhitzen, bis sie leicht karamellisiert und nussige Aromen freisetzt. Sofort vom Herd ziehen, Gemüse hineingeben und gut durchrühren, sodass alles von Nussbutter überzogen ist. Leicht salzen und zugedeckt ca. 20 Minuten bis zum Servieren stehen lassen. Kurz vor dem Servieren auf ca. 70 °C erwärmen. Die Gemüsestücke sollten lediglich einen knackigen Zustand zwischen roh und gekocht erreichen.

Schmalz in einer Pfanne erhitzen und mit 1 EL Kümmel aromatisieren. Koteletts darin rosa anbraten und im Ofen 10 Minuten nachziehen lassen. Parallel Bratwürstchen im Schmalz anbraten, bis sie goldbraun sind.

Mit dem Wirsing anrichten, Fleisch und Würstchen mit dem Bratfett der Koteletts übergießen. Mit Salz bestreuen. Mit fränkischem Rauchbier genießen.

Pro Portion: 739 kcal, 58 g F, 6 g KH, 6 g B, 44 g E

festere Köpfe aus, schmeckt intensiver und lässt sich länger lagern. Grundsätzlich ist Wirsing frostresistenter als Rot- oder Weißkohl. Spätsorten können sogar im Garten überwintern.

EISENKOPF

Schweine- und Rindfleisch, Möhren, Sellerie, Kartoffeln, Zwiebeln und Winterwirsing, der mit seinem kräftigen Aroma hier gut zur Geltung kommt (da könnte Weißkohl nicht mehr mithalten.) In Italien kombiniert man Wirsing mit Sardellen: Kohlblätter 5 Minuten kochen, in einer Pfanne Knoblauch bräunen, Sardellenfilets dazugeben und zerdrücken; Kohl und Petersilie untermischen, salzen und pfeffern und zugedeckt 50 Minuten garen. Ebenfalls italienisch sind frittierte Wirsingbällchen aus gedünstetem Kohl, Parmesan und Speck.

GESCHICHTE UND BOTANIK

Der Name Wirsing/Wirz leitet sich aus dem Lateinischen „viridia" für „grüne Gewächse" ab. Historisch wird der gewellte Wirsing erstmals im 16. Jahrhundert genannt. Er stammt vermutlich aus dem norditalienischen bzw. südostfranzösischen Raum (Savoyen, Lombardei), worauf auch der französische Name „chou de Milan", der englische „Savoy cabbage" und die deutsche Bezeichnung „Savoyer Kohl" hindeuten. In Deutschland wird er seit dem 18. Jahrhundert angebaut. Die Wellung der Blätter entsteht durch das schnellere Wachstum des Blattgewebes, während die Blattadern langsamer wachsen. Dadurch wird der Kopf auch weniger fest als der von Rot- oder Weißkohl. Wirsing wächst schneller als andere Kohlsorten.

Es gibt frühe und späte Sorten (Sommer- bzw. Frühwirsing und Herbst- bzw. Dauerwirsing); Letztere sind intensiver im Geschmack und lassen sich länger lagern. Je dunkler das Blatt, desto ausgeprägter die Glucosinolate und phenolischen Verbindungen und desto kräftiger der bittere Geschmack. Es gibt auch Wirsing mit glatten Blättern.

Petroselinum sativum var. tuberosum

WURZELPETERSILIE

Die lange, gelblich-weiße Wurzel ähnelt äußerlich der Wurzel der Pastinake, duftet aber würziger in Richtung Sellerie mit einem klar erkennbaren Petersilienaroma. Obwohl Petersiliengrün das beliebteste Küchenkraut in unseren Breitengraden ist, fristet die Wurzelpetersilie eher ein kulinarisches Schattendasein, hauptsächlich als Bestandteil des Suppengrüns. Sie kann jedoch mehr!

Aromen roh: (Z)-OCTA-1,5-DIEN-3-ON △*grün, metallisch* 1-OCTEN-3-OL △*grün, erdig, fungal, champignonartig,* □*gemüseartig, pilzig, hähnchenhautartig,* ◇*brühenartig, saucenartig* (Z)-3-HEXENAL △*grün, fettig, grasig, frisch gemähtes Gras,* □*grüner Apfel, unkrautartig* LINALOOL △*floral, zitrusartig, rosenholzartig, grün,* □*orangenartig, zitronenartig,* ◇*leicht wachsig, holzig* β-PHELLANDREN □*terpentinartig, minzig* P-MENTHA-1,3,8-TRIEN △*terpentinartig, kampferig, holzig,* □*herbal, thymianartig* MYRISTICIN △*würzig, warm, balsamisch,* □*holzig,* ◇*wärmend* 2-ISOPROPYL-3-METHOXYPYRAZIN △*erdig, grün, grüner Paprika,* □*erbsenartig, grüne-bohnenartig* 2-METHOXY-3-(METHYLPROPYL)PYRAZIN △*moderig, grün, nussig,* □*grün, kartoffelartig*
Aromen gekocht außerdem: 1-OCTEN-3-ON △*pilzig, erdig,* □*herbal,* ◇*hähnchenhautartig* METHANTHIOL △*schwefelig, knoblauchartig, gekochter Kohl, lauchartig,* □*ölig, gekochte Eier,* ◇*herzhaft-fleischartig, reifer Käse* DIMETHYLSULFID △*schwefelig, zwiebelartig, radieschenblätterartig, kohlartig,* □*fischartig, maisartig, spargelartig,* ◇*ein Hauch gekochte Milch/Sahne*

GESCHMACK

SÜSS SAUER SALZIG BITTER UMAMI

Wurzelpetersilie schmeckt erst bitter, dann leicht süßlich wie Pastinake, duftet aller-

Das Aroma der Wurzelpetersilie (auch: ***Petersilienwurzel, Peterwurzen [Österreich], Knollenpetersilie***) erinnert zwar an das der Blattpetersilie, wirkt jedoch milder, da die Konzentration der ätherischen Öle niedriger ist. Aromabestimmend ist das auch bei den Blättern dominante Phenylderivat MYRISTICIN, das mit seinem warm-würzigen und holzigen Duft an Muskatnuss erinnert. Es wird umflankt von Terpenen wie dem balsamisch, leicht minzig und nach Terpentin duftenden β-PHELLANDREN sowie dem in Kräutern selten vorkommenden P-MENTHA-1,3,8-TRIEN, das mit seinem holzigen, herbalen und an Kampfer erinnernden Aroma der Petersilienwurzel einen ungewohnten Würzcharakter aufprägt. Die Terpene entstammen Abwehrreaktionen der Wurzel gegen Insekten im Boden. Verschiedene Pyrazine verleihen der Wurzel erdige, würzige, mitunter leicht moderige Töne, die von dem pilzigen Geruch des OCTEN-3-OL untermalt werden. Das grün-grasige (Z)-3-HEXENAL ist weniger betont als in den Blättern der Wurzelpetersilie (die botanisch nicht das Gleiche ist wie Blattpetersilie), unterstreicht allerdings die Gemeinsamkeiten zwischen Blatt und Wurzel.

Beim Garen bilden sich die schwefeligen Aromastoffe METHANETHIOL und DIMETHYLSULFID, die Düfte nach Lauch und gekochten Kartoffeln einbringen.

Als phenolische Verbindungen finden sich Fucocumarine, Xanthotoxin und Apigenine in verschiedenen Formen sowie die antinutrive Chlorogensäure und Zimtsäuren, die für den bitteren Ton verantwortlich sind. Oligofructosen wie Inulin und verschiedene Zucker verleihen der Wurzel ihre leichte Süße. Die Süße lässt sich beim längeren Kochen (und Pürieren) besser herausarbeiten, wenn die meisten Pflanzenzellen zerstört und die Zucker freigelegt sind. Dann trägt auch die längerkettige Fraktion des Inulins mit seinen „fettig-wachsigen" Textureigenschaften zum entsprechenden Mundgefühl bei.

ZUBEREITUNG

Von der Wurzelpetersilie kann man sowohl die Blätter als auch die Rübe verzehren. Die Blätter, die größer sein können als die glatter Petersilie, duften ähnlich wie Blattpetersilie und werden auch so eingesetzt.

Die Rübe wird wie Möhren mit dem Sparschäler dünn geschält. Jüngere, zartere Wurzeln kann man roh essen, zum Beispiel in hauchdünne Scheiben geschnitten mit Kräutermayonnaise oder Aioli serviert. Ansons-

WURZELPETERSILIE MIT MYRISTICINVERSTÄRKUNG

- 4 gleich große Wurzelpetersilien (100–150 g pro Stück)
- 2 EL Butterschmalz
- ½ TL Zucker
- ¼ Muskatnuss, frisch gerieben
- ¼ Tonkabohne, frisch gerieben
- ½ Bittermandel, frisch gerieben
- Salz

Pro Portion: 99 kcal, 7 g F, 4 g KH, 3 g B, 1 g E

Wurzelpetersilie nicht schälen, sondern nur gut mit einer Gemüsebürste schrubben. Butterschmalz in einer Pfanne schmelzen, dann vom Herd ziehen. Zucker mit Muskat, Tonkabohne und Bittermandel sowie etwas Salz vermengen. Ganze Wurzelpetersilie in die Pfanne geben (eng gegenkonisch) und frisch geriebene Gewürze dazwischenstreuen.

Bei geschlossenem Deckel stark erhitzen, sodass die Oberfläche der Wurzelpetersilie karamellisiert und die Gewürze gut einziehen können. Wenden, bis die Wurzeln von allen Seiten gebräunt sind. Etwas Wasser zugeben und sehr langsam bei niedriger Hitze gar ziehen lassen, die Wurzeln sollen am Ende sehr weich sein.

Vor dem Servieren das Wasser verdampfen lassen und die Wurzelpetersilie mit dem aromatischen Butterschmalz glasieren.

Tipp: Als Gemüsegang in einem Gemüsemenü, als kleines leichtes Abendessen oder als Beilage zu kräftig geschmortem Lamm servieren.

ten werden die Wurzeln in Gemüsebrühe gekocht, in Fett geschmort oder gebraten. Man kann sie auch in Alufolie gewickelt im Ganzen bei 150 °C etwa 1 Stunde lang im Ofen backen. Sie kommen in (Gemüse-)Suppen, püriert ergeben sie aromatische Cremesuppen. Pur oder gemischt zur Hälfte mit Kartoffeln lässt sich aus den gekochten Wurzeln ein sehr aromatisches Püree herstellen. Möchte man ein reines Wurzelpetersilienpüree, ist es ratsam, reichlich Butter oder Sahne zu verwenden, dann wird das Püree extrem cremig. Zusammen mit rohen Kartoffeln kann man rohe Wurzelraspeln zu Puffern ausbacken, und Ravioli lassen sich gut mit einem Wurzelpetersilienmus füllen.

EXTRATIPP Ein „salziger Pudding" aus pürierten Wurzelpetersilie, mit aufgeschlagenen Eiern und Crème fraîche schaumig gemacht, ist eine überraschende Beilage abseits des Üblichen.

KOMBINATIONEN

Die erdig-würzige Wurzelpetersilie braucht kaum eine externe Würzung, sie lebt sehr gut von ihrem Eigenaroma. So sind in feine Scheiben geschnittene rohe Wurzelpetersilie schlicht mit einem Schuss leuchtend grünem Petersilienöl übergossen und mit Salzflocken abgeschmeckt, zusammen mit einem leicht gerösteten malzigen Baguette bereits ein Hochgenuss.

Das Aroma- und Geschmacksspektrum lässt allerdings auch eine ganze Reihe von Kombinationen zu. Naheliegend sind wegen der würzigen, balsamischen Hauptaromakomponente harmonische Würzungen mit Muskat, Anis oder Tonkabohne. Paarungen mit anderen Wurzeln wie Sellerie, Pastinake oder Kartoffeln liefern feine würzig-erdige Gemüsegulaschvarianten, die ergänzende umamireiche Saucen (durch Fonds oder Soja-

dings würziger in Richtung Sellerie, mit einem deutlichen Petersilienaroma.

MIKRONÄHRSTOFFE *(pro 100 g)*

Vitamine: B_1 (0,10 mg), B_2 (0,09 mg) Mineralstoffe: Kalium (399 mg), Eisen (0,9 mg)

HARMONIE

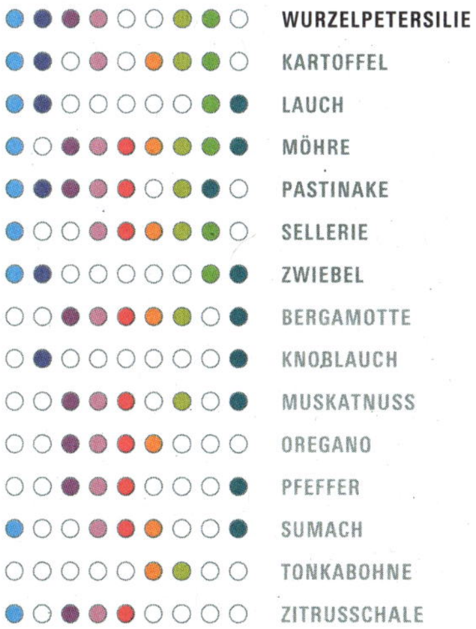

W

KÜCHENJOKER
Räucheraal/Räucherspeck/Rauchsalz, Mandeln, Rosmarin

PASST GUT ZU
deftigem Fleisch, Nüssen, reifem Käse, Rosinen/Trockenfrüchten

LÄNDERKÜCHE
***Deutschland/Österreich:** Suppe (klar oder gebunden), Püree*

SORTEN
***Halblange:** seit 1908 im Handel, bildet mittellange, glatte, kegelförmige Wurzeln aus.*
***Lange Oberlaaer:** österreichische Sorte mit langen Rüben, die sich gleichmäßig verschmälern.*

EINKAUF UND LAGERUNG
Man sollte Wurzeln kaufen, bei denen die Blätter noch frisch aussehen. Etwa 3 Wochen lang sind sie im Kühlschrank haltbar, am besten knapp über 0 °C und ohne Blätter. In feuchtem Sand lassen sie sich bis zu 6 Monate lagern.

SAISON
01 02 03 04 05 06 07 08 09 10 11 12

Aus geschütztem Anbau ist die Wurzelpetersilie ganzjährig erhältlich.

sauce) gut vertragen. Der durchaus relevante Anteil an grünen Duftstoffen erlaubt wiederum nicht nur Paarungen mit Saucen auf Grundlage von Weizengras, Olivenöl und grünen Äpfeln, sondern regt dazu an, Gemüseragouts auf Wurzelpetersilienbasis mit umamireichen Algen zu garen, also einer Mischung aus Kombu, Wakame oder Norialgen, wobei der Kombuanteil als Hauptträger des Umamigeschmacks dominieren sollte. Für Wurzelpetersilie empfehlen sich feine, nicht stechende Säuren (im gekochten Zustand). Also mit Essig sparen, dafür aber mit Sauerkrautsaft, mildem Senf (auch wegen dessen Schwefelnoten) und mit ungesüßten Fruchtsäften (Sanddorn, Apfel u. a.) experimentieren. Der säuerliche Sumach ergänzt Wurzelpetersilie ebenfalls bestens. Willkommene Zitrusnoten lassen sich weiterhin durch Yuzu und Bergamotte, Orangenschalen und Mandarinen oder durch Timut- oder Andalimanpfeffer (einen köstlichen wilden Pfeffer) hineintragen, wobei Letztere leichte trigeminale Noten zufügen. Die holzig-harzigen Noten des Gemüses laden zu Würzungen mit getrocknetem Majoran, Oregano oder Thymian ein. Harzige Noten lassen sich außerdem mit Pinienkernen, Zedernkernen oder Fichtennadeln verstärken. So ist ein Pesto aus roh geraspelten Wurzeln mit gerösteten Pinienkernen und kräftigem Käse eine interessante Variante. Das Pilzaroma ruft förmlich nach Saucen auf der Grundlage von Champignons, Steinpilzen (gern auch getrocknet) oder getrockneten Morcheln. Süßlich-aromatische Rauchnoten passen sich wunderbar in das Aromagefüge der Wurzelpetersilie ein, und auch ein Abschmecken mit Karamell oder leicht bitterer Melasse oder die Kombination mit kräftig gerösteten Haselnüssen sind ausgezeichnete Alternativen zum Rezept-Mainstream.

Nicht zuletzt lassen sich die durch Zucker und Inulin bestimmte Textur und die „cremige“ Süße, die sich nach längerem Erhitzen einstellt, gezielt nutzen. So verfeinern lang gekochte und cremig pürierte Wurzelpetersilie Desserts mit Schokolade, denn sie fügen sich texturell gut ein und bieten den schokoladigen Röstnoten Paroli. Selbst als überraschende cremige Pralinenfüllungen lassen sich Wurzelpetersilienpürees verwenden.

GESCHICHTE UND BOTANIK
Die Petersilie wurde schon im Altertum genutzt und wird in den Sagen des klassischen Altertums als kraftgebend besungen. Auch in die Kräutergärten Karls des Großen gehörte sie. Als Gewürz, Heilkraut und als Suppenzutat blieb sie populär in deutschen Küchen – bis heute. Ihre Popularität beruht jedoch überwiegend auf der Blattpetersilie, nicht auf der Verwendung der Wurzel. Der Anbau als Wurzelpetersilie ist nur in Österreich, Deutschland, Polen und den Niederlanden verbreitet, und dort auch nicht mehr so stark wie früher. Allerdings steigt in der ökologischen Landwirtschaft seit ein paar Jahren das Interesse an der Wurzelpetersilie.

Die Wurzelpetersilie (***Petroselinum crispum*** subsp. ***tuberosum***) ist botanisch nicht das Gleiche wie krause oder glatte Petersilie (***Petroselinum crispum***). Bei der Blattpetersilie ist die Wurzel normalweise dünn, hart und ungenießbar. Die Blätter der Wurzelpetersilie duften zwar wie Blattpetersilie, sind aber etwas größer als die der glatten Petersilie. Und sie sind nicht frosthart. Die Wurzel kann 15 bis 22 cm lang werden mit einem Durchmesser von 5 cm, ist also im Schnitt etwas dünner als die Wurzel der Pastinake. Sie hat auffällige braune Ringe und ist im Gegensatz zu den Blättern frosthart.

ANBAU

Wurzelpetersilie mag tiefgründige Böden mit guter Wasserversorgung. Etwas problematisch ist die lange und unregelmäßige Keimdauer der Samen. Im Sommer kann man die Blätter ernten und als Kraut verwenden. Man sollte aber nicht zu viel ernten, sonst wirkt es sich negativ auf das Wachstum der Wurzeln aus. Die Ernte der Wurzeln erfolgt vom Herbst bis in den Winter.

Cichorium intybus var. foliosum

ZICHORIEN

Darf's ein bisschen bitter sein? Die Gemeine Wegwarte ist eine Zichorienart, die als Kulturpflanze weitergezüchtet und kulinarisch geschätzt wird. Früher wurden vor allem die Wurzeln als Kaffee(-ersatz) genutzt, heute sind die Sprossen beliebt: Chicorée und Radicchio. Sie sind nicht nur kalt, sondern auch gebraten köstlich. Eng verwandt mit ihnen sind Zichorien wie Endivien- und Friséesalat.

Chicorée und Radicchio gelten ebenso wie verwandte Zichorien (Zuckerhut, Endivien, Frisée und andere) als Standardvertreter des bitteren Geschmacks, selbst wenn dieser in vielen Fällen stark weggezüchtet wurde. Sie sollen stellvertretend für alle Zichoriengewächse hier genauer vorgestellt werden.

Das Aroma von Chicorée (und Radicchio, dem roten Chicorée) ist vor allem im „grünen" Bereich verankert. Blätteraldehyde und -alkohole stehen im Vordergrund des Duftspektrums, speziell (E)-2-HEXENAL, dessen grünes, mitunter käsiges Blattaroma wesentlich zum Chicoréeduft beiträgt, gepaart mit dem grün-herbalen, wachsig und nach Apfelschalen duftenden 1-HEXANOL. Natürlich darf das grasige (Z)-3-HEXENOL ebenso wenig fehlen wie sein Partner (E)-2-HEXENOL und dessen Isomer (Z)-2-HEXENOL, das frischere grüne Düfte und Gemüsenoten beisteuert. Im Hintergrund spielen das fruchtig und nach Plastik riechende (Z)-2-PENTENOL und das leicht stechende Meerrettícharoma 1-PENTEN-3-OL mit. Wichtig für den Gesamteindruck des Chicorées sind nicht zuletzt die stark floralen Anteile des Sesquiterpens β-IONON mit seinen holzigen und fruchtigen Anklängen an Beeren und Bienenwachs.

Beim Anbraten von (halbierten) Chicorée entstehen eine ganze Reihe neuer Geruchsstoffe mit einem spannenden Aromaspektrum, etwa das nussige „Kakaopyrazin" 2-ETHYL-3,5-DIMETHYLPYRAZIN und das röstige, nach Kaf-

Aromen roh: (E)-2-HEXENAL *△ grün, bananenschalenartig, fettig, □ gemüseartig, blattartig, ◇ würzig-fruchtig, frischer Käse* 1-HEXANOL *△ grün, herbal, süßlich, apfelschalenartig, ◇ stechend, ölig, fruchtig* (Z)-3-HEXENOL *△ grün, grasig, frisch gemähtes Gras, laubartig, fruchtig, ◇ leicht ölig, melonenschalenartig* (E)-2-HEXENOL *△ grün, blattartig, frisch, gemüseartig, □ fruchtig, unreife Banane* (Z)-2-HEXENOL *△ grün, gemüseartig, herbal, □ grüne-bohnenartig, grün-tomatig, ◇ wachsig* (Z)-2-PENTEN-1-OL *△ grün, plastikartig, ätherisch, □ fruchtig, ◇ senfartig, meerrettichartig* 1-PENTEN-3-OL *△ grün, stechend, meerrettichartig, □ grünes Gemüse, leicht fruchtig* β-IONON *△ floral, holzig, süßlich, □ beerenartig, ◇ bienenwachsartig*

Aromen geröstet: 2,3-BUTANDION △ *butterig, karamellig,* □ *süßlich, leicht stechend* 1-OCTEN-3-ON △ *pilzig, erdig, roher Champignon,* □ *moderig, herbal,* ◇ *hähnchenhautartig* 3-METHYLBUTANAL △ *aldehydisch, ätherisch, pfirsichartig,* □ *schokoladenartig, fruchtig,* ◇ *schweißig* 1-FURFURYLPYRROL △ *röstig, grün-gemüseartig, plastikartig, kaffeeartig, brotartig,* □ *pilzig, geröstete Zwiebel* 2-ETHYL-3,5-DIMETHYLPYRAZIN △ *nussig, süßlich, röstig, leicht kaffeeartig,* □ *leicht schokoladig*

GESCHMACK

SÜSS SAUER SALZIG **BITTER** UMAMI

Alle Zichorien schmecken mehr oder weniger deutlich bitter, generell ist ihr Aroma eher grün.

MIKRONÄHRSTOFFE *(pro 100 g)*

Vitamine: *A (572 µg)* ***Mineralstoffe:*** *Eisen (0,7 mg)* ***Sekundäre Pflanzenstoffe:*** *Flavonoide*

HARMONIE

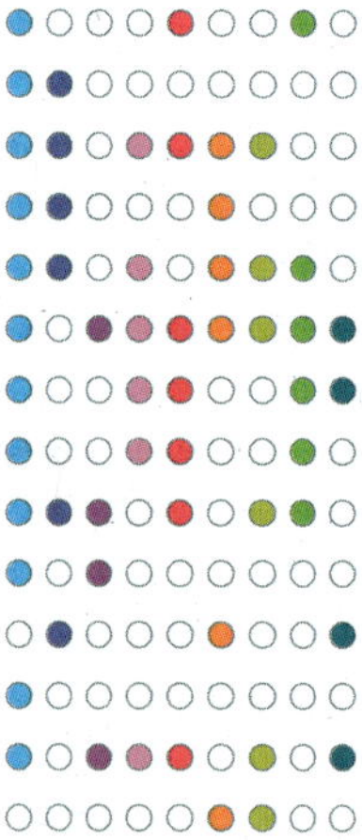

ZICHORIEN
GURKE
HAFERWURZEL
HONIGMELONE
KARTOFFEL
MÖHRE
SALATE
SCHWARZWURZEL
TOMATE
WASSERMELONE
BITTERMANDEL
BORRETSCH
ROSENWASSER
TONKABOHNE

KÜCHENJOKER

Banane/Kochbanane, Meerrettich, Berberitze, Schokolade

fee, Plastik und Brot duftende 1-FURFURYLPYRROL. Vorwiegend am Stielansatz bilden sich das moderig-pilzige 1-OCTEN-3-ON sowie das grün, schokoladig und fettig duftende 3-METHYLBUTANAL. Auch das butterig-karamellige und süßliche 2,3-BUTANEDION trägt zum Aroma der angebratenen Chicorée bei.

Der bittere Geschmack der *Cichorium*-Familie wird auf Sesquiterpenlactone zurückgeführt. Diese Moleküle sind aufgrund ihrer größeren Struktur nicht flüchtig, d. h. sie lösen kein Dufterlebnis aus, dafür aber einen leicht bitteren Geschmack. Antioxidativ wirkende Phenole kommen in der Chicoréefamilie ebenfalls vor, darunter Hydroxyzimtsäuren wie Kaffeesäure, die antinutrive Chlorogensäure und Chicorinsäure. Als weitere phenolische Verbindungen sind die Quercetinverbindungen, Apigenin und Kaempferol zu nennen. Sie unterstützen den bitteren Geschmack und wirken zum Teil adstringierend.

Radicchio enthält außerdem Anthocyane. Diese Farbstoffe gelten als gesundheitsförderlich und verleihen dem Gemüse seine blau-rote Färbung.

WURZELN Die Chicoréewurzeln (von Wurzelchicoréesorten, *Cichorium intybus* var. *sativum*) sind in erster Linie wegen ihres hohen Gehalts an Inulin interessant, das aus ihnen gewonnen wird. Als Inulin bezeichnet man ein wasserlösliches Molekülgemisch, das im Gegensatz zu Stärke nicht aus Glucose, sondern aus Fructose besteht. Inulin kann daher nicht von Enzymen gespalten werden. Es wirkt zunächst als löslicher Ballaststoff. Oftmals wird Inulin fettreduzierten Lebensmitteln zugesetzt, da es ein „fettartiges" Mundgefühl erzeugt und die Textur damit genau eingestellt werden kann. Werden Flüssigkeiten (z. B. Milch, Säfte) mit Inulin (ca. 10 bis 20 Prozent) auf 50 °C erwärmt, bilden sich weiche Gele, die ein sehr attraktives Bruchverhalten im Mund erzeugen. Inulin kann als Pulver in Naturkostläden erworben werden. Ihm wird oft eine probiotische Wirkung zugeschrieben, wofür es aber bisher keinen wissenschaftlichen Beweis gibt. Geröstete Chicoréewurzeln dienten lange Zeit als Kaffeeersatz (Zichorie), der im Zuge von Nachhaltigkeitsdiskussionen und dem Trend zur regionalen Küche eine kleine Renaissance erlebt.

ZUBEREITUNG

Chicorée wird – vor allem in den USA und im deutschsprachigen Raum – gern roh als Bitterkomponente in Salaten verwendet, in Frankreich und den Beneluxstaaten eher gebraten oder gedünstet. Nicht ohne Grund: Erst dann entfaltet er sein ganzes kulinarisches Potenzial. Wem das Gemüse zu bitter ist – obwohl man heutige Radicchio- und Chicoréesorten, auch den Endiviensalat, ohnehin fast aller Bitterstoffe beraubt hat –, kann es wässern. Man verliert allerdings dabei auch die wasserlöslichen Vitamine und Aromen.

Radicchio wird bei uns ebenfalls meist roh als Salat gegessen, vor allem als farblicher Tupfer Mischsalaten beigegeben. Man kann ihn aber sehr gut braten, im Ofen backen oder grillen, und er ist eine wunderbar bitter-aromatische Zutat im Risotto. In Italien kommt Radicchio gelegentlich in die Focaccia, in ein Sugo zur Pasta; man füllt mit ihm Geflügel, sogar eine

CHICORÉE-ORANGE

Zesten von ½ Bio-Orange	Orangenzesten mit Olivenöl vermengen.
2 TL Olivenöl	Orangensaft bei schwacher Hitze auf 80 ml reduzieren, abkühlen lassen, Tonkabohne zugeben, mit wenig Salz abschmecken. Kurz vor dem Servieren bei Zimmertemperatur leicht mit der Sahne schlagen, sodass ein flüssiger Schaum entsteht.
250 ml Orangensaft (ungezuckert, am besten frisch gepresst)	
¼ Tonkabohne, frisch gerieben	Chicorée halbieren und auf der Schnittfläche in einer Pfanne in Butter vorsichtig bei geschlossenem Deckel karamellisieren und dünsten, etwas salzen. Die Schnittflächen sollen bräunlich sein, aber nicht verbrannt, der Chicorée aber insgesamt weich und noch am Stück sein (den Strunk belassen). Mit Orangenlikör ablöschen und verdampfen lassen.
Salz	
2–3 EL Sahne	
4 kleine, gut verschlossene Chicoréestauden	Chicorée auf Tellern anrichten. Orangensahne angießen und mit Zesten in Olivenöl würzen. Zum Schluss 3 bis 4 Stücke Blauschimmelkäse (nicht größer als 1 cm) auf den Tellern platzieren.
100 g Süßrahmbutter	
50 ml Orangenlikör (z. B. Grand Marnier)	Pro Portion: 425 kcal, 36 g F, 11 g KH, 2 g B, 10 g E
160 g Blauschimmelkäse	

herzhafte Konfitüre wird aus ihm gemacht. Nur kochen sollte man ihn nicht, dann würde er blass werden und viele seiner geschmackstypischen Eigenschaften verlieren. Einfach halbiert (oder geviertelt) in der Pfanne mit Olivenöl angebraten und ohne Wasserzugabe unter geschlossenem Deckel fertig geschmort, ist er eine Köstlichkeit.

Auch die verwandten Zichorien Zuckerhut und Catalogna, Endivien- und Friséesalat lassen sich nicht nur roh als Salat verwenden, sondern ebenfalls kurz dünsten und zum Teil braten oder grillen. Catalogna kann warm ähnlich wie Spinat zubereitet oder im Ofen (z. B. mit Tomaten, Kapern, Knoblauch und Semmelbröseln) gebacken werden.

KOMBINATIONEN

Der grüne Teil des Aromaspektrums von Chicorée lädt zur „kalten Küche" ein. Mit Chicorée lassen sich feine Salate, vor allem mit Pflanzen unterschiedlicher Bitterkeitsgrade kombinieren. In Verbindung mit „grünen Ölen" (Olivenöl, Rapsöl) liefert er schmackhafte Rohvorspeisen, aber auch in Mayonnaisen, Remouladen oder schlichten senfbasierten Vinaigrettes fügt er sich bestens ein. Sind Pilze oder nicht zu weit gereifte Käse im Spiel, erhält man über die gemeinsamen Duftstoffe feine Harmonien. Kombinationen mit Gurken, Wasser- oder Honigmelonen und Borretsch fallen ebenfalls in das grün-aliphatische Aromaspektrum. Auch die Verwendung von Algen ist höchst willkommen, und selbst Austernblätter (aus der Borretschfamilie) oder gar echte, rohe Austern passen mit ihren grünen Düften zu Chicorée. Im Winter bieten sich Kombinationen mit der „vegetarischen Auster", sprich: der Haferwurzel (oder der kulinarisch verwandten Schwarzwur-

PASST GUT ZU

Reis, Nudeln, Zitrusfrüchten (Orangen), Joghurt, Crème fraîche, Sahne, (reifem) Käse, Austern, geräuchertem Aal

LÄNDERKÜCHE

Belgien: *Chicon à gratin* ***Italien:*** *Risotto mit Radicchio*

RADICCHIO-SORTEN

Radicchio Rosso di Chioggia *(Palla Rossa, Radicchio rosso, Radicchino): Sorte mit festen Köpfen; das runde Blatt ist weinrot gefärbt mit weißen Blattrippen, die Färbung geht bis ins Herz.*
Radicchio Variegato di Castelfranco *(Castelfranco): Sorte mit lockerem, kugeligen Kopf, das Blatt ist beige-weiß und rot gesprenkelt; als regionale Sorte mit dem Siegel „IGP" (Indicazione Geografica Protetta) geschützt.*
Radicchio di Verona *(Winterradicchio, Rosettenzichorie): Die lockeren bis festen ovalen Köpfe weisen bis ins Herz weinrote Blätter mit weißen Blattrippen auf.*

ENDIVIE

FRISÉE

ZUCKERHUT

Radicchio Treviso Precoce: *früh reifende Sorte, die ab Anfang September geerntet wird; längliche, dunkelrote, feste Köpfe mit weißen Blattrippen, herkunftsgeschützt mit dem EU-Siegel „g.g.A." (geschützte geografische Angabe) bzw. dem italienischen „IGP" aus den italienischen Provinzen Treviso, Padua und Venedig.*

Radicchio Treviso Tardivo: *Sorte mit länglichen weiß-roten Blättern, die sich kräuseln; er gilt unter Feinschmeckern als der „König der Radicchi" und ist knackiger als der Precoce; ebenfalls herkunftsgeschützt.*

Radicchio Bianca di Luisa: *sehr fester runder Kopf mit grünem, nicht rotem Blatt.*

Radicchio Grumolo *(Cicorino): kommt zeitig im Frühjahr auf den Markt; bildet grüne oder rote Blätter in kleinen Rosetten wie der Feldsalat, wird aber größer. Deutlich bitter im Geschmack.*

CHICORÉE-SORTEN

Brüsseler Witloof: *die älteste Chicoréesorte, wurde in Belgien gezüchtet, gilt als bewährte Sorte für den frühen und mittleren Anbau und bildet feste, längliche Köpfe.*

Chicoree Dura: *Eine Hybridsorte für den späteren Anbau, die Sprossen können von Dezember bis März geerntet werden; sie braucht niedrige Temperaturen.*

Chicoree Tardivo: *ebenfalls geeignet für das mittelspäte und späte Treiben im Winter mit festen großen Sprossen.*

WEITERE ZICHORIEN

Endivie *(Cichorium endivia): ein beliebter Wintersalat, der als Salatkopf mit einer gebleichten, hellgrünen Mitte angeboten wird.* ***Frisée*** *ist die etwas zartere, stark gekrauste Variante der Endivie (var. crispum). Des Weiteren gibt es noch die Breitblättrige Endivie, auch* ***Escariol*** *genannt (var. latifolium) mit weniger gezackten Blättern und dicken Rippen. Sie ist lagerfähiger und*

zel) an. Die Verbindung mit Kürbiskernöl (aus gerösteten Kürbiskernen) vermittelt zwischen den frischen grünen Duftstoffen und den röstigen Noten, die sich bei gebratenem Chicorée bilden. Röstduftstoffe auf bitterer Grundlage sind für Chicorée gute Partner. Aromatisch-süßliche Komponenten aus Aromaten wie Rauch, Mandeln (Bitter[!]mandeln) oder Geräuchertem (z. B. fettreichem Aal) bieten einen willkommenen Kontrast, zudem lässt das Fett des Specks oder Aals die Bitternoten des Gemüses in ganz neuem Licht erscheinen. In Kompositionen mit Rohwürsten, reifem Käse oder Blauschimmelkäse paaren sich grüne und leicht stechende Noten und die Käse setzen mit ihrem Umamigeschmack Bitter-umami-Kontraste. In manchen Regionen Belgiens wird Chicorée mit Schinken umwickelt und mit Käse überbacken: *chicon à gratin*.

In der sehr klassischen Küche flambiert man Chicorée mit Rum oder Grand Marnier, die harzigen Orangennoten des Likörs unterstützen die floralen Noten des Gemüses und geben dem bitteren Geschmack einen wunderbaren Aspekt, der von der Orangenschale her bekannt ist, durch die Zartheit der Chicoréeblätter hier allerdings mit weit besseren Texturen aufwartet. Die florale Note des Gemüses legt außerdem die Verwendung von Rosenblütenwasser nahe. Andere Essenzen aus floralen Tees, wie Hibiskus oder Hagebutte, geben dem Chicorée ebenfalls neue Aspekte. In der Kombination mit Honig harmonieren nicht nur die floralen Bienenwachsnoten, sondern es kommt noch geschmackliche Süße hinzu, die die Bitterkeit wunderbar ergänzt. Dies leitet über zu geschmortem Chicorée, den man sehr gut in Butter mit süß-sauren Säften (Orangen, Mango, Passionsfrucht) garen kann. Vor allem die Orange holt den Chicorée mit ihrer Süße und den Bitter- und Säurenoten bestens ab.

Alle Zichorien kann man gut mit Joghurt und Orangenstücken als winterlichen Salat mischen. Die süßen und säuerlichen Aromen dämpfen dabei immer die Bitterkeit. Das Gleiche gilt für Möhren, roten Paprika,

RADICCHIO VARIEGATO DI CASTELFRANCO

RADICCHIO TREVISO PRECOCE

RADICCHIO TREVISO TARDIVO

RADICCHIO ROSSO DI CHIOGGIA

Apfel, Rosinen oder Weintrauben: Sie alle ergänzen nicht nur ihre eigenen Aromen, sondern gleichen auch etwas die Bitterkeit aus. Dies funktioniert in rohen und gegarten Zubereitungen, etwa bei geschmortem Chicorée mit Orangenfilets und Sahne, wobei Letztere cremig-milchige Aromen und Milchzuckersüße ergänzt. Auch hier bietet sich das Flambieren zur weiteren Aromatisierung an.

GESCHICHTE UND BOTANIK

Die Gemeine Wegwarte wird spätestens seit dem Mittelalter als Arzneipflanze genutzt, in Quellen aber oft mit der Ringelblume, dem Löwenzahn oder Johanniskraut gleichgesetzt bzw. verwechselt. Im südlichen Italien wurde die Wildform traditionell als Salat oder Gemüse gegessen und „cicoria selvatica" (Wildzichorie) oder „cicoria verde" (Grüne Zichorie) genannt.

Die gerösteten Wurzeln wurden in der Frühen Neuzeit dem damals sehr teuren Bohnenkaffee zugesetzt, um ihm Farbe und Bitterkeit zu verleihen oder ihn schlicht zu strecken. Ab dem 18. Jahrhundert wird aus der Wurzel Ersatzkaffee erzeugt, und Braunschweig entwickelte sich zum Zentrum für Zichorienkaffee. In Frankreich kennt man noch heute einen Zichorienkaffee: Ricoré. Wichtiger an der Wurzelzichorie ist heute das Inulin, das aus ihr gewonnen wird. In Italien wird Wurzelzichorie als „Radici di Soncino" oder „Radici amare" auch als Gemüse mit den Blättern gegessen.

Kulinarisch bedeutender sind die Sprossen der SALATZICHORIE (*Cichorium intybus* var. *foliosum*), also die Sorten, bei denen in erster Linie die Blätter gegessen werden. Chicorée wurde erst im 19. Jahrhundert in Belgien „erfunden" – wie genau, ist umstritten. Eine Version besagt, dass belgische Bauern ihre Zichorienwurzeln 1870 bei einer ungewöhnlich guten Ernte im Gewächshaus gelagert und im Winter die kräftigen weißen und wohlschmeckenden Sprossen entdeckt haben sollen. Diese Sprösslinge werden noch heute für Salat und Gemüse genutzt. Dafür werden die rübenartigen Wur-

weniger frostempfindlich als die gekrauste Endivie.

Zuckerhut *(Cichorium intybus var. foliosum f. cylindricum): hutförmiger, zylindrischer Salatkopf, der optisch einem Römersalat ähnelt. Wegen seiner dicken Blätter wird er auch Fleischkraut genannt. In Deutschland ist er eher unbekannt, wird aber in Österreich, der Schweiz, Südfrankreich und Norditalien angebaut. Das Aroma ist sehr nussig, der Geschmack weniger bitter, aber keinesfalls süß, wie der Name nahelegen könnte. Im Garten ist Zuckerhut bis zu –7 °C frosthart.*

Schnittzichorie/Catalogna *(Cichorium intybus): Von dieser Variante gibt es mehrere Sorten: Die* **Gelbe von Triest** *besitzt grüngelbe ovale Blätter ohne Behaarung.* **Spadona/Catalogna** *ist dunkelgrün, schmalblättrig und recht bitter. Sie erinnert optisch wie geschmacklich stark an Löwenzahn, ist aber botanisch etwas anderes. Eine besondere Catalogna-Sorte ist die* **Catalogna di Galatina** *oder* **Puntarella di Galantina** *aus Apulien: Bei ihr wachsen im Laufe des Winters knackige Sprossen aus dem Inneren.*

EINKAUF UND LAGERUNG

Radicchio und Chicorée sind wie alle Zichorien Wintergemüse, aber mittlerweile das ganze Jahr über erhältlich. Chicorée ist 1 bis 2 Wochen im Kühlschrank haltbar, die kompakten runden Köpfe des Radicchio bis zu 4 Wochen. Auch Endiviensalate und Zuckerhut sind länger haltbar als andere Blattsalate.

SAISON

01 02 03 04 05 06 07 08 09 10 11 12

Auch als Importware ganzjährig erhältlich, vor allem aus Italien.

ANBAU

Alle Zichorien sind relativ einfach im eigenen Garten anzubauen, besonders die bei uns unbekannte und deshalb schwer erhältliche Schnittzichorie. Um den bitteren Geschmack abzumildern, werden Zichorien durch Lichtentzug gebleicht. Besonders einfach ist das bei der Endivie: Die Blätter werden zusammengebunden, damit sie die letzten beiden Wochen vor der Ernte kein Licht mehr bekommen. Die Blätter müssen jedoch vollkommen trocken sein, damit sie nicht faulen.

zeln im November eingegraben und abgedeckt. Während des Winters treiben sie aus und bilden rund 20 cm lange und bis zu 5 cm dicke spindelförmige Sprossen. Weil sie nicht dem Licht ausgesetzt werden, bleiben sie bleich und zart und werden nicht bitter, denn im Dunkeln können kein Chlorophyll und kaum Sesquiterpenlactone ausgebildet werden. Im kommerziellen Anbau sät man heute die Zichorien im Mai im Freiland aus. Die Wurzeln werden wie Rüben im Herbst geerntet und dann in Kühlhäusern bei hoher Luftfeuchtigkeit monatelang eingelagert: Das ermöglicht eine Chicoréeproduktion rund ums Jahr. Zum Treiben der Wurzeln werden sie aufrecht in Kunststoffkisten gelegt und in absolut lichtlosen Räumen aufgestellt. Hier treibt der Chicorée in 20 bis 25 Tagen aus.

Radicchio ist die meist rote Form des Chicorée. Es gibt verschiedene Sortengruppen, die nach italienischen Städten oder Regionen heißen, wo sie ursprünglich angebaut wurden oder werden. Bis Mitte der 1980er Jahre wurde das Zichoriengemüse fast ausschließlich in Italien angebaut und exportiert. Bei uns wurde vor allem die Sorte ***Rosso di Chiogga*** angebaut. Seine rote Farbe verdankt das Gemüse den Anthocyanen. Vom Radicchio kann man auch die Wurzel essen, sie muss jedoch geschält werden.

Cucurbita pepo subsp. pepo convar. giromontiina

ZUCCHINI

In den 1970er Jahren bei uns noch nahezu unbekannt, gehören sie heute in jedes Gemüseregal und werden oft im eigenen Garten angebaut. Zucchini haben in unserer Küche den Kürbis verdrängt, vermutlich weil sie einfacher zuzubereiten sind: Man muss sie nicht schälen und sie sind blitzschnell fertig. Da fällt es offenbar kaum auf, dass sie gegart und ungewürzt nur schwach duften. Aber richtig zubereitet oder gleich roh verzehrt, entwickelt dieses Gemüse durchaus seinen besonderen Reiz.

Aromen roh: *1-HEXANOL △ grün, herbal, süßlich, apfelschalenartig, ◇ stechend, ölig, fruchtig (Z)-3-HEXENOL △ grün, grasig, frisch gemähtes Gras, laubartig, fruchtig, ◇ leicht ölig, melonenschalenartig 3-HYDROXY-2-BUTANON △ butterig, milchig, □ sahnig, cremig, ◇ süßlich 1-OCTEN-3-OL △ grün, erdig, fun-*

Zucchini ***(deutsch-schweizerisch: Zucchetti)*** gehören zu den Kürbissen, ihr Aromaspektrum ist daher ähnlich. Ein Großteil des Aromas ist durch grüne Duftkomponenten bestimmt, die aus dem Abbau von Fetten hervorgehen. Dazu gehören die grün und grasig duftenden Blätteralkohole (Z)-3-HEXENOL und 1-HEXANOL, wobei Letzterer noch eine leichte Fruchtnote hinzufügt. 2-PROPANOL bringt ein wenig stechende, moderig-holzige Noten ein, 3-HYDROXY-2-BUTANON steuert leicht butterige Aspekte bei, während 1-OCTEN-3-OL seinen Pilzduft ins Spiel bringt. Die unterschwellig vorhandenen herbalen, harzigen Piniendüfte werden durch die Terpene α-PINEN und β-PINEN hervorgerufen.

RONDINI

TONDO CHIARO DI NIZZA

RONDE DE NICE

Beim Kochen oder Dämpfen verändert sich dieses Aromaspektrum nur wenig (die Kochzeiten sind kurz), es entsteht allerdings DIMETHYLSULFID und fügt typische Gerüche von gekochten Zwiebeln und Kartoffeln dazu. Werden sie gegrillt, bilden sich vor allem Röstaromen, darunter hauptsächlich Pyrazine.

Der Geschmack von Zucchini ist nur leicht bitter, da die der Kürbisfamilie eigenen Bitterstoffe weitgehend weggezüchtet wurden. Die wichtigsten Komponenten des Bittergeschmacks sind die auch von der Gurke bekannten Curcubitacine, von denen schon geringste Mengen sehr leicht wahrgenommen werden. In hohen Dosen wirken sie toxisch und können sogar tödlich sein. Dann wären die Zucchini allerdings so gut wie ungenießbar bitter. Hinzu kommen phenolische Komponenten, die nicht nur antioxidativ wirken, sondern ebenfalls zum Bittergeschmack beitragen, darunter Cumarinsäure, Vanillinsäure, Luteolin, Quercetin und Kaempferol bzw. deren glycosidische Formen. Zucchini zeichnen sich durch einen hohen Gehalt an wenig gebundenem Wasser aus (95 %), sie lassen sich praktisch mit der bloßen Hand ausdrücken.

Die Blüten der Zucchinipflanze sind eine Delikatesse. Ihr Aromaspektrum ist aufgrund seiner biologischen Funktion (die Blüten entwickeln duftende Lock- und Abwehrstoffe für Insekten) vielfältiger als das der Frucht selbst. Die wichtigsten Aromastoffe der Blüte sind das florale LINALOOL, das nach Zitrus- und tropischen Früchten duftenden OCIMEN und das würzig-florale MYRCEN. Dazu gesellen sich weitere Zitrusdüfte und harzige Noten bis hin zu leicht kühlend wirkenden Aromen, die an Eukalyptus erinnern, und schwereren, aromatischen Noten mit einem Anklang an Gewürznelke.

ZUBEREITUNG

Man braucht die zarten Kürbisse wie andere kleine Sommerkürbisse (z. B. Patisson) nicht zu schälen. Schälen wäre sogar kontraproduktiv, sitzen in der Schale doch die meisten der geschmacksgebenden Bitterstoffe. Die Kerne der jungen Früchte braucht man ebenso wenig zu entfernen, nur bei älteren Früchten werden sie etwas bitter und hart. Roh kommen Zucchini geraspelt oder in dünne Scheiben geschnitten in Salate. Sehr junge Früchte kann man wie Gurken einlegen: süß-sauer mit Weißweinessig und Zucker (und Gewürzen). Garen sollte man Zucchini nicht zu lange, sonst zerfallen sie und verlieren jeden Biss. Sie lassen sich dünsten, kochen, braten, backen, grillen und frittieren. Beim Garen geben sie Wasser ab, das kann in einem Auflauf oder Gratin störend sein. In diesem Fall sollte man sie vor dem Garen in Scheiben schneiden und mit etwas Salz ziehen lassen, um sie (wie Gurken) zu entwässern. Suppen und Saucen bekommen mit Zucchini eine angenehme Konsistenz. Für Cremesuppen kann man die Früchte ausnahmsweise schälen, um die Schale später als Dekoration in der Suppe zu verwenden.

gal, champignonartig, □ gemüseartig, pilzig, hähnchenhautartig, ◇ brühenartig, saucenartig DIMETHYLSULFID *△ schwefelig, zwiebelartig, radieschenblätterartig, kohlartig, □ fischartig, maisartig, spargelartig, ◇ ein Hauch gekochte Milch/Sahne* α-PINEN *△ herbal, kampferig, pinienartig, □ stark holzig, erdig, ◇ terpentinartig, holzig-würzig* β-PINEN *□ herbal, holzig, harzig, pinienartig, heuartig, kampferig, ◇ gewürznelkenartig, muskatartig-würzig, pfefferig, leicht kühlend*

Aromen (Blüte) roh: LINALOOL *△ floral, zitrusartig, rosenholzartig, grün, □ orangenartig, zitronenartig, ◇ leicht wachsig, holzig* MYRCEN *△ würzig, floral, balsamisch, kräuterartig, □ holzig, möhrenartig, fruchtig, mangoartig* β-OCIMEN *△ floral, zitrusartig, □ tropische Früchte, ◇ holzig, gemüseartig* 1,8-CINEOL[T] *△ herbal, eukalyptusartig, kampferig, □ minzig, ◇ trigeminal kühlend* EUGENOL[T] *△ würzig, süßlich, gewürznelkenartig, □ aromatisch, holzig, pimentartig, ◇ warm-würzig*

GESCHMACK

SÜSS SAUER SALZIG **BITTER** UMAMI

Zucchini sind geschmacklich und aromatisch zurückhaltend, duften leicht grün und schmecken ein wenig bitter. Zucchiniblüten duften floral mit einem Hauch Zitrus.

MIKRONÄHRSTOFFE *(pro 100 g)*

Vitamine: *A (30 µg), B_1 (0,21 mg)* ***Mineralstoffe:*** *Eisen (1,0 mg)* ***Sekundäre Pflanzenstoffe:*** *Carotinoide, Polyphenole*

GOLD RUSH

MEDITERRANE MINI-ZUCHINIBURGER

2 schmale Zucchini (max. ø 3 cm)

Salz

2 EL Olivenöl

200 g Zickleinhackfleisch (Zickleinfleisch, durch den Wolf gedreht) (alternativ Lamm- oder Kalbshackfleisch)

1 TL Kreuzkümmelsamen (trocken leicht geröstet, frisch gemörsert)

½ TL Sumach

2–3 getrocknete Tomaten, in Öl eingelegt

1 TL Pistazien, geröstet

100 g Ziegenfrischkäse

Pro Portion: 193 kcal, 13 g F, 3 g KH, 1 g B, 13 g E

Backofen auf 40 °C (Heißluft) vorheizen.

Zucchini in Scheiben von 1 cm Dicke schneiden, dann salzen. Wasser ziehen lassen, auf einem Backblech verteilen und im Ofen leicht antrocknen lassen.

Olivenöl in einer Pfanne erhitzen und Hackfleisch darin sehr knusprig anbraten. Auf Küchenpapier entfetten, kalt werden lassen und mit Kreuzkümmel und Sumach würzen.

Getrocknete Tomaten gut mit Küchenpapier abtupfen, dann fein hacken. Geröstete Pistazien in grobe Stücke zerstoßen.

Ziegenkäse mit Hackfleisch, getrockneten Tomaten und Pistazienstücken vermengen. Sandwichartig zwischen zwei Zucchinischeiben geben. Leicht andrücken und als Teil eines Antipasti-Tellers servieren.

HARMONIE

KÜCHENJOKER

Zwetschgen, Aprikosen, Chili, Koriandergrün

Für gefüllte Zucchini eignen sich große längliche und runde Sorten am besten: Bei den runden den Deckel abschneiden, das Fruchtfleisch herauskratzen und mit den übrigen Zutaten für die Füllung vermischen; etwa eine halbe Stunde bei 180 °C im Ofen garen. Zucchini kann man (wie auch andere Kürbissorten oder Möhren) in Kuchen mitbacken.

Die klassische Zubereitungsart ist das Braten in Öl. Es hat den großen Vorteil, dass es dem aromaschwachen Gemüse bei der Bräunung zusätzliche Röstaromen verleiht (die mit etwas Zitrone kontrastiert werden). Ähnliches gilt für gegrillte Zucchini: Schneidet man sie der Länge nach dünn auf, sind sie genauso schnell gar wie ein Würstchen und bekommen hübsche Grillstreifen. Über Kohle gegrillt, erhalten sie durch die Grill- und Rauchnoten ein Röstaroma, das an Brotrinde erinnert. Für italienische Antipasti werden sie stark angegrillt und in Olivenöl eingelegt. Panierte Zucchinischeiben, meist länglich geschnitten, kommen in japanisches Gemüsetempura.

BLÜTEN Frittierte Blüten sind ein Klassiker der italienischen Küche. Man kann sie auch füllen: Man entfernt den innenliegenden Stempel, taucht die Blüten kurz in kaltes Wasser und lässt sie abtropfen; dann (z.B. mit einer Ziegenfrischkäse/Quark-Mischung und frischen Kräutern) füllen – am besten mit einem Dressiersack – und 2 Minuten im Dampf garen.

KOMBINATIONEN

Zucchini lassen sich wegen ihres im Vergleich mit anderen Kürbissen eher neutralen Geschmacks und Aromas gut kombinieren. Sie müssen jedoch – sofern sie nicht roh, gewürfelt als Texturelement in Salaten oder halbwarmen Gemüsezubereitungen verwendet werden – kontrastreich gewürzt

SOLEIL

GENOVESE

BLACK FOREST

COSTATA ROMANESCO

LUNGO BIANCO

werden. Dazu machen sich herbale Noten, wie sie in mediterranen Kräutern wie Oregano, Bohnenkraut oder Rosmarin vorkommen, oder aromatische wie in Thymian besonders gut. Ein simples schnelles Gericht sind in heißem Olivenöl leicht bräunlich gebratene Zucchiniwürfel, die mit Salz, Pfeffer und frischen mediterranen Kräutern gewürzt werden. Etwas Zitronensaft setzt frische, säuerliche Kontraste gegen die schweren Röstaromen. Geröstete Pinien- oder Zedernkerne unterstützen die schwach vorhandenen Piniendüfte der Zucchini. Auch mit Gewürzen wie dem nach Zitrus bis harzig duftenden Kreuzkümmel oder würzigen Macis und Gewürznelken kann der Zucchini auf die Sprünge geholfen werden. Interessant ist immer die Kombination mit Frischkäse, Quark und Joghurt, da hier die butterigen Aromen der Zucchini hervorgehoben werden.

Zucchini haben zwar nur ein schwach ausgeprägtes Eigenaroma, zeichnen sich aber durch einen sorten- und züchtungsabhängig mehr oder wenig ausgeprägten Bittergeschmack aus und lassen sich geschmacklich durch Säuren wie Zitronensaft und feine Essige verfeinern. Die Kombination mit Tomaten, die gleich drei Geschmacksrichtungen mitbringen (umami, sauer und süß), ist ein Klassiker in allen Zucchini verarbeitenden Küchen. Das Abschmecken mit starken umami-Komponenten funktioniert ebenso in der Kombination mit reifem Käse (Parmesan, Gruyère, Fromages des Alpes), vor allem in Gratins, aber auch in Rohkostsalaten. Ein Gratin aus Zucchinischeiben, eventuell kombiniert mit Kartoffelscheiben, wird mit Sardellen (umami) und gerösteten Semmelbröseln, die als brotrindenartiges Röstgewürz wirken und gleichzeitig mit knusprigen Texturen aufwarten, wunderbar herzhaft.

PASST GUT ZU

Steak, Fisch, Hähnchen, Schweinefleisch, Reis, Frischkäse, Quark, Joghurt, Käse, Pinienkernen, Rosinen/Sultaninen, Essig

LÄNDERKÜCHE

Italien: *Antipasto, Fiori di zucchini fritti, Fritatta di zucchini* ***Italien, Schweiz:*** *Fiori di zucchini ripieni* ***Frankreich:*** *Ratatouille* ***England:*** *Konfitüre und Pickles* ***Japan:*** *Tempura*

SORTEN

Costata Romanesco: *Sorte mit langen, hellgrün gestreiften und marmorierten Früchten; der Hauptlängsstreifen ist wulstig verdickt, sodass man quer aufgeschnitten schöne sternförmige Scheiben erhält. Diese Sorte hat besonders große Blüten.*

Gold Rush: *goldgelbe Sorte aus den USA mit besonders zartem Fruchtfleisch. Mit ihrer gelben Schale, dem oft leicht gebogenen Kopf und den riesigen Blättern erinnern sie an Bananen; gut zum Rohverzehr geeignet.*

Striato/Stritate d'Italia/Cocozelle di Tripoli: *langgestreckte traditionelle italienische Sorte. Die Schale ist längs gestreift in verschiedenen Grünabstufungen.*

Genovese: *unsere klassische längliche „Supermarkt"-Zucchini mit dunkelgrüner und etwas silbergrau gesprenkelter Schale.*

Verte de Maraîchers: *gedrungene grüne französische Sorte, robust und ertragreich.*

Blanche non Coureuse: *alte französische Sorte mit weißer Schale.*

Tondo Chiaro di Nizza/Ronde de Nice: *Sorte mit kugelrunden bis eiförmigen Früchten; die Schale ist grün marmoriert und gestreift, das Fruchtfleisch ist hell, leicht schwammig, wasserreich und butterzart.*

Lungo Bianco: *italienische Sorte mit hellgrüner Schale, die mit der Reife gelb wird.*

__Soleil:__ goldgelbe, sehr ertragreiche Sorte mit zylindrischer Form.
__Black Forrest:__ Hybridsorte, die ranken und klettern kann, mit dunkelgrünen, länglichen Früchten.

EINKAUF UND LAGERUNG

Zucchini werden ganzjährig angeboten, am aromatischsten sind sie von Mai bis September frisch vom Feld. Beim Kauf auf feste, schwere, glänzende Früchte achten. Sie halten sich bis zu einer Woche im Kühlschrank, danach verliert die Schale ihren Glanz und das Fruchtfleisch wird schlaff. Außerdem sollte man sie nicht unter 10 °C lagern und nicht neben Tomaten und Obst, die Ethylen abgeben. Das Einfrieren ist nicht zu empfehlen, sie werden fade und matschig.

SAISON

01 02 03 04 **05 06 07 08 09 10** 11 12

Als Importware ganzjährig erhältlich, z. B. aus Belgien, Spanien, Italien und Marokko.

ANBAU

Zucchini wachsen bei uns im Freiland, man sät sie im Frühjahr aus, nach 6 bis 8 Wochen sind sie erntereif. Sie sind Starkzehrer, deshalb wachsen sie gerne (wild) in der Nähe des Kompostes. Eine Pflanze bringt mehrerer Monate lang Früchte hervor. Im Unterschied zu anderen Gartenkürbissen bilden sie keine langen Ranken aus, die am Boden kriechen, sondern wachsen buschförmig.

Nicht zuletzt sind Kompositionen mit Obst sehr gut möglich, sowohl in roher als auch in gegarter Form. So ist ein Salat aus grob geraspelten Zucchini, gewürfelten Tomaten und halbierten Zwetschgen (oder Aprikosen) mit einer Sauce aus Pflaumenmus, Essig, (Curry-)Ketchup, Mayonnaise, Pfeffer und Salz ein wunderbar süß-säuerliches, leicht bitteres Gericht, das grün und fruchtig duftet. Aus etwa 2 cm dicken, angebratenen Zucchinischeiben kann man mit Apfel- oder Birnenstücken, Trauben und Käsewürfeln ungewöhnliche Antipasto-Spieße herstellen. Und mit Obst (auch Trockenobst) und Zucchini lassen sich schmackhafte Chutneys zubereiten.

REGIONALE VARIANTEN ***Ratatouille*** ist eine südfranzösische Gemüsezubereitung, ursprünglich aus der Resteküche, mit Zucchini, Tomaten, Auberginen, Zwiebeln und Knoblauch. In Mexiko kombiniert man Zucchini mit Maiskörnern und Tomaten, scharf gewürzt mit Chili und Koriandergrün. Gefüllte Zucchini sind beliebt in Griechenland: mit Feta, Thymian und Minze oder Rosinen, Pinienkernen und Oregano – und im Nahen Osten: dort mit Tomaten, Zwiebeln oder Frühlingszwiebeln, Reis, Pinienkernen oder Pistazien, gewürzt mit Minze, Zitrone, Zimt, Sultaninen und Sumach. Typisch italienisch sind die gefüllten und gedämpften Blüten (***Fiori di zucchini ripieni***) und die Puffer (***Frittata di zucchini***) aus dem Trentino, für die man dünne Zucchinischeiben, gequirlte Eier und geriebenen Parmesan ausbackt. Konfitüre und Pickles aus Zucchini (mit Ingwer gewürzt) sind in England sehr beliebt.

GESCHICHTE UND BOTANIK

Zucchini sind eine italienische Weiterzüchtung des Gartenkürbis (***Cucurbita pepo*** → Kürbis, Seite 280). Der Name ist abgeleitet von „Zucca" (Kürbis) und bedeutet „kleiner Kürbis". Die erste bildliche Darstellung von Zucchini findet man auf einem Gemälde von Vincenzo Campi aus dem Jahr 1580: Man sieht einen Korb voller kleiner Zucchini mit Blüten. Im 19. Jahrhundert kamen die Zucchini nach Frankreich, wo sie Bestandteil der provenzalischen Küche wurden, nicht nur als klassische Zutat zur ***Ratatouille***.

Ausgewachsen werden auch die „kleinen Kürbisse" bis zu 15 kg schwer – allerdings sind sie dann so gut wie ungenießbar, weil das Fruchtfleisch einen wolleartigen Zustand annimmt. Es existieren ganz unterschiedlich geformte Beeren (so nennt man botanisch die Früchte): kugelrunde, längliche, bauchige, schlanke, gerade und gekrümmte. Es gibt sie auch in verschiedenen Farben: hellgrün, dunkelgrün bis schwarz, gelb, einfarbig oder gestreift und marmoriert.

BLACK FOREST

VERTE DE MARAÎCHERS

Zea mays convar. saccharata

ZUCKERMAIS

Mais ist botanisch ein Süßgras, also ein Getreide. Und wie Getreide, nämlich zu Mehl gemahlen, wird er auch in seiner ursprünglichen Heimat Mittelamerika kulinarisch überwiegend eingesetzt. Aber uns interessiert in diesem Gemüsebuch nur der Zuckermais, eine weniger stärkehaltige, süßere Form des Mais, deren Körner wie Gemüse verwendet oder getrocknet zu Popcorn verarbeitet werden.

Zuckermais (auch: ***Gemüsemais, Süßmais, sweet corn, Kukuruz, Körnermais***) wird wegen der immer noch stark präsenten Stärke roh kaum gegessen, daher steht das Aromaspektrum von gekochtem bzw. konserviertem Mais im Vordergrund. Dennoch ist es sinnvoll, beide zu vergleichen, weil man dabei deutlich die Verschiebung der Geruchsaktivität der Aromaverbindungen erkennen kann.

Im frischen ebenso wie im gekochten Zuckermais (und Dosenmais) dominieren die schwefeligen Aromastoffe DIMETHYLSULFID, das häufig in gekochtem Gemüse vorkommt und einen Hauch Kohl und Mais mitbringt, und DIMETHYLTRISULFID mit Anklängen an Lauch und gekochte Eier. Unterschwellig findet sich ACETALDEHYD, das stechend-ätherisch, fruchtig, aber auch moderig-muffig und in höheren Konzentrationen faulig riecht. Wichtig für das Maisaroma ist das aromatische 4-VINYLGUAIACOL mit seinem an Rauchschinken erinnernden Duft. Dieser verändert sich beim Kochen nur wenig, ebenso die fruchtigen, grünen Noten des 3-METHYLBUTANAL. Alle heterozyklischen Geruchsstoffe, wie die Pyrazine, werden beim Erhitzen (Kochen) hingegen verstärkt. Darunter fallen 2-ETHYL-3,6-DIMETHYLPYRAZIN mit seinem röstigen Duft nach Nüssen und Kakao, das maistypische 2-ACETYL-1-PYRROLIN, das an Popcorn, Toastbrot und Malz erinnert, sowie der schwefelige Heterozyklus 2-ACETYLTHIAZOL, der nach Popcorn, Nüssen, Brot und typisch nach gegrilltem Mais duftet. Der Anteil des Heterozyklus 2-ACETYL-2-THIAZOLIN mit seinen Anklängen an Maischips, Hähnchenhaut und grüner Zwiebel hält sich bei gekochtem und frischem Mais wiederum die Waage. Die cremig-milchig, mitunter süßlich anmutenden Gerüche entstammen der aromatischen VANILLINSÄURE.

Die Süße des Zuckermais wird durch freie Zucker wie Fructose, Glucose, Saccharose und Maltose verursacht. In dem in Südamerika heimischen *Zea mays* (violetter Mais) sind Anthocyane (Farbstoffe) als Antioxidantien vorhanden. In den meisten gelben Maissorten findet man die üblichen Verdächtigen unter den antioxidativ wirkenden phenolischen Verbindungen: unter anderem p-Coumarinsäure, Quercetin und Ferulasäure, die bitter und adstringierend wirken. Eine Sonderrolle kommt der Vanillinsäure zu, die je nach Konzentration für leichte Säure und schwache orale Bittereindrücke verantwortlich ist, ebenso wie für die retronasal wahrnehmbaren cremig aromatischen Noten.

●●○○○●○●○

Aromen roh: ACETALDEHYD *△grün, frisch, □schimmelig, leicht moderig, ◇stechend* **DIMETHYLSULFID** *△schwefelig, zwiebelartig, radieschenblätterartig, kohlartig, □fischartig, maisartig, spargelartig, ◇ein Hauch gekochte Milch/Sahne* **2-ACETYL-2-THIAZOLIN** *△geröstete Mais, geröstete Hähnchenhaut, □grüne Zwiebel, grün, leicht grasig, fettig*

Aromen gekocht außerdem: 3-METHYLBUTANAL *△aldehydisch, ätherisch, pfirsichartig, □schokoladenartig, fruchtig, ◇schweißig* **4-VINYLGUAIACOL** *△aromatisch, holzig, □zedernartig, röstig, ◇rauchschinkenartig* **VANILLINSÄURE** *△aromatisch, cremig, milchig, ◇süßlich, bitter* **2-ETHYL-3,6-DIMETHYLPYRAZIN** *△nussig, röstig, kakaobohnenartig* **2-ACETYL-1-PYRROLIN** *△popcornartig, gerösteter Mais, □toastbrotartig, ◇malzig* **2-ACETYLTHIAZOL** *△popcornartig, nussig, getoasteter Mais, □brotartig*

Aromen Popcorn: (E,E)-2,4-DECADIENAL *△fettig, ölig, gurkenartig, □melonenartig, ◇hühnerfettartig, frittiert* **4-VINYLGUAIACOL** *△aromatisch, holzig, □zedernartig, röstig, ◇rauchschinkenartig* **2-ACETYL-1-PYRROLIN** *△popcornartig, gerösteter Mais, □toastbrotartig, ◇malzig* **FURAN-2-Y LMETHANTHIOL** *△röstig, kaffeeartig, ölig, brotrindenartig, □rauchig, hühnerfleischartig, nussig, ◇herzhaft, fleischartig* **6-ACETYL-1,2,3,4-TETRAHYDROPYRIDIN** *△karamellig, cremig-duftend, □brotkrustenartig* **2-PROPIONYL-1-PYRROLIN** *△röstig-fischartig, gebratene Fischhaut*

MAISI-BISI

- 1 frische Schalotte
- 1–2 TL Zitronensaft
- 2 EL Maisgries (Polenta)
- 100–150 ml Milch
- 50 g Butter
- Salz
- 1–2 EL frisch geriebener reifer Parmesan
- 1 frischer Maiskolben
- 200 g frische grüne Erbsen, gepalt
- 1 EL Butter
- 1 Msp. Maisstärke
- 100 g abgehangener Naturjoghurt
- 1 frischer Estragonstängel, gezupft
- 1 Handvoll Popcorn
- grobes Meersalz

Schalotte schälen, vierteln und leicht in etwas Zitronensaft marinieren.

Aus Maisgries, Milch und Butter eine sämige Polenta kochen, kurz vor Ende der Kochzeit Parmesan unterrühren. Auf Backpapier (oder einer Silpat-Matte) ausstreichen und mithilfe eines Dessertrings Kreise (Durchmesser 8 cm) ausstreichen. Trocknen lassen und die „Polentascheiben" kurz in einer Pfanne auf einer Seite anrösten.

Maiskörner mit einem scharfen Kochmesser vom Kolben schneiden. Erbsen und Maiskörner in Butter und etwas Wasser 5 bis 6 Minuten dünsten, salzen und mit restlichem Zitronensaft säuern. Kochflüssigkeit mit Maisstärke leicht abbinden. Joghurt mit Estragon und Salz würzen.

Polentascheiben auf Tellern verteilen und die Mais-Erbsen-Mischung mit dem Dessertring darauf anrichten. Darauf einen Klecks Joghurt geben und ein Schalottenviertel daraufsetzen.

Popcorn mit einem Mörser zerstoßen, mit etwas Meersalz mischen und Joghurtnocken damit bestreuen.

Tipp: Diese Konstruktion passt zu Maishähnchenbrust. Dann Sojabutter und Sojajoghurt verwenden. Das Fleisch kurz anbraten, in Scheiben schneiden und um das Maisi-Bisi legen.

Pro Portion: 287 kcal, 16 g F, 23 g KH, 4 g B, 8 g E

POPCORN Interessant ist das Aromaspektrum von Popcorn, das eine ganze Reihe von Schlüsselaromen für Röst-, Brat- und Trocknungsprozesse enthält und seinen Ursprung in der Aminosäurenverteilung und im Zuckerspektrum des Mais hat: 2-ACETYL-1-PYRROLIN wird während des Poppens bei starker Hitze besonders hervorgehoben und stellt ein typisches Popcorn-Aroma in den Vordergrund. Eine Schlüsselrolle spielen weiterhin die Aromastoffe (E,E)-2,4-DECADIENAL, das fettig, grün und nach Hühnerhaut duftet, FURAN-2-YLMETHANTHIOL mit seinem röstigen Kaffee- und Brotrindenduft sowie 4-VINYLGUAIACOL mit seinem Rauchschinkenaroma. Beim „Poppen" bilden sich unter großer Hitze 6-ACETYL-1,2,3,4-TETRAHYDROPYRIDIN, das deutlich nach Karamell riecht, und 2-PROPIONYL-1-PYRROLIN, das man auch von „auf der Haut gebratenen Fischen" kennt.

Für Popcorn verwendet man in der Regel Perl- oder Puffmais, also spezielle Sorten, bei denen Schale, Stärkestruktur und Proteingehalt mit dem Restwassergehalt des Mais ausbalanciert sind. Beim Poppen unter großer Hitze verdampft das an Stärke und Protein gebundene Wasser und bläht die Körner bis zur „Explosion" auf. Übrigens: Popcornmais schmeckt nicht süß und wird meist auch salzig gegessen. Möchte man ihn süß, muss man ihn zuckern.

GESCHMACK

SÜSS SAUER SALZIG BITTER UMAMI

Zuckermais hat einen süßlichen Geschmack, geröstet und gekocht duftet er schwefelig-röstig und leicht würzig.

MIKRONÄHRSTOFFE *(pro 100 g)*

Vitamine: *B_1 (0,15 mg), B_2 (0,12 mg)* ***Mineralstoffe:*** *Phosphor (83 mg)* ***Sekundäre Pflanzenstoffe:*** *Carotinoide*

STOWELLS IMMERGRÜN

HARMONIE

● ● ○ ○ ○ ● ○ ● ○	**ZUCKERMAIS**
● ● ○ ● ○ ○ ○ ○ ○	BLUMENKOHL
● ● ○ ○ ○ ● ○ ● ○	BOHNE, HÜLSEN
● ● ● ● ● ○ ○ ● ●	ERBSE
● ● ○ ● ○ ● ● ● ○	GRÜNER PAPRIKA
● ● ○ ○ ○ ○ ○ ● ●	LAUCH
● ○ ● ● ● ● ● ● ●	MÖHRE
● ● ○ ○ ● ● ○ ○ ●	RETTICH
● ● ● ● ● ○ ○ ● ●	ZUCKERERBSE
● ● ○ ○ ○ ○ ○ ● ●	ZWIEBEL
● ○ ● ● ● ○ ● ○ ●	BASILIKUM
○ ○ ● ● ● ○ ○ ○ ○	CURRYBLÄTTER
● ○ ○ ○ ○ ○ ● ○ ○	KERBEL
○ ● ○ ○ ○ ○ ○ ○ ●	KNOBLAUCH
○ ○ ● ● ○ ● ○ ○ ○	KORIANDERSAMEN
○ ○ ○ ● ○ ● ○ ● ○	KREUZKÜMMEL
○ ○ ○ ● ● ● ● ○ ○	NIGELLA
● ○ ○ ○ ○ ○ ● ● ○	PARMESAN
○ ○ ● ● ● ● ○ ○ ○	THYMIAN

KÜCHENJOKER

Koriandergrün, Kaffee, Malzbier (Saucengrundlage)

PASST GUT ZU

Joghurt, Fischgerichten, Hähnchen/hellem Geflügel, Kaninchen, Kokosmilch, Milch, Milchprodukten, Eiern, Fleisch (geröstet), gebrannten Nüssen

LÄNDERKÜCHE

***USA:** Corn on the cob, Popcorn **Großbritannien, Europa:** Mixed Pickles **Tansania:** Maiskolben in Kokosnussmilch **Südliches Afrika:** Mais mit Joghurt **Ostafrika:** Irio (Bohnen mit Mais) **Venezuela:** Maiscremesuppe **Ecuador:** gefüllte Maisblätter mit Käse **Brasilien:** Pamonha*

SORTEN

***Golden Bantam:** samenfeste Sorte aus den USA, kam 1902 als erster gelber Zuckermais auf den Markt; klassisch goldgelb, zart und*

ZUBEREITUNG

Der Gemüsemais spielt vor allem in der nordamerikanischen Küche eine große Rolle – eigentlich fast nur dort. Man kocht ihn im Ganzen, um ihn dann gesalzen und in Butter gewälzt „on the cob" zu essen, indem man die Maiskörner abnagt. Oder man kratzt mit einem Messer die Körner vom gekochten Kolben ab und verwendet diese als Salat, Beilage, Pizzabelag oder als Zutat für diverse Eintöpfe oder Suppen. Gibt man Milch ins Kochwasser, verstärkt man das feine Maisaroma. Man kann die Kolben auch grillen oder braten. Am besten kocht man sie vorher, weil es beim Braten und Grillen in erster Linie auf die Röstaromen aus der Maillardreaktion (→Seite 94) ankommt. Oder man gart ihn in seinen Blättern direkt auf der Glut.

POPCORN Getrocknete Körner spezieller Zuckermaissorten, nämlich Puffmais oder Perlmais (siehe oben), kann man zu süßem oder salzigem Popcorn verarbeiten: Man gibt etwas Fett (Öl) in einen Topf und lässt es sehr heiß werden (bis es raucht). Eine Schicht getrocknete Maiskörner hineingeben, wahlweise zuckern oder salzen, den Deckel schließen. Jetzt poppen die Maiskörner auf. Alle zwanzig Sekunden den Topf etwas schütteln. Wenn man keine Poppgeräusche mehr hört, ist das Popcorn fertig.

Aus gewöhnlichem Mais kann man (eigentlich) kein Popcorn machen. Mit einem Trick kann aber gewöhnlicher Zuckermais (wie praktisch jedes andere Getreide) „gepoppt" werden: Dazu werden die getrockneten Körner vorgekocht, wodurch die Stärke quillt und Wasser aufnimmt. Werden die Körner danach wieder ca. 6 Stunden bei 60 bis 70 °C im Ofen (oder Dehydrator) getrocknet, lassen sich die Körner ebenfalls „poppen". Popcorn eignet sich auch gut als Röstgewürz: im Mixer zu Pulver mahlen und als finales Streugewürz einsetzen.

KOMBINATIONEN

Die schwefeligen Aromen des Zuckermais erlauben Kombinationen mit Zwiebeln, Knoblauch und Lauch, bei denen ebenfalls Schwefelaromen dominieren, sei es in Salaten oder Eintöpfen. Rettich, Kresse oder Kohlsorten harmonieren aus denselben Gründen. Außerdem machen die schwefeligen Aromen Mais zu einem willkommenen Begleiter von Eiern und Milchprodukten, während bei (gekochtem) Fleisch noch die würzigen Aspekte hinzukommen. Wird Milch oder Joghurt mit gekochtem oder gegrilltem

Mais püriert und in einem Sahnespender warm aufgeschäumt als schaumiges Püree serviert, zeigt sich sehr genau, dass Aromen auf unterschiedlichen Geschmacksgrundlagen verschieden wirken: Es entsteht ein jeweils anderer Dufteindruck in Kombination mit süßer Milch oder mit säuerlichem Joghurt.

Der röstige Teil des Aromaspektrums von Zuckermais legt eine Verstärkung durch Grillaromen nahe und macht die Kolben deshalb solo zu einem beliebten Grillerlebnis. Aus demselben Grund fügt sich Mais als Beilage gut zu gegrilltem Gemüse, Fleisch und Würsten. Die würzigen, röstigen Noten machen Kombinationen mit herbal, harzig und würzig duftenden Möhren ebenso möglich wie mit grün-erdigen und würzigen Gartenbohnen, Erbsen und Zuckererbsen und bieten auch grünem Paprika aromatische Andockstellen. Geröstete Nüsse oder gebrannte Mandeln werden von den nussig-röstigen Maisaromen sehr gut eingerahmt. Ein röstiges Popcorn-Streugewürz erlaubt wiederum neue und ungewöhnliche Kombinationen, z. B. mit weißem Gemüse wie Kohlrabi (in Crème fraîche oder Sahnesauce gedünstet), oder mit gedämpftem Fisch und hellem Geflügel. Die beliebte Kombination von Mais und Huhn liegt nicht nur landwirtschaftlich und kulturell nahe, sondern lässt sich über den Harmonieansatz begründen, denn Zuckermais weist Aromen auf, die an gebratene Hühnerhaut erinnern.

Kontrastreiche, spannende Gerichte erhält man, wenn man Mais mit harzigen und holzigen Gewürzen wie zum Beispiel Kreuzkümmel oder Koriander ergänzt – oder mit Kräutern, die der Süße entgegenkommen, wie die aromatischen und herbalen, mitunter nach Zitrus duftenden Kräuter Basilikum, Kerbel, Thymian oder die würzig-floralen Curryblätter. Geradezu sensationell ist die Kombination mit Nigella und/oder fermentierten Zitronen. Schwarze Oliven, deren schwefeliges und grünes, fettiges, würziges Duftspektrum über die Fermentation angereichert ist, bilden zusammen mit Mais eine Grundlage für eine Vielzahl bisher wenig erdachter Gerichte, sowohl im salzig-herzhaften als auch im süßlichen Dessertbereich. Verwegen, aber keineswegs abwegig ist der Einsatz von gegartem Mais (und Haselnüssen) in Schokoladendesserts. Dabei hilft auch die angenehme, aber kaum dominante Süße des Mais. Mit Schokolade überzogene gekochte Maiskörner oder Schokopopcorn sind schlichte Köstlichkeiten.

REGIONALE VARIANTEN Mais mit Bohnen ist vor allem in der bodenständigen Küche Schwarzafrikas eine beliebte Kombination – auch weil sie sehr nahrhaft ist. In Brasilien kombiniert man Maiskörner gerne mit Erbsen. In Südostasien, insbesondere Indonesien, mahlt man Zuckermais und lässt ihn in Milch quellen. Diese Milchkombination kennt man auch in Brasilien: Für *Pamonha* werden Maisblätter mit einer Milchmaiscreme und eventuell mit diversen anderen Zutaten süß oder herzhaft gefüllt und gedämpft bzw. gekocht. Eine in Tansania beliebte Kombination mit Kokosmilch betont die Süße des Zuckermais. Im südlichen Afrika isst man gekochte Maiskörner mit Joghurt als Frühstück oder Vorspeise. Beim argentinischen Zuckermais-

süß; gedeiht auch bei uns; eine einfach-süße Sorte, sollte also sehr frisch gegessen werden.

Ashworth: *sehr früh reifender gelber Zuckermais, robust und auch für kühlere Regionen geeignet.*

Zuckermais sh2 früh: *neue, sehr süße Züchtung der Saatgutinitiative Sativa mit großen, gelben und sehr süßen Kolben.*

Krémgolyó: *ungarische Sorte, wörtlich: „cremige Kugel". Die Körner sind goldgelb und kugelrund.*

Schwarzer Azteke *(Black Aztek): Sorte, deren Körner im reifen Zustand schwarz-violett werden (eigentlich enthalten sie rote Farbstoffe). Werden die Kolben jung geerntet, sehen sie aus wie gewöhnlicher heller Mais und können wie gewöhnlicher Zuckermais verwendet werden. Der ideale Zeitpunkt für die Ernte ist, wenn die Körner beginnen Farbe anzunehmen.*

Stowells Immergrün *(Stowells Evergreen): der Antagonist zum Schwarzen Azteken aus den USA: Die Körner sind weiß und ganz besonders zart, der Geschmack angenehm mild; die Sorte ist nicht so haltbar wie andere Zuchtformen.*

Rainbow Inka: *Zuckermaissorte mit mehrfarbigen Körnern, die Kolben können milchreif wie gewöhnlicher Zuckermais verzehrt werden.*

Mergoscia: *Eine alte autochthone Tessiner Sorte aus dem gleichnamigen Bergdorf; sie wird milchreif als Zuckermais verwendet, vollreif für Polenta. In Mergoscia wird aus ihr das Mehl Farina bóna hergestellt, ebenfalls ein altes Tessiner Kulturgut.*

Erdbeermais: *kleine Sorte mit zarten Kolben, die Körner sind rubinrot.*

Maricopa Divinité: *ertragreiche und schmackhafte Sorte mit dunkelroten Kolben.*

Babycorn: *sehr kleine Sorte, die in Thailand und anderen südostasiatischen Ländern angebaut wird. Dort isst man die unreifen Kolben als Frischgemüse, bei uns sind sie bekannt als Bestandteil von Mixed Pickles.*

NIXTAMALISATION

Die Nixtamalisation ist eine uralte Methode, um einen Maisteig herzustellen. Sie wurde und wird von den indigenen Völkern Mexikos seit Jahrhunderten praktiziert. Entscheidend ist das Kalziumhydroxid, gelöschter Kalk, durch das der Kalziumgehalt steigt. Der Maisteig setzt seine Vitamine und anderen Inhaltsstoffe frei und erhält seine Klebereigenschaften.

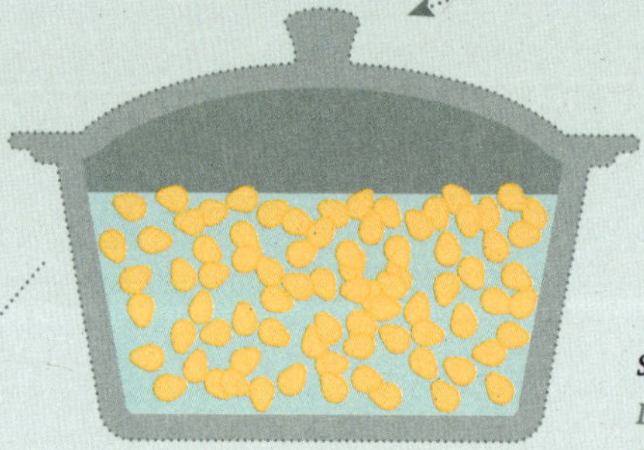

So funktioniert die traditionelle Methode:
Die Maiskerne in einer 1%-igen Kalziumhydroxidlösung bei 80° C für 1 Stunde köcheln lassen.

Die Maiskörner in der Lösung abkühlen und für 16 bis 18 Stunden ruhen lassen.

Anschließend den Mais mehrmals gründlich waschen, um überschüssiges Kalzium und die abgelöste Fruchtschale zu entfernen.

Nun den Mais von Hand mit einem großen Steinmörser mahlen. Der Wassergehalt des Teigs sollte etwa 55 Prozent betragen, eventuell muss etwas Wasser während des Mahlens hinzugefügt werden. Der fertige Teig heißt Masa.

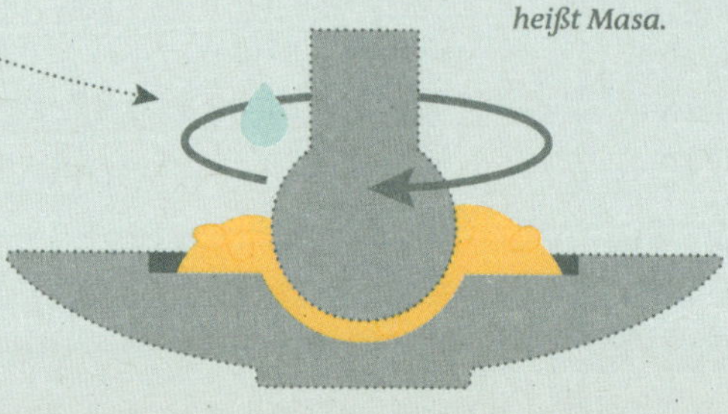

schaum wird fein geriebener Mais mit Milch, Salz und Zucker aufgekocht und mit Butter, Mehl und Eiern zu einem Soufflée ausgebacken.

GESCHICHTE UND BOTANIK

Jüngste Forschungsergebnisse weisen darauf hin, dass Zuckermais von der *Balsas-Teosinte* aus dem tropischen Regenwald des Rio Balsas-Beckens in Zentralmexiko abstammt. Der Mais, wie wir ihn heute kennen, dürfte durch eine zufällige Mutation aus Teosinte hervorgegangen sein – und wurde danach auf immer größere Körner gezüchtet. Als ihn die spanischen Eroberer nach Europa brachten, wurde der Mais in Andalusien ab 1525 als Getreide angebaut, innerhalb weniger Jahrzehnte in ganz Südeuropa und ab 1575 auch und vor allem in der Türkei. Im nördlichen Europa trat Mais zunächst nur als botanische Rarität in Gärten in Erscheinung, es fehlten noch die kälteresistenten Sorten. Erst die Kartoffelmissernten von 1805/06 und 1846/7 gaben Anlass, sich ernsthaft mit Mais als Getreide zu beschäftigen und kälteresistente Futtermaissorten zu züchten. Zuckermais als Gemüse wurde nicht vor dem 20. Jahrhundert in Europa zu kulinarischen Zwecken angebaut; die deutschen Küchen erreichte er erst in den 1970er Jahren.

Der wirtschaftlich bedeutende SPEISE- oder FUTTERMAIS (*Zea mays* subsp. *mays*) ist als Gemüse reif nicht genießbar, weil er sehr mehlig schmeckt. Er wird zu Mehl, Maiskeimöl oder Maisstärke verarbeitet und ist dann eines der bedeutendsten Nahrungsmittel weltweit, allerdings als Getreide, nicht als Gemüse. Die ganze Pflanze dient als Tierfutter. Es gibt heute mehr als 3000 Produkte aus Speisemais: Maismehl, Maisstärke (Maizena), Cornbread (beliebt im Süden der USA), Nachos, Tortillas, Tacos, Maisgrieß, Cornflakes, Whisky oder Maissirup in vielen Süßigkeiten. Außerdem werden aus Mais Babypuder, Biotreibstoff, Kunststoffe, Papier, Batterien, Kosmetik, Insektizide, Zahncremes, Textilien und sogar Sprengstoff hergestellt.

Mais der botanischen Varietät *Saccharata*, also ZUCKERMAIS, wird ausschließlich als Gemüse für den Menschen kultiviert. Er entsteht durch eine natürlich vorkommende Genmutation, die die Umwandlung von Zucker in Stärke verzögert. Das ist der Grund dafür, dass er rechtzeitig geerntet angenehm bis ausgesprochen süßlich schmeckt. Bei älteren, sogenannten einfach-süßen Zuckermaissorten verläuft die Umwandlung in Stärke schneller, deshalb sollte man diesen Mais möglichst frisch verzehren. Im 20. Jahrhundert hat man weitere Mutationen der Maispflanze entdeckt und weitergezüchtet: doppelt- und dreifach-süße oder extra-süße Sorten.

Die Pflanze wird in der Regel zwischen 60 und 90 cm hoch, manche Sorten allerdings sogar über 3 Meter. Pro Pflanze bilden sich wie bei jedem Mais meist zwei Kolben aus, die beim Zuckermais frühreif bzw. milchreif geerntet werden. Die Körner sind noch prall, und wenn man auf sie drückt, beginnt ein milchiger Saft zu fließen. Deswegen nennt man sie in diesem Zustand „milchreif".

EINKAUF UND LAGERUNG

Zuckermaiskolben gibt es abgepackt in jedem Supermarkt, die farbigen Maiskolben sind schwieriger zu bekommen, manchmal in lateinamerikanischen Spezialgeschäften oder in Gärtnereien. Man kann sie auch selbst anbauen. Schon nach wenigen Tagen Lagerung baut sich (je nach Sorte) der Zucker in Stärke um und der Mais schmeckt nicht mehr süß. Bei den alten, einfach-süßen Maissorten genügen schon wenige Stunden, bei dreifach-süßen ist dieser Prozess eher zu vernachlässigen. Mais aus der Dose ist der Frischware aromatisch unterlegen. Popcornmais kann man als getrocknete Körner kaufen.

SAISON

01 02 03 04 05 06 **07** **08** **09** **10** 11 12

Importware ist ganzjährig erhältlich, z. B. aus Spanien, Belgien, Polen und Marokko.

ANBAU

Man kann Zuckermais, auch die bunten Sorten, relativ problemlos im eigenen Garten anbauen, sofern man genug Platz hat. Er bevorzugt lockere, nährstoff-, humus- und kalkreiche Böden. Ab ca. 12 °C Bodentemperatur, im April bis Mai, kann Mais gesät werden, erntereif ist er von August bis September. Vorsicht: Im Umkreis von 500 Metern sollte kein Futtermais angebaut werden, sonst könnte es zu Kreuzungen kommen. Der Mais ist erntereif (milchreif), wenn die Narbenfäden, die aus dem mit Deckblättern umhüllten Kolben ragen, braun und vertrocknet sind. Die Körner sollten noch rund und saftig sein.

Allium cepa

ZWIEBEL

Zwiebeln sind das Rückgrat von Eintöpfen und Saucen, aber auch als Beilage oder gar Hauptzutat eines Gerichts ganz wunderbar. Sie vermitteln mit schmelzender Konsistenz Süße, Würzigkeit, Wärme und Umamigeschmack. Scharf und tränenreizend sind sie nur im rohen Zustand – und selbst das nicht alle: Es gibt auch ausgesprochen milde und süße Sorten.

Aromen roh: 1-OCTEN-3-OL △ *grün, erdig, fungal, champignonartig,* □ *gemüseartig, pilzig, hähnchenhautartig,* ◇ *brühenartig, saucenartig* ALLYLPROPYLSULFID[T] △ *schwefelig, grün, lauchartig,* □ *grüne Zwiebel, knoblauchartig,* ◇ *trigeminal kalt, schmerzend* METHYLPROPYLSULFID[T] △ *lauchartig, zwiebelartig, rettichartig,* □ *senfartig, tomatenartig, kartoffelartig,* ◇ *knoblauchartig* ALLYLMETHYLSULFID[T] △ *schwefelig, lauchartig, knoblauchartig,* □ *zwiebelartig, saucenartig,* ◇ *würzig, kalt* DIALLYLSULFID △ *schwefelig, lauchartig, zwiebelartig,* □ *meerrettichartig, metallisch,* ◇ *gemüseartig* DIPROPYLDISULFID △ *schwefelig, lauchtypisch, erdig,* □ *grüne Zwiebel,* ◇ *leicht metallisch* DIMETHYLSULFID △ *schwefelig, zwiebelartig, radieschenblätterartig, kohlartig,* □ *fischartig, maisartig, spargelartig,* ◇ *ein Hauch gekochte Milch/Sahne* DIPROPYLTRISULFID △ *schwefelig, grün, zwiebelartig,* □ *knoblauchartig, gemüseartig, metallisch,* ◇ *stechend*

Aromen gekocht außerdem: HEXANAL △ *grün, blattartig, grasig, fettig,* □ *gemüseartig, apfelartig,* ◇ *leicht holzig* (E,E)-2,4-DECADIENAL △ *fettig, ölig, gurkenartig,* □ *melonenartig,* ◇ *hühnerfettartig, frittiert* 3-MERCAPTO-2-METHYLPENTAN-1-OL △ *schwefelig, lauchartig,* □ *zwiebelartig* METHANTHIOL △ *schwefelig, knoblauchartig, gekochter Kohl, lauchartig,* □ *ölig, gekochte Eier,* ◇ *herzhaft-fleischartig, reifer Käse*

Das Aroma der Zwiebel (auch: ***Speisezwiebel, Küchenzwiebel, Gartenzwiebel, Zipolle, Schalotte***) wird von einer ganzen Reihe von stechenden und trigeminal beißenden Schwefelverbindungen dominiert. Vor allem beim Schneiden und Zerstören der Zellen entwickeln sich beißende Reize. Dafür ist die nichtproteinogene Aminosäure Isoalliin verantwortlich, die ähnlich wie ihr Isomer Alliin aufgebaut ist, das im Knoblauch vorkommt. Daraus bildet sich THIOPROPANAL-S-OXID, das stark trigeminal wirkt und zu Tränen reizt. Dieses Molekül oxidiert rasch, daher verliert die Zwiebel beim Kochen, Braten, aber auch schon beim Trocknen, Salzen oder Einlegen in Säure rasch ihre Schärfe. Hinzu kommen weniger stechende Schwefelaromen wie das an Zwiebelgrün oder Knoblauch erinnernde ALLYLPROPYLSULFID, das nach Lauch duftende METHYLPROPYLSULFID und das für den typischen Zwiebelduft verantwortliche METHYLALLYLSULFID. Hinzu kommen weitere schwefelige Lauchtöne von DIPROPYLDISULFID und DIPROPYLTRISULFID sowie pilzige Noten durch 1-OCTEN-3-OL. DIMETHYLSULFID ist mit seinen „gekochten Zwiebelaromen" bereits im rohen Gemüse geruchsaktiv. DIALLYLSULFID fügt leicht metallische Anklänge hinzu. Diese Duftstoffe können beim Genuss von rohen Zwiebeln (Knoblauch, Lauch) bei empfindsamen Essern Reizungen in der Speiseröhre oder im Magen auslösen.

GETROCKNET Beim Trocknen von frischen Zwiebeln bei Temperaturen unter 60 °C oxidieren manche Zwischenprodukte wie Thiopropanal-S-oxid, wodurch ein anderer Gesamteindruck entsteht. Hauptkomponente ist nun METHYL-N-PROPYL, erst dann folgen die verschiedenen Sulfide.

GEKOCHT Gekocht und angeschwitzt verlieren sich die schmerzhaften trigeminalen Kältereize, dafür treten die gekochten Eindrücke über METHIONAL und METHANTHIOL in den Vordergrund. (E,E)- 2,4-DECADIENAL bringt fettige, an Hühnerhaut erinnernden Noten ein, HEXANAL grüne Düfte.

GERÖSTET Beim Anbraten und Rösten von Zwiebeln bilden sich spezielle Röstaromen, die von dem hohen Zuckeranteil und der relativen Proteinarmut der Zwiebel geprägt sind. So entstehen 2,6-DIMETHYLPYRAZIN, das nach Nüssen, Schokolade und Kaffee duftet, und 2-ETHYLPYRAZIN, das leicht moderige Erdnussnoten hinzufügt. Aus den Zuckern bilden sich Furane, etwa das röstig-nussige 2-ACETYLFURAN, das 2-FURANMETHANOL, das an gebräunte Brotrinde erinnert, und das süßlich-karamellige FURFURAL. Hinzu kommen weitere Röststoffe mit Anklängen an Rauch und Fleisch, ebenso wie cremige

Noten durch γ-BUTYROLACTON, fruchtige und schweißige durch METHYLBUTANAL und butterige durch 2,3-PENTANDION. DIMETHYLSULFID mit den typischen schwefeligen Noten nach gekochten Zwiebeln bleibt beim Rösten erhalten.

Der Grundgeschmack der Zwiebel ist bitter-süßlich-umami und hängt stark von der Sorte ab. Die Umamikomponente wird durch freie Glutaminsäure erzeugt, am Bittergeschmack sind vor allem Glucosinolate, Saponine und Phenole beteiligt. Die Süße lässt sich auf die hohe Präsenz von Zuckern zurückführen.

Die Zubereitung des Gemüses hat Einfluss auf den Geschmack. Beim Trocknen wird die Glutaminsäure in den Vordergrund geschoben, daher sind (getrocknete) Zwiebeln ein perfekter umami-Geschmacksgeber. Beim Kochen tritt die Süße in den Vordergrund, denn in den Zwiebeln kommen reichlich Saponine vor, die das bitter schmeckende Quercetin an unterschiedliche Zucker (darunter die für die Aromabildung beim Rösten wichtigen Rhamnose und Galactose) binden. Diese Bindungen werden mit zunehmender Kochzeit gelöst. Kocht oder dünstet man Zwiebeln lange genug, entwickeln sie daher eine sehr starke Eigensüße, sodass sie ohne weitere Süßungsmittel gut als Dessert- oder „Crossovergemüse" eingesetzt werden können. Die freiwerdenden Zucker stehen außerdem für die Maillard-reaktion (→Seite 94) zur Verfügung, d. h. zusammen mit Aminosäuren aus Proteinen bilden sich die typischen Aromastoffe der Röstzwiebel.

Der Zucker Rhamnose ist (enzymatisch) unverdaulich und muss im Dünndarm durch Bakterien verarbeitet werden, deshalb reagieren empfindliche Menschen auf Zwiebeln mit Blähungen (→ Fodmaps, Seite 84).

PRAKTISCHE KÜCHENHELFER: SAPONINE, FRUKTANE, ENZYME Zwiebeln enthalten Saponine, die – das lateinische Wort für Seife steckt darin – für ein gewisses Maß an Schaumbildung verantwortlich sind. Werden Zwiebeln mit etwas gewürztem Wasser, Fond oder Weißwein aufgeschüttelt, aufgeschlagen oder mit einem Stabmixer an der Oberfläche aufgeschäumt, entsteht ein großblasiger Schaum, der einem fertig angerichteten Teller eine aromatische, aber wenig aufdringliche Zwiebelnote gibt.

Eine zweite küchentechnische Besonderheit ist die Bindungsfähigkeit der Zwiebel. Wie andere Pflanzen der Gattung *Allium* speichert sie Energie nicht als Stärke, sondern in Form von Fruktanen (Inulin). Das sind Molekülketten aus Fructoseeinheiten, die an den Kettenenden mit Glucoseeinheiten abgeschlossen sind. Beim langen Kochen werden viele dieser Molekülketten frei und sorgen mit ihrer starken Wasserbindung für eine natürliche Bindung von Bratenfonds und Zwiebelsuppen.

Nicht zuletzt enthält die Zwiebel „Zartmacher": Enzyme, die Proteine und Bindegewebe im Fleisch spalten. Zwiebelsaft kann daher, ähnlich wie der Saft von Ananas, Kiwi und Papaya (→Seite 342), zum Tendern eingesetzt werden – allerdings muss er frisch sein, da die Enzyme sonst oxidieren, und man braucht eine erhebliche Menge davon, um einen messbaren Effekt zu erzielen.

Aromen geröstet außerdem: 2,3-PENTANDION *△ butterig, nussig, toastartig, karamellig, □ leicht stechend, ◇ mellassenartig* (E,E)-2,4-DECADIENAL *△ fettig, ölig, gurkenartig, □ melonenartig, ◇ hühnerfettartig, frittiert* 2-METHYLBUTANAL *△ schokoladenartig, □ kaffeeartig, ◇ nussig, getreideartig, moderig* 3-METHYLBUTANAL *△ aldehydisch, ätherisch, pfirsichartig, □ schokoladenartig, fruchtig, ◇ schweißig* PROPANTHIOL *△ lauchartig, kohlartig, □ süßlich, karamellig* DIMETHYLSULFID *△ schwefelig, zwiebelartig, radieschenblätterartig, kohlartig, □ fischartig, maisartig, spargelartig, ◇ ein Hauch gekochte Milch/Sahne* 2,5-DIMETHYLFURAN *△ leicht röstig, □ fleischartig, ◇ schinkenartig* FURAN-2-YLMETHANTHIOL *△ röstig, kaffeeartig, ölig, brotrindenartig, □ rauchig, hühnerfleischartig, nussig, ◇ herzhaft, fleischartig* 2-ETHYLPYRAZIN *△ nussig, erdnussbutterartig, moderig, holzig, □ erdig, kakaoartig, ◇ röstkartoffelartig, fleischig, fischig* FURFURAL *△ süßlich-röstig, brotartig, □ nussig, ◇ karamellig* γ-BUTYROLACTON *△ cremig, fettig, ölig, karamellig, □ milchig, sahnig, pfirsichartig* 2,6-DIMETHYLPYRAZIN *△ röstig, schokoladig, moderig, erdig, holzig, □ nussig, erdnussartig, ◇ kartoffelartig, fettig* 2-ACETYLFURAN *△ süßlich, röstig, balsamisch, □ mandelartig, ◇ toastartig, milchig*

GESCHMACK

SÜSS SAUER SALZIG **BITTER** **UMAMI**

Zwiebeln sind geschmackliche „Allrounder" und schmecken süß, umami-herzhaft und bitter. Ihr ausgeprägtes Schwefelaroma wird von starken kalten Schmerzreizen begleitet, die zu Tränen reizen.

MIKRONÄHRSTOFFE *(pro 100 g)*

Vitamine: *C (7 mg)* ***Mineralstoffe:*** *Calcium (22 mg)* ***Sekundäre Pflanzenstoffe:*** *Sulfide, Flavonoide*

ZWIEBELIGES SAUCENWUNDER

1 kg gelbe Zwiebeln

100 ml Olivenöl

1 TL Salz

Pro Portion: 291 kcal, 25 g F, 11 g KH, 3 g B, 2 g E

Zwiebeln schälen, fein schneiden und in Olivenöl andünsten. Mehrmals Wasser angießen (insgesamt ca. 1 Liter), etwas salzen und die Zwiebeln 1 bis 1½ Stunden bei geringer Hitze dünsten, bis ein wohlschmeckender, dicklicher Brei entsteht.

In sterile Schraubgläser abfüllen und für jede Sauce als umami-geschwängerten „Aromaverstärker" und Bindemittel verwenden. Aber Vorsicht: Die Natur hat reichlich Glutamat hineingegeben.

Diese Zwiebelpräparation, mit etwas Apfel, Süßdolde oder Vanille fein püriert, eignet sich auch als überraschender Geschmackstupfer auf Desserttellern.

HARMONIE

KÜCHENJOKER

Pastinake, Wurzelpetersilie, Gurke/Melone

PASST GUT ZU

Fleisch, Innereien, Bier, Rotwein, Balsamicoessig, Schokolade (Röstzwiebeln), gekochtem Fleisch, gedämpftem/rohem Fisch, Sardellen, Butter (Zwiebelbutter), Schmalz (roh, geröstet, getrocknet), Parmesan, gebratenen Äpfeln

ZUBEREITUNG

Gelbe Zwiebeln sind am schärfsten, weiße milder und die roten am aromatischsten. Letztere eignen sich auch aus optischen Gründen besonders gut für Salate. Alle Sorten kann man sowohl roh verzehren als auch dünsten, kochen und braten. Für den Rohverzehr schält man die Knollen immer, vor dem Garen normalerweise ebenso. Salzen nimmt rohen Zwiebeln ihre Schärfe, da manche der trigeminal reizenden Schwefelverbindungen rasch oxidieren. Man kann sie auch aufgeschnitten kurz in Eiswasser tauchen.

Beim Garen von Zwiebeln ist es generell wichtig, dass man ihnen Zeit lässt, denn erst dann entfalten sie ihre wunderbare würzige Süße. Aus bzw. mit Zwiebeln kocht man Suppen, Saucen und Fonds, backt Zwiebelkuchen oder Flammkuchen oder man füllt sie (die größeren Sorten). Zum perfekten Braten von Zwiebeln braucht man eine Pfanne mit schwerem Boden. Man sollte sie nicht zudecken, damit das Wasser in den Zwiebeln verdampfen kann, und nicht zu viel rühren, denn man möchte ja, dass der Zucker in den Zwiebeln am Pfannenboden karamellisiert. Das langsame Anbraten kann bis zu 20 Minuten dauern. Sie sollten nicht anbrennen, da zu viele Röstaromen ihre feinaromatische Süße zerstören – es sei denn, man möchte genau dieses Ergebnis erreichen.

Man kann die Folgen einer Maillardreaktion (→Seite 94) bewusst einsetzen, wenn man etwa für eine Suppe oder ein Schmorgericht eine halbe Zwiebel an der Schnittseite schwarz werden lässt. Die dabei entstehenden Karamell- und Röststoffe geben dem Gericht Farbe und Aroma. Für Röstzwiebeln nimmt man Zwiebelringe oder -streifen, salzt und zuckert etwas, schüttelt sie durch und lässt sie kurz ruhen, das entzieht den Zwiebeln Wasser und macht sie später knuspriger. Mit Mehl bestäuben, noch einmal durchschütteln, in Fett (Schmalz) heiß rösten und dabei häufig rühren. Es gibt auch Rezepte, bei denen man die Knollen im Ganzen in der Schale röstet und erst anschließend schält: So bekommt man ein wunderbares Röstaroma: Gesalzen und mit Olivenöl beträufelt, sind sie ein schöner Gemüsesnack.

Frühlingszwiebeln sind Zwiebelgewächse ohne den verdickten unterirdischen Teil. Der weiße Teil schmeckt wie unsere Küchenzwiebel – nur zarter. Der grüne Teil wird immer erst ganz zum Schluss zum Gericht gegeben, damit er knackig bleibt. Man kann sie auch im Ganzen grillen, dünsten oder schmoren.

KOMBINATIONEN

Zwiebeln passen zu fast allem, ob nun als Gewürz, als Gemüsebeilage oder manchmal als Hauptzutat. Ihr deutliches Schwefelaroma, das sich ebenso in Knoblauch oder Lauch findet, schlägt eine Brücke zu Gemüsen wie Kohl und Kartoffeln oder auch zu gekochten Eiern, und lässt sich in Kombination mit Knoblauch noch verstärken. Senf fügt sich ebenfalls über diese Schiene ein, etwa in den klassischen Senfzwiebeln, die man aus rohen Perlzwiebeln, trocken angerösteten Senfkörnen und karamellisiertem Zucker zubereitet: Alles zusammen kurz dünsten, mit weißem Portwein und Weißweinessig ablöschen, Lorbeerblatt dazugeben, 20 Minuten garen und mit Feigensenf, Salz und Pfeffer abschmecken. Das süß-säuerliche, schwefelig duftende Gemüse passt gut zu deftigem Fleisch wie Lammwürstchen. Fleisch und Innereien vertragen sehr gut den süßlichen Geschmack glasierter oder gerösteter Zwiebeln: Ihre Röstaromen ergänzen die des gebratenen Fleisches, und die süßen Aromen betonen die Süße der Innereien. In vielen Zwiebelsuppen erhalten die Röstaromen des Gemüses Unterstützung durch geröstetes Brot, das in Form von Croutons eingestreut oder als geröstete Weißbrotscheiben (wie in der französischen Variante) mit überbacken oder dazugereicht wird. Zwiebeln passen gut zu Bier, nicht nur zu Rotwein oder Balsamico (zum Beispiel in flämischen Rindfleischeintöpfen). Das Bier fügt ein süß-scharfes und je nach Biersorte auch herb-bitteres Aroma hinzu.

Das größte Kombinationspotenzial der Zwiebel liegt jedoch in ihrer Süße und dem Umamigeschmack. Kombiniert man Zwiebeln mit anderen Gemüsesorten, heben sie aufgrund ihres süßlichen Umamigeschmacks das Aroma aller Begleiter. In Kompositionen mit Fleisch (z. B. bei lange gekochtem Gulasch), Sojasauce oder reifem Käse unterstützen diese Partner wiederum mit ihren eigenen Umaminoten den Geschmack der Zwiebel. Leicht gesalzene, mit Essig(-säure) und Sojasauce (Umamigeschmack) beträufelte Zwiebelringe oder -stücke sind (nach 30 Minuten) willkommene Textur- und Geschmackselemente. Nicht nur Essig, sondern auch Weiß- oder Rotwein kommt mit seiner Säure oft zum Einsatz. Gedünstete Zwiebeln kann man gut mit Weißwein ablöschen. Für Rotweinzwiebeln erhitzt man Rotwein mit Rohrzucker, Zitronenscheiben, Nelken und Zimtstangen und gart Zwiebelviertel darin 15 Minuten. Erkaltet sind die rot gefärbten Zwiebeln eine schmackhafte Beilage zu Fleisch, Käse und Fisch. (Der abgegossene Rotwein duftet ähnlich wie Glühwein.) Ein Zwiebel-Rotwein-Chutney kann in die säuerlich-süße Richtung gehen: Hier kocht man Balsamico, Rotwein, Salz, Cayennepfeffer, Zucker (bei 500 g Zwiebeln 250 g Zucker!), Lorbeerblatt und Nelken(-Pulver) auf, gibt je zur Hälfte Zwiebeln und säuerliche Äpfel

LÄNDERKÜCHE

Deutschland: *Zwiebelkuchen, Bollenfleisch, Berliner Leber, Wurst mit Musik, Handkäse mit Musik* ***Schweiz:*** *Zwiebelwähe* ***Österreich, Ungarn:*** *Gulasch* ***Deutschland, Schweiz, Österreich:*** *Käsespätzle* ***Deutschland, Frankreich, Italien:*** *Zwiebelsuppe* ***Frankreich:*** *Sauce Bernaise, Soupe soubise, Sauce soubise, Rotwein-Schalotten, Flammkuchen* ***Italien:*** *Cipollata (Zwiebeleintopf), Cipollina (Sauce)* ***Italien, Spanien, Portugal:*** *Soffritto* ***Arabische Länder:*** *Cherbah (arabische Zwiebelsuppe)* ***Griechenland:*** *Stifado*

SORTEN

Gelbe Speisezwiebel *(Küchen- oder Gewürzzwiebel): Sommerzwiebel mit dem größten Marktanteil (85 Prozent) in den deutschsprachigen Ländern. Die walnuss- bis hühnereigroßen Knollen haben eine weißlichgelbe bis rotbraune Schale. Bekannte Sorten sind die weißfleischigen* ***Zittauer Gelbe Riesen****, die besonders feinfaserige und süßlichscharfe* ***Gelbe Laaer****, die englische* ***Bedfordshire Champion****, die alte Schweizer* ***Jaune de Savoie****, die französische* ***de Mulhouse*** *und die* ***Birnenförmige****, die vor allem im Raum Bamberg angebaut wird und süßlicher als andere gelbe Sorten schmeckt.* ***Gemüsezwiebeln*** *sind sehr große und mild schmeckende, süßliche gelbe Zwiebeln, die man gut füllen und im Ofen oder auf dem Grill zubereiten kann.*

Rote Zwiebel: *vor allem in Ägypten und Italien kultivierte Speisezwiebel, bei der die Schale und die innenliegenden Zwiebelhäute zwischen dem weißen Fruchtfleisch rot gefärbt sind. Manchmal ist auch das Fruchtfleisch rot-violett gefärbt. Sie sind oft weniger scharf als gelbe Zwiebeln, aber aromatischer, fast süßlich und recht saftig. Sind nicht sehr lange lagerfähig. Bekannte Sorten sind die österreichischen* ***Rote Laaer*** *aus dem Anbaugebiet um Laa an der tsche-*

BORRETANA

PERLZWIEBEL, KLEIN

chischen Grenze, die süßliche und aromatische, dunkelviolette **Braunschweiger Dunkelblutrote***, die alte italienische* **Bassano***, die ziemlich scharfe Schweizer* **Rouge du pays***, die* **Rote Semianzwiebel***, eine längliche, in Italien kultivierte Form, die bis zu 30 cm lang werden kann, und die* **Cipolla de Tropea***, eine Regionalsorte aus Kalabrien, deren länglich geformte Knollen sehr süß, sehr würzig und nicht scharf sind, wie auch die Rosso di Firenze. Eine regionale Besonderheit ist die* **Höri-Bulle***: Sie wird seit dem 8. Jahrhundert auf der Bodensee-Halbinsel Höri angebaut und hat weißes, rötlich marmoriertes, weiches Fleisch, was die Zwiebel sehr empfindlich macht. Die rote Farbe bleibt auch beim Garen erhalten. Sie wurde in die „Arche des Geschmacks" von Slow Food aufgenommen*

Weiße Zwiebel: *ebenfalls Sommerzwiebeln, die vor allem in Spanien und Lateinamerika (Argentinien und Mexiko) angebaut und verwendet werden. Schmecken mild mit einem dezenten Knoblaucharoma – und sehen klasse aus. Sie eignen sich gut für weiße Saucen, Salsas, Salate und Chutneys. Eine bekannte italienische Sorte ist* **Borettana***; ebenfalls aus Italien kommen die kleinen, flachen* **Cipollini** *mit sehr heller Schale und weißem Fruchtfleisch, die sich gut zum Schmoren und Einlegen eignen.*

Silberzwiebel: *besonders kleine Sorte (15 bis 35 mm Durchmesser) ohne Schale, deshalb besonders empfindlich. Sie kommen meistens aus den Niederlanden und werden zu Sauerkonserven und Mixed Pickles verarbeitet.*

Perlzwiebel *(Allium ampeloprasum): kultivierte Sorte aus der Gruppe des Ackerlauchs, die kleinen Knollen (15 bis 35 mm Durchmesser) sehen aus wie Silberzwiebeln und haben eine dünne, silbrig-weiß schimmernde Außenhaut. Sie werden in Deutschland, den Niederlanden und Italien angebaut. Die bei uns im Handel als „Perlzwiebeln" erhält-*

WEISSE ZWIEBEL

GELBE SPEISEZWIEBEL

LONG BANANA (SCHALOTTE)

ROSE DE BRETAGNE

ROTE ZWIEBEL

ZITTAUER GELBE RIESEN

PERLZWIEBEL

SILBERZWIEBEL

FRÜHLINGSZWIEBEL ROT

FRÜHLINGSZWIEBEL

CIPOLLA DE TROPEA, JUNG

lichen eingelegten Zwiebeln sind allerdings meistens weiße Küchenzwiebeln, die dicht angebaut und früh geerntet werden. Perlzwiebeln eignen sich nicht nur zum Einlegen, sondern können wunderbar als Beilage geschmort werden und schmecken wegen ihres mild-würzigen Aromas auch roh im Salat gut.

Frühlingszwiebel *(Lauchzwiebel): Zwiebelsorten, die im März/April gesät oder gesetzt und schon im Juni geerntet werden, bevor sich richtige Zwiebeln gebildet haben.*

Winterheckenzwiebel *(Winterzwiebel, Allium fistulosum), wie die Blanca de la Reina, bildet in milden Regionen eine Art mehrjährige Hecke im Garten – daher wohl ihr Name. In Asien wird die Pflanze einjährig kultiviert und als „Frühlingszwiebel" verkauft. Man kann auch die Samen zum Würzen verwenden.*

Schalotte *(Eschalotte, Familienzwiebel, Allium ascalonicum): botanisch eine entfernte Verwandte der Küchenzwiebel, der Unterschied besteht darin, dass die einzelnen Zwiebeln sich zu einer „Zwiebelfamilie" vermehren, die aus länglichen bis eiförmigen Teilzwiebeln besteht. Bei Gourmets sind sie aufgrund ihres besonders feinen Geschmacks und fein-würzigen Aromas begehrt – und bei Hobbygärtnern, weil sie vergleichsweise einfach anzubauen sind.*

Etagenzwiebel *(Luftzwiebel, Johanniszwiebel, Ägyptische Zwiebel, Catawissazwiebel, Allium x proliferum): kuriose Kreuzung aus Winter- und Speisezwiebel: Sie wächst nicht auf der Erde, sondern in den Lüften. Am Ende der Stängel bilden sich Zwiebelnester, die mehrere Etagen bilden. Beliebt bei Hobbygärtnern, da sie mehrjährig und winterhart sind und schöne essbare Blüten bilden. Die kleinen Zwiebeln können wie „normale" Zwiebeln kulinarisch verwendet werden, auch wie Perlzwiebeln zum Einlegen. Sie schmecken ausgesprochen würzig-scharf.*

WINTERHECKENZWIEBEL

ROSSO DI FIRENZE

Wildzwiebel: *keine echten wilden Zwiebeln, sondern die Zwiebeln von Liliengewächsen, zu denen auch die Speisezwiebeln botanisch gehören, z. B. von der Schopf-Traubenhyazinthe. Bei uns sind sie geschützt und dürfen nicht gegessen werden, in Mittelmeerländern sind die leicht bitteren Zwiebeln aber kulinarisch beliebt: roh als Salat, in der Glut geröstet oder sauer eingelegt. Auch in Südostasien sind Lilienzwiebeln begehrt, sie enthalten viele Nährstoffe (Stärke) und schmecken angenehm würzig.*

Blumenzwiebel: *In der Avantgardeküche wird mit essbaren Blumenzwiebeln (etwa Tulpen) experimentiert, die milder, süßlicher und etwas milchig schmecken. Was vielleicht absurd klingt, war in Hungerzeiten durchaus üblich: In den Niederlanden wurden nach dem Zweiten Weltkrieg Tulpenzwiebeln gegessen.*

EINKAUF UND LAGERUNG

Zwiebeln, Schalotten und Frühlingszwiebeln gibt es in jedem Supermarkt. Speisezwiebeln sollten sich fest und trocken anfühlen und eine glänzende Schale haben. Man lagert sie dunkel und trocken nicht unter 10 °C, am besten im Keller. Frühlingszwiebeln halten sich im Kühlschrank einige Tage.

SAISON

01	02	03	04	05	**06**	**07**	**08**	**09**	**10**	11	12

Als Lager - und Importware ganzjährig erhältlich.

dazu, lässt alles aufkochen und 45 Minuten köcheln. Für eine süß-scharfe Zwiebelsauce kombiniert man fein gehackte süßliche Zwiebeln (z. B. Cevennen-Zwiebeln) mit Honig, Balsamico, Rotweinessig, braunem Zucker, Zitronensaft, schwarzem Mohnsamen, Salz, schwarzem Pfeffer und Chilipulver. Süßliche Zwiebelsorten lassen sich (lange gekocht) mit ihrer Süße sogar in Desserts einsetzen. Eine ganz besondere Rolle kommt der (rohen) kontrastreichen Würzkombination Zwiebel-Chili zu: Sie reizt trigeminal schmerzend kalt und schmerzend heiß.

REGIONALE VARIANTEN Beliebt in der iberischen und italienischen Küche, aber auch in Lateinamerika und in Teilen Griechenlands, ist das ***Soffritto*** als Saucengrundlage. Hierbei werden klein geschnittene Zwiebeln langsam gedünstet, eventuell ergänzt mit Knoblauch, Wurzelgemüse und/ oder Tomaten. Eine ähnliche Methode kennt die indische Küche: ***Baghar***. Auch sie nutzt den Umamigeschmack, die Süße und die zarten Röstaromen. ***Cipollina*** ist eine italienische Zwiebelsauce, für die gewässerte Speisezwiebeln mit Möhren, Staudensellerie und Petersilie, ordentlich Rohrzucker (150 g auf 1 kg Zwiebeln) und etwas Mehl eine halbe Stunde köcheln. Sie wird zu gegrilltem Antipasti-Gemüse, kaltem Fleisch, Pasta oder als Aufstrich auf geröstetem Brot gereicht. Eine besondere, nämlich sämige Variante der Zwiebelsuppe ist die ***Soupe Soubise***, bei der man die Zwiebeln zu Püree verkocht und die Suppe mit Bechamelsauce bindet. Dazu gibt es Croutonwürfel und/oder Klöße aus Brandteig. Angeblich wurde sie nach ihrem Erfinder benannt: Feldmarschall und Feinschmecker Charles de Rohan, Prince de Soubise. Das Saucenpendant dazu ist die Sauce soubise. Aus den Niederlanden kommen die ***Amsterdamse Uien*** (Amsterdamer Zwiebeln). Dafür ziehen frische Silber- oder Perlzwiebeln einen halben Tag in kräftig gesalzenem Wasser. Danach wäscht man sie ab, füllt sie in Gläser und übergießt sie mit einem 5 Minuten lang gekochten Sud aus Wasser mit Weißweinessig, Lorbeerblättern, Senfkörnern, Rosmarin, Kurkuma und Zucker. Gläser fest verschließen und kopfüber abkühlen lassen. Die süß-säuerlichen Zwiebeln passen gut zu Käse oder kaltem Fleisch, auch zu Fondue. ***Zwiebelkuchen*** oder

ROTE LAAER, JUNG

ETAGENZWIEBEL

BLANCA DELA REINA

WEISSE BORETTANA, JUNG

-wähen mit in Butter gedünsteten Zwiebeln, Sauerrahm oder süßer Sahne, Eiern und Speck auf Hefeteig sind in Deutschland und in der Schweiz beliebt, dort traditionell während der Fasnacht. Gewürzt werden sie meist mit Kümmel. Der elsässische und pfälzische ***Flammkuchen*** ist ein Zwiebelkuchen aus rohen Zwiebeln auf sehr dünn ausgerolltem Brotteig. ***Cherbah*** ist eine mit Eigelb gebundene arabische Zwiebelsuppe mit Paprikaschoten, Tomaten und Knoblauch, gewürzt mit Pfeffer, frischer Minze und Zitronensaft.

GESCHICHTE UND BOTANIK

Die (Küchen-)Zwiebel gehört wie Schnittlauch, Knoblauch oder Porree zur Familie der Lauchgewächse (***Allium***). Es gibt keine wilden Küchenzwiebeln mehr, sie existiert nur noch als reine Kulturpflanze. Es konnte auch keine noch wildlebende ***Allium***-Art als direkter Vorfahre gefunden werden. Deshalb weiß man nicht, wo sie geografisch genau herkommt, möglicherweise aus den Steppen von Mittelasien, also aus Kasachstan, Afghanistan oder Turkmenistan. Die zurzeit als nächste Verwandte angesehene Art ***Allium vavilovii*** ist in Turkmenistan und Iran beheimatet. Fest steht, dass die Zwiebel zu den ältesten Kulturpflanzen gehört: Sie wird bereits seit 5000 Jahren als Gewürz-, Heil- und Gemüsepflanze kultiviert. Auch die Arbeiter beim Pyramidenbau sollen sich hauptsächlich von Zwiebeln ernährt haben, zumindest wurden sie mit Zwiebeln bezahlt. Die römischen Legionäre brachten die Zwiebel im 2. Jh. n. Chr. über die Alpen. Sie nannten sie „cepula". Über mittelhochdeutsch „zwibolle" wurde daraus „Zwiebel". Im Alemannischen findet man noch heute die Bezeichnung „Bülle" für eine bestimmte Zwiebelsorte. Im 15. Jahrhundert begann man in Holland, Zwiebeln gezielt zu züchten: Es entstanden vielfältige Sorten, die sich in Form, Farbe und Geschmack unterscheiden – wie heute.

Gärtnerisch unterscheidet man **SOMMERZWIEBELN**, die im Frühjahr gesät und im Herbst geerntet werden, und **WINTERZWIEBELN**, die im August gesät werden, in der Erde überwintern und im Juni reif sind.

ANBAU

Die Zwiebel braucht sandigen Boden (Lehm, Löß) in sonniger, warmer Lage. Er sollte wenig gedüngt sein, damit die Zwiebeln nicht auf Kosten der Knollen zu viel Laub entwickeln. Die ausgesäte Bestandsdichte beeinflusst die Größe der reifen Zwiebel.

Man unterscheidet „Sommerzwiebeln" und „Winterzwiebeln". Sommerzwiebeln werden im Frühjahr gesät oder gesteckt und sind zwischen August und Oktober reif, wenn die Schlotten, also ihr Grün, abknicken. Nach der Ernte lässt man sie einige Tage auf dem Acker zum Trocknen liegen. Diese Trocknung setzt sich im Lager fort, bis ihre Schale raschelt. Danach werden die Zwiebeln unter Schutzgas (Stickstoff) und bei Temperaturen bei 0 °C in einen „Winterschlaf" versetzt: Sie keimen nicht aus und sind monatelang haltbar. Die späten Sorten sind fester und können bis ins Frühjahr gelagert werden. Winterzwiebeln sind saftiger und milder, werden im August gesät und überwintern in der Erde. Sie reifen im Frühjahr heran und werden ab Juni geerntet, sind aber nur kurz lagerfähig.

MÖHRENFILBERTON: geröstete Haselnüsse + Möhre blitzhacken, trocknen, mit geschlagenem Eiweiß vermengen, zum Kracker backen.

MÖHREN KONFIERT in Butter.

MÖHREN-JOGHURT: Möhre lang gekocht + püriert, mit Milch + Starterjoghurt verrühren (ein Küchenjoker!).

MÖHREN MIT ARTISCHOCKEN

MÖHREN MIT HANDKÄSE (Quärkla ohne Musik): Möhre geschmort + Fleischfond + Handkäse (!)

KAROTTEN-AVOCADO-BUTTER: Möhre + Avocado + Butter zu Streichfett schlagen.

BANANAKAROTTE: gebratene Möhre + gebratene Kochbanane + Koriandergrün + pulverisierte Bananenchips + Popcorn. Und dazu ein Weizenbier (Bananenaroma zum Trinken).

GRÜN, FETTIG

MÖHREN IM WALDBODEN: Möhre, gewürzt mit Fichten-/Tannennadeln/Tannenhonig + Moos, getrockneten Morcheln oder Herbsttrompeten.

CAROTTE À L'ORANGE: Möhre + Butter + Orangensaft, geschmort, zu dunklem Fleisch oder Bulgur, verfeinert mit Sternanis, Nigella + Cumin.

ZITRUSARTIG, PINIENARTIG

MÖHREN IN MALZBIER, Porter oder Schwarzbier geschmort, solo oder zu Wildgeflügel, Leber oder Herz

KAROKOKAFFE: Möhre + Kokosnuss (creamed coconut) + Kaffee + Kakao.

KARAMELLOTTEN: größere Möhrenwürfel in Zuckerkaramell + Sahne schmoren, so verdicken, dass ein „Rahmbonbon" mit Karottenkern entsteht.

KAROTTENGANACHE Möhren + viel Butter lang kochen (3 Teile Möhren zu 1 Teil Butter) + etwas Zuckerkaramell, in Bitterschokolade hüllen (Karottenpraline).

SÜSSLICH, KARAMELLARTIG, BROTKRUSTENARTIG

WAS PASST WOZU – MÖHRE

Gemüse lässt sich vielfältig kombinieren. Wie das Beispiel Möhre zeigt, kann das Farbschema (siehe auch Seite 115) die Kreativität gewaltig steigern. Zwischen Pairing und Completing ergeben sich außergewöhnliche Kombinationen zwischen roh und gebraten, knusprig und püriert bis zum Apero und waldigen Hopfenkonstruktionen. Auch auf den folgenden Seiten geben wir Ihnen einige Anstöße für Ihre Kreativität.

KLASSIKER: Möhren + Kohl, Lauch, Zwiebel, Knoblauch (oder auch als Quiche mit Sahne und Gruyère).

KAROTTENFLORA: Blüten + getrocknete, pulverisierte Möhren, mit heißer Milch + Sahne schmoren, eindicken lassen.

MÖHRE, GEKOCHT MIT EINEM HAUCH HOPFENDOLDE (Aromahopfen gegart, z.B. Cascade, Simcoe)

FLORAL

KAROVANILLAFUDGE: Möhre + Vanille + Rauchbier (Aecht Schlenkerla aus Bamberch).

HOLZIG, HARZIG, NADELBAUMARTIG

AROMATISCH

PASTAGAROTIN: 1 Teil Möhrensaft + 1 Teil Pastis + 1 Teil gecrushtes Eis mit Wasser auffüllen, shaken, strainen + schwarze Oliven – Apero.

WÜRZIG, WURZELARTIG, PETERSILIENARTIG

KAROMYRISTIK: Möhrenrohkost mit Petersilie + Muskatnuss + Anis gewürzt.

ODER WEIHNACHTLICH: Möhren + Zimt + Spekulatiuscrumble.

KAROBIRYANI: Möhrenbrunoise + viel Ghee + Brühe + Chili braten und kochen, mit Jasminreis serviert + frischer Minze garniert.

WAS PASST WOZU?

ALGEN
Bambussprossen 137
Kartoffeln 243
Kochbanane 271
Mangold 313
Pak Choi 339
Rauke/Rucola 375
Spargel 435
Spinat 446
Wassermelonen 316
Wurzelpetersilie 490
Zichorien 493

ÄPFEL / BIRNEN
Erdmandel 197
Feldsalat 201
Fenchel 204
Grünkohl 220
Gurke 227
Haferwurzel 235
Kaktusfeige 239
Kichererbsen 264
Kohlrabi 275
Kürbis 280
Linsen 299
Löwenzahn 308
Mizuna 323
Möhren 325
Papaya 342
Pastinake 348
Rauke/Rucola 375
Rhabarber 387
Rosenkohl 391
Rote Bete 395
Rotkohl 400
Salat 407
Schwarzwurzel 415
Sellerie 419
Senfkohl 427
Speiserübe 440
Süßkartoffeln 452
Tomaten 460
Tomatillo 472
Weißkohl 479
Wirsing 485
Wurzelpetersilie 490
Zichorien 493
Zucchini 498
Zwiebeln 510

AUSTERNKRAUT
Bambussprossen 137
Chayote 184
Haferwurzel 235
Kartoffeln 243
Kichererbsen 264
Wassermelonen 316
Zichorien 493

BANANE
Brotfrucht 177
Erdmandel 197
Feldsalat 201
Fenchel 204
Löwenzahn 308
Pepino 355
Rauke/Rucola 375
Rhabarber 387
Rote Bete 395
Salat 407
Spinat 446
Süßkartoffeln 452
Zichorien 493

BAUMHARZ/MASTIX
Kichererbsen 264
Kochbanane 271
Rotkohl 400
Schwarze Bohne 154
Schwarzwurzel 415

BIER
Adukibohne 154
Kochbanane 271
Pastinake 348
Pepino 355
Schwarzwurzel 415
Sellerie 419
Zwiebeln 510

BLÜTEN
Bohnen (Hülsen) 146
Bohnen (Kerne) 154
Pastinake 348
Rettiche/Radieschen (Blätter) 379
Rhabarber 387
Spargel 435
Süßkartoffeln 452
Taro 458
Tomaten 460
Topinambur 476

BLUTWURST
Brotfrucht 177
Möhren 325
Rote Bete 395
Süßkartoffeln 452

BROT
Dicke Bohne 154
Feldsalat 201
Kürbis 280
Linsen 299
Möhren 325
Rhabarber 387
Topinambur 476
Wurzelpetersilie 490
Zwiebeln 510

COGNAC/WHISKY
Avocado 133
Kochbanane 271
Kürbis 280
Löwenzahn 308
Pastinake 348
Pepino 355

CURRYMISCHUNGEN
(z. B. Garam Masala, Panch Phoron)
Bambussprossen 137
Blumenkohl 140
Bohnen (Kerne) 154
Chayote 184
Gemüsepaprika 210
Kochbanane 271
Kohlrabi 275
Kürbis 280
Melone 316
Möhren 325
Papaya 342
Rettiche/Radieschen 379
Spinat 446

EIER
Blumenkohl/Romanesco 140
Bohnen (Hülsen) 146
Kartoffeln 243
Kohlrabi 275
Lauch 293
Mangold 313
Rettiche/Radieschen (Blätter) 379
Schwarzwurzel 415
Senfkohl 427
Spargel 435
Spinat 446
Zuckermais 503
Zwiebeln 510

ENTE
Bohnen (Kerne) 154
Erdmandel 197
Kochbanane 271
Pepino 355
Rhabarber 387
Rosenkohl 391
Rote Bete 395
Rotkohl 400
Tomaten 460

ERDBEEREN
Chinakohl 187
Feldsalat 201
Fenchel 204
Gemüsepaprika 210
Löwenzahn 308
Rettiche/Radieschen 379
Rhabarber 387
Rote Bete 395
Salat 407
Senfkohl 427
Spargel 435

FLEISCH (ALLE ARTEN)
Grüne Paprika 210
Grünkohl 220
Kaktusfeige 239
Lauch 293
Lotoswurzel 305
Löwenzahn 308
Mangold 313
Pak Choi 339
Papaya 342
Portulak 372
Rauke/Rucola 375
Rosenkohl 391
Rotkohl 400
Senfkohl 427

Speiserübe (auch Stängel und Blätter) 440
Spinat 446
Süßkartoffeln 452
Taro 458
Tomaten 460
Zuckermais 503
Zwiebeln 510

FLEISCH (HELLES)
Avocado 133
Pintobohne 154
Kaktusfeige 239
Möhren 325
Rhabarber 387
Senfkohl 427
Tomatillo 472

FLEISCH (GEPÖKELTES, GERÄUCHERTES)
Bohnen (Kerne) 154
Erbsen 191
Grünkohl 220
Kaktusfeige 239
Kerbelrübe 260
Kochbanane 271
Kürbis 280
Linsen 299
Mangold 313
Nopales 239
Papaya 342
Rotkohl 400
Schwarze Bohne 154
Speiserübe 440
Taro 458

FISCH
Artischocke 120
Avocado 133
Bohnen (Hülsen) 146
Bohnen (Kerne) 154
Brotfrucht 177
Erbsen 191
Fenchel 204
Grüne Paprika 210
Grünkohl 220
Gurke 227
Haferwurzel 235
Kaktusfeige 239
Kartoffeln 243
Kochbanane 271
Kohlrabi 275
Lauch 293
Linsen 299
Löwenzahn 308
Mangold 313
Mizuna 323
Pak Choi 339
Papaya 342
Rettiche/Radieschen 379
Rhabarber 387
Rote Bete 395
Rotkohl 400
Sellerie 419
Senfkohl 427
Speiserübe (Stängel und Blätter) 440
Spinat 446
Süßkartoffeln 452
Taro 458
Tomatillo 472
Topinambur 476
Wassermelonen 316
Zichorien 493
Zuckermais 503
Zwiebeln 510

GANS
Bohnen (Kerne) 154
Erdmandel 197
Grünkohl 220
Kochbanane 271
Rosenkohl 391
Rotkohl 400
Tomaten 460

GEFLÜGEL
Erbsen 191
Erdmandel 197
Kerbelrübe 260
Lauch 293
Linsen 299
Rosenkohl 391
Tomaten 460
Zuckermais 503

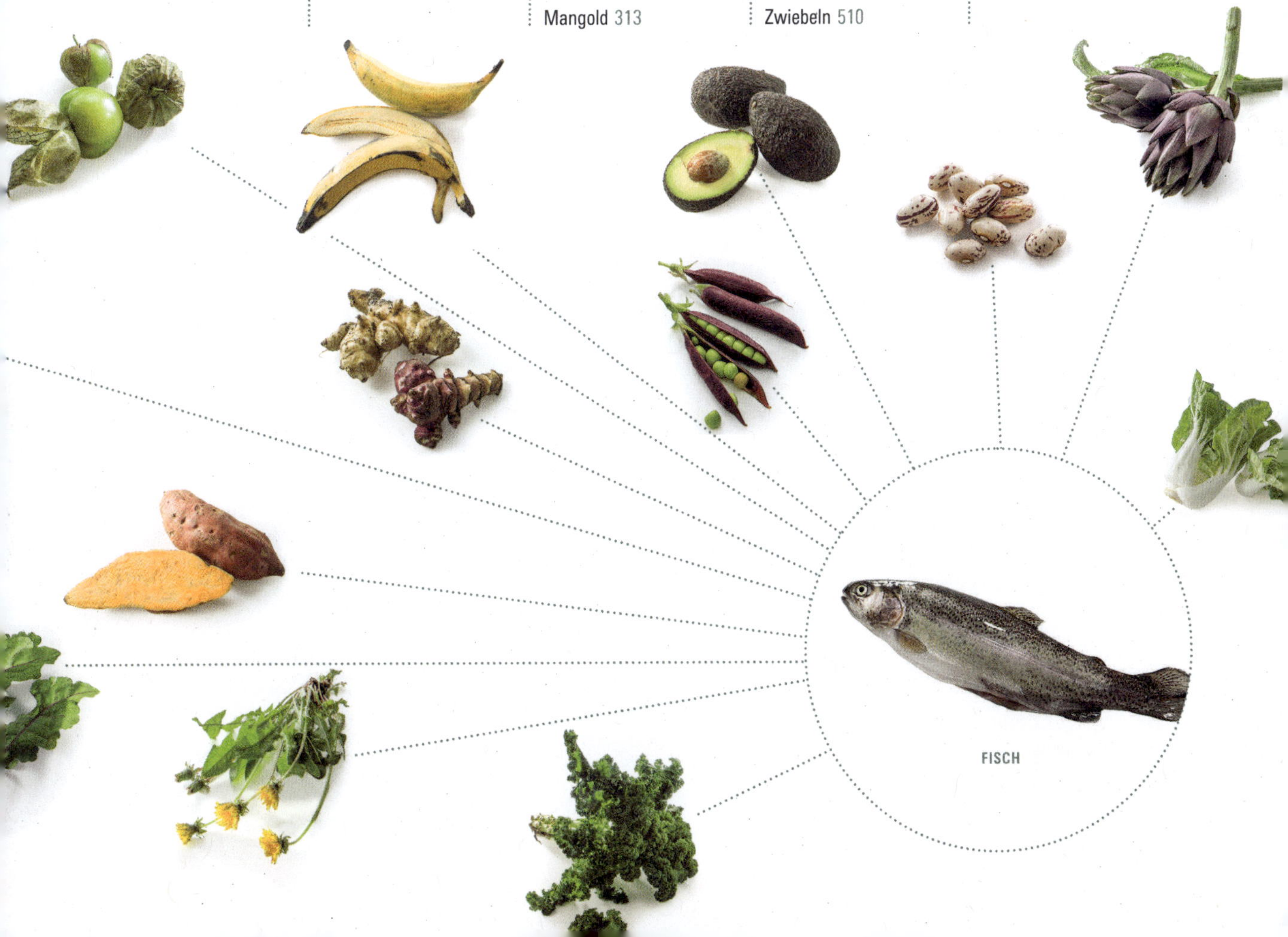

KÄSE

Rotkohl 400
Schwarzwurzel 415
Weißkohl 479
Zucchini 498

PINIEN- UND ZEDERNKERNE
(auch Fichtennadeln)
Aubergine 126
Blumenkohl/Romanesco 140
Bohnen (Kerne) 154
Erbsen 191
Grünkohl 220
Kerbelrübe 260
Kichererbsen 264
Kohlrabi 275
Linsen 299
Löwenzahn 308
Pak Choi 339
Papaya 342
Pastinake 348
Rauke/Rucola 375
Schwarzwurzel 415
Sellerie 419
Spinat 446
Süßkartoffeln 452
Tomaten 460
Topinambur 476
Wurzelpetersilie 490
Zucchini 498

RAUCHAROMEN
Avocado 133
Haferwurzel 235
Kerbelrübe 260
Lotoswurzel 305
Löwenzahn 308
Mangold 313
Möhren 325
Okra 334
Rosenkohl 391
Rotkohl 400
Salat 407
Sellerie 419
Tomaten 460
Topinambur 476
Zichorien 493

REIS
Bohnen (Kerne) 154
Erbsen 191
Okra 334
Senfkohl 427
Spinat 446
Zuckermelone 316

RIND
Fenchel 204
Kerbelrübe 260
Möhren 325
Rauke/Rucola 375
Rotkohl 400
Süßkartoffeln 452
Wirsing 485
Zwiebeln 510

RIND (GEKOCHT)
Blumenkohl 140
Bohnen (Hülsen) 146
Bohnen (Kerne) 154
Lauch 293

SARDELLEN
Mangold 313
Schwarzwurzel 415
Sellerie 419
Spargel 435
Speiserübe (Stängel und Blätter) 440
Spinat 446
Weißkohl 479
Wirsing 485

SCHINKEN
Bohnen (Kerne) 154
Haferwurzel 235
Kochbanane 271
Lauch 293
Okra 334
Papaya 342
Spargel 435
Taro 458
Wirsing 485
Zichorien 493
Zuckermelonen 316

SCHMALZ
Artischocke 120
Bohnen (Hülsen) 146
Bohnen (Kerne) 154
Erdmandel 197
Grünkohl 220
Haferwurzel (nur Butterschmalz) 235
Linsen 299
Pastinake 348
Rauke/Rucola 375
Rettiche/Radieschen 379
Rosenkohl 391
Rotkohl 400
Speiserübe 440
Weißkohl 479
Wirsing 485
Wurzelpetersilie (nur Butterschmalz) 490
Zwiebeln 510

SCHOKOLADE
Aubergine 126
Erdmandel 197
Fenchel 204

TRÜFFEL

MIKRONÄHRSTOFFE IM VERGLEICH

In der folgenden Tabelle können Sie die relativen Mineralstoff- und Vitamingehalte der Gemüse direkt vergleichen.

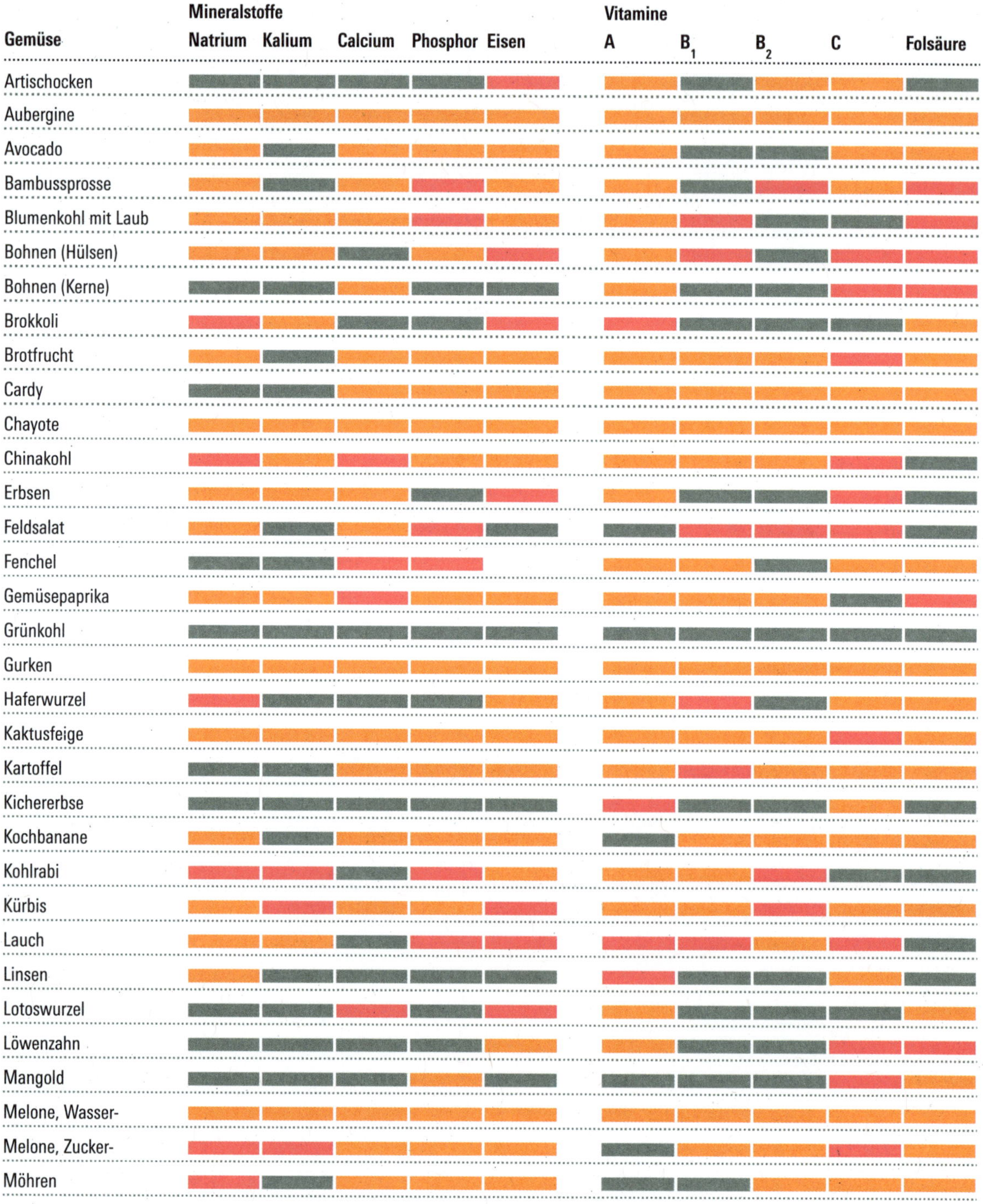

Gemüse	Mineralstoffe: Natrium	Kalium	Calcium	Phosphor	Eisen	Vitamine: A	B_1	B_2	C	Folsäure
Okra	gering	gering	hoch	hoch	gering	gering	mittel	mittel	mittel	hoch
Pak Choi	hoch	gering	hoch	gering	mittel	gering	gering	gering	hoch	hoch
Papaya	gering	gering	gering	gering	gering	mittel	gering	gering	hoch	gering
Pastinaken	gering	hoch	mittel	hoch	gering	gering	mittel	hoch	gering	mittel
Pilze	gering	hoch	gering	mittel	mittel	gering	gering	hoch	gering	gering
Portulak	gering	hoch	hoch	gering	hoch	hoch	gering	hoch	hoch	gering
Rauke/Rucola	hoch	hoch	hoch	hoch	mittel	hoch	gering	hoch	hoch	mittel
Rettich/Radieschen	mittel	hoch	hoch	gering	gering	gering	gering	gering	mittel	gering
Rhabarber	gering	gering	hoch	gering	gering	gering	gering	hoch	gering	gering
Rosenkohl	gering	hoch	gering	hoch	gering	gering	hoch	hoch	hoch	hoch
Rote Bete	hoch	hoch	gering	gering	gering	gering	gering	gering	gering	hoch
Rotkohl	gering	gering	mittel	gering	gering	gering	gering	gering	hoch	gering
Salat (Blattsalate)	gering	mittel	gering	gering	gering	mittel	gering	gering	gering	mittel
Schwarzwurzel	gering	mittel	hoch	hoch	hoch	gering	hoch	gering	gering	mittel
Sellerie	hoch	mittel	hoch	mittel	gering	hoch	gering	mittel	gering	gering
Sojabohne	gering	hoch	hoch	hoch	hoch	hoch	hoch	gering	gering	hoch
Spargel	gering	gering	gering	gering	gering	gering	hoch	hoch	mittel	hoch
Speiserübe	hoch	gering	mittel	gering	gering	gering	gering	gering	mittel	gering
Spinat	hoch	hoch	hoch	mittel	hoch	hoch	mittel	hoch	hoch	hoch
Süßkartoffel	gering	hoch	gering	gering	gering	hoch	gering	gering	hoch	gering
Taro	mittel	hoch	mittel	hoch	mittel	gering	mittel	gering	gering	gering
Tomate	gering	gering	gering	gering	gering	gering	gering	gering	mittel	gering
Tomatillo	gering	gering	gering	gering	gering	mittel	gering	gering	gering	gering
Topinambur	gering	hoch	gering	hoch	hoch	gering	hoch	mittel	gering	gering
Weißkohl	gering	gering	mittel	gering	gering	gering	gering	gering	hoch	gering
Wirsing	gering	gering	hoch	hoch	gering	gering	gering	mittel	hoch	gering
Wurzelpetersilie	gering	hoch	mittel	hoch	mittel	gering	hoch	hoch	hoch	gering
Zichorien	gering	gering	gering	gering	gering	gering	gering	gering	gering	mittel
Zucchini	gering	gering	gering	gering	mittel	gering	hoch	mittel	gering	gering
Zuckermais	gering	gering	gering	hoch	gering	gering	hoch	hoch	gering	mittel
Zwiebeln	gering	gering	gering	gering	gering	gering	gering	gering	gering	gering

Gehalt: gering mittel hoch

SAISONKALENDER

Gemüse	01	02	03	04	05	06	07	08	09	10	11	12
Möhren						N	H	H	H	H	N	
Okra						N	H	N				
Pak Choi				N	H	H	N	N	H	H	N	
Papaya							N	H	H	N		
Pastinaken	H	H	N							N	H	H
Pepino									N	H	N	
Pilze					N	H	H	H	H	H	H	N
Portulak						N	H	H	H	N		
Rauke/Rucola					N	H	H	H	H	N		
Rettich/Radieschen	N	N	N		N	H	H	H	H	N	N	N
Rhabarber				N	H	N						
Rosenkohl	N	N						N	H	H	H	N
Rote Bete	H	H	N	N	N	N	N	N	N	H	H	H
Rotkohl					N	H	H	H	H	H	H	N
Salat (Blattsalate)			N	H	H	H	H	H	H	H	N	
Schwarzwurzel									N	H	H	H
Sellerie					N	N	N	N	H	H	N	
Senfkohl										N	H	N
Sojabohne				N	H	H	H	H	H	N		
Spargel				N	H	N						
Speiserübe				N	H	H	N	N	N	H	H	N
Spinat			H	H	H	N	N	N	H	H	H	H
Süßkartofel									N	H	N	
Taro [2]	N	N	N	N	N	N	N	N	N	N	N	N
Tomate				N	H	H	H	H	H	H	N	
Tomatillo							N	H	N			
Topinambur	H	H	H	H	N					N	H	H
Weißkohl	H	H	H	H	H	H	H	H	H	H	H	H
Wirsing	N				N	H	H	H	H	H	H	H
Wurzelpetersilie	H	N				N	N	N	N	H	H	H
Zichorien	N	N	N	N	N	H	H	H	H	H	H	N
Zucchini					N	N	H	H	H	N		
Zuckermais							N	H	H	N		
Zwiebeln						N	N	H	H	N		

1 hauptsächlich als Konservenware, **2** Importware

H = Hauptsaison, N = Nebensaison

REGISTER

L

M

REZEPTE

LITERATUR

GESCHMACK

Behrens, Maik, et al., Genetic, functional, and phenotypic diversity in TAS2R38-mediated bitter taste perception. In: Chemical senses 38.6 (2013), 475–484

Behrens, Maik/Wolfgang Meyerhof, Bitter taste receptor research comes of age: from characterization to modulation of TAS2Rs. Seminars in cell & developmental biology. Vol. 24. No. 3. Academic Press, 2013

Behrens, Maik, et al., The human taste receptor hTAS2R14 responds to a variety of different bitter compounds. In: Biochemical and biophysical research communications 319.2 (2004), 479–485

Brockhoff, Anne, et al., Structural requirements of bitter taste receptor activation. In: Proceedings of the National Academy of Sciences 107.24 (2010), 11110–11115

Kurihara, Kenzo, Umami the fifth basic taste: history of studies on receptor mechanisms and role as a food flavor. BioMed research international 2015 (2015)

Lapis, Trina J./Penner, Michael H. /Lim, Juyun, Humans can taste glucose oligomers independent of the hT1R2/hT1R3 sweet taste receptor. In: Chemical senses 41.9 (2016), 755–762

PHENOLE

Han, Xiuzhen/Shen, Tao/Lou, Hongxiang, Dietary polyphenols and their biological significance. In: International Journal of Molecular Sciences 8.9 (2007), 950–988

Miean, Koo Hui/Mohamed, Suhaila, Flavonoid (myricetin, quercetin, kaempferol, luteolin, and apigenin) content of edible tropical plants. In: Journal of agricultural and food chemistry 49.6 (2001), 3106–3112.

Pellegrini, Nicoletta, et al., Effect of different cooking methods on color, phytochemical concentration, and antioxidant capacity of raw and frozen brassica vegetables. In: Journal of Agricultural and Food Chemistry 58.7 (2010), 4310–4321

Soares, Susana, et al., Different phenolic compounds activate distinct human bitter taste receptors. In: Journal of agricultural and food chemistry 61.7 (2013), 1525–1533

PFLANZENKOMMUNIKATION ANGRIFF, AROMABILDUNG:

Aros, Danilo, et al., Floral scent evaluation of segregating lines of Alstroemeria caryophyllaea. In: Scientia Horticulturae 185 (2015), 183–192

Baldwin, Ian T., et al., Volatile signaling in plant-plant interactions: talking trees in the genomics era. In: Science 311.5762 (2006), 812–815

Ballhorn, Daniel J./Godschalx, Adrienne L./Kautz, Stefanie, Co-variation of chemical and mechanical defenses in lima bean (Phaseolus lunatus L.). In: Journal of Chemical Ecology 39.3 (2013), 413–417

Gallon, Camilla Z., et al., Increase in beta-ionone, a carotenoid-derived volatile in zeaxanthin-biofortified sweet corn. In: Journal of agricultural and food chemistry 61.30 (2013), 7181–7187

Dudareva, Natalia, et al., Plant volatiles: recent advances and future perspectives. In: Critical reviews in plant sciences 25.5 (2006), 417–440

Sekiya, Jiro/Kamiuchi, Hidenori/Hatanaka, Akikazu, Lipoxygenase, Hydroperoxide Lyase and Volatile C6-Aldehyde Formation from C18-Fatty Acids during Development of Phaseolus vulgaris L. In: Plant and Cell Physiology 23.4 (1982), 631–638

ADSTRINGENZ, TRIGEMINUS

Brock, Annika, et al., Identification of the key astringent compounds in spinach (Spinacia oleracea) by means of the taste dilution analysis. In: Chemosensory Perception 1.4 (2008), 268–281

Schöbel, Nicole, et al., Astringency is a trigeminal sensation that involves the activation of G protein–coupled signaling by phenolic compounds. In: Chemical senses 39.6 (2014), 471–487

Schwarz, Bernd/Hofmann, Thomas, Is there a direct relationship between oral astringency and human salivary protein binding? In: European Food Research and Technology 227.6 (2008), 1693–1698

FARBEN, LICHTSAMMLERKOMPLEX, PHOTOSYNTHESE

Andersson, Bertil/Andersonm, Jan M., Lateral heterogeneity in the distribution of chlorophyll-protein complexes of the thylakoid membranes of spinach chloroplasts. In: Biochimica et Biophysica Acta (BBA)-Bioenergetics 593.2 (1980), 427–440

Croce, Roberta/Van Amerongen, Herbert, Natural strategies for photosynthetic light harvesting. In: Nature chemical biology 10.7 (2014), 492–501

Kühlbrandt, W./Wang, Da Neng/Fujiyoshi, Yoshinori, Atomic model of plant light-harvesting complex by electron crystallography. In: Nature 367.6464 (1994), 614

Walzl, B. et al., Anthocyane. In: Ernährungs-Umschau 49 (2002), 148–150

KOCHEN, AROMA, BIOVERFÜGBARKEIT

de Alvarenga, José Fernando Rinaldi et al., Home cooking and ingredient synergism improve lycopene isomer production in Sofrito. In: Food Research International (2017)

Boileau, Thomas W-M./Boileau, Amy C./Erdman Jr., John W., Bioavailability of all-trans and cis–Isomers of Lycopene. In: Experimental Biology and Medicine 227.10 (2002), 914–919 (doi: 10.1016/j.foodres.2017.01.009)

Chadwick, Martin, et al., Sesquiterpenoids lactones: benefits to plants and people. In: International journal of molecular sciences 14.6 (2013), 12780–12805

Cooperstone, Jessica L., et al., Enhanced bioavailability of lycopene when consumed as cis isomers from tangerine compared to red tomato juice, a randomized, cross over clinical trial. In. Molecular nutrition & food research 59.4 (2015), 658–669

Dresow, Jana F./Böhm, Herwart, The influence of volatile compounds of the flavour of raw, boiled and baked potatoes: Impact of agricultural measures on the volatile components. In: Landbauforschung-Agriculture and Forestry Research 59.4 (2009), 309–338

Lin, Liang-Shiou/Yuen, Henry K./Varner, Joseph E., Differential scanning calorimetry of plant cell walls. In: Proceedings of the National Academy of Sciences 88.6 (1991), 2241–2243

Mackey, B. M., et al., Thermal denaturation of whole cells and cell components of Escherichia coli examined by differential scanning calorimetry. In: Microbiology 137.10 (1991), 2361–2374

Mougin, Alice, et al., Impact of Boiling Conditions on the Molecular and Sensory Profile of a Vegetable Broth. In: Journal of agricultural and food chemistry 63.5 (2015), 1393–1400

Unlu, Nuray Z., et al., Lycopene from heat-induced cis-isomer-rich tomato sauce is more bioavailable than from all-trans-rich tomato sauce in human subjects. In: British Journal of Nutrition 98.1 (2007), 140–146

KÜHLEN, KÄLTESCHÄDEN

Aroca, Ricardo, et al., The role of aquaporins and membrane damage in chilling and hydrogen peroxide induced changes in the hydraulic conductance of maize roots. In. Plant Physiology 137.1 (2005), 341–353

Gnanasekharan, V./Shewfelt, R. L./Chinnan, M. S., Detection of color changes in green vegetables. In: Journal of Food Science 57.1 (1992), 149–154

FERMENTATION

Rhee, Sook Jong/Lee, Jang-Eun/Lee, Cherl-Ho, Importance of lactic acid bacteria in Asian fermented foods. In: Microbial Cell Factories 10.1 (2011), S5

Antoniewicz , Heiko, Fermentation, Köln 2015

Ojha, K. S./Tiwari, B. K., Novel Food Fermentation Technologies. In Novel Food Fermentation Technologies. Springer International Publishing, 2016

SONSTIGES

Chen, Jian Chao, et al., Cucurbitacins and cucurbitane glycosides: structures and biological activities. In: Natural product reports 22.3 (2005), 386–399.

Ju, Hak-Yoon, et al., Seasonal variation in glucosinolate composition of rutabaga and turnip. In: Canadian Journal of Plant Science 60.4 (1980), 1295–1302

Oakenfull, David, Saponins in food—a review. In: Food Chemistry 7.1 (1981), 19–40

GEMÜSEWISSEN

Achtner-Theis, Elke /Kumm, Sabin, Guter Heinrich trifft Sieglinde. Geschichte und Gerichte aus der Gemüseküche, Ostfildern 2010

Adams, Katharina, Kraut und Kohl für den Hausgarten, Wien 2012

Arvay, Clemens G., Fruchtgemüse, Graz 2011

Bangert, Elisabeth, Exotische Gemüse Edition XXL, Fränkisch-Crumbach 2007

Barth, Ursula/Krebs, Sonja: Zauberhaft Gemüsegärten auf Balkon und Terrasse, München 2010

Bartha-Pichler, Brigitte/Markus Zuber, Haferwurzel und Feuerbohne. Alte Gemüsesorten – neu entdeckt, Aarau 2002

Bendel, Lothar, Das große Lexikon der Kräuter, Gewürze, Früchte und Gemüse, Köln 2010

Black, Keda: Alte Gemüsesorten neu gekocht, Aarau 2012

Bloch-Dano, Evelyne, Die Sehnsucht im Herzen der Artischocke. Eine Gemüsekulturgeschichte, Zürich 2013

Bross-Burkhardt, Brunhilde, Bohnen für den Hausgarten, Wien 2010

Bross-Burkhardt, Brunhilde, Tomate, Paprika & Co, Wien 2012

Buchter-Weisbrodt, Helga, Kürbisse für den Hausgarten, Wien 2006

Buchter-Weisbrodt, Helga, Kürbis & Zucchini, Stuttgart 2001

Buser, Marianne/Koch, Antonia: Fast vergessene Gemüse & Kräuter, Lenzburg 2011

Cerman, Markus, Steffelbauer, Ilja, Tost, Sven (Hrsg.): Agrarrevolutionen. Verhältnisse in der Landwirtschaft vom Neolithikum zur Globalisierung, Innsbruck, Wien, Bozen, 2008

Ellert, Luzia u. a., Kartoffel, München 2011

Gerlach, Hans/Bingmer, Susanna, Gartenküche. Frischer Genuss rund ums Jahr, München 2011

Grossmann, Andrea u. a., Gemüse – Das Kochbuch, Graz 2015

Haßkerl, Heide, Alte Gemüsearten neu entdeckt, Graz 2008

Havenith, Christian, Gemüse, München 2012

Heistinger, Andrea/Arche Noah: Handbuch Bio-Gemüse, Innsbruck 2015

Helmreich, Franzi/Barth, Fritz-Eckart, Das Bohnenkochbuch, Wien 2004

Huber, Nicola, Obst und Gemüse im Mittelalter, München 2013

Kantor, Jodi, A History of the Mideast In the Humble Chickpea. The New York Times, 10. Juli 2002

Kenney, Matthew, Plant Food. Innovative Rohkostgerichte von einem der besten Rohkost-Küchenchefs der Welt, Kandern 2015

Krug, Helmut/Liebig, Hans-Peter/Stützel, Hartmut, Gemüseproduktion, Stuttgart 2002

Küster, Hansjörg, Am Anfang war das Korn. Eine andere Geschichte der Menschheit, München 2013

Laws, Bill, Zwiebel, Safran, Fingerhut. 50 Pflanzen, die unsere Welt verändert haben, Hildesheim 2012

Lehari, Gabriele, Ulmers großes Obst & Gemüsebuch. Sorten, Anbau, Rezepte, Stuttgart 2002

Matthaei, Bettina, Gemüse kann auch anders: Vegetarische Rezepte für jede Jahreszeit, München 2015

Meyer-Rebentisch, Karen, Das gemüsebuch. Sorten, Anbau, Küchentipps, München 2012

Miedaner, Thomas, Von der Hacke bis zur Gen-Technik. Kulturgeschichte der Pflanzenproduktion in Mitteleuropa, Frankfurt/Main 2005

Mikanowski, Lindsay u. Patrick, Gemüse, Paris 2006

Montalier, de Delphine, Gemüse & Gemüse, München 2008

Paccalet, Kathleen u. Yves, Vergessene Klassiker, Hildesheim 2012

Palme, Wolfgang/Reisinger, Johann, Kostbares Gemüse, Linz 2014

Paul, Stevan/Seiser, Katharina, Deutschland vegetarisch, Wien 2013

Ranta, Ronald/Mendel, Yonatan, Consuming Palestine. Palestine and Palestinians in Israeli food culture. In: Ethnicities 14.3 (Januar 2014), 412–435

Redden, Gabriele, Vergessene Gemüse, München 2011

Rogge, Anne, Herbst & Winter Gemüse, Stuttgart 2012

Schwekendieck, Achim/Lutterbeck, Barbnara, Leidenschaft für Kraut & Rüben, Graz 2012

Serena, Marianna u.a., Das Lexikon der alten Gemüsesorten, Aarau 2014

Slater, Nigel, Tender Gemüse, Köln 2012

Soll, Rolf, So kocht und isst der Gartenbau: Rezepte und mehr. Ein Streifzug durch die Geschichte und Gegenwart des deutschen Gartenbaus, Hamburg 2014

Sperl, Ina, Die Vielfalt kehrt zurück. Alte Gemüsesorten nutzen und bewahren, Stuttgart 2013

Steinberger, Bärbel/Schumann, Katrin, Alte Gemüse – neuer Geschmack, München 2012

Storl, Wolf-Dieter, Bekannte und vergessene Gemüse. Heilkunde, Ethnobotanik, Rezepte, Aarau 2002

Strobl, Heidi, Der Kürbis. Rund und G'sund, St. Pölten, 2005

Teubner, Odette u.a., Das große Buch vom Gemüse, München 2002

Teubner, Christian, Gemüse. Die 100 besten Rezepte, München 1995

Vogel, Georg, Handbuch des speziellen Gemüseanbaus, Stuttgart 1996

Von der Winden, Usch, Die Zwiebel, Köln 2015

Weber, Anne-Katrin, Grünkohl trifft Kokos. Vegetarische Crossover-Küche, München 2016

Wells, Troth, Vegetarisch aus aller Welt, Lenzburg 2011

Weiss, Martin/von Felten, Albi, Blaue Schweden, Grüne Zebra, Roter Feurio, Aarau 2012

Wilkinson, Matt, Gemüse Kochbuch, München 2012

Wonneberger, Christoph/Keller, Fritz u.a., Gemüsebau, Stuttgart 2004

Thomas A. Vierich ist Chefredakteur einer gastronomischen Fachzeitung in Wien. Er beschäftigt sich auch privat mit dem Thema Kulinarik und experimentiert gerne in der Küche. Gemeinsam mit Thomas A. Vilgis hat er bereits „Aroma. Die Kunst des Würzens" für die Stiftung Warentest verfasst.

Thomas A. Vilgis ist Professor für Theoretische Physik an der Universität Mainz und leitet die Arbeitsgruppe „Molekulare Lebensmittelwissenschaften" am Max-Plank-Institut für Polymerforschung. Der erfolgreiche Autor außergewöhnlicher Kochbücher berät zahlreiche Spitzenköche bei der Kreation neuer Gerichte.

Stiftung Warentest
Lützowplatz 11–13
10785 Berlin
Telefon 0 30/26 31–0
Fax 0 30/26 31–25 25
www.test.de
email@stiftung-warentest.de

USt-IdNr.: DE136725570

Vorstand: Hubertus Primus
Weitere Mitglieder der Geschäftsleitung:
Dr. Holger Brackemann, Daniel Gläser

Programmleitung: Niclas Dewitz

Autoren: Thomas A. Vierich, Thomas A. Vilgis
Projektleitung: Veronika Schuster
Lektorat: Dr. Angelika Winnen, Berlin
Rezeptlektorat: Julia Bauer, Berlin

Nährwertberechnung: Astrid Büscher, Hamburg
Mitarbeit: Merit Niemeitz
Korrektorat: Susanne Reinhold, Berlin
Gestaltung, Artdirektion, Infografik: Martina Römer
Fotografie: Knut Koops, Berlin. Der Fotograf dankt der Gärtnerei Jasker und Eli Best, Amt Neuhaus, sowie Frauke Koops und Familie Schröder, Stiepelse, für die Unterstützung beim Gemüseanbau.
Foodstyling: Frauke Koops, Geesthacht
Bildnachweis: Shutterstock / bergamont (Titel), Sommai (S. 136, 138), Le Do (S. 176), Adam Zubin (S. 178), Tamer Samy (S. 338, oben), Sakornj (S. 338, Mitte); Getty Images / iStockphoto (S. 180)

Produktion: Vera Göring
Verlagsherstellung: Rita Brosius (Ltg.), Susanne Beeh, Romy Alig
Litho: bildpunkt, Berlin
Druck: Firmengruppe APPL, aprinta druck, Wemding

ISBN: 978-3-86851-457-5

Wir haben für dieses Buch 100 % Recyclingpapier und mineralölfreie Druckfarben verwendet. Stiftung Warentest druckt ausschließlich in Deutschland, weil hier hohe Umweltstandards gelten und kurze Transportwege für geringe CO_2-Emissionen sorgen. Auch die Weiterverarbeitung erfolgt ausschließlich in Deutschland.

…CTEN-3-OL △ grün, erdig, fun-, champignonartig, □ gemü- …rtig, pilzig, hähnchenhautar- ◇ brühenartig, saucenartig

(Z)-5-OCTEN-1-OL △ grün, pilzig, frische Wassermelone, □ leicht erdig

1-OCTEN-3-ON △ pilzig, erdig, roher Champignon, □ moderig, herbal, ◇ hähnchenhautartig

3-OCTEN-2-ON △ ölig, erdig, pilzig, □ heuartig, leicht würzig

4-OCTEN-3-ON △ pilzig, fruchtig, □ kokosartig

PENTANAL △ fermentiert, butterartig, □ brotartig, leicht fruchtig, ◇ nussig

2-PENTENAL △ grün, stechend, …chtig, apfelartig, □ tomatenartig, ◇ stechend

1-PENTANOL △ fettig, fuselölig, fermentiert, □ stechend, ◇ süßlich-balsamisch

(Z)-2-PENTEN-1-OL △ grün, plastikartig, ätherisch, □ fruchtig, ◇ senfartig, meerrettichartig

1-PENTEN-3-ON △ stechend, ätherisch, pfefferig, □ knoblauchartig, fischartig, ◇ senfartig

1-PENTEN-3-OL △ grün, stechend, meerrettichartig, □ grünes Gemüse, leicht fruchtig

2,3-PENTANDION △ butterig, nussig, toastartig, karamellig, □ leicht stechend, ◇ mellassenartig

…ROPANOL △ alkoholisch, fusel- …tig, □ vergoren, ◇ moderig

2-PROPANOL △ stechend, moderig, □ holzig, ◇ beißend

2-PROPENOL △ lauchartig, grün

(Z,E)-PHYTOL △ wachsig, floral, □ balsamisch, grün, jasminartig, ◇ fettig

PROPYLBUTANOAT △ fruchtig, aprikosenartig, ananasartig, □ süßlich -ranzig

TETRADECANONSÄURE □ fettig, wachsig, kokosartig, leicht ananasartig, ◇ speckig

TRICOSAN ◇ wachsig

2,4-UNDECADIENAL △ grün, fettig, hähnerhautartig, gemüseartig, □ leicht fruchtig, hähnchenartig, gurkenartig

(E,E)-2,4-UNDECADIENAL △ grün, ölig, karamellig, zitrusartig, □ butterig, würzig, ◇ hähnchenartig, fettig

ACETONITRIL △ ätherisch, ◇ süßlich

ALLYLCYANID ◇ stechend

…LLYLMETHYLSULFID △ schwefelig, lauchartig, knoblauchartig, □ zwiebelartig, saucenartig, ◇ würzig, kalt

ALLYLPROPYLSULFID △ schwefelig, grün, lauchartig, □ grüne Zwiebel, knoblauchartig, ◇ trigeminal kalt, schmerz

ALLYLISOTHIOCYANAT △ schwefelig, senfartig, ◇ stechend, schmerzend kalt

BUTYLISOTHIOCYANAT △ schwefelig, grün, ◇ stechend

3-BUTENYLISOTHIOCYANAT △ schwefelig, □ kohlartig, ◇ stechend

1-CYANO-2,3-EPITHIOPROPAN △ schwefelig, senfartig, □ moderig

DIALLYLSULFID △ schwefelig, lauchartig, zwiebelartig, □ meerrettichartig, metallisch, ◇ gemüseartig

DIMETHYLSULFID △ schwefelig, zwiebelartig, radieschenblätterartig, kohlartig, □ fischartig, maisartig, spargelartig, ◇ ein Hauch gekochte Milch/Sahne

DIMETHYLDISULFID △ schwefelig, gemüseartig, □ kohlartig, ◇ zwiebelartig

DIMETHYLTRISULFID △ schwefelig, lauchartig, gekochte Zwiebel, □ herzhaft-fleischartig, ◇ fleisch-gemüsebrühenartig

DIMETHYLTETRASULFID △ schwefelig, ◇ knoblauchartig

DIPROPYLDISULFID △ schwefelig, lauchtypisch, erdig, □ grüne Zwiebel, ◇ leicht metallisch

…PROPYLTRISULFID △ schweflig, …n, zwiebelartig, □ knoblauch- …rtig, gemüseartig, metallisch, ◇ stechend

ETHYL 2-(METHYL THIO) ACETAT △ schweflig, fruchtig, □ grün, ◇ tropische Früchte

5-HEXENNITRIL △ würzig, aromatisch, zimtartig, □ kreuzkümmelartig

HEXYLISOTHIOCYANAT △ grün schwefelig, frisch, ◇ stechend, scharf, chinakohltypisch

ISOBUTYLISOTHIOCYANAT △ grün, schwefelig

ISOPROPYLISOTHIOCYANAT △ schwefelig, □ lauchartig, ◇ stechend, senfartig

…MERCAPTO-2-METHYLPENTAN-…1-OL △ schwefelig, lauchartig, □ zwiebelartig

METHANTHIOL △ schwefelig, knoblauchartig, gekochter Kohl, lauchartig, □ ölig, gekochte Eier, ◇ herzhaft-fleischartig, reifer Käse

METHIONAL △ schweflig, gekochte Kartoffel, gemüseartig, moderig, □ hefeartig, käsig, gekochtes Fleisch, gekochte Eier

METHYLPROPENYLDISULFID △ knoblauchartig

METHYLPROPYLDISULFID △ schwefelig, lauchartig, □ rettichartig, zwiebelartig

METHYLPROPYLSULFID △ lauchartig, zwiebelartig, rettichartig, □ senfartig, tomatenartig, kartoffelartig, ◇ knoblauchartig

…ETHYLTHIOPENTYLISOTHIOCYA-…NAT △ schwefelig, wurzelartig, ◇ stechend

1-METHYLPROPYL ISOTHIOCYANAT △ schwefelig, grün

3-METHYLTHIOPROPYL ISOTHIOCYANAT △ schwefelig, wurzelartig, □ erdig, meerrettichartig

4-(METHYLTHIO)BUTYL ISOTHIOCYANAT △ schwefelig, □ brokkoliartig, rettichartig, ◇ kohlartig, stechend

4-METHYLTHIO-3-BUTENYL ISOTHIOCYANAT □ schweflig, stechend, ◇ trigeminal schmerzhaft

4-METHYLTHIOBUTAN-2-ON △ schwefelig, kartoffelartig, □ erdig-fettig, leicht metallisch, ◇ pilzig

1-METHYLTHIOPENTAN-3-ON △ schwefelig

5-(METHYLTHIO)-4-PENTEN-NITRIL △ kohlartig, rettichartig, □ wasabiartig

5-METHYLTHIOPENTAN-NITRIL △ kohlartig, brokkoliartig, ◇ rettichartig

5-(METHYLTHIO)PENTYL ISOTHIOCYANAT △ rettichartig, □ kohlartig

3-METHYLTHIOPROPYLISOTHIOCYANAT △ stechend, schwefelig, □ wurzelartig, ◇ meerrettichartig

PENTANDINITRIL △ schwefelig

4-PENTENYLISOTHIOCYANAT △ *schwefelig,* □ *intensiv senfartig,* ◇ *meerrettichartig*

PROPANTHIOL △ *lauchartig, kohlartig,* □ *süßlich, karamellig*

PROPYLPROPENYLDISULFID △ *schwefelig,* □ *gekochte Zwiebel*

CITRONELLYLETHOXALAT △ *floral, süßlich, maiglöckchenartig,* □ *rosenartig, wachsig*

GERANIAL △ *floral-zitrusartig, süßlich, zitronenschalenartig,* □ *limettenartig, holzig, herbal*

GERANIOL △ *floral, süßlich, fruchtig,* □ *rosenartig, wachsig,* ◇ *pfirsichartig*

β-OCIMEN △ *floral, zitrusartig,* □ *tropische Früchte,* ◇ *holzig, gemüseartig*

(Z)-β-OCIMEN △ *floral, herbal, süßlich,* □ *grün, holzig,* ◇ *warm, gemüseartig*

(E)-β-OCIMEN △ *herbal, süßlich*

BORNYLACETAT △ *holzig, balsamisch, pinienartig, herbal,* ◇ *zedernartig, kampferartig, mentholisch, seifig*

CAMPHEN △ *holzig, herbal, tannennadelartig,* □ *kampferig, minzig,* ◇ *kühlend*

CAMPHOR △ *kampferig*

α-COPAEN △ *holzig, würzig,* □ *honigartig*

P-CYMEN △ *aromatisch, terpentinartig, holzig,* □ *kreuzkümmelartig, oreganoartig,* ◇ *pfefferig*

FENCHON △ *balsamisch, kampferig, thuja-artig, holzig, mentholisch,* ◇ *leicht kühlend*

LIMONEN △ *zitrusartig, orangenartig,* □ *süßlich,* ◇ *terpentinartig*

P-MENTHA-1,3,8-TRIEN △ *terpentinartig, kampferig, holzig,* □ *herbal, thymianartig*

MENTHOL △ *minzig, holzig, kampferig,* ◇ *trigeminal kühlend*

γ-TERPINEN △ *terpentinartig, ölig, holzig,* □ *balsamisch, zitrusartig*

TERPINEOL △ *herbal, terpentinartig,* ◇ *kühlend*

α-TERPINEOL △ *holzig, pinienartig, zitrusartig,* □ *floral, fliederartig,* ◇ *holzig*

β-TERPINEOL △ *holzig, stechend,* □ *erdig*

4-TERPINEOL △ *terpentinartig, würzig, herbal,* □ *pfefferig, holzig, moderig, minzig, gewürznelkenartig, zitrusartig,* ◇ *warm*

TERPINOLEN △ *herbal, holzig, süßlich,* □ *pinienartig, zitrusschalenartig*

α-CADINEN △ *trockenes Holz*

α-CADINOL □ *holzig, herbal*

α-CARYOPHYLLEN △ *holzig, süßlich-herbal,* □ *kampferig, leicht pfefferig, mit Zitrushintergrund*

β-CARYOPHYLLEN △ *holzig, würzig, süßlich, zitrusartig,* □ *heuartig, getreideartig,* ◇ *ein Hauch Gewürznelke*

β-DAMASCENON △ *floral, holzig, rosenartig, fruchtig,* □ *gekochte Pflaumen,* ◇ *tabakartig, süßlich*

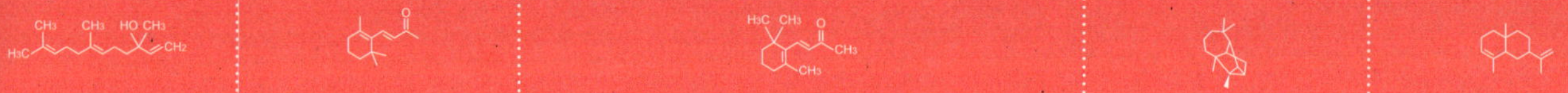

(E)-NEROLIDOL △ *floral, grün,* □ *zitrusartig, holzig,* ◇ *wachsig, fruchtig*

β-IONON △ *floral, holzig, süßlich,* □ *beerenartig,* ◇ *bienenwachsartig*

(E)-β-IONON △ *holzig, süßlich,* □ *floral, beerenartig*

LONGICYCLEN △ *holzig,* □ *leicht rauchig*

α-SELINEN △ *holzig,* □ *ambraartig*

BENZALDEHYD △ *aromatisch, bittermandelartig, nussig, süßlich,* □ *holzig*

BENZOLPROPANNITRIL △ *aromatisch schweflig*

BENZYLACETAT △ *floral, süßlich,* □ *jasminartig, fruchtig*

BENZYLALKOHOL △ *floral, rosenartig,* □ *phenolisch,* ◇ *balsamisch*

BENZYLISOTHIOCYANAT △ *aromatisch, brunnenkresseartig,* □ *medizinal,* ◇ *ölig, meerrettichartig*

BENZYL 3-METHYLBUTANOAT △ *fruchtig, süßlich, apfelartig,* □ *ananasartig, herbal*

1-METHYLNAPHTALIN △ *aromatisch, mottenkugelartig, benzinartig,* □ *kampferig, medizinal*

2-METHYLNAPHTALIN △ *aromatisch, floral,* □ *süßlich, holzig,* ◇ *ölig*

NAPHTALIN △ *aromatisch, stechend,* □ *teerartig*

PHENYLACETAT △ *würzig,* □ *honigartig,* ◇ *süßlich*

PHENYLACETALDEHYD △ *aromatisch, grün, honigartig, floral,* □ *hyazinthenartig, kakaoartig, schokoladig,* ◇ *leicht erdig*

2-PHENETHYLHEXANOAT △ *floral, aromatisch-honigartig, wachsig,* □ *fettig, leicht holzig, bananenschalenartig*

2-PHENYLETHYLCYANID △ *stechend,* ◇ *kalt-schmerzend*

2-PHENYL ETHYL ISOTHIOCYANAT △ *schwefelig, grün,* □ *meerrettichartig,* ◇ *kalt-schmerzend*

3-PHENYLPROPANNITRIL △ *schweflig, aromatisch, kressenartig,* □ *gemüseartig,* ◇ *stechend, kalt-schmerzend*

4-VINYLPHENOL △ *aromatisch, phenolisch, medizinal,* □ *süßlich, moderig,* ◇ *fleischartig, würzig*

O-XYLEN △ *aromatisch, floral,* □ *würzig*

APIOL △ *herbal, würzig, petersilienartig*

CUMARIN △ *aromatisch, würzig, waldmeisterartig, tonkabohnenartig*

ELEMICIN △ *würzig, aromatisch,* □ *muskatnussartig, floral*

ESTRAGOL △ *anisartig, würzig, süßlich, grün,* □ *fenchelartig, minzig, phenolisch,* ◇ *lakritzartig, sellerieartig*

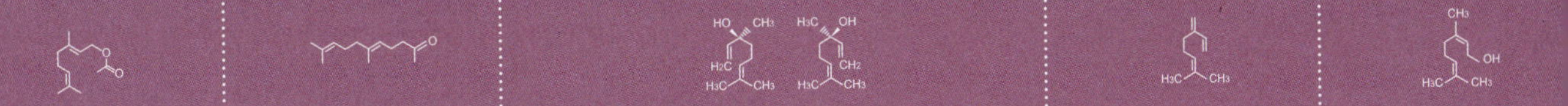

GERANYLACETAT △ *floral, rosenartig, lavendelartig,* □ *grün, wachsig, ölig,* ◇ *leicht seifig*

GERANYLACETON △ *floral, grün, fruchtig,* □ *wachsig, rosenartig, magnolienartig,* ◇ *apfelartig, seifig*

LINALOOL △ *floral, zitrusartig, rosenholzartig, grün,* □ *orangenartig, zitronenartig,* ◇ *leicht wachsig, holzig*

MYRCEN △ *würzig, floral, balsamisch, kräuterartig,* □ *holzig, karottenartig, fruchtig, mangoartig*

NEROL △ *floral, süßlich, rosenarti magnolienartig,* □ *zitrusartig, bitter,* ◇ *grün, terpentinartig*

Δ-3-CAREN △ *zitrusartig,* □ *leicht holzig*

(E)-CARVEOL △ *holzig,* □ *kümmelartig*

(Z)-CARVEOL △ *holzig-würzig,* □ *kümmelartig,* ◇ *pfefferminzig*

CARVON △ *herbal, minzig,* ◇ *lakritzartig*

α-CEDREN △ *holzig, zedernartig,* □ *süßlich*

1,8-CINEOL △ *herbal, eukalyptusartig, kampferig,* □ *minzig,* ◇ *trigeminal kühlend*

2-METHYLISOBORNEOL △ *moderig, erdig*

α-PHELLANDREN △ *terpentinartig, zitrusartig, grün,* □ *holzig, pfefferig, limettenartig*

β-PHELLANDREN □ *terpentinartig, minzig*

α-PINEN △ *herbal, kampferig, pinienartig,* □ *stark holzig, erdig,* ◇ *terpentinartig, holzig-würzig*

β-PINEN □ *herbal, holzig, harzig, pinienartig, heuartig, kampferig,* ◇ *gewürznelkenartig, muskatartig, würzig, pfefferig, leicht kühlend*

SABINEN △ *holzig, terpentinar tig, zitrusartig,* □ *pinienartig, karottenartig,* ◇ *ölig, würzig*

α-THUJEN △ *holzig, grün,* □ *herbal*

5α-ANDROST-16-EN-3-ON △ *erdig, moderig, trüffelartig*

α-BISABOLEN △ *holzig, fruchtig,* □ *zitrusartig*

β-BISABOLEN △ *balsamisch, holzig*

γ-BISABOLEN △ *holzig-fruchtig, zitrusartig,* □ *balsamisch, myrrheartig, grüne Banane,* ◇ *tropisch, terpentinartig, adstringierend*

α-CALACOREN △ *holzig*

α-FARNESEN △ *holzig, zitrusartig, floral, rosenartig,* □ *neroliartig,* ◇ *gemüseartig*

(E)-β-FARNESEN △ *holzig, zitrusartig,* □ *süßlich*

(E,E)-FARNESOL △ *floral, maiglöckchenartig,* □ *süßlich, lilienartig*

GERMACREN △ *holzig,* □ *würzig, erdig*

α-MUUROLEN △ *holzig*

γ-MUUROLEN △ *holzig,* □ *kräuterig, würzig*

β-SELINEN △ *herbal, holzig,* ◇ *bitterartig*

SPATHULENOL △ *erdig,* □ *holzig,* ◇ *fruchtig*

VALENCEN △ *holzig, zitrusartig, grapefruchtartig,* □ *orangenölartig,* ◇ *warmholzig, ölig*

ACETOVANILLON □ *vanillig, süßlich, flach*

(E)-ANETHOL △ *lakritzartig, aromatisch-süßlich, mimosenartig,* □ *medizinal,* ◇ *süßlicher Nachgeschmack*

ANISALDEHYD △ *anisartig, würzig-süßlich, puderig,* □ *floral, vanillig, waldmeisterartig,* ◇ *cremig*

1,8-DIMETHYLNAPHTHALEN △ *medizinal*

GUAIACOL △ *phenolisch, rauchig, würzig,* □ *holzig, vanillig, fleischartig,* ◇ *schinkenartig*

P-KRESOL △ *aromatisch,* □ *narzissenartig, mimosenartig,* ◇ *phenolisch*

O-KRESOL △ *aromatisch,* □ *moderig, medicinal,* ◇ *erdig-phenolisch*

M-KRESOL △ *aromatisch,* □ *holzig, rauchig,* ◇ *lederartig, phenolisch*

METHYLSALICYLAT △ *aroma tisch, minzig,* □ *kampferig, balsamisch*

4-PHENYL-1-BUTANOL △ *aromatisch, floral,* □ *rosenartig*

PHENYLETHAN △ *aromatisch*

2-PHENYLETHYLISOTHIOCYANAT △ *schwefelig, grün,* ◇ *meerrettichartig, kressenartig*

2-PHENETHYL 3-METHYLBUTANOAT △ *floral, fruchtig, süßlich, rosenartig, pfirsich- aprikosenartig*

2-PHENETHYLBUTANOAT △ *fl ral, aromatisch-moderig, sü lich, hefeartig, erdbeerartig*

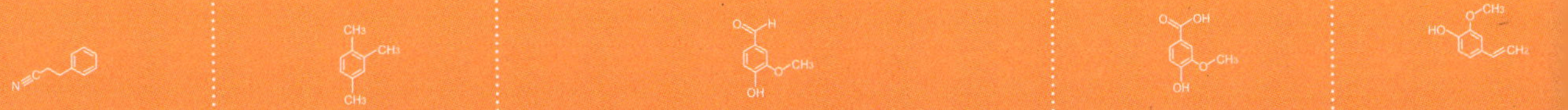

3-PHENYLPROPIONONITRIL □ *kressenartig,* ◇ *stechend*

1, 2, 4-TRIMETHYLBENZOL △ *plastikartig*

VANILLIN △ *aromatisch, vanillig, cremig, sahnig,* □ *schokoladig, phenolisch,* ◇ *milchig*

VANILLINSÄURE △ *aromatisch, cremig, milchig,* ◇ *süßlich, bitter*

4-VINYLGUAIACOL △ *aroma tisch, holzig,* □ *zedernartig röstig,* ◇ *rauchschinkenart*

EUGENOL △ *würzig, süßlich, gewürznelkenartig,* □ *aromatisch, holzig, pimentartig,* ◇ *warm-würzig*

MYRISTICIN △ *würzig, warm, balsamisch,* □ *holzig,* ◇ *wärmend*

PHENYLETHANOL △ *aromatisch, floral, karamellig, brotkrustenartig,* □ *honigartig,* ◇ *rosenwasserartig*

2-PHENYLETHANOL △ *aroma tisch, floral, rosenartig, ge trocknete Rose,* □ *honigart süßlich,* ◇ *Rosenblüte*

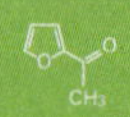

2-ACETYLFURAN △ *süßlich, röstig, balsamisch,* □ *mandelartig,* ◇ *toastartig, milchig*

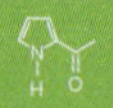

2-ACETYLPYRROL △ *röstig, muffig,* □ *nussig, süßholzartig,* ◇ *teeartig*

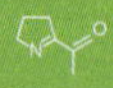

2-ACETYL-1-PYRROLIN △ *popcornartig, gerösteter Mais,* □ *toastbrotartig,* ◇ *malzig*

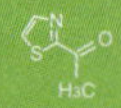

2-ACETYLTHIAZOL △ *popcornartig, nussig, getoasteter Mais,* □ *brotartig*

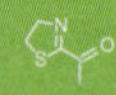

2-ACETYL-2-THIAZOLIN △ *gerösteter Mais, geröstete Hähnchenhaut,* □ *grüne Zwiebel, grün, leicht grasig, fettig*

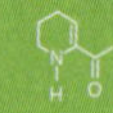

6-ACETYL-1,2,3,4-TETRAHYDRORIDIN △ *karamellig, cremig-d tend,* □ *brotkrustenartig*

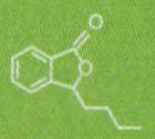

2-BUTYLPHTHALID △ *würzig, herbal,* □ *sellerieartig*

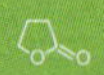

γ-BUTYROLACTON △ *cremig, fettig, ölig, karamellig,* □ *milchig, sahnig, pfirsichartig*

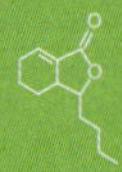

3-BUTYLTETRAHYDROPHTHALID △ *würzig, herbal,* □ *erdig, sellerieartig*

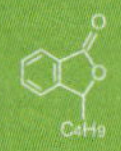

3-BUTYL-4,5-DIHYDROPHTHALID △ *würzig, herbal,* □ *erdig, sellerieartig*

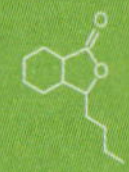

3-BUTYLHEXAHYDROPHTHALID △ *erdig, nussig,* □ *moderig*

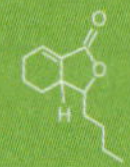

3-BUTYL-3A,4,5,6-TETRAHYDROPHTHALID △ *erdig, süßlich,* □ *wu zelartig, medizinal*

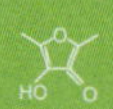

2,5-DIMETHYL-4-METHOXY 3(2H) FURANON △ *moderig, schimmelig, ahornsirupartig, süßlich, fruchtig,* □ *karamellig, kakaobohnenartig, gemüseartig,* ◇ *fleischig, marmeladig*

2,5-DIMETHYLFURAN △ *leicht röstig,* □ *fleischartig,* ◇ *schinkenartig*

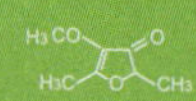

2,5-DIMETHYL-4-HYDROXY-3(2H) FURANON △ *karemellartig, süßlich, erdbeerartig, zuckerwatteartig,* □ *verbrannt, herzhaft,* ◇ *fleischartig, fruchtig*

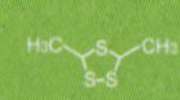

3,5-DIMETHYL-1,2,4-TRITHIOLA △ *schwefelig, fleischartig,* □ *rindfleischartig*

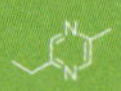

2-ETHYL-5-METHYLPYRAZIN △ *röstig, würzig,* □ *kaffeeartig,* ◇ *karamellig*

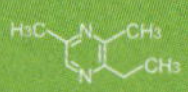

2-ETHYL-3,6-DIMETHYLPYRAZIN △ *nussig, röstig, kakaobohnenartig*

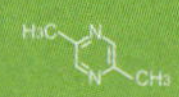

2,5-DIMETHYLPYRAZIN △ *röstig, schokoladenartig, kakaoartig, geröstete Nüsse,* □ *gebratenes Fleisch, nussig,* ◇ *erdig, bratkartoffelartig, ölig*

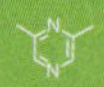

2,6-DIMETHYLPYRAZIN △ *röstig, schokoladig, moderig, erdig, holzig,* □ *nussig, erdnussartig,* ◇ *kartoffelartig, fettig*

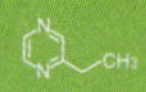

2-ETHYLPYRAZIN △ *nussig, erdnussbutterartig, moderig, holzig,* □ *erdig, kakaoartig,* ◇ *röstkartoffelartig, fleischig, fischig*

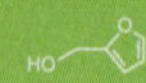

2-FURANMETHANOL △ *brotartig, süßlich, karamellartig, kaffeea tig,* □ *verbrannt, moderig*

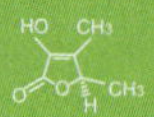

3-HYDROXY-4,5-DIMETHYL-2(5H)-FURANON △ *karamellig, süßlich, ahornsirupartig,* □ *verbrannter Zucker,* ◇ *kaffeeartig*

5-HYDROXYMETHYLFURFURAL △ *röstig, fettig, butterig, karamellig,* □ *herbal, heuartig,* ◇ *tabakartig*

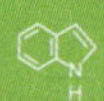

INDOL △ *animalisch, floral, mottenkugelartig,* □ *erdig, fäkal,* ◇ *chemisch*

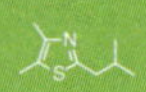

2-ISOBUTYL-4,5-DIMETHYLTHIAZOL △ *grün-würzig, gemüseartig, nussig,* □ *erdig, ein Hauch Tomate*

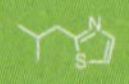

2-ISOBUTYLTHIAZOL △ *grün, wasabiartig, erdig, tomatenblattartig,* □ *gemüseartig, fern entartig, moderig, tomatenarti leicht erdig*

(E)-LIGUSTILID □ *schwach sellerieartig*

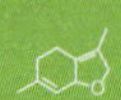

LINDENETHER △ *würzig, floral,* □ *minzig*

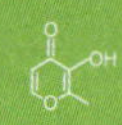

MALTOL △ *karamellig, röstig,* □ *gebräunter Zucker,* ◇ *süßlich, marmeladenartig*

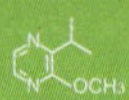

2-METHOXY-3-ISOPROPYL PYRAZIN △ *erdig, grüne Bohnen,* □ *grüner Paprika*

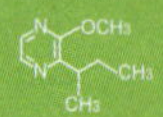

2-METHOXY-3-(METHYLPROPYL)PYRAZIN △ *moderig, grün, nussig,* □ *grünes Gemüse, kartoffelartig*

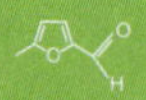

5-METHYLFURFURAL △ *röstig, üßlich, karamellig, brotrindentig,* □ *kaffeeartig,* ◇ *geröstees Getreide, ahornsirupartig*

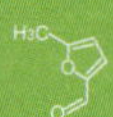

5-METHYL-2-FURFURAL △ *karamellig, würzig, ahornsirupartig,* □ *brotartig, kaffeeartig, geröstetes Getreide*

1-METHYLPYRROL △ *holzig, rauchig,* ◇ *herbal*

γ-NONALACTON △ *kokosartig, sahnig, butterig, cremig,* ◇ *sahnig-milchig, milchfettartig*

γ-OCTALACTON △ *kokosartig, süßlich, sahnig, cremig,* □ *tonkabohnenartig, milchig, aprikosenartig, buttertoastartig, pfirsichartig*

2-PENTYLFURAN △ *würzig, fruchtig,* □ *grün, erdig,* ◇ *bohnengemüseartig*

2,3,5-TRIMETHYL PYRAZIN △ *nussig, moderig, erdig,* □ *kakaoartig, kartoffelartig*

2,4,5-TRIMETHYLTHIAZOL △ *röstig, schokoladig, nussig,* □ *haselnussartig, gemüseartig*

(R,S)-2,4,6-TRIMETHYL-5H-1,3,5-DITHIAZIN △ *röstig, fleischig, rindfleischartig*

UMBELLIFERON ◇ *sehr verhalten heuartig, bitter*

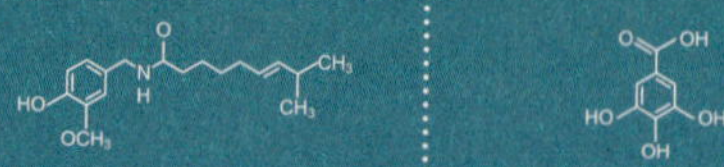

CAPSAICIN ◇ *scharf*

GALLUSSÄURE ◇ *adstringierend*